Blaurock · Handbuch der Stillen Gesellschaft

Handbuch der Stillen Gesellschaft

Gesellschaftsrecht · Steuerrecht

begründet von
Prof. Dr. Dr. h.c. Heinz Paulick

fortgeführt von
Prof. Dr. Uwe Blaurock

5., völlig neubearbeitete
und erweiterte Auflage

1998

Verlag
Dr. Otto Schmidt
Köln

CIP-Titelaufnahme der Deutschen Bibliothek

Paulick, Heinz:
Handbuch der Stillen Gesellschaft : Gesellschaftsrecht, Steuerrecht / begr. von Heinz Paulick. – 5., völlig neubearb. und erw. Aufl. / fortgef. von Uwe Blaurock. – Köln: O. Schmidt, 1998
ISBN 3-504-33524-6

Verlag Dr. Otto Schmidt KG
Unter den Ulmen 96–98, 50968 Köln
Tel.: 02 21/9 37 38-01, Fax: 02 21/9 37 38-9 21

© 1998 by Verlag Dr. Otto Schmidt KG
Das Werk einschließlich aller seiner Teile ist urheberrechtlich geschützt. Jede Verwertung, die nicht ausdrücklich vom Urheberrechtsgesetz zugelassen ist, bedarf der vorherigen Zustimmung des Verlages. Das gilt insbesondere für Vervielfältigungen, Bearbeitungen, Übersetzungen, Mikroverfilmungen und die Einspeicherung und Verarbeitung in elektronischen Systemen.
Das verwendete Papier ist aus chlorfrei gebleichten Rohstoffen hergestellt, holz- und säurefrei, alterungsbeständig und umweltfreundlich.
Umschlaggestaltung: Jan P. Lichtenford, Mettmann
Gesamtherstellung: Bercker Graphischer Betrieb GmbH, Kevelaer
Printed in Germany

Vorwort

Seit dem Erscheinen der 4. Auflage des Handbuchs im Jahre 1988 hat sich das Recht der stillen Gesellschaft in erheblichem Maße verändert. Die stille Gesellschaft wird einerseits verstärkt als Publikumsgesellschaft genutzt; es nehmen weiter die kapitalersetzenden stillen Beteiligungen zu, und schließlich finden sich in der Praxis neue Formen der Kombination einzelner Gesellschaftsarten unter Einschluß der stillen Gesellschaft. Darüber hinaus haben gesetzgeberische Maßnahmen wie etwa das Umwandlungsgesetz, das Partnerschaftsgesetz, das Ausführungsgesetz zur EWIV-Verordnung, die neue Insolvenzordnung sowie die verschiedenen Jahressteuergesetze Auswirkungen auch auf das Recht der stillen Gesellschaft. Die Entscheidungen des Bundesverfassungsgerichts zur Vermögensteuer und zur Erbschaftsbesteuerung mit den nachfolgenden Änderungen des Erbschaftsteuergesetzes haben gerade für die stille Gesellschaft, die häufig im Familienverband genutzt wird, erhebliche Bedeutung. Ferner haben zahlreiche höchstrichterliche Entscheidungen und eine Fülle wissenschaftlicher Beiträge das Recht der stillen Gesellschaft sowohl in zivilrechtlicher als auch in steuerrechtlicher Hinsicht weiterentwickelt und zu neuen Erkenntnissen geführt.

Das Handbuch ist deshalb vollkommen neu gestaltet worden. Das in der 4. Auflage enthaltene Kapitel über die atypische stille Gesellschaft wurde aufgelöst. Die atypische stille Gesellschaft wird jetzt bei den jeweiligen Problembereichen behandelt. Neu hinzugekommen ist ein Kapitel zur stillen Gesellschaft in der Umwandlung. Sämtliche übrigen Kapitel wurden grundlegend überarbeitet und zum Teil völlig neu geschrieben. Gegenüber der Vorauflage abweichende Auffassungen sind dabei im einzelnen kenntlich gemacht worden. Abweichungen gegenüber der noch von Heinz Paulick bearbeiteten 3. Auflage sind jedoch nur noch in Einzelfällen hervorgehoben worden, in denen es um Grundsatzfragen geht. Ferner wurde der Text mit Randnummern versehen, was erheblich genauere Querverweise innerhalb des Textes erlaubt und die Zitierweise erleichtern soll. Einem in Rezensionen der 4. Auflage geäußertem Wunsch entsprechend, wurden im Anhang wieder Vertragsmuster für eine typische und eine atypische stille Gesellschaft angefügt. Allerdings sollte man immer bedenken, daß diese Muster nur einen ersten Anhaltspunkt für die Gestaltung eines stillen Gesellschaftsvertrags geben können. Das Handbuch gibt nunmehr den Stand von Gesetzgebung, Schrifttum und Rechtsprechung vom 1. 5. 1997 wieder.

Die Neubearbeitung des Handbuchs wäre ohne die unermüdliche Hilfe der früheren und gegenwärtigen Mitarbeiter meines Lehrstuhls zunächst in Göttingen und später in Freiburg nicht möglich gewesen. Jan Ahrens, Dr. Axel Berninger, Henning Bloß, Thorsten Dörfler, Dr. Reiner Fu, Doris Haye, Anne Jostock, Dr. Peter Jung, Stephan Katerlöh, Thomas Keul, Philipp Lamprecht, Peter Memminger, Alexander Peukert, Dr. Jürgen Thiele und Dirk Widdekind bin ich deshalb zu großem Dank verpflichtet. Dank schulde ich auch meiner Sekretärin Ingrid Kniest für die sorgfältige Betreuung des umfangreichen Manuskripts.

Freiburg, im Juli 1997 Uwe Blaurock

Anschrift des Autors:
Prof. Dr. Uwe Blaurock, Universität Freiburg, Institut für Wirtschaftsrecht, Wilhelmstraße 26, 79098 Freiburg, Fax: (07 61) 2 03 22 87, E-mail: Blaurock@uni-freiburg.de

Inhaltsübersicht

	Seite
Vorwort	V
Inhaltsverzeichnis	IX
Abkürzungsverzeichnis	XXXI

Einführung

§ 1	Wesen und Bedeutung der Unternehmungsformen	1
§ 2	Die stille Gesellschaft als Unternehmungsform, insbesondere die Gründe für ihre Wahl	16
§ 3	Die Wurzeln der stillen Gesellschaft und ihre Stellung im ausländischen Recht	32

I. Teil: Die stille Gesellschaft im Zivil- und im Handelsrecht

§ 4	Begriff, Wesen und Erscheinungsformen der stillen Gesellschaft	53
§ 5	Die beteiligten Personen	68
§ 6	Die Beitragsleistung und die Einlage des stillen Gesellschafters	88
§ 7	Die Gewinn- und Verlustbeteiligung	113
§ 8	Die Abgrenzung der stillen Gesellschaft gegenüber verwandten Rechtsinstituten	129
§ 9	Die Errichtung der stillen Gesellschaft	148
§ 10	Der Inhalt des Gesellschaftsvertrags	172
§ 11	Mängel des Gesellschaftsvertrages	191
§ 12	Die Rechte und Pflichten der Gesellschafter	211
§ 13	Buchführung und Jahresabschluß	248
§ 14	Die Verteilung von Gewinn und Verlust	290

§ 15 Die Auflösung der stillen Gesellschaft 315
§ 16 Auseinandersetzung 339
§ 17 Die Insolvenz der stillen Gesellschaft 360
§ 18 Die stille Gesellschaft in der Umwandlung 392

II. Teil: Die Besteuerung der stillen Gesellschaft

§ 19 Die typische stille Gesellschaft 413
§ 20 Die atypische stille Gesellschaft im Sinne des Steuerrechts
(Mitunternehmerschaft) 430
§ 21 Die stille Familiengesellschaft 443
§ 22 Einkommensteuer 467
§ 23 Körperschaftsteuer 518
§ 24 Die GmbH & Still 540
§ 25 Gewerbesteuer 565
§ 26 Vermögensteuer und Einheitsbewertung 586
§ 27 Umsatzsteuer 604
§ 28 Erbschaft-(Schenkung-)Steuer 623
§ 29 Sonstige Steuern 632
§ 30 Die stille Gesellschaft im internationalen Steuerrecht 637

III. Teil: Die Unterbeteiligung

§ 31 Die Unterbeteiligung in zivilrechtlicher Sicht 659
§ 32 Die Unterbeteiligung im Steuerrecht 685

Anhang

Vertrag über die Errichtung einer typischen stillen Gesellschaft . . 709
Vertrag über die Errichtung einer atypischen stillen Gesellschaft . 719

Stichwortregister 725

Inhaltsverzeichnis

	Seite
Vorwort	V
Inhaltsübersicht	VII
Abkürzungsverzeichnis	XXXI

Einführung

§ 1 Wesen und Bedeutung der Unternehmungsformen

I. Die Wahl der Unternehmungsform 1
  1. Gesichtspunkte für die Wahl der Unternehmungsform 1
  2. Die zur Wahl stehenden Gesellschaftsformen 3
  3. Die verschiedenen Gesellschaftszwecke 4

II. Die Gestaltungsfreiheit im Gesellschaftsrecht 6
  1. Typenwahlfreiheit und Typengestaltungsfreiheit 6
  2. Typenzwang und Typenbeschränkung 7
  3. Weitere Grenzen der Gestaltungsfreiheit 10
  4. Typenwechsel 10

III. Die Gestaltungsmöglichkeiten im Recht der stillen Gesellschaft 11
  1. Wesensmerkmale der stillen Gesellschaft 11
  2. Die atypische stille Gesellschaft 11
    a) Atypische Gestaltungsformen der stillen Gesellschaft ... 11
    b) Zulässigkeit der atypischen Gestaltungsformen der stillen Gesellschaft 13
    c) Anwendbarkeit der §§ 230 ff. HGB auf die atypischen Gestaltungsformen 14

IV. Zusammenfassung 14

§ 2 Die stille Gesellschaft als Unternehmungsform, insbesondere die Gründe für ihre Wahl 16

I. Beweggründe auf seiten des stillen Gesellschafters 17
II. Beweggründe auf seiten des Inhabers des Handelsgeschäfts .. 18

1. Zivilrechtliche Beweggründe	18
2. Steuerrechtliche Beweggründe	19
III. Die stille Gesellschaft als Familiengesellschaft	22
IV. Die stille Gesellschaft als Form der Mitarbeiterbeteiligung	25
1. Die Beweggründe zur Mitarbeiterbeteiligung	25
2. Die Formen der Mitarbeiterbeteiligung	26
a) Die Gewinnbeteiligung	26
b) Die Mitunternehmerschaft (atypische stille Gesellschaft)	26
c) Die typische stille Gesellschaft	27
d) Vermögensbeteiligungsgesetz	28
V. Die stille Publikumsgesellschaft	30
VI. Zusammenfassung	31

§ 3 Die Wurzeln der stillen Gesellschaft und ihre Stellung im ausländischen Recht

I. Die Wurzeln der stillen Gesellschaft	32
II. Ausländisches Recht	34
1. Frankreich	34
2. Italien	37
3. Liechtenstein	39
4. Österreich	39
5. Schweiz	41
6. Belgien	42
7. Luxemburg	46
8. Niederlande	47
9. Schweden	48
10. Griechenland	49
11. Englisch-amerikanischer Rechtskreis	50
III. Zusammenfassung	51

I. Teil: Die stille Gesellschaft im Zivil- und im Handelsrecht

§ 4 Begriff, Wesen und Erscheinungsformen der stillen Gesellschaft 53

- **I. Der Begriff der stillen Gesellschaft** 54
- **II. Das Wesen der stillen Gesellschaft** 56
  1. Die stille Gesellschaft als echte Gesellschaft 56
  2. Die stille Gesellschaft als Innengesellschaft 57
  3. Die stille Gesellschaft als Personengesellschaft 60
- **III. Die Erscheinungsformen der stillen Gesellschaft** 63
  1. Die typische stille Gesellschaft 63
  2. Atypische Formen der stillen Gesellschaft 64
     a) Die stille Gesellschaft als Publikumsgesellschaft ... 64
     b) Die stille Gesellschaft mit Vermögensbeteiligung des Stillen 64
     c) Die stille Gesellschaft mit Geschäftsführungsbeteiligung des Stillen 66
     d) Die atypische stille Gesellschaft im Sinne des Steuerrechts 66
- **IV. Zusammenfassung** 66

§ 5 Die beteiligten Personen

- **I. Der Inhaber des Handelsgewerbes** 68
  1. Die Kaufmannseigenschaft des Geschäftsinhabers 68
  2. Das Handelsgewerbe des Geschäftsinhabers 71
     a) Kaufleute nach § 1 HGB 71
     b) Kaufleute nach § 2 HGB 72
     c) Kaufleute nach § 3 HGB 73
     d) Minderkaufleute nach § 4 HGB 73
     e) Scheinkaufleute nach § 5 HGB 73
     f) Handelsgesellschaften nach § 6 HGB 73
        (1) Personenhandelsgesellschaften 73
        (2) Kapitalgesellschaften außer Genossenschaften ... 74
        (3) Vorgesellschaften 74
        (4) Eingetragene Genossenschaften 74
        (5) EWIV 75
     g) Unternehmen von Körperschaften des öffentlichen Rechts 76

  h) Gesellschaften in Liquidation 76
  i) Stille Gesellschaft 77
 3. Beteiligung am Handelsgewerbe eines anderen 77
  a) Verschiedenheit von Geschäftsinhaber und Stillem 77
  b) Stille Beteiligung an Teilen eines Handelsgewerbes 78
  c) Unterbeteiligung 79

II. Der stille Gesellschafter 79
 1. Die Fähigkeit, stiller Gesellschafter zu werden 79
 2. Körperschaften des öffentlichen Rechts als stille Gesellschafter 81
 3. Beteiligung mehrerer stiller Gesellschafter an einem Handelsgewerbe 82
  a) Grundsatz der Zweigliedrigkeit 82
  b) Die mehrgliedrige stille Gesellschaft 83
  c) Die wechselseitige stille Gesellschaft 86
  d) Die Unterbeteiligung an einer stillen Beteiligung 86

III. Zusammenfassung 86

§ 6 Die Beitragsleistung und die Einlage des stillen Gesellschafters

I. Die Beitragspflicht des stillen Gesellschafters 88
 1. Beitrag und Einlageleistung 88
 2. Der Umfang der Beitragspflicht 89

II. Die Beitragsleistung des stillen Gesellschafters 90
 1. Die Formen der Beitragsleistung und ihre rechtliche Behandlung 90
  a) Beitragsleistung durch Leistung einer bilanzierungsfähigen Einlage 90
   (1) Persönliche Leistung einer Geldeinlage 91
   (2) Persönliche Leistung einer Sacheinlage 92
   (3) Schenkweise Einbuchung 93
  b) Die Leistung nicht bilanzierungsfähiger Beiträge 96
   (1) Gebrauchsüberlassung 96
   (2) Einbringung eines Vermögensgegenstandes dem Werte nach 98
   (3) Dienstleistungen 99
   (4) Einräumung eines Geld- oder Warenkredits 100
   (5) Unterlassungen 100
   (6) Immaterielle Beiträge 101
 2. Der Zeitpunkt der Beitragsleistung 101

3. Störungen bei der Beitragsleistung 102
   a) Anfängliche Unmöglichkeit, Gesetzwidrigkeit oder Sittenwidrigkeit 102
   b) Nachträgliche Unmöglichkeit 102
   c) Verzug und positive Vertragsverletzung 102
   d) Sachmängelgewährleistung 103
   e) Kündigung des Treuhandverhältnisses bei Beitragsleistung an den Treuhänder 103

III. Die Beitragsleistung und die Einlage des Stillen 104
   1. Beitrag und Einlagegutschrift 104
   2. Die Bewertung der Einlage 104
   3. Beitrag und Beteiligung 108

IV. Einlage und Haftung 109

V. Das Wesen des Einlagekontos 110

VI. Zusammenfassung 111

§ 7 Die Gewinn- und Verlustbeteiligung

I. Die Gewinnbeteiligung 113
   1. Der Begriff der Gewinnbeteiligung 113
   2. Die Gewinnbeteiligungsmöglichkeiten 116
   3. Anwendung der §§ 291 ff. AktG auf die stille Beteiligung an einer Aktiengesellschaft 118
      a) Die stille Beteiligung als Teilgewinnabführungsvertrag . . 118
      b) Die Zustimmung der Hauptversammlung zum Abschluß des stillen Gesellschaftsvertrags 120
         (1) Erforderlichkeit der Zustimmung 120
         (2) Zeitpunkt der Zustimmung 122
      c) Unzulässigkeit der Abführung eines garantierten Mindestgewinns 123
   4. Analoge Anwendung der §§ 291 ff. AktG auf die stille Beteiligung an einer GmbH? 125

II. Die Verlustbeteiligung 126
   1. Der Ausschluß der Verlustbeteiligung 126
   2. Verlustbeteiligungsmöglichkeiten 127

III. Zusammenfassung 127

§ 8 Die Abgrenzung der stillen Gesellschaft gegenüber verwandten Rechtsinstituten ... 129

I. Stille Gesellschaft und andere Formen der internen Beteiligung ... 130
1. Stille Gesellschaft i.S. der §§ 230 ff. HGB und stille Gesellschaft bürgerlichen Rechts ... 130
2. Stille Gesellschaft und Geschäfte auf gemeinsame Rechnung ... 131
3. Stille Gesellschaft und Unterbeteiligung ... 131

II. Stille Gesellschaft und Gesellschaft des bürgerlichen Rechts ... 131
III. Stille Gesellschaft und Personenhandelsgesellschaften ... 132
IV. Partiarische Rechtsverhältnisse ... 134
1. Begriff und Wesen der partiarischen Verträge ... 134
2. Das partiarische Darlehen ... 135
   a) Bedeutung der Unterscheidung zwischen partiarischem Darlehen und stiller Gesellschaft ... 136
   b) Unterscheidungskriterien ... 138
3. Genußrechte ... 141
4. Der partiarische Dienstvertrag ... 141
5. Partiarische Miet-, Pacht- und Verlagsverträge ... 145

V. Das Kommissionsgeschäft ... 145
VI. Stille Gesellschaft und Treuhand ... 146
VII. Zusammenfassung ... 147

§ 9 Die Errichtung der stillen Gesellschaft ... 148

I. Errichtung durch Gesellschaftsvertrag ... 149
1. Das Wesen des Gesellschaftsvertrags ... 149
2. Die Rechtsnatur des Gesellschaftsvertrags ... 150
3. Der Abschluß des Gesellschaftsvertrages ... 152
   a) Zustandekommen des Gesellschaftsvertrages ... 152
   b) Der Vertragsschluß durch Vertreter ... 153
   c) Wirksamwerden des Gesellschaftsvertrages ... 154
   d) Die Form des Gesellschaftsvertrags ... 154
   e) Geltung des AGB-Gesetzes ... 156
4. Besonderheiten des Vertragsschlusses bei einzelnen Vertragspartnern ... 157

a) Gesellschaftsverträge mit mehreren Personen 157
b) Gesellschaftsverträge mit Geschäftsunfähigen, Minderjährigen oder Betreuten 157
   (1) Mitwirkung des gesetzlichen Vertreters 157
   (2) Genehmigung des Vormundschaftsgerichts 159
c) Gesellschaftsverträge mit Personengesellschaften 162
   (1) Personenhandelsgesellschaften als Geschäftsinhaber . 162
   (2) Personenhandelsgesellschaften als stille Gesellschafter 164
d) Gesellschaftsverträge mit Gesellschaften mbH 165
   (1) Die GmbH als Geschäftsinhaber 165
   (2) Die GmbH als stille Gesellschafterin 165
e) Gesellschaftsverträge mit Aktiengesellschaften 166
   (1) Die Aktiengesellschaft als Geschäftsinhaber 166
   (2) Die Aktiengesellschaft als stille Gesellschafterin ... 166

II. Gesetzliche Schranken für die Errichtung einer stillen Gesellschaft 167
  1. Kartellrechtliche Schranken 167
    a) Stille Gesellschaft und §§ 1 ff. GWB 167
    b) Stille Gesellschaft und §§ 23 ff. GWB 167
  2. Gewerberechtliche und berufsständische Beschränkungen . 167
    a) Stille Beteiligungen an Apotheken 168
    b) Stille Beteiligungen an Rechtsberatungsunternehmen .. 169
    c) Stille Beteiligungen an Steuerberatungs- und Wirtschaftsprüfungsgesellschaften 170
    d) Sonstige gewerberechtliche Einschränkungen 170

III. Zusammenfassung 171

§ 10 Der Inhalt des Gesellschaftsvertrags

I. Der Mindestinhalt des Gesellschaftsvertrags 172

II. Der sonstige Inhalt des Gesellschaftsvertrags 173
  1. Firma, Sitz und Gegenstand des Unternehmens 173
    a) Die Firma 174
    b) Der Gegenstand des Unternehmens 176
    c) Der Sitz des Unternehmens 176
  2. Informations-, Kontroll- und Mitwirkungsrechte des stillen Gesellschafters 177
  3. Beitragsleistung, Gewinn- und Verlustbeteiligung 178
  4. Auseinandersetzungsguthaben, schwebende Geschäfte .. 179
  5. Übertragung der Beteiligung 180

6. Dauer der stillen Gesellschaft, Kündigung 183
7. Geheimhaltung der stillen Gesellschaft 183
8. Gewährung von Sicherheiten an den stillen Gesellschafter . 184
9. Vereinbarung eines Schiedsgerichts 184
10. Regelung der Erbfolge beim Tode des Inhabers 186
 a) Die erbrechtliche Regelung 186
 b) Die gesellschaftsvertragliche Regelung 187
11. Weitere Regelungen 189
III. Zusammenfassung 189

§ 11 Mängel des Gesellschaftsvertrages
I. Die Lehre von der Gesellschaft mit fehlerhafter Vertragsgrundlage 191
II. Der fehlerhafte stille Gesellschaftsvertrag im besonderen ... 194
1. Anwendung der Lehre von der fehlerhaften Gesellschaft auf die stille Gesellschaft 194
 a) Der Meinungsstand 194
 b) Stellungnahme 198
2. Grenzen der Anwendung der Lehre von der fehlerhaften Gesellschaft 203
 a) Gesetzes- und Sittenwidrigkeit 204
 b) Verstoß gegen berufsrechtliche Regelungen 205
 c) Minderjährigenschutz 206
 d) Arglistige Täuschung und widerrechtliche Drohung . . . 208
 e) Fehlende Gesellschaft und Scheingesellschaft 208
3. Anwendbare Regelungen 208
III. Zusammenfassung 210

§ 12 Die Rechte und Pflichten der Gesellschafter 211
I. Die Rechtsstellung des Inhabers des Handelsgeschäfts 212
1. Die Beitragspflicht 212
2. Die Geschäftsführung 212
 a) Allgemeines 212
 b) Erhaltung der Grundlagen des Handelsgeschäfts 214
 c) Veräußerung oder Einstellung des Geschäftsbetriebs . . . 216
 d) Gesellschafterwechsel 218

(1) Gesellschafterwechsel in einer Personenhandelsgesellschaft 218
(2) Gesellschafterwechsel in einer Kapitalgesellschaft .. 219
e) Außergewöhnliche Maßnahmen der Geschäftsführung .. 219
f) Die zweckentsprechende Verwendung der Beitragsleistung 220
g) Privatentnahmen 221
h) Umwandlung 222
i) Beschränkung der Geschäftsführungsbefugnis 222
j) Haftung für Geschäftsführungsmaßnahmen 223
3. Das Handeln nach außen 225
4. Die Treuepflicht 225
5. Wettbewerbsbeschränkungen 227
6. Der Grundsatz der Gleichbehandlung 229

II. Die Rechtsstellung des stillen Gesellschafters 229
1. Die Beitragspflicht 229
2. Die Treuepflicht 229
3. Wettbewerbsbeschränkungen 230
4. Kontrollrechte 231
   a) Die gesetzlichen Kontrollrechte des Stillen 232
      (1) Das ordentliche Informationsrecht des Stillen nach
          § 233 Abs. 1 HGB 233
      (2) Das außerordentliche Informationsrecht des Stillen
          nach § 233 Abs. 3 HGB 234
      (3) Die Kontrolle von Beteiligungen 235
      (4) Weitere gesetzliche Kontrollrechte 238
   b) Vertragliche Vereinbarungen 239
5. Beteiligung an der Geschäftsführung 239
6. Vertretung des Geschäftsinhabers nach außen 240
7. Haftung für Geschäftsführungs- und Vertretungshandlungen 241
8. Haftung des Stillen für Verbindlichkeiten des Handelsgewerbes 242
9. Gesellschafterwechsel 245

III. Zusammenfassung 246

§ 13 Buchführung und Jahresabschluß 248

I. Allgemeines 249
II. Grundlagen der Bilanzierung 249

    1. Ordnungsmäßigkeit der Buchführung 249
    2. Grundsätze ordnungsmäßiger Bilanzierung 252
III. Die Gliederung der Bilanz 254
    1. Aktivseite 255
       a) Anlagevermögen 255
       b) Umlaufvermögen 256
       c) Rechnungsabgrenzungsposten 256
    2. Passivseite 258
       a) Eigenkapital des Geschäftsinhabers 258
       b) Rückstellungen 259
       c) Verbindlichkeiten 261
       d) Rechnungsabgrenzungsposten 261
IV. Die Bewertungsvorschriften 262
    1. Allgemeine Bewertungsvorschriften 262
    2. Bewertung bestimmter Wirtschaftsgüter 264
V. Buchführungspflicht und Jahresabschluß der stillen Gesellschaft 269
VI. Die stille Gesellschaft in der Buchhaltung und im Jahresabschluß des Inhabers 270
    1. Buchführungs- und Bilanzierungspflicht des Inhabers 270
    2. Passivierung der stillen Beteiligung 272
       a) Abgrenzung eigenkapitalähnlicher stiller Beteiligungen von stillen Beteiligungen mit überwiegendem Fremdkapitalcharakter 274
       b) Bilanzierung stiller Beteiligungen mit überwiegendem Fremdkapitalcharakter 277
       c) Bilanzierung eigenkapitalähnlicher stiller Beteiligungen . 279
    3. Aktivierung der Beitragsleistung des stillen Gesellschafters . 279
       a) Aktivierungsfähigkeit des Beitrages 280
       b) Bewertung der Einlage 281
    4. Bilanzielle Behandlung von Gewinnen, Verlusten und Entnahmen sowie von sonstigen Forderungen und Verbindlichkeiten gegenüber dem stillen Gesellschafter 282
    5. Die stille Gesellschaft in der Gewinn- und Verlustrechnung sowie im Anhang 285
VII. Die stille Gesellschaft in der Buchhaltung und im Jahresabschluß des stillen Gesellschafters 285
    1. Buchführungs- und Bilanzierungspflicht des stillen Gesellschafters 285

    2. Aktivierung der Mitgliedschaft in der stillen Gesellschaft . 286
    3. Die stille Gesellschaft in der Gewinn- und Verlustrechnung sowie im Anhang 288
VIII. Zusammenfassung 289

§ 14 Die Verteilung von Gewinn und Verlust

  I. Gewinnbeteiligung des stillen Gesellschafters 290
    1. Gesetzliche Regelung 291
    2. Regelung im Gesellschaftsvertrag 291
  II. Berechnung des Gewinns und Verlustes des Gesellschafters . 292
    1. Keine Handelsbilanz der stillen Gesellschaft als Grundlage der Gewinnberechnung, grundsätzliche Notwendigkeit einer internen Rechnungslegung 292
    2. Die Berechnung von Gewinn- und Verlust in der Vertragspraxis 293
    3. Die Feststellung der Gewinnrechnung 294
  III. Berechnungsgrundlage für Gewinn und Verlust des stillen Gesellschafters 295
    1. Handelsbilanzgewinn 296
    2. Steuerbilanzgewinn 296
  IV. Durchführung der Gewinnberechnung 298
    1. Korrekturen des Jahresergebnisses des Inhabers für die Gewinnberechnung 298
    2. Unterschiede der Gewinnberechnung bei typischer und atypischer stiller Gesellschaft 301
      a) Gewinnberechnung bei der atypischen stillen Gesellschaft 301
      b) Gewinnberechnung bei der typischen stillen Gesellschaft 302
    3. Jahresergebnis des Inhabers als Grundlage für die Gewinnberechnung 306
  V. Auszahlung des Gewinnanteils 307
    1. Der Auszahlungsanspruch des stillen Gesellschafters 307
    2. Auszahlungsanspruch und Einlage des stillen Gesellschafters . 309
  VI. Verlustbeteiligung des stillen Gesellschafters 311
    1. Gesetzliche Regelung 311
    2. Regelung im Gesellschaftsvertrag 312
  VII. Zusammenfassung 313

§ 15 Die Auflösung der stillen Gesellschaft

I. Das Wesen der Auflösung 315
II. Die Auflösungsgründe 318
   1. Auflösung durch Vereinbarung der Gesellschafter 318
   2. Zeitablauf, Bedingungseintritt, Erreichen und Unmöglichwerden des Zwecks 318
      a) Ablauf der im Gesellschaftsvertrag festgelegten Zeit ... 318
      b) Eintritt einer im Gesellschaftsvertrag vereinbarten auflösenden Bedingung 319
      c) Erreichen des vereinbarten Zwecks (§ 726 BGB) 319
      d) Unmöglichwerden des Gesellschaftszwecks (§ 726 BGB) . 319
   3. Kündigung (§ 234 Abs. 1 HGB) 320
      a) Die ordentliche Kündigung 321
      b) Die außerordentliche Kündigung 324
   4. Kündigung durch einen Privatgläubiger des stillen Gesellschafters (§§ 234, 135 HGB) 328
   5. Tod oder Todeserklärung eines Gesellschafters, Auflösung von Handelsgesellschaften 329
      a) Tod des Geschäftsinhabers 329
      b) Tod des stillen Gesellschafters 331
      c) Auflösung von Inhaber-Handelsgesellschaften 334
   6. Konkurs eines Gesellschafters (§ 728 BGB) 335
   7. Sonstige mögliche Auflösungsgründe 336
III. Zusammenfassung 338

§ 16 Auseinandersetzung

I. Begriff und Wesen 339
   1. Die gesetzliche Regelung 339
   2. Zeitpunkt der Auseinandersetzung 342
II. Auseinandersetzungsguthaben 343
   1. Ermittlung des Auseinandersetzungsguthabens 343
   2. Höhe des Auseinandersetzungsguthabens 343
      a) Höhe bei typischen stillen Beteiligungen 344
      b) Höhe bei schuldrechtlicher Vermögensbeteiligung des stillen Gesellschafters 346
   3. Sonderfälle der Auseinandersetzung 347
      a) Dienstleistungen als Beitrag des stillen Gesellschafters . 348
      b) Sachleistungen als Beitrag des stillen Gesellschafters ... 349

III. Auszahlungsanspruch ... 349
1. Fälligkeit des Auszahlungsanspruchs ... 350
2. Durchsetzung des Auseinandersetzungsanspruchs ... 351
3. Kontrollrechte des stillen Gesellschafters ... 352

IV. Das passive Einlagekonto ... 353
1. Grundsätzliche Bedeutung als Auszahlungssperre ... 353
2. Vertragliche Sonderregelungen ... 354

V. Abwicklung schwebender Geschäfte ... 355
1. Begriff der schwebenden Geschäfte ... 355
2. Beteiligung des stillen Gesellschafters am Ergebnis schwebender Geschäfte ... 356

VI. Zusammenfassung ... 357

§ 17 Die Insolvenz der stillen Gesellschaft

I. Der Konkurs des Geschäftsinhabers ... 360
1. Die Rechtsstellung des stillen Gesellschafters ... 361
   a) Auflösung der stillen Gesellschaft durch Konkurs des Inhabers ... 361
   b) Konkursgründe ... 362
2. Die stille Beteiligung als Eigenkapitalersatz ... 363
   a) Funktion und Bedeutung eigenkapitalersetzender stiller Beteiligungen ... 363
   b) Fallgruppen eigenkapitalersetzender stiller Beteiligungen ... 364
      (1) Vereinbarte eigenkapitalersetzende Funktion stiller Beteiligungen ... 364
      (2) Zwingende haftungsmäßige Gleichstellung mit Eigenkapital ... 366
3. Die Auseinandersetzung ... 369
   a) Durchführung der Auseinandersetzung ... 369
   b) Höhe des Auseinandersetzungsanspruchs ... 371
4. Das Auseinandersetzungsguthaben ... 372
5. Das passive Einlagekonto ... 373

II. Der Konkurs des stillen Gesellschafters ... 375

III. Die Konkursanfechtung ... 375
1. Der Grundgedanke ... 375
2. Die Sonderregelung des § 237 HGB ... 377
3. Die Voraussetzungen der besonderen Konkursanfechtung ... 378

        a) Vorliegen einer stillen Beteiligung 378
        b) Konkursverfahren über das Vermögen des Inhabers 379
        c) Besondere Vereinbarung zwischen Inhaber und stillem
           Gesellschafter 379
        d) Anfechtbare Rechtshandlung des Inhabers 380
        e) Ausschluß der Anfechtbarkeit 382
     4. Die Durchführung der Konkursanfechtung 382
  IV. Das Vergleichsverfahren 384
  V. Insolvenzordnung 1999 386
     1. Ziele der Insolvenzordnung 386
     2. Regelungen bezüglich der stillen Gesellschaft 387
        a) Änderungen des HGB 387
        b) Auswirkungen der Gesetzesreform auf die Rechtslage der
           stillen Beteiligung in der Insolvenz 388
  VI. Zusammenfassung 389

§ 18 Die stille Gesellschaft in der Umwandlung 392
  I. Die stille Gesellschaft und die Umwandlung des Geschäfts-
     inhabers 393
     1. Stille Gesellschaft und Verschmelzung des Geschäftsinha-
        bers 393
        a) Verschmelzung mit stiller Beteiligung am übertragenden
           Rechtsträger 393
           (1) Die prinzipielle Übertragbarkeit der stillen Beteiligung 393
           (2) Informationspflichten des Geschäftsinhabers 394
           (3) Zustimmungsbedürftigkeit 394
           (4) Die Rechtslage bei Zustimmung des Stillen 396
           (5) Die Rechtslage bei fehlender Zustimmung des Stillen 397
        b) Verschmelzung mit stiller Beteiligung am übernehmen-
           den Rechtsträger 398
     2. Stille Gesellschaft und Spaltung des Geschäftsinhabers . . . 398
        a) Stille Beteiligung am übertragenden Rechtsträger 399
           (1) Die prinzipielle Übertragbarkeit der stillen Beteili-
               gung in der Spaltung 399
           (2) Information des Stillen und Zustimmungsbedürftigkeit . 400
           (3) Rechtslage nach durchgeführter Spaltung 401
        b) Stille Beteiligung am übernehmenden Rechtsträger 401
     3. Stille Beteiligung und Umwandlung eines einzelkaufmän-
        nischen Unternehmens in eine Handelsgesellschaft 402

4. Stille Gesellschaft und Formwechsel des Geschäftsinhabers . 402
   a) Formwechsel im Anwendungsbereich des neuen UmwG . 402
   b) Im Umwandlungsgesetz nicht geregelte Formwechsel . . 404

II. Die Umwandlung des stillen Gesellschafters 406
   1. Umwandlung mit Universalsukzession 406
   2. Formwechsel des stillen Gesellschafters 407

III. Die Umwandlung der stillen Beteiligung 407
   1. Die Umwandlung der stillen Beteiligung in einen Gesellschaftsanteil an der Inhabergesellschaft 407
      a) Die Umwandlung der stillen Beteiligung in einen Personengesellschaftsanteil 407
      b) Die Umwandlung der stillen Beteiligung in einen Kapitalgesellschaftsanteil 408
   2. Die Übernahme des Handelsgewerbes durch den Stillen . . 409
   3. Der Wechsel zwischen typischer und atypischer stiller Beteiligung 409

IV. Die Umwandlung eines Gesellschaftsanteils in eine stille Beteiligung 409

V. Zusammenfassung 410

II. Teil: Die Besteuerung der stillen Gesellschaft

§ 19 Die typische stille Gesellschaft 413

I. Typische und atypische stille Gesellschaft 414

II. Die steuerliche Anerkennung der typischen stillen Gesellschaft 415
   1. Der Gesellschaftsvertrag 416
   2. Das Handelsgewerbe des Inhabers 418
   3. Die Vermögenseinlage des stillen Gesellschafters 420
   4. Die Gewinnbeteiligung 422

III. Stille Beteiligung und partiarisches Darlehen 423

IV. Die Ernsthaftigkeit des Gesellschaftsverhältnisses 424
   1. Beschränkte Gesellschafterrechte 424
   2. Unangemessene Gewinnverteilung 426

V. Die Besteuerung der stillen Gesellschaft mit mangelhafter Vertragsgrundlage 427

VI. Zusammenfassung 429

§ 20 Die atypische stille Gesellschaft im Sinne des Steuerrechts (Mitunternehmerschaft)

I. Die wirtschaftliche Betrachtungsweise 430
II. Begriff und Wesen der Mitunternehmerschaft 431
1. Allgemeines 432
2. Unternehmerinitiative 433
3. Unternehmerrisiko 434
   a) Beteiligung am Gewinn und Verlust 434
   b) Beteiligung an den stillen Reserven und am Geschäftswert 436
   c) Verhältnis von Mitunternehmerrisiko zu Mitunternehmerinitiative 439
   d) Gruppen atypischer stiller Gesellschaften 441
III. Zusammenfassung 442

§ 21 Die stille Familiengesellschaft 443

I. Der Begriff der Familiengesellschaft 444
II. Anerkennung der stillen Gesellschaft 444
1. Die Klarheit der Vereinbarung 445
2. Die Ernsthaftigkeit der Vereinbarungen 446
   a) Zivilrechtliche Wirksamkeit 447
      (1) Beurkundung 448
      (2) Bestellung eines Ergänzungspflegers 450
      (3) Vormundschaftsgerichtliche Genehmigung 451
   b) Vertragsschluß unter Bedingungen wie unter Dritten . . . 451
      (1) Verfügung über Gewinnanteil 455
      (2) Kein Ausschluß von Gesellschafterrechten 457
      (3) Kündigungsrecht der Gesellschafter 458
3. Tatsächliche Durchführung des Gesellschaftsverhältnisses . 459
4. Folgen der Nichtanerkennung des Gesellschaftsverhältnisses 461
III. Angemessenheit der Gewinnbeteiligung 461
1. Maßstäbe und Zeitpunkt der Angemessenheitsprüfung . . . 461
2. Die angemessene Gewinnverteilung im einzelnen 462
   a) Die geschenkte Beteiligung 462
   b) Die entgeltlich erworbene Beteiligung 463
   c) Die teilweise geschenkte Beteiligung 464

3. Folgen einer unangemessenen Gewinnbeteiligung 464
4. Kritik 465
IV. Zusammenfassung 466

§ 22 Einkommensteuer 467
I. Die atypische stille Gesellschaft 469
1. Die gesetzliche Regelung 469
2. Das Einlagekonto des atypischen stillen Gesellschafters . . 473
3. Der Gewinnanteil des atypischen stillen Gesellschafters . . 474
   a) Anteile am laufenden Gewinn und Sondervergütungen . . 474
   b) Gewinne aus Veräußerung und Auflösung der Beteiligung 475
   c) Behandlung von Auflösungsgewinnen beim Geschäfts-
      inhaber 479
4. Der Verlustanteil des atypischen stillen Gesellschafters . . 480
5. Die Einschränkung des Verlustabzugs durch § 15a EStG . . 481
6. Die einheitliche Gewinnfeststellung 485
II. Die typische stille Gesellschaft 489
1. Der Inhaber des Handelsgeschäfts 489
2. Die Einkunftsart beim stillen Gesellschafter 491
3. Der Gewinnanteil des stillen Gesellschafters 492
   a) Mehrgewinne aufgrund Betriebsprüfung 492
   b) Gewinne aus Auflösung der stillen Gesellschaft 493
   c) Veräußerungsgewinne 496
4. Verlustanteil und Verlustausgleich 499
   a) Verluste aus der stillen Beteiligung und sonstige Wer-
      bungskosten 499
   b) Zurechnung und Ausgleich von Verlustanteilen 504
5. Die Berücksichtigung der Gewinn- und Verlustanteile . . . 508
   a) Das Zufließen der Gewinnanteile 508
   b) Das Absetzen der Verlustanteile 512
6. Die Kapitalertragsteuer 512
   a) Der Steuerabzug vom Kapitalertrag 512
   b) Das Steuerabzugsverfahren 513
III. Zusammenfassung 516

§ 23 Körperschaftsteuer 518

I. Die Kapitalgesellschaft als stiller Gesellschafter 520
II. Die typische stille Beteiligung an einer Kapitalgesellschaft . . 520
1. Steuerpflichtiger Gewinn 520
2. Stille Beteiligung eines Gesellschafters der Kapitalgesellschaft 521
   a) Abgrenzung von Eigen- und Fremdkapital 521
   b) Problem der verdeckten Gewinnausschüttung 526
3. Vereinbarung der Maßgeblichkeit der Steuerbilanz 529
III. Die atypische stille Beteiligung an einer Kapitalgesellschaft . 530
IV. Ausländische Anteilseigner 535
V. Zusammenfassung 538

§ 24 Die GmbH & Still 540

I. Begriff, Zulässigkeit, Motive für die Rechtsformwahl 541
II. Ausgewählte Problembereiche bei der GmbH & Still 546
1. Mitunternehmerschaftsprobleme bei Personenidentität zwischen GmbH-Gesellschafter, Geschäftsführer und stillem Gesellschafter 546
2. Mitunternehmerschaftsprobleme bei eigenkapitalersetzender stiller Beteiligung 551
3. Angemessenheit der Gewinnverteilung 553
4. Geschäftsführergehalt 558
5. Behandlung der GmbH-Anteile als Sonderbetriebsvermögen 561
III. Zusammenfassung 563

§ 25 Gewerbesteuer 565

I. Die typische stille Gesellschaft 566
1. Die Steuerpflicht 566
2. Die Besteuerungsgrundlagen 567
   a) Der Gewerbeertrag 567
      (1) Der Begriff des Gewerbeertrags 567
      (2) Hinzurechnungen zum Gewerbeertrag (§ 8 GewStG) . 568
      (3) Steuermeßzahl und Steuermeßbetrag 571

b) Das Gewerbekapital 571
  (1) Der Begriff 571
  (2) Hinzurechnungen zum Gewerbekapital 572
  (3) Steuermeßzahl und Steuermeßbetrag 573
3. Die Festsetzung des einheitlichen Steuermeßbetrages 573
4. Schuldner der Gewerbesteuer 574

II. Die atypische stille Gesellschaft 574
1. Die Steuerpflicht 574
  a) Die subjektive Steuerpflicht 574
  b) Sachliche Steuerpflicht 577
  c) Gewerbesteuerliche Organschaft 580
2. Die Besteuerungsgrundlagen 581
  a) Der Gewerbeertrag 581
  b) Das Gewerbekapital 582
3. Der Gewerbeverlust 582

III. Zusammenfassung 585

§ 26 Vermögensteuer und Einheitsbewertung 586

I. Die typische stille Gesellschaft 587
1. Die Besteuerung des Inhabers 587
2. Die Besteuerung des stillen Gesellschafters 590
  a) Die Vermögenseinlage 590
  b) Die Bewertung der Vermögenseinlage 591
  c) Bewertungsmethode 595
3. Ehegatte als stiller Gesellschafter am Betrieb des anderen Ehegatten 596

II. Die atypische stille Gesellschaft 596
1. Das gewerbliche Betriebsvermögen 596
2. Die Einheitswertfeststellung 598
3. Vermögensteuer 602

III. Zusammenfassung 602

§ 27 Umsatzsteuer 604

I. Besteuerungsgegenstand und Unternehmerbegriff 605
1. Stille Gesellschaft und Unternehmerbegriff 605
2. Der stille Gesellschafter als Unternehmer 608

II. Die Errichtung der stillen Gesellschaft ... 609
1. Leistung des stillen Gesellschafters ... 609
2. Leistung des Geschäftsinhabers ... 614
   a) Gesellschaftsbeteiligung bei der Gründung ... 614
   b) Nachträgliche Einräumung von Gesellschaftsbeteiligungen ... 615
III. Verhältnis von § 4 Nr. 8f UStG zu § 4 Nr. 8j UStG ... 617
IV. Die Auflösung der stillen Gesellschaft ... 618
V. Veräußerungsvorgänge ... 619
VI. Umsatzsteuerliche Besonderheiten bei Abschreibungsgesellschaften in der Rechtsform der atypischen stillen Gesellschaft ... 619
VII. Zusammenfassung ... 621

§ 28 Erbschaft-(Schenkung-)Steuer

I. Der Steuergegenstand ... 623
II. Die Entstehung der Steuerschuld und die Bewertung der stillen Beteiligung ... 628
1. Typische stille Gesellschaft ... 628
2. Atypische stille Gesellschaft ... 629
III. Steuerbefreiungen ... 630

§ 29 Sonstige Steuern

I. Grunderwerbsteuer ... 632
II. Grundsteuer ... 634
III. Gesellschaftsteuer ... 635
IV. Börsenumsatzsteuer ... 636

§ 30 Die stille Gesellschaft im internationalen Steuerrecht ... 637

I. Die beschränkte Steuerpflicht ... 638
1. Einkommensteuer ... 638
   a) Typische stille Gesellschaft ... 639
   b) Atypische stille Gesellschaft ... 639
2. Körperschaftsteuer ... 642
3. Vermögensteuer ... 642
4. Erbschaftsteuer ... 644

II. Maßnahmen zur Beseitigung der Doppelbesteuerung 645
   1. Unilaterale Maßnahmen 645
   2. Bilaterale Maßnahmen (Doppelbesteuerungsabkommen) . . 647
      a) Typische stille Gesellschaft 648
      b) Atypische stille Gesellschaft 650
      c) Vermögensbesteuerung 652
III. Das Außensteuergesetz 652
IV. Negative ausländische Einkünfte 655
V. Zusammenfassung 656

III. Teil: Die Unterbeteiligung

§ 31 Die Unterbeteiligung in zivilrechtlicher Sicht 659
   I. Wesen der Unterbeteiligung und wirtschaftliche Bedeutung . 660
   II. Abgrenzung zu anderen Rechtsinstituten 662
   III. Arten der Unterbeteiligung 665
   IV. Rechtsgrundlagen 666
   V. Der Unterbeteiligungsvertrag 668
      1. Rechtsnatur des Vertrages 668
      2. Formbedürftigkeit 669
      3. Mängel des Gesellschaftsvertrages 671
   VI. Beitrag und Einlage in der Unterbeteiligungsgesellschaft . . 672
   VII. Die Rechte und Pflichten der Vertragsparteien 673
   VIII. Beendigung der Unterbeteiligungsgesellschaft 680
   IX. Die Einlage des Unterbeteiligten im Konkurs des Hauptgesellschafters 683

§ 32 Die Unterbeteiligung im Steuerrecht 685
   I. Einkommensteuer 686
      1. Die typische Unterbeteiligung 686
         a) Die steuerliche Behandlung beim Unterbeteiligten . . . 686
         b) Die steuerliche Behandlung beim Hauptbeteiligten . . . 689
      2. Die atypische Unterbeteiligung 690
         a) Die atypische Unterbeteiligung als Mitunternehmerschaft 690

b) Die einheitliche Gewinnfeststellung 693
c) Einräumung, Auflösung und Veräußerung der Unterbeteiligung 695
3. Besonderheiten bei Unterbeteiligungen im Familienverband . 696
4. Besonderheiten bei der Unterbeteiligung an einem GmbH-Anteil 702

II. Gewerbesteuer 706

III. Schenkungsteuer 707

Anhang

Vertrag über die Errichtung einer typischen stillen Gesellschaft . . 709
Vertrag über die Errichtung einer atypischen stillen Gesellschaft . 719

Stichwortregister 725

Abkürzungsverzeichnis

In das Abkürzungsverzeichnis ist auch die häufig verwendete Literatur aufgenommen worden. Soweit andere als die aufgeführten Auflagen im Text zitiert werden, ist dies jeweils angegeben. Im übrigen finden sich ausführliche Literaturübersichten vor jedem Kapitel.

a.A.	anderer Ansicht
a.a.O.	am angegebenen Ort
a.E.	am Ende
a.F.	alte Fassung
Abs.	Absatz
AcP	Archiv für die civilistische Praxis
AfA	Absetzung für Abnutzung
AG	Aktiengesellschaft
AktG	Aktiengesetz
AnfG	Anfechtungsgesetz
Anm.	Anmerkung
AO	Abgabenordnung
ApothG	Gesetz über das Apothekenwesen
Art.	Artikel
AStG	Außensteuergesetz
Aufl.	Auflage
Aulinger	Leonhard Aulinger, Die atypische stille Gesellschaft, 1955
Ba.-Wü.	Baden-Württemberg
BAG	Bundesarbeitsgericht
Baumbach/Hopt	Handelsgesetzbuch, begründet von *Adolf Baumbach*, fortgeführt von *Konrad Duden*, erläutert von *Klaus J. Hopt*, 29. Aufl., 1995
BayObLG	Bayerisches Oberstes Landesgericht
BB	Der Betriebs-Berater
Bd.	Band
BdF	Bundesminister der Finanzen
betr.	betrifft
BewG	Bewertungsgesetz
BFH	Bundesfinanzhof
BFHE	Sammlung der Entscheidungen und Gutachten des Bundesfinanzhofes
BFuP	Betriebswirtschaftliche Forschung und Praxis

BGB	Bürgerliches Gesetzbuch
BGBl.	Bundesgesetzblatt
BGH	Bundesgerichtshof
BGHZ	Entscheidungen des Bundesgerichtshofs in Zivilsachen
Blaurock	*Uwe Blaurock*, Unterbeteiligung und Treuhand an Gesellschaftsanteilen, 1981
BMF/BdF	Bundesminister der Finanzen
Böttcher/ Zartmann/Faut	*Conrad Böttcher, Hugo Zartmann* und *Eberhard Faut*, Stille Gesellschaft und Unterbeteiligung, 3. Aufl. 1978
BReg-Drucks.	Bundesregierungs-Drucksache
BStBl.	Bundessteuerblatt
BT-Drucks.	Bundestags-Drucksache
Buchst.	Buchstabe
BVerfG	Bundesverfassungsgericht
BVerfGE	Entscheidungen des Bundesverfassungsgerichts
bzw.	beziehungsweise
DB	Der Betrieb
DBA	Doppelbesteuerungsabkommen
ders.	derselbe
dies.	dieselbe
Diss.	Dissertation
DM	Deutsche Mark
DNotZ	Deutsche Notar-Zeitschrift
DR	Deutsches Recht
DStR	Deutsches Steuerrecht
DStRdsch.	Deutsche Steuerrundschau
DStZ	Deutsche Steuer-Zeitung Teil A
Düringer/ Hachenburg	*Düringer/Hachenburg*, Das Handelsgesetzbuch, bearbeitet unter der Leitung von *Max Düringer*, 3. Aufl. 1930 ff.
DVR	Deutsche Verkehrsteuer-Rundschau
e.G.	eingetragene Genossenschaft
EFG	Entscheidungen der Finanzgerichte
Einl.	Einleitung
ErbStG	Erbschaftsteuergesetz
EStDV	Einkommensteuer-Durchführungsverordnung
EStG	Einkommensteuergesetz
EStR	Einkommensteuer-Richtlinien
evtl.	eventuell

f., ff.	folgende
FA	Finanzamt
FamRZ	Zeitschrift für das gesamte Familienrecht
FG	Finanzgericht
FGG	Gesetz über die freiwillige Gerichtsbarkeit
FGO	Finanzgerichtsordnung
FinMin	Finanzminister
Fleischer/ Thierfeld	*Erich Fleischer* und *Rainer Thierfeld*, Stille Gesellschaft im Steuerrecht, 6. Aufl., 1995
Fn.	Fußnote
FR	Finanz-Rundschau
FS	Festschrift
GenG	Genossenschaftsgesetz
GewSt	Gewerbesteuer
GewStDV	Gewerbesteuer-Durchführungsverordnung
GewStG	Gewerbesteuergesetz
GewStR	Gewerbesteuer-Richtlinien
GG	Grundgesetz
GmbH	Gesellschaft mit beschränkter Haftung
GmbHG	Gesetz betreffend die Gesellschaften mit beschränkter Haftung
GmbHR	GmbH-Rundschau
GoB	Grundsätze ordnungsmäßiger Buchführung
GrEStG	Grunderwerbsteuergesetz
GroßKomm.	Handelsgesetzbuch, Großkommentar, begründet von *Hermann Staub*, hrsg. von *Claus-Wilhelm Canaris, Wolfgang Schilling* und *Peter Ulmer*, 4. Aufl., 1982 ff.
GrS	Großer Senat
GrStG	Grundsteuergesetz
GVBl.	Gesetz- und Verordnungsblatt
GVG	Gerichtsverfassungsgesetz
h.M.	herrschende Meinung
Hartmann	*Peter Hartmann*, Die stille Gesellschaft, 2. Aufl., 1974
Heymann	*Heymann*: Handelsgesetzbuch, hrsg. von *Norbert Horn*, 2. Aufl. 1995
HFA	Hauptfachausschuß des Instituts der Wirtschaftsprüfer/in Deutschland e.V., Düsseldorf
HFR	Höchstrichterliche Finanzrechtsprechung
HGB	Handelsgesetzbuch
Hs.	Halbsatz
G. Hueck	*Goetz Hueck*, Gesellschaftsrecht, 19. Aufl., 1991

XXXIII

i.d.F.	in der Fassung
i.S.	im Sinne
i.V.m.	in Verbindung mit
Inf.	Die Information der Steuer Wirtschaft für Industrie, Handel, Handwerk und Gewerbe
JbFStR	Jahrbuch der Fachanwälte für Steuerrecht
JR	Juristische Rundschau
JuS	Juristische Schulung
JW	Juristische Wochenschrift
JZ	Juristenzeitung
KapStDV	Verordnung zur Durchführung des Steuerabzugs vom Kapitalertrag (Kapitalertragsteuer)
Kartei	Steuerrechtsprechung in Karteiform (1919–1944)
KG	Kommanditgesellschaft/Kammergericht
KGaA	Kommanditgesellschaft auf Aktien
KGJ	Jahrbuch für Entscheidungen des Kammergerichts in Sachen der freiwilligen Gerichtsbarkeit in Kosten-, Stempel- und Strafsachen
Klauss/Mittelbach	*Herbert Klauss* und *Rolf Mittelbach*, Die stille Gesellschaft, 2. Aufl., 1980
KO	Konkursordnung
Koenigs	*Folkmar Koenigs*, Die stille Gesellschaft, 1961
Koller/Roth/Mork	*Ingo Koller, Wulf-Henning Roth* und *Winfried Mork*, Handelsgesetzbuch, 1996
KÖSDI	Kölner Steuer-Dialog
KSt	Körperschaftsteuer
KStG	Körperschaftsteuergesetz
KStR	Körperschaftsteuer-Richtlinien
KTS	Zeitschrift für Konkurs-, Treuhand und Schiedsgerichtswesen
KVStG	Kapitalverkehrsteuergesetz
KWG	Kreditwesengesetz
LAG	Lastenausgleichsgesetz
LG	Landgericht
Lief.	Lieferung
LM	Nachschlagewerk des Bundesgerichtshofs von Lindenmaier/Möhring
LSt	Lohnsteuer
LStDV	Lohnsteuerdurchführungsverordnung
LZ	Leipziger Zeitschrift

m.E.	meines Erachtens
m.w.N.	mit weiteren Nachweisen
MDR	Monatsschrift für Deutsches Recht
MünchHdb. GesR	Münchener Handbuch des Gesellschaftsrechts, Bd. 1, hrsg. von *Bodo Riegger* und *Lutz Weipert*, 1995
MünchHdb. StG	Münchener Handbuch des Gesellschaftsrechts, Bd. 2, hrsg. von *Bodo Riegger* und *Lutz Weipert*, 1991
MünchKomm.	Münchener Kommentar zum Bürgerlichen Gesetzbuch, herausgegeben von *Kurt Rebmann* und *Franz Jürgen Säcker*, 2. Aufl. 1984 ff.
n.F.	neue Fassung
NJW	Neue Juristische Wochenschrift
Nr.	Nummer
NW/NRW	Nordrhein-Westfalen
NWB	Neue Wirtschaftsbriefe
OFD	Oberfinanzdirektion
OHG	Offene Handelsgesellschaft
OLG	Oberlandesgericht
OLGE	Entscheidungen der Oberlandesgerichte
OR	Schweizerisches Obligationenrecht
Palandt	*Palandt*, Bürgerliches Gesetzbuch, 56. Aufl., 1997
Post/Hoffmann	*Manfried Post* und *Günther Hoffmann*, Die stille Beteiligung am Unternehmen der Kapitalgesellschaft, 2. Aufl. 1984
R.	Rechtsspruch
RAG	Reichsarbeitsgericht
Rasner	*Rasner, Henning*, Die atypische stille Gesellschaft, 1961
RBerG	Rechtsberatungsgesetz
Recht	Das Recht, begründet von Soergel
RegE	Regierungsentwurf
Reusch	*Peter Reusch*, Die stille Gesellschaft als Publikumsgesellschaft, 1989
RFH	Reichsfinanzhof
RFHE	Sammlung der Entscheidungen und Gutachten des Reichsfinanzhofes
RG	Reichsgericht
RGZ	Entscheidungen des Reichsgerichts in Zivilsachen
RIW	Recht der internationalen Wirtschaft
Rn.	Randnummer

Rspr.	Rechtsprechung
RStBl.	Reichssteuerblatt
RWP-Bl.	Rechts- und Wirtschaftspraxis, Blattei-Handbuch
Rz.	Randziffer
S.	Satz/Seite
Saenger	*Saenger, August*, Die stille Gesellschaft, 1924
Schlegelberger	Handelsgesetzbuch, begründet von *Franz Schlegelberger*, bearbeitet von Ernst Geßler, 5. Aufl. 1973 ff.
Karsten Schmidt, Gesellschaftsrecht	*Karsten Schmidt*, Gesellschaftsrecht, 3. Aufl., 1997
Schulze zur Wiesche, Die GmbH & Still	*Dieter Schulze zur Wiesche*, Die GmbH & Still, 3. Aufl., 1997
SeuffA	Seufferts Archiv
SJZ	Schweizer Juristenzeitung
Soergel	Bürgerliches Gesetzbuch, begründet von *Hs. Th. Soergel*, hrsg. von *W. Siebert,* 12. Aufl., 1988 ff.
sog.	Sogenannte
Sp.	Spalte
StAnpG	Steueranpassungsgesetz
Staudinger	*J. von Staudingers* Kommentar zum Bürgerlichen Gesetzbuch, 12. Aufl., 1978 ff.
StbJb.	Steuerberater-Jahrbuch
StbKRep	Steuerberater-Kongreß-Report
StBp.	Die steuerliche Betriebsprüfung (Zeitschrift)
Steckhan	*Hans Werner Steckhan*, Die Innengesellschaft, 1966
str.	streitig
StRK	Steuerrechtsprechung in Karteiform(ab 1944)
StuW	Steuer und Wirtschaft
StW	Steuer-Warte
Tz.	Textziffer
u.	und
u.a.	und andere
u.U.	unter Umständen
UmwG	Umwandlungsgesetz
UmwStG	Umwandlungsteuergesetz
UR	Umsatzsteuer-Rundschau
Urt.	Urteil
UStG	Umsatzsteuergesetz

v.	vom/vor
VerglO	Vergleichsordnung
VermBG	Vermögensbeteiligungsgesetz
VG	Verwaltungsgericht
vGA	verdeckte Gewinnausschüttung
vgl.	vergleiche
Vorbem.	Vorbemerkung
VStG	Vermögensteuergesetz
VStR	Vermögensteuer-Richtlinien
Westermann Handbuch	Handbuch der Personengesellschaften, hrsg. von *Harm Peter Westermann* u.a., Loseblattausgabe, 4. Aufl., Stand September 1996
WM	Wertpapier-Mitteilungen
WP	Der Wirtschaftsprüfer
WPg	Die Wirtschaftsprüfung
z.B.	zum Beispiel
Zacharias/Hebig/Rinnewitz	Erwin Zacharias, Michael Hebig und Jürgen Rinnewitz, Die atyische stille Gesellschaft, 1996
ZfB	Zeitschrift für Betriebswirtschaft
ZfG	Zeitschrift für das gesamte Genossenschaftswesen
ZGR	Zeitschrift für Unternehmens- und Gesellschaftsrecht
ZHR	Zeitschrift für das gesamte Handelsrecht und Wirtschaftsrecht
Ziff.	Ziffer
ZIP	Zeitschrift für Wirtschaftsrecht
ZPO	Zivilprozeßordnung

Einführung

§ 1 Wesen und Bedeutung der Unternehmungsformen

Schrifttum: *Brönner, Herbert / Bareis, Peter / Rux, Hans-Joachim*, Die Besteuerung der Gesellschaften, des Gesellschafterwechsels und der Umwandlungen, 17. Aufl., 1995; *Flume, Werner*, Allgemeiner Teil des Bürgerlichen Rechts, Bd. 1, 1: Die Personengesellschaft, 1977; *Groh, Manfred*, Das Steuerrecht als unerwünschte Quelle des Gesellschaftsrechts, BB 1984, 304; *Litfin, Martin / App, Michael*, Unternehmensform nach Maß, 3. Aufl., 1994; *Nitschke, Manfred*, Die körperschaftlich strukturierte Personengesellschaft, 1970; *Ott, Walter*, Die Problematik einer Typologie im Gesellschaftsrecht, dargestellt am Beispiel des schweizerischen Aktienrechts, 1972; *Paulick, Heinz*, Die eingetragene Genossenschaft als Beispiel gesetzlicher Typenbeschränkung, zugleich ein Beitrag zur Typenlehre im Gesellschaftsrecht, 1954; *Reuter, Dieter*, Privatrechtliche Schranken der Perpetuierung von Unternehmen, 1973; *Sack, Rolf*, Typusabweichung und Institutsmißbrauch im Gesellschaftsrecht, DB 1974, 369; *Schulze-von Lasaulx, Hermann*, Zur Frage der Gestaltungsfreiheit für Gesellschaftsverträge. Eine Bestandsaufnahme. Abschied von Illusionen, ZfG 21 (1971), 325; *Teichmann, Arndt*, Gestaltungsfreiheit in Gesellschaftsverträgen, 1970, Rezension von Konzen, Horst, AcP 172 (1972), 92; *Westermann, Harm Peter*, Vertragsfreiheit und Typengesetzlichkeit im Recht der Personengesellschaft, 1970.

I. Die Wahl der Unternehmungsform

1. Gesichtspunkte für die Wahl der Unternehmungsform

Auf dem Gebiete des Gesellschaftsrechts stellt die Rechtsordnung den Beteiligten eine **Vielzahl von Gesellschaftstypen** zur Verfügung, aus der sie – je nach den handelsrechtlichen, wirtschaftlichen, betriebswirtschaftlichen und steuerrechtlichen Gegebenheiten – denjenigen Typus auswählen können, der zur Verwirklichung ihrer Ziele im einzelnen Falle am zweckmäßigsten und geeignetsten erscheint. Von entscheidender Bedeutung für die Wahl der Unternehmungsform sind die Kapitalaufbringung und Kapitalbeschaffung, die Haftung der Beteiligten für die im Rahmen des gesellschaftlichen Geschäftsbetriebes begründeten Verbindlichkeiten, der Zweck und Gegenstand des Unternehmens, die Auflösung im Falle des Todes, des Konkurses oder des sonstigen Ausscheidens eines Gesellschafters und die Übertragbarkeit und Vererblichkeit der Anteile am Gesellschaftsvermögen. Immer stärker rückte aber bei der Wahl der Unternehmungsform auch die Frage der **steuerlichen Belastung** in den Vordergrund, seitdem sich die Besteuerung des gewerblichen Ertrags in der Form der progressiv ausgestalteten Einkommensteuer bei natürlichen Personen und den Gesellschaftern von Personengesellschaften und in der

Form der proportional ausgestalteten Körperschaftsteuer bei Körperschaften, insbesondere bei den juristischen Personen, vollzieht. Die Rücksichtnahme auf die steuerlichen Verhältnisse führte je nach dem Stand der Steuergesetzgebung dazu, bald der Kapitalgesellschaft, bald der Personengesellschaft den Vorzug zu geben oder sich den jeweils bestehenden Bestimmungen dadurch anzupassen, daß im Wege der Umwandlung von der einen zur anderen Rechtsform gewechselt wird oder daß neue Typen geschaffen werden wie die GmbH & Co., die GmbH & Still, die „kapitalistische" Kommanditgesellschaft oder die „atypische" stille Gesellschaft. Der Gedanke, eine Unternehmungsform zu finden, die nicht der steuerlichen Doppelbelastung ausgesetzt ist, hat mit der Einführung des Vollanrechnungsverfahrens durch die Körperschaftsteuerreform seine Bedeutung verloren.

2 Während die **Zivilgerichtsbarkeit** bereits frühzeitig die Freiheit der Beteiligten bei der Wahl und der Ausgestaltung der Unternehmungsform im einzelnen Falle anerkannt hatte[1], stand die Finanzrechtsprechung derartigen Bestrebungen zunächst kritisch gegenüber. So sah der Reichsfinanzhof im Rahmen eines Besteuerungsverfahrens einer GmbH & Co. KG die gesamte KG als körperschaftssteuerpflichtiges Subjekt gem. § 5 AO der damaligen Fassung an, da die Steuerpflicht sich erhöhe, wenn man die KG und nicht die GmbH als Körperschaftssteuersubjekt betrachte. Die Gründung einer GmbH & Co. KG bedeute in diesem Falle daher eine Umgehung der Körperschaftssteuerpflicht[2].

3 Diese aus steuerpolitischen Gesichtspunkten getroffene Maxime wurde jedoch dann in der Entscheidung vom 13. März 1929 fallen gelassen, in der der **Reichsfinanzhof** formulierte, es bestünde keine vom Steuerpflichtigen zu widerlegende Vermutung dafür, daß die Rechtsform der Gesellschaft mit beschränkter Haftung und Co. ohne weiteres unter § 5 AO falle. Wenn eine Finanzbehörde die Rechtsform der GmbH & Co. steuerlich nicht gelten lassen wolle, so müsse sie feststellen, welche konkreten Ziele der Steuerpflichtige mit der von ihm gewählten Gesellschaftsform verfolgt habe, und nachweisen, daß zur Erreichung dieser Zwecke die Gesellschaft mit beschränkter Haftung und Co. nicht die gegebene Form war[3].

---

1 RG v. 4. 7. 1922 RGZ 105, 101 ff.; BayObLG v. 16. 2. 1912 OLGE 27, 331 f. = KGJ 44, 341 ff.; jeweils zur Anerkennung einer GmbH als persönlich haftender Gesellschafter einer KG.
2 RFH v. 15. 7. 1925 (I A 18/25) RFHE 17, 91 ff.; RFH v. 24. 2. 1927 (I B 83/26) RFHE 21, 92 ff.
3 RFH v. 13. 3. 1929 RStBl. (I A 174 – 176/28) 1929, 329 (Nr. 474).

Der **Bundesfinanzhof** hat sich diese Rechtsprechung des Reichsfinanzhofes zu eigen gemacht und fortgeführt. In einer Entscheidung vom 20. August 1954 führt er aus, daß es den Steuerpflichtigen freigestellt sei, welche Rechtsform sie wählten, gerade auch im Hinblick auf die Wirkung der Besteuerung. Von den Steuerbehörden müßte sie in der konkret gewählten Form akzeptiert werden, selbst wenn sie vom wirtschaftlichen Standpunkt aus unzweckmäßig sein sollte. Nur wenn nach rechtlichen Gesichtspunkten die gewählte Rechtsform nicht die gegebene, sondern eine andere zwingend sei, könnten die Steuerbehörden die gewählte Form beanstanden und die zwingende ihrer Besteuerung zugrunde legen[4].

Gleichwohl muß davor gewarnt werden, die Wahl der Unternehmensform ausschließlich unter steuerlichen Gesichtspunkten zu treffen. Die **besten Erfolgsmöglichkeiten** kann sich nämlich nur derjenige Betrieb versprechen, der bei seiner konkreten rechtlichen Ausgestaltung die in Betracht kommenden wirtschaftlichen Belange maßgebend berücksichtigt hat. Hier sind die Probleme der Finanzierung, des Vertrauens, der Übersichtlichkeit und der Vereinfachung der Geschäftshandhabung, der Haftung, der Vererblichkeit des Gesellschaftsvermögens und vieles mehr in Rechnung zu stellen[5].

Richtig ist es allein, diejenige Unternehmensform als auf Dauer gesehen günstigste und zweckmäßigste zu wählen, die im einzelnen Falle organisatorisch und betriebswirtschaftlich dem Unternehmen und den von ihm verfolgten Zwecken angemessen ist.

2. Die zur Wahl stehenden Gesellschaftsformen

Die handelsrechtlichen, wirtschaftlichen, betriebswirtschaftlichen und steuerrechtlichen Erwägungen, die in ihrer Gesamtheit für die Wahl der zweckmäßigsten und geeignetsten Gesellschaftsform bestimmend sind, lassen zugleich erkennen, warum sich der Gesetzgeber nicht mit der Normierung einer einzigen Gesellschaftsform oder einiger weniger Gesellschaftsformen begnügt hat, sondern der Wirtschaft eine **Vielzahl von Gesellschaftstypen** zu ihrer Wahl stellt, von denen jeder einzelne Typus nach Zwecksetzung und Inhalt für eine jeweils ganz bestimmte Art wirtschaftlicher Betätigung charakteristisch ist.

So stellt das **BGB** für Zusammenschlüsse von Personen zur Erreichung eines gemeinschaftlichen Zwecks den nichtwirtschaftlichen (idellen) Verein (§ 21 BGB), den wirtschaftlichen Verein (§ 22 BGB) und den nicht

---
4 BFH v. 20. 8. 1954 (I 130/53 U) BFHE 59, 329 ff. = BStBl. III 1954, 336 ff.
5 *Brönner*, S. 6; *Litfin/App*, S. 484.

rechtsfähigen Verein (§ 54 BGB) zur Verfügung. Es regelt die Verhältnisse der bürgerlichrechtlichen Gesellschaft (§§ 705 ff. BGB) und der schlichten Rechtsgemeinschaft in Gestalt der Gemeinschaft nach Bruchteilen (§§ 741 ff. BGB).

8 Das **Handelsrecht** kennt neben den im HGB geregelten Personengesellschaften – der OHG, der KG und der stillen Gesellschaft, die allerdings keine Handelsgesellschaft ist, weil sie nach außen hin nicht in Erscheinung tritt – als Körperschaften die Aktiengesellschaft, die Kommanditgesellschaft auf Aktien, die Gesellschaft mit beschränkter Haftung, die Erwerbs- und Wirtschaftsgenossenschaft und den Versicherungsverein auf Gegenseitigkeit. Für die grenzüberschreitende Kooperation innerhalb der europäischen Union steht die EWIV zur Verfügung, und freiberufliche Verbindungen können in der Form der Partnerschaft gestaltet werden.

9 Allen diesen Gemeinschaftsformen – mit Ausnahme der schlichten Rechtsgemeinschaft – ist das Ziel eigen, durch die Zusammenfassung von Personen und Mitteln die Stellung ihrer Mitglieder als Einzelpersönlichkeiten – sei es unmittelbar, sei es mittelbar – zu stärken und einem bestimmten wirtschaftlichen oder ideellen Zweck zu dienen, dessen Verwirklichung in der Regel über die wirtschaftlichen Möglichkeiten und Fähigkeiten des einzelnen hinausgeht. Sie alle sind ohne Rücksicht auf ihre Rechtsform dadurch gekennzeichnet, daß sich mehrere Personen zur **Verfolgung eines gemeinschaftlichen Zwecks** vereinigen, indem sie in vertragsmäßig vereinbarter oder satzungsmäßig festgelegter Weise zusammenwirken.

3. Die verschiedenen Gesellschaftszwecke

10 Haben alle gesellschaftlichen Unternehmungsformen einen gemeinsamen Gesamtzweck, der durch das Zusammenwirken der Beteiligten im Hinblick auf ein gemeinsames Ziel verwirklicht werden soll, so sind andererseits die Zwecke, denen die einzelnen Gesellschaftstypen zu dienen bestimmt sind, durchaus unterschiedlich.

Die **Verschiedenheit der Zwecke** und die Verschiedenheit der persönlichen und sachlichen Voraussetzungen für das Zustandekommen und die Lebensentfaltung der einzelnen Gesellschaftstypen bilden die Grundlage für ihre Unterscheidung, gegenseitige Abgrenzung und praktische Verwendbarkeit. Der jeweilige Zweck bestimmt den wirtschaftlichen und rechtlichen Inhalt des einzelnen Gesellschaftstypus und beeinflußt damit maßgebend die Wahl der Gesellschaftsform im konkreten Falle.

So genügt für die Errichtung einer **Gesellschaft des bürgerlichen Rechts**, daß die Gesellschafter sich durch den Gesellschaftsvertrag gegenseitig verpflichten, „die Erreichung eines gemeinsamen Zwecks in der durch den Vertrag bestimmten Weise zu fördern" (§ 705 BGB). Der Zweck kann ein dauernder oder vorübergehender, ein wirtschaftlicher, gemeinnütziger oder ideeller sein, sofern er nur gemeinsam in dem Sinne ist, daß jeder Gesellschafter an seiner Verwirklichung in irgendeiner Weise Anteil hat.

11

Ähnlich verhält es sich, wenn man auf den Zweck bei der **Aktiengesellschaft, Kommanditgesellschaft auf Aktien** und bei der **Gesellschaft mit beschränkter Haftung** abstellt. Das Aktiengesetz erwähnt den Gesellschaftszweck als solchen überhaupt nicht (§§ 1 und 278 AktG). Es bestimmt nur, daß die Satzung den Gegenstand des Unternehmens, d.h. das Mittel, durch das der Zweck gefördert und verwirklicht werden soll, zu bestimmen hat (§ 23 Abs. 3 Nr. 2, § 281 Abs. 1 AktG). Wenn auch aus dem Charakter dieser Gesellschaften als Handelsgesellschaften (§§ 3, 278 Abs. 3 AktG) der Wille des Gesetzgebers zu erkennen ist, daß ihr Zweck in der Regel auf den Betrieb eines Handelsgewerbes gerichtet sein soll, so braucht doch der Gegenstand des Unternehmens kein wirtschaftlicher Geschäftsbetrieb zu sein. Kraft ausdrücklicher Bestimmung in den §§ 3 und 278 Abs. 3 AktG gelten Aktiengesellschaften und Kommanditgesellschaften auf Aktien auch dann als Handelsgesellschaften, wenn der Gegenstand des Unternehmens nicht im Betrieb eines Handelsgewerbes besteht. Jeder erlaubte Zweck, mag er wirtschaftlicher oder ideeller Art sein, genügt, wohingegen ein gesetzlich unzulässiger – unsittlicher oder verbotener – Zweck die Gründung nichtig macht. § 1 GmbHG hebt dies ausdrücklich hervor, indem er bestimmt, daß Gesellschaften mit beschränkter Haftung nach Maßgabe der Bestimmungen des Gesetzes zu jedem gesetzlich zulässigen Zweck errichtet werden können.

12

Ist bei diesen Gesellschaften jeder erlaubte Zweck möglich und zulässig, so ist der Zweck, zu dessen Verwirklichung eine **OHG** oder **KG** errichtet werden kann, wesentlich enger umgrenzt. Bei diesen Gesellschaften genügt nicht jeder Zweck, auch nicht wie beim Verein im Sinne des § 22 BGB ein wirtschaftlicher Zweck schlechthin, sondern nur ein Zweck, der auf den Betrieb eines Handelsgewerbes unter gemeinschaftlicher Firma gerichtet ist (§§ 105 Abs. 1, 161 Abs. 1 HGB). Voraussetzung ist stets der Betrieb eines vollkaufmännischen Handelsgewerbes im Sinne der §§ 1 bis 3 HGB, mit dem nach herrschender Meinung das Vorhandensein einer Gewinnerzielungsabsicht unlösbar verknüpft ist. Wo es an einem solchen Handelsgewerbe oder an dem Gewinnstreben fehlt, wo also nur eine Deckung der Selbstkosten beabsichtigt ist oder ohne Erwerbsstreben eine rein verwaltende Tätigkeit ausgeübt wird, ist für die Errichtung einer

13

OHG oder KG kein Raum, ebensowenig dort, wo die Absicht der Gesellschafter nur auf ein einzelnes oder mehrere einzelne Geschäfte und nicht auf einen für die Dauer unternommenen Kreis von Geschäften als Ganzes, als dauernde Einnahmequelle, gerichtet ist.

14 Bei der **stillen Gesellschaft** muß sich jemand, ohne daß er nach außen hin als Gesellschafter in Erscheinung tritt, am Handelsgewerbe eines anderen mit einer Vermögenseinlage, die in das Vermögen des Inhabers des Handelsgeschäfts übergeht, gegen notwendige Teilnahme am Gewinn beteiligen, wobei es unerheblich ist, ob der Inhaber des Handelsgewerbes Vollkaufmann oder Minderkaufmann ist (§ 230 Abs. 1, § 231 Abs. 2 HGB). Die Verlustbeteiligung der stillen Gesellschafter kann durch den Gesellschaftsvertrag ausgeschlossen werden.

II. Die Gestaltungsfreiheit im Gesellschaftsrecht

1. Typenwahlfreiheit und Typengestaltungsfreiheit

15 Die vom Gesetzgeber vorgenommene **Typengestaltung** ist regelmäßig **nicht zwingend.** Die Beteiligten haben infolge zahlreicher nachgiebiger Bestimmungen die Möglichkeit, über die im Gesetz vorgegebenen Typen hinaus neue Formen, Spielarten und Abarten zu schaffen und ihren Inhalt abweichend von der gesetzlichen Regelung zu gestalten. Die Gründe dafür liegen in der Funktion des Rechts, den wirtschaftlichen Interessen und Notwendigkeiten die Möglichkeit zu ihrer Entfaltung zu geben. Dieses Bedürfnis ist auf dem Gebiet des die wirtschaftliche Betätigung ordnenden Gesellschaftsrechts in einem weit stärkeren Maße vorhanden als auf denjenigen Rechtsgebieten, auf denen die Teilnahme am Wirtschaftsverkehr nicht in diesem Ausmaße gegeben ist. Deshalb wird das Gesellschaftsrecht genauso wie das Schuldrecht von den Grundsätzen der Vertragsfreiheit und der Gestaltungsfreiheit beherrscht. Damit trägt es der Differenziertheit der Lebenssachverhalte und Lebensverhältnisse und der Differenziertheit der jeweiligen Interessenlage der Beteiligten Rechnung, wahrt eine gewisse Elastizität der Rechtsform und beugt damit einer den Rechtsverkehr behindernden Erstarrung der Typen vor.

16 Die Vertrags- und Gestaltungsfreiheit findet in der **Typenfreiheit** im weiteren Sinne ihre Verwirklichung. Sie bietet den Beteiligten bei der Wahl und Ausgestaltung ihrer gesellschaftsrechtlichen Unternehmungsform folgende rechtliche Möglichkeiten:

a) die **freie Typenwahl** als die Befugnis der Beteiligten, aus einer Vielzahl im Gesetz geregelter verkehrstypischer Gesellschaftsformen diejenige auszuwählen, die ihren Zwecken und Interessen im Einzelfall am besten entspricht;

b) die **inhaltliche Gestaltungsfreiheit** als die Befugnis der Beteiligten, den Inhalt gesetzlich normierter Gesellschaftstypen abweichend von dem im Gesetz normierten Inhalt zu gestalten.

2. Typenzwang und Typenbeschränkung

Typenfreiheit und inhaltliche Gestaltungsfreiheit dürfen aber nicht dahin aufgefaßt werden, daß der Dispositionsfreiheit der Beteiligten völlig freier Lauf gelassen wäre. Die Freiheit der Typenwahl findet ihre **Grenzen** im gesetzlichen **Typenzwang** und in der **gesetzlichen Typenbeschränkung.** Schreibt das Gesetz die Verwendung einer bestimmten Rechtsform zwingend vor, haben sich die Beteiligten zur Erreichung ihrer Ziele der vorgeschriebenen Rechtsform zu bedienen (gesetzlicher Typenzwang). In anderen Fällen ordnet das Gesetz an, daß bestimmte Vergemeinschaftungsformen, wie z.B. die Rechtsform des eingetragenen Vereins, der eingetragenen Genossenschaft oder der Partnerschaft, nur verwendet werden dürfen, wenn die Beteiligten in dieser Rechtsform ganz bestimmte genau umschriebene Zwecke – nichtwirtschaftliche Zwecke, Förderung des Erwerbs oder der Wirtschaft der Mitglieder mittels gemeinschaftlichen Geschäftsbetriebs, Zusammenschluß zur Ausübung eines freien Berufs – verfolgen, so daß diese Rechtsformen für die Verfolgung anderer – wirtschaftlicher oder gewinnstrebiger – Zwecke nicht zur Verfügung stehen (gesetzliche Typenbeschränkung)[6].

17

Setzen somit gesetzlicher Typenzwang und gesetzliche Typenbeschränkung der Vertrags- und Gestaltungsfreiheit Grenzen, so stellt sich die Frage, ob durch **typologische Argumentation** der Gestaltungsfreiheit für Gesellschaftsverträge Grenzen dahingehend gesetzt werden können, daß ein gesetzlich normierter Gesellschaftstyp nicht willkürlich im Wege der Entlehnung von Bauelementen aus anderen Gesellschaftsformen atypisch gestaltet werden darf. Diese Frage war in den letzten Jahrzehnten Gegenstand zahlreicher Publikationen[7].

18

---

6 Vgl. dazu *Paulick*, Die eingetragene Genossenschaft als Beispiel gesetzlicher Typenbeschränkung, zugleich ein Beitrag zur Typenlehre im Gesellschaftsrecht, 1954.

7 *H. P. Westermann*, Vertragsfreiheit und Typengesetzlichkeit im Recht der Personengesellschaft, 1970; *Nitschke*, Die körperschaftlich strukturierte Personengesellschaft, 1970; *Teichmann*, Gestaltungsfreiheit in Gesellschaftsverträgen, 1970; *W. Ott*, Die Problematik einer Typologie im Gesellschaftsrecht, dargestellt am Beispiel des schweizerischen Aktienrechts, 1972; *Reuter*, Privatrechtliche Schranken der Perpetuierung von Unternehmen, 1973; *Schulze-von*

19 In diesem Zusammenhang sollte festgehalten werden, daß unser Gesellschaftsrecht einen **Typenzwang i.S. der Typenauswahl** kennt. Es steht den Gesellschaftern nach allgemeiner Anschauung nicht frei, Gesellschaftsrechtsformen zu wählen, die ganz außerhalb des Typenkatalogs liegen. So ist die Gründung einer offenen Handelsgesellschaft mit beschränkter Haftung unzulässig. Die Fragestellung beschränkt sich also darauf, ob sich eine Beschränkung der Gestaltungsfreiheit durch die Annahme der Unzulässigkeit von Abweichungen von einem aus den gesetzlichen Regelungen entwickelten Typus einer Gesellschaftsform ergibt.

20 Eine Einschränkung der Gestaltungsfreiheit aufgrund der Unzulässigkeit einer Abweichung von einem „Typus" einer Gesellschaftsform kann jedoch nicht anerkannt werden. Dafür spricht allein die Tatsache, daß die Leitbegriffe wie Wesen, Typus, Institution etc. bisher nicht scharf genug umrissen worden sind, um sie als Abgrenzungskriterien verwenden zu können[8]. Auch die historische Zufälligkeit, mit der unser Gesellschaftsrecht entstanden ist, kann die Überlegenheit und den Geltungsanspruch des gesetzlich normierten „Typus" gegenüber der atypischen Ausgestaltung nicht rechtfertigen[9]. Die Stellung der Vorschriften über die Gesellschaft bürgerlichen Rechts im 7. Abschnitt des 2. Buches des Bürgerlichen Gesetzbuches, also unter den Vorschriften über die einzelnen Schuldverhältnisse, deuten darauf hin, daß – unabhängig davon, ob man die Einbindung in das Schuldrecht des Bürgerlichen Gesetzbuches als glücklich oder unglücklich ansieht – der Gesetzgeber auch für die gesellschaftsrechtlichen Verträge nur die allgemeinen Grenzen für Schuldverträge ziehen wollte[10].

21 Neben dieser eher formalen Argumentation läßt sich die hier vertretene Ansicht aber auch mit einem Hinweis auf die **Grundlagen der Vertragsfreiheit** begründen. Diese stellt eines der grundlegenden Prinzipien unserer Rechtsordnung dar, weil sie den Menschen als selbständig handelndes Wesen anerkennt und es ihm ermöglicht, seine Rechtsbeziehung mitzugestalten und selbst eine Regelung seiner Lebensverhältnisse zu treffen. Insoweit stellt sich die Privatautonomie als ein Korrelat der menschlichen Freiheit dar[11]. Sie ist nicht auf bilaterale Geschäfte beschränkt,

---

Lasaulx, Zur Frage der Gestaltungsfreiheit für Gesellschaftsverträge. Eine Bestandsaufnahme. Abschied von Illusionen, ZfG 21 (1971), 325 ff.; *Sack*, Typusabweichung und Institutsmißbrauch im Gesellschaftsrecht, DB 1974, 369 ff.
8 *Schulze-von Lasaulx*, ZfG 21 (1971), 325 (332); *Flume*, I/1 § 13 I, S. 189 f.
9 *Staudinger/Weick*, Einleitung zu §§ 21 ff. Rn. 15.
10 Auf die Wertigkeit dieses Arguments weisen auch *Schulze-von Lasaulx*, ZfG 21 (1971), 325 und *Sack*, DB 1974, 369 (372) hin.
11 *Staudinger/Dilcher*, Einleitung zu §§ 104 ff. Rn. 5.

sondern muß auch dort ihre Wirkung zeitigen, wo in multilateralen Konnexionen eine Vergemeinschaftung eines gemeinsamen Zweckes erfolgen soll. Eine Einschränkung dieses Freiheitsrechtes kann aus übergeordnetem Interesse nur dort erfolgen, wo aufgrund gesetzlicher Bestimmungen Beschränkungen gegeben sind, oder wo allgemeine Grenzen für die privatautonome Gestaltung von Rechtsverhältnissen vorliegen.

Allein diese Betrachtungsweise wird auch den praktischen Bedürfnissen gerecht. Eine **interessengerechte Rechtsfortbildung** auf dem Gebiet des Gesellschaftsrechts würde auf Grundlage der Typuslehre erschwert, wenn nicht gar überhaupt abgeschnitten, ohne daß dabei den berechtigten Bedürfnissen der Rechtsunterworfenen, die auf den Wandel der wirtschaftlichen und sozialen Verhältnisse reagieren wollen, Rechnung getragen würde. Eine starre Typuslehre würde im Gesellschaftsrecht damit in eine bedenkliche Nähe zur Begriffsjurisprudenz geraten, ohne auf die den tatsächlichen Lebenssachverhalten zugrundeliegenden Interessen einzugehen[12]. 22

Hiermit wird nicht einer mißbräuchlichen Vertrags- und Gestaltungswillkür das Wort geredet, denn die Gestaltungsfreiheit kann nur in den gesetzlich zugelassenen Grenzen ausgeübt werden. Neben den Normen des zwingenden Rechts können sich solche aber auch aus den **allgemeinen Grenzen** für die privatautonome Gestaltung von Rechtsverhältnissen ergeben. So ist im Rahmen von (Personen-)Gesellschaftsverträgen die sich aus dem Grundsatz der Privatautonomie ergebende Unverzichtbarkeit der Selbstbestimmung zu beachten. Daneben kommt aber auch den Normen des dispositiven Rechts eine beschränkende Wirkung zu. Nach neuerem Verständnis sind diese nicht mehr generell abdingbar[13], sondern haben relative Geltungswirkung. Bei Vorliegen eines Machtgefälles kann die Abbedingung einer dispositiven Norm, die zwischen gleichgeordneten Partnern zulässig ist, einen institutionellen Mißbrauch enthalten. In diesem Rahmen wäre dann die Abbedingung dispositiven Rechts unzulässig. 23

Die Grenzen der Gestaltungsfreiheit von Gesellschaftsverträgen sind daher den **Wertentscheidungen des Gesetzgebers** zu entnehmen, die auch in dispositiven Normen zum Ausdruck gekommen sein können. Die allgemeinen Regeln des Vertrags- und Schuldrechts sind ausreichend, um diesen gesetzgeberischen Wertungen Rechnung zu tragen. Sie erfassen alle Abweichungen, die einen Mißbrauch einer Gesellschaftsform enthalten und daher von Rechts wegen nicht hingenommen werden können. 24

---
12 *Sack*, DB 1974, 369 (372).
13 MünchKomm/*Kramer*, Vor § 145 Rn. 20; *Sack*, DB 1974, 369 (372 f.); *Konzen*, AcP 172 (1972), 92 und 95.

3. Weitere Grenzen der Gestaltungsfreiheit

25 Ergeben sich aus diesen Überlegungen die allgemeinen Schranken der Typen- und Gestaltungsfreiheit, so finden diese Freiheiten weiterhin ihre Grenzen in den **zwingenden Rechtssätzen,** die die Parteidisposition ausschließen, in den Formvorschriften, von deren Beachtung die Gültigkeit eines Rechtsgeschäfts abhängig ist, sowie in den Grundsätzen der §§ 134, 138, 242 BGB. Darüber hinaus ist für die Typenfreiheit kein Raum, wo der Gesetzgeber die Verwendung einer bestimmten Rechtsform bindend vorschreibt, wo also an die Stelle der Typenfreiheit der gesetzliche Typenzwang tritt. Aber auch die mehr oder weniger spezifizierte Umschreibung des Zwecks, der mit Hilfe der jeweiligen Gesellschaftsform erreicht werden kann und darf, ist insofern von erheblicher Bedeutung, als damit nicht nur die rechtliche Ausgestaltung des jeweiligen Gesellschaftstypus, die Art und Weise der Errichtung, die Regelung der Haftungsverhältnisse, die Wahrung der Interessen der Gesellschaftsgläubiger und die Sicherheit im Rechtsverkehr im engsten Zusammenhange stehen. Aus der Verschiedenartigkeit des Zwecks ergeben sich vor allem die **Grenzen für die Verwendbarkeit der einzelnen Gesellschaftsformen** im Rechtsleben und die **Beschränkung der Freiheit der Typenwahl.** Indem die Verwendung bestimmter Rechtsformen vom Vorhandensein eines gesetzlich festgelegten Zwecks abhängig gemacht und die Errichtung dieser Gesellschaften nur beim Vorliegen gerade dieses Zwecks oder der wesenseigenen sonstigen Merkmale gestattet werden, übt der Gesetzgeber auf die Wahl dieser Typen seinen durch rechtspolitische Erwägungen bestimmten Einfluß aus. Die Beteiligten dürfen diese ihrem Zweck oder ihren sonstigen Merkmalen nach begrenzten Gesellschaftsformen nur wählen, wenn sie auch tatsächlich den im Gesetz für ihre Verwendung festgelegten Zweck zu verwirklichen suchen und die wesensbestimmenden Merkmale beachten.

4. Typenwechsel

26 Andererseits schließen sich die einzelnen Typen hinsichtlich ihrer Verwendbarkeit gegenseitig nicht aus. Sie sind in der Regel beliebig auswechselbar und geeignet, sich bei der Verwirklichung des nämlichen Zwecks gegenseitig zu ersetzen. Die Beteiligten sind – abgesehen von den Fällen des gesetzlichen Typenzwangs – nicht an einen bestimmten Typus gebunden. Ihnen ist es überlassen, ob sie eine einfachere, kompliziertere oder organreichere Gesellschaft ins Leben rufen wollen, wobei die Fragen der Kapitalbeschaffung und Kapitalaufbringung, der Haftung, des Verhältnisses der Gesellschafter untereinander, aber auch die Fragen, in welchem Ausmaß das Gesetz inhaltliche Gestaltungsfreiheit gewährt, wie hoch sich die Gründungskosten und die mit der in Aussicht genommenen

Rechtsform verbundene steuerliche Belastung belaufen, und ähnliche rechtliche und betriebswirtschaftliche Erwägungen die Wahl der Unternehmungsformen beeinflussen.

III. Die Gestaltungsmöglichkeiten im Recht der stillen Gesellschaft

1. Wesensmerkmale der stillen Gesellschaft

Die Rechtsform der stillen Gesellschaft kann im Wirtschaftsleben aus den verschiedensten Beweggründen gewählt werden. Auch für die rechtliche Ausgestaltung bieten die gesetzlichen Vorschriften einen weiten Spielraum. Unabdingbar sind lediglich die Bestimmungen, nach denen eine stille Beteiligung nur an einem Handelsgewerbe zulässig und möglich ist (Rn. 152 f., 187), die Vermögenseinlage des stillen Gesellschafters in das Vermögen des Geschäftsinhabers übergehen muß (Rn. 238 ff.) und die Gewinnbeteiligung des stillen Gesellschafters nicht ausgeschlossen werden darf (Rn. 322 ff.). Sind diese Voraussetzungen erfüllt, bleibt die Ausgestaltung des Gesellschaftsvertrages und damit des Gesellschaftsverhältnisses im übrigen den Beteiligten überlassen. Tatsächlich sind die Erscheinungsformen der stillen Gesellschaft im Wirtschaftsleben in ihrer Mannigfaltigkeit kaum übersehbar. 27

Nach der gesetzlichen Regelung ist die stille Gesellschaft typischerweise eine Gesellschaft, bei der nach außen nur der **Inhaber des Handelsgeschäfts** in Erscheinung tritt. Er allein wird aus den im Rahmen seines Handelsgeschäfts abgeschlossenen Geschäften berechtigt und verpflichtet; er allein haftet demzufolge den Geschäftsgläubigern mit seinem gesamten Vermögen (§ 230 Abs. 2 HGB). Der **stille Gesellschafter,** dessen Leistung sich im gesetzlichen Regelfalle in der Erbringung seiner Vermögenseinlage erschöpft und der idealtypisch keinen Einfluß auf die Geschäftsführung und das Tätigwerden nach außen hat, ist den Gläubigern gegenüber von jeder Verantwortung und Haftung frei – im Gegensatz zum Kommanditisten auch dann, wenn er mit seiner Vermögenseinlage rückständig ist (vgl. § 171 Abs. 1 HGB). 28

2. Die atypische stille Gesellschaft

a) Atypische Gestaltungsformen der stillen Gesellschaft

Die stille Beteiligung braucht sich nicht auf die Gewinnbeteiligung zu beschränken. Der stille Gesellschafter kann sich in weitem Umfang am Geschäft des Kaufmanns beteiligen. So ist neben der unabdingbaren Gewinnbeteiligung (§ 231 Abs. 2, 2. Hs. HGB) an eine **Beteiligung** am Ver- 29 lust, **an den Anlagewerten, an den offenen und stillen Rücklagen oder an einem etwaigen Geschäfts- oder Firmenwert** zu denken. Dem stillen Gesellschafter können auch Verwaltungsrechte eingeräumt werden, die über die Informationsrechte des § 233 HGB weit hinausgehen (siehe Rn. 648 ff., 671). Die Verwaltungsrechte müssen sich nicht auf ein allgemeines oder nur für bestimmte Geschäfte geltendes Zustimmungs- oder Widerspruchsrecht beschränken, sondern es können auch **Geschäftsführungsbefugnisse** übertragen werden. Die Geschäftsführungsbefugnis kann dem stillen Gesellschafter zusammen mit oder neben dem Geschäftsinhaber, aber auch allein zustehen (siehe näher unten Rn. 673 ff.)[14]. Im **Innenverhältnis** kann die Stellung des stillen Gesellschafters der eines persönlich haftenden Gesellschafters einer OHG oder eines Kommanditisten angeglichen werden; so, wenn im Gesellschaftsvertrag vereinbart ist, daß im Verhältnis der Beteiligten untereinander das Recht der OHG oder KG gelten soll. Nach den im Innenverhältnis getroffenen Abmachungen kann der stille Gesellschafter sogar der eigentliche Betreiber und Leiter des Handelsgeschäftes sein, während der nach außen allein in Erscheinung tretende Inhaber tatsächlich die Stellung eines Strohmanns einnimmt, der über keine eigenen Mittel verfügt. Nach den internen Vereinbarungen ist er dann verpflichtet, den Weisungen des stillen Gesellschafters Folge zu leisten, was jedoch auf seine Befugnis, nach außen zu handeln, keinen Einfluß hat. Diese Befugnis beruht auf seiner Eigenschaft als Geschäftsinhaber und kann ihm daher nicht durch den Gesellschaftsvertrag entzogen werden[15]. Es kann auf diese Weise die stille Gesellschaft im Innenverhältnis in mehr oder weniger starkem Ausmaße der OHG oder KG angenähert werden. Bestehen an einem Handelsgewerbe mehrere stille Gesellschaften, so können sich die **mehreren Gesellschafter** im Innenverhältnis eine körperschaftliche Verfassung geben und ihren Zusammenschluß in seiner inneren Struktur einer Kapitalgesellschaft annähern (Rn. 80, 170, 178 f., 227). Die mehreren stillen Gesellschafter können eine Gesellschafterversammlung bilden und Beschlüsse fassen, die für den Inhaber verbindlich sind. Sie können seine Geschäftsführung durch einen aus ihren Reihen gebildeten Ausschuß nach Art des Aufsichtsrats einer Aktiengesellschaft überwachen lassen, wobei dem Inhaber wiederum nur die Stellung eines im Innenverhältnis weisungsgebundenen Geschäftsführers zukommen kann (Rn. 232 ff.).

---

14 Vgl. zu den Einzelheiten *Zutt*, in: GroßKomm. § 230 Rn. 94.
15 *Zutt*, in: GroßKomm. § 230 Rn. 102.

b) Zulässigkeit der atypischen Gestaltungsformen der stillen Gesellschaft

Obwohl in diesen Fällen die Rechtsgestaltung von der Regelung der §§ 230 ff. HGB erheblich abweicht und die Rollen, die das Gesetz dem Inhaber des Handelsgewerbes und dem stillen Gesellschafter zugedacht hat, im Innenverhältnis völlig vertauscht sein können, hält die h.M. derartige „atypische" Gebilde im Rahmen des nachgiebigen Rechts für möglich und zulässig und wendet auch auf sie grundsätzlich die für die „atypische" stille Gesellschaft geltenden Vorschriften an (Rn. 177 ff., 865, 1192, 1235 ff.). Es liegt bei solcher Vertragsgestaltung nämlich weder ein Scheingeschäft (§ 117 BGB) noch ein Verstoß gegen ein gesetzliches Verbot (§ 134 BGB) oder gegen die guten Sitten (§ 138 BGB) vor. 30

Ein **Scheingeschäft** ist **nicht gegeben,** weil der übereinstimmende Wille der Beteiligten ernstlich auf die Errichtung einer solchen, vom Normaltypus abweichenden stillen Gesellschaft gerichtet ist. Der Gesellschaftsvertrag wird nicht „nur zum Schein" abgeschlossen. Auch wird durch ihn in Ermangelung eines gesamthänderisch gebundenen Vermögens und einer gemeinschaftlichen Firma kein anderes Gesellschaftsverhältnis – etwa das einer OHG oder KG – verdeckt (§ 117 Abs. 2 BGB), denn gerade der in der Form einer so ausgestalteten stillen Gesellschaft erstrebte Erfolg – der Ausschluß jeglicher Haftung des stillen Gesellschafters trotz Mitwirkung an der Unternehmensleitung und das Nichtbekanntwerdenlassen der Beteiligten nach außen – entspricht dem im Gesellschaftsvertrag verbindlich niedergelegten wirklichen Willen der Beteiligten, die sich der Abweichung der von ihnen geschaffenen Rechtsform vom Normaltypus durchaus bewußt sind. 31

Auch die **§§ 134 und 138 BGB** können zur Bekämpfung der geschilderten Typenabwandlung **nicht herangezogen** werden; § 134 BGB nicht, weil das Gesellschaftsrecht nicht verbietet, Personenvereinigungen in anderer als in der im Gesetz vorgesehenen Form und Ausgestaltung zu errichten. Das wäre nur der Fall, wenn der gesetzlichen Regelung der einzelnen Gesellschaftstypen die Tragweite beizumessen wäre, daß ihre Errichtung nur nach Maßgabe der gesetzlichen Vorschriften erfolgen dürfte und daß nach dem Willen des Gesetzgebers jede andere Gestaltung ausgeschlossen sein sollte. Nur dann könnte geltend gemacht werden, daß die gewählte Form eine Umgehung des Gesetzes darstelle oder gegen ein gesetzliches Verbot verstoße und deshalb nichtig sei. Ein solcher, jegliche Gestaltungsfreiheit ausschließender Typenzwang gilt nicht für die stille Gesellschaft. **Ebensowenig** verstößt die Errichtung einer „atypischen" stillen Gesellschaft nach Beweggrund, Zweck und Inhalt gegen die **guten Sitten** (§ 138 BGB), es sei denn, daß sie im einzelnen Fall zum Zwecke des Kreditschwindels 32 oder der Gläubigerschädigung vorgenommen wird. Deshalb entfällt regelmäßig die Anwendbarkeit der §§ 226, 826 BGB. Diese Vorschriften können nur zum Zuge kommen, wenn es sich um einen die vorsätzliche Schädigung anderer Personen bezweckenden, sittenwidrigen Gesellschaftsvertrag handelt.

c) Anwendbarkeit der §§ 230 ff. HGB auf die atypischen Gestaltungsformen

33 Lassen sich hiernach – von Ausnahmefällen abgesehen – gegen Abwandlungen des stillen Gesellschaftsvertrags keine Bedenken erheben, so bleibt zu prüfen, ob auf die atypische stille Gesellschaft die Vorschriften der §§ 230 ff. HGB uneingeschränkt angewendet werden können oder ob nicht **im einzelnen Falle** eine davon **abweichende Beurteilung** geboten ist. Das soll im Zusammenhang mit den Einzelfragen des Rechts der stillen Gesellschaft untersucht werden. Schon hier aber sei vermerkt, daß im **Steuerrecht** die atypische stille Gesellschaft nicht als stille Gesellschaft, sondern als **„Mitunternehmerschaft"** behandelt und damit den handelsrechtlichen Personengesellschaften gleichgestellt wird (Rn. 1235).

IV. Zusammenfassung

34 Für die Wahl der Unternehmungsform sind wirtschaftliche, betriebswirtschaftliche, handelsrechtliche und steuerrechtliche Erwägungen bestimmend. Dabei treten die Erwägungen über die „steuerlich günstigste" Unternehmungsform immer stärker in den Vordergrund. Es sollte jedoch für ihre Wahl die Frage nach der Höhe der steuerlichen Belastung nicht allein ausschlaggebend sein. Auf längere Sicht gesehen, erweist sich nur diejenige Unternehmungsform als die betriebswirtschaftlich „richtige", die im konkreten Fall organisch dem Unternehmen und den von ihm verfolgten wirtschaftlichen Zwecken angepaßt ist.

Die Beteiligten können nicht nur aus einer Vielzahl im Gesetz geregelter typischer Gesellschaftsformen diejenige auswählen, die ihren Zwecken und Interessen am besten entspricht (freie Typenwahl); sie können auch den Inhalt der Gesellschaftsformen abweichend von der gesetzestypischen Regelung gestalten (inhaltliche Gestaltungsfreiheit) und neue atypische Formen schaffen (Typenfreiheit im engeren Sinne), wobei jedoch die Parteiautonomie in den zwingenden gesetzlichen Vorschriften ihre Schranken findet.

Besonders gestaltungsfähig ist die Rechtsform der stillen Gesellschaft, weil die einschlägigen gesetzlichen Bestimmungen im wesentlichen nachgiebiges Recht enthalten und der Gestaltungsfreiheit der Beteiligten einen weiten Spielraum lassen. Durch entsprechende Vereinbarungen im Gesellschaftsvertrag kann die stille Gesellschaft – beschränkt auf das Innenverhältnis – den handelsrechtlichen Personengesellschaften weitgehend angenähert werden. Aber auch eine Annäherung an die Körperschaften ist möglich, indem ihr im Innenverhältnis eine körperschaftliche Verfassung gegeben wird. Die im Wirtschaftsleben am weitesten verbreitete Abwandlung liegt vor, wenn der stille Gesellschafter nicht nur am laufenden Gewinn, sondern auch an der Geschäftsführung und an den Anlagewerten, an den Rücklagen und am Geschäfts- oder Firmenwert beteiligt wird. Auch auf solche atypischen stillen Gesellschaften wendet die herrschende Meinung im wesentlichen die Vorschriften über die typische stille Gesellschaft an. Es liegt weder ein Scheingeschäft noch ein Verstoß gegen ein gesetzliches Verbot oder gegen die guten Sitten vor. Im Steuerrecht dagegen wird die atypische stille Gesellschaft als „Mitunternehmerschaft" angesehen und zufolge der das Steuerrecht beherrschenden wirtschaftlichen Betrachtungsweise den handelsrechtlichen Personengesellschaften (Gesamthandsgemeinschaften) gleichgestellt.

§ 2 Die stille Gesellschaft als Unternehmungsform, insbesondere die Gründe für ihre Wahl

Schrifttum: *Baumdicker, Gotthard*, Steuerbegünstigte Vermögensbeteiligungen für Arbeitnehmer, LSW Gruppe 15, 1 (6/1994); *Brönner, Herbert*, Die Besteuerung der Gesellschaften, 16. Aufl., 1988; *Curtius-Hartung Rudolf / Costede, Jürgen / Ballof, Ferdinand*, Die stille Gesellschaft – Überlegungen aus handelsrechtlicher, steuerrechtlicher und betriebswirtschaftlicher Sicht, StbKRep 1987, 223; *Esch, Günter / Schulze zur Wiesche, Dieter*, Handbuch der Vermögensnachfolge, 3. Aufl., 1989; *Giefers, Hans Werner*, Die Wahl der Rechtsform für eine Familiengesellschaft, INF 1994, 144; *Felix, Günther*, Beteiligungsformen nichttätiger Abkömmlinge an Familien-Personenunternehmen, DStZ 1988, 73; *Felix, Günther / Streck, Michael*, Schütt-aus-Hol-zurück-Verfahren, DStR 1977, 42; *Fella, Günter*, Die stille Gesellschaft im ESt-Recht, StW 1992, 101; *Goutier, Klaus / Spönlein, Rita*, Gestaltungsmöglichkeiten unter dem KStG 1977, GmbHR 1985, 264; *Gutenberg, Erich*, Grundlagen der Betriebswirtschaftslehre, Bd. 3, Die Finanzen, 8. Aufl., 1980; *Haas, Franz*, Wesen und Formen der Gewinnbeteiligung, Veröffentlichungen der Wirtschaftshochschule Mannheim, Reihe 2: Reden, Bd. 1, 1957, S. 8; *Kußmaul, Heinz*, Unternehmenskinder, 1983; *Lienau, Alexander / Lotz, Thomas*, Die Abgrenzung zwischen stiller Gesellschaft und partiarischem Darlehen und die steuerlichen Konsequenzen, DStR 1991, 618; *Litfin, Martin / App, Michael*, Unternehmensform nach Maß, 3. Aufl., 1994; *Löffelholz, Josef*, Repetitorium der Betriebswirtschaftslehre, 6. Aufl., 1980; *Petzoldt, Rolf*, Die stille Gesellschaft, NWB Fach 18, 2975; *Pohmer, Dieter*, Einflüsse der Besteuerung auf die Unternehmensform, ZfB 1964, 679; *Reinhard, Rudolf*, Die für die Ordnung der Wirtschaft maßgebenden Rechtsgrundsätze und die Rechtsform der Mitbestimmung, in: Festschrift für H. C. *Nipperdey*, 1955, S. 235; *ders.*, Die gesellschaftsrechtlichen Fragen der Gestattung der Unternehmensformen, Verhandlungen des 39. Deutschen Juristentages 1951, Teil 3, S. 5; *Robisch, Martin*, Optimale Schütt-aus-hol-zurück-Politik von Kapitalgesellschaften und Wandel der Tarifstruktur, DStR 1994, 334; *Schäfer, Erich*, Die Unternehmung, 10. Aufl., 1980; *Schmalenbach, Eugen*, Die Beteiligungsfinanzierung, 9. Aufl., 1966; *Schneider, Dieter*, Hochsteuerland Deutschland 1994/95, DB 1994, 541; *Schoen, Susanne*, Die außerbetriebliche Beteiligung als stiller Gesellschafter nach dem fünften Vermögensbildungsgesetz, BB 1988, 2113; *Sturm, Friedrich*, Das neue Gesetz zur Förderung der Vermögensbildung der Arbeitnehmer durch Kapitalbildungen (Vermögensbeteiligungsgesetz), WM 1984, 753; *Sudhoff, Heinrich / Sudhoff, Martin*, Stille Beteiligung an einer GmbH und die Umwandlung dieser Beteiligung, GmbHR 1984, 77; *Vollmer, Lothar / Maurer, Torsten*, Die Eignung von sanierenden stillen Beteiligungen und Sanierungsgenußscheinen zur Abwehr der Überschuldung, DB 1994, 1173; *Wöhe, Günter*, Einführung in die Allgemeine Betriebswirtschaftslehre, 19. Aufl., 1996; *Zacharias, Erwin / Hebig, Michael*, Die Auswirkungen des Haushaltsbegleitgesetzes 1989 auf das 5. VermBG und auf § 19a EStG, FR 1989, 317.

Bei der Errichtung einer stillen Gesellschaft spielen wirtschaftliche, handelsrechtliche und steuerrechtliche Erwägungen eine wichtige Rolle. Es sind vor allem Finanzierungsfragen und haftungsrechtliche sowie steuerrechtliche Überlegungen, die zur Wahl dieser in der Praxis durchaus häufig anzutreffenden Rechtsform führen. 35

I. Beweggründe auf seiten des stillen Gesellschafters

Auf seiten des stillen Gesellschafters wird für die Übernahme einer stillen Beteiligung in der Regel der Wunsch nach einer **günstigen Kapitalanlage** bestimmend sein, die einen größeren Ertrag als Bankzinsen oder Aktiendividenden abwirft und die zugleich in der persönlichen Tüchtigkeit und Verantwortlichkeit des Inhabers des Handelsgeschäfts eine relative Sicherheit bietet. 36

Ist dem Geldgeber darüber hinaus an einer Sachwertsicherung gelegen, so kann im Gesellschaftsvertrag vereinbart werden, daß seine Beteiligung sich nicht auf den laufenden Jahresgewinn beschränken, sondern sich auf das Anlagevermögen, insbesondere auf die offenen und stillen Rücklagen und auf einen etwaigen Geschäfts- oder Firmenwert erstrecken soll (sogenannte atypische stille Beteiligung; Rn. 177 ff.). 37

Auch der Wunsch, die Kapitalanlage vor der Öffentlichkeit **geheimzuhalten**, ein möglichst **geringes Risiko** einzugehen, am Verlust des Geschäfts entweder überhaupt nicht teilzunehmen oder die Verlustgefahr auf den Betrag der Vermögenseinlage zu beschränken, bestimmt häufig die Wahl der stillen Gesellschaft. Diese Wünsche lassen sich in der Form einer Kapitalgesellschaft, einer handelsrechtlichen Personengesellschaft oder eines schuldrechtlichen Darlehensvertrags nicht immer verwirklichen. Die mit der Beteiligung an einer handelsrechtlichen Personengesellschaft notwendig verbundene Publizität, die unbeschränkte gesamtschuldnerische Haftung der Komplementäre und die grundsätzlich persönliche Mitwirkung aller Gesellschafter bei der Geschäftsführung und Vertretung einerseits, die mangelnde Einflußmöglichkeit auf die Verwendung und Erhaltung des Beteiligungskapitals beim Darlehen, aber auch bei der Beteiligung an einer Kapitalgesellschaft andererseits, entsprechen oftmals nicht den Absichten der Beteiligten. 38

Der Wunsch nach sicherer Kapitalanlage ist jedoch nicht der einzige Beweggrund für den stillen Gesellschafter. Vielfach sind es auch **wirtschaftliche Gründe,** die für die Übernahme einer stillen Beteiligung bestimmend sind. In Fällen, wo jemand aus Gründen, die in seiner Person 39 oder in seiner beruflichen oder gesellschaftlichen Stellung liegen, ein Handelsgewerbe nicht selbst betreiben darf, kann oder will, wird eine andere Person als Geschäftsführer vorgeschoben, wohingegen der stille Gesellschafter im Innenverhältnis der eigentliche Herr und Leiter des Unternehmens ist. Die stille Beteiligung wird auch dort gewählt, wo jemand mit Konkurrenten des Geschäftsinhabers in geschäftlichen Beziehungen steht, die durch das Bekanntwerden des Beteiligungsverhältnisses gefährdet werden könnten. Zu denken ist weiter an die im Wirtschaftsleben, insbesondere im Lebensmittelgroßhandel und bei Brauereien, nicht seltenen Fälle, in denen sich ein Unternehmer mit Hilfe von stillen Beteiligungen einen bestimmten Abnehmerkreis oder feste Bezugsquellen sichern oder den Wettbewerb ausschalten will.

40 Viele Ziele, die der Geldgeber mit der typischen stillen Beteiligung verfolgt, lassen sich auch mit der Gewährung eines **partiarischen Darlehens** erreichen. Gegenüber dem partiarischen Darlehen ist die typische stille Beteiligung aus steuerlicher Sicht jedoch regelmäßig vorzugswürdig, wenn die Finanzierung durch den Gesellschafter selbst erfolgt. Bei der Finanzierung durch externe Geldgeber ist zu differenzieren: Während sich für den Stillen, der allerdings auch das Risiko eines Kapitalverlustes zu tragen hat, steuerliche Vorteile aufgrund möglicher Verlustzuweisungen ergeben können, wird der Geschäftsherr steuerlich und durch die weiterreichenden Informations- und Mitspracherechte des Geldgebers belastet[1].

II. Beweggründe auf seiten des Inhabers des Handelsgeschäfts

1. Zivilrechtliche Beweggründe

41 Ebenso vielfältig sind die Gründe, die den Inhaber eines Handelsgeschäfts zur Aufnahme eines stillen Gesellschafters bewegen können. Er will auf längere Zeit mit der Vermögenseinlage des stillen Gesellschafters arbeiten, **ohne befürchten zu müssen, daß ihm diese kurzfristig gekündigt wird.** Er will **geheimhalten,** daß er genötigt ist, mit fremdem Geld zu arbeiten. Der Name des Geldgebers soll aus Wettbewerbsgründen nicht bekanntwerden, oder der Geschäftsinhaber, der eine Konzession nur auf seinen Namen erhalten hat, kann sein Handelsgewerbe aus diesem Grunde nicht unter der Firma einer OHG oder KG betreiben und nimmt deshalb einen stillen Gesellschafter auf, der ihm das erforderliche Betriebskapital zur Verfügung stellt (vgl. dazu unten Rn. 483 ff.).

---

1 *Lienau/Lotz,* DStR 1991, 618 (622).

Die stille Beteiligung kann für den Geschäftsinhaber insofern vorteilhafter als die Aufnahme eines Darlehens sein, als sie zu einer **Herabsetzung der fixen Kosten für die Fremdkapitalverzinsung** führen kann, was wiederum für die Liquidität des Unternehmens günstig ist, weil sich der stille Gesellschafter je nach dem Geschäftsergebnis des betreffenden Jahres mit einer geringeren Gewinnquote begnügen muß. Gerade für kleine und mittlere Unternehmen hat die ertragsabhängige Ergebnisbelastung und die einfache Anpassung der Kapitalausstattung entscheidende Bedeutung[2]. Bei **Banken** führt die u.U. erhöhte Eigenkapitalquote zu einer Ausweitung der Kreditvergabemöglichkeit (§ 10 Abs. 4 KWG; vgl. dazu auch Rn. 312, 1079). Auch für **Sanierungszwecke** kann die stille Gesellschaft eine geeignete Rechtsform sein, um einem finanziell notleidenden Unternehmen neues Kapital zuzuführen[3]. Die stille Beteiligung an nicht börsennotierten mittelständischen Unternehmen wird durch die Errichtung von Unternehmensbeteiligungsgesellschaften gefördert (§ 3 Abs. 1 Nr. 5 UBGG).

42

Häufig entsteht eine stille Gesellschaft im Zusammenhang mit der Auflösung einer handelsrechtlichen Personengesellschaft oder mit dem **Ausscheiden eines Gesellschafters,** der der Gesellschaft seinen bisherigen Kapitalanteil weiterhin als Vermögenseinlage beläßt. Das hat für den nunmehr nur noch still Beteiligten den Vorteil, daß seine persönliche Haftung für nach seinem Ausscheiden entstandene Verbindlichkeiten entfällt (§§ 159, 160 HGB) und daß er seine Einlage zurückfordern kann, ohne sich – wie als Kommanditist – der Gefahr einer erneuten persönlichen Haftung aussetzen zu müssen (§ 172 Abs. 4, § 171 Abs. 1 HGB).

43

Bei Kapitalgesellschaften kann durch die Begründung einer stillen Gesellschaft gelegentlich eine **sonst erforderliche Kapitalerhöhung** ersetzt werden. Gleichzeitig bietet die stille Beteiligung den Vorteil, daß die Einlage des stillen Gesellschafters leichter rückzahlbar ist als der Anteil am Gesellschaftsvermögen; es bedarf nicht der förmlichen Kapitalherabsetzung.

44

2. Steuerrechtliche Beweggründe

Vor allem bietet die Form der stillen Gesellschaft nicht unbeachtliche **steuerliche Vorteile.** Nachdem im Steuerrecht heute auch die stille Beteiligung von Aktionären oder GmbH-Gesellschaftern an ihrer Gesellschaft, ja sogar die stille Beteiligung des Einmanngesellschafters an seiner eigenen Gesellschaft anerkannt wird, eröffnen sich Möglichkeiten und Wege für wirtschaftliche Verflechtungen und gegenseitige Beteiligungen, die zu

45

---
2 *Curtius-Hartung,* StbKRep 1987, 223 (225).
3 Vgl. dazu näher *Vollmer/Maurer,* DB 1994, 1173 ff.

durchaus legalen Steuerersparnissen führen können (unten Rn. 1483 ff.). Zu beachten ist dabei nur, daß die Konstruktion der stillen Gesellschaften stets alle Mindestvoraussetzungen dieses Gesellschaftstyps berücksichtigt. Ist das gesichert, so ergibt sich im übrigen ein weites Feld individueller Gestaltungsmöglichkeiten, die den besonderen wirtschaftlichen, psychologischen und rechtlichen, aber auch steuerrechtlichen Situationen des Einzelfalles gerecht werden können.

46 Auch sonst können sich steuerliche Vorteile ergeben:

Das KStG 1991 belastet die Gewinne von Körperschaften mit 45% Körperschaftsteuer (seit Veranlagungszeitraum 1994). Diese Körperschaftsteuerbelastung ist auf Grund des Anrechnungsverfahrens nur vorläufig. Sie kann im Ausschüttungsfall mit der Steuerbelastung des Anteilseigners ausgetauscht werden. Ist dessen persönliche Steuerbelastung geringer als diejenige der Körperschaft, ist es attraktiv, auch diejenigen Gewinne auf die Steuerbelastung des Anteilseigners herunterzuschleusen, die letztlich dem Unternehmen der Körperschaft für Investitionszwecke zur Verfügung stehen sollen. Diese Gewinne müssen zu diesem Zweck zunächst an den Anteilseigner ausgeschüttet und sodann an die Körperschaft zurückgewährt werden (**„Schütt-aus-Hol-zurück-Verfahren"**)[4]. Dieses Verfahren wird sich in der Regel für mittelständische Gesellschaften eignen, bei denen die Rechtsbeziehungen zwischen Gesellschaft und Gesellschaftern überschaubar und gestaltbar sind. Auch bei Kapitalgesellschaften (GmbH) mit Kindern kann deren regelmäßig geringe Einkommensteuerbelastung genutzt werden[5].

47 Das entscheidende Problem bildet die **Bewirkung der Rückleistung** der an die Anteilseigner ausgeschütteten Beträge an die Kapitalgesellschaft. Als mögliche Rechtsformen für das „Hol-zurück"-Verfahren sind das gewöhnliche Darlehen, die stille Beteiligung, die Einlage in die Gesellschaft ohne Gewährung junger Gesellschaftsrechte, die förmlichen gesellschaftsrechtlichen Kapitalerhöhungen und das partiarische Darlehen zu nennen, das seit dem 1. 1. 1977 der typischen stillen Beteiligung stark angenähert ist, weil Zinsen auf partiarische Darlehen kapitalertragsteuerpflichtig sind (§ 43 Abs. 1 Nr. 3 EStG)[6].

---

4 *Felix/Streck*, DStR 1977, 42 ff.; *Robisch*, DStR 1994, 334 ff.
5 *Robisch*, DStR 1994, 334, errechnet eine Einkommensteuerbelastung von 49,1% (1994) bzw. 45,7% (1995) und *Schneider*, DB 1994, 541 (544), eine Einkommensteuerbelastung von 44,8% (1995), bis zu der das Schütt-aus-Holzurück-Verfahren einer Thesaurierung vorzuziehen sei.
6 Vgl. dazu insgesamt *Felix/Streck*, DStR 1977, 42; *Goutier/Spönlein*, GmbHR 1985, 264; *Schulze zur Wiesche*, Die GmbH & Still, S. 21; *Sudhoff/Sudhoff*, GmbHR 1984, 77 (79).

Werden ausgeschüttete Beträge freiwillig als **Darlehen oder stille Beteiligungen** in die Gesellschaft zurückgeführt, so ist das **unbedenklich.** Hat der Anteilseigner mit der Gesellschaft einen Darlehensvertrag oder stillen Gesellschaftsvertrag vereinbart, der ihn verpflichtet, ausgeschüttete Gewinnanteile zur Erhöhung des Darlehensbetrags oder als stille Einlage zu verwenden, so ist das ebenfalls eine zulässige Gestaltung[7]. Es wird Eigenkapital der Gesellschaft durch Fremdkapital ersetzt. Ein Rechtsmißbrauch im Sinne von § 42 AO und im Sinne des BFH-Urt. v. 11. 7. 1973[8] liegt nicht vor. Das Darlehen oder das stille Beteiligungsverhältnis tritt zivilrechtlich als selbständige Gestaltungsform mit eigenständigen Rechten und Pflichten und steuerlich als selbständige Einkunftsquelle neben das Gesellschaftsrecht und die sich daraus ergebenden Rechte und Pflichten[9].

48

Wie diese Ausführungen zeigen, kann die Eingehung einer stillen Gesellschaft an einer Kapitalgesellschaft auch nach der Körperschaftsteuerreform von 1977 vorteilhaft sein. Zwar spielt nach der Einführung des Vollanrechnungsverfahrens bei der Körperschaftsteuer der Gesichtspunkt der Vermeidung der steuerlichen Doppelbelastung keine entscheidende Rolle mehr. Die stille Gesellschaft kann aber auch weiterhin eine Kapitalerhöhung ersetzen und bietet den Vorteil, daß die Einlage des stillen Gesellschafters leichter rückzahlbar ist als das Grund- oder Stammkapital. Außerdem ist der Gesellschaftsvertrag der stillen Gesellschaft kostengünstiger als eine Kapitalerhöhung, da er nicht der notariellen Beurkundung bedarf. Schließlich bietet die stille Beteiligung im Vergleich zu einer Gesellschafterbeteiligung den Vorteil, daß bei entsprechender Gestaltung der Gesellschaftsverträge die Anlaufverluste der Kapitalgesellschaft auf ihre Gesellschafter übertragen und von diesen mit gleichartigen steuerpflichtigen Einkünften verrechnet werden können[10].

49

Im Zusammenhang mit der Körperschaftsteuerreform 1977 ist ganz allgemein die Frage aufgetaucht, ob es sich empfiehlt, stille Beteiligungen an Kapitalgesellschaften in Aktien- oder GmbH-Beteiligungen umzuwandeln. Diese Frage ist deshalb berechtigt, weil die stillen Beteiligungen früher regelmäßig gewählt wurden, um der steuerlichen Doppelbelastung in zulässiger Weise zu entgehen. Dieses Motiv ist aber mit der Einführung des Vollanrechnungsverfahrens durch das KStG 1977 hinfällig geworden. Dazu ist folgendes zu sagen:

50

---

7 *Felix/Streck,* DStR 1977, 42 (43).
8 (I R 144/71) BStBl. II 1973, 806.
9 *Felix/Streck,* DStR 1977, 42 (44).
10 Vgl. dazu auch MünchHdb. StG/*Bezzenberger* § 4 Rn. 8.

51 Die Umwandlung stiller Beteiligungen in Aktien oder GmbH-Anteile hat in der Weise zu erfolgen, daß die stille Gesellschaft aufgelöst wird und der stille Gesellschafter in Höhe des Wertes seiner stillen Beteiligung eine Einlage bei der Kapitalgesellschaft gegen Gewährung von Gesellschaftsrechten (Aktien, GmbH-Anteile) leistet. Unter den Voraussetzungen der §§ 15, 16 Abs. 1 Nr. 2 und 23 EStG unterliegt ein hierbei sich ergebender Veräußerungs-(Umtausch-)Gewinn beim stillen Gesellschafter der Einkommensteuer[11]. Es liegt kein erfolgsneutraler Tausch von Gesellschaftsanteilen vor, weil es an der Artgleichheit der „getauschten" Beteiligungen fehlt.

52 Für die Gewährung der Gesellschaftsrechte hat die Kapitalgesellschaft – soweit nicht zulässigerweise eigene Anteile ausgegeben werden können – die Bestimmungen und Formvorschriften über die Kapitalerhöhung zu beachten (§ 55 GmbHG, §§ 182 ff. AktG). In Betracht käme auch eine bedingte Kapitalerhöhung zur Gewährung von Bezugs- und Umtauschrechten an die stillen Gesellschafter (§§ 192 ff. AktG) oder die Schaffung eines genehmigten Kapitals im Sinne der §§ 202 ff. AktG, um dem Vorstand eine größere Flexibilität bei Umtauschtransaktionen zu ermöglichen.

53 Für eine Umwandlung stiller Beteiligungen in Gesellschaftsrechte der Kapitalgesellschaft sehen die UmwStG von 1977 und 1995 keine steuerlichen Erleichterungen vor. Mit dem Wirksamwerden der Umwandlung endet der Ausweis der stillen Einlagen als Fremdkapital in der Bilanz der Kapitalgesellschaft. Sie werden in der bedungenen Höhe als Eigenkapital der Gesellschaft ausgewiesen.

III. Die stille Gesellschaft als Familiengesellschaft

54 Weit verbreitet ist die stille Gesellschaft als Mittel zur Sicherung der Familienangehörigen, zur Vorsorge für den Todesfall des Geschäftsinhabers, zur Verhinderung einer Zersplitterung des Anteilsbesitzes und damit als Mittel zur Abwendung der Gefahr einer Überfremdung durch den Eintritt von nicht zur Familie gehörigen Personen oder der Gefahr der Entziehung flüssiger Mittel aus dem Unternehmen. Mit Hilfe stiller Beteiligungen können **der Familie die wirtschaftlichen Grundlagen des Unternehmens erhalten** bleiben und kann **im Falle des Todes des Inhabers der ungehinderte Fortbestand des Unternehmens gewährleistet** werden. Besondere Bedeutung erlangt dieser letzte Gesichtspunkt, wenn eine Übergangszeit überbrückt werden muß, weil die als Nachfolger bestimm-

---
11 Vgl. *Sudhoff/Sudhoff*, GmbHR 1984, 77 (80).

ten Abkömmlinge erst heranwachsen oder sich noch in der Ausbildung befinden, oder weil die Last der Arbeit und Verantwortung nur allmählich auf jüngere Schultern gelegt werden soll[12]. In solchen Fällen können die Kinder zunächst als stille Gesellschafter beteiligt werden, indem ihnen der zur Leistung der Vermögenseinlage erforderliche Betrag vom Inhaber schenkungsweise zur Verfügung gestellt wird (Rn. 255 ff.). Auf diese Weise wird durch die stille Beteiligung die Anwartschaft derjenigen Erben sichergestellt, die als künftige Geschäftsinhaber ausersehen sind.

Die stille Gesellschaft eignet sich aber auch zur **Sicherung derjenigen Erben,** die von der Übernahme des Handelsgeschäfts ausgeschlossen sein sollen[13]. Sie können für ihre Erbansprüche dadurch abgefunden werden, daß ihnen der Geschäftsinhaber stille Beteiligungen einräumt, wodurch die Fortführung des Unternehmens als Einzelfirma ermöglicht wird[14]. Aufgrund der Vertrags- und Gestaltungsfreiheit lassen sich die berechtigten Belange und Interessen der weichenden Erben hinreichend wahren. So können die Überwachungs- und Kontrollrechte, die ihnen als stille Gesellschafter zustehen, erweitert, aber auch eingeschränkt werden. Ihre Vermögenseinlage kann – anders als die Einlage des Kommanditisten – durch Bestellung von Hypotheken oder Pfandrechten oder im Wege der Sicherungsübereignung gesichert werden (Rn. 541 ff., 1269 ff.). 55

Sollen die Erben nicht nur am laufenden Jahresgewinn, sondern auch an der **Substanz des Unternehmens** beteiligt werden, so wird zweckmäßigerweise im Testament oder im Gesellschaftsvertrag bestimmt, daß sie bei der Auseinandersetzung an den offenen und stillen Rücklagen des Unternehmens teilhaben. Sie sind dann zwar nicht dinglich am Geschäftsvermögen beteiligt; sie haben aber gegenüber dem oder den Erben, die das Geschäft übernehmen, einen schuldrechtlichen Anspruch auf Beteiligung an der Unternehmenssubstanz. Daß sich in solchen Fällen die Beteiligung auch auf den Geschäftswert (goodwill) erstrecken soll, wird regelmäßig nicht dem Willen der Beteiligten entsprechen und ist auch nicht zweckmäßig, weil sich dieser Wert erfahrungsgemäß nur schwer feststellen läßt und es dabei vielfach zu Meinungsverschiedenheiten und Streitigkeiten unter den beteiligten Erben kommt. Soll die Aufstellung einer besonderen Auseinandersetzungsbilanz vermieden werden, so kann der Erblasser be- 56

---

12 Vgl. *Kußmaul,* S. 283 ff.
13 Die Annahme von *Esch/Schulze zur Wiesche,* Hdb. d. Vermögensnachfolge, Bd. I, Rn. 1032 f., daß sich die stille Gesellschaft zur Regelung der Erbfolge in Familiengesellschaften weniger eigne als die KG, da sie zu einer unerwünschten Ungleichbehandlung der Erben führe, trifft in den zahlreichen Fällen einer erwünschten Differenzierung zwischen den Erben gerade nicht zu.
14 Vgl. dazu auch *Petzoldt,* NWB Fach 18, 2975 (2976).

stimmen, daß als Abfindung für die Beteiligung an den Rücklagen des Unternehmens zu dem buchmäßigen Kapitalanteil, der sich aus der dem Todestag vorangehenden Bilanz ergibt, ein angemessener Aufschlag zu machen ist. Es empfiehlt sich auch, die Abfindungsraten an die Leistungsfähigkeit des Geschäftsinhabers anzupassen, damit dem Unternehmen nicht auf einmal größere Beträge entzogen werden und dadurch seine Liquidität gefährdet wird (Rn. 988 ff.).

57 Die Begründung einer stillen Gesellschaft mit dem Ehepartner oder mit den Kindern kann schon zu Lebzeiten des Geschäftsinhabers als **„vorweggenommene Erbfolge"** vor allem unter steuerlichen Gesichtspunkten vorteilhaft sein, weil weder die stille Beteiligung noch die aus ihr fließenden Gewinnanteile dem Inhaber zugerechnet werden (Rn. 1269 ff.). Bei steuermotivierten Beteiligungen nichttätiger Angehöriger hat die stille Beteiligung gegenüber der typischen Kommanditbeteiligung zudem den Vorteil, daß sie keine langfristige Mitinhaberschaft begründet, die später häufig den endgültigen Unternehmensnachfolger behindert[15].

58 Überläßt der Inhaber seinem Ehepartner oder seinen Kindern die Vermögenseinlage im Wege der **Schenkung,** so bleibt diese beim Ehepartner bis zu einem Betrag von 600 000 DM (§ 16 Abs. 1 Nr. 1 ErbStG) und bei den Kindern bis zu den Beträgen von je 400 000 DM (§ 16 Abs. 1 Nr. 2 ErbStG) schenkungsteuerfrei. Die schenkungsweise überlassenen Beträge scheiden aus dem Vermögen des Schenkers aus (Rn. 1793).

59 Die Gewinne, die auf Grund der typischen stillen Beteiligung auf den Ehepartner und die Kinder entfallen, werden von diesen selbst versteuert und bilden bei dem Geschäftsinhaber Betriebsausgaben, die den Gewinn mindern. Der durch die Bildung offener oder stiller Rücklagen entstehende Mehrwert des Unternehmens wächst den Familienangehörigen, wenn sie nach dem Gesellschaftsvertrag im Innenverhältnis auch am Geschäftsvermögen beteiligt sind, im Verhältnis ihrer Anteile schenkungsteuerfrei zu. Zugleich verringert sich insoweit das Vermögen des Geschäftsinhabers, so daß bei seinem Ableben ein geringerer Nachlaßwert vorhanden und zu versteuern ist. Diese **legalen Steuervorteile** haben ihren Teil dazu beigetragen, die stille Gesellschaft zu einer immer stärker bevorzugten Gesellschaftsform zu machen, die im Wirtschaftsleben eine weit größere Rolle spielt als die Kommanditgesellschaft.

---

15 Vgl. dazu auch *Felix,* DStZ 1988, 73 (74) gegen *Esch/Schulze zur Wiesche,* Hdb. d. Vermögensnachfolge, Bd. I Rn. 1032.

IV. Die stille Gesellschaft als Form der Mitarbeiterbeteiligung

1. Die Beweggründe zur Mitarbeiterbeteiligung

Auch in arbeitsvertraglicher Hinsicht kommt der stillen Gesellschaft Bedeutung zu. Hier ist vor allem an die Beteiligung von Arbeitnehmern am Erfolg des Unternehmens zu denken. Die Motive für die Einführung von **Erfolgsbeteiligungen** sind mannigfacher Art. Sie entspringen sozialen, betriebstechnischen und betriebswirtschaftlichen Erwägungen, indem durch die Ergebnisbeteiligung eine Besserung des Betriebsklimas erwartet oder eine stärkere innere Bindung der Arbeitnehmer an den Betrieb erhofft wird. In betriebswirtschaftlicher Hinsicht erwartet man von den am Betriebsergebnis beteiligten Arbeitnehmern ein stärkeres kostenorientiertes Denken und Handeln in der Richtung, daß sie die betrieblichen Einrichtungen schonend behandeln und mit dem Material sorgfältig umgehen. Man erhofft sich schließlich auch eine Mitarbeit in Organisationsfragen und eine gegenseitige Erziehung zu betrieblichem Denken sowie zunehmendes Interesse an der Steigerung der Produktivität des Betriebs. Durch die Erfolgsbeteiligung sollen also die Belange von Unternehmer und Arbeitnehmern sinnvoll miteinander verkoppelt werden. 60

Dabei werden jedoch die Verfahren und Möglichkeiten einer Gewinnbeteiligung vielfach überschätzt und die wahre Bedeutung des Problems wird zu leicht vergessen. Es kommt einmal darauf an, eine betriebswirtschaftlich richtige, für den Betrieb tragbare Lösung der Gewinnzurechnung auf Arbeit und Kapital zu finden, und zum anderen darauf, daß die Gewinnbeteiligung auf die Gestaltung der zwischenmenschlichen Beziehungen im Betrieb einwirkt, was letztlich dem Betrieb selbst wirtschaftliche Vorteile und Erfolge bringt. 61

Unternehmer, Arbeitnehmer und Kapitalgeber arbeiten gemeinsam an der Weiterentwicklung des Betriebs. Ihr Interesse an seiner Erhaltung ist bedingt durch die Sicherung der eigenen Existenzgrundlage. So wird auch ein dauerhafter wirtschaftlicher Gesamterfolg wesentlich nur durch das harmonische **Zusammenwirken aller im Betrieb Tätigen** herbeigeführt werden können. Da der Gewinn aus der Zusammenarbeit aller im Betrieb Tätigen entstanden ist, wird man ihn niemals ursächlich auf die Wirkung der beiden Faktoren Kapital und Arbeit zurückführen können. Es ist daher auch unmöglich, anzugeben, welchen Gewinn der Faktor Arbeit und welchen Gewinn der Faktor Kapital verursacht hat. Das entscheidende Problem liegt deshalb nicht – wie vielfach angenommen wird – in der Frage nach der „rechnerischen" Verteilung des Gewinnes auf Kapital und Arbeit, sondern in der Frage, wie die zwischenmenschlichen Beziehungen durch irgendeine der möglichen Arten und Formen von Gewinnbeteili- 62 gungen zu bessern sind, und im Falle einer Beteiligung der Arbeitnehmer am entstandenen Gewinn in der Frage nach seiner zweckgerechten Verteilung im Hinblick auf die Erhaltung, Erweiterung und auf den Fortschritt des Betriebs zugunsten der Gesamtwirtschaft[16].

2. Die Formen der Mitarbeiterbeteiligung

a) Die Gewinnbeteiligung

63 Die einfachste Form einer Mitarbeiterbeteiligung liegt vor, wenn die Arbeitnehmer neben ihrem Arbeitslohn eine Beteiligung an dem im Unternehmen erwirtschafteten Gewinn erhalten, ohne daß es zwischen ihnen und dem Unternehmer zu einem gesellschaftlichen Zusammenschluß kommt. Es handelt sich hierbei um einen **Arbeitsvertrag mit Gewinnbeteiligung** (partiarischer Dienstvertrag; Rn. 398 ff.). Der an den Arbeitnehmer auszuschüttende Anteil kann dabei pauschaliert oder an bestimmte Ertrags- oder Kostenfaktoren gebunden werden.

64 Da nach den Vorschriften des Lohnsteuerrechts alles, was aus einem gegenwärtigen oder früheren Dienstverhältnis an Geld oder Geldeswert dem Arbeitnehmer zufließt, **zu versteuernder Arbeitslohn** ist, gehören die dem Arbeitnehmer zufließenden Gewinnanteile als Ausfluß des Arbeitsverhältnisses zu seinen Einkünften aus nichtselbständiger Arbeit, die dem Lohnsteuerabzug unterliegen. Entscheidend ist einzig und allein der Zusammenhang mit dem Arbeitsverhältnis. Auf die Bezeichnung und auf die Bemessungsgrundlage für die Gewinnbeteiligung kommt es nicht an. Die an die Arbeitnehmer gezahlten Gewinnanteile sind für den Unternehmer Betriebsausgaben, die den Gewinn mindern.

b) Die Mitunternehmerschaft (atypische stille Gesellschaft)

65 Stärkere Wirkungen als die bloße Gewinnbeteiligung erzeugt die Begründung einer **Mitunternehmerschaft** zwischen dem Unternehmer und seinen Arbeitnehmern. Hier wird der Arbeitsvertrag mit einem Gesellschaftsvertrag verbunden. Die Arbeitsleistung steht damit nicht allein im Verhältnis von Leistung und Gegenleistung, sondern bildet zugleich einen Beitrag zu einem gemeinsamen übergeordneten Zweck. Das Zusammenwirken von Arbeit im Betrieb und Unternehmensleitung soll den Unternehmenserfolg und damit den Nutzen für beide Teile erhöhen[17].

---

16 Vgl. dazu *Haas*, S. 8 ff.
17 Vgl. hierzu *Reinhardt*, FS *Nipperdey* 1955, S. 235 (246 ff.).

§ 2 Stille Gesellschaft als Unternehmungsform

Nicht nur der durch gemeinsame Arbeit geschaffene wirtschaftliche Erfolg des Betriebs soll allen mit dem Betrieb Verbundenen zugute kommen; vielmehr sollen alle im Betrieb Tätigen eine unternehmerische Stellung erhalten und an den **Risiken, Rechten und Pflichten des Unternehmers** in irgendeiner Form **teilhaben,** wodurch das Bewußtsein der Verbundenheit und Zusammengehörigkeit besonders gestärkt wird. Das gilt insbesondere auch für Zeiten einer schlechten Ertragslage. 66

Die Mitunternehmerschaft wird dadurch begründet, daß die Arbeitnehmer **Bareinlagen** leisten oder ihre **Arbeitskraft** in den Betrieb einbringen. Dafür werden sie an den Anlagewerten des Unternehmens sowie an den offenen und stillen Rücklagen beteiligt. Außerdem können ihnen Gesellschaftsrechte gewährt werden. Schwierigkeiten ergeben sich häufig daraus, daß den Arbeitnehmern regelmäßig der Einblick in das Unternehmen fehlt. Deshalb muß eine Einrichtung geschaffen werden, die ihrer Zusammensetzung und Aufgabenstellung nach geeignet ist, die Information und Kontrolle zu gewährleisten. Es müssen aber auch die Grenzen der Informations- und Kontrollrechte festgelegt werden, wenn diese das Unternehmen im Konkurrenzkampf nicht gefährden sollen[18]. 67

Steuerlich muß in den Fällen der Mitunternehmerschaft für den Unternehmer und für alle mit Einlagen beteiligten Arbeitnehmer eine **einheitliche Gewinnfeststellung** durchgeführt werden, bei der für alle Beteiligten die Höhe der auf sie entfallenden Gewinn- oder Verlustanteile festgestellt wird (Rn. 1351 ff., 1370 ff.). Übersteigt der Gewinnanteil allein oder mit anderen Einkünften, die nicht dem Steuerabzug unterlagen, im Jahr den Betrag von 800 DM, so ist der Arbeitnehmer auf Grund einer von ihm abzugebenden Einkommensteuererklärung zu veranlagen (§ 46 Abs. 2 Nr. 1 EStG). 68

c) Die typische stille Gesellschaft

Die Errichtung einer **typischen stillen Gesellschaft** zwischen dem Unternehmer und seinen Arbeitnehmern ist steuerlich am günstigsten. Zu beachten ist, daß die Vermögenseinlage der stillen Gesellschafter auch in der Einbringung ihrer Arbeitskraft bestehen kann (Rn. 268 ff.). 69

Die auf die Arbeitnehmer entfallenden Gewinnanteile mindern als Betriebsausgaben den einkommen- oder körperschaftsteuerpflichtigen Gewinn des Inhabers. Sie sind bei den Arbeitnehmern dem Steuerabzug unterliegende Einkünfte aus Kapitalvermögen (Rn. 1406 ff.). Die stille Beteiligung mindert weiterhin beim Inhaber als echte Schuld das Betriebs- 70

---
18 *Reinhardt,* FS *Nipperdey* 1955, S. 235 (247 ff.).

vermögen; beim Arbeitnehmer gehört sie zu seinem sonstigen Vermögen (Rn. 1671 ff.). Gewerbesteuerlich finden allerdings Hinzurechnungen statt (§ 8 Nr. 3, § 12 Abs. 2 Nr. 1 GewStG).

d) Vermögensbeteiligungsgesetz

71 Seit dem Inkrafttreten des Gesetzes zur Förderung der Vermögensbildung der Arbeitnehmer durch Kapitalbeteiligungen (**1. Vermögensbeteiligungsgesetz**)[19], das auf nach dem 1. Januar 1984 geschlossene Verträge anzuwenden ist, erfährt die typische stille Beteiligung eine Förderung durch den Gesetzgeber. Von der Absicht getragen, das Hauptgewicht der Vermögensbildung in Arbeitnehmerhand unter Abkehr von der Förderung des reinen Geldsparens auf die Förderung von Beteiligungen am Produktivkapital zu verlagern, hat der Gesetzgeber einerseits den Anlagekatalog der vermögenswirksamen Leistungen erstmals im 4. Vermögensbildungsgesetz (4. VermBG)[20] unter anderem auf typische stille Beteiligungen erweitert und andererseits durch Einfügung eines neuen § 19a EStG steuerliche Vorteile für die Einräumung solcher Beteiligungsverhältnisse geschaffen. Zur Rechtslage nach dem 4. VermBG wird auf die Vorauflage verwiesen.

72 Durch das **zweite Vermögensbeteiligungsgesetz**[21] ist mittlerweile das 5. VermBG in Kraft gesetzt worden[22]. Dieses auf Verträge nach dem 31. 12. 1986 anzuwendende Gesetz bringt eine differenziertere Regelung. Danach können die Verträge über die Erbringung von vermögenswirksamen Leistungen als Sparvertrag (§ 2 Abs. 1 Buchst. i i.V.m. § 4), Beteiligungs-Vertrag (§ 6) und Beteiligungs-Kaufvertrag (§ 7) ausgestaltet sein.

73 Bei einem **Sparvertrag** handelt es sich gemäß § 2 Abs. 1 i.V.m. § 4 Abs. 1 um einen Vertrag mit einem Kreditinstitut, in dem sich der Arbeitnehmer verpflichtet, zum Erwerb typischer stiller Beteiligungen einmalig oder für die Dauer von sechs Jahren laufend vermögenswirksame Leistungen einzahlen zu lassen oder andere Beträge einzuzahlen.

74 Ein **Beteiligungs-Vertrag** im Sinne von § 2 Abs. 1 Nr. 4 i.V.m. § 6 ist ein Vertrag mit dem Arbeitnehmer und dem Arbeitgeber über die Begründung einer typischen stillen Beteiligung am Arbeitgeberbetrieb, wobei vereinbart wird, die vom Arbeitnehmer für die Begründung geschuldete Geldsumme mit vermögenswirksamen Leistungen zu verrechnen oder mit

---

19 Vom 22. 12. 1983 BGBl. I 1983, 1592 = BStBl. I 1984, 23.
20 Das Vermögensbeteiligungsgesetz benennt das vorherige 3. VermBG in das 4. VermBG um.
21 Vom 19. 12. 1986 BGBl. I 1986, 2595 = BStBl. I 1987, 231.
22 Bekanntmachung der Neufassung in BGBl. I 1994, 406.

anderen Beträgen zu zahlen. Der stillen Beteiligung am Unternehmen des Arbeitgebers steht nach § 6 Abs. 2 Nr. 1 i. V. m. § 2 Abs. 2, S. 4 die stille Beteiligung an einem Unternehmen, das als herrschendes Unternehmen gemäß § 18 AktG mit dem arbeitgebenden Unternehmen verbunden ist oder an diesem oder dem herrschenden gesellschaftsrechtlich beteiligt ist, gleich.

Ein **Beteiligungs-Kaufvertrag** schließlich liegt vor, wenn der Arbeitnehmer mit dem Arbeitgeber (§ 7 Abs. 1) oder einer mit dem Arbeitgeberbetrieb verbundenen GmbH (§ 7 Abs. 2) einen Kaufvertrag zum Erwerb einer typischen stillen Beteiligung abschließt, und vereinbart wird, den vom Arbeitnehmer geschuldeten Kaufpreis mit vermögenswirksamen Leistungen oder anderen Beträgen zu zahlen. 75

Die Förderung dieser Anlageformen erfolgt nach § 13 Abs. 2 S. 2 i.V.m. Abs. 3 S. 1 Nr. 1 5. VermBG[23] bis zu einer Höhe von 936,- DM pro Kalenderjahr mit einer Arbeitnehmersparzulage von 10% der erbrachten Leistung. Voraussetzung für die Gewährung der Sparzulage ist neben der Einhaltung der **Einkommensgrenzen** in § 13 Abs. 1, daß bis zum Ablauf einer Frist von sechs Jahren über die einmal begründete oder erworbene stille Teilhaberschaft nicht durch Rückzahlung, Abtretung, Beleihung oder in anderer Weise verfügt wird (**Sperrfrist**)[24]. Dabei ist hervorzuheben, daß anders als bei den traditionellen Anlageformen der Vermögensbildung eine Ausgestaltung als Ratensparvertrag nicht vorgesehen ist, so daß **die Sperrfrist für jede einzelne Aufwendung getrennt läuft.** Werden also einmal aufgewendete Beträge später aufgestockt, die Beteiligung beispielsweise erhöht, so beginnt für den Aufstockungsbetrag die sechsjährige Sperrfrist mit dem Zeitpunkt[25] der Anlage neu zu laufen[26]. Eine vorzeitige Verfügung ist nur dann zulagenunschädlich, wenn eine der Voraussetzungen des § 4 Abs. 4 Nr. 1–6 vorliegt. Bei Sparverträgen im Sinne von § 4 sind darüber hinaus die Unschädlichkeitsbestimmungen des § 4 Abs. 5 und 6 anwendbar. 76

Neben der Erweiterung des Vermögensbildungsgesetzes ist ein **steuerlicher Anreiz** zum Erwerb von stillen und anderen Kapitalbeteiligungen durch § 19a EStG geschaffen worden. Diese Vorschrift gewährt einen steuerfreien Vorteil für vom Arbeitnehmer im Rahmen eines gegenwärtigen Dienstverhältnisses unentgeltlich oder verbilligt erworbene typische 77

---

23 § 12 Abs. 3 S. 2 4. VermBG.
24 Im einzelnen siehe § 4 Abs. 2, § 6 Abs. 3, § 7 Abs. 3 5. VermBG.
25 Anfangszeitpunkt kann nur der 1. Januar sein, siehe § 4 Abs. 2 S. 1 Nr. 2 i.V.m. S. 2 einerseits und § 6 Abs. 3 Nr. 2, § 7 Abs. 3 andererseits.
26 *Sturm*, WM 1984, 753 (761).

stille Beteiligungen. Steuerfrei ist die Hälfte des Wertes der Vermögensbeteiligung, höchstens jedoch 300 DM[27]. Der Wert der stillen Beteiligung ist mit dem Nennbetrag anzusetzen, § 19a Abs. 8 S. 7 EStG, wenn nicht besondere Umstände einen höheren oder niedrigeren Wert begründen. Hinsichtlich der Sperrfrist gilt für die Gewährung des Steuervorteils gleiches wie im Rahmen des 5. VermBG[28]. Ein Unterschied zu diesem Gesetz besteht insoweit, als der steuerfreie Vorteil nicht an Verdienstgrenzen gekoppelt ist.

78 Während § 19a EStG 1983 ursprünglich stille Beteiligungen stets förderte, wenn sie Rechte an einem inländischen Unternehmen gewährten, machte die mißbräuchliche Ausnutzung der Fördermaßnahmen durch unseriöse Anlagefirmen eine Änderung notwendig. § 19a EStG wurde dahingehend novelliert, daß nunmehr allein der Erhalt einer stillen Beteiligung als **Sachzuwendung**, nicht aber Zuschüsse des Arbeitgebers zum Erwerb einer stillen Beteiligung an fremden Unternehmen in Form von Geldleistungen gefördert werden[29]. Im übrigen kann der Arbeitnehmer die steuerliche Förderung neben der Förderung nach dem 5. VermBG in Anspruch nehmen, soweit die Voraussetzungen für beide vorliegen.

79 § 15 des 5. VermBG 1987 räumte auch mittelständischen Arbeitgebern, die ihren Arbeitnehmern aufgrund eines Tarifvertrages oder einer Betriebsvereinbarung vermögenswirksame Leistungen erbringen, einen Steuervorteil ein. Diese Regelung wurde mit Wirkung vom 1. 1. 1990 ersatzlos gestrichen[30]. Zu Details der Steuerermäßigung für Arbeitgeber im Zusammenhang mit Altfällen wird auf die Vorauflage verwiesen.

V. Die stille Publikumsgesellschaft

80 Da die Zahl der stillen Gesellschafter nicht begrenzt ist, eignet sich die stille Gesellschaft auch zur Kapitalaufnahme auf dem „grauen Kapitalmarkt". Hier bieten Unternehmen (üblicherweise in der Rechtsform einer AG oder GmbH) dem anlagesuchenden Publikum Beteiligungsmöglichkeiten, die steuerliche Vorteile bieten können. So lassen sich Prospektionskosten, Anlaufverluste etc. auf die stillen Gesellschafter verteilen, die diese „**Verlustzuweisungen**" mit anderen gleichartigen Einkünften

---

27 Bis zum Inkrafttreten des Mißbrauchsbekämpfungs- und Steuerbereinigungsgesetzes (BStBl. I 1994, 50) war vom 1. 1. 1987 bis zum 31. 12. 1993 ein Höchstwert von 500 DM p.a. förderungsfähig.
28 § 19a Abs. 2 Nr. 1–6 EStG.
29 *Dreher*, EWiR 1993, 815 f. zu BGH ZIP 1993, 1089; *Fella*, StW 1992, 101 (104).
30 Steuerreformgesetz 1990 vom 25. 7. 1988 (BGBl. I 1988, 1093).

verrechnen können. Die Publikumsgesellschaften in Form der AG & Still oder GmbH & Still übertreffen diejenigen der früher bevorzugten GmbH & Co. KG inzwischen in ihrer Bedeutung hinsichtlich der am Kapitalmarkt aufgenommenen Mittel. Die Vorzüge der stillen Publikumsgesellschaft liegen in der flexiblen Gestaltungsmöglichkeit der Gesellschaftsverträge, die Nachteile für die Kapitalanleger u.U. in den gegenüber der KG geringeren Rechten (zu den Einzelheiten unten Rn. 178 ff., 649, 887).

VI. Zusammenfassung

Für die Wahl der stillen Gesellschaft als Unternehmungsform können für den Inhaber des Handelsgewerbes wie für den stillen Gesellschafter die vielfältigsten wirtschaftlichen, betriebswirtschaftlichen, handelsrechtlichen und steuerrechtlichen Erwägungen bestimmend sein (I und II). Die stille Gesellschaft eignet sich besonders auch als Unternehmungsform für Familiengesellschaften, weil mit ihrer Hilfe der Bestand des Unternehmens für den Todesfall des Inhabers und die Versorgung der Erben, die nicht an der Erbfolge in das Unternehmen teilnehmen, gesichert werden können (III). Die schenkungsweise Einräumung stiller Beteiligungen durch den Geschäftsinhaber zu seinen Lebzeiten an seine Ehefrau und an seine Kinder führt in der Regel als „vorweggenommene Erbfolge" zu steuerlichen Vorteilen auf den Gebieten der Einkommen-, der Vermögen- und der Erbschaft-(Schenkung-)Steuer.

81

In arbeits- und sozialrechtlicher Hinsicht kann die Rechtsform der stillen Gesellschaft – sei es als atypische stille Gesellschaft (Mitunternehmerschaft), sei es als typische stille Gesellschaft – zur Mitarbeiterbeteiligung Verwendung finden, um die Arbeitnehmer an den Ergebnissen des Betriebs zu beteiligen, wobei die dispositiven gesetzlichen Vorschriften die Ausgestaltung ermöglichen, die den Zwecken des einzelnen Betriebs am besten entspricht (IV). Jedes Mittel der Bessergestaltung der zwischenmenschlichen Beziehungen im Betrieb trägt letztlich zu einer günstigeren wirtschaftlichen Entwicklung des Betriebs bei.

Typische stille Beteiligungen von Arbeitnehmern werden darüber hinaus jetzt vom Gesetzgeber über Arbeitnehmersparzulagen und Einräumung von Steuervorteilen unter bestimmten Voraussetzungen sowohl auf seiten des Geschäftsinhabers als auch auf seiten des stillen Gesellschafters gefördert. Auch dieser Umstand kann Beweggrund für die Errichtung einer (typischen) stillen Gesellschaft sein.

Zunehmende Bedeutung erlangen schließlich stille Publikumsgesellschaften in der Form der AG & Still oder der GmbH & Still, die als Kapitalsammelstellen auf dem grauen Kapitalmarkt fungieren (V).

§ 3 Die Wurzeln der stillen Gesellschaft und ihre Stellung im ausländischen Recht

Schrifttum: *von Gierke, Julius,* Handelsrecht und Schiffahrtsrecht, 6. Aufl., 1949, § 37 II; *Lastig,* in: Endemann, Handbuch des Deutschen Handels-, See und Wechselrechts, Erster Band, 1881, S. 710–733; *Lübbert, Erich,* Die rechtliche Natur der stillen Gesellschaft unter besonderer Berücksichtigung ihrer historischen Entwicklung, ZHR 58 (1906), 464; *Müller-Erzbach, Rudolf,* Deutsches Handelsrecht, 2. und 3. Aufl., 1928, 226 ff. m.w.N.; *Renaud, Achilles,* Das Recht der stillen Gesellschaft und der Vereinigung zu einzelnen Handelsgeschäften für gemeinschaftliche Rechnung, 1885, S. 3 ff.; *Schimke, Martin,* Die historische Entwicklung der Unterbeteiligungsgesellschaft in der Neuzeit, Diss. 1991.

I. Die Wurzeln der stillen Gesellschaft

82 Die stille Gesellschaft ist eine der ältesten Formen kaufmännischer Betätigung. Ihre Wurzeln reichen bis in das Mittelalter zurück. Bereits im **Soester Stadtrecht aus dem Jahre 1120** wird sie erwähnt. Dort ist davon die Rede, daß einem ausreisenden Kaufmann, der selbst nur seine Arbeitskraft zur Verfügung stellt (tractator), von einem Mitbürger – dem commendator – bei Gelegenheit der Ausreise Waren oder Geld (bona) zum Betrieb eines Handelsgewerbes (ad negociandum) mitgegeben werden, damit er mit diesen Gütern zu gemeinsamem Nutzen, d.h. auf gemeinsame Rechnung, Handel treibt. Der Gewinn oder Verlust aus diesen Geschäften wurde unter den Beteiligten verteilt. Der commendator hatte im Innenverhältnis nur mit seiner „Einlage" in Waren oder Geld einzustehen, wohingegen der tractator mit seinem gesamten Vermögen haftete.

83 Bestimmend für die Entwicklung und weite Verbreitung dieses als **commenda, accomodatio** oder **sendeve** bezeichneten Rechtsverhältnisses waren vor allem die **Zinsverbote** des kanonischen Rechts, welche die Geldgeber bestimmten, nach anderen Wegen als dem Darlehen zu suchen, wenn sie ihr Geld gewinnbringend anlegen wollten. Als eine sich auf das Innenverhältnis der beiden Beteiligten beschränkende Gelegenheitsgesellschaft erinnert sie an das heutige Kommissionsgeschäft (§§ 383 ff. HGB), von dem sie sich dadurch unterscheidet, daß der tractator zwar im eigenen Namen, aber nicht auf alleinige Rechnung des Geldgebers, sondern auf gemeinschaftliche Rechnung handelte, woraus sich ihr gesellschaftsrechtlicher Charakter ergab.

84 Häufig legte auch der tractator seinerseits Kapital ein, das ihm vielfach von dem commendator vorgestreckt wurde. Diese als **wedderlegginge**

oder **collegantia** bezeichnete Gesellschaft beschränkte sich ebenfalls auf das Innenverhältnis der beiden Beteiligten zueinander. Nach außen trat wiederum nur der tractator im eigenen Namen auf. Ursprünglich nur als Gelegenheitsgesellschaft in Erscheinung tretend, wurde sie später auf längere Dauer errichtet und wandelte sich damit zur Erwerbsgesellschaft um. Die Gewinne oder Verluste wurden unter den beiden Gesellschaftern verteilt. Solche Beteiligungsverhältnisse spielten im Überseehandel der Hansestädte eine große Rolle. Sie bildeten den Ursprung der heutigen Kommanditgesellschaft und der stillen Gesellschaft.

Der Ursprung der Kommanditgesellschaft war gegeben, wenn auch der commendator nach außen hervortrat. Das geschah durch die Führung einer gemeinschaftlichen Firma. Geschäftsführung und Vertretung oblagen dem tractator, der für die Verbindlichkeiten mit seinem gesamten Vermögen haftete, während sich die Haftung des commendators auf seine Einlage beschränkte. Trat der commendator nach außen nicht hervor, wurde also das Handelsgewerbe nicht unter einer gemeinschaftlichen Firma betrieben, dann lag eine stille Gesellschaft (societas per modum participationis, compagnia secreta) vor, bei der der stille Gesellschafter für die Verbindlichkeiten nicht haftete. 85

Daneben gab es die Form der heutigen offenen Handelsgesellschaft als einer auf Dauer angelegten Erwerbsgesellschaft, die unter einer gemeinschaftlichen Firma am Rechtsverkehr teilnahm, deren Geschäftsführung und Vertretung von den Gesellschaftern gemeinsam betrieben wurden und die auf dem Gesamthandsprinzip beruhte. 86

Als „geheime" oder „heimliche" Gesellschaft ging die participatio in das Recht der Neuzeit ein. Das Preußische Allgemeine Landrecht (Th. II Tit. 8 § 651) bezeichnet die stille Gesellschaft allerdings mit dem französischen Namen der Kommanditgesellschaft. Die Entwicklung hin zur Trennung und Konkurrenz von stiller Gesellschaft und Kommanditgesellschaft fand ihren Abschluß mit dem Allgemeinen Deutschen Handelsgesetzbuch, das zwischen der stillen Gesellschaft und der Kommanditgesellschaft unterschied, und mit dem Handelsgesetzbuch vom 10. 5. 1897. In der Denkschrift zum Entwurf dieses Handelsgesetzbuches heißt es: 87

„Der stille Gesellschafter beteiligt sich an dem Handelsgewerbe, das ein anderer betreibt, gegen Anteil am Gewinn und regelmäßig auch am Verlust. Die Einlage ist so zu leisten, daß sie in das Vermögen des Inhabers des Handelsgewerbes übergeht, und der Inhaber, der die Geschäfte nur unter seiner eigenen, nicht unter einer Gesellschaftsfirma betreibt, wird aus diesen Geschäften allein berechtigt und verpflichtet". 88

II. Ausländisches Recht

Schrifttum: *Jura Europae,* Das Recht der Länder der Europäischen Wirtschaftsgemeinschaft – Gesellschaftsrecht, Loseblatt Stand Oktober 1994; Rechtsvergleichendes Handwörterbuch für das Zivil- und Handelsrecht des In- und Auslandes, herausgegeben von *Franz Schlegelberger,* 6. Band, 1938, 448 ff.

1. Frankreich

Schrifttum: *Cozian, Maurice,* Droit de sociétés, 7. Aufl. 1994 Rn. 1563 ff.; *von Holleben, Horst,* Die rechtliche Struktur der Handelsgesellschaften im französischen Recht unter besonderer Berücksichtigung der Einmanngesellschaft, Diss. 1969; *Jura Europae,* Das Recht der Länder der Europäischen Wirtschaftsgemeinschaft – Gesellschaftsrecht, Loseblatt Stand Oktober 1994, Bd. II, Frankreich, 30.50; *Lemeunier, Francis,* La réforme des sociétés commerciales, Tome I, 1966, 231 ff.; *De Juglart, Michel / Ippolito, Benjamin / du Pontavic, Emmanuel,* Cours de droit commercial, 2. Band: Les sociétés, 3. Aufl. 1980/82; *Storp, Roger / Bissinger, Maximilian,* Änderungen im französischen Gesellschaftsrecht, RIW 1978, 421; *Trouillat,* Le droit nouveau des sociétés commerciales, 1967, 170 ff.

89 Das Recht der stillen Gesellschaft (association en participation) war bis zum 1. Juli 1978 in den Artikeln 419–422 des Gesetzes Nr. 66–537 vom 24. Juli 1966 über die Gesellschaften geregelt. Durch das Änderungsgesetz Nr. 78/9 vom 4. Januar 1978 wurden diese Vorschriften aufgehoben (Art. 53 des bezeichneten Gesetzes) und durch die Art. 1871–1873 des 3. Kapitels des 9. Titels des 3. Buches des code civil ersetzt. Dort finden sich nun die Regelungen über die **société en participation,** die insgesamt eher der Gesellschaft bürgerlichen Rechts des BGB als der stillen Gesellschaft des HGB vergleichbar ist[1].

90 Kennzeichnend für die société en participation ist die Vereinbarung zwischen den Gesellschaftern, die Gesellschaft nicht einzutragen (Art. 1871 Abs. 1 S. 1 code civil). Mangels Eintragung ist die société en participation keine juristische Person und unterliegt auch nicht den Veröffentlichungsvorschriften (Art. 1871 Abs. 1 S. 3 code civil). Sie hat weder eine Firma noch einen Gesellschaftssitz.

91 Der Vertrag zur Gründung einer derartigen société en participation bedarf keiner besonderen Form. Die Zahl der Gesellschafter ist nicht auf zwei beschränkt. Dies ergibt sich aus der allgemeinen Vorschrift des Art. 1832 Abs. 1, nach der der Gesellschaftsvertrag zwischen zwei oder mehreren Personen geschlossen wird. Diese Bestimmung ist auch auf die société en participation anwendbar (Art. 1871 Abs. 2 code civil).

---

1 *Storp/Bissinger,* RIW 1978, 421 ff., sprechen von einer Art „Stille Gesellschaft".

Anders als im deutschen Recht der stillen Gesellschaft ist die société en 92
participation **nicht auf die Beteiligung an einem Handelsgewerbe beschränkt**. Die Gesellschaft kann vielmehr auch bürgerlichrechtliche Aktivitäten zum Gegenstand haben. Der Gegenstand des Gesellschaftsvertrages ist nur für die Frage von Bedeutung, welchen Regelungen die Beziehungen zwischen den Gesellschaftern in Ermangelung besonderer vertraglicher Vereinbarungen unterliegen. Die Gesellschaft unterliegt gem. Art. 1871-1 code civil den Regeln der société civile, wenn es sich um eine Gesellschaft bürgerlichrechtlichen Charakters handelt, und den Regeln der société en nom collectif, wenn der handelsrechtliche Charakter im Vordergrund steht.

Unabhängig von ihrem handelsrechtlichen oder bürgerlichrechtlichen 93
Charakter hat die Gesellschaft mangels eigener Rechtspersönlichkeit **kein eigenes Gesellschaftsvermögen**. Grundsätzlich bleibt **jeder Gesellschafter Eigentümer** der von ihm der Gesellschaft zur Verfügung gestellten Gegenstände (Art. 1872 Abs. 1 code civil), während bei der deutschen stillen Gesellschaft der stille Gesellschafter seine Einlage so zu leisten hat, daß sie in das Vermögen des Geschäftsinhabers übergeht (§ 230 Abs. 1 HGB). Nach Art. 1872 Abs. 2 und 3 code civil ist jedoch auch die Bildung von **Miteigentum** (indivision) möglich. Darüber hinaus können die Gesellschafter vereinbaren, daß der Geschäftsführer im Interesse einer erleichterten Geschäftsabwicklung gegenüber Dritten als Alleineigentümer der Einlagen angesehen wird.

Die société en participation kann nicht nur als stille **Innengesellschaft** 94
(société occulte), sondern seit der Reform von 1978 auch als **Außengesellschaft** (société ostensible) konzipiert werden. Der Unterschied ist namentlich im Hinblick auf die Geschäftsführung und die Gesellschafterhaftung von Bedeutung.

Die Vorschriften über die **Geschäftsführung** sind im wesentlichen den 95
Regelungen der société à responsabilité limitée (S.A.R.L.) angeglichen. Die Geschäftsführung obliegt im allgemeinen einem oder mehreren Teilhabern, die einstimmig ernannt werden. Der Geschäftsführer kann vorbehaltlich satzungsmäßiger Beschränkungen alle Maßnahmen treffen, die im Interesse der Gesellschaft liegen (Art. 1871-1 i.V.m. Art. L. 13 Abs. 1 bzw. Art. 1846 code civil). Ist die stille Gesellschaft eine reine Innengesellschaft, handelt der Geschäftsführer wie bei einem höchstpersönlichen Geschäft im eigenen Namen. Die Gesellschafter haben gegen den oder die Geschäftsführer Anspruch auf Rechnungslegung und Gewinnverteilung, wohingegen der oder die Geschäftsführer gegenüber den Gesellschaftern einen Entschädigungsanspruch für die im gemeinsamen Interesse einge-

gangenen Verpflichtungen haben. Sind mehrere Gesellschafter vorhanden, so haften sie dem Geschäftsführer nicht als Gesamtschuldner. Gegen jeden von ihnen kann nur bis zur Höhe seines Anteils an der Schuld vorgegangen werden.

96 Für die **Haftung** im Außenverhältnis sieht Art. 1872-1 Abs. 1 code civil vor, daß jeder Gesellschafter auf eigene Rechnung handelt. Handelt ein Gesellschafter jedoch mit Wissen und Kenntnis Dritter in seiner Eigenschaft als Gesellschafter, wird also das Vorhandensein der Gesellschaft Dritten offenbart, so haften alle Gesellschafter für diese Handlung; im Falle einer société en participation handelsrechtlichen Charakters solidarisch, im Falle einer bürgerlichrechtlichen Gemeinschaft im Verhältnis ihrer Anteile am Gesellschaftskapital am Tage der Fälligkeit der Schuld oder der Zahlungseinstellung (Art. 1872-1 Abs. 2 code civil). Dieselben Grundsätze greifen nach Art. 1872-1 Abs. 3 code civil ein, wenn zwar die Gesellschaft nicht offenbart wird, aber entweder ein Gesellschafter durch seine Einmischung den Vertragspartner glauben läßt, daß er sich ihm gegenüber verpflichten wolle oder wenn das Geschäft zu seinen Gunsten endet. Im Gegensatz zum deutschen Recht, das in § 230 Abs. 2 HGB die ausschließliche Haftung des Inhabers für die im Betrieb geschlossenen Geschäfte vorsieht, können im französischen Recht die Gesellschafter mithin auch für die Handlung eines ihrer Mitgesellschafter haften.

97 Jeder Gesellschafter kann seine gesellschaftsvertraglichen Rechte nach der in Art. 1690 code civil für Forderungsabtretungen getroffenen Regelung abtreten. Hierfür ist jedoch vorbehaltlich anderer gesellschaftsvertraglicher Vereinbarungen die Zustimmung aller Mitgesellschafter erforderlich.

98 Die Gesellschafter können unter Beachtung des Verbots der leoninischen Abmachung (Art. 1844-1 Abs. 2 code civil) die **Verteilung der Gewinne und Verluste** frei bestimmen. Fehlt eine Regelung im Gesellschaftsvertrag, erfolgt eine anteilsmäßige Verteilung im Verhältnis zu den Einlagen (Art. 1844-1 Abs. 1 code civil). Bei Gesellschaften von kurzer Dauer wird die Verteilung nur einmal nach Beendigung aller Geschäfte, d.h. bei der Auflösung, vorgenommen.

99 Gründe für eine **Auflösung** der société en participation finden sich zunächst in der für alle Gesellschaften geltenden Vorschrift des Art. 1844-7 code civil. Ist die Gesellschaft auf unbestimmte Zeit gegründet worden, kann darüber hinaus jeder Gesellschafter jederzeit die Auflösung verlangen, indem er die anderen Gesellschafter von diesem Entschluß benach-

richtigt (Art. 1872-2 Abs. 1 code civil). Das Auflösungsverlangen darf jedoch nicht böswillig oder zur Unzeit gestellt werden. Sofern nicht ausnahmsweise gem. Art. 1872 Abs. 2 und 3 code civil Miteigentum gebildet wurde, ist im Falle der Auflösung eine Liquidation entbehrlich.

Gem. Art. 1873 code civil finden die Vorschriften der société en participation auch auf die société créé de fait, also die **faktische Gesellschaft,** die bisher nach den Vorschriften über die société en nom collectif behandelt worden war, Anwendung. 100

2. Italien

Schrifttum: *Caroselli, Oscar,* L'associazione in partecipazione, 1930; *Frignani, Aldo,* Italian company law, 1992; *Ghidini, Mario,* L'associazione in partecipazione, 1959; *Giriodi,* Associazione in partecipazione, Nuovo Digesto Italiano, 1937, vo. I, 1022; *Grandi, Salvatore Giovanni,* L'associazione in partecipazione, 1939; *Hofmann, Michael,* Gesellschaftsrecht in Italien, 1992; *Jura Europae,* Das Recht der Länder der Europäischen Wirtschaftsgemeinschaft – Gesellschaftsrecht, Loseblatt Stand Oktober 1994, Bd. III, Italien 40.50; *Silberschmidt, Wilhelm,* Das partiarische Rechtsverhältnis in rechtsvergleichender und geschichtlicher Darstellung, ZHR 96 (1931), 267; *Viviante, Cesare,* L'oggetto e la durata dell'associazione in partecipazione, Foro it. 1933, I, 13.

Auch das italienische Recht kennt die stille Gesellschaft (associazione in partecipazione). Sie liegt vor, wenn der Inhaber eines Handelsgewerbes einen anderen gegen eine Einlage, die in das Vermögen des Inhabers übergeht, am Gewinn seines Unternehmens beteiligt. Die stille Gesellschaft ist eine **reine Innengesellschaft,** die keine eigene Rechtspersönlichkeit, keinen selbständigen Sitz und keine eigene Firma hat. Die Geschäftsführung liegt beim Inhaber des Handelsgeschäfts. Er handelt nach außen im eigenen Namen und wird aus den von ihm abgeschlossenen Geschäften allein berechtigt und verpflichtet. Der Unternehmer haftet mit seinem ganzen Vermögen. 101

Art. 2549 des codice civile definiert die stille Gesellschaft als einen Vertrag, durch den der Unternehmer dem stillen Gesellschafter einen **Anteil am Gewinn seines Unternehmens oder eines oder mehrerer Geschäfte** gegen einen bestimmten Beitrag gewährt. Der stille Gesellschafter gestattet dem Unternehmer, sein Kapital gegen eine entsprechende Gegenleistung wirtschaftlich zu nutzen. 102

Der stille Gesellschafter muß sich mit einer **Einlage** beteiligen. Er haftet beschränkt auf diese Einlage und hat einen Anspruch gegen den Unternehmer auf einen Anteil am Gewinn und auf Rückzahlung der Einlage, wenn diese nicht durch Verluste aufgezehrt wird. Soweit die Einlage des 103 stillen Gesellschafters nicht durch Verluste aufgezehrt ist, kann sie im **Konkurs des Inhabers** als Konkursforderung geltend gemacht werden. Ist sie noch nicht oder nur zum Teil geleistet, so braucht sie im Konkursfall nur bis zum Betrag des auf den stillen Gesellschafter entfallenden Verlustanteils erbracht zu werden.

104 Gegenüber dem Inhaber des Handelsgeschäfts stehen dem stillen Gesellschafter bestimmte **Mindestrechte** zu. Zunächst hat der Inhaber die vereinbarten Leistungen zu erbringen und das Unternehmen so zu führen, daß der gemeinsame Zweck erreicht wird. Ihm obliegt dabei eine weitgehende Sorgfaltspflicht, bei deren Verletzung der stille Gesellschafter zur sofortigen Vertragsauflösung und zur Geltendmachung von Schadensersatzansprüchen berechtigt ist. Eine Verletzung der Sorgfaltspflicht liegt insbesondere vor, wenn der Inhaber vertragswidrig Konkurrenzgeschäfte betreibt, wenn er seine Bücher nicht ordnungsgemäß führt, wenn er den Sitz des Unternehmens eigenmächtig verlegt, wenn er ohne Zustimmung des stillen Gesellschafters an der Börse spekuliert und wenn er dessen Empfehlungen bzw. Einwendungen nicht würdigt oder leichtfertig übergeht. Die Kontrollrechte des Stillen sind begrenzt. Grundsätzlich hat er nur Anspruch auf einen jährlichen Rechenschaftsbericht (Art. 2252 Abs. 3 Codice Civile). Auch wenn der Gesellschaftsvertrag weitere Kontrollrechte enthalten kann, darf dies keinesfalls dazu führen, daß dem Stillen echte Entscheidungsbefugnisse im Hinblick auf die Geschäftsführung eingeräumt werden.

105 Die Verteilung des Gewinns oder Verlustes bestimmt sich nach dem Gesellschaftsvertrag mit der Maßgabe, daß sich mangels anderweitiger vertraglicher Vereinbarungen die Verlustbeteiligung des stillen Gesellschafters auf den Betrag seiner Einlage beschränkt. Die leoninische Abrede ist auch im italienischen Recht unzulässig (Art. 2265 Codice Civile).

106 Im übrigen haben die Beteiligten weitgehende **Vertragsfreiheit** bei der Regelung ihrer Beziehungen. Sie können die stille Gesellschaft für eine bestimmte Dauer eingehen, aber auch als Gelegenheitsgesellschaft zur Durchführung einzelner Geschäfte errichten. Die Einlagen können zu Eigentum oder zur Nutzung überlassen werden; sie können auch im Einsatz der persönlichen Arbeitskraft bestehen. Für den Abschluß des Gesellschaftsvertrags ist keine Form erforderlich, es sei denn, daß die Art der Einlagen eine solche verlangt. Der Stille darf weitere stille Gesellschaftsverhältnisse jedoch nur mit Zustimmung des Geschäftsinhabers eingehen.

3. Liechtenstein

Schrifttum: *Marxer, Peter,* Gesellschaften und Steuern in Liechtenstein, 8. Aufl., 1991; *Wagner, Jürgen,* Gesellschaftsrecht in der Schweiz und in Liechtenstein, 1995.

Das liechtensteinsche Personen- und Gesellschaftsrecht aus dem Jahre 1926 enthält in dem Titel über die stille Gesellschaft (Art. 768 bis 778) **im wesentlichen eine Wiedergabe des deutschen Rechts.** Während nach französischem und italienischem Recht die stille Gesellschaft auch die Rechtsform für eine Gelegenheitsgesellschaft sein kann, steht sie im liechtensteinischen Recht nur für Erwerbsgesellschaften von einer gewissen Dauer zur Verfügung. Das Recht der Gelegenheitsgesellschaft wird – losgelöst von dem der stillen Gesellschaft – in einem besonderen Titel geregelt.

107

4. Österreich

Schrifttum: *Bydlinski, Peter,* Die stille Gesellschaft als Kapitalanlage, 1988; *Demelius, Heinrich,* Handelsgesetzbuch mit Nebengesetzen, 26. Aufl., 1968; *Egger-Grugg,* Einführung in das österreichische Gesellschaftsrecht, 1968; *Hämmerle, Hermann / Wünsch, Horst,* Handelsrecht, Bd. 2, Gesellschaftsrecht, Genossenschaftsrecht, Unternehmensverbindungen, 3. Aufl., 1978, 193 ff.; *Hebig, Michael / Heuer, Frank,* Besteuerung einer grenzüberschreitenden stillen Beteiligung an einer österreichischen Kapitalgesellschaft, RIW 1985, 797; *Kastner, Walther,* Gesellschafterwechsel und ähnliche Änderungen bei der stillen Gesellschaft, in: Gesellschafts- und Unternehmensrecht, 1982, 214 ff.; *Kastner, Walther / Doralt, Peter,* Grundriß des österreichischen Gesellschaftsrechts, 5. Aufl., 1990, 137 ff.; *Kohlhammer, Richard / Drmola, Christian,* Die atypisch stille Beteiligung an einer Organgesellschaft, Öst. Recht der Wirtschaft 1993, 262; *Maultauschl / Schuppich, Walter / Stagel, Friedrich,* Rechtslexikon, Handbuch des österreichischen Rechts für die Praxis, Bd. 9 (Loseblattsammlung, ohne Jahr); *Neuner, Kurt,* Die stille Gesellschaft im Abgabenrecht, 3. Aufl., 1987; *Paschinger,* Die Gesellschaften und Genossenschaften im Zivilprozeß, 1979, 176 ff.

Rechtsgrundlage sind die §§ 335 bis 342 des österreichischen Handelsgesetzbuches. Die Vorschriften stimmen wörtlich mit den §§ 335 bis 342 a.F. des deutschen Handelsgesetzbuches überein.

108

Eine stille Gesellschaft liegt vor, wenn sich jemand an dem **Handelsgewerbe eines anderen mit einer Vermögenseinlage** beteiligt, ohne daß diese Beteiligung nach außen hin in Erscheinung tritt[2]. Der Geschäftsinhaber wird aus den in dem Betrieb abgeschlossenen Geschäften allein berechtigt und verpflichtet. Die stille Gesellschaft hat daher keine eigene Firma und

109

---

2 Zur Abgrenzung vom (partiarischen) Darlehen vgl. OGH v. 28. 2. 1988 ÖWB 1988, 369 f.

ist nicht im Handelsregister eingetragen; sie ist eine Gesellschaft des Handelsrechts, aber keine Handelsgesellschaft. Da die stille Gesellschaft eine **reine Innengesellschaft** ist, wird sie häufig dann gewählt, wenn der Name und die Einlage des stillen Gesellschafters anderen Personen nicht bekannt werden sollen.

110 Zur Gründung einer stillen Gesellschaft kommt es oft im Erbfalle, wenn der Übernehmer des Betriebs seine Verwandten (z.B. Geschwister) als stille Teilhaber aufnimmt, oder aus steuerlichen Gründen, wenn der Unternehmer seine Kinder als stille Gesellschafter beteiligt, um dadurch einkommensteuerliche als auch erbschaftsteuerliche Ersparnisse zu erzielen.

111 Die Rechtsverhältnisse werden in erster Linie durch den Gesellschaftsvertrag geregelt. Der stille Gesellschafter hat kein Geschäftsführungs- und Vertretungsrecht. Er hat Anspruch auf Beteiligung am Gewinn und nimmt am Verlust, soweit die Verlustbeteiligung nicht ausgeschlossen ist, nur bis zum Betrag seiner eingezahlten oder rückständigen Einlage teil. Er ist nicht verpflichtet, den bezogenen Gewinn wegen späterer Verluste zurückzuzahlen. Solange jedoch seine Einlage durch Verluste gemindert ist, wird der jährliche Gewinn zur Deckung dieses Verlustes verwendet. Der stille Gesellschafter ist berechtigt, die abschriftliche Mitteilung der jährlichen Bilanz zu verlangen und ihre Richtigkeit unter Einsicht der Bücher und Papiere zu prüfen.

112 Die Auflösung der stillen Gesellschaft erfolgt durch Vereinbarung, durch Zeitablauf, durch den Tod des Geschäftsinhabers, nicht aber des stillen Gesellschafters, durch Konkurs des Geschäftsinhabers oder des Stillen sowie durch Kündigung. Nach der Auflösung der Gesellschaft hat der Geschäftsinhaber das Guthaben des stillen Gesellschafters auszuzahlen. An Gewinnen und Verlusten aus zur Zeit der Auflösung schwebenden Geschäften nimmt der stille Gesellschafter teil. Er kann am Schluß jedes Geschäftsjahres Rechenschaft über die inzwischen abgewickelten Geschäfte, Auszahlung des ihm gebührenden Betrags und Auskunft über den Stand der noch schwebenden Geschäfte verlangen.

113 Im Falle des Konkurses über das Vermögen des Geschäftsinhabers kann der stille Gesellschafter wegen seiner Einlage, soweit sie seinen Verlustanteil übersteigt, seine Forderung als Konkursgläubiger geltend machen. Bei nicht vollständiger Einzahlung der Einlage hat sie der stille Gesellschafter bis zu dem Betrag, welcher zur Deckung seines Anteils am Verlust erforderlich ist, zur Konkursmasse einzuzahlen.

114 Der stille Gesellschafter wird bei der vorstehend erörterten **typischen stillen Gesellschaft** nicht Miteigentümer des „Gesellschafts"-Vermögens,

das rechtlich allein dem Geschäftsinhaber zugeordnet ist. Im Falle seines Ausscheidens hat er neben seinem Gewinnanspruch grundsätzlich nur Anspruch auf den Nominalwert seiner Einlage. Daneben kennt aber auch das österreichische Recht die **atypische Gesellschaft,** bei der der stille Gesellschafter schuldrechtlich am Vermögen des Geschäftsinhabers und damit an den stillen Reserven und am Firmenwert des Unternehmens beteiligt sein kann. Eine dingliche Bindung wird dadurch nicht erzeugt. Der Stille erwirbt nur einen schuldrechtlichen Anspruch darauf, daß er im Falle der Auseinandersetzung auch an den Wertsteigerungen des Geschäftsvermögens teilnimmt. Atypisch ist ferner eine stille Gesellschaft, bei der die Geschäftsführung in den Händen des Stillen liegt oder diesem zumindest ein entscheidendes Mitbestimmungsrecht in Geschäftsführungsangelegenheiten zusteht oder dem Stillen Sonderrechte ohne Beteiligung am Anlagevermögen eingeräumt werden.

5. Schweiz

Schrifttum: *Flüge,* Die sog. „stille Beteiligung" im deutschen und schweizerischen Zivil- und Steuerrecht, Archiv für schweizerisches Abgaberecht 1966/67, 281; *Habermas, Hans Joachim,* Die stille Gesellschaft im deutschen und schweizerischen Recht, Diss. 1961; *Locher, Kurt,* Die Besteuerung der Gesellschaften und Konzerne nach schweizerischem Recht und nach den internationalen Doppelbesteuerungsabkommen, StuW 1957, Sp. 795; *Meier-Hayoz, Arthur / Forstmoser, Peter,* Grundriß des schweizerischen Gesellschaftsrechts, 7. Aufl., 1993, 251 ff.; *Naef, Frank,* Kennt das schweizerische Recht die stille Gesellschaft?, Zeitschrift des Bernischen Juristenvereins, 96. Jahrg. (1960), 257 ff., 305 ff.; *Pedrazzini, Mario M.,* Stille Gesellschaft oder (offene) einfache Gesellschaft?, SJZ 1956, 369; *Wagner, Jürgen,* Gesellschaftsrecht in der Schweiz und in Liechtenstein, 1995; *Wespi, Conrad,* Die stille Gesellschaft im schweizerischen Recht, Diss. 1930.

Das schweizerische Recht kennt **Handelsgesellschaften** und Genossenschaften. Handelsgesellschaften sind entweder Personengesellschaften – als solche kennt das schweizerische Recht die Kollektivgesellschaft und die Kommanditgesellschaft – oder Kapitalgesellschaften (Aktiengesellschaften, Kommanditgesellschaften auf Aktien, Gesellschaften mit beschränkter Haftung). Nicht zu den Handelsgesellschaften rechnet die einfache Gesellschaft, worunter Art. 530 Abs. 1 OR „die vertragsmäßige Verbindung von zwei oder mehreren Personen zur Erreichung eines gemeinsamen Zweckes mit gemeinsamen Kräften oder Mitteln" versteht. Gegenstand der einfachen Gesellschaft kann jeder rechtlich erlaubte Zweck sein, gleichgültig, ob es sich um einen vorübergehenden oder dauernden, um einen ideellen oder wirtschaftlichen Zweck handelt. 115

Die Vorschriften über die **einfache Gesellschaft** finden jedoch nur Anwendung, „sofern dabei nicht die Voraussetzungen einer anderen durch das 116

Gesetz geordneten Gesellschaft zutreffen" (Art. 530 Abs. 2 OR). Daraus ergibt sich, daß, wenn der Zweck der Gesellschaft auf den Betrieb eines nach kaufmännischen Grundsätzen geführten Gewerbes unter einer gemeinsamen Firma gerichtet ist, die Vorschriften, die für die Kollektiv- oder Kommanditgesellschaft gelten, anzuwenden sind.

117   Die einfache Gesellschaft besitzt ebensowenig wie die Personengesellschaften Rechtspersönlichkeit. Soll ein rechtsfähiges Gebilde errichtet werden, so müssen sich die Beteiligten der Rechtsform einer Kapitalgesellschaft, einer Genossenschaft oder des rechtsfähigen Vereins bedienen. Die **einfache Gesellschaft** ist die **subsidiäre Gesellschaftsform**, die immer nur dann zur Verfügung steht, wenn nicht die Voraussetzungen einer anderen durch das Gesetz geordneten Gesellschaft vorliegen.

118   Zur Errichtung einer einfachen Gesellschaft genügt ein formloser Vertrag. Die Führung einer eigenen Firma und die Eintragung im Handelsregister sind ihr versagt. Am häufigsten tritt die einfache Gesellschaft als Gelegenheitsgesellschaft in Erscheinung. Sie wird aber auch zur Errichtung von Kartellen oder zur Bildung von Konsortien benutzt, die die Emission von Anleihen oder die Verwertung von Konzessionen oder Patenten bezwecken. In Ermangelung einer eigenen Rechtsform für die stille Gesellschaft ist sie auch die Rechtsform, unter der sich eine „Stille Gesellschaft" mit Gewinn- oder Verlustbeteiligung und Mitspracherecht des stillen Gesellschafters konstituieren kann. Eine **solche Gesellschaft entspricht** regelmäßig **der atypischen stillen Gesellschaft des deutschen Rechts** (dazu Rn. 177 ff., 865, 1192, 1235 ff., 1332 ff.), wohingegen die **typische stille Gesellschaft** i.S.d. § 230 HGB in der Schweiz **als partiarisches Darlehen** behandelt wird[3].

6. Belgien

Schrifttum: *Jura Europae*, Das Recht der Länder der Europäischen Wirtschaftsgemeinschaft – Gesellschaftsrecht, Loseblatt Stand Oktober 1994, Bd. II, Belgien 20.50; *De Pelsmaeker*, Des association en participation et des sydicats financiers, 3e éd. 1934; *Peeters, Tom*, Gesellschaftsrecht in Belgien, 1993; *Wallemacq*, Traité et formulaire des associations momentanées et en participation, 1973.

119   Das belgische Gesetz über die Handelsgesellschaften (L.C.S.), das den IX. Titel des 1. Buches des code de commerce bildet, unterscheidet in seinem Art. 3 zwei Formen von nichtrechtsfähigen Handelsvereinigungen (asso-

---

3 *Locher*, Die Besteuerung der Gesellschaften und Konzerne nach schweizerischem Recht und nach den internationalen Doppelbesteuerungsabkommen, StuW 1957, Sp. 795 ff.

ciations commerciales): Die Gelegenheitsgesellschaft (association commerciale momentanée) und die stille Gesellschaft (association commerciale en participation). Die **stille Gesellschaft** wird dabei als eine Gesellschaft definiert, **in der sich eine oder mehrere Personen an Geschäften beteiligen, die andere Personen im eigenen Namen führen** (Art. 176 L.C.S.). Im Gegensatz zur Gelegenheitsgesellschaft ist die stille Gesellschaft auf die Beteiligung an einer Handelsgesellschaft gerichtet, die sich nicht auf einen konkreten Geschäftsvorgang beschränkt, sondern eine umfassendere und auf Dauer angelegte Handelstätigkeit bezweckt.

Aus der Stellung im IX. Titel des 1. Buches des code de commerce läßt sich entnehmen, daß auf die stille Gesellschaft die Vorschriften über die Handelsgesellschaften, die in diesem Titel des 1. Buches geregelt sind, anwendbar sind. Als ergänzende Bestimmungen haben neben den Normen des code de commerce auch die Regeln des code civil Anwendung zu finden, die in den Art. 1832 bis 1873 die Normen über den Gesellschaftsvertrag enthalten. 120

Die Gründung einer derartigen stillen Gesellschaft ist durch einen **formlosen Gesellschaftsvertrag** möglich (Art. 14 L.C.S.). Art. 1834 code civil, der die schriftliche Niederlegung des Gesellschaftsvertrages bei Objekten mit einem Wert von mehr als 3000 Francs vorsieht, ist eine bloße Sollvorschrift, da die Gesellschaft auch durch jede andere zulässige Beweisform nachgewiesen werden kann. Die Existenz der stillen Gesellschaft braucht dritten Personen nicht bekannt zu sein. Diese kennen regelmäßig, dem Zweck der stillen Gesellschaft entsprechend, nur den Inhaber des Handelsgewerbes, der alleiniger geschäftsführender Gesellschafter ist und im eigenen Namen, aber für Rechnung beider Gesellschafter handelt. 121

Der **stille Gesellschafter** ist als solcher selbst **kein Kaufmann**. Eine Kaufmannseigenschaft kommt nur dem Inhaber des Handelsgewerbes zu. Da es sich um eine nach außen hin nicht hervortretende Innengesellschaft handelt, können die Gesellschafter nicht gemeinsam handeln. Auch die Gesellschaft selbst kann mangels eigener Rechtspersönlichkeit (vgl. Art. 5 L.C.S.) nicht nach außen hin in Erscheinung treten. Dem Stillen ist es jedoch nicht untersagt, sich an der inneren Geschäftsführung zu beteiligen. So kann er Dritten gegenüber als Bevollmächtigter des Inhabers des Handelsgewerbes auftreten, solange er weder unter einer besonderen Firma handelt noch seine Eigenschaft als Gesellschafter herausstellt. 122

Da der stillen Gesellschaft somit nur rein interne Wirkungen zukommen, ist eine **Haftung des stillen Gesellschafters** für die im Interesse der Gesell- 123 schaft von dem Geschäftsinhaber eingegangenen Verbindlichkeiten **ausgeschlossen**. Dritte haben gegen ihn keine unmittelbaren Ansprüche und können sich allein an den Geschäftsinhaber halten.

Im Innenverhältnis wird die Stellung des stillen Gesellschafters bezüglich der Beteiligung am Gewinn und Verlust durch den Gesellschaftsvertrag geregelt. Soweit der Gesellschaftsvertrag hierüber keine Bestimmung enthält, ist die Verteilung proportional zu den Einlagen vorzunehmen (Art. 1853 code civil). Der Gewinn eines Gesellschafters kann mit den Schäden, die er der Gesellschaft verursacht hat, verrechnet werden (Art. 1850 code civil).

124 Da die stille Gesellschaft keine Rechtspersönlichkeit besitzt, hat sie auch **kein Gesellschaftsvermögen**. Die von jedem Gesellschafter zu erbringende Einlage (vgl. Art. 1833 Abs. 2 code civil) verbleibt, sofern nichts anderes vereinbart wurde, im Eigentum des Leistenden. Zwischen den Gesellschaftern besteht grundsätzlich keinerlei Miteigentum, das nach der Auflösung zu einer Teilung Anlaß geben könnte. Für die in die Gesellschaft eingebrachten Sachen hat der Gesellschafter gegenüber der Gesellschaft regelmäßig die gleiche Haftung zu übernehmen wie der Käufer gegenüber dem Verkäufer (Art. 1845 Abs. 2 code civil). Die Einlage von nicht in Bargeld bestehenden Vermögensgütern geschieht nur zur Nutzung. In diesem Fall beschränkt sich die stille Gesellschaft im Innenverhältnis auf eine einfache Gewinn- und Verlustrechnung. Die Parteien können jedoch von diesen Vorschriften abweichen und beschließen, die eingebrachten Vermögensgüter Eigentum zur gesamten Hand oder des Geschäftsinhabers werden zu lassen. In keinem Falle können jedoch solche Vereinbarungen die Rechte Dritter gegenüber dem Inhaber des Handelsgewerbes beeinträchtigen.

125 Die Anteile der Gesellschafter sind nur mit Zustimmung der anderen Gesellschafter übertragbar; ohne die Zustimmung der anderen Gesellschafter kann der eigene Anteil nicht übertragen werden (Art. 1861 code civil).

126 Die **Geschäftsführung** innerhalb der stillen Gesellschaft richtet sich primär nach dem Gesellschaftsvertrag. Soweit hier einem Gesellschafter durch eine besondere Klausel gewisse Geschäfte vorbehalten sind, kann er die hierzu gehörigen Verwaltungsakte selbst gegen den Widerstand der anderen Gesellschafter vornehmen (Art. 1856 Abs. 1 code civil). Ist ein Geschäftsbereich in die Verwaltung mehrerer Gesellschafter begeben, so kann jeder, wenn der Gesellschaftsvertrag nichts anderes bestimmt, die diesen Geschäftsbereich betreffende Angelegenheit ohne Einvernehmen des anderen regeln (Art. 1857 code civil). Die Abberufung eines im Gesell-

schaftsvertrag bestimmten Geschäftsführers aus wichtigem Grund kann nur durch eine Klage auf Auflösung des Gesellschaftsvertrags erreicht werden.

Der stille Gesellschafter hat das Recht, die Handlungen des Geschäftsinhabers insbesondere durch Einsichtnahme in die Bücher und alle Schriftstücke der Gesellschaft zu **kontrollieren,** sofern er dadurch die Geschäftsführung in keiner Weise stört.

Soweit im Gesellschaftsvertrag nichts anderes bestimmt ist, **kann jeder Gesellschafter entsprechend seiner Verwaltungsmacht die anderen verpflichten.** Er ist berechtigt, über die der Gesellschaft zur Verfügung gestellten Sachen zu verfügen, selbst dann, wenn sie der Gesellschaft nur zur Benutzung überlassen worden sind. Jeder Gesellschafter ist berechtigt, die anderen Mitgesellschafter zu verpflichten, mit ihm die Ausgaben zu tragen, die notwendig sind, um die Geschäfte der Gesellschaft aufrecht zu erhalten. Kein Gesellschafter ist befugt, in Immobilienangelegenheiten der Gesellschaft tätig zu werden, selbst wenn diese äußerst vorteilhaft für diese Gesellschaft sein sollten, soweit die anderen nicht zustimmen (vgl. Art. 1859 code civil). Ein Gesellschafter, der nicht verwaltungsbefugt ist, kann die der Gesellschaft gehörenden Sachen weder veräußern noch verpfänden (Art. 1860 code civil). Die Gesellschafter sind sich untereinander über das Ergebnis der für gemeinsame Rechnung vorgenommenen Geschäfte Rechenschaft schuldig. 127

Im Verhältnis zum stillen Gesellschafter ist der Geschäftsführer verpflichtet, die Bestimmungen über den Umfang seiner Vollmacht zu beachten. Er kann, wie auch die anderen Gesellschafter, für eigene Rechnung Geschäfte gleicher Art wie die der stillen Gesellschaft abschließen. Doch muß er dabei die gemeinsamen Interessen vertreten. Der Geschäftsführer ist verpflichtet, über seine Geschäftsführung in der im Gesellschaftsvertrag vorgesehenen Weise Rechenschaft abzulegen. 128

Soweit im Gesellschaftsvertrag keine Zeit vereinbart ist, gilt die stille Gesellschaft **auf Lebenszeit der Gesellschafter** geschlossen (Art. 1844 code civil). In diesem Falle kann jedoch die Gesellschaft durch einseitige Erklärung eines Gesellschafters aufgelöst werden, es sei denn, die Auflösung erfolgt böswillig oder zur Unzeit. Die Auflösungserklärung erfolgt dann böswillig, wenn der Gesellschafter diese abgibt, um den der Gesellschaft zustehenden Gewinn allein zu erhalten. Das Auflösungsbegehren erfolgt zur Unzeit, wenn die Gesellschaftsangelegenheiten noch nicht entschieden sind oder wenn es für die Gesellschaft wichtig ist, die Auflösung aufzuschieben (Art. 1870 code civil). 129

130 Bei **Auflösung** wird ein Rechnungsabschluß (règlement de compte) vorgenommen, keine eigentliche Liquidation. Die gesetzlichen Bestimmungen über die Liquidation der Handelsgesellschaften gelten nur für die rechtsfähigen Gesellschaften. Die Umwandlung einer stillen Gesellschaft bedingt notwendig ihre Auflösung und die Errichtung einer neuen Gesellschaft.

7. Luxemburg

Schrifttum: *Jura Europae,* Das Recht der Länder der Europäischen Wirtschaftsgemeinschaft – Gesellschaftsrecht, Loseblatt Stand Oktober 1994, Bd. III, Luxemburg 50.50.

131 Das luxemburgische Gesetz vom 10. 8. 1915 unterteilt die Handelsgesellschaften in die Handelsgesellschaften im engeren Sinne und in sogenannten Handelsvereinigungen, zu denen auch die stille Gesellschaft gehört. Diese letztere Gesellschaftsart wird durch Art. 2 Abs. 1 und Art. 138 ff. des Gesetzes vom 10. 8. 1915 näher umrissen.

132 Die Handelsvereinigung ist eine nach außen nicht in Erscheinung tretende Gesellschaft ohne Rechtsfähigkeit. Sie ist eine Personenvereinigung in der Form einer organisierten Gemeinschaft, die keine eigene Rechtsfähigkeit besitzt und die Gesellschafter nur in ihren Beziehungen untereinander bindet. Der Geschäftsinhaber muß von dritten Personen unmittelbar und persönlich in Anspruch genommen und verklagt werden.

133 Das luxemburgische Gesetz unterscheidet zwischen **handelsrechtlichen Gelegenheitsgesellschaften,** deren Zweck in der Abwicklung eines einzigen Geschäfts besteht, und den **stillen Gesellschaften,** die ein **auf längere Zeit** angelegtes Geschäft betreiben. Der Vertrag, durch den eine Handelsvereinigung geschaffen wird, muß weder besonderen Formerfordernissen genügen noch veröffentlicht werden. Eine Handelsvereinigung kann daher auch durch mündliche Vereinbarung der Beteiligten gegründet werden.

134 Das Gesellschaftskapital setzt sich aus den Einlagen der Beteiligten zusammen. Diese legen ihre Beiträge zum Zwecke der Gewinnerzielung zusammen. Die Gewinne kommen allen Gesellschaftern zugute, ebenso wie die Verluste zu Lasten aller Gesellschafter gehen. Klauseln, die die Verlustbeteiligung des stillen Gesellschafters auf die Höhe seines Beitrags beschränken, sind zulässig.

135 Der **Geschäftsinhabers handelt** wie ein Einzelkaufmann **im eigenen Namen.** Die Gesellschafter untereinander treffen alle die Gesellschaft betreffenden Beschlüsse in gemeinsamer Übereinkunft. Für die Handelsvereinigungen besteht weder eine interne noch eine externe Kontrolle der Ge-

schäftsführung. Geschäftsinhaber und stiller Gesellschafter sind an allen Entscheidungen beteiligt, so daß eine interne Kontrolle überflüssig ist.

Die Verteilung der Gewinne und Verluste erfolgt aufgrund freier Vereinbarung der Beteiligten. Da der stille Gesellschafter als solcher nicht in Erscheinung tritt, haben Dritte keine unmittelbare Klagemöglichkeit gegen ihn, auch wenn er ihnen bekannt sein sollte. 136

Die stille Gesellschaft **endet** mit der Erreichung des Gesellschaftszwecks, mit dem Untergang des Gesellschaftsgegenstandes sowie durch einseitige Willenserklärung des Geschäftsinhabers oder des stillen Gesellschafters. Diese Erklärung darf allerdings nicht gegen Treu und Glauben verstoßen oder zur Unzeit erfolgen. Eine Handelsvereinigung kann nicht in eine Handelsgesellschaft mit eigener Rechtspersönlichkeit umgewandelt werden. 137

8. Niederlande

Schrifttum: *Gotzen, Paul,* Niederländisches Handels- und Wirtschaftsrecht, 1979, 94 ff.; *Haarhuis, Koen,* Gesellschaftsrecht in den Niederlanden, 1995; *Jura Europae,* Das Recht der Länder der Europäischen Wirtschaftsgemeinschaft – Gesellschaftsrecht, Loseblatt Stand Oktober 1994, Bd. III, Niederlande 60.50.

Die stille Gesellschaft (stille vennootschap) war in den Niederlanden auch schon vor der ausdrücklichen Erwähnung im neuen Bürgerlichen Gesetzbuch (Art. 7. 13. 1. 2 Abs. 1 S. 1 und 7. 13. 1. 7 Abs. 1 NBBW) bekannt. Es wurde darunter der Zusammenschluß eines nach außen hin unbeschränkt mit seinem Privatvermögen haftenden Gesellschafters mit einem anderen Gesellschafter verstanden, der nur zur Erbringung einer Einlage verpflichtet war und dessen Mitwirkung nach außen hin nicht offenkundig wurde. Da insoweit unter rechtlichen Gesichtspunkten Affinitäten zur Kommanditgesellschaft bestanden, andererseits aber durch den Wegfall jeglicher Firmierung die Offenkundigkeit einer KG fehlte, bildete sich im niederländischen Schrifttum folgerichtig die Bezeichnung **stille Kommanditgesellschaft** (stille commanditaire vennootschap) heraus. 138

Im neuen Gesetzbuch der Niederlande ist die stille Gesellschaft, zwar ausdrücklich erwähnt, es finden sich jedoch **keinerlei Sonderregelungen** für ihre Ausgestaltung und Tätigkeit. Es gelten mithin die **allgemeinen Regeln über die bürgerlich-rechtliche Gesellschaft**. Danach liegt eine stille Gesellschaft dann vor, wenn sich mehrere Personen vertraglich zum Betrieb eines gemeinsamen Gewerbes für gemeinsame Rechnung unter Leistung von Einlagen zusammenschließen, ohne dabei jedoch unter ei- 139 ner gemeinsamen Firma zu handeln. Mangels eigener Rechtspersönlichkeit der stillen Gesellschaft steht das Eigentum an den eingebrachten Einlagen nicht der stillen Gesellschaft, sondern den Gesellschaftern gemeinsam zu. Diese haben an den von ihnen eingebrachten Sachen ein **gesellschaftlich gebundenes Miteigentum.**

140 Vertretungsbefugt ist nur derjenige Gesellschafter, der eine entsprechende Vollmacht seiner Mitgesellschafter besitzt. Handelt ein Gesellschafter für die Gesellschaft, ohne eine entsprechende Vollmacht der Mitgesellschafter zu besitzen und wird dieses Handeln nicht nachträglich genehmigt, dann werden die Gesellschafter aus dem rechtsgeschäftlichen Handeln regelmäßig nicht mitverpflichtet. Der Außenstehende kann sich lediglich an denjenigen Gesellschafter halten, der ihm gegenüber tätig geworden ist. In diesem Falle haftet für seine Forderung nicht das Gesellschaftsvermögen, sondern nur das private Vermögen des ihm gegenüber handelnden Gesellschafters. Soweit jedoch eine Vollmacht vorlag oder ein unbevollmächtigtes Handeln nachträglich genehmigt worden ist, kann der Außenstehende sowohl auf das Gesellschaftsvermögen als auch das Privatvermögen der Gesellschafter zugreifen. Dabei **haften** ihm **die Gesellschafter** jedoch **nicht als Gesamtschuldner, sondern nur zu gleichen Teilen.**

141 Zwischen den Gesellschaftern wird **Gewinn und Verlust** der Gesellschaft, soweit nichts anderes vereinbart worden ist, gleichberechtigt verteilt. Darunter ist jedoch nicht eine gleichmäßige Pro-Kopf-Verteilung zu verstehen, sondern jeder wird bei Gewinn- und Verlustbeteiligung entsprechend seiner quotenmäßigen Beteiligung am Gesellschaftsvermögen berücksichtigt.

142 Die **Auflösung** der Gesellschaft kann durch einstimmigen Beschluß der Gesellschafter oder auch einseitige Kündigung eines der Mitgesellschafter vorgenommen werden. Dritte können die Auflösung der Gesellschaft und damit die Zugriffsmöglichkeit auf den Anteil des Gesellschafters am Gesellschaftsvermögen entweder über einen Gesellschaftskonkurs oder den Konkurs eines der Gesellschafter betreiben.

9. Schweden

Schrifttum: *Fischler, Josef / Vogel, Heinrich,* Schwedisches Handels- und Wirtschaftsrecht mit Verfahrensrecht, 3. Aufl., 1978.

143 In Schweden ist die stille Gesellschaft zwar allgemein anerkannt, aber **nicht positivrechtlich geregelt.** Vergleichbar dem deutschen Recht liegt eine stille Gesellschaft dann vor, wenn jemand gegen Beteiligung am Gewinn oder auch am Verlust eine Geld- oder Sacheinlage in das Gewerbe

eines anderen so leistet, daß sie in das Vermögen des anderen übergeht. Wegen dieser Kreditierungs- und Verzinsungsfunktion der Einlage wurde nach früherer Auffassung diese Rechtsbeziehung ausschließlich nach Darlehensregeln beurteilt. Die heutige herrschende Ansicht hat jedoch die gesellschaftsrechtlichen Elemente hervorgehoben und beurteilt auch die stille Gesellschaft als echtes Gesellschaftsverhältnis. Wie im deutschen Recht bleiben jedoch die Grenzen zu Darlehen und anderen Gesellschaftsformen fließend.

Der Gesellschaftsvertrag bedarf **keiner besonderen Form.** Wegen des Fehlens einer gesetzlichen Regelung und der mangelnden Abklärung der Probleme der stillen Gesellschaft in der schwedischen Rechtsprechung ist es jedoch empfehlenswert, im Vertrag die Beziehungen zwischen den Gesellschaftern ausführlich zu regeln. Soweit keine besonderen Bestimmungen getroffen worden sind, wird die Gewinnquote des stillen Gesellschafters proportional seiner Einlage zum gesamten Betriebskapital des Gewerbetreibenden bestimmt. Für Verluste beschränkt sich im Innenverhältnis seine Haftung auf die Einlage. Zur Überprüfung seines Gewinn- oder Verlustanteiles hat der stille Gesellschafter Anspruch auf Mitteilung einer vollständigen Jahresbilanz, er ist aber nicht ohne weiteres zur Prüfung unter Einsicht der Bücher und Papiere berechtigt. Ebenso steht ihm regelmäßig kein Verwaltungsrecht zu. Gerade hier im Innenverhältnis dürfte sich jedoch, wie auch im deutschen Recht diskutiert, eine entsprechende Anwendung der Regeln über die Kommanditgesellschaft oftmals rechtfertigen. 144

Im Außenverhältnis trifft den stillen Gesellschafter keine Haftung für die durch den Inhaber zum Zwecke des Betriebs des Gewerbes eingegangenen Geschäfte. Er haftet nicht einmal mit seiner Einlage; vielmehr wird er – selbst im Konkurs – als gewöhnlicher Gläubiger behandelt. 145

Es kann mitunter schwierig sein, zwischen einer stillen und einer einfachen bürgerlichen Gesellschaft zu unterscheiden, weil bei der letzteren die Rollen auch so verteilt sein können, daß der eine die Geschäfte führt und der andere Kapital zuschießt. Im Einzelfall kann daher zweifelhaft sein, ob und inwieweit die gesamten Betriebsmittel für die Betriebsschulden in Anspruch genommen werden können. 146

10. Griechenland

Schrifttum: *Jura Europae*, Das Recht der Länder der Europäischen Wirtschaftsgemeinschaft – Gesellschaftsrecht, Loseblatt Stand Oktober 1994, Bd. IV, Griechenland 100.50; *Pánou, Georgios,* Die Stille Gesellschaft im griechischen Recht unter Berücksichtigung des deutschen Rechts, 1995; *Papathoma-Baetge, Anastasia,* Gesellschaftsrecht in Griechenland, 1995.

147 Auch das griechische HGB von 1835 kennt die stille Gesellschaft. Es enthält jedoch weder eine Definition noch eine Umschreibung der Wesensmerkmale der stillen Gesellschaft. Die Art. 47–50 grHGB behandeln lediglich Fragen von untergeordneter Bedeutung. Lehre und Rechtsprechung definieren die stille Gesellschaft als diejenige innere, rechtsunfähige Personengesellschaft, bei der die auf die Erreichung des gemeinsamen Zweckes gerichteten Handlungen im Namen nur eines Gesellschafters oder mehrerer von ihnen vorgenommen werden, welche als Einzelpersonen und nicht als Vertreter einer Außengesellschaft agieren, während die nicht nach außen auftretenden Gesellschafter sich an den Ergebnissen (Gewinn und Verlust) aus der Tätigkeit der ersteren beteiligen. Die griechische stille Gesellschaft, die **auch mehrgliedrig** strukturiert sein kann, ist somit **nicht auf die Beteiligung an einem Handelsgewerbe beschränkt.** Anders als im deutschen Rechtskreis wird die Rechtsform der stillen Gesellschaft üblicherweise **bereits bei der Unternehmensgründung** gewählt.

148 Art. 48 S. 2 grHGB gewährt den Gesellschaftern eine weitgehende Freiheit in der konkreten Ausgestaltung der stillen Gesellschaft. Unterlassen die Gesellschafter eine Regelung, sind die **Vorschriften über die Gesellschaft bürgerlichen Rechts** (Art. 741–783 ZGB) analog anzuwenden, soweit der Charakter der stillen Gesellschaft dem nicht entgegensteht. Einer besonderen Form bedarf der Gesellschaftsvertrag nicht.

149 Die **Geschäftsführungsbefugnis** ist frei regelbar, sie kann auch allein dem stillen Gesellschafter zustehen; falls der Stille jedoch an der Geschäftsführung teilnimmt, so trägt er auch das Unternehmerrisiko ohne Beschränkung auf seine Einlage. Der Stille besitzt unabhängig von der Ausgestaltung des Gesellschaftsverhältnisses die erweiterten Kontrollrechte des Art. 755 ZGB, der § 716 BGB entspricht. Eine Beschränkung im Sinne des § 233 HGB ist unzulässig. Im Falle des Todes eines Gesellschafters wird die griechische stille Gesellschaft gemäß Art. 773 Abs. 1 ZGB grundsätzlich aufgelöst. Das Fortbestehen der stillen Gesellschaft kann lediglich für den Fall des Todes des Stillen vertraglich vereinbart werden.

11. Englisch-amerikanischer Rechtskreis

Schrifttum: *Jura Europae,* Das Recht der Länder der Europäischen Wirtschaftsgemeinschaft – Gesellschaftsrecht, Loseblatt Stand Oktober 1994, Bd. IV, Vereinigtes Königreich 90.40-60; *Ullmann-Czubak, Hertha,* „Association" oder „Partnership"? – Steuerliche Qualifikation einer deutschen GmbH & Still in den USA, RIW 1980, 634; *Walter, Otto L. / Conston, Henry S.,* Steuerliche Entwicklungen in den USA, StuW 1981, 388; *Weisser, Peter,* A Comparison of the Société simple with the English partnership and unincorporated association, Diss. 1958.

Im englisch-amerikanischen Recht **gibt es eine stille Gesellschaft als bloße Innengesellschaft nicht.** Gesellschafter, die nach außen nicht in Erscheinung treten, haften gleichwohl für Gesellschaftsschulden solidarisch. Lediglich in der Form der Kommanditgesellschaft (limited partnership) kann eine Beschränkung der Haftung herbeigeführt werden.

III. Zusammenfassung

Die geschichtlichen Wurzeln der heutigen stillen Gesellschaft reichen bis in das Mittelalter zurück. Ihre Vorzüge lagen damals wie heute darin, daß sie als solche nach außen nicht in Erscheinung tritt und daß der stille Gesellschafter für die im Handelsgewerbe des Inhabers begründeten Verbindlichkeiten nicht haftet.

Auch im ausländischen Recht ist die stille Gesellschaft verbreitet. Sie weist – von gewissen Unterschieden in der rechtlichen Ausgestaltung abgesehen – im wesentlichen die gleichen Merkmale auf wie im deutschen Recht: Beteiligung am Handelsgewerbe eines anderen, Fehlen eines gesamthänderisch gebundenen Vermögens und einer gemeinschaftlichen Firma, Gewinnbeteiligung des stillen Gesellschafters, Ausschluß seiner persönlichen Haftung für die Geschäftsverbindlichkeiten. Wo es – wie in der Schweiz – an einer besonderen Rechtsform für die stille Gesellschaft fehlt, dient die Rechtsform der einfachen Gesellschaft, die unserer Gesellschaft des bürgerlichen Rechts entspricht, als Ersatz. Die größtenteils dispositiven Vorschriften des Gesellschaftsrechts ermöglichen eine weitgehende Anpassung an das Recht der stillen Gesellschaft.

I. Teil: Die stille Gesellschaft im Zivil- und im Handelsrecht

§ 4 Begriff, Wesen und Erscheinungsformen der stillen Gesellschaft

Schrifttum: *Albracht, Wolfgang,* Die stille Gesellschaft im Recht der Publikumspersonengesellschaften, Diss. 1989; *Arnold, Kurt,* Die rechtliche Stellung des stillen Gesellschafters, Diss. 1909; *Barz, Carl Hans,* Die stille Gesellschaft, 1949; *Blaurock, Uwe,* Einfluß im Unternehmen und die gesellschaftsrechtliche Haftungsstruktur, in: Festschrift für *W. Stimpel,* 1985, S. 553; *Brockhoff, Hedin,* Arbeitnehmer oder stiller Gesellschafter, BB 1972, 1092; *Dobroschke, Eduard,* Die stille Kapitalbeteiligung von Mitarbeitern und die Mitarbeiter-Kapitalbeteiligungsgesellschaften, DB 1976, 1045; *Döllerer, Georg,* Die atypische stille Gesellschaft – gelöste und ungelöste Probleme, DStR 1985, 295; *Ebeling,* Stille Gesellschaft und partiarisches Darlehen, WM 1956, 330; *Ellinger, Walter Alfred,* Die stille Gesellschaft, Diss. 1910; *Enneccerus, Ludwig / Lehmann, Heinrich,* Recht der Schuldverhältnisse, 15. Aufl., 1958; *Felix, Günther,* Stille Gesellschaft in Steuer und Recht, Bericht der 2. Kölner Trainingstagung des Arbeitskreises für Steuerrecht GmbH, 1972; *Fichtelmann, Helmar,* Die stille Gesellschaft im Steuerrecht, 1977; ders., GmbH & Still im Steuerrecht 4. Aufl. 1995; *Fischer, Robert,* Fragen aus dem Recht der stillen Gesellschaft, JR 1962, 201; *Fischer, Ursula,* Die Rechtsprechung des Bundesgerichtshofes zur Gesellschaft bürgerlichen Rechts und zur stillen Gesellschaft, WM 1981, 638; *Geibel, Hans,* Die Innengesellschaft, Diss. 1935; *Hadding, Walther,* Zur gesellschaftsrechtlichen Vereinbarkeit von stillen Vermögenseinlagen und Genußrechten mit dem Förderungszweck eingetragener Kreditgenossenschaften, ZIP 1984, 1295; *Hennerkes, Brun-Hagen / Binz, Mark Karlheinz,* Die GmbH & Co., 7. Aufl., 1984; *Herrmann, Elke,* Sogenannte Schenkung stiller Beteiligungen, ZHR 147 (1983), 313 mit Erwiderung von *Hengeler, Hans Peter,* ZHR 147 (1983), 329; *Hoeniger, Heinrich,* Innengesellschaft und Innensyndikat, ZHR 84 (1921), 469; *Hoffmann, Fritz,* Zur Abgrenzung der typischen von der atypischen stillen Gesellschaft, zugleich eine Besprechung des BFH-Urteils I R 206/69 v. 23. 1. 1974, GmbHR 1975, 257; *Hofmann, Paul,* Unbeschränkte Kommanditistenhaftung und gesetzliche Wertung, NJW 1969, 577; *Hoffmann, Wolf-Dieter,* Zum Problem der stillen Beteiligung ausländischer Anteilseigner an inländischen Beteiligungsunternehmen, DB 1979, 1195; *Hueck, Alfred,* Die Übertragung von Geschäftsanteilen, ZHR 83 (1920), 1; ders., Die stille Beteiligung bei Handelsgesellschaften, in: Festschrift für *Heinrich Lehmann,* 1937, S. 239; *Iber, Konrad,* Die mehrgliedrige stille Gesellschaft als Unternehmensform zur freiwilligen Beteiligung von Arbeitnehmern, RdA 1973, 303; *Immenga, Ulrich,* Die personalistische Kapitalgesellschaft, 1970; *Janzen, Harald,* Die Übertragung und Belastung von Mitgliedschaften in der stillen Gesellschaft, Diss. 1979; *Knoche, Martin,* Selbständige Bilanzierung bei atypischer stiller Beteiligung am Betrieb einer Kapitalgesellschaft, BB 1972, 656; *Kühnle, Horst,* Stille Gesellschaft und partiarisches Darlehen, Diss. 1967; *Lang, Heinrich,* Die Typen der stillen Gesellschaft und die Anwendung gesellschaftsrechtlicher Normen auf sie, Diss. 1930; *Larenz, Karl,*

Lehrbuch des Schuldrechts Bd. II, Besonderer Teil 12. Aufl., 1981, § 60; *Limbach, Jutta,* Die beschränkte Haftung in Theorie und Praxis, GmbHR 1967, 71; *Mitscher, Paul,* Das Recht der stillen Gesellschaft, Diss. 1903; *Müller, Lothar,* Fragen der typischen und der atypischen Beteiligung am Unternehmen einer Kapital- und Handelsgesellschaft, StbJb. 1973/74, 203; *Otto, Heinz G. C.,* Moderne Erscheinungsformen der stillen Beteiligung, BB 1948, 210; *ders.,* Die stille Gesellschaft, in: Heibelberger Musterverträge, 6. Aufl., 1987; *Paulick, Heinz,* Die steuerrechtliche Beurteilung stiller Beteiligungen an Gesellschaften mbH, GmbHR 1959, 223; *ders.,* Die Einmann-GmbH & Co. KG als stille Gesellschaft, in: Festschrift für H. Demelius, 1973, 339; *Pehl, Fritz,* Die stille Gesellschaft als Unternehmensform, Diss. 1934; *Rasner, Henning,* Die atypische stille Gesellschaft, 1961; *Renaud, Achilles,* Das Recht der stillen Gesellschaften, 1885; *Rose, Gerd / Glorius-Rose, Cornelia,* Unternehmungsformen und -verbindungen, 2. Aufl. 1995; *Scheuffele, Peter,* Die typische stille Gesellschaft im Handelsrecht und im steuerlichen Bewertungsrecht, BB 1979, 1026; *Schimke, Martin,* Die historische Entwicklung der Unterbeteiligungsgesellschaft in der Neuzeit, Diss. 1991; *Schlitt, Michael,* Die Informationsrechte des stillen Gesellschafters in der typischen stillen Gesellschaft und in der stillen Publikumsgesellschaft, 1996; *Schmidt, Gerhard,* Betrachtungen zur Innengesellschaft, Diss. 1956; *Schmidt, Karsten,* Die Kreditfunktion der stillen Einlage, ZHR 140 (1976), 475; *ders.,* Konzernrechtliche Wirksamkeitsvoraussetzungen für typische stille Beteiligungen an Kapitalgesellschaften?, ZGR 1984, 295; *Schneider, Uwe H.,* Sonderrecht für Publikumspersonengesellschaften, ZHR 142 (1978), 228; *Schulze-Osterloh, Joachim,* Die Rechnungslegung der Innengesellschaft – insbesondere der stillen Gesellschaft, WPg 1974, 393; *Schulze zur Wiesche, Dieter,* Die stille Gesellschaft in der steuerlichen Rechtsprechung, BB 1982, 1974; *ders.,* Die atypische GmbH & Still, GmbHR 1985, 160; *Senftner, Georg,* Die offene Handelsgesellschaft und die stille Gesellschaft, 10. Aufl., 1947; *Sennhenn, Ernst,* Die gesellschaftsrechtliche und die steuerrechtliche Behandlung der typischen und der atypischen stillen Gesellschaft, Diss. 1975; *Siebert, Wolfgang,* Zur atypischen stillen Gesellschaft, NJW 1953, 806; *ders.,* Die faktische Innengesellschaft, BB 1958, 1065; *Sudhoff, Heinrich,* Die GmbH & Co. StG, DB 1969, 2069; *Werner, Horst S.,* Die stille Unternehmensbeteiligung, 1990; *Zinkeisen, Klaus,* Der Umfang der Gewinnbeteiligung und des Auseinandersetzungsguthabens des stillen Gesellschafters, Diss. 1972.

I. Der Begriff der stillen Gesellschaft

152 Das HGB enthält im Gegensatz zum ADHGB keine gesetzliche **Definition** des Begriffs der stillen Gesellschaft[1]. Es umschreibt aber in § 230 ihr Wesen dahin:

---

1 *Schlegelberger/Karsten Schmidt,* § 335 (§ 230 n.F.) Rn. 2 definiert die stille Gesellschaft folgendermaßen: „Ist aufgrund des zwischen einem Unternehmensträger ... und einem anderen (stillen Gesellschafter) zur Erreichung eines gemeinsamen Zwecks ein Gesellschaftsvertrag geschlossen worden, kraft dessen der stille Gesellschafter ohne Bildung eines Gesellschaftsvermögens mit einer Einlage am Unternehmen ... beteiligt ist und eine Gewinnbeteiligung erhält, so liegt eine stille Gesellschaft vor".

"Wer sich als stiller Gesellschafter an dem Handelsgewerbe, das ein anderer betreibt, mit einer Vermögenseinlage beteiligt, hat die Einlage so zu leisten, daß sie in das Vermögen des Inhabers des Handelsgeschäfts übergeht. Der Inhaber wird aus den in dem Betriebe geschlossenen Geschäften allein berechtigt und verpflichtet". Ergänzend fügt § 231 Abs. 2 HGB hinzu: „Im Gesellschaftsvertrage kann bestimmt werden, daß der stille Gesellschafter nicht am Verluste beteiligt sein soll; seine Beteiligung am Gewinne kann nicht ausgeschlossen werden".

Allein der Gebrauch des Begriffs „stille Gesellschaft" besagt nicht, daß hinsichtlich der rechtlich zutreffenden Qualifizierung tatsächlich ein stilles Gesellschaftsverhältnis vorliegt[2].

Ob mit den genannten Vorschriften das Gesetz die Entstehungsvoraussetzungen der stillen Gesellschaft regelt, ihre unerläßlichen und insoweit zwingenden Merkmale sowie eine Umschreibung ihres rechtlichen Wesens und damit bindend ihren Wirkungsbereich festlegt, ist umstritten. Ob und inwieweit Gebilde, die von den in den §§ 230 und 231 Abs. 2 HGB festgelegten Merkmalen abweichen, nach dem Recht der stillen Gesellschaft oder nach anderen Vorschriften zu beurteilen sind, wird an anderer Stelle erörtert (Rn. 188 ff., 239, 322 ff.). 153

Die stille Gesellschaft ist eine **echte Gesellschaft** i.S.d. § 705 BGB, bei der der stille Gesellschafter am Handelsgewerbe des Inhabers mit einer in dessen Vermögen befindlichen Einlage beteiligt ist und dafür am Gewinn, nicht notwendig auch am Verlust teilnimmt. Daraus ergibt sich, daß die stille Gesellschaft – anders als die OHG oder KG – **kein** von dem Privatvermögen der Gesellschafter **abgesondertes**, gesamthänderisch gebundenes **Gesellschaftsvermögen** hat. Der stille Gesellschafter ist, wenn nichts anderes vereinbart ist, an den Anlagewerten und ihren Wertsteigerungen, an den Rücklagen, an einem etwaigen Geschäfts- oder Firmenwert und damit an der Entwicklung des Unternehmens, das rechtlich allein dem Inhaber zugeordnet ist, nicht beteiligt. Er hat lediglich einen **schuldrechtlichen Anspruch** auf den vertraglich vereinbarten anteiligen Gewinn. Kaufmannseigenschaft kommt dem stillen Gesellschafter allein aufgrund seiner stillen Beteiligung nicht zu. 154

Da es an einer gemeinsamen Firma und an einem Gesellschaftsvermögen fehlt, erzeugt die Errichtung einer stillen Gesellschaft nach außen keine Rechtswirkungen. Der Inhaber wird aus den in dem Unternehmen geschlossenen Geschäften allein berechtigt und verpflichtet (§ 230 Abs. 2 HGB). Damit wird die stille Gesellschaft vom Gesetzgeber als ein auf das 155

---

2 Vgl. RG v. 16. 9. 1930 RGZ 130, 1 ff.

Verhältnis der Beteiligten untereinander beschränktes Gesellschaftsverhältnis charakterisiert. Als **reine Innengesellschaft** beinhaltet sie eine gesellschaftliche Beteiligung am Handelsgewerbe eines anderen mit notwendigem Anteil am Gewinn und einer Einlage im Vermögen des Geschäftsinhabers.

156 Aus dieser Umschreibung ergeben sich die typischen Merkmale, durch die sich die stille Gesellschaft von allen anderen Gesellschaftsformen und ähnlichen Rechtsverhältnissen des geltenden Rechts unterscheidet. Da sie auf den engen persönlichen Beziehungen der Gesellschafter untereinander beruht, ist sie zugleich als Personengesellschaft zu charakterisieren.

II. Das Wesen der stillen Gesellschaft

1. Die stille Gesellschaft als echte Gesellschaft

157 Durch den Gesellschaftsvertrag verpflichten sich die Gesellschafter gegenseitig zur **Förderung eines gemeinsamen Zwecks,** zu dessen Erreichung jeder Teil einen **Beitrag leisten** muß. Der stille Gesellschafter leistet seinen Beitrag dadurch, daß er dem Unternehmen des Inhabers Kapital, andere Vermögenswerte oder seine Arbeitskraft zur Verfügung stellt. Der Inhaber des Handelsgewerbes verpflichtet sich dagegen, sein Unternehmen nach besten Kräften auf gemeinschaftliche Rechnung, aber nach wie vor unter seiner alleinigen Verantwortung zu führen. Diesem Verhältnis entspricht es, wenn dem stillen Gesellschafter Informations- und Kontrollrechte sowie der seiner Kapitalbeteiligung entsprechende angemessene Anteil am Erfolg zustehen (§§ 230 Abs. 1, 233 HGB).

158 Der **gemeinsame Zweck** ist, wenn auch auf das Innenverhältnis beschränkt, auf den Abschluß von Handelsgeschäften auf gemeinschaftliche Rechnung gerichtet. Dadurch wird die stille Gesellschaft zu einer echten Gesellschaft, auch wenn kein Gesellschaftsvermögen vorhanden ist[3]. Das Vorhandensein eines Gesellschaftsvermögens gehört nach herrschender Lehre[4] nicht zu den Wesensmerkmalen einer Gesellschaft.

---

3 RG v. 30. 9. 1911 RGZ 77, 223 ff.; RG v. 25. 10. 1912 RGZ 80, 268 ff.; RG v. 10. 10. 1933 RGZ 142, 13 (21).
4 *Aulinger*, S. 15; *Enneccerus/Lehmann*, S. 729; *Larenz*, S. 401 ff.; *Palandt/Thomas*, § 705 Rn. 26; *Schlegelberger/Karsten Schmidt*, § 335 (§ 230 n.F.) Rn. 8, 9; *Siebert*, BB 1958, 1065 (1068); *Soergel/Hadding*, vor § 705 Rn. 28; *Staudinger/Keßler*, Vorbem. zu § 705 Rn. 23 ff.

§ 4 Begriff, Wesen und Erscheinungsformen

Die **Bestimmung des § 718 BGB**, nach der die Beiträge der Gesellschafter und die durch die Geschäftsführung für die Gesellschaft erworbenen Gegenstände gemeinschaftliches Vermögen der Gesellschafter werden, ist auf die stille Gesellschaft, für die gerade das Fehlen eines gemeinschaftlichen Vermögens typisch ist, **nicht anwendbar**. 159

Die Frage der Vermögensgemeinschaft ist gegenüber der gemeinschafts- und rechtsbildenden Kraft der gemeinsamen Tätigkeit von nachgeordneter Bedeutung[5]. Die wichtigste und zugleich unabdingbare Voraussetzung einer stillen Gesellschaft ist die gegenseitige Verpflichtung der Beteiligten zur Förderung des gemeinsamen Zwecks, der auf die Erzielung von Gewinn im Rahmen des auf gemeinschaftliche Rechnung betriebenen Handelsgewerbes des Inhabers gerichtet ist. Der Zweck muß **beiden Gesellschaftern gemeinsam** sein; es dürfen nicht lediglich die Interessen des einen durch den anderen gefördert werden. Das wäre der Fall, wenn der eine nur am Verlust, nicht auch am Gewinn des anderen beteiligt wäre. In solchen Fällen liegt möglicherweise ein Garantieversprechen oder eine vertragliche Risikoübernahme vor, aber keine Gesellschaft. Daß es sich bei der stillen Gesellschaft um ein **Gemeinschaftsverhältnis** und **nicht nur** um ein **bloßes schuldrechtliches Kreditverhältnis** (Darlehen) handelt, zeigt sich darin, daß selbst beim Fehlen jeder anderen Gemeinschaftsorganisation zumindest gewisse gesellschaftsrechtliche Kontroll- und Informationsrechte des stillen Gesellschafters gegeben sind (§ 233 HGB). Aber auch sein Recht auf Beteiligung am Geschäftsgewinn (§ 231 Abs. 2 Hs. 2 HGB), das durch den Gesellschaftsvertrag nicht ausgeschlossen werden kann, seine etwaige Verlustbeteiligung und sein Recht zur Auflösung der Gesellschaft aus wichtigem Grunde (§ 234 Abs. 1 S. 2 HGB) sind als sozialrechtliche Elemente zu nennen. 160

2. Die stille Gesellschaft als Innengesellschaft

Das kennzeichnende Merkmal für eine Innengesellschaft besteht darin, daß die Gesellschaft **nach außen hin nicht auftritt**, daß also eine direkte Vertretung der Gesellschaft durch die Gesellschafter fehlt. Die Geschäfte der Innengesellschaft werden durch den Geschäftsinhaber im eigenen Namen, wenn auch im Innenverhältnis für Rechnung der Gesellschaft geführt, so daß die Beteiligung der Gesellschafter nach außen nicht erkennbar wird[6]. Auch aus der Erteilung einer Vollmacht an den stillen 161

---

5 *Siebert*, S. 1068.
6 BGH v. 24. 2. 1954 BGHZ 12, 308 (314); OLG Frankfurt a.M. v. 3. 10. 1969 BB 1969, 1411 ff.

Gesellschafter kann nichts für das Bestehen einer Außengesellschaft hergeleitet werden[7].

162 Während für die Handelsgesellschaften charakteristisch ist, daß sie sich als solche, d.h. unter ihrer Gesellschaftsfirma, am Rechtsverkehr beteiligen, besteht das Wesen der stillen Gesellschaft darin, daß sie ihr Dasein nach außen nicht zu erkennen gibt oder zumindest nicht zu erkennen zu geben braucht. Sie tritt nicht unter einer Gesellschaftsfirma auf. Sie hat, da die Einlage des stillen Gesellschafters notwendig in das Vermögen des Inhabers übergehen muß, kein ihr als solcher zustehendes Gesellschaftsvermögen. Es gibt keine Gesellschaftsforderungen und keine Gesellschaftsverbindlichkeiten. Aus den im Rahmen des Handelsgeschäfts abgeschlossenen Geschäften wird allein der Inhaber des Handelsgewerbes, das dieser unter seiner eigenen Firma betreibt, berechtigt und verpflichtet (§ 230 Abs. 2 HGB). Ihm allein ist das Geschäftsvermögen zugeordnet; er allein haftet für die Geschäftsschulden mit seinem gesamten Vermögen. Eine Haftung des stillen Gesellschafters gegenüber den Geschäftsgläubigern ist ausgeschlossen, auch wenn er seine Einlage noch nicht geleistet hat. Hier liegt ein wichtiger Unterschied zum Kommanditisten, der den Gesellschaftsgläubigern unmittelbar bis zur Höhe der rückständigen Einlage haftet (§ 171 Abs. 1 HGB).

163 Die stille Gesellschaft besitzt **keine Rechtsfähigkeit;** sie hat als solche keine eigenen Rechte und Pflichten. Sie kann nicht Eigentum und andere dingliche Rechte an Grundstücken erwerben; sie kann nicht vor Gericht klagen und verklagt werden. Ihr kommt **weder aktive noch passive Parteifähigkeit** i.S.d. § 50 ZPO zu; auch ist sie weder konkursfähig noch zivilrechtlich deliktsfähig. Sie ist, weil sie sich nicht unter einer gemeinschaftlichen Firma am Wirtschaftsleben beteiligt, **keine Handelsgesellschaft.** Der Gesetzgeber bringt das in der Überschrift des zweiten Buches des HGB zum Ausdruck, indem er von „Handelsgesellschaften und der stillen Gesellschaft" spricht. Es kommt ihr als solche keine Kaufmannseigenschaft zu. Kaufmann ist nur der Inhaber des Handelsgeschäfts. Nur auf ihn sind die Vorschriften des HGB über die kaufmännische Firma, über die Führung von Handelsbüchern und alle anderen auf Kaufleute bezogenen Vorschriften anwendbar.

---

7 BGH v. 6. 11. 1963 DB 1964, 476. Zur Abgrenzung der Rechtsbegriffe „Außengesellschaft" und „Innengesellschaft" und zur Haftung kraft Rechtsscheins vgl. BGH v. 23. 6. 1960 DB 1960, 912 ff. Ob eine Außen- oder Innengesellschaft vorliegt, beurteilt sich in erster Linie nach dem erklärten Willen der Gesellschafter; nach dem objektiven Sachverhalt nur dann, wenn er sich als Auswirkung einer gesellschaftsvertraglichen Regelung darstellt, BGH v. 11. 10. 1965 DNotZ 1966, 502.

So betrachtet, erschöpft sich die stille Gesellschaft als Innengesellschaft hinsichtlich ihrer Rechtswirkungen in den durch den Gesellschaftsvertrag festgelegten **rein schuldrechtlichen** Beziehungen zwischen dem Inhaber des Handelsgeschäfts und seinem stillen Teilhaber. Es fehlt an der Publizität. Das Gesellschaftsverhältnis erzeugt keine Wirkungen gegenüber dritten Personen; weder eine Haftung des stillen Gesellschafters für die Schulden des Inhabers noch seine dingliche Mitberechtigung an der Substanz des Handelsgewerbes. Der Zweck der stillen Gesellschaft ist lediglich darauf gerichtet, die von dem Inhaber des Handelsgeschäfts allein und im eigenen Namen abgeschlossenen Geschäfte im Verhältnis der Gesellschafter untereinander auf gemeinschaftliche Rechnung zu führen.

164

Auch wenn die stille Gesellschaft kein Gesellschaftsvermögen besitzt, an dem die Gesellschafter zur gesamten Hand beteiligt sind, kann im Rahmen einer **atypischen Ausgestaltung** der stillen Gesellschaft der stille Teilhaber insbesondere bei Beendigung des Gesellschaftsverhältnisses wirtschaftlich so gestellt werden, als ob er an dem Geschäftsvermögen beteiligt wäre. Eine solche Vereinbarung hat rein schuldrechtlichen Charakter. Sie erzeugt keine dingliche Mitberechtigung. So steht rechtlich das Geschäftsvermögen auch bei einer atypischen stillen Gesellschaft dem Inhaber des Handelsgewerbes zu, der allein verfügungsberechtigt bleibt. Die Auseinandersetzung unter den Gesellschaftern hat aber bei vertraglich vereinbarter Substanzbeteiligung so zu erfolgen, als ob das Geschäftsvermögen gemeinschaftliches Vermögen beider Gesellschafter wäre. Insoweit hat der Geschäftsinhaber hinsichtlich des wirtschaftlich dem stillen Gesellschafter zustehenden Anteils am Gesellschaftsvermögen die Stellung eines Treuhänders[8].

165

Dritten Personen, insbesondere den Gläubigern **gegenüber** ist eine **solche Absprache ohne rechtliche Wirkung.** Die Privatgläubiger des stillen Gesellschafters können deshalb seinen „Anteil" am Geschäftsvermögen, der in Wirklichkeit nicht vorhanden ist, nicht wie bei der Gesellschaft des bürgerlichen Rechts (§ 725 BGB) pfänden. Sie können nur seinen Anspruch auf das pfänden, was er von dem Geschäftsinhaber als „Auseinandersetzungsguthaben" zu fordern hat (§ 234 i.V.m. § 135 HGB). Hat der Gläubiger die Pfändung des Anspruchs des stillen Gesellschafters auf das, was diesem bei der Auseinandersetzung zukommt, erwirkt, so kann er die Gesellschaft sechs Monate vor dem Ende des Geschäftsjahrs für diesen Zeitpunkt kündigen (Rn. 938). Eine wirtschaftliche Vermögensbeteiligung wird häufig vereinbart, wenn der stille Gesellschafter der eigentliche

166

---

8 OLG Frankfurt a.M. v. 3. 10. 1969 BB 1969, 1411 ff.; *Enneccerus/Lehmann*, S. 729; *Larenz*, S. 402; *Staudinger/Keßler*, Vorbem. zu § 705 Rn. 92.

167 Unter der Voraussetzung, daß Ehegatten einen Gesellschaftszweck i.S. des § 705 BGB verfolgen, hat die Rechtsprechung auch eine **Ehegatten-Innengesellschaft** anerkannt. Hinsichtlich des gemeinsamen Gesellschaftszwecks genügt es jedoch nicht, wenn die Ehegatten den gesetzlichen Zweck der ehelichen Lebensgemeinschaft i.S.d. § 1353 BGB verwirklichen oder lediglich ihren Pflichten gemäß § 1356 Abs. 2 BGB nachkommen. Voraussetzung für die Anerkennung einer Ehegatten-Innengesellschaft ist vielmehr, daß die Partner über die Familiengemeinschaft und über den Rahmen des § 1356 Abs. 2 BGB hinaus eine besondere Bindung gesellschaftsrechtlicher Art zur Erreichung eines gemeinsamen Zwecks eingehen[9].

3. Die stille Gesellschaft als Personengesellschaft

168 Die stille Gesellschaft unterscheidet sich von den Handelsgesellschaften nicht durch ihren wirtschaftlichen Zweck, sondern durch ihre rechtstechnische Ausgestaltung als Innengesellschaft. Das hindert aber nicht, sie den Personengesellschaften zuzurechnen, da sie deren Wesen teilt[10]. Sie steht damit im Gegensatz zu den Kapitalgesellschaften, bei denen die Personen der Gesellschafter gegenüber ihrer kapitalmäßigen Beteiligung zurücktreten.

169 Wenn in den vorhergehenden Abschnitten betont wurde, das Verhältnis der Beteiligten zueinander erschöpfe sich in rein schuldrechtichen Beziehungen nach Maßgabe des Gesellschaftsvertrags, so könnte dies den Anschein erwecken, als handele es sich bei der stillen Gesellschaft lediglich um ein Verhältnis gegenseitiger Verpflichtungen, d.h. um ein Schuldverhältnis i.S. eines gegenseitigen Vertrags. Das trifft nicht zu. Daß sich die Gesellschafter – wenn auch nur im Innenverhältnis – zur Erreichung eines gemeinschaftlichen Zwecks verpflichten, bedeutet **mehr als nur die Begründung wechselseitiger Leistungspflichten.** Es bedeutet, daß gewisse Angelegenheiten, die sich aus der Verfolgung des gemeinsamen Zwecks ergeben, fortan nicht nur Angelegenheiten jedes einzelnen Gesellschafters, sondern gemeinsame Angelegenheiten beider Vertragspartner sind. Sie fallen nicht mehr in die Einzelsphäre der Gesellschafter, sondern in ihre gemeinschaftliche, d.h. gesellschaftliche Sphäre[11].

---

9 BGH v. 20. 12. 1952 BGHZ 8, 249 f.; BGH v. 28. 10. 1959 BGHZ 31, 197 f.; BGH v. 22. 2. 1967 BGHZ 47, 157 (162).
10 So auch MünchHdb. StG/*Bezzenberger* § 1 Rn. 9.
11 So auch BMF v. 16. 1. 1987, BStBl. I 1987, 740.

§ 4 Begriff, Wesen und Erscheinungsformen

Grundlage der stillen Gesellschaft ist der Gesellschaftsvertrag, der die gemeinsamen Angelegenheiten der Beteiligten regelt und bestimmt, von wem und wie diese Angelegenheiten wahrgenommen werden sollen und in welcher Weise der einzelne daran beteiligt ist. Das Gesetz selbst enthält neben den zwingenden Merkmalen der stillen Gesellschaft auch dispositive Vorschriften über die Geschäftsführung, über das Handeln nach außen (§ 230 Abs. 2 HGB), über die Teilnahme des stillen Gesellschafters an Gewinn und Verlust (§§ 231, 232 HGB), über sein Kündigungsrecht (§ 234 HGB), über die von ihm anzuwendende Sorgfalt (§ 708 BGB) und über sein Recht zur Einsichtnahme in die Geschäftsbücher und zur Nachprüfung der Gewinnabrechnung (§ 233 HGB). Alle diese Vorschriften – mögen sie im einzelnen auch abdingbar sein – spiegeln in ihrer Gesamtheit das Wesen der Gesellschafterstellung des stillen Gesellschafters wider. Sie lassen erkennen, daß die stille Gesellschaft **nicht nur ein Schuldverhältnis ist,** sondern zugleich eine **sozialrechtlich verbundene Personengemeinschaft** darstellt, die als solche im Innenverhältnis eines Mindestmaßes an Organisation bedarf und als **organisierte Gesamtheit** von ihren einzelnen Mitgliedern zu unterscheiden ist. Unter diesem Blickpunkt betrachtet, muß die stille Gesellschaft in das Recht der Gemeinschaften und Verbände eingeordnet werden. Sie unterscheidet sich von ihnen durch das Fehlen eigener Rechtsfähigkeit, einer körperschaftlichen Verfassung sowie eines Gesellschaftsvermögens.

170

Die stille Gesellschaft verfügt nicht über ein Gesellschaftsvermögen i.S. des nominell festgelegten Grund- oder Stammkapitals einer Kapitalgesellschaft oder des Gesellschaftsvermögens einer handelsrechtlichen Personengesellschaft. Es gibt nur ein **Geschäftsvermögen, das rechtlich dem Inhaber zugeordnet** ist und das die Vermögenseinlage des stillen Gesellschafters umfaßt. Diese Einlage führt zu keiner Mitberechtigung am Gesellschaftsvermögen mit dinglicher Wirkung; sie stellt – wirtschaftlich gesehen – nur einen „Betriebsvorschuß" dar, den der stille Gesellschafter für die Dauer der Gesellschaft dem Inhaber treuhänderisch zur Verfügung stellt, um ihn im Falle der Beendigung des Gesellschaftsverhältnisses von diesem in Höhe des tatsächlich geleisteten Betrags zurückzuerhalten, falls er nicht am Verlust beteiligt ist (§ 235 Abs. 1 HGB).

171

Wenn sich auch im Regelfall der Beitrag des stillen Gesellschafters in der Leistung der vereinbarten Einlage erschöpft, besteht doch aufgrund des gemeinschaftlichen Zwecks eine mehr oder weniger stark ausgeprägte **persönliche Verbundenheit** der Beteiligten. Das zeigt sich nicht nur darin, daß sie verpflichtet sind, den gemeinsamen Zweck zu fördern und alles zu unterlassen, was geeignet ist, diesen Zweck zu vereiteln oder zu beein-

172

trächtigen, sondern vor allem darin, daß die Ansprüche der Gesellschafter wie bei jeder echten Gesellschaft grundsätzlich nicht übertragbar sind, ausgenommen die Ansprüche auf den Gewinnanteil und auf das, was dem stillen Gesellschafter bei der Auflösung der Gesellschaft zusteht (§ 717 BGB; Rn. 519 ff.). Die Unübertragbarkeit gilt insbesondere für die Beteiligung als solche. Dadurch unterscheidet sie sich vom partiarischen Darlehen, das beliebig übertragbar ist. Auch wenn die Beteiligung des stillen Gesellschafters auf die Leistung der vertraglich übernommenen Vermögenseinlage beschränkt ist und ihm nach dem Gesellschaftsvertrag Mitwirkungsrechte aller Art bei der Führung der Geschäfte versagt sind, ändert das nichts an der Tatsache, daß die stille Gesellschaft im Innenverhältnis von der gesellschaftlichen Verbundenheit der Beteiligten beherrscht wird (Rn. 587 ff.). Der stille Gesellschafter hat gesellschaftsrechtliche Befugnisse, die ohne Zustimmung des Geschäftsinhabers nicht auf einen anderen übertragen werden können.

173 Auf der anderen Seite kann aber **auch der Inhaber des Handelsgeschäfts** im Zusammenhang mit der Veräußerung des Unternehmens die Beteiligung des stillen Gesellschafters **nicht ohne** dessen **Zustimmung** so **übertragen**, daß dieser künftig am Handelsgewerbe des Erwerbers still beteiligt ist. Die stille Beteiligung beruht nicht nur auf dem Vertrauen zu einem bestimmten Unternehmen, sondern vor allem auf dem Vertrauen des stillen Gesellschafters zu der persönlichen Leistungsfähigkeit dieses Unternehmers. Aus diesem Grund braucht sich der stille Gesellschafter gegen seinen Willen keinen anderen Gesellschafter aufdrängen zu lassen, zu dem er nicht das gleiche Vertrauen entwickeln kann, auch wenn das Unternehmen als solches unverändert bleibt[12] (Rn. 601; vgl. dazu auch die Ausführungen zur Spaltung Rn. 1160 ff.).

174 Schließlich zeigt sich der personengesellschaftsrechtliche Charakter der stillen Gesellschaft darin, daß beim **Tode des Inhabers** die stille Gesellschaft aufgelöst wird, sofern der Gesellschaftsvertrag nichts anderes vorsieht (Rn. 941 f.) – eine Vorschrift, die den Schutz der berechtigten Interessen des stillen Gesellschafters bezweckt. Beim **Tod des stillen Gesellschafters** dagegen wird der Fortbestand der Gesellschaft im Zweifel nicht berührt (§ 234 Abs. 2 HGB). Diese unterschiedliche Regelung erklärt sich aus der Wertung der Interessen der Beteiligten durch den Gesetzgeber. Dem stillen Gesellschafter soll beim Tode des Inhabers kein Vertragspartner aufgezwungen werden, zu dem er kein Vertrauen hat. Stirbt der stille Gesellschafter, so sieht der Gesetzgeber in der Fortsetzung der Gesellschaft mit dessen Erben regelmäßig keine Gefährdung der Interessen des

---

12 *A. Hueck*, FS *Lehmann* 1937, S. 239 (251).

Inhabers, vor allem dann nicht, wenn der stille Gesellschafter, wie es dem vom Gesetzgeber geregelten Normalfall entspricht, nicht zur persönlichen Mitarbeit verpflichtet, sondern nur kapitalmäßig beteiligt ist.

III. Die Erscheinungsformen der stillen Gesellschaft

Das gesetzliche Recht der stillen Gesellschaft enthält nur wenige zwingende Regelungen, da angesichts ihres Charakters als reine Innengesellschaft auf Vertretungs- und Gläubigerschutzbestimmungen sowie auf Regelungen bezüglich des Gesellschaftsvermögens verzichtet werden konnte. Die damit weitgehend herrschende **Vertragsfreiheit** bedingt die große **Typenvielfalt** der stillen Gesellschaft. 175

Im allgemeinen wird dabei zwischen typischen und atypischen stillen Gesellschaften unterschieden. Von eminent praktischer Bedeutung ist dabei insbesondere die **steuerrechtliche Unterscheidung** zwischen der stillen Gesellschaft ohne und der stillen Gesellschaft mit Mitunternehmerschaft des Stillen. Soweit die atypischen Formen der stillen Gesellschaft im Vergleich zur typischen stillen Gesellschaft einer rechtlichen Sonderbehandlung unterworfen sind, wird darauf jeweils im Sachzusammenhang eingegangen.

1. Die typische stille Gesellschaft

Die typische stille Gesellschaft entspricht dem als solches allgemein unterstellten[13] **gesetzlichen Leitbild der §§ 230 ff. HGB** und enthält sämtliche soeben (Rn. 157 ff.) skizzierte Wesensmerkmale. Sie ist in Abgrenzung zu den als atypisch bezeichneten Formen insbesondere durch ihre Zweigliedrigkeit ohne verbandsmäßige Organisation, das Fehlen jeglicher Beteiligung des Stillen am Vermögen des Handelsgewerbes und das Fehlen einer Beteiligung des Stillen an der Geschäftsführung gekennzeichnet. Die typische stille Gesellschaft ist in der Praxis nicht unbedingt die am häufigsten vorkommende Form der stillen Gesellschaft. Angesichts der sich bei der typischen stillen Gesellschaft stellenden Probleme der Gewinnbeteiligung (Rn. 322 ff., 830 ff.) erscheint es ohnehin ratsam, die stille Gesellschaft zumindest hinsichtlich der schuldrechtlichen Beteiligung des Stillen am Vermögen des Handelsgewerbes (siehe dazu sogleich Rn. 180 ff.) atypisch auszugestalten. 176

---

13 Weder der Gesetzestext noch die Entstehungsgeschichte des ADHGB bzw. HGB belegen allerdings die gesetzgeberische Entscheidung für einen bestimmten Typus der stillen Gesellschaft.

2. Atypische Formen der stillen Gesellschaft

177 Je nach Art der Abweichung vom gesetzlichen Idealtypus unterscheidet man die folgenden Formen einer atypischen stillen Gesellschaft im zivilrechtlichen und steuerrechtlichen Sinne. Hierbei handelt es sich wiederum um bestimmte, in der Praxis häufig vorkommende Typen, die ihrerseits verschiedene Ausprägungen annehmen und insbesondere auch kombiniert vorliegen können.

a) Die stille Gesellschaft als Publikumsgesellschaft

178 Eine stille Publikumsgesellschaft entsteht durch die Beteiligung mehrerer stiller Gesellschafter auf der Grundlage mehrerer selbständiger, aber gleichlautender Gesellschaftsverträge oder auf der Grundlage eines einheitlichen Gesellschaftsvertrags (siehe dazu näher Rn. 444). Häufig ist in diesem Zusammenhang auch die Kombination von stiller Beteiligung und Kommanditbeteiligung (zur sog. gesplitteten Einlage siehe auch Rn. 1064).

179 In der stillen Publikumsgesellschaft entsteht regelmäßig ein Bedürfnis nach Koordination der verschiedenen Rechtsverhältnisse mit den einzelnen Stillen in Form einer **eigenen Verbandsstruktur**. Darüber hinaus stellt sich die Frage, inwieweit die stille Publikumsgesellschaft aufgrund ihrer **körperschaftsähnlichen Struktur** einer Sonderbehandlung im Hinblick auf den Vertragsschluß durch den Geschäftsinhaber (siehe dazu Rn. 444), die Form des Vertragsschlusses (Rn. 436 ff.), die Vertragsauslegung, die Anwendbarkeit des § 708 BGB (Rn. 623) zu unterwerfen ist und inwieweit die Bestimmungen des **Anlegerschutzes** insbesondere betreffend die vertragliche Inhaltskontrolle (Rn. 442) und den Kündigungsschutz (dazu näher Rn. 925) bei ihr zum Tragen kommen.

b) Die stille Gesellschaft mit Vermögensbeteiligung des Stillen

180 Bei der atypischen stillen Gesellschaft mit Vermögensbeteiligung wird auf schuldrechtlichem Wege eine echte Wertbeteiligung des Stillen an der Substanz des Handelsgewerbes geschaffen[14]. Der Grund für solche von dem Normaltypus der stillen Gesellschaft abweichenden Vereinbarungen liegt meist in dem Drang nach Sachwerten und nach Teilhabe an der Sachwertsicherung. Auch bei derartigen Vertragsgestaltungen entsteht jedoch kein Gesamthandsvermögen. Der stille Gesellschafter wird ledig-

---

[14] Vgl. BGH v. 29. 11. 1952 BGHZ 8, 157; *Zacharias/Hebig/Rinnewitz*, S. 34 f.; *Siebert*, StbJb. 1955/56, 299 (304); *ders.*, NJW 1953, 806; *Post/Hoffmann*, S. 29, *Böttcher/Zartmann/Faut*, S. 130 ff.

lich obligatorisch so gestellt, **als ob tatsächlich zwischen ihm und dem Inhaber des Handelsgeschäfts eine dingliche Vermögensgemeinschaft bestanden habe**[15]. Dieser Anspruch bedingt für den Stillen die Erweiterung seines Anteils am Gewinn und seines mit Auflösung der Gesellschaft entstehenden Auseinandersetzungsguthabens (Rn. 864 f.).

Den Gläubigern des Inhabers gegenüber kann sich der stille Gesellschafter jedoch nicht auf seine obligatorische Mitberechtigung berufen – auch dann nicht, wenn er allein das gesamte Geschäftsvermögen eingebracht hat. Auch in diesem Falle hat er keinen Anspruch auf Herausgabe des Geschäftsvermögens, sondern nur einen Anspruch auf Auseinandersetzung gemäß § 235 HGB. Der Auseinandersetzungsanspruch beschränkt sich aber nicht wie im Falle der typischen stillen Gesellschaft auf die Rückzahlung der gegebenenfalls durch Verluste verminderten Vermögenseinlage. Es wird vielmehr das gesamte Geschäftsvermögen aufgrund einer Liquidationsbilanz ermittelt und aufgrund dieser Bilanz das Auseinandersetzungsguthaben unter Berücksichtigung des vereinbarten Beteiligungsschlüssels festgestellt, weil anders der Anteil des stillen Gesellschafters an den Rücklagen und am Geschäfts- oder Firmenwert nicht ermittelt werden kann. Eine tatsächliche Liquidation findet regelmäßig nicht statt. Vielmehr führt der Inhaber nach dem Ausscheiden des stillen Gesellschafters das Handelsgewerbe auf eigene Rechnung weiter. 181

Gegen die schuldrechtliche, auf das Innenverhältnis beschränkte Vermögensbeteiligung des Stillen bestehen keine rechtlichen Bedenken, wenn nur das Handelsgewerbe nach außen allein auf den Namen des Inhabers geführt wird und dementsprechend eine etwaige Vertretungsbefugnis des stillen Gesellschafters sich als Vertretung des Geschäftsinhabers und nicht als Vertretung der Gesellschaft darstellt. Eine schuldrechtliche Beteiligung des stillen Gesellschafters am Geschäftsvermögen und an der Geschäftsführung steht mit dem Wesen der stillen Gesellschaft nicht im Widerspruch. 182

In aller Regel wird die Vereinbarung einer schuldrechtlichen Vermögensbeteiligung mit einer Erweiterung der Kontrollrechte des Stillen und einer gesteigerten Treuepflicht der Gesellschafter verbunden sein[16]. Entgegen einer verbreiteten Auffassung[17] ist damit jedoch keine Änderung des Gesellschaftszwecks von der bloßen Gewinnerzielung hin zu einer Vermeh- 183

---
15 Vgl. RG v. 20. 12. 1929 RGZ 126, 386 (390); BGH v. 24. 9. 1952 BGHZ 7, 174 (178); *Rasner*, S. 60 ff.; *Koenigs*, S. 50; *Düringer/Hachenburg/Flechtheim*, § 335 Anm. 28; *Schlegelberger/Karsten Schmidt*, § 335 (§ 230 n.F.) Rn. 68.
16 Vgl. dazu MünchHdb. StG/*Bezzenberger* § 2 Rn. 8 f.
17 Vgl. dazu *Rasner*, S. 72; *Westermann*, S. 312 f.

rung des Gesellschaftsvermögens verbunden, da sich beides nicht voneinander trennen läßt[18].

c) Die stille Gesellschaft mit Geschäftsführungsbeteiligung des Stillen

184 Die Geschäftsführungsbeteiligung des Stillen setzt seine Mitwirkung an Geschäftsführungsmaßnahmen des Geschäftsinhabers zumindest in Gestalt von **Zustimmungs- bzw. Widerspruchsrechten** voraus[19]. Die bloße Erweiterung seiner in § 233 HGB normierten Kontrollrechte ist hierfür nicht ausreichend. Die Mitwirkung des Stillen kann durchaus so weitgehend ausgestaltet sein, daß ihm unmittelbare Geschäftsführungs- und Entscheidungsbefugnisse zustehen. Allerdings gilt auch hier, daß sich diese Rechte nur auf das Innenverhältnis beschränken. Daher ist eine Geschäftsführungsmaßnahme des Geschäftsinhabers, die aufgrund des Gesellschaftsvertrages im Innenverhältnis nur mit Zustimmung des Stillen durchgeführt werden darf, im Außenverhältnis auch ohne Erteilung der Zustimmung wirksam.

d) Die atypische stille Gesellschaft im Sinne des Steuerrechts

185 Um eine atypische stille Gesellschaft i.S. des Steuerrechts handelt es sich, wenn das stille Gesellschaftsverhältnis die Kriterien der **steuerlichen Mitunternehmerschaft** (§§ 20 Abs. 1 Nr. 4 und 15 Abs. 1 Nr. 2 EStG) erfüllt (siehe dazu näher unten Rn. 1235 ff.). Eine atypische stille Gesellschaft im zivilrechtlichen Sinne kann, muß aber nicht auch eine atypische stille Gesellschaft im steuerrechtlichen Sinne sein.

IV. Zusammenfassung

186 Durch den Abschluß des Gesellschaftsvertrages entsteht zwischen den Beteiligten ein auf Beitragsleistung, Gewinnverteilung und Auseinandersetzung nach der Beendigung der stillen Gesellschaft gerichtetes echtes Gesellschaftsverhältnis. Im Gegensatz zu den handelsrechtlichen Personengesellschaften und zur Gesellschaft des bürgerlichen Rechts führt die Errichtung der stillen Gesellschaft nicht zu einer Vergemeinschaftung des Geschäftsvermögens. Es gibt weder bei der typischen noch bei der atypischen stillen Gesellschaft ein Gesellschaftsvermögen, das als Sondervermögen beiden Gesellschaftern zur gesamten Hand zusteht. Das Geschäftsvermögen und die einzelnen Rechte, aus denen es sich zusammen-

---
18 MünchHdb. StG/*Bezzenberger* § 2 Rn. 10.
19 *Zacharias/Hebig/Rinnewitz*, S. 35 f.

setzt, sind allein dem Geschäftsinhaber zugeordnet. Der stille Gesellschafter ist daran nicht beteiligt. Seine Privatgläubiger können sich somit nur aus dem befriedigen, was ihm als anteiliger Gewinn oder bei einer Auseinandersetzung zufällt. Die stille Gesellschaft als solche kann weder klagen noch verklagt werden. Den stillen Gesellschafter trifft keine Haftung für die Geschäftsschulden. Es gibt keinen Sonderkonkurs der stillen Gesellschaft. Gleichwohl ist sie als Innengesellschaft eine echte Gesellschaft i.S.v. § 705 BGB. Entscheidend dafür ist der gemeinsame Zweck, zu dessen Erreichung sich die Gesellschafter durch den Gesellschaftsvertrag verpflichten. Sie ist nicht nur ein Schuldverhältnis unter den Gesellschaftern, sondern zugleich eine sozialrechtlich verbundene Personengemeinschaft, aus der sich für die Beteiligten echte gesellschaftsrechtliche Rechte und Pflichten ergeben. Die stille Gesellschaft hat die Wesensmerkmale einer Personengesellschaft, die auf der persönlichen Verbundenheit der Gesellschafter beruht, wenn sich auch im Falle der vom Gesetzgeber geregelten typischen stillen Gesellschaft die Beteiligung des stillen Gesellschafters in seiner Vermögenseinlage erschöpft. Der personenrechtliche Charakter zeigt sich vor allem in der grundsätzlichen Unübertragbarkeit der gesellschaftsrechtlichen Beteiligung auf einen anderen sowie darin, daß das Gesellschaftsverhältnis, wenn der Gesellschaftsvertrag nichts anderes vorsieht, durch den Tod des Geschäftsinhabers, nicht dagegen durch den Tod des stillen Gesellschafters beendet wird.

Da die meisten Vorschriften aus dem Recht der stillen Gesellschaft dispositiver Natur sind, können die Beteiligten von dem Normaltypus abweichen und atypische Gebilde schaffen. Die Abweichungen liegen in der Erweiterung der Rechte des stillen Gesellschafters. Er kann über die im Gesetz vorgesehene Gewinn-(Verlust-)Beteiligung hinaus – wenn auch nur mit schuldrechtlicher, auf das Innenverhältnis beschränkter Wirkung – am Geschäftsvermögen (an den stillen Rücklagen, am Geschäfts- oder Firmenwert) beteiligt werden mit der Maßgabe, daß bei Beendigung der stillen Gesellschaft die Auseinandersetzung so stattzufinden hat, als ob zwischen ihm und dem Inhaber in Ansehung des Geschäftsvermögens eine Vermögensgemeinschaft bestanden habe. Ihm können, obwohl das Gesetz es nicht vorsieht, Geschäftsführungsbefugnisse übertragen werden, die ihm eine Stellung verschaffen, die wirtschaftlich der eines Unternehmers gleicht oder zumindest angenähert ist. Beide Gestaltungen können je für sich vereinbart werden; sie können aber auch miteinander verbunden sein. Das Steuerrecht unterscheidet aufgrund einer wirtschaftlichen Betrachtungsweise ebenfalls zwischen der typischen und der atypischen stillen Gesellschaft und stellt letztere als „Mitunternehmerschaft" den handelsrechtlichen Personengesellschaften gleich.

§ 5 Die beteiligten Personen

Schrifttum: *Blaurock, Uwe,* Zur stillen Beteiligung mehrerer Personen an einer Apotheke, NJW 1972, 1119; *ders.,* Unterbeteiligung und Treuhand an Gesellschaftsanteilen, 1981; *Bordewin, Arno,* Stille Gesellschaft mit einer Erbengemeinschaft, NWB Fach 3, S. 6737; *von Gierke, Julius,* Handelsrecht und Schiffahrtsrecht, 8. Aufl., 1958; *Hadding, Walther,* Zur gesellschaftsrechtlichen Vereinbarkeit von stillen Vermögenseinlagen und Genußrechten mit dem Forderungszweck eingetragener Kreditgenossenschaften, ZIP 1984, 1295; *Horn, Norbert,* Unternehmensbeteiligung der Arbeitnehmer und Gesellschaftsrecht, ZGR 1974, 133; *Hueck, Alfred,* Die stille Beteiligung bei Handelsgesellschaften, in: Festschrift für *Heinrich Lehmann,* 1937, S. 239; *Janzen, Harald,* Die Übertragung und Belastung von Mitgliedschaften in der stillen Gesellschaft, Diss. 1979; *König, Johannes,* Die subjektive Steuerpflicht der Betriebe gewerblicher Art von juristischen Personen des öffentlichen Rechts nach dem deutschen Körperschaftssteuerrecht, Diss. 1958; *Kübler, Friedrich,* Gesellschaftsrecht, 4. Aufl., 1994; *Lang, Johann / Weidmüller, Ludwig,* Genossenschaftsgesetz, 32. Aufl., 1988; *Lehmann, Heinrich / Dietz, Rolf,* Gesellschaftsrecht, 3. Aufl., 1970; *Lentner, Anton J.,* Das Gesellschaftsrecht der Europäischen wirtschaftlichen Interessenvereinigung (EWIV), 1994; *Möhle, Fritz,* Die Personengesellschaft OHG-KG-StG, 2. Aufl., 1957; *Müller-Erzbach, Rudolf,* Deutsches Handelsrecht, 2. u. 3. Aufl., 1928; *Parisius, Ludolf / Crüger, Hans,* Genossenschaftsgesetz, 12. Aufl., 1932; *Paulick, Heinz,* Die eingetragene Genossenschaft als Beispiel gesetzlicher Typenbeschränkung, zugleich ein Beitrag zur Typenlehre im Gesellschaftsrecht, 1954; *ders.,* Das Recht der eingetragenen Genossenschaft, 1956; *Reinhardt, Rudolf / Schulz, Dietrich,* Gesellschaftsrecht, 2. Aufl., 1981; *Schmidt, Karsten,* Die Vertragsparteien bei der stillen Beteiligung, DB 1976, 1705; *Schnorr von Carolsfeld, Ludwig,* Bemerkungen zum Genossenschaftsrecht, ZfG 9 (1959), 50; *Scriba, Michael O. E.,* Die Europäische wirtschaftliche Interessenvereinigung, 1988; *Sudhoff, Heinrich,* Die GmbH & Co. StG, DB 1969, 2069; *ders.,* Der Gesellschaftsvertrag der Personengesellschaften, 6. Aufl., 1985; *Tiedtke, Klaus,* Die schenkweise Zuwendung einer stillen Beteiligung an ein minderjähriges Kind, BB 1988, 946; *Würdinger, Hans,* Gesellschaften I, Recht der Personengesellschaften, 1937.

I. Der Inhaber des Handelsgewerbes

1. Die Kaufmannseigenschaft des Geschäftsinhabers

187 Die stille Gesellschaft setzt ein Handelsgewerbe voraus, das ein anderer mit Gewinnerzielungsabsicht[1] betreibt. Das Gesetz nennt ihn den **Inha-**

---

1 Vgl. zu diesem Erfordernis MünchHdb. StG/*Bezzenberger* § 5 Rn. 3; vgl. zur stillen Beteiligung am Handelsgewerbe einer Genossenschaft Rn. 202 f., am Handelsgewerbe einer Gesellschaft in Liquidation Rn. 206 ff. und am Handelsgewerbe einer Gebietskörperschaft Rn. 205.

ber des **Handelsgeschäfts**. Er muß stets **Kaufmann** i.S. des HGB sein[2]. Ob er Vollkaufmann oder Minderkaufmann (§ 4 HGB) ist, spielt keine Rolle. Auch am Handelsgewerbe eines Minderkaufmanns kann rechtswirksam eine stille Gesellschaft begründet werden.

Fehlt dem Inhaber die Kaufmannseigenschaft, so kann eine stille Gesellschaft im Rechtssinne nicht entstehen. Daraus folgt aber nicht, daß der Gesellschaftsvertrag nichtig wäre; er kann nur keine stille Gesellschaft begründen. Das Vertragsverhältnis wird in der Regel nach den Vorschriften über die **Gesellschaft bürgerlichen Rechts** zu beurteilen sein, wobei es den Beteiligten im Rahmen des dispositiven Rechts vorbehalten ist zu vereinbaren, daß sich ihre Rechtsbeziehungen im Innenverhältnis nach den Vorschriften über die stille Gesellschaft bestimmen sollen, soweit sie passen. Das gilt im Zweifel nicht für die §§ 233 Abs. 3, 237 HGB[3]. 188

§ 230 Abs. 1 HGB schließt somit die stille Beteiligung an land- oder forstwirtschaftlichen Betrieben, soweit es sich nicht um im Handelsregister eingetragene land- oder forstwirtschaftiche Unternehmen i.S.d. § 3 Abs. 2 HGB oder um land- oder forstwirtschaftliche Nebenbetriebe i.S.d. § 3 Abs. 3 HGB handelt, an einer freiberuflichen Tätigkeit[4], an einem eingetragenen Verein i.S.d. § 21 BGB sowie an einem Versicherungsverein auf Gegenseitigkeit (§ 15 VAG) aus. Denkbar ist in diesen Fällen lediglich die Entstehung einer **stillen Gesellschaft des bürgerlichen Rechts** (siehe dazu näher Rn. 364 f.). 189

Umstritten ist dagegen, ob eine Gesellschaft des bürgerlichen Rechts als Hauptgesellschafterin Partner einer stillen Gesellschaft sein kann. Die Gesellschaft des bürgerlichen Rechts ist nicht Inhaberin eines Handelsgewerbes; sie ist auch keine Handelsgesellschaft wie die offene Handelsgesellschaft und Kommanditgesellschaft und kann somit keinen stillen Gesellschafter aufnehmen. Etwas anderes gilt aber dann, wenn zwei Minderkaufleute gemeinsam ein Handelsgewerbe in der Rechtsform einer BGB-Gesellschaft betreiben und einen stillen Gesellschafter beteiligen. Für diesen Fall wird man das Bestehen einer stillen Gesellschaft nicht 190

---

[2] So *Koenigs*, S. 6 ff.; *Böttcher/Zartmann/Faut*, S. 45; *Klauss/Mittelbach*, Rn. 34 ff.; *Baumbach/Hopt*, § 230 Rn. 5; a.A. *Schlegelberger/Karsten Schmidt*, § 335 (§ 230 n.F.) Rn. 14 und *Karsten Schmidt*, DB 1976, 1707 (1708), der die §§ 230 ff. auch auf nichtkaufmännische Unternehmen anwenden will; vgl. dazu auch *Zacharias/Hebig/Rinnewitz*, S. 37 f.

[3] Vgl. BGH v. 22. 6. 1981 NJW 1982, 99; *Karsten Schmidt*, Anm. zu BGH v. 22. 6. 1981, JuS 1982, 139; *Klauss/Mittelbach*, Rn. 40.

[4] A.A. *Schlegelberger/Karsten Schmidt*, § 335 (§ 230 n.F.) Rn. 14; wie hier BFH v. 21. 9. 1989, BFH-NV Nr. 11/90, 692 und MünchHdb. StG/*Bezzenberger* § 5 Rn. 2.

verneinen können. Läßt man zu, daß ein Minderkaufmann Hauptgesellschafter einer stillen Gesellschaft sein kann, so wäre nicht einzusehen, warum bei einem Zusammenschluß mehrerer Minderkaufleute zu einer BGB-Gesellschaft diese Möglichkeit nicht bestehen sollte[5]. Streitig bleibt dann allerdings, ob die Gesellschaft des bürgerlichen Rechts als solche oder aber die Gesellschafter in ihrer Zusammenfassung Inhaber des Handelsgewerbes sind. Mit der Begründung, daß die BGB-Gesellschaft nicht rechtsfähig sei, kommt ein Teil der Literatur zu dem Ergebnis, daß nicht die Gesellschaft des bürgerlichen Rechts, sondern vielmehr die beiden Minderkaufleute selbst aus dem Gesellschaftsvertrag berechtigt und verpflichtet werden[6]. Folgt man dem, müßte der stille Gesellschafter mit jedem Minderkaufmann einen Vertrag abschließen. Der stille Gesellschafter hat aber in der Regel nur einen Vertragspartner, nämlich die **BGB-Gesellschaft** als Gesamthand, die als solche auch **Unternehmensträgerin** sein kann[7]. Es ist deshalb davon auszugehen, daß zumindest die minderkaufmännische BGB-Gesellschaft als solche Hauptgesellschafterin einer stillen Gesellschaft sein kann.

191 Durch die stille Beteiligung an einer **Gelegenheitsgesellschaft,** bei der es an dem gemeinsamen dauernden Gewinnstreben einer Handelsgesellschaft fehlt, entsteht lediglich eine stille Gesellschaft des bürgerlichen Rechts, auf die die Regelungen der §§ 230 ff. HGB allerdings entsprechend anwendbar sind (siehe dazu näher Rn. 365).

192 **Erbengemeinschaften** können in ihrer gesamthänderischen Verbundenheit Inhaber eines Handelsgeschäftes und als solche prinzipiell Partner einer stillen Gesellschaft sein. Bei langfristiger Fortsetzung des Handelsgeschäfts unter der bisherigen Firma ohne Nachfolgezusatz und ohne Eintragung der neuen Inhaber im Handelsregister müssen sich die Erben allerdings zumindest so behandeln lassen, als würden sie das Unternehmen in der Rechtsform der OHG fortführen. Der Abschluß eines stillen Beteiligungsvertrages kann dabei als Indiz für einen derartigen Fortsetzungswillen der Erben herangezogen werden[8].

193 Fraglich ist die Möglichkeit einer Beteiligung als stiller Gesellschafter an einer **Partnerschaftsgesellschaft.** Dagegen spricht in erster Linie die Vor-

---

5 So auch MünchHdb. StG/*Bezzenberger* § 5 Rn. 8 m.w.N.
6 *Klauss/Mittelbach,* Rn. 37; *Zutt,* in: GroßKomm. § 230 Rn. 9.
7 *Karsten Schmidt,* DB 1976, 1706 (1707); *Baumbach/Hopt,* § 230 Rn. 5; *A. Hueck,* FS *Lehmann* 1937, S. 239 (242 Fn. 4); *Koenigs,* S. 13.
8 Vgl. zum Ganzen BGHZ 17, 299 (302); *Koenigs,* S. 14; *Karsten Schmidt,* DB 1976, 1706 ff.; vgl. auch BFH v. 9. 7. 1987 IV R 95/85, BB 1988, 43 und die Anm. dazu von *Bordewin,* NWB Fach 3, S. 6737 f.

schrift des § 1 Abs. 1 S. 2 PartGG, derzufolge die Partnerschaftsgesellschaft **kein Handelsgewerbe** ausübt. Andererseits stellt die Partnerschaft als rechtsfähige Personengesellschaft eine strukturgleiche Variante der offenen Handelsgesellschaft (sog. Schwesterfigur zur OHG) dar. Für die Bejahung der Möglichkeit einer Beteiligung als stiller Gesellschafter spricht auch, daß einige Berufsgruppen (z.B. Wirtschaftsprüfer und Steuerberater) Handelsgesellschaften gründen können, obwohl sie kein Handelsgewerbe betreiben. Somit können Zusammenschlüsse, die die Voraussetzungen von § 2 HGB und § 1 Abs. 2 PartGG erfüllen, zwischen der Handelsgesellschaft und der Partnerschaftsgesellschaft wählen. Nach dem eindeutigen Gesetzeswortlaut ist aber nur im ersten Fall eine stille Beteiligung i.S.d. §§ 230 ff. HGB möglich. Dieses Ergebnis mag insofern unbefriedigend erscheinen, als die Möglichkeit einer Beteiligung als stiller Gesellschafter allein von der Rechtsformwahl abhängen würde, obwohl die Gesellschaft in beiden Fällen die gleiche Tätigkeit ausübt und im wesentlichen die gleichen gesetzlichen Vorschriften Anwendung finden. Da in Fällen, in denen sich jemand still an einer Partnerschaftsgesellschaft beteiligt, aber eine stille Gesellschaft des bürgerlichen Rechts entsteht, sind die **§§ 230 ff. HGB** zumindest **entsprechend** anwendbar (siehe dazu näher Rn. 365).

Gewährt der Gesellschaftsvertrag dem stillen Gesellschafter Rechte, die ihm eine maßgebliche Einflußnahme auf Leitung und Verwaltung der Partnerschaft ermöglichen (atypisch stille Gesellschaft; vgl. dazu näher Rn. 483 ff.), sind **berufsständische Beschränkungen,** insbesondere bei der Besorgung fremder Rechtsangelegenheiten (Art. 1 § 1 RBerG und §§ 3, 10 der 1. Verordnung zur Ausführung des Rechtsberatungsgesetzes), zu beachten (siehe dazu näher Rn. 483).

2. Das Handelsgewerbe des Geschäftsinhabers

Als Inhaber des Handelsgewerbes, an dem eine stille Beteiligung begründet werden kann, kommen in Betracht:

a) Kaufleute nach § 1 HGB

Kaufleute nach § 1 HGB betreiben ein sog. **Grundhandelsgewerbe.** Grundhandelsgeschäfte sind (§ 1 Abs. 2 HGB): 194
- die Anschaffung und Weiterveräußerung von beweglichen Sachen (Waren) oder Wertpapieren ohne Unterschied, ob die Waren unverändert oder nach einer Bearbeitung oder Verarbeitung weiterveräußert werden;
- die Übernahme der Bearbeitung oder Verarbeitung von Waren für andere, sofern das Gewerbe nicht handwerksmäßig betrieben wird;

- die Übernahme von Versicherungen gegen Prämie;
- die Bankier- und Geldwechslergeschäfte;
- die Übernahme der Beförderung von Gütern oder Reisenden zur See, die Geschäfte der Frachtführer oder der zur Beförderung von Personen zu Lande oder auf Binnengewässern bestimmten Anstalten sowie die Geschäfte der Schleppschiffahrtsunternehmer;
- die Geschäfte der Kommissionäre, der Spediteure und der Lagerhalter;
- die Geschäfte der Handelsvertreter oder Handelsmakler;
- die Verlagsgeschäfte sowie die sonstigen Geschäfte des Buch- und Kunsthandels;
- die Geschäfte der Druckereien, sofern das Gewerbe nicht handwerksmäßig betrieben wird.

b) Kaufleute nach § 2 HGB

195 Kaufleute, die zwar kein Grundhandelsgewerbe i.S.d. § 1 Abs. 2 HGB, aber ein handwerkliches oder sonstiges gewerbliches Unternehmen betreiben, **das nach Art und Umfang einen in kaufmännischer Weise eingerichteten Geschäftsbetrieb** erfordert, sofern die Firma des Unternehmens in das Handelsregister eingetragen ist (§ 2 HGB). Da in diesen Fällen die Eintragung im Handelsregister konstitutive Bedeutung hat, liegt vor der Eintragung kein Handelsgewerbe vor. Das schließt nicht aus, daß ein auf Errichtung einer stillen Gesellschaft gerichteter Vertrag, in dem sich der künftige Inhaber und der stille Gesellschafter verpflichten, einerseits die Eintragung im Handelsregister herbeizuführen und den Geschäftsbetrieb aufzunehmen und andererseits die vereinbarte Vermögenseinlage zu leisten, schon vor der Eintragung rechtswirksam abgeschlossen werden kann. Die stille Gesellschaft als solche wird jedoch erst mit der Eintragung gemäß § 2 HGB wirksam. Kommt der Inhaber seiner Verpflichtung zur Herbeiführung der Registereintragung und zur Aufnahme des Geschäftsbetriebs nicht nach, kann der stille Gesellschafter auf Erfüllung klagen. Karsten Schmidt bezeichnet dieses Ergebnis als engherzig und unbefriedigend[9]. Er sieht die Lösung des Problems in der Ausdehnung der

---

9 *Karsten Schmidt,* DB 1976, 1707; vgl. auch *Schlegelberger/Karsten Schmidt,* § 335 (§ 230 n.F.) Rn. 15 ff. Da es für Karsten Schmidt im Ergebnis nicht auf die Kaufmannseigenschaft des Geschäftsinhabers, sondern auf das Vorhandensein eines Unternehmens ankommt, kann jeder Sollkaufmann unabhängig davon, ob er im Handelsregister eingetragen ist oder nicht, ein stilles Beteiligungsverhältnis begründen. Im ersten Fall sollen die §§ 230 ff. unmittelbar, im zweiten Fall jedenfalls analog Anwendung finden.

§§ 230 ff. HGB auch auf die Fremdmittelgewährung an nicht kaufmännische Unternehmen. Dieses Ergebnis läßt auch die hier vertretene Auffassung zu, wenn man vor der Eintragung im Handelsregister eine Gesellschaft des bürgerlichen Rechts annimmt, auf die die Vorschriften über die stille Gesellschaft sinngemäß angewendet werden.

c) Kaufleute nach § 3 HGB

Inhaber von **land- oder forstwirtschaftlichen Unternehmen,** die gemäß § 2 HGB im Handelsregister eingetragen sind (§ 3 Abs. 2 HGB) und von land- und forstwirtschaftlichen Nebenbetrieben, die im Handelsregister eingetragen sind (§ 3 Abs. 3 HGB). Auch hier kommt dem Registereintrag konstitutive Bedeutung zu. Es gelten die Ausführungen zu b). 196

d) Minderkaufleute nach § 4 HGB

Minderkaufleute sind Personen, deren Gewerbebetrieb nach Art oder Umfang einen in kaufmännischer Weise eingerichteten Geschäftsbetrieb nicht erfordert (§ 4 HGB). 197

e) Scheinkaufleute nach § 5 HGB

Hat jemand, der im Handelsregister eingetragen ist, in Wirklichkeit aber kein Handelsgewerbe betreibt, einen stillen Gesellschafter aufgenommen, so kann gegenüber demjenigen, welcher sich auf die Eintragung beruft, nicht geltend gemacht werden, daß das unter der Firma betriebene Gewerbe kein Handelsgewerbe sei oder daß es zu den minderkaufmännischen Betrieben gehöre. Das gilt nicht nur im Innenverhältnis zwischen dem Geschäftsinhaber und dem stillen Gesellschafter, sondern auch im Verhältnis zu dritten Personen, z.B. für die Zulässigkeit der besonderen Konkursanfechtung gegenüber dem stillen Gesellschafter gemäß § 237 HGB (dazu unten Rn. 1087 ff.). 198

f) Handelsgesellschaften nach § 6 HGB

Stille Gesellschafter können aufnehmen:

(1) Personenhandelsgesellschaften[10]

Zu den Personenhandelsgesellschaften zählen die offene Handelsgesellschaft (§§ 105–160 HGB) und die Kommanditgesellschaft (§§ 161–177 199

---

10 RG v. 20. 12. 1929 RGZ 126, 386; RG v. 8. 1. 1937 RGZ 153, 371.

HGB). Über die Berechtigung zur Aufnahme eines stillen Gesellschafters vgl. unten Rn. 462 ff.

(2) Kapitalgesellschaften außer Genossenschaften

200 Betreibt eine Aktiengesellschaft, § 3 AktG, eine Kommanditgesellschaft auf Aktien, §§ 3, 278 Abs. 3 AktG, oder eine Gesellschaft mbH, § 13 Abs. 2 GmbHG, kein Handelsgewerbe, weil sie ausschließlich ideelle Zwecke verfolgt, so kann auch sie einen stillen Gesellschafter aufnehmen, da sie Kaufmann kraft Rechtsform gemäß § 6 HGB ist[11]. Aus Gründen der Rechtssicherheit und Rechtsklarheit kann die Entscheidung der Frage, ob die Aktiengesellschaft, Kommanditgesellschaft auf Aktien, Gesellschaft mbH ein Handelsgewerbe betreiben oder nicht, nicht der Beurteilung im Einzelfall überlassen bleiben. Es muß vielmehr von einer einheitlichen Voraussetzung ausgegangen werden. Diese besteht bei allen Unternehmen, die nicht einen zu den Grundhandelsgeschäften gehörenden Betrieb zum Gegenstand haben, in der Eintragung im Handelsregister.

(3) Vorgesellschaften

201 Die unter (2) genannten Kapitalgesellschaften können auch im Stadium zwischen ihrer Errichtung und der Erlangung der Rechtsfähigkeit stille Gesellschafter aufnehmen. Das gilt insbesondere für die Vor-Aktiengesellschaft und die Vor-Gesellschaft mbH.

(4) Eingetragene Genossenschaften

202 Ob an Erwerbs- und Wirtschaftsgenossenschaften i.S.d. Genossenschaftsgesetzes eine stille Beteiligung begründet werden kann, war lange Zeit umstritten[12]. Die Bedenken ergaben sich aus der arteigenen Förderungsaufgabe der Erwerbs- und Wirtschaftsgenossenschaften, denen es gemäß § 1 Abs. 1 GenG obliegt, den Erwerb oder die Wirtschaft ihrer Mitglieder mittels gemeinschaftlichen Geschäftsbetriebs zu fördern, nicht aber zum Zwecke der Gewinnerzielung am allgemeinen Güteraustausch teilzunehmen. Aus diesem Grund wurde überwiegend die Auffassung vertreten, eine stille Beteiligung an einer Genossenschaft sei mit dem Wesen und

---

11 Vgl. BFH v. 21. 6. 1983 BB 1983, 1515 = DB 1983, 1743 = GmbHR 1983, 281 und BMF v. 26. 11. 1987, BStBl. I 1987, 765; a.A. *Schlegelberger/Karsten Schmidt*, § 335 (§ 230 n.F.) Rn. 21; *Zutt*, in: GroßKomm. § 230 Rn. 36; *Koenigs*, S. 13, die davon ausgehen, daß die Formkaufleute gemäß § 6 HGB nicht schon deshalb stille Gesellschaftsverhältnisse begründen können, weil sie Kaufmannseigenschaft kraft Rechtsform besitzen.

12 Vgl. dazu MünchHdb. StG/*Bezzenberger* § 5 Rn. 11; *Hadding*, ZIP 1984, 1295 ff.

der Aufgabenstellung der e.G. nicht vereinbar; außerdem regelten die §§ 19, 20 i.V.m. § 18 S. 2 GenG zwingend und abschließend die Gewinnverwendung, so daß eine Gewinnausschüttung an Nichtmitglieder unmöglich sei[13].

Diese Bedenken gegen die Zulässigkeit einer stillen Beteiligung an einer eingetragenen Genossenschaft sind heute, nachdem sich die Genossenschaften zu echten Unternehmen entwickelt haben, die zur Erhaltung der Wettbewerbsfähigkeit auf Gewinnerzielung nicht verzichten können und deshalb wegen ihrer gesetzlich beschränkten Kapitalverhältnisse mehr als andere Unternehmen auf die Stärkung ihres Betriebskapitals bedacht sein müssen, unbegründet und überholt. Die Gewinnerzielungsabsicht ist für die eingetragene Genossenschaft heute unabdingbar. Lediglich die Art und Weise der Gewinnverwendung muß dem gesetzlichen Förderungszweck der eingetragenen Genossenschaft entsprechen. Auf die Gefahr der Unterwanderung des Genossenschaftszwecks durch Nichtmitgliedergeschäfte kommt es nach der Änderung des § 8 Abs. 1 Nr. 5 GenG nicht mehr an, da nunmehr solche Geschäfte uneingeschränkt zulässig sind. Auch § 19 Abs. 1 GenG, der eine Verteilung des Jahresgewinns auf die Genossen vorsieht, regelt nur die Verteilung des Bilanzgewinns, von dem der Gewinnanteil des Stillen bereits zuvor abzuziehen ist[14]. 203

Eine stille Gesellschaft kann deshalb auch an einer eingetragenen Genossenschaft wirksam begründet werden.

(5) EWIV

Zweifelhaft ist, ob die EWIV stille Gesellschafter aufnehmen kann. Denn der EWIV ist es nach Art. 3 Abs. 1 EWIV-VO ausdrücklich untersagt, Gewinne für sich selbst zu erzielen. Angesichts der Tatsache, daß die Tätigkeit der EWIV im Gegensatz selbst zur Genossenschaft ausdrücklich auf die Unterstützung ihrer Mitglieder, also auf Hilfstätigkeiten beschränkt ist und die Gewinnerzielung allenfalls als Nebenzweck verfolgt wird, dürfte die stille Beteiligung an einer EWIV mit ihrem Wesen und ihrer Aufgabenstellung nur schwer zu vereinbaren sein. Dies zeigt sich auch daran, daß ein etwaiges Ergebnis der Tätigkeit der Vereinigung bei ihren Mitgliedern besteuert wird. Zudem erhebt der Fiskus die Gewerbesteuer nach § 5 Abs. 1 S. 4 GewStG nicht bei der EWIV, sondern bei deren 204

---

13 Vgl. zu dieser Ansicht *Paulick*, Die eingetragene Genossenschaft als Beispiel gesetzlicher Typenbeschränkung, S. 144; *ders.*, Das Recht der eingetragenen Genossenschaft, S. 134 ff.; *Parisius/Crüger*, § 1 GenG Anm. 43; *Schnorr von Carolsfeld*, ZfG 9 (1959), 50 ff.; *Lang/Weidmüller*, § 1 GenG Anm. 16; *Karsten Schmidt*, DB 1976, 1705 ff.
14 So auch *Hadding*, ZIP 1984, 1295 (1302).

Mitgliedern. Da sich Gewinne aus der Tätigkeit der EWIV lediglich als Nebeneffekt ergeben können, dürfte jedenfalls kaum ein praktisches Bedürfnis bestehen, sich an einer EWIV still zu beteiligen.

g) Unternehmen von Körperschaften des öffentlichen Rechts

205 Unternehmen von Gebietskörperschaften nach § 36 HGB können ebenfalls Geschäftsinhaber in einer stillen Gesellschaft sein. Voraussetzung ist allerdings auch hier, daß eine Gewinnerzielungsabsicht verfolgt wird. Der Annahme einer Gewinnerzielungsabsicht steht dabei die Wahrnehmung gemeinnütziger Aufgaben nicht entgegen, sofern das Unternehmen von der Absicht der Gewinnerzielung beherrscht wird. Dies gilt insbesondere auch für die Sparkassen, die zwar nach den jeweiligen landesrechtlichen Vorschriften gehalten sind, ihre Geschäfte „ohne Gewinnstreben" zu betreiben, ihre Tätigkeit aber dennoch auf die Erzielung von Überschüssen „zur Verwendung für öffentliche, mit dem gemeinnützigen Charakter der Sparkasse in Einklang stehende Zwecke" ausrichten[15].

h) Gesellschaften in Liquidation

206 An einer Gesellschaft in Liquidation können durchaus stille Beteiligungen bestehen. Das wird schon daraus deutlich, daß im Rahmen der Liquidation auch das stille Gesellschaftsverhältnis abgewickelt werden muß, da eine Vollbeendigung ohne Abwicklung des stillen Gesellschaftsverhältnisses nicht möglich ist.

207 Umstritten ist jedoch, ob an Handelsgesellschaften, die sich im Zustand der Abwicklung befinden, neue stille Beteiligungen begründet werden können. Diese Gesellschaften betreiben zwar auch noch während des Liquidationsstadiums ein Handelsgewerbe, ihr Zweck ist jedoch nur noch begrenzt auf Gewinnerzielung gerichtet. Somit ist die Neuaufnahme eines stillen Gesellschafters regelmäßig mit dem Liquidationszweck nicht vereinbar, wenn man berücksichtigt, daß die stille Gesellschaft die Beteiligung an dem Gewinn eines werbenden Geschäftsbetriebs ist[16].

208 Anders zu beurteilen ist aber der Fall, daß der Aufnahme des stillen Gesellschafters die Absicht der Sanierung durch Beschaffung neuen Kapitals zugrunde liegt, durch die die Fortsetzung der aufgelösten Gesellschaft

---

15 Der Deutsche Sparkassen- und Giroverband hat zudem gefordert, in den Landessparkassengesetzen die Möglichkeit einer stillen Beteiligung an Sparkassen ausdrücklich vorzusehen (ZIP-Aktuell, ZIP 6/89 A 48 und 11/89 A 87).
16 So die h.M., vgl. *Koenigs*, S. 14; *Zutt*, in: GroßKomm., § 230 Rn. 38; a.A. *Schlegelberger/Karsten Schmidt*, § 335 (§ 230 n.F.) Rn. 27.

ermöglicht werden soll. Der stille Gesellschafter ist hier an der fortgesetzten Gesellschaft beteiligt.

Zur Beendigung der stillen Gesellschaft im Zeitpunkt der Auflösung einer Handelsgesellschaft vgl. unten Rn. 957 ff.

i) Stille Gesellschaft

An einer stillen Gesellschaft ist eine stille Beteiligung **nicht möglich**, weil sie als Innengesellschaft kein Handelsgewerbe betreibt[17]. 209

3. Beteiligung am Handelsgewerbe eines anderen

a) Verschiedenheit von Geschäftsinhaber und Stillem

Gemäß § 230 Abs. 1 HGB liegt eine stille Gesellschaft vor, wenn sich jemand mit einer Vermögenseinlage am Handelsgewerbe, das **ein anderer** betreibt, beteiligt. Daraus ergibt sich, daß der Inhaber des Handelsgewerbes nicht zugleich dessen stiller Gesellschafter sein kann. Denn niemand kann sein eigener Gläubiger und Schuldner sein. Beerbt der Geschäftsinhaber den stillen Gesellschafter oder dieser jenen, so führt das zwangsläufig zur Beendigung der stillen Gesellschaft (Rn. 967); sie kann nicht als Einmann-Gesellschaft fortbestehen. 210

Anders ist die Rechtslage, wenn eine **Handelsgesellschaft** Inhaberin des Handelsgewerbes ist[18]. Das gilt sowohl für die handelsrechtlichen Personengesellschaften (offene Handelsgesellschaft, Kommanditgesellschaft) als auch für Kapitalgesellschaften. Bei ihnen können die Gesellschafter zugleich still beteiligt sein. Das trifft auch für die Einmanngesellschaft zu, bei der eine stille Beteiligung des einzigen Gesellschafters an seiner eigenen Gesellschaft denkbar und zulässig ist. Das ist eine Folge der rechtlichen Trennung der juristischen Person von ihren Gesellschaftern sowie der Tatsache, daß sich die außergesellschaftlichen Beziehungen zwischen der Gesellschaft und ihren Gesellschaftern nach individualrechtlichen Grundsätzen bestimmen. Zu den „außergesellschaftlichen" Beziehungen gehören in diesem Falle auch die Beziehungen, die sich aufgrund eines stillen Beteiligungsverhältnisses ergeben. 211

Soweit sich die **Gesellschafter einer juristischen Person** – auch der Einmanngesellschafter – an der eigenen Gesellschaft still beteiligen, wird 212

---

17 *Böttcher/Zartmann/Faut*, S. 60; *Baumbach/Hopt*, § 230 Rn. 5; *Schlegelberger/Karsten Schmidt*, § 335 (§ 230 n.F.) Rn. 28.
18 Vgl. dazu auch *Zacharias/Hebig/Rinnewitz*, S. 44.

diese Gestaltung grundsätzlich auch im Steuerrecht anerkannt. Das gilt sowohl für die typische wie für die atypische stille Beteiligung (Rn. 1557 ff.).

213 Bei den **Personenhandelsgesellschaften** (offene Handelsgesellschaft, Kommanditgesellschaft), die nicht mit eigener Rechtspersönlichkeit ausgestattet sind, folgt **handelsrechtlich** die Möglichkeit einer stillen Beteiligung der Gesellschafter an der Gesellschaft aus § 124 Abs. 1 HGB, wonach diese Gesellschaften unter ihrer Firma Rechte erwerben und Verbindlichkeiten eingehen können. **Steuerrechtlich** greift hier jedoch eine andere Beurteilung ein. Das Steuerrecht betrachtet die Gesellschafter einer offenen Handelsgesellschaft oder Kommanditgesellschaft als **Mitunternehmer** des gemeinschaftlichen Geschäftsbetriebs, die ebensowenig wie Einzelkaufleute stille Gesellschafter ihres eigenen (Teil-)Handelsgewerbes sein können (Rn. 1206 f.).

b) Stille Beteiligung an Teilen eines Handelsgewerbes

214 Die stille Beteiligung braucht sich nicht auf das Handelsgewerbe als Ganzes zu erstrecken; sie kann auf **einen Teil** desselben beschränkt sein, z.B. auf die Geschäfte einer einzelnen Niederlassung oder eines Zweigbetriebs oder auf einzelne Geschäftszweige (stille Beteiligung nur an dem Produktionsbetrieb, nicht auch am Vertrieb; nur an den Großhandels-, nicht an den Einzelhandelsgeschäften; nur an Geschäften mit bestimmten Warengattungen oder nur an einer einzelnen von mehreren Zeitschriften eines Verlages). In diesen Fällen müssen die Beteiligten im Gesellschaftsvertrag die Geschäfte, an denen die stille Beteiligung stattfinden soll, von den anderen Geschäften **eindeutig abgrenzen.** Auch eine eindeutige Trennung der Buchhaltung und eine klare Absprache über die Verteilung der Gemeinkosten sind erforderlich, um Meinungsverschiedenheiten über die Höhe und den Umfang des auf den stillen Gesellschafter entfallenden Gewinns oder Verlustes von vornherein auszuschließen. Dagegen ist eine stille Beteiligung i.S.d. § 230 HGB nur an einzelnen oder auch an mehreren Geschäften oder Geschäftswerten nicht möglich; insoweit fehlt es an der Beteiligung an einem Handelsgewerbe. Derartige Vereinbarungen sind als Gelegenheitsgesellschaften oder Metaverbindungen zu beurteilen, deren Rechtsverhältnisse sich nach den Vorschriften über die Gesellschaft des bürgerlichen Rechts bestimmen. Je nach den Umständen des Einzelfalls kann auch ein Darlehen mit Gewinnbeteiligung (unten Rn. 382 ff.) oder ein Kommissionsgeschäft (§ 383 HGB; unten Rn. 411 ff.) vorliegen.

c) Unterbeteiligung

Haben die Beteiligten vereinbart, daß der eine am Gewinn beteiligt sein soll, den der andere als Gesellschafter einer Handelsgesellschaft erzielt, so fehlt es an der Beteiligung am Handelsgewerbe eines anderen. Es handelt sich um eine **Unterbeteiligung** in Form einer Gesellschaft des bürgerlichen Rechts (unten Teil III, Rn. 1868 ff.), bei der nur Rechtsbeziehungen zwischen dem Hauptbeteiligten und dem Unterbeteiligten, nicht auch zwischen diesem und der Handelsgesellschaft bestehen. Nicht anders ist es, wenn sich jemand an dem Anteil eines Gesellschafters einer offenen Handelsgesellschaft oder an dem Anteil eines Komplementärs beteiligt. Zwar sind die persönlich haftenden Gesellschafter in der Regel Kaufleute i.S.d. HGB. Das Handelsgewerbe wird aber nach den Bestimmungen des Handelsrechts von der offenen Handelsgesellschaft oder Kommanditgesellschaft unter ihrer eigenen Firma betrieben. 215

II. Der stille Gesellschafter

1. Die Fähigkeit, stiller Gesellschafter zu werden

Die Fähigkeit, stiller Gesellschafter zu werden, besitzt jeder, der nach geltendem Recht fähig ist, **Träger von Rechten und Pflichten** zu sein. Das sind einmal alle natürlichen Personen, gleichgültig, ob sie geschäftsunfähig, geschäftsfähig oder in der Geschäftsfähigkeit beschränkt sind. Zum anderen gehören dazu alle juristischen Personen des bürgerlichen und des Handelsrechts (eingetragene Vereine, rechtsfähige Stiftungen, Aktiengesellschaften, Kommanditgesellschaften auf Aktien, Gesellschaften mit beschränkter Haftung, Erwerbs- und Wirtschaftsgenossenschaften), die handelsrechtlichen Personengesellschaften, die – wie die offene Handelsgesellschaft und die Kommanditgesellschaft – unter ihrer Firma Rechte erwerben und Verbindlichkeiten eingehen können (§ 124 Abs. 1 HGB), und die Körperschaften des öffentlichen Rechts (unten Rn. 223 f.). Auch die **Partnerschaftsgesellschaft** kann sich als rechtsfähige Personengesellschaft am Handelsgewerbe eines Dritten als stille Gesellschafterin beteiligen. 216

Will sich eine eingetragene **Genossenschaft** an einem Handelsgewerbe als stiller Gesellschafter beteiligen, so muß die Beteiligung der Förderung des Erwerbs oder der Wirtschaft der Mitglieder der Genossenschaft zu dienen bestimmt sein (§ 1 Abs. 2 Nr. 1 GenG). Eine Beteiligung ist weiterhin zulässig, wenn sie gemeinnützigen Bestrebungen der Genossenschaft dient. In diesem Falle darf die Beteiligung jedoch nicht den alleinigen oder überwiegenden Zweck der Genossenschaft bilden (§ 1 Abs. 2 Nr. 2 GenG). 217

218 Soweit **Handelsgesellschaften** als solche als stille Gesellschafter am Handelsgewerbe eines anderen beteiligt sind, werden nicht zugleich auch die einzelnen Gesellschafter zu still Beteiligten. Das führt dazu, daß ein Gesellschafterwechsel den Bestand der stillen Beteiligung regelmäßig nicht berührt, sofern nur – etwa bei der Aufnahme neuer Gesellschafter – die Identität der Personengesamtheit als solche gewahrt bleibt. Wo das nicht der Fall ist, besteht die stille Gesellschaft in ihrer bisherigen Zusammensetzung als allein berechtigt und verpflichtet fort, es sei denn, daß der Inhaber des Handelsgewerbes der Neuaufnahme zugestimmt hat. Mit der Zustimmung wird die bisherige stille Gesellschaft aufgelöst, und es tritt eine neue stille Gesellschaft in neuer Zusammensetzung an ihre Stelle (Rn. 524). Daß sich die Gesellschafter einer Kapitalgesellschaft oder einer handelsrechtlichen Personengesellschaft an ihrer eigenen Gesellschaft still beteiligen können, wurde bereits dargelegt (Rn. 212).

219 Neben den natürlichen und juristischen Personen des privaten und des öffentlichen Rechts hat die Rechtsprechung auch **nichtrechtsfähigen Gebilden** die Fähigkeit, stiller Gesellschafter zu sein, zuerkannt: nichtrechtsfähigen Vereinen (§ 54 BGB), nicht eingetragenen Genossenschaften, Gesellschaften des bürgerlichen Rechts, Erbengemeinschaften, im Zustand der Liquidation befindlichen Handelsgesellschaften. Ob sie auch noch während der Abwicklung stille Teilhaber werden können, hängt davon ab, ob eine solche Beteiligung in den Rahmen der Abwicklung fällt.

220 Eine stille Gesellschaft als solche kann sich in Ermangelung eigener Verpflichtungsfähigkeit nicht am Handelsgewerbe eines anderen beteiligen. Dazu sind nur der Inhaber des Handelsgeschäfts und der stille Gesellschafter je für ihre Person in der Lage.

221 Sofern es zur Erreichung des Ziels der **EWIV** notwendig ist und für Rechnung ihrer Mitglieder geschieht, kann sich auch die EWIV am Handelsgewerbe eines anderen still beteiligen. Allerdings darf es sich dabei nicht um ein Mitgliedsunternehmen oder eine von der EWIV abhängige Tochtergesellschaft handeln, da sonst ein Verstoß gegen das Kreditgewährungs-, Konzernleitungs- bzw. Holdingverbot vorliegen würde (vgl. Art. 3 Abs. 2 lit. a, b und d EWIV-VO).

222 Der stille Gesellschafter kann selbst **Kaufmann** (Voll- oder Minderkaufmann) sein. Erforderlich ist das jedoch nicht. Ist er nicht Kaufmann, erlangt er durch die Übernahme der stillen Beteiligung keine Kaufmannseigenschaft, da er nach außen nicht in Erscheinung tritt, insbesondere kein Handelsgewerbe betreibt und der Inhaber des Handelsgeschäfts aus den im Betrieb geschlossenen Geschäften allein berechtigt und verpflichtet wird (§ 230 Abs. 2 HGB). Die für Kaufleute geltenden Vorschriften

betreffen regelmäßig nur den Geschäftsinhaber, nicht den stillen Gesellschafter, es sei denn, daß er selbst Kaufmann ist; er untersteht deshalb nicht dem Gerichtsstand des § 22 ZPO.

2. Körperschaften des öffentlichen Rechts als stille Gesellschafter

Besonderheiten gelten für die stille Beteiligung juristischer Personen des öffentlichen Rechts an Handelsunternehmen. 223

Für den Bund bestimmt § 65 BHO die Voraussetzungen für Beteiligungen an privatrechtlichen Unternehmen.

Den **nordrhein-westfälischen** Gemeinden wird in § 89 Abs. 1 Nr. 2 der Gemeindeordnung für das Land Nordrhein-Westfalen i.d.F. der Bekanntmachung vom 13. 8. 1984 (GV.NW. S. 475) zur Pflicht gemacht, sich an wirtschaftlichen Unternehmen nur zu beteiligen, wenn für die Beteiligung eine Form gewählt wird, welche die Haftung der Gemeinde auf einen bestimmten Betrag begrenzt.

§ 104 Abs. 1 Nr. 3 i.V.m. § 103 Abs. 1 Nr. 2 bis 4 der Gemeindeordnung für **Baden-Württemberg** i.d.F. der Bekanntmachung vom 3. 10. 1983 (GBl. S. 578) läßt die Beteiligung von Gemeinden an einem rechtlich selbständigen Unternehmen zu, wenn für die Beteiligung eine Form gewählt wird, bei der die Haftung der Gemeinde auf einen ihrer Leistungsfähigkeit angemessenen Betrag begrenzt wird.

Nach Art. 91 Abs. 1 Nr. 3 der Gemeindeordnung für den Freistaat **Bayern** i.d.F. der Bekanntmachung vom 26. 10. 1982 (GVBl. S. 903) dürfen sich die Gemeinden an wirtschaftlichen Unternehmen u.a. nur beteiligen, wenn die Haftung der Gemeinde auf einen bestimmten Betrag begrenzt wird, wobei die Rechtsaufsichtsbehörde in begründeten Fällen Ausnahmen zulassen soll.

Zweck dieser Vorschriften, die auch in den meisten anderen Gemeindeordnungen anzutreffen sind[19], ist die **Vermeidung einer unbeschränkten Haftung,** die mit der Beteiligung verbunden ist.

Da der stille Gesellschafter für die im Rahmen des Handelsgewerbes des Inhabers begründeten Verbindlichkeiten überhaupt nicht haftet, stehen

---

19 Vgl. § 110 Abs. 1 S. 1 der Gemeindeordnung für Niedersachsen i.d.F. der Bekanntmachung vom 22. 6. 1982 (GVBl. S. 229); § 122 Abs. 1 Nr. 2 der Gemeindeordnung für Hessen i.d.F. der Bekanntmachung vom 1. 4. 1981 (GVBl. I S. 66); § 87 Abs. 1 der Gemeindeordnung für Rheinland-Pfalz i.d.F. der Bekanntmachung v. 4. 3. 1983 (GVBl. S. 31); § 107 Abs. 1 Nr. 2 des Kommunalselbstverwaltungsgesetzes Saarland i.d.F. der Bekanntmachung vom 1. 9. 1978 (Amtsbl. S. 801); § 102 Abs. 1 Nr. 2 der Gemeindeordnung für Schleswig-Holstein i.d.F. der Bekanntmachung vom 11. 11. 1977 (GVOBl. S. 410).

die erwähnten öffentlich-rechtlichen Bestimmungen der stillen Beteiligung einer Gemeinde oder sonstigen Körperschaft des öffentlichen Rechts am Handelsgewerbe eines anderen nicht entgegen.

224 Die **typische** stille Beteiligung einer Körperschaft des öffentlichen Rechts am Handelsgewerbe eines anderen begründet **keinen Betrieb gewerblicher Art einer Körperschaft des öffentlichen Rechts** i.S.d. § 1 Abs. 1 Nr. 6 KStG und löst demzufolge keine unbeschränkte Körperschaftsteuerpflicht aus. Die Körperschaft des öffentlichen Rechts unterliegt aber mit den Einkünften aus der stillen Beteiligung, von denen der Steuerabzug vom Kapitalertrag vorzunehmen ist, der beschränkten Körperschaftsteuerpflicht nach § 2 Nr. 2 KStG i.V.m. §§ 49 Abs. 1 Nr. 5, 20 Abs. 1 Nr. 4 und 43 Abs. 1 Nr. 3 EStG.

Handelt es sich dagegen um eine **atypische** stille Beteiligung, die steuerlich als Mitunternehmerschaft gewertet wird (unten Rn. 1235 ff.), so stellt diese Beteiligung einen die unbeschränkte Körperschaftsteuerpflicht auslösenden **Betrieb gewerblicher Art** einer Körperschaft des öffentlichen Rechts dar (§ 1 Abs. 1 Nr. 6 KStG)[20].

3. Beteiligung mehrerer stiller Gesellschafter an einem Handelsgewerbe

a) Grundsatz der Zweigliedrigkeit

225 Hat der Inhaber mit mehreren Personen Gesellschaftsverträge abgeschlossen, so liegen regelmäßig so viele voneinander unabhängige, selbständige Gesellschaften vor, als stille Gesellschafter beteiligt sind[21]. Die stille Gesellschaft ist nach der Vorstellung des Gesetzes **üblicherweise eine zweigliedrige Gesellschaft**. Zwischen den mehreren stillen Gesellschaften bestehen regelmäßig keine Rechtsbeziehungen. Das ist in der Regel auch anzunehmen, wenn die stillen Gesellschafter gleichzeitig aufgenommen und die stillen Beteiligungen in einem einzigen Vertrag gebündelt werden. Der Inhaber des Handelsgeschäfts bedarf, wenn im Gesellschaftsvertrag nichts anderes vereinbart ist, dann zur Aufnahme weiterer stiller Gesellschafter nicht der Zustimmung der bereits vorhandenen Gesellschafter. Die Beendigung einer stillen Gesellschaft berührt nicht den Fortbestand der anderen.

226 Dasselbe gilt, wenn ein Erbe, der das Handelsgeschäft des Erblassers fortführt, seine Miterben in der Weise abfindet, daß er sie an dem Han-

---

20 Vgl. dazu *König*, S. 77.
21 Vgl. RG v. 1. 2. 1890 RGZ 25, 41 (45); *Müller-Erzbach*, S. 355; *Würdinger*, S. 169; *Reinhardt/Schultz*, S. 135; *Lehmann/Dietz*, S. 218; *Saenger*, S. 59; *Zutt*, in: GroßKomm. § 230 Rn. 45; *v. Gierke*, S. 240.

delsgeschäft still beteiligt. Auch hier entstehen regelmäßig mehrere stille Gesellschaften, ohne daß die Erben-Gesellschafter untereinander in gesellschaftsrechtlichen Beziehungen stehen.

Führt ein Teil der Erben das Handelsgeschäft gemeinschaftlich fort, so ist eine stille Beteiligung der abzufindenden Erben nur an der neu entstandenen Handelsgesellschaft zulässig. An den Anteilen der einzelnen Gesellschafter ist nur eine Unterbeteiligung möglich, letztere insbesondere dann, wenn nur einer der übernehmenden Erben Ausgleichsverpflichtungen gegenüber dem oder den abzufindenden Erben hat.

b) Die mehrgliedrige stille Gesellschaft

Die Zweigliedrigkeit der stillen Gesellschaft ist jedoch **nicht zwingend**[22]. Da Vertragsfreiheit herrscht, kann der Wille der Beteiligten auch darauf gerichtet sein, nur eine stille Gesellschaft mit einer Mehrheit von Teilhabern – ähnlich einer Kommanditgesellschaft mit mehreren Kommanditisten – zu errichten (sog. **mehrgliedrige stille Gesellschaft**). Ob das dem Willen der Beteiligten entspricht, ist im Wege der Vertragsauslegung zu ermitteln[23]. Mehrere stille Beteiligungen können so in einem Gesellschaftsvertrag zusammengefaßt werden, daß sich die Beteiligten gegenseitig zur Förderung eines gemeinsamen Zweckes verpflichten, wobei der eine das Unternehmen als Inhaber betreibt und die anderen als stille Gesellschafter Einlagen leisten. Bei dieser Vertragsgestaltung besteht nicht nur eine gesellschaftliche Bindung zwischen jedem stillen Gesellschafter und dem Inhaber; es liegt auch nicht nur eine interne Bindung der stillen Gesellschafter untereinander vor, sondern es ist ein alle Beteiligten verbindendes gesellschaftliches Band vorhanden, das eine einheitliche Gesellschaft umschließt[24].

227

---

22 A.A. RG v. 1. 2. 1890 RGZ 25, 41 (45) und *Reuter*, NJW 1984, 1849 (1851).
23 So auch MünchHdb. StG/*Bezzenberger* § 5 Rn. 20.
24 Vgl. BGH v. 10. 7. 1958 WM 1958, 1336; BGH v. 15. 11. 1971 NJW 1972, 338; BGH v. 21. 4. 1980 BB 1980, 958; *A. Hueck*, FS Lehmann 1937, S. 239 (240 ff.); *Koenigs*, S. 228; *Baumbach/Hopt*, § 230 Rn. 7; *Böttcher/Zartmann/Faut*, S. 48; *Klauss/Mittelbach*, Rn. 44; *Blaurock*, NJW 1972, 1119 ff.; *ders.*, Unterbeteiligung und Treuhand an Gesellschaftsanteilen, 1981, S. 100 ff.; *Horn*, ZGR 1974, 133 (157); *Sudhoff*, DB 1969, 2070; *Janzen*, S. 7 ff.; *Kübler*, S. 107; *Schlegelberger/Karsten Schmidt*, § 335 (§ 230 n.F.) Rn. 73 stellt entscheidend auf die Unterscheidung zwischen dem stillen Einlageverhältnis auf der einen und dem Gesellschaftsverhältnis auf der anderen Seite ab. Das stille Einlageverhältnis besteht seiner Ansicht nach aus nur zwei Parteien, dem stillen Gesellschafter und dem Geschäftsinhaber, lediglich das stille Gesellschaftsverhältnis kann ein Organisationsstatut darstellen und somit mehrgliedrig sein.

228 Es kann auch so sein, daß sich die mehreren stillen Gesellschafter von Anfang an zu einer **Gesellschaft des bürgerlichen Rechts** zusammenschließen, die ihrerseits – anstelle der einzelnen Gesellschafter – die Rechtsstellung des stillen Gesellschafters erwirbt. Es ist dann nur **ein stiller Gesellschafter** – die Gesellschaft des bürgerlichen Rechts als Gemeinschaft zur gesamten Hand – vorhanden[25]. Scheidet ein Gesellschafter aus, so berührt das nicht den Bestand der stillen Gesellschaft. Die Auseinandersetzung findet nur zwischen dem Ausscheidenden und den übrigen an der BGB-Gesellschaft Beteiligten statt. In diesen Fällen ist nur der BGB-Gesellschaft eine Bilanzabschrift zu erteilen und es gibt nur eine gemeinsame Bucheinsicht der BGB-Gesellschafter. Es wird zudem nur eine gemeinschaftliche Einlage geleistet und nur ein Gewinnanteil ausgewiesen. Eine Kündigung ist lediglich einheitlich für alle Gesellschafter der Gesellschaft bürgerlichen Rechts möglich. Dem Geschäftsinhaber gegenüber handeln die vertretungsberechtigten Gesellschafter der Gesellschaft des bürgerlichen Rechts.

229 Schließen sich dagegen die **mehreren stillen Gesellschafter zur Wahrung ihrer gemeinsamen Interessen gegenüber dem Inhaber von sich aus zu einer Gesellschaft des bürgerlichen Rechts zusammen,** so bleibt jeder einzelne auch in Zukunft dem Inhaber gegenüber stiller Gesellschafter, soweit nichts anderes vereinbart ist. Er behält insbesondere sein Kündigungsrecht. Auch der Zusammenschluß der mehreren Gesellschafter in der Rechtsform eines nicht eingetragenen Vereins zur Wahrung ihrer im wesentlichen gleichgerichteten Interessen gegenüber dem Inhaber ist rechtlich zulässig. Es bestehen dann mehrere stille Gesellschaften; daneben existiert eine interne Vereinigung der stillen Gesellschafter, die zu dem Geschäftsinhaber keine unmittelbaren Beziehungen zu haben braucht[26].

230 Die mehreren stillen Gesellschafter können unter sich und mit dem Inhaber Verpflichtungen vermögensrechtlicher Natur eingehen, z.B. zur Leistung oder zur Erhöhung ihrer Einlagen oder zur Aufrechterhaltung der Einlagen für eine bestimmte Zeit. Dann hat nicht nur der Inhaber aufgrund des stillen Gesellschaftsvertrags einen Anspruch auf Bewirkung der Einlage; es kann auch jeder einzelne Gesellschafter aufgrund der zwischen den Gesellschaftern bestehenden besonderen Vereinbarungen von jedem

---

25 *A. Hueck,* FS *Lehmann* 1937, S. 239 (241 Fn. 3); *Schlegelberger/Karsten Schmidt,* § 335 (§ 230 n.F.) Rn. 30; *Karsten Schmidt,* DB 1976, 1705 ff.; *Klauss/Mittelbach,* Rn. 43.

26 *A. Hueck,* FS *Lehmann* 1937, S. 239 (241).

anderen die Leistung der Vermögenseinlage an den Geschäftsinhaber fordern und klageweise durchsetzen[27].

Durch einen solchen Zusammenschluß der stillen Gesellschafter darf aber das Kündigungsrecht jedes einzelnen nicht weiter eingeschränkt werden, als es das Gesetz in § 234 HGB zuläßt[28]. Die Kündigung des einzelnen für seine Person kann also nicht an die Zustimmung der anderen Gesellschafter oder an einen Mehrheitsbeschluß gebunden oder mit erschwerenden Nachteilen für den Kündigenden verknüpft werden.

231

Stehen dem Inhaber **mehrere stille Gesellschafter** gegenüber, so kann jeder von ihnen die ihm kraft Gesetzes (§ 233 HGB) zustehenden **Kontroll- und Überwachungsrechte für sich allein** ausüben. Das kann zu einer für den Geschäftsinhaber lästigen, unzumutbaren Behinderung des Geschäftsbetriebs führen. Es wird deshalb in solchen Fällen häufig vereinbart, daß nicht jeder einzelne für sich befugt sein soll, von den ihm zustehenden Kontrollrechten Gebrauch zu machen, sondern daß die mehreren Gesellschafter ihre Rechte dem Inhaber gegenüber **nur gemeinsam aufgrund gemeinschaftlicher Beschlußfassung** ausüben dürfen, wobei das Stimmrecht in den Gesellschaftsverträgen zu regeln ist (Mehrheitsbeschluß, Ausübung des Stimmrechts nach Maßgabe der Vermögenseinlagen usw.). Es kann auch vereinbart werden, daß der einzelne Gesellschafter ihm über die gesetzlichen Mindestkontrollrechte hinaus eingeräumte Rechte nur ausüben darf, wenn eine bestimmte Zahl der anderen Gesellschafter oder Gesellschafter mit einer bestimmten Höhe ihrer Einlagen die gleichen Rechte geltend machen. Der Gesellschaftsvertrag kann weiter vorsehen, daß mehrere stille Gesellschafter ihre Rechte nur durch einen gemeinsamen Vertreter oder durch einen gemeinsam bestellten Vertrauensrat auszuüben berechtigt sein sollen.

232

Solche und ähnliche Vereinbarungen halten sich im Rahmen der Vertrags- und Gestaltungsfreiheit. Sie erweisen sich im Interesse der Aufrechterhaltung einer geordneten Geschäftsführung als zweckmäßig, da sie den Geschäftsinhaber gegen eine mehrmalige Auskunfts- und Rechnungslegungspflicht jedem einzelnen Gesellschafter gegenüber schützen.

233

Es kann auch ein **noch straffer organisierter Zusammenschluß** der mehreren stillen Gesellschafter geschaffen werden, vor allem dann, wenn das Geschäftsvermögen im wesentlichen aus ihren Vermögenseinlagen gebildet wurde und der Geschäftsinhaber nur die Funktionen eines Geschäftsführers wahrzunehmen hat. In solchen Fällen wird dem Innenverhältnis

234

---

27 A. Hueck, FS Lehmann 1937, S. 239 (241).
28 Vgl. Zutt, in: GroßKomm. § 230 Rn. 46 f.

der Gesellschafter untereinander oft eine **Organisation mit körperschaftlicher Verfassung** gegeben, die der einer Aktiengesellschaft weitgehend angeglichen werden kann. So können sie zu Gesellschafterversammlungen zusammentreten und nach Maßgabe ihrer Vermögenseinlagen oder aufgrund von Mehrheitsbeschlüssen über alle wichtigen Angelegenheiten entscheiden. Sie können aus ihrer Mitte einen Aufsichtsrat bestellen, der die Geschäftsführung des Inhabers überwacht, dem oft nur die Rechtsstellung eines weisungsgebundenen, vielleicht sogar jederzeit abrufbaren Angestellten zukommt. Auch bei derartigen Vertragsgestaltungen bestehen, wenn nichts anderes vereinbart ist, im Verhältnis zum Geschäftsinhaber mehrere selbständige, voneinander unabhängige stille Gesellschaften.

c) Die wechselseitige stille Gesellschaft

235 Auch eine **wechselseitige stille Beteiligung** in der Weise, daß sich zwei Kaufleute jeweils am Handelsgewerbe des anderen beteiligen, ist möglich. Es liegen zwei stille Gesellschaften vor, von denen jede für sich ihre eigene Rechtsbeständigkeit hat, auch wenn sie nach den getroffenen Vereinbarungen nur gleichzeitig aufgelöst werden können oder wenn – was im Zweifel als dem Willen der Beteiligten entsprechend anzunehmen ist – die Auflösung der einen Gesellschaft die Auflösung der anderen zur Folge haben soll[29].

d) Die Unterbeteiligung an einer stillen Beteiligung

236 Der stille Gesellschafter kann seinerseits an seiner Beteiligung einen anderen **unterbeteiligen.** Rechtsbeziehungen bestehen nur zwischen ihm und dem Unterbeteiligten, nicht zwischen diesem und dem Inhaber des Handelsgeschäfts. Maßgebend sind die Vorschriften über die Gesellschaft des bürgerlichen Rechts. Die Vorschriften über die stille Gesellschaft können unmittelbar keine Anwendung finden, weil keine Beteiligung am Handelsgewerbe eines anderen vorliegt. Ihrer entsprechenden Anwendung steht allerdings nichts entgegen, soweit sie auf die Unterbeteiligung passen und soweit dies dem Willen der Vertragspartner entspricht.

III. Zusammenfassung

237 Voraussetzung für die Errichtung einer stillen Gesellschaft ist, daß der Inhaber ein Handelsgewerbe betreibt, also Kaufmannseigenschaft im Sinne des HGB besitzt. Es genügt, daß er Minderkaufmann ist. Da die Betei-

---

29 *Möhle*, S. 323.

ligung am Handelsgewerbe eines anderen stattfinden muß, kann sich der Inhaber eines Einzelunternehmens an seinem eigenen Unternehmen nicht still beteiligen. Dagegen können die Gesellschafter einer Handelsgesellschaft – auch der Einmann-Gesellschafter – zugleich stille Gesellschafter ihrer Gesellschaft sein. Das gilt indessen, soweit es sich um handelsrechtliche Personengesellschaften handelt, nur für den Bereich des Handelsrechts. Steuerrechtlich gelten die Gesellschafter der handelsrechtlichen Personengesellschaften aufgrund der wirtschaftlichen Betrachtungsweise als Mitunternehmer. Eine stille Beteiligung der Mitunternehmer an ihrem eigenen Unternehmen wird deshalb mit steuerlicher Wirkung nicht anerkannt (unten Rn. 213, 1206).

Die Fähigkeit, stiller Gesellschafter zu werden, kommt allen natürlichen und juristischen Personen des privaten und öffentlichen Rechts zu, darüber hinaus auch nicht eingetragenen Vereinen und Genossenschaften, Gesellschaften des bürgerlichen Rechts und Erbengemeinschaften. Der stille Gesellschafter wird durch die Übernahme der stillen Beteiligung nicht Kaufmann, es sei denn, daß er selbst ein Handelsgewerbe betreibt.

Bestehen an einem Handelsgewerbe mehrere stille Gesellschaften, so bleibt, wenn im Gesellschaftsvertrag nichts anderes vereinbart ist, jede einzelne Gesellschaft in ihrem Bestand unberührt. Zwischen den mehreren Gesellschaften bestehen keine Rechtsbeziehungen. Aufgrund der Vertragsfreiheit können die stillen Gesellschafter aber auch untereinander in Rechtsbeziehungen treten, sei es, daß sie sich von vornherein oder später zu einer Gesellschaft des bürgerlichen Rechts oder zu einem Verein zusammenschließen und dem Inhaber des Handelsgewerbes in dieser Rechtsform gegenübertreten (dann kann die Gesellschaft oder der Verein allein die Gesellschaftereigenschaft besitzen), sei es, daß sie ihrem Zusammenschluß im Innenverhältnis eine Organisation mit körperschaftlicher Verfassung geben, d.h. zu einer Gesellschafterversammlung, die über die Durchführung der geschäftlichen Maßnahmen beschließt, zusammentreten und einen Aufsichtsrat bilden, der die Geschäftsführung des Inhabers kontrolliert und überwacht. Schließlich ist es auch möglich, daß zwischen dem Geschäftsinhaber und allen stillen Gesellschaftern nur ein einziger Gesellschaftsvertrag mit wechselseitigen Verpflichtungen besteht. Das alles liegt im Rahmen des dispositiven Rechts und wird durch die gesetzlichen Vorschriften gedeckt, obwohl auf diese Weise im Innenverhältnis die Beziehungen zwischen dem Geschäftsinhaber und dem stillen Gesellschafter völlig anders gestaltet werden können, als es dem Normaltypus der stillen Gesellschaft entspricht.

§ 6 Die Beitragsleistung und die Einlage des stillen Gesellschafters

Schrifttum: *Berninger, Axel*, Die Societas Quoad Sortem – Eine Einbringungsform im Personengesellschaftsrecht, 1994; *Blaurock, Uwe / Berninger, Axel*, Kapitalkonto und Sonderbetriebsvermögen des Kommanditisten bei der Anwendung von § 15a EStG, JZ 1992, 614; *Fischer, Robert*, Fragen aus dem Recht der stillen Gesellschaft, JR 1962, 202; *Flume, Werner*, Allgemeiner Teil des Bürgerlichen Rechts, Bd. I, 1: Die Personengesellschaft, 1977; *Herrmann, Elke*, Sogenannte Schenkung stiller Beteiligungen, ZHR 147 (1983), 313, mit Erwiderung von *Hengeler, Hans-Peter*, ZHR 147 (1983), 329; *Huber, Ulrich*, Vermögensanteil, Kapitalanteil und Gesellschaftsanteil an Personengesellschaften des Handelsrechts, 1970; *Hueck, Alfred*, Anmerkung zu BGH v. 29. 10. 1952, NJW 1953, 138; *Larenz, Karl*, Lehrbuch des Schuldrechts, Bd. II, Besonderer Teil, 12. Aufl., 1981; *Priese, Johannes*, Die Arbeitskraft als Gesellschaftseinlage, DB 1953, 452; *Reinhardt, Bärbel*, Die Einlage quoad sortem und ihre Darstellung in der Handelsbilanz, DStR 1991, 588; *Schmidt, Karsten*, Die Kreditfunktion der stillen Einlage, ZHR 140 (1976), 475; *Siemsen, Hans*, Die Einlage des stillen Gesellschafters, Diss. 1906; *Wahl, Adalbert*, Die Vermögenseinlage des atypischen stillen Gesellschafters in der Handelsbilanz und im Überschuldungsstatus der GmbH, GmbHR 1975, 169; *Westermann, Harm Peter*, Vertragsfreiheit und Typengesetzlichkeit im Recht der Personengesellschaft, 1970; *Würdinger, Hans*, Anmerkung zu BGH v. 29. 10. 1952, JZ 1953, 226.

I. Die Beitragspflicht des stillen Gesellschafters

1. Beitrag und Einlageleistung

238 Wie jeder andere Gesellschafter so unterliegt auch der stille Gesellschafter der Pflicht des § 705 BGB, die Erreichung des Gesellschaftszwecks durch einen eigenen Beitrag zu fördern. Eine stille Gesellschaft ohne Pflicht des Stillen zur Beitragsleistung ist nicht denkbar[1].

Der **Beitrag** des Stillen ist abweichend von der noch h.M. streng **von der Einlage** (dazu Rn. 244 ff.) und der Beteiligung des Stillen (dazu Rn. 305 ff.) **zu trennen**[2]. Hierdurch kann zunächst eine Ausweitung des üblicherweise im Gesellschaftsrecht zugrundegelegten Begriffs der Einlage als der bilanzierungsfähigen Vermehrung des Unternehmensvermögens vermieden werden. Die noch h.M. ist nämlich gezwungen, die Einlage des Stillen als jeden vermögenswerten Vorteil, der mit einem Geldbetrag geschätzt

---

1 MünchHdb. StG/*Kühn* § 16 Rn. 1; *Zutt*, in: GroßKomm § 230 Rn. 15.
2 Vgl. auch *Karsten Schmidt*, Gesellschaftsrecht, § 62 II 1d und III 2 a; *Schlegelberger/Karsten Schmidt*, § 335 (§ 230 n.F.) Rn. 138.

werden kann, zu definieren³, um die Beitragleistung in der Form von Dienstleistungen, Gebrauchsüberlassungen sowie der Überlassung von Kundschaft oder know how als mögliche Gegenstände einer Vermögenseinlage des stillen Gesellschafters zu erfassen⁴. Darüber hinaus ist der h.M. die Anerkennung einer Beitragleistung durch Einbuchung oder durch in der Vergangenheit erbrachte Dienstleistungen dogmatisch erschwert. Auch die Vereinbarung einer bedingten Einlagepflicht, die nach der hier vertretenen Differenzierung bei sofortiger Einbuchung des Stillen fraglos zulässig ist, kann von der h.M. in der Praxis nur mit Hilfe einer großzügigen Feststellung der Unbedingtheit der Einlagepflicht anerkannt werden⁵. Schließlich erweist sich die Differenzierung zwischen Beitrag und Einlageleistung auch in Bilanzierungsfragen als überlegen (siehe dazu Rn. 798 ff.).

Aus der hier zugrundegelegten Differenzierung folgt zudem, daß die Leistung einer Einlage keine notwendige Voraussetzung für die Existenz einer stillen Gesellschaft darstellt. Dies bedeutet, daß es zwar keine stille Gesellschaft ohne Beitragspflicht und ohne Beteiligung des Stillen, wohl aber eine stille Gesellschaft ohne eine persönliche Einlageleistung des Stillen geben kann (dazu näher unten Rn. 261 ff.). 239

2. Der Umfang der Beitragspflicht

Der Umfang der Beitragspflicht wird einzig und allein durch den **Gesellschaftsvertrag** bestimmt. § 706 Abs. 1 BGB, wonach die Gesellschafter in Ermangelung anderer Vereinbarungen gleiche Beiträge zu leisten haben, ist auf die stille Gesellschaft nicht anwendbar. 240

Die Beitragsleistung braucht jedoch nicht ziffernmäßig festzustehen, weil ihr im Gegensatz zur Kommanditeinlage nicht die Eigenschaft einer Haftsumme zukommt. Es genügt, daß sie **objektiv bewertbar ist und bestimmt werden kann**⁶. So genügt es, wenn sich ihre Höhe nach dem jeweiligen Bedarf an Betriebskapital bemessen soll⁷. 241

Der Beitrag braucht nicht das Maximum der Leistungen des stillen Gesellschafters zu repräsentieren; er kann vertraglich zu **weiteren Leistungen** verpflichtet sein. Zur Erhöhung seines Beitrags oder zur Ergänzung 242

---

3 *Baumbach/Hopt*, § 230 Rn. 20.
4 Beispiele nach *Zutt*, in: GroßKomm. § 230 Rn. 75.
5 Vgl. dazu auch MünchHdb. StG/*Kühn* § 16 Rn. 3.
6 RG v. 30. 9. 1927 Recht 1928, Nr. 39; *Zutt*, in: GroßKomm. § 230 Rn. 77.
7 RG v. 30. 9. 1927 Recht 1928, Nr. 39.

der durch Verlust verminderten Einlage ist er aber nur berechtigt und verpflichtet, wenn es im Gesellschaftsvertrag vorgesehen ist (§ 707 BGB).

II. Die Beitragsleistung des stillen Gesellschafters

1. Die Formen der Beitragsleistung und ihre rechtliche Behandlung

243 Als Beitrag des stillen Gesellschafters zur stillen Gesellschaft kommt **jede Förderung des gemeinsamen Gesellschaftszwecks** i.S.v. § 705 BGB in Betracht[8]. Die Form der Beitragsleistung wird ebenfalls im Gesellschaftsvertrag festgelegt. Der Stille wird seine Beitragspflicht zwar zumeist durch eine bilanzierungsfähige Einlageleistung nach § 230 Abs. 1 HGB erfüllen (dazu sogleich Rn. 244 ff.). Daneben hat er aber auch die Möglichkeit, seine Beitragspflicht durch Einbuchung (Rn. 255 ff.) oder andere Maßnahmen zur Förderung des Gesellschaftszwecks (Rn. 261 ff.) zu erfüllen. Hieraus können Abgrenzungsprobleme zu anderen Vertragstypen entstehen, die weiter unten zu erörtern sind (Rn. 363 ff.).

a) Beitragsleistung durch Leistung einer bilanzierungsfähigen Einlage

244 Hierzu zählen sämtliche Beiträge, die der Stille unmittelbar zur bilanzierungsmäßigen Vermehrung des Vermögens des Geschäftsinhabers erbringt. Derartige Beiträge müssen nach § 230 Abs. 1 HGB **in das Vermögen des Geschäftsinhabers** übergehen. Das bedeutet jedoch nicht, daß sie notwendig auch in dessen Eigentum übergehen müssen. Vielmehr genügt es, wenn dem Geschäftsinhaber die rechtliche Verfügungmöglichkeit über den Gegenstand der Einlage zusteht[9]. Durch den Übergang der Vermögenseinlage in das Vermögen des Geschäftsinhabers unterscheidet sich die stille Gesellschaft jedenfalls von der offenen Handelsgesellschaft, Kommanditgesellschaft und der Gesellschaft des bürgerlichen Rechts, für die das Vorhandensein eines den Gesellschaftern zur gesamten Hand zustehenden Gesellschaftsvermögens kennzeichnend ist[10].

245 Die Vermögenseinlage steht dem **Zugriff der Geschäftsgläubiger** zur Verfügung. Gleichwohl ist sie nicht Haftungsobjekt und Realsicherung in dem Sinne, daß sich die Gläubiger des Inhabers unmittelbar an den stillen Gesellschafter halten könnten, solange er die Einlage noch nicht erbracht hat. Der stille Gesellschafter haftet anders als der Kommanditist auch in

---
8 So auch MünchHdb. StG/*Kühn* § 16 Rn. 11; *Schlegelberger/Karsten Schmidt*, § 335 (§ 230 n.F.) Rn. 137; *H. P. Westermann*, S. 322; *Fischer*, JR 1962, 202 f.
9 *Zutt*, in: GroßKomm. § 230 Rn. 80.
10 Bei der Gesellschaft bürgerlichen Rechts ist das allerdings nicht zwingend.

diesem Falle nicht für die Geschäftsverbindlichkeiten (§ 230 Abs. 2 HGB). Es können aber die Gläubiger des Inhabers dessen Anspruch auf die rückständige Einlage pfänden und sich zur Einziehung überweisen lassen.

Der Stille kann eine bilanzierungsfähige Einlage entweder durch persönliche Leistung (Rn. 247 ff.) oder im Anschluß an eine schenkweise Einbuchung dadurch erbringen, daß er die Einlage dem Geschäftsinhaber beläßt (Rn. 255 ff.)[11].   246

(1) Persönliche Leistung einer Geldeinlage

Die wichtigste Unterform der persönlichen und bilanzierungsfähigen Einlageleistung ist die der Geldeinlage. Die Geldeinlage kann zunächst durch Barzahlung oder bargeldlose Zahlung erbracht werden.   247

Bringt der stille Gesellschafter **Forderungen gegen den Geschäftsinhaber** ein, so handelt es sich ebenfalls um eine Geldeinlage. Das ist unstreitig für den Fall, daß der stille Gesellschafter Forderungen gegen den Geschäftsinhaber besitzt und mit seinen Forderungen gegen die Einlageforderung des Inhabers aufrechnet. Eine andere Bewertung soll dann eingreifen, wenn die Forderung des stillen Gesellschafters gegen den Geschäftsinhaber auf die Einlage nur angerechnet und die Forderung in ein Einlageguthaben umgewandelt wird[12]. Zwar soll dann als Gegenleistung für die Einlagegutschrift auch die Forderung des stillen Gesellschafters gegen den Geschäftsinhaber erlöschen; jedoch sei dieses nur als Sach-, nicht als Geldeinlage zu werten. Diese Betrachtung ist jedoch rein begrifflich und verkennt, daß in beiden Fällen der wesentliche Tatbestand der gleiche ist. Es wird in beiden Fällen eine Forderung eingebracht, die gegen den Geschäftsinhaber besteht und zugunsten der Einlagegutschrift erlischt. Diese Wesensgleichheit erfordert eine einheitliche Behandlung. Ob diese Forderung nun aufgerechnet oder angerechnet wird, kann nicht dafür maßgeblich sein, sie als Geld- oder Sacheinlage zu behandeln.   248

Durch die Festsetzung eines Entgelts und die anschließende Verrechnung können zudem eine Sacheinlage (dazu unten Rn. 252 ff.) und nicht bilanzierungsfähige Beiträge wie Gebrauchsüberlassungen oder Dienstleistungen (siehe dazu auch Rn. 268 ff.) **in eine Geldeinlage umgewandelt** werden. Besteht die Vermögenseinlage beispielsweise in einem Grundstück, dann liegt grundsätzlich eine Sacheinlage vor, die gemäß §§ 873 I, 925 BGB in das Eigentum des Geschäftsinhabers zu übertragen ist. Es kann   249

---

11 So auch *Karsten Schmidt,* Gesellschaftsrecht, § 62 II 1d; *Zutt,* in: GroßKomm § 230 Rn. 14.
12 *Paulick,* 3. Aufl., S. 75 f.; BGH v. 24. 9. 1952 BGHZ 7, 174 ff.

aber auch nach dem Willen der Beteiligten so sein, daß zwischen ihnen ein Kaufvertrag über das Grundstück abgeschlossen wird, bei dem die Kaufsumme als Geldeinlage im Wege der Aufrechnung als Gesellschaftsbeitrag des Veräußerers und künftigen stillen Gesellschafters erbracht wird. Die Unterscheidung ist wichtig für den Fall der Mängelrüge, die bei der Sacheinlage zu anderen Rechtsfolgen führt als beim Kaufvertrag (siehe dazu näher unten Rn. 287 f.).

250 Unter den jeweiligen gesetzlichen Voraussetzungen ist auch die einseitige **Aufrechnung** und die Tilgung von Geldschulden des Geschäftsinhabers gegenüber Dritten[13] durch den Stillen möglich. Andererseits ist es jedoch unzulässig, frühere Geldleistungen nachträglich als Einlageleistungen gem. § 230 Abs. 1 HGB anzusehen oder nachträglich solche Leistungen rückwirkend in Einlageleistungen umzuwandeln[14].

251 Solange die Einlage nicht vollständig geleistet ist, können bei entsprechender Vereinbarung im Gesellschaftsvertrag die dem stillen Gesellschafter zustehenden **anteiligen Gewinne zur Erfüllung der Einlagepflicht verwendet** werden[15]. Voraussetzung hierfür ist dann allerdings, daß der stille Gesellschafter noch in irgendeiner anderen Weise einen Beitrag zur Förderung des Gesellschaftszwecks leistet, damit überhaupt von einer stillen Gesellschaft gesprochen werden kann. Ohne Beitragsleistung könnte das Rechtsverhältnis nämlich lediglich als Beteiligungsvertrag qualifiziert werden, bei dem die Erfüllung der Einlage durch künftige Gewinne zur aufschiebenden Bedingung erhoben worden ist.

(2) Persönliche Leistung einer Sacheinlage

252 Es ist für die Leistung einer Einlage gem. § 230 Abs. 1 HGB nicht notwendig, daß sie in Geld erbracht wird; erforderlich ist nur, daß sie einen Vermögenswert repräsentiert, übertragbar und bewertbar ist[16]. Die Einlage kann deshalb neben oder an Stelle von Geldeinlagen in Form von Sacheinlagen aller Art erbracht werden. Demnach können Gegenstand der Einlage des stillen Gesellschafters sein: bewegliche Sachen, Grundstücke, Wertpapiere, Forderungen gegen Dritte, Beteiligungen, Urheber-

---

13 Vgl. OLG Frankfurt a.M. v. 20. 5. 1977, DB 1977, 1841 und RG v. 19. 5. 1909 Recht 1909, Nr. 2635.
14 RG v. 30. 10. 1907 LZ 1908, 158; MünchHdb. StG/*Kühn* § 16 Rn. 8; *Schlegelberger/Karsten Schmidt*, § 335 (§ 230 n.F.) Rn. 147; *Zutt*, in: GroßKomm. § 230 Rn. 75.
15 So auch MünchHdb. StG/*Kühn* § 16 Rn. 7.
16 RG v. 2. 10. 1924 Recht 1925, 28 Nr. 5; *Schlegelberger/Karsten Schmidt*, § 335 (§ 230 n.F.) Rn. 146; *Zutt*, in: GroßKomm. § 230 Rn. 75.

rechte, Patente[17], Lizenzen, Erbbaurechte, Nießbrauchsrechte[18] und auch Sachgesamtheiten wie ein Handelsunternehmen[19].

Die Sacheinlage wird durch **Übertragung in das Eigentum** des Geschäftsinhabers geleistet (sog. Einbringung quoad dominium; vgl. auch § 230 Abs. 1 HGB). Die Übertragung vollzieht sich dabei nach den allgemeinen sachenrechtichen Grundsätzen: Einigung und Übergabe bei Geld, Inhaberpapieren und sonstigen beweglichen Sachen (§ 929 BGB), Auflassung und Eintragung bei Grundstücken (§§ 873 I, 925 BGB), Abtretung bei Forderungen, Indossierung bei Wechseln, Orderpapieren und Namensaktien. Auf die Sachmängelgewährleistung des Stillen wird unten noch eigens eingegangen (siehe unten Rn. 287 f.). 253

Mit der Übergabe beweglicher Sachen, bei Grundstücken mit erfolgter Übergabe oder mit der Eintragung, wenn sie der Übergabe vorausgeht, geht die **Gefahr des zufälligen Untergangs** auf den Inhaber über (§ 446 BGB), § 447 BGB ist entsprechend anwendbar, wenn der stille Gesellschafter auf Verlangen des Inhabers die einzubringenden Sachen nach einem anderen Ort als dem Erfüllungsort versendet. An dem Verlust, der durch den zufälligen Untergang entsteht, ist der stille Gesellschafter beteiligt, soweit durch den Verlust der laufende Jahresgewinn gemindert wird oder der stille Gesellschafter an den Verlusten des Handelsgeschäfts teilnimmt. 254

(3) Schenkweise Einbuchung

Häufig wird die Einlage des stillen Gesellschafters dadurch geleistet, daß der Geschäftsinhaber dem stillen Gesellschafter auf dessen Einlagekonto einen bestimmten Betrag **unentgeltlich gutschreibt** und das eigene Geschäftskonto entsprechend belastet. 255

Die rechtliche Beurteilung dieses Verfahrens ist in zweierlei Hinsicht umstritten[20]:

Zunächst wurde im Zusammenhang mit der schenkweisen Einbuchung die Frage aufgeworfen, ob es eine Stille Gesellschaft ohne eine persönliche Einlageleistung des Stillen überhaupt geben könne[21]. Maßgeblich ist 256

---

17 RG v. 28. 9. 1928 RGZ 122, 70 (72).
18 Zur Einlagefähigkeit obligatorischer Nutzungsrechte vgl. *Bork*, ZHR 154 (1990), 205 ff. und *Karsten Schmidt*, ZHR 154 (1990), 237 ff.
19 RG v. 24. 3. 1888 RGZ 20, 163; RG v. 14. 12. 1892 RGZ 30, 57.
20 Vgl. dazu für die h.M. auch MünchHdb. StG/*Kühn* § 16 Rn. 3 und 14 ff. und *Hengeler*, ZHR 147 (1983), 329 ff. m.w.N.; a.A. *Herrmann*, ZHR 147 (1983), 313 ff.
21 Verneinend RG ZHR 48 (1899), 344 und *Koenigs*, S. 8; dagegen *Huber*, S. 194.

auch hier die oben vorgenommene Unterscheidung zwischen Einlage und Beitrag und die Feststellung, daß es keine beitragslose, wohl aber eine stille Gesellschaft ohne persönliche Einlageleistung des Stillen geben kann. Es ist nämlich nicht erforderlich, daß die Leistung der Einlage durch den stillen Gesellschafter selbst zu erfolgen hat. Entscheidend ist nur, daß der Stille eine Einlage hält, und **nicht**, daß er sie auch **persönlich** leistet[22]. Denn der in diesem Zusammenhang etwas mißverständlich formulierte § 230 HGB besagt lediglich, daß eine von Seiten des Stillen erfolgende Einlageleistung der Natur der stillen Gesellschaft als reiner Innengesellschaft entsprechend nicht in das Vermögen der Gesellschaft, sondern das Vermögen des Geschäftsinhabers übergeht[23]. Damit ist jedoch nicht gesagt, daß die Einlageleistung stets durch den stillen Gesellschafter selbst vorgenommen werden muß. Der Beitrag des Stillen besteht in den Fällen der schenkweisen Einbuchung darin, daß er die ihm zugewandte Vermögenseinlage im Handelsgewerbe beläßt.

257 Darüber hinaus herrscht Streit in der Frage, inwieweit der Einbuchungsvorgang dem **notariellen Beurkundungserfordernis** des § 518 BGB unterliegt.

Der Bundesgerichtshof geht davon aus, daß es sich hierbei um eine unentgeltliche Zuwendung des Geschäftsinhabers an den Dritten handele, die der Form des § 518 BGB bedürfe. Da in der Einbuchung des Anteils keine Bewirkung der versprochenen Leistung zu sehen sei, müsse dieses Versprechen, um Rechtswirksamkeit zu erlangen, notariell beurkundet werden[24]. Maßgebend für das Erfordernis der notariellen Beurkundung soll der Charakter der stillen Gesellschaft als Innengesellschaft ohne Gesellschaftsvermögen sein. Bei derartigen Innengesellschaften liege das Vermögen in der Hand eines der Gesellschafter ohne dingliche Beteiligung des anderen; dessen Rechte seien allein schuldrechtlicher Natur. Ein auf die Einräumung einer stillen Beteiligung gerichtetes **Schenkungsversprechen** des Inhabers könne daher durch die buchmäßige Berücksichtigung **nicht geheilt** werden, da hier nur die eine schuldrechtliche Verpflichtung aus dem Schenkungsversprechen durch die andere schuldrechtliche Verpflichtung aus der stillen Gesellschaft ersetzt werde[25].

---

22 So auch *Karsten Schmidt*, Gesellschaftsrecht, § 62 II 1d; vgl. auch *Schlegelberger/Karsten Schmidt*, § 335 (§ 230 n.F.) Rn. 33.
23 *Zutt*, in: GroßKomm. § 230 Rn. 10, 80; *Baumbach/Hopt*, § 230 Rn. 21; *Paulick*, 3. Aufl., S. 68; *Klauss/Mittelbach*, Rn. 28; *Hartmann*, S. 11.
24 BGH v. 29. 10. 1952 BGHZ 7, 378 (380).
25 BGH v. 29. 10. 1952 BGHZ 7, 378 (380); bestätigt durch BGH v. 6. 3. 1967 WM 1967, 685 f. = DB 1967, 1258.

Der Ansicht des Bundesgerichtshofes ist insbesondere von Herrmann[26] beigepflichtet worden. Nach ihrer Ansicht soll maßgeblich sein, daß der am Unternehmen zu Beteiligende weder Leistungen erbringt noch Pflichten übernimmt, den vorgesehenen Zweck also in keiner Weise fördert. Damit fehle es an einem der konstitutiven Merkmale in jeder Gesellschaft, nämlich der Beitragspflichtigkeit eines jeden Gesellschafters[27]. Karsten Schmidt differenziert zwischen typischer und atypischer stiller Gesellschaft. Der Rechtsprechung des BGH sei danach lediglich für die typische stille Gesellschaft, die sich in einem qualifizierten Kreditverhältnis erschöpfe und keine kommanditistenähnliche Beteiligung verschaffe, zuzustimmen[28].

Überwiegend ist die Ansicht des Bundesgerichtshofes im Schrifttum jedoch auf **Ablehnung** gestoßen[29]. Dabei sind von verschiedenen Ansatzpunkten aus Gegenargumente vorgetragen worden.

258

Zum ersten wird darauf verwiesen, daß die unentgeltliche Beteiligung an einer Außengesellschaft (OHG, KG) mit Abschluß des Vertrages **vollzogen** sei, so daß – auch wenn eine Schenkung vorliegt – Heilung der Nichtigkeit nach § 518 Abs. 2 BGB eintritt. Zwar bedeute bei der Innengesellschaft die Umbuchung des Vermögensanteils noch nicht die Bewirkung der versprochenen Leistung, wohl aber die Einräumung des Gesellschaftsverhältnisses. Mit der Begründung der Mitgliedschaft sei die Schenkung vollzogen[30].

Zum zweiten wird angeführt, daß der Stille durchaus eine Einlage leiste. Das Gesetz verbiete ihm nämlich nicht, seine Einlagen aus Vermögenswerten zu bestreiten, die ihm von Dritten – so auch vom Geschäftsinhaber – zur Verfügung gestellt worden seien. So könne er z.B. auch Geldbeträge, die ihm vom Geschäftsinhaber schenkweise überlassen worden sind, als Einlage in die Gesellschaft einbringen. Es sei **purer Formalismus,** den unnötigen Umweg über eine derartige doppelte Übereignung des Einlagebetrages zu verlangen; es muß dem Stillen auch gestattet werden, diesen Geldbetrag gleich in der Gesellschaft zu belassen[31].

---

26 *Herrmann*, ZHR 147 (1983), 313 (317 ff.); zustimmend auch *Soergel/Hadding*, § 705 Rn. 12; *Huber*, S. 154 ff.; *Fischer*, JR 1962, 201, (202 f.); *Klauss/Mittelbach* Rn. 106.
27 So ausdrücklich *Herrmann*, ZHR 147 (1983), 313 (321).
28 *Karsten Schmidt*, Gesellschaftsrecht, § 62 III 1a.
29 *Paulick*, 3. Aufl., S. 73 ff.; *Zutt*, in: GroßKomm. § 230 Rn. 82; MünchKomm/*Ulmer*, § 705 Rn. 31; *A. Hueck*, NJW 1953, 138 (139); *Würdinger*, JZ 1953, 226 (227); *Hengeler*, ZHR 147 (1983) 329 ff.; *Hartmann*, S. 37.
30 So z.B. *Paulick*, 3. Aufl., S. 74; *Zutt*, in: GroßKomm. § 230 Rn. 28; *A. Hueck*, NJW 1953, 138 (139).
31 *Hengeler*, ZHR 147 (1983), 329 (332).

Weiterhin wird darauf verwiesen, daß mit dem Abschluß des Gesellschaftsvertrages und der Umbuchung des Einlagebetrages vom Kapitalkonto des Geschäftsinhabers auf das Einlagekonto des Stillen nicht nur ein Schenkungsversprechen seitens des Geschäftsinhabers gegenüber dem Stillen abgegeben werde, sondern diesem auch gleichzeitig die **mitgliedschaftliche Rechtsstellung** eines Gesellschafters vermittelt wird. Diese Stellung wird bereits durch den Abschluß des Gesellschaftsvertrages geschaffen und nicht erst, wie der BGH meint, versprochen. Der Geschäftsinhaber kann nicht mehr tun, als die stille Beteiligung durch die Einbuchung einzuräumen. Hierin liegt daher der Vollzug des Schenkungsversprechens, so daß eine fehlende notarielle Beurkundung geheilt wird[32].

259 Der letztgenannten Auffassung ist zuzustimmen. Der BGH verneint im Ergebnis für Innengesellschaften schlechthin eine Heilungsmöglichkeit. Damit setzt er sich in **Widerspruch zu seiner sonstigen Rechtsprechung**, mit der er durchaus eine gesellschaftliche Verfestigung der stillen Gesellschaft anerkannt hat, wie etwa bei der Anwendung der Grundsätze über die fehlerhafte Gesellschaft auch auf die atypische[33] und die typische[34] stille Gesellschaft. Schließlich ist auch vom Schutzgedanken des § 518 BGB her die Verneinung der Heilungsmöglichkeit nicht geboten, denn die Einbuchung der Beteiligung des Stillen stellt (insbesondere gegenüber der Finanzverwaltung) durchaus einen Publizitätsakt dar, in dem sich der Erfüllungswille des Schenkers dokumentiert.

260 Angesichts der Rechtsprechung des BGH werden die Beteiligten jedoch, wenn jemand in der vorerwähnten Weise unentgeltlich beteiligt werden soll, gut daran tun, den Gesellschaftsvertrag gem. § 518 Abs. 1 BGB notariell beurkunden zu lassen. Es empfiehlt sich auch, unter diesem Gesichtspunkt die Verhältnisse der Vergangenheit zu überprüfen, damit nicht aus Anlaß von Erbfällen die formlos eingeräumte Beteiligung hinsichtlich ihrer gesellschaftsrechtlichen Auswirkungen angezweifelt werden kann.

b) Die Leistung nicht bilanzierungsfähiger Beiträge

(1) Gebrauchsüberlassung

261 Der vom stillen Gesellschafter zu leistende Beitrag kann auch in einer Gebrauchsüberlassung (sog. **Einbringung quoad usum**) liegen. Sie stellt

---

32 *Zutt*, in: GroßKomm. § 230 Rn. 28; *Würdinger*, JZ 1953, 226 (227); MünchKomm/*Ulmer*, § 705 Rn. 31; *Hartmann*, S. 37.
33 BGH v. 29. 11. 1952 BGHZ 8, 157.
34 BGH v. 29. 6. 1970 BGHZ 55, 5.

entgegen der herrschenden Meinung[35] grundsätzlich **keine Vermögenseinlage** dar[36].

Im Falle der Gebrauchsüberlassung findet die Übertragung eines Gegenstandes auf den Geschäftsinhaber zur Verfolgung eines gemeinsamen Zweckes nicht durch eine Übertragung des Eigentums statt, sondern dadurch, daß ihm der Besitz oder zumindest ein Anspruch auf Überlassung der Sache oder des Rechts, soweit dies zum Gebrauch notwendig ist, eingeräumt wird. Hierdurch wird der Inhaber zumindest in die Lage versetzt, im Interesse der Verwirklichung des Gesellschaftszwecks von den ihm zum Gebrauch überlassenen Vermögenswerten jederzeit ungehindert Gebrauch zu machen.

Er darf aber von der Sache oder dem Recht nur den durch den Gesellschaftszweck gestatteten Gebrauch machen. Anderenfalls muß der stille Gesellschafter zustimmen. Die Unterhaltungspflicht bestimmt sich nach dem Gesellschaftsvertrag. Veräußert der stille Gesellschafter ein dem Inhaber zum Gebrauch überlassenes Grundstück während der Dauer der Gesellschaft, so braucht dieser das Grundstück dem Erwerber nicht herauszugeben, solange das Gesellschaftsverhältnis fortbesteht (§§ 571, 986 Abs. 1 BGB). 262

Inwieweit der stille Gesellschafter seine Rechte an dem eingelegten Gegenstand aufgeben muß, bestimmt sich nach dem Gesellschaftsvertrag. So kann der stille Gesellschafter, wenn dem Geschäftsinhaber zur Verfolgung des Gesellschaftszweckes nur ein Mitbenutzungsrecht eingeräumt worden ist, weiterhin das Grundstück oder den Gegenstand als Mitbenutzungsberechtigter nutzen[37]. 263

Bei der Gebrauchsüberlassung trägt der **stille Gesellschafter die Gefahr des zufälligen Untergangs**. Er ist aber, wenn er seine vereinbarte Einlage ordnungsgemäß erbracht hat, nicht verpflichtet, an Stelle des untergegangenen oder verschlechterten Gegenstandes einen anderen Gegenstand als Ersatz einzubringen (§ 707 BGB). Daß er deswegen seinen Gewinnanteil zu einem entsprechenden Teil verliert, ist nach dem vermutlichen Willen der Beteiligten nicht anzunehmen. Nach Sinn und Zweck des Gesellschaftsvertrages trifft der Verlust des Gebrauchs daher auch den Inhaber des Handelsgeschäfts. Auf die Sachmängelgewährleistung des Stillen wird unten noch eigens eingegangen (siehe unten Rn. 287 f.). 264

---

35 *Klauss/Mittelbach*, Rn. 105 ff., 108; *Hartmann*, S. 52.
36 So auch *Schlegelberger/Karsten Schmidt*, § 335 (§ 230 n.F.) Rn. 146.
37 Zur Zulässigkeit des Bruchteilseigentums von Inhaber und stillem Gesellschafter an einzelnen Gegenständen vgl. BGH v. 29. 11. 1952 BGHZ 8, 157 ff.

265 Werden Gegenstände in Vollziehung der Einlageverpflichtung dem Inhaber zum Gebrauch überlassen, so können sich Abgrenzungsschwierigkeiten gegenüber anderen Rechtsinstituten ergeben, insbesondere gegenüber den partiarischen Verträgen (dazu Rn. 378 ff.). Entstehen Zweifel darüber, ob die Einlage zu Eigentum übertragen oder nur zum Gebrauch überlassen worden ist, so findet die Auslegungsvorschrift des § 706 Abs. 2 BGB sinngemäße Anwendung. Danach ist eine Eigentumsübertragung anzunehmen, wenn es sich um vertretbare oder verbrauchbare Sachen handelt oder wenn Gegenstand der Einlage nicht vertretbare oder nicht verbrauchbare Sachen sind, denen eine Schätzung beigefügt ist, die nicht nur der Gewinnverteilung dienen soll. Es ist ratsam, im Gesellschaftsvertrag eindeutige Vereinbarungen darüber zu treffen, ob die einzubringenden Gegenstände dem Recht oder nur dem Gebrauch nach auf den Geschäftsinhaber übertragen werden sollen.

(2) Einbringung eines Vermögensgegenstandes dem Werte nach

266 Hier fällt die zivilrechtliche und die wirtschaftliche Lage auseinander. Die Einbringung dem Werte nach (sog. **Einbringung quoad sortem**)[38] richtet sich darauf, der stillen Gesellschaft ohne Eigentumsübertragung den wirtschaftlichen Wert einer Sache zur Verfügung zu stellen. Der im Eigentum des Stillen verbleibende Gegenstand wird nicht nur zur Nutzung und zum Gebrauch überlassen, sondern zusätzlich dem Werte nach in die Gesellschaft eingebracht, d.h. der Stille ist zudem verpflichtet, im Innenverhältnis den Wert der Vermögensgegenstände zur Verfügung zu stellen. Die eintretende Wertsteigerung steht wie bei der Einbringung quoad dominium dem Inhaber zu, zivilrechtlich bleibt der Stille jedoch wie bei der Einbringung quoad usum während der gesamten Nutzungs- und Gebrauchsdauer Eigentümer des Vermögensgegenstands. Die Einbringung quoad sortem stellt mithin eine Zwischenform zwischen Gebrauchsüberlassung und Übereignung dar[39].

267 Praktische Bedeutung hat diese Form der Beitragsleistung insbesondere für die Einbringung von Grundstücken erlangt, da hierdurch Kosten und Steuern gespart werden können. Fehlt es bei der Leistung einer Grundstückseinlage an der erforderlichen notariellen Beurkundung des Gesellschaftsvertrags und wurde dieser Mangel nicht nach § 313 S. 2 BGB ge-

---

38 Vgl. dazu insgesamt *Berninger,* Die Societas Quoad Sortem, 1994; *Blaurock/Berninger,* JZ 1992, 614 (621) und MünchKomm/*Ulmer,* § 706 Rn. 11.
39 Für die Behandlung der aus dieser „Zwitterstellung" folgenden Probleme ist hier kein Raum. Ausführlich zur Einbringung quoad sortem: *Berninger,* Die Societas Quoad Sortem, 1994.

heilt, ist darüber hinaus eine Umdeutung der Einbringung quoad dominium in eine Einbringung quoad sortem denkbar.

(3) Dienstleistungen

Der Beitrag des stillen Gesellschafters kann auch in Dienstleistungen bestehen. Auch dieser Beitrag stellt entgegen der herrschenden Meinung[40] grundsätzlich **keine Vermögenseinlage** dar[41]. Um eine Vermögenseinlage handelt es sich nur, wenn für die zu erbringende Dienstleistung ein Entgelt festgesetzt wird, das als Einlage des stillen Gesellschafters verrechnet werden kann[42] (Rn. 238). Aufgrund vergangener Dienstleistungen kann dem Stillen eine Beteiligung nur durch eine Geldeinlage, die durch Verrechnung mit einer offenen Gehaltsforderung oder einem nachträglich vereinbarten Gehalt erbracht wird, eingeräumt werden[43]. Neben der Gewinnbeteiligung kann für die Tätigkeit des stillen Gesellschafters schließlich auch eine Sondervergütung vereinbart werden. 268

Nicht jede Dienstleistung zur Förderung eines fremden Handelsgeschäftes begründet jedoch eine stille Gesellschaft. So kann auch ein nicht formbedürftiges Gehaltsversprechen vorliegen, ein Dienstvertrag mit Gewinnbeteiligung oder ein aufschiebend bedingter Beteiligungsvertrag. Die Abgrenzung dieser Typen untereinander und zur stillen Gesellschaft müssen in concreto aufgrund der besonderen Umstände des einzelnen Falles getroffen werden (siehe dazu Rn. 398 ff.). 269

Soweit die Dienstleistungen allein zum Zwecke der **Verrechnung mit der Einlage** erbracht werden, ist der Stille ausschließlich in der Eigenschaft eines gewinnbeteiligten Gesellschafters tätig; er ist weder Arbeitnehmer noch Angestellter. Hiervon ist insbesondere dann auszugehen, wenn sich die Höhe des Arbeitsentgelts nach dem jeweiligen Geschäftsergebnis richten soll, also schwankender Arbeitslohn bezogen wird. Ist hingegen ein fester Arbeitslohn vereinbart und soll dieser zur Tilgung der Vermögenseinlage übertragen, also nicht ausgezahlt werden, so liegen Arbeits- und Gesellschaftsverhältnis nebeneinander vor. Aus dem Arbeitsverhältnis ergeben sich dann die üblichen beiderseitigen Rechte und Pflichten. 270

Bei Verpflichtungen zu nur gelegentlichen Dienstleistungen oder zur Übernahme einer Aushilfstätigkeit ist genauestens zu prüfen, ob hier ein 271

---
40 *Klauss/Mittelbach*, Rn. 105 ff., 108; *Hartmann*, S. 52.
41 So auch *Schlegelberger/Karsten Schmidt*, § 335 (§ 230 n.F.) Rn. 146.
42 So auch *Schlegelberger/Karsten Schmidt*, § 335 (§ 230 n.F.) Rn. 146.
43 BGH v. 24. 9. 1952 BGHZ 7, 174 (181); *Schlegelberger/Karsten Schmidt*, § 335 (§ 230 n.F.) Rn. 147; *Baumbach/Hopt*, § 230 Rn. 20; *Zutt*, in: GroßKomm. § 230 Rn. 75.

Gesellschaftszweck gegeben ist und dieser Beitrag den Gesellschaftszweck fördern kann. Besonders wenn **Familienangehörige** als stille Gesellschafter beteiligt sind, bedarf es der Prüfung, ob deren Tätigkeit einem gemeinsamen Gesellschaftszweck dient und diese Tätigkeit dem Gesellschaftszwecke förderlich ist. Dies ist auch Voraussetzung der Anerkennung der stillen Familiengesellschaft im Steuerrecht (vgl. hierzu Rn. 1270 ff.).

272 Der Stille wird durch eine Beitragsleistung in der Form von Dienstleistungen **nicht zu einem Arbeitnehmer** im Sinne des Arbeits-, Sozial- und Steuerrechts, so daß die Regelungen über den Kündigungsschutz, die Arbeitnehmerhaftung, die Lohnfortzahlung im Krankheitsfall, das Konkursprivileg, die Sozialversicherungspflicht und die Lohnsteuer zunächst keine Anwendung finden. Die Geltung arbeitsrechtlicher Vorschriften kann sich aber aus einem Nebeneinander von Arbeitsverhältnis und Gesellschaftsverhältnis ergeben. Darüber hinaus kann die Anwendung einzelner arbeitsrechtlicher Vorschriften im Gesellschaftervertrag vereinbart werden. Insbesondere ist insoweit an die Schutzvorschriften des § 618 BGB zu denken, während die Kündigungsvorschriften der §§ 621 ff. BGB durch § 234 HGB abgelöst werden. Die Haftung des aufgrund des Gesellschaftsvertrags zu Dienstleistungen verpflichteten stillen Gesellschafters bestimmt sich nach § 708 BGB; damit ist in der Regel die Haftung für leichte Fahrlässigkeit ausgeschlossen. Das Unmöglichwerden der Dienste kann zur Auflösung der Gesellschaft aus wichtigem Grunde führen. Ein Anspruch auf Ausstellung eines Zeugnisses besteht nicht.

(4) Einräumung eines Geld- oder Warenkredits

273 Desweiteren kann der Beitrag des Stillen in der Einräumung eines Geld- oder Warenkredits bestehen, wenn dieser eine gesellschaftsrechtliche Leistung des stillen Gesellschafters darstellt. Von einem selbständigen, in Geld abschätzbaren Vermögenswert kann insbesondere dann ausgegangen werden, wenn dieser Kredit zu besonders günstigen Konditionen eingeräumt wird. Entscheidend werden hier immer die Umstände des jeweiligen Einzelfalles sein.

(5) Unterlassungen

274 Als Beitrag des Stillen kommt weiterhin die Übernahme der Verpflichtung, ein bestimmtes Geschäft nicht zu beliefern[44] oder auf Wettbewerb zu verzichten, in Betracht.

---

44 RG v. 2. 10. 1924 Recht 1925, 28 Nr. 5.

(6) Immaterielle Beiträge

Schließlich ist die Beitragsleistung durch die Überlassung von Bezugsquellen[45], Geschäftsgeheimnissen, Kundschaft, know how und des Firmenrechts, soweit es übertragbar ist (§ 23 HGB), zulässig.

275

2. Der Zeitpunkt der Beitragsleistung

Wann die Vermögenseinlage zu leisten ist, bestimmt sich nach dem Gesellschaftsvertrag. Enthält dieser keine Bestimmungen, so ist sie **im Zweifel sofort** zu leisten (§ 271 BGB). Zum Verzug mit der Beitragsleistung siehe Rn. 284. Gegebenenfalls trifft den stillen Gesellschafter eine Vorleistungspflicht, z.B. dann, wenn seine Einlage nach dem Gesellschaftsvertrag zum Erwerb des Handelsgeschäfts verwendet werden soll.

276

Verschlechtern sich die Vermögensverhältnisse des Inhabers, bevor der stille Gesellschafter seine Vermögenseinlage geleistet hat, so steht ihm nach h.M. ein Leistungsverweigerungsrecht zu, bis der Inhaber das Handelsgeschäft mit den im Gesellschaftsvertrag vorgesehenen Mitteln ausgestattet oder ihm für seine Einlage Sicherheit bestellt hat (§ 321 BGB)[46]. Nach der hier vertretenen Ansicht hat der stille Gesellschafter ein Zurückbehaltungsrecht aus § 273 BGB.

277

Verschlechtert sich die Vermögenslage des Inhabers erst, nachdem der stille Gesellschafter seine Vermögenseinlage erbracht hat, so kann er den Gesellschaftsvertrag aus wichtigem Grunde kündigen (§ 234 Abs. 1 HGB). Da jedoch die Kündigung das Gesellschaftsverhältnis nur für die Zukunft beendet, muß er einen bereits entstandenen Verlust nach Maßgabe seiner Verlustbeteiligung tragen.

278

Im übrigen bleibt es dem stillen Gesellschafter unbenommen, sich gegen das Risiko **abzusichern,** das mit der Übertragung seiner Einlage in das Alleinvermögen des Geschäftsinhabers entsteht. Als Sicherungsmaßnahme kann alles vereinbart werden, was nur die Einlage als Vermögenswert in der Hand des Geschäftsinhabers beläßt, solange er sich vertragstreu verhält[47].

279

---

45 RG v. 14. 3. 1919 RGZ 95, 147 (150).
46 *Schlegelberger/Karsten Schmidt*, § 335 (§ 230 n.F.) Rn. 117.
47 *Hartmann*, S. 54.

3. Störungen bei der Beitragsleistung

a) Anfängliche Unmöglichkeit, Gesetzwidrigkeit oder Sittenwidrigkeit

280 Die anfängliche Unmöglichkeit, Gesetzwidrigkeit oder Sittenwidrigkeit der Beitragsleistung führt zur Nichtigkeit (§§ 134, 138, 306 BGB).

b) Nachträgliche Unmöglichkeit

281 Die zufällige nachträgliche Unmöglichkeit der Beitragsleistung gewährt nicht die Rechte aus § 323 BGB, sondern nur einen Grund zur fristlosen Kündigung gemäß § 723 BGB i.V.m. § 234 Abs. 1 S. 2 HGB[48]. Das ergibt sich aus dem Gesellschaftscharakter der stillen Gesellschaft. Haben die Gesellschafter ihre gegenseitigen Verpflichtungen ordnungsgemäß erfüllt und das ursprünglich vorhandene Vermögen umgesetzt, dann tritt der auf Dauer berechnete Zweck der Gesellschaft, der sich nicht in der Leistung der beiderseitigen Einlagen erschöpft, in den Vordergrund. An die Stelle der sofortigen Beendigung der Gesellschaft tritt die **Kündigung aus wichtigem Grunde**. Zu den Einzelheiten der fehlerhaften Gesellschaft siehe unten Rn. 557 ff. Im Falle des § 281 BGB hat der Gesellschafter das Surrogat zur Verfügung zu stellen.

282 Der stille Gesellschafter hat die Unmöglichkeit seiner Leistung im Rahmen des § 708 BGB zu vertreten. Hat der Geschäftsinhaber die nachträgliche Unmöglichkeit zu vertreten (auch hier gilt § 708 BGB), so kann der stille Gesellschafter aus wichtigem Grunde fristlos kündigen (§ 234 HGB, § 723 BGB) und Schadensersatz verlangen.

283 Macht die nachträgliche Unmöglichkeit der Beitragsleistung die Erreichung des Gesellschaftszwecks unmöglich, so löst sich die Gesellschaft nach § 726 BGB auf (Rn. 913 ff.).

c) Verzug und positive Vertragsverletzung

284 Bei Verzug mit der Beitragsleistung haftet der säumige Gesellschafter dem anderen für den Verzugsschaden (§§ 286, 288 BGB, § 352 HGB). Außerdem kann der Verzug wichtiger Grund zur Kündigung sein.

285 Auch die positive Vertragsverletzung berechtigt den Geschäftsinhaber zur Kündigung aus wichtigem Grund.

---

48 *Schlegelberger/Karsten Schmidt,* § 335 (§ 230 n.F.) Rn. 117; RG v. 20. 10. 1934 RGZ 145, 274 (283).

Die Einrede des nicht erfüllten Vertrages können die Beteiligten wegen ihrer Beitragspflicht nicht geltend machen, weil der Gesellschaftsvertrag kein Austauschvertrag im Sinne der §§ 320 ff. BGB ist[49]. Dem Erfüllungsverlangen des Gesellschafters, der selbst mit seinem Beitrag im Rückstand ist, braucht der andere Gesellschafter nicht nachzukommen. Seine Klage wäre abzuweisen (keine Verurteilung zur Leistung Zug um Zug). 286

d) Sachmängelgewährleistung

Weil das Einbringen einer Sache zu Eigentum kein Leistungsaustausch ist, sondern eine Leistungsvereinigung zur Erreichung des Gesellschaftszwecks darstellt, kann das Kaufrecht **nur entsprechende Anwendung** finden. Die Vorschriften über die Gewährleistung für Sachmängel sind der Natur des Gesellschaftsverhältnisses entsprechend nur sinngemäß anwendbar; d.h. im Falle der Wandlung ist die mangelhafte Sache zurückzugeben und dafür der Wert der mangelfreien Sache einzubringen. Im Falle der Minderung findet keine Herabsetzung der Gegenleistung statt; vielmehr ist der Minderwert durch eine zusätzliche Geldeinlage auszugleichen. Bei Gattungsschulden kommt § 480 BGB zur Anwendung. Es gelten aber die kurzen Verjährungsfristen bei der Gewährleistung nach Kaufrecht (§ 477 BGB), nach dem sich auch der Gefahrübergang bestimmt (§ 446 BGB). 287

Ist der zum Gebrauch überlassene Gegenstand mit Mängeln behaftet, die den Gebrauch unmöglich machen oder beeinträchtigen, so werden regelmäßig die Vorschriften über die Miete sinngemäß herangezogen werden können. Das gilt jedoch nur für die Gewährleistungsvorschriften (§§ 537 ff. BGB), nicht auch für die Kündigungsvorschriften oder für die Haftung auch für leichte Fahrlässigkeit. 288

e) Kündigung des Treuhandverhältnisses bei Beitragsleistung an den Treuhänder

Besteht eine vertragliche Vereinbarung, nach der der Beitrag an einen Treuhänder zu leisten ist, der sicherstellen soll, daß der Beitrag zu einem bestimmten vereinbarten Zweck verwendet wird, und kündigt der Geschäftsinhaber seinerseits das Treuhandverhältnis, so ist der stille Gesellschafter zur Erbringung des Beitrags nicht mehr verpflichtet. Denn die Einschaltung des Treuhänders als Sicherung der vertragsmäßigen Verwen- 289

---

49 RG v. 19. 2. 1912 JW 1912, 462 (463); a.A. *Zutt*, in: GroßKomm. § 230 Rn. 81; *Hartmann*, S. 27 f.; differenzierend *Schlegelberger/Karsten Schmidt*, § 335 (§ 230 n.F.) Rn. 116 f.

dung des Beitrags ist in der Regel wesentliche Voraussetzung für die Verpflichtung des stillen Gesellschafters, seinen Beitrag zu leisten. Durch die Kündigung des Treuhandverhältnisses ist diese Voraussetzung vom Geschäftsinhaber beseitigt worden. Zu einer Beteiligung ohne die vorgesehene Sicherung hat sich der stille Gesellschafter aber nicht verpflichtet[50].

III. Die Beitragsleistung und die Einlage des Stillen

1. Beitrag und Einlagegutschrift

290 Die Beitragsleistung ist von der Gutschrift des Einlagewertes auf dem Einlagekonto des Stillen zu unterscheiden[51]. Die Höhe der Gutschrift des Wertes der Einlage auf dem Einlagekonto des Stillen ist unabhängig vom tatsächlichen Wert der Beitragsleistung und kann als solche von den Gesellschaftern grundsätzlich **frei vereinbart** werden (dazu näher Rn. 292 ff.).

291 Der Höhe der Gutschrift auf dem Einlagekonto kommt für das Beteiligungsverhältnis des Stillen jedoch regelmäßig eine besondere Bedeutung zu, da nach dem Gesellschaftsvertrag die Gewinnverteilung vielfach **auf der Grundlage der Kapitalkonten** vorgenommen werden wird. Dies gilt auch für den Auseinandersetzungsanspruch, der dem stillen Gesellschafter im Falle der Auflösung zusteht, und für die Feststellung etwaiger Ersatzansprüche, wenn die Einlage in einer Gebrauchsüberlassung bestand und der Wert des überlassenen Gegenstandes durch ein vom Geschäftsinhaber zu vertretendes Verhalten beeinträchtigt worden ist.

2. Die Bewertung der Einlage

292 Die Gutschrift des Wertes der Einlage des Stillen auf dessen Einlagekonto kann von den Gesellschaftern ohne Rücksicht auf den wirklichen Wert des Beitrags oder irgendwelche Bewertungsvorschriften im Rahmen des gesetzlich Zulässigen (§ 138 BGB) **frei vereinbart** werden[52]. Dies gilt auch für Bareinlagen, bei denen sich die Gutschrift auf dem Einlagekonto

---

50 OLG Hamm v. 5. 3. 1979 GmbHR 1979, 255.
51 So auch MünchHdb. StG/*Kühn* § 16 Rn. 20; *Karsten Schmidt*, Gesellschaftsrecht, § 62 II 1d.
52 BGH v. 24. 9. 1952 BGHZ 7, 174 (178 f.); BGH v. 21. 4. 1955 BGHZ 17, 130 (134); *Baumbach/Hopt*, § 230 Rn. 22; *Zutt*, in: GroßKomm. § 230 Rn. 14, 78; MünchHdb. StG/*Kühn* § 16 Rn. 16; *Schlegelberger/Karsten Schmidt*, § 335 (§ 230 n.F.) Rn. 149; *Klauss/Mittelbach*, Rn. 111.

§ 6 Beitragsleistung und die Einlage des stillen Gesellschafters

ebenfalls nicht mit dem Nominalbetrag der geleisteten Zahlung zu decken braucht.

Auch bei der Leistung nicht bilanzierungsfähiger Beiträge (Rn. 261 ff.) sind die Gesellschafter in der Bewertung ebenso frei wie in der Entscheidung, ob und in welcher Höhe dem Stillen hierfür eine Gutschrift auf dem Einlagekonto gutgebracht wird. In diesem Zusammenhang ist allerdings darauf hinzuweisen, daß die nicht bilanzierungsfähigen Beiträge des Stillen wie Gebrauchsüberlassungen und Dienstleistungen regelmäßig durch eine vom Einlagekonto unabhängige Gewinnbeteiligung des Stillen abgegolten werden[53]. Deshalb werden hierfür Gutschriften auf dem Einlagekonto nur bei ausdrücklicher Vereinbarung im Gesellschaftsvertrag vorzunehmen sein. Aus der Nichtberücksichtigung von nicht bilanzierungsfähigen Beiträgen auf dem Einlagekonto kann jedoch nicht gefolgert werden, daß damit regelmäßig auch die Verlustbeteiligung des stillen Gesellschafters ausgeschlossen ist[54]. Auch insoweit ist die stille Gesellschaft eine Risikogemeinschaft, so daß der Stille mangels anderweitiger Vereinbarungen auch in diesem Falle am Verlust beteiligt ist. Die Höhe der Verlustbeteiligung ergibt sich dann aus § 231 Abs. 1 HGB und § 722 Abs. 2 BGB[55]. 293

Die freie Vereinbarkeit des Wertes der Einlage beruht auf der Natur der stillen Gesellschaft als einer Innengesellschaft, bei der die Einlage des Stillen **lediglich interne Bedeutung** hat und anders als die Einlage des Kommanditisten keine für die Gesellschaftsgläubiger maßgebliche Haftsumme darstellt[56]. Aus diesem Grund findet auch keine Belastung des Einlagekontos im Falle teilweiser Rückständigkeit der Beitragsleistung statt. 294

Bei der **Über- oder Unterbewertung** der Einlage ist dennoch **Vorsicht** geboten. Zum einen sollten die Gesellschafter beachten, daß in der Überbewertung der Vermögenseinlage unter Umständen in Höhe des Mehrwerts eine Schenkung oder ein Schenkungsversprechen des Geschäftsinhabers an den stillen Gesellschafter, in der Unterbewertung in Höhe des Minderwerts eine solche des stillen Gesellschafters an den Geschäftsinhaber liegen kann. Nach Ansicht des Bundesgerichtshofes bedarf es dabei der Beachtung der in § 518 Abs. 1 BGB vorgeschriebenen Form (vgl. hierzu und zur Kritik an der Ansicht des BGH Rn. 257 ff.). Außerdem kann die Schenkungsteuerpflicht ausgelöst werden. Diesen Gefahren des Schenkungsrechts können die Gesellschafter bei einer Unterbewertung 295

---

53 Vgl. dazu BGH v. 24. 9. 1952 BGHZ 7, 174 (181); *Paulick*, 3. Aufl., S. 85 f.
54 So aber z.B. *Paulick*, 3. Aufl., S. 85 f.
55 So auch *Schlegelberger/Karsten Schmidt*, § 336 (§ 231 n.F.) Rn. 20.
56 BGH v. 24. 9. 1952 BGHZ 7, 174 (178 f.).

jedoch durch die Vereinbarung begegnen, daß der Unterschiedsbetrag als Darlehen des stillen Gesellschafters angesehen werden soll.

296 Werden von dem stillen Gesellschafter geleistete **Dienste** mit Rücksicht auf die günstige Entwicklung des Unternehmens **höher bewertet**, so ist die Sachlage ähnlich zu beurteilen, wie wenn ein Arbeitgeber nach Beendigung des Arbeitsverhältnisses einem Arbeitnehmer ohne rechtliche Verpflichtung, aber im Hinblick auf den Erfolg seiner Arbeitsleistung eine besondere Zuwendung macht. Eine solche Zuwendung ist nach dem Willen der Vertragspartner keine unentgeltliche Zuwendung. Eine solche liegt deshalb auch nicht in der Höherbewertung der Einlage des stillen Gesellschafters, wenn sie als nachträgliches Entgelt für seine bisherige erfolgreiche Tätigkeit gewollt war[57].

297 Bei Unterbewertung können sich auch bei der Beendigung der Gesellschaft Nachteile ergeben. Dies gilt insbesondere für die atypische stille Gesellschaft. Ist nämlich bei der atypischen stillen Gesellschaft für den Fall der Auseinandersetzung nichts Abweichendes vereinbart, so ist **jeder Gesellschafter** im Verhältnis seiner Einlage an den stillen Reserven und am Geschäftswert beteiligt. Eine Unterbewertung der Einlage des stillen Gesellschafters kommt damit allein dem Geschäftsinhaber zugute, da der Unterschiedsbetrag zwischen dem Nominal- oder Verkehrswert der Einlage und dem im Gesellschaftsvertrag angenommenen niedrigen Wert zu den stillen Reserven gehört. Auch hier steht es den Gesellschaftern jedoch frei, etwas anderes zu vereinbaren.

298 Die Beteiligten können die Einlage auch so bewerten, daß sie diese **in einem bestimmten Verhältnis zu dem vorhandenen Geschäftsvermögen** des Inhabers ansetzen und die betragsmäßige Festlegung ihres Wertes von der betragsmäßigen Bewertung des Geschäftsvermögens abhängig machen. Wegen der damit verbundenen Unsicherheiten ist hier die Gefahr einer Überbewertung der Einlage des stillen Gesellschafters oder der Unterbewertung des Geschäftsvermögens des Inhabers besonders groß. Daher sollte man hier angesichts der Auffassung des Bundesgerichtshofes, daß in der bloßen Gutschrift auf dem Einlagekonto noch nicht der Vollzug der Schenkung zu sehen sei, von mündlichen oder privatschriftlichen Vereinbarungen absehen und statt dessen die Formvorschrift des § 518 Abs. 1 BGB beachten.

299 Die im Gesellschaftsvertrag getroffene Bewertung der Vermögenseinlage müssen die Gesellschafter gegen sich gelten lassen. So kann weder eine höhere, objektiv richtige Festsetzung beansprucht werden, noch brauchen

---

57 BGH v. 24. 9. 1952 BGHZ 7, 174 (181).

sie sich eine Anpassung ihres Beteiligungswertes an die wirklichen Verhältnisse gefallen zu lassen. Die Grenze für die Wertfestsetzung wird allein durch § 138 BGB gezogen.

Dritte Personen, insbesondere die Gläubiger des Inhabers, haben keine Möglichkeit, die von den Beteiligten vorgenommene Bewertung anzufechten. Im Konkursfall kann jedoch u.U. nach §§ 29 ff. KO ein **Anfechtungsrecht des Konkursverwalters** bestehen. 300

Ist im Gesellschaftsvertrag über die Bewertung der Vermögenseinlage nichts vereinbart, so ist sie nach **objektiven Maßstäben** vorzunehmen, d.h. die Einlage ist regelmäßig mit dem gemeinen Wert anzusetzen, der ihr im Zeitpunkt der Einbringung zukommt. Als Zeitpunkt der Einbringung ist der Zeitpunkt des Gefahrübergangs zu betrachten, wenn die Beteiligten nicht, was ihnen ebenso wie bei der Wertfestsetzung unbenommen bleibt, eine andere Regelung getroffen haben. 301

Kommt es zwischen den Beteiligten **über die Bewertung ihrer Einlage zum Streit,** muß diese durch den Richter erfolgen. Kann er unter Zugrundelegung objektiver Maßstäbe die Bewertung nicht vornehmen, dann ist ein Vertrag über die Errichtung einer stillen Gesellschaft nicht zustande gekommen, weil über einen wesentlichen Punkt des Gesellschaftsvertrags keine Einigung besteht. 302

Deshalb ist bei der Behandlung dieser Bewertungsfragen schon im Stadium des Vertragsabschlusses größte Sorgfalt geboten. Insbesondere sollten zumindest möglichst genaue Maßstäbe vereinbart werden, nach denen die etwa erst in Zukunft mögliche Fixierung des an sich schon gegenwärtig vorhandenen Vermögenswerts der Einlage erfolgen soll. Dies gilt vor allem auch für die Bewertung von Dienstleistungen, bei der sich oft Schwierigkeiten ergeben, die bei der Ermittlung des Gewinnanteils des Stillen und bei Beendigung der Gesellschaft akut werden. Es empfiehlt sich daher auch hier eine sorgfältige Klärung der Bewertungsfragen im Gesellschaftsvertrag. 303

Kommt es beim Abschluß des Gesellschaftsvertrags noch nicht zu einer Einigung über die Bewertung der von den Gesellschaftern einzubringenden Gegenstände, setzen die Gesellschafter aber gleichwohl in Kenntnis dieser noch ausstehenden Einigung ihre Gesellschaft im allseitigen Einverständnis in Vollzug, so findet die Auslegungsvorschrift des § 154 S. 1 BGB keine Anwendung. Die in Vollzug gesetzte Gesellschaft ist keine fehlerhafte Gesellschaft, sondern eine rechtlich **voll wirksame Gesellschaft**[58]. 304

---

58 BGH v. 23. 11. 1959 NJW 1960, 430 f. = BB 1960, 15.

3. Beitrag und Beteiligung

305 Aufgrund seiner Beitragsleistung ergibt sich für den Stillen ein **Beteiligungsverhältnis,** das zu den unabdingbaren Wesensmerkmalen der stillen Gesellschaft gehört[59]. Das Beteiligungsverhältnis ist im Gesellschaftsvertrag nach Art und Umfang zu bestimmen. Die Gesellschafter haben dabei insbesondere festzulegen, ob sich die Beteiligung auf den Gewinn und Verlust, nur auf den Gewinn oder auch auf das Geschäftsvermögen erstrecken soll.

306 Die Beteiligung des stillen Gesellschafters ist unabhängig von der dinglichen Vermögenslage zu betrachten. Da die stille Gesellschaft nicht als solche nach außen auftreten kann, fehlt es bei ihr an einem gemeinschaftlichen Gesellschaftsvermögen[60]. Hinsichtlich des im Handelsgeschäft des Inhabers insgesamt arbeitenden Vermögens besteht keine sachenrechtliche Gemeinschaft – weder in der Form eines Gesamthandeigentums noch in der Form einer Gemeinschaft nach Bruchteilen. Demzufolge sind die §§ 718, 719, 738 BGB, die das Vorhandensein eines Gesellschaftsvermögens voraussetzen, auf die stille Gesellschaft nicht anwendbar.

307 Daß es an einer Vermögensgemeinschaft fehlt, spielt für die Annahme einer Gesellschaft keine Rolle. Wesensnotwendig ist für die Gesellschaft lediglich der gemeinsame Zweck und die Förderungspflicht[61]. Entscheidend ist also die **Personengemeinschaft;** sie ist gegenüber der Vermögensgemeinschaft primär. Im Rahmen einer Gesellschaft ist zwar die Vermögensgemeinschaft die Regel, sie ist aber nicht unentbehrlich und gegenüber der Personengemeinschaft sekundär[62].

308 Es ist allerdings nicht ausgeschlossen, daß auch bei der stillen Gesellschaft beiden Gesellschaftern an einzelnen Gegenständen Bruchteilseigentum zusteht, wenn nur das Geschäft selbst auf den Namen des Inhabers geführt wird und dieser als der alleinige Träger des Unternehmens erscheint[63].

309 Auch bei der **atypischen** stillen Gesellschaft wird der stille Gesellschafter nicht Miteigentümer des Geschäftsvermögens; auch hier hat er wie ein

---

59 RG v. 8. 1. 1896 JW 1896, 76 = ZHR 48 (1899), 344; *Schlegelberger/Karsten Schmidt,* § 335 (§ 230 n.F.) Rn. 33.
60 *Schlegelberger/Karsten Schmidt,* § 335 (§ 230 n.F.) Rn. 9; *Zutt,* in: GroßKomm. § 230 Rn. 10; *Klauss/Mittelbach,* Rn. 103.
61 MünchKomm/*Ulmer,* § 705 Rn. 109.
62 *Larenz,* Schuldrecht II, § 60 I d, S. 379; *Klauss/Mittelbach,* Rn. 14.
63 BGH v. 29. 11. 1952 BGHZ 8, 157 (161); *Schlegelberger/Karsten Schmidt,* § 335 (§ 230 n.F.) Rn. 9; *Zutt,* in: GroßKomm. § 230 Rn. 10, 26; *H. P. Westermann,* S. 322.

Gläubiger lediglich obligatorische Ansprüche für den Zeitpunkt der Auseinandersetzung[64]. Er kann deshalb nicht intervenieren, wenn in das Vermögen des Geschäftsinhabers die Zwangsvollstreckung betrieben wird.

IV. Einlage und Haftung

Eine von dem stillen Gesellschafter als Beitrag geleistete Einlage geht in das Vermögen des Inhabers über und unterliegt somit uneingeschränkt der Zwangsvollstreckung seiner Gläubiger. Insoweit haftet sie mithin für die Schulden des Inhabers. Hingegen stellt die Beteiligung des stillen Gesellschafters nach der gesetzlichen Regelung des § 236 Abs. 1 HGB grundsätzlich **kein haftendes Kapital** dar. Denn der stille Gesellschafter kann sie, soweit sie nicht durch Verluste aufgebraucht ist, im Konkurs des Inhabers als Konkursforderung geltend machen. Dies wird insbesondere bei Ausschluß der Verlustbeteiligung des stillen Gesellschafters bedeutsam. Daß die Beteiligung des stillen Gesellschafters nicht zum haftenden Kapital gehört, zeigt sich auch daran, daß er eine rückständige Einlage nur insoweit in die Konkursmasse zu leisten hat, als dies zur Deckung seines Anteils am Verlust notwendig ist (§ 236 Abs. 2 HGB). Er muß sie nicht vollständig leisten und sich wegen des nicht durch Verluste aufgezehrten Teils seiner Beteiligung auf die Konkursquote verweisen lassen.

310

Zu der gesetzlichen Regel des § 236 Abs. 1 HGB, daß stille Beteiligungen kein haftendes Kapital darstellen, besteht aber die für die Praxis wichtige Ausnahme der **eigenkapitalersetzenden stillen Beteiligungen**. Sie stellen unter den gleichen Voraussetzungen wie eigenkapitalersetzende Darlehen haftendes Kapital dar, können also insbesondere nicht zur Konkurstabelle angemeldet werden und unterliegen den weiteren Besonderheiten eigenkapitalersetzender Leistungen. Da die daraus resultierenden Rechtsfolgen vornehmlich in der Insolvenz des Inhabers eine Rolle spielen, werden die damit zusammenhängenden Fragen unter Rn. 1046 ff. behandelt.

311

Der Begriff des „haftenden Eigenkapitals" spielt für stille Gesellschaften auch im **Gesetz über das Kreditwesen** (KWG) eine Rolle. Die Kreditinstitute müssen im Interesse der Erfüllung ihrer Verpflichtungen gegenüber ihren Gläubigern, insbesondere zur Sicherung der ihnen anvertrauten Vermögenswerte, ein angemessenes haftendes Eigenkapital aufweisen. Stille Beteiligungen sind dabei ihrem haftenden Eigenkapital unter der Voraussetzung zuzurechnen, daß sie bis zur vollen Höhe am Verlust teilnehmen und erst nach Befriedigung der Gläubiger des Kreditinstituts

312

---

64 *Schlegelberger/Karsten Schmidt*, § 335 (§ 230 n.F.) Rn. 69.

zurückgefordert werden können (§ 10 Abs. 4 S. 1 KWG). Weiter müssen sie dem Kreditinstitut insgesamt für mindestens 5 Jahre zur Verfügung gestellt worden sein und dürfen frühestens in zwei Jahren fällig werden. Diese Vertragsbedingungen können gem. § 10 Abs. 4 S. 2, 3 KWG nachträglich nicht zu Lasten der Gläubiger des Kreditinstituts verändert werden. Hierauf hat das Kreditinstitut den stillen Gesellschafter vor Abschluß des Gesellschaftsvertrages ausdrücklich schriftlich hinzuweisen.

V. Das Wesen des Einlagekontos

313 Das Einlagekonto des stillen Gesellschafters weist die durch die Auflösung der stillen Gesellschaft aufschiebend bedingte Forderung des stillen Gesellschafters gegen den Inhaber wegen seiner Beteiligung aus[65]. Ein **passives Einlagekonto** hat hingegen nur die Bedeutung einer **Gewinnauszahlungssperre**. Hat der stille Gesellschafter die Einlage voll geleistet, so kann er weder während des Bestehens der Gesellschaft noch bei ihrer Beendigung zur Abdeckung des passiven Einlagekontos herangezogen werden[66].

314 Nicht abgehobene Gewinne früherer Jahre können nicht zur Abdeckung späterer Verluste verwendet werden, es sei denn, daß sie nach dem Gesellschaftsvertrag die Beteiligung des stillen Gesellschafters erhöht haben.

315 Die Einlage muß nicht unbedingt für die Dauer des Gesellschaftsverhältnisses im Handelsgeschäft des Inhabers belassen werden. Es kann im Gesellschaftsvertrag vorgesehen werden, daß sie nach einer bestimmten Zeit zurückzugeben ist, ohne daß das Gesellschaftsverhältnis davon berührt würde. Dies ergibt sich aus § 237 Abs. 1 HGB, in dem die ganze oder teilweise **Rückgewähr der Einlage** bei fortbestehender Gesellschaft ausdrücklich erwähnt wird.

316 Auch die herrschende Meinung, die in der Leistung einer Vermögenseinlage eine unerläßliche Voraussetzung für die Errichtung der Gesellschaft erblickt, bestreitet nicht die Zulässigkeit von deren zeitweiser Rückgewähr. Der Rückgewähr der Einlage stehen andere Leistungen des Inhabers gleich, soweit sie ihren Rechtsgrund in dem stillen Gesellschaftsverhältnis haben. Inwieweit die Rückgewähr der Einlage die Beendigung des stillen Gesellschaftsverhältnisses kennzeichnet, richtet sich folglich ausschließlich nach dem Parteiwillen. Ohne besondere Vereinbarung wird

---

[65] RG v. 10. 4. 1934 RGZ 144, 246 (249 f.).
[66] *Schlegelberger/Karsten Schmidt*, § 335 (§ 230 n.F.) Rn. 143; *Klauss/Mittelbach*, Rn. 125.

§ 6 Beitragsleistung und die Einlage des stillen Gesellschafters

man allerdings von der Rückgewähr auf die Beendigung des Gesellschaftsverhältnisses schließen dürfen.

Die Gewinnbeteiligung des stillen Gesellschafters ist hingegen konstitutives Merkmal der stillen Gesellschaft (§ 231 Abs. 2 2. Hs. HGB). Ihr Ausschluß beendet das stille Gesellschaftsverhältnis oder wandelt es in eine Innengesellschaft des bürgerlichen Rechts um[67]. 317

Der stille Gesellschafter kann – auch rückwirkend für bereits eingetretene Verluste – **von der Teilnahme am Verlust befreit** werden (§ 231 Abs. 2 1. Hs. HGB) und es kann ihm sein anteiliger Gewinn ausgezahlt werden, obwohl seine Einlage durch Verluste gemindert ist. Auch dies können die Gläubiger des Inhabers grundsätzlich nicht verhindern (vgl. Rn. 1103 ff.). Entsprechendes gilt auch für den Erlaß der Verpflichtung zur Leistung der Einlage[68]. 318

Die Beteiligung des stillen Gesellschafters kann ebenso wie sein Anspruch auf Gewinnbeteiligung durch Bestellung einer Hypothek, eines Pfandrechts, durch Sicherungsübereignung oder Bürgschaft sichergestellt werden (Rn. 533). 319

Eine **Abtretung der Beteiligung** durch den stillen Gesellschafter ist nur mit Zustimmung des Geschäftsinhabers zulässig. Um Unklarheiten auszuschließen, sollte für den Fall der zulässigen Abtretung durch den Stillen vereinbart werden, daß die Abtretung dem Inhaber gegenüber nur wirksam ist, wenn sie ihm von beiden Vertragsparteien gemeinsam angezeigt wird. 320

VI. Zusammenfassung

Mit der Beitragsleistung beteiligt sich der stille Gesellschafter am Handelsgewerbe des Inhabers. Diese Beteiligung bildet die Grundlage für die Ansprüche des stillen Gesellschafters auf anteiligen Gewinn und etwaigen Liquidationserlös und für seine sonstigen Rechte und Pflichten gesellschaftsrechtlicher Art. 321

Gegenstand der Beitragsleistung kann alles sein, was der Förderung des gemeinsamen Gesellschaftszwecks dient. Hierzu gehören die bilanzierungsfähigen Einlageleistungen wie die Geldzahlung oder die Sachlei-

---

67 Vgl. zum Gewinnausschluß bei Personengesellschaften *Flume*, I/1, § 3 V, S. 48 ff.
68 OLG Frankfurt a.M. v. 1. 12. 1981 WM 1982, 198 (199); *Schlegelberger/Karsten Schmidt*, § 335 (§ 230 n.F.) Rn. 156.

stung, aber auch sonstige Beiträge wie Gebrauchsüberlassungen, Dienstleistungen oder die Bereitstellung immaterieller Werte.

Bei der Bewertung der sich aus der Beitragsleistung ergebenden Einlage des Stillen haben die Beteiligten freie Hand. Sie können den Wert nach ihrem Ermessen festsetzen und brauchen dabei auf den objektiven Verkehrswert keine Rücksicht zu nehmen. Der Wert der Vermögenseinlage ist dem stillen Gesellschafter auf seinem Einlagekonto gutzubringen. Da die nicht bilanzierungsfähigen Beiträge des Stillen wie Gebrauchsüberlassungen und Dienstleistungen regelmäßig durch eine vom Einlagekonto unabhängige Gewinnbeteiligung des Stillen abgegolten werden, werden hierfür Gutschriften auf dem Einlagekonto nur bei ausdrücklicher Vereinbarung im Gesellschaftsvertrag vorgenommen. Gewinnanteile, die der stille Gesellschafter nicht entnommen hat, erhöhen in Ermangelung abweichender Vereinbarungen nicht seine Vermögenseinlage und sind deshalb wie sonstige Forderungen und Schulden, die aus außergesellschaftlichen Rechtsgeschäften herrühren, nicht auf dem Einlagekonto, sondern auf einem besonderen Darlehenskonto des Stillen auszuweisen.

Von Bedeutung ist die Vermögenseinlage grundsätzlich nur im Innenverhältnis zwischen dem Geschäftsinhaber und dem stillen Gesellschafter. Ihr kommt im Gegensatz zur Kommanditeinlage gegenüber den Gläubigern des Inhabers grundsätzlich keine Garantiefunktion zu. Wird sie vorzeitig zurückgezahlt, so ändert das nichts an dem Fortbestand der stillen Gesellschaft, wenn nur der stille Gesellschafter weiterhin am Gewinn beteiligt bleibt. Die Gläubiger des Inhabers haben darauf keinen Einfluß (vgl. aber § 237 HGB).

§ 7 Die Gewinn- und Verlustbeteiligung

Schrifttum: *Bitsch, Herbert,* Gewinnverteilung der GmbH & Stille Gesellschaft, GmbHR 1983, 56; *Breidenbach, Berthold,* Angemessenheit der Gewinnverteilung bei Familien-Personengesellschaften, DB 1980, Beilage 20; *Döllerer, Georg,* Die atypische stille Gesellschaft – gelöste und ungelöste Probleme, DStR 1985, 295; *Emmerich, Volker* und *Jürgen Sonnenschein,* Konzernrecht, 5. Aufl., 1993; *Geßler, Ernst, Wolfgang Hefermehl, Ulrich Eckhardt* und *Bruno Kropff,* Aktiengesetz, 1973 ff.; *Huber, Ulrich,* Vermögensanteil, Kapitalanteil und Gesellschaftsanteil an Personengesellschaften des Handelsrechts, 1970; *ders.,* Gesellschafterkonten in der Personengesellschaft, ZGR 1988, 1 ff.; *Jebens, Philipp,* Die stille Beteiligung an einer Kapitalgesellschaft, BB 1996, 701; Kölner Kommentar zum Aktiengesetz, hrsg. von Wolfgang Zöllner, 1. Aufl. 1970 ff.; 2. Aufl. 1985 ff.; *Kropf, Bruno,* Textausgabe des Aktiengesetzes, 1965; *Märkle, Rudi W.,* Zur Gewinnverteilung bei Familienpersonengesellschaften, DStR 1973, 131; *Mertens, Klaus-Peter,* Die Entscheidungsautonomie des Vorstands und die „Basisdemokratie" in der Aktiengesellschaft, ZHR 147 (1983), 377; *Möhring, Philipp / Nirk, Rudolf / Tank, Gerhard / Brezing, Klaus,* Handbuch der Aktiengesellschaft, Bd. 1, Gesellschaftsrecht, Steuerrecht, 2. Aufl., Loseblatt, 1982 ff.; *Schmidt, Karsten,* Konzernrechtliche Wirksamkeitsvoraussetzungen für typische stille Beteiligungen an Kapitalgesellschaften, ZGR 1984, 297; *Schneider, Uwe H.* und *Peter Reusch,* Die Vertretung und Mitwirkung der Gesellschafter bei der Gründung einer GmbH & Still, DB 1989, 713; *Schulze-Osterloh, Joachim,* Das Recht der Unternehmensverträge und die stille Beteiligung an einer Aktiengesellschaft, ZGR 1974, 427; *Semler, Johannes,* Vorfinanzierung künftigen Aktienkapitals durch stille Gesellschaften, Festschrift für Winfried Werner, 1984, S. 855; *Stimpel, Walter,* Anlegerschutz durch Gesellschaftsrecht in der Publikumskommanditgesellschaft, FS Fischer, 1979, S. 771.

I. Die Gewinnbeteiligung

Drittes unerläßliches Erfordernis für das Zustandekommen einer stillen Gesellschaft i.S.d. §§ 230 ff. HGB ist neben der Beteiligung am Handelsgewerbe eines anderen und neben der Beitragsleistung des Stillen die Beteiligung des stillen Gesellschafters am Gewinn. Sie kann nicht ausgeschlossen werden (§ 231 Abs. 2, 2. Hs. HGB).

322

1. Der Begriff der Gewinnbeteiligung

Gewinn ist das positive Ergebnis eines Handelsgewerbes innerhalb eines Wirtschaftsjahres, das einen Zeitraum von nicht mehr als 12 Monaten umfaßt. Er drückt sich im handelsrechtlichen Jahresabschluß (Bilanz sowie Gewinn- und Verlustrechnung) der Gesellschaft aus. Der Gewinn des stillen Gesellschafters wird sich regelmäßig an dieser Jahresbilanz orientieren. Es bleibt den Beteiligten jedoch unbenommen, als Grundlage für

323

die Gewinnbeteiligung des Stillen auch den Gewinn zu vereinbaren, der sich aus der Steuerbilanz ergibt. Es empfiehlt sich daher, im Gesellschaftsvertrag in jedem Falle eine **eindeutige Regelung** darüber zu treffen, welcher Gewinn zugrunde gelegt werden soll. Ist das nicht geschehen, so wird es regelmäßig dem Willen der Beteiligten entsprechen, daß der Gewinn maßgebend sein soll, der sich aus dem handelsrechtlichen Jahresabschluß ergibt (Rn. 838).

324 Die Gewinnbeteiligung **braucht sich nicht auf den Gesamtgewinn des Handelsgewerbes zu beziehen;** sie kann auf die Ergebnisse einer Niederlassung, einer Zweigstelle, einzelner Abteilungen oder bestimmter Geschäftsarten beschränkt sein. Dagegen genügt die Beteiligung nur an einzelnen – auch mehreren – Handelsgeschäften nicht[1].

325 Die nach § 231 Abs. 2 2. Hs. HGB erforderliche Gewinnbeteiligung des stillen Gesellschafters ist dann gegeben, wenn der Anteil des stillen Gesellschafters **von dem Ergebnis des Geschäftsbetriebes abhängig** ist, wenn er also die Gefahr, daß kein Gewinn erzielt wird, mitzutragen hat[2]. Das ist nicht der Fall, wenn er einen festen, vom wechselnden Geschäftsergebnis unabhängigen, stets gleichbleibenden Anteil erhält[3], wenn er auf von ihm gelieferte Waren einen Zuschlag zum Verkaufspreis erhebt[4] oder wenn ihm eine feste Verzinsung seiner Einlage zugesagt wird[5]. Fehlt es an einer Gewinnbeteiligung, dann bedeutet dies freilich nicht die Nichtigkeit der Vereinbarung, sondern lediglich, daß die Vereinbarung keine stille Gesellschaft i.S.d. §§ 230 ff. HGB begründet. Liegt dem Rechtsverhältnis ein gemeinsamer Zweck i.S.v. § 705 BGB zugrunde, wird es sich um eine Gesellschaft bürgerlichen Rechts handeln, während in den Fällen der festen Verzinsung der Einlage in der Regel von einem Darlehensverhältnis auszugehen sein wird[6].

---

1 *Zutt,* in: GroßKomm. § 230 Rn. 29; *Schlegelberger/Karsten Schmidt,* § 336 (§ 231 n.F.) Rn. 23; vgl. dazu auch unten Rn. 366.
2 RG v. 6. 12. 1928 RGZ 122, 387 (390); BGH v. 22. 12. 1953 LM Nr. 8 zu § 139 BGB; BayObLG v. 2. 1. 1951 NJW 1951, 237 (238).
3 RG v. 1. 3. 1893 RGZ 31, 72 (73 f.); RG v. 16. 9. 1930 RGZ 130, 1 (4); RG v. 6. 12. 1935 JW 1936, 921; BGH v. 22. 12. 1953 LM Nr. 8 zu § 139 BGB; BFH v. 9. 7. 1969 (I R 188/67) BFHE 96, 397 (402) = BStBl. 1969, II 690 (692); BayObLG v. 2. 1. 1951 NJW 1951, 237 (238); OLG Hamburg v. 22. 8. 1949 MDR 1950, 229; *Schlegelberger/Karsten Schmidt,* § 336 (§ 231 n.F.) Rn. 23; *Zutt,* in: GroßKomm. § 230 Rn. 17; *Baumbach/Hopt,* § 231 Rn. 2; MünchHdb. StG/*Bezzenberger* § 22 Rn. 3.
4 RG v. 1. 3. 1893 RGZ 31, 72 (73 f.).
5 RG v. 6. 12. 1928 RGZ 122, 387 (390); RG v. 16. 9. 1930 RGZ 130, 1 (4).
6 *Zutt,* in: GroßKomm. § 231 Rn. 9; *Schlegelberger/Karsten Schmidt,* § 335 (§ 230 n.F.) Rn. 37 und § 336 (§ 231 n.F.) Rn. 23; *Baumbach/Hopt,* § 231 Rn. 2; MünchHdb. StG/*Bezzenberger* § 22 Rn. 4.

§ 7 Gewinn- und Verlustbeteiligung

Auch eine bloße **Umsatzbeteiligung ist keine Gewinnbeteiligung.** Die Umsatzbeteiligung hat nicht die Erzielung eines Gewinns zur Voraussetzung und muß deshalb auch in Verlustjahren gewährt werden. Für den Umsatzbeteiligten ist die neben dem Gehalt gezahlte Umsatzprovision regelmäßig eine zusätzliche Entlohnung, um seinen Einsatz und sein Interesse zu fördern[7]. Wird die Umsatzprovision gegen feste Verzinsung im Geschäft des Inhabers belassen, so liegt ein Darlehen vor, das in eine stille Beteiligung umgewandelt werden kann, wenn eine Gewinnbeteiligungsabrede hinzutritt.

326

Dagegen wird das Merkmal der Gewinnbeteiligung nicht dadurch ausgeschlossen, daß die Gewinnbeteiligung auf einen **Höchst- oder Mindestbetrag** festgesetzt wird, da auch hier der stille Gesellschafter die Gefahr des Unternehmens mitträgt[8]. In der Garantie eines Mindestgewinns wird man regelmäßig zugleich den Ausschluß der Verlustbeteiligung zu sehen haben[9].

327

Da § 232 HGB nachgiebiges Recht enthält[10], ist die Gewinn- und Verlustberechnung sowie die Auszahlung des auf den stillen Gesellschafter entfallenden Gewinns nicht unbedingt zum Schlusse jedes Geschäftsjahres vorzunehmen. Daher ist eine Vereinbarung zwischen den Gesellschaftern zulässig, nach der der stille Gesellschafter in den einzelnen Jahren keine anteiligen Gewinne erhält, sondern nur an dem **sich bei der künftigen Auseinandersetzung ergebenden Überschuß** teilnehmen soll[11]. Dabei ist jedoch zu beachten, daß mangels besonderer Vereinbarung die Beteiligung am Geschäftsgewinn nicht ohne weiteres auch die Beteiligung am Liquidationsgewinn umfaßt, wenn der Inhaber sein Handelsgeschäft vertragswidrig liquidiert. Es können dem stillen Gesellschafter dann nur Schadensersatzansprüche wegen seines ihm entgangenen Gewinns erwachsen[12].

328

---

7 RFH v. 23. 2. 1944 (VI 312/43) RStBl. 1944, 405 (406); BFH v. 11. 11. 1965 (IV 82/62 U) BStBl. 1966, III 95.
8 RG v. 6. 12. 1928 RGZ 122, 387 (390); RG v. 6. 12. 1935 JW 1936, 921; BGH v. 22. 12. 1953 LM Nr. 8 zu § 139 BGB; BayObLG v. 2. 1. 1951 NJW 1951, 237 (238); OLG Hamburg v. 22. 8. 1949 MDR 1950, 229; *Zutt,* in: GroßKomm. § 231 Rn. 9; *Schlegelberger/Karsten Schmidt,* § 336 (§ 231 n.F.) Rn. 23; *Baumbach/Hopt,* § 231 Rn. 2.
9 Wie hier: *Schlegelberger/Karsten Schmidt,* § 336 (§ 231 n.F.) Rn. 20; *Baumbach/Hopt,* § 231 Rn. 3; a.A. noch *Paulick,* 3. Aufl., S. 95.
10 *Schlegelberger/Karsten Schmidt,* § 337 (§ 232 n.F.) Rn. 2.
11 RG v. 6. 12. 1928 RGZ 122, 387 (390).
12 OLG Rostock v. 27. 6. 1908 OLGE 22, 37.

2. Die Gewinnbeteiligungsmöglichkeiten

329 Die Art und Weise der Gewinnverteilung und die Festsetzung des Gewinnverteilungsschlüssels werden von den Beteiligten im Wege gegenseitiger Vereinbarung geregelt, ohne daß für sie in der Regel irgendwelche gesetzliche Bindungen bestehen.

330 Meist wird vereinbart, daß der stille Gesellschafter einen bestimmten **Hundertsatz** des Gewinns erhalten soll oder daß die Gewinnverteilung auf der Grundlage des **Verhältnisses** der Vermögenseinlage des stillen Gesellschafters zum Betriebsvermögen des Inhabers vorzunehmen ist. Dabei ist von der ursprünglichen Vermögenseinlage auszugehen. Denn die jeweiligen Buchwerte der Vermögenseinlage am Ende eines jeden Geschäftsjahres sind als Bemessungsgrundlage für die Gewinnverteilung zu sehr der Manipulation durch den Geschäftsinhaber unterworfen[13].

331 Üblich ist auch die Absprache, daß jeder Gesellschafter aus dem vorhandenen Reingewinn vorweg eine **bestimmte Dividende auf sein Kapital** erhält und daß erst der restliche Gewinn verteilt wird, wobei die Kapitaldividende freilich nur gezahlt wird, wenn ein Gewinn erwirtschaftet worden ist. Wird dagegen dem stillen Gesellschafter neben der Gewinnbeteiligung eine feste Verzinsung seiner Einlage zugesagt, dann sind die Zinsen im Zweifel auch zu zahlen, wenn ein Gewinn nicht erzielt worden ist oder wenn der erzielte Gewinn gerade nur zur Erfüllung der Zinsverpflichtung ausreicht.

332 Es kann ferner vereinbart werden, daß der stille Gesellschafter in bestimmten Grenzen zu **Entnahmen** aus seiner Vermögenseinlage berechtigt sein soll. Eine solche Vereinbarung kommt in der Praxis selten vor. Sie kann dann aber ein Indiz dafür sein, daß der stille Gesellschafter in seiner Rechtsstellung derjenigen eines Mitunternehmers gleichgestellt sein soll.

333 **Beläßt** der stille Gesellschafter seine anteiligen **Gewinne im Handelsgewerbe** des Inhabers, so empfiehlt es sich, eine Vereinbarung darüber zu treffen, ob der Gewinnanteil als Darlehen anzusehen ist oder ob eine Erhöhung der Vermögenseinlage mit entsprechender Gewinnbeteiligung gewollt ist. Verbleibt der Gewinnanteil als Darlehen im Handelsgewerbe, so bedarf es für eine Verzinsung des Darlehenskontos der zusätzlichen Vereinbarung. Denn die gegebenenfalls vereinbarte Mindestdividende für die Einlage gilt keineswegs zwingend auch für die Verzinsung eines Darlehens[14].

---

13 Vgl. dazu eingehend MünchHdb. StG/*Bezzenberger* § 22 Rn. 6.
14 *Schlegelberger/Karsten Schmidt*, § 337 (§ 232 n.F.) Rn. 30.

§ 7 Gewinn- und Verlustbeteiligung

Ein Gesellschafter, der nicht mit einer Bar- oder Sacheinlage beteiligt ist, erfährt durch die Einräumung der Gewinnbeteiligung keine unentgeltliche Bereicherung, wenn die Gewinnbeteiligung in angemessenem Verhältnis zu den von ihm übernommenen Pflichten, insbesondere zum Wert seiner Mitarbeit und seines Risikos steht. Ist jedoch die Gewinnbeteiligung so hoch, daß sie durch den Wert der übernommenen Gesellschafterpflichten keinen Ausgleich findet, so liegt in dem Teil der Gewinnbezüge, dem keine Gegenleistung gegenübersteht, eine freigebige und möglicherweise schenkungsteuerpflichtige Zuwendung an den stillen Gesellschafter. Voraussetzung für die Annahme einer solchen **gemischten Schenkung** ist in subjektiver Hinsicht, daß die Beteiligten das Mißverhältnis zwischen Leistung und Gegenleistung erkannt und die freigebige Bereicherung des stillen Gesellschafters als Erfolg ihres Handelns gewollt haben (Rn. 1779).

334

Ob der stille Gesellschafter auch an dem Gewinn aus den im Zeitpunkt der Errichtung der stillen Gesellschaft schwebenden Geschäften oder nur am Gewinn aus den während des Bestehens der Gesellschaft abgeschlossenen Geschäften beteiligt sein soll, muß im Wege der Vertragsauslegung ermittelt werden. Zur Vermeidung von Streitigkeiten empfiehlt sich eine eindeutige Regelung. Fehlt es an einer solchen, wird im Zweifel davon auszugehen sein, daß der stille Gesellschafter nach dem Willen der Beteiligten **an allen Gewinnen** teilnehmen soll, die während des Bestehens der Gesellschaft realisiert werden (vgl. Rn. 873).

335

Während die Gewinnbeteiligung des stillen Gesellschafters nicht ausgeschlossen werden darf, kann die des Inhabers des Handelsgeschäfts unter Umständen ausgeschlossen werden[15]. Diese Konstellation ist gelegentlich anzutreffen, wenn der stille Gesellschafter im Innenverhältnis der eigentliche Träger des Unternehmens ist. Der Inhaber erhält dann gewöhnlich ein festes Gehalt. Eine derartige Konstruktion wird man aber nur anerkennen dürfen, wenn die stille Gesellschaft **Treuhandcharakter** trägt und der Inhaber **im Innenverhältnis von den Verlusten befreit ist.** Sollte dieses nicht der Fall sein, ist der Vertrag wegen Knebelung sittenwidrig und nach § 138 BGB unwirksam[16].

336

Geht die Vereinbarung dahin, daß jemand am Gewinn, den ein anderer als Gesellschafter einer Handelsgesellschaft erzielt, beteiligt sein soll, so liegt keine Beteiligung am Handelsgewerbe eines anderen und demzufolge

337

---

15 *Zutt*, in: GroßKomm. § 231 Rn. 10; *Schlegelberger/Karsten Schmidt*, § 336 (§ 231 n.F.) Rn. 24.
16 *Schlegelberger/Karsten Schmidt*, § 335 (§ 230 n.F.) Rn. 36.

keine stille Gesellschaft vor. Es handelt sich vielmehr um eine **Unterbeteiligung,** deren Rechtsverhältnisse sich nach den Vorschriften über die Gesellschaft bürgerlichen Rechts bestimmen (Rn. 1868).

338 Sollte ausnahmsweise der Gesellschaftsvertrag keine Regelung im Hinblick auf die Gewinnverteilung enthalten, gilt nach § 231 Abs. 1 HGB ein den Umständen nach angemessener Anteil als bedungen. Als angemessen gilt dabei eine Gewinnverteilung, die sich aus dem Verhältnis der Werte der Beitragsleistungen ergibt.

339 Ist nur der Anteil am Verlust bestimmt, so gilt dieser im Zweifel auch für die Gewinnbeteiligung (§ 722 Abs. 2 BGB).

3. Anwendung der §§ 291 ff. AktG auf die stille Beteiligung an einer Aktiengesellschaft

a) Die stille Beteiligung als Teilgewinnabführungsvertrag

340 Nach § 292 Abs. 1 Nr. 2 AktG i.V.m. § 293 Abs. 2 AktG bedürfen Verträge, in denen die Aktiengesellschaft sich verpflichtet, einen Teil ihres Gewinns oder den Gewinn einzelner ihrer Betriebe ganz oder zum Teil an einen anderen abzuführen, zu ihrer Wirksamkeit der Zustimmung von mindestens drei Viertel des in der Hauptversammlung vertretenen Grundkapitals und der Eintragung in das Handelsregister (§ 294 AktG). Daneben hat der Vorstand der Hauptversammlung einen schriftlichen Bericht über den Abschluß und Inhalt des Gewinnabführungsvertrags zu erstatten sowie eine Prüfung durch einen Wirtschaftsprüfer oder eine Wirtschaftsprüfungsgesellschaft in die Wege zu leiten[17].

341 Zu den Unternehmensverträgen gehören auch die **Teilgewinnabführungsverträge.** Ein Teilgewinnabführungsvertrag liegt gemäß § 292 Abs. 1 Nr. 2 AktG dann vor, wenn sich eine Aktiengesellschaft verpflichtet, einen Teil ihres Gewinns oder den Gewinn einzelner ihrer Betriebe ganz oder zum Teil an einen anderen abzuführen. Dabei ist gemäß § 292 Abs. 2 AktG davon auszugehen, daß Verträge über eine Gewinnbeteiligung von Mitgliedern des Vorstandes und des Aufsichtsrats oder von einzelnen Arbeitnehmern der Gesellschaft sowie eine Abrede über eine Gewinnbeteiligung im Rahmen von Verträgen des laufenden Geschäftsverkehrs oder Lizenzverträgen keine Teilgewinnabführungsverträge sind.

342 Der Frage, ob und in welchem Umfang das Recht der Unternehmensverträge auf die Vereinbarung einer stillen Gesellschaft mit einer Aktienge-

---
17 Vgl. dazu näher *Zacharias/Hebig/Rinnewitz,* S. 55 ff.

sellschaft anzuwenden ist, kommt grundsätzliche Bedeutung zu, zumal das Problem berührt wird, ob und gegebenenfalls welche Verbindungslinien zwischen dem Recht der Personengesellschaften und dem Recht der Unternehmensverbindungen bestehen. Im Kern geht es dabei um die Frage, ob mit Hilfe gesellschaftsrechtlicher Gestaltungen der Beziehungen zu einer Aktiengesellschaft die für Unternehmensverträge geltenden Vorschriften unterlaufen werden können oder ob das Recht der Unternehmensverträge das Gesellschaftsrecht überlagert[18].

Teilweise wird die **Anwendung der §§ 291 ff. AktG auf das stille Beteiligungsverhältnis** mit der Begründung verneint, daß der stille Gesellschafter zusammen mit seinem Partner einen gemeinsamen von dem Ertrag der AG zu unterscheidenden Gewinn erziele, so daß es an einer Abführung des Gewinns der Aktiengesellschaft an den stillen Teilhaber fehle[19]. Demgegenüber steht die heute ganz überwiegende Auffassung auf dem gegenteiligen Standpunkt und nimmt an, es liege ein Unternehmensvertrag entweder nach § 292 Abs. 1 Nr. 2 AktG[20] oder (bei einer Geschäftsführungsbefugnis des Stillen) Nr. 3 AktG[21] vor. 343

Der letztgenannten Auffassung ist mit der Maßgabe beizupflichten, daß in jedem Falle ein Vertrag nach § 292 Abs. 1 Nr. 2 AktG gegeben ist. Das Gegenargument, die stille Gesellschaft erziele einen eigenen, von der Aktiengesellschaft zu unterscheidenden Gewinn, kann nicht überzeugen. Es läßt sich mit der Rechtsnatur der stillen Gesellschaft als einer Innengesellschaft ohne eigenes Vermögen nicht vereinbaren. Die Eigenart der stillen Gesellschaft besteht gerade darin, daß der Teilhaber sich an dem Unternehmen eines anderen beteiligt und mit diesem nicht ein gemeinsames Unternehmen gründet. Die vertragliche Vereinbarung bezieht sich demzufolge auf die Partizipation an dem vom Partner erwirtschafteten Gewinn als dem Ertrag ausschließlich dieses anderen Unternehmens. Damit erfüllt der Abschluß eines stillen Gesellschaftsvertrages das Merkmal der Abführung selbst erwirtschafteten Gewinns an einen anderen. Da in aller Regel nicht der gesamte Gewinn abgeführt werden soll (Rn. 330), ist die stille Beteiligung grundsätzlich einem **Teilgewinnabführungsvertrag** gleichzustellen. Bis zur Zustimmung durch die Hauptversammlung und bis zur Eintragung in das Handelsregister sind die stillen Gesellschaftsverträge daher schwebend unwirksam. 344

---

18 Vgl. dazu *Schulze-Osterloh*, ZGR 1974, 427 ff.
19 *Möhring/Nirk/Tank/Brezing*, Handbuch der Aktiengesellschaft I, Anm. 745.
20 *Emmerich/Sonnenschein* § 11 III 1; *Karsten Schmidt*, ZGR 1984, 297 ff.; *Schlegelberger/Karsten Schmidt*, § 335 (§ 230 n.F.) Rn. 104; MünchHdb. StG/*Bezzenberger* § 7 Rn. 23 ff.; *Zutt*, in: GroßKomm. § 230 Rn. 58.
21 So *Schulze-Osterloh*, ZGR 1974, 427 ff.

345 Diese Gleichstellung gilt unabhängig davon, ob es sich um eine typische oder atypische stille Beteiligung handelt[22]; denn entgegen der Ansicht von Schulze-Osterloh[23] führt insbesondere die Vereinbarung erweiterter Geschäftsführungsbefugnisse des Stillen zu keiner besonderen Beurteilung. Durch eine solche Vereinbarung ändert sich nichts daran, daß der Gewinn der Aktiengesellschaft als solcher der Bezugspunkt der Gewinnvereinbarung ist. Der Umstand, daß steuerlich der Gewinn auch dem Stillen zugerechnet wird, ist auf die zivilrechtliche Beurteilung in diesem Punkt ohne Einfluß. Die steuerliche Bewertung kann kein gemeinschaftliches Vermögen, und damit keinen Gewinn der stillen Gesellschaft, den es zu verteilen gäbe, konstituieren. Eine Partizipation an der Geschäftsführung kann auch nicht dazu führen, einen Betriebsüberlassungsvertrag im Sinne von § 292 Abs. 1 Nr. 3 AktG zu begründen, da die Geschäftsführung des Stillen noch immer vorrangig auf Rechnung der Aktiengesellschaft erfolgt, der Betriebsüberlassungsvertrag aber das Handeln des Übernehmenden auf seine Rechnung – wenn auch im Namen der AG – erfordert. Die Gewinnbeteiligung des Stillen hat nicht zur Folge, daß er nunmehr die Geschäfte gänzlich auf eigene Rechnung führt. Außerdem ist aus dem schon genannten Grunde die Argumentation von Schulze-Osterloh, der Betrieb werde von der stillen Gesellschaft geführt[24], mit deren Rechtsnatur nicht zu vereinbaren. An einen Betriebsüberlassungsvertrag mit dem stillen Gesellschafter als Übernehmenden wäre allenfalls zu denken, wenn dieser allein für die AG die Geschäfte führen würde, wobei die Aktiengesellschaft ihrerseits den Status einer sog. „Rentengesellschaft" hätte[25].

b) Die Zustimmung der Hauptversammlung zum Abschluß des stillen Gesellschaftsvertrags

(1) Erforderlichkeit der Zustimmung

346 Sofern sich die stille Gesellschaft als **Publikumsgesellschaft** an ein breites Anlagepublikum wenden will, also eine Vielzahl von Vertragsschlüssen angestrebt wird, erweist sich die Notwendigkeit der Zustimmung der Hauptversammlung nach § 293 Abs. 1 AktG zu jedem einzelnen Vertragsschluß als eine praktische Hürde.

---

22 *Jebens*, BB 1996, 701; *Karsten Schmidt*, ZGR 1984, 295, (302 ff.); MünchHdb. StG/*Bezzenberger* § 7 Rn. 23 ff.
23 ZGR 1974, 427 (447).
24 ZGR 1974, 427 (453 f.).
25 Vgl. dazu *Geßler*, in: *Geßler/Eckardt/Hefermehl/Kropff*, Aktiengesetz, § 292 Rn. 28 f.

§ 7 Gewinn- und Verlustbeteiligung

Eine in § 292 Abs. 2 AktG angelegte Möglichkeit, die Zustimmungspflicht der Hauptversammlung auszuschließen, wäre die Annahme, dem Abschluß der stillen Gesellschaftsverträge lägen Abreden über eine Gewinnbeteiligung im Rahmen von Verträgen des laufenden Geschäftsverkehrs zugrunde. Diesen Fall nimmt das Gesetz von der Anwendung des Rechts der Unternehmensverträge und damit von der Zustimmungspflicht der Hauptversammlung explizit aus, obwohl es sich auch hierbei um Gewinnbeteiligungen handelt. Unter welchen Voraussetzungen die Abrede über eine Gewinnbeteiligung im Rahmen von Verträgen des laufenden Geschäftsverkehrs getroffen ist, sagt das Gesetz nicht. Es liegt nahe, hierin Geschäfte zu erblicken, die regelmäßig oder zumindest häufig wiederkehren und sich in dem Bereich bewegen, mit dem die Geschäftsführung nach dem Betrieb des Unternehmens ständig befaßt ist[26]. Unter diesem Aspekt könnten die stillen Beteiligungen als Gegenstand des laufenden Geschäftsverkehrs angesehen werden. Es erscheint allerdings fraglich, ob mit dieser Argumentation dem Sinn der Befreiungsvorschrift in § 292 Abs. 2 AktG entsprochen wird. Es muß auch berücksichtigt werden, daß der Abschluß eines stillen Gesellschaftsvertrages für ein Unternehmen in der Regel nicht Gegenstand des üblichen Geschäftsverkehrs ist. Er stellt vielmehr im Personengesellschaftsrecht ein **ungewöhnliches Geschäft** im Sinne des § 116 HGB dar[27]. Nach der Gesetzesbegründung sollten mit der Vorschrift des § 292 Abs. 2 AktG aber lediglich unbedeutende Gewinnabführungen in üblichen Formen der Gewinnbeteiligung zur Entlastung der Hauptversammlung ausgenommen werden[28]. Inwieweit die Vereinbarung einer stillen Beteiligung eine nach den Vorstellungen des Gesetzgebers im Wirtschaftsleben übliche Gewinnbeteiligung ist, läßt sich nicht ohne weiteres in dem einen oder anderen Sinne zweifelsfrei bestimmen. Immerhin spricht die Einordnung als ungewöhnliches Geschäft im Sinne von § 116 HGB eher dagegen. Entscheidend dürfte jedoch der Gesichtspunkt sein, daß die stillen Beteiligungen bei den Publikumsgesellschaften in der Regel keinen unbedeutenden Charakter tragen. Sie sind vielmehr ein einkalkuliertes, wesentliches Instrument der Kapitalbeschaffung und als solches ein tragender Pfeiler der gesamten Konzeption. Damit erhält die Entscheidung über den Abschluß stiller Gesellschaftsverträge den Charakter eines **Grundlagenbeschlusses.** Ein solcher kann nicht nach § 292 Abs. 2 AktG aus der Zustimmungspflicht der Hauptversammlung entlassen werden.

347

---

26 In diese Richtung *Semler*, FS Werner, S. 855 (861).
27 *Karsten Schmidt*, ZGR 1984, S. 295 (302) m.w.N. in Fn. 38.
28 Amtl. Begr. abgedruckt bei *Kropff*, Aktiengesetz, 1965, S. 379.

348 Denkbar ist auch, die Festschreibung des Zwecks der Einräumung stiller Beteiligungen in der Satzung als Unternehmensgegenstand für ausreichend zu erachten. Man könnte nämlich argumentieren, daß in diesen Fällen der Abschluß der einzelnen Verträge auf einem von der Hauptversammlung gebilligten Unternehmensgegenstand beruhe und im weiteren eine reine „Routinesache", in diesem Sinne also „laufender Geschäftsverkehr" sei. Eine solche Argumentation widerspräche aber der Konzeption, die die Rechtsprechung bei der Auslegung der Kompetenzvorschriften des Aktiengesetzes verfolgt. Danach ist die Aufnahme eines bestimmten Tätigkeitsfeldes in die Satzung von der Frage der Zustimmung zu dem Geschäft durch die Hauptversammlung strikt zu trennen. Die Festlegung des Unternehmensgegenstandes in der Satzung umschreibt lediglich den Geschäftsbereich, in dem der Vorstand befugtermaßen tätig sein darf. Soweit er darüber hinaus in diesem festgelegten Bereich Maßnahmen durchführen will, die nach den Vorschriften des Aktiengesetzes von der Zustimmung der Hauptversammlung abhängig sind, ist diese **gesondert einzuholen,** da sie die Satzungsbestimmung wegen des zwingenden Charakters der aktienrechtlichen Vorschriften (§ 23 Abs. 5 AktG) nicht ersetzen kann[29]. Auch die eine Publikums-KG betreffende Entscheidung des BGH[30], nach welcher der Kommanditist sich die durch Beitritt weiterer Kommanditisten mittelbar entstehende Veränderung der Gewinnverteilung und Stimmgewichte gefallen lassen müsse, weil eben die Gesellschaft auf den Beitritt von möglichst vielen Anlegern ausgerichtet gewesen sei, kann für die Gegenmeinung nicht ins Feld geführt werden. Denn der Gesetzgeber hat den stillen Gesellschaftsvertrag als Teilgewinnabführungsvertrag nun einmal der speziellen Regelung in den §§ 291 ff. AktG unterworfen[31].

(2) Zeitpunkt der Zustimmung

349 Ist demnach ein Hauptversammlungsbeschluß unentbehrlich, kann man sich noch fragen, ob ein solcher schon vor **Abschluß der Verträge** gefaßt werden kann. Hierfür spricht, daß § 293 Abs. 2 AktG nur eine „Zustimmung" fordert und damit nach allgemeiner zivilrechtlicher Terminologie sowohl die Einwilligung als auch die Genehmigung ermöglicht. Dennoch wird man die Möglichkeit einer Einwilligung nur dann befürworten kön-

---

29 BGH v. 25. 2. 1982 BGHZ 83, 122 (130 f.) und BGH v. 16. 11. 1981 BGHZ 82, 188 (197), wo hervorgehoben wird, daß die Entscheidungszuständigkeit der Hauptversammlung unabdingbar ist; vgl. auch *Mertens,* ZHR 147 (1983), 389.
30 BGH v. 24. 11. 1975 BGHZ 66, 82, 86 f.
31 Zur rechtspolitischen Angreifbarkeit dieser Regelung vgl. *Karsten Schmidt,* ZGR 1974, 295 (305 f.).

nen, wenn sie im Hinblick auf die Funktion der Kompetenzzuweisung einer aktuellen gleichwertig ist. Das ist sie nur, wenn der einwilligenden Hauptversammlung die gleichen Fakten bekannt sind wie einer aktuell aus Anlaß eines bestimmten Vertragsschlusses zustimmenden Hauptversammlung. Gerade die aktuelle Entscheidungsmacht aufgrund der im Einzelfall zu berücksichtigenden Umstände und Auswirkungen des Vertrages auf die Gewinnbeteiligung der Aktionäre ist es, die § 293 Abs. 2 AktG der Hauptversammlung sichern will und die bei einer generellen „Erlaubnis" in Form einer Satzungsbestimmung in der Regel ebensowenig gegeben ist wie bei einem vorherigen Zustimmungsbeschluß[32]. Hinzu kommt, daß § 293 Abs. 3, 4 AktG ein bestimmtes Procedere der Aktionärsinformation bei der Beschlußfassung vorschreibt, das ohne ein bestimmtes Vertragswerk nicht einzuhalten ist. Auch der BGH hat in dem ähnlich liegenden Fall der Vermögensübertragung ausdrücklich hervorgehoben, daß die vollständige Unterrichtung der Aktionäre ein essentieller Bestandteil sei, der als Grundlage der dem Aktionärsschutz dienenden Kompetenzausübung durch die Hauptversammlung unabdingbar sei, und in diesen Grundsatz explizit die Entscheidung über Unternehmensverträge einbezogen[33]. Aus dem Gesagten ergibt sich, daß etwa die Abstimmung über einen Vertragsentwurf zulässig ist, der später unverändert abgeschlossen werden soll[34]. Sofern die Beteiligungshöhe im einzelnen oder zumindest bis zu einer Höchstgrenze feststeht, dürfte auch die fehlende Benennung der Vertragspartner kein Hindernis darstellen, da die Person des Stillen bei Massengesellschaften für die betreffende Zustimmungsentscheidung kaum eine Rolle spielt.

Im übrigen wird es darauf ankommen, ob die Judikatur bereit ist, im Interesse der verbesserten Funktionsfähigkeit einer Publikums-AG ihre bisherige strenge Handhabung des als Schutz der Aktionäre gedachten Zustimmungsvorbehaltes zumindest dann zu lockern, wenn die Aktionäre die Initiatoren des Anlagemodells sind, also keinen „Schutz" in Anspruch nehmen wollen. 350

c) Unzulässigkeit der Abführung eines garantierten Mindestgewinns

Zu beachten ist weiterhin die Regelung in § 301 AktG, wonach eine Vereinbarung über die Abführung von Gewinnen ihrem Inhalt nach **nicht über den Jahresüberschuß hinausgehen** darf. Ein Verstoß gegen diese 351

---

32 Vgl. *Karsten Schmidt*, ZGR 1984, 295 (306).
33 BGH v. 16. 11. 1981 BGHZ 82, 188, 195 (196).
34 BGH v. 16. 11. 1981 BGHZ 82, 188, 194 (195); *Geßler*, in: *Geßler/Eckardt/Hefermehl/Kropff*, § 293 Rn. 26.

Vorschrift ist dann denkbar, wenn dem stillen Gesellschafter ein **Mindestgewinn** garantiert wird. Denn danach müßte auch in Verlustjahren eine Gewinnabführung erfolgen, die jedenfalls dann nicht wiederbringlich ist, wenn eine Verrechnung mit Verlusten nicht vorgesehen ist. Es werden danach also Gewinnanteile versprochen, ohne daß notwendigerweise ein Gewinn der Aktiengesellschaft eingetreten ist.

352 Unerheblich wäre ein solcher Verstoß allerdings, wenn die Vorschrift auf Teilgewinnabführungsverträge keine Anwendung fände. In der Literatur wird diese Ansicht vereinzelt mit der Begründung vertreten, die gewinnabführende Gesellschaft erhalte eine Gegenleistung für das Versprechen der Abführung und diese Gegenleistung trage erst dazu bei, daß Gewinne überhaupt erwirtschaftet werden könnten. Wegen der vereinbarten Äquivalenz von Leistung und Gegenleistung dürfe es auf einen tatsächlichen Gewinn der AG nicht ankommen, da diese mit der dann gegebenen Möglichkeit, zu Lasten des Vertragspartners erst ihre eigenen Verluste vorzutragen und die gesetzliche Rücklage aufzufüllen, „überkompensiert" sei[35]. Die überwiegende Meinung[36] spricht sich zutreffend gegen diesen Standpunkt aus und **bezieht auch Teilgewinnabführungsverträge in die Vorschrift mit ein.** Schon Sinn und Zweck sprechen dafür, daß auch bei Abführung von Teilgewinnen nicht mehr als der erwirtschaftete Gewinn abgeführt wird. Dies dient der Kapitalerhaltung, die ja auch Ziel der Vorschriften der §§ 300 ff. AktG ist. Die Konsequenz, daß die Aktiengesellschaft zu Lasten des Vertragspartners zunächst ihre Verluste vortragen darf, entspricht diesem Schutzgedanken, weil anderenfalls möglicherweise zu Lasten der Gläubiger und der Aktionäre das Unternehmen der Aktiengesellschaft die Verluste nicht aufholen könnte. Dementsprechend hat auch die Gesetzesbegründung die Einbeziehung der Teilgewinnabführungsverträge in § 301 AktG angenommen[37]. Die vereinbarte Gegenleistung führt zu keiner anderen Beurteilung, da der durch sie ermöglichte Gewinn bei Nichtanwendung des § 301 AktG vollständig dem Berechtigten zufließen könnte. Die Gegenleistung ist daher allenfalls bei der Berechnung des höchstens abzuführenden Gewinns zu berücksichtigen[38]. Sie führt aber nicht zur Unanwendbarkeit von § 301 AktG. Eine entgegenstehende Vereinbarung bleibt zwar wirksam, begründet aber einen

---
35 So früher *Koppensteiner*, in: Kölner Kommentar zum AktG, 1. Aufl., § 301 Rn. 9 ff.; anders aber nunmehr *ders.*, in: Kölner Kommentar zum AktG, 2. Aufl., § 301 Rn. 5.
36 Vgl. dazu nur *Geßler*, in: *Geßler/Eckardt/Hefermehl/Kropff*, § 301 Rn. 25 und *Godin/Wilhelmi*, § 301 Rn. 1.
37 Vgl. dazu die Begründung des Regierungsentwurfs zu § 301, S. 389.
38 Vgl. dazu *Geßler*, in: *Geßler/Eckardt/Hefermehl/Kropff*, § 301 Rn. 26.

Pflichtenverstoß des Vorstandes und macht ihn schadenersatzpflichtig nach § 93 AktG[39].

4. Analoge Anwendung der §§ 291 ff. AktG auf die stille Beteiligung an einer GmbH?

Für den GmbH-Konzern werden die für den Aktienkonzern bestehenden Regelungen teilweise entsprechend angewandt. So hat der BGH in seinem Supermarkt-Beschluß[40] für den Abschluß von Beherrschungs- und Gewinnabführungsverträgen durch eine GmbH Zustimmungs- und Formerfordernisse aufgestellt, die den §§ 293, 299 AktG weitgehend ähneln. Diese Rechtsprechung kann jedoch auf die regelmäßig als Teilgewinnabführungsvertrag zu qualifizierende stille Gesellschaft nur eingeschränkt Anwendung finden.

353

Eine breite Auffassung in der Literatur hat sich jedoch grundsätzlich **gegen die Übernahme** der von § 292 AktG angeordneten Gleichstellung der Teilgewinnabführungsverträge in das GmbH-Recht ausgesprochen, da es sich bei einem solchen Vertrag nicht um einen echten Unternehmensvertrag mit organisationsrechtlicher Wirkung, sondern einen schuldrechtlichen Austauschvertrag handele[41]. Auch seien die GmbH-Gesellschafter weniger schutzwürdig als die Aktionäre, da die Geschäftsführung ihren Weisungen unterliege[42].

354

Dem ist sowohl für die typische als auch die atypische stille Gesellschaft zu folgen. Bei der atypischen stillen Gesellschaft, bei der dem Stillen erweiterte Mitspracherechte und/oder obligatorische Substanzbeteiligungen eingeräumt werden, bedarf es ohnehin für den Abschluß des stillen Gesellschaftsvertrages einer Ermächtigung im Gesellschaftsvertrag oder eines Beschlusses der Gesellschafterversammlung mit satzungsändernder Mehrheit. Dies entspricht funktional dem Schutz, den der BGH im Supermarkt-Beschluß[43] gewährt hat. Einer Eintragung im Handelsregister und

355

---

39 *Geßler*, in: *Geßler/Eckardt/Hefermehl/Kropff*, § 301 Rn. 9.
40 BGH v. 24. 10. 1988 BGHZ 105, 324; bestätigt durch BGH v. 30. 1. 1992 GmbHR 1992, 253 = ZIP 1992, 395. In beiden Fällen handelte es sich um Unternehmensverträge der in § 291 AktG genannten Art, nicht dagegen um Teilgewinnabführungsverträge.
41 Vgl. dazu *Karsten Schmidt*, ZGR 1984, 295 (309); MünchHdb. StG/*Bezzenberger* § 7 Rn. 33 ff.; *Jebens*, BB 1996, 701 (702 f.); *Schneider/Reusch*, DB 1989, 713 (715 f.); a.A. jedoch *Ulmer*, in: Hachenburg, 8. Aufl., Anh. zu § 77 Rn. 194 u. 203 und wohl auch *Koppensteiner*, in: Rowedder, 2. Aufl., Anh. zu § 52 Rn. 44 ff.
42 *Jebens*, BB 1996, 701 (703).
43 BGH v. 24. 10. 1988 BGHZ 105, 324.

einer Einreichung des stillen Gesellschaftsvertrages beim Handelsregister[44] bedarf es bei der GmbH jedoch nicht[45]. Bei einer Aktiengesellschaft dient die Eintragung auch und gerade dem Schutz künftiger Aktionäre. Dieses Bedürfnis ist bei einer GmbH nicht in gleichem Maße gegeben.

II. Die Verlustbeteiligung

1. Der Ausschluß der Verlustbeteiligung

356 Die Beteiligung des stillen Gesellschafters am Verlust kann durch den Gesellschaftsvertrag ausgeschlossen werden (§ 231 Abs. 2 Hs. 1 HGB). Das kann auch stillschweigend geschehen. Ein stillschweigender Verlustausschluß wird in der Regel anzunehmen sein, wenn dem stillen Gesellschafter ein **Mindestgewinn** garantiert ist[46]. Es handelt sich auch hier um eine Frage der Vertragsauslegung, bei der der wirkliche Wille der Beteiligten zu erforschen ist.

357 Dagegen bedeutet die Vereinbarung, der stille Gesellschafter solle bei der Auflösung der Gesellschaft seine **Einlage in voller Höhe zurückerhalten,** nicht ohne weiteres den Ausschluß der Verlustbeteiligung. Sie wird regelmäßig dahin zu verstehen sein, daß er während des Bestehens der Gesellschaft am Verlust beteiligt wird, aber bei Beendigung der Gesellschaft seine Vermögenseinlage in voller Höhe zurückerhalten soll, auch wenn sein Einlagekonto unter den Betrag der ursprünglichen Einlage gesunken ist[47]. Der stille Gesellschafter hat bei dieser Vertragsauslegung praktisch einen Teil des Verlustes mitzutragen, da die in den einzelnen Jahren auf ihn entfallenden Gewinne zunächst zur Wiederauffüllung seines durch die Verluste geminderten Einlagekontos zu verwenden sind, mithin zur Ausschüttung an ihn nicht zur Verfügung stehen (§ 232 Abs. 2 S. 2 HGB).

358 Zulässig ist auch die Abrede, daß der stille Gesellschafter mit seiner Einlage zwar am Verlust teilnimmt, aber nicht verpflichtet ist, spätere Gewinne zur Verlustdeckung zu verwenden, oder daß er berechtigt ist, einen bestimmten Teil seines Gewinnanteils ohne Rücksicht auf etwaige Verluste zu entnehmen.

---

44 Vgl. BGH v. 30. 1. 1992 GmbHR 1992, 253 = ZIP 1992, 395.
45 Ebenso *Zutt,* in: Großkomm. HGB, § 230 Rn. 59.
46 *Schlegelberger/Karsten Schmidt,* § 336 (§ 231 n.F.) Rn. 20; *Zutt,* in: Groß-Komm. § 231 Rn. 11.
47 *Schlegelberger/Karsten Schmidt,* § 336 (§ 231 n.F.) Rn. 20; *Zutt,* in: Groß-Komm. § 231 Rn. 11.

§ 7 Gewinn- und Verlustbeteiligung

Ist im Gesellschaftsvertrag nur von der Gewinnbeteiligung des stillen Gesellschafters die Rede, so ist damit nicht gesagt, daß seine Verlustbeteiligung ausgeschlossen sein soll[48]. Es gilt vielmehr die **Auslegungsregel des § 722 Abs. 2 BGB:** Ist nur der Anteil am Gewinn bestimmt, so gilt die Bestimmung im Zweifel für Gewinn und Verlust[49]. 359

2. Verlustbeteiligungsmöglichkeiten

Für das Ausmaß der Verlustbeteiligung und für den **Verteilungsschlüssel** sind in erster Linie die gesellschaftsvertraglichen Vereinbarungen maßgebend (Rn. 893 ff.). Es können dabei für die Verteilung von Gewinn und Verlust verschiedene Maßstäbe zugrunde gelegt werden. Auch eine nur beschränkte Verlustbeteiligung des stillen Gesellschafters ist etwa in der Form möglich, daß er nur bis zu einem bestimmten Betrag oder nur in Höhe eines bestimmten Hundertsatzes seiner Einlage zur Verlusttragung verpflichtet sein soll. Es kann auch vorgesehen werden, daß in späteren Jahren der Verlust vorab aus den gemeinsamen Gewinnen zu decken ist. 360

Im Gesellschaftsvertrag kann schließlich vereinbart werden, daß der **Inhaber** des Handelsgeschäfts **von der Verlusttragung befreit** sein soll, daß also der stille Gesellschafter im Innenverhältnis allein den Verlust zu tragen hat. Solche Vereinbarungen sind häufig bei atypischen stillen Gesellschaften anzutreffen, wenn der Inhaber nur eine vorgeschobene Person, der stille Gesellschafter aber der Kapitalgeber und Träger des Handelsgeschäfts ist. Das Außenverhältnis wird dadurch nicht berührt; insbesondere beeinflussen solche Abreden nicht die persönliche Haftung des Inhabers für die Geschäftsverbindlichkeiten. Er kann aber, wenn er von den Gläubigern in Anspruch genommen wird, von dem stillen Gesellschafter Ersatz seiner Aufwendungen verlangen. 361

III. Zusammenfassung

Die Gewinnbeteiligung des stillen Gesellschafters ist zwingendes Merkmal der stillen Gesellschaft. Sein Gewinnanteil muß von den wechselnden Ergebnissen des Handelsgewerbes abhängig sein, d.h. er muß das Risiko, daß kein Gewinn erzielt wird, mittragen. Eine Umsatzbeteiligung ist der Gewinnbeteiligung nicht gleichzustellen. 362

---

48 BGH v. 29. 6. 1992 NJW 1992, 2696 (2697); OLG Brandenburg v. 29. 6. 1995 NJW-RR 1996, 156 (157).
49 BGH v. 30. 11. 1959 DB 1960, 261 = BB 1960, 14; OLG Brandenburg v. 29. 6. 1995 NJW-RR 1996, 156 (157).

Für den Inhaber des Handelsgewerbes gilt diese Regelung nicht, er kann durch den Gesellschaftsvertrag von der Teilnahme am Gewinn ausgeschlossen werden. Meist wird dann aber ein partiarisches Dienstverhältnis vorliegen.

Wie der Gewinn unter den Gesellschaftern zu verteilen ist, ob dies aufgrund der Handelsbilanz oder der Steuerbilanz zu geschehen hat, ist ebenso der Parteidisposition überlassen wie die Festlegung des Gewinnverteilungsschlüssels und der Gewinnbeteiligungsmodalitäten.

Der stille Beteiligungsvertrag mit einer Aktiengesellschaft als Geschäftsinhaber unterliegt aufgrund der Gewinnbeteiligung des Stillen als (Teil)Gewinnabführungsvertrag den §§ 291 ff. AktG. Sein Abschluß bedarf daher der Zustimmung der Hauptversammlung und der Eintragung. Eine entgegen § 301 AktG gegebene Garantie eines Mindestgewinns ist zwar wirksam, begründet aber einen Pflichtenverstoß des Vorstandes und macht ihn schadenersatzpflichtig nach § 93 AktG. Auf die stille Beteiligung an einer GmbH sind diese Regelungen jedoch nicht anwendbar.

Im Gesellschaftsvertrag kann bestimmt werden, daß der stille Gesellschafter nicht am Verlust beteiligt sein soll. Das kann auch stillschweigend geschehen, etwa dadurch, daß ihm ein Mindestgewinn garantiert wird.

Mit auf das Innenverhältnis beschränkter Wirkung kann die Teilnahme des Inhabers am Geschäftsverlust ausgeschlossen werden. Seine Rechtsstellung dritten Personen gegenüber wird davon nicht berührt. Wird er von den Geschäftsgläubigern in Anspruch genommen, ist ihm der stille Gesellschafter zum Ersatz seiner Aufwendungen verpflichtet.

§ 8 Die Abgrenzung der stillen Gesellschaft gegenüber verwandten Rechtsinstituten

Schrifttum: *Anders, Jürgen*, Partiarische Rechtsverhältnisse und verdeckte Mitunternehmerschaft, Inf. 1988, 505; *Blaurock, Uwe / Berninger, Axel*, Unterbeteiligung an einem GmbH-Anteil in zivilrechtlicher und steuerrechtlicher Sicht (Teil I), GmbHR 1990, 11; *Claussen, Carsten Peter*, Der Genußschein und seine Einsatzmöglichkeiten, Festschrift für Winfried Werner, 1984, S. 81; *Ebeling*, Stille Gesellschaft und partiarisches Darlehen, WM 1956, 330; *Feddersen, Dieter / Knauth, Klaus-Wilhelm*, Eigenkapitalbildung durch Genußscheine, 2. Aufl. 1992; *Felix, Günther*, Stille Gesellschaft in Recht und Steuer, Bericht der 2. Kölner Trainingstagung des Arbeitskreises für Steuerrecht GmbH, 1972; *Fella, Günter*, Die stille Gesellschaft im ESt-Recht, StWa 1992, 101; *Fischer, Ursula*, Die Rechtsprechung des Bundesgerichtshofes zur Gesellschaft bürgerlichen Rechts und zur stillen Gesellschaft, WM 1981, 638; *Haupt*, Anmerkung zu RG v. 29. 1. 1942 (RGZ 168, 284) DR 1942, 727; *Hueck, Alfred*, Die stille Beteiligung bei Handelsgesellschaften, in: Festschrift für H. Lehmann, 1937, S. 239; *Kuhn, Georg*, Die Rechtsprechung des BGH zur Kommandit-, stillen und bürgerlich-rechtlichen Gesellschaft, WM 1955, 282; 1957, 1014; 1961, 714; 1963, 1170; *ders.*, Die Rechtsprechung des BGH zur stillen und zur bürgerlich-rechtlichen Gesellschaft, WM 1968, 1114; 1975, 718; *Kühnle, Horst*, Stille Gesellschaft und partiarisches Darlehen, Diss. Köln 1967; *Larenz, Karl*, Lehrbuch des Schuldrechts, Bd. II, 12. Aufl., 1981; *Lienau, Alexander / Lotz, Thomas*, Die Abgrenzung zwischen stiller Gesellschaft und partiarischem Darlehen und die steuerlichen Konsequenzen, DStR 1991, 618; *Martinek, Michael*, Franchising: Grundlagen der zivil- und wettbewerbsrechtlichen Behandlung der vertikalen Gruppenkooperation beim Absatz von Waren und Dienstleistungen, 1987; *ders.*, Moderne Vertragstypen, Bd. II: Franchising, Know-how-Verträge, Management- und Consultingverträge, 1992; *Meilicke, Heinz*, Inwieweit können Verluste aus Genußscheinen steuerlich geltend gemacht werden?, BB 1989, 465; *Obermüller, Walter / Obermüller, Manfred*, Die Unterbeteiligung im Bankgeschäft, FS für Winfried Werner, 1984, S. 607; *Pauka, Dietmar*, Gewerbesteuer 1990, DB 1991, 1402; *Reinhardt, Rudolf*, Die für die Ordnung der Wirtschaft maßgebenden Rechtsgrundsätze und die Rechtsform der Mitbestimmung, in: Festschrift für H. C. Nipperdey zum 60. Geburtstag, 1955, S. 235; *Schmidt, Harry*, Stille Gesellschaft und AGB-Gesetz, ZHR 159 (1995), 734 ff.; *Schön, Wolfgang*, Ein Allgemeiner Teil der Genußrechte, JZ 1993, 925; *Silberschmidt, Wilhelm*, Das partiarische Rechtsverhältnis in rechtsvergleichender und geschichtlicher Darstellung, ZHR 96 (1931), 267; *Theisen, Manuel R.*, Partiarisches Darlehen als Finanzierungsalternative zur stillen Gesellschaft, GmbHR 1987, 64.

Aus den in den §§ 5 bis 7 herausgearbeiteten Merkmalen, die in ihrer Gesamtheit das Wesen der stillen Gesellschaft ausmachen, ergibt sich zugleich ihre Abgrenzung gegenüber verwandten Rechtsinstituten. Theoretisch bereitet diese Abgrenzung kaum Schwierigkeiten; praktisch ist sie nicht immer einfach. Die von den Beteiligten gewählten Bezeichnungen sind für die rechtliche Beurteilung des jeweiligen Verhältnisses nicht 363 entscheidend; sie können aber ein Anhaltspunkt für das sein, was sie gewollt haben. Von Bedeutung für die rechtliche Wertung ist einzig und allein der von ihnen im Einzelfall verfolgte Zweck.

I. Stille Gesellschaft und andere Formen der internen Beteiligung

1. Stille Gesellschaft i.S. der §§ 230 ff. HGB und stille Gesellschaft bürgerlichen Rechts

364 Der rechtliche Unterschied zwischen der stillen Gesellschaft i.S. der §§ 230 ff. HGB und der stillen Gesellschaft des bürgerlichen Rechts besteht allein darin, daß der Geschäftsinhaber im zweiten Fall **kein Handelsgewerbe** betreibt. Eine stille Gesellschaft des bürgerlichen Rechts besteht daher nach geltendem Recht beispielsweise dann, wenn sich der Stille an einem künstlerischen, freiberuflichen oder nicht-eingetragenen landwirtschaftlichen Gewerbe beteiligt. Auch die stille Beteiligung an einem einzigen oder mehreren einzelnen Geschäften des Geschäftsinhabers (sog. **Metageschäft**) ist ein Anwendungsfall der stillen Gesellschaft des bürgerlichen Rechts. Es handelt sich hier um eine Gelegenheitsgesellschaft, der das gemeinsame dauernde Gewinnstreben durch Betreiben eines Handelsgeschäfts fehlt. Die §§ 230 ff. HGB sind daher auch in diesem Fall nicht unmittelbar anwendbar[1]. Schließlich entsteht beim **Koalitions-Franchising** ebenfalls eine Innengesellschaft des bürgerlichen Rechts, da der von den Parteien dieses Vertragstyps verfolgte gemeinsame Zweck nicht auf den Betrieb eines Handelsgewerbes schlechthin, sondern allein auf die Absatzoptimierung im Hinblick auf die systemspezifischen Waren und/oder Dienstleistungen unter Berücksichtigung der gemeinsamen Marketingkonzeption gerichtet ist und darüber hinaus das Koalitions-Franchising durch eine Umsatz- und nicht durch die für die stille Gesellschaft wesensnotwendige Gewinnbeteiligung gekennzeichnet ist[2].

365 Auch auf die stille Gesellschaft des bürgerlichen Rechts finden jedoch die Regelungen der §§ 230 ff. HGB **entsprechende** und vor den §§ 705 ff. BGB vorrangige **Anwendung**[3]. Während dabei § 236 HGB auch für die stille Gesellschaft bürgerlichen Rechts gilt, greift der Anfechtungstatbestand des § 237 HGB allerdings nur bei einer handelsgewerblichen Beteiligung ein[4]. Was die subsidiäre Anwendung der §§ 705 ff. BGB betrifft, so kön-

---

1 *Zacharias/Hebig/Rinnewitz*, S. 33; *Hartmann*, S. 19; *Koenigs*, S. 26.
2 Vgl. dazu eingehend *Martinek*, Moderne Vertragstypen II, S. 113 und *ders.*, Franchising, S. 397 ff.
3 Vgl. dazu auch *Zutt*, in: GroßKomm. § 230 Rn. 11; MünchHdb. StG/*Bezzenberger* § 3 Rn. 5 ff.
4 So auch *Zutt*, in: GroßKomm. § 237 Rn. 2 u. 4.

nen die §§ 709, 711 f., 714 f. sowie 718 f. BGB bei Innengesellschaften bereits aus strukturellen Gründen keine Anwendung finden. Hinsichtlich der Mitwirkungsrechte des Stillen wird zudem die Regelung des § 716 BGB durch § 233 Abs. 2 HGB ausgeschlossen. Schließlich wird § 722 BGB in aller Regel durch die interessengerechteren §§ 231 Abs. 1 und 232 Abs. 2 HGB verdrängt.

2. Stille Gesellschaft und Geschäfte auf gemeinsame Rechnung

Von der stillen Gesellschaft zu unterscheiden ist auch der Verkauf auf gemeinsame Rechnung, bei dem bei jedem Verkauf Einzelabrechnungen über die Kosten aufgestellt werden, das Rechtsverhältnis nach jeder Lieferung gelöst werden kann, eine Vermögenseinlage nicht vorhanden ist und ein Eigentumsübergang der Ware nicht erfolgt[5]. 366

3. Stille Gesellschaft und Unterbeteiligung

Bei der Unterbeteiligung beteiligt sich der Unterbeteiligte **an dem Gesellschaftsanteil eines anderen und nicht an einem Handelsgewerbe**. Sowohl Unterbeteiligung als auch stille Gesellschaft sind Innengesellschaften, sie weisen deshalb eine gewisse Ähnlichkeit auf. Auf die Unterbeteiligung lassen sich einige der Regelungen für die stille Gesellschaft entsprechend anwenden. In einer Reihe von Punkten ist jedoch eine unterschiedliche Handhabung geboten. Im einzelnen wird die Unterbeteiligung in §§ 31 und 32 näher behandelt. 367

II. Stille Gesellschaft und Gesellschaft des bürgerlichen Rechts

Die stille Gesellschaft ist eine Abart der Gesellschaft des bürgerlichen Rechts. Von dieser unterscheidet sie sich dadurch, daß sie nur an einem Handelsgewerbe begründet werden kann, daß der stille Gesellschafter stets am Gewinn beteiligt sein muß, daß sie kein gesamthänderisch gebundenes Gesellschaftsvermögen besitzt[6] und daß sie sich als Innengesellschaft in ihren Rechtswirkungen auf das Verhältnis der Gesellschafter untereinander beschränkt, nach außen also als Personenvereinigung nicht in Erscheinung tritt. 368

Immerhin ergibt sich aus der engen Verwandtschaft zwischen beiden Gesellschaftsformen, daß die §§ 705 ff. BGB ergänzend auf die stille Ge- 369

---
5 BFH v. 29. 10. 1969 (I R 80/67) BStBl. II 1970, 180.
6 Vgl. dazu auch OLG Hamm v. 10. 1. 1994 NJW-RR 1994, 1382.

sellschaft anwendbar sind, soweit sie nicht das Außenverhältnis und das Vorhandensein eines Gesamthandsvermögens betreffen oder ausdrücklich durch die Sonderregelung der §§ 230 ff. HGB verdrängt werden (siehe dazu auch Rn. 419).

III. Stille Gesellschaft und Personenhandelsgesellschaften

370 Die Formen der offenen Handelsgesellschaft und der Kommanditgesellschaft sind im Wirtschaftsleben zur Verwirklichung der von den Beteiligten verfolgten Zwecke oftmals weniger geeignet als die Form der stillen Gesellschaft (Rn. 36 ff.). Die Gesellschaftereigenschaft und das Beteiligungsverhältnis müssen im Handelsregister eingetragen werden (§§ 106 Abs. 2, 162 Abs. 1 HGB) und sind deshalb der Öffentlichkeit bekannt. Alle persönlich haftenden Gesellschafter sind zur Geschäftsführung und Vertretung berechtigt und verpflichtet (§§ 114 Abs. 1, 125 Abs. 1 HGB) und haften als Gesamtschuldner für die Gesellschaftsverbindlichkeiten mit ihrem gesamten Vermögen. Sie treten unter einer gemeinschaftlichen Firma auf und sind an dem Gesellschaftsvermögen gesamthänderisch berechtigt.

371 Trotz dieser rechtlichen Wesensunterschiede zwischen den handelsrechtlichen Personengesellschaften und der stillen Gesellschaft, liegt – wirtschaftlich gesehen – ein Vergleich der Rechtsstellung des stillen Gesellschafters mit der des Kommanditisten nahe, weil beide mit einer „Einlage" beteiligt sind, weil der Kommanditist, sobald er seine Einlageverpflichtung erfüllt hat, für die Gesellschaftsverbindlichkeiten ebensowenig haftet wie der stille Gesellschafter und weil die Mitwirkung beider grundsätzlich auf Kontrollrechte beschränkt ist. Trotz dieser Gemeinsamkeiten bestehen gewichtige **Unterschiede:**

372 Solange der Kommanditist seine Einlage nicht geleistet hat, haftet er den Gesellschaftsgläubigern bis zur Höhe seiner Einlage unmittelbar (§ 171 Abs. 1 HGB). Der **stille Gesellschafter** haftet den Gläubigern des Geschäftsinhabers **nicht** – auch nicht, wenn er mit seiner Einlage im Rückstand ist.

373 Da es sich bei der Vertretung durch die persönlich haftenden Gesellschafter um eine echte Vertretung kraft Gesetzes handelt, werden aus den von ihnen abgeschlossenen Geschäften alle Gesellschafter, auch die Kommanditisten, mitberechtigt und mitverpflichtet. Bei der stillen Gesellschaft handelt der Inhaber nach außen **im eigenen Namen,** wenn auch im Innenverhältnis für gemeinsame Rechnung. Er vertritt dabei nicht den stillen

Gesellschafter, dessen Name im Handelsregister nicht erscheint, und wird deshalb aus den von ihm abgeschlossenen Geschäften allein berechtigt und verpflichtet (§ 230 Abs. 2 HGB). Es bestehen weder unmittelbare noch mittelbare Rechtsbeziehungen zwischen dem stillen Gesellschafter und den Geschäftsgläubigern.

Obwohl der Kommanditist von der Geschäftsführung ausgeschlossen ist, kann er Handlungen, die über den gewöhnlichen Betrieb des Handelsgewerbes der Gesellschaft hinausgehen, widersprechen (§ 164 HGB); er hat also für die **Grundlagenbeschlüsse** ein vollwertiges Mitwirkungsrecht. Für den stillen Gesellschafter sieht das Gesetz ein solches Recht grundsätzlich nicht vor. Allerdings können auch hier bestimmte Geschäftsführungsmaßnahmen aufgrund der gesellschaftsrechtlichen Treuepflicht oder aufgrund ausdrücklicher gesellschaftsvertraglicher Vereinbarung die Mitwirkung des Stillen erfordern (Rn. 610 f.; vgl. auch zur Umwandlung Rn. 1142 ff., 1160 ff.). 374

Aufgrund seiner Beteiligung ist der Kommanditist an dem gesamthänderisch gebundenen Gesellschaftsvermögen mitberechtigt. In der **dinglichen Rechtslage** des gemeinsam betriebenen Handelsgewerbes liegt der Hauptunterschied zwischen der Kommanditgesellschaft und der stillen Gesellschaft. Sie ist von Bedeutung dafür, wer über das Vermögen zu verfügen berechtigt ist, wer die sachen- und besitzrechtlichen Abwehransprüche erlangt und auf welche Gegenstände sich die Beteiligung erstreckt. Der Kommanditist hat nicht wie der stille Gesellschafter nur einen schuldrechtlichen Anspruch auf Rückzahlung seiner Einlage im Falle der Beendigung des Gesellschaftsverhältnisses. Er ist kraft Gesetzes am gesamten Vermögen der Gesellschaft beteiligt, auch an den offenen und stillen Rücklagen und an einem etwaigen Geschäfts- oder Firmenwert. Andererseits ist im Falle eines Konkurses die Stellung des stillen Gesellschafters günstiger als die des Kommanditisten, weil er in gleicher Weise wie die anderen Konkursgläubiger für seine Vermögenseinlage entsprechend der vorhandenen Konkursmasse Befriedigung beanspruchen kann. 375

Während der Kommanditist stets an den Verlusten der Gesellschaft beteiligt ist, kann die **Verlustbeteiligung** des stillen Gesellschafters durch den Gesellschaftsvertrag ausgeschlossen oder beschränkt werden. 376

Aufgrund der Vertrags- und Gestaltungsfreiheit läßt sich die Rechtsform der stillen Gesellschaft weitgehend der Kommanditgesellschaft annähern, besonders dadurch, daß der stille Gesellschafter außer am Gewinn auch am Vermögen des Geschäftsinhabers beteiligt oder daß ihm im Innenverhältnis geradezu die Rechtsstellung eines Kommanditisten zuerkannt 377 wird. Wo solche Vereinbarungen getroffen werden, haben sie **nur schuldrechtliche Wirkung.** Dritten Personen gegenüber kommt ihnen keine Bedeutung zu. Sie führen nicht zu einer dinglichen Mitberechtigung des stillen Gesellschafters am Geschäftsvermögen des Inhabers. Vielmehr erlangt der Stille nur den schuldrechtlichen Anspruch, im Falle der Beendigung der Gesellschaft so gestellt zu werden, als ob zwischen ihm und dem Inhaber eine Vermögensgemeinschaft bestanden hätte[7].

IV. Partiarische Rechtsverhältnisse

1. Begriff und Wesen der partiarischen Verträge

378 Partiarische Rechtsverhältnisse sind Austauschverträge nichtgesellschaftsrechtlicher Art, durch die jemand einem anderen eine Leistung gegen einen Anteil an dem Gewinn, den der andere erzielt, verspricht.

Beispiele hierfür sind die Verpachtung eines Grundstücks gegen eine Quote der darauf zu gewinnenden Früchte, die Leistung von Diensten in einem Handelsgeschäft gegen Gewinnbeteiligung (commis interessé) oder die Darlehensgewährung gegen Beteiligung an dem vom Darlehensnehmer erwirtschafteten Gewinn.

379 In diesen Fällen schwebt den Beteiligten ein gemeinschaftliches wirtschaftliches Ziel vor, das auf die Erzielung eines möglichst hohen Ertrags, an dem beide Teile gleichermaßen interessiert sind, gerichtet ist. Aber dieser Ertrag soll nicht durch die Tätigkeit beider, sondern allein durch die Tätigkeit eines Teils hervorgebracht werden, wozu ihn die Leistung des anderen vielfach erst befähigt. Die Beteiligten vereinigen sich nicht zu gemeinschaftlichem Erwerb und Gewinn, sondern der eine macht den Erwerb und Gewinn für sich allein und tauscht nur einen Teil desselben gegen die Leistungen des anderen aus. **Es fehlt an der Verfolgung eines gemeinsamen Zwecks.** Der Darlehensgeber, der Verpächter, der am Gewinn beteiligte Angestellte haben an dem Unternehmen selbst keinen Anteil; sie sind – insoweit deckt sich ihre Rechtsstellung mit der des stillen Gesellschafters – nicht Teilhaber des Unternehmens, sondern nur Teilhaber am Gewinn. Die Gewinnbeteiligung bildet die Entschädigung für die von ihnen zu erbringende Leistung. Mit dem Anspruch auf Gewinn verbindet sich ein Anspruch auf Auskunftserteilung und Rechnungslegung, soweit es zur Feststellung des Gewinnanteils erforderlich ist. Über einzelne Geschäftsvorfälle kann keine Auskunft verlangt werden. § 716 BGB ist nicht anwendbar. Wohl aber verpflichtet die Zusage

---
7 BGH v. 24. 9. 1952 BGHZ 7, 175 (177).

§ 8 Abgrenzung gegenüber verwandten Rechtsinstituten

der Gewinnbeteiligung den Unternehmer zu einer dem Vertrag entsprechenden Förderung seiner Geschäfte. Die schuldhafte Verletzung dieser Pflicht berechtigt den Vertragspartner zur Klage auf Erfüllung und zur Geltendmachung des ihm erwachsenen Schadens.

Durch das Fehlen eines gemeinsam zu verfolgenden Zweckes unterscheiden sich die partiarischen Verträge von der stillen Gesellschaft. Sie sind bloße Dienst-, Miet-, Pacht- oder Darlehensverträge. Der partiarisch Beteiligte hat grundsätzlich keinen Einfluß auf die Herbeiführung des erstrebten wirtschaftlichen Erfolgs. Während es für die stille Gesellschaft typisch ist, daß die Gesellschafter als Gleichberechtigte für den gemeinsamen Zweck zusammen, unter gemeinsamer Verantwortung und auf gemeinsame Rechnung tätig werden, wird beim partiarischen Rechtsverhältnis der eine Teil unter eigener Verantwortung und auf eigene Rechnung tätig und schuldet dem Beteiligten nur eine Abrechnung über die von ihm erzielten Ergebnisse[8]. 380

Auch die dem stillen Gesellschafter gesetzlich zustehenden Kontrollrechte (§ 233 HGB) sind für die Abgrenzung der stillen Beteiligung von den partiarischen Geschäften bedeutsam. Bei den partiarischen Geschäften tritt das Moment der Gewinnbeteiligung zu einem nicht gesellschaftlichen Rechtsverhältnis hinzu. Sie erfolgt als Gegenleistung für die Leistung von Arbeit oder Kapital, jedoch nicht aufgrund gesellschaftlicher Beteiligung. Deshalb ist der commis interessé nicht Gesellschafter, sondern Angestellter. Der Prinzipal schließt die Geschäfte für sich allein als Unternehmer ab und handelt dabei nach seinem Belieben. Der Angestellte hat kein Kontrollrecht; er kann die Vorlage der Bilanz und der Geschäftsbücher nur insoweit verlangen, als es zur Prüfung seines Tantiemeanspruchs erforderlich ist. Es liegt ein partiarischer Arbeitsvertrag, keine Gesellschaft vor, auch wenn dem Angestellten eine gewisse Mitwirkung bei Festsetzung der Verkaufspreise eingeräumt ist[9]. 381

2. Das partiarische Darlehen

Gegenstand des Darlehensvertrages sind **Geld oder andere vertretbare Sachen,** die der Darlehensnehmer dem Darlehensgeber in Sachen von gleicher Art, Güte und Menge zurückzuerstatten hat (§ 607 Abs. 1 BGB). 382

---

8 Vgl. BFH v. 10. 2. 1978 (III R 115/76) BFHE 124, 374; BFH v. 22. 10. 1987 (IV R 17/84) BStBl. II 1988, 62, (64); BFH v. 10. 11. 1987 (VIII R 53/84) DB 1988, 262; *Larenz*, Schuldrecht II, 12. Aufl., S. 432 ff.; *Koenigs*, S. 28 ff.; *Böttcher/Zartmann/Faut*, S. 53.
9 RG v. 1. 11. 1922 RGZ 105, 315; RG v. 10. 10. 1933 RGZ 142, 13.

Die Darlehensvaluta geht ebenso wie die Einlage des stillen Gesellschafters in das Vermögen des Darlehensnehmers über. Wirtschaftlich betrachtet besteht deshalb zwischen dem Darlehen und der stillen Gesellschaft eine enge Verwandtschaft, die dazu geführt hat, daß auf dem Gebiete des von der wirtschaftlichen Betrachtungsweise beherrschten Steuerrechts die Einlage des typischen stillen Gesellschafters im wesentlichen wie ein Darlehen behandelt wird.

a) Bedeutung der Unterscheidung zwischen partiarischem Darlehen und stiller Gesellschaft

383 Beide Rechtsinstitute sind jedoch streng zu unterscheiden, weil mit ihnen **unterschiedliche Folgewirkungen** verknüpft sind:

Im Gegensatz zum Darlehensgeber kann der stille Gesellschafter aufgrund des Gesellschaftsvertrags verlangen, daß seine Einlage **dem gemeinschaftlichen Zweck entsprechend** im Handelsgeschäft des Inhabers verwendet wird (Rn. 612 f.). Er hat einen Rechtsanspruch darauf, dessen Durchführung er überwachen und erzwingen kann. Je umfassender die Kontroll- und Überwachungsrechte des Geldgebers sind, um so mehr deutet dies auf das Vorhandensein eines Gesellschaftsverhältnisses hin.

384 Ist für die Rückzahlung des Darlehens eine Zeit nicht bestimmt, so hängt die Fälligkeit von der vorgängigen **Kündigung** des Gläubigers oder Schuldners ab (§ 609 Abs. 1 BGB). Die Kündigungsfrist beträgt bei Darlehen von mehr als 300 DM drei Monate, bei Darlehen von geringerem Betrage einen Monat (§ 609 Abs. 2 BGB). Bei der stillen Gesellschaft bestimmen sich die Kündigungsmöglichkeiten und Kündigungsfristen hingegen nach § 234 HGB. Es ist nach § 723 Abs. 1 S. 2 BGB auch eine fristlose Kündigung aus wichtigem Grunde zulässig (Rn. 928).

385 Während der stille Gesellschafter regelmäßig am **Verlust** teilnimmt, widerspricht eine Verlustbeteiligung dem Wesen des Darlehens (§ 607 Abs. 1 BGB). Tritt deshalb zur Gewinnbeteiligung die Verlustbeteiligung hinzu, so liegt eine Zweckgemeinschaft in der Form einer Innengesellschaft vor. Dem Geldgeber stehen die in § 233 HGB vorgesehenen Kontrollrechte zu.

386 Der Darlehensgeber kann seine Forderung im Wege der **Abtretung** auf einen anderen übertragen. Bei der stillen Beteiligung ist das wegen der im Innenverhältnis bestehenden gesellschaftsrechtlichen Bindungen ohne Zustimmung des anderen Gesellschafters nicht zulässig (Rn. 519). Haben die Beteiligten vereinbart, daß der Geldgeber seinen Rückzahlungsanspruch nicht abtreten darf oder er dazu der Zustimmung des Inhabers

bedarf, so spricht das, wenn auch die übrigen Voraussetzungen erfüllt sind, im Zweifel für das Vorhandensein einer stillen Gesellschaft.

Wer die Hingabe eines Darlehens verspricht, kann im Zweifel das Versprechen **widerrufen,** wenn in den Vermögensverhältnissen des anderen Teils eine wesentliche Verschlechterung eintritt, durch die der Anspruch auf Rückzahlung gefährdet wird (§ 610 BGB). Allerdings ergibt sich in diesem Fall auch für den stillen Gesellschafter ein Leistungsverweigerungsrecht aus § 321 BGB (Rn. 277). 387

Wird über das Vermögen des Darlehensnehmers das **Konkursverfahren** eröffnet, so kann der Gläubiger des partiarischen Darlehens die volle Darlehensforderung als Konkursforderung geltend machen. Ist der stille Gesellschafter am Verlust beteiligt, so kann er nur seine um die Verlustbeteiligung geminderte Einlage zur Konkurstabelle anmelden. Ist er mit seiner Einlage im Rückstand, muß er sie insoweit zur Masse leisten, als er am Verlust teilnimmt. Darüber hinaus kommt auch eine Behandlung der Einlage des Stillen als haftendes Eigenkapital in Betracht (Rn. 1046 ff.). 388

Die Bereichsausnahmeregelung des **§ 23 Abs. 1 AGBG** erfaßt nur die auf dem Gebiet des Gesellschaftsrechts getroffenen Vereinbarungen und mithin nur den stillen Gesellschaftsvertrag[10]. Eine gerichtliche Inhaltskontrolle von standardisierten stillen Gesellschaftsverträgen kann mithin nur über den Grundsatz von Treu und Glauben (§ 242 BGB) erfolgen. Auch eine teleologische Reduktion des § 23 Abs. 1 AGBG ist im Hinblick auf die stille Gesellschaft nicht angebracht, da trotz der bloßen Erwähnung der „Handelsgesellschaften" in der Gesetzesbegründung ein dahingehender Gesetzeszweck nicht feststellbar ist. Schließlich handelt es sich bei der stillen Gesellschaft nicht um ein Austausch- sondern um ein gesellschaftsrechtliches Verhältnis, auf das die Inhaltskontrolle der §§ 9 ff. AGBG nicht zugeschnitten ist. Außerdem kann, wie erwähnt, ein hinreichender Schutz des Stillen über die Inhaltskontrolle nach § 242 BGB gewährleistet werden[11]. 389

Steuerrechtlich ist die Unterscheidung zunächst für die Gewerbesteuer von Interesse, da die Hinzurechnung der Gewinnanteile des stillen Gesellschafters nach § 8 Abs. 3 GewStG im Gegensatz zur hälftigen Hinzurechnung beim partiarischen Darlehen in voller Höhe erfolgt[12]. Auch für 390

---

10 BGH v. 10. 10. 1994 ZIP 1994, 1847; OLG Hamburg v. 22. 12. 1993 WM 1994, 499 mit Anm. v. *Reusch,* in: WuB 1994 § 23 AGBG vgl. dazu auch *H. Schmidt,* ZHR 159 (1995) 734 ff.
11 Wie hier BGH v. 10. 10. 1994 ZIP 1994, 1847 (1849); vgl. zum Meinungsstand auch *H. Schmidt,* ZHR 159 (1995) 734 (737).
12 Vgl. dazu *Pauka,* DB 1991, 1402.

die beschränkte Steuerpflicht und für die Anwendung der Doppelbesteuerungsabkommen ist der Unterschied zwischen Darlehen und stiller Gesellschaft rechtserheblich (Rn. 1816 ff.).

b) Unterscheidungskriterien

391 Für die **Abgrenzung** zwischen stiller Gesellschaft und einem partiarischen Darlehen (Beteiligungsdarlehen) ist entscheidend, ob die Parteien sich durch den Vertrag zur Erreichung eines gemeinsamen Zwecks verbunden haben und ihre schuldrechtlichen Beziehungen ein gesellschaftsrechtliches Element in sich tragen oder ob die Parteien ohne jeden gemeinsamen Zweck lediglich ihre eigenen Interessen verfolgen und ihre Beziehungen zueinander ausschließlich durch die Verschiedenheit ihrer eigenen Interessen bestimmt werden[13]. Trotz dieses rechtlichen Unterschieds ist es in der Praxis bisweilen schwierig, ein Vertragsverhältnis dem einen oder anderen Rechtsinstitut zuzuordnen, wenn aussagekräftige Anzeichen für den Willen der Parteien fehlen. Denn auch beim partiarischen Darlehen sind die Interessen beider Vertragspartner auf die Erzielung eines möglichst hohen Gewinns gerichtet und auch bei der stillen Gesellschaft erschöpft sich die Mitwirkung des stillen Gesellschafters an der Verwirklichung des gemeinsamen Zwecks vielfach in der Erbringung seiner Einlage.

392 Die Abgrenzung bereitet **keine Schwierigkeiten,** wenn für das hingegebene Geld keine Zinsen oder sonstigen Nutzungen ausbedungen sind oder eine feste, von den wechselnden Geschäftsergebnissen unabhängige Verzinsung oder sonstige Vergütung vereinbart wurde. In diesen Fällen fehlt es an dem für das stille Gesellschaftsverhältnis notwendigen Erfordernis der Gewinnbeteiligung. Haben die Beteiligten vertraglich vereinbart, daß der Geldgeber seine Vermögenseinlage nicht auf einen anderen übertragen darf[14] oder daß er an der Substanz des Vermögens und damit am Risiko des Unternehmens schuldrechtlich beteiligt sein soll, so spricht das für das Vorliegen eines Gesellschaftsverhältnisses. Betreibt der Empfänger des Geldes kein Handelsgewerbe, so liegt zumindest keine handelsrechtliche stille Gesellschaft, sondern allenfalls eine stille Gesellschaft des bürgerlichen Rechts vor. Ebenso scheidet bei vertraglich vereinbarter Be-

---

13 Vgl. BGH v. 10. 6. 1965 DB 1965, 1589; BGH v. 9. 2. 1967 BB 1967, 349; OLG Nürnberg v. 4. 12. 1967 DB 1968, 166; BGH v. 26. 6. 1989 NJW 1990, 573; BGH v. 29. 6. 1992 NJW 1992, 2696 mit Anm. *Blaurock* EWiR 1992, 1111; BGH v. 10. 10. 1994 ZIP 1994, 1847; OLG Hamburg v. 22. 12. 1993 WM 1994, 499 m. Anm. v. *Reusch*, in: WuB 1994 § 23 AGBG; *Böttcher/Zartmann/Faut*, S. 53; *Koenigs*, S. 28 ff.; *A. Hueck*, FS Lehmann 1937, S. 239 ff.
14 So auch *Böttcher/Zartmann/Faut*, S. 54. Zu beachten ist aber, daß auch Kredite mit einem Abtretungsverbot versehen werden können (§ 399 BGB).

teiligung des Geldgebers am Verlust des „Darlehensnehmers" die Annahme eines partiarischen Rechtsgeschäfts aus; denn einer Verlustbeteiligung steht § 607 Abs. 1 BGB entgegen, wonach der Empfänger des Darlehens verpflichtet ist, das Empfangene in Sachen von gleicher Art, Güte und Menge zurückzuerstatten.

Abgrenzungsschwierigkeiten ergeben sich jedoch, wenn dem Geldgeber neben oder an Stelle einer festen Verzinsung eine Gewinnbeteiligung unter Ausschluß der Verlustbeteiligung zugesagt ist. Da die Vertragspartner es oft daran fehlen lassen, ihren Willen eindeutig zum Ausdruck zu bringen – sie sprechen von stiller Beteiligung, meinen aber ein Darlehen mit Gewinnbeteiligung und umgekehrt –, muß ihr Wille im Wege der Auslegung ermittelt werden[15]. Bei diesen fließenden Grenzen lassen sich keine allgemein gültigen Regeln aufstellen. Es kommt auf den im Wege der Auslegung zu ermittelnden Willen der Vertragsschließenden, die wirtschaftlichen Ziele und auf das Gesamtbild aller Umstände im Einzelfall an[16]. Die von den Parteien gewählte Bezeichnung hat lediglich indizielle Bedeutung und schließt somit eine abweichende Beurteilung nicht aus[17].

393

Zu berücksichtigen sind insbesondere die wirtschaftlichen Ziele der Vertragsparteien[18], die geplante Dauer des Vertragsverhältnisses[19], das Fehlen einer Kreditsicherung[20], die Einschränkung der Möglichkeiten zur Kündigung oder Anteilsübertragung[21], die Kontroll- und Mitspracherechte[22] sowie die Risikobereitschaft des Geldgebers[23]. Bei dieser Abwägung aller nach dem Vertragsinhalt maßgebenden Umstände können auch außerhalb des Wortlauts liegende Umstände von Bedeutung sein[24]. So können

394

---

15 BGH v. 9. 2. 1967 BB 1967, 349; OLG Frankfurt v. 1. 12. 1981 WM 1982, 198.
16 BGH v. 10. 10. 1994 ZIP 1994, 1847; BFH v. 10. 2. 1978 (III R 115/76) BFHE 124, 374.
17 RG v. 14. 12. 1892 RGZ 30, 57; RG v. 15. 3. 1893 RGZ 31, 33; RG v. 11. 3. 1904, RGZ 57, 175; RG v. 8. 3. 1918, RGZ 92, 292; BGH v. 19. 9. 1951 BB 1951, 849; BGH v. 9. 2. 1967 BB 1967, 349; BFH v. 21. 6. 1983 (VIII R 237/80) BB 1983, 1515 = DB 1983, 1743 = GmbHR 1983, 281; BFH v. 8. 3. 1984 (I R 31/80) BB 1984, 1473 = WM 1984, 1207; *Koenigs*, S. 30 ff.
18 BMF v. 16. 11. 1986 (IV C 5-S 1300-331/87) BStBl. I 1987, 740.
19 Vgl. dazu BGH v. 10. 10. 1994 ZIP 1994, 1847 sowie *Lienau/Lotz*, DStR 1991, 618 (620) und MünchHdb. StG/*Bezzenberger* § 3 Rn. 13.
20 BGH v. 10. 10. 1994 ZIP 1994, 1847.
21 BGH v. 10. 10. 1994 ZIP 1994, 1847.
22 Vgl. dazu BGH v. 29. 6. 1992 NJW 1992, 2696 m. Anm. *Blaurock* EWiR 1992, 1111; BGH v. 10. 10. 1994 ZIP 1994, 1847 f.; MünchHdb. StG/*Bezzenberger* § 3 Rn. 13.
23 Vgl. dazu *Pauka*, DB 1991, 1402 (1407).
24 So auch BFH v. 16. 7. 1986 BFH/NV 1987, 326 und BMF v. 16. 11. 1986 (IV C 5-S 1300-331/87) BStBl. I 1987, 740.

u.a. auch die bisherigen wirtschaftlichen Beziehungen der Parteien Anhaltspunkte vermitteln[25]. Weitere Indizien für das Vorliegen einer stillen Gesellschaft sind die Ergänzung der Berufe von stillem Gesellschafter und Unternehmen, das Zurverfügungstellen einer Konzession oder die mögliche Eingliederung von Nebenbetrieben. Andererseits kann eine große räumliche Entfernung des Stillen gegen das Vorhandensein einer Gesellschaft sprechen[26].

395 Ein besonderes Gewicht dürfte unter den genannten Indizien die für das stille Beteiligungsverhältnis sprechende Existenz von weitergehenden **Kontroll-, Mitsprache- und Überwachungsrechten** haben[27]. Wer ein Darlehen gibt, überläßt es in der Regel dem Darlehensnehmer, den besten Weg zu suchen, um die Mittel zu verdienen, mit denen er die Zinsen zahlen kann. Kommt es dem Geldgeber lediglich darauf an, dem Unternehmer einen Kredit zu einem vom Geschäftsgewinn abhängigen Zinssatz zur Verfügung zu stellen, so wird regelmäßig ein Darlehensverhältnis mit Gewinnbeteiligung im Willen der Vertragspartner gelegen haben[28]. Das Interesse des Geldgebers ist hier im wesentlichen darauf gerichtet, die zur Verfügung gestellte Valuta ungeschmälert zurückzuerhalten und an dem im Geschäftsbetrieb des Darlehensnehmers erzielten Gewinn beteiligt zu sein.

396 Allerdings kommt auch der Existenz von Kontroll- und Mitwirkungsrechten **nur Indizfunktion** zu. Auch wenn der Darlehensnehmer dem Darlehensgeber gegenüber zur Rechenschaftslegung nicht verpflichtet ist und das Recht zur Bucheinsicht nur aus einer entsprechenden Anwendung des § 810 BGB abgeleitet werden kann und die Kontrollrechte des Darlehensgebers daher grundsätzlich sehr beschränkt sind[29], ist die vertragliche Vereinbarung weiterer Mitwirkungsmöglichkeiten des Darlehensgebers durchaus möglich, ohne daß dadurch zwingend eine stille Gesellschaft begründet würde. Andererseits kann aus dem Fehlen vertraglich geregelter Überwachungsrechte nicht ohne weiteres auf ein partiarisches Darlehen geschlossen werden, wenn sich die Vertragspartner zur Erreichung eines gemeinsamen Zwecks zusammengeschlossen haben.

---

25 BMF v. 16. 11. 1986 (IV C 5-S 1300-331/87) BStBl. I 1987, 740.
26 Vgl. zu diesen Indizien *Immenga*, GmbHR 1988, 506.
27 RG v. 11. 3. 1904 RGZ 57, 175 (176); RG v. 11. 5. 1920 RGZ 99, 161 (163); RG v. 15. 6. 1922 RGZ 105, 32; RG v. 28. 9. 1928 RGZ 122, 70 (72); RG v. 6. 12. 1928 RGZ 122, 387; BGH v. 29. 6. 1992 NJW 1992, 3696 m. Anm. *Blaurock* EWiR 1992, 1111; BGH v. 10. 10. 1994 ZIP 1994, 1847 f.
28 RG v. 29. 1. 1942 RGZ 168, 284.
29 RG v. 11. 5. 1920 RGZ 99, 161 (163).

3. Genußrechte

Genußrechte werden fast ausschließlich **von Kapitalgesellschaften als Finanzierungsinstrument** eingesetzt. Der Genußrechtsinhaber kann dabei für seine Kapitaleinlage eine Gegenleistung erhalten, die sich nach dem Ergebnis oder dem zu verteilenden Jahresabschluß des Genußrechtsschuldners bemißt. Auch eine Beteiligung des Genußrechtsinhabers am Liquidationserlös der Gesellschaft und die Einräumung von Kontrollrechten sind denkbar. Hierdurch kann die wirtschaftliche Stellung des Genußrechtsinhabers derjenigen eines stillen Gesellschafters weitgehend angenähert sein. Rechtlich bleibt das Genußrecht jedoch ein einfaches schuldrechtliches Gläubigerrecht auf der Basis eines bloßen Austauschvertrages, dem es an der personalistischen Verbindung zur Verfolgung eines gemeinsamen Zwecks mangelt[30]. 397

4. Der partiarische Dienstvertrag

Der stille Gesellschafter kann seine **persönliche Arbeitskraft** als Beitrag gegen Gewinnbeteiligung in das Handelsgewerbe des Inhabers einbringen (Rn. 268 ff.). Hier entstehen häufig Abgrenzungsschwierigkeiten zwischen der stillen Gesellschaft und dem partiarischen Dienstvertrag, bei dem den Arbeitnehmern in Ergänzung oder an Stelle der laufenden Lohn- bzw. Gehaltsbezüge Gewinnbeteiligungen gewährt werden. Maßgeblich sind in diesem Zusammenhang die gleichen Grundsätze, die für die Abgrenzung der stillen Beteiligung vom partiarischen Darlehen angeführt wurden. 398

Zunächst muß auch hier das Erfordernis der Gewinnbeteiligung (§ 231 Abs. 2 2. Hs. HGB) erfüllt sein. Erhalten die Arbeitnehmer **ausschließlich feste,** vom Geschäftsergebnis unabhängige **Bezüge,** so fehlt es an diesem Erfordernis und folglich an einer stillen Gesellschaft. Eine bloße Umsatzbeteiligung begründet ebenfalls keine stille Gesellschaft[31]. Deshalb ist ein Angestellter, der neben einem festen Gehalt nur eine Umsatzbeteiligung bezieht, steuerrechtlich auch dann kein stiller Gesellschafter, wenn er eine unternehmergleiche Stellung innehat und erhebliche kapitalmäßige Bindungen zu dem Unternehmen eingegangen ist[32]. 399

---

30 Vgl. dazu auch *Feddersen/Knauth,* S. 17 f. und MünchHdb. StG/*Bezzenberger* § 3 Rn. 15; a.A. *Meilicke,* BB 1989, 465 (466) und *Schön,* JZ 1993, 925 (929 f.), der das Genußrechtsverhältnis als stille Gesellschaft qualifiziert, andererseits aber die §§ 230 ff. HGB nur eingeschränkt zur Anwendung kommen lassen will.
31 BFH v. 11. 11. 1965 (IV 82/62) BStBl. III 1966, 95; vgl. auch BFH v. 27. 2. 1975 (I R 11/72) BStBl. II 1975, 611.
32 BFH v. 11. 11. 1965 (IV 82/62 U) BStBl. III 1966, 95; BFH v. 8. 5. 1962 (I 145/61) HFR 1962, 270 = StRK GewStG § 8 Nr. 2–9 R. 81.

400 Bezieht der Arbeitnehmer **kein festes Gehalt, sondern lediglich eine Gewinnbeteiligung,** spricht andererseits vieles für eine stille Gesellschaft. So bejahte der BFH das Vorliegen einer stillen Gesellschaft in einem Fall, in dem die Leitung eines Unternehmens, in welchem die Betriebsinhaberin selbst nicht tätig war, zwei Prokuristen oblag, die kein festes Gehalt, sondern eine Gewinnbeteiligung von je einem Drittel erhielten und denen die Aufnahme als Gesellschafter in Aussicht gestellt war, was später auch geschah[33]. Den tragenden Grund für die Annahme einer stillen Gesellschaft sah der BFH in der alleinigen Unternehmensleitung der Prokuristen ohne festes Gehalt sowie darin, daß die Entnahmen der Betriebsinhaberin von der Zustimmung der Prokuristen abhängig waren.

401 Ist der Arbeitnehmer auch **am Verlust beteiligt,** wird regelmäßig ebenfalls eine stille Gesellschaft anzunehmen sein, da eine Verlustbeteiligung dem Wesen des Arbeitsverhältnisses fremd ist.

402 Unvereinbar mit einem Dienstvertrag, aber durchaus vereinbar mit der stillen Beteiligung wäre die Abrede, daß die Beteiligung des Arbeitnehmers **im Falle seines Todes auf seine Erben übergehen** soll (§ 234 Abs. 2 HGB). Daher hat der BFH zu Recht eine stille Gesellschaft für den Fall angenommen, daß der Prokurist gegen eine garantierte Entnahme von monatlich 1.500 DM und eine Gewinnbeteiligung von 35% unter Ausschluß der Verlusttragung wie ein Arbeitnehmer tätig ist und dieses Vertragsverhältnis, das dem Prokuristen zwar keine Beteiligung am Anlagevermögen, aber ein Anhörungsrecht bei Abschluß bestimmter Geschäfte und ein Zustimmungsrecht bei Maßnahmen wie der Gesellschafteraufnahme und Prokuraerteilung einräumt, mit seinen Erben fortzusetzen ist[34]. Neben der vereinbarten Fortsetzung des Vertragsverhältnisses mit den Erben tritt hier als Argument für eine stille Gesellschaft auch die Gewinnbeteiligung gegenüber den festen Bezügen in den Vordergrund. Unter Berücksichtigung des Vertragsinhaltes und des in dem entschiedenen Fall vorhandenen Einflusses sowie der Gestaltungsmöglichkeiten des Prokuristen auf das Betriebsergebnis ist zu schließen, daß sich die Beteiligten zu einer wirklichen Zweckgemeinschaft zusammenschließen wollten und auch zusammengeschlossen haben.

403 Als die eigentlich **problematischen Abgrenzungsfälle** verbleiben diejenigen, in denen vertraglich eine Kombination von festem Grundgehalt und Gewinnbeteiligung unter Ausschluß der Verlustbeteiligung des Arbeitnehmers vereinbart wurde. Hier ist für die Annahme einer stillen Beteiligung entscheidend, daß sich aus einer Gesamtbetrachtung aller Umstän-

---
33 BFH v. 8. 7. 1965 (IV 30/63 U) BStBl. III 1965, 558.
34 BFH v. 5. 8. 1965 (IV 138/63) BStBl. III 1965, 560.

§ 8 Abgrenzung gegenüber verwandten Rechtsinstituten

de des Einzelfalls ergibt, daß ein auf die Verwirklichung eines gemeinsamen Zwecks gerichtetes gesellschaftliches Verhältnis vorliegt. Die Arbeitsleistung des stillen Gesellschafters steht hier nicht nur im Verhältnis von Leistung und Gegenleistung, sondern bildet zugleich einen Beitrag zu dem gemeinsamen übergeordneten Zweck. Das Zusammenwirken von Arbeit im Betrieb und Unternehmensleitung soll den Unternehmenserfolg und damit den Nutzen für beide Teile erhöhen[35]. Die gemeinsame Zweckverfolgung kann sich dabei bereits aus den näheren vertraglichen Vereinbarungen der Parteien insbesondere über die Bezüge des Arbeitnehmers ergeben[36]. Allerdings kommt es nicht allein auf einzelne Bestimmungen oder Vereinbarungen eines Vertrags an. Vielmehr ist es notwendig, diese im Zusammenhang mit dem gesamten Vertragszweck und mit den von den Parteien verfolgten wirtschaftlichen Zielen einer umfassenden rechtlichen Beurteilung und Würdigung zu unterziehen.

Eine stille Gesellschaft ist danach in der Regel anzunehmen, wenn es sich um eine **erhebliche Gewinnbeteiligung** insbesondere auch im Verhältnis zur Gesamtvergütung[37] handelt, wenn das Dienstverhältnis für die Beteiligten für **längere Zeit** verbindlich ist und wenn für den Arbeitnehmer nicht nur ein Anspruch auf Entlohnung für seine Dienste besteht[38]. Eine Gewinnbeteiligung von nur 5% spricht dabei weniger für eine stille Gesellschaft als eine solche von 30 oder 40%. Auch die später geplante Übernahme des Betriebs, die fehlende Vereinbarung über Arbeitszeit, Urlaub usw. oder der Ausschluß einer vollständigen Entnahme der Bezüge legen die Existenz einer stillen Gesellschaft nahe. Es kommt aber immer auf die Vertragsgestaltung und auf das Gesamtbild aller Umstände im **Einzelfall** an. So kann neben der Gewinnbeteiligung durchaus auch eine feste Arbeitsvergütung vereinbart werden. Die Gewährung einer hohen Gewinnbeteiligung begründet andererseits für sich allein noch keine stille Gesellschaft, wenn dem Beteiligten daneben ein festes Gehalt gezahlt wird[39]. 404

Ein besonders **wichtiges Indiz** bei der Abgrenzung bildet die Feststellung, ob und in welchem Umfange dem Arbeitnehmer **Mitwirkungs-, Kontroll- und Überwachungsrechte** vertraglich vorbehalten sind. Die bloße Gewinnbeteiligung gibt für sich allein keine Befugnis zur Einflußnahme auf die Geschäftsführung. Wo aber Mitwirkungs-, Kontroll- und Überwachungsrechte vertraglich vereinbart worden sind, besteht zumindest eine 405

---

35 Vgl. *Reinhardt*, FS *Nipperdey* 1955, S. 235 (246 ff.).
36 BFH v. 28. 7. 1971 (I R 78/68) BStBl. II/1971, 815.
37 Niders. FG v. 24. 9. 1987 (XII 83/86) EFG 1988, 303, (304).
38 Vgl. dazu auch RFH v. 16. 3. 1938 (VI 154/38) RStBl 1938, 556.
39 BFH v. 5. 6. 1964 (IV 108/63) BStBl. III 1965, 51.

Vermutung, daß die Beteiligten eine stille Gesellschaft begründen wollten. Dies gilt auch dann, wenn durch den Gesellschaftsvertrag ein Verhältnis der Gleichordnung hinsichtlich der Geschäftsführung und Gewinnbeteiligung zwischen den Beteiligten geschaffen worden ist[40]; denn dies deutet auf eine gemeinsame und gleichberechtigte Zweckverfolgung hin, da der Dienstvertrag gerade durch ein Abhängigkeitsverhältnis, ein Verhältnis der Über- und Unterordnung gekennzeichnet ist[41]. Der Nur-Arbeitnehmer ist von dem Geschäftsherrn abhängig. Er ist in den Organismus seines Betriebes eingegliedert und verpflichtet, seinen Weisungen zu folgen. Er nimmt eine Rechtsstellung ein, mit der Mitwirkungs-, Überwachungs- und Kontrollbefugnisse gegenüber dem Geschäftsherrn regelmäßig nicht vereinbar sind. Allerdings ist in diesem Zusammenhang darauf hinzuweisen, daß auch der im Rahmen eines partiarischen Dienstverhältnisses am Gewinn beteiligte Arbeitnehmer grundsätzlich einen Anspruch auf Erteilung der für die Gewinnberechnung notwendigen Auskünfte an sich oder einen unparteiischen Wirtschaftsprüfer hat.

406 Ergibt sich das Vorliegen einer stillen Gesellschaft aufgrund anderer Umstände, so kann sich der stille Gesellschafter für die Behauptung, er sei nur Angestellter gewesen, allerdings nicht darauf berufen, daß er kein Mitsprache- oder Überwachungsrecht gehabt habe. Aus § 233 HGB, wonach der stille Gesellschafter lediglich berechtigt ist, die abschriftliche Mitteilung des Jahresabschlusses zu verlangen und ihre Richtigkeit unter Einsicht der Papiere und Bücher zu prüfen, ergibt sich, daß die Entscheidungsbefugnis über die Geschicke des Unternehmens dem Geschäftsinhaber grundsätzlich verbleibt.

407 Andererseits ist ein am Gewinn beteiligter Geschäftsführer nicht allein deshalb als stiller Gesellschafter anzusehen, weil der Unternehmer mit ihm wichtige, den Betrieb betreffende Entscheidungen erörtert und ihm Einsicht in die Bilanzen und Bücher gewährt[42]. Dies kann sich bereits aus der Geschäftsführertätigkeit ergeben. Eine stille Beteiligung läßt sich vielmehr erst dann annehmen, wenn die Geschäftsführungstätigkeit mit weiteren Leistungen zusammentrifft, die in dieser Form von einem Nichtgesellschafter nicht erbracht zu werden pflegen[43].

---

40 RG v. 10. 10. 1933 RGZ 142, 13 (22); BFH v. 7. 2. 1968 (I 233/64) BFHE 91, 373; BFH v. 7. 12. 1983 (I R 144/79) BStBl. II 1984, 373 = BB 1984, 1028 = DB 1984, 967.
41 RG v. 10. 10. 1933 RGZ 142, 13 (21 ff.); BFH v. 7. 12. 1983 (I R 144/79) BB 1984, 1028 = DB 1984, 967; *Böttcher/Zartmann/Faut*, S. 56 ff.; *Schlegelberger/Karsten Schmidt*, § 335 (230 n.F.) Rn. 49.
42 BFH v. 6. 10. 1971 (I R 215/69) DStZ/A 1972, 197.
43 So auch Nieders. FG v. 24. 9. 1987 (XII 83/86) EFG 1988, 303, (304).

5. Partiarische Miet-, Pacht- und Verlagsverträge

Die Beitragsleistung des stillen Gesellschafters kann in der Weise erbracht werden, daß er bestimmte Gegenstände (Gebäude, bewegliche Sachen, Patente, Lizenzen) nicht in das Eigentum des Geschäftsinhabers überträgt, sondern ihm nur zum Gebrauch überläßt (Rn. 261). Es können aber auch Miet- oder Pachtverträge mit Gewinnbeteiligung abgeschlossen werden, wobei die Gewinnbeteiligung des Vermieters, Verpächters oder Patentinhabers in Ergänzung oder an Stelle fester Miet- oder Pachtzinsen oder Lizenzgebühren gewährt wird. 408

Für die **rechtliche Abgrenzung** und Beurteilung[44] gilt dasselbe wie für die anderen partiarischen Verträge. Nicht jede Gebrauchsüberlassung gegen Gewinnbeteiligung führt zu einer stillen Gesellschaft. Entscheidend ist auch hier die Verfolgung eines gemeinsamen Zweckes. Ein Indiz dafür ist eine erhebliche Gewinnbeteiligung, verbunden mit der Tatsache, daß das Rechtsverhältnis auf beiden Seiten für längere Zeit verbindlich ist. Der Umstand, daß der den Gebrauch Überlassende auch an dem Risiko der Neuinvestitionen und an dem Geschäftsisiko in hohem Maße teilnimmt und daß ihm Kontroll-, Überwachungs- und Mitwirkungsrechte zustehen, spricht für ein gesellschaftliches Verhältnis und gegen die Annahme eines mit Gewinnbeteiligung ausgestatteten Miet- oder Pachtvertrags. Dasselbe gilt für mit Gewinnbeteiligung ausgestattete Verlagsverträge. 409

Allerdings hat der BFH[45] im Falle einer Betriebsüberlassung durch eine Mutter an ihren Sohn Kontrollbefugnisse für unbeachtlich angesehen und das Vorliegen eines Pachtvertrags bejaht. Das FG Schleswig-Holstein[46] stellte bei der Bejahung einer stillen Gesellschaft darauf ab, daß nicht nur eine zeitlich begrenzte Nutzungsüberlassung vorlag. 410

V. Das Kommissionsgeschäft

Gemäß § 383 HGB ist Kommissionär, wer es gewerbsmäßig übernimmt, Waren oder Wertpapiere für Rechnung eines anderen – des Kommittenten – im eigenen Namen zu kaufen oder zu verkaufen. Die wesentliche Voraussetzung, die das Kommissionsgeschäft kennzeichnet, ist die Übernahme eines Geschäftsabschlusses im Namen des Kommissionärs für Rechnung des Kommittenten. 411

---

44 Vgl. dazu auch MünchHdb. StG/*Bezzenberger* § 3 Rn. 16 ff.
45 BFH v. 5. 6. 1964 (IV 213/60) BStBl. III 1965, 49.
46 FG Schleswig-Holstein v. 24. 10. 1963 (IV 80-82/62) EFG 1964, 273.

412 Soweit der Kommissionär im eigenen Namen handelt, gleicht seine Rechtsstellung der des Inhabers eines Handelsgeschäfts. Anders als dieser wird jedoch der Kommissionär stets für Rechnung des Kommittenten tätig, wohingegen der Inhaber des Handelsgeschäfts zur Verwirklichung des gemeinschaftlichen Zwecks für gemeinschaftliche Rechnung tätig wird. **Die Interessenlage ist beim Kommissionsgeschäft eine andere** als bei der stillen Gesellschaft. Das eigene Interesse des Kommissionärs beschränkt sich auf den Erwerb seines Provisionsanspruchs. Im übrigen handelt er im Interesse des Kommittenten, der letztlich den Abschluß mit dem Dritten erstrebt und als der wirkliche Geschäftsherr kaufen oder verkaufen und den Preis zahlen oder empfangen will. Insoweit handelt der Kommissionär im fremden Interesse. Was er von dem Dritten erwirbt, kommt wirtschaftlich dem Kommittenten zu. Die praktische Bedeutung des Kommissionsgeschäfts liegt darin, daß der Kommissionär als mittelbarer Stellvertreter seinen eigenen Namen und seinen Kredit für den Kommittenten einsetzt. Bei der stillen Gesellschaft dagegen wird der Geschäftsinhaber nicht nur im Interesse des stillen Gesellschafters, sondern im beiderseitigen Interesse auf gemeinschaftliche Rechnung tätig, wobei die Beteiligten in gesellschaftsrechtlicher Verbundenheit einen gemeinsamen Zweck zu erreichen versuchen.

VI. Stille Gesellschaft und Treuhand

413 Trotz der gesellschaftsrechtlichen Treuebindungen besteht zwischen dem Geschäftsinhaber und dem schuldrechtlich am Geschäftsvermögen beteiligten Stillen kein bloßes Treuhandverhältnis. Der stille Gesellschaftsvertrag beschränkt sich nicht auf die Verwaltung eines bestimmten Treuguts, sondern enthält ein auf die gemeinsame Verfolgung des Gesellschaftszwecks gerichtetes Gesellschaftsverhältnis, in dessen Rahmen der Stille eine Beitragsleistung erbringt, die nicht notwendig in das Vermögen des Geschäftsinhabers überzugehen braucht. Ein Treuhandverhältnis kann allenfalls ausnahmsweise neben dem Gesellschaftsverhältnis vorliegen, wenn die Einlage des Stillen ausdrücklich „zu treuen Händen" übereignet wurde und ihre Rückübertragung nach Beendigung der stillen Gesellschaft vorgesehen ist[47].

---

47 Vgl. zum Ganzen auch MünchHdb. StG/*Bezzenberger* § 3 Rn. 23 f.

VII. Zusammenfassung

Abzugrenzen von der stillen Gesellschaft i.S. der §§ 230 ff. HGB sind zunächst die anderen Formen einer internen Unternehmensbeteiligung wie die stille Gesellschaft des bürgerlichen Rechts, die Vornahme von Geschäften für gemeinsame Rechnung und die Unterbeteiligung am Gesellschaftsanteil des Gesellschafters einer Handelsgesellschaft oder eines stillen Gesellschafters. 414

Von den handelsrechtlichen Personengesellschaften unterscheidet sich die stille Gesellschaft, die keine Handelsgesellschaft ist, dadurch, daß ihre Wirkungen sich auf das Innenverhältnis der Beteiligten zueinander beschränken und daß es – auch bei atypischer Ausgestaltung – an einem gesamthänderisch gebundenen Gesellschaftsvermögen, an dem der stille Gesellschafter dinglich mitberechtigt ist, fehlt. Hierdurch unterscheidet sich der stille Gesellschafter trotz äußerlicher Ähnlichkeit der Rechtsstellung vom Kommanditisten.

Von der stillen Beteiligung scharf zu trennen sind wegen der andersartigen Rechtsfolgen die partiarischen Verträge, bei denen der eine Vertragspartner als Entgelt für die von ihm erbrachten Leistungen am Gewinn des anderen beteiligt wird. Die Abgrenzung gegenüber der stillen Gesellschaft ist in der Praxis oft schwierig. Allgemein gültige Regeln lassen sich nicht aufstellen. Es kommt stets auf die Vertragsgestaltung und auf das Gesamtbild aller Umstände im Einzelfall an. Entscheidend für die Annahme einer stillen Gesellschaft ist der animus contrahendae societatis, d.h. der Wille der Beteiligten, zur Verwirklichung eines gemeinschaftlichen Zwecks zusammenzuwirken. Wichtige Anhaltspunkte für das Vorliegen einer stillen Gesellschaft sind die dem Vertragspartner eingeräumten Kontroll- und Mitwirkungsrechte, die Dauer des Vertragsverhältnisses, die Höhe der Gewinn- und Verlustbeteiligung und die Risikobereitschaft des Geldgebers, die Unübertragbarkeit bzw. bei Dienstleistungen die Vererblichkeit der Beteiligung, die Einschränkung der Möglichkeiten zur Kündigung oder Anteilsübertragung sowie die Stellung der Gesellschafter zueinander (Gleichordnung oder Über- und Unterordnung).

Vom Kommissionsgeschäft unterscheidet sich die stille Gesellschaft durch die völlig andere Interessenlage. Der Inhaber des Handelsgeschäfts wird zwar ebenso wie der Kommissionär nach außen hin im eigenen Namen tätig. Er handelt aber nicht auf fremde Rechnung, sondern in Verfolgung des gemeinsamen gesellschaftlichen Zwecks auf gemeinschaftliche Rechnung. Das Rechtsverhältnis zwischen dem schuldrechtlich am Geschäftsvermögen beteiligten Stillen und dem Geschäftsinhaber ist schließlich weder ein reines Treuhandverhältnis noch ein bloßer Gewinnabführungsvertrag.

§ 9 Die Errichtung der stillen Gesellschaft

Schrifttum: *Brox, Hans,* Die unentgeltliche Aufnahme von Kindern in eine Familien-Personengesellschaft, in: Festschrift für Bosch, 1976, S. 75; *Buchwald, Friedrich,* Die geschenkte Aufnahme in eine Personengesellschaft, GmbHR 1953, 81; *Emmerich, Volker / Sonnenschein, Jürgen,* Konzernrecht, 5. Aufl., 1993; *Enneccerus, Ludwig / Lehmann, Heinrich,* Recht der Schuldverhältnisse, 15. Aufl., 1958; *Fischer, Robert,* Fragen aus dem Recht der stillen Gesellschaft, JR 1962, 201; *Fromm, Rüdiger,* Einbeziehung einer stillen Beteiligung, insbesondere im Familienunternehmen, StBp. 1977, 251; *Gastmann, Günter,* Vormundschaftsgerichtliche Genehmigung bei stiller Beteiligung eines Minderjährigen am Gewerbebetrieb seines Vaters, StBp. 1969, 255; *Gernhuber, Joachim,* Familienrecht, 4. Aufl., 1994; *Geßler, Ernst / Hefermehl, Wolfgang / Eckhardt, Ulrich / Kropff, Bruno,* AktG, 6. Lieferung, 1976; *Godin, Reinhard Freiherr von,* Die unentgeltliche Aufnahme eines Innengesellschafters, JR 1953, 171; *Hoffmann, Günther F.,* Der Minderjährige als Gesellschafter, in: Recht und Besteuerung der Familienunternehmen, Aktuelle Referate der Arbeitstagung Familienunternehmen am 27. 9. 1969 in Wiesbaden; *Hueck, Alfred,* Das Recht der offenen Handelsgesellschaft, 4. Aufl., 1971; *ders.,* Die stille Beteiligung bei Handelsgesellschaften, in: Festschrift für H. Lehmann, 1937, S. 239; *Hundertmark, Dedo,* Gründung einer sogenannten Innengesellschaft mit Minderjährigen, BB 1970, 165; *Klammroth, Sabine,* Zur Anerkennung von Verträgen zwischen Eltern und minderjährigen Kindern, BB 1975, 525; *Knopp, Werner,* Gründung stiller Gesellschaften bei Beteiligung Minderjähriger, NJW 1962, 2181; *Kropff, Bruno,* AktG, 1965; *Larenz, Karl,* Lehrbuch des Schuldrechts, Bd. II/2, Besonderer Teil, 13. Aufl., 1986; *Lehmann, Heinrich / Dietz, Rolf,* Gesellschaftsrecht, 3. Aufl., 1970; *Möhring, Philipp / Nirk, Rudolf / Tank, Gerhard / Brezing, Klaus,* Handbuch der Aktiengesellschaft, Bd. 1, Gesellschaftsrecht, Steuerrecht, 2. Aufl., Loseblatt, 1982 ff.; *Nagel, Manfred,* Familiengesellschaft und elterliche Gewalt, 1968; *Rosenau, Heinz,* Beteiligung Minderjähriger an gesellschaftsrechtlichen Unternehmensformen, BB 1965, 1393; *ders.,* Die Gründung einer stillen Gesellschaft mit Minderjährigen, BB 1969, 1080; *Schmidt, Karsten,* Konzernrechtliche Wirksamkeitsvoraussetzungen für typische stille Beteiligungen an Kapitalgesellschaften, ZGR 1984, 297; *Schmidt, Harry,* Stille Gesellschaft und ABG-Gesetz, ZHR 159 (1995), 734; *Schneider, Uwe / Reusch, Peter,* Die Vertretung und die Mitwirkung der Gesellschafter bei der Gründung einer GmbH & Still, DB 1989, 713; *Schulze-Osterloh, Joachim,* Das Recht der Unternehmensverträge und die stille Beteiligung an einer Aktiengesellschaft, ZGR 1974, 427; *Semler, Johannes,* Vorfinanzierung zukünftigen Aktienkapitals durch stille Gesellschaften, in: Festschrift für W. Werner, 1984, 855; *Stürner, Rolf,* Der lediglich rechtliche Vorteil, AcP 173 (1973), 402; *Sudhoff, Heinrich,* Die Beteiligung der Kinder am väterlichen Unternehmen, DB 1965, 1545; *Tiedtke, Klaus,* Unentgeltliche Beteiligung eines Kindes als stiller Gesellschafter, DB 1977, 1064; *ders.,* Zur steuerlichen Anerkennung von stillen Beteiligungen minderjähriger Kinder, FR 1980, 0421; *ders.,* Die schenkweise Zuwendung einer stillen Beteiligung an ein minderjähriges Kind, BB 1988, 946; *Ulmer, Peter,* Hans-Erich Brandner und Horst-Dieter Hensen AGB-Gesetz, 7. Aufl. 1993; *Wiedemann, Herbert,* Gesellschaftsrecht, 5.Aufl., 1988; *Wolf, Manfred,* Norbert Horn und Walter Lindacher, AGB-Gesetz, 3. Aufl., 1994; *Würdinger, Hans,* Gesellschaften I, Recht der Personengesellschaften, 1937.

I. Errichtung durch Gesellschaftsvertrag

Da die stille Gesellschaft nicht in das Handelsregister eingetragen wird, entsteht sie mit dem Wirksamwerden des Gesellschaftsvertrages, auch wenn der stille Gesellschafter seinen Beitrag noch nicht geleistet oder der Inhaber den Betrieb seines Handelsgeschäfts noch nicht begonnen hat (Rn. 195).   415

1. Das Wesen des Gesellschaftsvertrags

Zur Errichtung der stillen Gesellschaft bedarf es des Abschlusses eines **Gesellschaftsvertrags**, durch den sich der Inhaber des Handelsgeschäfts und der stille Gesellschafter gegenseitig verpflichten, die Erreichung eines gemeinsamen Zweckes – nämlich die Führung des Handelsgewerbes des Inhabers auf gemeinsame Rechnung – in der durch den Vertrag bestimmten Weise zu fördern, insbesondere die vereinbarten Beiträge zu leisten (§ 705 BGB). Durch die vertragliche Grundlage unterscheidet sich die stille Gesellschaft einerseits von dem Verein und der Körperschaft, die auf einem sozialrechtlichen Gesamtakt beruhen, und andererseits von der schlichten Rechtsgemeinschaft, die keinen Vertrag, sondern die Tatsache gemeinsamen Rechtserwerbs zur Grundlage hat.   416

Der **gemeinsame Zweck** besteht in dem Streben nach **Erzielung von Gewinn** durch das vom Geschäftsinhaber betriebene Handelsgewerbe. Ein gemeinsamer, jedoch nicht auf Gewinnerzielung gerichteter Zweck führt ebensowenig zu einer stillen Gesellschaft i.S. der §§ 230 ff. HGB wie ein gemeinsames Streben nach Gewinn durch den Betrieb eines Unternehmens, das kein Handelsgewerbe ist.   417

Verfolgt jeder Partner nur den **eigenen Zweck** und schließt er einen Vertrag nur, um im Austausch für die eigene Leistung eine Gegenleistung zu erhalten, ohne sich zur gemeinsamen Förderung eines den Eigeninteressen vorgehenden gemeinsamen Zwecks zu verpflichten, so liegt keine stille Gesellschaft vor.   418

Der Gesellschaftsvertrag bildet die **Grundlage** der stillen Gesellschaft. Er ist bestimmend und richtungweisend für das gesellschaftsrechtliche Verhältnis des Inhabers und des stillen Gesellschafters und enthält die Vorschriften, die dieses Verhältnis regeln. Soweit er keine Vereinbarungen über die Beziehungen der Vertragspartner zueinander enthält, greifen er-   419 gänzend die §§ 230 ff. HGB und die §§ 705 ff. BGB ein – letztere jedoch nur insoweit, als sie mit dem Wesen der stillen Gesellschaft vereinbar sind. Nicht anwendbar sind die Vorschriften, die das Außenverhältnis betreffen oder sich auf das Vorhandensein eines Gesamthandsvermögens beziehen. Da die stille Gesellschaft keine Handelsgesellschaft ist, kann das Recht der Handelsgesellschaften, insbesondere das der OHG und KG, nicht einmal ergänzend zur Anwendung kommen.

420 Der Gesellschaftsvertrag ist seinem Wesen nach **sowohl Schuldvertrag als auch gemeinschaftsbegründender, sozial- und personenrechtlicher Vertrag.** Das ergibt sich daraus, daß er auf die Begründung eines Rechtsverhältnisses abzielt, das diese beiden Elemente umfaßt. Wenn in § 705 BGB nur die schuldrechtliche Seite betont wird, so darf nicht übersehen werden, daß die Verpflichtung zur gegenseitigen Förderung eines gemeinsamen Zwecks auch den personenrechtlichen Zusammenschluß mit umfaßt. Deshalb enthält der Gesellschaftsvertrag regelmäßig nicht nur Bestimmungen über die wechselseitigen Rechte und Pflichten der Gesellschafter, sondern er regelt auch die Organisation, die mitgliedschaftlichen Rechte auf Mitwirkung, Aufsicht und Unterrichtung, auf Teilnahme am Gewinn und am Verlust, auf das Auseinandersetzungsguthaben sowie die Beendigung des Gesellschaftsverhältnisses.

421 Der Gesellschaftsvertrag ist für den Geschäftsinhaber stets ein Handelsgeschäft (§ 343 Abs. 1 HGB), für den stillen Gesellschafter nur, wenn die stille Beteiligung zum Betrieb seines eigenen Handelsgewerbes gehört.

2. Die Rechtsnatur des Gesellschaftsvertrags

422 Der Gesellschaftsvertrag, der seine rechtliche Grundlage in § 705 BGB hat, ist ein schuldrechtlicher Vertrag, aber **kein gegenseitiger Vertrag i.S. der §§ 320 ff. BGB**[1]. Wenn § 705 BGB den Inhalt des Gesellschaftsvertrags dahin umschreibt, daß sich die Gesellschafter „gegenseitig" verpflichten, die Erreichung des gemeinsamen Zweckes in der durch den Vertrag bestimmten Weise zu fördern, insbesondere die vereinbarten Beiträge zu leisten, so besagt das, daß aufgrund des Gesellschaftsvertrags jeder von dem anderen bestimmte Leistungen, die als „Beiträge" bezeichnet werden, und darüber hinaus ein Verhalten verlangen kann, das die Erreichung des gemeinsamen Zwecks fördert. Das Wort „gegenseitig" besagt aber nicht, daß jeder für sich Leistungen des anderen zu empfangen

---

[1] Wie hier *Larenz,* Schuldrecht II, § 60 Ib; *Würdinger,* Gesellschaften I, S. 42; Staudinger/*Keßler,* § 705 Rn. 6 ff.; *Wiedemann,* § 3 II 1b bb; MünchKomm/*Ulmer,* § 705 Rn. 139 ff.; RG v. 5. 4. 1935, RGZ 147 340 (342); RG v. 27. 9. 1938 RGZ 158, 321 (326).

hätte, d.h. daß die Leistung des einen die Gegenleistung für die Leistung des anderen wäre. Der Gesellschaftsvertrag ist kein Austauschvertrag. Es liegt kein Leistungsaustausch, sondern eine Leistungsvereinigung zur Erreichung des gemeinsamen Zweckes vor. Für den Austauschvertrag ist kennzeichnend, daß er erfüllt ist, wenn die gegenseitigen Leistungen erbracht sind, wohingegen die durch die Begründung einer stillen Gesellschaft geschaffene Organisation die Gesellschafter auch noch und erst recht verbindet, wenn die Beiträge geleistet sind. Was der einzelne Gesellschafter aus der Gesellschaft für sich erlangt, erlangt er nicht unmittelbar von seinem Mitgesellschafter, sondern in Gestalt seines Gewinnanteils aus dem Ertrag der gemeinsamen Tätigkeit[2].

Demgegenüber will die heute wohl noch überwiegende Meinung den Begriff des gegenseitigen Vertrags weiter fassen und – wenn auch mit Einschränkungen – darunter nicht nur Austauschverträge, sondern auch die Gesellschaft verstehen. Begründet wird dies damit, daß jeder seinen Beitrag nur deshalb leiste, weil sich auch die übrigen zur Leistung verpflichten. Diese Auffassung[3] sieht zumindest bei der typischen stillen Gesellschaft[4] die §§ 320 ff. BGB, wenn auch mit Einschränkungen, zumindest als entsprechend anwendbar an. Einschränkungen sollen vor allem gelten, wenn die Gesellschaft durch Aufnahme ihrer Tätigkeit in Vollzug gesetzt ist. Spätestens von diesem Zeitpunkt ab ist auch nach dieser Auffassung das Rücktrittsrecht der §§ 325, 326 BGB durch das Kündigungsrecht aus wichtigem Grunde gemäß § 723 BGB zu ersetzen[5]. Für den Fall, daß die Erreichung des Gesellschaftszweckes unmöglich wird, gilt die Sondervorschrift des § 726 BGB. Die Einrede des nicht erfüllten Vertrags (§ 320 BGB) soll zumindest dann gegeben sein, wenn die Gesellschaft nur aus zwei Gesellschaftern besteht. Gerade in diesem Falle wird man jedoch an Stelle der Leistung „Zug um Zug" besser mit § 273 BGB zum Ziele kommen[6]. 423

Im Verzugsfalle genügen die §§ 286 ff. BGB und das Kündigungsrecht gemäß § 723 BGB i.V.m. § 234 HGB. Letzteres steht jedem Gesellschafter zu, wenn dem anderen Gesellschafter die Erfüllung einer ihm nach dem 424

---

2 *Larenz*, Schuldrecht II, § 60 Ib.
3 *Enneccerus/Lehmann*, § 176 III 1; *Lehmann/Dietz*, S. 52 ff.; *G. Hueck*, § 6 II 3 (S. 47 f.); einschränkend auch *Palandt/Thomas*, § 705 BGB Rn. 8.
4 Für eine Differenzierung zwischen typischer und mehrgliedriger stiller Gesellschaft MünchHdb. StG/*Kühn* § 6 Rn. 20 und *Schlegelberger/Karsten Schmidt*, § 335 (§ 230 n.F.) Rn. 117.
5 RG v. 11. 2. 1913 RGZ 81, 303 (305 ff.); RG v. 16. 1. 1917 RGZ 89, 333 ff.; RG v. 5. 1. 1926 RGZ 112, 280 (283); vgl. auch *Koenigs*, S. 70.
6 *Larenz*, Schuldrecht II, § 60 Ib m.w.N.

Gesellschaftsvertrag obliegenden wesentlichen Verpflichtung unmöglich war. Hat er die Unmöglichkeit zu vertreten, so hat der andere Gesellschafter nach den allgemeinen Grundsätzen des Schuldrechts einen Schadensersatzanspruch wegen Vertragsverletzung.

425 Wird dem stillen Gesellschafter die von ihm geschuldete Leistung durch Umstände, die er nicht zu vertreten hat, unmöglich, bleibt zu prüfen, ob er statt der unmöglich gewordenen Sacheinlage oder Dienstleistung zur Leistung eines entsprechenden Geldbetrags verpflichtet ist, weil er nach dem Parteiwillen einen bestimmten Vermögenswert einlegen sollte und die unmöglich gewordene Leistung nur die in erster Linie vorgesehene Beitragsform war. Dagegen würde es dem Wesen der stillen Gesellschaft als einer Gesellschaft widersprechen, im Falle des § 323 BGB auch die Leistungspflicht des anderen Gesellschafters fortfallen zu lassen, denn der nicht mehr leistungspflichtige Stille kann ein Interesse an der Aufrechterhaltung der stillen Gesellschaft haben und daher bereit sein, statt seiner unmöglich gewordenen Leistung eine andere Sach- oder Geldleistung zu erbringen, deren Annahme dem Geschäftsinhaber zuzumuten ist. Das Kündigungsrecht des § 723 BGB bietet dem anderen Gesellschafter in jedem Fall einen ausreichenden Schutz seiner Interessen[7].

3. Der Abschluß des Gesellschaftsvertrages

a) Zustandekommen des Gesellschaftsvertrages

426 Für das Zustandekommen des Gesellschaftsvertrages gelten grundsätzlich die allgemeinen Regelungen der §§ 145 ff. BGB.

Solange sich die Beteiligten **nicht über alle Punkte,** über die nach der Erklärung auch nur eines Partners eine Vereinbarung getroffen werden sollte, **geeinigt haben,** ist im Zweifel der Gesellschaftsvertrag nicht zustande gekommen (§ 154 Abs. 1 BGB). Eine Einigung nur über die wesentlichen Punkte genügt regelmäßig nicht, es sei denn, daß für die übrigen Punkte die gesetzliche Regelung vereinbart oder Feststellung durch ein Schiedsgericht, einen Dritten oder einen Gesellschafter vorgesehen ist (§§ 315 ff., 319 BGB). Allerdings ist in Anlehnung an die Lehre von der Gesellschaft auf fehlerhafter Vertragsgrundlage ein jederzeit kündbarer vorläufiger Gesellschaftsvertrag anzunehmen, wenn die Gesellschafter in Kenntnis des unvollständigen Gesellschaftsvertrags die Errichtung der Gesellschaft geplant und sich mit der Aufnahme der Tätigkeit vor einer vollständigen Vereinbarung einverstanden erklärt haben[8].

---

7 Hierzu *Koenigs,* S. 71 m.w.N.
8 Vgl. dazu allg. BGH v. 28. 11. 1953 BGHZ 11, 190, 192; vgl. dazu auch MünchHdb. StG/*Bezzenberger* § 7 Rn. 3.

§ 9 Errichtung

Liegt ein **versteckter Einigungsmangel** vor, so gilt gemäß § 155 BGB das Vereinbarte, sofern anzunehmen ist, daß der Vertrag auch ohne eine Bestimmung über den Punkt, über den in Wirklichkeit keine Einigung besteht, geschlossen sein würde. Das wird regelmäßig angenommen werden können, wenn die Beteiligten den gemeinsamen Zweck in der vorgesehenen Weise verfolgen. Die tatsächliche Handhabung und Durchführung des Vertrags müssen in derartigen Fällen als Vereinbarung dahingehend ausgelegt werden, daß nach ihrem Willen der Vertrag im übrigen Gültigkeit haben soll. 427

b) Der Vertragsschluß durch Vertreter

Der **Prokurist** kann im Rahmen seiner Vertretungsbefugnis (§ 49 HGB) einen stillen Gesellschafter aufnehmen oder für die von ihm vertretene Firma eine stille Beteiligung eingehen. Die Grenzen der Befugnisse des Prokuristen liegen dort, wo durch den Vertragsabschluß die rechtliche Organisation des eigenen Handelsgeschäfts tiefgreifende Änderungen erfahren würde. Das kann bei der Aufnahme eines atypischen stillen Gesellschafters der Fall sein, dem aufgrund des Gesellschaftsvertrags Einfluß auf die Geschäftsführung des Unternehmens zustehen soll. Hierin könnte eine so wesentliche Veränderung der rechtlichen Grundlagen des Handelsgeschäfts liegen, daß für sie die Vertretungsmacht des Prokuristen nicht ausreicht[9]. 428

Dem **Handlungsbevollmächtigten** steht die Aufnahme eines stillen Gesellschafters nicht zu. Seine Vollmacht erstreckt sich nur auf Geschäfte und Rechtshandlungen, die der Betrieb des Handelsgewerbes gewöhnlich mit sich bringt (§ 54 Abs. 1 HGB). Der Abschluß eines stillen Gesellschaftsvertrags gehört jedoch zu den ungewöhnlichen Geschäften, zu deren Vornahme er einer besonderen Vollmacht bedarf. 429

Auch **Testamentsvollstrecker, Nachlaßpfleger und Konkursverwalter** können in dieser ihrer besonderen Eigenschaft mit Wirkung für die von ihnen vertretenen Personen keine stillen Gesellschaftsverträge abschließen. 430

Die **Liquidatoren einer Handelsgesellschaft** können keinen stillen Gesellschafter aufnehmen. Darin würde eine Wiederaufnahme der produktiven Tätigkeit der Handelsgesellschaft zu sehen sein (siehe Rn. 207 f.). 431

---

9 Koenigs, S. 89; Schlegelberger/Karsten Schmidt, § 335 (§ 230 n.F.) Rn. 95; Schlegelberger/Schröder, § 49 Rn. 6.

c) Wirksamwerden des Gesellschaftsvertrages

432 Der Inhalt eines erst künftig abzuschließenden Gesellschaftsvertrags kann in einem **Vorvertrag**, für dessen Formbedürftigkeit die gleichen Vorschriften wie für den Gesellschaftsvertrag selbst gelten, festgelegt werden. Er gibt den Beteiligten einen klagbaren Anspruch auf Abschluß des Gesellschaftsvertrags.

433 Der Gesellschaftsvertrag selbst kann ferner unter einer aufschiebenden oder auflösenden **Bedingung** abgeschlossen werden. Von der ersten Möglichkeit wird häufig Gebrauch gemacht, wenn der persönlich haftende Gesellschafter einer offenen Handelsgesellschaft oder Kommanditgesellschaft zugunsten seiner Kinder eine stille Beteiligung eingeht, die mit seinem Tode wirksam werden soll, wobei als Einlage der künftigen stillen Gesellschafter das gelten soll, was dem Ausgeschiedenen als Abfindung zugekommen wäre.

434 Vereinbarungen mit dem Inhalt, daß der Gesellschaftsvertrag **rückwirkend** ab einem bestimmten, in der Vergangenheit liegenden Zeitpunkt Gültigkeit haben soll, sind handelsrechtlich zulässig. Steuerlich werden sie jedoch nicht anerkannt (Rn. 1197).

435 Das Wirksamwerden des Gesellschaftsvertrages kann schließlich durch Willensmängel vereitelt werden. Ist die Beitrittserklärung eines Gesellschafters wegen Geschäftsunfähigkeit oder aus einem anderen Grunde (§§ 116 bis 118 BGB) nichtig, so hat das regelmäßig die Fehlerhaftigkeit des Gesellschaftsvertrags zur Folge. Es greifen dann die von der Rechtsprechung und Lehre entwickelten Grundsätze über die fehlerhafte Gesellschaft ein (Rn. 554 ff.).

d) Die Form des Gesellschaftsvertrags

436 Für den Abschluß des Gesellschaftsvertrags ist **regelmäßig eine bestimmte Form nicht vorgeschrieben.** Er kann daher auch stillschweigend durch schlüssiges Handeln zustande kommen[10]. Es empfiehlt sich jedoch in jedem Falle, ihn zumindest privatschriftlich abzufassen, einmal aus Gründen der Beweissicherung, zum anderen, um von vornherein Meinungsverschiedenheiten über seinen Inhalt soweit wie nur irgend möglich auszuschließen.

---

10 BayOLG v. 2. 1. 1951 OLGE 38, 195 (196) = NJW 1951, 237 (238); *Koenigs,* S. 79; *Baumbach/Hopt,* § 230 Rn. 10; *Schlegelberger/Karsten Schmidt,* § 335 (§ 230 n.F.) Rn. 82.

Der Einhaltung der Form bedarf es ausnahmsweise dann, wenn dies **aufgrund anderer Vorschriften** erforderlich ist. Verpflichtet sich z.B. der stille Gesellschafter zur Einbringung eines **Grundstücks**, auch wenn es erst noch erworben werden soll, oder verpflichtet sich der Geschäftsinhaber zur Rückgewähr eines solchen nach Auflösung der stillen Gesellschaft oder zur Einräumung eines Grundpfandrechts zur Sicherung der Einlage des stillen Gesellschafters, so bedarf der Vertrag der notariellen Beurkundung (§§ 313 S. 1, 873 Abs. 2 BGB). Die Einhaltung der gleichen Form ist erforderlich, wenn der Gesellschaftsvertrag die schuldrechtliche Verpflichtung zur Veräußerung von Grundstücken enthält. Sind der Inhaber und der stille Gesellschafter Miteigentümer eines zum Betriebsvermögen gehörenden Grundstücks und soll für den Fall der Auflösung der Gesellschaft der Anteil des einen an den das Handelsgeschäft weiterführenden Gesellschafter übertragen werden, so ist auch hier die Formvorschrift des § 313 S. 1 BGB zu beachten. Der Formmangel wird geheilt, wenn die in den Formvorschriften vorgesehenen Handlungen vorgenommen werden (§ 313 S. 2 BGB). 437

Notarielle Beurkundung des Gesellschaftsvertrages ist weiterhin notwendig, wenn sich der stille Gesellschafter zur Einbringung seines gegenwärtigen Vermögens oder eines Bruchteils seines gegenwärtigen Vermögens (§ 311 BGB) oder zur Abtretung eines GmbH-Anteils (§ 15 Abs. 3 GmbHG) verpflichtet. Verpflichtet er sich zur Gebrauchsüberlassung oder zur Einbringung quoad sortem (siehe dazu Rn. 266 f.) eines in seinem Alleineigentum stehenden Grundstücks, so ist § 313 BGB mangels einer Eigentumsübertragung nicht anwendbar. Etwas anderes gilt dagegen, wenn sich der stille Gesellschafter verpflichtet, das Eigentum an dem zunächst nur zur Benutzung überlassenen Grundstück auf den Inhaber zu übertragen, wenn das Geschäft eine Reihe von Jahren ohne Verlust gearbeitet hat. Hier ist § 313 BGB wiederum anwendbar. 438

Der notariellen Beurkundung gemäß § 518 Abs. 1 BGB bedarf nach Meinung des BGH auch ein Vertrag, in dem der Inhaber dem stillen Gesellschafter einen Teil seines eigenen Kapitalkontos zur Bewirkung der Vermögenseinlage **schenkungsweise** überläßt (Rn. 255 f.). In solchen Fällen ist jedoch regelmäßig zu prüfen, ob nicht eine formlos gültige Ausstattung i.S. des § 1624 BGB vorliegt[11]. Wenn die stille Beteiligung durch **letztwillige Verfügung** zugewendet wird, hat der Begünstigte nur einen schuldrechtlichen Anspruch auf Einräumung der stillen Beteiligung. Im Rahmen der Erfüllung dieses Anspruchs bedarf die Vermögenszuwendung 439

---

[11] Vgl. BGH v. 6. 3. 1967 WM 1967, 685; *Fromm*, StBp. 1977, 251 ff.; *Nagel*, S. 83 ff.; *von Godin*, JR 1953, 171.

grundsätzlich nur dann der Beurkundung, wenn gleichzeitig nebenher eine schenkweise Übertragung erfolgt[12].

440 Dagegen spielt die Formbedürftigkeit des Gesellschaftsvertrags **keine Rolle,** soweit es sich um das **Vermögen des Inhabers** handelt. Auch wenn darin Grundstücke enthalten sind, bedarf es nicht der Beachtung der Formvorschrift des § 313 S. 1 BGB, weil durch die Errichtung der stillen Gesellschaft die Rechtszuständigkeit des Inhabers keine Änderung erfährt, insbesondere kein Gesamthandsvermögen entsteht.

441 Ist die Einhaltung der Form nicht beachtet und der Formmangel nicht geheilt worden, so ist im Zweifel der ganze Gesellschaftsvertrag fehlerhaft. Bei der Wichtigkeit, die den formgeschützten Verträgen im allgemeinen zukommt, wird man in der Regel davon ausgehen müssen, daß der Gesellschaftsvertrag ohne den nichtigen Teil nicht abgeschlossen worden wäre (§ 139 BGB). Um allen Zweifeln aus dem Wege zu gehen, empfiehlt es sich, in den Gesellschaftsvertrag eine **Bestimmung** des Inhalts aufzunehmen, daß seine **Wirksamkeit im übrigen nicht berührt** werden soll, falls eine einzelne Bestimmung nichtig ist, daß er vielmehr ohne diese Bestimmung aufrechterhalten bleibt[13].

e) Geltung des AGB-Gesetzes

442 Eine Inhaltskontrolle von Gesellschaftsverträgen durch das AGBG findet, selbst wenn Bedingungen enthalten sind, die als Allgemeine Geschäftsbedingungen i.S. des Gesetzes gelten, aufgrund der Bereichsausnahme des § 23 I AGBG nicht statt. Die Geltung des § 23 Abs. 1 AGBG für die stille Gesellschaft ist jedoch umstritten. Beim Überwiegen schuldrechtlicher Elemente und gegebener Verwandtschaft zum partiarischen Darlehen wird die Anwendung des § 23 I AGBG teilweise befürwortet[14]. **Der Begriff „Gesellschaftsrecht" in § 23 Abs. 1 AGBG ist jedoch weit zu verstehen** und daher auch auf die stille Gesellschaft i.S. des § 230 ff. HGB anwendbar. Auch eine teleologische Reduktion der Vorschrift kommt hinsichtlich der typischen wie der atypischen stillen Gesellschaft nicht in Betracht, da es sich bei dem Gesellschaftsvertrag nicht um einen reinen Austauschvertrag handelt und die allgemeine auf § 242 BGB zu stützende Inhaltskontrolle den Stillen in hinreichendem Maße schützt[15].

---

12 *Petzoldt,* NWB Fach 18, 2975, 2979 m.w.N.
13 Vgl. dazu auch MünchHdb. StG/*Bezzenberger* § 7 Rn. 9.
14 *Ulmer/Brandner/Hensen,* AGB-Gesetz § 23 Rn. 24; *Wolf/Horn/Lindacher* AGB-Gesetz § 23 Rn. 73.
15 BGH v. 10. 10. 1994 (II ZR 32/94) ZIP 1994, 1847 (1849); OLG Hamburg v. 22. 12. 1993 WM 1994, 499; OLG Koblenz ZIP 1982, 165; *H. Schmidt,* ZHR

4. Besonderheiten des Vertragsschlusses bei einzelnen Vertragspartnern

a) Gesellschaftsverträge mit mehreren Personen

Bei der stillen Gesellschaft stehen sich regelmäßig zwei Vertragspartner gegenüber: Der Inhaber des Handelsgeschäfts auf der einen und der stille Gesellschafter auf der anderen Seite. Auf diese Weise ist auch die Beteiligung mehrerer Stiller in der Form mehrerer zweigliedriger Gesellschaftsverhältnisse ohne gesellschaftsrechtliches Sonderverhältnis zwischen den einzelnen Stillen durchführbar. 443

Daneben ist aber auch die Möglichkeit gegeben, mehrere Personen durch einen einzigen Gesellschaftsvertrag koordiniert und verbunden durch ein einigendes gesellschaftsrechtliches Band an dem Handelsgewerbe des Geschäftsinhabers zu beteiligen (**mehrgliedrige stille Gesellschaft mit Verbandscharakter**)[16]. Die Aufnahme weiterer stiller Gesellschafter erfolgt in diesem Fall nach personengesellschaftlichen Regeln durch Vertrag mit dem Geschäftsinhaber und allen anderen Stillen. Eine Bevollmächtigung des Geschäftsinhabers bzw. seiner Organe zum Abschluß von Aufnahmeverträgen ist jedoch möglich[17]. 444

b) Gesellschaftsverträge mit Geschäftsunfähigen, Minderjährigen oder Betreuten

(1) Mitwirkung des gesetzlichen Vertreters

Ist einer der Vertragspartner geschäftsunfähig, so muß für ihn der gesetzliche Vertreter den Gesellschaftsvertrag abschließen. Kinder unter sieben Jahren müssen somit beim Vertragsschluß von ihren Eltern vertreten werden (§§ 104 Nr. 1, 105 I, 106, 1626 I, 1629 I, II BGB). 445

Minderjährige über sieben Jahre können den Gesellschaftsvertrag aufgrund ihrer beschränkten Geschäftsfähigkeit zwar selbst abschließen, bedürfen hierfür aber grundsätzlich der Einwilligung oder Genehmigung ihres gesetzlichen Vertreters (§§ 107, 108 I BGB). 446

Umstritten ist, ob die stille Beteiligung dem Minderjährigen dann **lediglich einen rechtlichen Vorteil** bringt und damit einer Zustimmung nicht bedarf, wenn ihm die stille Beteiligung durch Einbuchung oder die Einlageleistung geschenkt wird, dem Minderjährigen hieraus auch keine weite- 447

---

159 (1995), 734 (736 f.); MünchHdb. StG/*Bezzenberger* § 6 Rn. 5; *Goette*, DStR 1995, 108; *Schlegelberger/Karsten Schmidt* § 335 (§ 230 n.F.) Rn. 81; *Zutt*, in: Großkomm. § 230 Rn. 57.
16 Vgl. dazu *Schlegelberger/Karsten Schmidt*, § 335 (§ 230 n.F.) Rn. 73.
17 *Schlegelberger/Karsten Schmidt*, § 335 (§ 230 n.F.) Rn. 75.

ren Verpflichtungen erwachsen und er am Verlust keinen Anteil hat. Die Rechtsprechung hat sich unter Hinweis auf die zumeist langfristige Bindung der Einlage des Minderjährigen auch in diesen Fällen für eine Zustimmungsbedürftigkeit ausgesprochen[18]. Die herrschende Lehre ist dem jedoch zurecht entgegengetreten[19].

448 Hat der gesetzliche Vertreter mit Genehmigung des Vormundschaftsgerichts einen Minderjährigen zum **selbständigen Betrieb eines Erwerbsgeschäfts** ermächtigt, so ist dieser für solche Rechtsgeschäfte unbeschränkt geschäftsfähig, welche der Geschäftsbetrieb mit sich bringt. Das kann auch die Aufnahme eines stillen Gesellschafters oder die Beteiligung als stiller Gesellschafter sein, es sei denn, daß dazu der gesetzliche Vertreter der Genehmigung des Vormundschaftsgerichts bedarf (§ 112 Abs. 1 S. 2 BGB; dazu sogleich unter b) [Rn. 452 ff.]).

449 Hat der gesetzliche Vertreter einen Minderjährigen ermächtigt, **in Dienst oder in Arbeit zu treten,** so ist der Minderjährige für solche Rechtsgeschäfte unbeschränkt geschäftsfähig, welche die Eingehung oder Aufhebung eines Dienst- oder Arbeitsverhältnisses der gestatteten Art oder die Erfüllung der sich aus einem solchen Verhältnis ergebenden Verpflichtungen betreffen. Ausgenommen sind Verträge, zu denen der gesetzliche Vertreter der Genehmigung des Vormundschaftsgerichts bedarf (§ 113 Abs. 1 BGB). Die für einen einzelnen Fall erteilte Ermächtigung gilt im Zweifel als allgemeine Ermächtigung zur Eingehung von Verhältnissen derselben Art (§ 113 Abs. 4 BGB). Im Rahmen dieser Vorschrift kann der Minderjährige auch ein partiarisches Dienstverhältnis (Rn. 398 ff.) eingehen. Ob er auch eine stille Gesellschaft begründen kann, in die er seine Arbeitskraft einbringt, läßt sich allgemein nicht sagen. Es kommt hier auf die Verhältnisse im Einzelfall an. Wenn seine Verlustbeteiligung ausgeschlossen ist und ihm durch den Gesellschaftsvertrag keine besonderen Pflichten, insbesondere zur Geschäftsführung, auferlegt werden, bestehen keine rechtlichen Bedenken, die Frage zu bejahen.

450 Sofern für den grundsätzlich voll geschäftsfähigen **Betreuten** ein Einwilligungsvorbehalt angeordnet worden ist (§ 1903 BGB), findet das Minderjährigenrecht mit Ausnahme der in § 107 BGB getroffenen Einschränkung hinsichtlich der lediglich vorteilhaften Geschäfte entsprechende Anwendung. Auf die Ausführungen unter Rn. 447 kann mithin verwiesen werden.

---

[18] BFH v. 28. 11. 1973 BStBl. II 1974, 289 (290); OLG Hamm OLGZ 1974, 158 (162).
[19] *Klammroth,* BB 1975, 526; *Tiedtke,* DB 1977, 1065; *Stürner* AcP 173 (1973), 402 (436); *Schlegelberger/Karsten Schmidt,* § 335 (§ 230 n.F.) Rn. 91; *Zutt,* in: GroßKomm. § 230 Rn. 63.

Ist ein gesetzlicher Vertreter, der am Vertragsschluß mitwirken muß, der Partner des Gesellschaftsvertrages oder dessen Vertreter, so ist das **Verbot des Insichgeschäfts** nach § 181 BGB zu beachten. Familienrechtliche Vertretungsverbote ergeben sich zudem aufgrund der §§ 1629 Abs. 2 und 1795 Abs. 1 Nr. 1 BGB, wenn der Gesellschaftsvertrag mit dem Ehegatten oder einem in gerader Linie Verwandten des gesetzlichen Vertreters abgeschlossen wird. Sofern die stille Beteiligung sich in diesen Fällen für den Vertretenen nicht lediglich als rechtlich vorteilhaft erweist, ist für den Abschluß und Änderungen des Gesellschaftsvertrags ein Ergänzungspfleger (§ 1909 Abs. 1 S. 1 BGB) zu bestellen[20]. 451

(2) Genehmigung des Vormundschaftsgerichts

Der gesetzliche **Vertreter des Geschäftsinhabers** bedarf zur Aufnahme eines stillen Gesellschafters regelmäßig nicht der vormundschaftsgerichtlichen Genehmigung. 452

Etwas anderes gilt allerdings dann, wenn es sich um einen Vertrag, der auf den entgeltlichen Erwerb oder die Veräußerung eines Erwerbsgeschäfts gerichtet ist, oder um einen Gesellschaftsvertrag handelt, der zum **Betrieb eines Erwerbsgeschäfts** eingegangen wird (§§ 1643 Abs. 1, 1822 Nr. 3 BGB). Unter welchen Voraussetzungen auf der Seite des Geschäftsinhabers ein Gesellschaftsvertrag zum Betrieb eines Handelsgewerbes i.S. des § 1822 Nr. 3 BGB vorliegt, ist im einzelnen zweifelhaft. 453

Der Vertrag über die Errichtung einer **typischen stillen Gesellschaft** als solcher ist nicht auf den Betrieb eines Erwerbsgeschäfts gerichtet. Der Geschäftsbetrieb ist hier lediglich Voraussetzung und Mittel zur Erreichung des gemeinschaftlichen Zwecks, und zwar als Beitrag des Geschäftsinhabers, im Gegensatz zum Beitrag des stillen Gesellschafters, der i.d.R. in seiner Vermögenseinlage besteht[21]. Die Erwägung, daß der Kaufmann nach Eingehung eines stillen Gesellschaftsverhältnisses nicht mehr frei ist hinsichtlich der Entscheidungen über Fortführung, Einstellung oder Veräußerung des Unternehmens[22], ändert hieran als bloß mittelbare Konsequenz des Gesellschaftsverhältnisses nichts. 454

---

20 Vgl. dazu BFH v. 9. 7. 1987 BB 1988, 43, (44); MünchHdb. StG/*Bezzenberger* § 7 Rn. 12; *Tiedtke*, BB 1988, 946 (948); ders., DB 1977, 1064 ff. sowie FR 1980, 421 ff.
21 *Aulinger*, S. 35, 38; *Dölle*, § 128 II; *Fischer*, JR 1962, 202; Schlegelberger/*Karsten Schmidt*, § 335 (§ 230 n.F.) Rn. 94; a.A. *Koenigs*, S. 83 ff.; *Saenger*, S. 147 ff.; Soergel/*Damrau*, § 1822 Anm. 27; *Knopp*, NJW 1962, 2181 (2185).
22 Vgl. *Knopp*, NJW 1962, 2185.

455 Fraglich ist allerdings, ob dies nach dem Schutzgedanken, der dem § 1822 Nr. 3 BGB zugrunde liegt, auch für **atypische stille Beteiligungen** gelten kann[23]. Hier ist zu differenzieren. Bei der atypischen stillen Gesellschaft, bei welcher der stille Gesellschafter schuldrechtlich am Geschäftsvermögen beteiligt ist, bedarf es ebenfalls keiner vormundschaftsgerichtlichen Genehmigung gemäß § 1822 Nr. 3 BGB. Etwas anderes muß aber für die atypische stille Gesellschaft gelten, bei der der stille Gesellschafter Aufgaben der Geschäftsführung wahrnimmt, da hier dem Geschäftsinhaber weitgehend die Herrschaft über sein Unternehmen entzogen werden kann.

456 Gehören **Grundstücke** zum Betriebsvermögen des Geschäftsinhabers, kommen die §§ 1643 Abs. 1, 1821 Abs. 1 Nr. 1 BGB nicht zur Anwendung, weil durch die Begründung der stillen Gesellschaftesverhältnisse keine Änderung in den Eigentumsverhältnissen des Inhabers eintritt. Dagegen kann der Gesellschaftsvertrag nur mit vormundschaftsgerichticher Genehmigung abgeschlossen werden, wenn darin die Verpflichtung zur Verfügung über ein Grundstück oder über ein Recht an einem Grundstück (§ 1821 Abs. 1 Nr.4 BGB) eingegangen wird oder wenn der Vertrag auf den entgeltlichen Erwerb eines Grundstücks, eines eingetragenen Schiffs oder Schiffsbauwerks oder eines Rechts an einem Grundstück gerichtet ist (§ 1821 Abs. 1 Nr. 5 BGB).

457 Die Frage, ob der gesetzliche **Vertreter des stillen Gesellschafters** zum Abschluß des Gesellschaftsvertrags der vormundschaftsgerichtlichen Genehmigung nach den §§ 1643 Abs. 1, 1822 Nr. 3 BGB bedarf, ist umstritten. Mit der Begründung, der stille Gesellschafter werde nicht Mitinhaber und es liege nur ein Akt der Vermögensanlage vor, verneint ein Teil der Literatur das Erfordernis der vormundschaftsgerichtlichen Genehmigung[24]. Andere dagegen bejahen eine Genehmigungsbedürftigkeit[25].

---

23 *Nagel*, S. 75 ff., lehnt jede teleologische Auslegung des § 1822 Nr. 3 BGB und jede Anwendung auf stille Gesellschaftsverhältnisse ab; *Schlegelberger/Karsten Schmidt*, § 335 (§ 230 n.F.) Rn. 94 will dagegen § 1822 Nr. 3 BGB bereits anwenden, sobald der stille Gesellschafter Kommanditistenrechte erhält. Danach würde eine schuldrechtliche Beteiligung des stillen Gesellschafters aus Gesellschaftsvermögen für die Anwendung des § 1822 Nr. 3 BGB regelmäßig ausreichen.
24 *Nagel*, S. 73 ff.; *Aulinger*, S. 36 ff.; *Schlegelberger/Geßler*, 4. Aufl., § 335 Rn. 28; *Gernhuber*, § 50 V; *Rasner*, S. 92 für die typische stille Gesellschaft; *Fischer*, JR 1962, 202; *Rosenau*, BB 1965, 1393.
25 *Zutt*, in: GroßKomm. § 230 Rn. 64 f.; *Koenigs*, S. 82; *Hartmann*, S. 34; *Soergel/Damrau*, § 1822 Rn. 27.

Vorzug verdient eine teleologische, auf den gesetzlichen Schutzzweck und das Schutzbedürfnis des stillen Gesellschafters abstellende Betrachtungsweise, die im einzelnen zu **differenzierenden Ergebnissen** führt: 458

Eine **atypische stille Gesellschaft** mit schuldrechtlicher Beteiligung am Geschäftsvermögen, mit Geschäftsführungsbefugnissen sowie Verlustbeteiligung des stillen Gesellschafters, stellt für diesen einen Gesellschaftsvertrag zum Betrieb eines Handelsgewerbes gemäß § 1822 Nr. 3 BGB dar[26]. Dasselbe muß auch für die **typische** stille Beteiligung gelten, wenn der stille Gesellschafter **am Verlust beteiligt** ist[27].

Hat dagegen der stille Gesellschafter nach dem Gesellschaftsvertrag **nur eine einmalige Kapitaleinlage** zu zahlen, **ohne am Verlust, am Geschäftsvermögen oder an der Geschäftsführung beteiligt zu sein,** so bedarf der Vertragsabschluß nicht der vormundschaftsgerichtlichen Genehmigung i.S. der §§ 1643, 1822 Nr. 3 BGB[28]. Die Genehmigungspflicht des § 1822 Nr. 3 BGB ist im Interesse und zum Schutz des Vertretenen für die Fälle geschaffen, in denen dem Minderjährigen aus der Beteiligung an einem Erwerbsgeschäft und aus dem Abschluß eines Gesellschaftsvertrags, der zum Betrieb eines Erwerbsgeschäfts eingegangen wird, Schulden oder Nachteile drohen. Das ist aber regelmäßig nicht zu befürchten, wenn der Minderjährige nur eine einmalige Kapitaleinlage leistet und darüber hinaus weder am Risiko noch am Verlust des Betriebs beteiligt ist.

Daneben wird der Genehmigungsvorbehalt des § 1822 Nr. 1 BGB nur 459 ganz selten einschlägig sein. Diese Vorschrift betrifft nach Ansicht des BGH nämlich nur solche Rechtsgeschäfte, bei denen der Wille beider Vertragspartner auf eine Verpflichtung zur Verfügung über das Vermögen eines Beteiligten im ganzen geht. Dabei genügt ein auf die Übertragung einzelner bestimmter Vermögensgegenstände gerichteter Vertrag selbst dann nicht, wenn diese Vermögensstücke tatsächlich das ganze Vermögen des Vertretenen ausmachen[29].

Die vormundschaftsgerichtliche Genehmigung kann aber auch noch aus 460 anderen Gründen zur Errichtung einer stillen Gesellschaft erforderlich sein (§§ 1807 ff., 1811, 1821 Nr. 1–4, 1822 Nr. 5, 1643 Abs. 1 BGB).

Der vertretungsberechtigte Gesellschafter einer Personenhandelsgesellschaft, an der Minderjährige oder unter Einwilligungsvorbehalt stehende 461

---

26 Vgl. *Rasner*, S. 93; *Böttcher/Zartmann/Faut*, S. 62, 134; *Schlegelberger/Karsten Schmidt*, § 335 (§ 230 n.F.) Rn. 92.
27 LG Bielefeld v. 25. 10. 1968 NJW 1969, 753; so auch MünchHdb. StG/*Bezzenberger* § 7 Rn. 14.
28 BGH v. 28. 1. 1957 JZ 1957, 382 = FamRZ 1957, 120 = NJW 1957, 672.
29 *Palandt/Diederichsen* § 1822 Rn. 2 m.w.N.

Betreute beteiligt sind, kann eine stille Gesellschaft im Namen der Gesellschaft ohne vormundschaftsgerichtliche Genehmigung eingehen[30]. Aus dem Umstand, daß an der KG **Minderjährige als Kommanditisten** beteiligt sind, folgt nicht, daß der Abschluß des Gesellschaftsvertrags über eine stille Gesellschaft nach § 1822 Nr. 3 BGB der vormundschaftsgerichtlichen Genehmigung bedarf und mangels einer solchen Genehmigung unwirksam ist. Die Befugnis des persönlich haftenden Gesellschafters, die Gesellschaft zu vertreten, wird durch die Beteiligung eines Minderjährigen an der Gesellschaft nicht eingeschränkt[31]. Die Beteiligung eines Minderjährigen an einer Personenhandelsgesellschaft bewirkt nicht, daß die Rechtsgeschäfte, zu denen Minderjährige der vormundschaftsgerichtlichen Genehmigung bedürfen, auch für die Gesellschaft selbst nicht ohne Genehmigung des Vormundschaftsgerichts abgeschlossen werden können. Die vertretungsberechtigten Gesellschafter können solche Geschäfte vielmehr ohne weiteres im Namen der Gesellschaft vornehmen. Jede andere Entscheidung würde die ganze Personengesellschaft unter die Kontrolle des Vormundschaftsgerichts stellen. Das aber wäre praktisch untragbar, denn damit würde dem Vormundschaftsgericht in weitem Umfang die Entscheidung kaufmännischer Zweckmäßigkeitsfragen bei der Führung des Gesellschaftsunternehmens aufgebürdet[32].

c) Gesellschaftsverträge mit Personengesellschaften

(1) Personenhandelsgesellschaften als Geschäftsinhaber

462 Die Errichtung der stillen Gesellschaft ist ein Rechtsgeschäft, das die OHG oder KG als teilrechtsfähige Einheit mit dem Dritten abschließt. Der stille Gesellschafter begründet ein Gesellschaftsverhältnis nur mit dem Geschäftsinhaber, d.h. mit der Offenen Handelsgesellschaft oder der Kommanditgesellschaft als in sich geschlossener Einheit und tritt nicht in die Gesamthandsgemeinschaft der Gesellschafter ein.

463 Die Aufnahme eines **typischen stillen Gesellschafters** bedeutet keine Änderung der Grundlagen der OHG oder KG[33]. Seit der Entscheidung des Reichsgerichts vom 8. 1. 1937[34] hat sich demgemäß in Rechtsprechung

---

30 Vgl. BGH v. 29. 6. 1970 GmbHR 1971, 47.
31 Vgl. BGH v. 20. 9. 1962 BGHZ 38, 26 (30).
32 *A. Hueck*, S. 309.
33 RG v. 8. 1. 1937 RGZ 153, 371 ff.; BGH v. 14. 2. 1957 WM 1957, 544 ff.; BGH v. 11. 1. 1960 WM 1960, 187 ff.; BGH v. 18. 10. 1962 WM 1962, 1353; *Hartmann*, S. 32; *Rasner*, S. 95; *Koenigs*, S. 86 ff.; *A. Hueck*, S. 293 ff.; *ders.*, FS *Lehmann* 1937, S. 247; *Schlegelberger/Karsten Schmidt*, § 335 (§ 230 n.F.) Rn. 97.
34 RGZ 153, 371.

und Lehre die Auffassung durchgesetzt, daß ein Vertrag über die Gründung einer stillen Gesellschaft **im Außenverhältnis** rechtswirksam von dem oder den vertretungsberechtigten Gesellschaftern abgeschlossen werden kann und die Zustimmung der übrigen Gesellschafter hierzu nicht erforderlich ist. Zum Abschluß eines solchen Rechtsgeschäfts ist daher jeder Gesellschafter befugt, der nicht von der Vertretung ausgeschlossen ist, es sei denn, daß der Gesellschaftsvertrag eine Gesamtvertretung vorschreibt (§§ 125, 126 HGB).

Soll der stille Gesellschafter jedoch aufgrund des Gesellschaftsvertrags Einfluß auf die Geschäftsführung haben, selbst Geschäftsführungsbefugnisse wahrnehmen, in der Gesellschafterversammlung Stimmrechte ausüben oder schuldrechtlich an der Vermögensentwicklung beteiligt werden, ist eine andere Beurteilung notwendig. In diesen Fällen der Aufnahme eines **atypischen stillen Gesellschafters** reicht die Vertretungsmacht des einzelnen Gesellschafters nicht aus. Hier werden die **Grundlagen** der Gesellschaft als solche berührt, was einer Änderung des Gesellschaftsvertrags gleichkommt. Dazu ist der einzelne vertretungsberechtigte Gesellschafter aber nicht berechtigt (§ 126 Abs. 1 HGB). Er kann die Gesellschaft auch nicht schuldrechtlich in dieser Richtung binden[35]. 464

Weigern sich die anderen Gesellschafter oder auch nur einer von ihnen, dem atypischen stillen Gesellschaftsvertrag zuzustimmen, so erhält der Dritte keine Gesellschafterstellung. Damit fällt im Zweifel der ganze auf die Gründung der stillen Gesellschaft gerichtete Vertrag wegen Unmöglichkeit der Erfüllung in sich zusammen. Waren dem Dritten schon bindende Zusicherungen gemacht worden, so können für ihn Schadensersatzansprüche gegen die Gesellschafter entstehen, die ihre Vertretungsbefugnis überschritten haben. 465

Im Innenverhältnis ist die Frage von Bedeutung, ob der Abschluß des stillen Gesellschaftsvertrags ein Rechtsgeschäft ist, das der gewöhnliche Betrieb des Handelsgewerbes der Gesellschaft mit sich bringt, oder ob eine Handlung vorliegt, die darüber hinausgeht, so daß zu ihrer Vornahme ein Beschluß sämtlicher Gesellschafter erforderlich ist (§§ 116 Abs. 2, 466

---

35 *Schlegelberger/Geßler*, HGB, 4. Aufl., § 126 Rn. 7; a.A.: *Koenigs* S. 87; *Rasner*, S. 95, soweit dem Stillen die vermögensrechtliche Stellung eines OHG-Gesellschafters eingeräumt werden soll (anders dagegen für die Einräumung von Mitverwaltungsrechten an den stillen Gesellschafter); *Aulinger*, S. 42 ff., wonach allein durch die schuldrechtliche Vermögensbeteiligung des stillen Gesellschafters die Grundlagen der Gesellschaft nicht berührt werden. Für den Fall der Beteiligung an der Geschäftsführung bejaht auch er zur Wirksamkeit des Vertrags das Zustimmungserfordernis sämtlicher Gesellschafter; zustimmend insoweit *A. Hueck*, FS *Lehmann* 1937, S. 239 (249 ff.).

164 HGB) bzw. den Kommanditisten ein Widerspruchsrecht zusteht (§ 164 HGB).

467 Die Entscheidung ist von den Verhältnissen der einzelnen Gesellschaft und von der Bedeutung und Tragweite des einzelnen Geschäfts abhängig. In der Regel stellt die Aufnahme eines stillen Gesellschafters eine so einschneidende Maßnahme dar, daß sie **nicht mehr zum gewöhnlichen Geschäftsbetrieb** gerechnet werden kann und deshalb die Zustimmung aller Gesellschafter erforderlich ist[36]. Fehlt es daran, so wird der von den vertretungsberechtigten Gesellschaftern abgeschlossene Vertrag in seiner Rechtswirksamkeit nicht berührt (§ 126 Abs. 2 HGB), wenn nicht etwa ein sittenwidriges Zusammenspiel des oder der vertretungsberechtigten Gesellschafter mit dem stillen Gesellschafter vorliegt und der Berufung auf die Gültigkeit des Vertrags die Einrede der Arglist entgegengesetzt werden kann.

468 In jedem Fall sind die vertretungsberechtigten Gesellschafter den anderen Gesellschaftern gegenüber für die aus der Überschreitung ihrer Geschäftsführungsbefugnisse entstehenden Schäden ersatzpflichtig. In der Regel wird auch ein wichtiger Grund zur Entziehung der Geschäftsführung (§ 117 HGB) und Vertretung (§ 127 HGB) und zur Klage auf vorzeitige Auflösung der Gesellschaft (§ 133 HGB) gegeben sein.

(2) Personenhandelsgesellschaften als stille Gesellschafter

469 Will sich eine offene Handelsgesellschaft oder Kommanditgesellschaft am Handelsgewerbe eines anderen still beteiligen, so können die vertretungsberechtigten Gesellschafter im Rahmen ihrer Vertretungsmacht den Gesellschaftsvertrag nach außen hin auch **ohne Zustimmung** der anderen Gesellschafter rechtswirksam abschließen (§ 126 Abs. 1 HGB), es sei denn, daß es um die Verpflichtung zur Übertragung des Unternehmens geht. Zu einer Veräußerung des Unternehmens berechtigt die gesetzliche Vertretungsbefugnis des § 126 HGB nicht. Sie würde nämlich eine Änderung des Gesellschaftsverhältnisses bewirken und geht deshalb über den Rahmen des § 126 HGB hinaus[37]. Es bedarf daher in diesem Falle des Zusammenwirkens aller Gesellschafter.

470 Ob in der Beteiligung einer Personenhandelsgesellschaft am Handelsgeschäft eines anderen als stiller Gesellschafter ein **ungewöhnliches Geschäft** zu sehen ist, für das es im Innenverhältnis der Beschlußfassung

---

[36] *Koenigs*, S. 86 ff.; *A. Hueck*, FS *Lehmann* 1937, S. 239 (249); *Schlegelberger/Karsten Schmidt*, § 335 (§ 230 n.F.) Rn. 98; *Aulinger*, S. 40 ff.

[37] *Aulinger*, S. 45; *Schlegelberger/Geßler*, HGB, 4. Aufl., § 126 Rn. 9; *Schlegelberger/Karsten Schmidt*, § 335 (§ 230 n.F.) Rn. 93.

durch sämtliche OHG-Gesellschafter bedarf (§ 116 Abs. 2 HGB), bzw. bei dem die Kommanditisten ein Widerspruchsrecht haben (§ 164 HGB), richtet sich nach den Umständen des Einzelfalles. Jedenfalls dann, wenn eine langfristige Festlegung flüssiger Mittel erfolgt, wird der Abschluß eines stillen Gesellschaftsvertrages zu den ungewöhnlichen Geschäften zu rechnen sein.

d) Gesellschaftsverträge mit Gesellschaften mbH
(1) Die GmbH als Geschäftsinhaber

Die stille Beteiligung an einer GmbH kommt durch einen Gesellschaftsvertrag zwischen dem stillen Gesellschafter einerseits und der GmbH, vertreten durch den oder die Geschäftsführer andererseits, zustande[38]. 471

Die organschaftliche Vertretungsmacht gemäß § 35 GmbHG deckt jedenfalls den Abschluß eines **typischen stillen Gesellschaftsvertrages**. Der Mitwirkung der Gesellschafterversammlung bedarf es insoweit nicht[39]. Lediglich im Innenverhältnis wird man im Zweifel davon ausgehen, daß der Abschluß des stillen Beteiligungsvertrags durch den oder die Geschäftsführer der Zustimmung der Gesellschafter bedarf. Schließt der Geschäftsführer der GmbH pflichtwidrig einen stillen Beteiligungsvertrag ab, ergeben sich in der Regel keine Auswirkungen auf die Wirksamkeit im Außenverhältnis. Die interne Pflichtwidrigkeit schlägt nur nach den allgemeinen Grundsätzen über den Mißbrauch der Vertretungsmacht im Außenverhältnis durch, d.h. bei einem sittenwidrigen, die GmbH schädigenden Zusammenwirken zwischen Geschäftsführer und stillem Gesellschafter. 472

Zweifelhaft ist dagegen die Vertretungsmacht des Geschäftsführers, wenn eine **atypische stille Beteiligung** an einer GmbH begründet werden soll. Hier wird man eine besondere Ermächtigung im Gesellschaftsvertrag, oder falls eine solche fehlt, die Zustimmung aller GmbH-Gesellschafter verlangen müssen, da Grundlagen des Gesellschaftsverhältnisses betroffen sind[40]. 473

(2) Die GmbH als stille Gesellschafterin

Der Abschluß des Gesellschaftsvertrages wird hier regelmäßig auch intern von der Geschäftsführungsbefugnis der Geschäftsführer gedeckt sein. 474

---
38 Vgl. ausführlich zu diesem Thema *Schneider/Reusch*, DB 1989, 713.
39 *Koenigs*, S. 88; *Karsten Schmidt*, ZGR 1984, 297 (307 ff.); Schlegelberger/Karsten Schmidt, § 335 (§ 230 n.F.) Rn. 102 m.w.N.
40 Schlegelberger/Karsten Schmidt, § 335 (§ 230 n.F.) Rn. 103.

Etwas anderes gilt lediglich dann, wenn es sich um ein ungewöhnliches Geschäft handelt oder der Gesellschaftsvertrag bzw. Gesellschafterbeschlüsse die Geschäftsführugsbefugnis einschränken (§ 37 Abs. 1 GmbHG)[41].

e) Gesellschaftsverträge mit Aktiengesellschaften

(1) Die Aktiengesellschaft als Geschäftsinhaber

475 Die stille Beteiligung an einer Aktiengesellschaft kommt durch einen Gesellschaftsvertrag zwischen dem stillen Gesellschafter einerseits und der AG, vertreten durch den Vorstand (§ 78 AktG), andererseits, zustande. Fraglich ist, ob zur Wirksamkeit des stillen Beteiligungsvertrags die **Zustimmung der Hauptversammlung** erforderlich ist.

476 Der Vorstand ist der Gesellschaft gegenüber verpflichtet, die Beschränkungen einzuhalten, welche die Satzung oder der Aufsichtsrat für den Umfang seiner Vertretungsbefugnis festgesetzt haben oder die sich aus einem Beschluß der Hauptversammlung nach § 119 Abs. 2 AktG ergeben (§ 82 Abs. 2 AktG). Da die Vertretungsbefugnis Dritten gegenüber nicht beschränkt werden kann (§ 82 Abs. 1 AktG), wirken diese Beschränkungen jedoch grundsätzlich nur im Innenverhältnis.

477 Die Zustimmung der Hauptversammlung ist für die Wirksamkeit des stillen Beteiligungsvertrags jedoch erforderlich, da es sich nach zutreffender Auffassung bei dem Vertrag über die stille Gesellschaft um einen zustimmungs- und eintragungsbedürftigen **Unternehmensvertrag** i.S. der §§ 291 ff. AktG handelt (siehe dazu eingehend Rn. 340 ff.).

(2) Die Aktiengesellschaft als stille Gesellschafterin

478 Beteiligt sich eine Aktiengesellschaft oder Kommanditgesellschaft auf Aktien als stille Gesellschafterin am Handelsgewerbe eines anderen, so ist die Zustimmung der Hauptversammlung nur erforderlich, wenn das **gesamte Gesellschaftsvermögen** in das Handelsgewerbe des anderen eingebracht werden soll (§ 361 AktG). Die Beschlüsse bedürfen einer Mehrheit, die mindestens drei Viertel des bei der Beschlußfassung vertretenen Grundkapitals umfaßt. Die Satzung kann diese Mehrheit durch eine größere Kapitalmehrheit ersetzen und weitere Erfordernisse aufstellen.

---

41 MünchHdb. StG/*Bezzenberger* § 7 Rn. 41.

II. Gesetzliche Schranken für die Errichtung einer stillen Gesellschaft

1. Kartellrechtliche Schranken

a) Stille Gesellschaft und §§ 1 ff. GWB

Bei Anwendung der §§ 1 ff. GWB auf eine stille Gesellschaft ist stets auf die konkreten Umstände des Einzelfalls zu achten. Dabei ist insbesondere zwischen der typischen und der atypischen stillen Gesellschaft zu unterscheiden[42].

Der Wettbewerb i.S. von § 1 GWB wird durch die gemeinsame Verfolgung einer Gewinnerzielungsabsicht im Rahmen einer **typischen stillen Gesellschaft** regelmäßig nicht nennenswert beeinflußt. Auch die Vereinbarung eines Wettbewerbsverbots stellt bei gegebener Funktionsnotwendigkeit für die stille Gesellschaft keinen Verstoß gegen § 1 GWB dar (siehe dazu auch Rn. 640). Ausnahmen können sich allerdings bei hohen stillen Beteiligungen ergeben, wenn das damit verbundene erhebliche Interesse des Stillen am wirtschaftlichen Erfolg des Geschäftsinhabers negative Folgen für den Wettbewerb erwarten läßt. 479

Bei der Gründung einer **atypischen stillen Gesellschaft,** bei der der stille Gesellschafter am Geschäftsvermögen und / oder der Geschäftsführung beteiligt wird, ist im Hinblick auf § 1 Abs. S. 1 GWB immer genauestens zu untersuchen, ob durch die gesellschaftliche Bindung wettbewerbsbeschränkende Auswirkungen bezweckt oder zumindest bewirkt werden. 480

Ein Verstoß gegen § 1 Abs. 1 GWB führt, sofern nicht die Legalisierungsmöglichkeiten der §§ 2 ff. GWB eingreifen, zur Gesamt- oder Teilnichtigkeit (§ 139 BGB). 481

b) Stille Gesellschaft und §§ 23 ff. GWB

Voraussetzung für die Anwendung der §§ 23 ff. GWB auf die stille Gesellschaft ist, daß diese sich als Zusammenschluß (§ 23 Abs. 2 oder 3 GWB) zweier Unternehmen i.S. des GWB darstellt und dabei die entsprechenden Umsatzgrenzwerte erreicht werden[43]. 482

2. Gewerberechtliche und berufsständische Beschränkungen

Bei der stillen Gesellschaft, insbesondere der atypischen stillen Gesellschaft, bei der dem Stillen Geschäftsführungsbefugnisse eingeräumt wer- 483

---

42 Vgl. zum Ganzen näher MünchHdb. StG/*Mattfeld* § 8 Rn. 13 ff. m.w.N.
43 Vgl. dazu näher MünchHdb. StG/*Mattfeld* § 8 Rn. 22 ff. m.w.N.

den, ergeben sich besondere Probleme, wenn ein Handelsgewerbe wegen seiner Bedeutung für die Allgemeinheit nur mit einer dem Geschäftsinhaber persönlich erteilten öffentlich-rechtlichen Konzession betrieben werden darf und/oder in wirtschaftlich unabhängiger Weise auszuüben ist.

a) Stille Beteiligungen an Apotheken

484 Bis zum Jahre 1980 war es zwar grundsätzlich möglich, daß der Geschäftsinhaber (Apotheker) an seinem Unternehmen einen stillen Gesellschafter beteiligte, da er alleiniger Träger des Unternehmens blieb und der Stille auch im Innenverhältnis regelmäßig keinen Einfluß auf die Geschäftsführung hatte, die öffentlich-rechtliche Verantwortung des Geschäftsinhabers für die ordnungsmäßige Führung des Betriebs also nicht durch privatrechtliche Bindungen berührt wurde. Allerdings war auch bereits vor 1980 ein Vertrag über die Gründung einer stillen Gesellschaft nichtig, wenn der **Apotheker** bei der Führung der Apotheke in einer nicht mehr hinnehmbaren Weise behindert wurde, so daß er **in eine wirtschaftliche Abhängigkeit geriet**. Dieser Sachverhalt lag u.a. dann vor, wenn der Gewinnverteilungsschlüssel extrem zu Lasten des Apothekers gestaltet wurde. War ein Gesellschaftsvertrag auf die Verwirklichung eines gesetzwidrigen Tatbestandes – Verstoß gegen das Apothekengesetz – gerichtet, so lag Gesamtnichtigkeit vor (§ 134 BGB). Die erbrachten Leistungen waren dann nach Bereicherungsgrundsätzen abzurechnen und zurückzugewähren[44].

485 Durch das Gesetz zur Änderung des Gesetzes über das Apothekenwesen vom 4. 8. 1980[45] wurde die Rechtslage jedoch grundlegend geändert. Nach § 8 S. 2 ApothG sind nunmehr Beteiligungen an einer Apotheke in Form einer stillen Gesellschaft und Vereinbarungen, bei denen die Vergütung für dem Erlaubnisempfänger gewährte Darlehen oder sonst überlassene Vermögenswerte am Umsatz oder Gewinn der Apotheke ausgerichtet ist, insbesondere auch am Umsatz oder am Gewinn ausgerichtete Mietverträge, **unzulässig**. Rechtsgeschäfte, die ganz oder teilweise gegen § 8 S. 2 ApothG verstoßen, sind nichtig (§ 12 ApothG). Wer vorsätzlich oder fahrlässig aufgrund einer nach § 8 S. 2 ApothG unzulässigen Vereinbarung Leistungen erbringt oder annimmt oder eine solche Vereinbarung in sonstiger Weise ausführt, handelt ordnungswidrig und muß mit einer Geldbuße bis zu 50 000 DM rechnen (§ 25 Abs. 1 Nr. 1 ApothG).

---

44 BGH v. 24. 9. 1979 BGHZ 75, 214 = WM 1980, 12 (14) = NJW 1980, 638 (639); BGH v. 3. 11. 1982 WM 1982, 1439 (1440).
45 BGBl. I S. 1142; Neufassung S. 1993 ff.

b) Stille Beteiligungen an Rechtsberatungsunternehmen

Sofern die Rechtsberatung im Rahmen einer freiberuflichen Tätigkeit erfolgt, ergibt sich die Unmöglichkeit stiller Beteiligungen i.S. der §§ 230 ff. HGB bereits aus dem Wesen der Gesellschaft, die die Beteiligung an einem Handelsgewerbe erfordert (siehe oben Rn. 187 ff.). Zu der Frage, ob die Beteiligung eines stillen Gesellschafters an einem Unternehmen, das die Besorgung fremder Rechtsangelegenheiten in der Form eines Gewerbes (z.B. Inkassounternehmen, Kapitalgesellschaft) betreibt, gegen Art. 1 § 1 RBerG und §§ 3, 10 der 1. Verordnung zur Ausführung des Rechtsberatungsgesetzes verstößt und deshalb nach § 134 BGB nichtig ist, hat der BGH in seinem Urteil vom 25. 3. 1974 ausführlich Stellung genommen[46]. „Das Rechtsberatungsgesetz hat die Frage, ob und inwieweit die Beteiligung eines stillen Gesellschafters an einem Unternehmen, das die Besorgung fremder Rechtsangelegenheiten betreibt, zulässig ist, nicht ausdrücklich geregelt. Nach Art. 1 § 1 RBerG kommt es darauf an, daß die Besorgung fremder Rechtsangelegenheiten von solchen Personen betrieben wird, denen dazu die Erlaubnis erteilt ist und die demgemäß die für diesen Beruf erforderliche Zuverlässigkeit, persönliche Eignung und Sachkunde besitzen." Im Entscheidungsfalle handelte es sich um eine **atypische stille Gesellschaft,** die in einer Weise gestaltet und gehandhabt wurde, daß der stille Gesellschafter abweichend von den §§ 230 ff. HGB maßgebenden Einfluß auf die Leitung und Verwaltung des Unternehmens hatte. Das ergab sich vor allem aus der Tatsache, daß das vertraglich vereinbarte Übernahmerecht als ständige Drohung auf dem Inhaber des Handelsgewerbes lastete und daß die stille Gesellschafterin von ihren Einwirkungsmöglichkeiten weitgehend Gebrauch machte. Die Gesellschaft zwischen den Parteien war zwar noch Innengesellschaft; in ihrer wirtschaftlichen Tragweite entsprach sie aber einer Personenvereinigung, wie etwa der OHG oder KG, für die eine Zuverlässigkeitsprüfung und eine besondere Genehmigung erforderlich sind. In einem solchen Falle kann kein Zweifel daran bestehen, daß ein Verstoß gegen Sinn und Zweck von Art. 1 § 1 RBerG und §§ 3, 10 der 1. Verordnung zur Ausführung des Rechtsberatungsgesetzes vorlag. Der Gesellschaftsvertrag war deshalb seinem Inhalt nach auf die Verwirklichung eines gesetzwidrigen Tatbestands gerichtet und deshalb nach § 134 BGB nichtig.

486

Bei dieser Sachlage kommt es nach Meinung des BGH darauf an, „ob ungeachtet der Nichtigkeit des Gesellschaftsvertrages die über mehrere Jahre tätig gewordene Gesellschaft der Parteien nach den Grundsätzen über die **fehlerhafte Gesellschaft** als wirksam anzusehen ist". Das wurde verneint. „Die rechtliche Anerkennung der fehlerhaften Gesellschaft fin-

487

---

46 BGHZ 62, 234 ff.

det . . . da ihre Grenze, wo gewichtige Interessen der Allgemeinheit oder bestimmter, besonders schutzwürdiger Personen entgegenstehen. Dies ist regelmäßig dann der Fall, wenn die Nichtigkeit des Gesellschaftsvertrages . . . auf der Vorschrift des § 134 BGB beruht. Die Rechtsordnung kann nicht ein von ihr verbotenes und für nichtig erklärtes Rechtsverhältnis anerkennen, das laufend neue Rechte und Pflichten begründet. Hier verdient die fehlerhafte Gesellschaft keinen Bestandsschutz; das Interesse der Gesellschafter an der Anerkennung des von ihnen gewollten und tatsächlich begründeten Zustands muß gegenüber den entgegenstehenden Belangen der Allgemeinheit zurücktreten. Es sind zwar Umstände denkbar, die es rechtfertigen, Ausnahmen zuzulassen . . .". Der BGH hat dies in einem Falle angenommen, in dem die Gesellschafter nicht bewußt gegen das Verbotsgesetz verstoßen, ihre wegen Fehlens einer behördlichen Genehmigung gesetzwidrige Geschäftstätigkeit vielmehr in Übereinstimmung mit der Konzessionsbehörde ausgeübt haben[47]. Ein solcher Sachverhalt lag jedoch im Entscheidungsfalle nicht vor.

c) Stille Beteiligungen an Steuerberatungs- und Wirtschaftsprüfungsgesellschaften

488 Die stille Beteiligung an Steuerberatungsgesellschaften, die sich nach § 49 Abs. 1 StBerG auch in personen- oder kapitalgesellschaftsrechtlicher Form organisieren können, ist zulässig, solange der stille Gesellschafter **keinen Einfluß auf die Geschäftsführung** zu nehmen vermag oder die Gesellschaft von ihm wirtschaftlich abhängig ist[48]. Vergleichbares gilt auch für Wirtschaftsprüfungsgesellschaften (§ 27 f. WPO)[49].

d) Sonstige gewerberechtliche Einschränkungen

489 Sofern Gewerbe wie beispielsweise das Versteigerungsgewerbe (§ 34b GewO) lediglich in der Form eines Einzelkaufmanns, einer GbR oder einer aus natürlichen Personen bestehenden OHG betrieben werden dürfen, finden die für die Zulässigkeit stiller Beteiligungen an Apotheken vor der Änderung des Apothekengesetzes entwickelten Rechtsprechungsgrundsätze (Rn. 484) entsprechende Anwendung[50]. Danach ist eine **typische stille Beteiligung grundsätzlich möglich**.

---

47 BGH v. 24. 4. 1954 LM § 105 HGB Nr. 8.
48 Vgl. dazu näher MünchHdb. StG/*Bezzenberger* § 8 Rn. 11.
49 Vgl. dazu näher MünchHdb. StG/*Bezzenberger* § 8 Rn. 12.
50 Vgl. dazu näher MünchHdb. StG/*Bezzenberger* § 8 Rn. 5.

III. Zusammenfassung

Der Gesellschaftsvertrag bildet die Grundlage der stillen Gesellschaft. Soweit in ihm das Verhältnis der Gesellschafter nicht vollständig geregelt ist, finden ergänzend die §§ 230 ff. HGB und die §§ 705 ff. BGB mit Ausnahme der Vorschriften, die ein Außenverhältnis und ein Gesellschaftsvermögen voraussetzen, Anwendung, nicht dagegen die Vorschriften über die handelsrechtlichen Personengesellschaften. 490

Entgegen der h.M. handelt es sich bei dem stillen Gesellschaftsvertrag nicht um einen Austauschvertrag i.S. der §§ 320 ff. BGB. Es liegt kein Leistungsaustausch, sondern eine Leistungsvereinigung zur Erreichung eines gemeinsamen Zweckes vor. Die Vorschriften über gegenseitige Verträge sind deshalb nicht anwendbar – auch nicht entsprechend. Auch ohne diese Vorschriften lassen sich sachgerechte, dem Gesellschaftszweck Rechnung tragende Ergebnisse sichern.

Der Gesellschaftsvertrag bedarf keiner Form, soweit sich nicht die Formbedürftigkeit aus anderen gesetzlichen Bestimmungen (§§ 311, 313, 518 Abs. 1 BGB, § 15 GmbHG) ergibt.

Die Frage, ob bei Minderjährigkeit eines Vertragspartners zum Abschluß des Gesellschaftsvertrags eine vormundschaftsgerichtliche Genehmigung erforderlich ist, ist für die atypische stille Gesellschaft regelmäßig zu bejahen, für die typische stille Gesellschaft regelmäßig zu verneinen.

Will eine OHG oder KG einen stillen Gesellschafter aufnehmen oder sich am Handelsgewerbe eines anderen still beteiligen, so handelt es sich im Innenverhältnis zumeist um ungewöhnliche Geschäfte, die der Beschlußfassung aller Gesellschafter unterliegen. Nach außen sind sie regelmäßig wirksam, auch wenn nicht alle Gesellschafter zugestimmt haben. Die Gesellschafter, die ihre Geschäftsführungsbefugnis überschritten haben, sind aber den anderen Gesellschaftern für die ihnen entstandenen Schäden ersatzpflichtig.

Der Vorstand und die Geschäftsführer von Kapitalgesellschaften haben ebenfalls die im Innenverhältnis bestehenden Beschränkungen ihrer Geschäftsführungsbefugnis zu beachten.

Die Errichtung einer stillen Gesellschaft kann kartellrechtlichen (§§ 1 ff. und 23 ff. GWB) und gewerberechtlichen Beschränkungen unterliegen.

§ 10 Der Inhalt des Gesellschaftsvertrags

Schrifttum: *Janzen, Harald,* Die Übertragung und Belastung von Mitgliedschaften in der stillen Gesellschaft, Diss. Marburg 1979; *Klauss, Herbert / Birle, Jürgen,* Der Gesellschaftsvertrag in seiner zweckmäßigsten Form, 12. Aufl., 1986, S. 264 ff.; *Reinhardt, Rudolf / Schultz, Dietrich,* Gesellschaftsrecht, 2. Aufl., 1981; *Rosenau, Heinz / Kuhlberg, Friedrich,* Vertragsentwürfe für die Gründung und Umwandlung von Personengesellschaften und Kapitalgesellschaften, Aktuelle Steuerfragen Bd. 7, 1958; *Semler, Franz-Jörg,* Stille Beteiligung, Unterbeteiligung, gesellschaftsrechtliche Treuhand, in: Münchener Vertragshandbuch Bd. 1, Gesellschaftsrecht, 2. Aufl., 1985, S. 901 ff.; *Schlitt, Michael,* Die Informationsrechte des stillen Gesellschafters in der typischen stillen Gesellschaft und in der stillen Publikumsgesellschaft, Berlin 1996; *Sudhoff, Heinrich,* Der Gesellschaftsvertrag der Personengesellschaft, 6. Aufl. 1985, S. 725 ff.; *Sudhoff, Heinrich / Sudhoff, Martin,* Handbuch der Unternehmensnachfolge, 3. Aufl., 1984; Vertragsmuster typisch stille Gesellschaft und typisch stille Gesellschaft an einer GmbH (GmbH & Still), Kölner Mustervorlagen Nr. 3, Arbeitskreis für Steuerrecht GmbH Köln, 6. Aufl., 1978; *Wagner, Hermann / Langenfeld, Gerrit* u.a., Das Rechtsformularbuch, 11. Aufl., 1983, S. 1046 ff.; *Westermann, Harm Peter,* Vertragsfreiheit und Typengesetzlichkeit im Recht der Personengesellschaften, 1970; *Zöllner, Wolfgang,* Die Formbedürftigkeit von Schiedsklauseln in OHG-Verträgen, DB 1964, 795.

I. Der Mindestinhalt des Gesellschaftsvertrags

491 Das Gesetz enthält keine Bestimmungen darüber, welchen Inhalt im einzelnen der Gesellschaftsvertrag haben muß. Es überläßt die Ausgestaltung der gesellschaftsrechtlichen Beziehungen weitgehend der **Gestaltungsfreiheit der Beteiligten.** Ihr zufolge können sie ihre rechtlichen Beziehungen im Innenverhältnis so ordnen, wie es ihnen am zweckmäßigsten erscheint. Verwiesen sei an dieser Stelle auf die sich im Anhang befindenden Musterverträge einer typischen stillen Gesellschaft und einer atypischen stillen Gesellschaft i.S. des Steuerrechts.

492 Immerhin müssen sich aus dem Gesellschaftsvertrag die wesentlichen Merkmale einer stillen Gesellschaft eindeutig ergeben. Es muß aus ihm ersichtlich sein,

– daß eine gesellschaftsrechtliche Beteiligung des stillen Gesellschafters am Handelsgewerbe eines anderen gewollt ist (**animus contrahendae societatis**),

– daß der stille Gesellschafter sich verpflichtet, einen **Beitrag** zu leisten, der, sofern er in einer Vermögenseinlage besteht, in das Vermögen des Inhabers übergeht,

- daß der stille Gesellschafter **keine dingliche Mitberechtigung** am Geschäftsvermögen erhält,
- daß die Vereinigung sich auf das **Innenverhältnis** beschränkt und
- daß der stille Gesellschafter **am Gewinn beteiligt** ist. Soll er am Verlust nicht beteiligt sein, so muß die Verlustbeteiligung vertraglich ausgeschlossen werden.

Für die rechtliche Qualifikation des Vertrages als Vertrag über eine stille Gesellschaft ist der Rechtsfolgewille maßgeblich, den die Beteiligten in den Vertragsklauseln zum Ausdruck gebracht haben. Ihre eigene Bezeichnung ist dagegen unerheblich, wenn diese im Widerspruch zum dokumentierten Rechtsfolgewillen steht[1]. So ist etwa die von ihnen gewählte Bezeichnung für die rechtliche Beurteilung des Vertrages nicht entscheidend, wenn sich aus dem Vertragsinhalt ein Widerspruch mit dem Gesellschaftsrecht im allgemeinen oder mit dem Recht der stillen Gesellschaft im besonderen ergibt. Soll nach dem Gesellschaftsvertrag der „stille" Gesellschafter auch dinglich am Geschäftsvermögen beteiligt sein oder soll das Handelsgewerbe unter einer gemeinschaftlichen Firma betrieben werden, so liegt niemals eine stille Gesellschaft vor, auch wenn der Personenzusammenschluß als solche bezeichnet wird. Andererseits steht der Gebrauch einer unrichtigen Vertragsbezeichnung der Annahme einer stillen Gesellschaft nicht entgegen, wenn der Vertrag in seinen wesentlichen Grundlagen die Merkmale der stillen Gesellschaft aufweist.

II. Der sonstige Inhalt des Gesellschaftsvertrags

Die Beteiligten sollten es niemals bei dem Mindestinhalt, der das Wesen der stillen Gesellschaft ausmacht, bewenden lassen. Sie sollten darüber hinaus **weitere Regelungen** in den Gesellschaftsvertrag aufnehmen, um von vornherein in jeder Hinsicht klare und eindeutige Rechtsverhältnisse zu schaffen.

1. Firma, Sitz und Gegenstand des Unternehmens

Es ist an sich nicht erforderlich, in den Gesellschaftsvertrag eine Bestimmung zum Gegenstand des Unternehmens aufzunehmen. Die Aufnahme einer diesbezüglichen vertraglichen Regelung ist in jedem Falle aber zweckmäßig und ratsam, weil der Inhaber des Handelsgeschäfts mit der Vermögenseinlage des stillen Gesellschafters dann nicht nach seinem Belieben verfahren kann, sondern verpflichtet ist, sie im Rahmen des

---
1 BFH v. 10. 2. 1978 (III R 115/76) WM 1978, 994 (995).

vereinbaren und genau umschriebenen Gegenstandes des Unternehmens einzusetzen. Das ist wichtig, wenn der Inhaber mehrere Handelsgeschäfte unter verschiedenen Firmen betreibt, der stille Gesellschafter aber nur an den Ergebnissen eines Unternehmens oder einzelner Geschäftszweige beteiligt sein soll (oben Rn. 214 ff.). Aus denselben Gründen ist die genaue Festlegung der Firma und des Sitzes des Handelsgeschäfts zu empfehlen.

a) Die Firma

496 Die stille Gesellschaft nimmt nicht unter einer gemeinschaftlichen Firma am Rechtsverkehr teil. Als Innengesellschaft tritt sie nach außen nicht in Erscheinung. Es gibt nur die Firma des Inhabers des Handelsgewerbes, für die die §§ 17 ff. HGB gelten.

497 Gemäß § 18 Abs. 1 HGB hat der Einzelkaufmann, der sein Geschäft mit einem stillen Gesellschafter betreibt, seinen Familiennamen mit mindestens einem ausgeschriebenen Vornamen als Firma zu führen. Der Firma darf kein Zusatz beigefügt werden, der ein Gesellschaftsverhältnis andeutet oder sonst geeignet ist, eine Täuschung über die Art und den Umfang des Geschäfts oder die Verhältnisse des Geschäftsinhabers herbeizuführen (§ 18 Abs. 2 HGB). **Der Name des stillen Gesellschafters darf also in der Firma grundsätzlich nicht erscheinen.** Dies würde fälschlicherweise auf das Vorhandensein einer Außengesellschaft (OHG oder KG) hinweisen.

498 Es ist aber auch denkbar, daß jemand ein bestehendes Handelsgeschäft unter Lebenden erwirbt und daß der **bisherige Inhaber daran still beteiligt bleibt.** In diesem Falle darf für das Geschäft die bisherige Firma, in der der Name des nunmehr still Beteiligten enthalten ist, mit oder ohne Beifügung eines das Nachfolgeverhältnis andeutenden Zusatzes fortgeführt werden, wenn der bisherige Geschäftsinhaber und nunmehrige stille Gesellschafter in die Fortführung der Firma ausdrücklich einwilligt (§ 22 Abs. 1 HGB). Entsprechendes gilt, wenn ein Handelsgeschäft aufgrund eines Nießbrauchs, eines Pachtvertrags oder eines ähnlichen Verhältnisses übernommen wird (§ 22 Abs. 2 HGB). Ferner kann der still Beteiligte sein bisher selbst betriebenes Handelsgewerbe zusammen mit der Firma als Vermögenseinlage in das Handelsgewerbe des Inhabers einbringen (§ 23 HGB). Es gehört dann die Firma zum Vermögen des Inhabers.

499 Eine **abgeleitete Firma** kann also weitergeführt werden, auch wenn in ihr der Name des stillen Gesellschafters enthalten ist. Um jedoch kein Mißverständnis darüber aufkommen zu lassen, daß sich hinter der fortgeführten Firma keine Außengesellschaft verbirgt, ist es zweckmäßig, durch Beifügung eines das Nachfolgeverhältnis andeutenden Zusatzes klarzu-

stellen, daß der stille Gesellschafter nicht Mitinhaber des Handelsgeschäfts ist. Das gebietet das Interesse des stillen Gesellschafters, der andernfalls aus Gründen des Rechtsscheins für die in dem Handelsgeschäft begründeten Verbindlichkeiten haftbar gemacht werden könnte. Duldet er die unzulässige Aufführung seines Namens in der Firma, so muß er sich gutgläubigen Dritten gegenüber wie der Inhaber des Handelsgeschäfts behandeln lassen und haftet deshalb unbeschränkt.

Auf die **Firma einer OHG, KG, AG, KGaA, GmbH oder e.G.** hat die stille Beteiligung keinen Einfluß. Auch in diesen Fällen hat zur Vermeidung von möglichen Irrtümern ein Hinweis auf das Vorliegen einer stillen Gesellschaft in der Firma zu unterbleiben. So dürfen die Namen anderer Personen als der persönlich haftenden Gesellschafter in die Firma einer OHG oder KG nicht aufgenommen werden (§ 19 Abs. 4 HGB). Die Firma einer AG oder KGaA ist in der Regel dem Gegenstand des Unternehmens zu entnehmen und muß außerdem die Bezeichnung „Aktiengesellschaft" oder „Kommanditgesellschaft auf Aktien" enthalten (§§ 4, 279 AktG). Daran wird durch die Begründung einer stillen Gesellschaft nichts geändert. In die Firma der GmbH dürfen die Namen anderer Personen als der Gesellschafter ebenfalls nicht aufgenommen werden (§ 4 GmbHG). Die Bezeichnung GmbH & Still wäre daher firmenrechtlich unzulässig. Die Firma einer eingetragenen Genossenschaft muß schließlich vom Gegenstand des Unternehmens entlehnt sein. Der Name von Genossen oder anderer Personen darf in die Firma nicht aufgenommen werden (§ 3 GenG). 500

Diese Vorschriften entsprechen den Grundsätzen der Firmenwahrheit und Firmenklarheit (§ 18 Abs. 2 HGB). Verstöße dagegen berechtigen das Registergericht zum Einschreiten gemäß § 37 I HGB i.V.m. § 140 FGG und können für den stillen Gesellschafter eine Haftung für die Verbindlichkeiten des Inhabers gemäß § 5 HGB begründen. 501

Ist der **Inhaber Minderkaufmann,** so betreibt er sein Handelsgewerbe unter seinem bürgerlichen Namen (§ 4 Abs. 1 HGB). Auch hier muß jeder Anschein, der auf das Vorliegen eines Gesellschaftsverhältnisses hindeutet, vermieden werden. 502

Zum Schutz des stillen Gesellschafters und im Interesse der ordnungsgemäßen Verwendung seiner Vermögenseinlage ist es zulässig, im Innenverhältnis zu vereinbaren, daß der Inhaber die Firma, die im Zeitpunkt der Errichtung der Gesellschaft bestand, ohne Zustimmung des stillen Gesellschafters nicht ändern darf. Aber auch ohne ausdrückliche Vereinbarung wird man im Wege der Vertragsauslegung in der Regel zu demselben 503

Ergebnis kommen müssen, insbesondere dann, wenn der Inhaber noch unter einer anderen Firma Handelsgeschäfte betreibt oder an anderen Firmen beteiligt ist.

b) Der Gegenstand des Unternehmens

504 Gegenstand des Unternehmens einer stillen Gesellschaft kann jedes vollkaufmännische oder minderkaufmännische Handelsgewerbe sein (oben Rn. 187 ff.). Auch hier werden die Beteiligten gut daran tun, im Gesellschaftsvertrag das Handelsgewerbe, an dem die stille Gesellschaft stattfinden soll, nach Art, Geschäftszweig und Umfang **so genau wie möglich zu umschreiben** und zu vereinbaren, daß der Geschäftsinhaber den Gegenstand des Unternehmens nicht ohne Zustimmung des stillen Gesellschafters verändern darf. Auch diese Vereinbarung beschränkt sich in ihrer Wirkung auf das Innenverhältnis. Handelt ihr der Inhaber zuwider, so liegt darin eine Verletzung des Gesellschaftsvertrags, die den stillen Gesellschafter zum Ersatz des ihm entstandenen Schadens berechtigt und ihm einen wichtigen Grund zur fristlosen Lösung des Gesellschaftsverhältnisses geben kann (unten Rn. 592 ff., 622 ff. und 928 ff.).

505 Wird in der Form der stillen Gesellschaft ein erlaubtes Glücksspiel betrieben, so verstößt das nicht gegen § 134 BGB[2].

Wegen atypischer stiller Gesellschaften an Unternehmen, für deren Betrieb eine persönliche Konzession erforderlich ist, s.o. Rn. 483 ff.

c) Der Sitz des Unternehmens

506 Da die stille Gesellschaft keine Außengesellschaft ist, hat sie **keinen Sitz im handelsrechtlichen Sinne.** Der Sitz des Handelsgewerbes, d.h. der Ort, wo die Verwaltung geführt wird, bestimmt sich nach den für den Inhaber geltenden Bestimmungen. Im Gesellschaftsvertrag kann – wiederum beschränkt auf das Innenverhältnis – vereinbart werden, daß der Inhaber zur Verlegung des Sitzes seines Handelsgeschäfts der Zustimmung des stillen Gesellschafters bedarf. Ist eine solche Bestimmung nicht in den Gesellschaftsvertrag aufgenommen, wird man in der Regel aufgrund der gegebenen Interessenlage im Wege der Auslegung zu demselben Ergebnis kommen.

507 Der Sitz ist maßgebend für den Gerichtsstand (§ 17 ZPO). Bei Rechtsstreitigkeiten ist die stille Gesellschaft weder aktiv noch passiv parteifähig. Nur der Inhaber des Handelsgeschäfts ist Partei. In den von ihm oder

---

2 BGH v. 19. 9. 1963 MDR 1963, 988.

gegen ihn geführten Prozessen kann der stille Gesellschafter Zeuge sein. Die stille Gesellschaft hat keinen eigenen Gerichtsstand. § 22 ZPO ist nicht anwendbar. Für Streitigkeiten der Gesellschafter untereinander ist sowohl während des Bestehens als auch nach Auflösung der Gesellschaft die Kammer für Handelssachen zuständig (§§ 95 Abs. 1 Nr. 4a, 96, 98 GVG).

2. Informations-, Kontroll- und Mitwirkungsrechte des stillen Gesellschafters

§ 233 Abs. 1 HGB, wonach der stille Gesellschafter berechtigt ist, die abschriftliche Mitteilung des Jahresabschlusses zu verlangen und ihre Richtigkeit unter Einsicht der Bücher und Papiere zu prüfen, enthält nachgiebiges Recht. In den Gesellschaftsverträgen werden häufig Vereinbarungen getroffen, durch die die Kontrollrechte des stillen Gesellschafters erweitert oder beschränkt werden (siehe dazu näher unten Rn. 671 ff.)[3]. Eine **Erweiterung** wird regelmäßig vereinbart, wenn es sich um eine hohe Vermögenseinlage des stillen Gesellschafters handelt, wenn er auch an den Anlagewerten, an den Rücklagen und am Geschäfts- oder Firmenwert beteiligt sein soll oder wenn er im Innenverhältnis der eigentliche Geschäftsherr ist.   508

Eine **Beschränkung** der Informations- und Kontrollrechte ist zweckmäßig, wenn mehrere stille Gesellschafter vorhanden sind und der Inhaber daran interessiert ist, daß nicht jeder einzelne seine Rechte selbständig und unabhängig von den anderen ausübt (dazu oben Rn. 232), wenn die Vermögenseinlage des stillen Gesellschafters für das Handelsgeschäft nur geringe Bedeutung hat oder wenn er selbst ein Handelsgewerbe betreibt und mit dem Geschäftsinhaber im Wettbewerb steht.   509

Bei einer aus diesen Gründen erfolgenden Beschränkung der Informations- und Kontrollrechte im Gesellschaftsvertrag ist allerdings darauf zu achten, daß die vertraglichen Regelungen die Rechtsstellung des stillen Gesellschafters nicht zu sehr beschneiden, denn eine zu starke Beschränkung seiner Informations- und Kontrollrechte kann die Existenz einer stillen Gesellschaft überhaupt in Frage stellen oder sittenwidrig bzw. nichtig sein (unten Rn. 672).   510

Obgleich der stille Gesellschafter kraft Gesetzes keine **Mitwirkungsbefugnisse** hat, können ihm solche durch den Gesellschaftsvertrag übertra-   511

---

[3] Zum Umfang eines gesellschaftsvertraglich vereinbarten Einsichtsrechts des stillen Gesellschafters bei Beteiligung des Geschäftsinhabers an weiteren Gesellschaften vgl. BGH v. 16. 1. 1984 ZIP 1984, 702 ff.

gen werden (unten Rn. 671, 673 ff.). Hier ist wiederum der Privatautonomie ein weiter Spielraum gelassen. Bestimmte Rechtshandlungen (Änderung der Firma, des Sitzes) oder bestimmte Rechtsgeschäfte (Grundstücksgeschäfte, Erwerb und Veräußerungen von Betrieben und Beteiligungen, Beteiligung weiterer stiller Gesellschafter, wesentliche Anstellungsverträge) können zu ihrer Wirksamkeit im Innenverhältnis von der Zustimmung oder Genehmigung des stillen Gesellschafters abhängig gemacht werden. Er kann an der Geschäftsführung beteiligt werden, sei es zusammen mit dem Inhaber, sei es neben ihm oder unter seinem gänzlichen Ausschluß; er kann mit Wirkung nach außen zum Handlungsbevollmächtigten oder Prokuristen bestellt werden (unten Rn. 676 ff.).

3. Beitragsleistung, Gewinn- und Verlustbeteiligung

512 Art und Höhe der Beitragsleistung sowie ihre Bewertung sind im Gesellschaftsvertrag festzulegen (vgl. Rn. 240 ff.). Dasselbe gilt für die Höhe des Gewinn- und Verlustanteils, für den der Gewinn- und Verlustverteilung zugrunde zu legenden Gewinn- und Verlustverteilungsschlüssel (vgl. Rn. 322 ff.), sowie dafür, ob die Gewinn- und Verlustverteilung auf der Grundlage der Handelsbilanz (Jahresabschluß) oder der Steuerbilanz vorgenommen werden soll (vgl. Rn. 846 ff.)[4]. Soll der stille Gesellschafter nicht am Verlust beteiligt sein, so bedarf dies der Vereinbarung im Gesellschaftsvertrag (§ 231 Abs. 2 Hs. 1 HGB; vgl. dazu Rn. 356 ff.).

513 Sofern der Stille seine Beitragsleistung erbracht hat, ist er zu weiteren Leistungen an den Inhaber nur verpflichtet, wenn im Gesellschaftsvertrag eine solche „Nachschußpflicht" vorgesehen ist (§ 707 BGB). Dasselbe gilt für die nachträgliche Erhöhung der Vermögenseinlage. Insbesondere vermehrt der von dem Stillen der Gesellschaft belassene Gewinn dessen Einlage nur dann, wenn dies ausdrücklich vereinbart wurde (§ 232 Abs. 3 HGB). Selbst dann, wenn eine „Nachschußverpflichtung" oder eine Verpflichtung zur Einlagenerhöhung im Gesellschaftsvertrag vorgesehen ist, beschränkt sich diese Vereinbarung ebenso wie die Verpflichtung zur Leistung des ursprünglichen Beitrags auf das Innenverhältnis. Die Gläubiger des Inhabers können daraus keine unmittelbaren Ansprüche gegen den stillen Gesellschafter herleiten, wohl aber die Forderung des Inhabers gegen ihn auf Leistung des rückständigen Beitrags pfänden und sich zur Einziehung überweisen lassen.

---

[4] Zur Auslegung einer Verlustbeteiligungsregelung in stiller Gesellschaft und in atypisch stiller Gesellschaft in Abgrenzung zur persönlichen Nachschußpflicht des stillen Gesellschafters vgl. OLG Karlsruhe v. 19. 2. 1986 ZIP 1986, 916 ff.

4. Auseinandersetzungsguthaben, schwebende Geschäfte

Es empfiehlt sich, in den Gesellschaftsvertrag Bestimmungen über die **Berechnung des Abfindungsanspruchs** des stillen Gesellschafters bei Beendigung der Gesellschaft aufzunehmen (§ 235 Abs. 1 HGB). Es sind die verschiedensten Regelungen denkbar und zulässig (siehe dazu näher unten Rn. 982 f.): Abfindung zum Buchwert des Einlagekontos (typische stille Gesellschaft), Abfindung zum Buchwert des Einlagekontos unter anteiliger pauschaler Abgeltung der in dem Unternehmen vorhandenen Rücklagen in der Weise, daß dem nominellen Einlagekonto ein bestimmter, zahlenmäßig festgelegter (geschätzter) Betrag hinzugerechnet wird oder Berechnung des Auseinandersetzungsguthabens aufgrund einer regelrechten Liquidationsbilanz (atypische stille Gesellschaft). 514

Die **Buchwertklauseln** sind grundsätzlich zulässig. Wird durch ein erhebliches Mißverhältnis zwischen Buchwert und wirklichem Wert die Freiheit des Anteilsinhabers, sich zu einer Kündigung zu entschließen, entgegen dem in § 723 Abs. 3 BGB zum Ausdruck kommenden Rechtsgedanken unvertretbar eingeengt, so sind sie allerdings unwirksam[5]. 515

Daneben sollte der Gesellschaftsvertrag auch darüber Aufklärung geben, ob und in welcher Form der ausscheidende Gesellschafter an den **stillen Reserven** und den **immateriellen Werten** des Unternehmens, insbesondere an dessen goodwill, zu beteiligen ist. 516

Gemäß § 235 Abs. 2 HGB nimmt der stille Gesellschafter an dem Gewinn und Verlust der zur Zeit der Auflösung **schwebenden Geschäfte** teil. Für die Gewinne und Verluste aus den im Zeitpunkt der Errichtung der Gesellschaft schwebenden Geschäften sieht das Gesetz keine Regelung vor. Im Zweifel ist der stille Gesellschafter daran zu beteiligen, da sie einen Teil der regulären Geschäftsergebnisse bilden (siehe näher unten Rn. 1025 ff.). 517

In beiden Fällen handelt es sich um nachgiebiges Recht. Es kann deshalb die Beteiligung des stillen Gesellschafters an den Gewinnen der bei Beginn der Gesellschaft schwebenden Geschäfte, die dann aber eindeutig gekennzeichnet werden müssen, ausgeschlossen werden. Dasselbe gilt für die Beteiligung an den bei Auflösung der Gesellschaft schwebenden Geschäften. Es kann auch so verfahren werden, daß dem stillen Gesellschafter ohne Rücksicht auf das Ergebnis der endgültig abgewickelten Geschäfte vertraglich ein Pauschalabfindungsbetrag zuerkannt wird (unten Rn. 1031). 518

---

5 BGH v. 24. 9. 1984 DB 1984, 167.

5. Übertragung der Beteiligung

519 Der Charakter der stillen Gesellschaft als Personengesellschaft gestattet grundsätzlich keine Übertragung der Mitgliedschaft und der nicht-vermögensrechtlichen Ansprüche, die den Gesellschaftern aus dem Gesellschaftsverhältnis gegeneinander zustehen, auf dritte Personen. Es würde ihrer personenrechtlichen Verbundenheit widersprechen, wenn ein Gesellschafter seine Beteiligung ohne Zustimmung des anderen auf eine dritte Person übertragen könnte, mit der der andere nun fortan zusammenarbeiten müßte[6]. Damit ist die freie Übertragbarkeit für den **personenrechtlichen Teil der Mitgliedschaft** ohne Zustimmung des anderen Gesellschafters ausgeschlossen, und zwar sowohl hinsichtlich einzelner Befugnisse als auch hinsichtlich der Summe der Einzelrechte, die zu dem personenrechtlichen Teil der Mitgliedschaft gehören.

520 Unübertragbar sind deshalb auf seiten des stillen Gesellschafters das ihm vertraglich eingeräumte Recht auf Teilnahme an der Geschäftsführung, ihm vertraglich zustehende Zustimmungs-, Widerspruchs- und Informationsrechte und die Kontrollrechte aus § 233 HGB (vgl. § 717 S. 1 BGB). Auf seiten des Inhabers sind die ihm zustehenden Rechte und Pflichten zur Förderung des gemeinschaftlichen Zweckes sowie die vermögensrechtlichen Sozialansprüche wie etwa der Anspruch auf eine vereinbarte Vermögenseinlage von der Übertragung ausgeschlossen.

521 Auch die **vermögensrechtliche Beteiligung** kann während des Bestehens der Gesellschaft nicht einseitig auf Dritte übertragen werden, da auch sie einen integrierten Bestandteil der Mitgliedschaft bildet und von ihr nicht ohne Zustimmung des anderen Gesellschafters gelöst werden kann.

522 Dagegen sind die Ansprüche auf den **anteiligen Gewinn und auf das künftige Auseinandersetzungsguthaben** übertragbar (§ 717 S. 2 BGB)[7]. Es handelt sich um vermögensrechtliche Geldansprüche, die übertragen werden können, weil sie nicht mehr in den Gesellschaftsbereich gehören, sondern bereits der vermögensrechtlichen Individualsphäre des stillen Gesellschafters zugeordnet sind. Soweit die Ansprüche übertragbar sind, können sie gepfändet oder verpfändet werden, selbst wenn im Gesellschaftsvertrag die Nichtabtretbarkeit vereinbart worden ist (§ 851 Abs. 2 ZPO).

---

6 Allg. zur Frage der Abspaltbarkeit von mitgliedschaftlichen Rechten mit und ohne Zustimmung des Mitgesellschafters vgl. BGH v. 10. 11. 1951 BGHZ 3, 354 (357); und statt aller *Staudinger/Keßler*, § 717 Rn. 22 ff. m.w.N.
7 BGH v. 3. 11. 1975 NJW 1976, 189.

Mit der Abtretung des Gewinnanspruchs geht grundsätzlich nur das 523
Recht auf Auszahlung des festgestellten Gewinns auf den Abtretungsempfänger über. In Übereinstimmung mit dem im Recht der Personengesellschaft allgemein geltenden Grundsatz (§ 717 BGB), wonach die Rechte der Gesellschafter unübertragbar sind und einzelne Rechte im allgemeinen nur insoweit abgetreten und vom Gesellschaftsanteil abgespalten werden können, als das Gesetz selbst Ausnahmen zuläßt, können auch die dem stillen Gesellschafter nach § 233 HGB zustehenden **Informations- und Überwachungsrechte nicht übertragen** werden[8]. Der Abtretungsempfänger kann deshalb weder die Mitteilung des Jahresabschlusses noch die Einsicht in die Geschäftsbücher und Geschäftspapiere verlangen. Es würde der Höchstpersönlichkeit der gesellschaftsrechtlichen Informations- und Überwachungsrechte widersprechen, sie einem Dritten zur Ausübung im eigenen Namen zu überlassen. Wenn hiernach auch kein allgemeines Informations- und Überwachungsrecht übertragen werden kann, so kann doch nicht an der Tatsache vorbeigegangen werden, daß durch die Abtretung auch das Recht auf Auszahlung des Gewinnanteils erworben wurde. Hierbei handelt es sich um einen Zahlungsanspruch, der seinem Inhalt nach unbestimmt ist. Er entsteht nur dann und soweit, als ein Gewinn festgestellt wird. In einem solchen Fall enthält die Verpflichtung, den jeweils festgestellten Gewinnanteil des übertragenden Gesellschafters dem Abtretungsempfänger auszuzahlen, nach Treu und Glauben auch das Gebot, diesem den errechneten Gewinnanteil der Höhe nach mitzuteilen[9].

Selbstverständlich kann jeder Gesellschafter **mit Zustimmung** des ande- 524
ren seine Beteiligung und die damit verbundenen Gesellschaftsrechte auf einen anderen übertragen. Das kann auch schon im Gesellschaftsvertrag vorgesehen werden. Anhand des Gesellschaftsvertrages ist dann zu ermitteln, welche Form der Beteiligungsübertragung im einzelnen dem Willen der Beteiligten entspricht.

Danach kann es sein, daß die stille Gesellschaft zwischen den bisher 525
beteiligten Personen im Zeitpunkt der Übertragung enden soll. Dann kommt zwischen dem verbleibenden Gesellschafter und dem Erwerber der Beteiligung ein neuer Gesellschaftsvertrag – im Zweifel zu den bisherigen Bedingungen – zustande.

Dem im Gesellschaftsvertrag niedergelegten Willen der Beteiligten wird 526
es allerdings in der Regel entsprechen, einen **Übergang der Mitgliedschaft**

---
8 *G. Hueck*, § 17 IV 2 (S. 254 f.) m.w.N.
9 BGH v. 3. 11. 1975 NJW 1976, 189 = GmbHR 1976, 37; *Staudinger/Keßler*, § 717 Rn. 16; *G. Hueck*, § 17 IV 2 (S. 255).

als Ganzes unter Wahrung der Identität der bestehenden stillen Gesellschaft anzunehmen[10]. Diese Form der Beteiligungsübertragung vollzieht sich zwischen ausscheidendem und neueintretendem Gesellschafter, und bei ihr tritt der neue Geschäftsinhaber oder stille Gesellschafter im vollen Umfang in die Rechtsstellung seines Vorgängers ein[11]. Bei einem Wechsel des Geschäftsinhabers erhält der neue Geschäftsinhaber damit einen wirtschaftlichen Ausgleich für die gegenüber dem stillen Gesellschafter übernommenen Verpflichtungen vom alten Geschäftsinhaber. Bei einem Wechsel des stillen Gesellschafters findet diesen der neue stille Gesellschafter ab.

527 Eine Sonderregelung gilt für den Fall des **Todes eines Beteiligten**. Während die stille Gesellschaft durch den Tod des Inhabers aufgelöst wird, führt der Tod des stillen Gesellschafters nicht die Auflösung herbei (§ 234 Abs. 2 HGB). Den Gesellschaftern bleibt es jedoch unbenommen, zu vereinbaren, daß beim Tod des Inhabers die Gesellschaft mit seinen Erben fortgesetzt oder daß sie beim Tod des stillen Gesellschafters aufgelöst werden soll (unten Rn. 942 ff., 948 ff.).

528 Die grundsätzliche Unübertragbarkeit der stillen Beteiligung läßt den **Unterschied gegenüber dem Darlehen** deutlich erkennen. Obwohl sich im Regelfalle die Verpflichtung des stillen Gesellschafters in der Leistung der übernommenen Vermögenseinlage erschöpft und deshalb dem Darlehen wirtschaftlich nahekommt, ist die Interessenlage eine wesentlich andere. Dem Inhaber des Handelsgeschäfts kann es nicht gleichgültig sein, wer ihm als stiller Gesellschafter gegenübersteht, ebenso wie es dem stillen Gesellschafter nicht gleichgültig sein kann, mit wem er es als Inhaber zu tun hat. Für den Inhaber ist das Interesse an der Unübertragbarkeit der Beteiligung besonders offensichtlich, wenn der stille Gesellschafter seine Einlage noch nicht oder noch nicht voll geleistet oder wenn er sich zur Einbringung persönlicher Dienstleistungen verpflichtet hat, wenn er an der Geschäftsführung beteiligt ist oder über weitgehende Mitwirkungs-, Zustimmung- und Kontrollrechte verfügt. Aber auch bei normaler Gestaltung des Gesellschaftsverhältnisses verbietet der gemeinsam zu verfolgende Gesellschaftszweck, daß dem Inhaber ohne oder gegen seinen Willen ein anderer stiller Gesellschafter aufgezwungen wird. Will dagegen der stille Gesellschafter an seiner Beteiligung einen anderen unterbeteiligen, bedarf es dazu nicht der Zustimmung des Inhabers, weil zwischen diesem

---

10 So allgemein für Personengesellschaften BGH v. 28. 4. 1954 BGHZ 13, 179 (185); zu den Motiven der Beteiligten im einzelnen *Reinhardt/Schultz*, S. 53.
11 BGH v. 8. 11. 1965 BGHZ 44, 229 (231); MünchKomm/*Ulmer*, § 719 Rn. 14, 18 ff.

und dem Unterbeteiligten keine Rechtsbeziehungen entstehen (hierzu näher unten Rn. 1894 f.).

Andererseits hat auch der stille Gesellschafter ein berechtigtes Interesse daran, daß ohne seinen Willen kein Inhaberwechsel stattfindet. Es kann deshalb im Gesellschaftsvertrag vereinbart werden, daß der Inhaber sein **Handelsgeschäft,** an dem die Beteiligung besteht, nicht oder nur mit Zustimmung des stillen Gesellschafters veräußern oder in eine andere Rechtsform umwandeln darf (unten Rn. 598 ff., 1136 ff.). Mit einer derartigen Klausel würde noch einmal ausdrücklich festgeschrieben, daß es der gemeinsam zu verfolgende Gesellschaftszweck verbietet, dem stillen Gesellschafter ohne oder gegen seinen Willen einen anderen Geschäftsinhaber aufzuzwingen. Darüber hinaus kann aber auch die Aufnahme weiterer Gesellschafter von der Zustimmung des still Beteiligten abhängig gemacht werden. 529

6. Dauer der stillen Gesellschaft, Kündigung

Soll die Gesellschaft für eine bestimmte Zeit eingegangen werden, muß dies im Gesellschaftsvertrag vereinbart sein. Mit dem Ablauf der vorgesehenen Zeit löst sich dann die Gesellschaft auf (unten Rn. 909 f.). Soll sie weiterhin fortbestehen, bedarf es eines neuen Vertrags, der auch stillschweigend geschlossen werden kann[12]. In der Fortführung des Handelsgeschäfts durch den Inhaber über die vorgesehene Zeit hinaus ist eine solche stillschweigende Vereinbarung nicht zu sehen. Es muß vielmehr zwischen den Beteiligten eine Einigung darüber bestehen, daß das Gesellschaftsverhältnis fortbestehen soll. Das den Gesellschaftern zustehende Kündigungsrecht kann im Gesellschaftsvertrag abweichend von den nachgiebigen gesetzlichen Vorschriften geregelt werden (unten Rn. 921 ff.). 530

7. Geheimhaltung der stillen Gesellschaft

Das Bestehen des stillen Gesellschaftsverhältnisses braucht an sich vor der Öffentlichkeit nicht geheimgehalten zu werden. Häufig macht der Inhaber mit Einwilligung des stillen Gesellschafters seinen Gläubigern im Interesse seiner Kreditwürdigkeit davon Mitteilung. Rechtsbeziehungen zwischen diesen und dem stillen Gesellschafter werden dadurch nicht erzeugt. Insbesondere haftet der stille Gesellschafter nicht für die im Rahmen des Handelsgeschäfts begründeten Verbindlichkeiten. Hierzu bedarf es gesonderter Vereinbarungen (siehe näher unten Rn. 681 ff.). Eine Rechtsscheinhaftung des Stillen wird lediglich dann begründet, wenn er 531

---
12 BayObLG v. 2. 1. 1951 NJW 1951, 237 (238).

den Anschein hervorruft oder unterhält, er sei Geschäftsinhaber oder persönlich haftender Gesellschafter[13].

532 Die Beteiligten können aber auch daran interessiert sein, daß die stille Gesellschaft nach außen nicht bekannt wird. Sie können dann diesbezügliche Vereinbarungen im Gesellschaftsvertrag treffen. Bei schuldhafter Zuwiderhandlung ergeben sich Schadensersatzverpflichtungen. Auch ein wichtiger Grund zur fristlosen Kündigung des Gesellschaftsverhältnisses kann gegeben sein.

8. Gewährung von Sicherheiten an den stillen Gesellschafter

533 Im Gesellschaftsvertrag kann vereinbart werden, daß der Abfindungsanspruch des stillen Gesellschafters durch Pfandrechte, Hypotheken oder im Wege der Sicherungsübereignung gesichert werden soll. Die hypothekarische Sicherung der Einlage führt, da der Auseinandersetzungsanspruch des stillen Gesellschafters erst mit der Beendigung des Gesellschaftsverhältnisses entsteht (Rn. 319), zunächst zur Entstehung einer Eigentümergrundschuld, die sich im Zeitpunkt der Auflösung in eine Fremdhypothek verwandelt[14]. Auch Vereinbarungen darüber, daß der Abfindungsanspruch in angemessenen Raten zurückzuzahlen ist, um nicht die Liquidität des Unternehmens zu gefährden, haben sich in der Praxis als zweckmäßig erwiesen.

9. Vereinbarung eines Schiedsgerichts[15]

534 Für alle oder auch nur für bestimmte, genau bezeichnete Streitigkeiten aus dem Gesellschaftsvertrag und aus dem Gesellschaftsverhältnis können die Beteiligten die Zuständigkeit eines Schiedsgerichts vereinbaren (§ 1025 Abs. 1 ZPO). Das hat den Vorteil, daß die Meinungsverschiedenheiten verhältnismäßig schnell beigelegt werden können. Die Schiedsrichter treffen in freier Beweiswürdigung eine billige Entscheidung, gegen die allerdings kein Rechtsmittel gegeben ist (§ 1040 ZPO).

535 Die Schiedsklausel könnte etwa lauten[16]:

„Alle Streitigkeiten aus diesem Vertrag sollen unter Ausschluß des Rechtswegs durch ein Schiedsgericht entschieden werden. Den Schieds-

---
13 RG v. 15. 3. 1893 RGZ 31, 33 (39); BAG v. 16. 3. 1955 JZ 1955, 582; BGH v. 6. 11. 1963 WM 1964, 296 (297).
14 BayObLG v. 2. 1. 1951 NJW 1951, 237 (238).
15 Vgl. hierzu den auch für die stille Gesellschaft bedeutsamen Beitrag von *Zöllner*, DB 1964, 795 ff.
16 So *Hartmann*, S. 30.

§ 10 Inhalt des Gesellschaftsvertrags

vertrag haben die Parteien in einer besonderen Urkunde als Bestandteil dieses Gesellschaftsvertrags niedergelegt".

Der Schiedsvertrag ist unwirksam, wenn eine Partei ihre wirtschaftliche oder soziale Überlegenheit dazu ausgenutzt hat, den anderen Teil zu seinem Abschluß oder zur Annahme von Bestimmungen zu nötigen, die ihr im Verfahren, insbesondere hinsichtlich der Ernennung oder Ablehnung der Schiedsrichter, ein Übergewicht über den anderen Teil einräumen (§ 1025 Abs. 2 ZPO). 536

Die Schiedsvereinbarung muß **ausdrücklich geschlossen** werden und bedarf der **Schriftform**. Ist der Schiedsvertrag für beide Beteiligten ein Handelsgeschäft und gehört keine der Parteien zu den Minderkaufleuten i.S. des § 4 HGB, so kann die Zuständigkeit des Schiedsgerichts im Gesellschaftsvertrag selbst vereinbart werden (§ 1027 Abs. 2 ZPO). Ist dagegen der Schiedsvertrag für einen Gesellschafter kein Handelsgeschäft – das wird regelmäßig für den stillen Gesellschafter zutreffen – oder handelt es sich um einen Kleingewerbetreibenden, dem das Handelsgeschäft gehört (§ 4 HGB), so ist die Niederlegung der Schiedsvereinbarung in einer **besonderen vom Gesellschaftsvertrag getrennten Urkunde** unerläßliche Voraussetzung für ihre Rechtswirksamkeit. Andere Vereinbarungen als solche, die sich auf das schiedsgerichtliche Verfahren beziehen, darf die Urkunde dann nicht enthalten. Der Mangel der Form wird jedoch durch die Einlassung auf die schiedsgerichtliche Verhandlung zur Hauptsache geheilt (§ 1027 Abs. 1 ZPO). 537

Ist einer der beiden Vertragspartner minderjährig und wird ein Schiedsvertrag vorgesehen, so bedarf der Vormund der Genehmigung des **Vormundschaftsgerichtes** zu dem Schiedsvertrag, es sei denn, daß der Gegenstand des Streits in Geld schätzbar ist und den Wert von 5.000,- DM nicht übersteigt (§ 1822 Nr. 12 BGB). Handeln für das minderjährige Kind die Eltern, so bedürfen diese der vormundschaftsgerichtlichen Genehmigung nicht (§ 1643 Abs. 1 BGB). 538

Im Schiedsvertrag ist auch die **Ernennung der Schiedsrichter** zu regeln. Ist das nicht geschehen, wird von jeder Partei ein Schiedsrichter ernannt (§ 1028 ZPO). Steht beiden Parteien die Ernennung von Schiedsrichtern zu, so hat die betreibende Partei dem Gegner den Schiedsrichter schriftlich mit der Aufforderung zu bezeichnen, binnen einer einwöchigen Frist seinerseits ein Gleiches zu tun. Nach fruchtlosem Ablauf der Frist wird auf Antrag der betreibenden Partei der Schiedsrichter von dem zuständigen Gericht ernannt (§ 1029 ZPO). 539

Für die Schlichtung von Meinungsverschiedenheiten unter den Beteiligten über die Höhe des Gewinnanteils des stillen Gesellschafters, über die 540

185

Höhe seines Auseinandersetzungsguthabens, über Fragen der Gewinnermittlung, über Abschreibungs-, Buchführungs- und Bilanzierungsfragen wird häufig unter Ausschluß des Rechtswegs die Zuständigkeit eines öffentlich bestellten Wirtschaftsprüfers oder Steuerberaters vereinbart.

10. Regelung der Erbfolge beim Tode des Inhabers
a) Die erbrechtliche Regelung

541 Will der Inhaber für den Fall seines Todes, daß sein Unternehmen **nur von einem Erben fortgeführt** wird, daß aber die anderen Erben daran beteiligt sein sollen, so kann er sie zu gleichen Teilen als Erben einsetzen und bestimmen, daß das Unternehmen ungeteilt von dem als Nachfolger Ausersehenen als Einzelunternehmen fortzuführen ist, wohingegen die anderen Erben mit ihren Erbteilen an dem Unternehmen still beteiligt werden.

542 Beispiele für die Errichtung von Testamenten:

„Meine Erben sind mein Sohn und mein Enkel zu gleichen Teilen. Meiner Ehefrau vermache ich meinen Hausrat und mein gesamtes außerbetriebliches Vermögen. Sie erhält ferner von den Erben eine lebenslängliche Rente von monatlich . . . DM, die bei Wiederverheiratung fortfällt. Mein Unternehmen soll zunächst als Einzelunternehmen durch meinen Sohn fortgesetzt werden. Mein Enkel ist mit seinem Anteil am Geschäftsvermögen still beteiligt, aber im Falle einer Auseinandersetzung wie der Gesellschafter einer OHG zu behandeln. Er hat das Recht, als gleichberechtigter Teilhaber in das alsdann als OHG weiterzuführende Unternehmen einzutreten".

„Zu meinem Alleinerben bestimme ich meinen Neffen Fritz. Meine Ehefrau erhält zur Abfindung ihrer Erbansprüche eine stille Beteiligung in Höhe der Hälfte des Nachlaßwertes. Diese endet im Falle ihrer Wiederverheiratung, sonst bei ihrem Ableben. Im Falle ihrer Wiederverheiratung erhält sie nur den Buchwert ihres Anteils in zehn gleichen Jahresraten ausgezahlt. Erlischt die stille Beteiligung durch ihren Tod, so hat der Geschäftsinhaber das Guthaben zuzüglich eines Aufschlags von . . . v.H. in zehn gleichen Jahresraten an ihre Erben auszuzahlen. Auf die stille Beteiligung ist nach Abzug eines angemessenen Unternehmergewinns eine Gewinnbeteiligung von mindestens einem Viertel des verbleibenden Gewinns auszuschütten".

543 Der Erblasser kann auch durch **Vermächtnisanordnung** den Erben verpflichten, den überlebenden Ehegatten oder andere Familienangehörige als stille Gesellschafter in das von ihm fortzuführende Unternehmen aufzunehmen. Besteht an dem Unternehmen bereits eine stille Gesellschaft, so müssen die getroffenen Vereinbarungen und die durch den Gesellschaftsvertrag geschaffenen Bindungen beachtet werden. Läßt der

Gesellschaftsvertrag die Aufnahme der Erben als stille Gesellschafter zu, so entstehen keine Schwierigkeiten. Dagegen können vertragliche Einschränkungen der Übertragbarkeit bei Weigerung der anderen Beteiligten die Erfüllung des Vermächtnisses unmöglich machen. Hier bietet sich oft als Ausweg die Einsetzung eines Erben oder Vermächtnisnehmers, der seinerseits verpflichtet wird, die anderen Angehörigen an seiner Beteiligung unterzubeteiligen (unten Rn. 1870 f.).

Zur Verhinderung des Eindringens familienfremder Personen kann bestimmt werden, daß beim Ableben eines Beteiligten, der keine Abkömmlinge hinterläßt, die Beteiligung gegen oder ohne Abfindung an die eigene Familie zurückfallen soll. 544

Setzt der Inhaber für den Fall seines Todes seinen Ehegatten als Alleininhaber ein, so ist es zweckmäßig, den Abkömmlingen zur Abgeltung ihres **Pflichtteils** wenigstens die Hälfte des gesetzlichen Erbteils als Erben zuzuwenden; auch hier bietet sich die Errichtung einer stillen Gesellschaft in vielen Fällen als zweckmäßige Lösung an, sei es in typischer oder in atypischer Form. 545

Auch als **Übergangsregelung** zur Überbrückung eines vorläufigen Zustandes ist die Form der stillen Gesellschaft geeignet, z.B. wenn minderjährige, als Nachfolger ausersehene Kinder erst heranwachsen oder sich noch in der Ausbildung befinden. Hier findet meist eine Beteiligung an den Rücklagen und am Geschäftswert des Unternehmens statt (oben Rn. 54 ff.) 546

Ist der Erblasser selbst am Handelsgewerbe eines anderen still beteiligt, so endet bei seinem Tode das Gesellschaftsverhältnis regelmäßig nicht (§ 234 Abs. 2 HGB). Er kann deshalb durch letztwillige Verfügung anordnen, wer von seinen Erben an seine Stelle als stiller Gesellschafter treten und die Gesellschaft fortsetzen soll. Es müssen aber auch hier die getroffenen Vereinbarungen und die durch den Gesellschaftsvertrag geschaffenen Bindungen beachtet werden (vgl. zum Tod des stillen Gesellschafters im einzelnen unten Rn. 948 ff.). 547

b) Die gesellschaftsvertragliche Regelung

Um den reibungslosen Übergang des Unternehmens vom Erblasser auf seine Erben zu gewährleisten und das Unternehmen den Zufälligkeiten des Erbgangs zu entziehen, wird vielfach die Übertragung auf die künftigen Erben bereits unter Lebenden vollzogen. Die **Beteiligung der** 548

pflichtteilsberechtigten Erben an dem Unternehmen schon zu Lebzeiten des Geschäftsinhabers und ihre **gleichzeitige Bindung durch den Gesellschaftsvertrag** stellen eine geeignete Möglichkeit dar. Dabei werden die Erben, die im Geschäft nicht selbst tätig sein sollen, zweckmäßig als stille Gesellschafter beteiligt, während der oder die zur Nachfolge bestimmten Erben die Stellung von Kommanditisten oder persönlich haftenden Gesellschaftern erhalten. Damit ist eine Einflußnahme der abzufindenden Erben auf die Geschäftsführung ausgeschlossen. Auch das Entstehen einer Erbengemeinschaft beim Tode des Geschäftsinhabers wird vermieden. Die Beziehungen der Erben richten sich hinsichtlich des Unternehmens nach dem Gesellschaftsvertrag. Die stillen Gesellschafter können sich den Bestimmungen des Vertrags nicht dadurch entziehen, daß sie den Pflichtteil fordern, weil ihre Gesellschafterstellung nicht auf Erbrecht, sondern auf dem unter Lebenden geschlossenen Gesellschaftsvertrag und der darin vorweggenommenen Erbfolge beruht.

549 Ist im Gesellschaftsvertrag festgelegt, daß beim Tode des Inhabers seine Beteiligung den übrigen Gesellschaftern anteilmäßig zuwachsen soll, so fällt sein Kapitalanteil nicht in den Nachlaß. Die Erben, die nur als stille Gesellschafter beteiligt sind, werden in einem solchen Falle sowohl von der Erbfolge in das Unternehmen als auch von den auf dem Gesellschaftsvertrag beruhenden Zuwendungen ausgeschlossen, da sie mit einer festen Einlage, nicht aber als Gesamthänder am Gesellschaftsvermögen beteiligt sind und ihnen infolgedessen die Zuwendung nicht zugute kommt. Sie haben allenfalls einen Anspruch gegen die Miterben auf Ergänzung ihres Pflichtteils (§ 2325 BGB), wenn die vertragliche Bestimmung, der zufolge der Kapitalwert der Beteiligung des Erblassers unmittelbar auf die Erben-Gesellschafter übergeht, nicht länger als zehn Jahre vor dem Erbfall festgelegt wurde (vgl. zum Tod des Geschäftsinhabers im einzelnen unten Rn. 941 ff.).

550 Diese Gestaltung bietet die Möglichkeit, die Ansprüche der zum Ausscheiden bestimmten Erben auf ein Mindestmaß zu beschränken und die Wirkung der Abfindung auf die Liquidität des Unternehmens durch entsprechende Bestimmungen des Gesellschaftsvertrags abzuschwächen. Gleichzeitig bietet diese Regelung **steuerliche Vorteile**. Liegt nämlich die schenkungsweise Kapitalübertragung vom Vater auf die Kinder länger als zehn Jahre vor dem Erbfall, so werden die Erwerbe bei der Errechnung der Erbschaftsteuer nicht zusammengerechnet (§ 14 ErbStG). Auf diese Weise kommen die Erben zweimal in den Genuß der Freibeträge. Gleichzeitig wird die Gesamtbelastung durch die progressive Erbschaftsteuer vermindert. Bei solcher Vertragsgestaltung empfiehlt

es sich, weitere Bestimmungen in den Gesellschaftsvertrag aufzunehmen, z.B. über die Dauer der stillen Gesellschaft, über Kündigungsmöglichkeiten, über die Teilnahme der stillen Gesellschafter am Gewinn und Verlust (Beschränkung der Gewinnbeteiligung auf einen bestimmten Teil des Gesamtgewinns oder auf einen Hundertsatz ihrer Einlagen), über ihr Recht zur Gewinnentnahme (nur insoweit, als es die Geschäftslage zuläßt), über eine etwaige Substanzbeteiligung, über die Auszahlung des Auseinandersetzungsguthabens (Ratenzahlungen zur Verhinderung einer Beeinträchtigung der Liquidität des Unternehmens) usw.

11. Weitere Regelungen

Als weitere Regelungen im Gesellschaftsvertrag kommen in Betracht: 551

– Festlegung der Mindestanforderungen, die an die Buchführung des Inhabers zu stellen sind (vgl. unten Rn. 695 ff.)
– Bestimmungen über die Höhe der vorzunehmenden Abschreibungen (vgl. unten Rn. 723, 760 ff., 993)
– Behandlung des Geschäfts- und Firmenwertes bei der Auseinandersetzung (vgl. unten Rn. 994 ff.)
– Vereinbarung von Wettbewerbsbeschränkungen und Wettbewerbsverboten (vgl. unten Rn. 635 ff.)
– Vereinbarung von Vertragsstrafen für den Fall, daß einer der Beteiligten gegen die ihm obliegenden Verpflichtungen verstößt
– Vereinbarung, daß der stille Gesellschafter berechtigt sein soll, als offener Teilhaber in das Handelsgeschäft einzutreten oder bei Veräußerung des Handelsgeschäfts ein Vorkaufsrecht auszuüben.

III. Zusammenfassung

Über den Inhalt des Gesellschaftsvertrags enthält das Gesetz keine Vorschriften. Es muß aus dem Vertrag jedoch eindeutig hervorgehen, daß eine stille Gesellschaft errichtet werden soll. Die gesetzlichen Merkmale, die in ihrer Gesamtheit das Wesen der stillen Gesellschaft ausmachen, müssen deshalb als Mindestinhalt im Gesellschaftsvertrag niedergelegt sein. Darüber hinaus sollten es aber die Beteiligten nicht bei der Festlegung des Mindestinhalts bewenden lassen. Sie sollten alle ihre Beziehungen so erschöpfend und umfassend wie nur irgend möglich regeln, um Mei- 552 nungsverschiedenheiten über ihre Rechte und Pflichten weitestgehend auszuschalten. Welche Punkte im Gesellschaftsvertrag zweckmäßig berücksichtigt werden, ergibt sich beispielhaft aus der obigen Übersicht. Soweit der Gesellschaftsvertrag Lücken aufweist, greifen ergänzend die §§ 230 ff. HGB und die §§ 705 ff. BGB ein, letztere jedoch nur insoweit, als sie sich nicht auf das Außenverhältnis und auf das Vorhandensein eines gesamthänderisch gebundenen Gesellschaftsvermögens beziehen.

§ 11 Mängel des Gesellschaftsvertrags

Schrifttum: *Fischer, Robert,* Die faktische Gesellschaft, NJW 1955, 851; *Fischer, Ursula,* Die Rechtsprechung des Bundesgerichtshofes zur Gesellschaft bürgerlichen Rechts und zur stillen Gesellschaft, WM 1981, 638; *Flume, Werner,* Allgemeiner Teil des Bürgerlichen Rechts, Bd. 1,1: Die Personengesellschaft, 1977; *Ganßmüller, Helmut,* Einzelfragen zum Recht der Gesellschaft auf mangelhafter Vertragsgrundlage, DB 1955, 257; *Großfeld, Bernhard / Brauer, J.,* Die fehlerhafte stille Gesellschaft mit einer KG, GmbHR 1971, 191; *Habscheid, Walther J.,* Faktische Innengesellschaften?, BB 1955, 50; *Möhle, Fritz,* Die Personengesellschaft OHG-KG-StG, 2. Aufl., 1957; *Rödig, Jürgen,* Bereicherung ohne Rechtfertigung durch Gesellschaftsvertrag, 1972; *Schmidt, Karsten,* „Fehlerhafte Gesellschaft" und allgemeines Verbandsrecht, AcP 186 (1986), 421; *ders.,* Gesellschaftsrecht, 2. Aufl., 1991; *Schulze-Osterloh, Joachim,* Das Prinzip der gesamthänderischen Bindung, 1972; *Schumann, Hans,* Handelsrecht, Bd. I: Handelsgesellschaften, 1954; *Siebert, Wolfgang,* Die faktische Innengesellschaft, BB 1958, 1065; *Stimpel, Walter,* Aus der jüngeren Rechtsprechung des Bundesgerichtshofes zum Gesellschaftsrecht, ZGR 1973, 73; *Ulmer, Peter,* Die Lehre von der fehlerhaften Gesellschaft – gesicherter Bestand des Gesellschaftsrechts oder methodischer Irrweg? Festschrift für Werner Flume, Bd. II, 1978, 301 ff.; *Weber, Hansjörg,* Zur Lehre von der fehlerhaften Gesellschaft, 1978; *Wiesner, Georg,* Die Lehre von der fehlerhaften Gesellschaft, 1980 (mit Besprechung von *Blaurock,* § 11 Mängel des Gesellschaftsvertrages AcP 181 [1981], 451 ff.).

I. Die Lehre von der Gesellschaft mit fehlerhafter Vertragsgrundlage

Entspricht ein an sich wirksamer Gesellschaftsvertrag nicht den an eine stille Gesellschaft zu stellenden Anforderungen – findet die Beteiligung nicht an dem Handelsgewerbe eines anderen statt, fehlt es an der Gewinnbeteiligung des stillen Gesellschafters oder wird vereinbart, daß das Geschäftsvermögen den Gesellschaftern zur gesamten Hand zustehen oder daß die Gesellschaft in das Handelsregister eingetragen werden soll –, so ist der Gesellschaftsvertrag nicht unwirksam. Er vermag nur nicht eine stille Gesellschaft i.S. der §§ 230 ff. HGB zu begründen. Es wird regelmäßig eine Gesellschaft des bürgerlichen Rechts vorliegen. Auch eine offene Handelsgesellschaft oder Kommanditgesellschaft kann gegeben sein. 553

Anders ist die Rechtslage zu beurteilen, wenn der **Gesellschaftsvertrag an Mängeln leidet,** die nach den allgemeinen Vorschriften des BGB dessen Nichtigkeit oder Anfechtbarkeit bedingen. Hier ist daran zu denken, daß ein Gesellschafter im Zeitpunkt des Vertragsabschlusses geschäftsunfähig war, daß der Vertrag gegen ein gesetzliches Verbot (§ 134 BGB) oder gegen die guten Sitten (§ 138 BGB) verstößt oder der im Einzelfall erforderlichen 554

Form entbehrt. In Betracht kommen weiterhin die Fälle der Anfechtbarkeit des Gesellschaftsvertrags wegen Irrtums, Täuschung oder Drohung sowie die Fälle des versteckten Einigungsmangels (§ 155 BGB).

555 Es gehört zu den mittlerweile gesicherten Erkenntnissen des Gesellschaftsrechts[1], daß mit derartigen Mängeln behaftete Gesellschaftsverträge nicht ohne weiteres nach den allgemeinen, für die Rückabwicklung von nichtigen bzw. unwirksamen Schuldverhältnissen geltenden Vorschriften zu behandeln sind. Die sog. Lehre von der fehlerhaften Gesellschaft erkennt vielmehr an, daß auch rechtsfehlerhaft begründete Gesellschaften als bestehende angesehen werden können und **nicht ex tunc als inexistent** betrachtet werden müssen[2]. Hintergrund dieser überwiegend anerkannten Lehre[3] ist das Bedürfnis nach **Verkehrsschutz** einerseits und **Bestandsschutz** andererseits. So soll beispielsweise eine ins Leben getretene Gesellschaft sich etwaigen Gläubigern gegenüber nicht darauf berufen können, sie sei wegen eines nach den §§ 116 ff. BGB zur Nichtigkeit bzw. Unwirksamkeit führenden Mangels niemals zur Entstehung gelangt (Verkehrsschutz)[4]. Darüber hinaus wird für das Verhältnis der Gesellschafter untereinander eine rückwirkende Abwicklung der fehlerhaften Gesellschaft für nicht interessengerecht sowie insbesondere bei Vorliegen von Gesamthandsvermögen für undurchführbar gehalten und stattdessen lediglich die Auflösung für die Zukunft unter Maßgabe gesellschaftsrechtlicher Abwicklungsvorschriften zugelassen (Bestandsschutz).

556 Auf diesen beiden Anliegen der Lehre von der fehlerhaften Gesellschaft beruhen deren nachstehend zusammengefaßte Grundsätze[5].

Es wird im **Verhältnis der Gesellschafter zueinander** davon ausgegangen, daß aufgrund des mangelhaften Vertrages eine tatsächliche Gemeinschaft begründet worden ist, zu deren Beseitigung es im Falle der handelsrechtlichen Personengesellschaft einer besonderen Auflösungsklage bedarf[6], für

---

1 So BGH v. 29. 6. 1970 BGHZ 55, 5 (8).
2 Zum Verhältnis von Vertragsauslegung einerseits und dem Institut der fehlerhaften Gesellschaft andererseits als Instrumente zur Aufrechterhaltung einer fehlerhaft zustandegekommenen Gesellschaft siehe *Wiesner*, S. 106 ff.
3 Kritisch aber *Rödig*, S. 61 ff.; *Schulze-Osterloh*, S. 272 ff.; *Weber*, S. 102 ff., 159 ff.; vgl. hierzu auch *Karsten Schmidt*, Gesellschaftsrecht, § 6 I 3.
4 In diesem Bereich trifft sich die Lehre von der fehlerhaften Gesellschaft mit der allgemeinen Rechtsscheinhaftung. Nach dem heutigen Stand der Dogmatik stehen beide Rechtsinstitute aber selbständig nebeneinander und sind scharf zu trennen. Vgl. *Karsten Schmidt*, Gesellschaftsrecht, § 6 I 3; für die Abgrenzung zur Scheingesellschaft vgl. *Ulmer*, in: GroßKomm. § 105 Rn. 384.
5 Ausführlich *Ulmer*, in: GroßKomm. § 105 Rn. 327 ff.; MünchKomm/*Ulmer* § 705 Rn. 243 ff.
6 RG v. 13. 11. 1940 RGZ 165, 193; BGH v. 24. 10. 1951 BGHZ 3, 285 (289).

§ 11 Mängel des Gesellschaftsvertrags

die jeder Grund genügt, der nach den allgemeinen Regeln die Anfechtbarkeit oder Nichtigkeit des Gesellschaftsvertrages zur Folge hat[7].

Bis zur Rechtskraft des Auflösungsurteils wird die Gesellschaft als bestehend behandelt. Die Gesellschafter sind zur Geschäftsführung berechtigt und verpflichtet, wie wenn der Gesellschaftsvertrag gültig wäre. Gewinn und Verlust sind nach den getroffenen Vereinbarungen zu verteilen. Es gelten für die Gesellschafter alle Rechte und Pflichten, wie sie sich aus einem gültigen Vertrag ergeben. Ist das Auflösungsurteil ergangen, so richtet sich die Auseinandersetzung nach den Vorschriften über die Auflösung einer gültigen Gesellschaft[8].

Im **Außenverhältnis** gelten für die Beziehungen zu Dritten die Vorschriften des Gesellschaftsrechts. Die Gesellschafter können sich den Gläubigern gegenüber nicht auf die Nichtigkeit des Gesellschaftsvertrages berufen. Sie müssen sich ihnen gegenüber so behandeln lassen, als ob auch nach außen hin eine gültige Gesellschaft bestünde. Das gilt vor allem hinsichtlich der Haftung für die Gesellschaftsverbindlichkeiten[9].

Positive Voraussetzung für den Eintritt dieser Rechtsfolgen ist das Vorliegen eines nach den allgemeinen Regeln anfechtbaren oder nichtigen Gesellschaftsvertrages[10], der **in Vollzug gesetzt** worden ist[11]. Für das Merkmal des Vollzuges genügen bei der stillen Gesellschaft interne Vollzugshandlungen wie z.B. die Leistung der Beiträge[12].

Negatives Erfordernis ist, daß die Anerkennung der fehlerhaften Gesellschaft nicht mit gewichtigen Interessen der Allgemeinheit oder besonders schutzwürdiger Personen in Widerspruch tritt[13]. So können Verstöße gegen § 134 BGB oder § 138 BGB die Annahme einer bis zur Geltendmachung des Mangels als bestehend zu behandelnden Gesellschaft aus-

---

7 BGH v. 24. 10. 1951 BGHZ 3, 285 (292).
8 RG v. 13. 11. 1940 RGZ 165, 193 (199); RG v. 13. 1. 1941 RGZ 166, 51; RG v. 29. 10. 1942 RGZ 170, 98 (109).
9 RG v. 18. 9. 1934 RGZ 145, 155; RG v. 13. 11. 1940 RGZ 165, 193 (198).
10 Die früher auf dem Boden der Theorie der faktischen Vertragsverhältnisse vertretene Lehre von der faktischen Gesellschaft, wonach auch rein tatsächliche gemeinschaftliche Betätigung ausreichen sollte, ist heute überwunden. Nachdem der BGH sich von dieser Lehre schon in BGHZ 11, 190 distanziert hatte, vollzog er in LM Nr. 19 zu § 105 HGB (mit Anm. *Fischer*) zur Klarstellung auch eine terminologische Wendung von der „faktischen" zur „fehlerhaften" Gesellschaft.
11 Kritisch zu diesem Erfordernis *Wiesner*, S. 117 ff.
12 BGH v. 25. 5. 1954 BGHZ 13, 320 (321); MünchKomm/*Ulmer* § 705 Rn. 249; a.A. *Schlegelberger/Geßler*, § 105 Rn. 62.
13 BGH v. 24. 10. 1951 BGHZ 3, 285 (288); BGH v. 26. 2. 1958 BGHZ 26, 330 (334); BGH v. 29. 6. 1970 BGHZ 55, 5 (9).

schließen[14]. Auch der Minderjährigenschutz geht dem Interesse an der Anerkennung einer fehlerhaften Gesellschaft vor[15].

II. Der fehlerhafte stille Gesellschaftsvertrag im besonderen

1. Anwendung der Lehre von der fehlerhaften Gesellschaft auf die stille Gesellschaft

557 Da die oben genannten Grundsätze hauptsächlich im Rahmen der Beurteilung von Außengesellschaften entwickelt worden sind, versteht es sich nicht von selbst, daß sie auch auf Innengesellschaften, insbesondere auf die stille Gesellschaft Anwendung finden. Zur Beantwortung der Frage, ob die Grundsätze über die fehlerhafte Gesellschaft auch für das stille Beteiligungsverhältnis gelten, ist **allein der Aspekt des Bestandsschutzes** von Interesse. Da die stille Gesellschaft als solche nicht nach außen auftritt, spielt der Gesichtspunkt des Verkehrsschutzes keine Rolle. Es geht dementsprechend um die Frage, ob es gerechtfertigt bzw. erforderlich ist, bei mangelhaften stillen Beteiligungsverhältnissen statt einer Rückabwicklung nach den allgemeinen Grundsätzen des BGB aus Gründen des Bestandsschutzes für die fehlerhaft zustandegekommene stille Gesellschaft den gesellschaftsrechtlichen Abwicklungsnormen den Vorzug zu geben.

a) Der Meinungsstand

558 Hierzu finden sich **in Rechtsprechung und Schrifttum einander widerstreitende Stellungnahmen**[16].

Ein **Teil der Literatur** geht davon aus, für die Anwendung der Grundsätze über die fehlerhafte Gesellschaft sei das Vorhandensein von Gesamthandsvermögen unabdingbare Voraussetzung; für die stille Gesellschaft komme dieses Rechtsinstitut mithin schon von vornherein nicht in Betracht[17]. Insbesondere die ältere Literatur stellt hierbei darauf ab, daß die Wiederherstellung des früheren Zustandes durch Abwicklung nach Bereicherungsrecht nur bei gesamthänderisch gebundenem Vermögen Schwierigkeiten bereite. Bei der stillen Gesellschaft, bei der die Einlage in das

---

14 BGH v. 25. 3. 1974 BGHZ 62, 234 (241); BGH v. 24. 9. 1979 BGHZ 75, 214 (217 f.).
15 RG v. 18. 9. 1934 RGZ 145, 155 (159); BGH v. 30. 9. 1982 NJW 1983, 748.
16 Einen Überblick zu den verschieden dogmatischen Ansätzen gibt *Wiesner*, S. 42 ff.; *Reusch*, S. 100 ff.
17 *Koenigs*, S. 90 ff., 111; *Möhle*, S. 28, 315; *Schumann*, S. 294; *Wiesner*, S. 166; neuerdings auch MünchHdb. StG/*Bälz* § 31 Rn. 16.

alleinige Vermögen des Inhabers gelange, bestünden hier jedoch keine Probleme[18].

Zum gleichen Ergebnis gelangen Teile des Schrifttums, die freilich von einem anderen Ausgangspunkt her argumentieren, indem sie an die Doppelnatur des Gesellschaftsverhältnisses als Schuldverhältnis und Organisation[19] anknüpfen und dem Gesamthandsvermögen zur Begründung dieser Doppelnatur zentrale Bedeutung beimessen[20]. Erst die einverständliche Schaffung von Gesamthandsvermögen führe zur Überlagerung des bis dahin uneingeschränkt den Nichtigkeits- und Anfechtungsregeln unterliegenden Schuldverhältnisses durch die gesellschaftliche „Organisation", weil allein die Gesamthandsgemeinschaft eine eigene im Rechtsverkehr erhebliche Handlungsorganisation und damit ein besonderes über das reine Schuldverhältnis hinausgehendes Organisationsmoment aufweise[21]. Mit der einverständlichen Schaffung von Gesamthandsvermögen und damit der gesellschaftlichen Organisation sei den Gesellschaftern die uneingeschränkte Dispositionsbefugnis bezüglich ihrer das Innenverhältnis nunmehr überschreitenden Beziehungen entzogen; sie müßten sich für den Zeitraum bis zur Geltendmachung des Mangels grundsätzlich an der Gesamthandsgemeinschaft und deren Vertragsgrundlage festhalten lassen. Eine Abänderung der gesellschaftsrechtlichen Beziehungen könne daher abweichend von den allgemeinen Grundsätzen nur ex nunc erfolgen[22]. Mit dem Merkmal der Gesamthand stehe überdies ein eindeutiges Abgrenzungskriterium für den Anwendungsbereich der Lehre von der fehlerhaften Gesellschaft zur Verfügung, wohingegen die grundsätzliche Ausdehnung auf Innengesellschaften ohne Gesamthandsvermögen mit der schwierigen und oft zu Zufallsergebnissen führenden Frage der Abgrenzung zwischen Innengesellschaft und partiarischem Rechtsverhältnis belastet sei[23]. Schließlich könne ein sachgerechter Ausgleich bei Auseinandersetzung durch die flexiblen Wertmaßstäbe des § 818 Abs. 1 bis 3 BGB[24] oder durch Annahme eines gesetzlichen Vertrauensschuldverhält-

---

18 *Koenigs*, S. 99, 104 f., 111 f.; *Schumann*, S. 294.
19 Hierzu *Flume* I/1, § 2 III, S. 13 ff.; FS *Flume* II 1978, S. 301 (308 ff., 318).
20 *Wiesner*, S. 81 ff., 162 ff.; *Ulmer*, in: GroßKomm. § 105 Rn. 339a; ebenso im Grundsatz *Karsten Schmidt*, Gesellschaftsrecht, § 6 I 3 sowie in *Schlegelberger/Karsten Schmidt*, § 335 (§ 230 n.F.) Rn. 112, 113 mit abweichenden Folgerungen, die unten unter Nr. 2 dargestellt sind.
21 *Ulmer*, FS *Flume* II 1978, S. 301 (311 ff.); *Wiesner*, S. 89 ff.; insoweit anders *Karsten Schmidt*, Gesellschaftsrecht, § 6 II 3, dazu unten Nr. 2.
22 *Wiesner*, S. 114 ff.; *Ulmer*, FS *Flume* II 1978, S. 301 (312 ff.); MünchKomm/*Ulmer*, § 705 Rn. 272 (273).
23 MünchKomm/*Ulmer*, § 705 Rn. 276; *Schlegelberger/Karsten Schmidt*, § 335 (§ 230 n.F.) Rn. 113.
24 *Ulmer*, FS *Flume* II 1978, S. 301; siehe auch *Rödig*, S. 61 ff.

nisses²⁵ hergeleitet werden, ohne daß es der Anwendung gesellschaftsrechtlicher Normen bedürfe.

560 **Eine andere,** in der Literatur vor allem in Anschluß an BGHZ 8, 157 vertretene **Ansicht** sieht die Rechtfertigung der Lehre von der fehlerhaften Gesellschaft darin, daß die Rechtsordnung die Tatsache der Schaffung gemeinsamer Werte durch gemeinsame Tätigkeit nicht rückwirkend negieren könne. Sie hält dementsprechend die Anwendung dieses Rechtsinstitutes nur in den Fällen der atypischen stillen Gesellschaft für zulässig, in denen die internen Rechtsverhältnisse denjenigen bei den Personenhandelsgesellschaften angenähert sind²⁶. Entscheidend sei nicht das Vorhandensein von Gesamthandsvermögen, sondern das Vorliegen einer auf gewisse Dauer angelegten, werteschaffenden Arbeitsgemeinschaft²⁷.

561 Auch innerhalb dieser Auffassung finden sich verschiedene Akzentuierungen. So wird einerseits eine vermögensrechtliche Beteiligung am Handelsgeschäft in Kombination mit tätiger Mitwirkung im Unternehmen gefordert²⁸. Andere Autoren legen entscheidendes Gewicht auf die obligatorische Beteiligung am Wert des Unternehmens²⁹ oder heben wesentlich auf die Geschäftsführungstätigkeit des Stillen ab³⁰. Eine dritte Ansicht läßt es genügen, wenn alternativ eines dieser beiden Merkmale gegeben ist³¹. Fehle es dagegen an diesen Kriterien, so sollen die Grundsätze über die fehlerhafte Gesellschaft nicht eingreifen, da die typische stille Gesellschaft keine werteschaffende Arbeitsgemeinschaft sei, vielmehr den Dauerschuldverhältnissen nahestehe und ebenso wie diese keinen Bestandsschutz genießen könne³².

562 Eine Anwendung der Grundsätze über die fehlerhafte Gesellschaft nur auf atypische stille Gesellschaftsformen befürwortet im neueren Schrifttum auch Karsten Schmidt³³, wobei er sich aber in der Begründung von der soeben genannten Lehre unterscheidet. Er schließt sich im Grundsatz der Auffassung an, daß die Rechtfertigung der Lehre von der fehlerhaften

---

25 *Wiesner*, S. 171 ff.
26 So zunächst BGH v. 29. 11. 1952 BGHZ 8, 157 (167); OLG Nürnberg v. 28. 4. 1961 BB 1961, 1341, 1342; *Siebert*, BB 1958, 1065 ff.; *Fischer*, NJW 1955, 849 ff.; *Habscheid*, BB 1955, 50 ff.; *Reusch* S. 106.
27 *Siebert*, BB 1958, 1065 (1068); *Habscheid*, BB 1955, 50 (52).
28 So schon BGH v. 29. 11. 1952 BGHZ 8, 157 (167).
29 *Fischer*, Anm. zu BGH LM Nr. 4 zu § 335 HGB.
30 *Habscheid*, DB 1955, 50 (52); *Aulinger*, S. 55 f.
31 *Siebert*, BB 1958, 1065 (1070).
32 *Siebert*, BB 1958, 1065 (1067); *Aulinger*, S. 51, 52.
33 *Karsten Schmidt*, § 6 II 3.; *Schlegelberger/Karsten Schmidt*, § 335 (§ 230 n.F.) Rn. 112–114.

Gesellschaft in der Doppelnatur der Personengesellschaft als Schuldverhältnis und Organisation gesehen werden müsse[34]. Als zentrales Merkmal für das organisatorische Element sieht er allerdings nicht die Gesamthand, sondern die für Handelsgesellschaften kennzeichnende Kombination von Vermögensgemeinschaft und Mitgliedschaftsrechten an, die bei einer typischen stillen Gesellschaft nicht vorliege, vielmehr nur angenommen werden könne, wenn der stille Gesellschafter schuldrechtlich am Unternehmensvermögen beteiligt sei und ihm mitgliedschaftliche Mitverwaltungsrechte mindestens in Gestalt eines Widerspruchsrechtes nach Art des § 164 HGB zugestanden seien. Das Vorliegen nur eines dieser Merkmale reiche nicht aus[35].

Die **höchstrichterliche Rechtsprechung** wendet die Grundsätze über die fehlerhafte Gesellschaft auf alle stillen Gesellschaftsverhältnisse an, ohne nach der Ausgestaltung im Einzelfall zu differenzieren[36]. Große Teile des Schrifttums haben sich dem angeschlossen[37]. Am Anfang dieser inzwischen gefestigten[38] Rechtsprechung steht die Erstreckung des Anwendungsbereichs von den Außengesellschaften auf die atypische stille Gesellschaft mit Vermögensbeteiligung und Geschäftsführungsbefugnissen des Stillen durch die Entscheidung des Bundesgerichtshofs vom 29. 11. 1952[39]. Der Bundesgerichtshof hob in diesem Urteil noch auf die faktische Begründung gemeinsamer Werte durch beiderseitige Tätigkeit der Gesellschafter auf der Grundlage eines dem Recht der Personenhandelsgesellschaften angeglichenen Innenverhältnisses ab. Später[40] erachtete der BGH als tragenden Grund für die Rechtfertigung des Instituts der fehlerhaften Gesellschaft den Charakter des Gesellschafterverbundes als **Leistungs- und Risikogemeinschaft**. Den Vollzug dieser Gemeinschaft könne die Rechtsordnung nicht ignorieren. Da auch die stille Gesellschaft ungeachtet der schwächeren Bindung der Partner und ohne Rücksicht auf die

563

---

34 *Karsten Schmidt*, § 6 II 3; *Schlegelberger/Karsten Schmidt*, § 335 (§ 230 n.F.) Rn. 112.
35 *Karsten Schmidt*, § 6 II 3; *Schlegelberger/Karsten Schmidt*, § 335 (§ 230 n.F.) Rn. 113, 114; nunmehr auch *Baumbach/Hopt*, § 230 Rn. 11.
36 BGH v. 29. 6. 1970 BGHZ 55, 5 (8 f.).
37 *Stimpel*, ZGR 1973, 73 (101); *Staudinger/Keßler*, § 705 Rn. 141; *Palandt/Thomas*, § 705 Rn. 12; vorher schon *Steckhan*, S. 112 ff., 128 und *Schilling*, in: GroßKomm. (3. Aufl.) § 335 Rn. 42.
38 BGH v. 29. 6. 1970 BGHZ 55, 5 (8 f.); BGH v. 25. 3. 1974 BGHZ 62, 234 (237); BGH v. 24. 9. 1979 BGHZ 75, 214 (217); BGH v. 12. 2. 1973 WM 1973, 900 (901); BGH v. 25. 11. 1976 WM 1977, 196 (197); BGH v. 14. 10. 1991 WM 1992, 490 (491); BGH v. 29. 6. 1992 WM 1992, 1576; BGH v. 24. 5. 1993 WM 1993, 1277 (1278).
39 BGH v. 29. 11. 1952 BGHZ 8, 157.
40 BGH v. 29. 6. 1970 BGHZ 55, 5 (8 f.).

Gestaltung im Einzelfall wegen der langfristig vereinbarten Teilung von Gewinn und Verlust des Unternehmens in Verbindung mit einer Einlageleistung des Stillen als Leistungs- und Risikogemeinschaft angesehen werden könne, müßten auch hier die allgemeinen Rückabwicklungsvorschriften zugunsten des Bestandsschutzes durch Anwendung gesellschaftsrechtlicher Normen zurücktreten. Anderenfalls gelange man zu dem grob unbilligen Ergebnis, daß in Zeiten wirtschaftlichen Niedergangs das Risiko der Betriebsführung entgegen dem im Gesellschaftsvertrag erklärten Willen der Gesellschafter allein dem Geschäftsinhaber zugewiesen werde, und andererseits die in einer Phase wirtschaftlichen Aufschwungs auch auf dem Kapitalbeitrag des stillen Gesellschafters beruhenden Erfolge des Unternehmens allein dem Inhaber zugute kämen, während der Stille mit einem geringerwertigen Bereicherungsanspruch abgefunden werde. Eine sachgerechte Risikoverteilung erfordere daher die Anwendung der Grundsätze über die fehlerhafte Gesellschaft auf alle stillen Beteiligungsverhältnisse, ohne Unterschied, ob diese gesetzestypisch oder atypisch ausgestaltet sei[41].

b) Stellungnahme

564 **Der Auffassung der Rechtsprechung ist zuzustimmen.** Sie berücksichtigt zutreffend den Umstand, daß die Gesellschafter zur Erreichung eines gemeinsamen Zwecks eine Leistungs- und Risikogemeinschaft eingehen wollen. Diesem Gesichtspunkt kann das Bereicherungsrecht nur sehr bedingt Rechnung tragen. Bei einer bereicherungsrechtlichen Rückabwicklung nach den §§ 812, 818 BGB nimmt der Stille am Verlust nur insoweit teil, als tatsächlich gezogene Nutzungen i.S. von § 818 Abs. 1 BGB nicht vorliegen werden. An Gewinnen partizipiert er lediglich, soweit sie sich als tatsächlich gezogene Nutzungen der Einlage darstellen[42]. Dieser auf rechtsgrundlose Vermögensverschiebungen im Rahmen von reinen Austauschverträgen zugeschnittene Rückabwicklungsmodus kann die bei einer Personengesellschaft regelmäßig komplexere Interessenlage nicht immer hinreichend berücksichtigen. So kann insbesondere bei atypischen stillen Gesellschaften die Tatsache, daß die Gesellschafter etwa einverständlich in dem Unternehmen tätig waren, unter Umständen dessen Wert gemeinsam geschaffen sowie sich während der Dauer der Vertragsdurchführung im Vertrauen auf dessen Wirksamkeit an den vereinbarten Modalitäten zur Verfolgung des gemeinsamen Zwecks ausgerichtet haben, auch in der rechtlichen Beurteilung nicht unberücksichtigt bleiben. Eine von den Parteien gewollte und bewußt durchgeführte Risi-

---
41 BGH v. 29. 6. 1970 BGHZ 55, 5 (8 f.).
42 Vgl. hierzu *Wiesner*, S. 166 ff.

kogemeinschaft rückwirkend als inexistent zu betrachten und eine auf Austauschverhältnisse zugeschnittene Rückabwicklung mit einer vom erklärten Parteiwillen abweichenden Risikoverteilung vorzunehmen, erscheint nicht sachgerecht. Zwar trifft es zu, daß im Rahmen eines rückwirkend abzuwickelnden fehlerhaften Vertragsverhältnisses die Beziehungen der Parteien zueinander regelmäßig nach anderen Maßstäben als den von den Parteien ursprünglich vereinbarten beurteilt werden. Dies ist an sich keine Besonderheit allein der Gesellschaftsverträge. Eine Sonderstellung der Gesellschaftsverträge insbesondere gegenüber sonstigen Dauerschuldverhältnissen rechtfertigt sich aber aus dem Aspekt der Leistungs- und Risikogemeinschaft und der zu ihrem Funktionieren bestehenden **gesellschaftsrechtlichen Bindung,** die sich beispielsweise in der Zustimmungspflicht bei Veränderungen der Grundlagen des Handelsgeschäftes äußert[43], ihren Ausdruck aber auch in der Behandlung der Einlage des Stillen im Konkurs findet, indem diese in Höhe des Verlustanteils als haftendes Kapital angesehen wird (vgl. dazu auch unten Rn. 1042 ff.)[44]. Zwar ist es im Einzelfall nicht immer einfach, ein stilles Gesellschaftsverhältnis von einem partiarischen Dienst- oder Darlehensvertrag zu trennen. Hier gibt es die bekannten Abgrenzungsprobleme, die zu schwer prognostizierbaren Einzelfallentscheidungen der Gerichte führen können (vgl. hierzu oben Rn. 363 ff.). Hierbei handelt es sich indessen um ein allgemeines Problem, aus dessen Schwierigkeit und der zu einzelfallorientierten Ergebnissen führenden Behandlung nichts gegen die Anwendung der Regeln der fehlerhaften Gesellschaft auf alle Erscheinungsformen der stillen Gesellschaft hergeleitet werden kann. Für die Anwendbarkeit dieser Lehre ist vielmehr auf das Ergebnis einer solchen Abgrenzung zurückzugreifen. Die Grenze der Anwendbarkeit der Lehre von der fehlerhaften Gesellschaft verläuft dort, wo die stille Gesellschaft in ein partiarisches Rechtsverhältnis übergeht. Da sich die Abgrenzung beider Gestaltungsformen ungeachtet der im Detail anzuwendenden Maßstäbe an dem für ein Gesellschaftsverhältnis charakteristischen gemeinsam verfolgten Zweck orientiert (siehe oben Rn. 378 ff.) und dieser auch den Ausgangspunkt für die Korrektur der allgemeinen Rückabwicklungsvorschriften im Rahmen der Lehre von der fehlerhaften Gesellschaft darstellt, erscheint diese Grenzziehung auch folgerichtig. Im übrigen hat sie gegen-

---

43 Vgl. dazu näher unten Rn. 592 ff., dort auch ausführlich zu den gesellschaftsrechtlichen Bindungen; vgl. auch *Steckhan,* S. 119 ff. allgemein zu Innengesellschaften.

44 *Karsten Schmidt,* § 62 V 2 meint, aus der gesetzlichen Regelung eine Beurteilung der Einlage als qualifizierten Kredit herleiten zu können. Damit drängt er den gesellschaftsrechtlichen Aspekt als Regelungsgrund für die §§ 236, 237 HGB zurück. Ebenso in *Schlegelberger/Karsten Schmidt,* § 341 (§ 236 n.F.) Rn. 3.

über der Auffassung, die eine Anwendung lediglich auf bestimmte atypische stille Gesellschaftsformen befürwortet, den Vorteil, daß keine zusätzlichen Abgrenzungsprobleme hinsichtlich der Bestimmung der Gesellschaftsformen auftauchen, die im Unterschied zu anderen Bestandsschutz verdienen und so keine über die allgemeine Abgrenzung zu partiarischen Rechtsverhältnissen hinausgehenden Rechtsunsicherheiten schafft.

565 Es ist den von der Rechtsprechung abweichenden Stimmen in der Literatur zuzugeben, daß sich in bestimmten Fällen, vor allem im Grenzbereich zwischen partiarischem Rechtsverhältnis und stiller Gesellschaft, mit bereicherungsrechtlicher Rückabwicklung ebenfalls interessengerechte Ergebnisse erzielen lassen, insbesondere wenn man berücksichtigt, daß die Praxis durch Berücksichtigung von Vertrauensgesichtspunkten dem Bereicherungsrecht eine gewisse Flexibilität verleiht[45]. Auch mit der Annahme eines gesetzlichen Vertrauensschuldverhältnisses mögen sachgerechte Ergebnisse zu erzielen sein[46]. Der von der Rechtsprechung eingeschlagene Weg hat diesen Lösungen gegenüber jedoch den Vorzug, daß er eine im Gesellschaftsrecht weitgehend anerkannte Rechtsfigur zur Gewinnung sachgerechter Ergebnisse einsetzt und so ein zur Beurteilung aller fehlerhaften Gesellschaften **einheitliches Instrument** zur Verfügung stellt, das ein typisch gesellschaftsrechtliches Bedürfnis nach Modifizierung der bürgerlichrechtlichen Nichtigkeits- und Anfechtungsfolgen befriedigt und auch dann zu interessengerechten Rechtsfolgen führt, wenn ein Bedürfnis für eine solche Modifikation im Einzelfall nicht hervortritt. Dies trägt wesentlich zur Rechtsklarheit und Rechtssicherheit bei[47].

566 Auch wenn man wie Wiesner[48] das Hauptaugenmerk auf den Vertrauensschutz unter den Gesellschaftern legt, ist die **Lehre von der fehlerhaften Gesellschaft** der Konstruktion eines spezifischen Vertrauensschuldverhältnisses **vorzuziehen.** Denn das schutzwürdige Interesse der Gesellschafter im Hinblick auf die Wirksamkeit des Gesellschaftsvertrages kann sich nur auf die Geltung der gesetzlichen Normen bzw. des vertrag-

---

45 In der Literatur wird darüber hinaus teilweise versucht, den Bestandsschutz auch im Bereicherungsrecht durch eine entsprechende Anwendung des in § 346 S. 2 BGB enthaltenen Gedankens, die Vergangenheit möglichst unangetastet zu lassen, zu berücksichtigen; hierzu *Wiesner* S. 170, 171.
46 So *Wiesner*, S. 171 ff.
47 So auch *Stimpel* ZGR 1973, 73 (101 f.).
48 S. 171 ff., 177 ff. Der Umstand, daß *Wiesner* zur sachgerechten Behandlung fehlerhafter Innengesellschaften auf ein gesetzliches Vertrauensschuldverhältnis angewiesen ist, verdeutlicht die Fragwürdigkeit seines Ausgangspunktes, die Lehre von der fehlerhaften Gesellschaft sei nur bei Vorliegen einer Gesamthand anzuwenden.

§ 11 Mängel des Gesellschaftsvertrags

lich Vereinbarten erstrecken. Gerade diesen Regeln verhilft aber das Institut der fehlerhaften Gesellschaft zur Anerkennung, indem es das Gesellschaftsverhältnis – grundsätzlich – als bestehend behandelt und so die gesellschaftsrechtlichen Normen zur Anwendung bringt sowie die nicht fehlerhaften Vertragsbestimmungen unberührt läßt.

Zudem gelangt man mit der Ansicht der Rechtsprechung auch zu **sachgerechten Ergebnissen im Fall der Insolvenz des Handelsunternehmens**, einem Bereich, bei dem das reine Innenverhältnis der Gesellschafter verlassen wird und auch Folgen für außenstehende Gläubiger des Inhabers zu bedenken sind. Nur wenn man die auf fehlerhaftem Gesellschaftsvertrag vollzogene stille Gesellschaft grundsätzlich als bestehend behandelt und dadurch die Anwendung der §§ 236, 237 HGB eröffnet, kann die Einlage des Stillen im Konkurs des Geschäftsinhabers dem Gedanken der bewußt durchgeführten Leistungs- und Risikogemeinschaft entsprechend nach Maßgabe des § 236 HGB als haftendes Kapital angesehen werden. Soweit man Bestandsschutz für die fehlerhafte stille Gesellschaft nicht gewähren will, wirkt dies zum Nachteil der Konkursgläubiger, da der Stille in diesem Fall auch in der Höhe seiner Einlage, in der er nach dem Gesellschaftsvertrag am Verlust beteiligt sein soll, mit ihnen konkurriert. Den Gläubigern würde die nach dem Vertrag am Verlust teilnehmende Einlage als haftendes Kapital entzogen. 567

Weiterhin ist auch die Anwendung des in § 237 HGB geregelten **besonderen Konkursanfechtungstatbestandes** von der Annahme eines bestehenden Gesellschaftsverhältnisses abhängig[49]. Nimmt man die stille Gesellschaft aus dem Anwendungsbereich der Lehre von der fehlerhaften Gesellschaft heraus, so führt das zu einem Ausschluß des besonderen Konkursanfechtungsrechts für die Gläubiger des Inhabers. Sieht man die ratio des § 237 HGB darin, den Informationsvorsprung des stillen Gesellschafters vor den anderen Unternehmensgläubigern zu sanktionieren[50], so ist nicht einzusehen, warum die Gläubiger bei einer fehlerhaften stillen Gesellschaft schlechter stehen sollen, denn bei tatsächlicher Durchführung des stillen Beteiligungsverhältnisses kommt dem Stillen der Insidervorteil ebenfalls zugute. Auch eine Einschränkung auf atypische stille Gesellschaften ist nicht angezeigt[51], weil nach dem Gesetz schon die Interessenlage bei einer typischen stillen Gesellschaft für ein besonderes 568

---

49 *Schilling*, in: GroßKomm. § 342 Anm. 3; *Schlegelberger/Karsten Schmidt*, § 342 (§ 237 n.F.) Rn. 4; siehe auch *Karsten Schmidt*, Gesellschaftsrecht, § 62 V 2a, wo eine analoge Anwendung auf sonstige Fälle langfristiger Unternehmensfinanzierung befürwortet wird.
50 Hierzu *Schlegelberger/Karsten Schmidt*, § 341 (§ 236 n.F.) Rn. 1.
51 So aber im Ergebnis *Schlegelberger/Karsten Schmidt*, § 342 (§ 237 n.F.) Rn. 4.

Konkursanfechtungsrecht ausreicht. Nichts anderes kann dann für die durchgeführte fehlerhafte stille Gesellschaft gelten.

569 Schließlich eröffnet die Anwendung der Regeln über die fehlerhafte Gesellschaft auch die Möglichkeit, dem wegen des Vertragsmangels kündigenden Gesellschafter ein **Recht auf Überprüfung** des vom Geschäftsinhaber errechneten **Auseinandersetzungsguthabens nach Maßgabe des § 233 HGB** zu geben, wenn man zutreffenderweise[52] diese Norm auch auf den ausscheidenden Gesellschafter anwendet. Das führt zu dem sachgerechten Ergebnis, daß der wegen des Vertragsmangels Kündigende ebenso wie der aus einer fehlerfrei zustandegekommenen stillen Gesellschaft Ausscheidende sich zur Kontrolle seiner Auseinandersetzungsansprüche auf die gesellschaftsrechtliche Norm des § 233 HGB stützen kann und nicht auf das allgemeine Auskunfts- oder Einsichtsrecht aus §§ 810, 242 BGB beschränkt ist.

570 Von dem so dargelegten Standpunkt aus versteht es sich, daß es für die Anwendung der Lehre von der fehlerhaften Gesellschaft auf das Vorliegen von Gesamthandsvermögen entgegen anderen Auffassungen in der Literatur nicht ankommen kann. Es ist nicht so, daß sich nur bei Bildung von gesamthänderisch gebundenem Vermögen die Schwierigkeiten ergeben, die zu einer Modifikation der allgemeinen Regeln führen müssen; und es ist auch nicht so, daß sich die Funktion des Rechtsinstituts der fehlerhaften Gesellschaft allein in der adäquaten Rückabwicklung von gesamthänderischem Eigentum einer werbenden Personengesellschaft erschöpft; vielmehr müssen die Regeln über die fehlerhafte Gesellschaft auch als **Instrument zur sachgerechten Abwicklung bewußt durchgeführter Leistungs- und Risikogemeinschaften** verstanden werden. Wenn in der neueren Literatur der Gesamthand zentrale Bedeutung für die Annahme eines gesellschaftlichen Organisationsstatuts beigemessen und allein bei Vorliegen einer solchen „Organisation" die Anwendung der Lehre von der fehlerhaften Gesellschaft befürwortet, für stille Gesellschaften also generell ausgeschlossen wird, so ist dem nicht zu folgen. Wäre dies richtig, so müßte sowohl der BGB-Gesellschaft mit Bruchteilsvermögen als auch der BGB-Außengesellschaft ohne Gesellschaftsvermögen ein organisationsrechtliches Element abgesprochen werden, was nicht zutrifft. Sowohl die vermögenslose BGB-Außengesellschaft als auch die BGB-Gesellschaft mit Bruchteilsvermögen ist ein auch personenrechtlich relevantes Gebilde, bei dem jeweils eine über ein bloßes Schuldverhältnis hinausgehende Verfestigung vorhanden ist. Die gesamthänderische Bindung betrifft lediglich die Bildung eines gesellschaftlichen Sondervermögens, die zu dem

---

52 Zur anderslautenden h.M. siehe unten Rn. 1015 ff.

selbst bereits Organisationscharakter tragenden Gesellschaftsverhältnis hinzutritt[53]. Überzeugender ist demgegenüber schon die Argumentation von Karsten Schmidt[54], der die entscheidenden Merkmale für ein genügend verfestigtes Organisationsstatut in einer den Personenhandelsgesellschaften angenäherten Vermögens- und Organisationsstruktur sieht. Letztlich vermag aber auch diese Ansicht die Interessenlage bei typischen stillen Gesellschaften nicht hinreichend zu berücksichtigen, da sie das gesetzestypische stille Beteiligungsverhältnis lediglich als qualifiziertes Kreditverhältnis begreift und so die gesellschaftsrechtlichen Aspekte, die einen Bestandsschutz auch für typische stille Gesellschaften rechtfertigen, in den Hintergrund drängt. Zudem kann auch diese Auffassung nicht begründen, warum die in den §§ 236, 237 HGB für typische stille Gesellschaften geregelte Behandlung der Einlage im Konkurs bei einem stillen Beteiligungsverhältnis auf fehlerhafter Vertragsgrundlage nur bei atypischer Ausgestaltung zum Zuge kommen soll. Schließlich ist auch in Rechnung zu stellen, daß eine Beschränkung des Bestandsschutzes auf atypische stille Gesellschaftsformen zusätzliche Abgrenzungsprobleme mit sich brächte. Neben die Trennung von Gesellschaft und partiarischem Rechtsverhältnis träte die Abgrenzung derjenigen Gesellschaftsform, die Bestandsschutz verdient, von derjenigen, bei welcher eine Rückabwicklung nach allgemeinen Regeln vorzunehmen ist. Da hier die Abgrenzungskriterien nicht abschließend bestimmt und gleichfalls fließende Übergänge denkbar sind[55], wären die Rechtsklarheit und Rechtssicherheit zusätzlich belastet. Dies wird durch die von der Rechtsprechung vertretene Auffassung vermieden[56]. Ihr ist aus diesem und aus den zuvor genannten Gründen zu folgen. Die Lehre von der fehlerhaften Gesellschaft ist somit auf die stille Gesellschaft generell anwendbar, ohne daß es auf die Ausgestaltung im Einzelfall ankommt.

2. Grenzen der Anwendung der Lehre von der fehlerhaften Gesellschaft

Die rechtliche Anerkennung einer fehlerhaften stillen Gesellschaft findet jedoch entsprechend den eingangs[57] dargestellten allgemeinen Grundsätzen dieser Lehre dort ihre Grenze, wo gewichtige Interessen der Allgemeinheit oder bestimmter, besonders schutzwürdiger Personen entgegen-

571

---

53 *Blaurock*, AcP 181 (1981), 451 (453).
54 *Schlegelberger/Karsten Schmidt*, § 335 (§ 230 n.F.) Rn. 112–114.
55 Siehe nur *Schlegelberger/Karsten Schmidt*, § 335 (§ 230 n.F.) Rn. 113; *Siebert*, BB 1958, 1065 (1068 ff.).
56 *Reusch*, S. 107, der eine fehlende Einzelfallgerechtigkeit bemängelt, verkennt, daß sich die gefestigte Rechtsprechung des BGH gerade an Einzelfällen zu orientieren hatte.
57 Oben unter Rn. 553 ff.

stehen[58]. Dies sind die Fälle der Gesetzwidrigkeit i.S. von § 134 BGB[59], der groben Sittenwidrigkeit i.S. von § 138 BGB[60], sowie solche Konstellationen, bei denen ein Gesellschafter durch Täuschung oder Drohung zum Beitritt bewogen wird und die bloße Auflösung dem Täuschenden bzw. Drohenden ungerechtfertigte Vorteile brächte[61]. Schließlich ist auch der Minderjährigenschutz hier zu nennen[62].

a) Gesetzes- und Sittenwidrigkeit

572 Im Falle der **Gesetzes- bzw. Sittenwidrigkeit** ist danach zu unterscheiden, ob lediglich einzelne, den Gesellschaftszweck nicht unmittelbar betreffende Klauseln der Nichtigkeitssanktion der §§ 134, 138 BGB unterfallen, oder ob der Gesellschaftszweck selbst mit dem Gesetz oder den guten Sitten nicht vereinbar ist. Die Unvereinbarkeit **nur einzelner Klauseln** mit den §§ 134, 138 BGB läßt die Gültigkeit des übrigen Gesellschaftsvertrages in der Regel unberührt[63]. Die mangelhafte Vertragsbestimmung ist nicht anzuwenden, die dadurch entstandene Lücke durch ergänzende Vertragsauslegung zu schließen[64]. Nur ausnahmsweise ist Totalnichtigkeit des Gesellschaftsvertrages anzunehmen, etwa wenn die betreffende Klausel für die Gesellschafter von fundamentaler Bedeutung ist oder der wirksame Restvertrag zu von den Gesellschaftern offensichtlich nicht gewollten Ergebnissen führt[65]. Die Regel des § 139 BGB kann angesichts der Bestrebungen nach Bestandsschutz bei mangelbehafteten Gesellschaftsverträgen allenfalls sehr eingeschränkte Anwendung finden[66]. Dennoch ist es zur Vermeidung von Zweifeln sinnvoll, eine salvatorische Klausel in den Gesellschaftsvertrag aufzunehmen.

573 Ist dagegen der **Gesellschaftszweck** selbst mit den §§ 134, 138 BGB nicht vereinbar, so führt dies zur Totalnichtigkeit des Gesellschaftsvertrages[67]. Im Recht der stillen Gesellschaft sind in diesem Zusammenhang vor allem Fälle praktisch geworden, in denen es um berufsspezifische Anforderungen (Konzessionen, Sachkunde etc.) zum Betrieb des Unternehmens

---

58 BGH v. 24. 10. 1951 BGHZ 3, 285 (288); BGH v. 29. 6. 1970 BGHZ 55, 5 (9).
59 BGH v. 25. 3. 1974 BGHZ 62, 234 (241); BGH v. 24. 9. 1979 BGHZ 75, 214.
60 BGH v. 9. 2. 1970 LM Nr. 18 zu § 138 (Cd) BGB.
61 BGH v. 12. 5. 1954 BGHZ 13, 320 (323); BGH v. 29. 6. 1970 BGHZ 55, 5 (10).
62 BGH v. 30. 4. 1955 BGHZ 17, 160 (167); BGH v. 20. 9. 1962 BGHZ 38, 26 (29); BGH v. 30. 9. 1982 NJW 1983, 748.
63 BGH v. 9. 2. 1970 LM Nr. 18 zu § 138 (Cd) BGB; BGH v. 12. 2. 1973 WM 1973, 900 (901); BGH v. 16. 11. 1981 NJW 1982, 877 (879).
64 *Ulmer*, in: GroßKomm. § 132 Rn. 39.
65 *Wiesner*, S. 107, 108; MünchKomm/*Ulmer*, § 705 Rn. 46.
66 *Ulmer*, in: GroßKomm. § 132 Rn. 39; *Wiesner*, S. 106, 107.
67 *Ulmer*, in: GroßKomm. § 105 Rn. 355.

geht[68]. Hierbei muß allerdings beachtet werden, daß die berufsspezifischen Anforderungen grundsätzlich nur für den Geschäftsinhaber gelten, da er allein das Geschäft betreibt. Ein Verstoß berührt deshalb nicht zwingend den Bestand des Gesellschaftsvertrages[69]. Dessen Nichtigkeit ist vielmehr erst anzunehmen, wenn die konkrete Ausgestaltung und Durchführung des Gesellschaftsvertrages dem Sinn und Zweck der Verbotsnorm zuwiderläuft. Dies hat der BGH beispielsweise bejaht, wenn der stille Gesellschafter eines Inkassounternehmens nicht die Erlaubnis nach Art. 1 § 1 RBerG besitzt, aber maßgeblichen Einfluß auf die Führung der Geschäfte ausüben kann[70]. Nichtigkeit nach § 134 BGB hat der Bundesgerichtshof auch für den Fall angenommen, daß die stille Beteiligung an einer Apotheke den Apotheker als Erlaubnisinhaber entgegen den Intentionen des Apothekengesetzes in persönliche und wirtschaftliche Abhängigkeit bringt[71].

b) Verstoß gegen berufsrechtliche Regelungen

Auch bei Verstoß gegen eine berufsrechtliche Regelung hat der BGH die Nichtigkeit der Gesellschaft bejaht, wenn durch ihre Anerkennung der gesetzlich verbotene Zustand der Sache nach legitimiert würde[72]. In diesen Fällen verdient die stille Gesellschaft keinen Bestandsschutz. Die Rechtsordnung kann nicht ein von ihr verbotenes und für nichtig erklärtes Rechtsverhältnis anerkennen, das laufend neue Rechte und Pflichten begründet. Das Interesse der Gesellschafter an der Anerkennung des von ihnen gewollten und tatsächlich begründeten Zustandes muß hinter die entgegenstehenden Belange der Allgemeinheit zurücktreten. Der BGH hat allerdings eine Ausnahme für den Fall zugelassen, daß die Gesellschafter nicht bewußt gegen das Verbotsgesetz verstoßen sondern vielmehr ihre – wegen Fehlens einer behördlichen Genehmigung – gesetzwidrige Geschäftstätigkeit in Übereinstimmung mit der Konzessionsbehörde ausgeübt haben[73]. Von dieser Ausnahme abgesehen bewirkt die unheilbare

574

---

68 BGH v. 25. 3. 1974 BGHZ 62, 234; BGH v. 24. 9. 1979 BGHZ 75, 214.
69 Die Führung des Geschäftes ohne Konzession kann aber die Auflösung der Gesellschaft nach § 726 BGB zur Folge haben, wenn der Geschäftsinhaber die Voraussetzungen für die Erteilung der Konzession nicht erfüllen kann.
70 BGH v. 25. 3. 1974 BGHZ 62, 234 (239, 240 ff.).
71 BGH v. 24. 9. 1979 BGHZ 75, 214 (217 ff.). Nach heutiger Rechtslage ist die stille Beteiligung eines Nichtapprobierten an einer Apotheke generell untersagt, Art. 1 Nr. 3 des Änderungsgesetzes zum ApothG, BGBl. 1980, 1142, dazu Rn. 484.
72 BGH v. 28. 9. 1995 DStR 1995 S. 1722 mit Anm. *Goette*.
73 BGH v. 24. 4. 1954 LM Nr. 8 zu § 105 HGB; a.A. MünchKomm/*Ulmer*, § 705 Rn. 252 m.w.N., der betont, daß es auf subjektive Kriterien bei der Prüfung des Vorrangs öffentlicher Interessen nicht ankommt.

Nichtigkeit des Gesellschaftsvertrages, daß an die Stelle der Ansprüche und Verpflichtungen aus dem Gesellschaftsvertrag die im allgemeinen Vertragsrecht geltenden Nichtigkeitsfolgen treten, wonach die aufgrund eines nichtigen Rechtsverhältnisses erbrachten gegenseitigen Leistungen nach Bereicherungsgrundsätzen abzurechnen und zurückzugewähren sind, wobei namentlich § 817 BGB zu beachten ist[74].

c) Minderjährigenschutz

575 Die Fälle des **Vorrangs schutzwürdiger Interessen einzelner** betreffen vor allem die Eingehung einer stillen Gesellschaft durch Minderjährige. Die Rechtsordnung des BGB stellt den Schutz der in ihrer Geschäftsfähigkeit beschränkten oder geschäftsunfähigen Personen generell über den allgemeinen Vertrauens- und Verkehrsschutz, er muß daher auch Vorrang vor dem gesellschaftsrechtlichen Bestandsschutzinteresse haben, das für den Minderjährigen Verpflichtungen und damit rechtliche Nachteile mit sich brächte[75]. Liegt demnach eine auf Eingehung eines stillen Gesellschaftsverhältnisses gerichtete, infolge von Geschäftsunfähigkeit aber von Anfang an nichtige Willenserklärung vor (§ 105 Abs. 1 BGB), so entsteht keine, insbesondere auch keine als bestehend zu behandelnde fehlerhafte stille Gesellschaft. Der Geschäftsunfähige erlangt aus dem nichtigen Gesellschaftsvertrag weder Rechte noch binden ihn Pflichten. Er kann die Rückerstattung bereits geleisteter Beiträge und Einlagen in Anwendung der §§ 812, 818, 985 ff. BGB verlangen. Handelt es sich um einen beschränkt Geschäftsfähigen, so treten diese Rechtsfolgen nur ein, wenn die erforderliche Zustimmung des gesetzlichen Vertreters fehlt[76].

576 Streitig ist indessen, ob zum Schutz des nur beschränkt oder überhaupt nicht Geschäftsfähigen die allgemeinen Rückabwicklungsvorschriften mit der Folge partiell modifiziert werden sollen, daß zwar das Verlustrisiko ausgeschlossen, die Gewinnbeteiligung aber aufrecht zu erhalten ist. Von der wohl überwiegenden Auffassung wird dies im Hinblick auf den so zu erreichenden optimalen Schutz der betreffenden Personen bejaht[77]. Dagegen wird jedoch geltend gemacht, dem Gesellschaftsrecht sei die Position eines Gesellschafters, der nur Rechte, aber keine Pflichten habe, unbekannt; die Anerkennung einer solchen Position sei auch nicht vertretbar, da das in der Führung eines kaufmännischen Unternehmens lie-

---

74 BGH v. 25. 3. 1974 BGHZ 62, 234 (242).
75 Vgl. u.a. BGH v. 17. 2. 1992 NJW 1992 S. 1503 (1504); kritisch dazu: *Karsten Schmidt*, Gesellschaftsrecht, § 6 III 3a.
76 Hierzu Rn. 446.
77 *Ganßmüller*, DB 1955, 257 (260); *Westermann*, I Rz. 783; *Staudinger/Keßler*, § 705 Rn. 134.

gende Risiko unzulässigerweise in vollem Umfang auf die andere Partei abgewälzt werde[78]. Für die stille Gesellschaft muß dieses Argument freilich relativiert werden, da § 231 Abs. 2 HGB den Ausschluß von der Beteiligung am Verlust ausdrücklich zuläßt. Die Verlagerung des Verlustrisikos auf den Inhaber des Unternehmens ist dem Recht der stillen Gesellschaft also nicht grundsätzlich unbekannt. Es ist jedoch zu berücksichtigen, daß für den Fall der vereinbarten Nichtteilnahme am Verlust der Gesellschaftsvertrag in seiner Gesamtheit auf diese Risikoverteilung durch entsprechende Ausgestaltung der Rechte und Pflichten der Gesellschafter zugeschnitten wird. Dem nicht oder nur beschränkt Geschäftsfähigen das Verlustrisiko abzunehmen und die Gewinnverteilungsabrede, die auf der Grundlage auch einer Verlustteilnahme vereinbart wurde, aufrechtzuerhalten, ist ein schwerwiegender Eingriff in das Vertragsgefüge, der auch **unter dem Aspekt des Minderjährigenschutzes nicht zwingend** erscheint. Diesem Schutzbedürfnis ist Genüge getan, wenn der Minderjährige keine Nachteile zu erleiden hat und so gestellt wird, als hätte er den Gesellschaftsvertrag nicht abgeschlossen. Darüber hinausgehend Gewinnanteile außerhalb von § 818 Abs. 1 BGB generell zuzusprechen, erfordert der Minderjährigenschutz dagegen nicht. Soweit Dienstleistungen eingebracht werden, können auch diese im Rahmen einer bereicherungsrechtlichen Rückabwicklung berücksichtigt werden[79]. Für die in der Praxis wichtigen Fälle des Minderjährigenschutzes stellt sich das Problem ohnehin in abgeschwächter Schärfe. Es sind dies die Konstellationen, in denen beschränkt Geschäftsfähige beteiligt sind, deren Willenserklärungen bei Fehlen etwa erforderlicher vormundschaftsgerichtlicher Genehmigung oder bei mangelnder, aber notwendiger Einschaltung eines besonderen Pflegers nicht nichtig, sondern schwebend unwirksam sind. Hier bleibt es den gesetzlichen Vertretern und dem Vormundschaftsgericht vorbehalten, durch Erteilung der Genehmigung bzw. deren Verweigerung den Vertrag in seiner Wirksamkeit endgültig zu beeinflussen. Im Rahmen dieser Entscheidung kann eine Orientierung an der geschäftlichen Entwicklung des Unternehmens vorgenommen und damit das Interesse des Minderjährigen an einer gewinnbringenden Beteiligung berücksichtigt werden. Dadurch dürfte seinem Schutzinteresse hinreichend Rechnung getragen sein. Ein weitergehender Eingriff in den Vertrag dergestalt, daß allein die Gewinnabrede Bestand hat, der Restvertrag aber unwirksam sein soll, ist nicht angezeigt[80].

---

78 *Ulmer*, in: GroßKomm. § 105 Rn. 348; MünchKomm/*Ulmer*, § 705 Rn. 255.
79 Hierzu MünchKomm/*Lieb*, § 818 Rn. 36 ff.
80 *Ulmer*, in: GroßKomm. § 105 Rn. 349.

d) Arglistige Täuschung und widerrechtliche Drohung

577 Für den Fall der **arglistigen Täuschung** oder **widerrechtlichen Drohung** ist keine allgemeine Ausnahme von den Grundsätzen der fehlerhaften Gesellschaft anzuerkennen[81]. Der getäuschte bzw. bedrohte Gesellschafter ist vielmehr auf das außerordentliche Kündigungsrecht zu verweisen. Bei der hierauf folgenden Auseinandersetzung können Schadensersatzansprüche des benachteiligten Gesellschafters (etwa aus culpa in contrahendo oder aus § 826 BGB) berücksichtigt werden, so daß dessen schützenswerten Interessen hinreichend Rechnung getragen wird[82]. Der BGH hat allerdings verschiedentlich ausgesprochen, daß er auch von diesem Grundsatz eine Ausnahme zulassen will, wenn eine besonders grobe Sittenwidrigkeit vorliegt, oder ein Sachverhalt gegeben ist, in dem sich ein Gesellschafter durch Drohung oder Täuschung einen überaus günstigen Gewinn- und Liquidationsanteil einräumen läßt und ein deswegen in die Auseinandersetzungsrechnung einzustellender Schadensersatzanspruch keinen genügenden Ausgleich schafft[83]. Bisher ist ein solcher Sachverhalt jedoch noch nicht praktisch geworden.

e) Fehlende Gesellschaft und Scheingesellschaft

578 Schließlich kommt die Lehre von der fehlerhaften Gesellschaft nicht zum Zuge, falls es überhaupt an einem – wenn auch fehlerhaften – **Gesellschaftsvertrag fehlt.** Sind sich die Beteiligten von vornherein darüber im klaren, eine Gesellschaft nicht errichten zu wollen, können sie nicht verlangen, im Verhältnis zueinander als Gesellschafter behandelt zu werden[84], so z.B. auch bei der nur zum Schein eingegangenen stillen Gesellschaft[85].

3. Anwendbare Regelungen

579 Ist entsprechend dem Ausgeführten nach den Grundsätzen über die fehlerhafte Gesellschaft zu verfahren, so sind die Rechtsbeziehungen der

---

81 BGH v. 19. 12. 1974 BGHZ 63, 338 (345); BGH v. 29. 6. 1970 BGHZ 55, 5 (9 f.); BGH v. 30. 3. 1967 BGHZ 47, 293 (300); *Karsten Schmidt,* Gesellschaftsrecht, § 6 III 3; MünchKomm/*Ulmer,* § 705 Rn. 258; *Wiesner,* S. 134 f.; *Westermann,* I Rn. 784.
82 BGH v. 29. 6. 1970 BGHZ 55, 5 (10); *Karsten Schmidt,* Gesellschaftsrecht, § 6 III 3, S. 134.
83 BGH v. 12. 5. 1954 BGHZ 13, 320 (323); BGH v. 26. 2. 1958 BGHZ 26, 330 (335); BGH v. 29. 6. 1970 BGHZ 55, 5 (9 f.); ablehnend das überwiegende Schrifttum.
84 BGH v. 28. 11. 1953 BGHZ 11, 190.
85 BGH v. 27. 5. 1953 BGH LM Nr. 4 zu § 105 HGB; *Ulmer,* in: GroßKomm. § 105 Rn. 384.

Gesellschafter bis zur Auflösung des Gesellschaftsverhältnisses durch fristlose Kündigung aus wichtigem Grunde im ganzen gesehen den für die gültige Gesellschaft maßgebenden Normen zu unterstellen. Für ihre Rechte und Pflichten ist neben dem Gesetz der Gesellschaftsvertrag heranzuziehen, soweit nicht gerade seine mangelhaften Teile die Grundlage bieten müßten. Die Gesellschafter können also alle Rechte aus dem Gesellschaftsvertrag gegeneinander geltend machen, z.B. den Anspruch auf Leistung der vereinbarten Beiträge und auf Erfüllung der Pflicht zur Geschäftsführung. Im Einzelfalle kann jedoch die Rechtsausübung aus dem Vertrag gegen Treu und Glauben verstoßen und dann unzulässig sein.

Die Beendigung der stillen Gesellschaft führt zur **Auseinandersetzung** unter den Beteiligten gemäß § 235 HGB[86]. Das Auseinandersetzungsguthaben ist bei der typischen stillen Gesellschaft aufgrund einer Erfolgsermittlungsbilanz, bei der atypischen stillen Gesellschaft aufgrund einer Liquidationsbilanz zu ermitteln, obwohl es in der Regel nicht zu einer Liquidation des Handelsgewerbes kommt. Bei der Auseinandersetzung sind etwaige Schadensersatzansprüche der Gesellschafter wegen der Vertragsmängel zu berücksichtigen. Hier kommen etwa Ansprüche desjenigen in Betracht, der die Auflösung der Gesellschaft wegen Wuchers oder Betrugs verlangt. Bei der Auflösung wegen Irrtums hat nach § 122 Abs. 2 BGB derjenige, der sich geirrt hat, dem anderen Teil den Vertrauensschaden zu ersetzen[87]. 580

Einer Auflösungsklage bedarf es zur Beendigung der stillen Gesellschaft nicht. Es genügt **formlose Kündigung** – auch bei der atypischen stillen Gesellschaft. Beim Vorliegen eines im öffentlichen Interesse gegebenen Nichtigkeitsgrundes kann sich jeder ohne weiteres auf die Nichtigkeit berufen. 581

Die Rechtsprechung hat die Anwendung der §§ 133, 140, 142 HGB auf die stille Gesellschaft auch in den Fällen abgelehnt, in denen vereinbart war, daß im Innenverhältnis das Recht der offenen Handelsgesellschaft gelten soll[88]. Es genügt erforderlichenfalls eine Feststellungsklage gemäß § 256 ZPO. Ist der Mangel nach Vertragsschluß, aber vor seiner Geltendmachung fortgefallen, so hat der kündigende Gesellschafter kein schutzwürdiges Interesse mehr an der Beendigung der stillen Gesellschaft. Der Vertragsmangel muß noch im Zeitpunkt der Kündigung bestehen. 582

---

86 Siehe unten Rn. 978.
87 Vgl. dazu BGH v. 29. 6. 1970 BGHZ 55, 5 (10).
88 RG v. 27. 11. 1940 RGZ 165, 260.

III. Zusammenfassung

583 Nach ständiger Rechtsprechung sind sowohl auf die typische wie auf die atypische stille Gesellschaft die Grundsätze über die Gesellschaft mit fehlerhafter Vertragsgrundlage anwendbar, d.h. dem Gesellschaftsvertrag anhaftende Mängel führen grundsätzlich nicht zu seiner Anfechtbarkeit oder Nichtigkeit, sondern nur zur Möglichkeit der fristlosen Kündigung aus wichtigem Grunde. Die Annahme ursprünglicher Nichtigkeit würde sowohl bei der typischen wie bei der atypischen stillen Gesellschaft nicht zu sachgerechten Ergebnissen führen, vor allem dann, wenn die stille Gesellschaft schon längere Zeit bestanden hat und mit Hilfe der stillen Beteiligung Werte geschaffen worden sind, die bei Vernichtung des Gesellschaftsverhältnisses ex tunc allein dem Geschäftsinhaber verbleiben, während sich der stille Gesellschafter mit der Rückforderung seiner ursprünglichen Vermögenseinlage begnügen muß und auf mehr oder weniger unsichere Schadensersatzansprüche angewiesen ist.

Wenn die Grundsätze über die fehlerhafte Gesellschaft zur Anwendung kommen, tritt an die Stelle anfänglicher Nichtigkeit die nur in die Zukunft wirkende Kündigung aus wichtigem Grunde, die zur Auflösung des Gesellschaftsverhältnisses und zur anschließenden Auseinandersetzung zwischen den Beteiligten führt. Einer Auflösungsklage bedarf es nicht. Bis zur Auflösung bestimmen sich die Rechtsbeziehungen der Gesellschafter nach den für die gültige Gesellschaft maßgebenden Vorschriften und nach den im Gesellschaftsvertrag getroffenen Vereinbarungen, soweit sie nicht gerade mit dem die Nichtigkeit oder Anfechtbarkeit begründenden Mangel behaftet sind.

Die Grundsätze über die fehlerhafte Gesellschaft finden keine Anwendung, wenn eine Willenseinigung der Beteiligten über die Errichtung einer stillen Gesellschaft nicht vorliegt, wenn der Gesellschaftsvertrag gegen im öffentlichen Interesse erlassene gesetzliche Verbote verstößt, sich als Scheingeschäft darstellt oder von einem Geschäftsunfähigen abgeschlossen worden ist. Ist der Vertrag von einem in der Geschäftsfähigkeit Beschränkten abgeschlossen, so hängt seine Wirksamkeit von der Genehmigung des gesetzlichen Vertreters ab. §§ 108, 109 BGB finden Anwendung.

§ 12 Die Rechte und Pflichten der Gesellschafter

Schrifttum: *Blaurock, Uwe,* Einfluß im Unternehmen und die gesellschaftliche Haftungsstruktur, in: Festschrift für W. Simpel, 1985, S. 553; *Hartmann, Bernhard,* Der ausscheidende Gesellschafter in der Wirtschaftspraxis, 4. Aufl., 1983; *Haupt, Günter* und *Rudolf Reinhardt,* Gesellschaftsrecht, 4. Aufl., 1952; *Hennerkes, Brun-Hagen / Binz, Mark Karlheinz,* Die GmbH & Co., 7. Aufl., 1984; *Hepting, Reinhard,* Die Personengesellschaft als Konzernobergesellschaft: Informationsrechte des außenstehenden Gesellschafters, in: Festschrift für K. Pleyer, 1986, S. 301; *Hofmann, Paul,* Unbeschränkte Kommanditistenhaftung und gesetzliche Wertung, NJW 1969, 577; *Hueck, Alfred,* Die stille Beteiligung bei Handelsgesellschaften, in: Festschrift für H. Lehmann, 1937, S. 239 ff.; *Hueck, Götz,* Der Grundsatz der gleichmäßigen Behandlung im Privatrecht, 1958; *Immenga, Ulrich,* Die personalistische Kapitalgesellschaft, 1970; *Limbach, Jutta,* Die beschränkte Haftung in Theorie und Praxis, GmbHR 1967, 71; *Löffler, Joachim,* Zur Reichweite des gesetzlichen Wettbewerbsverbots in der Kommanditgesellschaft, NJW 1986, 223; *Paulick, Heinz,* Die eingetragene Genossenschaft als Beispiel gesetzlicher Typenbeschränkung, zugleich ein Beitrag zur Typenlehre im Gesellschaftsrecht, 1954; *Schlitt, Michael,* Die Informationsrechte des stillen Gesellschafters in der typischen stillen Gesellschaft und in der stillen Publikumsgesellschaft, Berlin 1996; *Schmidt, Karsten,* Informationsrechte in Gesellschaften und Verbänden, 1984; *Schneider, Uwe H.,* Sonderrecht für Publikumspersonengesellschaften, ZHR 142 (1978), 228; *Sudhoff, Heinrich* und *Martin Sudhoff,* Die stille Beteiligung bei der Umwandlung des Hauptunternehmens in eine GmbH oder GmbH &Co., GmbHR 1981, 235; *Windbichler, Christine,* Schadensersatzansprüche des stillen Gesellschafters – Besprechung der Entscheidung BGH WM 1987, 1193, ZGR 1989, 434.

Das Gesellschaftsverhältnis beruht auf dem Gesellschaftsvertrag. Er ist die Grundlage für die gesellschaftsrechtlichen Rechte und Pflichten der Beteiligten und das gesellschaftsrechtliche Band, das sie umschließt, wenn auch bei der stillen Gesellschaft die gemeinschaftsrechtlichen Beziehungen der Gesellschafter im Regelfall nur schwach ausgeprägt sind. Immerhin sind sie kraft des Gesellschaftsvertrags verpflichtet, für die Erreichung des gemeinsamen Zwecks in der durch den Vertrag bestimmten Weise tätig zu werden, die vereinbarten Beiträge zu leisten, unter Umständen auch am Verlust teilzunehmen und die Geschäfte zu führen. Aus den zwischen ihnen bestehenden personenrechtlichen Bindungen ergibt sich eine Treuepflicht, die zwar nicht der Art, wohl aber dem Maße nach von dem zu unterscheiden ist, was auch sonst Treu und Glauben im Schuldverhältnis verlangen. Aus der Gesellschafterstellung ergeben sich aber auch konkrete Vermögensrechte wie der Anspruch auf anteiligen Gewinn, auf das Auseinandersetzungsguthaben oder auf Ersatz von Aufwendungen für die Geschäftsführung sowie bestimmte Verwaltungsrech-

584

te wie das Recht zur Geschäftsführung oder die Informations- und Kündigungsrechte.

I. Die Rechtsstellung des Inhabers des Handelsgeschäfts

585 Die stille Gesellschaft läßt die Unternehmerstellung des Inhabers in ihrem Kern unberührt. Er behält nach außen seine Verfügungsfreiheit über das Handelsgeschäft in vollem Umfange.

1. Die Beitragspflicht

586 Die Beitragsleistung des Geschäftsinhabers zur Förderung des gemeinsamen Zwecks besteht regelmäßig darin, daß er sein eigenes Handelsgeschäft fortan für gemeinsame Rechnung führt. Das schließt nicht aus, daß auch er sich im Gesellschaftsvertrag zur Leistung eines weiteren Beitrags verpflichtet, die wie die Beitragsleistung des stillen Gesellschafters in einer Geldeinlage oder Sacheinlage, in Dienstleistungen oder Gebrauchsüberlassungen bestehen kann.

2. Die Geschäftsführung

a) Allgemeines

587 Die Geschäftsführung bildet das Kernstück aller gesellschaftlichen Tätigkeit. Sie ist auf die Erreichung des Gesellschaftszwecks gerichtet. Der Inhaber ist nicht nur berechtigt, für die Gesellschaft tätig zu werden, sondern er ist auch verpflichtet, ihre Interessen wahrzunehmen. Für seine Tätigkeit hat allein das **Interesse der Gesellschaft** maßgebend und bestimmend zu sein. Die Verfolgung eigener, gesellschaftsfremder Interessen ist ihm untersagt. Hat er bei Abschluß des Gesellschaftsvertrags den Geschäftsbetrieb noch nicht begonnen, so ist er zur alsbaldigen Aufnahme verpflichtet. Kommt er dieser Verpflichtung nicht nach, kann der stille Gesellschafter auf Aufnahme des Geschäftsbetriebs klagen[1]. § 888 Abs. 2 ZPO ist jedoch nicht anwendbar.

588 Der Inhaber führt die Geschäfte **im eigenen Namen für gemeinschaftliche Rechnung.** Die Geschäftsführung umfaßt die gesamte Tätigkeit zur Förderung des Gesellschaftszwecks und zur Wahrnehmung aller die Gesellschaft angehenden laufenden Angelegenheiten einschließlich der Buch-

---

1 Wie hier *Schlegelberger/Karsten Schmidt,* § 335 (§ 230 n.F.) Rn. 126; *Zutt,* in: GroßKomm. § 230 Rn. 85; *Koenigs,* S. 151; a.A. KG v. 15. 11. 1900 DJZ 1901, 50; *Saenger,* S. 131 ff.

führung, der Aufstellung der Bilanz und der Verlust- und Gewinnrechnung. Ihr Inhalt und Umfang können durch den Gesellschaftsvertrag im Innenverhältnis beschränkt werden, indem dem Inhaber etwa bestimmte Arten von Geschäften untersagt oder diese von der Zustimmung des stillen Gesellschafters abhängig gemacht werden (siehe unten Rn. 620). Er ist dann diesem gegenüber im Innenverhältnis verpflichtet, die Beschränkungen einzuhalten, die für den Umfang seines Handelns nach außen festgesetzt sind oder die sich aus dem Gesellschaftszweck, aus der sozialrechtlichen Treuepflicht sowie daraus ergeben, daß er sein Handelsgeschäft nicht mehr für eigene Rechnung betreibt, sondern daß der stille Gesellschafter an dessen Ergebnissen teilnimmt.

Auf die **Einhaltung dieser Schranken** ist gerade bei der stillen Gesellschaft besonderes Gewicht zu legen, weil die Rechtsstellung des stillen Gesellschafters gegenüber dem Inhaber im Regelfalle außerordentlich schwach ist. Er wirkt, wenn nicht im Gesellschaftsvertrag etwas anderes vereinbart ist, an der Geschäftsführung nicht mit. Ihm stehen nicht einmal die dem Kommanditisten in § 164 HGB eingeräumten Rechte zum Widerspruch gegen Handlungen zu, die über den gewöhnlichen Betrieb des Handelsgewerbes hinausgehen. Der Inhaber bedarf zur Vornahme einzelner Geschäfte nicht seiner Zustimmung. Er kann der Vornahme einzelner Geschäfte durch den Inhaber weder widersprechen, noch kann er verlangen, daß bestimmte, von ihm gewünschte Geschäfte vorgenommen oder unterlassen werden. 589

Eine **Überschreitung der Geschäftsführungsbefugnisse** hat nur im Innenverhältnis rechtliche Bedeutung und kann zu Schadensersatzverpflichtungen des Inhabers führen. Im Außenverhältnis sind die Rechtsgeschäfte und Rechtshandlungen voll wirksam. Es kann sich also ein Dritter, der mit dem Inhaber ein Rechtsgeschäft abgeschlossen hat, nicht darauf berufen, dieses sei unwirksam, weil der Inhaber die ihm gegenüber dem stillen Gesellschafter obliegenden Verpflichtungen bezüglich der Ausübung seiner Geschäftsführungsbefugnis verletzt habe. Dasselbe gilt für den stillen Gesellschafter im Verhältnis zu dem Dritten. 590

Gemäß § 712 BGB kann einem Gesellschafter die ihm zustehende Geschäftsführungsbefugnis durch Beschluß der anderen Gesellschafter entzogen werden, wenn ein wichtiger Grund vorliegt. Da der Inhaber bei normaler Gestaltung des Gesellschaftsvertrags (zu Sonderformen Rn. 673 ff.) die Geschäftsführung allein innehat und im eigenen Namen ausübt, ist **§ 712 BGB auf ihn nicht anwendbar**. Der stille Gesellschafter kann ihm nicht die Geschäftsführung entziehen. Er kann nur das Gesellschaftsverhältnis aus wichtigem Grunde kündigen (§ 723 BGB) und den 591 ihm durch die vorzeitige Auflösung der Gesellschaft entgehenden Gewinn als Schadensersatzforderung geltend machen, wenn den Inhaber ein Verschulden trifft. Die Schadensersatzforderung besteht in der Vergütung des Gewinns, den der stille Gesellschafter bei vertragsmäßiger Weiterführung des Geschäfts mit Wahrscheinlichkeit erwarten konnte (§ 252 BGB).

b) Erhaltung der Grundlagen des Handelsgeschäfts

592 Aus der Verpflichtung, den Geschäftsbetrieb fortan auf gemeinschaftliche Rechnung so zu führen, wie es dem gemeinschaftlichen Zweck entspricht, ergeben sich für den Inhaber mannigfache Beschränkungen, die er dem stillen Gesellschafter gegenüber einzuhalten verpflichtet ist. Er muß auf die berechtigten Interessen seines Teilhabers Rücksicht nehmen und sich bei allen seinen Entscheidungen, Maßnahmen und Handlungen von dem Gesellschaftszweck leiten lassen, dem er nicht zuwiderhandeln darf.

593 Dazu gehört, daß sich der Betrieb des Handelsgeschäfts in den Grenzen halten muß, die bei gleichartigen, mit gleichen Mitteln ausgestatteten Unternehmen üblich sind[2]. Diese Feststellung ist allerdings so weit und so allgemein gefaßt, daß sie der unternehmerischen Initiative des Inhabers einen erheblichen Spielraum läßt. Dabei ist zu beachten, daß sich feste, ein für allemal gültige Regeln für ein dem Gesellschaftszweck entsprechendes Verhalten des Inhabers nicht aufstellen lassen. Stets muß das Verhalten auf seine Übereinstimmung mit dem Gesellschaftszweck hin unter Berücksichtigung aller Umstände und Verhältnisse des einzelnen Falles gewürdigt werden. Es lassen sich jedoch einige äußerste Grenzen feststellen, jenseits derer das Verhalten des Geschäftsinhabers mit dem Zweck der stillen Gesellschaft nicht mehr vereinbar ist.

594 So darf er ohne Zustimmung seines Teilhabers **das Handelsgeschäft in seinen Grundlagen,** wie sie im Zeitpunkt der Errichtung der stillen Gesellschaft bestanden haben, **nicht umgestalten, erweitern oder einschränken,** weil dadurch die Interessen des stillen Gesellschafters – insbesondere im Hinblick auf den ihm zugesicherten Gewinnanteil, auf seine vertraglich nicht ausgeschlossene Verlustbeteiligung und auf Auszahlung seines Auseinandersetzungsguthabens – beeinträchtigt werden können. Der stille Gesellschafter hat Anspruch darauf, daß das Handelsgeschäft gegenüber dem Zeitpunkt der Gesellschaftsgründung in seinen wesentlichen Grundlagen nicht verändert wird[3]. Eine Änderung der Art oder des

---

2 RG v. 8. 3. 1918 RGZ 92, 292; *Schlegelberger/Karsten Schmidt,* § 335 (§ 230 n.F.) Rn. 125.

3 *Zutt,* in: GroßKomm. § 230 Rn. 86; *Schlegelberger/Karsten Schmidt,* § 335 (§ 230 n.F.) Rn. 125.

§ 12 Rechte und Pflichten der Gesellschafter

Umfangs des Handelsgeschäfts ohne seine Zustimmung ist nur in engen Grenzen möglich und zulässig, soweit sie handelsüblich ist und der Gesellschaftsvertrag nichts anderes bestimmt[4]. Dasselbe gilt für eine Änderung des Gegenstandes des Unternehmens oder der Firma oder für eine Verlegung des Sitzes, weil auch dadurch das Wagnis des Handelsgeschäfts und damit die Gewinnaussichten des stillen Gesellschafters ungünstig beeinflußt werden können (siehe auch oben Rn. 503 f., 506).

Hier zeigen sich der Wert und die Bedeutung **klarer, eindeutiger Vereinbarungen,** weil bei den fließenden Grenzen bezüglich dessen, was dem Inhaber noch erlaubt und was – weil dem gemeinsamen Zweck zuwiderlaufend – als unzulässig anzusehen ist, keine festen Regeln aufgestellt werden können. Ob eine Änderung der wesentlichen Grundlagen des Handelsgeschäfts vorgenommen worden ist, läßt sich stets nur von Fall zu Fall unter Berücksichtigung der Grundsätze von Treu und Glauben, der Handelsüblichkeit und der Verkehrssitte feststellen. Dabei kommt gerade bei der stillen Gesellschaft dem Grundsatz von Treu und Glauben wegen der beschränkten Kontrollrechte des stillen Gesellschafters eine gesteigerte Bedeutung zu (dazu näher Rn. 630 ff.). 595

In diesem Zusammenhang stellt sich die Frage, wie zu verfahren ist, wenn der Gesellschaftsvertrag bestimmt, daß eine Änderung der Grundlagen des Handelsgeschäfts ohne Zustimmung des stillen Gesellschafters zulässig sein soll. Solche Fallgestaltungen lagen der Judikatur verschiedentlich zur Entscheidung vor[5]. 596

Während die Rechtsprechung hier zunächst die Auffassung vertrat, die Verpflichtung des Unternehmers zur unveränderten Fortführung des Betriebes sei konstitutives Merkmal einer stillen Gesellschaft, ihr vertraglicher Ausschluß[6] verhindere daher das Entstehen einer stillen Beteili- 597

---

4 BGH v. 25. 9. 1963 DB 1963, 1604 = BB 1963, 1277.
5 BFH v. 10. 3. 1971 (I R 73/67) BFHE 102, 242 = BStBl. II 1971, 589 = StRK FGO § 40 R. 24; FG Nürnberg v. 17. 12. 1975 (V 187/73) EFG 1976, 303; BFH v. 16. 8. 1978 (I R 28/76) BFHE 126, 51 = BStBl. II 1979, 51 = StRK GewStG § 8 Ziff. 2–9 R. 133 m. Anm. *Paulick.*
6 Der dem FG Nürnberg v. 17. 12. 1975 (V 187/73) EFG 1976, 303 zur Beurteilung vorliegende Vertrag bestimmte folgendes: „Die stillen Gesellschafter können keinen Handlungen der persönlich haftenden Gesellschafter widersprechen, auch nicht der Umwandlung, dem Verkauf oder der Auflösung der Gesellschaft. Auch gegen den Eintritt weiterer persönlich haftender Gesellschafter, Kommanditisten oder stiller Gesellschafter sowie gegen Erhöhung oder Verminderung der Einlage eines anderen stillen Gesellschafters, Kommanditisten oder persönlich haftenden Gesellschafters können keine Einwendungen erhoben werden. Diese Akte unterliegen lediglich der Beschlußfassung der persönlich haftenden Gesellschafter".

gung[7], gab sie diese Ansicht später zu Recht auf. Nunmehr geht die Spruchpraxis dahin, daß der Ausschluß der Verpflichtung zur Fortführung des Betriebes durch den Unternehmer im Gesellschaftsvertrag lediglich in Zweifelsfällen bei der Abgrenzung zwischen einer stillen Gesellschaft und anderen Rechtsverhältnissen entscheidende Bedeutung erlangen kann, der Annahme einer stillen Gesellschaft aber nicht schon grundsätzlich entgegensteht. Das gilt insbesondere für die Abgrenzung der stillen Gesellschaft vom partiarischen Arbeitsverhältnis, weil hier der Ausschluß der Verpflichtung, den Betrieb unverändert fortzuführen, ein Indiz für das Abhängigkeitsverhältnis des Arbeitnehmers gegenüber dem Arbeitgeber sein kann, wie es gerade das partiarische Arbeitsverhältnis kennzeichnet[8].

c) Veräußerung oder Einstellung des Geschäftsbetriebs

598 Aus der Verpflichtung des Geschäftsinhabers zu einer den Gesellschaftszweck fördernden Geschäftsführung ergibt sich, daß er ohne Zustimmung seines Teilhabers **weder zur ganzen oder teilweisen Veräußerung des Geschäfts noch zu dessen Einstellung** berechtigt ist, weil in beiden Fällen die Erreichung des Gesellschaftszwecks regelmäßig unmöglich wird.

599 Ist im Falle der Einstellung die Fortführung des Handelsgeschäfts möglich, so kann der stille Gesellschafter Erfüllung des Vertrags verlangen. Wird das Handelsgeschäft nur vorübergehend eingestellt und besteht Aussicht, den Geschäftsbetrieb in absehbarer Zeit im wesentlichen in unveränderter Form wieder aufzunehmen, wird der Fortbestand der stillen Gesellschaft nicht berührt. Der stille Gesellschafter kann, sobald die Gründe für die vorübergehende Betriebseinstellung weggefallen sind, die Erfüllung des Vertrags in der vereinbarten Form.

600 Die **unberechtigte Einstellung des Geschäftsbetriebs** macht den Inhaber dem stillen Gesellschafter gegenüber schadensersatzpflichtig. Hätte er allerdings das Recht gehabt, die Gesellschaft wegen dauernder Unrentabilität des Unternehmens fristlos zu kündigen, so wird der stille Gesellschafter in der Regel nicht geschädigt sein, es sei denn, daß der Inhaber die Unrentabilität zu vertreten hat.

601 Im Falle der **Veräußerung des Handelsgeschäfts** setzt sich das Gesellschaftsverhältnis nicht ohne weiteres mit dem Erwerber fort. Für den

---

7 So ausdrücklich FG Nürnberg v. 17. 12. 1975 (V 187/73) EFG 1976, 303; auch BFH v. 10. 3. 1971 (I R 73/67) BFHE 102, 242 unter unrichtiger Auslegung von BGH BB 1963, 1277 und BFH v. 27. 2. 1975 (I R 11/72) BStBl. II 1975, 611 (614).
8 BFH v. 16. 8. 1978 (I R 28/76) BFHE 126, 51 = BStBl. II 1979, 51 = StRK GewStG § 8 Nr. 2–9 R. 133 m. Anm. *Paulick*.

Eintritt des neuen Unternehmensinhabers in die gesellschaftsrechtliche Position des Veräußernden bedarf es einer gesonderten Übertragung dieser Gesellschafterstellung. Zur Wirksamkeit einer solchen Übertragung ist neben dem Einvernehmen von Alt- und Neuunternehmer das Einverständnis des stillen Gesellschafters erforderlich. Rechtstechnisch kann der erforderliche Konsens in einem dreiseitigen Vertrag zwischen allen Beteiligten oder in einer Vereinbarung zwischen dem veräußernden Geschäftsinhaber und dem Erwerber unter Zustimmung des stillen Gesellschafters hergestellt werden (vgl. oben Rn. 519 ff.). Hinsichtlich der schuldrechtlichen Bindung ist der Geschäftsinhaber im Verhältnis zum stillen Gesellschafter bei einer Veräußerung des Unternehmens als verpflichtet anzusehen, bei der Übertragung seiner Gesellschafterstellung auf Verlangen des Stillen mitzuwirken. Demgegenüber unterliegen grundsätzlich weder der Stille noch der Erwerber des Handelsgeschäfts einer rechtlichen Bindung, das Gesellschaftsverhältnis mit dem jeweils anderen fortzusetzen. Einschränkungen können sich aber namentlich für den stillen Gesellschafter aus seiner Treuebindung ergeben[9].

Fehlt es am erforderlichen Einverständnis des stillen Gesellschafters oder des Erwerbers zur Fortsetzung des Gesellschaftsverhältnisses, so tritt der neue Inhaber trotz erfolgter Geschäftsübernahme insoweit nicht in die Position des Veräußernden ein. Hinsichtlich des Gesellschaftsverhältnisses mit dem Altunternehmer wird teilweise angenommen, dieses werde wegen Unmöglichkeit der Erreichung des Gesellschaftszwecks aufgelöst[10]. Dem ist jedoch nicht zuzustimmen, weil hierdurch dem stillen Gesellschafter die Möglichkeit genommen würde, die Fortführung des Handelsgeschäfts durch den früheren Geschäftsinhaber zu verlangen. An einem solchen Verlangen, gegebenenfalls auch an einer Geltendmachung durch Klageerhebung, kann der stille Gesellschafter ein Interesse haben. Die Weiterführung des Handelsgeschäfts und damit die Rückübertragung des Unternehmens ist auch nicht als grundsätzlich unmöglich anzusehen. Daher ist nicht Auflösung der stillen Gesellschaft gemäß § 726 BGB anzunehmen, vielmehr bleibt dem stillen Gesellschafter die Wahl, ob er das Gesellschaftsverhältnis aus wichtigem Grunde kündigen oder die Fortführung des Unternehmens durch seinen Mitgesellschafter verlangen will[11]. Im Falle der Kündigung ist ihm sein Partner in der Regel zum Schadensersatz aus positiver Vertragsverletzung verpflichtet. Gleiches gilt bei Weigerung der Fortführung, obwohl ihm diese möglich ist. Bei

602

---

9 *Schlegelberger/Karsten Schmidt*, § 339 (§ 234 n.F.) Rn. 45.
10 *Koenigs*, S. 255.
11 *Sudhoff/Sudhoff*, GmbHR 1981, 235 (236).

Weigerung nach rechtskräftiger Verurteilung kommt hierfür § 283 BGB als Anspruchsgrundlage in Betracht.

603 Die Wirksamkeit der Geschäftsveräußerung wird in diesem Fall nicht dadurch in Frage gestellt, daß der Erwerber von dem Bestehen der stillen Gesellschaft Kenntnis hatte. Nur wenn er mit dem Veräußerer in einer die guten Sitten verletzenden Weise zusammenwirkte, um den stillen Gesellschafter zu schädigen, ist er zur Wiederherstellung des früheren Zustandes verpflichtet (§§ 826, 249 BGB). Im Innenverhältnis ist der Inhaber dem stillen Gesellschafter schadensersatzpflichtig. Der stille Gesellschafter kann aber nicht auch einen Anteil an dem bei der Veräußerung des Geschäfts erzielten Gewinn, insbesondere an dem für den ideellen Wert des Geschäfts gezahlten Entgelt beanspruchen. Daran hat er ebensowenig Anteil wie an dem Geschäft selbst. Ihm ist nur der Gewinn zu ersetzen, der ihm bei ertragsmäßiger Fortführung des Geschäfts voraussichtlich zugeflossen wäre.

d) Gesellschafterwechsel

(1) Gesellschafterwechsel in einer Personenhandelsgesellschaft

604 Besteht die stille Gesellschaft an einer offenen Handelsgesellschaft oder Kommanditgesellschaft und tritt im Bestand der Gesellschafter ein Wechsel ein, so führt dies grundsätzlich nicht zur Auflösung der stillen Gesellschaft. Diese ist mit der Handelsgesellschaft selbst eingegangen, deren **Identität auch bei Gesellschafterwechsel gewahrt** bleibt[12]. Dem stillen Gesellschafter ist aber ein **außerordentliches Kündigungsrecht** einzuräumen, wenn für ihn durch den Gesellschafterwechsel die Fortsetzung der stillen Gesellschaft unzumutbar geworden ist. Wann dies der Fall ist, ist durch eine umfassende Interessenabwägung im Einzelfall zu beantworten. Die außerordentliche Kündigung dürfte berechtigt sein, wenn solvente persönlich haftende Gesellschafter gegen nicht kreditwürdige ausgewechselt werden oder wenn das stille Gesellschaftsverhältnis gerade auf dem Vertrauensverhältnis zu dem Ausscheidenden beruht[13]. Demgegenüber dürfte es nicht genügen, wenn beispielsweise die Person eines typischen Kommanditisten wechselt[14].

605 Der Ein- und Austritt von Gesellschaftern kann schon im Gesellschaftsvertrag von der **Zustimmung des stillen Gesellschafters abhängig** ge-

---
12 Zur Identitätswahrung: BGH v. 8. 11. 1965 BGHZ 44, 229 (231); vgl. auch *Schlegelberger/Karsten Schmidt*, § 339 (§ 234 n.F.) Rn. 46.
13 *Schlegelberger/Karsten Schmidt*, § 339 (§ 234 n.F.) Rn. 46; A. Hueck, FS Lehmann 1937, S. 239 (252).
14 A. Hueck, FS Lehmann 1937, S. 239 (253).

macht werden – vor allem, wenn er im Innenverhältnis die Stellung eines „Mitunternehmers" hat. Um Meinungsverschiedenheiten von vornherein auszuschließen, ist zu empfehlen, im Gesellschaftsvertrag ausdrücklich zu vereinbaren, daß Veränderungen im Gesellschafterbestand der OHG der Zustimmung des stillen Gesellschafters bedürfen. In diesem Fall begründet grundsätzlich schon die Nichteinholung der Zustimmung das außerordentliche Kündigungsrecht.

(2) Gesellschafterwechsel in einer Kapitalgesellschaft

Ist eine Kapitalgesellschaft Inhaberin des Handelsgewerbes, so wird der Bestand einer an ihr bestehenden stillen Gesellschaft durch einen Wechsel der Aktionäre oder Gesellschafter **nicht berührt**. Auch ein außerordentliches Kündigungsrecht kommt für den Regelfall nicht in Betracht. Sieht der stille Gesellschafter sich zu einer Fortsetzung der Beteiligung aufgrund des Gesellschafterwechsels nicht in der Lage, so ist es ihm zuzumuten, das Gesellschaftsverhältnis ordentlich zu kündigen. 606

e) Außergewöhnliche Maßnahmen der Geschäftsführung

Der Inhaber hat seine gesamte Geschäftsführung so einzurichten, daß der gemeinsame Zweck gefördert wird. Da er im Außenverhältnis keinerlei Beschränkungen unterworfen ist – auch bei außergewöhnlichen Geschäften hat der stille Gesellschafter in Ermangelung besonderer Abreden kein Zustimmungs- oder Widerspruchsrecht –, stellt sich die Frage, wie außergewöhnliche, aus dem Rahmen des Handelsgeschäfts fallende oder dem Gesellschaftszweck zuwiderlaufende Geschäfte dem Stillen gegenüber wirken. 607

Während unter die gewöhnlichen Geschäfte alle Geschäfte fallen, welche die Verfolgung des gemeinsamen Zweckes regelmäßig mit sich bringt (Miete der Geschäftsräume, Warenein- und -verkauf, Einstellung des Personals, Buchführung usw.), fallen unter den Begriff der **ungewöhnlichen Geschäfte** solche, die nicht dem Gesellschaftszweck entsprechen, die die Grundlagen des Handelsgewerbes ändern, die das Geschäftsvermögen so beanspruchen, daß die Erreichung des Gesellschaftszwecks gefährdet wird, die eine Änderung des Gesellschaftszwecks zur Folge haben (Übergang vom Einzelhandel zum Großhandel, von der Fabrikation zum Handel oder umgekehrt) oder die sich nicht mehr in den Grenzen dessen halten, was bei Unternehmen gleicher Art und gleicher Kapitalverhältnisse handelsüblich ist[15]. 608

---

15 RG v. 8. 3. 1918 RGZ 92, 292 (293).

609 Die Abgrenzung der gewöhnlichen von den außergewöhnlichen Geschäften bereitet häufig Schwierigkeiten. **Eine eindeutige Grenzziehung ist nicht möglich.** Die Entscheidung kann nur unter Berücksichtigung aller Umstände des einzelnen Falles getroffen werden, wobei der Gegenstand des Handelsgewerbes, seine Größe, die Handelsüblichkeit, die kaufmännische Verkehrsauffassung und der Grundsatz von Treu und Glauben zu berücksichtigen sind.

610 Will der Inhaber Geschäfte, die nach dem Gesellschaftsvertrag nicht Gegenstand des auf gemeinsame Rechnung betriebenen Handelsgewerbes sind, auch für Rechnung des stillen Gesellschafters abschließen, so muß er im Innenverhältnis **dessen Zustimmung oder Genehmigung** einholen. Ob er zustimmen oder genehmigen will, hängt von seiner freien Entschließung ab. Er braucht diese Geschäfte nicht gegen sich gelten zu lassen und nimmt an den durch sie verursachten Gewinnen und Verlusten nicht teil[16]. Er kann die Geschäfte aber auch genehmigen, so daß sie für und gegen ihn wirken. Er muß jedoch, sobald er von einem solchen Geschäft Kenntnis erlangt, seine Entscheidung unverzüglich treffen. Das gebietet der Grundsatz von Treu und Glauben. Er darf also nicht abwarten, wie sich das Geschäft entwickelt, ob es Gewinn oder Verlust bringen wird, um es im ersten Falle zu genehmigen und seinen Anteil an dem erzielten Gewinn zu verlangen und es im letzteren Falle als für ihn unverbindlich zurückzuweisen. Ist ihm der Abschluß eines Geschäfts, das gegen den Gesellschaftszweck verstößt oder über den gewöhnlichen Betrieb des Handelsgewerbes hinausgeht, bekanntgeworden und erhebt er dagegen keinen Widerspruch, so ist darin unter Umständen eine Genehmigung zu sehen[17]. Hatte er das Geschäft schon vorher abgelehnt, dann ist eine spätere Genehmigung ausgeschlossen.

611 Der stille Gesellschafter kann, wenn der Inhaber schuldhaft dem Gesellschaftsvertrag zuwiderhandelt oder gegen den Gesellschaftszweck verstößt, **Schadensersatz wegen positiver Vertragsverletzung** verlangen. Er kann schließlich den Gesellschaftsvertrag aus wichtigem Grunde kündigen und die Gesellschaft vorzeitig zur Auflösung bringen. Auch hier bleibt ihm die Geltendmachung von Schadensersatzansprüchen vorbehalten.

f) Die zweckentsprechende Verwendung der Beitragsleistung

612 Der stille Gesellschafter hat einen Rechtsanspruch darauf, daß der Inhaber die Beitragsleistung **nur zu dem im Gesellschaftsvertrag vorgesehenen Zweck** verwendet und das Geschäftsvermögen nicht in einer dem Gesell-

---
16 RG v. 8. 3. 1918 RGZ 92, 292 (294).
17 *Schlegelberger/Karsten Schmidt*, § 335 (§ 230 n.F.) Rn. 132.

schaftszweck zuwiderlaufenden Weise schmälert. Verwendet er die Beitragsleistung anders, als es im Gesellschaftsvertrag vereinbart ist, kann der stille Gesellschafter auf Erfüllung klagen oder Schadensersatz wegen Nichterfüllung verlangen bzw. das Gesellschaftsverhältnis aus wichtigem Grunde vorzeitig kündigen.

Kein Gesellschafter darf seinen Beitrag, den er nach dem Gesellschaftsvertrag zur Erreichung des gemeinsamen Zweckes zu erbringen hat, einseitig mindern. Entzieht der Inhaber dem Handelsgeschäft in unzulässiger Höhe Mittel, kann der stille Gesellschafter auf Wiederzuführung entsprechender Mittel oder auf Schadensersatz klagen[18]. Auch darf der Inhaber dem Unternehmen keine wesentlichen Vermögensgegenstände entfremden[19]. Der stille Gesellschafter hat aber keinen Anspruch darauf, daß der Inhaber bei geschäftlichen Schwierigkeiten und Verlusten aus seinem eigenen Vermögen weitere Mittel zuschießt. Dazu wäre er nur verpflichtet, wenn es im Gesellschaftsvertrag vereinbart ist (§ 707 BGB). 613

g) Privatentnahmen

Der Inhaber erhält für seine Geschäftsführungstätigkeit kraft Gesetzes keine Vergütung. Er kann, wenn nichts anderes vereinbart ist, lediglich für Aufwendungen, die er in Angelegenheiten der Gesellschaft aus seinem Privatvermögen gemacht hat und die er den Umständen nach für erforderlich halten durfte, Ersatz verlangen (§§ 713, 670 BGB), d.h. er kann diese Beträge entnehmen oder sich gutschreiben. Das gilt jedoch nicht für Verluste, die er an seinem Privatvermögen aus der Geschäftsführung erleidet. Die weitergehende Ersatzpflicht gemäß § 110 HGB gilt nicht für die typische stille Gesellschaft. Bei der im Innenverhältnis an eine handelsrechtliche Personengesellschaft angeglichenen atypischen stillen Gesellschaft ist allerdings eine entsprechende Anwendung dieser Vorschrift in Betracht zu ziehen[20]. 614

Die Beteiligten können vereinbaren, daß dem Inhaber als Gegenleistung für seine Geschäftsführungstätigkeit **vorab ein bestimmter Teil des Gewinns zur Verfügung** gestellt wird, sei es in der Form eines „festen Gehalts" oder eines Vorzugsgewinnanteils. Während das „Gehalt" den Gesamtgewinn verringert und deshalb je nach dem Gewinnanteil des Inhabers auch zu seinen Lasten geht, verringert ein Vorzugsgewinnanteil allein den Gewinnanteil des stillen Gesellschafters. 615

---
18 *Baumbach/Hopt*, § 230 Rn. 13.
19 RG v. 20. 12. 1929 RGZ 126, 386 (391).
20 *Baumbach/Hopt*, § 230 Rn. 18; a.A. *Schlegelberger/Karsten Schmidt*, § 335 (§ 230 n.F.) Rn. 133.

616 Soll dem Geschäftsinhaber eine Vergütung für die Führung der Geschäfte der stillen Gesellschaft auch in Jahren, in denen kein Gewinn zu verzeichnen ist, gezahlt werden, so müssen die entsprechenden Beträge von den Einlagekonten der stillen Gesellschafter zugunsten des Kapitalkontos des Geschäftsinhabers abgebucht werden.

617 Beteiligt sich jemand still an einer handelsrechtlichen Personengesellschaft, so gehen die Vergütungen, die im Gesellschaftsvertrag der Personengesellschaft für die Geschäftsführung vorgesehen sind, nur dann zu Lasten des stillen Gesellschafters, wenn es in dem stillen Gesellschaftsvertrag vorgesehen ist. Andernfalls muß der Berechnung des auf ihn entfallenden anteiligen Gewinns der Gesamtgewinn der Personengesellschaft zugrunde gelegt werden.

618 Da der Inhaber des Handelsgewerbes sein eigenes Geschäft betreibt, ist er grundsätzlich zu Privatentnahmen zur Bestreitung der Lebenshaltungskosten für sich und seine Familie berechtigt. Aber er muß, was die Höhe der Entnahmen anlangt, auf das Vorhandensein des stillen Gesellschafters und auf die Verwirklichung des gemeinsamen Zweckes Bedacht nehmen. Keinesfalls darf er dem Unternehmen Mittel entziehen, die zu seiner unbehinderten Fortführung und zur Verwirklichung des Gesellschaftszwecks erforderlich sind. Zweckmäßigerweise wird im Gesellschaftsvertrag das Entnahmerecht des Inhabers näher geregelt.

h) Umwandlung

619 Auf die Umwandlung des Inhabers des Handelsgewerbes wird in einem eigenen Kapitel eingegangen (Rn. 1136 ff.).

i) Beschränkung der Geschäftsführungsbefugnis

620 Es steht den Beteiligten frei, in welcher Weise sie im **Innenverhältnis** ihre Rechtsbeziehungen regeln wollen. Sie können demgemäß auch das Recht und die Pflicht des Geschäftsinhabers zur Geschäftsführung beschränken. Dies kann zunächst in der Weise geschehen, daß dem stillen Gesellschafter **Kontroll-, Zustimmungs- und Widerspruchsrechte** zugebilligt werden. So kann im Gesellschaftsvertrag vereinbart werden, daß der Inhaber bestimmte Geschäfte nur mit Zustimmung des stillen Gesellschafters vornehmen darf oder bestimmte Geschäfte (z.B. Spekulationsgeschäfte) zu unterlassen hat. Schließlich kann im Gesellschaftsvertrag vorgesehen werden, daß der stille Gesellschafter berechtigt sein soll, dem Inhaber die Geschäftsführung zu entziehen, an seiner Stelle selbst die Geschäfte zu führen oder einen anderen damit zu beauftragen. Auf diese Weise kann

§ 12 Rechte und Pflichten der Gesellschafter

die Leitung des Handelsgeschäfts in die Hand von Personen gelegt werden, die nicht die volle vermögensrechtliche Verantwortung für das Unternehmen tragen (Rn. 684 ff.).

Derartige Vereinbarungen stehen der Annahme einer stillen Gesellschaft grundsätzlich nicht entgegen[21]. Ist der Inhaber im Innenverhältnis von der Geschäftsführung ausgeschlossen, so fragt es sich allerdings, ob überhaupt noch eine stille Gesellschaft oder nur ein auf Geschäftsbesorgung gerichteter Dienstvertrag vorliegt. Zur Entziehung der Geschäftsführungsbefugnis des Geschäftsinhabers durch den stillen Gesellschafter bedarf es zudem einer **ausdrücklichen Vertragsbestimmung.** Eine so weitgehende Maßnahme kann nicht allein auf § 712 BGB gestützt werden, weil dem Geschäftsinhaber durch die Entziehung der Geschäftsführungsbefugnis praktisch verboten würde, sein ihm ausschließlich gehörendes Handelsgeschäft zu betreiben. Fehlt es an einer ausdrücklichen Vertragsbestimmung, bleibt dem Stillen nur die Kündigung des Gesellschaftsvertrags aus wichtigem Grunde[22]. 621

j) Haftung für Geschäftsführungsmaßnahmen

Verletzt der Inhaber schuldhaft die ihm nach dem Gesellschaftsvertrag obliegenden Pflichten, so macht er sich dem stillen Gesellschafter gegenüber **schadensersatzpflichtig.** Das gilt auch, wenn er die Auflösung der Gesellschaft schuldhaft herbeiführt oder dem stillen Gesellschafter einen Grund zur vorzeitigen Kündigung gegeben hat. Der Schadensersatzanspruch umfaßt den entgangenen Gewinn, mit dessen Entstehen bei Fortführung des Geschäfts nach dem gewöhnlichen Lauf der Dinge oder nach den getroffenen Anstalten und Vorkehrungen voraussichtlich gerechnet werden konnte. Dagegen hat der stille Gesellschafter auf den Gewinn, den der Inhaber durch die unberechtigte Geschäftsveräußerung erzielt hat, keinen Anspruch, da dieser Veräußerungsgewinn seine Ursache nicht in dem laufenden Betrieb des Handelsgeschäfts hat. Ein Schadensersatzanspruch des stillen Gesellschafters wegen entgangenen Gewinns bleibt auch in diesem Falle unberührt[23]. 622

Die Beteiligten haften einander aus dem Gesellschaftsvertrag für die Sorgfalt, die sie in eigenen Angelegenheiten anzuwenden pflegen (§ 708 BGB). Für seine Angestellten trifft den Inhaber dem stillen Gesellschafter gegen- 623

---

21 BGH v. 29. 11. 1952 BGHZ 8, 157 (160); BGH v. 27. 3. 1961 BB 1961, 583; BGH v. 6. 11. 1963 DB 1964, 476.
22 *Koenigs*, S. 154; *Hartmann*, S. 65.
23 *Windbichler*, ZGR 1989, 434 ff.

über die Haftung für Erfüllungsgehilfen. Er hat jedoch deren Verschulden auch nur im Rahmen des § 708 BGB zu vertreten (§ 278 BGB). Dieser gemilderte Haftungsmaßstab erklärt sich aus dem zwischen den Gesellschaftern bestehenden **Vertrauensverhältnis**. Für Vorsatz und grobe Fahrlässigkeit haften sie in jedem Falle (§ 277 BGB). Die gemilderte Haftung besteht jedoch nur, wenn es um die Nichterfüllung **gesellschaftsrechtlicher** Verpflichtungen, insbesondere auch der Einlageverpflichtung geht, nicht aber, wenn der stille Gesellschafter als Dritter, z.B. als Verkäufer, Vermieter oder Angestellter aufgrund besonderen Dienstvertrags, auftritt oder tätig wird. Auch die Handlungen, die der Inhaber außerhalb seiner Geschäftsführungsbefugnis für die stille Gesellschaft vornimmt, können nicht als Erfüllung einer gesellschaftsrechtlichen Verpflichtung angesehen werden. Der Inhaber haftet insoweit für jedes Verschulden[24]. Keine Anwendung findet § 708 BGB ferner in den Fällen stiller Publikumsgesellschaften oder der stillen Beteiligung an einer Publikumsgesellschaft[25]. Hier haften der Geschäftsinhaber sowie die Initiatoren des Kapitalanlagemodells gemäß § 276 BGB für jedes Verschulden, weil es an dem in § 708 BGB vorausgesetzten Vertrauensverhältnis fehlt[26].

624 Die **Beweislast** dafür, daß ein nachlässiges Verhalten dem in eigenen Angelegenheiten beobachteten Verhalten entspricht, trifft den Gesellschafter, der sich auf die gemilderte Haftung beruft. Da § 708 BGB nachgiebiges Recht enthält, ist die Einführung einer strengeren oder noch milderen Haftung möglich. Die Haftung wegen Vorsatzes kann nicht im voraus erlassen werden (§ 276 Abs. 2 BGB).

625 Der stille Gesellschafter ist, wenn der Inhaber schuldhaft den getroffenen Vereinbarungen zuwiderhandelt, darüber hinaus berechtigt, das Gesellschaftsverhältnis fristlos zu kündigen und vom Inhaber wegen Verletzung des Gesellschaftsvertrags Ersatz seines Schadens zu verlangen.

626 Fällt die Ausübung des Handelsgewerbes unter ein gesetzliches oder polizeiliches Verbot oder kann das Handelsgewerbe wegen Erkrankung des Inhabers nicht fortgeführt werden oder erweist es sich als dauernd unrentabel, so fehlt es an einem Verschulden des Inhabers. Eine Schadensersatzpflicht kommt dann nicht in Betracht.

---

24 RG v. 22. 10. 1938 RGZ 158, 302 (312).
25 *Schlegelberger/Karsten Schmidt*, § 335 (§ 230 n.F.) Rn. 134.
26 Zur Publikums-KG: BGH v. 4. 7. 1977 BGHZ 69, 207 (209 ff.); BGH v. 12. 11. 1979 BGHZ 75, 321 (328).

3. Das Handeln nach außen

Eine Vertretung im rechtstechnischen Sinne gibt es bei der stillen Gesellschaft nicht. Als Innengesellschaft betreibt sie kein Handelsgewerbe und tätigt selbst keine Geschäfte. Nach außen **tritt allein der Inhaber unter seiner Firma auf**. Er wird aus den von ihm abgeschlossenen Geschäften allein berechtigt und verpflichtet (§ 230 Abs. 2 HGB). Seine Rechtsstellung im Außenverhältnis ist die gleiche, wie wenn die stille Gesellschaft nicht vorhanden wäre. Sie kann auch durch Vereinbarungen im Innenverhältnis nicht beschränkt werden. Deshalb sind Dritten gegenüber Handlungen des Geschäftsinhabers, die ihm durch den Gesellschaftsvertrag untersagt sind oder zu denen er der Zustimmung des stillen Gesellschafters bedarf, voll wirksam, es sei denn, daß der Geschäftsinhaber und der Dritte vorsätzlich zusammenwirken, um den stillen Gesellschafter zu schädigen (§ 826 BGB).

627

Willenserklärungen sind dem Inhaber gegenüber abzugeben. Daraus ergibt sich, daß dort, wo es auf die Kenntnis von Tatumständen, auf Bösgläubigkeit, Arglist oder auf die Verletzung von Treu und Glauben ankommt, die Kenntnis oder das Wissen des Inhabers genügt. In Prozessen, die von ihm oder gegen ihn geführt werden, kann der stille Gesellschafter Zeuge sein.

628

Da der Inhaber weder die Gesellschaft noch den stillen Gesellschafter vertritt, kann er weder von der „Vertretung" ausgeschlossen noch kann ihm diese entzogen werden. Die Gründe, die bei der offenen Handelsgesellschaft oder Kommanditgesellschaft zur Entziehung der Vertretungsmacht berechtigen, führen bei der stillen Gesellschaft in der Regel zur fristlosen Kündigung aus wichtigem Grunde.

629

4. Die Treuepflicht

Unmittelbarer Ausfluß des personenrechtlichen Gesellschaftsverhältnisses ist die aus dem Gesellschaftszweck sich ergebende Treuepflicht. Der Zusammenschluß zum Betrieb eines Handelsgewerbes auf gemeinschaftliche Rechnung bedingt ein **gegenseitiges Vertrauensverhältnis** und steht in besonderem Maße unter dem Grundsatz von Treu und Glauben, ohne den ein Zusammenwirken nicht denkbar ist und der gemeinsame Zweck nicht verwirklicht werden kann[27].

630

Zwar sind die Treuebindungen, weil es in der Regel an der tätigen Mitarbeit des stillen Gesellschafters fehlt, wesentlich lockerer als bei den auf der persönlichen Mitarbeit der Gesellschafter beruhenden handelsrechtli-

631

---

27 BGH v. 11. 7. 1951 BGHZ 3, 75 (81).

chen Personengesellschaften, bei denen die Rechtsbeziehungen der Gesellschafter zu ihrer Gesellschaft und untereinander nicht nur durch den allgemeinen Grundsatz von Treu und Glauben bestimmt werden, sondern echte Treuebindungen und Treuepflichten voraussetzen und bedingen. Mögen diese bei der stillen Gesellschaft keine so starke Ausprägung erfahren, so sind sie gleichwohl vorhanden und machen auch sie zu einem vom Treuegedanken beherrschten Gemeinschaftsverhältnis.

632 Wo die **Grenzen** zwischen einem noch mit der Treuepflicht zu vereinbarenden Verhalten und einer schuldhaften Verletzung der Treuepflicht liegen, läßt sich nur unter Berücksichtigung aller Verhältnisse im einzelnen Fall feststellen. Oberste Pflicht jedes Beteiligten ist es, an der Erreichung des gemeinsamen Zweckes nach besten Kräften mitzuwirken. Aufgrund der Treuepflicht ist der Inhaber verpflichtet, nicht nur alles zu unterlassen, was dem gemeinsamen Zweck schädlich sein könnte, sondern auch alles zu tun, was den Umständen nach erforderlich ist und ihm zugemutet werden kann, um den gemeinsamen Zweck zu fördern. Die Treuepflicht findet jedoch ihre Grenzen an der Wahrnehmung berechtigter eigener Interessen, namentlich wenn es um Rechte aus dem Gesellschaftsverhältnis geht, die dem Inhaber in seinem Interesse gewährt worden sind.

633 Aus der Treuepflicht kann sich für die Beteiligten die Verpflichtung ergeben, das Bestehen der stillen Gesellschaft dritten Personen gegenüber **geheimzuhalten.** Das folgt nicht schon aus dem Wesen der stillen Gesellschaft; es kann aber in der Regel als stillschweigend vereinbart und von den Beteiligten gewollt unterstellt werden (§§ 157, 242 BGB). Wird einer solchen ausdrücklichen oder stillschweigenden Vereinbarung zuwider von einem Beteiligten das Bestehen der Gesellschaft nach außen hin offenbart, so können sich für den anderen Teil Schadensersatzansprüche und das Recht zur fristlosen Kündigung ergeben. In der Bekanntgabe der stillen Gesellschaft nach außen gegen die interne Verpflichtung zur Geheimhaltung kann unter Umständen eine stillschweigende Bürgschaft (§ 350 HGB), eine Schuldübernahme oder ein Kreditauftrag gesehen werden.

634 **Mit der Treuepflicht unvereinbar** wäre ein Verhalten des Inhabers, das geeignet ist, die vermögensrechtlichen Ansprüche des stillen Gesellschafters zu beeinträchtigen. Andererseits darf nicht außer acht gelassen werden, daß die persönlichen Bindungen zwischen den Beteiligten im Regelfall schwächer sind als bei den handelsrechtlichen Personengesellschaften und daß der typische stille Gesellschafter an der Geschäftsführung nicht beteiligt ist. Das führt dazu, daß rein persönliche Differenzen und Mei-

nungsverschiedenheiten zwischen den Beteiligten nur in Ausnahmefällen unter dem Blickpunkt der Verletzung der Treuepflicht einen wichtigen Grund zur fristlosen Kündigung geben können. Es sind aber auch die nur geringen Einflußmöglichkeiten des stillen Gesellschafters auf die Geschäftsführung in den Bereich der Bewertung der auf dem Spiele stehenden Interessen einzubeziehen mit der Folge, daß ein Verhalten des Inhabers, das bei den handelsrechtlichen Personengesellschaften wegen der wesentlich weitergehenden Überwachungs- und Mitwirkungsrechte der Gesellschafter nicht als Treuepflichtverletzung zu werten ist, bei der stillen Gesellschaft geeignet sein kann, das Vertrauen des stillen Gesellschafters zur Person des Inhabers zu erschüttern.

5. Wettbewerbsbeschränkungen

Einen **wichtigen Anwendungsfall der Treuepflicht** bilden die Wettbewerbsgeschäfte. Für die Gesellschafter der offenen Handelsgesellschaft bestimmt § 112 Abs. 1 HGB, daß sie ohne Einwilligung der anderen Gesellschafter weder in dem Handelszweig der Gesellschaft Geschäfte machen noch an einer anderen gleichartigen Handelsgesellschaft als persönlich haftende Gesellschafter teilnehmen dürfen. Verletzt ein Gesellschafter diese Verpflichtung, so kann die Gesellschaft Schadensersatz fordern oder statt dessen von dem Gesellschafter verlangen, daß er die für eigene Rechnung gemachten Geschäfte als für Rechnung der Gesellschaft eingegangen gelten lasse und die aus Geschäften für fremde Rechnung bezogene Vergütung herausgebe oder seinen Anspruch auf sie abtrete (§ 113 Abs. 1 HGB). Dasselbe gilt für die persönlich haftenden Gesellschafter einer Kommanditgesellschaft, nicht jedoch für die Kommanditisten (§ 165 HGB). 635

Das Recht der stillen Gesellschaft enthält derartige Vorschriften nicht. Sie können auch nicht entsprechend angewendet werden, weil es an den engen persönlichen Beziehungen, die die Grundlage so einschneidender Wettbewerbsbeschränkungen bilden, zwischen den Beteiligten regelmäßig fehlt. Auch die Vorschriften über die Gesellschaft des bürgerlichen Rechts sehen ein Wettbewerbsverbot nicht vor. 636

Damit ist jedoch nicht gesagt, daß der Inhaber unbehindert Wettbewerbsgeschäfte vornehmen könnte. **Die Schranken ergeben sich aus der Treuepflicht**[28]. Richtungweisend und entscheidend dafür, was er in dieser Hinsicht tun und lassen darf, ist seine Verpflichtung, das Handelsgeschäft für gemeinschaftliche Rechnung zu führen, die Verwirklichung des gemein- 637

---

28 Vgl. dazu auch MünchHdb. StG/*Mattfeld* § 15 Rn. 2.

samen Zweckes zu fördern und die im gemeinsamen Interesse der Beteiligten liegenden Gewinnaussichten nicht durch Wettbewerbsgeschäfte zu schmälern. Er darf deshalb Geschäfte, die nach dem Gesellschaftszweck in den Rahmen seines Handelsgewerbes fallen und auf gemeinsame Rechnung vorzunehmen sind, nicht auf eigene Rechnung abschließen. Tätigt er solche Geschäfte außerhalb seines Handelsgewerbes unter seinem bürgerlichen Namen, unter der Firma eines anderen von ihm betriebenden Handelsgeschäfts oder durch einen Strohmann, so ist das eine Verletzung der Treuepflicht, die Schadensersatzansprüche des stillen Gesellschafters auslösen kann. Ein Eintrittsrecht steht diesem jedoch nicht zu.

638 Dagegen kann der Inhaber alle Geschäfte für eigene Rechnung abschließen, die nicht in den Rahmen seines Handelsgewerbes fallen, die ihm nach dem Gesellschaftsvertrag gestattet sind, denen der stille Gesellschafter zugestimmt oder nicht widersprochen hat, vorausgesetzt, daß durch den Abschluß dieser Geschäfte die stille Gesellschaft als solche nicht geschädigt wird[29].

639 Handelt es sich um eine **atypische stille Gesellschaft,** die im Innenverhältnis der OHG bzw. KG angeglichen ist, so steht nicht mehr der für die typische stille Gesellschaft kennzeichnende kapitalistische Aspekt im Vordergrund. Vielmehr gewinnen hier wie bei einer echten handelsrechtlichen Personengesellschaft die engen persönlichen Beziehungen an Bedeutung. Dies läßt eine **entsprechende Anwendung der §§ 112, 113 HGB** als gerechtfertigt erscheinen, so daß den Geschäftsinhaber ein allgemeines Wettbewerbsverbot trifft und das Eintrittsrecht des § 113 Abs. 1 HGB zum Zuge kommt[30]. Gegen das Wettbewerbsverbot getätigte Geschäfte gelten dann auf gemeinsame Rechnung abgeschlossen und der Stille partizipiert an deren Ertrag.

640 Zur Vermeidung von Meinungsverschiedenheiten und Streitigkeiten sollten die Wettbewerbsverhältnisse im **Gesellschaftsvertrag ausführlich geregelt** werden. Der Inhaber kann von allen Wettbewerbsbeschränkungen befreit werden, ihm kann aber auch jeglicher Wettbewerb in dem Handelszweig der stillen Gesellschaft und jede sonstige Betätigung untersagt werden. Auch eine Sicherung dieser Vereinbarung für den Fall ihrer Verletzung durch Vertragsstrafen ist zulässig. Der Vertragsfreiheit sind allerdings kartellrechtliche Schranken (§ 1 GWB) unter dem Gesichtspunkt

---

29 *Koenigs,* S. 225.
30 *Schlegelberger/Karsten Schmidt,* § 335 (§ 230 n.F.) Rn. 129; vgl. auch BGH v. 5. 12. 1983 DB 1984, 495; *Zutt,* in: GroßKomm. § 230 Rn. 72; MünchHdb. StG/*Mattfeld* § 15 Rn. 2.

der Funktionsnotwendigkeit der Wettbewerbsbeschränkung zur Durchsetzung des Gesellschaftszwecks gesetzt[31].

6. Der Grundsatz der Gleichbehandlung

Der das gesamte Gesellschaftsrecht beherrschende Gleichbehandlungsgrundsatz spielt bei der typischen stillen Gesellschaft regelmäßig keine Rolle. Das ergibt sich aus der im wesentlichen nur kapitalmäßigen Beteiligung des stillen Gesellschafters. Soweit jedoch allgemeine Vorschriften über Personengesellschaften ergänzend herangezogen werden, kann sich auch das Gleichbehandlungsgebot auswirken, insbesondere bei der atypischen stillen Gesellschaft[32]. 641

II. Die Rechtsstellung des stillen Gesellschafters

1. Die Beitragspflicht

Die wichtigste, nicht abdingbare Verpflichtung des stillen Gesellschafters besteht in der vertragsmäßigen Leistung des übernommenen Beitrags (siehe dazu oben Rn. 238 ff.). Hat er sie erbracht, kann er, wenn der Gesellschaftsvertrag nichts anderes vorsieht, zu weiteren Leistungen nicht herangezogen werden. Zur einseitigen Erhöhung der übernommenen Beitragsleistung ist er weder verpflichtet noch berechtigt (§ 707 BGB). Sofern im Gesellschaftsvertrag nicht etwas anderes vereinbart wurde, führen auch die nicht abgehobenen Gewinnanteile zu keiner Erhöhung der Einlage (§ 232 Abs. 3 HGB) und sind daher einem vom Einlagekonto verschiedenen Konto gutzuschreiben. 642

2. Die Treuepflicht

Im Rahmen des gemeinsam zu verfolgenden Zwecks ist auch der stille Gesellschafter gehalten, **auf die gemeinschaftlichen Interessen Rücksicht** zu nehmen und nicht zum Nachteil der Gesellschaft zu handeln. Dazu gehört im Zweifel die Geheimhaltung des Gesellschaftsverhältnisses. Auch bei der Ausübung ihm vertraglich eingeräumter Zustimmungs- und Widerspruchsrechte werden seine Entscheidungen durch den Grundsatz von Treu und Glauben bestimmt. Er muß sich dabei von sachgerechten, die Verwirklichung des gemeinschaftlichen Zwecks fördernden Erwägungen leiten lassen. Eine Pflicht zur Zustimmung wird anzunehmen sein, 643

---

31 Vgl. dazu eingehend MünchHdb. StG/*Mattfeld* § 15 Rn. 7.
32 Näher G. *Hueck*, S. 42 ff.

wenn durch die Ablehnung das Gemeinschaftsinteresse oder der Gesellschaftszweck beeinträchtigt werden würde. Der stille Gesellschafter, der durch willkürliche Verweigerung seiner Zustimmung zu notwendigen sachdienlichen Maßnahmen der Geschäftsführung seine Treuepflicht gröblich vernachlässigt, macht sich schadensersatzpflichtig. Der Schaden kann darin bestehen, daß sich der andere Teil zur fristlosen Kündigung gezwungen sieht und diese ihm Nachteile bringt.

644 Widerspricht der stille Gesellschafter der Vornahme eines Rechtsgeschäfts, dann ist es, wenn es gleichwohl vorgenommen wird, für ihn nicht verbindlich. Es geht auf Rechnung und Gefahr des Inhabers. Dieser braucht einen offensichtlich gegen die Gesellschaftstreue verstoßenden, willkürlichen Widerspruch nicht zu beachten[33].

645 Stärkere Bindungen, auch wenn sie nicht im Gesellschaftsvertrag vereinbart sind, können sich für den stillen Gesellschafter ergeben, wenn er an der Geschäftsführung beteiligt ist. Je nach Art und Umfang dieser Beteiligung können sich für ihn die gleichen Treuebindungen wie für den Inhaber ergeben[34].

3. Wettbewerbsbeschränkungen

646 Ein Wettbewerbsverbot besteht für den **typischen** stillen Gesellschafter nicht[35]. Es wäre bei zutreffender Wertung der beiderseitigen Interessen sachlich nicht gerechtfertigt, weil er nur mit seiner Vermögenseinlage beteiligt ist und an der Geschäftsführung nicht teilnimmt, so daß er regelmäßig auch keinen tieferen Einblick in den Geschäftsbetrieb des Inhabers hat. Er steht insoweit einem Kommanditisten gleich, für den ebenfalls kein Wettbewerbsverbot besteht (§ 165 HGB). Der typische stille Gesellschafter kann demzufolge Geschäfte, die in den Handelszweig der Gesellschaft fallen, auf eigene Rechnung abschließen, auch wenn er dabei die ihm aus seiner Beteiligung zugeflossenen Kenntnisse und Erfahrungen benutzt. Nur darf er nicht geradezu die Interessen des Inhabers schädigen.

647 Eine andere Beurteilung kann gerechtfertigt sein, wenn er als **atypischer** stiller Gesellschafter Einfluß auf die Geschäftsführung hat oder wenn er selbst Kaufmann ist und sich in dem Handelszweig des Inhabers geschäft-

---

33 RG v. 22. 10. 1938 RGZ 158, 302 (310 f.).
34 *Aulinger*, S. 74 ff.
35 Vgl. dazu insgesamt MünchHdb. StG/*Mattfeld* § 15 Rn. 8; *Schlegelberger/Karsten Schmidt*, § 335 (§ 230 n.F.) Rn. 130.

lich betätigt. Hier ergibt sich auch für ihn aus dem Grundsatz von Treu und Glauben die Verpflichtung, sich eines den Gesellschaftszweck schädigenden oder beeinträchtigenden Wettbewerbs zu enthalten[36]. für seine wettbewerbsrechtliche Stellung gilt in diesem Falle dasselbe, was oben (Rn. 635 ff.) für den Inhaber ausgeführt worden ist. Ist der Stille alleiniger Geschäftsführer, ist § 112 HGB entsprechend anwendbar, wenn nichts Abweichendes vereinbart wird[37]. Darüber hinaus können dem stillen Gesellschafter im Rahmen des kartellrechtlich Zulässigen[38] vertragliche Wettbewerbsbeschränkungen, deren Einhaltung durch Vertragsstrafen gesichert werden kann, auferlegt werden. Eine von ihm zu entrichtende Vertragsstrafe fällt steuerlich unter den Begriff der Werbungskosten bei den Einkünften aus Kapitalvermögen.

4. Kontrollrechte

Die gesetzlichen und vertraglichen Kontrollrechte stehen dem Stillen grundsätzlich **nur persönlich** zu[39]. Der im Recht der Personengesellschaft geltende Grundsatz des § 717 S. 1 BGB, wonach die Rechte der Gesellschafter unübertragbar sind und einzelne Rechte im allgemeinen nur insofern abgetreten werden können, als das Gesetz selbst Ausnahmen zuläßt (siehe oben Rn. 519), gilt auch für die dem stillen Gesellschafter nach § 233 HGB zustehenden Informations- und Überwachungsrechte. Im Falle der gemäß § 717 S. 2 BGB zulässigen Abtretung des Anspruchs auf den Gewinnanteil kann der Abtretungsempfänger daher vom Geschäftsinhaber weder die Mitteilung des Jahresabschlusses noch die Einsicht in die Geschäftsbücher und Geschäftspapiere verlangen[40]. Allerdings enthält die Verpflichtung, den jeweils festgestellten Gewinnanteil des stillen Gesellschafters dem Abtretungsempfänger auszuzahlen, nach Treu und Glauben das Gebot, diesem den errechneten Gewinnanteil der Höhe nach mitzuteilen[41].

648

In einer **stillen Publikumsgesellschaft** werden die Informations- und Kontrollrechte der einzelnen stillen Gesellschafter gegenüber dem Geschäfts-

649

---

36 MünchHdb. StG/*Mattfeld* § 15 Rn. 9.
37 BGH v. 5. 12. 1983 DB 1984, 495 (496); *Böttcher/Zartmann/Faut*, S. 134; *Löffler*, NJW 1986, 223 (227); siehe auch *Schlegelberger/Karsten Schmidt*, § 335 (§ 230 n.F.) Rn. 130.
38 MünchHdb. StG/*Mattfeld* § 15 Rn. 12.
39 Dazu näher *Schlitt*, S. 141 ff.
40 BGH v. 8. 7. 1957 BGHZ 25, 115 (122 ff.).
41 BGH v. 3. 11. 1975 GmbHR 1976, 37; *Schlegelberger/Karsten Schmidt*, § 338 (§ 233 n.F.) Rn. 3.

inhaber zumeist durch einen Vertreter oder Beirat wahrgenommen[42]. Die Delegation der Kontrollrechte auf ein Gremium ist insbesondere anzutreffen, wenn eine Vielzahl stiller Beteiligungen an einer Kapitalanlagegesellschaft besteht. Durch eine derartige Vereinbarung wird im Zweifel die Befugnis des stillen Gesellschafters zur persönlichen Ausübung seiner Kontrollrechte ausgeschlossen[43]. Das Recht des einzelnen stillen Gesellschafters, in eigener Person einen Antrag gemäß § 233 Abs. 3 HGB zu stellen, wird davon jedoch nicht berührt. Andererseits erhält der Vertreter bzw. Beirat seinerseits das Recht und die Pflicht, die Prüfung des Jahresabschlusses durch Einsicht in die notwendigen Unterlagen vorzunehmen und sich von der Geschäftsführung regelmäßig Bericht erstatten zu lassen[44]. Bilden die stillen Gesellschafter ihrerseits eine BGB-Gesellschaft und wählen aus ihrer Mitte einen Beirat, der über den sorgfältigen Umgang der Inhabergesellschaft mit den Einlagegeldern wachen soll[45], so ist auch dieser Beirat der BGB-Gesellschaft auskunftspflichtig[46]. Verletzt ein Mitglied des Beirats seine Überwachungspflicht, kann es auf Schadensersatz in Anspruch genommen werden[47].

a) Die gesetzlichen Kontrollrechte des Stillen

650 Das Gesetz und insbesondere § 233 HGB, der teils wörtlich (Abs. 1 und 3) teils sachlich (Abs. 2) der Regelung in § 166 HGB entspricht, gewährt dem stillen Gesellschafter verschiedene Informations- und Kontrollrechte. Durch die Kontrollbefugnisse gemäß § 233 HGB unterscheidet sich die stille Gesellschaft von den partiarischen Geschäften (vgl. hierzu oben Rn. 378 ff.).

651 Ob der stille Gesellschafter seine eigenen Verpflichtungen erfüllt, insbesondere seine vereinbarte Einlage geleistet hat, ist für die Geltendmachung der Rechte aus § 233 HGB unerheblich[48]. Nach h.M. stehen die Rechte aus § 233 HGB, wenn nichts anderes vereinbart ist, dem stillen Gesellschafter allerdings nur zu, **solange die Gesellschaft besteht,** nicht mehr dagegen nach ihrer Auflösung zum Zwecke der Nachprüfung des

---

42 Dazu näher *Schlitt*, S. 182 ff.
43 BGH ZIP 1984, 702 (704).
44 OLG Düsseldorf v. 13. 3. 1985 WM 1985, 872 = GmbHR 1985, 334.
45 So z.B. in OLG Düsseldorf v. 13. 3. 1985 WM 1985, 872 = GmbHR 1985, 334; siehe auch oben Rn. 228.
46 *Schlegelberger/Karsten Schmidt*, § 338 (§ 233 n.F.) Rn. 13.
47 BGH v. 22. 10. 1979 WM 1979, 1425.
48 *Baumbach/Hopt*, § 233 Rn. 1; *Schlegelberger/Karsten Schmidt*, § 338 (§ 233 n.F.) Rn. 3.

Auseinandersetzungsguthabens und in Ansehung der schwebenden Geschäfte[49]. Später kann die Vorlage der Bücher und Geschäftspapiere nur unter den Voraussetzungen des § 810 BGB verlangt werden[50].

(1) Das ordentliche Informationsrecht des Stillen nach § 233 Abs. 1 HGB

Der stille Gesellschafter ist gemäß § 233 Abs. 1 HGB berechtigt, die **abschriftliche Mitteilung des Jahresabschlusses**, d.h. der Bilanz sowie der Gewinn- und Verlustrechnung (§ 242 Abs. 3 HGB), zu verlangen und deren Richtigkeit unter Einsicht der Bücher und Papiere zu prüfen[51]. Unter „Bilanz" versteht das Gesetz zwar grundsätzlich die Handelsbilanz. Soweit für die Berechnung des Gewinn- und Verlustanteils des Stillen nach dem Gesellschaftsvertrag jedoch die Steuerbilanz maßgeblich ist, muß auch diese abschriftlich mitgeteilt werden. Wird neben dem alljährlich nach den allgemeinen Vorschriften aufzustellenden Jahresabschluß eine besondere Abrechnung über den auf den stillen Gesellschafter entfallenden anteiligen Gewinn erstellt, so kann er stets auch die Mitteilung des Jahresabschlusses verlangen. Zwischenabschlüsse und Prüfungsberichte sind jedoch nicht mitzuteilen. In Bezug auf diese Dokumente hat der Stille jedoch ein Einsichtsrecht.

652

Das Einsichtsrecht des Stillen ist im Gegensatz zu § 118 HGB auf das zur Kontrolle des Jahresabschlusses erforderliche Maß beschränkt[52]. Zu den Büchern und Papieren gehören sämtliche für den Jahresabschluß relevanten Unterlagen des Handelsgewerbes. Zeit, Ort und Art der Einsicht werden im Einzelfall durch die Treuepflicht bestimmt. Mitnahme oder Versendung der entsprechenden Dokumente kann der Stille regelmäßig nicht verlangen[53].

653

Der stille Gesellschafter kann sich, wenn es sich als notwendig erweist und wenn nicht berechtigte Belange des Inhabers entgegenstehen, **der Hilfe eines Buchsachverständigen bedienen.** Erhebt der Inhaber gegen den vom stillen Gesellschafter beauftragten Sachverständigen begründete Bedenken, so ist die Bucheinsicht einem vom Gericht zu bestellenden Buchsachverständigen zu übertragen. War die Zuziehung des Sachverständigen

654

---

49 BGH v. 11. 7. 1968 BGHZ 50, 316 (324); *Schlegelberger/Karsten Schmidt*, § 338 (§ 233 n.F.) Rn. 10; *Schlitt*, S. 139 ff.; näher hierzu und zur abweichenden eigenen Auffassung siehe Rn. 1015.
50 RG v. 17. 3. 1926 JW 1926, 1812; BGH v. 8. 4. 1976 DB 1976, 2106 (2107); *Schlegelberger/Karsten Schmidt*, § 338 (§ 233 n.F.) Rn. 10; *Schlitt*, S. 140.
51 Dazu näher *Schlitt*, S. 85 ff.
52 Dazu näher *Schlitt*, S. 150 ff.
53 Vgl. dazu *Baumbach/Hopt*, § 233 Rn. 4.

wegen der Mangelhaftigkeit der Buchführung objektiv erforderlich, so kann der Stille Ersatz der ihm dadurch entstandenen Kosten verlangen[54]. Soweit ihm die Kosten nicht erstattet werden, liegen steuerlich Werbungskosten bei den Einkünften aus Kapitalvermögen vor.

655 Aus § 233 Abs. 1 HGB ergibt sich für den stillen Gesellschafter ein notfalls im Klagewege durchsetzbarer Anspruch gegen den Inhaber auf ordnungsmäßige Buchführung und Bilanzierung. Das gilt auch, wenn der Inhaber Minderkaufmann ist, da auch dieser für ordnungsgemäße Aufzeichnungen, die eine geeignete Grundlage für die Gewinnermittlung abgeben, sorgen muß.

(2) Das außerordentliche Informationsrecht des Stillen nach § 233 Abs. 3 HGB

656 Auf Antrag des stillen Gesellschafters kann das **Gericht,** wenn wichtige Gründe vorliegen, die Mitteilung des Jahresabschlusses oder sonstige Aufklärungen sowie die Vorlage der Bücher und Papiere jederzeit anordnen (§ 233 Abs. 3 HGB). Diese Vorschrift ist **zwingendes Recht** und kann nicht im Gesellschaftsvertrag ausgeschlossen werden[55].

657 Ein **wichtiger Grund** ist jedenfalls dann gegeben, wenn ein berechtigtes Mißtrauen gegen die Geschäftsführung besteht oder die Bucheinsicht nach § 233 Abs. 1 HGB ohne triftigen Grund verweigert wurde. Ob ein wichtiger Grund vorliegt, ist keine Ermessensfrage. Es handelt sich vielmehr um einen unbestimmten Rechtsbegriff. Dagegen liegt es im pflichtmäßigen Ermessen des Richters, welche Anordnungen er treffen will (Vorlage von Bilanzen oder Zwischenbilanzen, Umfang der Buchvorlage, Zuziehung von Sachverständigen usw.).

658 Behauptet der Inhaber, er habe keine Bilanzen aufgestellt, so steht das einer gerichtlichen Anordnung gemäß § 233 Abs. 3 HGB nicht entgegen. Die Anordnung braucht sich nicht auf die Bilanzen und Bücher der dem Antrag vorhergehenden zehn Jahre (§ 257 Abs. 4 HGB) zu beschränken. Sind dem stillen Gesellschafter jedoch durch den Gesellschaftsvertrag Geschäftsführungsbefugnisse übertragen worden, so kann er in der Regel nicht das Einschreiten des Gerichts verlangen, da er bereits die Möglichkeiten hat, die ihm die gerichtliche Anordnung verschaffen soll.

---

54 OLG München v. 1. 4. 1954 BB 1954, 669; *Baumbach/Hopt,* § 118 Rn. 5; zum Kostenersatz a.A. OLG Düsseldorf v. 13. 6. 1929 JW 1929, 2169.
55 Zum Verständnis von § 233 Abs. 3 im Verhältnis zu Abs. 1 siehe *Karsten Schmidt,* S. 74 i.V.m. S. 79; vgl. auch *Schlitt,* 100 ff.

§ 12 Rechte und Pflichten der Gesellschafter

Der Antrag ist im Verfahren der freiwilligen Gerichtsbarkeit zu stellen. 659
Antragsgegner ist der Inhaber des Handelsgeschäfts[56]. Die Entscheidung
erfolgt im Beschlußverfahren (§§ 145, 146 FGG) oder bei entsprechender
Vereinbarung durch ein Schiedsgericht (siehe oben Rn. 534 ff.). Da das
Recht aus § 233 Abs. 3 HGB nur einem stillen Gesellschafter zusteht, ist
die Frage, ob ein stilles Beteiligungsverhältnis oder etwa ein partiarisches
Darlehen vorliegt, als Sachurteilsvoraussetzung auch in diesem Verfahren
zu klären. Wahlweise kann der Anspruch auch im Streitverfahren durchgesetzt werden, wenn der wichtige Grund in der Verweigerung des allgemeinen oder vertraglichen Prüfungsrechts besteht[57].

(3) Die Kontrolle von Beteiligungen

Ist der **Inhaber seinerseits an einem weiteren Unternehmen beteiligt,** so 660
kann es für den stillen Gesellschafter von Interesse sein, sich auch über
die Beziehungen zu dem mit dem Geschäftsinhaber verbundenen Unternehmen sowie über dessen Geschäftätigkeit zu informieren; dies insbesondere dann, wenn laut Gesellschaftsvertrag die Einlage in das Unternehmen fließen soll, an welchem der Geschäftsinhaber beteiligt ist. Es
stellt sich daher die Frage, inwieweit sich das Kontrollrecht des stillen
Gesellschafters auf ein Unternehmen erstreckt, an dem nicht der Stille,
sondern im Rahmen seines Handelsgeschäfts der Inhaber beteiligt ist[58].
Zur Beantwortung bedarf es einer Differenzierung.

Vom Kontrollrecht grundsätzlich erfaßt sind **alle Unterlagen des Inhabers** 661
betreffend die Geschäftsvorgänge zwischen den beteiligten Unternehmen,
da es sich hierbei um Angelegenheiten handelt, die in den Bereich der
Geschäftsführung des Unternehmens fallen, an dem der Stille beteiligt
ist[59]. Es handelt sich um Geschäftsmaßnahmen, die zu kontrollieren dem
Stillen durch § 233 HGB gerade ermöglicht werden soll.

Eine Einschränkung erfährt dieses Recht des Stillen lediglich insoweit, als
es dem Zweck dienen muß, eine sachgerechte Prüfung der Bilanzen zu
ermöglichen[60].

---

56 *Schlegelberger/Karsten Schmidt,* § 338 (§ 233 n.F.) Rn. 19; siehe aber auch
   OLG Köln v. 30. 5. 1967 OLGZ 1967, 362, wo ausnahmsweise als Antragsgegner auch der Geschäftsführer einer Komplementär-GmbH zugelassen wird.
57 OLG Köln v. 30. 5. 1967 OLGZ 1967, 362; OLG Stuttgart v. 18. 2. 1970 OLGZ
   1970, 262; OLG Hamm v. 27. 2. 1970 MDR 1970, 594.
58 Dazu näher *Schlitt,* S. 80 ff.
59 BGH v. 20. 6. 1983 ZIP 1983, 935 (936); BGH v. 16. 1. 1984 NJW 1984, 2470.
60 BGH v. 8. 7. 1957 BGHZ 25, 115 (120).

662 Demgegenüber **verneint die Rechtsprechung** eine prinzipielle Erstreckung des Informationsrechts auch auf Unterlagen des mit dem Inhaber verbundenen Unternehmens selbst. Es wird vielmehr grundsätzlich an der Eigenständigkeit der Rechtsbeziehungen zwischen dem Stillen und dem Geschäftsinhaber einerseits sowie zwischen letzterem und dem Drittunternehmen andererseits festgehalten. Folglich werden gesellschaftsrechtliche Kontrollbefugnisse bezüglich der Geschäftsführung des mit dem Inhaber verbundenen Unternehmens allein dem Inhaber und nicht dem stillen Gesellschafter gewährt. Die bloße Beteiligung des Geschäftsinhabers an einem dritten Unternehmen könne für diesen in der Regel auch nicht die Pflicht begründen, dem Stillen Einsicht in die Unterlagen jenes Unternehmens zu verschaffen[61]. Zur Rechtfertigung dieser Auffassung wird neben dem formellen Aspekt der Verschiedenheit der Rechtssubjekte angeführt, daß ein Informationsrecht des mit der zu kontrollierenden Gesellschaft nicht in unmittelbaren Rechtsbeziehungen stehenden stillen Gesellschafters den schutzwürdigen Interessen der übrigen an dem Unternehmen beteiligten Gesellschafter zuwiderliefe[62].

663 Aus dem Gesichtspunkt des Interessenkonfliktes leitet der BGH auch **Ausnahmetatbestände** zu dem von ihm aufgestellten Grundsatz ab. Haben grundsätzlich die Belange der an dem Drittunternehmen neben dem Inhaber beteiligten Gesellschafter Vorrang vor den Informationsinteressen des stillen Gesellschafters, so sollen dessen Belange dann ein Übergewicht gewinnen, wenn sein unverzichtbar geschützter Bereich tangiert wird. Der unverzichtbar geschützte Bereich wird dabei vom BGH in Anlehnung an den wichtigen Grund des § 233 Abs. 3 HGB bestimmt. Liegt ein wichtiger Grund im Sinne dieser Regelung vor, so ist der unverzichtbar geschützte Bereich des stillen Gesellschafters berührt und sein außerordentliches Informationsrecht umfaßt auch die Geschäftsunterlagen des mit dem Inhaber verbundenen Unternehmens[63].

664 Wann ein solcher wichtiger Grund vorliegt, der eine Ausweitung des Kontrollrechts rechtfertigt, hat die Rechtsprechung nicht abschließend festgelegt. Diese Frage dürfte nur nach einer einzelfallbezogenen, umfassenden Interessenabwägung zu beantworten sein. Hierbei verbietet sich eine zu enge Anlehnung an die Vorschrift des § 233 Abs. 3 HGB und der zu dieser ergangenen Rechtsprechung. Das gesetzlich geregelte außerordentliche Informationsrecht ist auf den internen Interessenausgleich der Partner des stillen Gesellschaftsverhältnisses zugeschnitten. Bei der Prü-

---

61 BGH v. 16. 1. 1984 NJW 1984, 2470; zu dieser Entscheidung *Hepting*, FS *Pleyer* 1986, S. 301 ff.
62 BGH v. 16. 1. 1984 NJW 1984, 2470; BGH v. 20. 6. 1983 ZIP 1983, 935 (936).
63 BGH v. 16. 1. 1984 NJW 1984, 2470.

fung einer Ausweitung des Informationsrechts auf Beteiligungsunternehmen sind zusätzliche Drittinteressen mit zu berücksichtigen, was in der Regel dazu führen wird, daß an den wichtigen Grund, der eine Erstreckung des Informationsrechts rechtfertigen soll, höhere Anforderungen zu stellen sind, als dies im Zweipersonenverhältnis nötig ist. § 233 Abs. 3 HGB ist in diesem Zusammenhang eher als positivrechtlicher Ansatzpunkt zur Rechtfertigung eines Mindestschutzbereichs für den stillen Gesellschafter zu verstehen, wenn der Inhaber im Rahmen seines Handelsgeschäftes Beteiligungen an anderen Unternehmen hält, wodurch er auch deren Interessen in bestimmter Weise verpflichtet ist[64]. Entsprechend diesem Zweck, einen angemessenen Interessenausgleich zwischen den Beteiligten herbeizuführen, muß das Merkmal „wichtiger Grund" ausgelegt werden.

Die Rechtsprechung hat eine **Ausweitung des außerordentlichen Informationsrechts** in einem Fall angenommen, in welchem die Einlage des stillen Gesellschafters in die Beteiligungsgesellschaft floß und diese auch diejenigen Geschäfte tätigte, die Zweck des stillen Gesellschaftsvertrages waren, so daß sie auch die Gewinne erwirtschaftete, die dem Stillen zugute kommen sollten. Ein weiteres Gefährdungsmoment bestand zudem in einer besonderen personellen und finanziellen Verflechtung des Geschäftsinhabers mit dem Beteiligungsunternehmen[65]. Bei dieser Konstellation sah der BGH den Zugang des stillen Gesellschafters zu Informationen über die wesentlichen mit seiner Einlage finanzierten Geschäfte versperrt und damit die schützenswerten Belange des Stillen – insbesondere auch durch die Gefährdungslage wegen der Verflechtung – nicht mehr hinreichend gewahrt. Er erweiterte daher das außerordentliche Informationsrecht des Stillen auch auf Unterlagen des Beteiligungsunternehmens[66].

665

Aus den gleichen Erwägungen bestimmt sich auch der Umfang des Kontrollrechtes in dem Fall, daß der Geschäftsinhaber im Rahmen seines Handelsbetriebes eine hundertprozentige Beteiligung an einer anderen Gesellschaft hält, wie dies bei einer **Betriebsaufspaltung** in der Regel der Fall ist. Bei einer solchen Konstellation, bei der die Beteiligungsgesellschaft ein hundertprozentiges Tochterunternehmen des Inhabers ist, werden Interessen Dritter, die gegenüber dem Informationsinteresse des Stillen abzuwägen wären, überhaupt nicht berührt. Da der Inhaber alle Anteile an dem Beteiligungsunternehmen hält, stehen letztlich nur seine Be-

666

---
64 So wohl auch *Hepting*, FS *Pleyer* 1986, S. 301 (307).
65 BGH v. 16. 1. 1984 NJW 1984, 2470 (2471).
66 Zustimmend *Schlegelberger/Karsten Schmidt*, § 338 (§ 233 n.F.) Rn. 9; *Hepting*, FS *Pleyer* 1986, S. 301 (306 f.).

lange denen des stillen Gesellschafters gegenüber. Dieser gesellschaftsinterne Interessenkonflikt wird in § 233 HGB geregelt. Der in § 233 HGB dem Inhaber auferlegten Pflicht darf sich dieser nicht unter Hinweis auf die formale Verschiedenheit zwischen sich und der Tochtergesellschaft entziehen. Der stille Gesellschafter kann vielmehr auch **Einsicht in die Unterlagen des Tochterunternehmens** verlangen[67].

667 Die Erstreckung des Informationsrechts auf Bilanzen und Geschäftsunterlagen des Beteiligungsunternehmens geht nicht so weit, daß der Stille gegen dieses einen Anspruch auf Ausübung seines Kontrollrechts hätte. Informationsschuldner bleibt vielmehr der Geschäftsinhaber[68]. Daraus folgt vor allem, daß das Recht des Stillen auf Information durch die entsprechende Rechtsstellung des Geschäftsinhabers im Beteiligungsunternehmen begrenzt ist.

(4) Weitere gesetzliche Kontrollrechte

668 Dagegen stehen dem Stillen die in § 716 BGB und in § 118 HGB dem von der Geschäftsführung ausgeschlossenen Gesellschafter eingeräumten **weiteren Rechte**, sich von den Angelegenheiten der Gesellschaft jederzeit persönlich zu unterrichten, die Geschäftsbücher und die Papiere der Gesellschaft einzusehen und sich aus ihnen eine Übersicht über den Stand des Gesellschaftsvermögens anzufertigen, **nicht zu** (§ 233 Abs. 2 HGB). Sie können ihm lediglich vertraglich eingeräumt werden.

669 Aus dieser Beschränkung ergibt sich zugleich, daß er während des Bestehens der stillen Gesellschaft nicht die Vorlage der Geschäftsbücher nach § 810 BGB verlangen kann. Anderenfalls könnte er über diese Vorschrift die beschränkte Einsicht nach § 233 HGB vereiteln[69]. Das Recht des Prozeßgerichts, nach §§ 258, 260 HGB die Vorlage der Handelsbücher anzuordnen, wird durch § 233 HGB jedoch nicht ausgeschlossen.

670 Einen Anspruch auf Rechnungslegung gemäß § 259 BGB hat der Stille nur, wenn die Handelsbücher, die er zur Nachprüfung der Richtigkeit der Bilanz einzusehen berechtigt ist, keinen hinreichenden Aufschluß zu geben vermögen[70]. Er ist auch nicht berechtigt, selbst eine Inventur aufzunehmen, den Kassenbestand zu prüfen oder Auskunft über den Stand der einzelnen Geschäfte zu verlangen.

---

67 BGH v. 8. 7. 1957 BGHZ 25, 115 (117 f.); *Hepting,* FS *Pleyer* 1986, S. 301 (302, 306).
68 *Schlegelberger/Karsten Schmidt,* § 338 (§ 233 n.F.) Rn. 9; *Hepting,* FS *Pleyer* 1986, S. 301 (302).
69 *Schlegelberger/Martens,* § 166 Rn. 16; vgl. auch *Schlitt,* S. 132.
70 RG v. 2. 11. 1926 RG JW 1927, 368; vgl. auch *Schlitt,* S. 132.

b) Vertragliche Vereinbarungen

Im Gesellschaftsvertrag können die Kontrollrechte des Stillen jedoch erweitert oder beschränkt werden.

Eine **Erweiterung der Kontrollrechte** des stillen Gesellschafters ist vor allem anzutreffen, wenn ihm Geschäftsführungsbefugnisse eingeräumt werden oder wenn er im Innenverhältnis an dem Geschäftsvermögen und an den Rücklagen beteiligt sein soll. Häufig werden in diesem Zusammenhang dem stillen Gesellschafter zusätzlich die durch § 233 Abs. 2 verdrängten Kontrollrechte nach § 716 BGB sowie verschiedene Zustimmungs- und Widerspruchsrechte zugebilligt. Darüber hinaus kann im Gesellschaftsvertrag vorgesehen werden, daß der stille Gesellschafter berechtigt sein soll, dem Inhaber die Geschäftsführung zu entziehen oder einen anderen mit der Geschäftsführung zu beauftragen. Auf diese Weise kann die Leitung des Handelsgeschäfts in die Hand von Personen gelegt werden, die nicht die volle vermögensrechtliche Verantwortung für das Unternehmen tragen (Rn. 684 ff.). Die Durchsetzung solcher vertraglich eingeräumten Kontrollrechte kann jedoch nicht im Verfahren nach § 233 Abs. 3 HGB i.V.m. § 145 FGG erfolgen. Der stille Gesellschafter muß insoweit ordentlich klagen. 671

Es ist aber auch eine **Einschränkung** der in § 233 Abs. 1 HGB vorgesehenen Kontrollrechte möglich und zulässig. Sie wird zu erwägen sein, wenn der stille Gesellschafter selbst Kaufmann und in demselben Handelszweig tätig ist oder wenn die stille Beteiligung im Rahmen des Handelsgeschäfts des Inhabers nicht ins Gewicht fällt. Die Beschränkung kann darin bestehen, daß der stille Gesellschafter nicht alle Bücher oder daß er die Bücher nicht selbst einsehen darf, sondern einen Buchsachverständigen damit betrauen muß, oder daß beim Vorhandensein mehrerer stiller Gesellschafter die Kontrollrechte nur durch einen Ausschuß oder einen Vertrauensmann ausgeübt werden dürfen. Bei der Beschränkung der Kontrollrechte ist indessen Zurückhaltung geboten, weil bei zu starker Einschränkung Zweifel am Vorliegen eines echten Gesellschaftsverhältnisses entstehen können. Dieser Gesichtspunkt spielt insbesondere in steuerlicher Hinsicht eine wichtige Rolle. Auch kann eine zu starke Beschränkung sittenwidrig und nichtig sein, besonders wenn der Verdacht einer unredlichen Geschäftsführung besteht. 672

5. Beteiligung an der Geschäftsführung

In der Regelung ihrer Innenbeziehungen sind die Parteien des stillen Gesellschaftsvertrages frei. Der stille Gesellschafter kann daher zusam- 673 men mit dem Inhaber, neben ihm oder an seiner Stelle zur Geschäftsführung berechtigt oder verpflichtet sein. Die (teilweise) **Übertragung der Geschäftsführungsbefugnis auf den stillen Gesellschafter** kann auch durch schlüssiges Verhalten erfolgen[71]. Derartige Vereinbarungen stehen der Annahme einer (atypischen) stillen Gesellschaft grundsätzlich nicht entgegen[72]. Ist der Inhaber im Innenverhältnis von der Geschäftsführung ausgeschlossen, so fragt es sich allerdings, ob überhaupt noch eine stille Gesellschaft oder nur ein auf Geschäftsbesorgung gerichteter Dienstvertrag vorliegt.

674 Bei vertraglich eingeräumter Geschäftsführungsberechtigung des Stillen ist **§ 712 Abs. 1 BGB analog** anzuwenden, so daß der Geschäftsinhaber bei Vorliegen eines wichtigen Grundes berechtigt ist, dem stillen Gesellschafter die Befugnis zur Führung der Geschäfte zu entziehen und die Geschäftsführung wieder selbst zu übernehmen[73].

675 Der stille Gesellschafter, dem Geschäftsführungsbefugnisse übertragen worden sind, hat in Ermangelung anderer Vereinbarungen ebensowenig wie der Inhaber einen Anspruch auf Vergütung seiner Tätigkeit[74], es sei denn, daß ihm die Geschäftsführung aufgrund eines besonderen, vom Gesellschaftsvertrag unabhängigen Dienstvertrags übertragen oder daß eine Geschäftsführervergütung ausdrücklich vereinbart ist. In diesem Fall genießt er in arbeits- und sozialversicherungsrechtlicher Hinsicht den besonderen Schutz des abhängigen Angestellten und das Konkursvorrecht des verdienten Lohnes. Es kann das Arbeitsverhältnis unter Beachtung der Kündigungsschutzbestimmungen nach den §§ 626 ff. BGB gekündigt werden. Für die Kündigung des Gesellschaftsverhältnisses kommen dagegen die gesellschaftsrechtlichen Vorschriften zur Anwendung[75].

6. Vertretung des Geschäftsinhabers nach außen

676 Alle diese und ähnliche Absprachen, die in der Regel zur Annahme einer atypischen stillen Gesellschaft führen, haben nur im Innenverhältnis Bedeutung. Nach außen hin kann die alleinige Handlungsbefugnis des Inhabers weder ausgeschlossen noch rechtswirksam beschränkt werden.

---

71 BGH v. 18. 10. 1965 DB 1966, 187; OLG Nürnberg v. 26. 1. 1968 DB 1968, 479.
72 BGH v. 29. 11. 1952 BGHZ 8, 157 (160); BGH v. 27. 3. 1961 BB 1961, 583; BGH v. 6. 11. 1963 DB 1964, 476.
73 *Koenigs*, S. 158; *Hartmann*, S. 64.
74 *Zutt*, in: GroßKomm. § 230 Rn. 95.
75 RG v. 10. 10. 1933 RGZ 142, 13 (16); *Koenigs*, S. 160.

§ 12 Rechte und Pflichten der Gesellschafter

Soll der stille Gesellschafter auch im Außenverhältnis mit Wirkung für und gegen das Handelsgewerbe des Inhabers handeln können, muß ihm **Prokura oder Handlungsvollmacht** erteilt werden. Geschieht das mit Rücksicht auf seine Gesellschafterstellung im Gesellschaftsvertrag, so bildet die Prokura oder Handlungsvollmacht einen Bestandteil seiner Mitgliedschaft mit der Folge, daß der Widerruf der Prokura oder Handlungsvollmacht sich nach den Bestimmungen des Gesellschaftsrechts richtet. Sie können ihm nur dadurch entzogen werden, daß das Gesellschaftsverhältnis gekündigt wird. § 52 Abs. 1 HGB paßt nicht für die gesellschaftsrechtliche Regelung der Prokura oder Handlungsvollmacht eines Gesellschafters und ist deshalb in diesen Fällen nicht anwendbar[76]. Im Gesellschaftsvertrag kann jedoch eine andere Regelung getroffen werden. Es können insbesondere die Voraussetzungen festgelegt werden, unter denen dem stillen Gesellschafter die Prokura oder Handlungsvollmacht entzogen werden kann.

677

Die Vertretungsbefugnis des Stillen muß sich stets auf die Vertretung des Geschäftsinhabers beschränken; sie darf sich nicht als eine Vertretung der Gesellschaft selbst darstellen[77], weil sonst der Rechtsschein einer Außengesellschaft erweckt würde.

678

7. Haftung für Geschäftsführungs- und Vertretungshandlungen

Der zur Geschäftsführung berechtigte stille Gesellschafter hat dem Inhaber gegenüber nach § 708 BGB nur für die Sorgfalt einzustehen, die er in eigenen Angelegenheiten anzuwenden pflegt, wenn seine Geschäftsführungsbefugnis oder seine Bestellung zum Prokuristen bzw. Handlungsbevollmächtigten auf dem Gesellschaftsvertrag beruht. Ist er aufgrund besonderen Dienstvertrags Geschäftsführer, Prokurist oder Handlungsbevollmächtigter, so haftet er nach den allgemeinen Vorschriften für jedes Verschulden (vgl. dazu oben Rn. 623).

679

Handlungen, die er ohne erforderliche Ermächtigung durch den Inhaber oder unter Überschreitung seiner Zuständigkeit vornimmt, fallen ebenso wie die entsprechenden Handlungen des Inhabers unter den Begriff der Geschäftsführung ohne Auftrag und lösen eine verschärfte Haftung aus. Sie können durch den Inhaber genehmigt werden und gelten dann im Innenverhältnis als im Rahmen des Handelsgeschäfts abgeschlossen.

680

---

76 BGH v. 27. 6. 1955 BGHZ 17, 392.
77 BGH v. 27. 3. 1961 BB 1961, 583.

8. Haftung des Stillen für Verbindlichkeiten des Handelsgewerbes

681 Da die stille Gesellschaft keine Außengesellschaft ist, sind die §§ 709 bis 712 BGB nicht anwendbar. Der stille Gesellschafter wird aus den Rechtsgeschäften, die vom Inhaber des Handelsgeschäfts abgeschlossen werden, **weder berechtigt noch verpflichtet**. Das wäre nur der Fall, wenn die Geschäfte auch in seinem Namen abgeschlossen worden wären. Im Verhältnis zu den Gläubigern des Inhabers entspricht die Rechtsstellung des stillen Gesellschafters – abgesehen von dem Sonderfall des Konkurses (unten Rn. 1041 ff.) – der eines Darlehensgebers.

682 Es kann aber der stille Gesellschafter den Gläubigern des Geschäftsinhabers **aus anderen Gründen** haften, so wenn er sich ihnen gegenüber verbürgt, eine Schuldmitübernahme vereinbart oder einen Garantievertrag abgeschlossen hat. Darüber hinaus kann sich eine Haftung aus Rechtsschein ergeben, wenn der Stille wie der Geschäftsinhaber oder Gesellschafter einer OHG aufgetreten ist[78]. Hingegen wird seine Haftung nicht schon dadurch begründet, daß das stille Gesellschaftsverhältnis nach außen bekanntgegeben wurde (siehe auch oben Rn. 531).

683 Betrachtet man unter dem Blickpunkt der Haftung die einzelnen Gesellschaftsformen des geltenden Rechts, so ist deutlich das Streben des Gesetzgebers zu erkennen, einen Ausgleich zwischen den in jedem Unternehmen vorhandenen wirtschaftlichen Grundelementen, repräsentiert durch das Kapital und die Arbeit (den Unternehmensbesitz und die Unternehmensleitung), und der Verantwortlichkeit, ausgedrückt durch die Haftung, herbeizuführen[79]. Dem Verhältnis von Unternehmensbesitz und Unternehmensleitung, von persönlicher Einflußnahme auf das Schicksal des Unternehmens und bloßer kapitalmäßiger Beteiligung entspricht die gesetzliche Ordnung der Haftungsverhältnisse bei der stillen Gesellschaft: Dem Geschäftsinhaber obliegen Geschäftsführung und Handeln nach außen; ihn trifft deshalb die Verantwortung für sein Tun in Gestalt der unbeschränkten und unbeschränkbaren persönlichen Haftung, wohingegen den von Geschäftsführung und Vertretung ausgeschlossenen, nur mit seiner Vermögenseinlage beteiligten stillen Gesellschafter keine Haftung trifft (§ 230 Abs. 2 HGB). Er kann, wenn er am Verlust teilnimmt, im ungünstigsten Falle die für den Beteiligungszweck aus seinem Vermögen ausgesonderte Einlage verlieren, darüber hinaus aber zu weiteren Leistungen nicht herangezogen werden (§ 707 BGB).

---

[78] BGH v. 6. 11. 1963 BB 1964, 327.
[79] Vgl. dazu *Blaurock*, FS *Stimpel* 1985, S. 553 ff.

Diese Regelung soll nach h.M. auch gelten, wenn das im Gesetz festgelegte Verhältnis von wirtschaftlicher Macht (Unternehmensbesitz) und Verantwortung (Unternehmensleitung) zwischen den Beteiligten dergestalt verlagert wird, daß der stille Gesellschafter der eigentliche Leiter des Unternehmens ist und die Form der stillen Gesellschaft nur dazu benutzt, sich trotz tatsächlicher Unternehmensleitung der unbeschränkten persönlichen Haftung zu entziehen[80]. Hier wird die für diese Gesellschaftsform typische Relation zwischen Unternehmensleitung und Haftung im Wege der Parteidisposition aufgehoben. 684

In der Literatur wurde die Auffassung vertreten, daß zwischen unternehmerischer Leitungsmacht und gesellschaftsrechtlicher Verantwortung ein notwendiger Zusammenhang bestehe. Man sprach von einem „Ausdruck des wirtschaftsverfassungsrechtlichen Prinzips, daß der leitende Unternehmer voll für den geschäftlichen Einfluß seiner Betätigung im Wirtschaftsverkehr einstehen soll"[81]. Wo nun entgegen der gesetzlich vorgesehenen Verteilung der Funktionen dem stillen Gesellschafter im Innenverhältnis tatsächlich die Leitung des Unternehmens obliegt, stellt sich die Frage, ob es nicht folgerichtig wäre, ihn auch mit der unbeschränkten persönlichen Haftung zu belasten, zumal sich seine Tarnung als stiller Gesellschafter unter solchen Umständen als Mißbrauch der Gesellschaftsform darstellen kann[82]. 685

Der BGH ist dieser Auffassung nicht gefolgt. In seinem Urteil vom 6. 11. 1963[83] meinte er, auch aus der Erteilung einer Generalvollmacht und aus der Übertragung von Geschäftsführungsbefugnissen auf den stillen Gesellschafter könne kein Haftungsgrund hergeleitet werden. Der stille Gesellschafter hafte den Geschäftsgläubigern unmittelbar nur aufgrund einer besonderen Verpflichtung. Jedoch könne eine Haftung kraft Rechtsscheins in Betracht kommen, wenn der stille Gesellschafter sich den Geschäftsgläubigern gegenüber als Gesellschafter einer OHG bezeichnet hat. 686

Selbst dann, wenn der Geschäftsherr und Geschäftsinhaber nur die vom Stillen vorgeschobene Person zur Führung seiner Geschäfte ist, ist nach Meinung des BGH die Haftung des stillen Gesellschafters für Verbindlichkeiten der Gesellschaft ausgeschlossen. Die unmittelbare Haftung wider- 687

---

80 *Koenigs*, S. 237; *Aulinger*, S. 18; *Böttcher/Zartmann/Faut*, S. 136; BGH v. 6. 11. 1963 BB 1964, 327.
81 *Haupt/Reinhardt*, S. 79; *Immenga*, S. 419.
82 Vgl. dazu *Haupt/Reinhardt*, S. 79; *Paulick*, Die eingetragene Genossenschaft als Beispiel gesetzlicher Typenbeschränkung, S. 39; *ders.*, Handbuch der stillen Gesellschaft, 1. Aufl., Anhang § 8 II, S. 101 ff.; *Böttcher/Zartmann/Faut*, S. 136.
83 BB 1964, 327.

spreche der Haftungsregelung, wie sie für handelsrechtliche Gesellschaften und deren Gesellschafter im HGB vorgeschrieben sei. Sie würde unter bestimmten Voraussetzungen zu einer gefahrvollen Aufweichung des Rechts führen. Die höchstrichterliche Rechtsprechung müßte sich bei der Abgrenzung der Tatbestände in einer überaus bedenklichen Kasuistik verlieren und der Rechtssicherheit in einem unvertretbaren Umfange Abbruch tun[84].

688 Eine unmittelbare Haftung des Stillen gegenüber den Gesellschaftsgläubigern wird dagegen dann zu bejahen sein, wenn er das Gesellschaftsverhältnis bewußt dazu mißbraucht, sich auf Kosten redlicher Dritter in sittenwidriger Weise Vorteile zu verschaffen, wenn er also z.B. einen kreditwürdig erscheinenden, aber mittellosen Geschäftsinhaber vorschiebt und zugleich seine Haftung für Verluste im Innenverhältnis auf seine Einlage oder auf einen Betrag beschränkt, der im Mißverhältnis zu Art, Umfang und Risiko der auf seine Weisung abgeschlossenen Rechtsgeschäfte steht[85].

689 Mit den hier erörterten Fragen befaßte sich auch das BAG in seinem Urteil v. 16. 3. 1955[86]. Ihm lag folgender Sachverhalt zugrunde: Der stille Gesellschafter hatte nach dem Gesellschaftsvertrag nicht nur weitgehende Aufsichtsrechte, sondern alle Geschäfte waren von seiner Genehmigung abhängig. Ihm stand darüber hinaus die unbeschränkte und unwiderrufliche Vertretungsmacht zu. Er allein bestimmte die abzuschließenden Geschäfte, zeichnete für die Firma, verfügte über das Bankkonto; er allein hatte auch die für die Geschäftsführung erforderlichen Geldmittel zur Verfügung gestellt. Daraus hatte das LAG den Schluß gezogen, daß er der wahre Inhaber des Geschäfts, nicht nur stiller Teilhaber sei, und daß er deshalb für alle Schulden aufkommen müsse.

690 Das BAG ist dieser Ansicht nicht gefolgt. Es führte aus, das LAG verkenne, daß nach der Rechtsprechung und der überwiegenden Meinung der Rechtslehre auch bei einer atypischen stillen Gesellschaft, bei der dem stillen Gesellschafter weitgehende Geschäftsführungsrechte eingeräumt sind, der Grundsatz des § 230 Abs. 2 HGB nicht gänzlich ausgeschaltet sei und daß sich die stille Gesellschaft nicht gegen den Willen der Ver-

---

84 Vgl. auch die „Rektor-Entscheidung" des 2. Zivilsenats des BGH v. 17. 3. 1966 BGHZ 45, 204 (hier ging es allerdings um eine KG). Die Rechtsprechung des BGH ist in der Literatur überwiegend auf Zustimmung gestoßen, vgl. *Limbach*, GmbHR 1967, 71 (73); *Hofmann*, NJW 1969, 577; *Hueck*, S. 149; *Hennerkes/Binz*, S. 74; *Blaurock*, FS *Stimpel* 1985, S. 553 (569).
85 *Koenigs*, S. 239.
86 JZ 1955, 582 ff. m. Anm. *v. Molitor*.

tragspartner automatisch in eine OHG verwandle mit der Folge, daß der stille Gesellschafter nunmehr für alle Schulden der Gesellschaft hafte. Es handle sich vielmehr nur darum, ob im einzelnen Falle der mit der Gesellschaft in Geschäftsverkehr tretende Dritte aus dem Verhalten der Gesellschafter gutgläubig annehmen könne, daß der andere Gesellschafter auch mithaftender Gesellschafter sei. Diese Grundsätze des sogenannten Rechtsscheins, die dem Schutz des redlichen Handelsverkehrs dienen und die Erfüllung der einzelnen schuldrechtlichen Verträge gegenüber dem Vertragsgenossen sichern sollen, seien aber nicht ohne weiteres beim Arbeitsverhältnis anwendbar, da dieses nach den heutigen Rechtsanschauungen überwiegend personenrechtlicher Art ist und von dem Grundsatz der gegenseitigen Treuepflicht beherrscht wird. Die Frage sei also, ob der stille Gesellschafter gegenüber den Angestellten der Firma eine solche Treuepflicht habe und ihm deshalb eine Mitverpflichtung zur Zahlung der Gehälter obliege. Dagegen komme es weniger darauf an, ob die Angestellten bei Abschluß des Arbeitsvertrags oder während seines Bestehens über die Rechtsverhältnisse der Firma genau Bescheid wüßten, ob sie den stillen Gesellschafter für einen dem Firmeninhaber gleichberechtigten Gesellschafter gehalten hätten und hätten halten dürfen. Entscheidend müsse vielmehr sein, ob er zu ihnen in personenrechtliche Beziehungen arbeitsvertraglicher Art getreten sei.

Ob das allerdings schon der Fall ist, wenn der stille Gesellschafter der maßgebende Leiter der Gesellschaft ist, Weisungsrechte gegenüber dem Angestellten ausübt, und der eigentliche Geschäftsinhaber nur eine vorgeschobene Person ist, die im wesentlichen nur die Stellung eines Angestellten hat, brauchte das BAG nicht zu entscheiden, da in dem zu beurteilenden Fall besondere Verhältnisse vorlagen, die eine Mitverpflichtung des stillen Gesellschafters für das Gehalt des Klägers rechtfertigten. 691

Zu beachten ist jedenfalls, daß auch bei starken Mitverwaltungs- und Geschäftsführungsbefugnissen, der stille Gesellschafter grundsätzlich nicht als Arbeitgeber anzusehen ist. Sein Auftreten kann aber u.U. geeignet sein, ihn gegenüber den Arbeitnehmern als Arbeitgeber erscheinen zu lassen. Spielt sich z.B. der mitverwaltungsberechtigte stille Gesellschafter als Mitinhaber auf, haftet er den Arbeitnehmern des Inhabers[87]. 692

9. Gesellschafterwechsel

Findet bei einer Kapitalgesellschaft oder einer Personenhandelsgesellschaft, die eine stille Beteiligung hält, ein Gesellschafterwechsel statt, so 693

---

87 Vgl. *Rasner*, S. 137.

hat das in keinem Fall Einfluß auf den Fortbestand des stillen Gesellschaftsverhältnisses, da die Identität des stillen Teilhabers gewahrt bleibt. Bei der OHG bzw. KG kann sich hier im Hinblick auf die personalistische Struktur im Einzelfall aber ein außerordentliches Kündigungsrecht für den Geschäftsinhaber ergeben.

III. Zusammenfassung

694 Aus dem durch den Gesellschaftsvertrag begründeten Gesellschaftsverhältnis ergeben sich für die Beteiligten zahlreiche gesellschaftsrechtliche Pflichten und Rechte. Oberste Pflicht ist die Förderung der Erreichung des gemeinschaftlichen Zweckes. Dazu gehört vor allem, daß die Gesellschafter ihre vertraglich übernommenen Beiträge ordnungsgemäß leisten.

Da der Inhaber des Handelsgewerbes im eigenen Namen auftritt und das dem Handelsgewerbe dienende Betriebsvermögen rechtlich ihm allein zugeordnet ist, ist seine Rechtsstellung im Außenverhältnis die gleiche, wie wenn die stille Gesellschaft nicht bestünde.

Im Innenverhältnis ergeben sich jedoch daraus, daß der Geschäftsbetrieb auf gemeinschaftliche Rechnung geht, Beschränkungen und Bindungen mannigfacher Art. Der Inhaber hat das Geschäft so zu führen, daß der gemeinsame Zweck erreicht wird. Er ist verpflichtet, die wesentlichen Grundlagen des Handelsgewerbes, wie sie im Zeitpunkt der Begründung des Gesellschaftsverhältnisses bestanden, zu erhalten, das Handelsgeschäft weder zu veräußern noch einzustellen noch seine Rechtsform ohne Zustimmung des stillen Gesellschafters zu verändern. Außergewöhnliche Maßnahmen und Geschäfte, die außerhalb des Handelsgewerbes liegen, braucht dieser nicht gegen sich gelten zu lassen; er nimmt an den daraus resultierenden Gewinnen und Verlusten nicht teil, es sei denn, daß er diese Geschäfte genehmigt hat. Weitere Verpflichtungen und Beschränkungen ergeben sich für den Inhaber hinsichtlich der Verwendung der Vermögenseinlage und hinsichtlich der Privatentnahmen.

Im Außenverhältnis haben diese Beschränkungen keine Bedeutung; ihre Wirkungen erschöpfen sich im Verhältnis der Gesellschafter untereinander. Verstöße verpflichten den Inhaber zum Schadensersatz, wobei seine Haftung nur eine solche für Sorgfalt in eigenen Angelegenheiten ist, und berechtigen den stillen Gesellschafter unter Umständen zu vorzeitiger Kündigung des Gesellschaftsvertrags.

Wichtige Ausflüsse des Gesellschaftsverhältnisses sind die dem Inhaber obliegende Treuepflicht und die sich aus dieser ergebende Verpflichtung zur Unterlassung von Wettbewerbsgeschäften, durch die die Erreichung des gemeinschaftlichen Zweckes gefährdet oder beeinträchtigt werden könnte. Für den stillen Gesellschafter besteht wegen seiner in der Regel nur kapitalmäßigen Beteiligung und wegen seines nur geringen Einflusses auf die Geschäftsführung kein allgemeines Wettbewerbsverbot. Aber auch er hat nach Treu und Glauben alles zu unterlassen, was der Verwirklichung des gemeinsamen Zweckes abträglich sein könnte. Zur Wahrung seiner Interessen gibt ihm § 233 HGB gewisse – wenn auch nur schwache – Kontrollrechte, die durch den Gesellschaftsvertrag erweitert, aber auch beschränkt werden können. Auch ihn trifft nur die Haftung für Sorgfalt in eigenen Angelegenheiten. Da das Verhältnis der Gesellschafter untereinander durch nachgiebige Bestimmungen geregelt ist, bleibt ihnen ein weiter Spielraum, ihre beiderseitigen Rechte und Pflichten vertraglich so festzulegen, wie es ihren Zielen im einzelnen Falle am besten entspricht.

§ 13 Buchführung und Jahresabschluß

Schrifttum: *Adler, Hans / Düring, Walther / Schmaltz, Kurt,* Rechnungslegung und Prüfung der Aktiengesellschaft, 5. Aufl., 1987 ff., 6. Aufl. 1995 im Erscheinen, zitiert wird – soweit nicht anders angegeben – die 5. Aufl.; Beck'scher Bilanz-Kommentar – Handels- und Steuerrecht – §§ 238 bis 339 HGB – bearb. von *Wolfgang D. Budde u.a.,* 3. Aufl. 1995; *Döllerer, Georg,* Die atypische stille Gesellschaft – gelöste und ungelöste Probleme, DStR 1985, 295; *Felix, Günther,* Zur Angabepflicht stiller Beteiligungen im Anhang des Jahresabschlusses, BB 1987, 1495; *Glade, Anton,* Praxishandbuch der Rechnungslegung und Prüfung, 2. Aufl., 1995; *Groh, Manfred,* Eigenkapitalersatz in der Bilanz, BB 1993, 1882; *derselbe:* Das negative Kapitalkonto des stillen Gesellschafters, in: Ertragsbesteuerung, Festschrift für Ludwig Schmidt, 1993, S. 439; *Hense, Heinz H.,* Die Behandlung der stillen Gesellschaft im handelsrechtlichen Jahresabschluß, Düsseldorf 1990; *Knobbe-Keuk, Brigitte,* Bilanz- und Unternehmenssteuerrecht, 9. Aufl., 1993; *dies.,* Stille Beteiligung und Verbindlichkeiten mit Rangrücktrittsvereinbarungen im Überschuldungsstatus und in der Handelsbilanz des Geschäftsinhabers, ZIP 1983, 127; *Kormann, Berthold,* Das negative Kapitalkonto, BB 1974, 893; *Küting, Karlheinz / Claus-Peter Weber (Hrsg.),* Handbuch der Rechnungslegung, Bd. 1a, 4. Aufl. 1995, *Küting, Karlheinz / Kessler, Harald,* Eigenkapitalähnliche Mittel in der Handelsbilanz und im Überschuldungsstatus, BB 1994, 2103; *Küting, Karlheinz / Kessler, Harald / Harth, Hans-Jörg,* Genußrechtskapital in der Bilanzierungspraxis, Beilage 4, Heft 8, BB 1996; *Müller, Welf,* Wohin entwickelt sich der bilanzrechtliche Eigenkapitalbegriff? in: Rechnungslegung im Wandel, Festschrift für Wolfgang Dieter Budde, 1995, S. 445; *Ordelheide, Dieter / Hartle, Joachim,* Rechnungslegung und Gewinnermittlung von Kapitalgesellschaften nach dem Bilanzrichtlinien-Gesetz, GmbHR 1986, 9, 38; *Reinhardt, Bärbel,* Die Einlage quoad sortem und ihre Darstellung in der Handelsbilanz, DStR 1991, 588; *Schmidt, Karsten,* Quasi-Eigenkapital als haftungsrechtliches und als bilanzielles Problem, in: Bilanz- und Konzernrecht – Festschrift für Reinhard Goerdeler, 1987, S. 487; Scholz – Kommentar zum GmbH-Gesetz, bearb. von *Crezelius, Georg u.a.* 8. Aufl. 1993; *Schön, Michael,* Anmerkung zu BFH v. 2. 5. 1984 (VIII R 276/81) BB 1985, 313; *Schulze-Osterloh, Joachim,* Die Rechnungslegung der Innengesellschaft, insbesondere der stillen Gesellschaft, WPg 1974, 393; *ders.,* Die Rechnungslegung der Einzelkaufleute und Personenhandelsgesellschaften nach dem Bilanzrichtlinien-Gesetz, ZHR 150 (1986), 403; *Schulze zur Wiesche, Dietrich W.,* Zur Bilanzierung von typischen stillen Beteiligungen, in: Rechnungslegung im Wandel, Festschrift für Wolfgang Dieter Budde, 1995, S. 579; *Teichgräber, Gerhard,* Die Bewertung des Vorratsvermögens nach fiktiven Verbrauchsfolgen in der Handels- und Steuerbilanz, 1977; *Vollmer, Lothar / Maurer, Torsten,* Die Eignung von sanierenden stillen Beteiligungen und Sanierungsgutscheinen zur Abwehr der Überschuldung, DB 1994, 1173; *Wahl, Adalbert,* Die Vermögenseinlage des atypischen stillen Gesellschafters in der Handelsbilanz und im Überschuldungsstatus der GmbH, GmbH-Rdsch. 1974, 169; *Weimar, Robert,* Die KG & Still – eine stille Gesellschaft?, DB 1987, 1077; Wirtschaftsprüfer-Handbuch, hrsg. vom *Institut der Wirtschaftsprüfer in Deutschland,* 10. Aufl. 1992; *Westerfelhaus, Herwarth,* Die stille Gesellschaft im Bilanzrecht, DB 1988, 1173.

§ 13 Buchführung und Jahresabschluß

I. Allgemeines

Eine wichtige Aufgabe, die dem Inhaber des Handelsgewerbes im Rahmen seiner Geschäftsführung obliegt, ist die **Buchführung** und die **Erstellung des Jahresabschlusses**. Von herausragender Bedeutung ist die Buchführungs- und Bilanzierungspflicht einerseits für den stillen Gesellschafter, weil die Höhe seines Auszahlungsanspruchs sich in der Regel an der Höhe des bilanziell ausgewiesenen Unternehmensgewinns orientiert. Andererseits ist der Fiskus an der Erstellung eines Jahresabschlusses interessiert, um den steuerbaren Ertrag des Handelsunternehmens ersehen zu können. Schließlich haben auch Gläubiger des Handelsgeschäfts ein Interesse daran, Einblick in die Vermögenslage ihres Schuldners zu erlangen.

695

Darüber hinaus kann auch der stille Gesellschafter zur Einbeziehung seiner stillen Beteiligung an dem Handelsgewerbe des Inhabers in seinen Jahresabschluß berechtigt oder verpflichtet sein. In beiden Fällen stellt sich damit die Frage nach der Behandlung der stillen Gesellschaft im Bilanzrecht.

696

Von der Behandlung der stillen Gesellschaft im Bilanzrecht ist die **interne Rechnungslegung der stillen Gesellschaft** zu unterscheiden. Sie ist regelmäßig von dem Inhaber durchzuführen, um den Gewinn- und Verlustanteil des stillen Gesellschafters zu errechnen. Zwar greift sie in der Regel auf die gleiche Buchhaltung des Inhabers zurück, die Unterscheidung zwischen beiden Formen der Rechnungslegung ist aber schon deswegen geboten, weil das Bilanzrecht zwingendes öffentliches Recht darstellt, während die interne Rechnungslegung zur Disposition des privatrechtlichen Gesellschaftsvertrags steht. Im folgenden wird nur auf die Bilanzierung im erstgenannten Sinne eingegangen. Die Erörterung der internen Rechnungslegung bleibt hingegen § 15 vorbehalten.

697

II. Grundlagen der Bilanzierung

1. Ordnungsmäßigkeit der Buchführung

Die handelsrechtlichen Vorschriften enthalten formelle und materielle Bestimmungen zur **Buchführung und Inventarisierung** (§§ 238–241 HGB) und zur Erstellung des aus Bilanz und Gewinn- und Verlustrechnung bestehenden **Jahresabschlusses** (§§ 242–256 HGB mit den Ergänzungen für die Kapitalgesellschaften in den §§ 264 ff. HGB). Neben den gesetzlich formulierten Grundsätzen wird in beiden Regelungsbereichen auf die **Grundsätze ordnungsmäßiger Buchführung** (GoB) verwiesen (§ 238 Abs. 1 S. 1 und § 243 Abs. 1 HGB). Sowohl für die eigentliche Buchführung und

698

Inventarisierung als auch für den darauf aufbauenden Jahresabschluß sind also die GoB von großer Bedeutung, indem sie den Katalog der positivrechtlich normierten Anforderungen an die Rechnungslegung mit verbindlicher Kraft ergänzen[1]. Die GoB sind definiert als Regeln, nach denen ein auf fachgerechte, ordnungsmäßige Rechnungslegung bedachter Kaufmann zu verfahren pflegt, verfahren kann oder verfahren darf, um jederzeitige Übersicht über seine Handelsgeschäfte sowie die Lage seines Vermögens zu erhalten und ihre Gewinnung einem sachkundigen Außenstehenden ohne Schwierigkeiten zu ermöglichen[2].

Weitere Buchführungsregeln finden sich für Besteuerungszwecke in den §§ 143 ff. AO, wobei diese sich mit den im HGB normierten Anforderungen teilweise decken.

699 Für die hier zunächst zu behandelnde Führung der Handelsbücher sind als Anforderungen an die Ordnungsmäßigkeit in formeller Hinsicht Klarheit, Übersichtlichkeit und leichte Nachprüfbarkeit der Aufzeichnungen zu nennen; materiell müssen die Aufzeichnungen der Wahrheit entsprechen und alle Risiken angemessen berücksichtigen. Als Bestandteil des Wahrheitsgebots kann die Richtigkeits- und Vollständigkeitsanforderung in § 239 Abs. 2 HGB angesehen werden. Schließlich muß die Buchführung fortlaufend sein, § 239 Abs. 2 HGB.

700 Zur Ordnungsmäßigkeit der Buchführung gehört auch, daß die für das System einer kaufmännischen Buchführung erforderlichen Bücher geführt werden, was auch auf Datenträgern geschehen kann (§ 239 Abs. 4 HGB). Dabei ist nach heutigem Recht das System der **doppelten Buchführung** geboten, da nunmehr jeder Kaufmann gesetzlich verpflichtet ist, neben der Bilanz auch eine Gewinn- und Verlustrechnung aufzustellen, die einfache Buchführung aber nicht Grundlage einer Gewinn- und Verlustrechnung sein kann[3]. Erleichterungen kommen nur für minderkaufmännische Unternehmen in Betracht, die durch § 4 Abs. 1 HGB von den Vorschriften über Handelsbücher befreit sind. Im steuerlichen Interesse werden für diese aber mindestens das Tagebuch, das Kassenbuch und das Kontokorrent für erforderlich gehalten, um eine systemgerechte Buchführung zu gewährleisten.

701 Im **Tagebuch** (Grundbuch) sind sämtliche Geschäftsvorfälle nach ihrer Zeitfolge vollständig und fortlaufend aufzuzeichnen, wobei die einzelnen Geschäftsvorfälle sich in ihrer Entstehung und Abwicklung verfolgen

---

1 Zur Rechtsnatur der GoB und zu ihrer Ermittlung siehe *Knobbe-Keuk*, Bilanz- und Unternehmenssteuerrecht, § 3 II, S. 41 ff. m.w.N.
2 *Brüggemann*, in: GroßKomm. HGB 3. Aufl., § 38 Anm. 2; dies bringt § 238 Abs. 1 S. 2 HGB auch deutlich zum Ausdruck.
3 *Schulze-Osterloh*, ZHR 150 (1986), 403 (410).

§ 13 Buchführung und Jahresabschluß

lassen müssen. Es genügt nicht, die Buchungsvorgänge systematisch nach Konten zu gliedern; sie müssen auch chronologisch im Grundbuch geordnet sein.

Kasseneinnahmen und Kassenausgaben sollen täglich aufgezeichnet werden (§ 146 Abs. 1 AO). Der buchmäßige Kassenbestand muß mit dem tatsächlichen Bestand jederzeit abgestimmt werden können. Auch bei Durchschreibebuchführung ist ein Kassenbuch notwendig, wenn die Barvorgänge nicht vollständig und täglich in der Durchschreibebuchführung erfaßt werden. 702

Das **Kontokorrent** dient der Darstellung der Geschäftsvorgänge mit den einzelnen Kunden und Lieferanten. Die Verrechnung ist auf einem Sachkonto und auf den Personenkonten vorzunehmen. Die Eintragung auf Personenkonten allein reicht nicht aus. Besteht kein laufender unbarer Geschäftsverkehr, so ist es zulässig, die nur gelegentlich vorkommenden unbaren Geschäftsvorfälle in einem Grundbuch aufzuzeichnen – ohne Darstellung auf einzelnen Personenkonten. Es müssen dann aber zum Bilanzstichtag Saldenlisten über die Forderungen und Verbindlichkeiten erstellt werden[4]. 703

Bei Einzelhändlern ist eine vereinfachte Verbuchung der kleineren Krediteinkäufe und Kreditverkäufe zugelassen. Derartige Geschäftsvorgänge müssen zumindest im Wareneingangsbuch in einer besonderen Spalte als Kreditgeschäfte gekennzeichnet sein. Ferner muß darin der Tag der Begleichung der Rechnung vermerkt werden. Kleinere Warenverkäufe auf Kredit sind zusammen mit der Zahlung mindestens in einer Kladde festzuhalten, die als Teil der Buchführung aufzubewahren ist. Zum Bilanzstichtage sind Personenübersichten zu erstellen. 704

Die Bücher und die sonst erforderlichen Aufzeichnungen können auch in der geordneten Ablage von Belegen bestehen oder auf **Datenträgern** geführt werden, soweit diese Formen der Buchführung einschließlich des dabei angewandten Verfahrens den Grundsätzen ordnungsmäßiger Buchführung entsprechen (§ 146 Abs. 5 AO). 705

Die Ordnungsmäßigkeit der Buchführung erfordert schließlich vollständige **Belege** und Bestandsverzeichnisse, die **sechs Jahre** aufzubewahren sind (§ 257 HGB, § 147 AO). Für jede Buchung muß ein Beleg vorhanden sein.

Der BGH[5] hat in einem Konkursfall entschieden, daß zu den Grundsätzen ordnungsmäßiger Buchführung auch für kleinere und mittlere Betriebe 706

---
4 BFH v. 23. 2. 1951 (IV 15/51 S) BStBl. I 1951, 75.
5 BGH v. 25. 3. 1954 LM Nr. 6 zu § 240 KO.

die Verpflichtung gehört, jeder Buchung einen Beleg zugrundezulegen und die Belege geordnet aufzubewahren. Nur dem Beleg in Verbindung mit der Eintragung, nicht der Eintragung allein kommt Beweiskraft zu. Fehlt es an Belegen, so ist die Buchführung nicht ordnungsgemäß, ohne daß es auf die Gründe des Fehlens ankommt.

707 Zu den aufzubewahrenden Belegen gehören auch die Inventuren und Inventurunterlagen. Sind sie nicht mehr vorhanden, so ist für zwei Geschäftsjahre keine ordnungsmäßige Buchführung vorhanden, weil die nicht ordnungsgemäße Schlußbilanz eines Jahres zugleich die Nichtordnungsmäßigkeit der Anfangsbilanz des folgenden Jahres bedingt und dadurch zwei Abrechnungszeiträume beeinflußt werden[6].

2. Grundsätze ordnungsmäßiger Bilanzierung

708 Die Bilanz ist gemäß § 242 Abs. 1 S. 1 HGB ein das Verhältnis des Vermögens und der Schulden darstellender Abschluß. Sie ist nach § 242 Abs. 3 HGB Bestandteil des Jahresabschlusses und wie dieser nach den Grundsätzen ordnungsmäßiger Buchführung zu erstellen (§ 243 Abs. 1 HGB), so daß sie den Beteiligten im Rahmen der Bewertungsvorschriften einen **möglichst sicheren Einblick** in die Lage des Unternehmens gewährt[7]. Im Anhang des Jahresabschlusses einer Kapitalgesellschaft sind zusätzliche Angaben zu machen, wenn bei Anwendung der allgemeinen Grundsätze ordnungsmäßiger Buchführung unter Beachtung der speziell für Kapitalgesellschaften geltenden Rechnungslegungsvorschriften ein den **tatsächlichen Verhältnissen** entsprechendes Bild im Sinne von § 264 Abs. 2 S. 1 HGB nicht vermittelt werden kann (§ 264 Abs. 2 S. 2 HGB).

709 Aus dem Zweck der Bilanz, einen möglichst sicheren bzw. den tatsächlichen Verhältnissen entsprechenden Einblick in die wirtschaftliche Lage des Unternehmens zu eröffnen, ergeben sich verschiedene, allgemein anerkannte Bilanzierungsgrundsätze.

710 Hierzu gehört zunächst der Grundsatz der **Bilanzklarheit**. Klar und übersichtlich ist die Bilanz, wenn sie die wirtschaftlichen Zusammenhänge des Unternehmens erkennen läßt. Klarheit und Übersichtlichkeit erfordern insbesondere Abschlußgliederung und Abschlußerläuterung. Durch sie soll die Erkennbarkeit der wirtschaftlichen Verhältnisse, vor allem der finanziellen Abhängigkeit, gewährleistet werden. Für Kapitalgesellschaften sind die Mindestgliederungsvorschriften des § 266 HGB verbindlich. Die Personengesellschaften und Einzelkaufleute sind nicht gesetzlich auf

---

[6] BFH v. 25. 3. 1954 (IV D 1/53 S) BStBl. III 1954, 195.
[7] So § 149 Abs. 1 S. 2 AktG a.F.

§ 13 Buchführung und Jahresabschluß

eine bestimmte Gliederungsform verpflichtet. Es wird jedoch angenommen, daß auch sie ihre Bilanz in der Grundform an § 266 HGB auszurichten haben[8].

Zum Grundsatz der Bilanzklarheit zählt auch die eindeutige Bezeichnung des Bilanzposten innerhalb der Gliederung sowie insbesondere das Saldierungsverbot des § 246 Abs. 2 HGB, wonach Posten der Aktivseite nicht mit Posten der Passivseite, Aufwendungen nicht mit Erträgen, Grundstücksrechte nicht mit Grundstückslasten verrechnet werden dürfen. 711

Der Grundsatz der **Bilanzwahrheit** erfordert eine tatsachengetreue Bewertung. Das in der Bilanz enthaltene Zahlenmaterial muß den tatsächlichen Verhältnissen entsprechen, wobei indessen nicht die objektive Wahrheit im Sinne der wirklichen Vermögenslage gemeint ist. Erforderlich ist vielmehr die Richtigkeit in bezug auf den Bilanzzweck und die gesetzlichen Bewertungsvorschriften sowie die GoB, die das Erreichen des Bilanzzwecks sicherstellen sollen. Die sich bei Beachtung dieser Grundsätze ergebende Abweichung von der tatsächlichen, objektiv verstandenen Vermögenslage bedeutet keinen Verstoß gegen den Grundsatz der Bilanzwahrheit. 712

Als weiterer Ausdruck des Wahrheitsprinzips ist das in § 246 Abs. 1 HGB niedergelegte Vollständigkeitsgebot zu nennen. Es sind sämtliche Vermögensgegenstände und Schulden in der Bilanz auszuweisen. Dies gilt auch für Posten, die vollständig abgeschrieben sind. Sie sind mit einem Erinnerungswert in die Bilanz aufzunehmen. Schließlich gehört zur Bilanzwahrheit das Verbot, Aktiva oder Passiva frei zu erfinden, sie also für Bilanzzwecke zu fingieren. 713

Der Grundsatz der **Bilanzkontinuität** dient der Aussagekraft einer Bilanz durch Vergleichbarkeit aller fortlaufenden Abschlüsse eines Unternehmens. Sie erfordert den Zusammenhang der Jahresbilanzen in dem Sinne, daß die Schlußbilanz eines Jahres mit der Anfangsbilanz des nächsten Jahres übereinstimmt (Bilanzidentität, § 252 Abs. 1 Nr. 1 HGB). 714

Als Bestandteil der Bilanzkontinuität ist auch der Grundsatz der Stetigkeit zu begreifen. In formeller Hinsicht ist hiermit die Beibehaltung der Gliederung und die gleichbleibende Benennung der einzelnen Positionen gemeint. Materiell müssen gleiche Tatbestände in aufeinanderfolgenden Bilanzen gleich behandelt werden. Insbesondere sollen die Bewertungsmethoden beibehalten werden, § 252 Abs. 1 Nr. 6 HGB. 715

---

8 *Knobbe-Keuk*, Bilanz- und Unternehmenssteuerrecht, § 3 III 2, S. 45; *Baumbach/Hopt*, § 243 Rn. 4.

716 Ein weiterer wichtiger Grundsatz ist das **Vorsichtsprinzip,** dessen allgemeinste Definition dahingeht, daß der Unternehmer sein Vermögen eher zu niedrig als zu hoch ansetzen darf. Dieser Grundsatz dient neben dem Eigenschutz des Kaufmanns vor allem dem Gläubigerschutz, da durch eine tendenzielle Unterbewertung die Gewinnausschüttung zugunsten der Erhaltung der Haftungssubstanz beeinflußt wird und potentielle Gläubiger bei Einblick in die Bilanz jedenfalls kein günstigeres Bild über das Vermögen erhalten, als es tatsächlich ist.

717 Gesetzlichen Ausdruck hat das Vorsichtsprinzip zum Beispiel in dem Aktivierungsverbot für nicht entgeltlich erworbene immaterielle Vermögensgegenstände (§ 248 Abs. 2 HGB), insbesondere also des originären Geschäfts- oder Firmenwertes, sowie der Gründungs- und Kapitalbeschaffungskosten (§ 248 Abs. 1 HGB) gefunden.

718 Konkretisierungen des Prinzips der vorsichtigen Bilanzierung sind das **Realisationsprinzip** und das Imparitätsprinzip.

719 Nach dem nunmehr in § 252 Abs. 1 Nr. 4 HGB ausdrücklich festgelegten Realisationsprinzip sind Gewinne nur auszuweisen, wenn sie auch tatsächlich verwirklicht wurden. Zur Sicherstellung dieses Grundsatzes bestimmt § 253 Abs. 1 S. 1 HGB, daß ein höherer Wert als die Herstellungs- oder Anschaffungskosten nicht ausgewiesen werden darf.

Das genaue Gegenteil gilt für die Behandlung von Verlusten. Sie sind bereits zu berücksichtigen, wenn sie zwar schon verursacht, aber noch nicht realisiert sind.

720 Zur Sicherung dieses Grundsatzes gilt das nunmehr in § 253 Abs. 3 HGB in seiner strengen Form (für Umlaufvermögen) und in eingeschränkter Form in § 253 Abs. 2 HGB (für Anlagevermögen) kodifizierte **Niederstwertprinzip.** Dem gleichen Zweck dient die Bildung von Rückstellungen für ungewisse Verbindlichkeiten und drohende Verluste, die in § 249 Abs. 1 S. 1 HGB vorgeschrieben ist. Diese Ungleichbehandlung von noch nicht realisierten Gewinnen und noch nicht realisierten Verlusten ist Gegenstand des **Imparitätsprinzips.**

III. Die Gliederung der Bilanz

721 Nach dem Grundsatz der Abschlußklarheit sind sowohl die Bilanz wie auch die Gewinn- und Verlustrechnung übersichtlich zu gliedern (§ 243 Abs. 2 HGB), so daß ein klarer Einblick in den wirtschaftlichen Aufbau des Unternehmens gewährleistet ist. In § 266 HGB, der § 151 AktG a.F.

§ 13 Buchführung und Jahresabschluß

entspricht, ist als Gliederungsschema die Kontenform für Kapitalgesellschaften (§ 267 Abs. 1 HGB) verbindlich vorgeschrieben. Aktiv- und Passivseite stehen sich gegenüber, wobei die **Aktivseite** sich in das Anlage- und Umlaufvermögen gliedert, während die **Passivseite** sich in die Positionen Eigenkapital, Rückstellungen und Verbindlichkeiten aufteilt. Auf beiden Seiten kommen die entsprechenden Rechnungsabgrenzungsposten hinzu. Für Personenunternehmen ist diese Gliederungsvorschrift nicht verbindlich, es ist nur § 247 Abs. 1 HGB zu beachten, wonach in der Bilanz das Anlage- und Umlaufvermögen, das Eigenkapital, die Schulden sowie die Rechnungsabgrenzungsposten gesondert auszuweisen und hinreichend aufzugliedern sind. Aus den allgemein geltenden Grundsätzen ordnungsmäßiger Buchführung in Verbindung mit dem in § 247 Abs. 1 HGB ausgesprochenen Gebot der hinreichenden Aufgliederung wird man aber eine an die Form des § 266 HGB angenäherte Gliederung fordern müssen, wobei der Hauptunterschied darin zu sehen ist, daß die Gliederung nicht so detailliert ausfallen muß, einzelne Posten also zu größeren Blöcken zusammengefaßt werden dürfen[9]. Zudem ist zu beachten, daß der Grundsatz der Abschlußklarheit gebietet, Postenbezeichnungen des § 266 HGB nur in dem dort verstandenen Sinne zu verwenden[10].

1. Aktivseite

a) Anlagevermögen

Zum Anlagevermögen gehören alle Wirtschaftsgüter, die **dauernd** den Zwecken des Betriebes zu dienen bestimmt sind. Es entscheidet die Zweckbestimmung darüber, ob ein Gegenstand dem Anlagevermögen zuzurechnen ist. Hierher gehören als **immaterielle Vermögensgegenstände**[11] neben dem Geschäfts- oder Firmenwert vor allem die Konzessionen, Patente und andere gewerbliche Schutzrechte, ferner als sog. **Sachanlagen**[12] Grundstücke und technische Anlagen und schließlich die **Finanzanlagen**[13], bei denen Beteiligungen an anderen, auch verbundenen, Unternehmen als Hauptfall zu nennen sind[14].

722

Der selbst geschaffene (originäre) Geschäfts- oder Firmenwert darf nicht aktiviert werden. Nur dann, wenn ein Unternehmen gegen Entgelt erwor-

723

---

9 *Baumbach/Hopt*, § 247 Rn. 2 sowie § 266 Rn. 2; *Knobbe-Keuk*, Bilanz- und Unternehmenssteuerrecht, § 4 I, S. 62 Fn. 1; *Schulze-Osterloh*, ZHR 150 (1986), 403 (427).
10 *Schulze-Osterloh*, ZHR 150 (1986), 403 (427).
11 Gliederungspunkt A I der Aktivseite.
12 Gliederungspunkt A II der Aktivseite.
13 Gliederungspunkt A III der Aktivseite.
14 Zur weiteren Aufgliederung im einzelnen siehe § 266 HGB.

ben worden ist und die für die Übernahme bewirkte Gegenleistung die Werte der einzelnen Vermögensgegenstände des Unternehmens im Zeitpunkt der Übernahme übersteigt, darf der Unterschiedsbetrag unter die Posten des Anlagevermögens aufgenommen werden. Der eingesetzte Betrag ist gesondert auszuweisen und in jedem folgenden Geschäftsjahr zu mindestens einem Viertel durch Abschreibungen zu tilgen (§ 255 Abs. 4 S. 1, 2 HGB). Die Abschreibung kann aber auch planmäßig auf die Geschäftsjahre verteilt werden, in denen der Geschäfts- oder Firmenwert voraussichtlich genutzt wird (§ 255 Abs. 4 S. 3 HGB).

b) Umlaufvermögen

724 Zum Umlaufvermögen gehören alle Wirtschaftsgüter, die zum Verbrauch, zur Be- oder Verarbeitung oder zur Veräußerung bestimmt sind, d.h. einem **fortlaufenden Wechsel in ihrem Bestande** unterliegen. Hierzu zählen die Vorräte (Roh-, Hilfs- und Betriebsstoffe, unfertige Erzeugnisse, Fertigerzeugnisse, Waren, geleistete Anzahlungen) sowie Forderungen und sonstige Vermögensgegenstände und Wertpapiere, soweit sie nicht zum Anlagevermögen gehören. Schließlich sind auch Schecks, Kassenbestand, Bundesbank- und Postgiroguthaben und Guthaben bei Kreditinstituten[15] hier zu nennen.

c) Rechnungsabgrenzungsposten

725 Es handelt sich um Aktivposten, die der **zeitgerechten Aufwands- und Ertragsverteilung** dienen, wenn Ausgaben vor dem Abschlußstichtag gemacht werden und Aufwand für eine bestimmte Zeit nach diesem Tag darstellen (§ 250 Abs. 1 S. 1 HGB). Sie müssen auf diese Zeiträume verteilt werden. Da es sich um Ausgaben handelt, deren Wirkung in spätere Gewinnermittlungszeiträume hineinreicht, spricht man von transitorischen Ausgaben. Für sie wird ein Aktivposten gebildet, der in den folgenden Wirtschaftsjahren mit dem jeweils das einzelne Wirtschaftsjahr belastenden Teil über Gewinn oder Verlust ausgebucht wird.

Beispiele: Der Inhaber des Handelsgeschäfts hat Geschäftsräume gemietet. Er hat die Miete von 1200,- DM jeweils am 1. 10. eines Kalenderjahrs im voraus zu bezahlen. Dann treffen von den 1200,- DM, die zunächst voll über Kosten verbucht werden, nur 300,- DM auf das Jahr der Zahlung. Nur diese 300,- DM dürfen den Gewinn des laufenden Jahres mindern, wohingegen 900,- DM als aktiver Rechnungsabgrenzungsposten (als Forderung an die kommende Geschäftszeit) anzusetzen sind. Dieser Betrag ist im folgenden Wirtschaftsjahr über Verlust- und Gewinnkonto auszubuchen.

---

15 Gliederungspunkte B I–IV der Aktivseite.

Der Inhaber hat auf ein Darlehen jährlich im voraus 600,- DM Zinsen am 1. 4. jedes Kalenderjahres zu entrichten. Von diesen 600,- DM belasten das Zahlungsjahr nur 450,- DM; es sind 150,- DM als Rechnungsabgrenzungsposten zu aktivieren, der im folgenden Jahr über das Verlust- und Gewinnkonto aufgelöst wird.

Umgekehrt werden häufig Einnahmen erzielt, die erfolgsmäßig nicht in voller Höhe das Einnahmejahr betreffen, sondern auch teilweise einen Ertrag des vorhergehenden Jahres darstellen. Dann war in dem vorhergehenden Jahr ein Zahlungseingang noch nicht zu verzeichnen. Um zu einem zutreffenden Gewinnergebnis zu kommen, sind diese Beträge, solange sie noch offen sind, unter den Forderungen auszuweisen. 726

Beispiel: Der Inhaber des Handelsgeschäfts hat Geschäftsräume vermietet. Er erhält die Miete vereinbarungsgemäß ein Jahr nachträglich. Ist Zahlungstermin der 30. 9., so fehlen ihm im laufenden Jahr Mieteinnahmen für die letzten drei Monate, wenn das Wirtschaftsjahr gleich dem Kalenderjahr ist. Für diese fehlenden Einnahmen muß ein Aktivposten gebildet werden; anderenfalls würde ein zu niedriger Gewinn ausgewiesen werden. Beträgt die Mieteinnahme jährlich 1200,- DM, dann sind 300,- DM als Forderung einzusetzen. Wird im nächsten Jahr die Miete mit 1200,- DM tatsächlich entrichtet, so sind 300,- DM davon über den aktivierten Betrag zu verrechnen, so daß sich nur 900,- DM als laufende Einnahme auswirken.

Gemäß § 250 Abs. 1 S. 2 Nr. 1 HGB dürfen als aktive Rechnungsabgrenzungsposten auch als Aufwand berücksichtigte Zölle und Verbrauchsteuern ausgewiesen werden, soweit sie auf am Abschlußstichtag auszuweisende Vermögensgegenstände des Vorratsvermögens entfallen. Gleiches gilt nach § 250 Abs. 1 S. 2 Nr. 2 HGB für als Aufwand berücksichtigte Umsatzsteuer auf am Abschlußstichtag auszuweisende oder von den Vorräten offen abgesetzte Anzahlungen. Der Gesetzgeber übernimmt hiermit § 5 Abs. 5 S. 2 EStG[16] als **Aktivierungswahlrecht** zum Zwecke der Vereinheitlichung von Handels- und Steuerbilanz, durchbricht damit aber gleichzeitig den Grundsatz, daß antizipative Posten nicht als Rechnungsabgrenzungsposten auszuweisen sind[17]. 727

Soweit Zölle und Verbrauchsteuern den Anschaffungs- oder Herstellungskosten der Vermögensgegenstände zuzurechnen sind, kommt ein Ausweis als Rechnungsabgrenzungsposten nicht in Betracht. 728

Als aktiver Rechnungsabgrenzungsposten kann in Anwendung von § 250 Abs. 3 HGB schließlich das Disagio oder Damnum ausgewiesen werden[18]. 729

---

16 Ergänzt um die Umsatzsteuer auf von den Vorräten offen abgesetzte Anzahlungen.
17 Kritisch deshalb *Knobbe-Keuk,* Bilanz- und Unternehmenssteuerrecht, § 4 VI 3, S. 139 f.
18 Kapitalgesellschaften können nach § 268 Abs. 6 HGB das Disagio oder Damnum auch im Anhang angeben.

Bei Inanspruchnahme des Aktivierungswahlrechts ist eine planmäßige jährliche Abschreibung vorzunehmen, die auf die gesamte Laufzeit der Verbindlichkeit verteilt werden kann (§ 250 Abs. 3 S. 2 HGB). Steuerlich besteht für das Disagio oder Damnum kein Aktivierungswahlrecht, sondern Aktivierungs- und Abschreibungspflicht[19].

2. Passivseite

a) Eigenkapital des Geschäftsinhabers

730 Das Eigenkapital[20] ist derjenige Gliederungspunkt, der erkennen läßt, in welcher Höhe die ausgewiesenen **Vermögenswerte die Schulden des Geschäftsinhabers übersteigen.** Gemäß § 266 Abs. 3 HGB sind unter dem Eigenkapital auch die Rücklagen sowie der Gewinn- bzw. Verlustvortrag und der Jahresüberschuß bzw. der Jahresfehlbetrag auszuweisen. Hierdurch soll eine klare Darstellung der Eigenkapitalsituation erreicht werden.

731 Bei Personenunternehmen wird das Eigenkapital durch den Ansatz einer Kapitalposition für den Unternehmer ausgewiesen. Handelt es sich um eine Personengesellschaft, so setzt sich das Eigenkapital aus den Kapitalkonten der Gesellschafter zusammen.

732 Bei Kapitalgesellschaften erscheint in der Bilanz unter Eigenkapital als erstes das gezeichnete Kapital (§ 266 Abs. 3 A I HGB). Nach der Legaldefinition in § 272 Abs. 1 S. 1 HGB handelt es sich um das Kapital, auf das die Haftung der Gesellschafter für die Verbindlichkeiten der Kapitalgesellschaft gegenüber den Gläubigern beschränkt ist[21].

733 Hinzu kommen die **Kapitalrücklagen** (§ 272 Abs. 2 Nr. 1–4 HGB) und die **Rücklage für eigene Anteile** (§ 272 Abs. 4 HGB) sowie die **Gewinnrücklagen** (§ 272 Abs. 3 HGB), wozu insbesondere die gesetzlichen Rücklagen[22], satzungsmäßige und andere Rücklagen[23] zu zählen sind, die nur ausgewiesen werden dürfen, soweit sie im Geschäftsjahr oder in einem früheren Geschäftsjahr aus dem Ergebnis gebildet worden sind. Gewinnrücklagen sind auch bei Personengesellschaften möglich und verbreitet[24]. Die ge-

---

19 Abschn. 37 Abs. 3 EStR.
20 Gliederungspunkt A der Passivseite.
21 Die gesetzliche Formulierung ist sehr unglücklich. Eine persönliche Haftung der Gesellschafter für die Verbindlichkeiten der Kapitalgesellschaft gibt es grundsätzlich nicht.
22 Z.B. § 150 AktG.
23 § 58 AktG und § 29 GmbHG.
24 *Knobbe-Keuk*, Bilanz- und Unternehmenssteuerrecht, § 4 V 1, S. 102.

§ 13 Buchführung und Jahresabschluß

nannten handelsrechtlichen Rücklagen mindern den steuerpflichtigen Gewinn nicht, sie stellen eine Verwendung des steuerpflichtigen Gewinns dar und sind zusätzliches Eigenkapital.

Das Steuerrecht läßt andererseits aber auch sog. **steuerfreie Rücklagen** zu, die den Gewinn in der Rechnungsperiode mindern. Sie sind in späteren Wirtschaftsjahren aber regelmäßig wieder gewinnerhöhend aufzulösen, so daß der Effekt in einem Zins- und Liquidationsvorteil durch Steueraufschub zu sehen ist. Beispiele solcher steuerfreien Rücklagen sind die Rücklage bei Erwerb von in ihrer Existenz bedrohten Betrieben nach § 6 d EStG und die Reinvestitionsrücklage nach § 6b EStG[25]. 734

Gemäß § 247 Abs. 3 HGB besteht die Möglichkeit, die steuerliche Bilanzierung dieser Rücklagen auch in die Handelsbilanz zu übernehmen. Dies geschieht durch die Bildung eines Sonderpostens mit Rücklageanteil, der nach Maßgabe des Steuerrechts aufzulösen ist. Einer Rückstellung bedarf es insoweit nicht, § 247 Abs. 3 HGB. Für Kapitalgesellschaften gilt diese Möglichkeit nur eingeschränkt. § 273 HGB erlaubt ihnen die Bildung des Sonderpostens mit Rücklageanteil nur dann, wenn das Steuerrecht die Anerkennung des Wertansatzes davon abhängig macht, daß der Sonderposten in der Handelsbilanz gebildet wird (umgekehrte Maßgeblichkeit). 735

b) Rückstellungen

Sie gehören im Gegensatz zu den Rücklagen zu den **Schulden.** Der Ausweis von Rückstellungen dient dem Zweck, künftigen Aufwand der Rechnungsperiode ihrer Verursachung zuzurechnen. § 249 Abs. 1 S. 1 HGB schreibt Rückstellungen für ungewisse Verbindlichkeiten, d.h. für Verbindlichkeiten, die am Bilanzstichtag dem Grunde oder der Höhe nach nicht feststehen, sowie für drohende Verluste aus schwebenden Geschäften vor. 736

Es braucht sich bei den rückstellungsfähigen Verbindlichkeiten nicht um rechtliche Verpflichtungen zu handeln, auf deren Erfüllung ein klagbarer Anspruch besteht. Es genügt ein tatsächliches Verhältnis, aufgrund dessen sich jemand nach den Grundsätzen von Treu und Glauben zu einer Leistung verpflichtet fühlt oder aufgrund dessen er mit einer Inanspruchnahme am Bilanzstichtag zu rechnen hat, ohne sich ihr entziehen zu können. Ausdrücklich vom Gesetz genannt sind in diesem Zusammenhang die Rückstellungen für Gewährleistungen ohne rechtliche Verpflichtungen, § 249 Abs. 1 S. 2 Nr. 2 HGB. Entfernte Möglichkeiten eines Ver- 737

---

25 Hierzu *Knobbe-Keuk,* Bilanz- und Unternehmenssteuerrecht, § 4 V 2, S. 105 ff.

259

lustes oder einer Inanspruchnahme genügen jedoch nicht zur Geltendmachung einer Rückstellung; es muß sich um einen **Verlust oder um eine Inanspruchnahme** handeln, **die mit einiger Sicherheit oder doch mit einiger Wahrscheinlichkeit zu erwarten** ist.

738 Rückstellungen sind auch möglich für unterlassene Aufwendungen für Instandhaltung oder Abraumbeseitigung, die im folgenden Geschäftsjahr nachgeholt werden. Hinsichtlich der Passivierungspflicht unterscheidet der Gesetzgeber. Im Geschäftsjahr unterlassene Aufwendungen für Instandhaltung, die innerhalb der drei auf den Schluß des Geschäftsjahres folgenden Monate nachgeholt werden, müssen als Passivposten ausgewiesen werden. Gleiches gilt für die Abraumbeseitigung, sofern sie im folgenden Geschäftsjahr nachgeholt wird[26]. Für Rückstellungen betreffend unterlassener Aufwendungen für Instandhaltung besteht ein Passivierungswahlrecht, wenn sie nicht innerhalb der ersten drei Monate nach Schluß der Rechnungsperiode, aber noch innerhalb des folgenden Geschäftsjahres nachgeholt werden.

Eine Passivierungspflicht besteht weiter für die Gewährleistungen ohne rechtliche Verpflichtung.

739 Die Vorschrift des § 249 Abs. 2 HGB schließlich läßt die Bildung von sog. **Aufwandsrückstellungen** ausdrücklich zu (Passivierungswahlrecht)[27]. Voraussetzung ist die genaue Umschreibung der Aufwendungen, die am Abschlußstichtag dem Grunde nach wahrscheinlich oder sicher, der Höhe oder des Zeitpunktes ihres Eintrittes nach aber unbestimmt sein müssen. Zudem müssen sie dem Geschäftsjahr des Abschlusses oder einem früheren Geschäftsjahr zugeordnet werden können.

740 Die Vorschrift des § 249 Abs. 2 HGB ist **restriktiv** auszulegen[28], da der durch die unbestimmten Rechtsbegriffe eröffnete weite Auslegungsspielraum die Gefahr birgt, daß Kapitalgesellschaften, denen die freie Bildung von stillen Reserven verwehrt ist, das Instrument der Aufwandsrückstellungen für Thesaurierungszwecke einsetzen[29].

---

26 Die Passivierungspflicht des § 249 Abs. 1 S. 2 Nr. 1 HGB soll die steuerliche Anerkennung gewährleisten, die der BFH in seinem Urt. v. 23. 11. 1983 (I R 216/78) BStBl. II 1984, 277 (278 ff.) nach bisherigem Recht versagte, indem er das bisher bestehende Wahlrecht steuerlich als Passivierungsverbot ansah.
27 Kritisch hierzu *Schulze-Osterloh*, ZHR 150 (1986), 403 (422 ff.); siehe im übrigen zu den Aufwandsrückstellungen *Ordelheide/Hartle*, GmbHR 1986, 9 (16 ff.).
28 Ebenso *Baumbach/Hopt*, § 249 Rn. 26.
29 *Schulze-Osterloh*, ZHR 150 (1986), 403 (424).

Die Rückstellungen mindern im Gegensatz zu den Rücklagen den Gewinn. Werden sie später aufgelöst, so ergibt sich eine entsprechende Gewinnerhöhung, die auch steuerlich zu berücksichtigen ist. Andere Rückstellungen als die in § 249 HGB genannten sind nicht zulässig, § 249 Abs. 3 S. 1 HGB[30].

741

c) Verbindlichkeiten

Als Verbindlichkeiten sind die **tatsächlichen Verpflichtungen** gegenüber den Gläubigern auszuweisen. Das Gesetz enthält in § 266 Abs. 3 C HGB eine Gliederung der anzusetzenden Verbindlichkeiten. Hierunter fallen Anleihen[31], Schulden bei Kreditinstituten, Verbindlichkeiten aus der Annahme gezogener Wechsel und aus Solawechseln sowie aus Warenlieferungen und sonstigen Leistungen. Auch Verbindlichkeiten gegenüber verbundenen Unternehmen sowie solchen, mit denen ein Beteiligungsverhältnis besteht, sind auszuweisen[32]. Bei den sonstigen Verbindlichkeiten sind diejenigen aus Steuern und die im Rahmen der sozialen Sicherheit gesondert zu erfassen.

742

d) Rechnungsabgrenzungsposten

Auch hier handelt es sich wie bei den aktiven Rechnungsabgrenzungsposten um Posten, die den Zweck haben, Aufwand und Ertrag **zeitraumgerecht zu verteilen;** nur erscheinen diese Posten diesmal auf der Passivseite der Bilanz. Als passive Rechnungsabgrenzungsposten dürfen nur ausgewiesen werden Einnahmen vor dem Abschlußstichtag, soweit sie Ertrag für eine bestimmte Zeit nach diesem Tag darstellen, § 250 Abs. 2 HGB. Es handelt sich also um Einnahmen, die gewinnmäßig teilweise zum Ertrag späterer Wirtschaftsjahre gehören (transitorische Einnahmen); für sie ist ein Gegenposten in die Bilanz des Einnahmejahres einzustellen, der in dem Wirtschaftsjahr, in dem die Einnahme Ertrag wird, zugunsten des laufenden Gewinns auszubuchen ist.

743

Beispiel: Der Inhaber erhält Miete in Höhe von 6000,- DM für 12 Monate im voraus am 1. Juli 1996. Wirtschaftsjahr ist das Kalenderjahr. Nur in Höhe von 3000,- DM ist die vereinnahmte Miete Ertrag des Wirtschaftsjahres 1996. Im Abschluß 1996 ist deshalb ein Passivposten in Höhe der restlichen 3000,- DM einzusetzen, der im Jahre 1997 aufzulösen ist.

---

30 Die in § 274 Abs. 1 S. 1 HGB besonders geforderten Steuerrückstellungen sind solche des § 249 Abs. 1 S. 1 HGB.
31 Bei Fremdwährungsanleihen sind die konvertiblen gesondert auszuweisen.
32 Im einzelnen siehe § 266 Abs. 3 C HGB.

IV. Die Bewertungsvorschriften

744 Die Bewertung der in die Bilanz einzustellenden Wirtschaftsgüter ist in den §§ 252-256 HGB geregelt, für die Kapitalgesellschaften finden sich ergänzende Vorschriften in den §§ 279-283 HGB[33]. Diese Bewertungsvorschriften betreffen nur die Handelsbilanz. Das Steuerrecht folgt zwar grundsätzlich der Handelsbilanz (**Maßgeblichkeitsprinzip**), enthält aber in § 5 Abs. 5 EStG einen **Bewertungsvorbehalt**. Die Maßgeblichkeit der Handelsbilanz für das Steuerrecht ist damit insoweit eingeschränkt, als die Bewertungen der Handelsbilanz gegen die steuerrechtlichen Vorschriften verstoßen. Sinn dieser Regelungen ist es vor allem, die handelsrechtlich noch zulässigen Unterbewertungen bzw. freien stillen Reserven[34] nicht unbesehen in die für die Besteuerung maßgebliche Gewinnermittlung mit der Folge zu übernehmen, daß ein zu geringer Gewinn der Besteuerung zugrundegelegt wird. Dementsprechend hat der Steuergesetzgeber eigene Bewertungsvorschriften geschaffen, die rein fiskalischen Zwecken folgend darauf ausgerichtet sind, den wirklichen Gewinn des Unternehmens zu erfassen. Zu nennen sind hier insbesondere die §§ 6, 7 EStG.

1. Allgemeine Bewertungsvorschriften

745 Den handelsrechtlichen Bewertungsbestimmungen hat der Gesetzgeber allgemeine Bewertungsgrundsätze in § 252 HGB vorangestellt. Danach ist bei jeder Bewertung von der Fortführung der Unternehmenstätigkeit auszugehen, sofern dem nicht tatsächliche oder rechtliche Gegebenheiten entgegenstehen (**going-concern-Prinzip**, § 252 Abs. 1 Nr. 2 HGB). Die Vermögensgegenstände und Schulden sind zum **Abschlußstichtag** (Stichtagsprinzip) einzeln zu bewerten, § 252 Abs. 1 Nr. 3 HGB.

746 Der Grundsatz der **Einzelbewertung** ist Ausfluß des Vorsichtsprinzips und soll verhindern, daß durch Zusammenfassung von Vermögensgegenständen Wertminderungen und Wertzuwächse gegeneinander saldiert werden[35]. Er gilt nach § 6 EStG auch im Steuerrecht. Ausnahmen von diesem Prinzip läßt das Gesetz in § 240 Abs. 4 HGB zu, wonach gleichartige Vermögensgegenstände des Vorratsvermögens sowie andere gleichartige oder annähernd gleichwertige bewegliche Vermögensgegenstände beim Inventar jeweils zu einer Gruppe zusammengefaßt und mit dem gewogenen Durchschnittswert angesetzt werden können, sog. **Gruppen- oder**

---

33 Für Konzerne gelten darüber hinaus ergänzend die §§ 308, 309 HGB.
34 Siehe § 253 Abs. 4 HGB, der für Kapitalgesellschaften allerdings nicht gilt (§ 279 Abs. 1 S. 1 HGB).
35 *Knobbe-Keuk*, Bilanz- und Unternehmenssteuerrecht, § 5 III 2a, S. 156.

§ 13 Buchführung und Jahresabschluß

Sammelbewertung. Eine weitere Ausnahme vom Grundsatz der Einzelbewertung statuiert § 240 Abs. 3 HGB, der es erlaubt, Vermögensgegenstände des Sachanlagevermögens und Roh-, Hilfs- und Betriebsstoffe mit gleichbleibender Menge und gleichbleibendem Wert anzusetzen (sog. **Festbewertung**)[36], sofern sie regelmäßig ersetzt werden, ihr Gesamtwert für das Unternehmen von nachrangiger Bedeutung ist und der Bestand in Größe, Wert und Zusammensetzung nur geringen Veränderungen unterliegt.

Die in § 240 Abs. 3, 4 HGB zugelassene Fest- bzw. Gruppen- oder Sammelbewertung ist gemäß § 256 S. 2 HGB auch bei der Erstellung des Jahresabschlusses erlaubt[37]. Außerdem läßt § 256 S. 1 HGB im Rahmen ordnungsmäßiger Buchführung ein **Schätzungsverfahren** nach einer fiktiven Verbrauchs- oder Veräußerungsfolge zu[38]. Kapitalgesellschaften haben bei der Wahl der Gruppen- oder Sammelbewertung oder des Schätzungsverfahrens nach § 256 S. 1 HGB Angaben im Anhang nach Maßgabe des § 284 Abs. 2 Nr. 4 HGB zu machen. 747

Die Gruppen- oder Sammelbewertung sowie die Festbewertung werden auch steuerlich anerkannt[39]. Dies gilt nicht für das Schätzungsverfahren nach § 256 S. 1 HGB[40]. 748

Die Regelungen in § 252 Abs. 1 Nr. 4, 5 HGB sind ebenfalls Ausdruck des Vorsichtsprinzips und sprechen das Imparitäts- und Realisationsprinzip an. Diese Grundsätze sind als allgemeine Bilanzierungsprinzipien bereits oben behandelt[41]. Gleiches gilt für die Regelungen in § 252 Abs. 1 Nr. 1 und Nr. 6 HGB als Bestandteile des Grundsatzes der Bilanzkontinuität[42]. 749

---

36 Zur Festbewertung *Knobbe-Keuk*, Bilanz- und Unternehmenssteuerrecht, § 5 III 2c, S. 157.
37 Eine weitere Ausnahme vom Grundsatz der Einzelbewertung, die auf kaufmännischer Übung beruht, ist die Durchschnittsbewertung, bei der der Durchschnittsanschaffungspreis als rechnerisches Mittel aus allen Einkäufen einer Waren- oder Rohstoffart zur Bewertung des Endstandes herangezogen wird, hierzu *Knobbe-Keuk*, Bilanz- und Unternehmenssteuerrecht, § 5 III 2d aa, S. 158 ff.
38 Hierzu im einzelnen *Baumbach/Hopt*, § 256 Rn. 1 ff.; *Knobbe-Keuk*, Bilanz- und Unternehmenssteuerrecht, § 5 III 2d bb, S. 160.
39 Im einzelnen Abschn. 36 Abs. 3, 4 EStR.
40 Abschn. 36 Abs. 2 EStR.
41 Vgl. Rn. 698 ff., 708 ff. zum Realisationszeitpunkt *Baumbach/Hopt*, § 252 Rn. 14.
42 Vgl. Rn. 714 ff.

2. Bewertung bestimmter Wirtschaftsgüter

750 Neben der Festschreibung allgemeiner Bewertungsprinzipien enthalten die handelsrechtlichen Vorschriften Bestimmungen über die Ansätze bestimmter Wirtschaftsgüter. Im einzelnen gilt hier folgendes:

751 Alle Vermögensgegenstände sind höchstens mit den **Anschaffungs- oder Herstellungskosten** anzusetzen, § 253 Abs. 1 S. 1 HGB, vermindert um Abschreibungen nach § 253 Abs. 2, 3 HGB. Ein darüber hinausgehender Wertansatz würde zum Ausweis eines noch nicht verwirklichten Gewinns führen. Das ist sowohl handelsrechtlich als auch steuerrechtlich unzulässig. Steuerlich erfolgt die Bewertung zu den Anschaffungs- oder Herstellungskosten oder zum niedrigeren Teilwert (§ 6 Abs. 1 Nr. 2 EStG).

752 Die **Anschaffungskosten** umfassen die gesamten Aufwendungen zur Anschaffung eines Wirtschaftsgutes und zu seiner Versetzung in betriebsbereiten Zustand, soweit sie dem Vermögensgegenstand einzeln zugeordnet werden können, § 255 Abs. 1 S. 1 HGB. Zu den Kosten für die Anschaffung gehören nach § 255 Abs. 1 S. 2 HGB auch die Nebenkosten sowie die nachträglichen Anschaffungskosten.

753 Erfaßt sind neben dem eigentlichen Kaufpreis alle Aufwendungen, die gemacht werden mußten, um das Wirtschaftsgut so in das Betriebsvermögen einzugliedern, daß es seinem Zweck entsprechend nutzbar ist. Anschaffungskosten sind insbesondere auch die Transportkosten, die Montagekosten für die Aufstellung einer Maschine, die Kosten der Fundamentierung, die Kosten für das Niederreißen und die Wiederaufrichtung von Wänden und Mauern; weiterhin gehören dazu die Vertragskosten, etwaige Reisekosten zur Besichtigung eines später erworbenen Wirtschaftsgutes, Versicherungsprämien, Grunderwerbsteuer, Wertzuwachssteuer.

754 Die nach § 15 UStG abziehbare Umsatzsteuer gehört nicht zu den Anschaffungskosten, § 9 b Abs. 1 S. 1 EStG. Soweit sie nicht als Vorsteuer abziehbar ist, erhöht die Umsatzsteuer die Anschaffungskosten; sie muß unter den Voraussetzungen des § 9b Abs. 1 S. 2 EStG aber nicht eingerechnet werden. Gemeinkosten, d.h. die dem angeschafften Wirtschaftsgut nicht einzeln zurechenbaren Kosten, dürfen nicht berücksichtigt werden[43].

755 Abzuziehen sind gemäß § 255 Abs. 1 S. 2 HGB Anschaffungspreisminderungen, also Rabatte, Skonti und Nachlässe anderer Art.

---

43 *Baumbach/Hopt*, § 255 Rn. 2.

Die **Herstellungskosten** für im Unternehmen selbst hergestellte Wirtschaftsgüter umfassen nach der Legaldefinition in § 255 Abs. 2 S. 1 HGB die Aufwendungen, die durch den Verbrauch von Gütern und die Inanspruchnahme von Diensten für die Herstellung eines Vermögensgegenstandes, seine Erweiterung oder für eine über seinen ursprünglichen Zustand hinausgehende wesentliche Verbesserung entstehen. Dazu gehören insbesondere Materialkosten, also vor allem die Kosten der zur Fertigung benötigten Rohstoffe. Daneben zählen zu den Herstellungskosten auch die Fertigungskosten, d.h. insbesondere die Fertigungslöhne, und die Sondereinzelkosten der Fertigung, wie z.B. Spezialwerkzeuge, Gebühren für Patente oder Lizenzen[44]. 756

Nach § 255 Abs. 2 S. 3–5 HGB besteht handelsrechtlich ein Einrechnungswahlrecht für die dem hergestellten Wirtschaftsgut nicht direkt zurechenbaren Gemeinkosten. Hierzu zählen die **Materialgemeinkosten,** also z.B. Aufwendungen für die Lagerhaltung, sowie die **Fertigungsgemeinkosten,** d.h. insbesondere Kosten der technischen Betriebsleitung, Instandhaltungskosten, Aufwendungen für die Energieversorgung usw. Hinzu kommt der **Wertverzehr des Anlagevermögens,** womit vor allem die Wertminderung der Fertigungsanlagen gemeint ist. Steuerlich besteht hinsichtlich der Einrechnung dieser Kosten kein Wahlrecht sondern eine Einrechnungspflicht[45]. 757

Allgemeine Verwaltungskosten, Aufwendungen für soziale Einrichtungen, für freiwillige soziale Leistungen und betriebliche Altersversorgungen brauchen nicht eingerechnet zu werden, § 255 Abs. 2 S. 4 HGB. Dies ist im Ergebnis auch steuerrechtliche Praxis[46]. 758

Keine Herstellungskosten sind die Vertriebskosten, § 255 Abs. 2 S. 5 HGB, d.h. die Aufwendungen, die dem Absatz der hergestellten Güter dienen, insbesondere die Umsatzsteuer[47]. Ebensowenig dürfen kalkulatorische Zinsen auf das Eigenkapital und grundsätzlich auch nicht solche für das Fremdkapital in die Herstellungskosten eingerechnet werden, § 255 Abs. 3 S. 1 HGB. Eine Ausnahme läßt das Gesetz in § 255 Abs. 3 S. 2 HGB beim Fremdkapital zu, wenn es zur Finanzierung der Herstellung des Vermögensgegenstandes verwendet wird und die Fremdkapitalzinsen auf den Zeitraum der Herstellung entfallen. Das Steuerrecht fordert für eine Einrechnung in die Herstellungskosten einen unmittelbaren 759

---

44 Siehe § 255 Abs. 2 S. 1, 2 HGB; *Baumbach/Hopt,* § 255 Rn. 15.
45 Abschn. 33 Abs. 2, 4 EStR.
46 Abschn. 33 Abs. 3, 5 EStR.
47 Strittig ist die Behandlung der Sondereinzelkosten des Vertriebs, siehe *Baumbach/Hopt,* § 255 Rn. 20; *Knobbe-Keuk,* Bilanz- und Unternehmenssteuerrecht, § 5 IV 2a, S. 169 mit Fn. 77 und § 6 I 4, S. 251 f.

wirtschaftlichen Zusammenhang der Kreditaufnahme mit der Herstellung des Wirtschaftsgutes und einen Herstellungszeitraum von in der Regel über einem Jahr. Zudem ist Voraussetzung für die steuerliche Berücksichtigung die entsprechende Behandlung in der Handelsbilanz[48]. Dem trägt § 255 Abs. 3 2. Hs. HGB Rechnung. Kapitalgesellschaften müssen bei der Einrechnung Angaben hierüber im Anhang machen, § 284 Abs. 2 Nr. 5 HGB.

760 Wirtschaftsgüter des Anlagevermögens, die der Abnutzung unterliegen, sind nach Ansatz mit den Anschaffungs- oder Herstellungskosten **planmäßig abzuschreiben,** § 253 Abs. 2 S. 1 HGB. Der Plan muß die Anschaffungs- oder Herstellungskosten nach einer den Grundsätzen ordnungsmäßiger Buchführung entsprechenden Abschreibungsmethode auf die Geschäftsjahre verteilen, in denen der Gegenstand voraussichtlich genutzt werden kann. Im Rahmen der Grundsätze ordnungsmäßiger Buchführung halten sich insbesondere die steuerlichen Abschreibungsmethoden des § 7 EStG[49]. Nach dem Grundsatz der Bewertungsstetigkeit (Rn. 715) darf die Abschreibungsmethode nicht willkürlich gewechselt werden.

761 Ohne Rücksicht darauf, ob ihre Nutzung zeitlich begrenzt ist, können Vermögensgegenstände des **Anlagevermögens** außerplanmäßig auf den niedrigeren Wert, der ihnen am Abschlußstichtag beizulegen ist, abgeschrieben werden, § 253 Abs. 2 S. 3 HGB. Eine Abschreibungspflicht besteht bei einer voraussichtlich dauernden Wertminderung. Der niedrigere Wertansatz darf bei Personenunternehmen beibehalten werden, auch wenn die Gründe hierfür nicht mehr bestehen. Dies stellt § 253 Abs. 5 HGB ausdrücklich klar. Für Kapitalgesellschaften besteht demgegenüber ein Wertaufholungsgebot nach § 280 Abs. 1 HGB, so daß § 253 Abs. 5 HGB für sie nicht gilt[50]. Für das Steuerrecht bestimmt § 6 Abs. 1 Nr. 1 EStG, daß Wirtschaftsgüter des Anlagevermögens, die der Abnutzung unterliegen, mit den Anschaffungs- oder Herstellungskosten, vermindert um die AfA nach § 7 EStG anzusetzen sind. Bei niedrigerem Teilwert kann auch dieser angesetzt werden.

762 Für Wirtschaftsgüter des **Umlaufvermögens**[51] besteht anders als für das Anlagevermögen gemäß § 253 Abs. 3 S. 1 HGB die handelsrechtliche

---

48 Abschn. 33 Abs. 7 EStR.
49 *Baumbach/Hopt,* § 253 Rn. 8.
50 Eine Ausnahmeregelung enthält § 280 Abs. 2 HGB. Wird von ihr Gebrauch gemacht, ist dies in Anhang anzugeben und zu begründen, § 280 Abs. 3 HGB. Hierzu auch § 6 Abs. 3 EStG und *Knobbe-Keuk,* Bilanz- und Unternehmenssteuerrecht, § 5 VI, S. 208 f.
51 Siehe § 266 Abs. 2 B und Rn. 724.

§ 13 Buchführung und Jahresabschluß

Pflicht, sie nach Ansatz mit den Herstellungs- oder Anschaffungskosten auf den niedrigeren Markt- oder Börsenpreis abzuschreiben, sog. **strenges Niederstwertprinzip**. Statt eines nicht feststellbaren Börsen- oder Marktpreises ist der Zeitwert des Gutes anzusetzen, § 253 Abs. 3 S. 2 HGB. Dieser Wert richtet sich nach dem am Markt im weiteren Sinne (also nicht am für das Wirtschaftsgut relevanten Markt) erzielbaren Preis[52]. Bewertungszeitpunkt ist der Bilanzstichtag.

Die Gegenstände des Umlaufvermögens dürfen mit noch niedrigeren Werten als den vorstehend erwähnten angesetzt werden, soweit der niedrigere Wertansatz bei vernünftiger kaufmännischer Beurteilung notwendig ist, um zu verhindern, daß in der nächsten Zukunft der Wertansatz dieser Gegenstände aufgrund von Wertschwankungen geändert werden muß (§ 253 Abs. 3 S. 3 HGB). Die Kapitalgesellschaften müssen gemäß § 277 Abs. 3 S. 3 HGB solche Abschreibungen gesondert ausweisen oder im Anhang angeben. Anders als Personenunternehmen können sie die niedrigeren Werte nur solange beibehalten, wie die Gründe hierfür bestehen, § 280 Abs. 1 HGB. 763

Soweit es den Grundsätzen ordnungsmäßiger Buchführung entspricht, kann für den Wertansatz gleichartiger Gegenstände des **Vorratsvermögens** unterstellt werden, daß die zuerst oder daß die zuletzt angeschafften oder hergestellten Gegenstände zuerst oder in einer sonstigen bestimmten Folge verbraucht oder veräußert worden sind, § 256 S. 1 HGB[53]. Außerdem ist für gleichartiges Vorratsvermögen die Festbewertung bzw. die Gruppen- oder Sammelbewertung zugelassen, § 256 S. 2 HGB i.V.m. § 240 Abs. 3, 4 HGB (Rn. 746 ff.). 764

Das strenge Niederstwertprinzip bei den Wirtschaftsgütern des Umlaufvermögens gilt auch steuerlich für diejenigen Gewerbetreibenden, die aufgrund gesetzlicher Vorschriften verpflichtet sind, Bücher zu führen und regelmäßig Abschlüsse zu machen, oder die ohne eine solche Verpflichtung Bücher führen und regelmäßig Abschlüsse machen. Sie haben für den Schluß des Wirtschaftsjahres das Betriebsvermögen anzusetzen, das nach den handelsrechtlichen Grundsätzen ordnungsmäßiger Buchführung auszuweisen ist (§ 5 EStG). 765

Die Vorschrift des § 253 Abs. 4 HGB erlaubt es **Personenunternehmen** ausdrücklich, auch außerhalb dieser Bewertungsbestimmungen Abschreibungen nach vernünftiger kaufmännischer Beurteilung vorzunehmen. 766

---

[52] *Baumbach/Hopt*, § 253 Rn. 15.
[53] Hierzu eingehend *Teichgräber*, Die Bewertung des Vorratsvermögens nach fiktiven Verbrauchsfolgen, 1977.

Eine Einschränkung erfährt diese Befugnis allein dadurch, daß die Bildung der stillen Reserven nach vernünftiger kaufmännischer Beurteilung gerechtfertigt sein muß. Die **Unterbewertung** hat den Grundsätzen ordnungsmäßiger Buchführung zu entsprechen[54]. Außerdem erlaubt § 253 Abs. 4 HGB die freie Unterbewertung nur hinsichtlich des Anlage- und Umlaufvermögens. Überhöhte Ansätze auf der Passivseite werden durch diese Vorschrift nicht gedeckt[55]. Ein nach § 253 Abs. 4 HGB gewählter Ansatz darf beibehalten werden, auch wenn die Gründe hierfür entfallen, § 253 Abs. 5 HGB. Steuerlich gilt das Unterbewertungsrecht des § 253 Abs. 4 HGB nicht.

767 Neben den handelsrechtlichen Abschreibungen des § 253 HGB erlaubt § 254 HGB, einen auf steuerrechtlichen Abschreibungen beruhenden niedrigeren Wert in die Handelsbilanz zu übernehmen. Damit trägt das Gesetz der Tatsache Rechnung, daß steuerliche Abschreibungen oftmals von der Berücksichtigung auch in der Handelsbilanz abhängig gemacht werden (sog. **umgekehrte Maßgeblichkeit**).

768 Bei Kapitalgesellschaften beschränkt § 279 Abs. 2 HGB die Möglichkeit der Übernahme steuerlich motivierter Abschreibungen sogar ausdrücklich auf den Fall der umgekehrten Maßgeblichkeit. Anders als Personenunternehmen[56] können Kapitalgesellschaften einen einmal angesetzten niedrigeren Wert bei Fortfall der hierfür maßgeblichen Gründe auch nicht beibehalten, § 280 Abs. 1 HGB[57].

769 Bewertungsvorschriften für die Passivposten Verbindlichkeiten und Rückstellungen enthält § 253 Abs. 1 S. 2 HGB. Danach sind **Verbindlichkeiten** aller Art grundsätzlich mit dem Rückzahlungsbetrag anzusetzen[58]. Die steuerrechtliche Behandlung regelt § 6 Abs. 1 Nr. 3 EStG.

770 Diese Vorschrift ist dahin zu verstehen, daß auch steuerlich grundsätzlich der Nennbetrag, d.h. der Rückzahlungsbetrag der Forderung anzusetzen ist. Sollte dieser höher als der tatsächlich zugeflossene Betrag sein, so ist in Höhe des Unterschiedsbetrages ein aktiver Rechnungsabgrenzungsposten zu bilden, der gegebenenfalls entsprechend abzuschreiben ist[59]. Ungewisse oder Eventualverbindlichkeiten sind in die Rückstellungen auf-

---

54 Näher hierzu *Baumbach/Hopt,* § 253 Rn. 32; *Schulze-Osterloh,* ZHR 150 (1986), 403 (418 ff.).
55 *Baumbach/Hopt,* § 253 Rn. 31.
56 Siehe § 254 S. 2 HGB.
57 Siehe auch hier die Ausnahmeregelung in § 280 Abs. 2 HGB.
58 Zum Disagio oder Damnum siehe auch Rn. 729.
59 Hierzu *Knobbe-Keuk,* Bilanz- und Unternehmenssteuerrecht, § 5 IX 1, S. 229 ff.

§ 13 Buchführung und Jahresabschluß

zunehmen. Rentenverpflichtungen, für die eine Gegenleistung nicht mehr zu erwarten ist, sind zum Barwert anzusetzen. Dieser ist unter Berücksichtigung von Zinseszinsen und gegebenenfalls von Sterbetafeln nach mathematischen Grundsätzen zu ermitteln[60]. Rentenverpflichtungen mit noch laufender Gegenleistung sind entsprechend § 6a EStG mit dem Teilwert anzusetzen[61].

Die nach § 249 HGB vorgeschriebenen bzw. zugelassenen **Rückstellungen** sind mit dem Betrage anzusetzen, der nach vernünftiger kaufmännischer Beurteilung notwendig ist, § 253 Abs. 1 S. 2 HGB. Für Eventualverbindlichkeiten bedeutet dies, daß kein Ansatz mit dem vollen Betrag erfolgen darf, sondern die wahrscheinlich zu erwartende Höhe auszuweisen ist[62]. Hier besteht ein Ermessensspielraum des Bilanzierenden. — 771

V. Buchführungspflicht und Jahresabschluß der stillen Gesellschaft

Die stille Gesellschaft als solche ist nach Handelsrecht nicht buchführungs- und bilanzierungspflichtig. Eine Ausnahme ist auch nicht für die atypische stille Gesellschaft angezeigt. Die stille Gesellschaft ist definitionsgemäß eine reine Innengesellschaft und kann demzufolge weder eigenes Vermögen bilden, das sie bilanzieren könnte, noch Adressat einer Bilanzierungspflicht sein. Von der Frage nach einem Jahresabschluß der stillen Gesellschaft zu trennen ist die Berechnung des Gewinns und Verlustes des stillen Gesellschafters. Hierzu bedarf es in der Regel einer **internen Rechnungslegung**, die aber nicht eine Bilanz im Sinne des Handelsrechts ist[63]. — 772

Da das Steuerrecht an die handelsrechtlichen Gegebenheiten anknüpft, kann grundsätzlich auch eine steuerrechtliche Buchführungs- und Bilanzierungspflicht nicht in Betracht kommen. Für typische stille Beteiligungen, die beim Stillen zu Einkünften aus Kapitalvermögen führen, ist das nie in Frage gestellt worden. Für atypische stille Gesellschaft hingegen ist aus der Tatsache, daß der atypische stille Gesellschafter Mitunternehmer ist, das Gegenteil vertreten worden[64]. Dabei wurde jedoch übersehen, daß — 773

---

60 *Knobbe-Keuk*, Bilanz- und Unternehmenssteuerrecht, § 5 IX 1, S. 231.
61 *Baumbach/Hopt*, § 253 Rn. 3.
62 *Baumbach/Hopt*, § 253 Rn. 4.
63 Vgl. im Sinne der internen Rechnungslegung der stillen Gesellschaft sind auch die Ausführungen zur „Jahresbilanz der stillen Gesellschaft" bei *Schlegelberger/Karsten Schmidt*, § 337 (232 n.F.) Rn. 10–20 zu verstehen.
64 *Schön*, BB 1985, 313 (314); *Schulze-Osterloh*, WPg 1974, 393 (398 ff.) für den Fall, daß der atypische stille Gesellschafter weitreichende Geschäftsführungsbefugnisse besitzt, dazu *Döllerer*, DStR 1985, 295 (296 mit Fn. 6).

die Mitunternehmerschaft nur ein steuerrechtliches Institut zur Qualifizierung der Einkünfte des atypischen stillen Gesellschafters darstellt. Die Mitunternehmerschaft ist keine Quelle für die Entstehung neuer (Steuer)-Rechtssubjekte, die dann mit einer Bilanzierungspflicht belegt werden könnten[65]. Eine buchführungs- und bilanzierungspflichtige atypische stille Gesellschaft gibt es daher auch im Steuerrecht nicht[66]. Adressat steuerlicher Pflichten bleibt auch hier der Inhaber des Handelsgeschäfts, in dessen Vermögen der atypische stille Gesellschafter seine Einlage leistet[67]. Dies hat auch der Bundesfinanzhof in seiner Grundsatzentscheidung zur gewerbesteuerlichen Behandlung der atypischen stillen Gesellschaft bestätigt, indem er allgemein auf die Steuerrechtsunfähigkeit der atypischen stillen Gesellschaft hingewiesen hat[68].

VI. Die stille Gesellschaft in der Buchhaltung und im Jahresabschluß des Inhabers

1. Buchführungs- und Bilanzierungspflicht des Inhabers

774 Als Kaufmann ist der Inhaber grundsätzlich zur Buchführung und zur Aufstellung eines Jahresabschlusses verpflichtet (§§ 238 Abs. 1 S. 1, 242 Abs. 1 S. 1 HGB). Dies gilt gem. § 262 HGB für Sollkaufleute schon vor Eintragung in das Handelsregister[69]. An diese handelsrechtliche Bilanzierungspflicht knüpft in § 140 AO auch das Steuerrecht an. Nur wenn der Inhaber Minderkaufmann ist und deshalb gem. § 4 Abs. 1 HGB die Vorschriften des Dritten Buches des HGB auf ihn keine Anwendung finden, besteht keine handelsrechtliche Rechnungslegungspflicht. Häufig greift dann aber eine selbständige steuerrechtliche Buchführungs- und Bilanzierungspflicht nach § 141 AO ein, die allerdings anders als die handelsrechtlichen Vorschriften nicht die Aufstellung einer eigenen Gewinn- und Verlustrechnung umfaßt.

---

65 *Döllerer*, DStR 1985, 295 (296, 297 Fn. 7).
66 *Döllerer*, DStR 1985, 295 (296 f.); *Knobbe-Keuk*, Bilanz- und Unternehmenssteuerrecht, § 9 II 4b, S. 302 ff., die allerdings im Gegensatz zu *Döllerer* die Auffassung vertritt, daß der Geschäftsinhaber so bilanzieren müsse, als ob die atypische stille Gesellschaft Außengesellschaft sei.
67 Der atypische stille Gesellschafter kann aber Sonderbetriebsvermögen haben, so daß für ihn die Erstellung einer Sonderbilanz in Betracht kommt, *Döllerer*, DStR 1985, 295 (298).
68 BFH v. 12. 11. 1985 (VIII R 364/83) BStBl. II, 1986, 311, 312 f.
69 Inwieweit die §§ 230–237 HGB auch auf Beteiligungen an sollkaufmännischen Unternehmungen vor der Eintragung in das Handelsregister Anwendung finden, vgl. Rn. 195.

§ 13 Buchführung und Jahresabschluß

Die Buchführungspflicht bedeutet für den Inhaber insbesondere auch die Aufgabe, alle Geschäftsvorfälle, die sich aus der stillen Beteiligung ergeben, in den Konten seiner Finanzbuchhaltung zu erfassen. Hierzu ist die Bildung eines **Einlagekontos** für die Darstellung der Beteiligung des stillen Gesellschafters und die eines **Privatkontos** für die Darstellung seines Gewinnanteils erforderlich. Das Einlagekonto wird zweckmäßigerweise untergliedert, nämlich in die Unterkonten „Pflichteinlage", „Verlustvortrag" und ggf. „Entnahmen"[70]. Hat der stille Gesellschafter seine Einlage noch nicht vollständig erbracht, ist unter Umständen zur Darstellung dieses Sachverhaltes außerdem ein Konto für eingefordertes, noch nicht eingezahltes Kapital zu schaffen.

775

Die Salden dieser Konten sind in die Bilanz zu übernehmen. Bei der Auf- und Feststellung sowie der Unterzeichnung der Bilanz **wirkt der stille Gesellschafter** nach der gesetzlichen Regelung **nicht mit**. Für die Unterzeichnung nach § 245 HGB läßt sich auch vertraglich nichts anderes vereinbaren, da diese Vorschrift öffentlich-rechtlicher Natur ist und deswegen nicht zur Disposition des Gesellschaftsvertrags steht. Hinsichtlich der Auf- und Feststellung sind abweichende vertragliche Vereinbarungen zulässig, aber nicht ratsam. Ist die Inhaberin ihrerseits eine Gesellschaft, stellt die Einräumung eines Mitwirkungsrechts des stillen Gesellschafters an der Bilanzfeststellung ein Grundlagengeschäft dar. Eine solches Mitwirkungsrecht kann deswegen nur von allen Mitgliedern der Gesellschaft gewährt werden. Der Geschäftsführer allein ist hierzu nicht befugt.

776

Wie der Inhaber die stille Gesellschaft im einzelnen in seiner Rechnungslegung zu erfassen hat, gehört zu den **umstrittenen Themen des Bilanzrechts**. Obwohl speziell zu diesem Thema in den letzten Jahren mehrere Beiträge erschienen sind, hat sich eine einheitliche Meinung bisher nicht gebildet, die Meinungsbildung ist vielmehr noch nicht abgeschlossen. „Wegen der sehr divergierenden Literaturauffassungen" hat auch das Institut der Wirtschaftsprüfer entgegen seinen ursprünglichen Absichten bisher nicht zur Abbildung von stillen Gesellschaften im handelsrechtlichen Jahresabschluß Stellung genommen. Dies ist allerdings inzwischen für die Bilanzierung von Genußrechten bei Kapitalgesellschaften geschehen; auf diese Stellungnahme wird wegen der Ähnlichkeit beider Finanzierungsmittel deswegen in der Literatur verwiesen[71].

777

Bei der Gründung einer stillen Gesellschaft ist bilanz- und gesellschaftsrechtlich die Leistung der Einlage durch den stillen Gesellschafter von der

778

---

70 *Förschle/Kofahl*, in: Beck Bil-Komm. § 247 HGB Rn. 166 (zum Kapitalkonto des Kommanditisten).
71 Vgl. *Küting/Kessler*, BB 1994, 2103 (2103).

Einräumung der stillen Beteiligung durch den Inhaber zu unterscheiden[72]. Die bilanzrechtliche Diskussion konzentriert sich auf die Passivierung der Beteiligung des stillen Gesellschafters. Sie wird deswegen im folgenden vor der Aktivierung der Einlage dargestellt. Dabei ist zuerst Stellung zu nehmen, ob die mannigfaltigen zivilrechtlichen Ausgestaltungsformen der stillen Gesellschaft dazu zwingen, hinsichtlich der Bilanzierung stille Beteiligungen mit überwiegendem Fremdkapitalcharakter von eigenkapitalähnlichen stillen Beteiligungen zu unterscheiden, und wenn ja, nach welchen Kriterien die Abgrenzung zu erfolgen hat. Erst dann kann auf den konkreten Ausweis der Beteiligung in der Bilanz eingegangen werden. Hinsichtlich der Bewertung steht schließlich die Frage nach der Möglichkeit negativer Einlagekonten des stillen Gesellschafters im Vordergrund. Auf der Aktivseite der Bilanz des Inhabers ist insbesondere auf die Bewertung der Einlageleistung und ihr Verhältnis zur Höhe der Beteiligung einzugehen.

2. Passivierung der stillen Beteiligung

779 Durch die Gründung der stillen Gesellschaft wird der stille Gesellschafter an dem Handelsgewerbe des Inhabers beteiligt. Aus der Definition der stillen Gesellschaft als Innengesellschaft folgt, daß dieser Beteiligung kein dinglicher Anteil an dem Geschäftsvermögen des Inhabers entspricht. Die Beteiligung erschöpft sich vielmehr in obligatorischen Ansprüchen des stillen Gesellschafters gegen den Inhaber, nämlich insbesondere in dem Auseinandersetzungsanspruch, der mit der Gründung der stillen Gesellschaft entsteht und nach Auflösung der stillen Gesellschaft von dem Inhaber zu erfüllen ist. Dieser Anspruch entspricht auch schon vor Auflösung der Gesellschaft den Anforderungen an eine **passivierungsfähige Schuld des Inhabers** und stellt damit die Grundlage für die Bilanzierung der stillen Beteiligung dar[73]. Deren Bilanzierung richtet sich folglich nach Höhe und Ausgestaltung dieses Anspruchs.

780 Das Konto, das diese Beteiligung in der Finanzbuchhaltung dokumentiert, wird als „Einlagekonto" bezeichnet[74]. Unter welcher Position dieses Konto in der Bilanz des Inhabers auszuweisen ist, ist **umstritten**. Ursache

---

72 *Zacharias/Hebig/Rinnewitz*, S. 94.
73 *Groh*, BB 1993, 1882 (1891); *Hense*, S. 144 ff.
74 Die Bezeichnung „Einlagekonto" darf nicht darüber hinweg täuschen, daß das Konto bilanziell nicht die „Einlage" des stillen Gesellschafters i.S.d. § 230 HGB repräsentiert, sondern dessen wertmäßig nicht unbedingt gleich hohe stille Beteiligung. Im folgenden wird der allgemein üblichen Terminologie „Einlagekonto" (vgl. MünchHdb. StG/*Bezzenberger*, § 18 Rn. 1; Schlegelberger/Karsten Schmidt, § 335 (§ 230 n.F.) Rn. 152) gefolgt und auf die Einführung des Begriffs „Beteiligungskonto" verzichtet.

hierfür ist, daß nach überwiegender Meinung die stille Beteiligung abweichend von der Regelung der §§ 230 ff. HGB vertraglich so sehr Eigenkapital angenähert sein kann, daß der Ausweis als Schuld des Inhabers nicht mehr dem Gebot der Bilanzklarheit gem. § 243 Abs. 2 HGB entspricht[75]. Unter welchen genauen Voraussetzungen bilanziell eine solche eigenkapitalähnliche stille Beteiligung angenommen werden kann, ist allerdings innerhalb dieser herrschenden Meinung ebenso umstritten wie die Frage, wie sie ggf. dann in der Bilanz des Inhabers darzustellen ist.

Hingegen wollen Westerfelhaus und Groh alle Formen stiller Beteiligungen einheitlich in der Bilanz erfassen. Groh begründet seine Auffassung damit, daß eine stille Beteiligung nie hinreichend dem bilanziellen Eigenkapital angenähert werden könne, weil die stille Beteiligung immer Innengesellschaft bleibe[76]. Konsequenterweise will Groh sie deswegen immer als Verbindlichkeit in der Bilanz darstellen. Hingegen erkennt Westerfelhaus an, daß stille Beteiligungen eigenkapitalähnliche Züge annehmen können. Um aber Abgrenzungsschwierigkeiten zwischen einzelnen Formen zu vermeiden, will er jede stille Gesellschaft in eine neu zu schaffende Bilanzposition „stille Einlagen" einstellen, die der des Eigenkapitals folgen und noch vor etwaigen Sonderposten mit Rücklagenanteil in der Bilanz stehen solle[77]. Beide Ansichten haben zu Recht keine Gefolgschaft gefunden. Sie vermeiden zwar Abgrenzungsfragen, werden aber der Informationsfunktion der Bilanz nicht gerecht. Sowohl für die Gläubiger des Unternehmens als auch für dessen Gesellschafter ist nämlich nicht die Eigenschaft der stillen Gesellschaft als Innengesellschaft hinsichtlich ihrer Bilanzierung entscheidend, sondern vielmehr die Teilnahme der stillen Beteiligung an einem Verlust, an einem Liquidationsüberschuß sowie ggf. an einem Insolvenzverfahren des Unternehmens. Gerade darin unterscheiden sich aber stille Beteiligungen abhängig von ihrer Ausgestaltung wesentlich voneinander. Die **bilanzielle Differenzierung** zwischen eigenkapitalähnlichen stillen Beteiligungen und solchen mit überwiegendem Fremdkapitalcharakter ist deswegen mit § 25 RechKredV[78] auch in das Recht der Rechnungslegung eingegangen. Mit

781

---

75 *Knobbe-Keuk*, ZIP 1983, 127, 130; *Hense*, S. 183 ff; MünchHdb. StG/*Bezzenberger*, § 18 Rn. 7; *Karsten Schmidt*, FS Goerdeler, S. 487, 491 (498 f.); *Zutt*, in: GroßKomm. § 232 Rn. 32; ADS § 246 HGB Rn. 61; *Förschle/Kofahl*, in: Beck Bil-Komm. § 266 HGB Rn. 187; *Glade*, § 266 HGB Rn. 582; *Clemm/Nonnenmacher*, in: Beck Bil-Komm. § 247 HGB Rn. 233; *Küting/Kessler*, BB 1994, 2103 (2111, 2114).
76 *Groh*, BB 1993, 1882 (1891 f.).
77 *Wersterfelhaus*, DB 1988, 1173 (1178).
78 Verordnung über die Rechnungslegung der Kreditinstitute vom 10. 2. 1992, BGBl. I 1992, S. 203–222.

der überwiegenden Meinung ist diese differenzierende Betrachtungsweise auf alle Handelsgewerbe, an denen eine stille Beteiligung besteht, anzuwenden.

a) Abgrenzung eigenkapitalähnlicher stiller Beteiligungen von stillen Beteiligungen mit überwiegendem Fremdkapitalcharakter

782 Die Abgrenzung eigenkapitalähnlicher stiller Beteiligungen von solchen mit überwiegendem Fremdkapitalcharakter hat an den bilanzrechtlichen Begriff des Eigenkapitals anzuknüpfen[79]. Insoweit kann die steuerrechtliche Unterscheidung zwischen typischer und atypischer stiller Gesellschaft nicht übernommen werden, da diese nur auf den Begriff der Mitunternehmerschaft, nicht aber auf den des bilanziellen Eigenkapitals abzielt[80]. Nicht ohne weiteres anwendbar sind auch die Kriterien, die nach dem Gesetz bzw. der Rechtsprechung dazu führen, daß stille Beteiligungen in der Krise und der Insolvenz des Unternehmens haftungsrechtlich als Eigenkapitalersatz behandelt werden, denn der bilanzrechtliche Eigenkapitalbegriff ist auch insoweit selbständig[81].

783 Allerdings herrscht in der Literatur noch kein Konsens darüber, welche positiven Merkmale eine stille Beteiligung erfüllen muß, um in der Bilanz nicht als Schuld des Inhabers, sondern als eigenkapitalähnlicher Posten zu erscheinen. Die verschiedenen Meinungen hierzu spiegeln dabei die Uneinigkeit über den genauen bilanzrechtlichen Begriff des Eigenkapitals wider[82]. Weitgehende Übereinstimmung besteht nur insoweit, daß zumindest solchen stillen Beteiligungen, die nicht am Verlust des Handelsgewerbes teilnehmen oder die bei Insolvenz des Inhabers als Konkursforderung geltend gemacht werden können, Fremdkapitalcharakter zukommt. Gerade die Teilnahme am Konkursverfahren und eine gewinnunabhängige Vergütung zeichnen nämlich Fremdkapital als solches aus[83].

---

79 *Küting/Kessler*, BB 1994, 2103 (2114); *Hense*, S. 144.
80 *Knobbe-Keuk*, ZIP 1983, 127 (128). *Wahl*, GmbHR 1975, 169 (170–173) und *Müller*, FS *Budde*, S. 445 (462) verwenden zwar zur Unterscheidung unterschiedlich zu bilanzierender Formen stiller Gesellschaften das Begriffspaar „typische" und „atypische" stille Gesellschaft, verwenden diese aber nicht im Sinne des Bestehens bzw. Nichtbestehens einer Mitunternehmerschaft. Unklar insoweit *Schulze zur Wiesche*, FS *Budde*, S. 579 (580 ff.), der nur die Bilanzierung typischer stiller Gesellschaften behandelt, aber offenläßt, ob er den Begriff der atypischen stillen Gesellschaft im steuerrechtlichen Sinne versteht.
81 MünchHdb. StG/*Bezzenberger*, § 18 Rn. 9.
82 *Küting/Kessler*, BB 1994, 2103 mit Nachweisen über den Meinungsstand; vgl. *Müller*, FS *Budde*, S. 445 (455 ff.).
83 *Küting/Kessler*, BB 1994, 2103 (2105); ADS § 246 HGB Rn. 60; *Karsten Schmidt*, FS *Goerdeler*, S. 487 (490); *Groh*, BB 1993, 1882; so auch *Knobbe-*

Verlustbeteiligung und **Nachrangigkeit** stellen deswegen die **Mindestanforderungen** an eine eigenkapitalähnliche stille Beteiligung dar.

Der stille Gesellschafter nimmt in diesem Sinne am Verlust teil, wenn sich sein Auseinandersetzungsanspruch um den Betrag seiner Verlustanteile mindert und er keine festen Ansprüche gegen den Inhaber wegen der Einlageleistung hat. Eine Grundverzinsung eigenkapitalähnlicher Beteiligungen ist folglich ausgeschlossen. Sie würde eine latente Bedrohung der den Gläubigern zur Verfügung stehenden Haftungsmasse bedeuten[84]. Hingegen ist mit Verlustbeteiligung nicht gemeint, daß der stille Gesellschafter im Innenverhältnis unbeschränkt haftet.

784

Nachrangigkeit stellt ein zusätzliches Merkmal eigenkapitalähnlicher stiller Beteiligungen dar, weil aus § 236 Abs. 1 HGB folgt, daß auch stille Beteiligungen mit Verlustbeteiligung unter Umständen als Konkursforderungen angemeldet werden können. Mit der herrschenden Meinung spielt es dabei keine Rolle, ob die Nachrangigkeit auf einer besonderen Nachrangabrede oder auf der Anwendung von gesetzlichen Vorschriften bzw. von der Rechtsprechung entwickelten Regeln beruht[85]. Allerdings wird man ohne besondere Nachrangabrede besondere Vorsicht bei der Klassifizierung der stillen Beteiligung als nachrangig walten lassen müssen.

785

Teile der Literatur gehen allerdings nicht ausdrücklich auf Nachrangigkeit und Verlustbeteiligung ein, sondern geben statt dessen die schuldrechtliche Gleichstellung des stillen Gesellschafters mit einem Kommanditisten als Kriterium für die Eigenkapitalähnlichkeit seiner stillen Beteiligung an[86]. Dieses Kriterium sollte aber zur Abgrenzung nicht verwendet werden. Zwar entspricht es in der Regel den genannten Mindestanforderungen[87], für die genaue Unterscheidung erweist es sich aber als zu eng, weil die Gleichstellung mit einem Kommanditisten bedingt, daß der stille

786

Keuk, ZIP 1983, 127 (129) (auf S. 129 allerdings mit mißverständlichem Hinweis auf die gesetzliche Regelung in § 231 HGB (§ 336 HGB a.F.), klarstellend auf S. 130); *dieselbe:* Bilanz- und Unternehmenssteuerrecht, § 4c, S. 110 (insoweit ebenfalls mißverständlich). Ihr folgend MünchHdb. StG/*Bezzenberger*, § 18 Rn. 7; teilweise abweichend *Zacharias/Hebig/Rinnewitz*, S. 110–119.

84 *Küting/Kessler*, BB 1994, 2103 (2105).
85 HFA 1/94, Wpg. 1994, 419 (420); *Küting/Kessler*, BB 1994, 2103 (2105); MünchHdb. StG/*Bezzenberger*, § 18 Rn. 7 unter Verweis auf § 18 (Bearbeiter: *Kühn*) Rn. 8 ff.; *Glade*, § 266 Rn. 582; *Förschle/Kofahl*, in: Beck Bil-Komm. § 266 HGB Rn. 186 f.; ADS § 246 HGB Rn. 61. a.A. *Knobbe-Keuk*, ZIP 1983, 129 (130 f.): Nachrangabrede erforderlich.
86 *Müller*, FS Budde, S. 445 (462); *Wahl*, GmbHR 1975, 169 (172 f.) geht von der Gleichstellung mit einem Kommanditisten aus, läßt aber ausdrücklich offen, inwieweit geringere Anforderungen genügen.
87 Zu eigenkapitalersetzenden stillen Beteiligungen vgl. Rn. 1046 ff.

Gesellschafter bei der Auseinandersetzung auch an etwaigen stillen Reserven beteiligt wird. Diese positive Teilhabe am gesamten Geschäftsvermögen ist aber für die maßgeblichen Gläubiger- und Gesellschafterinteressen und damit für die Behandlung der stillen Beteiligung in der Bilanz unerheblich.

787 Während Teile des Schrifttums es bei Nachrangigkeit und Verlustbeteiligung als Kriterien belassen[88], fordern andere darüber hinaus, daß die Einlage des stillen Gesellschafters **längerfristig** dem Handelsgewerbe zur Verfügung steht[89]. Sie verweisen zu Recht darauf, daß erst die Längerfristigkeit die Gläubiger des Inhabers davor sichert, daß ihre Haftungsmasse auch in Zukunft nicht durch die Auszahlung der stillen Beteiligung geschmälert wird. Untereinander besteht dabei allerdings keine Einigkeit, wann dies der Fall ist. Die Anforderungen an die Beteiligung reichen von „unkündbar"[90] über „quasi unkündbar"[91] bis zu „längerfristig nicht kündbar"[92]. Nur vereinzelt wird § 10 Abs. 4 KWG als genauerer Maßstab für die Längerfristigkeit der Beteiligung herangezogen[93]. Längerfristigkeit bedeutete dann, daß die Einlage mindestens 5 Jahre zur Verfügung steht und der Auseinandersetzungsanspruch frühestens zwei Jahre nach dem Bilanzstichtag fällig werden kann.

788 Auch das Institut der Wirtschaftsprüfer hat in seiner Stellungnahme HFA 1/94 zur Bilanzierung von Genußrechten bei Kapitalgesellschaften, die insoweit mit stillen Beteiligungen vergleichbar sind, gefordert, daß Genußrechtskapital langfristig zur Verfügung gestellt worden sein muß, um als eigenkapitalähnliches Kapital bilanziert zu werden. Es hat allerdings zugleich zutreffend auf den abweichenden Regelungszweck des KWG hingewiesen und es deswegen abgelehnt, dessen Maßstäbe für die Langfristigkeit der Kapitalzuführung zu übernehmen. Es hat vielmehr auf die Angabe bestimmter Mindestzeiträume verzichtet und statt dessen nur gefordert, die Restlaufzeit im Anhang anzugeben[94].

---

88 *Knobbe-Keuk*, ZIP 1983, 127 (130); *Hense*, S. 250 (mit Differenzierungen nach der Rechtsform des Unternehmens); MünchHdb. StG/*Bezzenberger*, § 18 Rn. 7; *Karsten Schmidt*, FS *Goerdeler*, S. 487 (491), 498 f.; *Zutt*, in: GroßKomm. § 232 Rn. 32.
89 Vgl. die in den folgenden Fußnoten Genannten.
90 *ADS* § 246 HGB Rn. 61; *Förschle/Kofahl*, in: Beck Bil-Komm. § 266 HGB Rn. 187.
91 *Glade*, § 266 HGB Rn. 582.
92 *Clemm/Nonnenmacher*, in: Beck Bil-Komm. § 247 HGB Rn. 233.
93 *Küting/Kessler*, BB 1994, 2103 (2111, 2114).
94 HFA 1/94, WPg. 1994, 419 (420) Zur Bilanzierungspraxis bei Genußrechten aufschlußreich: *Küting/Kessler/Harth*, BB 1996, Beilage 4 zu Heft 8.

§ 13 Buchführung und Jahresabschluß

Hinsichtlich der Langfristigkeit ist weiterhin zu beachten, daß gem. § 234 Abs. 1 S. 2 HGB i.V.m. § 723 BGB die Kündbarkeit zumindest wegen wichtigen Grundes nicht vertraglich ausgeschlossen werden kann, so daß es „unkündbare" stille Beteiligungen nicht gibt. Gegen die Bestimmung fester Mindestzeiträume der Unkündbarkeit spricht hingegen, daß dies unter Umständen dazu nötigte, dieselbe stille Beteiligung während ihres Bestehens von eigenkapitalähnlichem zu Fremdkapital umzuqualifizieren. 789

Angesichts dieser Schwierigkeiten erscheint es vorzugswürdig, zumindest bei **stillen Beteiligungen auf unbestimmte Zeit** auf die gesetzliche Wertung des § 237 HGB zurückzugreifen, die in § 136 InsO Bestätigung gefunden hat. Der Schutz der Gläubiger des Inhabers vor Schmälerung ihrer Haftungsmasse wird danach dadurch gewährleistet, daß eine Rückgewähr der stillen Beteiligung in der Krise des Unternehmens anfechtbar ist. Da bei stillen Beteiligungen auf unbestimmte Zeit zudem die Vermutung besteht, daß eine längerfristige Kapitalzufuhr beabsichtigt ist, sollten sie als eigenkapitalähnlich bilanziert werden, soweit sie auch die Kriterien der Nachrangigkeit und Verlustbeteiligung erfüllen[95]. 790

Bestehen in tatsächlicher oder rechtlicher Hinsicht Zweifel, ob eine stille Beteiligung die genannten Kriterien erfüllt, so ist nach dem Vorsichtsprinzip von einer Beteiligung mit überwiegendem Fremdkapitalcharakter auszugehen[96]. 791

b) Bilanzierung stiller Beteiligungen mit überwiegendem Fremdkapitalcharakter

Nach h.M. sind stille Beteiligungen, die die Kriterien der Eigenkapitalähnlichkeit nicht erfüllen, als **Verbindlichkeiten des Inhabers** auszuweisen[97]. Der abweichenden Ansicht Glades, selbst stille Beteiligungen, die dem gesetzlichen Regelungsmodell entsprechen, seien in einen Sonderposten zwischen dem Eigenkapital und den Rückstellungen zu bilanzieren[98], widerspricht die Erkenntnis, daß gerade solche Beteiligungen qualifizierte Kreditverhältnisse (vgl. § 236 HGB) darstellen und deswegen als solche in 792

---

95 Auf die Möglichkeit der Minderung der Haftungsmasse im nächsten Geschäftsjahr stellt auch HFA 1/94, Wpg. 1994, 419 (420) ab, soweit es sich um grundsätzlich als Eigenkapital zu bilanzierende Genußrechte handelt.
96 *Küting/Küting*, § 272 HGB Rn. 29.
97 *ADS* § 246 HGB Rn. 61; *Küting/Reinhard*, § 247 HGB Rn. 97; MünchHdb. StG/*Bezzenberger*, § 18 Rn. 6; *Schulze zur Wiesche*, FS Budde, 579 (588) jeweils m.w.N.
98 *Glade*, § 266 HGB Rn. 582.

277

der Bilanz erscheinen müssen. Dem wird aber nur der Ausweis als Verbindlichkeit gerecht. Im Interesse der Bilanzklarheit und der Praktikabilität der Bilanzierung ist auch den Meinungen nicht zu folgen, die weitere grundsätzliche Differenzierungen hinsichtlich der Bilanzposition stiller Beteiligung mit überwiegendem Fremdkapitalcharakter vornehmen wollen[99].

793 Innerhalb der Verbindlichkeiten erscheinen stille Beteiligungen grundsätzlich unter der Position „C. 8. sonstige Verbindlichkeiten". Besitzt der stille Gesellschafter aber seinerseits Unternehmenseigenschaft, kommt als speziellere Position insbesondere „C. 7. Verbindlichkeiten gegenüber Unternehmen, mit denen ein Beteiligungsverhältnis besteht" in Betracht[100]. In beiden Fällen ist die Bildung eines Unterbilanzpostens für die Darstellung der stillen Beteiligung gem. § 265 Abs. 5 S. 1 HGB zulässig. Nicht anzugeben sind die Namen der stillen Gesellschafter[101].

794 Besteht das Unternehmen in der Rechtsform der GmbH oder der AG und ist der stille Gesellschafter seinerseits GmbH-Gesellschafter bzw. Aktionär, sind zusätzlich bei der Bilanzierung die Anforderungen des § 42 Abs. 3 GmbHG zu beachten, der in der Alternative „Verbindlichkeiten" auch stille Beteiligungen erfaßt[102].

795 Die **Bewertung der stillen Beteiligung** in der Bilanz richtet sich nach der Höhe des Auseinandersetzungsanspruchs, wie er nach den vertraglichen Vereinbarungen zum Bilanzstichtag besteht. Bestehen keine besondere Vereinbarungen, ist zu Beginn der stillen Gesellschaft der Verkehrswert der Einlage des stillen Gesellschafters anzusetzen[103]. Soll nach dem Gesellschaftsvertrag die Beteiligung absichtlich höher sein als der Wert der Einlage, so ist danach zu unterscheiden, ob der Auseinandersetzungsanspruch erst über die vereinbarte Dauer der stillen Gesellschaft oder sofort in Höhe des Betrages der Beteiligung entstehen soll, was insbesondere bei einer gemischten Schenkung anzunehmen ist. Im ersten Fall ist die Höhe der Beteiligung in der Bilanz ratierlich aufzustocken, im zweiten von Anfang an in voller Höhe auszuweisen[104].

---

99 *ADS* § 246 HGB Rn. 62: ggf. Sonderposten zwischen Eigenkapital und Rückstellungen; *Hense*, S. 171–177: ggf. Ausweis unter den Rückstellungen, ihm folgend *Zacharias/Hebig/Rinnewitz*, S. 106 f.
100 Zur Frage, ob ein Beteiligungsverhältnis besteht, vgl. Rn. 823.
101 MünchHdb StG/*Bezzenberger*, § 18 Rn. 12.
102 *Scholz/Crezelius*, GmbHG, § 42 Rn. 27.
103 MünchHdb StG/*Bezzenberger*, § 18 Rn. 15; Schlegelberger/Karsten Schmidt, § 335 (230 n.F.) Rn. 153.
104 So auch HFA 1/94, Wpg. 1994, S. 419 (421) zur Bilanzierung von Genußscheinen.

c) Bilanzierung eigenkapitalähnlicher stiller Beteiligungen

Für die **Position**, unter denen stille Beteiligungen mit eigenkapitalähnlichem Charakter in der Bilanz auszuweisen sind, werden zwei Posten diskutiert. Entweder soll hierfür ein Untergliederungspunkt in der Passivposition „A. Eigenkapital" gebildet werden[105]; oder es wird die Schaffung eines neuen Hauptgliederungspunktes, z.B. mit der Bezeichnung „Nach A.", für die Darstellung eigenkapitalähnlicher Beteiligungen vorgeschlagen[106]. Zutreffend wird dabei allerdings darauf hingewiesen, daß es sich hierbei eher um ein Detailproblem handelt, nämlich welche Darstellungsweise funktionsgerechter ist[107]. Wichtiger als die Position in der Bilanz ist eine aussagekräftige Bezeichnung des entsprechenden gem. § 265 Abs. 5 HGB zu bildenden Postens. Auch die Stellungnahme HFA 1/94 des Instituts der Wirtschaftsprüfer zur Bilanzierung von Genußrechtskapital hat die genaue Stellung in der Bilanz freigestellt, sich aber zumindest für den Ausweis unter der Position „A. Eigenkapital" ausgesprochen. Angesichts der divergierenden Meinungen, welchen Inhalt ein neuer Hauptgliederungspunkt „Nach A." haben soll, erscheint deswegen ein Ausweis als Untergliederungspunkt der Position „A. Eigenkapital" vorzugswürdig[108].

796

Hinsichtlich der Bewertung kann auf die Ausführungen zur Bilanzierung stiller Einlagen mit überwiegendem Fremdkapitalcharakter verweisen werden.

797

3. Aktivierung der Beitragsleistung des stillen Gesellschafters

Während die Beteiligung des stillen Gesellschafters auf der Passivseite der Bilanz erscheint, ist seine Beitragsleistung unter demjenigen Bilanzposten zu aktivieren, der der Art des durch den stillen Gesellschafter geleisteten Gegenstandes entspricht. Dies gilt freilich nur, sofern der geleistete Gegenstand als Einlage überhaupt aktivierungsfähig ist. Neben der Aktivie-

798

---

105 *ADS* § 246 HGB Rn. 61; § 266 Rn. 179; *Küting/Kessler*, BB 1994, 2103 (2114); *Glade*, § 266 HGB Rn. 582; *Karsten Schmidt*, FS Goerdeler, 487 (496); *Hense*, S. 251–264; *Wahl*, GmbHRdsch. 1974, 169 (173); *Vollmer/Maurer*, DB 1994, 1173, 1175; *Küting/Reinhard*, § 247 HGB Rn. 97; *Küting/Dusemond/Knop*, § 266 HGB Rn. 121 f.
106 MünchHdb. StG/*Bezzenberger*, § 18 Rn. 10; *Förschle/Kofahl*, in: Beck BilKomm. § 266 HGB Rn. 185, 187; *Knobbe-Keuk*, Bilanz- und Unternehmenssteuerrecht, S. 108.
107 *Karsten Schmidt*, FS Goerdeler, S. 487 (499).
108 Vgl. die jeweils unterschiedlichen Auffassungen zu einem neuen Hauptgliederungspunkt bei *Glade*, § 266 HGB Rn. 582; *Westerfelhaus*, DB 1988, 1173 (1177) und *Knobbe-Keuk*, ZIP 1983, 127 (131).

rungsfähigkeit des Beitrags des stillen Gesellschafters wirft auch die Bewertung einer geleisteten Einlage besondere Fragen auf.

a) Aktivierungsfähigkeit des Beitrages

799 Konstituierendes Merkmal jeder stillen Gesellschaft ist, daß der stille Gesellschafter die Erreichung des gemeinsamen Zwecks der stillen Gesellschaft durch eine hierzu geeignete Beitragsleistung fördert. Nicht erforderlich ist hingegen, daß er in eigener Person eine Einlage leistet, die als aktivierungsfähiger Vermögensgegenstand in das Vermögen des Inhabers übergeht[109]. Vielmehr kann seine Beteiligung im Rahmen einer Schenkung des Inhabers auch durch **Einbuchen** entstehen[110]. Damit stellt sich die Frage, welche Beitragsleistungen als Einlage des stillen Gesellschafters in der Bilanz des Inhabers konkret aktiviert werden können.

800 Das Kriterium der Bilanzierungsfähigkeit wird zunächst bedeutsam bei Leistung von **Nutzungen und Nutzungsrechten** als Beitrag des stillen Gesellschafters. Diese haben zwar beide einen schätzbaren Vermögenswert, aber nur die Leistung eines Nutzungsrechts kann als Einlage aktiviert werden, weil nur dieses einen Vermögensgegenstand darstellen kann. Letzteres setzt allerdings seinerseits voraus, daß das Nutzungsrecht entweder gegen einen Dritten besteht oder aber von dem Gesellschaftsverhältnis so gelöst ist, daß es selbständig verwertbar ist[111].

801 Ansprüche auf **Dienstleistungen** stellen keine Vermögensgegenstände dar und können deswegen nie aktiviert werden; dies stellt § 27 Abs. 2 2. Hs. AktG für die Aktiengesellschaft klar, gilt aber darüber hinaus für jede Gesellschaftsform[112].

802 In beiden Fällen ist es aber möglich, als Einlage eine Geldschuld des stillen Gesellschafters zu bestimmen, mit der vereinbarte Entgelte für Nutzungen oder Dienstleistungen verrechnet werden, nachdem diese geleistet worden sind[113].

803 Auch **immaterielle Vermögensgegenstände** können als Einlage des stillen Gesellschafters aktiviert werden, denn die gleichzeitige Gewährung einer

---

109 *Schlegelberger/Karsten Schmidt*, § 335 (§ 230 n.F.) Rn. 33, 141.
110 Vgl. hierzu Rn. 255 ff. und wegen der einzuhaltenden Formvorschriften bei einer Schenkung Rn. 257 ff.
111 *Hense*, S. 112–114; *Groh*, DB 1988, 514 (519 ff.); MünchHdb. StG/*Bezzenberger*, § 18 Rn. 16 jeweils m.w.N.
112 *Elltrott/Gutike*, in: Beck Bil-Komm. § 255 HGB Rn. 156; *Hense*, S. 118.
113 *Schlegelberger/Karsten Schmidt*, § 335 (§ 230 n.F.) Rn. 146; *Groh*, DB 1988, 514 (519).

Beteiligung bedeutet die Entgeltlichkeit des Erwerbes i.S.d. § 248 Abs. 2 HGB[114].

Die Aktivierung **ausstehender Einlageverpflichtungen** stiller Gesellschafter unterscheidet sich nicht von der bei anderen Gesellschaftsformen, denn daß die stille Gesellschaft vor Leistung der Einlage wieder aufgelöst werden kann, bedeutet nicht, daß die Einlageverpflichtung nur eine nicht zu aktivierende Eventualforderung wäre[115]. Auch auflösend bedingte Forderungen sind zu aktivieren[116]. Da gem. § 252 Abs. 1 Nr. 1 HGB von der Fortführung der Unternehmenstätigkeit auszugehen ist, widerspricht der Aktivierung auch nicht die Möglichkeit, daß im Konkurs die Einlageverpflichtung wegen § 236 Abs. 2 HGB nur bedingt bestehen kann. Je nach Rechtsform des Handelsgewerbes finden folglich § 272 Abs. 1 HGB oder die entsprechenden Regelungen für einzelkaufmännische Unternehmungen und Personengesellschaften Anwendung für die Aktivierung der ausstehenden Einlageforderung[117]. 804

b) Bewertung der Einlage

Die geleistete Einlage des stillen Gesellschafters wird grundsätzlich mit ihrem **Zeitwert** angesetzt[118]. Liegt dieser unter der Höhe der eingeräumten Beteiligung, so ist der Differenzbetrag entweder als Aufwand oder als Entnahme des Inhabers zu verbuchen. Im ersten Fall besteht gem. § 250 Abs. 3 HGB zumindest bei stillen Beteiligungen mit überwiegendem Fremdkapitalcharakter auch die Möglichkeit, den Differenzbetrag in einen aktiven Rechnungsabgrenzungsposten einzustellen und diesen über die vereinbarte Laufzeit der stillen Gesellschaft als Aufwand abzuschreiben[119]. Steuerrechtlich ist letzteres geboten[120]. 805

Liegt der Zeitwert der Einlageleistung über dem Wert der eingeräumten Beteiligung, so kann wahlweise auch der niedrigere Beteiligungswert an- 806

---

114 *ADS* § 248 HGB Rn. 21.
115 So aber *Hense*, S. 138.
116 *ADS* § 246 HGB Rn. 42.
117 Vgl. *Förschle/Kofahl*, in: Beck Bil-Komm. § 247 HGB Rn. 194 f.; *ADS* 247 HGB Rn. 71 f., enger *Zacharias/Hebig/Rinnewitz*, S. 98: Aktivierung nur soweit der stille Gesellschafter auch im Konkurs seiner Einlageverpflichtung nachkommen muß.
118 *ADS*, 6. Aufl. § 255 HGB Rn. 96 f.; *Glade*, I Rn. 480; *Hense*, S. 124–133.
119 HFA 1/94, Wpg. 1994, 419, 421 zur Bilanzierung von Genußrechten. Zur Abschreibung bei unbestimmter Laufzeit vgl. *ADS* § 250 HGB Rn. 95. Man beachte die komplementäre Möglichkeit, die Höhe der Beteiligung in Raten zu erhöhen, vgl. Rn. 802.
120 *Knobbe-Keuk*, Bilanz- und Unternehmenssteuerrecht, § 7 V 2, S. 282.

gesetzt werden mit der Folge, daß eine stille Reserve entsteht. Dies entspricht der herrschenden Meinung zu Gesellschaftereinlagen bei anderen Rechtsformen[121]. Sind stille Beteiligungen mit überwiegendem Fremdkapitalcharakter allerdings auf Zeit eingegangen worden, ist § 250 Abs. 2 HGB zu beachten, der zwingend die Bildung eines passiven Rechnungsabgrenzungspostens für Einnahmen vorsieht, soweit sie Ertrag für eine bestimmte[122] Zeit nach dem Bilanzstichtag darstellen[123].

4. Bilanzielle Behandlung von Gewinnen, Verlusten und Entnahmen sowie von sonstigen Forderungen und Verbindlichkeiten gegenüber dem stillen Gesellschafter

807 Über die Einlage und die Beteiligung hinaus sind auch Gewinne, Verluste und Entnahmen des stillen Gesellschafters sowie sonstige Forderungen und Verbindlichkeiten ihm gegenüber zu bilanzieren.

808 Die **Gewinnansprüche** des stillen Gesellschafters erhöhen grundsätzlich nicht seine Beteiligung; sie stellen vielmehr selbständige Forderungsrechte dar, die ein von der Beteiligung unterschiedliches Schicksal haben. Sie sind deswegen auf einem gesonderten Passivkonto zu verbuchen und in den Abschluß des Jahres einzustellen, in dem der Gewinn erwirtschaftet und damit der Gewinnanspruch wirtschaftlich verursacht wurde[124]. Bestehen weitere Verbindlichkeiten des Unternehmens gegenüber dem stillen Gesellschafter, bietet es sich an, diese und die Gewinnansprüche jeweils als Unterkonten zu einem allgemeinen „Privatkonto" des stillen Gesellschafters zu führen. Das Gewinnkonto geht in der Bilanz in den Posten „C. 8. Sonstige Verbindlichkeiten" bzw. in den jeweils spezielleren Posten ein. Ist im Gesellschaftsvertrag die Erhöhung der stillen Beteiligung durch stehengelassene Gewinnanteile vereinbart, so sind die Gewinnanteile dem Einlagekonto gutzuschreiben[125]. Gleiches gilt, solange die Höhe des Einlagekontos durch frühere Verluste unter den Wert der vereinbarten stillen Beteiligung liegt.

809 **Verlustanteile** des stillen Gesellschafters werden zu Lasten seines Einlagekontos gebucht, auch wenn das Unternehmen weitere Verbindlichkeiten gegenüber dem stillen Gesellschafter hat. Dies geschieht, indem in

---
121 *ADS*, 6. Aufl. § 255 HGB Rn. 97; MünchHdb. StG/*Bezzenberger*, § 18 Rn. 15 m.w.N.; a.A. *Hense*, S. 131 mit Nachweisen zur Gegenmeinung.
122 Zu den Anforderungen vgl. *ADS* § 250 HGB Rn. 31–37, 115.
123 So auch HFA, 1/94 Wpg 1994, 419 (421) zur Bilanzierung von Genußrechten.
124 *Hense*, S. 283; so auch BFH v. 19. 2. 1991 zur Bilanzierung des Gewinnanspruchs in der Bilanz des stillen Gesellschafters (in Stbg. 1993, 38 mitgeteilt).
125 Vgl. *ADS* § 247 HGB Rn. 68.

seinem Einlagekonto ein „Verlustvortragskonto" als Korrekturunterkonto gebildet wird, das die entsprechenden Verlustanteile aufnimmt[126]. Dieses Vorgehen erleichtert das Feststellen einer Sperre für die Auszahlung zukünftiger Gewinnanteile des stillen Gesellschafters. In der Bilanz findet es hingegen keinen Niederschlag, wenn der stille Gesellschafter gem. § 231 Abs. 2 HGB vertraglich vereinbart hat, daß er nur mit einem Teil seiner Beteiligung am Verlust des Unternehmens teilnimmt[127].

Überschreiten die Verluste die Höhe der Beteiligung, müssen ohne besondere vertragliche Regelung zukünftige Gewinne auch diese Verluste abdecken, bevor sie wieder an den stillen Gesellschafter auszuzahlen sind. Das Einlageguthaben des stillen Gesellschafters hat dann folglich einen negativen Wert. 810

Die bilanzielle Behandlung eines solchen sogenannten **negativen Einlageguthabens** ist umstritten. Die Aktivierung einer Forderung des Inhabers gegen den stillen Gesellschafters in Höhe des negativen Einlageguthabens scheidet aus, weil der stille Gesellschafter gem. § 232 Abs. 2 S. 2 HGB am Verlust nur bis zur Höhe seiner Einlage teilnimmt, folglich der Inhaber gegen den stillen Gesellschafter auch keine verwertbare Forderung hat, was Voraussetzung für die Aktivierung eines entsprechenden Vermögensgegenstandes wäre[128]. Anderes kann nur in den Fällen gelten, in denen der stille Gesellschafter gegenüber dem Inhaber zur unbeschränkten Übernahme von Verlusten verpflichtet ist[129]. 811

Zur bilanziellen Behandlung negativer Einlageguthaben wird deshalb einerseits die Auffassung vertreten, sie schlicht durch negative Einlagekonten auszudrücken[130]. Sollte die stille Gesellschaft vor Wiederauffüllung des Einlagekontos durch Gewinne aufgelöst werden, so müßte in diesem Fall der Betrag des negativen Kapitalkontos als Verlust des entsprechenden Jahres zu Lasten des Inhabers gebucht werden[131]. In Betracht kommt andererseits, negative Einlagekonten nicht zuzulassen und den Verlustanteil des stillen Gesellschafters als zusätzlichen Verlust des Inhabers zu verbuchen. Zukünftige Gewinne sind in diesem Fall ebenfalls nur dem 812

---

126 MünchHdb. StG/*Bezzenberger,* § 18 Rn. 13; *Zutt,* in: GroßKomm. § 232 Rn. 29; *Förschle/Kofahl,* in: Beck Bil-Komm. § 247 HGB Rn. 166.
127 So *Förschle/Kofahl,* in: Beck Bil-Komm. § 247 HGB Rn. 166; ADS § 247 HGB Rn. 75 für eine von der Pflichteinlage abweichende Hafteinlage eines Kommanditisten.
128 Für alle: *Zutt,* in: GroßKomm. § 232 Rn. 30.
129 Vgl. zu solchen Fällen Rn. 361.
130 MünchHdb. StG/*Bezzenberger,* § 18 Rn. 2, 14.
131 *Kormann,* BB 1974, 893 (894) für atypische stille Gesellschaften.

Kapitalkonto des Inhabers zuzuführen, solange nicht die Beteiligung rechnerisch wieder einen positiven Wert erreicht[132].

813 Für stille Beteiligungen an **Kapitalgesellschaften** sind **negative Einlagekonten** in der Bilanz **nicht zuzulassen**. Verlustanteile, die auf den stillen Gesellschafter entfallen, sind vielmehr hier in die Position „A. V. Jahresfehlbetrag" bzw. „A. V. Bilanzverlust" zu übernehmen. Andernfalls bestände bei Aktiengesellschaften die Möglichkeit, daß um den Betrag des auf den stillen Gesellschafters entfallenden Verlustes entgegen den gesetzlichen Kapitalerhaltungsvorschriften Gewinne an die Aktionäre ausgeschüttet werden[133].

814 Auch bei stillen Beteiligungen mit überwiegendem Fremdkapitalcharakter dürfen unabhängig von der Rechtsform des Unternehmens keine negativen Einlagekonten gebildet werden. Grund hierfür ist, daß sonst der Verlust des Geschäftsinhabers nicht mehr periodengerecht ermittelt werden kann.

815 Hingegen bestehen bei eigenkapitalähnlichen Beteiligungen an **einzelkaufmännischen Unternehmen und Personengesellschaften nicht in gleichem Maße Bedenken gegen negative Einlagekonten** wie bei Kapitalgesellschaften, da bei diesen Rechtsformen das Eigenkapitalkonto variabel geführt wird. Eigenkapitalähnliche stille Beteiligungen ähneln hier folglich stark Einlagen von Kommanditisten. Die Bildung negativer Kapitalkonten für Kommanditeinlagen ist aber anerkannt[134] und wird in § 15a Abs. 3 S. 1 EStG vorausgesetzt. Die gegen diese Anerkennung vorgebrachten Argumente sind zwar nicht unbeachtlich[135], es geht aber nicht an, bei insoweit gleicher Problemlage die mit Kommanditeinlagen vergleichbaren stillen Beteiligungen anders zu behandeln als diese[136]. Solange deswegen Kommanditeinlagen mit negativem Wert bilanziert werden dürfen, muß das auch für stille Beteiligungen gelten[137]. Andernfalls wäre auch die Verweisung für atypische stille Beteiligungen auf § 15a Abs. 3 S. 1 in § 15a Abs. 5 Nr. 1 EStG unverständlich.

816 Zwischen Inhaber und stillem Gesellschafter können unabhängig vom Gesellschaftsverhältnis **weitere Forderungen und Verbindlichkeiten** bestehen. Sie lassen bilanzrechtlich die Beteiligung des stillen Gesellschaf-

---

132 *Zutt*, in: GroßKomm. § 232 Rn. 30; unentschieden *Schlegelberger/Karsten Schmidt*, § 337 (232 n.F.) Rn. 32.
133 MünchHdb. StG/*Bezzenberger*, § 18 Rn. 14.
134 Vgl. BFH BStBl. 1964 III S. 359.
135 Vgl. *Knobbe-Keuk*, NJW 1980, 2557 (2558).
136 So aber *Groh*, FS L. Schmidt, S. 440 (443 ff.).
137 *Kormann*, BB 1974, 893 (894).

ters unberührt. Vielmehr sind sie auf gesonderte Forderungs- bzw. Verbindlichkeitenkonten zu verbuchen; letztere stellen ggf. ein Unterkonto zu einem allgemeinen Privatkonto des stillen Gesellschafters dar. Eine Saldierung verbietet sich.

Von solchen Forderungen des Inhabers gegen den stillen Gesellschafter zu unterscheiden ist die Gewährung einer zeitweiligen Entnahme des stillen Gesellschafters von seiner Beteiligung. Sie wird von seinem Einlagekonto über das Entnahmenunterkonto abgebucht. Abgrenzungskriterium ist insoweit, ob spätere Gewinne zur Auffüllung des Einlagekontos bis zur Höhe der vereinbarten Einlage dienen oder ausgeschüttet werden sollen[138].

817

5. Die stille Gesellschaft in der Gewinn- und Verlustrechnung sowie im Anhang

Der stille Gesellschaftsvertrag stellt bilanziell grundsätzlich einen Teilgewinnabführungsvertrag dar[139]. Dies bedingt auch die Behandlung der stillen Beteiligung in der Gewinn und Verlustrechnung des Inhabers. Verlustanteile des stillen Gesellschafters, die von seinem Einlagekonto abgebucht werden, sind demnach in der Bilanz von Kapitalgesellschaften als Erträge aus Teilgewinnabführungsverträgen auszuweisen. Umgekehrt sind Gewinnanteile, die auf sein Einlagekonto gebucht werden, Aufwendungen aus Teilgewinnabführungsverträgen[140]. Im Anhang des Jahresabschlusses des Inhabers ist die stille Beteiligung nicht anzugeben[141].

818

VII. Die stille Gesellschaft in der Buchhaltung und im Jahresabschluß des stillen Gesellschafters

1. Buchführungs- und Bilanzierungspflicht des stillen Gesellschafters

Ist der **stille Gesellschafter selbst Kaufmann,** so kommt auch für ihn eine Buchführungs- und Bilanzierungspflicht hinsichtlich der stillen Beteiligung in Betracht. Voraussetzung hierfür ist allerdings, daß die stille Beteiligung zum Geschäftsvermögen des stillen Gesellschafters zählt. Bei Gesellschaften stimmt dieses mit dem Gesellschaftsvermögen überein; bei Einzelkaufleuten hingegen muß zwischen seinem Privat- und seinem

819

---

138 Vgl. *Schulze-Osterloh,* in: Personengesellschaft und Bilanzierung S. 129 (136).
139 Vgl. Rn. 340. Für die Gewinn- und Verlustrechnung unbestritten; vgl.: WP-Hdb. F Rn. 335, R 267 m.w.N.
140 *Westerfelhaus,* DB 1988, 1173 (1178); *Glade,* § 275 HGB Rn. 214; *ADS* § 277 HGB Rn. 58; *Zacharias/Hebig/Rinnewitz,* S. 126; *Hense,* S. 292–310 (mit Darstellung von Sonderfällen).
141 *Hense,* S. 285.

Unternehmensvermögen unterschieden werden. Nur die Vermögensgegenstände, die seiner unternehmerischen Tätigkeit dienen, sind zu bilanzieren. Ist eine klare Zuordnung nicht möglich, was bei stillen Beteiligungen häufig vorkommen wird, so ist der nach außen erkennbar gewordene Wille des stillen Gesellschafters maßgeblich. Steuerrechtlich entspricht dies der Unterscheidung zwischen notwendigem Betriebs- und Privatvermögen sowie gewillkürtem Betriebsvermögen[142].

2. Aktivierung der Mitgliedschaft in der stillen Gesellschaft

820 Der bilanzierungspflichtige stille Gesellschafter hat die Vermögensgegenstände, die ihm aus dem Gesellschaftsvertrag zustehen, zu aktivieren. Hierzu gehört vornehmlich die Mitgliedschaft des stillen Gesellschafters selbst. Als Inbegriff aller gesellschaftsvertraglichen Rechte und Pflichten des stillen Gesellschafters stellt sie nämlich einen einheitlichen Vermögensgegenstand dar und bildet das Stammrecht, auf dem die einzelnen verselbständigten Gewinnansprüche gründen[143].

821 An welcher Stelle die Mitgliedschaft des stillen Gesellschafters in der Bilanz auszuweisen ist, hängt von verschiedenen Faktoren ab. Gem. § 247 Abs. 2 HGB erscheint sie unter dem Gliederungspunkt „A. Anlagevermögen", wenn sie bestimmt ist, dauernd dem Geschäftsbetrieb zu dienen, andernfalls unter dem Gliederungspunkt „B. Umlaufvermögen". Der jeweilig einschlägige Untergliederungspunkt hängt seinerseits davon ab, ob die Mitgliedschaft bilanzrechtlich als Anteil oder als Ausleihung bzw. Forderung anzusehen ist. Schließlich ist umstritten, unter welchen Umständen die Mitgliedschaft in einer stillen Gesellschaft unter den Begriff der Beteiligung im Sinne des § 271 Abs. 1 S. 1 HGB fällt.

822 Die Zuordnung der Mitgliedschaft in das Anlage- oder in das Umlaufvermögen richtet sich als **Finanzanlage** vornehmlich nach der beabsichtigten Zeitdauer der Beteiligung[144]. Finanzanlagen mit einer gesamten Laufzeit unter einem Jahr gelten dabei stets als Umlaufvermögen-, solche mit einer Laufzeit von über vier Jahren stets als Anlagevermögen. Bei Laufzeiten zwischen ein und vier Jahren ist die Absicht des Inhabers maßgeblich[145]. Diese Kriterien können auf stille Gesellschaften mit befristeter Vertragsdauer übernommen werden. Bei unbefristeten stillen Gesellschaf-

---
142 Zur handels- und steuerrechtlichen Abgrenzung des Privat- vom Betriebsvermögens vgl. *Budde/Karig*, in: Beck Bil-Komm. § 246 HGB Rn. 43–62.
143 *Hense*, S. 313; MünchHdb. StG/*Bezzenberger*, § 18 Rn. 18.
144 *Schnicke/Reichmann*, in: Beck Bil-Komm. § 247 HGB Rn. 356; *Hense*, S. 333, 351; vgl. auch *ADS* § 247 HGB Rn. 110.
145 *Schnicke/Reichmann*, in: Beck Bil-Komm. § 247 HGB Rn. 357.

ten kann es hingegen nur auf den Willen des stillen Gesellschafters ankommen, die stille Beteiligung über einen längeren Zeitraum zu halten. Angesichts der geringen Fungibilität der Beteiligung und der Verpflichtung des stillen Gesellschafters, den Gesellschaftszweck zu fördern, ist eine solche Absicht regelmäßig zu vermuten[146].

Im **Umlaufvermögen** wird die stille Beteiligung unter „B. II. 4. sonstige Vermögensgegenstände" bilanziert[147]. Im **Anlagevermögen** ist für Mitgliedschaften, die dem gesetzlichen Typus entsprechen, ein Ausweis unter „A. III. sonstige Ausleihungen" zu verlangen[148], auch wenn die Beteiligung grundsätzlich als Anteil im Sinne des Bilanzrecht zu qualifizieren ist[149]. Die Bezeichnung des Gliederungspunktes kann an die Tatsache angepaßt werden, daß er auch stille Beteiligungen erfaßt. Dem abweichenden Vorschlag von Westerfelhaus und Hense, die Mitgliedschaft als Beteiligung im Sinne des § 271 Abs. 1 HGB zu bilanzieren[150], ist hingegen dann zu folgen, wenn der Anteil vom stillen Gesellschafter gehalten wird, um eine dauernde Verbindung zu dem Unternehmen, an dem der Anteil besteht, zu schaffen. Als hinreichendes Indiz für ein solches unternehmerisches Interesse des stillen Gesellschafters am Unternehmen des Inhabers können Art und Umfang der stillen Beteiligung ausreichen[151].

823

Die **Bewertung** der Mitgliedschaft erfolgt nach den allgemeinen Regeln zu den Anschaffungskosten[152]. Zu diesen sind neben dabei anfallenden Steuern und Provisionen als Anschaffungsnebenkosten auch später stehengelassene Gewinne des stillen Gesellschafters als nachträgliche Anschaffungskosten zu zählen[153]. Vermindern Verlustanteile das Einlagekonto des stillen Gesellschafters oder wird seine Mitgliedschaft auf andere Wei-

824

---

146 *Hense*, 336; a.A.: MünchHdb. StG/*Bezzenberger*, § 18 Rn. 20, der die Bilanzierung im Anlage- oder Umlaufvermögen von der Einstufung der Mitgliedschaft als Anteil abhängig macht.
147 *Hense*, S. 351; MünchHdb StG/*Bezzenberger*, § 18 Rn. 20.
148 *Schulze zur Wiesche*, FS *Budde*, S. 379 (392).
149 *Glade*, § 271 HGB Rn. 13; *Schnicke/Gutike*, in: Beck Bil-Komm. § 271 HGB Rn. 15; WP-Hdb. F Rn. 86. a.A.: *Schulze zur Wiesche*, FS *Budde* S. 580 (592); *Groh*, BB 1993, 1882 (1892); *ADS* § 271 HGB Rn. 5 m.w.N., der für die stille Gesellschaft als Innengesellschaft hierfür erweiterte Kontrollrechte des stillen Gesellschafters verlangt, einschränkend aber § 266 Rn. 72, 81. Dagegen zu Recht: *Hense*, S. 321–328.
150 *Westerfelhaus*, DB 1988, 1173 (1178); *Hense*, S. 329–338.
151 MünchHdb StG/*Bezzenberger*, § 18 Rn. 18; vgl. *Glade*, § 271 HGB Rn. 11; weitergehend *Zacharias/Hebig/Rinnewitz*, S. 132: Dauerhaftigkeit der stillen Beteiligung genügt.
152 Zu dem genauen Umfang der Anschaffungskosten einer stillen Beteiligung vgl. *Hense*, S. 351–357.
153 *Hense*, S. 356.

se in ihrem Wert vermindert, so ist von ihrem Bilanzwert gem. § 253 Abs. 2 bzw. Abs. 3 HGB eine entsprechende Abschreibung vorzunehmen[154]. Hingegen kommen planmäßige Abschreibungen nicht in Betracht, da die Mitgliedschaft in ihrer Nutzbarkeit nicht im Sinne des § 255 Abs. 2 S. 1 HGB zeitlich begrenzt ist. Soweit Abschreibungen wegen dauernder oder vorübergehender Wertminderung der Mitgliedschaft vorgenommen werden, bestimmt sich der niedrigere beizulegende Wert nach dem voraussichtlichen Ertragswert der stillen Beteiligung[155]. Kapitalgesellschaften haben das Wertaufholungsgebot nach § 280 HGB zu beachten, soweit die Gründe für die außerordentliche Abschreibung der Mitgliedschaft in späteren Geschäftsjahren entfallen.

3. Die stille Gesellschaft in der Gewinn- und Verlustrechnung sowie im Anhang

825 **Gewinne** des stillen Gesellschafters stellen für ihn Erträge aus Teilgewinnabführungsverträgen, **Verluste** Aufwendungen aus Verlustübernahme dar[156]. Gesellschaftsrechtlich entstehen diese Gewinnansprüche grundsätzlich erst mit der Bilanzaufstellung des Unternehmens an dem die Beteiligung besteht. Nach allgemeinen Regeln sind sie auch erst zu diesem Zeitpunkt zu bilanzieren. In Fällen, in denen zwischen dem Inhaber und dem stillen Gesellschafter aber wirtschaftliche Verflechtungen bestehen, ist nach der Rechtsprechung der Gewinn beim Stillen in der gleichen Periode zu bilanzieren wie in der Bilanz des Inhabers[157].

826 Kapitalgesellschaften müssen gem. § 285 Nr. 11 HGB im Anhang Angaben über Anteile an anderen Unternehmen machen, wenn die Anteile mindestens zwanzig Prozent des Kapitals des Unternehmens betragen. Allerdings gelten stille Beteiligungen mit überwiegendem Fremdkapitalcharakter nicht als Anteile im Sinne dieser Vorschrift, so daß mit der herrschenden Meinung eine Angabepflicht nur für eigenkapitalähnliche stille Beteiligungen anzuerkennen ist[158].

---

154 So mit unterschiedlichen Begründungen: *Hense*, S. 358–365; *Groh*, BB 1993, 1882 1892; *Schulze zur Wiesche*, FS *Budde* S. 392–396.
155 *Zacharias/Hebig/Rinnewitz*, S. 136.
156 *Förschle*, in: Beck Bil.-Komm. § 275 HGB Rn. 207; *Glade*, § 275 HGB Rn. 300; *Westerfelhaus*, DB 1988, 1173 1179; *Schulze zur Wiesche*, FS *Budde*, S. 580 (594); a.A. *Zacharias/Hebig/Rinnewitz*, S. 138.
157 Vgl. Rn. 877.
158 *ADS*, 6. Aufl. § 285 HGB Rn. 226; WP-Hdb. F. 616; *Küting/Weber*, §§ 284–288 HGB Rn. 276; a.A. *Felix*, BB 1987, 1495, der aber verkennt, daß in § 286 Abs. 3 S. 2 HGB nicht über die stille Gesellschaft, sondern über das Unternehmen des Inhabers zu berichten ist.

VIII. Zusammenfassung

Zur Buchführung und Bilanzierung ist regelmäßig nur der Inhaber verpflichtet; den stillen Gesellschafter treffen entsprechende Pflichten nur, wenn er selbst Kaufmann ist. Die stille Gesellschaft als solche ist hingegen nie Trägerin von Buchführungs- und Bilanzierungspflichten. Inhaber und gegebenenfalls stiller Gesellschafter haben die Geschäftsvorfälle, die sich aus der stillen Beteiligung ergeben, in ihrer Finanzbuchhaltung zu erfassen und die entsprechenden Vermögensgegenstände und rechtliche Verpflichtungen in ihrer Bilanz darzustellen.

827

In der Bilanz des Inhabers hängt der Ausweis der Beteiligung des stillen Gesellschafters von ihrer zivilrechtlichen Ausgestaltung ab. Grundsätzlich sind unbefristete, nachrangige Beteiligungen mit Verlustbeteiligung als eigenkapitalähnlich anzusehen. Ihre Darstellung erfolgt in einem Untergliederungspunkt des Eigenkapitals. Andere Beteiligungen haben überwiegenden Fremdkapitalcharakter. Sie werden regelmäßig unter den „sonstigen Verbindlichkeiten" erfaßt. Die Höhe des Ausweises der Beteiligung in der Bilanz richtet sich grundsätzlich nach dem Auseinandersetzungsanspruch des stillen Gesellschafters. Aktivierungsfähige Einlageleistungen des stillen Gesellschafters sind unter dem Bilanzposten zu auszuweisen, der der Art des geleisteten Vermögensgegenstandes entspricht. Gewinne des stillen Gesellschafters erhöhen ohne besondere vertragliche Vereinbarung nicht seine Einlage und sind deshalb auf einem gesonderten Verbindlichkeitenkonto zu verbuchen. Verluste gehen zu Lasten seines Einlagekontos. Eigenkapitalähnliche Beteiligungen an einzelkaufmännisch betriebenen Unternehmen oder Personengesellschaften können auf Grund vorheriger Verluste ein negatives Einlagekonto aufweisen. In der Gewinn- und Verlustrechnung stellt der stille Gesellschaftsvertrag einen Teilgewinnabführungsvertrag dar.

828

Soweit der stille Gesellschafter eine Bilanz aufstellt, erfolgt der Ausweis seiner Mitgliedschaft in der stillen Gesellschaft grundsätzlich unter dem Posten „A. III. Finanzanlagen". Sie ist unter dem Unterposten „A. III. 6. sonstige Ausleihungen" darzustellen, wenn der stille Gesellschafter mit seiner stillen Beteiligung keine unternehmerischen Interessen verfolgt, andernfalls unter dem Posten „A. III. 3. Beteiligungen". Die Höhe des Ausweises richtet sich nach den Anschaffungskosten, zu denen auch auf dem Einlagekonto stehengelassene Gewinnanteile des stillen Gesellschafters gehören. Ist der Wert der Mitgliedschaft des stillen Gesellschafters durch Verluste oder auf sonstige Weise gemindert, sind entsprechende außerordentliche Abschreibungen zu tätigen.

829

§ 14 Die Verteilung von Gewinn und Verlust

Schrifttum: *Adler, Hans / Düring, Walther / Schmaltz, Kurt,* Rechnungslegung und Prüfung der Aktiengesellschaft, 5. Aufl., 1987; *Baumbach, Adolf / Hueck, Alfred,* GmbH-Gesetz, 16. Aufl., 1996; *Bordewin, Arno,* Gewinnverteilung bei gewerblichen Personengesellschaften, NWB Fach 18, 3237; *Coenenberg, Gerhard,* Jahresabschluß und Jahresabschlußanalyse, 15. Aufl., 1994; *Costede, Jürgen,* Besonderheiten der mitunternehmerischen Stillen Gesellschaft, StbKRep 1987, 239; *Döllerer, Georg,* Die Kapitalgesellschaft und ihre Gesellschafter in der neueren Rechtsprechung des Bundesfinanzhofs, DStR 1984, 383; *Fichtelmann, Helmar,* GmbH & Still im Steuerrecht, 4. Aufl., 1995; *Gebhardt, Joachim,* Kapitalersetzende Gesellschafterdarlehen: Stehenlassen als Gewähren i.S. des § 32a GmbHG?, DB 1984, 1385; *Goette, Wulf,* Stille Gesellschaft: Investitionszulage als Teil des dem Stillen zustehenden nach steuerlichen Regeln zu ermittelnden Gewinns?, DStR 1995, 1843; *Habersack, Mathias,* Der praktische Fall: Der lästige Gesellschafter, JuS 1989, 739; *Hense, Heinz Hermann,* Die stille Gesellschaft im handelsrechtlichen Jahresabschluß, Diss. Münster 1990; *Hillers, Klaus,* Personengesellschaft und Liquidation, 1988; *Kamprad, Balduin,* Gesellschafterdarlehen an die GmbH und GmbH & Co. KG, 2. Aufl., 1981; *Kormann, Berthold,* Das negative Kapitalkonto, BB 1974, 893; *Lutter, Marcus / Hommelhoff, Peter,* GmbHG, 14. Aufl., 1995; Münchener Vertragshandbuch, hrsg. von *Martin Haidenhain / Burkhardt W. Meister,* 3. Aufl. 1992; *Sudhoff, Heinrich,* Gewinnanteil und Auseinandersetzungsquote des stillen Gesellschafters, NJW 1960, 2121; Steuerliches Vertrags- und Formularbuch, hrsg. von *Gerhard Bopp,* 2. Aufl. 1992; *Thöne, Wolfgang A.,* Behandlung der Gesellschafterdarlehen im Konkurs der Gesellschaft nach der GmbH-Novelle, DB 1980, 2179; *Ulmer, Peter,* Die Mitwirkung der Kommanditisten an der Bilanzierung der KG, Festschrift für Wolfgang Hefermehl, 1976, S. 207; *Wachter, Stephan,* Die Gewinnermittlung und Gewinnverteilung in der stillen Gesellschaft, 1996, *Weimar, Robert,* Die GmbH & Still im Fortschritt des Gesellschaftsrechts, ZIP 1993, 1509; *Zinkeisen, Klaus,* Der Umfang der Gewinnbeteiligung und des Auseinandersetzungsguthabens des stillen Gesellschafters, Diss. Hamburg 1972.

I. Gewinnbeteiligung des stillen Gesellschafters

830 Unabdingbares Merkmal der stillen Gesellschaft ist die Gewinnbeteiligung des stillen Gesellschafters. Wird die Gewinnbeteiligung des Stillen vertraglich ausgeschlossen, so ist eine solche Vereinbarung allerdings nicht nichtig. § 231 Abs. 2 Hs. 2 HGB besagt nur, daß das Rechtsverhältnis zwischen den Parteien dann keine stille Gesellschaft ist[1]. Die Gewinnbeteiligung des Geschäftsinhabers kann dagegen auch im Rahmen einer stillen Gesellschaft ausgeschlossen werden (vgl. Rn. 337).

---

1 *Zutt,* in: GroßKomm. § 231 Rn. 9; *Schlegelberger/Karsten Schmidt,* § 336 (§ 231 n.F.) Rn. 9; MünchHdb. StG/*Bezzenberger,* § 21 Rn. 4.

§ 14 Verteilung von Gewinn und Verlust

1. Gesetzliche Regelung

Gemäß § 232 Abs. 1 HGB ist am Schluß jeden Geschäftsjahres der Gewinn zu berechnen und der auf den stillen Gesellschafter entfallende Gewinnanteil auszubezahlen. Weder dem Inhaber noch dem stillen Gesellschafter steht kraft Gesetzes eine Vorzugsdividende zu. Wegen des Rechts des Inhabers zu Entnahmen aus dem Geschäft vgl. Rn. 614 ff. Für Art und Ausmaß der Gewinnbeteiligung ist in erster Linie der Gesellschaftsvertrag maßgebend. Ergänzend greift § 231 Abs. 1 HGB ein. Ist der Anteil des stillen Gesellschafters an Gewinn und Verlust nicht bestimmt, so gilt ein den Umständen nach **angemessener Anteil** als bedungen (keine gleichen Anteile wie nach § 718 Abs. 1 BGB). Die Verteilung nach Köpfen wäre bei der stillen Gesellschaft nicht gerechtfertigt. Die Verteilung von Gewinn und Verlust ist vielmehr dann angemessen, wenn sie in gleichem Verhältnis steht wie die Beiträge des Inhabers und des stillen Gesellschafters zueinander[2]. Zur Bemessung der Beitragsleistungen sind alle Umstände des einzelnen Falles zu berücksichtigen: Art und Größe der Einlage des stillen Gesellschafters, Teilnahme am Verlust oder Verlustausschluß, Ausschluß von der Haftung, Einsatz der Arbeitskraft, Verhältnis der Vermögenseinlage des stillen Gesellschafters zum Betriebsvermögen des Inhabers. Im Streitfalle entscheidet über die Angemessenheit das Gericht.

831

Ist nur der Anteil am Gewinn oder am Verlust bestimmt, so gilt die Bestimmung im Zweifel für Gewinn und Verlust (§ 722 Abs. 2 BGB).

2. Regelung im Gesellschaftsvertrag

Die Beteiligten können ihre Gewinn- und Verlustbeteiligung **frei vereinbaren**, ohne irgendwelchen beschränkenden Bestimmungen unterworfen zu sein. Auch eine stillschweigende Regelung ist denkbar; so z.B. wenn die Beteiligten ohne ausdrückliche Abrede den Gewinn jahrelang nach bestimmten Maßstäben unter sich verteilt haben oder wenn dem Stillen bei den Vertragsverhandlungen Bilanzen vorgelegt werden und er davon ausgehen mußte, daß diese der Gewinnberechnung zugrunde gelegt werden[3]. So kann vereinbart werden, daß auf jeden ein bestimmter Hundertsatz des Gewinnes und des Verlustes entfallen oder daß der Erfolg entsprechend dem Verhältnis der Einlage des stillen Gesellschafters zu dem Geschäftsvermögen des Inhabers oder nach dem Verhältnis ihrer Kapitalanteile verteilt werden soll. Soll sich der Gewinnanteil des stillen Gesellschafters nach dem Verhältnis der beiderseitigen Einlagen richten, so ist das Verhältnis dieser Einlagen maßgebend, nicht das Verhältnis der Einla-

832

---

2 MünchHdb. StG/*Bezzenberger*, § 22 Rn. 1.
3 MünchHdb. StG/*Bezzenberger*, § 21 Rn. 30.

ge des stillen Gesellschafters zum jeweiligen Geschäftsvermögen. Bezugspunkt ist die Höhe der ursprünglichen Einlage, nicht die des Einlagekontos zum Bilanzstichtag (vgl. Rn. 330)[4].

833 Auch eine **unangemessene Gewinnverteilung**, die dem wirtschaftlichen oder persönlichen Einsatz des stillen Gesellschafters an Kapital oder Arbeit nicht entspricht, ist bürgerlich-rechtlich wirksam, wenn die Formvorschrift des § 518 Abs. 1 BGB beachtet worden ist, soweit es sich um ein Schenkungsversprechen handelt (vgl. Rn. 257 ff.). Die Vereinbarung über eine unangemessene Gewinnverteilung kann aber steuerlich beanstandet werden, was insbesondere bei Familiengesellschaften der Fall ist. Das Gesellschaftsverhältnis wird hier zwar anerkannt, das Finanzamt nimmt aber eine Korrektur der Gewinnverteilung vor (Rn. 1322 f.).

834 Vereinbart werden kann auch, daß der stille Gesellschafter am Gewinn in einem größeren Ausmaß als am Verlust beteiligt sein soll, daß sein Gewinnanteil einen bestimmten, zahlenmäßig festgelegten Betrag nicht überschreiten darf oder daß er erst am Gewinn beteiligt sein soll, nachdem der Inhaber bestimmte Beträge oder eine bestimmte Dividende vorweg erhalten hat; auch hier hängt die Beteiligung von den wechselnden Geschäftsergebnissen, insbesondere davon ab, daß ein entsprechend hoher Gewinn erwirtschaftet wird.

835 Wandelt der persönlich haftende Gesellschafter einer offenen Handelsgesellschaft oder Kommanditgesellschaft oder ein Kommanditist seine Beteiligung in eine stille Beteiligung um und werden im Gesellschaftsvertrag keine neuen Vereinbarungen über die künftige Gewinn- oder Verlustbeteiligung getroffen, so ist im Zweifel anzunehmen, daß er entsprechend seinem bisherigen Anteil auch in Zukunft am Gewinn oder Verlust beteiligt bleiben soll, daß aber ein ihm bisher zugestandener Vorzugsgewinnanteil künftig wegfällt[5].

II. Berechnung des Gewinns und Verlustes des Gesellschafters

1. Keine Handelsbilanz der stillen Gesellschaft als Grundlage der Gewinnberechnung, grundsätzliche Notwendigkeit einer internen Rechnungslegung

836 Nach § 232 Abs. 1 HGB ist am Schluß jedes Geschäftsjahres der Gewinn und Verlust zu berechnen. Eine Bezugnahme auf die „Bilanz" wie in § 120 Abs. 1 HGB fehlt. Dies liegt daran, daß die stille Gesellschaft selbst keine

---

[4] MünchHdb. StG/*Bezzenberger*, § 22 Rn. 6, zum Teil anders Vorauflage, S. 267.
[5] Vgl. *Schlegelberger/Karsten Schmidt*, § 336 (§ 231 n.F.) Rn. 4.

§ 14 Verteilung von Gewinn und Verlust

Bilanz im Sinne des § 242 Abs. 1 HGB aufstellt (vgl. Rn. 772 f.) und sich ihr Gewinn und Verlust auch nicht unmittelbar aus der Bilanz des Inhabers ergeben. Vielmehr bedarf deren Ermittlung ohne besondere vertragliche Vereinbarung grundsätzlich einer eigenen, internen Berechnung durch den Inhaber[6].

Nach der gesetzlichen Regelung ist deswegen der Inhaber grundsätzlich zur Vornahme einer solchen **internen Rechnungslegung** zur Berechnung des Gewinns und des Verlustes der stillen Gesellschaft verpflichtet, und zwar auch dann, wenn er als Minderkaufmann handelsrechtlich weder Buch führen noch bilanzieren muß. Die gesellschaftsrechtliche Verpflichtung zur Rechnungslegung umfaßt dabei auch die Beachtung der Grundsätze ordentlicher Buchführung, soweit sie für die Gewinnberechnung des stillen Gesellschafters erforderlich sind[7]. 837

2. Die Berechnung von Gewinn- und Verlust in der Vertragspraxis

Die gängige **Vertragspraxis** weicht von der gesetzlichen Regelung insoweit ab, als sie durchweg den handels- oder steuerrechtlichen Jahresabschluß des Inhabers zur Grundlage der Gewinn- und Verlustberechnung des Inhabers macht und von diesem einzelne Korrekturen vornimmt, um den Gewinn- und Verlust des Inhabers zu berechnen. Es empfiehlt sich dringend, dieser Praxis zu folgen, da andernfalls die Gewinn- und Verlustberechnung nicht nur einen erheblichen zusätzlichen Aufwand bedeutet, sondern auch leicht zu mannigfaltigen Streitigkeiten zwischen Inhaber und stillem Gesellschafter führt. 838

Diese Vertragspraxis entbindet allerdings nicht von der Notwendigkeit, Handels- und Steuerbilanz des Inhabers einerseits und interne Rechnungslegung der stillen Gesellschaft andererseits zu unterscheiden. Während die ersten beiden auf zwingendem Recht beruhen und nur in gewissem Maße dem Inhaber Wahlrechte und Beurteilungsspielräume zur Verfügung stellen, steht die interne Berechnung des Gewinns des stillen Gesellschafters **vollständig zur Disposition des Vertrages** zwischen ihm und dem Inhaber. Sieht der Gesellschaftsvertrag deshalb eine bestimmte Rechnungslegung vor, z.B. die Einschränkung der Bildung stiller Reserven, so ist im Zweifelsfall durch Auslegung festzustellen, ob damit nur 839

---

6 *Zutt*, in: GroßKomm. § 232 Rn. 3; MünchHdb. StG/*Bezzenberger*, § 21 Rn. 11; *Wachter* S. 41; so auch im Ergebnis *Schlegelberger/Karsten Schmidt*, § 337 (§ 232 n.F.) Rn. 10–13 allerdings unter der irreführenden Bezeichnung „Die Jahresbilanz der stillen Gesellschaft". Zur Frage, inwieweit eine Korrekturrechnung in der Praxis tatsächlich jährlich vorzunehmen ist, vgl. Rn. 873 ff.
7 *Schlegelberger/Karsten Schmidt*, § 337 (§ 232 n.F.) Rn. 13.

die interne Rechnungslegung der stillen Gesellschaft oder auch die externe des Inhabers gemeint ist. Zu berücksichtigen ist dabei einerseits, daß an einer entsprechenden Beeinflussung der externen Rechnungslegung häufig beide Gesellschafter kein Interesse haben; der Sinn solcher Vertragsklauseln besteht regelmäßig nur darin, den Umfang des Gewinnrechts des stillen Gesellschafters näher zu umschreiben, hingegen sollen sie nicht dem Fiskus Vorteile hinsichtlich der Rechnungslegung des Unternehmens verschaffen. Andererseits sollten die internen Korrekturen des Jahresergebnisses des Inhabers aber auch auf das unbedingt erforderliche Maß beschränkt bleiben, um die Berechnung von Gewinn und Verlust nicht unnötig zu erschweren.

3. Die Feststellung der Gewinnrechnung

840 Aus der Unterscheidung der internen von der externen Rechnungslegung folgt, daß der stille Gesellschafter grundsätzlich **weder an der Auf- noch an der Feststellung der Bilanz des Inhabers teilnimmt.** Anderes kann insbesondere dann gelten, wenn der stille Gesellschafter auf Grund besonderer vertraglicher Regelung an der Geschäftsführung des Inhabers beteiligt ist[8].

841 Bislang wurde der internen Jahresrechnung keine besondere rechtliche Qualität zugesprochen. Insbesondere sollte sie nicht von Inhaber und stillem Gesellschafter gemeinsam verbindlich festgestellt werden[9]. Allenfalls sollte der Inhaber von dem stillen Gesellschafter die Zustimmung zu ihr verlangen können[10]. Begründet wird diese Ansicht damit, daß das Gesetz eine besondere Feststellung der Jahresrechnung bei der stillen Gesellschaft nicht vorsehe[11]. Dies ist aber bei keiner Personengesellschaft der Fall. Für die OHG und die KG ist dennoch unbestritten, daß ihre Jahresabschlüsse erst mit der **Feststellung** durch ihre Gesellschafter zwischen diesen verbindlich werden. Der Zweck der Feststellung, nämlich die Ansätze der Erfolgsrechnung zukünftigem Streit zwischen den Gesellschaftern möglichst zu entheben[12], trifft aber auf die stille Gesellschaft in gleicher Weise zu wie auf Personenhandelsgesellschaften. Deswegen ist auch für die interne Jahresrechnung der stillen Gesellschaft eine Feststellung durch ihre Gesellschafter anzunehmen. Mit der Feststellung erlangt sie die Qualität eines **deklaratorischen Schuldanerkenntnisses**[13].

---

8 MünchHdb. StG/*Bezzenberger*, § 21 Rn. 4.
9 *Zutt*, in: GroßKomm. § 232 Rn. 21.
10 MünchHdb. StG/*Bezzenberger*, § 21 Rn. 3.
11 *Zutt*, in: GroßKomm. HGB § 232 Rn. 21.
12 *Ulmer*, FS *Hefermehl* 1976, S. 207, (210 f.).
13 Vgl. BGH v. 29. 3. 1996, BB 1996, 1105 (1106); *Schlegelberger/Karsten Schmidt*, § 337 (§ 232 n.F.) Rn. 20; MünchKomm/*Hüffer*, § 781 Rn. 22.

§ 14 Verteilung von Gewinn und Verlust

Eine stillschweigende Anerkennung der Jahresrechnung kann regelmäßig angenommen werden, wenn der stille Gesellschafter innerhalb angemessener Frist nach ihrer Mitteilung keine Beanstandungen erhebt und ihre Werte in seine Einkommensteuererklärung übernimmt[14]. Anfechtung des Anerkenntnisses wegen Irrtums, arglistiger Täuschung oder widerrechtlicher Drohung ist möglich[15]. 842

Über die **Form**, in der die Abrechnung gegenüber dem stillen Gesellschafter zu erfolgen hat, sagt § 232 Abs. 1 HGB nichts aus. Eine Darstellung in Form einer Bilanz oder einer Gewinn- und Verlustrechnung nach den Vorschriften des dritten Buches des HGB ist nicht zwingend erforderlich[16]. 843

Eine **Frist**, innerhalb derer die Berechnung des Gewinnanteils zu erfolgen hat, ist im Gesetz nicht vorgesehen. Bei Aktiengesellschaften und Gesellschaften mit beschränkter Haftung genügt es, wenn die Berechnung innerhalb der für die Aufstellung des Jahresabschlusses des Inhabers festgesetzten Frist erfolgt. Eine frühere Berechnung kann der stille Gesellschafter nicht verlangen. Ist wie bei Einzelkaufleuten und bei handelsrechtlichen Personengesellschaften die Aufstellung des Jahresabschlusses nicht genau befristet, so hat die Abrechnung wie die Aufstellung des Jahresabschlusses innerhalb der einem ordnungsmäßigen Geschäftsgang entsprechenden Zeit zu erfolgen, § 243 Abs. 3 HGB[17]. Geschieht das nicht, kann der stille Gesellschafter auf Vornahme der Berechnung klagen. 844

Ist der Inhaber zur Vornahme der Gewinnberechnung verurteilt worden, so wird häufig ein zweiter Prozeß zur Geltendmachung des Zahlungsanspruchs erforderlich werden. Ist der stille Gesellschafter in der Lage, seinen Gewinnanteil selbst zu berechnen, kann er sofort Zahlungsklage erheben. Ist er dazu nicht in der Lage, ist es zweckmäßig, mit der Klage auf Vornahme der Gewinnberechnung die Klage auf Zahlung dessen zu verbinden, was ihm aufgrund der Berechnung zukommt (§ 254 ZPO). 845

III. Berechnungsgrundlage für Gewinn und Verlust des stillen Gesellschafters

Als Bemessungsgrundlage für die Ermittlung des Gewinnanteils des stillen Gesellschafters kommt in der Praxis – wie bereits erwähnt – sowohl 846

---

14 Vgl. BGH v. 3. 11. 1975, DB 1976, 43 (44); OLG Düsseldorf v. 26. 11. 1993, NJW-RR 1994, 1455 (1458).
15 Vgl. RG v. 20. 3. 1901 RGZ 48, 77 (82 f.).
16 *Zutt*, in: GroßKomm. HGB § 232 Rn. 3.
17 Vgl. zur Aufstellungsfrist ADS, § 243 HGB Rn. 38–45.

die Handels- als auch die Steuerbilanz in Betracht. Ob der handelsrechtlich ermittelte oder der steuerrechtlich ermittelte Gewinn der Gewinnverteilung zugrunde gelegt werden soll, bedarf der Festlegung im Gesellschaftsvertrag. Fehlt eine solche Festlegung, ist der Handelsbilanzgewinn zugrunde zu legen.

1. Handelsbilanzgewinn

847 Die handelsrechtlichen Anforderungen an die Bilanz sind durch das Prinzip der Vorsicht gekennzeichnet. Wegen der Risiken, mit denen jede wirtschaftliche Betätigung behaftet ist, sollen die Kapitalgeber und die außenstehenden Dritten vermögensmäßig gesichert werden – ein Ziel, das durch den Grundsatz der vorsichtigen Bewertung der Vermögensposten, durch den Imparitätsgrundsatz und durch das strenge Niederstwertprinzip bei der Bewertung des Umlaufvermögens erreicht werden soll. Die handelsrechtlichen Bilanzierungsvorschriften sollen sicherstellen, daß der Unternehmer seine Vermögenslage nicht günstiger darstellt, als sie in Wirklichkeit ist.

848 Die Berechnung des Gewinnanteils auf der Grundlage der Handelsbilanz bringt **für den stillen Gesellschafter deshalb Gefahren** mit sich. Diese bestehen darin, daß der Geschäftsinhaber insbesondere durch handelsrechtlich zulässige Unterbewertungen auf der Aktivseite stille Reserven zu Lasten des jährlichen Gewinns bildet, an denen der lediglich gewinnbeteiligte stille Gesellschafter ohne entsprechende interne Korrektur nicht partizipieren würde.

849 Soll trotz dieser Bedenken der Handelsbilanzgewinn der Gewinnverteilung zugrunde gelegt werden, so empfiehlt es sich insbesondere bei Eingehen einer typischen stillen Gesellschaft dringend, durch Festlegung von Bewertungsrichtlinien die **interne Korrektur** genau zu umschreiben. Andernfalls gelten grundsätzlich die bewertungsrechtlichen Vorschriften des HGB (vgl. Rn. 744 ff.), die durch das Bestehen der stillen Gesellschaft ohne ausdrückliche vertragliche Bestimmung nur in gewissem Maße eine interne Modifizierung erfahren.

2. Steuerbilanzgewinn

850 Daß anstatt der Handelsbilanz als Bemessungsgrundlage für die Gewinnverteilung auch die Steuerbilanz herangezogen werden kann, ist seit dem Urteil des BFH vom 9. 7. 1969[18] unbestritten.

---

18 BFH v. 9. 7. 1969 (I R 188/67) BStBl. II 1969, 690 ff.; *Goette*, DStR 1995, 1844.

Unter Steuerbilanzgewinn ist grundsätzlich der nach steuerrechtlichen Vorschriften ermittelte Gewinn zu verstehen. Dabei ist Gewinn nach der Legaldefinition in § 4 Abs. 1 S. 1 EStG der Unterschiedsbetrag zwischen dem Betriebsvermögen am Schluß des Wirtschaftsjahres und dem Betriebsvermögen am Schluß des vorangegangenen Wirtschaftsjahres, vermehrt um den Wert der Entnahmen und vermindert um den Wert der Einlagen. 851

Bei Gewerbetreibenden, die aufgrund gesetzlicher Vorschriften verpflichtet sind, Bücher zu führen und regelmäßig Abschlüsse zu machen, oder die ohne eine solche Verpflichtung freiwillig Bücher führen und regelmäßig Abschlüsse machen, ist für den Schluß des Wirtschaftsjahres das Betriebsvermögen anzusetzen, das nach den handelsrechtlichen Grundsätzen ordnungsmäßiger Buchführung auszuweisen ist. Dabei sind die steuerlichen Bewertungsvorschriften in § 6 EStG zu beachten. 852

Liegen die Voraussetzungen des § 4 Abs. 3 EStG vor, kann statt der Gewinnermittlung durch Betriebsvermögensvergleich gemäß § 4 Abs. 1 EStG wahlweise als Gewinn der Überschuß der Betriebseinnahmen über die Betriebsausgaben angesetzt werden. 853

Für den einheitlich und gesondert festzustellenden Gewinn der handelsrechtlichen Personengesellschaften gelten die gleichen Gewinnermittlungsvorschriften.

Ist eine Körperschaft Inhaberin des Handelsgewerbes, so bestimmt sich die Gewinnermittlung ebenfalls nach den Vorschriften des EStG (§ 8 Abs. 1 KStG).

Soll die **Steuerbilanz** als Grundlage für die Berechnung des anteiligen Gewinns gewählt werden, so ist zu berücksichtigen, daß die steuerrechtlichen Anforderungen an die Bilanz auf den Ausweis des richtigen, d.h. eines den Tatsachen entsprechenden Ergebnisses gerichtet sind[19]. Die Bewertung beruht auf objektiven Maßstäben, wobei der Teilwert die unterste Grenze bildet, die nicht unterschritten werden darf. Die Steuerbilanz soll ein möglichst getreues Bild der tatsächlichen wirtschaftlichen Verhältnisse vermitteln. Im Gegensatz zur Handelsbilanz ist sie reservenfeindlich, so daß sich insoweit die Ziele des Steuergesetzgebers und die Wünsche des stillen Gesellschafters decken. 854

Bedenken gegen die Verwendung der Steuerbilanz als Grundlage für die Berechnung des Gewinnanteils des stillen Gesellschafters ergeben sich allerdings daraus, daß eine Reihe von Ausgaben, die handelsrechtlich und 855

---

19 So auch *Böttcher/Zartmann/Faut*, S. 61.

betriebswirtschaftlich Aufwand darstellen, **steuerrechtlich nicht als Betriebsausgaben** anerkannt werden[20]. Das gilt z.B. für die Körperschaftsteuer bei juristischen Personen, für nicht belegte Spenden, für die Umsatzsteuer auf den Eigenverbrauch, für die Hälfte der Aufsichtsratsvergütungen und für in einem Strafverfahren festgesetzte Geldstrafen. Diese Aufwendungen sind für die Zwecke der Besteuerung dem Handelsbilanzgewinn wieder hinzuzurechnen (§ 10 KStG).

856 Sowohl die Handels- als auch die Steuerbilanz des Inhabers bedürfen also gewisser **Korrekturen** um als Grundlage der Gewinn- und Verlustberechnung für die stille Gesellschaft zu dienen. Die Kautelarpraxis bevorzugt die Steuerbilanz und nimmt die dargestellten Korrekturen vor[21]. Dies hat den Vorzug, daß die Steuerbilanz einer Kontrolle durch die Finanzbehörden unterliegt und insoweit dem stillem Gesellschafter eine erhöhte Richtigkeitsgewähr bietet. Die Unterschiede zwischen der Handels- und Steuerbilanz nivellieren sich in der Praxis freilich, da die meisten Unternehmen eine Einheitsbilanz aufstellen, also die Handelsbilanz soweit wie zulässig der Steuerbilanz anpassen.

IV. Durchführung der Gewinnberechnung

1. Korrekturen des Jahresergebnisses des Inhabers für die Gewinnberechnung

857 Zur Berechnung von Gewinn und Verlust des stillen Gesellschafters ist das Jahresergebnis des Inhabers weiterhin um die Erträge und Aufwendungen **zu bereinigen,** an denen der stille Gesellschafter nicht teilnimmt.

---

20 Die gegen diese Bedenken von *Post/Hoffmann*, S. 59, sowie von *Böttcher/Zartmann/Faut*, S. 219 ff., geäußerte Kritik beruht auf einem Mißverständnis. Sie verwechseln die Bedenken, die gegen die Verwendung der Steuerbilanz als Grundlage für die Berechnung des Gewinnanteils des stillen Gesellschafters erhoben werden, mit der Frage, ob sich der Gewinnanspruch des stillen Gesellschafters einer Kapitalgesellschaft nach dem Gewinn vor oder nach Abzug der Körperschaftsteuer und Vermögensteuer richtet. Wenn die genannten Autoren zutreffend die übrigen nach § 10 KStG nicht abziehbaren Aufwendungen (gemeint sind die dort genannten Aufwendungen mit Ausnahme der Körperschaftsteuer und Vermögensteuer) als abzugsfähig behandelt wissen wollen und somit notwendigerweise den Steuerbilanzgewinn zwecks Berechnung des stillen Gewinnanteils modifizieren müssen, stimmen sie doch der hier vertretenen Auffassung zu.

21 Vgl. *Semler*, in: Münchener Vertragshandbuch, VIII. 1 Anm. 10; *Bopp/Weigel*, in: Steuerliches Vertrags- und Formularbuch, A. 11.00 Rn. 39. Die in der Vorauflage vertretene Auffassung, daß allgemein die Handelsbilanz als Berechnungsgrundlage vorzuziehen sei, wird aufgegeben.

§ 14 Verteilung von Gewinn und Verlust

Dies gilt unabhängig davon, ob als Grundlage der Gewinn- und Verlustberechnung der handelsrechtliche oder der steuerrechtliche Jahresabschluß herangezogen wird. Die **Korrektur** ist dabei **dem Gegenstande, der Herkunft und der zeitlichen Entstehung nach** vorzunehmen. Der stille Gesellschafter partizipiert nur an demjenigen Erfolg, der seit Bestehen der stillen Beteiligung im Handelsgewerbe des Inhabers realisiert worden ist. Das Jahresergebnis des Inhabers weist hingegen auch Erfolge aus solchen Geschäften aus, die aus früheren Zeiten stammen oder die einem Geschäftsbereich zuzuordnen sind, an dem der stille Gesellschafter nicht beteiligt ist. Umgekehrt sind Erfolge, an denen der stille Gesellschafter teilnimmt und die nicht in den Jahresabschluß des Inhabers Eingang gefunden haben, dem Gewinn des stillen Gesellschafters hinzuzurechnen. Schließlich spielt die Unterscheidung zwischen typischer und atypischer stiller Gesellschaft eine erhebliche Rolle bei der Gewinn- und Verlustberechnung.

Die Beteiligung jeden stillen Gesellschafters erstreckt sich zunächst nur auf die **Ergebnisse, die im Rahmen des vereinbarten Gesellschaftszwecks entstanden** sind. Ergebnisse aus vertragswidriger Geschäftsführung des Inhabers sind deshalb bei der Gewinnermittlung für den stillen Gesellschafter nicht zu berücksichtigen. Hierzu gehören alle Geschäfte, die nicht dem Gesellschaftszweck entsprechen oder außerhalb der Geschäftsführungsbefugnis des Inhabers liegen[22]. Maßstab für die Abgrenzung ist im Zweifelsfall das, was bei vergleichbaren Unternehmen üblich ist. Genehmigt der stille Gesellschafter solche Geschäfte allerdings nachträglich, (vgl. Rn. 610 f.) so wirken Erfolg und Mißerfolg auch für und gegen ihn[23]. 858

Aus dem gleichen Grund haben auch Erträge und Aufwendungen aus **privaten Geschäften** des Inhabers keinen Einfluß auf den verteilungspflichtigen Gewinn eines stillen Gesellschafters[24]. So sind Gewinne, die auf dem schenkungsweisen Schulderlaß von seiten eines Familienmitglieds oder auf dem Wegfall von Schulden durch Erbfolge beruhen, von der Verteilung an den stillen Gesellschafter ausgeschlossen. 859

In **zeitlicher Hinsicht** nimmt der stille Gesellschafter hingegen auch an Ergebnissen teil, die aus vor dem Abschluß des Gesellschaftsvertrages liegenden Handelsgeschäften resultieren, aber erst während des Bestehens der stillen Gesellschaft realisiert werden, sofern nichts anderes vereinbart 860

---

22 MünchHdb. StG/*Bezzenberger*, § 20 Rn. 12, 15.
23 MünchHdb. StG/*Bezzenberger*, § 20 Rn. 16.
24 MünchHdb. StG/*Bezzenberger*, § 20 Rn. 3, 17; *Zutt*, in: GroßKomm. § 232 Rn. 7.

ist. Es handelt sich insoweit um Ergebnisse aus dem laufenden Geschäftsbetrieb. Wollte man nur Gewinne und Verluste zugrunde legen, die im Zeitraum nach der Gründung der stillen Gesellschaft verursacht wurden, würden sich schwierige Abgrenzungsprobleme ergeben, auf welchen Zeitpunkt (z.B. Vertragsschluß oder Zeitpunkt der Vornahme der Leistungshandlung als Verursachung des Gewinns) man abstellen soll[25].

861 Aus dem Jahresergebnis des Inhabers sind weiterhin diejenigen Posten herauszurechnen, die nicht das Ergebnis der Geschäftstätigkeit des Inhabers darstellen, sondern die der **Gewinnverwendung** zuzurechnen sind. Hierzu gehört insbesondere die Bildung offener Rücklagen durch den Inhaber. Sie geht nicht zu Lasten des stillen Gesellschafters[26]. Auch Veränderungen des Kapitals des Inhabers gehören nicht zu seiner Geschäftstätigkeit und berühren deswegen nicht den Gewinn und Verlust des stillen Beteiligten. So partizipiert dieser zum Beispiel nicht an dem Agio aus Aktienemissionen[27]. Gleiches gilt für Gewinn- und Verlustvorträge aus der Zeit vor Gründung einer typischen stillen Gesellschaft[28].

862 Der Gewinnverwendung sind solche Bilanzierungsmaßnahmen gleichzusetzen, die zwar bilanzrechtlich zur Ergebnisermittlung gehören, der Sache nach aber Ergebnisverwendung bedeuten. Die Rechtslage zwischen Inhaber und stillem Gesellschafter kann insoweit nicht anders beurteilt werden als die zwischen Komplementär und Kommanditist. In der Kommanditgesellschaft bedürfen solche Bilanzierungsmaßnahmen der Zustimmung aller Gesellschafter[29]. Deswegen kann auch der Inhaber nicht einseitig den Gewinn des stillen Gesellschafters durch Ermessensabschreibungen gem. § 253 Abs. 4 HGB drücken[30].

863 Schließlich kann die Beteiligung des stillen Gesellschafters nur **an einem Teilbereich des Unternehmens** bestehen, zum Beispiel nur an einer Filiale. Der Inhaber hat dann seine Rechnungslegung so zu organisieren, daß der Erfolg der unterschiedlichen Unternehmenseinheiten isoliert festgestellt werden kann[31]. Bei Eingehen einer so gearteten stillen Beteiligung

---

25 MünchHdb. StG/*Bezzenberger*, § 20 Rn. 29.
26 *Zutt*, in: GroßKomm. § 232 Rn. 14.
27 *Zutt*, in: GroßKomm. § 232 Rn. 17; a.A. MünchHdb. StG/*Bezzenberger*, § 20 Rn. 30 für Fälle, in denen die Kapitalveränderungen des Inhabers den prozentualen Gewinnanteil des stillen Gesellschafters berühren. Richtigerweise ist dies aber keine Frage der Gewinnverteilung, sondern der Zulässigkeit einseitiger Kapitaländerungen.
28 *Zutt*, in: GroßKomm. § 232 Rn. 17; anders die Vorauflage, S. 271.
29 BGH v. 29. 3. 1996 BB 1996, 1105 (1108).
30 *Zutt*, in: GroßKomm. § 232 Rn. 10.
31 *Schlegelberger/Karsten Schmidt*, § 337 (§ 232 n.F.) Rn. 7.

sind im Gesellschaftsvertrag diejenigen Handelsgeschäfte genau zu bestimmen, an deren Erfolg der stille Gesellschafter teilnimmt. Zur Vorbeugung von Streitigkeiten sollte auch die Bewertung des internen Leistungsaustauschs zwischen den Unternehmensteilen und die Verteilung von Gemeinkosten von vornherein vertraglich geregelt werden.

2. Unterschiede der Gewinnberechnung bei typischer und atypischer stiller Gesellschaft

Große praktische Bedeutung für die Gewinnberechnung hat der Unterschied zwischen typischer und atypischer stiller Gesellschaft. Ohne besondere vertragliche Vereinbarung nimmt ein stiller Gesellschafter nämlich nicht ohne weiteres an dem gesamten Erfolg des Unternehmens so teil, wie dies der Inhaber tut. Seine Gewinnbeteiligung ist vielmehr auf solche Gewinne und Verluste beschränkt, die aus dem **Betrieb des Handelsgewerbes** herrühren[32]. Dies ist aber nach herrschender Ansicht nicht bei allen Unternehmensgewinnen der Fall. Vom Gewinn des stillen Gesellschafters sind danach insbesondere solche Vermögenszuwächse ausgeschlossen, die auf die Veränderung des Marktwertes des Anlagevermögens zurückzuführen sind. Gleiches gilt für Verluste. Beide sind nach herrschender Ansicht nicht dem Handelsgewerbe des Inhabers zuzurechnen, sondern beruhen auf unternehmensexternen Ursachen. An ihnen partizipiert der stille Gesellschafter deswegen nicht, weil seine Beteiligung sich nur auf das Handelsgewerbe des Inhabers erstreckt, § 230 Abs. 1 HGB. Für die Gewinnberechnung der typischen stillen Gesellschaft bedeutet dies, daß das Jahresergebnis des Inhabers um solche Erträge und Aufwendungen zu bereinigen ist, die ihre Herkunft nicht im Handelsgewerbe des Inhabers haben[33].

864

a) Gewinnberechnung bei der atypischen stillen Gesellschaft

Anderes gilt nur, wenn nach dem Gesellschaftsvertrag der stille Gesellschafter zwar nicht dinglich, wohl aber schuldrechtlich an dem Geschäftsvermögen des Inhabers – atypisch – beteiligt ist. Denn das Jahresergebnis des Inhabers entspricht der Wertveränderung des bilanzierten

865

---

[32] Nur hierauf beruht die Unterscheidung zwischen typischer und atypischer Gesellschaft hinsichtlich der Gewinnverteilung. Hingegen kann aus der Eigenschaft der stillen Gesellschaft als Innengesellschaft für die Gewinnberechnung nichts entnommen werden, zutreffend MünchHdb. StG/*Bezzenberger*, § 20 Rn. 4.

[33] H.M. MünchHdb. StG/*Bezzenberger*, § 20 Rn. 2 f.; *Schlegelberger/Karsten Schmidt*, § 337 (§ 232 n.F.) Rn. 6; *Zutt*, in: GroßKomm. § 232 Rn. 6; a.A. *Zinkeisen*, S. 32; *Sudhoff*, NJW 1960, 2122; *Aulinger*, S. 23 ff.

Geschäftsvermögens. Bei der **atypischen stillen Gesellschaft** bedarf es deswegen keiner Unterscheidung der Erträge und Aufwendungen danach, ob sie ihre Ursache in dem Handelsgewerbe des Inhabers haben oder nicht. Dies vereinfacht die Gewinn- und Verlustberechnung für den stillen Gesellschafter erheblich. Der atypische stille Gesellschafter hat Anteil auch an solchen Gewinnen, die nicht im Jahresabschluß ausgewiesen, sondern als stille Reserven thesauriert werden. Sie erhöhen seinen Auseinandersetzungsanspruch, da sie spätestens bei der Auflösung der stillen Gesellschaft im Rahmen einer Bewertung des Geschäftsvermögens aufgedeckt werden. Die Gewinnbeteiligung des atypischen stillen Gesellschafters gleicht damit der eines Kommanditisten.

b) Gewinnberechnung bei der typischen stillen Gesellschaft

866 Bei der **typischen stillen Gesellschaft** bereitet die genaue Berechnung des Gewinns und des Verlustes Schwierigkeiten. **Drei Fragen sind zu unterscheiden:** Welche Erträge und Aufwendungen sind dem Handelsgewerbe des Inhabers zuzurechnen und sind deshalb Bestandteil des Gewinns und des Verlustes des stillen Gesellschafters, wie sind diese Erträge und Aufwendungen aus dem Jahresabschluß des Inhabers zu entnehmen und wann sind die Gewinne und Verluste dem stillen Gesellschafter auszuzahlen?

867 Für den Umfang der Erfolgsbeteiligung des typischen stillen Gesellschafters kommt es auf die **Herkunft der Gewinne und Verluste** an[34]. Auf dem Betrieb des Unternehmens des Inhabers beruht der Erfolg aus Umsatzgeschäften, aus Wertveränderungen im Umlaufvermögen[35], aus Verjährung von Geschäftsverbindlichkeiten sowie aus Sanierungsverzichten von Gläubigern[36]. Auch an Wertveränderungen infolge von Währungsumstellungen hat die Rechtsprechung den typischen stillen Gesellschafter partizipieren lassen, weil auch sie mittelbar dem Betrieb des Handelsgewerbes zuzurechnen sind[37].

---

34 Allg. Meinung: *Schlegelberger/Karsten Schmidt*, § 337 (§ 232 n.F.) Rn. 5; *Düringer/Hachenburg/Flechtheim*, § 337 Anm. 6; *Heymann/Horn*, § 232 Rn. 3.
35 RG JW 1901, 404 (405); *Schlegelberger/Karsten Schmidt*, § 337 (§ 232 n.F.) Rn. 4.
36 RG v. 17. 4. 1928 RGZ 120, 410 (412); *Schlegelberger/Karsten Schmidt*, § 337 (§ 232 n.F.) Rn. 6; *Heymann/Horn*, § 232 Rn. 3; a.A.: *Koller*, in: *Koller/Roth/Mork*, § 232 Rn. 3.
37 RG v. 17. 4. 1928 RGZ 120, 410 (412); BGH v. 11. 7. 1951 BGHZ 3, 75 (81); BGH v. 30. 1. 1952 BGHZ 4, 364 (367); zustimmend *Schlegelberger/Karsten Schmidt*, § 337 (§ 232 n.F.) Rn. 6; MünchHdb. StG/*Bezzenberger*, § 20 Rn. 19.

§ 14 Verteilung von Gewinn und Verlust

Nicht zum Betrieb des Unternehmens gehört die **Veräußerung** desselben. Gewinne und Verluste gegenüber dem Buchwert (stille Reserven, Firmenwert) gehen grundsätzlich nicht zugunsten und zu Lasten des stillen Gesellschafters. Dies gilt grundsätzlich auch für die Veräußerung von Teilen des Handelsgewerbes. Eine andere Betrachtung ist hingegen geboten, wenn die Größe des Unternehmens eine Veräußerung von einzelnen Unternehmensteilen als üblich erscheinen läßt. Letzteres wird insbesondere dann anzunehmen sein, wenn der Geschäftsinhaber zu einer solchen Veräußerung gegenüber dem stillen Gesellschafter berechtigt ist. Verletzt der Inhaber durch die Veräußerung des Handelsgewerbes schuldhaft seine gesellschaftsvertragliche Geschäftsführungspflicht gegenüber dem stillen Gesellschafter, so hat er ihm Schadensersatz zu leisten. Die Höhe bestimmt sich gemäß § 252 BGB danach, welcher Gewinn dem stillen Gesellschafter durch die Vertragsverletzung wahrscheinlich entgangen ist. Hierbei ist eine etwaige Kündigungsmöglichkeit des Inhabers ebenso zu berücksichtigen wie das nach allgemeinen Grundsätzen zu berechnende Auseinandersetzungsguthaben, das dem still Beteiligten nach einer Auflösung der stillen Gesellschaft zugestanden hätte[38]. 868

Keinen Anteil hat der stille Gesellschafter grundsätzlich zudem an marktbedingten **Werterhöhungen und -minderungen im Anlagevermögen.** Diese stehen nach herrschender Ansicht nicht in hinreichendem Zusammenhang mit dem Handelsgewerbe des stillen Gesellschafters. Die Ungleichbehandlung gegenüber marktbedingten Wertveränderungen im Umlaufvermögen wird damit begründet, daß dieses ohne besondere Vereinbarung Gegenstand der Gewinn- und Verlustgemeinschaft zwischen Inhaber und stillem Gesellschafter sei, während davon beim Anlagevermögen nicht ohne weiteres ausgegangen werden könne[39]. Der stille Gesellschafter partizipiert deswegen an der Veräußerung von Anlagevermögen nur insoweit, als dies zur Betriebstätigkeit des Inhabers gehört[40]. Ob hierzu der Austausch alter Maschinen gegen neue gerechnet werden kann, wird unterschiedlich beurteilt[41], sollte aber bejaht werden. Grundstücksveräußerungen werden hingegen in aller Regel nicht von der Betriebstätig- 869

---

[38] Zur Rechtslage bei unzulässiger Veräußerung des Handelsgewerbes durch den Inhaber vgl. allgemein *Habersack*, JuS 1989, 739–745.
[39] *Schlegelberger/Karsten Schmidt*, § 337 (§ 232 n.F.) Rn. 8.
[40] Beispiel von *Schlegelberger/Karsten Schmidt*, § 337 (§ 232 n.F.) Rn. 8: Veräußerungen von Teilen des Wagenbestandes eines Kraftfahrzeugunternehmens.
[41] Dafür MünchHdb. StG/*Bezzenberger*, § 20 Rn. 11; für den Regelfall dafür *Zutt*, in: GroßKomm. § 232 Rn. 11; für den Regelfall dagegen: *Baumbach/Hopt*, § 232 Rn. 1.

keit umfaßt⁴². Grundsätzlich ist der typische stille Gesellschafter auch nicht am Firmenwert beteiligt.

870 Der grundsätzliche Ausschluß des stillen Gesellschafters von Wertveränderungen des Anlagevermögens und des Firmenwertes erfährt eine gewichtige Einschränkung: Immer muß die Wertveränderung ihre Ursache außerhalb des Handelsgewerbes des Inhabers haben. **Betriebsbedingte Wertänderungen** sind hingegen auch gegenüber dem stillen Beteiligten relevant⁴³. So vermindern Abschreibungen für Abnutzungen auch im Anlagevermögen seinen Gewinn, nicht aber außerplanmäßige Abschreibungen auf den niedrigeren Wert (§ 253 Abs. 2 S. 3 HGB), soweit sie auf ein Sinken der Marktpreise zurückzuführen sind⁴⁴. Umgekehrt gilt, daß Mehrwerte, die erst durch die Aufwendung von Gesellschaftsmitteln geschaffen wurden, auch dem stillen Gesellschafter gebühren⁴⁵. In der viel zitierten Entscheidung des Reichsgerichts vom 17.4.1928 heißt es hierzu: „Ohne Frage nimmt der stille Gesellschafter an den Wertsteigerungen der während der Dauer der Gesellschaft und mit ihren Mitteln erworbenen oder verbesserten Anlage-Gegenstände teil⁴⁶." Gleiches muß auch für den Firmenwert gelten. Zu solchen Werterhöhungen sind die Bebauung eines Grundstücks aus Gesellschaftsmitteln und unter Umständen auch die planmäßige, langfristig gedachte Erhöhung des Firmenwertes durch Werbeaufwendungen zu zählen⁴⁷.

871 Die **genaue Abgrenzung,** was von der Betriebstätigkeit umfaßt wird, kann Schwierigkeiten bereiten⁴⁸. Dies rechtfertigt allerdings nicht die generelle Aufgabe der Unterscheidung zwischen betriebsbedingten und unternehmensexternen Erfolgen⁴⁹. Maßgeblich sind vielmehr die gesellschaftsver-

---

42 MünchHdb. StG/*Bezzenberger*, § 20 Rn. 22; unklar aber § 20 Rn. 23 f.
43 MünchHdb. StG/*Bezzenberger*, § 20 Rn. 21 f.; *Heymann/Horn*, § 232 Rn. 2, § 235 Rn. 11, vgl. aber auch § 235 Rn. 12.
44 A.A. offenbar *Koller*, in: *Koller/Roth/Mork*, § 232 Rn. 3.
45 RG v. 17. 4. 1928 RGZ 120, 410 (411); *Baumbach/Hopt*, § 232 Rn. 1.
46 RG v. 17. 4. 1928 RGZ 120, 410 (411). Zu dem Geschäftswert äußert sich das RG nicht.
47 *Düringer/Hachenburg/Flechtheim*, § 337 Anm. 6; MünchHdb. StG/*Bezzenberger*, § 20 Rn. 26; anders die Vorauflage, S. 273 f.
48 Eine eher weite Auffassung der Betriebstätigkeit vertritt insbesondere MünchHdb. StG/*Bezzenberger*, § 20 Rn. 8–14, 21 f.
49 So aber insbesondere *Zinkeisen*, S. 46 und neuerdings wieder *Wachter*, S. 87. *Wachter* möchte deswegen konsequenterweise den stillen Gesellschafter auch an der Auflösung von stillen Reserven beteiligen, soweit sie vor Eingehen der stillen Gesellschaft gelegt wurden, *Wachter*, S. 102 Fn. 271. Gerade insoweit weicht er aber wesentlich von der hier vertretenen Auffassung ab. Entscheidend gegen die Ansicht von *Wachter* spricht, daß ohne besondere vertragliche Vereinbarung nicht anzunehmen ist, daß der Inhaber durch das Eingehen

traglichen Vereinbarungen zwischen Inhaber und stillem Gesellschafter. Sie sind an Hand der Umstände des Einzelfalls zu ermitteln. Ist zum Beispiel das Anlagevermögen oder der Firmenwert erst durch die Einlage des stillen Gesellschafters vom Inhaber erworben worden, so ist dies ein Indiz dafür, daß der stille Gesellschafter auch an allen Wertveränderungen des entsprechenden Gegenstandes teilnimmt[50].

Neben der Frage, welche Erträge und Aufwendungen genau von der Betriebstätigkeit des Inhabers erfaßt werden, bereitet im Rahmen der Gewinn- und Verlustberechnung vor allem die Frage Schwierigkeiten, wie der abstrakt bestimmte Gewinn des stillen Gesellschafters **konkret aus dem Jahresabschluß des Inhabers zu entnehmen** ist. Die Erfolgsspaltung, die der Inhaber in seiner Gewinn- und Verlustrechnung vornimmt, ist nämlich nicht mit der Spaltung des Erfolges danach, ob der stille Gesellschafter an ihm teilnimmt oder nicht, identisch. Insbesondere kann nicht das in der Gewinn- und Verlustrechnung ausgewiesene Betriebsergebnis ohne weiteres als Maßstab für die Erfolgsbeteiligung des stillen Gesellschafters zugrunde gelegt werden, auch wenn der Umfang der Erfolgsbeteiligung gesellschaftsrechtlich als „Betriebsergebnis" bezeichnet wird. Denn unter dem Betriebsergebnis wird bilanzrechtlich nicht das Gleiche verstanden wie gesellschaftsrechtlich[51]. So fallen zum Beispiel Erträge und Aufwendungen aus der Gewährung oder Aufnahme von Krediten nicht unter den Begriff des Betriebsergebnisses im bilanzrechtlichen Sinne, sie sind vielmehr als „sonstige Zinsen und ähnliche Erträge" bzw. „Zinsen und ähnliche Aufwendungen" Teil des Finanzergebnisses. Gleichwohl partizipiert an ihnen der stille Gesellschafter[52]. Andererseits gehören Erträge und Aufwendungen aus dem Verkauf von Gegenständen des Anlagevermögens handelsbilanzrechtlich zum Betriebsergebnis, sofern sie nicht unter außergewöhnlichen Umständen stattfinden, wie zum Beispiel bei der Schließung ganzer Unternehmensteile. Keinen Niederschlag findet schließlich im Jahresabschluß die Unterscheidung, ob Buchgewinne auf eine Veränderung der Marktlage oder darauf zurückzuführen

872

---

der stillen Gesellschaft dem stillen Gesellschafter einen Teil des Wertes der zu diesem Zeitpunkt in dem Handelsgeschäft vorhandenen stillen Reserven übertragen will. Dies ergibt sich schon daraus, daß regelmäßig weder Inhaber noch stiller Gesellschafter sich zu diesem Zeitpunkt darüber Klarheit verschaffen, inwieweit stille Reserven im Handelsgeschäft vorhanden sind.
50 RG HRR 1931 Nr. 527; *Schlegelberger/Karsten Schmidt*, § 337 (§ 232 n.F.) Rn. 9; *Schilling*, in: GroßKomm. 3. Aufl., § 337 Anm. 7.
51 Zutreffend MünchHdb. StG/*Bezzenberger*, § 20 Rn. 8 f.; so auch *Wachter*, S. 48 f., zu den betriebswirtschaftlichen Schwierigkeiten bei der Erfassung des Betriebsergebnisses vgl. *Coenenberg*, S. 596–603.
52 MünchHdb. StG/*Bezzenberger*, § 20 Rn. 9.

sind, daß die vorangegangenen Abschreibungen für Abnutzung den tatsächlichen abnutzungsbedingten Werteverzehr übertroffen haben. Im letzteren Falle gebührte – nimmt man die oben dargestellte Unterscheidung nach der Herkunft des Erfolges ernst – ein Teil des Buchgewinns dem stillen Gesellschafter. Aus den dargestellten Beispielen ergibt sich, daß der Gewinn und Verlust des typischen stillen Gesellschafters nicht aus dem Jahresabschluß exakt abzulesen ist[53].

3. Jahresergebnis des Inhabers als Grundlage für die Gewinnberechnung

873 Eine exakte Berechnung des Gewinns und Verlustes des typischen stillen Gesellschafters erforderte im Grunde deswegen eine gesonderte Buchhaltung beim Inhaber. Dieser Aufwand wird aber in der Praxis nicht getätigt und entspricht auch nicht dem mutmaßlichen Willen des Inhabers und des stillen Gesellschafters. Vielmehr ist davon auszugehen, daß in der Praxis der Gewinn und Verlust auch des typischen stillen Gesellschafters häufig schlicht **auf Grundlage des Jahresergebnisses des Inhabers** ohne Differenzierung nach der Herkunft des Ergebnisses errechnet wird[54]. Abweichungen von einer solchen Praxis sind insbesondere dann gerechtfertigt, wenn in dem Jahresergebnis offensichtlich in erheblichem Maße Gewinne enthalten sind, die nur dem Inhaber zustehen. Dies ist zum Beispiel der Fall, wenn durch den Verkauf des Geschäftsgebäudes in hohem Maße stille Reserven aufgedeckt werden.

874 Wird der Gewinn und der Verlust des typischen stillen Gesellschafters jährlich ausgezahlt, ohne daß eine Differenzierung nach der Herkunft des Erfolges vorgenommen wird, stellt sich schließlich die Frage, ob diese Gewinnverteilung endgültig ist oder eine nachträgliche Korrektur im Rahmen der Auseinandersetzung nach Auflösung der stillen Gesellschaft erfolgt[55]. Bei einer endgültigen Gewinnverteilung erhält der stille Gesellschafter im Rahmen der Auseinandersetzung nur sein Einlageguthaben und eventuell weitere vorhandene Forderungen gegen den Inhaber in Höhe des jeweiligen Buchwertes ausgezahlt. Dies macht die Auseinandersetzung einfach, entspricht aber regelmäßig nicht dem Interesse des stillen Gesellschafters. In diesem Fall sind nämlich die während des Bestehens der stillen Gesellschaft zu seinen Lasten gelegten stillen Reserven für ihn endgültig verloren. Dies wiegt um so schwerer, als der Inhaber in weitem Maße den Umfang der stillen Thesaurierung beeinflussen kann.

---

53 So auch MünchHdb. StG/*Bezzenberger*, § 20 Rn. 11, *Wachter*, S. 62.
54 MünchHdb. StG/*Bezzenberger*, § 20 Rn. 7; *Sudhoff*, NJW 1960, 2121 (2123); *Hense*, S. 40.
55 MünchHdb. StG/*Bezzenberger*, § 20 Rn. 7.

Angesichts dieser Manipulationsmöglichkeiten durch den Inhaber kann ohne besondere vertragliche Vereinbarung nicht davon ausgegangen werden, daß eine solche endgültige Gewinnverteilung von dem stillen Gesellschafter bei Eingehen der Beteiligung gewollt war[56]. Regelmäßig hat deswegen bei der typischen stillen Gesellschaft eine **Korrektur** der vorangegangenen Gewinnauszahlungen **im Rahmen der Auseinandersetzung** zu erfolgen.

Für die Berechnung des Auseinandersetzungsguthabens gelten grundsätzlich dieselben Überlegungen wie für die jährliche Gewinn- und Verlustberechnung. Die Schwierigkeiten einer genauen Berechnung bleiben deswegen die gleichen. Dennoch ist eine rückblickende Korrektur einer jährlichen vorzuziehen, da sie die Gesamtentwicklung des Unternehmens eher erfaßt. Die Bemessung des Auseinandersetzungsanspruchs des typischen stillen Gesellschafters wird deswegen auszugehen haben von der Differenz des Geschäftswertes zum Zeitpunkt der Auflösung der stillen Gesellschaft zu dem bei Eingehen der stillen Gesellschaft. Letzterer ist gegebenenfalls zu schätzen[57]. Die Differenz beider Werte ist je nach vertraglicher Vereinbarung wiederum im Verhältnis der Beiträge des Inhabers zu der des stillen Gesellschafters bei der Auseinandersetzung zu verteilen. Die Umstände des Einzelfalls können einen Auf- oder Abschlag rechtfertigen.

875

V. Auszahlung des Gewinnanteils

1. Der Auszahlungsanspruch des stillen Gesellschafters

Wann der Anspruch des stillen Gesellschafters auf seinen Gewinnanteil entsteht, ist in § 232 Abs. 1 HGB nicht ausdrücklich geregelt. Zwar ist das Ergebnis eines Geschäftsjahres schon am Bilanzstichtag verursacht, der daraus resultierende Gewinn oder Verlust des Inhabers hängt aber wesentlich von der Ausübung von Wahlrechten und Beurteilungsspielräumen bei der Aufstellung der Bilanz ab. Bevor diese Entscheidungen nicht getroffen sind, ist somit der gewinnabhängige Anspruch des stillen Gesellschafters seiner Höhe nach noch nicht entstanden[58].

876

---

56 *Schlegelberger/Karsten Schmidt*, § 337 (§ 232 n.F.) Rn. 18, § 340 (§ 235 n.F.) Rn. 24; *Sudhoff*, NJW 1960, 2121 (2126).
57 Vgl. *Schlegelberger/Karsten Schmidt*, § 340 (§ 235 n.F.) Rn. 27.
58 So auch *Döllerer*, DStR 1984, 833; *Costede*, StbKRep 1987, 254; *Hense*, S. 380 ff., offengelassen von BFH v. 19. 2. 1991 BB 1991, 1301; a.A. BFH v. 11. 10. 1968 BStBl. II 1969, 123 = BFHE 94, 261 ff.; BFH v. 16. 2. 1979 BStBl. II 1979, 278 = BFHE 127, 56 ff.; *Zutt*, in: GroßKomm. § 232 Rn. 23: Entstehung des Anspruchs ohne weiteres zum Bilanzstichtag.

877 In Ausnahme davon sind die Gewinnansprüche des stillen Gesellschafters jeweils in dem Jahr zu aktivieren, in dem der Gewinn bei dem Inhaber erwirtschaftet wurde, wenn zwischen beiden Personenidentität, also eine wirtschaftliche Einheit, besteht. Das ist auch dann der Fall, wenn der Stille seine Bilanz vor der des Inhabers erstellt. Die Bestimmbarkeit der Höhe des Gewinnanspruchs steht dann seiner Feststellung gleich[59].

878 Der Auszahlungsanspruch wird spätestens mit der Berechnung des auf den stillen Gesellschafter entfallenden Gewinnanteils fällig. Verzögert der Inhaber die Abrechnung, so gilt als Fälligkeitstag der Zeitpunkt, zu dem er den Gewinn bei ordnungsmäßigem Geschäftsgang hätte berechnen können[60].

879 Schließt eine OHG mit einem Dritten einen stillen Gesellschaftsvertrag ab, so kann der stille Gesellschafter seinen Gewinnanspruch nicht nur gegen die Gesellschaft, sondern **auch gegen die einzelnen Gesellschafter** unmittelbar geltend machen. Die Ansprüche, die dem stillen Gesellschafter gegen die Personengesellschaft aus dem stillen Gesellschaftsverhältnis zustehen, beruhen auf einem Rechtsverhältnis, das diese mit ihm als einem Dritten abgeschlossen hat. Für die Verpflichtungen aus diesem Rechtsverhältnis kommt die allgemeine Haftungsvorschrift des § 128 HGB zur Anwendung. Der stille Gesellschafter ist nicht Mitgesellschafter der einzelnen Mitglieder der Personengesellschaft; er steht mit ihnen als Einzelperson nicht in einem unmittelbaren Gesellschaftsverhältnis. Folglich haften diese ihm auch nicht aus ihrem Gesellschaftsverhältnis untereinander, sondern aus einem Rechtsgeschäft, das sie namens ihrer Gesellschaft mit dem stillen Gesellschafter abgeschlossen haben[61].

880 Der **Auszahlungsanspruch** erlischt nicht mit der Feststellung der nächsten Jahresbilanz. Da § 122 HGB auf die stille Gesellschaft keine Anwendung findet, kann der stille Gesellschafter auch dann Auszahlung verlangen, wenn die Liquidität des Inhabers dadurch in Mitleidenschaft gezogen wird. Sein Auszahlungsanspruch kann aber durch die gesellschaftsrechtliche Treuepflicht eingeschränkt werden, zum Beispiel wenn die Geltendmachung des Zahlungsanspruchs der Gesellschaft zum offenbaren Schaden gereichte[62].

---

59 BFH v. 19. 2. 1991 BB 1991, 1301 f. mit Anm. v. *Hoffmann*.
60 *Koenigs*, S. 200; *Schlegelberger/Karsten Schmidt*, § 337 (§ 232 n.F.) Rn. 23; *Baumbach/Hopt*, § 232 Rn. 4; *Heymann/Horn*, § 232 Rn. 7.
61 BGH v. 11. 1. 1960 BB 1960, 188.
62 *Schlegelberger/Karsten Schmidt*, § 337 (§ 232 n.F.) Rn. 21; *Baumbach/Hopt*, § 232 Rn. 4; *Zutt*, in: GroßKomm. § 232 Rn. 22.

§ 14 Verteilung von Gewinn und Verlust

Erfüllungsort für die Auszahlung des anteiligen Gewinns ist der Ort der gewerblichen Niederlassung des Inhabers; dieser ist verpflichtet, den Gewinnanteil dem stillen Gesellschafter zu übersenden (§§ 269, 270 BGB). 881

Der Anspruch des stillen Gesellschafters auf den Gewinnanteil ist abtretbar (§ 717 BGB), pfändbar und verpfändbar. Der neue Gläubiger kann jedoch Zahlung erst nach Eintritt der Fälligkeit, d.h. nach Vornahme der Berechnung durch den Inhaber, verlangen. 882

Der fällige Anspruch auf den anteiligen Gewinn ist, wenn der stille Gesellschafter Kaufmann ist, mit 5% zu verzinsen (§§ 352, 353 HGB). Ist er nicht Kaufmann, so stehen ihm Verzugszinsen in Höhe von 4% zu (§§ 284, 288 BGB). 883

Der Auszahlungsanspruch **verjährt** nach § 195 BGB in 30 Jahren[63]. 884

2. Auszahlungsanspruch und Einlage des stillen Gesellschafters

Der stille Gesellschafter kann Auszahlung auch verlangen, wenn er seine Einlage noch nicht bewirkt hat. Ist die Einlageforderung fällig, so kann der Inhaber gegen den Gewinnauszahlungsanspruch des stillen Gesellschafters aufrechnen oder, wenn die Einlage nicht in einer Geldleistung besteht, den Gewinn zurückbehalten (§ 273 BGB). 885

Die Auszahlung des Gewinnanteils kann so lange nicht verlangt werden, wie das Einlageguthaben des stillen Gesellschafters durch Verluste unter die vertragsmäßige Höhe gesunken ist. In diesem Fall ist der Gewinn zunächst zur **Auffüllung der Einlage** zu verwenden. Da die Vermögenseinlage nur im Verhältnis der beiden Gesellschafter zueinander Bedeutung hat, kann eine Gewinnauszahlung auch erfolgen, wenn sie durch Verlust vermindert ist. Die Gläubiger des Inhabers können das nicht verhindern. Gegebenenfalls haben sie das Konkursanfechtungsrecht aus § 237 HGB (vgl. Rn. 1087 ff.). 886

Wird dem stillen Gesellschafter **irrtümlich ein Gewinnanteil ausgezahlt**, obwohl sein Einlagekonto in der Bilanz des Inhabers durch Verlust gemindert war, muß er ihn auf Verlangen des Inhabers zurückzahlen. Gleiches gilt, wenn die Bilanz des Inhabers zu Unrecht Gewinne ausgewiesen hatte, die dann an den stillen Gesellschafter ausgezahlt wurden. § 161 Abs. 1 und Abs. 3 AktG ist nach der Rechtsprechung nicht auf Publikumskommanditgesellschaften analog anwendbar[64]. Eine entspre- 887

---

63 Zutt, in: GroßKomm. § 232 Rn. 24; BGH v. 6. 4. 1981 BGHZ 80, 357 ff.
64 BGH v. 12. 7. 1982 BGHZ 84, 383 (386 f.).

chende Anwendung scheidet folglich auch für stille Publikumsgesellschaften aus. Auch § 172 Abs. 5 HGB kann nicht in analoger Anwendung zum Schutze des stillen Gesellschafters eingreifen. Nach herrschender Ansicht wird durch ihn allenfalls eine direkte Haftung des Kommanditisten gegenüber den Gesellschaftsgläubigern ausgeschlossen, nicht hingegen aber eine interne Rückzahlungspflicht gegenüber der Kommanditgesellschaft[65]. Gerade um die interne Rückzahlungspflicht gegenüber dem Inhaber geht es aber bei der stillen Gesellschaft. Hingegen sind zu Recht bezogene oder gutgeschriebene Gewinnanteile beim Eintritt späterer Verluste nicht zurückzuzahlen, § 232 Abs. 2 S. 2 Hs. 1 HGB.

888 Die Auszahlung des Gewinnanteils kann **im Gesellschaftsvertrag näher geregelt** werden, etwa durch die Vereinbarung, daß sie dem Inhaber nicht zum Schaden gereichen darf oder daß der Gewinnanteil ganz oder teilweise zur Deckung der rückständigen Vermögenseinlage zu verwenden ist. Im letzteren Fall bildet der Gewinn einen Teil der Vermögenseinlage, die zur Deckung späterer Verluste herangezogen werden kann. Soweit im Gesellschaftsvertrag nichts anderes vereinbart ist, beschränken sich die Ansprüche des stillen Gesellschafters auf die Zahlung seines anteiligen Gewinns. Es kann ihm aber auch das Recht eingeräumt werden, sich alljährlich einen bestimmten Betrag seines Einlagekontos – meist in Form einer nach dessen Stand berechneten Kapitaldividende – auszahlen zu lassen. Die Entnahme ist, soweit sie höher als der auf ihn entfallende Gewinnanteil ist, von dem Einlagekonto abzubuchen. Es liegt insoweit eine teilweise Rückgewähr der Einlage vor, die im Konkurs des Inhabers ein Anfechtungsrecht aus § 237 HGB begründet (vgl. Rn. 1087 ff.).

889 Hat der stille Gesellschafter seine Einlage vollständig geleistet und ist das Einlagekonto nicht durch Verluste geschmälert, so kann ein **weiterer Gewinnanteil** dem Einlagekonto nur gutgeschrieben werden, wenn dies im Gesellschaftsvertrag vereinbart ist (§ 232 Abs. 3 HGB). Eine solche Vereinbarung kann auch stillschweigend getroffen werden; so z.B. wenn der anteilige Gewinn mit Wissen des stillen Gesellschafters dem Einlagekonto gutgeschrieben oder wenn ihm auf diesen Betrag eine Vorzugsdividende ausgezahlt wird. Es liegt dann eine im beiderseitigen Einverständnis vorgenommene nachträgliche Erhöhung der anfänglich übernommenen Einlage vor[66].

890 Sind dagegen keine besonderen Vereinbarungen getroffen worden, ist der nicht ausgezahlte Gewinnanteil des stillen Gesellschafters wie eine **reine**

---

65 *Heymann/Horn*, § 172 Rn. 23; *Baumbach/Hopt*, § 172 Rn. 9; *Schlegelberger/Karsten Schmidt*, §§ 171, 172 Rn. 92 f.
66 *Schlegelberger/Karsten Schmidt*, § 337 (§ 232 n.F.) Rn. 29.

Gläubigerforderung zu behandeln. Der Gewinnanspruch ist ihm auf einem besonderen Konto (Darlehenskonto) gutzuschreiben und steht ihm ohne Rücksicht auf spätere Verluste, die nur vom Einlagekonto abgebucht werden, jederzeit zur Auszahlung zur Verfügung. Besonderheiten können sich in diesem Zusammenhang für typische stille Gesellschafter einer GmbH bzw. GmbH & Co. KG sowie für GmbH-Gesellschafter, die gleichzeitig am Unternehmen der GmbH still beteiligt sind, ergeben. Haben sie ihren Gewinnanspruch zu einer Zeit erworben, in der die GmbH bzw. GmbH & Co. KG wirtschaftlich gesund war und lassen sie ihren Gewinnanteil in einer wirtschaftlichen Krisensituation des Unternehmens stehen, müssen sie damit rechnen, daß die stehengelassenen Gewinne unter bestimmten Voraussetzungen als kapitalersetzende Gesellschafterdarlehen angesehen werden (vgl. Rn. 1046 ff.)[67].

VI. Verlustbeteiligung des stillen Gesellschafters

1. Gesetzliche Regelung

Im Gesellschaftsvertrag kann bestimmt werden, daß der stille Gesellschafter nicht am Verlust beteiligt sein soll (§ 231 Abs. 2 Hs. 1 HGB). Der **Verlustausschluß** kann sich auch aus den Umständen ergeben. Ist dem stillen Gesellschafter z.B. ein Mindestgewinn garantiert, so bedeutet das, daß er am Verlust nicht teilnimmt. Die Vereinbarung, daß er bei Beendigung der Gesellschaft seine Einlage voll zurückerhalten soll, kann nach dem Willen der Beteiligten Ausschluß der Verlustbeteiligung sein. Die Vereinbarung kann aber auch dahin auszulegen sein, daß der Ausschluß der Verlustbeteiligung nur im Rahmen der Endabrechnung, nicht auch für die einzelnen Jahre der Dauer der stillen Gesellschaft gewollt ist (vgl. Rn. 356 ff.). 891

Wo die Verlustbeteiligung weder vertraglich noch stillschweigend ausgeschlossen ist, richtet sich der **Verlustanteil** in erster Linie nach dem Gesellschaftsvertrag. Enthält dieser keine Bestimmungen, gilt ein den Umständen nach angemessener Anteil als bedungen (§ 231 Abs. 1 HGB). Ist nur der Anteil am Gewinn bestimmt, so gilt die Bestimmung im Zweifel für Gewinn und Verlust (§ 722 Abs. 2 BGB). 892

---

67 Vgl. BGH v. 7. 11. 1994 BGHZ 127, 336 ff. m.w.N.; *Kamprad*, Gesellschafterdarlehen an die GmbH und GmbH & Co. KG, 2. Aufl., 1981; *Schlegelberger/Karsten Schmidt*, § 172a Rn. 30, 36, 39; *Lutter/Hommelhoff*, GmbHG, §§ 32a, b Rn. 43 ff.; *Zutt*, in: GroßKomm. § 232 Rn. 25. Gegen die Behandlung von stehengelassenen Krediten als kapitalersetzende Darlehen sprechen sich aus *Baumbach/Hueck*, § 232 Rn. 38; *Gebhardt*, DB 1984, 1385; *Thöne*, DB 1980, 2179.

2. Regelung im Gesellschaftsvertrag

893 Wie bei der Bemessung des Gewinnanteils sind die Beteiligten bei der Festlegung des anteiligen Verlustes keinen Beschränkungen unterworfen (vgl. Rn. 356 ff., 832 ff.).

894 Der stille Gesellschafter nimmt am Verlust **nur bis zum Betrag seiner eingezahlten oder rückständigen Einlage** teil, § 232 Abs. 2 S. 1 HGB. Er hat insoweit dieselbe rechtliche Stellung wie der Kommanditist (§ 167 Abs. 3 HGB). Der auf ihn entfallende Verlustanteil wird von seinem Einlagekonto abgeschrieben. Das kann dazu führen, daß das Einlageguthaben passiv wird. Insoweit verliert der stille Gesellschafter das Recht auf Rückzahlung seiner Vermögenseinlage. Anders ist es bei Dienstleistungen und Gebrauchsüberlassungen, die auf dem Einlagekonto nicht gutgebracht worden sind (vgl. Rn. 261 ff.). In diesen Fällen braucht der stille Gesellschafter einen etwaigen Verlust nicht in Geld zu ersetzen. Er haftet nur mit seinen künftigen Gewinnen, nicht auch – bei Gebrauchsüberlassungen – mit dem Wert der überlassenen Sache.

895 Solange die Einlage des stillen Gesellschafters durch Verluste gemindert ist, ist **der jährliche Gewinn zur Deckung dieses Verlustes zu verwenden,** § 232 Abs. 2 S. 2 Hs. 2 HGB. Auszahlung des Gewinns nach Ausgleichung eines Passivsaldos kann der stille Gesellschafter auch erst dann verlangen, wenn sein Einlagekonto mindestens den auf seine Einlage geleisteten Betrag erreicht.

896 Dieser ganz herrschenden Ansicht[68] wird vereinzelt entgegengehalten, ihre Interpretation des regelmäßigen Parteiwillens sei zu generell, vielmehr müsse von Fall zu Fall geprüft werden, „ob die Gesellschafter beabsichtigen, dem stillen Partner das Risiko aufzubürden, unter Umständen jahrelang keinerlei Gewinn zu erhalten, obwohl das Handelsgeschäft seines Partners gewinnbringend arbeitet, nur weil in einer vorausgegangenen Geschäftsperiode die Verlustanteile wesentlich höher waren als die geleistete Vermögenseinlage"[69].

Hierbei handelt es sich um die Konsequenz der Verlustbeteiligung vergangener Jahre. Es wird insoweit nicht generell interpretiert, sondern gerade das gewollte Verlustrisiko verwirklicht, wenn der stille Gesellschafter mit seinem Anteil an künftigem Gewinn an der Deckung früherer Verlu-

---

68 Vgl. MünchHdb. StG/*Bezzenberger*, § 22 Rn. 18; *Zutt,* in: GroßKomm. § 232 Rn. 29; *Heymann/Horn,* § 232 Rn. 10; *Fichtelmann,* Rn. 38; aus der Rechtsprechung OLG-Karlsruhe v. 19. 2. 1986 ZIP 1986, 917.
69 *Hartmann,* S. 86 ff.

§ 14 Verteilung von Gewinn und Verlust

ste teilnimmt[70]. Das bedeutet aber nicht, daß der stille Gesellschafter bei der Auseinandersetzung zum Ausgleich eines danach bestehenden Passivsaldos verpflichtet ist.

Es kann auch vereinbart werden, daß der stille Gesellschafter **über seine Einlage hinaus am endgültigen Verlust beteiligt** sein soll. Der stille Gesellschafter muß dann bei der Auflösung der Gesellschaft in Höhe des übernommenen Betrags dem Inhaber Zahlung leisten und insoweit auch einen Passivsaldo ausgleichen. Die Deckungspflicht kann bei entsprechenden Vereinbarungen im Innenverhältnis auch so weit gehen, daß der stille Gesellschafter sich verpflichtet, uneingechränkt für etwaige Verluste einzustehen[71]. Eine solche uneingeschränkte Nachschußpflicht während oder nach Beendigung der Gesellschaft gilt aber noch nicht dann als vereinbart, wenn im Gesellschaftsvertrag einer atypisch stillen Gesellschaft bestimmt ist, daß der „stille Gesellschafter im Verhältnis am Verlust uneingeschränkt teilnimmt, jedoch unbeschadet seiner nur auf die Einlage beschränkten Haftung nach außen"[72]. Hierdurch wird das Haftungsprivileg des stillen Gesellschafters nach § 232 Abs. 2 S. 1 HGB noch nicht abbedungen. Mit einer solchen Vereinbarung wird lediglich bestimmt, daß durch entsprechende Belastung des Kapitalkontos des stillen Gesellschafters dessen künftige Gewinnquoten geschmälert werden. Soll eine schwerwiegende, wirtschaftlich der Haftung eines unbeschränkt haftenden Gesellschafters gleichkommende Verlusttragungspflicht des stillen Gesellschafters gewollt sein, so bedarf es einer ausdrücklichen Verpflichtungserklärung[73].

897

VII. Zusammenfassung

Für die Verteilung von Gewinn und Verlust ist in erster Linie der Gesellschaftsvertrag maßgebend. Die gesetzlichen Vorschriften greifen nur ein, wenn es an einer vertraglichen Regelung fehlt. Anders als bei der offenen Handelsgesellschaft sind Gewinn und Verlust nicht nach Köpfen, sondern in einem den Umständen nach angemessenen Verhältnis zu verteilen.

898

---

70 Wie hier *Schlegelberger/Karsten Schmidt*, § 337 (§ 230 n.F.) Rn. 34; OLG Karlsruhe v. 19. 2. 1986 ZIP 1986, 917.
71 *Koenigs*, S. 12, 176; MünchHdB. StG/*Bezzenberger*, § 22 Rn. 19; *Schlegelberger/Karsten Schmidt*, § 337 (§ 232 n.F.) Rn. 38; *Zartmann/Böttcher/Faut*, S. 77 f.; OLG Karlsruhe, v. 19. 2. 1986 ZIP 1986, 917.
72 OLG Karlsruhe v. 19. 2. 1986 ZIP 1986, 918.
73 OLG Karlsruhe v. 19. 2. 1986 ZIP 1986, 918; BGH v. 17. 3. 1966 NJW 1966, 1309.

Die Verteilung von Gewinn und Verlust in der stillen Gesellschaft bestimmt sich nach einer internen Rechnungslegung, die vom Inhaber durchzuführen ist. Als Grundlage der Gewinn- und Verlustberechnung kann gesellschaftsvertraglich entweder der handels- oder der steuerrechtliche Jahresabschluß des Inhabers bestimmt werden. In beiden Fällen sind Korrekturrechnungen vorzunehmen.

Der stille Gesellschafter nimmt nur an dem Erfolg teil, der aus dem Betrieb des Handelsgewerbes stammt, an dem die stille Beteiligung besteht. An Werterhöhungen und Wertminderungen des Anlagevermögens sowie des Firmenwertes partizipieren typische stille Gesellschafter hingegen nicht, soweit diese Änderungen auf betriebsexternen Ursachen beruhen. Werden zu Lasten des Gewinns während der stillen Gesellschaft stille Reserven gelegt, so ist dies bei Berechnung des Abfindungsguthabens des stillen Gesellschafters angemessen zu berücksichtigen. Vertraglich kann vereinbart werden, daß der stille Gesellschafter atypisch an jeder Vermögensänderung des Handelsgeschäftes teilnimmt.

Was für die Berechnung des anteiligen Gewinns gilt, gilt sinngemäß für die Berechnung des anteiligen Verlustes, sofern nicht die Verlustbeteiligung durch den Gesellschaftsvertrag ausgeschlossen ist. Der stille Gesellschafter nimmt am Verlust nur bis zum Betrag seiner eingezahlten oder rückständigen Einlage teil. Ist die Einlage durch Verluste vermindert worden, müssen künftige Gewinne zunächst zur Wiederauffüllung der Einlage bis zu ihrer anfänglichen Höhe verwendet werden. Erst dann erlangt der stille Gesellschafter seinen Gewinnauszahlungsanspruch wieder. Es handelt sich dabei um dispositives Recht, so daß trotz Minderung der Einlage eine Gewinnausschüttung möglich ist (vgl. aber § 237 HGB).

§ 15 Die Auflösung der stillen Gesellschaft

Schrifttum: *Blaurock, Uwe,* Anmerkung zu BGH v. 7. 2. 1994, EWiR § 230 HGB 1/94, 584; *Brandes, Helmut,* Die Rechtsprechung des BGH zur Gesellschaft bürgerlichen Rechts und zur stillen Gesellschaft, WM 1989, 1357; *Felix, Günther,* Zum Kündigungsrecht des stillen Gesellschafters, WPg. 1962, 149; *ders.,* Stille Gesellschaft in Recht und Steuer, Bericht der 2. Kölner Trainingstagung der Arbeitskreise für Steuerrecht GmbH, 1972; *Flume, Werner,* Die werdende juristische Person, in: Festschrift für E. Geßler, 1971, S. 3; *Geck, Reinhard,* Die Auflösung der stillen Gesellschaft unter besonderer Berücksichtigung der Auseinandersetzung, DStR 1994, 657; *Glenk, Hartmut,* Die typische stille Beteiligung an einer GmbH aus Sicht des Gesellschaftsrechts, INF 1995, 176; *ders.,* Die atypische stille Beteiligung an einer GmbH aus Sicht des Gesellschaftsrechts, INF 1995, 401; *Hartmann, Bernhard,* Der ausscheidende Gesellschafter in der Wirtschaftspraxis, 4. Aufl., 1974; *Knieper, Rolf / Fromm, Hartmut,* Erbrecht und Gesellschaftsrecht bei der Gesellschafternachfolge, NJW 1980, 766; *Petzold, Rolf,* Die stille Gesellschaft, NWB Fach 18, 2975; *Rasner, Henning,* Die atypische stille Gesellschaft, 1961; *Reusch, Peter,* Anmerkung zu BGH v. 8. 7. 1992, WuB II H. § 235 HGB, 439; *Schöne, Thorsten,* Anmerkung zu BGH v. 7. 2. 1994, WuB II H § 230, S. 419; *Schmidt, Karsten,* Das Vollstreckungs- und Insolvenzrecht der stillen Gesellschaft, KTS 1977, 1; *Siebert, Wolfgang,* Aktuelle Rechtsfragen zur Mitgliedschaft in Personengesellschaften, StbJb. 1955/56, 299, 316; *ders.,* Die Nachfolge von Todes wegen in die Mitgliedschaft des Gesellschafters einer Offenen Handelsgesellschaft, NJW 1955, 809; *Sudhoff, Heinrich / Sudhoff, Martin,* Die stille Beteiligung bei Umwandlung des „Hauptunternehmens" in eine GmbH oder GmbH & Co, GmbHR 1981, 235; *Thiel, Rudolf,* Übertragung stiller Reserven, (Steuerrecht und Steuerpolitik, Heft 4) 1965; *van Venrooy, Gerd J.,* Unwirksamkeit der unzeitigen Kündigung in den gesetzlich geregelten Fällen, JZ 1981, 53.

I. Das Wesen der Auflösung

Die Auflösung der stillen Gesellschaft – auch in atypischer Gestalt – unterscheidet sich in ihrem Wesen grundlegend von der Auflösung der handelsrechtlichen Personen- und Kapitalgesellschaften. Es sind zwischen dem Inhaber und dem stillen Gesellschafter nur schuldrechtliche Beziehungen abzuwickeln. Eine Liquidation im eigentlichen Sinne findet nicht statt. Das Handelsgeschäft als solches bleibt bestehen und wird in der Regel ohne Veränderung seiner Grundlagen vom Inhaber weitergeführt. Deshalb wird die Auflösung auch nicht in das Handelsregister eingetragen. 899

Daß es bei der stillen Gesellschaft – auch bei der atypischen stillen Gesellschaft – **nicht zu einer Liquidation im rechtstechnischen Sinne** kommt, erklärt sich daraus, daß es kein Gesellschaftsvermögen, keine 900

Gesellschaftsforderungen und keine Gesellschaftsschulden gibt, die im Interesse der Gläubiger in einem besonderen Verfahren abgewickelt werden müßten. Der Inhaber ist und bleibt Eigentümer des Handelsgeschäfts, und er ist und bleibt auch nach der Auflösung der stillen Gesellschaft seinen Gläubigern verhaftet. Er ist demzufolge auch nicht Liquidator; § 147 HGB findet keine Anwendung. Er kann nicht wie ein Liquidator abberufen und durch einen anderen Liquidator ersetzt werden. Kommt er seinen ihm in Ansehung der „Auseinandersetzung" obliegenden Pflichten nicht ordnungsgemäß nach, so kann der stille Gesellschafter seine berechtigten Interessen im Wege einstweiliger Verfügungen sichern lassen und Schadensersatzansprüche geltend machen.

901 Im Zeitpunkt der Auflösung hört die stille Gesellschaft auf, ihren bisherigen Gesellschaftszweck, den Betrieb des Handelsgewerbes im ganzen zu gemeinsamem Nutzen, zu verfolgen; sie besteht aber mit dem Zweck der Abwicklung der schwebenden Geschäfte zu gemeinsamem Nutzen fort, bis die Auseinandersetzung abgeschlossen ist[1]. Sie geht nicht sofort unter, sondern besteht als **Abwicklungsgesellschaft** weiter[2], wobei sich die gesellschaftsrechtlichen Rechte und Pflichten der Beteiligten entsprechend dem veränderten Zweck anpassen. Die Gesellschafter sind nicht mehr verpflichtet, den primären Gesellschaftszweck z.B. durch Leistung der Einlage oder Fortführung des Handelsgeschäftes zu fördern, aber sie sind verpflichtet, die schwebenden Geschäfte abzuwickeln, das Endguthaben des Stillen zu ermitteln und dieses auszuzahlen oder einen etwaigen Passivsaldo zu decken. Da der primäre Gesellschaftszweck fortgefallen ist, erlöschen bestehende Wettbewerbsverbote. Etwaige Geschäftsführungsbefugnisse des stillen Gesellschafters, die auf dem Gesellschaftsvertrag beruhen, gelten zu seinen Gunsten als fortbestehend, bis er von der Auflösung Kenntnis erlangt oder sie kennen muß (§ 729 BGB), es sei denn, die Gesellschaft wurde durch Kündigung aufgelöst.

902 Die Gegenauffassung nimmt hingegen an, daß die Auflösung der stillen Gesellschaft zugleich deren Vollbeendigung zur Folge hat. Die hierfür vorgetragene Begründung, bei der stillen Gesellschaft sei kein Gesamthandsvermögen abzuwickeln[3], ist zwar sachlich richtig, trägt aber nicht den Schluß, daß für den Zeitraum, in der noch gemeinsame Geschäfte schweben, der stille Gesellschafter nicht noch Rechte aus dem Gesell-

---

1 Ebenso *Baumbach/Hopt*, § 234 Rn. 1; *Blaurock*, S. 174; *Heymann/Horn*, § 234 Rn. 2, 13; a.A. BGH v. 22. 10. 1990 DStR 1991, 622 f.; BGH v. 22. 6. 1981 NJW 1982, 99 (100); *Paulick*, 3. Aufl., S. 237; *Koenigs*, S. 261, 284; *Zutt*, in: GroßKomm. § 234 Rn. 2; *Schlegelberger/Karsten Schmidt*, § 339 (§ 234 n.F.) Rn. 1.
2 *Blaurock*, S. 174.
3 So *Zutt*, in: GroßKomm. § 234 Rn. 2.

§ 15 Auflösung

schaftsvertrag hat. Dies gilt insbesondere für das Informationsrecht aus § 233 HGB[4].

Der Stille nimmt nicht mehr am Gewinn und Verlust künftiger Geschäfte teil. Nur am Gewinn und Verlust der zur Zeit der Auflösung **schwebenden Geschäfte** bleibt er beteiligt (vgl. hierzu Rn. 1025 ff.). Bestanden zwischen ihm und dem Inhaber auch außergesellschaftliche, individualrechtliche Rechtsbeziehungen (Lieferungs-, Anstellungs-, Miet-, Pacht-, Darlehensverträge), so werden sie durch die Auflösung der stillen Gesellschaft an sich nicht berührt. Doch wird besonders bei Dauerschuldverhältnissen im Zweifel davon auszugehen sein, daß sie nach dem Willen der Beteiligten mit der Auflösung der Gesellschaft beendet sein sollen. Es kommt auf die Vereinbarungen und auf den im Wege der Vertragsauslegung zu ermittelnden Willen der Beteiligten an.

903

Sind **mehrere Personen** nebeneinander still an einem Handelsgewerbe beteiligt, so berührt die Auflösung einer stillen Gesellschaft nicht den Fortbestand der anderen, da diese voneinander unabhängig und hinsichtlich ihrer Existenz selbständig sind. Anderes gilt jedoch, wenn ausnahmsweise eine mehrgliedrige stille Gesellschaft vereinbart wurde[5].

904

Entschließen sich die Gesellschafter, das Gesellschaftsverhältnis trotz Vorliegens eines Auflösungsgrundes aufrechtzuerhalten, so haben sie einander im Zweifel so zu stellen, als ob die Gesellschaft **ohne Unterbrechung als werbende fortbestanden** habe. Der stille Gesellschafter nimmt dann am Gewinn und Verlust der in der Zwischenzeit abgeschlossenen Geschäfte teil. Betrachtet man die Gesellschaft trotz Eintritts eines Auflösungsgrundes als fortbestehend, so ergibt sich dies von selbst. Nimmt man dagegen automatische Vollbeendigung an, so bedürfte dies einer eigenen Regelung im Gesellschaftsvertrag. Eine stillschweigende Aufrechterhaltung der auf bestimmte Zeit errichteten stillen Gesellschaft nach § 134 HGB ist jedoch nicht schon in der Fortführung des Geschäftsbetriebes durch den Inhaber zu sehen. Die Parteien müssen die Gesellschaft vielmehr als fortbestehend behandeln, vor allem im Hinblick auf die Gewinn- und Verlustbeteiligung[6].

905

---

4 Wie hier *Heymann/Horn*, § 235 Rn. 20.
5 Vgl. *Schlegelberger/Karsten Schmidt*, § 339 (§ 239 n.F.) Rn. 2; *Geck*, DStR 1994, 657.
6 *Heymann/Horn*, § 234 Rn. 4.

II. Die Auflösungsgründe

906 Die Auflösungsgründe sind im wesentlichen dieselben wie bei der Gesellschaft des bürgerlichen Rechts (§§ 723 ff. BGB). Sie sind im Gesetz **nicht abschließend** aufgezählt. Es können im Gesellschaftsvertrag beliebige weitere Auflösungsgründe vereinbart werden. Systematisch können die gesetzlich zwingenden von den unter dem Vorbehalt abweichender gesellschaftsvertraglicher Regelung stehenden Auflösungsgründe unterschieden werden.

907 **Fortsetzungsklauseln** entsprechend § 138 HGB, § 736 BGB kommen nur bei mehrgliedrigen stillen Gesellschaften in Betracht[7]. Bei auf Dauer angelegten stillen Publikumsgesellschaften empfiehlt sich ihre Vereinbarung, da ihre Gesellschafter regelmäßig den Bestand der Gesellschaft nicht von einem Auflösungsgrund abhängig machen wollen, der nur die Person eines Gesellschafters betrifft. Auch ohne ausdrückliche Vereinbarung ist deswegen von einer solchen stillschweigenden Fortsetzungsklausel auszugehen[8].

1. Auflösung durch Vereinbarung der Gesellschafter

908 Die Gesellschafter können jederzeit beschließen, die Gesellschaft aufzulösen. Der Beschluß braucht die Auflösung nicht für sofort auszusprechen, sondern kann sie für einen bestimmten zukünftigen Zeitpunkt festlegen. Eine Auflösung der mehrgliedrigen stillen Gesellschaft durch Mehrheitsbeschluß ist nur zulässig, wenn diese Möglichkeit im Gesellschaftsvertrag vorgesehen ist.

2. Zeitablauf, Bedingungseintritt, Erreichen und Unmöglichwerden des Zwecks

a) Ablauf der im Gesellschaftsvertrag festgelegten Zeit

909 Ist die stille Gesellschaft für eine bestimmte Zeit eingegangen, so löst sie sich mit Ablauf der vorgesehenen Zeit auf. Es ist den Beteiligten nicht verwehrt, vor Ablauf der Zeit ihre Fortdauer zu vereinbaren.

910 Ist die stille Gesellschaft solcherart zeitlich begrenzt, besteht **kein ordentliches Kündigungsrecht**. Es lebt aber bei stillschweigender Fortsetzung der Gesellschaft wieder auf, da diese dann nach § 134 HGB als auf unbe-

---

7 *Goette*, Anm. zu BGH v. 13. 11. 1995, DStR 1996, 31; *Zutt*, in: GroßKomm. HGB § 234 Rn. 21.
8 MünchHdb. StG/*Polzer* § 27 Rn. 1, 38.

stimmte Zeit fortgesetzt gilt. Trotz Vereinbarung einer zeitlich begrenzten Dauer des Gesellschaftsvertrags bleibt die Möglichkeit der **Kündigung aus wichtigem Grunde** bestehen (vgl. Rn. 928 ff.)[9]. Dieses Kündigungsrecht kann vertraglich nicht ausgeschlossen oder beschränkt werden (§ 234 Abs. 1 S. 2 HGB, § 723 BGB). Macht der stille Gesellschafter von seinem Recht zur vorzeitigen Kündigung Gebrauch, so können die Gläubiger des Inhabers nicht von ihm Schadensersatz verlangen, weil er durch die vorzeitige Auflösung der Gesellschaft ihnen gegenüber den Grundsatz von Treu und Glauben verletzt habe – eine Folge der Tatsache, daß zwischen ihm und den Gläubigern des Inhabers keine Rechtsbeziehungen bestehen.

b) Eintritt einer im Gesellschaftsvertrag vereinbarten auflösenden Bedingung

Eine unter einer auflösenden Bedingung (§ 158 Abs. 2 BGB) eingegangene stille Gesellschaft wird mit Bedingungseintritt aufgelöst. 911

c) Erreichen des vereinbarten Zwecks (§ 726 BGB)

Die Auflösung der stillen Gesellschaft tritt ein, sobald der vertraglich festgesetzte Zweck erreicht ist[10]. Einer Auflösungsklage bedarf es nicht. Das gilt auch, wenn die Gesellschaft für eine bestimmte Zeit eingegangen und diese noch nicht abgelaufen ist (z.B. Errichtung einer stillen Gesellschaft zum Zwecke der Ausbeute eines bestimmten Rohstoffvorkommens oder zum Zwecke der Verwertung eines bestimmten Warenlagers). Bei Zweifeln über die Beendigung der Gesellschaft empfiehlt sich Kündigung aus wichtigem Grunde oder Auflösung durch Vereinbarung. 912

d) Unmöglichwerden des Gesellschaftszwecks (§ 726 BGB)

Auch hier tritt die Auflösung von selbst ein, mag auch die im Gesellschaftsvertrag vorgesehene Zeit noch nicht abgelaufen sein. Die Unmöglichkeit, den Gesellschaftszweck zu erreichen, stellt einen **Wegfall der objektiven Geschäftsgrundlage** dar; sie tritt nur ein, wenn das Erreichen des Zwecks vollständig und endgültig unmöglich geworden ist[11]. Stellt der Geschäftsinhaber sein Handelsgewerbe ein, kann die stille Gesellschaft ihren Zweck – Förderung des Gewerbes – nicht mehr erreichen. Bei 913

---

9 *Geck*, Anm. zu BGH v. 4. 3. 1991, DStR 1991, 623 (624).
10 *Geck*, Anm. zu BGH v. 22. 10. 1991, DStR 1991, 622 (623).
11 BGH v. 23. 5. 1957 BGHZ 24, 279 (293); BGH v. 12. 7. 1982 BGHZ 84, 379 (381).

nur vorübergehender Einstellung besteht das Gesellschaftsverhältnis fort, solange die Möglichkeit der Wiederaufnahme dieses oder eines entsprechenden Geschäftsbetriebs gegeben ist, mögen auch einzelne Pflichten wie etwa die Pflicht zu einer bestimmten Tätigkeit – weil zur Zeit unausführbar – ruhen.

914 Ein Unmöglichwerden des Gesellschaftszwecks liegt insbesondere vor, wenn dem Inhaber erforderliche Genehmigungen oder Erlaubnisse nicht erteilt werden oder das Handelsgeschäft aus rechtlichen Gründen endgültig nicht fortgeführt werden kann.

915 Ein Unmöglichwerden des Gesellschaftszwecks liegt auch vor, wenn einem **Kreditinstitut,** an dem stille Gesellschafter beteiligt sind, die Erlaubnis, Bankgeschäfte zu betreiben, gemäß § 35 Abs. 2 KWG entzogen wird. Bestimmt in diesen Fällen das Bundesaufsichtsamt, daß das Kreditinstitut abzuwickeln ist, so wirkt diese Entscheidung wie ein Auflösungsbeschluß (§ 38 Abs. 1 S. 2 KWG). Sie führt automatisch auch zur Auflösung der stillen Gesellschaft.

916 Nachhaltige **Unrentabilität** des Handelsgeschäfts bedeutet nicht Unmöglichkeit der Zweckerreichung. Hier ist aber in der Regel ein Kündigungsrecht aus wichtigem Grunde gegeben[12].

917 Subjektives **Unvermögen** eines Beteiligten steht der objektiven Unmöglichkeit gleich. Ein Verschulden ist nicht erforderlich. In den Fällen der vertragswidrigen Aufgabe, Einstellung oder Veräußerung des Handelsgeschäfts durch den Inhaber, des Einbringens des Unternehmens in eine Kapitalgesellschaft und in ähnlichen Fällen liegt eine vom Inhaber zu vertretende Unmöglichkeit der Erfüllung der gesellschaftsvertraglichen Verpflichtungen gegenüber dem stillen Gesellschafter vor, die zu Schadensersatzansprüchen führen kann.

3. Kündigung (§ 234 Abs. 1 HGB)

918 Die Kündigungsvorschriften, die für die Gesellschaft des bürgerlichen Rechts gelten, passen nicht uneingeschränkt für die stille Gesellschaft, weil der Inhaber des Handelsgeschäfts nicht der Gefahr jederzeitiger Kündigung nach § 723 Abs. 1 S. 1 BGB ausgesetzt sein darf. Er muß für längere Zeit mit gleichbleibenden Verhältnissen rechnen können und Zeit haben, sich auf die Auflösung der Gesellschaft und auf die damit

---

12 *Schlegelberger/Karsten Schmidt,* § 339 (§ 234 n.F.) Rn. 39; *Zutt,* in: Groß-Komm. HGB § 234 Rn. 7; RG v. 28. 1. 1927 JW 1927, 1350.

verbundene Rückzahlung der Einlage vorzubereiten[13]. Zweck des § 234 Abs. 1 HGB ist es daher, die ordentliche Kündigung nach den für die offene Handelsgesellschaft geltenden Vorschriften, die Kündigung aus wichtigem Grunde dagegen nach den Vorschriften für die Gesellschaft des bürgerlichen Rechts zu regeln. Bei der ordentlichen Kündigung soll, da der stille Gesellschafter mit dem Handelsgewerbe eines Kaufmanns in Beziehung steht, den kaufmännischen Erfordernissen, insbesondere der Bedeutung des Geschäftsjahrs, Rechnung getragen werden, wohingegen kein Bedürfnis besteht, die bei der offenen Handelsgesellschaft notwendige Auflösungsklage für die stille Gesellschaft zu übernehmen. Deshalb verweist § 234 Abs. 1 S. 2 HGB insoweit auf die Regelung des § 723 BGB.

a) Die ordentliche Kündigung

Die Möglichkeit einer ordentlichen Kündigung ist notwendiges Strukturelement bei Personengesellschaften, die auf unbestimmte Zeit oder auf Lebenszeit eines Gesellschafters eingegangen sind. Jeder Gesellschafter hat das unentziehbare Recht zur Kündigung des Gesellschaftsverhältnisses, wenn die Voraussetzungen der §§ 132 und 134 HGB gegeben sind. Diese Vorschriften sind unabdingbar. Die Kündigung kann, wenn die Gesellschaft **für unbestimmte Zeit** eingegangen ist, nur für den Schluß eines Geschäftsjahres erklärt werden; sie muß mindestens 6 Monate vor diesem Zeitpunkt stattfinden (§ 132 HGB). Auch eine Kündigung vor Vollzug der Gesellschaft ist wirksam[14]. Dasselbe gilt für eine Gesellschaft, die für die Lebenszeit eines Gesellschafters eingegangen ist oder nach dem Ablauf der für ihre Dauer bestimmten Zeit stillschweigend fortgesetzt wird (§ 134 HGB). Nicht gleichzusetzen ist einer solchen Gesellschaft eine Gesellschaft, die auf bestimmte Zeit eingegangen ist, wenn die Zeit so bemessen wurde, daß sie der mutmaßlichen Lebensdauer eines Gesellschafters gleichkommt oder sie übersteigt[15].

919

Die Kündigung ist eine einseitige, empfangsbedürftige, an den anderen Gesellschafter zu richtende formlose Willenserklärung. Ist eine Gesellschaft Geschäftsinhaber, so ist die Kündigung von der Vertretungsmacht des vertretungsberechtigten Organs gedeckt, da die inneren Rechtsverhältnisse der Gesellschaft nicht betroffen werden[16]. Bei Publikumsgesellschaften genügt der Zugang beim Inhaber, seine Vollmacht zur Entgegen-

920

---

13 *Schlegelberger/Karsten Schmidt*, § 339 (§ 234 n.F.) Rn. 34.
14 BGH v. 13. 4. 1995 WM 1995, 1277 m. Anm. *H.-F. Müller*, WuB II H § 723 BGB.
15 *Baumbach/Hopt*, § 134 Rn. 3; *Ulmer*, in: GroßKomm. § 134 Anm. 4; einschränkend *Heymann/Emmerich*, § 131 Rn. 5.
16 BGH v. 17. 4. 1989 WM 1989, 878; *Schlegelberger/Karsten Schmidt*, § 339 (§ 234 n.F.) Rn. 33.

nahme von Beitrittserklärungen erstreckt sich grundsätzlich auch auf die von Kündigungen[17].

921 Das ordentliche Kündigungsrecht kann durch den Gesellschaftsvertrag zwar modifiziert, aber **nicht ausgeschlossen** werden[18]; dies ist auch nicht auf Schleich- oder Umwegen, etwa durch praktisch unzumutbare Nachteile für den Kündigenden nach Ausübung seines Rechtes (z.B. Gewinnsperren u.ä.), möglich, da solche Umgehungsbestimmungen entsprechend § 723 Abs. 3 BGB nichtig sind[19]. Wird daher die Ausübung des Kündigungsrechts im Gesellschaftsvertrag mit wirtschaftlichen Nachteilen verknüpft, die die Kündigung praktisch unmöglich machen, so ist darin ein unzulässiger Ausschluß oder eine unzulässige Beschränkung des Kündigungsrechts zu sehen; so etwa, wenn bei der atypischen stillen Gesellschaft mit Vermögensbeteiligung des stillen Gesellschafters dieser für den Fall der ordentlichen Kündigung nicht an den Rücklagen beteiligt sein oder das Auseinandersetzungsguthaben erst nach einer langen Zeit ausbezahlt erhalten soll. Nichtig ist deshalb auch die Vereinbarung einer Vertragsstrafe für den Fall der ordentlichen Kündigung, regelmäßig auch die Vereinbarung eines Wettbewerbsverbots für die Zeit nach dem Ausscheiden. Im Einzelfall kann auch die Vereinbarung einer Abfindung nur nach dem Buchwert des Handelsgeschäfts nichtig sein, wenn dieser erheblich unter dem Wert liegt, der dem Gesellschafter nach der gesetzlichen Regelung gebührte[20]. Bei stillen Publikumsgesellschaften dürfte die Unwirksamkeit der Buchwertklausel regelmäßig zu bejahen sein[21].

922 Im Falle des BGH-Urteils v. 19. 1. 1967[22] hatten die Gesellschafter einer OHG die Beteiligung eines Gesellschafters in der rechtsirrigen Vorstellung, sie könnten diesem durch die Vereinbarung einer auf Lebenszeit unkündbaren stillen Gesellschaft eine Versorgung sichern, in eine stille Beteiligung umgewandelt. Da aber eine auf Lebenszeit eines Gesellschafters eingegangene stille Gesellschaft einer auf unbestimmte Zeit eingegangenen Gesellschaft gleichsteht, ist ein auf Lebenszeit abgeschlossener

---

17 BGH v. 19. 12. 1974 BGHZ 63, 338 (347).
18 BGH v. 20. 12. 1956 BGHZ 23, 10; BGH v. 19. 1. 1967 BB 1967, 309; *Petzold*, NWB Fach 18, 2975 (2987).
19 *P. Hartmann*, S. 107; *Schlegelberger/Karsten Schmidt*, § 339 (§ 234 n.F.) Rn. 37.
20 OLG München v. 8. 7. 1992, WM III 2126 mit zust. Anm. von *Reusch*, WuB II H. § 235 HGB, 439 (441 f.); MünchHdb. StG/*Potzer* § 27 Rn. 4; wegen der Rechtsfolgen solcher unwirksamen Abfindungsklauseln vgl. MünchKomm/*Ulmer*, § 738 Rn. 46–50.
21 Ausführlich zur Zulässigkeit von Buchwertklauseln bei stillen Publikumsgesellschaften: *Reusch*, S. 262–268.
22 BB 1967, 309.

§ 15 Auflösung

Gesellschaftsvertrag als ein gemäß § 132 HGB jederzeit kündbarer Gesellschaftsvertrag zu behandeln, für den nach der zwingenden Vorschrift des § 723 Abs. 3 BGB die ordentliche Kündigung nicht ausgeschlossen werden kann. In diesem Fall – so führt der BGH aus –, in dem sich die Vertragschließenden in einem gemeinsamen Irrtum über die Rechtslage befunden hätten, könne aber die Kündigung nach den Regeln über das Fehlen der Geschäftsgrundlage für eine bestimmte Zeit unzulässig sein. Es sei daher eine Anpassung des Vertrags an die wirkliche Rechtslage in der Weise geboten, daß eine auf bestimmte Zeit eingegangene stille Gesellschaft angenommen und für diese Zeit die ordentliche Kündigung nicht zugelassen werde.

Eine für die Dauer der Hauptgesellschaft abgeschlossene gesellschaftsrechtliche **Unterbeteiligung** an einem Gesellschaftsanteil kann wie eine für unbestimmte Zeit vereinbarte Unterbeteiligung gekündigt werden, wenn die Dauer der Hauptgesellschaft weder zeitlich noch durch ihren Zweck begrenzt und deshalb ungewiß ist[23]. 923

Die Kündigung darf sich aber auch nicht als mißbräuchliche Rechtsausübung darstellen, wobei allerdings fraglich ist, ob bei der ordentlichen Kündigung eines Gesellschaftsverhältnisses überhaupt eine mißbräuchliche Rechtsausübung angenommen werden kann. Selbst wenn dies bejaht wird, darf auf diese Weise nicht ein praktischer Ausschluß des ordentlichen Kündigungsrechts herbeigeführt werden[24]. 924

Eine Ausnahme hierzu findet sich aber im Recht der **Publikumspersonengesellschaften.** Kündigt der Geschäftsinhaber einer stillen Publikumsgesellschaft einem oder allen stillen Gesellschaftern, so ist die Kündigung nur wirksam, wenn für sie ein **sachlicher Grund** vorliegt. Die Kündigung des Inhabers unterliegt damit der gerichtlichen Kontrolle im gleichem Umfange, wie wenn ein Komplementär einer Publikumskommanditgesellschaft eine Option zur Übernahme der Kommanditbeteiligungen aus- 925

---

23 BGH v. 11. 7. 1968 BGHZ 50, 316; *Blaurock*, S. 165.
24 BGH v. 20. 12. 1956 BGHZ 23, 10 (16): Kündigung einer stillen Gesellschaft, die durch Vergleich über erbrechtliche Streitigkeiten zwischen Geschwistern errichtet worden war. Der BGH entschied: „Da die Beklagten erst nach Ablauf von 12 Jahren das Gesellschaftsverhältnis zum Ablauf des 13. Jahres gekündigt haben, kann eine solche Kündigung auch unter Berücksichtigung der Umstände, die der Kläger für den Abschluß des Vergleichs maßgebend bezeichnet hat, ... nicht als eine mißbräuchliche Rechtsausübung angesprochen werden. Daraus folgt, daß die von den Beklagten ausgesprochene Kündigung des Gesellschaftsverhältnisses auch nicht nach § 242 BGB als unwirksam angesehen werden kann."; vgl. *Geck*, DStR 1994, 657 (659).

übt[25]. Eine gesellschaftsvertragliche Bestimmung, die dem Geschäftsinhaber das einseitige Recht gibt, die kapitalanlegenden stillen Gesellschafter nach freiem Ermessen „hinauszukündigen" ist deshalb grundsätzlich unwirksam[26]. Dies ist zum Schutz der Kapitalanleger notwendig, da andernfalls das freie Kündigungsrecht vom Inhaber leicht dazu mißbraucht werden könnte, Druck auf unliebsame Gesellschafter auszuüben. Bei einer Publikumsgesellschaft besteht darüber hinaus das erhebliche Risiko, daß der Inhaber sein Kündigungsrecht so ausübt, daß ihm und nicht den Anlegern die Früchte einer erfolgreichen Investition zukommen.

926 Die **Kündigungsfristen** der §§ 132 und 134 HGB können im Gesellschaftsvertrag verlängert oder verkürzt, sie können für den Inhaber und den stillen Gesellschafter verschieden bemessen werden. Fehlt es an der Wahrung der Kündigungsfrist, so gilt die Kündigung in der Regel für den nächsten zulässigen Termin. Die Gesellschafter können sie aber auch als rechtzeitig abgegeben gelten lassen. Darin liegt ein Auflösungsbeschluß (vgl. Rn. 908) zu dem in der Kündigung angegebenen Termin.

927 Eine ordnungsgemäß ausgesprochene Kündigung kann nicht einseitig zurückgenommen, wohl aber durch Vereinbarung der Beteiligten rückgängig gemacht werden.

b) Die außerordentliche Kündigung

928 Ist die Gesellschaft für eine bestimmte Zeit eingegangen, so ist die Kündigung vor dem Ablauf der Zeit nur zulässig, wenn ein **wichtiger Grund** vorliegt. Ist eine Kündigungsfrist bestimmt, so ist bei Vorliegen eines wichtigen Grundes die Kündigung ohne Einhaltung dieser Frist zulässig (§ 234 HGB, § 723 Abs. 1 S. 2 BGB)[27]. Bei Vorliegen eines wichtigen Grundes ist sie bereits vor Invollzugsetzung des Gesellschaftsvertrages zulässig, da das Vertragsverhältnis als solches schon mit Vertragsschluß in Kraft tritt und gewisse Rechtswirkungen erzeugt[28].

---

25 Vgl. BGH v. 3. 5. 1982 BGHZ 84, 11 (14 f.); BGH v. 21. 3. 1988 BGHZ 104, 50 (56 f.).
26 *Blaurock*, Anm. zu BGH v. 7. 2. 1994 EWiR § 230 HGB 1/94, 585 (586); *Glenk*, INF 1995, 401 (404); *Heymann/Horn*, § 234 Rn. 11.
27 Ein besonderes außerordentliches Kündigungsrecht zum 31. 12. 1989 sah § 17 Abs. 3 Fünftes Vermögensbildungsgesetz (BGBl. I 1989, 137) für bestimmte stille Beteiligungen vor, bei denen die Einlage aus vermögenswirksamen Leistungen erbracht werden sollte. Bei Kündigung erfolgte die Auseinandersetzung zum 1. 1. 1996.
28 BGH v. 13. 4. 1995 WM 1995, 1277.

Die fristlose Kündigung ist stets nur das äußerste Mittel und dann verwehrt, wenn andere zumutbare Möglichkeiten – wie etwa die Neuverhandlung – bestehen, um einen Mißstand zu beseitigen[29]. 929

Ein wichtiger Grund ist gegeben, wenn die Fortsetzung der stillen Gesellschaft für den kündigenden Gesellschafter **unzumutbar** geworden ist, also insbesondere wenn ein Gesellschafter eine ihm nach dem Gesellschaftsvertrag obliegende wesentliche Verpflichtung verletzt[30] oder wenn die Erfüllung einer solchen Verpflichtung unmöglich wird. Der wichtige Grund kann in der Person dessen liegen, der von dem Kündigungsrecht Gebrauch macht, aber auch in der Person des anderen Gesellschafters oder in sonstiger Weise gegeben sein. Auch eine unverschuldete Unmöglichkeit kann ein wichtiger Kündigungsgrund sein, ebenso ein Verhalten des Inhabers, das zu berechtigtem Mißtrauen gegen seine Tüchtigkeit und Rechtschaffenheit Anlaß gibt, auch dauernde Unrentabilität oder die Einstellung des Geschäftsbetriebs (vgl. Rn. 913 ff., aber auch Rn. 957). Verändert der Inhaber ohne Zustimmung des stillen Gesellschafters die Gesellschafterstruktur, die wesentlichen Grundlagen seines Handelsgewerbes oder die Rechtsform seines Unternehmens, so ist der stille Gesellschafter zur fristlosen Kündigung berechtigt. Zur Beantwortung der Frage, ob es dem Stillen zumutbar ist, das Gesellschaftsverhältnis in der veränderten Form fortzusetzen, bedarf es grundsätzlich einer Würdigung aller Umstände des Einzelfalles und einer umfassenden Interessenabwägung[31]. Führt die Bindung des Miterben des stillen Gesellschafters, den der Erblasser entsprechend dem Gesellschaftsvertrag zu seinem Nachfolger bestimmt und der das Eintrittsrecht ausgeübt hat, an die Testamentsvollstreckung bzw. gegenüber dem Miterben zu Unzuträglichkeiten, die den Mitgesellschaftern nicht zuzumuten sind, so kann dies ein wichtiger Kündigungsgrund sein[32]. 930

Bei **Publikumskommanditgesellschaften** tritt an die Stelle der Auflösungsklage ein besonderes außerordentliches Kündigungsrecht. Weder ist es interessengerecht, die Gesellschaft wegen eines nur einen Gesellschafter betreffenden wichtigen Grundes aufzulösen, noch ist es angemessen, den einzelnen, sein Ausscheiden begehrenden Gesellschafter auf die Auflösungsklage zu verweisen. Als wichtiger Grund kommt im Bereich der Publikumsgesellschaften insbesondere die arglistige Bestimmung zum 931

---

29 *Klauss/Mittelbach* Rn. 186.
30 BGH v. 18. 10. 1965 WM 1966, 29 (31).
31 BGH v. 12. 7. 1982 BGHZ 84, 379 (382); *Schlegelberger/Karsten Schmidt*, § 339 (§ 234 n.F.) Rn. 39; a.A.: *Paulick*, 3. Aufl., S. 244 ff.
32 BGH v. 28. 6. 1962 WM 1962, 1084.

Gesellschaftsbeitritt in Betracht[33]. Eine Auflösungsklage ist hingegen zu erheben bei Vorliegen eines allen oder die meisten Kommanditisten betreffenden wichtigen Grundes. Hier steht das Interesse an einer geordneten, alle Gesellschafter gleichbehandelnden Liquidation im Vordergrund; eine Massenkündigung soll verhindert werden[34]. Ist die Kommandit- mit einer stillen Einlage verbunden, so gelten die vorstehenden Ausführungen auch für die stille Einlage[35]. Ist hingegen der stille Gesellschafter nicht zugleich Kommanditist, so kann er auch nicht auf die Auflösungsklage verwiesen werden. Dies gilt selbst dann, wenn andere stille Gesellschafter, die zugleich Kommanditisten sind, Klage erheben müssen, um auch mit ihrer stillen Einlage aus der Publikumsgesellschaft auszuscheiden[36]. Die Anforderungen an den wichtigen Kündigungsgrund eines stillen Gesellschafters ohne Kommanditeinlage werden aber in diesen Fällen besonders hoch sein[37].

932 Was als **wichtiger Grund** anzusehen ist, kann **im Gesellschaftsvertrag näher geregelt** werden. Es kann vereinbart werden, daß die Gründe, die bei der offenen Handelsgesellschaft zur Auflösung gemäß § 133 HGB berechtigen, wichtige Gründe zur fristlosen Kündigung sein oder daß bestimmte Tatsachen einen wichtigen Grund oder keinen wichtigen Grund bilden sollen[38]. Das Verbot der Beschränkung des Kündigungsrechts in § 723 Abs. 3 BGB nimmt den Gesellschaftern nicht das Recht zu vereinbaren, daß bestimmte Vorfälle den Fortbestand der Gesellschaft nicht in Frage stellen sollen. Allerdings ist der Verzicht auf die außerordentliche Kündigung nach § 723 Abs. 3 BGB nichtig[39]. Es kann deshalb auch nicht eine Vertragsstrafe oder ein Austrittsgeld für den Fall der Kündigung rechtswirksam vereinbart werden. Zulässig ist dagegen die Vereinbarung, ein Schiedsgericht solle das Vorliegen eines wichtigen Grundes bindend feststellen, weil in der Übertragung der Entscheidung auf das Schiedsgericht keine Beschränkung des Kündigungsrechts liegt. Ebenso erscheint es unbedenklich zu vereinbaren, daß der stille Gesellschafter, der dem Inhaber einen wichtigen Grund zur fristlosen Kündigung gegeben hat oder der aus einem in seiner Person liegenden und von ihm zu vertretenden wichtigen Grund fristlos kündigt, nur den Buchwert

---

33 BGH v. 19. 12. 1974 BGHZ 63, 338, 347; BGH v. 12. 5. 1977 BGHZ 69, 160, 163.
34 BGH v. 12. 5. 1977 BGHZ 69, 160, 163.
35 BGH v. 28. 11. 1977 BGHZ 70, 61; MünchHdb. StG/*Polzer* § 27 Rn. 51.
36 MünchHdb. StG/*Polzer* § 27 Rn. 51.
37 BGH v. 12. 7. 1982 BGHZ 84, 379 (381).
38 *Schlegelberger/Karsten Schmidt*, § 339 (§ 234 n.F.) Rn. 39 a.E.; *Koenigs*, S. 268.
39 *Glenk*, INF 1995, 176 (180).

seiner Vermögenseinlage zurückerhalten, an den stillen Reserven aber nicht beteiligt sein soll.

Ob ein wichtiger Grund vorliegt, entscheidet im Streitfall das Prozeßgericht. Die Grenze der Zumutbarkeit ist dabei weder aufgrund der subjektiven Ansichten des Kündigenden noch derjenigen seines Partners, sondern anhand eines möglichst objektiven Maßstabs festzustellen. 933

Die **Beweislast** für das Vorliegen eines wichtigen Grundes trifft den Kündigenden. Er kann dabei solche Tatsachen nicht geltend machen, die schon vor Abschluß des Gesellschaftsvertrags vorlagen und ihm bekannt waren. Wohl aber kann er sie zur Unterstützung solcher Ereignisse anführen, die sich erst später abgespielt oder herausgestellt haben. 934

Auch beim Vorliegen eines wichtigen Grundes darf die Kündigung nicht **zur Unzeit** erfolgen, es sei denn, daß ein wichtiger Grund gerade auch für die unzeitige Kündigung gegeben ist (§ 723 Abs. 2 BGB). Durch die Kündigung zur Unzeit wird zwar die Gesellschaft aufgelöst[40]; der Kündigende hat aber dem anderen Teil den ihm entstandenen Schaden zu ersetzen, der den entgangenen Gewinn bis zu dem Tag umfaßt, zu dem die reguläre Auflösung der Gesellschaft hätte herbeigeführt werden können. Auf die Einrede der Kündigung zur Unzeit kann verzichtet werden. Macht der stille Gesellschafter von seinem Recht zur vorzeitigen Kündigung Gebrauch, so können jedoch die Gläubiger des Inhabers nicht von ihm Schadensersatz verlangen, weil er durch die vorzeitige Auflösung der Gesellschaft ihnen gegenüber den Grundsatz von Treu und Glauben verletzt habe – eine Folge der Tatsache, daß zwischen ihm und den Gläubigern des Inhabers keine Rechtsbeziehungen bestehen. 935

Hat der stille Gesellschafter an den Inhaber eine Sache für bestimmte Zeit unkündbar vermietet, so beendet auch die Kündigung nach § 723 BGB nicht ohne weiteres auch den Mietvertrag (vgl. Rn. 903). 936

Gelegentlich ist die Frage aufgeworfen worden, ob ein stiller Gesellschafter statt der außerordentlichen Kündigung das Handelsgeschäft ohne Liquidation mit Aktiven und Passiven übernehmen könne (vgl. §§ 142, 161 HGB). Der Rechtsgedanke dieser Vorschriften paßt jedoch nicht auf die Situation bei der stillen Gesellschaft, jedenfalls nicht auf diejenige bei der typischen stillen Gesellschaft, bei der für den Stillen die reine, möglichst Gewinn bringende Kapitalanlage vor der unternehmerischen Initiative 937

---

40 H.M., vgl. die Literaturnachweise bei *van Venrooy*, JZ 1981, 53 Fn. 6; a.A. mit beachtlichen Gründen *van Venrooy*, JZ 1981, 53 (57).

den Vorrang hat. Jedoch kann ein derartiges Übernahmerecht vertraglich vereinbart werden[41].

4. Kündigung durch einen Privatgläubiger des stillen Gesellschafters (§§ 234, 135 HGB)

938 Unter bestimmten Voraussetzungen hat ein Privatgläubiger des stillen Gesellschafters nach § 135 HGB das Recht, die Gesellschaft unter Einhaltung einer sechsmonatigen Kündigungsfrist zum Ende des Geschäftsjahres zu kündigen, und zwar auch dann, wenn die Gesellschaft auf bestimmte Zeit eingegangen ist.

1. Es muß innerhalb der letzten sechs Monate vor Ausspruch der Kündigung **erfolglos eine Zwangsvollstreckung** – gleich durch wen – in das bewegliche Vermögen des stillen Gesellschafters versucht worden sein[42].

2. Der Gläubiger muß einen **nicht nur vorläufig vollstreckbaren Schuldtitel** gegen den stillen Gesellschafter erwirkt und

3. aufgrund dieses Schuldtitels die **Pfändung und Überweisung** des Anspruchs des stillen Gesellschafters auf dasjenige erwirkt haben, was ihm bei der Auseinandersetzung zukommt. Die Pfändung allein genügt nicht.

939 Die Gesellschaft wird dann zum Ende des Geschäftsjahres aufgelöst, und der Gläubiger erlangt ein Pfandrecht an dem Auseinandersetzungsanspruch des stillen Gesellschafters (§ 1273 BGB). Der Inhaber kann die Auflösung dadurch abwenden, daß er die Schuld des stillen Gesellschafters bezahlt (§ 268 BGB). Seine Einwendungen gegen den Zahlungsanspruch des stillen Gesellschafters bleiben ihm auch gegenüber dem Privatgläubiger erhalten (§ 404 BGB). Ist die Kündigung wirksam geworden, so bleibt sie es auch, wenn ihre Voraussetzungen später wegfallen. Der Gläubiger selbst erlangt durch die Pfändung und Kündigung nicht die Stellung eines stillen Gesellschafters und demzufolge auch kein Mitwirkungsrecht bei der Berechnung des Guthabens. Vertragliche Vereinbarungen über die Berechnung des Guthabens sind auch für ihn verbindlich, wenn sie nicht erst nach der Pfändung getroffen worden sind oder nur den Zweck haben, seine Rechte aus § 234 Abs. 1 HGB zu beeinträchtigen.

§ 725 BGB ist nicht anwendbar, weil es einen Anteil an einem Gesellschaftsvermögen nicht gibt. Das gilt auch für die atypische stille Gesellschaft.

---

[41] *P. Hartmann*, S. 109.
[42] *Heymann/Emmerich*, § 135 Rn. 9; *Westermann*, in: Handbuch der Personengesellschaften, Rn. I, 330.

Für die **Gläubiger des Inhabers des Handelsgewerbes** ist ein entsprechendes Kündigungsrecht nicht vorgesehen, weil sie jederzeit die Möglichkeit des Zugriffs auf sein Vermögen einschließlich der Einlage des Stillen haben. Hat dieser seine Einlage noch nicht oder noch nicht vollständig erbracht, so können sie den Anspruch des Inhabers darauf pfänden und sich zur Einziehung überweisen lassen. Der stille Gesellschafter kann aber, wenn ein Gläubiger in das Vermögen des Inhabers vollstreckt, das Gesellschaftsverhältnis aus wichtigem Grunde kündigen[43]. Nimmt er allerdings bis zur Höhe seiner Einlage am Verlust der stillen Gesellschaft teil, so wandelt sich der Anspruch auf Erbringung der Einlage um in einen Anspruch auf Verlustausgleich[44]. Dieser ist dann, da die Kündigung nur ex nunc wirkt, als solcher pfändbar.

940

5. Tod oder Todeserklärung eines Gesellschafters, Auflösung von Handelsgesellschaften

a) Tod des Geschäftsinhabers

Gemäß § 727 Abs. 1 BGB endet die stille Gesellschaft mit dem Tode oder der Todeserklärung des Inhabers. Der Grund für diese Regelung liegt in der Abhängigkeit des Gedeihens des Handelsgewerbes von seiner Person und seiner persönlichen Tüchtigkeit und **entspricht somit den Interessen des stillen Gesellschafters**. Die Auflösung tritt auch ein, wenn die **Erben des Inhabers** das Handelsgeschäft **fortführen**. Sie haben dem stillen Gesellschafter den Tod unverzüglich anzuzeigen (§ 737 Abs. 2 BGB). Ob sie dem Stillen zur Fortführung der Geschäfte verpflichtet sind, ist umstritten. Eine solche Pflicht zur Fortführung ergibt sich für die schwebenden Geschäfte unstreitig aus § 235 Abs. 2 HGB. Soweit dies zur Vertragsabwicklung erforderlich ist, muß aber auch § 727 Abs. 2 BGB Anwendung finden. Denn eine Gefährdung der Auseinandersetzungsansprüche kann auch Vorkehrungen erfordern, die über die Abwicklung der schwebenden Geschäfte hinausgehen. Da die Gesellschaft durch die Auflösung nicht vollbeendet wird (Rn. 899 ff.), bleiben die Erben zur Fortführung verpflichtet, soweit dies zur Sicherung des neuen Gesellschaftszweckes – der Abwicklung – erforderlich ist[45]. Die gleiche Pflicht obliegt dem stillen Gesellschafter, wenn er nach dem Gesellschaftsvertrag zur Geschäftsführung berechtigt war, bis zum Eintritt der Erben.

941

---

43 *Karsten Schmidt*, KTS 1977, 4 u. 5.
44 *Geck*, DStR 1994, 657 (659).
45 Ähnlich *Heymann/Horn*, § 234 Rn. 19; a.A. *Schlegelberger/Karsten Schmidt*, § 339 (§ 234 n.F.) Rn. 24 (mit Einschränkungen für die atypische stille Gesellschaft); *Zutt*, in: GroßKomm. § 234 Rn. 13; MünchHdb. StG/*Polzer*, § 27 Rn. 19.

942 Der Tod des Geschäftsinhabers führt nicht zur Auflösung der stillen Gesellschaft, wenn **im Gesellschaftsvertrag** etwas anderes vereinbart ist. Die Vereinbarung kann die Fortsetzung der Gesellschaft zwischen Stillem und Erben oder nur ein diesbezügliches Forderungsrecht zugunsten des Erben oder des Stillen vorsehen. Eine Anordnung des Inhabers im Wege einer letztwilligen Verfügung bringt diese Wirkung nicht hervor.

943 Ist vereinbart, daß die stille Gesellschaft mit den Erben fortgesetzt werden soll, so bestimmt sich ausschließlich nach erbrechtlichen Vorschriften, wer Erbe ist (gesetzliche oder testamentarische Erbfolge). Ist nur ein Erbe vorhanden, so tritt er an die Stelle des Inhabers. Sind mehrere Erben vorhanden, so treten sie im Zeitpunkt des Erbfalls dem stillen Gesellschafter als Erbengemeinschaft gegenüber. Ist ein Miterbe an der Erbfolge in das Handelsgeschäft nicht interessiert, kann er nicht die Fortsetzung der Gesellschaft ablehnen, er kann nur die Erbschaft als solche ausschlagen. Allerdings kann der Gesellschaftsvertrag ein solches Recht zur Ablehnung allein der Gesellschafterstellung vorsehen. Ansonsten hat der Erbe unter Umständen nach Annahme der Erbschaft ein Recht zu fristloser Kündigung aus wichtigem Grunde. Er ist nicht berechtigt, seinen Verbleib davon abhängig zu machen, daß ihm gemäß § 139 HGB die Rechtsstellung eines Kommanditisten eingeräumt wird.

944 Soll im Wege der **Erbauseinandersetzung** das Handelsgeschäft nur einem oder einigen Miterben zugewiesen werden, so bedarf dies vorbehaltlich anderer gesellschaftsvertraglicher Regelung der **Zustimmung des stillen Gesellschafters.** Wird sie nicht erteilt, so liegt in der Übertragung auf den Miterben eine Verletzung des für die Erbengemeinschaft verbindlichen Gesellschaftsvertrags, die den stillen Gesellschafter zur Klage auf Erfüllung oder auf Schadensersatz wegen Nichterfüllung berechtigt.

945 **Die Umwandlung der Erbengemeinschaft in eine offene Handelsgesellschaft** ist auch ohne Zustimmung des stillen Gesellschafters zulässig, wenn alle Miterben die Rechtsstellung von persönlich haftenden Gesellschaftern erhalten. Die Interessen des Stillen werden dadurch nicht beeinträchtigt. Dagegen ist seine Zustimmung erforderlich, wenn sich einige Erben von der offenen Handelsgesellschaft ausschließen oder sich nur als Kommanditisten beteiligen wollen oder wenn das Unternehmen in eine Kapitalgesellschaft umgewandelt werden soll[46]. Vorrangig ist in allen Fällen die Auslegung der Fortsetzungsklausel.

---

46 *Zutt,* in: GroßKomm. § 234 Rn. 35; *Schlegelberger/Karsten Schmidt,* § 339 (§ 234 n.F.) Rn. 26.

Ein **Testamentsvollstrecker** kann weder das Handelsgeschäft in eine Kapitalgesellschaft noch die an dem Handelsgeschäft entstandenen Mitgliedschaftsrechte der Erben in stille Beteiligungen umwandeln. Dazu sind nur die Erben selbst befugt. 946

Im Gesellschaftsvertrag kann vereinbart werden, daß beim Tode des Inhabers das Handelsgewerbe auf den stillen Gesellschafter übergehen soll. Die Vereinbarung gibt dabei kein Übernahmerecht entsprechend § 142 HGB, sondern nur einen schuldrechtlichen Anspruch gegen die Erben[47]. Die stille Gesellschaft erlischt durch Konfusion (vgl. Rn. 967). Die Erben des Inhabers scheiden aus. Ihr Auseinandersetzungsguthaben errechnet sich aus der Bilanz. 947

b) Tod des stillen Gesellschafters

Durch den Tod des stillen Gesellschafters wird vorbehaltlich abweichender gesellschaftsvertraglicher Vereinbarung die Gesellschaft **nicht aufgelöst** (§ 234 Abs. 2 HGB). Auch diese Regelung entspricht der Interessenlage, weil der stille Gesellschafter bei typischer Vertragsgestaltung nur kapitalmäßig beteiligt ist und der Aufrechterhaltung des Gesellschaftsverhältnisses mit seinen Erben regelmäßig keine in deren Person liegende Gründe entgegenstehen. 948

Anders stellt sich die Situation dar, wenn dem Stillen in der **atypisch stillen Gesellschaft** Geschäftsführungs- und Mitverantwortungsrechte eingeräumt worden sind und ihm damit die Mitbestimmung über die Geschicke des Geschäfts zugestanden wurde. In solchen Fällen kann dem Geschäftsinhaber nicht ohne weiteres zugemutet werden, auch dem Erben oder einer Erbengemeinschaft diese Rechtsstellung einzuräumen. Rasner[48] nimmt daher einen stillschweigenden Ausschluß des § 234 Abs. 2 HGB an und gelangt so zur zwingenden Auflösung der Gesellschaft. Die überwiegende Auffassung will dem Inhaber dagegen ein Kündigungsrecht aus wichtigem Grund geben[49]. Dies ist auch interessengerecht, da das Kündigungsrecht den Interessen des Inhabers völlig genügt, dabei aber auch die Fortsetzung ohne besondere Vereinbarung zuläßt. 949

Ist **nur ein Erbe** vorhanden, so tritt dieser im Zeitpunkt des Erbfalls kraft Erbrechts an die Stelle des stillen Gesellschafters, ohne daß es einer 950

---

47 *Zutt*, in: GroßKomm. § 234 Rn. 35.
48 *Rasner*, S. 139.
49 *Zutt*, in: GroßKomm. § 234 Rn. 38; *Schlegelberger/Karsten Schmidt*, § 339 (§ 234 n.F.) Rn. 8; MünchHdb. StG/*Polzer* § 27 Rn. 20, 26; *Heymann/Horn*, § 234 Rn. 15 f.

besonderen Erklärung bedarf. Ist er an dem Erwerb der stillen Beteiligung nicht interessiert, muß er die ganze Erbschaft ausschlagen. Er hat, wenn der Gesellschaftsvertrag nichts anderes bestimmt, kein Recht, nur die stille Beteiligung auszuschlagen, im übrigen aber die Erbschaft anzunehmen. Rückt der Erbe in die Stellung als stiller Gesellschafter ein, so verliert er nicht das Recht, sich gegenüber den Ansprüchen des Inhabers auf die beschränkte Erbenhaftung zu berufen.

951 Rücken **mehrere Erben** in die stille Gesellschafterstellung ein, so treten sie dem Inhaber nicht einzeln mit der ihrem Erbteil entsprechenden Einlage als selbständige Gesellschafter, sondern als Erbengemeinschaft (d.h. als ein stiller Gesellschafter) gegenüber, die die Rechte und Pflichten gemeinsam ausübt. Die Verteilung des Gewinns auf die einzelnen Erben ist Nachlaßteilung.

952 Eine **Sondererbfolge in die stille Beteiligung**, die dazu führte, daß jeder Erbe einzeln wie bei der OHG und der KG Gesellschafter würde, **existiert** auch bei der atypischen stillen Gesellschaft **nicht**[50]. Die Sondererbfolge stellt eine Ausnahme zum Grundsatz der Universalsukzession im Erbrecht dar, die ihre Rechtfertigung vor allem in haftungsrechtlichen Überlegungen findet[51]. Diese spielen bei der Innengesellschaft aber keine Rolle und können deswegen eine Sondererbfolge in die stille Beteiligung nicht rechtfertigen[52]. Dies gilt auch für atypische stille Beteiligungen, bei denen zum Beispiel der stille Gesellschafter an der Geschäftsführung teilnimmt oder die eine Verbandsstruktur aufweisen[53], denn die Universalsukzession in den Nachlaß steht nicht zur Disposition des Gesellschaftsvertrags. Auch reichen einfache Zweckmäßigkeitserwägungen nicht aus, für die stille Gesellschaft von einem so tragenden Grundsatz wie dem der Gesamtrechtsnachfolge eine Ausnahme zu machen[54]. Die Annäherung der atypischen stillen Gesellschaft an die Kommanditgesellschaft findet ihre Grenze dort, wo es um die Folgen des begriffsbildenden Unterschieds zwischen Innen- und Außengesellschaft geht. Eine Sondererbfolge in die

---

50 MünchKomm/*Ulmer*, § 1922 Rn. 44.
51 Vgl. BGH v. 22. 11. 1956 BGHZ 22, 286 (192); BGH v. 20. 4. 1972 BGHZ 58, 316 (317).
52 Vgl. *Reusch*, S. 252 f.
53 So aber MünchHdb. StG/*Polzer* § 27 Rn. 22 insbesondere für die gesplittete Einlage; *Knieper/Fromm*, NJW 1980, 2677, 2688; *Reusch*, S. 253 f.; zurückhaltender aber *Schlegelberger/Karsten Schmidt*, § 339 (§ 234 n.F.) Rn. 6.
54 A.A. offenbar *Reusch*, S. 253 f. mit dem Argument, auf diese Weise ließe sich ein unterschiedliches Schicksal von Kommandit- und stiller Einlage beim Tode des stillen Gesellschafters vermeiden.

§ 15 Auflösung

stille Beteiligung gibt es deswegen genausowenig wie die Sondererbfolge eines Erben des Inhabers in das Handelsgeschäft.

Wird die Erbengemeinschaft durch **Auseinandersetzung** aufgelöst, so hat das auf die stille Gesellschaft keinen Einfluß. Insbesondere wird dadurch die stille Beteiligung nicht in mehrere Teile aufgespalten, wenn nicht der Inhaber der Auseinandersetzung zustimmt oder der Gesellschaftsvertrag etwas anderes vorsieht[55]. Es kann sich aber der Inhaber im Gesellschaftsvertrag verpflichten, der unter den Erben getroffenen Regelung zuzustimmen. 953

Im Gesellschaftsvertrag kann vereinbart werden, daß nicht alle, sondern **nur einzelne Erben** oder nur Familienangehörige **Rechtsnachfolger** sein sollen[56]. Da das Erbrecht für die stille Gesellschaft nur eine Gesamtnachfolge aller Erben kennt, kann der im Gesellschaftsvertrag als Nachfolger bestimmte Miterbe den Gesellschaftsanteil jedoch nicht unmittelbar erwerben; vielmehr muß die Vermögenseinlage des Stillen dem benannten Miterben im Wege der Auseinandersetzung zugewiesen werden[57]. Hat der Stille testamentarisch seinen Nachfolger bestimmt (in Übereinstimmung mit dem Gesellschaftsvertrag), so kann es sich um ein Vorausvermächtnis oder eine Teilungsanordnung handeln, beide haben nur schuldrechtliche Wirkung, d.h. sie begründen ein Forderungsrecht gegen den Beschwerten bzw. die Erbengemeinschaft[58], nicht aber gegen den Geschäftsinhaber. 954

Es kann im Gesellschaftsvertrag dem Erben oder einem Nichterben auch ein **Eintrittsrecht** eingeräumt werden. Es handelt sich dabei in der Regel um einen Vertrag zugunsten eines Dritten[59]. Der Eintrittsberechtigte kann also entscheiden, ob er die Gesellschaft mit dem Inhaber fortsetzen will oder nicht. Eine Eintrittspflicht kann auf diesem – gesellschaftsvertraglichen – Wege für den Bedachten nicht begründet werden. 955

Die Wahrnehmung der Gesellschafterrechte durch einen **Testamentsvollstrecker** ist grundsätzlich möglich, und zwar auch bei der atypisch stillen Gesellschaft. Die Testamentsvollstreckung bedarf jedoch immer der Zustimmung des Geschäftsinhabers[60]. 956

---

55 *Schlegelberger/Karsten Schmidt*, § 339 (§ 234 n.F.) Rn. 5; RG v. 20. 12. 1929 RGZ 126, 386 (392).
56 BGH v. 28. 6. 1962 WM 1962, 1084.
57 A.A. *Siebert*, StbJb. 1955/56, 299 ff. (316 ff.).
58 *Palandt/Edenhofer*, § 1939 Rn. 1, § 2048 Rn. 3.
59 *Siebert*, NJW 1955, 812; *ders.* StbJb. 1955/56, 316.
60 MünchHdb. StG/*Polzer* § 27 Rn. 28; BGH v. 3. 7. 1989 NJW 1989, 3152, 3153.

c) Auflösung von Inhaber-Handelsgesellschaften

957 Ist eine Handelsgesellschaft Inhaberin des Handelsgewerbes, so ist deren Auflösung nicht dem Tod einer natürlichen Person gleichzustellen[61]. Die Auflösung einer Handelsgesellschaft als Geschäftsinhaberin leitet zunächst nur ihre Abwicklung ein, **führt aber nicht ipso iure zur Auflösung der stillen Gesellschaft.** Während der Abwicklung kann aber auch diese aufgelöst werden, und zwar insbesondere durch Kündigung der Liquidatoren oder des stillen Gesellschafters, bzw. nach § 726 BGB durch Unmöglichwerden des Gesellschaftszwecks. Durch die Abwicklung wird zwar der Zweck der Handelsgesellschaft geändert, derjenige der stillen Gesellschaft – Förderung des Handelsgewerbes der Inhabergesellschaft – aber noch nicht vereitelt. Eine Auflösung der stillen Gesellschaft nach § 726 BGB ist erst dann anzunehmen, wenn die Handelsgesellschaft zur Fortsetzung des Geschäftsbetriebes endgültig nicht mehr in der Lage ist[62]. Von diesem Zeitpunkt an befindet sich die stille Gesellschaft dann ihrerseits im Stadium der Auflösung und ist abzuwickeln[63]. Vollbeendigung der Handelsgesellschaft ist nicht erforderlich[64], da diese erst nach Erlöschen auch der Abfindungsansprüche des stillen Gesellschafters eintreten kann. Die Auflösung der Handelsgesellschaft wird nach Lage des Einzelfalles häufig aber auch einen wichtigen Kündigungsgrund darstellen, so daß die stille Gesellschaft meist schon vor Unmöglichwerden des Zwecks durch Kündigung aufgelöst werden wird. Daneben steht es den Gesellschaftern frei, die Auflösung der Handelsgesellschaft gesellschaftsvertraglich als Auflösungsgrund zu bestimmen.

958 Dagegen kann an der Abwicklungsgesellschaft eine stille Beteiligung grundsätzlich nicht neu vereinbart werden, es sei denn, daß diese stille Beteiligung gerade den Abwicklungszweck fördern soll.

959 Aus dem Gesellschaftsvertrag sind die Liquidatoren zur ordnungsgemäßen Abwicklung der Geschäftsinhaberin verpflichtet. Kommen sie dieser Pflicht nicht nach, so stehen dem Stillen Schadensersatzansprüche zu.

960 Beschließen die Gesellschafter der Geschäftsinhaberin **willkürlich und ohne Zustimmung des stillen Gesellschafters deren Auflösung,** so kann darin eine schuldhafte Verletzung des Gesellschaftsvertrages mit dem Stillen liegen. Weipert will dem stillen Gesellschafter dann einen An-

---

[61] BGH v. 12. 7. 1982 BGHZ 84, 379 (380); *Schlegelberger/Karsten Schmidt*, § 339 (§ 234 n.F.) Rn. 12.
[62] BGH v. 12. 7. 1982 BGHZ 84, 379 (380); *Schlegelberger/Karsten Schmidt*, § 339 (§ 234 n.F.) Rn. 13; *Zutt*, in: GroßKomm, § 234 Rn. 15.
[63] *P. Hartmann*, S. 113; *Koenigs*, S. 271.
[64] So aber MünchHdb. StG/*Polzer* § 27 Rn. 52.

spruch auf weitere Vertragserfüllung und auf Rückgängigmachung der Auflösung geben[65]. M.E. genügt es im Falle der Vollbeendigung, daß der stille Gesellschafter einen Schadensersatzanspruch wegen Nichterfüllung hat[66]. Setzt die aufgelöste Gesellschaft ihren Geschäftsbetrieb fort, kann der stille Gesellschafter verlangen, daß das Gesellschaftsverhältnis fortgesetzt wird[67]. Ist die stille Gesellschaft dagegen noch nicht vollbeendet, so hat der stille Gesellschafter einen Anspruch auf Rückumwandlung der Abwicklungsgesellschaft in eine werbende Gesellschaft.

6. Konkurs eines Gesellschafters (§ 728 BGB)

Die stille Gesellschaft ist in Ermangelung eines Gesellschaftsvermögens als solche nicht konkursfähig. Wird **über das Vermögen des Inhabers oder des stillen Gesellschafters das Konkursverfahren eröffnet,** so führt das nach § 728 BGB zur Auflösung der Gesellschaft[68]. Den Gläubigern des Stillen wird damit im Falle seines Konkurses der Zugriff auf den Abfindungsanspruch ermöglicht. Aus § 236 HGB, der gewährleisten soll, daß der stille Gesellschafter nicht hinter die übrigen Gläubiger zurücktreten muß, folgt die Auflösung der stillen Gesellschaft auch im Falle des Konkurses des Geschäftsinhabers. 961

Die Auflösung knüpft an den Erlaß des Eröffnungsbeschlusses, nicht erst an dessen Zustellung an. Die sofortige Beschwerde nach § 73 Abs. 3 i.V. mit § 109 KO hat keine aufschiebende Wirkung[69]. Ob die Aufhebung des Eröffnungsbeschlusses rückwirkend seine Folgen hinsichtlich der stillen Gesellschaft beseitigt[70], kann dahinstehen, da sich die stille Gesellschaft durch die Auflösung nur in eine Abwicklungsgesellschaft umwandelt und nicht sofort beendet wird. Diese wandelt sich auch dann wieder in eine werbende stille Gesellschaft um, wenn das Konkursverfahren eingestellt (§§ 202, 204 KO) oder der Konkurs infolge Zwangsvergleichs aufgehoben wird (§ 190 KO)[71]. In der Regel wird aber ein wichtiger Grund für eine fristlose Kündigung gegeben sein. 962

---

65 RGRK-HGB, § 339 Anm. 9; *Zutt,* in: GroßKomm. § 234 Rn. 14; *Felix,* Stille Gesellschaft, Rn. 95; *Schlegelberger/Karsten Schmidt,* § 339 (§ 234 n.F.) Rn. 12.
66 *Reusch,* S. 250.
67 Vgl. *Schlegelberger/Geßler,* 4. Aufl., § 339 Rn. 10.
68 RG v. 28. 9. 1928 RGZ 122, 70 (72); a.A. *Geck,* DStR 1994, 657 (660) für den Konkurs des stillen Gesellschafters.
69 MünchHdb. StG/*Polzer* § 27 Rn. 30.
70 So *Zutt,* in: GroßKomm., § 234 Rn. 10; MünchHdb. StG/*Polzer* § 27 Rn. 30.
71 A.A. *Zutt,* in: GroßKomm., § 234 Rn. 10.

963 § 736 BGB, wonach der Gesellschaftsvertrag vorsehen kann, daß der in Konkurs geratene Gesellschafter aus der Gesellschaft ausscheidet und diese unter den anderen Gesellschaftern fortbesteht, ist auf eine nur aus zwei Gesellschaftern bestehende stille Gesellschaft naturgemäß nicht anwendbar. Anders liegt es dagegen bei einer mehrgliedrigen stillen Gesellschaft im Falle des Konkurses nur eines stillen Gesellschafters[72].

964 Die Eröffnung des Konkurses über den **Nachlaß eines Gesellschafters** hat die Auflösung der stillen Gesellschaft nicht zur Folge. § 131 Nr. 5 HGB ist auf diesen Fall weder direkt noch entsprechend anzuwenden[73]. Auch die Eröffnung des gerichtlichen Vergleichsverfahrens über das Vermögen eines Gesellschafters und die Anordnung der Nachlaßverwaltung führen e contrario § 728 BGB nicht zur Auflösung, es sei denn, daß der Gesellschaftsvertrag etwas anderes bestimmt. Unter Umständen ist eine Kündigung aus wichtigem Grunde möglich[74].

7. Sonstige mögliche Auflösungsgründe

965 Weitere Auflösungsgründe können im Gesellschaftsvertrag beliebig vereinbart werden. Zur Auflösung führen teilweise aber auch folgende, bisher noch nicht erwähnte Gründe.

966 Der **Verlust der Geschäftsfähigkeit** eines Beteiligten führt grundsätzlich nicht zur Auflösung des Gesellschaftsverhältnisses. Für den nicht voll geschäftsfähigen Teil handelt sein gesetzlicher Vertreter. Unter Umständen ist der andere Gesellschafter zur Kündigung aus wichtigem Grunde berechtigt. Das wird regelmäßig nur dann in Betracht kommen, wenn der Inhaber die Geschäftsfähigkeit verliert oder wenn dem stillen Gesellschafter durch den Gesellschaftsvertrag Geschäftsführungsbefugnisse übertragen sind.

967 Die stille Gesellschaft wird aufgelöst durch **Konfusion**, also grundsätzlich wenn sich durch Erbgang oder Verschmelzung die Rechtsstellung des Inhabers mit der des stillen Gesellschafters in einer Person vereinigt.

968 Schließen der Inhaber und der stille Gesellschafter miteinander die Ehe, so berührt das nicht den Bestand der stillen Gesellschaft, wenn die Ehegatten im gesetzlichen Güterstand der Zugewinngemeinschaft leben oder

---

72 *Zutt*, in: GroßKomm., § 234 Rn. 8; *Heymann/Horn*, § 234 Rn. 19.
73 BGH v. 30. 4. 1984 BGHZ 91, 132 (135); anders *Paulick*, 3. Aufl., S. 252; *Zutt*, in: GroßKomm. § 234 Rn. 8.
74 *Schlegelberger/Karsten Schmidt*, § 339 (§ 234 n.F.) Rn. 17; MünchHdB. StG/*Polzer* § 27 Rn. 40 ff.

§ 15 Auflösung

Gütertrennung vereinbaren, weil weder bei dem einen noch bei dem anderen Güterstand das Vermögen des Mannes und das Vermögen der Frau gemeinschaftliches Vermögen der Ehegatten sind. Anders ist die Rechtslage, wenn Gütergemeinschaft (§ 1416 BGB) vereinbart ist. In das Gesamtgut fallen die Beteiligungen aber auch dann nur bei Zustimmung der Gesellschafter, da sie nach § 719 Abs. 1 BGB nicht durch Rechtsgeschäft übertragbar sind und daher nach § 1417 Abs. 2 BGB grundsätzlich zum Sondergut zählen[75].

Die Frage, ob die stille Gesellschaft aufgelöst wird, wenn der **Inhaber kein Handelsgewerbe mehr betreibt,** ist streitig; sie ist von Bedeutung für die Kaufleute nach §§ 2 und 3 HGB, wenn die Eintragung im Handelsregister gelöscht wird. Es fehlt dann an einer nach § 230 HGB für die stille Gesellschaft wesentlichen Voraussetzung. Die Gesellschaft besteht aber, wenn es – was in der Regel unterstellt werden kann – dem Willen der Beteiligten entspricht, als Gesellschaft des bürgerlichen Rechts weiter[76]; auf sie können die Vorschriften über die stille Gesellschaft, soweit sie passen, entsprechend angewendet werden. 969

Wird der Inhaber des Handelsgeschäfts, der Vollkaufmann nach § 1 HGB war, Minderkaufmann, so berührt das den Bestand der stillen Gesellschaft nicht (vgl. Rn. 187). 970

Wird dem stillen Gesellschafter die **Einlage zurückgewährt,** so entfällt eine wesentliche Voraussetzung für die Errichtung einer stillen Gesellschaft (vgl. Rn. 315 f.). Auf den Fortbestand der rechtswirksam begründeten Gesellschaft hat die Rückgewähr der Einlage jedoch grundsätzlich keinen Einfluß. Das ergibt sich einmal aus § 237 Abs. 1 HGB, wo der Gesetzgeber selbst diese Möglichkeit in Erwägung zieht, zum anderen daraus, daß die Einlage auch durch Verluste oder vereinbarte Entnahmen aufgezehrt werden kann, ohne daß dies die Auflösung der Gesellschaft zur Folge hat. Soll durch die Rückgewähr dem Geschäftsinhaber die Einlage endgültig entzogen werden, so liegt darin allerdings meist auch eine einverständliche Auflösung des Gesellschaftsverhältnisses[77]. 971

Die **Unternehmens- oder Anteilsveräußerung** durch den Geschäftsinhaber führt als solche nicht zur Auflösung der stillen Gesellschaft, da der Geschäftsinhaber Rechtssubjekt und durch das Gesellschaftsverhältnis ge- 972

---

75 *Zutt,* in: GroßKomm. § 234 Rn. 19.
76 *Koenigs,* S. 262; *Zutt,* in: GroßKomm. § 234 Rn. 19; a.A. *Schlegelberger/Karsten Schmidt,* § 339 (§ 234 n.F.) Rn. 11.
77 MünchHdB StG/*Polzer,* § 27 Rn. 49; *Schlegelberger/Karsten Schmidt,* § 335 (§ 230 n.F.) Rn. 152; a.A. *Zutt,* in: GroßKomm. § 230 Rn. 84.

bunden bleibt. Denkbar ist aber eine Auflösung durch Unmöglichwerden des Gesellschaftszwecks (§ 726 BGB; vgl. Rn. 913 ff.; 511).

III. Zusammenfassung

973 Die Auflösung der stillen Gesellschaft führt zur Umwandlung in eine Abwicklungsgesellschaft mit dem Zweck der Auseinandersetzung unter den Gesellschaftern. Diese liegt allein in den Händen des Inhabers. Der stille Gesellschafter wirkt an ihr nicht mit, es sei denn, daß der Gesellschaftsvertrag etwas anderes bestimmt.

974 Als Auflösungsgründe erwähnt das Gesetz in § 234 Abs. 1 HGB lediglich die ordentliche Kündigung der Gesellschaft durch einen Gesellschafter oder durch den Gläubiger des stillen Gesellschafters und verweist dazu auf die entsprechenden Vorschriften aus dem Recht der OHG, wohingegen sich die fristlose Kündigung aus wichtigem Grunde nach § 723 BGB bestimmt. Sie kann durch den Gesellschaftsvertrag nicht ausgeschlossen oder erschwert werden. Da die stille Gesellschaft eine Sonderform der Innengesellschaft bürgerlichen Rechts ist, wird die rudimentäre Regelung des § 234 HGB durch die §§ 705 ff. BGB ergänzt: § 726 (Erreichung oder Unmöglichwerden des vereinbarten Zwecks), § 728 (Konkurs eines Gesellschafters), § 727 (Tod des Inhabers des Handelsgewerbes). Im letzteren Falle kann im Gesellschaftsvertrag die Fortsetzung der Gesellschaft mit seinen Erben vorgesehen werden. Durch den Tod des stillen Gesellschafters wird die Gesellschaft nicht aufgelöst, wenn der Gesellschaftsvertrag nichts anderes bestimmt.

975 Diese Regelung ist nicht erschöpfend. Als weitere Auflösungsgründe sind zu nennen der Ablauf der im Gesellschaftsvertrag festgelegten Zeit, der Eintritt einer auflösenden Bedingung, Vereinbarung der Gesellschafter. Den Beteiligten bleibt es unbenommen, beliebige weitere Auflösungsgründe zu vereinbaren.

976 Im Bereich der atypischen stillen Gesellschaft und der Publikumsgesellschaft gilt es, auch für die Auflösungsgründe die Spezifika der jeweiligen Unternehmensform zu berücksichtigen, welche zum Beispiel die Kündigungsrechte ausschließen oder modifizieren können.

977 Liegt kein zwingender Auflösungsgrund vor, so ist stets zu fragen, ob nicht die Voraussetzungen eines außerordentlichen Kündigungsrechts nach § 723 BGB erfüllt sind. Dazu ist immer eine Interessenabwägung unter Würdigung aller Umstände des Einzelfalles erforderlich.

§ 16 Auseinandersetzung

Schrifttum: *Felix, Günther,* Stille Gesellschaft in Recht und Steuer, Bericht der 2. Kölner Trainingstagung des Arbeitskreises für Steuerrecht GmbH, 1972; *Hartmann, Bernhard,* Der ausscheidende Gesellschafter in der Wirtschaftspraxis, 4. Aufl., 1983; *Hillers, Klaus,* Personengesellschaft und Liquidation, Diss. Bielefeld 1987; *Lang, Heinrich,* Die Typen der stillen Gesellschaft und die Anwendung gesellschaftsrechtliche Normen auf sie, Diss. Freiburg i. Br. 1930; *Marquardt, Michael,* Anmerkung zum BGH-Urteil vom 16. 5. 1994, WiB 1994, 906; *Möhle, Fritz,* Die Personengesellschaft OHG-KG-StG, 2. Aufl., 1957; *Müller, Hans-Friedrich,* Anmerkung zum BGH-Urteil vom 13. 4. 1995, WuB II H. § 723 BGB, 994; *Schmidt, Karsten,* Abfindung, Unternehmensbewertung und schwebende Geschäfte, DB 1983, 2401; *Sudhoff, Heinrich / Sudhoff, Martin,* Stille Beteiligung an einer GmbH und die Umwandlung dieser Beteiligung, GmbHR 1984, 77; *Wackerbauer, Martin,* Die Auseinandersetzungsbilanz beim Ausscheiden eines Kommanditisten aus der Kommanditgesellschaft und bei Auflösung der stillen Gesellschaft, Diss. München 1952; *Zinkeisen, Klaus,* Der Umfang der Gewinnbeteiligung und des Auseinandersetzungsguthabens des stillen Gesellschafters, Diss. Hamburg 1972.

I. Begriff und Wesen

1. Die gesetzliche Regelung

Nach der Auflösung der Gesellschaft hat sich der Inhaber mit dem stillen Gesellschafter auseinanderzusetzen und dessen Guthaben in Geld zu berichtigen (§ 235 Abs. 1 HGB). Es handelt sich dabei jedoch **nicht um eine Liquidation im herkömmlichen gesellschaftsrechtlichen Sinne.** Diese hat den Zweck, das Gesellschaftsvermögen aus seiner gesamthänderischen Gebundenheit zu lösen und den einzelnen Gesellschaftern ihren Anteil an dem Vermögen tatsächlich zuzuführen. Dessen bedarf es bei der stillen Gesellschaft nicht, weil in dinglicher Hinsicht ein gemeinschaftliches Vermögen nicht vorhanden ist und eine persönliche Haftung des stillen Gesellschafters den Gläubigern gegenüber entfällt. Die §§ 738, 739 BGB, die ein Gesellschaftsvermögen voraussetzen, sind deshalb auf die typische stille Gesellschaft nicht anwendbar[1]. Dies gilt auch für den atypischen stillen Gesellschafter. Auch er hat nur einen schuldrechtlichen Anspruch auf verhältnismäßige Beteiligung am Wert des Geschäftsvermögens und

978

---

1 H.M.: *Koenigs,* S. 287; *B. Hartmann,* S. 117; *Schilling,* in: GroßKomm. § 340 Anm. 3; a.A. *Schlegelberger/Karsten Schmidt,* § 340 (§ 235 n.F.) Rn. 3–9, nach dessen Ansicht § 732 i.V.m. § 738 Abs. 1 S. 2 BGB hier gelten soll, und der § 740 Abs. 1 S. 2 BGB für analog anwendbar hält. Zu Recht weist *Zutt,* in: GroßKomm. § 235 Rn. 2 auf die geringen praktischen Unterschiede zwischen beiden Auffassungen hin.

I. Teil: Die stille Gesellschaft im Zivil- und im Handelsrecht

kann deswegen nicht die Versilberung des im Alleineigentum des Geschäftsinhabers stehenden Vermögens verlangen[2]. Die Auseinandersetzung sowohl einer typischen als auch einer atypischen stillen Gesellschaft ähnelt also weniger der Liquidation einer Gesamthandsgesellschaft als vielmehr dem Ausscheiden eines Gesamthandsgesellschafters aus einer solchen[3].

979 Zweck der Auseinandersetzung innerhalb eines stillen Gesellschaftsverhältnisses ist es deshalb nur, **in einem einheitlichen Verfahren die gesamten aus dem Gesellschaftsverhältnis entspringenden Ansprüche gegeneinander zu verrechnen.** Das setzt nicht voraus, daß ein Gesamthandsvermögen vorhanden ist. Auch ohne eine gesamthänderische Vermögensbindung bestehen Forderungen und Verbindlichkeiten zwischen dem Inhaber und dem stillen Gesellschafter, die eine Auseinandersetzung im Wege einer Gesamtabrechnung erforderlich erscheinen lassen[4]; mehrfache Zahlungsvorgänge sollen auch hier nach Möglichkeit vermieden werden. Die einzelnen Geldzahlungsansprüche zwischen dem Inhaber und dem stillen Gesellschafter können folglich nach Auflösung der stillen Gesellschaft nicht mehr einzeln geltend gemacht werden. Sie werden vielmehr zu Rechnungsposten innerhalb der Gesamtabrechnung[5]. Ausnahmen von diesem Grundsatz sind für die Fälle anzuerkennen, in denen der stille Gesellschafter mit Sicherheit einen bestimmten Mindestbetrag von dem Inhaber verlangen kann (vgl. Rn. 1008)[6]. Hierfür kommt insbesondere die Rückzahlung des **Einlageguthabens** in Betracht, wenn der stille Gesellschafter nicht am Verlust der Gesellschaft teilnimmt[7]. Solche Mindestbeträge bleiben auch nach Auflösung der stillen Gesellschaft selbständig einklagbar.

980 Zur Auseinandersetzung gehören damit alle Maßnahmen, die erforderlich sind, um zu ermitteln, was dem stillen Gesellschafter unter Berücksichtigung seiner Einlage nach Ermittlung von Gewinn und Verlust zusteht[8]. Eine Auseinandersetzung ist auch dann erforderlich, wenn der stille Gesellschafter selbst keine eigene Einlage in das Vermögen des Inhabers

---

2 RG v. 20. 2. 1941 RGZ 166, 164 f.
3 *Baumbach/Hopt*, § 235 Rn. 1; *Schlegelberger/Karsten Schmidt*, § 340 (§ 235 n.F.) Rn. 2.
4 *Hillers*, S. 439 f.
5 BGH v. 2. 7. 1962 BGHZ 37, 299 (305); BGH v. 12. 5. 1977 DB 77, 2040; *Zutt*, in: GroßKomm. § 235 Rn. 6; *Heymann/Horn*, § 235 Rn. 9; *Reusch*, S. 256; a.A. *Baumbach/Hopt*, § 235 Rn. 1; BGH v. 30. 11. 1967 BB 1968, 268; vgl. MünchKomm/*Ulmer*, § 730 Rn. 34–38.
6 BGH v. 29. 6. 1992 NJW 1992, 2696 (2697); BGH v. 27. 3. 1991 BB 1961, 583.
7 BGH v. 4. 3. 1991 DStR 1991, 623.
8 RG v. 7. 6. 1943 RGZ 171, 133; BGH v. 27. 3. 1961 BB 1962, 58.

§ 16 Auseinandersetzung

geleistet hat, da auch in diesem Fall, Gewinnansprüche von Seiten des stillen Gesellschafters bestehen können[9]. Ob im Rahmen der Auseinandersetzung auch außergesellschaftliche Beziehungen zwischen Inhaber und stillem Gesellschafter, zum Beispiel Lieferungs-, Miet-, Pacht-, oder Arbeitsverträge, abgewickelt werden, hängt davon ab, ob sie ihrem Inhalte nach ebenfalls von der Auflösung der stillen Gesellschaft erfaßt sein sollen. Sind sie erst mit Gründung der stillen Gesellschaft eingegangen worden, wird dies im Zweifel zu bejahen sein. Nach der Rechtsprechung werden in diesem Fall auch solche Drittgläubigeransprüche Teil der Gesamtabrechnung zwischen Inhaber und stillem Gesellschafter[10].

Die Abwicklung der schuldrechtlichen Beziehungen erfolgt bei der **typischen stillen Gesellschaft** grundsätzlich aufgrund einer für den Auflösungstag aufzustellenden **Erfolgsermittlungsbilanz**[11]. Das entspricht der Tatsache, daß der typische stille Gesellschafter nur am Gewinn, nicht auch an den Vermögenswerten beteiligt ist. Ist er als **atypischer stiller Gesellschafter** auch an den Vermögenswerten beteiligt, dann bedarf es der Aufstellung einer **Abschichtungsbilanz** bzw. Vermögensbilanz, in der auch die in dem Unternehmen vorhandenen Rücklagen und ein etwaiger Geschäfts- oder Firmenwert, an denen der Ausscheidende Anteil hat, zu berücksichtigen sind. Der grundlegende Unterschied in der Auseinandersetzung beider Formen der stillen Gesellschaft wird allerdings dadurch relativiert, daß bei der Auseinandersetzung einer typischen stillen Gesellschaft regelmäßig zusätzlich die Gewinnverteilung der vorangegangenen Jahre zu korrigieren ist[12]. 981

§ 235 HGB enthält **dispositives Recht**. Vertragliche Modifikationen der Abfindung sind wirksam, soweit sie nicht das Kündigungsrecht der Gesellschafter unzumutbar einschränken oder gegen § 138 BGB verstoßen (Rn. 921 f.). In diesem Rahmen können die Gesellschafter die Auseinandersetzung so vereinbaren, wie es ihnen am zweckmäßigsten erscheint. Das gilt insbesondere für die Berechnung des Guthabens des stillen Gesellschafters. Es kann zum Beispiel vereinbart werden, daß die Gesellschaft im Innenverhältnis nach Art einer Handelsgesellschaft liquidiert werden soll, so z.B. wenn der stille Gesellschafter nach dem Gesellschaftsvertrag die Rechtsstellung eines OHG-Gesellschafters haben oder 982

---

9 Vgl. BGH v. 16. 5. 1994 NJW-RR 1994, 1185 f.
10 OLG Düsseldorf v. 17. 10. 1990 BB 1991, 946; *Heymann/Horn*, § 235 Rn. 4; a.A. MünchKomm/*Ulmer*, § 733 Rn. 36 m.w.N. zum Meinungsstand.
11 BGH v. 16. 5. 1994 NJW-RR 1994, 1185 (1186); BGH v. 13. 4. 1995 WM 1995, 1277; *B. Hartmann*, S. 119; *Heymann/Horn*, § 235 Rn. 7; a.A. *Zinkeisen*, S. 93.
12 *Heymann/Horn*, § 235 Rn. 11; *Schlegelberger/Karsten Schmidt*, § 340 (§ 235 n.F.) Rn. 21–27.

am Betriebsvermögen beteiligt sein soll. Es gelten dann die §§ 145 ff. HGB, d.h. alle Liquidationsmaßnahmen bedürfen im Innenverhältnis seiner Zustimmung (§ 150 HGB). Aber nach außen handelt auch hier der Inhaber allein; nur er wird durch die von ihm zur Durchführung der Liquidation vorgenommenen Geschäfte berechtigt und verpflichtet. Die §§ 146 und 147 HGB sind nicht anwendbar. Eine Eintragung der Liquidation im Handelsregister findet nicht statt.

983 Zur Vereinfachung kann auch vereinbart werden, daß der eine Gesellschafter eine feste Abfindung, der andere – das kann auch der stille Gesellschafter sein – das Handelsgeschäft erhalten soll. Zur Übernahme des Handelsgeschäfts kann der betreffende Gesellschafter berechtigt, aber auch verpflichtet sein. Sagt in diesem Falle der Gesellschaftsvertrag nichts über Art und Höhe der Abfindung, dann ist ein angemessenes Entgelt zugrunde zu legen, das unter Berücksichtigung des gemeinen Wertes und des vorhandenen Geschäfts- oder Firmenwertes zu ermitteln ist (§ 316 BGB).

Besonderheiten gelten für die Auseinandersetzung, wenn die Leistungen des stillen Gesellschafters an den Inhaber eigenkapitalersetzenden Charakter haben. Auf diese Fälle wird unter Rn. 1046 ff. eingegangen.

2. Zeitpunkt der Auseinandersetzung

984 **Stichtag für die Auseinandersetzung** ist der Tag der Auflösung, nicht der Schluß des Geschäftsjahrs, es sei denn, daß die Auflösung gerade zu diesem Tage erfolgt ist oder die Beteiligten eine andere Vereinbarung getroffen haben.

985 Etwas anderes gilt bei Ausscheiden eines am Gewinn beteiligten Angestellten; für die Berechnung seines Anteils am Jahresgewinn ist stets die zum Schluß des Jahres aufgestellte Jahresbilanz maßgebend, gleichgültig wann er ausgeschieden ist. Es ist also nicht notwendig, eine Zwischenbilanz zum Tage des Ausscheidens aufzustellen. Die Tatsache, daß der Angestellte während des Bilanzjahres ausgeschieden ist, wirkt sich nur dahin aus, daß der Betrag, der ihm nach der Jahresbilanz bei Tätigkeit während des ganzen Geschäftsjahres zukommen würde, im Verhältnis der Zeit, während der er gearbeitet hat, zu der Zeit des ganzen Geschäftsjahres betragsmäßig herabgesetzt wird[13].

---

13 BAG v. 3. 6. 1958 DB 1958, 804.

II. Auseinandersetzungsguthaben

1. Ermittlung des Auseinandersetzungsguthabens

Die **Ermittlung** des Auseinandersetzungsguthabens ist, wenn im Gesellschaftsvertrag nichts anderes vorgesehen ist, Sache des Inhabers. Der stille Gesellschafter wirkt dabei nur mit, wenn er auch bis dahin an der Geschäftsführung beteiligt war[14]. 986

Der Inhaber hat die Berechnung des Guthabens unverzüglich nach der Auflösung vorzunehmen. Kommt er dieser Pflicht nicht nach, kann der stille Gesellschafter auf Feststellung seines Guthabens klagen. Die Abwicklung noch schwebender Geschäfte berechtigt den Inhaber nicht, die Berechnung des Guthabens hinauszuzögern, auch wenn zu erwarten ist, daß diese Geschäfte seine Höhe beeinflussen werden. 987

2. Höhe des Auseinandersetzungsguthabens

Die **Höhe der Beteiligung** des Stillen bei Beendigung der Gesellschaft ist davon abhängig, welche Vereinbarungen die Gesellschafter über die Behandlung ihrer Beteiligungskonten getroffen haben und welche Entwicklung diese Konten in der Zeit bis zur Auflösung der Gesellschaft genommen haben. Wenn die Beteiligten besondere Darlehenskonten geführt haben, muß festgestellt werden, welchen Konten während dieser Zeit eingezahlte Beträge und stehengebliebene Gewinne gutgeschrieben und welche Konten mit etwa entnommenen Beträgen belastet worden sind. Werden stehengebliebene Gewinne vom Stillen unabhängig vom Beteiligungskonto geltend gemacht, kommt es darauf an, wie mit den stehengebliebenen Gewinnen des Inhabers zu verfahren war. Waren sie seinem Beteiligungskonto gutzuschreiben, kann sich dadurch das Verhältnis der beiden Beteiligungskonten zugunsten des Inhabers geändert haben. Waren sie seinem Darlehenskonto gutzubringen, können sie dadurch im Verhältnis der Beteiligten den Wert des Geschäftsvermögens verringert haben. Unter Berücksichtigung dieser rechtlichen und tatsächlichen Gesichtspunkte kann für den Zeitpunkt der Auflösung erst das Verhältnis der beiden Beteiligungskonten und damit die prozentuale Beteiligung der Gesellschafter am Geschäftsvermögen bestimmt werden, von der bei der Auseinandersetzung und der Errechnung des Auseinandersetzungsguthabens des stillen Gesellschafters auszugehen ist[15]. 988

---

14 Anders *Paulick*, 3. Aufl., S. 261, der eine Mitwirkung des stillen Gesellschafters generell verneint.
15 BGH v. 24. 9. 1952 BGHZ 7, 174 f.

a) Höhe bei typischen stillen Beteiligungen

989 Das Auseinandersetzungsguthaben des **typischen stillen Gesellschafters** besteht regelmäßig aus dem Buchwert seiner Vermögenseinlage, wie sie sich am Auflösungstage aufgrund der Buchführung auf dem Einlagekonto ergibt, vermehrt oder – bei Verlustbeteiligung – vermindert um das Ergebnis des letzten Geschäftsjahres bis zum Tage der Auflösung. Bei der Verlustbeteiligung ist dabei zu beachten, daß der Stille grundsätzlich nicht an solchen Verlusten beteiligt ist, die auf pflichtwidrige, durch den Gesellschaftsvertrag nicht gedeckte Handlungen des Geschäftsinhabers zurückzuführen sind[16]. Das dem stillen Gesellschafter zustehende Ergebnis wird nach den gleichen Grundsätzen ermittelt, die für die Ermittlung des laufenden Jahresergebnisses gelten (vgl. Rn. 857 ff., insbesondere Rn. 873 ff.). Es ist also auch die Auseinandersetzungsbilanz eine **echte Erfolgsermittlungsbilanz**; sie ist keine Liquidations-(Vermögens-)Bilanz, weil der typische stille Gesellschafter nicht am Geschäftsvermögen beteiligt ist[17].

990 Bei der Abrechnung sind nur solche Einlagen zu berücksichtigen, die tatsächlich geleistet und dem stillen Gesellschafter auf dem Einlagekonto gutgebracht worden sind. Das trifft auf Einlagen, die in einer Gebrauchsüberlassung oder in der Leistung von Diensten bestanden, nicht zu, es sei denn, daß der Wert der Gebrauchsüberlassung oder der Dienste vereinbarungsgemäß dem Einlagekonto gutgeschrieben worden ist. Ist das nicht geschehen, kann bei der Auseinandersetzung ein solcher Wert auf dem Einlagekonto nicht verrechnet werden (vgl. Rn. 268, 801 ff.).

991 Mit der Saldierung der gegenseitigen Forderungen und Verbindlichkeiten, korrigiert um den Gewinn- und Verlust des laufenden Geschäftsjahrs, hat die Auseinandersetzung bei der typischen stillen Gesellschaft ihr Bewenden, soweit der stille Gesellschafter jährlich jeweils an dem gesamten, ihm zukommenden Gewinn und Verlust teilgenommen hat. Gerade dies ist aber wegen der Schwierigkeiten einer genauen jährlichen Gewinnabrechnung für den typischen stillen Gesellschafter häufig nicht der Fall. Im Rahmen der Berechnung des Auseinandersetzungsanspruchs des typischen stillen Gesellschafters ist deswegen **auch die vorangegangene Gewinn- und Verlustverteilung zwischen ihm und dem Inhaber zu korrigieren** (Rn. 873 ff.). Die Schwierigkeit und die Streitanfälligkeit der Auseinandersetzung bei der typischen stillen Gesellschaft liegt in der Bezifferung dieser Korrektur. Auf sie zu verzichten ist zwar zulässig, entspricht aber

---

16 BGH v. 1. 3. 1982 BGHZ 83, 341 (344).
17 *Schlegelberger/Karsten Schmidt*, § 340 (§ 235 n.F.) Rn. 16.

nicht dem Interesse des stillen Gesellschafters. Ein Verzicht kann deswegen nur bei einer klaren Regelung im Gesellschaftsvertrag angenommen werden[18].

Der Korrektur im Rahmen der Auseinandersetzung liegen **dieselben Grundsätze zugrunde wie für die jährliche Gewinn- und Verlustverteilung.** Sie betrifft deswegen einmal die im Geschäftsvermögen vorhandenen offenen und stillen Rücklagen, die während des Bestehens der Gesellschaft aus den laufenden Betriebsgewinnen oder aus überhöhten Abschreibungen gebildet wurden und dadurch in den zurückliegenden Jahren den Gewinnanteil des stillen Gesellschafters entsprechend vermindert haben[19]. Auch ist der typische stille Gesellschafter an einer durch die Aufwendung von Gesellschaftsmitteln herbeigeführten Vermehrung des Geschäftsvermögens zu beteiligen[20]. Die aus Gesellschaftsmitteln vorgenommenen Investitionen sind daher bei der Auseinandersetzung zu berücksichtigen[21]. 992

Die Notwendigkeit zur Vornahme von Korrekturen im Rahmen der Auseinandersetzungsbilanz kann sich auch daraus ergeben, daß in der Vergangenheit **Abschreibungen,** die nach den Grundsätzen ordnungsmäßiger Buchführung hätten vorgenommen werden müssen, unterlassen worden sind. Da die regelmäßigen Absetzungen für Abnutzung stets auch zu Lasten des stillen Gesellschafters gehen, weil sie im regelmäßigen Geschäftsbetrieb verursacht worden sind, hat ihre Unterlassung in früheren Jahren zu überhöhten Gewinnanteilen des stillen Gesellschafters geführt. Es entspricht der Billigkeit und dem Interesse des Inhabers, daß die unterlassenen Abschreibungen nunmehr nachgeholt werden und zu einer Verminderung des Auseinandersetzungsguthabens des stillen Gesellschafters führen[22]. Er ist aber nicht verpflichtet, früher bezogene Gewinne zurückzuzahlen, wenn sich bei der Auseinandersetzung herausstellt, daß sie in Wirklichkeit nicht vorhanden gewesen sind[23]. 993

Der ausscheidende stille Gesellschafter ist grundsätzlich nicht an den **immateriellen Werten** des Unternehmens, insbesondere an dem Geschäfts- oder Firmenwert zu beteiligen, weil für die typische stille Gesellschaft das Fehlen einer – wenn auch nur schuldrechtlichen – Vermögens- 994

---

18 *Heymann/Horn,* § 235 Rn. 13.
19 *Heymann/Horn,* § 235 Rn. 12; *Hillers,* S. 437.
20 RG v. 17. 4. 1928 RGZ 120, 410.
21 BGH v. 30. 11. 1959 DB 1960, 261.
22 *Heymann/Horn,* § 235 Rn. 12.
23 RG v. 20. 3. 1901 RGZ 48, 77; *Schlegelberger/Karsten Schmidt,* § 340 (§ 235 n.F.) Rn. 24.

beteiligung wesenseigen und charakteristisch ist[24]. Anderes gilt insbesondere, wenn der Geschäftswert aus Mitteln des Geschäftsvermögens zu Lasten auch des anteiligen Gewinns des stillen Gesellschafters in früheren Jahren gebildet worden ist (vgl. hierzu Rn. 869 ff.).

995 Es ist offensichtlich, daß im Vertrag über eine typische stille Gesellschaft die Auseinandersetzung **näher geregelt** werden sollte. In Betracht kommen hierzu entweder das genaue Bestimmen der Berechnungsmodalitäten, das Festlegen eines pauschalen Zuschlags auf den Buchwert zugunsten des stillen Gesellschafters oder der Ausschluß jeder Ergebniskorrektur[25]. Vereinbart kann auch werden, daß der stille Gesellschafter zwar nicht an dem Geschäftswert als solchem beteiligt ist, wohl aber an dessen Wertzuwachs während des Bestehens der stillen Gesellschaft. Der Unterschied zur atypischen stillen Gesellschaft liegt dann darin, daß der stille Gesellschafter nicht an dem Geschäftswert beteiligt ist, soweit er schon vor Gründung der stillen Gesellschaft bestand. Diese Form der Beteiligung kann allerdings nicht als Regel unterstellt werden, auch sie bedarf der besonderen vertraglichen Vereinbarung. Eine Schätzungsgrundlage für die Ergebniskorrektur erhält man im übrigen, wenn man den Wertzuwachs des Geschäftsvermögens in Verhältnis zu den Beitragsleistungen des Inhabers und des stillen Gesellschafters setzt.

996 Diese bei der Auseinandersetzung gegebenenfalls vorzunehmenden Korrekturen haben mit der für die atypische stille Gesellschaft charakteristischen schuldrechtlichen Beteiligung des stillen Gesellschafters an den Anlagewerten, an den Rücklagen und am Geschäfts- oder Firmenwert nichts zu tun. Sie haben ihre Ursache nicht in einer „Substanzbeteiligung" des stillen Gesellschafters, sondern darin, daß während des Bestehens der Gesellschaft seine anteiligen Gewinne zu niedrig oder zu hoch errechnet worden sind. Sie führen also nicht zur Behandlung der Beteiligung als atypische stille Gesellschaft – auch nicht auf dem Gebiete des Steuerrechts (vgl. hierzu Rn. 1192 ff, 1235 ff.).

b) Höhe bei schuldrechtlicher Vermögensbeteiligung des stillen Gesellschafters

997 Nach anderen Grundsätzen als bei der typischen stillen Gesellschaft bestimmt sich deswegen die Ermittlung des Auseinandersetzungsgutha-

---

[24] H.M.: BGH v. 12. 5. 1986 ZIP 1986, 774 f.; *Zutt*, in: GroßKomm. § 235 Rn. 8; *Schlegelberger/Karsten Schmidt*, § 340 (§ 235 n.F.) Rn. 21; *Koenigs*, S. 289; *B. Hartmann*, S. 122 f.; *Heymann/Horn*, § 235 Rn. 12; a.A. *Zinkeisen*, S. 33, 89.
[25] So auch *P. Hartmann*, S. 117 f.

bens, wenn der stille Gesellschafter schuldrechtlich am Geschäftsvermögen beteiligt ist. Bestimmt der Gesellschaftsvertrag nichts anderes, so ist der Inhaber verpflichtet, den Wert des schuldrechtlichen Anteils des **atypischen stillen Gesellschafters** am Geschäftsvermögen diesem in Geld zu ersetzen. Es bedarf dazu der Aufstellung einer **Vermögensbilanz** auf den Zeitpunkt der Auflösung, in die nicht die Buchwerte, sondern die wirklichen Werte der einzelnen zum Betriebsvermögen gehörenden Vermögensgegenstände einzustellen sind. Maßgeblich ist der Fortführungswert[26], sofern nicht auch das Handelsgeschäft aufgelöst wird. Der stille Gesellschafter erhält darüber hinaus seinen Anteil an den offenen Rücklagen und an dem Geschäftswert. Dieser ist zu schätzen.

Der stille Gesellschafter, der schuldrechtlich am Geschäftsvermögen beteiligt ist, wird also im Gegensatz zum typischen stillen Gesellschafter nicht mit dem berichtigten Buchwert seiner Einlage abgefunden; er erhält ein Auseinandersetzungsguthaben, das sich **von dem eines OHG-Gesellschafters nicht unterscheidet** und dessen Wert sich nach dem tatsächlichen Geschäftswert bestimmt[27]. Der Gesellschaftsvertrag kann auch hier die Modalitäten für die Errechnung des Auseinandersetzungsguthabens im einzelnen und abweichend von den obigen Ausführungen regeln. Es kann die Berücksichtigung des Geschäftswertes oder bestimmter Rücklagen ausgeschlossen, es kann ihnen aber auch in Form eines Zuschlags zum Buchwert des Einlagekontos Rechnung getragen werden. Enthält der Gesellschaftsvertrag Abreden über die Berechnung des Auseinandersetzungsguthabens, ohne die Behandlung des Geschäftswerts zu erwähnen, so spricht das dafür, daß er außer Betracht bleiben soll.

998

3. Sonderfälle der Auseinandersetzung

Ergibt die Berechnung für den stillen Gesellschafter ein Guthaben, so ist dieses in Geld zu berichtigen (§ 235 Abs. 1 HGB). Das Abfindungsguthaben gibt ihm einen schuldrechtlichen Anspruch auf Zahlung des festgestellten Betrags durch den Inhaber; dieser ist in Höhe des Guthabens Schuldner des stillen Gesellschafters[28].

999

Diejenigen Wirtschaftsgüter, die **zum Gebrauch überlassen** worden sind, sind mit der Auflösung der Gesellschaft an den stillen Gesellschafter

---

26 *Marquardt*, S. 906.
27 BGH v. 16. 5. 1994 NJW-RR 1994, 1185 (1186); BGH v. 13. 4. 1995 WM 1995, 1277; *B. Hartmann*, S. 117.
28 RG v. 20. 12. 1929 RGZ 126, 393.

zurückzugeben, wenn sie der Inhaber nicht zur Abwicklung der schwebenden Geschäfte benötigt (§ 732 BGB)[29].

a) Dienstleistungen als Beitrag des stillen Gesellschafters

1000 Ist ein Einlagekonto nicht geführt worden und haben die Parteien auch keine Vereinbarung getroffen, nach der der **Wert der Dienste** einem Einlagekonto des stillen Gesellschafters gutzuschreiben gewesen wäre, dann ist in aller Regel dem stillen Gesellschafter ein solcher Wert bei der Auseinandersetzung auch nicht gutzubringen[30]. Der Grund hierfür besteht darin, daß sich Dienstleistungen zwar u.U. über das Ende der Gesellschaft hinaus zugunsten des Unternehmens auswirken mögen; sie schlagen sich aber in der Regel im Geschäftsvermögen nicht in so bestimmter Weise nieder, daß sie dort bei Beendigung der Gesellschaft als fest umrissener und meßbarer Vermögenswert festzustellen wären. Deshalb muß regelmäßig die in Dienstleistungen bestehende Einlage aus praktischen Gründen als voll dem stillen Gesellschafter „zurückgewährt" angesehen werden, sobald dieser mit Auflösung der Gesellschaft wieder frei über den Einsatz seiner Arbeitskraft verfügen kann. Von seiner Einlage ist nichts zu erstatten. Mit der Gewinnbeteiligung, die das Entgelt für die Nutzungen darstellt, die das Unternehmen aus der Einlage ziehen konnte, sind die Dienstleistungen abschließend berücksichtigt. Das entspricht auch der im Regelfall für die stille Gesellschaft anwendbaren Vorschrift des § 733 Abs. 2 S. 3 BGB, nach der für Einlagen, die in der Leistung von Diensten bestanden, kein Ersatz verlangt werden kann[31].

1001 Das alles gilt aber nicht, wenn wegen der besonderen Ausgestaltung der Dienste und der Eigenart der für die Gewinnbeteiligung vereinbarten Berechnungsmethode die bis zum Ausscheiden geleisteten Dienste des stillen Gesellschafters durch den Gewinnanteil nicht voll abgegolten sind und wenn insoweit der Erfolg dieser Dienste bei Auflösung der Gesellschaft im Geschäftsvermögen noch als greifbarer und meßbarer Vermögenswert vorhanden ist. Denn dann fehlt es an den tatsächlichen Voraussetzungen, die es rechtfertigen, den Ersatz für Dienstleistungen auszuschließen.

---

29 *Schlegelberger/Karsten Schmidt*, § 340 (§ 235 n.F.) Rn. 12 wendet hier § 738 BGB analog an.
30 BGH v. 24. 9. 1952 BGHZ 27, 174 (181); RG v. 14. 12. 1938 SeuffA 93 Nr. 59; *Zutt*, in: GroßKomm. § 235 Rn. 21.
31 A.A. *Schlegelberger/Karsten Schmidt*, § 340 (§ 235 n.F.) Rn. 14, der über analoge Anwendung des § 738 Abs. 1 S. 2 BGB zum gleichen Ergebnis kommt.

§ 16 Auseinandersetzung

In einem solchen Ausnahmefall wird die auszuzahlende Einlage des Stillen nicht nach dem tatsächlich erzielten Gewinn berechnet, weil dies § 235 Abs. 1 HGB widerspräche, vielmehr hat der Stille einen Anspruch auf Ersatz seiner im Geschäftsvermögen verbliebenen Einlage in einer Höhe, die sich nach den Verhältnissen im Zeitpunkt der Auflösung der Gesellschaft bestimmt[32]. 1002

b) Sachleistungen als Beitrag des stillen Gesellschafters

Bei Einlagen, die **zum Gebrauch überlassen** wurden, die also Eigentum des stillen Gesellschafters geblieben sind, trägt dieser die **Gefahr des zufälligen Untergangs**. Für normale Abnutzung kann er keinen Ersatz verlangen, wohl aber hat er Anspruch auf Entschädigung, wenn die Wertminderung infolge vertragswidriger Benutzung oder mangelnder Sorgfalt des Inhabers (§ 708 BGB) eingetreten ist. 1003

Der stille Gesellschafter hat auch dann nur einen **Geldanspruch,** wenn seine Einlage in einer **Sacheinlage** bestand, die in das Eigentum des Inhabers übertragen worden ist; er kann nicht die Rückübertragung des Eigentums verlangen, wie er andererseits nicht verpflichtet ist, an Stelle seines Auszahlungsanspruchs die noch vorhandene Sacheinlage zurückzunehmen. Anders ist es zu beurteilen, wenn vereinbart worden ist, daß die formell zu Eigentum übertragenen Sacheinlagen im Innenverhältnis sein Eigentum bleiben sollten. Dann ist er schuldrechtlich berechtigt und verpflichtet, sie bei Auflösung der Gesellschaft zurückzunehmen. 1004

Ist der stille Gesellschafter bei Auflösung der Gesellschaft mit einer Sacheinlage im Rückstand, kann der Inhaber deren Leistung weiterhin verlangen. Es verwandelt sich sein Anspruch nicht in eine Geldforderung[33]. 1005

III. Auszahlungsanspruch

Der Anspruch auf das **Auseinandersetzungsguthaben ist übertragbar** (§ 717 BGB). Die Übertragung ist schon vor dem Ausscheiden möglich[34]. Dagegen ist der Anspruch auf Vornahme der Auseinandersetzung nicht 1006

---

32 BGH v. 22. 11. 1965 NJW 1966, 501.
33 H.M.: *Zutt,* in: GroßKomm. § 235 Rn. 21; *Koenigs,* S. 296 f.; *B. Hartmann,* S. 126; *Düringer/Hachenburg/Flechtheim,* § 340 Anm. 11; *Klauss/Mittelbach,* Rn. 212; a.A. Schlegelberger/Karsten Schmidt, § 340 (§ 235 n.F.) Rn. 34.
34 *Koller,* in: Koller/Roth/Morck, § 235 Rn. 1.

abtretbar; er steht als Ausfluß des Gesellschaftsverhältnisses nur dem stillen Gesellschafter zu.

1007 Da der stille Gesellschafter als solcher kein Kaufmann ist, kann er wegen seines Auseinandersetzungsguthabens nur Zinsen in Höhe von 4% beanspruchen (§ 246 BGB). Ist er dagegen selbst Kaufmann und hat er den Gesellschaftsvertrag im Betrieb seines Handelsgewerbes abgeschlossen, sind für sein Auseinandersetzungsguthaben 5% Zinsen zu zahlen (§ 352 HGB)[35].

1. Fälligkeit des Auszahlungsanspruchs

1008 Die **Fälligkeit** des Auseinandersetzungsguthabens bestimmt sich nach § 271 BGB; sie hat die vorgängige Berechnung des Guthabens durch den Inhaber zur Voraussetzung[36]. Wird diese verzögert, tritt die Fälligkeit in dem Zeitpunkt ein, in dem der Inhaber nach Treu und Glauben das Guthaben hätte errechnen können[37]. Der stille Gesellschafter kann in diesem Falle auf Vornahme der Auseinandersetzung klagen. Zweckmäßig wird er mit dieser Klage die Klage auf Zahlung seines Guthabens verbinden, wobei die Angabe des genauen Betrags bis zu dessen Feststellung vorbehalten wird (**Stufenklage** gem. § 254 ZPO)[38]. Liegen die Verhältnisse so einfach, daß sich der endgültige Anspruch des Stillen ohne besonderes Abrechnungsverfahren ermitteln läßt, oder kann er den Betrag selbst berechnen, so wird er unmittelbar auf Zahlung klagen. Kann er nur einen Mindestbetrag angeben, der ihm auf jeden Fall zusteht, kann dessen Zahlung verlangt werden[39]. War z.B. der stille Gesellschafter am Verlust nicht beteiligt, dann ist die Klage auf Rückzahlung der Einlage auf jeden Fall berechtigt und begründet, und es bleibt nur noch die Berechnung des bis zum Auflösungstage entstandenen anteiligen Gewinns offen. Bei Verlustbeteiligung genügt zur Rechtfertigung der Klage auf Rückzahlung der Einlage der Nachweis, daß bis auf das letzte, noch nicht abgerechnete Geschäftsjahr stets ein Gewinnanteil ausgezahlt worden ist und daß auch das letzte Geschäftsjahr keinen Verlust erbracht hat[40].

---

35 *Koenigs*, S. 294; *Schlegelberger/Karsten Schmidt*, § 340 (§ 235 n.F.) Rn. 30.
36 BGH v. 29. 6. 1992 DNotZ 1993, 619 (620 f.).
37 *Heymann/Horn*, § 235 Rn. 2.
38 So auch *H.-F. Müller*, Anm. zum BGH-Urteil vom 13. 4. 1995, WuB II H. § 723 BGB, 994.
39 BGH v. 27. 3. 1961 BB 1961, 583; BGH v. 2. 7. 1962 BGHZ 37, 299 (305) = DB 1962, 1108; BGH v. 8. 7. 1976 DB 1977, 89 = WM 1976, 1030; BGH v. 12. 5. 1977 DB 1977, 2040.
40 *Schlegelberger/Karsten Schmidt*, § 340 (§ 235 n.F.) Rn. 53.

§ 16 Auseinandersetzung

Es empfiehlt sich, im Gesellschaftsvertrag nähere Bestimmungen über die **Auszahlung** des Guthabens zu treffen, damit die Liquidität des Inhabers nicht beeinträchtigt wird (Vereinbarung von Zahlungsfristen oder Ratenzahlungen).

1009

Zulässig ist es auch, das Auseinandersetzungsguthaben des Stillen im Wege einer lebenslänglichen oder zeitlich begrenzten Rente an den Ausscheidenden oder einen von ihm benannten Dritten zu vereinbaren.

1010

2. Durchsetzung des Auseinandersetzungsanspruchs

Erkennt der stille Gesellschafter das vom Inhaber errechnete Guthaben nicht an, weil es seiner Meinung nach zu niedrig festgestellt worden ist, kann er mindestens den von ihm selbst errechneten Betrag unter Berufung auf die Handelsbücher des Inhabers einklagen. Es ist dann dessen Sache, nachzuweisen, daß die von ihm geführten Handelsbücher fehlerhaft waren, wenn er den Anspruch bestreitet[41].

1011

Besteht über die Höhe des Auseinandersetzungsguthabens eines stillen Gesellschafters Streit, so darf das Gericht nicht ohne weiteres von der Verlust- und Gewinnrechnung ausgehen, die der Inhaber des Handelsgewerbes aufgestellt hat und deren Richtigkeit der stille Gesellschafter bestreitet. Die Gewinn- und Verlustrechnung ist nur eine, aber nicht die einzige Grundlage für die Berechnung des Auseinandersetzungsguthabens. Daneben sind die Bücher und Schriften des Geschäftsinhabers heranzuziehen und, soweit sie die Geschäftsvorgänge nicht oder nicht vollständig erfassen, ist auch auf diese zurückzugehen. Die Beweislast dafür, daß die Einlage durch Verluste aufgebraucht ist, trägt der Inhaber[42]. Für eine Auseinandersetzung sind stets die wirklichen, nicht nur die buchmäßig erfaßten Verhältnisse maßgebend. Der stille Gesellschafter kann deshalb gegen den Inhaber Klage mit dem Ziel erheben, daß das Gericht für einzelne Posten der Abschichtungsbilanz andere Werte verbindlich feststellt, als der Inhaber ausgewiesen hat[43]. Er kann nicht auf die Aufstellung einer Gegenrechnung verwiesen werden, weil er hierzu in der Regel nicht in der Lage sein wird. Der Beweis dafür, daß die Einlage des stillen Gesellschafters durch Verluste aufgezehrt sei, obliegt dem Inhaber des Handelsgewerbes, der insoweit zur Rechenschaft verpflichtet ist[44]. Im übrigen ist jeder Gesellschafter für die Höhe seiner eigenen Einlage be-

1012

---

41 *Schilling*, in: GroßKomm. § 340 Anm. 15; *Koenigs*, S. 294.
42 *Zutt*, in: GroßKomm. § 235 Rn. 22.
43 BGH v. 16. 5. 1994 NJW-RR 1994, 1185 f.
44 BGH v. 30. 11. 1959 BB 1960, 14; a.A. *Koller*, in: *Koller/Roth/Mork*, § 236 Rn. 12; vgl. auch BGH v. 16. 5. 1994 NJW-RR 1994, 1185 f.

weispflichtig⁴⁵. Eine Klage mit dem Ziel, daß das Gericht die gesamte Abschichtungsbilanz feststelle, ist unzulässig⁴⁶.

1013 Zur Durchsetzung und Sicherung seiner Ansprüche kann der stille Gesellschafter erforderlichenfalls eine **einstweilige Verfügung** oder einen **Arrest** beantragen, §§ 916 f., 935 f. ZPO.

1014 Ist er mit der Leistung seiner Geldeinlage im Rückstand, braucht er sie nach der Auflösung der Gesellschaft nicht mehr zu erbringen, wenn sein Einlagekonto einen Aktivsaldo aufweist.

3. Kontrollrechte des stillen Gesellschafters

1015 Welche Rechte der stille Gesellschafter zur Nachprüfung der Schlußrechnung hat, ist streitig. Nach der hier vertretenen Auffassung ist § 233 HGB anzuwenden⁴⁷. Die h.M., wonach § 233 HGB nur während bestehender Gesellschaft anwendbar sei⁴⁸, verträgt sich nicht mit dem Fortbestand der stillen Gesellschaft als Abwicklungsgesellschaft und der insoweit noch nachwirkenden Gesellschaftertreue.

1016 Der BGH hat sich jedoch der herrschenden Meinung angeschlossen⁴⁹. Nach seiner Ansicht kann sich der Stille zur Prüfung der Richtigkeit der Auseinandersetzungsbilanz nicht mehr auf die Rechte aus § 233 Abs. 1 und 3 HGB berufen; vielmehr müsse er sein Verlangen auf Bucheinsicht auf § 810 BGB stützen.

1017 Aus Gründen der Sicherheit empfiehlt es sich in jedem Falle, im Gesellschaftsvertrag ausdrücklich das **Weiterbestehen der Kontrollrechte** des Stillen auch nach der Auflösung der stillen Gesellschaft festzulegen⁵⁰. Zu weit geht jedoch das OLG Hamburg⁵¹, wenn es meint, daß in diesen Fällen das Gericht bei Vorliegen von wichtigen Gründen auch die teilweise Vorlegung eines über das Unternehmen erstatteten finanzamtlichen Betriebsprüfungsberichts an den stillen Gesellschafter anordnen könne. Der Betriebsprüfungsbericht ist kein Geschäftspapier.

---

45 BGH v. 30. 6. 1966 DB 1966, 1644.
46 BGH v. 16. 5. 1994 NJW-RR 1994, 1185 f.
47 So auch: *Baumbach/Hopt*, § 235 Rn. 5; *Heymann/Horn*, § 235 Rn. 20; *Saenger*, S. 143; *Böttcher/Zartmann/Faut*, S. 88; *Lang*, S. 64.
48 *Zutt*, in: GroßKomm. § 235 Rn. 32; *Koenigs*, S. 171; *Schlegelberger/Karsten Schmidt*, § 340 (§ 235 n.F.) Rn. 49; *Düringer/Hachenburg/Flechtheim*, § 338 Anm. 5.
49 BGH v. 11. 7. 1968 WM 1968, 1245 gegen OLG Frankfurt v. 28. 2. 1967 BB 1967, 1182.
50 *Böttcher/Zartmann/Faut*, S. 88.
51 OLG Hamburg v. 11. 5. 1965 MDR 1965, 666.

IV. Das passive Einlagekonto

1. Grundsätzliche Bedeutung als Auszahlungssperre

Ist das Einlagekonto des stillen Gesellschafters passiv, so braucht er, wenn er seine Einlage voll erbracht hat, den Passivsaldo **nicht auszugleichen**, da er am Verlust nur bis zum Betrag seiner eingezahlten oder rückständigen Einlage teilnimmt (§ 232 Abs. 2 S. 1 HGB)[52]. 1018

Soweit die Einlage **rückständig und fällig** ist, muß mit ihr der Passivsaldo ausgeglichen werden. Reicht sie zum vollen Ausgleich nicht aus, dann ist lediglich die rückständige Einlage zu leisten. Ist der Passivsaldo geringer als der Rückstand, braucht dieser im Zeitpunkt der Fälligkeit nur in Höhe des Passivsaldos erbracht zu werden. Der stille Gesellschafter kann also niemals mehr als eine Einlage und den zur Deckung früherer Verluste verwendeten Gewinn verlieren.

Bestand die Einlage vereinbarungsgemäß in **Dienstleistungen** oder **Gebrauchsüberlassungen,** so verliert der stille Gesellschafter schlimmstenfalls den Gewinnanteil, den er zum Ausgleich des Passivsaldos zur Verfügung stellen muß, da zur Verlustdeckung nur eine Einlage in Betracht kommt, die ihm auf dem Einlagekonto gutgebracht worden ist. Das ist bei Gebrauchsüberlassung und Dienstleistung regelmäßig nicht der Fall (vgl. Rn. 261 ff., 268 ff., 801). 1019

Zweifelhaft ist, ob der stille Gesellschafter verpflichtet ist, den Passivsaldo in Geld abzudecken, wenn er nach dem Gesellschaftsvertrag eine **Sacheinlage** zu erbringen hatte. Karsten Schmidt[53] bejaht das mit dem Hinweis, daß bei der Auseinandersetzung die Einlage nur noch als Deckungsobjekt für den Verlust Bedeutung habe und daß es deshalb auf die nach dem Gesellschaftsvertrag vereinbarte Einlage, die zur Förderung des Gesellschaftszwecks dienen sollte, nicht mehr ankomme. Aus dem Gesetz läßt sich diese Ansicht nicht herleiten. Der Inhaber kann auch nach der Auflösung der stillen Gesellschaft zum Ausgleich des Passivsaldos nur das verlangen, was im Gesellschaftsvertrag vereinbart ist. Zum Ausgleich in Geld ist der stille Gesellschafter, wenn Sacheinlagen vereinbart worden sind, nicht verpflichtet; seine Leistungspflicht wird durch die Auflösung der stillen Gesellschaft inhaltlich nicht verändert[54]. 1020

---

52 BGH v. 19. 2. 1986 ZIP 1986, 916 (917).
53 *Schlegelberger/Karsten Schmidt,* § 340 (§ 235 n.F.) Rn. 34.
54 H.M.: *Koenigs,* S. 296 f.; *P. Hartmann,* S. 124; *B. Hartmann,* S. 126; *Zutt,* in: GroßKomm. § 235 Rn. 20; *Klauss/Mittelbach,* Rn. 212; *Düringer/Hachenburg/Flechtheim,* § 340 Anm. 11; *Möhle,* S. 375.

1021 Ein **Ausgleich in Geld** kann in diesen Fällen nur in Betracht kommen, wenn der stille Gesellschafter mit der Leistung der vereinbarten Einlage im Verzug war und die Leistung für den Inhaber kein Interesse mehr hat (§ 286 Abs. 2 BGB), oder wenn er die Einlage infolge einer von ihm zu vertretenden Unmöglichkeit nicht leisten kann. Hat er die Unmöglichkeit nicht zu vertreten, kommt § 281 BGB zur Anwendung.

1022 Bei Verzug und zu vertretender Unmöglichkeit erwachsen dem Inhaber nach allgemeinen Grundsätzen (§§ 280, 286 BGB) Schadensersatzansprüche, die als solche mit der Verlustbeteiligung nichts zu tun haben, also auch gegeben sind, wenn ein Passivsaldo nicht vorliegt.

1023 Ob der stille Gesellschafter für die durch vorzeitige Auflösung der Gesellschaft fortgefallenen Dienstleistungen Ersatz zu leisten hat, richtet sich nach den Gründen der Auflösung. Eine solche Verpflichtung besteht, wenn er durch sein vertragswidriges Verhalten den Inhaber zur fristlosen Kündigung veranlaßt hat. Bei der Höhe der Schadensersatzleistung ist jedoch auch der Fortfall der Gewinnbeteiligung des stillen Gesellschafters zu berücksichtigen.

2. Vertragliche Sonderregelungen

1024 Aufgrund der Vertrags- und Gestaltungsfreiheit können die Beteiligten durch entsprechende ausdrückliche und unmißverständliche Regelung im Gesellschaftsvertrag vereinbaren, daß der stille Gesellschafter **über seine Vermögenseinlage hinaus am Verlust beteiligt** sein soll. Eine solche Vereinbarung wirkt nur im Innenverhältnis[55]. Sie hat zur Folge, daß der stille Gesellschafter bei Auflösung der Gesellschaft in Höhe der von ihm übernommenen Verpflichtung den gesamten Passivsaldo auszugleichen und dem Inhaber entsprechende Zahlungen zu leisten hat. Die Übernahme der Verlustdeckungspflicht kann so weit gehen, daß der stille Gesellschafter im Innenverhältnis unbeschränkt für die Verluste mit seinem eigenen Vermögen einzustehen hat[56].

---

55 OLG Karlsruhe v. 19. 2. 1986 ZIP 1986, 916 (918).
56 BGH v. 17. 3. 1966 NJW 1966, 1309 (für den Fall der unbeschränkten Haftung eines Kommanditisten); OLG Karlsruhe v. 19. 2. 1986 ZIP 1986, 916 (917); *Schlegelberger/Karsten Schmidt*, § 340 (§ 235 n.F.) Rn. 35.

V. Abwicklung schwebender Geschäfte

1. Begriff der schwebenden Geschäfte

Da die Auflösung der stillen Gesellschaft diese von einer werbenden in eine Abwicklungsgesellschaft umwandelt, bleibt der stille Gesellschafter an dem Gewinn und Verlust, der sich aus den schwebenden Geschäften ergibt, **weiterhin beteiligt** (§ 235 Abs. 2 HGB), wenn im Gesellschaftsvertrag nichts anderes vereinbart ist. Für die im Zeitpunkt der Errichtung der stillen Gesellschaft schwebenden Geschäfte trifft das Gesetz keine Regelung. Ob der stille Gesellschafter an ihren Ergebnissen beteiligt ist, richtet sich nach dem Gesellschaftsvertrag. Im Zweifel wird die Beteiligung zu bejahen sein, weil die Gewinne (und Verluste) aus diesen Geschäften Bestandteil des laufenden Jahresgewinnes(-verlustes) sind, an dem der stille Gesellschafter anteilmäßig teilnimmt[57]. 1025

Unter den **Begriff der schwebenden Geschäfte** fallen alle Geschäfte, zu deren Ausführung der Inhaber im Zeitpunkt der Auflösung verpflichtet ist, die also in diesem Zeitpunkt noch nicht vollständig abgewickelt sind (z.B. Vergleiche über eine Streitigkeit, schwebende Prozesse, abgeschlossene, aber noch nicht oder noch nicht vollständig erfüllte Verträge usw.)[58]. Geschäfte, die lediglich geplant oder nur unverbindlich vorbesprochen sind, sind keine schwebenden Geschäfte in diesem Sinne, auch nicht Geschäfte, an deren Ergebnissen der stille Gesellschafter nach dem Gesellschaftsvertrag nicht teilnimmt. Dagegen wird man zu den schwebenden Geschäften auch diejenigen Verträge rechnen müssen, die der Geschäftsinhaber erst nach Beginn des Abwicklungsstadiums abschließt, wenn und soweit ihr Abschluß erforderlich und daher berechtigt war, um die stille Gesellschaft möglichst rasch und reibungslos vollständig abzuwickeln[59]. Deliktshandlungen und Dauerschuldverhältnisse fallen regelmäßig nicht unter die schwebenden Geschäfte; anderes kann gelten, wenn ein besonders enger Zusammenhang zum Gesellschaftszweck besteht[60]. 1026

Die Abwicklung der schwebenden Geschäfte ist Aufgabe des Inhabers (§ 235 Abs. 2 S. 1 HGB), die **außerhalb der Auseinandersetzung** zu erfüllen ist[61]. Der stille Gesellschafter wirkt dabei nicht mit, auch wenn er 1027

---

57 Ebenso *Koenigs*, S. 298.
58 H.M.: *Heymann/Horn*, § 235 Rn. 16; a.A. *Schlegelberger/Karsten Schmidt*, § 340 (§ 235 n.F.) Rn. 39.
59 *P. Hartmann*, S. 116.
60 *Heymann/Horn*, § 235 Rn. 16; *Schlegelberger/Karsten Schmidt*, § 340 (§ 235 n.F.) Rn. 40 m.w.N.
61 *Zutt*, in: GroßKomm. § 235 Rn. 29 f.

während der Dauer der Gesellschaft zur Geschäftsführung berechtigt war (§ 740 Abs. 1 S. 2 BGB)[62]. Der Inhaber hat die Geschäfte nach seinem Ermessen abzuwickeln. Er darf dabei nicht willkürlich verfahren; er hat weiterhin auch auf die Interessen des Ausgeschiedenen Rücksicht zu nehmen. Er kann, wenn es zur Beendigung dieser Geschäfte erforderlich ist, neue Geschäfte eingehen, an deren Ergebnissen der stille Gesellschafter ebenfalls beteiligt bleibt.

1028 Da die stille Gesellschaft während der Abwicklung als Abwicklungsgesellschaft fortbesteht, hat der Geschäftsinhaber bei der Abwicklung nur für die Sorgfalt in eigenen Angelegenheiten einzustehen. § 708 BGB ist weiterhin anzuwenden[63].

2. Beteiligung des stillen Gesellschafters am Ergebnis schwebender Geschäfte

1029 In welchem Umfang der stille Gesellschafter an den Ergebnissen der schwebenden Geschäfte beteiligt bleibt, bestimmt sich nach den gesellschaftsvertraglichen Regelungen. Seine Beteiligung an den Ergebnissen der schwebenden Geschäfte kann auch **völlig ausgeschlossen** werden. Dies wird zum Teil wegen der Streitanfälligkeit der Beteiligung an schwebenden Geschäften zum Teil empfohlen[64].

1030 Ein solcher Ausschluß ist jedoch nicht schon dann anzunehmen, wenn der stille Gesellschafter an den zur Zeit der Errichtung der stillen Gesellschaft schwebenden Geschäften beteiligt worden ist, weil die Gewinne und Verluste aus diesen Geschäften während des Bestehens der stillen Gesellschaft anfallen und deshalb einen Teil des laufenden Jahresergebnisses, an dem der Stille beteiligt ist, bilden[65]. Der Ausschluß muß vielmehr ausdrücklich und unmißverständlich vereinbart werden, da die Beteiligung des Stillen an den schwebenden Geschäften in § 235 Abs. 2 HGB ausdrücklich geregelt ist.

1031 Aus Gründen der vereinfachten Berechnung wird häufig vereinbart, daß der stille Gesellschafter zur Abgeltung seiner Beteiligung ohne Rücksicht

---

62 *B. Hartmann,* S. 115.
63 So auch *Koenigs,* S. 298; *Schlegelberger/Karsten Schmidt,* § 340 (§ 235 n.F.) Rn. 43.
64 *Zutt,* in: GroßKomm. § 235 Rn. 33.
65 *Koenigs,* S. 297 f.; *Schlegelberger/Karsten Schmidt,* § 340 (§ 235 n.F.) Rn. 48.

§ 16 Auseinandersetzung

auf die tatsächlichen Ergebnisse der schwebenden Geschäfte einen Zuschlag zu seinem Guthaben oder eine feste Abfindungssumme erhalten soll.

Wenn keine andere Regelung getroffen worden ist, kann der stille Gesellschafter am Schluß jedes Geschäftsjahres **Rechenschaft** über die inzwischen abgewickelten Geschäfte, **Auszahlung** des ihm gebührenden Betrags und **Auskunft** über den Stand der noch nicht abgewickelten Geschäfte verlangen (§ 235 Abs. 3 HGB). Geschäftsjahr ist der Zeitraum, für den der Inhaber nach Auflösung der Gesellschaft seinen Jahresabschluß erstellt[66]. Er braucht mit dem Geschäftsjahr der aufgelösten Gesellschaft nicht übereinzustimmen. Selbstverständlich kann vereinbart werden, daß der Abrechnung weiterhin das für die stille Gesellschaft maßgebend gewesene Geschäftsjahr zugrunde zu legen ist, obwohl der Geschäftsinhaber seinen Gewinn für einen anderen Zeitraum ermittelt. 1032

Streitig ist, ob dem stillen Gesellschafter zur Nachprüfung der Abrechnung die Rechte aus § 233 HGB zustehen. Die h.M. verneint das mit der Maßgabe, daß er nur noch die Vorlage der Bücher und Papiere im Rahmen des § 810 BGB verlangen kann[67]. Daß dieser Ansicht nicht zu folgen, sondern vielmehr § 233 HGB anzuwenden ist, wurde bereits oben Rn. 899 ff. dargelegt[68]. 1033

Dem stillen Gesellschafter ist alljährlich sein Anteil am Ergebnis der inzwischen abgewickelten Geschäfte auszuzahlen. Der Inhaber kann die Auszahlung nicht mit der Begründung verweigern, daß aus den noch nicht beendeten Geschäften Verluste zu erwarten seien. 1034

Entstehen Verluste, muß der stille Gesellschafter den auf ihn entfallenden Anteil bis zur Höhe seiner übernommenen Einlage tragen, es sei denn, daß diese bereits verloren ist. Auch er kann die Bezahlung seines Verlustanteils nicht mit der Begründung verweigern, daß aus den noch nicht abgewickelten Geschäften voraussichtlich Gewinne zu erwarten sind, die zum Verlustausgleich verwendet werden können. 1035

---

66 *Zutt*, in: GroßKomm. § 235 Rn. 31.
67 BGH v. 11. 7. 1968 BGHZ 50, 316 (324); BGH v. 11. 7. 1968 DB 1969, 39; BGH v. 3. 11. 1975 BB 1976, 11; BGH v. 8. 4. 1976 DB 1976, 2106 (2107); *Koenigs*, S. 171; *Zutt*, in: GroßKomm. § 235 Rn. 32; *Schlegelberger/Karsten Schmidt*, § 340 (§ 235 n.F.) Rn. 49.
68 Wie hier *Baumbach/Hopt*, § 235 Rn. 5; *Heymann/Horn*, § 235 Rn. 20.

VI. Zusammenfassung

1036 Nach Auflösung der Gesellschaft hat der Inhaber das Auseinandersetzungsguthaben des stillen Gesellschafters zu ermitteln und auszuzahlen. Es besteht aus dem Buchwert der Einlage, wie sie sich aufgrund der Buchführung am Auflösungstage auf dem Einlagekonto ergibt, vermehrt um den bis zu diesem Tage auf ihn entfallenden anteiligen Gewinn oder – bei Verlustbeteiligung – vermindert um den auf ihn entfallenden anteiligen Verlust. Der anteilige Gewinn oder Verlust wird wie bei bestehender Gesellschaft aufgrund einer Erfolgsermittlungsbilanz festgestellt. Er bedarf jedoch gewisser Korrekturen, die zum Ausgleich dafür vorgenommen werden müssen, daß der stille Gesellschafter in früheren Jahren zu geringe oder überhöhte Gewinnanteile erhalten hat. Mit einer Substanzbeteiligung hat das nichts zu tun. Die Korrekturen haben ihre Ursache nicht in einer schuldrechtlichen Vermögensbeteiligung, sondern in der bisherigen Gewinnermittlung.

1037 Bei der atypischen Gesellschaft bedarf es der Aufstellung einer Abschichtungs- oder Vermögens-(Liquidations-)Bilanz zum Auflösungstage, die die Grundlage für die Feststellung des Anteils des stillen Gesellschafters an dem tatsächlichen Geschäftswert des Unternehmens abgibt.

Diese Regelung ist jedoch nicht zwingend. Die Durchführung der Auseinandersetzung und die Errechnung des Auseinandersetzungsguthabens bestimmen sich in erster Linie nach dem Gesellschaftsvertrag.

1038 Das Auseinandersetzungsguthaben ist eine reine Gläubigerforderung des stillen Gesellschafters gegen den Inhaber und ist stets in Geld zu berichtigen. Der stille Gesellschafter ist weder berechtigt noch verpflichtet, die Rückgabe etwaiger, dem Geschäftsinhaber zu Eigentum übertragener Sacheinlagen zu verlangen.

1039 Führt die Auseinandersetzung zu einem passiven Einlagekonto des stillen Gesellschafters, so braucht er den Passivsaldo nicht auszugleichen, wenn er seine vereinbarte Einlage erbracht hatte. Soweit er mit ihr rückständig und diese fällig ist, muß er sie zum Ausgleich des Passivsaldos nunmehr leisten. Rückständige Sacheinlagen, Gebrauchsüberlassungen und Dienstleistungen verwandeln sich mit der Auflösung nicht ohne weiteres in Geldansprüche des Inhabers. Letzteres tritt nach allgemeinen Rechtsgrundsätzen nur ein, wenn der stille Gesellschafter mit seiner Einlage im Verzug war und diese für den Inhaber kein Interesse mehr hat oder wenn die Erbringung der Einlage dem stillen Gesellschafter durch ein von ihm zu vertretendes Verhalten unmöglich geworden ist. Die sich daraus ergebenden Schadensersatzverpflichtungen sind jedoch völlig davon abhängig, ob ein passives Einlagekonto vorhanden ist oder nicht.

Der stille Gesellschafter nimmt nach der Auflösung der Gesellschaft noch an dem Gewinn (und Verlust) teil, der sich aus den zur Zeit der Auflösung schwebenden Geschäften ergibt, sofern der Gesellschaftsvertrag nichts anderes vorsieht. Er kann am Schluß jedes Geschäftsjahres Rechenschaft über die inzwischen beendeten Geschäfte, Auszahlung des ihm gebührenden Betrags und Auskunft über den Stand der noch schwebenden Geschäfte verlangen. 1040

§ 17 Die Insolvenz der stillen Gesellschaft

Schrifttum: *Blaurock, Uwe,* Anmerkung zum Urteil des LG Essen v. 24. 7. 1992, WuB II H. § 236 HGB 1.93, S. 359; *Gottwald, Peter,* Insolvenzrechtshandbuch, 1990; *Groh, Manfred,* Eigenkapital in der Bilanz, BB 1993, 1882; *Heckel, Sven-Olaf,* Innengesellschaften im Konkurs, 1990; *Kilger, Joachim / Schmidt, Karsten,* Konkursordnung, 1993; *Knobbe-Keuk, Brigitte,* Stille Beteiligung und Verbindlichkeiten mit Rangrücktrittsvereinbarungen im Überschuldungsstatus und in der Handelsbilanz des Geschäftsinhabers, ZIP 1983, 127; *Kollhosser,* Kredite als Eigenkapitalersatz bei stillen Kapitalbeteiligungen?, WM 1985, 929; *Kübler, Bruno M. / Prütting, Hans,* Das neue Insolvenzrecht, Band I, 1994; *Kuhn, Georg / Uhlenbruck, Wilhelm,* Konkursordnung, 11. Aufl., 1994; *Küting, Karlheinz / Kessler, Harald,* Eigenkapitalähnliche Mittel in der Handelsbilanz und im Überschuldungsstatus, BB 1994, 2103; *Mincke, Wolfgang,* Kreditsicherung und kapitalersetzende Darlehen – Zugleich ein Vorschlag zur Einordnung kapitalersetzender Darlehen, ZGR 1987, 521; *Mohrbutter, Jürgen / Mohrbutter, Harro,* Handbuch der Konkurs- und Vergleichsverwaltung, 6. Aufl., 1990; *Obermüller, Manfred / Hess, Harald,* InsO, 1995; *Priester, Hans-Joachim,* Gläubigerrücktritt zur Vermeidung der Überschuldung, DB 1977, 2429; *Reusch, Peter,* Eigenkapital und Eigenkapitalersatz im Rahmen der stillen Gesellschaft, BB 1989, 2358; *Schmidt, Karsten,* Das Vollstreckungs- und Insolvenzrecht der stillen Gesellschaft, KTS 1977, 1, 65, 72; *ders.,* Quasi-Eigenkapital als haftungsrechtliches und bilanzrechtliches Problem, in: Festschrift für Reinhard Goerdeler zum 65. Geburtstag, 1987, S. 487; *Schmid, Jürgen / Hamann, Hartmut,* Die Einlage des atypischen stillen Gesellschafters als haftendes Eigenkapital, DStR 1992, 950; *Schmidt-Räntsch, Ruth,* Insolvenzordnung mit Einführungsgesetz, 1995; *Scholz, Franz,* Kommentar zum GmbH-Gesetz, Band I, 8. Aufl., 1993; *Uhlenbruck, Wilhelm,* Das neue Insolvenzrecht, 1994; *ders.,* Die GmbH & Co. KG in Krise, Konkurs und Vergleich, 2. Aufl. 1988; *Vollmer, Lothar / Maurer, Torsten,* Die Eignung von sanierenden stillen Beteiligungen und Sanierungsgenußscheinen zur Abwehr der Überschuldung, DB 1994, 1173; *Wagner, Klaus-R.,* Der atypisch stille Gesellschafter im Konkurs der Massengesellschaft, KTS 1979, 53; *ders.,* Der stille Gesellschafter im Vergleichsverfahren des Geschäftsinhabers, KTS 1980, 203; *Wahl, Adalbert,* Die Vermögenseinlage des atypischen stillen Gesellschafters in der Handelsbilanz und im Überschuldungsstatus der GmbH, GmbHR 1975, 169.

I. Der Konkurs des Geschäftsinhabers

1041 Die Rechtsfolgen einer Insolvenz des Inhabers oder des stillen Gesellschafters auf die stille Gesellschaft sind derzeit in §§ 236 f. HGB sowie in der Konkurs-, in der Vergleichs- und in der Gesamtvollstreckungsordnung geregelt. Die letzten drei Gesetze treten am 1. 1. 1999 zugunsten der neuen, einheitlichen und für Gesamtdeutschland geltenden Insolvenzordnung (InsO) außer Kraft¹. Die Auswirkungen der Gesetzesreform auf das Recht der stillen Gesellschaft sind gering. Im folgenden wird zunächst auf die derzeitige Rechtslage eingegangen, Paragraphen der InsO werden allerdings schon mitzitiert. Unten (Rn. 1119 ff.) wird dann eine Einleitung in die Ziele der Insolvenzordnung gegeben sowie auf die neuen Vorschriften zur stillen Gesellschaft eingegangen.

1. Die Rechtsstellung des stillen Gesellschafters
a) Auflösung der stillen Gesellschaft durch Konkurs des Inhabers

Die stille Gesellschaft als solche ist in Ermangelung eigener Rechtsfähigkeit und in Ermangelung eines Gesellschaftsvermögens nicht konkursfähig, sie wird aber vom **Konkurs des Inhabers,** der dann Gemeinschuldner ist, erfaßt. Auf ihn sind die Vorschriften der KO über die rechtliche Stellung des Gemeinschuldners anzuwenden. Das Konkursverfahren umfaßt das gesamte der Zwangsvollstreckung unterliegende Vermögen, das ihm zur Zeit der Konkurseröffnung gehört (§ 1 KO, §§ 35, 36 InsO). Deshalb bildet auch die dem Inhaber zu Eigentum übertragene Vermögenseinlage des stillen Gesellschafters einen Teil seiner Konkursmasse, die zur Befriedigung der Konkursgläubiger dient. 1042

Die Eröffnung des Konkursverfahrens führt zur Auflösung der Gesellschaft im Zeitpunkt der Konkurseröffnung mit der Maßgabe, daß der stille Gesellschafter seine Einlage, soweit sie den Betrag des auf ihn entfallenden Verlustanteils übersteigt, **als Konkursforderung geltend machen** kann (§ 236 Abs. 1 HGB). Dadurch unterscheidet sich der stille Gesellschafter grundlegend von den Gesellschaftern der Handelsgesellschaften. Während deren Mitgliedschaftsrechte keine Konkursgläubigerrechte begründen – ihre Einlagen oder die an ihre Stelle tretenden Vermögenswerte bilden die Konkursmasse, aus der die Gesellschaftsgläubiger ihre Befriedigung erhalten –, ist der stille Gesellschafter hinsichtlich seiner Einlage, soweit sie den Betrag des auf ihn entfallenden vertragsmäßigen Verlustanteils übersteigt, Konkursgläubiger. Das gilt grundsätzlich auch für den schuldrechtlich am Geschäftsvermögen beteiligten atypischen stillen Gesellschafter. Auch dessen Rückforderungsanspruch bildet, soweit er die seine Garantiehaftung begrenzende Verlustbeteiligung übersteigt, ein Gläubigerrecht, das als Konkursforderung geltend gemacht werden kann. Auch Schadensersatzansprüche des stillen Gesellschafters gegen den Inhaber sind Konkursforderungen². 1043

---
1 § 335 Insolvenzordnung (InsO) vom 5. 10. 1994 (BGBl. I. S. 2866) i.V.m. Art. 110 EGInsO v. 5. 10. 1994 (BGBl. I. S. 2911).
2 OLG Stuttgart v. 7. 1. 1981 ZIP 1981, 135 (137); vgl. auch Rn. 1068.

b) Konkursgründe

1044 **Konkursgründe** sind für den Inhaber Zahlungsunfähigkeit und, soweit er in der Form einer juristischen Person besteht[3], Überschuldung (§§ 102, 207, 213 KO, §§ 17, 19 InsO). Rechtliche Überschuldung als Konkursgrund ist gegeben, wenn das Vermögen des Inhabers bei Einzelverwertung der Aktiva nicht mehr dessen Schulden deckt (rechnerische Überschuldung), und eine Prognose über das Fortbestehen des Handelsgewerbes negativ ausfällt[4]. Ob der Inhaber rechnerisch überschuldet ist, wird an Hand eines Überschuldungsstatus festgestellt. In diesem ist die Beteiligung des stillen Gesellschafters grundsätzlich als Verbindlichkeit des Inhabers aufzunehmen. Unter welchen Umständen hiervon eine Ausnahme zu machen ist, wird unterschiedlich beurteilt. Die Probleme ähneln dabei denen beim Ausweis der stillen Beteiligung in der Handelsbilanz des Inhabers (Rn. 782 ff.). Die Frage ist nicht ohne praktische Bedeutung, da stille Beteiligungen häufig gerade zur Sanierung von Unternehmen eingegangen werden.

1045 Nur stille Beteiligungen, deren Geltendmachung als Konkursforderung ausgeschlossen ist, dürfen im Überschuldungsstatus außerachtgelassen werden. Die entgegenstehenden Überlegungen von Wahl[5] sind überholt, seit sich der zweistufige Überschuldungsbegriff durchgesetzt hat[6]. Die Nachrangigkeit der stillen Beteiligung im Konkurs des Inhabers muß eindeutig feststellbar sein, was wegen der Rechtsunsicherheit bei der Qualifizierung von eigenkapitalersetzenden Beteiligungen (vgl. Rn. 1046 ff., Rn. 782 ff., 791) regelmäßig nur bei einer vertraglichen **Nachrangabrede** der Fall sein wird[7]. Dies entspricht der herrschenden Meinung, die für das Außerachtlassen von eigenkapitalersetzenden Darlehen im Überschuldungsstatus ebenfalls einen vertraglichen Gläubigerrücktritt verlangt[8]. Die Nachrangabrede muß jede Zahlungspflicht des Inhabers ausschließen, soweit dies zur Vermeidung einer rechnerischen

---

3 Der Rechtsform der juristischen Person steht eine Personengesellschaft ohne natürliche Person als persönlich haftendem Gesellschafter gleich, § 209 Abs. 1 S. 3 KO, § 19 KO InsO.
4 BGH v. 13. 7. 1992 BGHZ 119, 201.
5 *Wahl*, GmbHR 1975, 169 (176).
6 BGH v. 13. 7. 1992 BGHZ 119, 201.
7 *Uhlenbruck*, in: *Gottwald*, Insolvenzrechtshandbuch, § 9 Rn. 34; *Schlegelberger/Karsten Schmidt*, § 341 (§ 236 n.F.) Rn. 32; *Knobbe-Keuk*, ZIP 1983, 127 (129) (mißverständlich hinsichtlich der Bedeutung der Verlustbeteiligung des stillen Gesellschafters); *Groh*, BB 1993, 1891.
8 *Uhlenbruck*, in: *Gottwald*, Insolvenzrechtshandbuch, § 9 Rn. 42; *Karsten Schmidt*, FS Goerdeler, S. 505 f.; *Priester*, DB 1977, 2431.

Überschuldung erforderlich ist[9]. Zusätzlich zur Nachrangigkeit wird überwiegend verlangt, daß der stille Gesellschafter in vollem Umfange am Verlust des Inhabers teilnimmt bzw. zumindest keine gewinnunabhängige Vergütung erhält[10]. Dies entspricht den Anforderungen an den Ausweis der stillen Beteiligung als eigenkapitalähnliches Kapital in der Handelsbilanz des Inhabers (Rn. 782 ff.). Auch für den Überschuldungsstatus sollten keine geringeren Anforderungen gestellt werden[11]. Andernfalls bestände die Gefahr, daß der Rangrücktritt der stillen Beteiligung die Überschuldung des Inhabers nur kurzfristig hinausschiebt[12].

2. Die stille Beteiligung als Eigenkapitalersatz

a) Funktion und Bedeutung eigenkapitalersetzender stiller Beteiligungen

Nach § 236 HGB nimmt der stille Gesellschafter mit seiner Beteiligung, soweit sie nicht durch Verluste aufgezehrt ist, am Konkursverfahren des Inhabers als Konkursgläubiger teil. Diese Vorschrift wird aber **von den Regelungen über eigenkapitalersetzende Leistungen überlagert.** Unterfällt die stille Beteiligung diesen Regeln, so ist auch die Geltendmachung des nicht durch Verluste aufgebrauchten Teils der Beteiligung im Konkursverfahren ausgeschlossen. Gleiches gilt für Schadensersatzansprüche gegen den Inhaber[13]. Hat der stille Gesellschafter seine Einlage noch nicht geleistet, muß er gegenwärtigen, sie auch nach Konkurseröffnung unter Umständen noch in die Konkursmasse einzahlen zu müssen. Die Rechtslage stellt sich hier also völlig anders dar, als wenn § 236 HGB zur Anwendung kommt, der gerade den säumigen stillen Gesellschafter begünstigt. Gerade Fälle der eigenkapitalersetzenden stillen Beteiligungen haben die Rechtsprechung mehrfach beschäftigt.

1046

Die haftungsmäßige Gleichstellung der stillen Beteiligung mit Eigenkapital kann **auf vertraglicher Vereinbarung** oder **auf Grund Gesetzes** erfolgen. Daneben hat die Rechtsprechung **Fallgruppen** entwickelt, in denen ebenfalls die stille Beteiligung wie Eigenkapital des Inhabers behandelt wird.

1047

---

9 *Priester*, DB 1977, 2431 mit der Darstellung weiterer Formulierungen für die Nachrangabrede; a.A. *Vollmer/Maurer*, DB 1994, 1173 (1174): Vermeidung einer Unterbilanz.
10 *Knobbe-Keuk*, ZIP 1983, 127 (129); *Kütting/Kessler*, BB 1993, 2113; *Uhlenbruck*, Die GmbH & Co. KG in Krise, Konkurs und Vergleich, S. 298; a.A. *Groh*, BB 1993, 1891; *Heymann/Horn*, § 230 Rn. 57; *Vollmer/Maurer*, DB 1994, 1173 (1174).
11 So auch grundsätzlich *Küting/Kessler*, BB 1993, 2113; *Uhlenbruck*, Die GmbH & Co. KG in Krise, Konkurs und Vergleich, S. 298.
12 *Knobbe-Keuk*, ZIP 1983, 127 (129).
13 BGH v. 1. 3. 1982 BGHZ 83, 341 (344).

Auch wenn die Rechtsprechung diese von ihr entwickelte Gleichstellung mit einer objektiven Gesamtwertung des Gesellschaftsvertrags begründet, handelt es sich insoweit um eine zwingende Gleichstellung. Sie knüpft an die objektive Ausgestaltung der stillen Beteiligung an und läßt sich nicht einfach durch eine Klausel im Gesellschaftsvertrag ausschließen.

1048 Die Fallgruppen, in denen eine stille Beteiligung haftungsmäßig Eigenkapital gleichgestellt wird, sind nebeneinander anzuwenden. Eine stille Gesellschaftseinlage kann deswegen aus mehreren Gründen als eigenkapitalersetzend eingestuft werden. Dies ist von Bedeutung für die Rechtsfolgen, die nicht bei allen Fallgruppen dieselben sind.

1049 Von der Frage, ob die stille Beteiligung in der Insolvenz des Inhabers haftungsmäßig Eigenkapital gleichgestellt werden kann, ist die Frage zu unterscheiden, wie sie in der Handelsbilanz des Inhabers auszuweisen ist[14]. Auch eine zivilrechtlich atypische Ausgestaltung der stillen Gesellschaft oder ihre steuerliche Einordnung als Mitunternehmerschaft haben für die Haftungsfunktion der stillen Beteiligung nur **Indizcharakter**.

1050 Zu beachten ist, daß die Gleichstellung der stillen Beteiligung mit Eigenkapital des Inhabers allein nicht dazu ausreicht, sie in dessen Überschuldungsstatus nicht aufzunehmen. Hinzukommen muß mindestens, daß der stille Gesellschafter auch keine gewinnunabhängige Vergütung für seine stille Beteiligung erhält (vgl. Rn. 784).

1051 Die Fälle der eigenkapitalersetzenden stillen Beteiligungen sind in der Praxis von nicht zu unterschätzender Bedeutung. Die Stellung eines stillen Gesellschafters in der Insolvenz des Inhabers kann deswegen nur nach Prüfung des Einzelfalles vorherbestimmt werden. Entsprechend ist bei der Abfassung von Verträgen über stille Gesellschaften dieser Aspekt besonders zu berücksichtigen.

b) Fallgruppen eigenkapitalersetzender stiller Beteiligungen

(1) Vereinbarte eigenkapitalersetzende Funktion stiller Beteiligungen

1052 Die haftungsmäßige Gleichstellung der stillen Beteiligung mit Eigenkapital kann gewollt sein. Dies wird insbesondere dann vorkommen, wenn die stille Einlage geleistet wird, um eine Insolvenz des Inhabers abzuwenden[15]. Die Gleichstellung erfolgt dadurch, daß Inhaber und stiller Gesell-

---
14 Vgl. zu dieser Frage die Rn. 782 ff.
15 Zu den Voraussetzungen, unter denen die Beteiligung nicht in einen Überschuldungsstatus aufzunehmen ist, vgl. Rn. 1044 f.

schafter eine **Nachrangabrede** vereinbaren, nach der die Beteiligung nicht als Konkursforderung geltend gemacht werden kann. Eine Beteiligung des stillen Gesellschafters am Verlust des Inhabers reicht für die haftungsmäßige Gleichstellung hingegen nicht aus, schadet aber selbstverständlich auch nicht[16].

Der Umfang der Nachrangabrede kann vertraglich frei vereinbart werden. Sie kann sich nur auf die Auseinandersetzungsforderung beziehen oder auch Darlehen und stehengelassene Gewinne des stillen Gesellschafters umfassen. Sie kann bloß die Geltendmachung im Konkurs oder auch weitergehend jede Geltendmachung ausschließen, soweit dies zur Vermeidung einer rechnerischen Überschuldung des Inhabers erforderlich ist. Zulässig ist auch eine Vereinbarung, daß der Inhaber die Zahlung verweigern kann, solange er eine Unterbilanz aufweist[17]. Der Rangrücktritt kann jederzeit einvernehmlich wieder aufgehoben werden, eine entsprechende Vereinbarung ist aber unter Umständen anfechtbar[18]. 1053

Ist die Nachrangigkeit des Auseinandersetzungsanspruchs vereinbart, ist die **Geltendmachung im Konkurs ausgeschlossen.** Unberührt bleibt grundsätzlich das Recht des stillen Gesellschafters, nach Abschluß des Konkursverfahrens vom Inhaber in vollem Umfange sein Auseinandersetzungsguthaben zu verlangen[19]. Nur wird dieser dann in den meisten Fällen vermögenslos sein[20]. Eine erweiterte Nachrangabrede kann aber auch zugunsten des Inhabers in dem Sinne wirken, daß selbst ein etwaig verbliebener Vermögensrest nur anteilig zwischen Inhaber und stillem Gesellschafter zu verteilen ist. 1054

Regelmäßig ist dem vertraglichen Rangrücktritt der Sinn beizulegen, daß der stille Gesellschafter auch bei einer Auseinandersetzung außerhalb des Konkurses seine Ansprüche erst geltend machen kann, wenn die **Befriedigung der Drittgläubiger gesichert** ist. Hingegen kann ihm nicht ohne weiteres entnommen werden, daß der stille Gesellschafter verpflichtet wird, ausstehende Zahlungen auch nach Konkurseröffnung noch leisten zu müssen[21]. Dies ist nur dann anzunehmen, wenn die Parteien gewollt 1055

---

16 Anders Vorauflage, S. 325.
17 Zu den verschiedenen Arten der Nachrangabrede vgl. *Priester*, DB 1977, 2431.
18 *Zutt*, in: GroßKomm., § 236 Rn. 15.
19 Vgl. BGH v. 9. 2. 1981 NJW 1981, 2251 (2252).
20 Gerade bei Publikumsgesellschaften kann aber die Liquidation unter Umständen auch einen Überschuß erwirtschaften, vgl. OLG Frankfurt v. 22. 1. 1980 WM 1981, 1371.
21 OLG Hamm v. 3. 5. 1993 ZIP 1993, 1321 (1322); LG Essen v. 24. 7. 1992 WM 1992, 1982.

haben, daß die stille Beteiligung auch insoweit als Eigenkapitalersatz dient.

(2) Zwingende haftungsmäßige Gleichstellung mit Eigenkapital

1056 Der Ausschluß der stillen Beteiligung von der Teilnahme am Konkursverfahren kann auch unabhängig vom Willen der Beteiligten kraft Gesetzes oder nach Regeln der Rechtsprechung erfolgen.

1057 Besteht die stille Beteiligung an einer **GmbH** und ist der stille Gesellschafter zugleich deren Gesellschafter, so kann einer Anwendung von § 236 HGB § 32a GmbHG entgegenstehen. Voraussetzung ist, daß die Einlage des stillen Gesellschafters oder sonstige Leistungen in einem Zeitpunkt gewährt wurden, in dem **ordentliche Kaufleute Eigenkapital zugeführt** hätten. Zwar erfaßt § 32a Abs. 1 GmbHG nur Darlehen von Gesellschaftern, stille Beteiligungen entsprechen diesen aber wirtschaftlich, so daß gem. § 32a Abs. 3 GmbHG auf sie Absatz 1 in gleicher Weise angewendet werden kann wie auf Gesellschafterdarlehen[22]. Stille Einlagen haben demnach Kapitalersatzfunktion, wenn sie einer GmbH gewährt werden, die kreditunwürdig ist, oder wenn sie zu deren Sanierung aufgebracht werden[23]. Dem Gewähren steht das Stehenlassen einer solchen Beteiligung unter gewissen Umständen gleich[24]. Ob es sich um eine typische oder um eine atypische stille Beteiligung handelt, ist unerheblich.

1058 Liegen die Voraussetzungen des § 32a GmbHG vor, kann die stille Beteiligung im Konkurs des Inhabers nicht geltend gemacht werden, und zwar unabhängig davon, inwieweit sie schon durch Verluste aufgezehrt ist. Der Ausschluß erfaßt den Auseinandersetzungsanspruch in vollem Umfange, nicht nur in dem Maße, wie dies zur Vermeidung einer Unterbilanz der GmbH erforderlich ist. Ist die Einlage dem stillen Gesellschafter vorher zurückgewährt worden, so ist dies anfechtbar, § 32a KO, § 3b AnfG (§ 135 InsO, § 6 AnfG in der Fassung ab 1. 1. 1999[25]). Die Anfechtung hat zur Folge, daß der stille Gesellschafter die Einlage seinerseits zurückgewähren muß, § 37 KO, § 7 AnfG (§ 143 InsO, § 11 AnfG in der Fassung ab 1. 1. 1999).

---

22 So ausdrücklich § 32a Abs. 7 RegE 1977; BReg-Drucks. 404/77 = BT-Drucks. 8/3908, S. 10, 40; Ausschußbericht v. 16. 4. 1980, BT-Drucks. 8/3908, S. 73 f.; *Scholz/Karsten Schmidt*, §§ 32a, 32b Rn. 105. Hingegen können kapitalersetzende Darlehen nicht ohne weiteres dogmatisch als stille Beteiligungen eingeordnet werden, so aber *Mincke*, ZGR 1987, 521–544.

23 Zu den Merkmalen der Kreditunwürdigkeit und der Sanierungsfunktion vgl. *Scholz/Karsten Schmidt*, §§ 32a, 32b Rn. 35–42.

24 Vgl. hierzu: *Scholz/Karsten Schmidt*, §§ 32a, 32b Rn. 43–48.

25 Teil 1, Art. 1, § 6 EGInsO vom 5. 10. 1994 (BGBl. I S. 2911).

§ 17 Insolvenz

Neben § 32a GmbHG sind die von der Rechtsprechung aus §§ 30, 31 GmbHG entwickelten **Regeln zu eigenkapitalersetzenden Gesellschafterleistungen weiterhin zu beachten**[26]. Die tatbestandlichen Voraussetzungen sind dieselben wie bei § 32a GmbHG. Liegen dessen Voraussetzungen vor, sind nach den Regeln der Rechtsprechung Zahlungen der GmbH an stille Gesellschafter generell unzulässig, soweit dadurch eine Unterbilanz bei der GmbH entsteht. Die Gesellschaft hat bei trotzdem erfolgter Zahlung einen Rückzahlungsanspruch, der allerdings umfangmäßig begrenzt ist auf den Betrag, um den durch die Zahlung der GmbH an den Gesellschafter eine Unterbilanz entstanden oder vertieft worden ist. Der Anspruch unterliegt gem. § 31 Abs. 5 GmbHG analog einer fünfjährigen Verjährungsfrist.

1059

Besteht die stille Beteiligung **an einer GmbH, ohne daß der stille Gesellschafter zugleich deren Gesellschafter ist,** so können die dargestellten Rechtsfolgen in gleicher Weise eintreten, wenn die Position des stillen Gesellschafters vertraglich an die eines GmbH-Gesellschafters angenähert ist[27]. Welche Anforderungen an eine solche atypische Ausgestaltung der stillen Gesellschaft zu stellen sind, wird nicht einheitlich beantwortet. Zum Teil wird es für ausreichend erachtet, daß der stille Gesellschafter schuldrechtlich am Vermögen der GmbH beteiligt ist[28], zum überwiegenden Teil werden aber zusätzliche unternehmerische Einflußmöglichkeiten des stillen Gesellschafters für erforderlich gehalten[29]. Die Rechtsprechung hat zu dieser Frage bisher nicht ausdrücklich Stellung genommen, da in den von ihr entschiedenen Fällen jeweils beide Voraussetzungen erfüllt waren. Der BGH hat aber betont, daß eine typische stille Beteiligung nicht ausreicht[30]. Mit der herrschenden Meinung ist davon auszugehen, daß nur ein gegenüber der gesetzlichen Regelung erweiterter unternehmerischer Einfluß des stillen Gesellschafters die Gleichstellung seiner Beteiligung mit haftendem Kapital rechtfertigen kann.

1060

---

26 BGH v. 26. 3. 1984 BGHZ 90, 370 (376); BGH v. 7. 11. 1988 WM 1989, 14 (16).
27 BGH v. 7. 11. 1988 BGHZ 106, 7 (9 ff.); OLG Hamburg v. 13. 10. 1989 GmbHR 1990, 393 (394); *Baumbach/Hopt*, § 237 Rn. 7.
28 So wohl OLG Hamburg v. 13. 10. 1989 GmbHR 1990, 393; *Schmid/Hamann*, DStR 1992, 952; anders als MünchHdb. StG/*Kühn* § 17 Rn. 10 meint, kann für diese Ansicht hingegen nicht OLG Frankfurt v. 22. 9. 1980 WM 1981, 1371 angeführt werden. Die Entscheidung hat nicht die §§ 30 ff. GmbHG zum Gegenstand.
29 *Brandes*, EWiR, § 32a GmbHG, 4/90, S. 787; *Reusch*, BB 1989, 2358 (2363); MünchHdb. StG/*Kühn* § 17 Rn. 10; *Koller*, in: *Koller/Roth/Mork*, § 236 Rn. 4 läßt unternehmerische Einflußmöglichkeiten ausreichen.
30 BGH v. 7. 11. 1988 BGHZ 106, 7 (9); so auch OLG Hamburg v. 13. 10. 1989 GmbHR 1990, 393; *Scholz/Karsten Schmidt*, §§ 32a, 32b Rn. 30.

1061 Unter Umständen können auch Leistungen als Eigenkapitalersatz angesehen werden, die zwar weder von einem GmbH-Gesellschafter noch von einem still an der GmbH Beteiligten erbracht werden, wohl aber von einem Dritten, der einem von diesen **wirtschaftlich nahesteht**[31].

1062 Die dargestellten Regeln (Rn. 1057–1061) gelten auch, wenn die Beteiligung an einer KG oder OHG **ohne natürliche Person als persönlich haftendem Gesellschafter** besteht und der stille Gesellschafter zugleich Gesellschafter der KG oder der OHG ist. Für § 32a GmbHG ist dies gesetzlich in §§ 129a, 172a HGB ausdrücklich geregelt. Für die analoge Anwendung der §§ 30, 31 GmbHG hat dies die Rechtsprechung festgestellt[32]. Auch für atypische stille Beteiligungen an einer entsprechenden KG oder OHG kann nichts anderes gelten, auch wenn der stille Gesellschafter selbst nicht Gesellschafter der OHG oder KG ist.

1063 Hingegen lassen sich die Regeln über eigenkapitalersetzende Leistungen an eine GmbH nicht schematisch auf **Aktiengesellschaften** übertragen, weil deren Gesellschafter nach dem gesetzlichen Leitbild einen wesentlich geringeren Einfluß auf die Unternehmensführung haben als diejenigen einer GmbH oder einer Personenhandelsgesellschaft[33]. Eine Übertragung setzt vielmehr voraus, daß der Aktionär, dessen Leistung als eigenkapitalersetzend eingestuft werden soll, selbst unternehmerisch an der AG beteiligt ist. Hiervon ist auszugehen, wenn er mehr als ein Viertel des Grundkapitals hält. Bei einer geringeren, aber nicht unbeträchtlichen Beteiligung kann auf Grund der Umstände des Einzelfalls auf eine unternehmerische Beteiligung zu schließen sein[34].

1064 Schließlich hat eine atypische stille Beteiligung eigenkapitalersetzende Funktion, wenn sie **zur Erreichung des Gesellschaftszwecks** der Inhabergesellschaft unerläßlich ist; bei mehreren stillen Beteiligungen kommt es darauf an, ob sie in ihrer Gesamtheit unerläßlich sind. Die entsprechende Rechtsprechung hat Publikumsgesellschaften betroffen[35], sie gilt aber in gleicher Weise für andere Gesellschaften[36]. Die Unabdingbarkeit der stillen Einlagen für die Erreichung des Gesellschaftszwecks wird indiziert, wenn der Prospekt der Publikumsgesellschaft sie als Eigenkapital aus-

---

31 Zu den sich daraus ergebenden Fragen vgl. *Kollhosser* WM 1985, 929.
32 BGH v. 7. 11. 1988 BGHZ 108, 7 (9); OLG Hamburg v. 13. 10. 1989 WM 1990, 1292.
33 BGH v. 26. 3. 1984 BGHZ 90, 381 (387).
34 BGH v. 26. 3. 1984 BGHZ 90, 381 (382).
35 BGH v. 5. 11. 1979 WM 1980, 332; BGH v. 9. 2. 1981 NJW 1981, 2251; OLG Frankfurt v. 22. 1. 1980 WM 1981, 1371 (1372).
36 *Blaurock*, WuB II H. § 236 HGB 1.93. S. 360; *Schmid/Hamann*, DStR 1992, 953.

weist[37]. Keine Rolle spielt es hingegen, ob der Prospekt die Beteiligung als „typische stille Beteiligung bezeichnet"[38], der stille Gesellschafter zugleich eine Kommanditeinlage erbringt (Fälle der „gesplitteten Einlage")[39] oder seine Beteiligung am Verlust des Inhabers ausgeschlossen ist[40]. Letzteres hat nur Bedeutung im Verhältnis zum Inhaber[41]. Notwendig ist aber, daß der stille Gesellschafter über die gesetzliche Regelung hinaus unternehmerischen Einfluß erhält[42]. Auch hier ist die Rechtsfolge, daß der Auseinandersetzungsanspruch nicht als Konkursforderung geltend gemacht werden kann[43]. Zudem ist die Einlage auch außerhalb des Konkursverfahrens noch einzuzahlen, soweit dies zur ordentlichen Abwicklung der Inhabergesellschaft erforderlich ist[44]. Trägt der Liquidator des Inhabers, soweit er dazu in der Lage ist, die Vermögensverhältnisse des Inhabers vor, liegt beim stillen Gesellschafter die Darlegungs- und Beweislast dafür, daß die Einzahlung der ausstehenden Einlage nicht erforderlich ist, um eine ordnungsgemäße Abwicklung zu gewährleisten[45].

3. Die Auseinandersetzung

a) Durchführung der Auseinandersetzung

Die Durchführung der Auseinandersetzung obliegt dem **Konkursverwalter** (§ 6 KO), der dem stillen Gesellschafter gegenüber die Rechte und Pflichten wahrzunehmen hat, die bisher dem Inhaber des Handelsgewerbes zustanden. War im Gesellschaftsvertrag vorgesehen, daß der Inhaber zu bestimmten Rechtsgeschäften der Zustimmung des stillen Gesellschafters bedarf, so gilt diese Vereinbarung nicht gegenüber dem Konkursverwalter. Dagegen sind gesellschaftsvertragliche Vereinbarungen über die Berechnung des Auseinandersetzungsguthabens auch für ihn verbindlich. Im übrigen gelten für die Ermittlung des Guthabens die Ausführungen (vgl. Rn. 988 ff.).

1065

Die Auseinandersetzung der stillen Gesellschaft erfolgt nach ganz herrschender Auffassung nach § 16 KO (§ 84 Abs. 1 S. 1 InsO) **außerhalb des**

1066

---

37 Vgl. BGH v. 9. 2. 1981 NJW 1981, 2251; BGH v. 17. 12. 1984 WM 1985, 284.
38 Vgl. OLG Frankfurt v. 22. 1. 1980 WM 1981 1371.
39 BGH v. 17. 12. 1984 WM 1985, 284.
40 BGH v. 5. 11. 1979 WM 1980, 332; BGH v. 9. 2. 1981 NJW 1981, 2251 (2252).
41 BGH v. 17. 12. 1984 WM 1985, 284 (285).
42 BGH v. 17. 12. 1984 WM 1985, 284.
43 BGH v. 9. 2. 1981 NJW 1981, 2251.
44 BGH v. 5. 11. 1979 WM 1980, 332; BGH v. 17. 12. 1984 WM 1985, 284.
45 BGH v. 5. 11. 1979 WM 1980, 332 (332 f.); BGH v. 3. 7. 1978 WM 1978, 898 (899) zur Kommanditeinlage.

Konkursverfahrens[46]. Aber auch bei Anwendung des § 16 KO auf stille Gesellschaften kann der Stille wegen seiner auf das Gemeinschaftsverhältnis gegründeten Forderungen kein Absonderungsrecht gem. § 51 KO (§ 84 I 2 InsO) am Anteil des Geschäftsinhabers geltend machen[47].

1067 Der von Wagner für den atypisch stillen Gesellschafter im Konkurs des Geschäftsinhabers (bei Massengesellschaften) vertretenen Gegenansicht kann nicht gefolgt werden. Wagner nimmt im Anschluß an das BGH-Urteil vom 24. 9. 1952[48] an, es müsse ein Gemeinschaftsvermögen fingiert werden, was zur Folge habe, daß der atypisch stille Gesellschafter seinen Anteil aussondern und wegen seiner auf das Gemeinschaftsverhältnis gegründeten Forderungen ein Absonderungsrecht am Anteil des Geschäftsinhabers geltend machen könne[49]. Wagner mißversteht indessen den BGH, wenn er dessen Ausführungen zu einer Auseinandersetzung ohne Konkurs auf die Auseinandersetzung gerade wegen des Konkurses überträgt. Der BGH hat zwar festgestellt, daß die vereinbarte Beteiligung des Stillen bedeute, dieser müsse bei der Auseinandersetzung so gestellt werden, als ob er gesamthänderisch beteiligt wäre; es wurde aber betont, daß die Vereinbarung keine Außenwirkung habe[50]. Im Konkurs des Geschäftsinhabers kommt es jedoch nicht auf die gesellschaftsvertraglichen Vereinbarungen sondern auf das tatsächliche Vorhandensein eines Gemeinschaftsvermögens an, damit § 51 KO Anwendung finden kann. Die §§ 16, 51 KO sind auch keineswegs mit § 236 HGB austauschbar, da letzterer die Geltendmachung des Auseinandersetzungsguthabens betrifft, während es bei § 51 KO um die abgesonderte Befriedigung wegen der auf das Gemeinschaftsverhältnis gegründeten Forderungen geht. § 236 HGB ist auch nicht lex specialis gegenüber § 51 KO[51]. Findet § 236 HGB keine Anwendung, also in den Fällen, in denen die stille Einlage Eigenkapitalcharakter hat, so kommt auch nicht § 16 KO zum Zuge, vielmehr nimmt der Stille hinsichtlich seiner Einlage überhaupt nicht am Konkurs teil[52], die Einlage ist für ihn vollständig verloren.

---

46 *Zutt*, in: GroßKomm., § 236 Rn. 3; *Düringer/Hachenburg/Flechtheim*, § 341 Anm. 2, 7; *Kuhn/Uhlenbruck*, KO § 16 Rn. 6; *Wagner*, KTS 1979, 56 ff.; *Blaurock*, S. 270; a.A. *Karsten Schmidt*, KTS 1977, 18 ff.; *Kilger/Karsten Schmidt*, KO § 16 Anm. 1; *Heckel*, S. 59–86, 155.
47 *Koenigs*, S. 308; *Blaurock*, S. 270 (276).
48 BGHZ 7, 175 (178).
49 *Wagner*, KTS 1979, 53 (58).
50 BGH v. 24. 9. 1952 BGHZ 7, 175 (178).
51 *Blaurock*, S. 270 (276).
52 Vgl. nur BGH v. 9. 2. 1981 ZIP 1981, 734 (735).

§ 17 Insolvenz

b) Höhe des Auseinandersetzungsanspruchs

Maßgebender Zeitpunkt für die Feststellung des Guthabens ist der Zeitpunkt der Konkurseröffnung. Bis zu ihr nimmt der stille Gesellschafter an Gewinn und Verlust des Handelsgewerbes teil, bis zu diesem Zeitpunkt fließen auch etwaige Schadensersatzansprüche des stillen Gesellschafters gegen den Inhaber in das Guthaben mit ein (vgl. Rn. 1043). Die durch die Konkurseröffnung möglicherweise verursachte weitere Entwertung des Betriebsvermögens bleibt für die Berechnung seines Auseinandersetzungsguthabens außer Betracht. Wertveränderungen und Verluste, die bei der konkursmäßigen Verwertung des Geschäftsvermögens eintreten, belasten ihn nicht; sie gehen aber auch nicht zu seinem Vorteil[53]. Deshalb beeinflussen die Ergebnisse des vom Konkursverwalter fortgesetzten Geschäftsbetriebs, soweit es sich nicht um die Abwicklung schwebender Geschäfte handelt, das Guthaben des stillen Gesellschafters weder im günstigen noch im ungünstigen Sinne. Dasselbe gilt für einen dem Inhaber bewilligten Zwangsvergleich, der die Auseinandersetzung mit dem stillen Gesellschafter nicht berührt. Dagegen sind die im Zeitpunkt der Konkurseröffnung **schwebenden Geschäfte** i.S.d. §§ 17 ff. KO (§§ 103 ff. InsO) bei der Auseinandersetzung mit dem Ergebnis zu berücksichtigen, das ihre Abwicklung durch den Konkursverwalter mit sich gebracht hat.

1068

Die Abwicklung dieser Geschäfte vollzieht sich nach den §§ 17 ff. KO. Danach kann der Konkursverwalter nach seiner pflichtgemäßen Entscheidung den noch schwebenden Vertrag an Stelle des Gemeinschuldners erfüllen und Erfüllung von dem anderen Teil verlangen oder die Erfüllung ablehnen. Im ersten Falle sind die Ansprüche aus zweiseitigen Verträgen, deren Erfüllung zur Konkursmasse verlangt wird oder für die Zeit nach der Eröffnung des Verfahrens erfolgen muß, voll zu befriedigende Masseschulden (§ 59 Nr. 2 KO, § 55 Abs. 1 Nr. 2 InsO), wohingegen im Falle der Ablehnung der Vertragserfüllung Schadenersatzansprüche entstehen können, die als Konkursforderungen geltend zu machen sind und nur mit der Konkursquote befriedigt werden. Das kann für die Konkursmasse im einzelnen Falle günstiger sein als das Festhalten an der Vertragserfüllung. Es können sich daraus aber Nachteile für den stillen Gesellschafter, der an den Ergebnissen dieser Geschäfte beteiligt bleibt, ergeben, wenn sie zu den Verlusten führen, die er anteilig mitzutragen hat. Unter Berücksichtigung der Interessen des Konkursverwalters und des stillen Gesellschafters dürfte es der Billigkeit entsprechen, daß dem stillen Gesellschafter nur die Verluste angerechnet werden, die auch bei ordnungsgemäßer Abwick-

1069

---

53 MünchHdb. StG/*Kühn* § 29 Rn. 5.

lung der schwebenden Geschäfte außerhalb des Konkursverfahrens entstanden wären[54].

1070 Ergibt die gemäß § 235 Abs. 3 HGB durchzuführende Abrechnung für den stillen Gesellschafter einen Gewinn, so muß er diesen **als Konkursforderung anmelden** (§§ 138 ff. KO, §§ 174 ff. InsO). Einen Verlust aus den schwebenden Geschäften muß er, sofern er kein Guthaben hat, bis zur Höhe seiner rückständigen Einlage einzahlen.

1071 Nimmt der Konkursverwalter die Berechnung des Guthabens nicht oder nicht rechtzeitig vor, kann der stille Gesellschafter gegen ihn **auf Rechnungslegung und Vornahme der Auseinandersetzung klagen.** Er kann aber auch, wenn er dazu in der Lage ist, sein Guthaben selbst berechnen und den errechneten Betrag als Konkursforderung anmelden (§ 144 KO, § 178 InsO). Damit setzt er sich jedoch der Gefahr aus, daß der Konkursverwalter oder die Konkursgläubiger Widerspruch erheben (§ 144 KO, § 178 InsO) und daß er dadurch zur Feststellungsklage gemäß § 146 KO, § 180 InsO gezwungen wird, mit der er keinen höheren als den angemeldeten Betrag geltend machen kann (§ 146 Abs. 4 KO, § 181 InsO). Es ist deshalb zweckmäßiger, gegen den Konkursverwalter auf Feststellung zu klagen, daß das Guthaben den errechneten Betrag erreicht bzw. mindestens in der errechneten Höhe besteht. Dann braucht die Anmeldung zur Konkurstabelle erst vorgenommen zu werden, wenn das Feststellungsurteil rechtskräftig geworden ist[55]. Die Zulässigkeit der Feststellungsklage des Stillen hängt dabei von seinem Rechtsschutzbedürfnis i.S.d. § 256 Abs. 1 ZPO ab.

4. Das Auseinandersetzungsguthaben

1072 Hat der Konkursverwalter das Guthaben anerkannt oder ist es rechtskräftig festgestellt, dann können die anderen Konkursgläubiger die angemeldete Forderung nicht mehr bestreiten. Ergibt die vom Konkursverwalter durchgeführte Berechnung für den stillen Gesellschafter ein Guthaben, so ist dieses eine echte Konkursforderung, die den **gleichen Rang wie die anderen nicht bevorrechtigten Konkursforderungen** hat und mit der sich nach Befriedigung aller bevorrechtigten Gläubiger ergebenden Konkursquote bedacht wird. Der stille Gesellschafter wird in der Regel nicht wie

---

54 *Schlegelberger/Karsten Schmidt*, § 341 (§ 236 n.F.) Rn. 10; *Zutt*, in: Groß-Komm., § 236 Rn. 17; *Koenigs*, S. 305.
55 *Schlegelberger/Geßler*, 4. Aufl., § 341 Rn. 2; a.A. *Düringer/Hachenburg/Flechtheim*, § 341 Anm. 2; *Schlegelberger/Karsten Schmidt*, § 341 (§ 236 n.F.) Rn. 16.

der Kommanditist erst nach allen anderen Konkursgläubigern befriedigt. Dies ist vielmehr nur dann der Fall, wenn im Gesellschaftsvertrag ausdrücklich vereinbart wurde, daß er seine Einlage erst nach Befriedigung der Gläubiger zurückfordern darf[56] oder wenn die stille Einlage Eigenkapital darstellt[57]. Seine Vermögenseinlage ist nicht als Haftungsobjekt und Realsicherung für die Gläubiger des Inhabers gedacht. Ein Recht auf abgesonderte Befriedigung (§ 51 KO) steht ihm in Ansehung seines Guthabens nicht zu, da er an dem Geschäftsvermögen nicht dinglich beteiligt ist[58]. Aus anderen Gründen kann der stille Gesellschafter aber ein Recht auf abgesonderte Befriedigung haben; so wenn ihm zur Sicherung seiner Vermögenseinlage oder seines Guthabens ein Pfandrecht bestellt oder Gegenstände sicherungsweise übereignet worden sind (§§ 47, 48 KO, §§ 49, 50 InsO)[59].

Hatte er dem Inhaber in Erfüllung seiner Einlagepflicht Sachen zum Gebrauch überlassen, so steht ihm in Ansehung dieser Sachen, die sein Eigentum geblieben sind, ein Aussonderungsrecht zu (§ 43 KO, § 47 InsO).

1073

5. Das passive Einlagekonto

Weist das Einlagekonto des stillen Gesellschafters im Zeitpunkt der Konkurseröffnung einen Passivsaldo aus, so kommt es darauf an, ob er seine Vermögenseinlage voll erbracht hat oder ob er mit ihr im Rückstand ist. Hat er seine **Einlage voll geleistet,** braucht er den Passivsaldo nicht auszugleichen. Ist die **Einlage rückständig,** so hat er sie bis zu dem Betrag, welcher zur Deckung seines Anteils am Verlust erforderlich ist, zur Konkursmasse einzuzahlen (§ 236 Abs. 2 HGB), sobald sie nach der gesellschaftsvertraglichen Regelung fällig ist[60]. Die Leistung kann nicht deshalb verweigert werden, weil aus noch schwebenden Geschäften ein Gewinnanteil zu erwarten ist. Der stille Gesellschafter kann aber Sicherstellung gemäß § 54 Abs. 3 KO, § 95 InsO verlangen.

1074

Soweit die rückständige Einlage nicht zur Verlustdeckung benötigt wird, braucht sie nicht erbracht zu werden – auch nicht, wenn sie bereits vor

1075

---

56 BGH v. 1. 3. 1982 BGHZ 83, 341 (345) = WM 1982, 896 = ZIP 1982, 1077.
57 BGH v. 17. 12. 1984 NJW 1985, 1079 (1080) = BB 1985, 372.
58 *Blaurock,* S. 270 (276).
59 Z.B. RG v. 1. 5. 1914 RGZ 84, 433 (436).
60 Str., wie hier: *Baumbach/Hopt,* § 236 Rn. 2; *Zutt,* in: GroßKomm., § 236 Rn. 9; *Koenigs,* S. 310; *Schlegelberger/Karsten Schmidt,* § 341 (§ 236 n.F.) Rn. 24 (25); a.A. *Schlegelberger/Geßler,* 4. Aufl., § 341 Rn. 4; *Düringer/Hachenburg/ Flechtheim,* § 341 Anm. 5.

I. Teil: Die stille Gesellschaft im Zivil- und im Handelsrecht

Konkurseröffnung fällig und der stille Gesellschafter im Verzuge war. Gegenüber dem Anspruch des Konkursverwalters auf Leistung der rückständigen Einlage könnte der stille Gesellschafter mit seinem Rückzahlungsanspruch aufrechnen.

1076 Hieraus ergibt sich, daß die Einbuße des stillen Gesellschafters im Konkursfall je größer ist, desto mehr er auf seine Einlage eingezahlt hat[61].

Vgl. dazu die folgenden von Hueck gebildeten Beispiele:

a) Einlage 100 000 DM; Verlustanteil laut Gesellschaftsvertrag 1/5; Verlust 200 000 DM. Guthaben des stillen Gesellschafters 60 000 DM. Konkursdividende 20% Konkursquote 12 000 DM. Einbuße des stillen Gesellschafters 88 000 DM.

b) Ist die Einlage noch nicht eingezahlt, dann braucht der stille Gesellschafter nur seinen Verlustanteil in Höhe von 40 000 DM einzuzahlen. Seine Einbuße ist gegenüber a) um 48 000 DM geringer.

c) Hatte der stille Gesellschafter 60 000 DM eingezahlt, so verbleibt ihm nach Abzug seines Verlustanteils von 40 000 DM ein Guthaben von 20 000 DM, auf das er 4000 DM Konkursdividende erhält. Einbuße 56 000 DM.

1077 Hat die rückständige stille Einlage jedoch **Eigenkapitalcharakter,** dann muß sie, soweit sie zur Befriedigung der Gläubiger erforderlich ist, in die Konkursmasse geleistet werden, und zwar unabhängig von der Höhe der Verlustanteile des Stillen[62].

1078 Die Einlage ist so zu leisten, wie es im Gesellschaftsvertrag vorgesehen ist. Ist der stille Gesellschafter zur Leistung seiner Sacheinlage verpflichtet, so verwandelt sich diese wegen der Konkurseröffnung nicht in eine Geldeinlage (vgl. Rn. 1021 ff.)[63].

1079 Eine Vereinbarung, wonach der stille Gesellschafter am Verlust überhaupt nicht oder nur in geringerem Maße als am Gewinn beteiligt ist, **behält auch im Konkursverfahren ihre Wirksamkeit.** Nur ein speziell auf den Konkursfall beschränkter Verlustbeteiligungsausschluß ist unwirksam. Das ist im Interesse der Konkursgläubiger zwingendes Recht. Es kann durch den Gesellschaftsvertrag dem stillen Gesellschafter gegenüber den Konkursgläubigern keine Sonderstellung eingeräumt werden. Deshalb ist die Vereinbarung, daß ihm für den Fall der Konkurseröffnung die Verpflichtung zur Leistung der rückständigen Einlage erlassen sein soll, dem Konkursverwalter gegenüber unwirksam. Dagegen sind, weil da-

---

61 G. *Hueck,* S. 163.
62 BGH v. 9. 2. 1981 NJW 1981, 2251 (2252) = WM 1981, 761 = ZIP 1981, 734; BGH v. 17. 12. 1984 NJW 1985, 1079 = BB 1985, 372 = ZIP 1985, 347.
63 A.A. *Schlegelberger/Karsten Schmidt,* § 341 (§ 236 n.F.) Rn. 21, § 340 (§ 235 n.F.) Rn. 34.

durch die Interessen der Konkursgläubiger nicht beeinträchtigt werden, gesellschaftsvertragliche Vereinbarungen zulässig und rechtswirksam, durch die die Pflichten des stillen Gesellschafters im Konkursverfahren erweitert werden, z.B. die Vereinbarung, daß er abweichend von der Regelung des § 236 Abs. 1 HGB erst nach allen anderen Konkursgläubigern befriedigt werden soll (vgl. § 10 Abs. 4 S. 1 KWG betr. das haftende Eigenkapital) oder daß er über seine Vermögenseinlage hinaus zur Befriedigung der Konkursgläubiger beschränkt oder unbeschränkt Zuschüsse zu leisten habe. Unberührt bleiben auch Vereinbarungen, die sich nicht auf das Auseinandersetzungsverfahren, sondern auf die Berechnung des Guthabens beziehen.

II. Der Konkurs des stillen Gesellschafters

Auch die Eröffnung des Konkursverfahrens über das Vermögen des stillen Gesellschafters führt notwendig zur Auflösung der Gesellschaft (§ 728 BGB). Die Auseinandersetzung findet auch hier außerhalb des Konkursverfahrens statt (§ 16 KO, § 84 Abs. 1 S. 1 InsO i.V.m. § 235 HGB)[64]. Das Auseinandersetzungsguthaben des stillen Gesellschafters fällt in seine Konkursmasse und steht zur Verteilung an die Konkursgläubiger zur Verfügung. 1080

Ist sein Einlagekonto passiv und ist er mit seiner Einlage im Rückstand, so steht dem Inhaber, soweit der stille Gesellschafter zum Verlustausgleich verpflichtet ist, eine einfache Konkursforderung zu. 1081

III. Die Konkursanfechtung

1. Der Grundgedanke

Nur selten findet der Konkursverwalter die Konkursmasse unverkürzt vor. Schuldner, denen der Zusammenbruch droht, verschieben oder verschleudern häufig Vermögensstücke, um mit dem Erlös zu flüchten, um sie für ihre Familie zu retten oder um ihnen nahestehende Gläubiger zu begünstigen. 1082

Dem begegnet der Gesetzgeber mit der in der KO geregelten Konkursanfechtung, die eine die Gläubiger benachteiligende Rechtshandlung voraussetzt (§ 29 KO § 129 InsO), die vor Konkursbeginn erfolgt ist und den 1083

---

[64] *Kuhn/Uhlenbruck*, KO § 16 Rn. 6a; *Koenigs*, S. 322; *Zutt*, in: GroßKomm., § 236 Rn. 20; *Karsten Schmidt*, KTS 1977, 8; *Blaurock*, S. 272.

375

Konkursgläubigern zum Nachteil gereicht, d.h. im Erfolgsfalle ihren Zugriff vereitelt oder schmälert. Diese allgemeine Voraussetzung der Anfechtbarkeit ergibt sich aus dem Anfechtungszweck und steht zur Beweislast des Konkursverwalters, der den Rückgewähranspruch nach § 37 KO, § 143 InsO erhebt. Der Benachteiligungsvorgang löst die Anfechtbarkeit aber nur aus, wenn er sich unter bestimmten erschwerenden Umständen vollzieht. Als besondere Begleitumstände, die eine anfechtungsrechtliche Rückgewährpflicht des Erwerbers auslösen, betrachtet der Gesetzgeber die erkannte **Absicht der Gläubigerbenachteiligung (§ 31 KO, § 133 InsO) und die Unentgeltlichkeit der Zuwendung (§ 32 KO, § 134 InsO)**. Hinzu kommt die **besondere Konkursanfechtung (§ 30 KO, §§ 130, 131, 132 InsO)**, die auf dem Gedanken beruht, daß das Vermögen des Schuldners, sobald er erkennbar konkursreif geworden ist, der Gesamtheit seiner persönlichen Gläubiger unter Verlustgemeinschaft verfangen sein soll. Danach sind anfechtbar die nach der Zahlungseinstellung oder nach dem Antrag auf Eröffnung des Verfahrens von dem Gemeinschuldner eingegangenen Rechtsgeschäfte, durch deren Eingehung die Konkursgläubiger benachteiligt werden, wenn dem anderen Teil zu der Zeit, als er das Geschäft einging, die Zahlungseinstellung oder der Eröffnungsantrag bekannt war, sowie die nach der Zahlungseinstellung oder dem Eröffnungsantrag erfolgten Rechtshandlungen, welche einem Konkursgläubiger Sicherung oder Befriedigung gewähren, wenn diesem zu der Zeit, als die Handlung erfolgte, die Zahlungseinstellung oder der Eröffnungsantrag bekannt war (§ 30 Nr. 1 KO, §§ 130, 132 InsO).

1084 Des weiteren sind anfechtbar die nach der Zahlungseinstellung oder dem Antrag auf Eröffnung des Verfahrens oder in den letzten zehn Tagen vor der Zahlungseinstellung oder dem Eröffnungsantrag erfolgten Rechtshandlungen, welche einem Konkursgläubiger eine Sicherung oder Befriedigung gewähren, die er nicht oder nicht in der Art oder nicht zu der Zeit zu beanspruchen hatte, sofern er nicht beweist, daß ihm zur Zeit der Handlung weder die Zahlungseinstellung oder der Eröffnungsantrag noch eine Absicht des Gemeinschuldners, ihn vor den übrigen Gläubigern zu begünstigen, bekannt war (§ 30 Nr. 2 KO, § 131 InsO).

1085 Neben dieser sog. **Krisenanfechtung** kennt das Gesetz in § 31 KO § 133 InsO die sog. **Absichtsanfechtung.** Danach sind anfechtbar Rechtshandlungen, die der Gemeinschuldner in der dem anderen Teil bekannten Absicht, seine Gläubiger zu benachteiligen, vorgenommen hat, und die in dem letzten Jahr vor der Eröffnung des Verfahrens geschlossenen entgeltlichen Verträge des Gemeinschuldners mit seinem Ehegatten und nahen Verwandten, sofern durch den Abschluß des Vertrags die Gläubiger des Gemeinschuldners benachteiligt werden und der andere Teil nicht beweist, daß ihm zur Zeit des Vertragsabschlusses eine Absicht des Gemeinschuldners, die Gläubiger zu benachteiligen, nicht bekannt war.

Schließlich ist noch die sog. **Schenkungsanfechtung** geregelt (§ 32 KO, § 134 InsO). Anfechtbar sind allgemein die in dem letzten Jahr vor der Eröffnung des Verfahrens vorgenommenen unentgeltlichen Verfügungen sowie im besonderen die in den letzten zwei Jahren vor der Eröffnung des Konkurses von dem Gemeinschuldner vorgenommenen unentgeltlichen Verfügungen zugunsten seines Ehegatten.

1086

2. Die Sonderregelung des § 237 HGB

Diese in der KO geregelten Anfechtungstatbestände werden ergänzt durch die auf das Konkursverfahren beschränkte eigenartige **Anfechtbarkeit der Teilhaberbegünstigung** gemäß § 237 HGB. Sie hat ihren Grund in der Erwägung, daß der stille Gesellschafter vielfach zu dem Inhaber in einem Verhältnis steht, das es ihm ermöglicht, in dessen Vermögenslage Einblick zu nehmen. Das bringt die Gefahr mit sich, daß er, wenn sich die Vermögensverhältnisse des Inhabers verschlechtern, seine Vermögenseinlage im Zusammenwirken mit diesem dem Zugriff der Gläubiger entzieht, um sich vor Verlusten zu schützen[65]. Die Konkursgläubiger haben dann unter den im Gesetz festgelegten Voraussetzungen die Möglichkeit, die Rückgewähr anzufechten.

1087

Das Anfechtungsrecht aus § 237 HGB steht **selbständig neben den in der KO geregelten Anfechtungstatbeständen,** die in Fällen der vorliegenden Art nicht immer zum Erfolg führen, weil der Nachweis der Gläubigerbenachteiligung oft nur schwer erbracht werden kann. Demgegenüber kommt es im Falle des § 237 HGB auf den bösen Glauben des stillen Gesellschafters oder auf die Absicht der Gläubigerbenachteiligung nicht an. Mit Hilfe dieses Anfechtungsrechts sollen dem Konkursverwalter zugunsten der Konkursgläubiger weitere, über die Anfechtungstatbestände der KO hinausreichende Zugriffsmöglichkeiten verschafft oder erhalten werden. Die Vorschriften der KO können aber Bedeutung erlangen, wenn die Voraussetzungen des § 237 HGB nicht gegeben sind. Stützt der Konkursverwalter den anfechtungsrechtlichen Rückgewähranspruch auf die §§ 30 ff. KO, §§ 130 ff. InsO, dann schlägt der Einwand aus § 237 Abs. 2 HGB nicht durch.

1088

Da § 237 HGB eine im Interesse der Konkursgläubiger geschaffene Vorschrift ist, enthält sie **zwingendes Recht,** das nicht durch anderweitige

1089

---

[65] *Schlegelberger/Karsten Schmidt,* § 342 (§ 237 n.F.) Rn. 1; *Karsten Schmidt,* KTS 1977, 68; *Düringer/Hachenburg/Flechtheim,* § 342 Anm. 1.

Vereinbarungen der Beteiligten zum Nachteil der Konkursgläubiger ausgeschlossen oder eingeschränkt werden kann. Wohl aber ist es zulässig, Vereinbarungen zu treffen, die den Konkursgläubigern über den § 237 HGB hinaus weitere Zugriffsmöglichkeiten eröffnen[66].

1090 Wenn § 237 HGB nur das Konkursrisiko des stillen Gesellschafters, wie es vor der Rückzahlung bestand, wiederherstellen soll, bestehen Bedenken, das Anfechtungsrecht über den Verlustanteil hinausgehen zu lassen. Aus §§ 37–39 KO, §§ 143–144 InsO ergibt sich aber, daß der stille Gesellschafter unter den Voraussetzungen des § 237 HGB seine ganze Einlage der Konkursmasse zur Verfügung stellen und seine Auszahlungsforderung als Konkursforderung anmelden muß. Das beruht darauf, daß die Einzahlung zum Nennwert, die Wiederauszahlung dagegen nur nach Maßgabe der Konkursquote zu erfolgen hat, die der Konkursverwalter vor der Verteilung, nicht aber vor der Sammlung der Masse zu errechnen hat[67].

3. Die Voraussetzungen der besonderen Konkursanfechtung

1091 Die Ausübung des Anfechtungsrechts aus § 237 Abs. 1 HGB setzt die Eröffnung des Konkursverfahrens über das Vermögen des Inhabers voraus; sie erlischt mit dessen Beendigung. Sie ist an die folgenden Voraussetzungen geknüpft:

a) Vorliegen einer stillen Beteiligung

1092 Es muß **innerhalb des letzten Jahres vor Konkurseröffnung eine stille Gesellschaft rechtswirksam bestanden** haben. Im Zeitpunkt der Eröffnung des Konkursverfahrens oder der Ausübung des Anfechtungsrechts braucht sie jedoch nicht mehr zu bestehen. Sie kann zu diesem Zeitpunkt bereits aufgelöst sein. Deshalb entfällt die Anfechtungsmöglichkeit gemäß § 237 HGB, wenn der Gesellschaftsvertrag nichtig war oder im Falle seiner Anfechtbarkeit vernichtet worden ist. Es finden jedoch die Grundsätze über die fehlerhafte Gesellschaft (Rn. 554 ff.) entsprechende Anwendung[68].

---

66 Damit wird nicht der zwingende Charakter des § 237 HGB in Frage gestellt, wie MünchHdb. StG/*Kühn* § 29 Rn. 23 meint. Als Zugriffsmöglichkeiten über § 237 HGB hinaus kommen zum Beispiel Pfandrechte an einzelnen Vermögensgegenständen des stillen Gesellschafters in Betracht.
67 *Schlegelberger/Karsten Schmidt*, § 342 (§ 237 n.F.) Rn. 10; *Karsten Schmidt*, KTS 1977, 71; MünchHdb. StG/*Kühn* § 29 Rn. 27; *Koller*, in: Koller/Roth/Mork, § 237 Rn. 4; MünchHdb. StG/*Kühn* § 29 Rn. 27, FN. 51; a.A.: *Baumbach/Hopt*, § 237 Rn. 1.
68 BGH v. 29. 7. 1970 BGHZ 55, 5 (8 f.).

b) Konkursverfahren über das Vermögen des Inhabers

Es muß **über das Vermögen des Inhabers das Konkursverfahren eröffnet** worden sein, und es darf noch nicht seinen Abschluß gefunden haben. Ist eine handelsrechtliche Personengesellschaft Inhaberin des Handelsgewerbes, so muß über ihr Vermögen das Konkursverfahren eröffnet worden sein; die Eröffnung des Konkursverfahrens über das Vermögen eines Gesellschafters gewährt kein Anfechtungsrecht. 1093

c) Besondere Vereinbarung zwischen Inhaber und stillem Gesellschafter

Zwischen dem Inhaber des Handelsgeschäfts und dem stillen Gesellschafter müssen **im letzten Jahr vor der Konkurseröffnung Vereinbarungen getroffen** worden sein, durch die dem stillen Gesellschafter 1094

**seine Einlage ganz oder teilweise zurückgewährt oder
sein Anteil an dem entstandenen Verlust ganz oder teilweise erlassen worden ist.**

Die anfechtbaren Rechtshandlungen müssen hiernach aufgrund einer im letzten Jahr vor der Konkurseröffnung getroffenen Vereinbarung vorgenommen worden sein. War die Übereinkunft schon früher erfolgt, ist sie aber erst im Konkursvorjahr ausgeführt worden, dann fehlt es an der Voraussetzung für die Anfechtung aus § 237 HGB; ebenso, wenn nicht eine Bewilligung des Geschäftsinhabers, sondern von vornherein der – wenn auch erst im Konkursvorjahr abgeschlossene – Gesellschaftsvertrag die Rückgabepflicht begründet[69] oder wenn der Gesellschaftsvertrag von Anfang an nichtig war oder rückwirkend vernichtet worden ist, der „stille Gesellschafter" also seine Vermögenseinlage nicht als „Gesellschafter" zurückerhalten hat[70]. Dies gilt jedoch nicht, soweit die Grundsätze über die fehlerhafte Gesellschaft entsprechend eingreifen. 1095

Im **Anschlußkonkurs** ist die nach § 237 HGB maßgebliche Jahresfrist vom Tage der Eröffnung des Vergleichsverfahrens zu berechnen (§ 107 Abs. 2 VerglO), weil der Anschlußkonkurs seinen Grund nicht im gescheiterten Vergleichsverfahren, sondern in der von diesem vorausgesetzten und nicht behobenen Zahlungsunfähigkeit des Geschäftsinhabers hat. 1096

---

69 RG v. 1. 5. 1914 RGZ 84, 434 (438); *Schlegelberger/Karsten Schmidt*, § 342 (§ 237 n.F.) Rn. 2; *Mohrbutter/Mohrbutter*, Rz. 635.
70 RG v. 24. 11. 1914 LZ 1915 Sp. 507.

d) Anfechtbare Rechtshandlung des Inhabers

1097 Die **Anfechtung** aus § 237 HGB ist weiterhin **ausgeschlossen,** wenn die Rückgewähr nicht vom freien Willen des Geschäftsinhabers abhängt, ob er die Einlage zurückzahlen will, sondern aufgrund eines gesetzlichen oder vertraglichen Kündigungsrechts erfolgt oder wenn die stille Gesellschaft aus vertraglichen oder gesetzlichen Gründen – Tod des stillen Gesellschafters, Eröffnung des Konkursverfahrens über sein Vermögen – aufgelöst wird. Eine freiwillige Rückgewähr liegt deshalb nicht vor, wenn ein gesetzliches Kündigungsrecht, vor allem das Recht zur fristlosen Kündigung aus wichtigem Grunde ausgeübt wird und aus diesem Grunde die Rückzahlung erfolgen mußte. In diesem Fall würde auch die zugunsten des stillen Gesellschafters erfolgte Sicherungsübereignung keine anfechtbare Rückgewähr darstellen[71].

1098 In diesen Fällen ist die Rückgewähr der Vermögenseinlage nur eine Folge der Ausübung des Kündigungsrechts oder der Auflösung der Gesellschaft. Ob die Kündigung eine ordentliche oder eine solche aus wichtigem Grunde war und ob der Inhaber des Handelsgeschäfts das Kündigungsrecht anerkannt oder bestritten hat, ist unerheblich, sofern nur die Kündigung nach dem Gesellschaftsvertrag oder nach dem Gesetz berechtigt war. War sie das nicht, hat sich aber der Inhaber mit ihr einverstanden erklärt, dann liegt allerdings eine Vereinbarung vor, die – wenn die sonstigen Voraussetzungen erfüllt sind – zur Anfechtung berechtigt, denn hier wird dem stillen Gesellschafter auf Kosten der Konkursgläubiger ein Vorteil verschafft, auch wenn die Absicht der Gläubigerbenachteiligung nicht vorliegt.

1099 Anfechtbar ist nicht die Vereinbarung der Rückgewähr, sondern die Rückgewähr selbst. Wenn nur eine Vereinbarung zur Rückgewähr oder zum Erlaß des Verlustanteils getroffen, aber noch nicht ausgeführt worden ist, besteht keine Anfechtungsmöglichkeit. Anderseits ist der Konkursverwalter weder berechtigt noch verpflichtet, die Vereinbarung auszuführen. Einem diesbezüglichen Verlangen des stillen Gesellschafters könnte er die Einrede der Arglist entgegenhalten.

1100 **Rückgewähr der Einlage** liegt vor, wenn sie dem stillen Gesellschafter ganz oder teilweise aus dem Vermögen des Inhabers zurückgezahlt oder wenn die Rückzahlung durch einen Dritten für Rechnung des Inhabers erfolgt ist. Eine Rückgewähr der Einlage ist auch gegeben, wenn sie dem stillen Gesellschafter zwar nicht in Geld zugeflossen ist, wenn er aber

---

[71] BGH v. 29.6.1970 BGHZ 55, 5 ff. = GmbHR 1971, 47 = WM 1971, 183 = BB 1971, 101 = KTS 1971, 188.

andere Werte dafür erhalten hat. Deshalb ist auch in den Fällen der Aufrechnung oder der Leistung an Erfüllungs Statt eine Rückgewähr der Einlage anzunehmen, denn auch hier wird die Konkursmasse geschmälert[72]. Der Rückgewähr gleichzustellen ist es, wenn die im Handelsgeschäft des Inhabers verbleibende Vermögenseinlage innerhalb der maßgeblichen Jahresfrist durch Bestellung von Pfandrechten oder Hypotheken oder im Wege der Sicherungsübereignung aus dem Vermögen des Inhabers gesichert worden ist, da durch diese zur abgesonderten Befriedigung berechtigenden Sicherungen die Konkursmasse benachteiligt wird[73]. Bestand dagegen die Einlage des stillen Gesellschafters in einer Gebrauchsüberlassung, so fällt die Rückgewähr der zum Gebrauch überlassenen Gegenstände nicht unter § 237 HGB, weil diese nicht zum beschlagnahmefähigen Vermögen des Inhabers gehörten. Der stille Gesellschafter hat insoweit ein Aussonderungsrecht gemäß § 43 KO, § 47 InsO.

Wird die Vermögenseinlage im Wege der Novation in ein Darlehen umgewandelt, so liegt darin noch keine Rückgewähr[74]. Solange das Darlehen nicht zurückgezahlt und der Verlustanteil nicht erlassen ist, ist die Konkursmasse nicht benachteiligt, so daß ein Anfechtungsrecht nicht gegeben ist. Wird dagegen das Darlehen innerhalb des Konkursvorjahres zurückgezahlt, dann ist, wenn die übrigen Voraussetzungen des § 237 HGB gegeben sind, die Rückgewähr anfechtbar. 1101

Erfolgt die Rückgewähr der Einlage aufgrund eines rechtskräftigen Urteils oder im Wege der Zwangsvollstreckung, so ist sie anfechtbar, wenn der Rückgewähranspruch selbst auf einer besonderen Vereinbarung beruhte. 1102

Der Rückgewähr der Vermögenseinlage stellt das Gesetz den ganzen oder teilweisen **Erlaß des Anteils am entstandenen Verlust** gleich, wenn der stille Gesellschafters vertraglich am Verlust beteiligt ist. Aber auch bei Ausschluß der Verlustbeteiligung kann die vorzeitige Rückgewähr der Einlage angefochten werden, weil der Ausschluß der Verlustbeteiligung im Konkursverfahren keinen Anspruch auf die volle Rückzahlung der Einlage gewährt. Der **Erlaß künftiger Verluste** fällt nicht unter § 237 HGB. Die Aufhebung der Verlustbeteiligung für die Zukunft begründet kein Anfechtungsrecht des Konkursverwalters; unter Umständen kann 1103

---

[72] *Schlegelberger/Karsten Schmidt*, § 342 (§ 237 n.F.) Rn. 10; *Zutt*, in: Groß-Komm., § 237 Rn. 15; *Koenigs*, S. 316.
[73] RG v. 1. 5. 1914 RGZ 84, 434, 435; *Hartmann*, S. 128; *Koenigs*, S. 315; *Baumbach/Hopt*, § 237 Rn. 2.
[74] So auch *Schlegelberger/Karsten Schmidt*, § 342 (§ 237 n.F.) Rn. 10; MünchHdb. StG/*Kühn* § 29 Rn. 28; a.A. noch *Schilling*, in: GroßKomm., 3. Aufl., § 342 Rn. 7, weil die Umwandlung eine verlustfreie Forderung begründe, offengelassen von *Zutt*, in: GroßKomm § 237 Rn. 16.

aber eine Anfechtung gemäß §§ 29 ff. KO §§ 129 ff. InsO in Betracht kommen.

1104 Der **Erlaß der Einlage selbst** ist keine gemäß § 237 Abs. 1 HGB anfechtbare Rechtshandlung. Er kann sich jedoch wirtschaftlich als Erlaß des auf den stillen Gesellschafter entfallenden Verlustanteils darstellen, z.B. dann, wenn der stille Gesellschafter mit seiner Einlage im Rückstande ist und sein Einlagekonto einen Passivsaldo aufweist[75].

1105 Die Anfechtung kann auch dadurch begründet sein, daß dem stillen Gesellschafter Gewinne ausgezahlt werden, die zur Deckung früherer Verluste hätten verwendet werden müssen (§ 232 Abs. 2 HGB). Die Gewinnauszahlung steht in diesem Falle wirtschaftlich der teilweisen Rückgewähr der Einlage gleich.

e) Ausschluß der Anfechtbarkeit

1106 Die **Anfechtung ist ausgeschlossen,** wenn der Konkurs auf Umständen beruht, die erst nach Vereinbarung der Rückgewähr oder des Erlasses des Verlustanteils und unabhängig davon eingetreten sind (§ 237 Abs. 2 HGB), wenn z.B. der Konkurs die Folge einer später unternommenen oder fehlgeschlagenen Spekulation oder die Folge des späteren plötzlichen Zusammenbruchs eines Geschäftspartners des Inhabers war.

1107 Die Beweislast dafür liegt beim stillen Gesellschafter[76]. Er muß den Nachweis führen, daß die Eröffnung des Konkursverfahrens ausschließlich durch Umstände verursacht worden ist, die nach dem Zeitpunkt der Vereinbarung eingetreten sind. Hat die Rückgewähr der Einlage, die ordnungsgemäß zur Verlustdeckung hätte verwendet werden müssen, zur Konkurseröffnung beigetragen, so ist die Anfechtung begründet. Sie kann nicht mit dem Einwand bekämpft werden, im Zeitpunkt der Vereinbarung habe ein Konkursgrund noch nicht vorgelegen[77].

4. Die Durchführung der Konkursanfechtung

1108 Gemäß § 237 Abs. 3 HGB finden die Vorschriften der KO über die Geltendmachung der Anfechtung und deren Wirkung Anwendung.

---

75 *Schlegelberger/Karsten Schmidt,* § 342 (§ 237 n.F.) Rn. 13; *Zutt,* in: Groß-Komm., § 237 Rn. 19.
76 BGH v. 1. 3. 1982 BGHZ 83, 341 (346); *Schlegelberger/Karsten Schmidt,* § 342 (§ 237 n.F.) Rn. 20; *Mohrbutter/Mohrbutter,* Rz 637.
77 *Schlegelberger/Karsten Schmidt,* § 342 (§ 237 n.F.) Rn. 19.

§ 237 HGB kann nur im Konkursverfahren zur Anwendung kommen, nicht auch außerhalb des Konkursverfahrens zugunsten von Einzelgläubigern. **Das Anfechtungsrecht steht allein dem Konkursverwalter zu.** Der Inhaber kann es nicht geltend machen und auf seiner Grundlage von ihm vorgenommene Rechtshandlungen anfechten, auch wenn er beabsichtigt, die dadurch in sein Vermögen zurückfließenden Werte seinen Gläubigern zur Verfügung zu stellen[78]. Anfechtungsgegner ist der stille Gesellschafter oder dessen Erbe (§ 40 Abs. 1 KO, § 145 InsO).

Der Konkursverwalter kann das Anfechtungsrecht im Wege der Klage, die binnen Jahresfrist seit der Eröffnung des Konkursverfahrens zu erheben ist (§ 41 Abs. 1 KO, § 146 InsO), oder in Form einer unbefristeten Einrede oder Replik gegenüber dem Anspruch des stillen Gesellschafters geltend machen[79]. Dem **Vergleichsverwalter** steht das Anfechtungsrecht **nicht zu.** Die Klage geht auf Rückgewähr dessen, was durch die anfechtbare Handlung aus dem Vermögen des Gemeinschuldners veräußert, weggegeben oder aufgegeben ist, zur Konkursmasse (§ 37 Abs. 1 KO, § 143 InsO). Der Rückgewähranspruch ist ein Bestandteil der Konkursmasse. Der stille Gesellschafter ist verpflichtet, die Zugriffslage herzustellen, die bestehen würde, wenn die anfechtbare Handlung unterblieben wäre. Er muß also die in bar zurückgewährte Einlage zurückzahlen, bei Aufrechnung mit der Einlage diese erbringen, bei Erhalt einer Sicherheit diese aufgeben und den Gegenstand der Sicherung herausgeben. Im Falle des Erlasses des Verlustanteils muß er sich diesen von seinem Guthaben abschreiben lassen oder die rückständige Einlage zur Deckung des zu Unrecht erlassenen Verlustanteils leisten. Die Erstattung einer etwaigen Gegenleistung bestimmt sich nach § 38 KO, § 144 Abs. 2 InsO (z.B. Herabsetzung der Gewinnbeteiligung gegen Verlusterlaß). Andererseits leben nach erfolgter Rückgewähr die Forderungen des stillen Gesellschafters wieder auf (§ 39 KO, § 144 Abs. 1 InsO).

Ist die stille Gesellschaft zugleich mit der Vereinbarung, auf der die angefochtene Rückgewähr beruht, aufgelöst worden, kann der stille Gesellschafter sein Guthaben in der im Auflösungszeitpunkt vorhandenen Höhe als Konkursforderung anmelden. Die spätere Entwicklung berührt die Höhe des Guthabens nicht, da die Auflösung durch die Anfechtung, die sich allein gegen die Rückgewähr der Vermögenseinlage oder den Erlaß des Verlustanteils richtet, nicht beseitigt wird. Ist die stille Gesellschaft mit der Rückgewähr der Einlage nicht aufgelöst worden, so muß

---

[78] *Schlegelberger/Karsten Schmidt*, § 342 (§ 237 n.F.) Rn. 5, 22.
[79] *Schlegelberger/Karsten Schmidt*, § 342 (§ 237 n.F.) Rn. 23.

das Guthaben des stillen Gesellschafters auf den Zeitpunkt der Konkurseröffnung festgestellt werden.

IV. Das Vergleichsverfahren

1111 Durch die Eröffnung des gerichtlichen Vergleichsverfahrens über das Vermögen eines Gesellschafters wird die stille Gesellschaft anders als durch die Eröffnung des Konkursverfahrens **nicht aufgelöst.** Die Eröffnung des Vergleichsverfahrens kann aber im Gesellschaftsvertrag zum Auflösungsgrund erklärt werden[80].

1112 Der stille Gesellschafter ist im Vergleichsverfahren über das Vermögen des Geschäftsinhabers **nicht Vergleichsgläubiger** (§ 25 VerglO)[81]. Vergleichsgläubiger sind nach § 25 VerglO alle persönlichen Gläubiger des Schuldners, die einen zur Zeit der Eröffnung des Verfahrens begründeten Vermögensanspruch gegen ihn haben. Vor der Auflösung der stillen Gesellschaft hat der Stille aber keinen Vermögensanspruch, sondern ein Mitgliedschaftsrecht. Die Einlage des Stillen ist – so gesehen – kein Leihkapital, sondern verantwortliches Kapital[82]. Darin besteht der Unterschied zum partiarischen Darlehen.

1113 Der stille Gesellschafter ist dadurch ausreichend geschützt, daß er in den Fällen, in denen die Eröffnung des Vergleichsverfahrens für ihn einen wichtigen Grund i.S.d. § 723 BGB darstellt, von der Möglichkeit der fristlosen Kündigung Gebrauch machen kann. Der Geschäftsinhaber hat, wenn ihm nicht auch seinerseits das Recht zur fristlosen Kündigung zusteht, die Möglichkeit der Ablehnungsbefugnis nach § 50 VerglO. Nach dieser Bestimmung kann der Schuldner die Erfüllung oder die weitere Erfüllung eines gegenseitigen Vertrags ablehnen, wenn zur Zeit der Eröffnung des Vergleichsverfahrens noch keine Vertragspartei den Vertrag vollständig erfüllt hat. Diese Voraussetzung ist bei der stillen Gesellschaft auch dann gegeben, wenn der stille Gesellschafter seine Einlageverpflichtung voll erfüllt hat, da die Gesellschafterpflichten bis zur Vollbeendigung der Gesellschaft einzuhalten sind. Der Gesellschaftsvertrag ist zwar kein gegenseitiger Vertrag in dem Sinne, daß die Vertragspartner gegenseitig Leistungen austauschen, aber in dem Sinne, daß die Gesellschafter-

---

80 *Karsten Schmidt,* KTS 1977, 72 ff.
81 BGH v. 24. 2. 1969 BGHZ 51, 350 = NJW 1969, 1211; *Koller,* in: Koller/Roth/Mork, § 236 Rn. 8; a.A. mit beachtlichen Gründen: *Karsten Schmidt,* KTS 1977, 80; *Wagner,* KTS 1980, 208 f.
82 RG v. 29. 1. 1942 RGZ 168, 284 (286); BGH v. 30. 1. 1952 BGHZ 4, 364 (368); BGH v. 24. 2. 1969 BGHZ 51, 350 ff.

§ 17 Insolvenz

pflichten in einem Abhängigkeitsverhältnis zueinander stehen. Das genügt, um die Anwendung des § 50 VerglO zu rechtfertigen. Deshalb kann der Geschäftsinhaber, wenn das Vergleichsverfahren über sein Vermögen eröffnet worden ist, mit Ermächtigung des Vergleichsgerichts die Erfüllung des Gesellschaftsvertrags ablehnen und den stillen Gesellschafter auf einen Anspruch auf Schadensersatz wegen Nichterfüllung (§ 52 VerglO) verweisen. Durch die Einschaltung des Vergleichsgerichts bei der Erfüllungsablehnung ist für eine sachgerechte Handhabung dieses Rechtsbehelfs Sorge getragen. Infolge der Möglichkeit der Erfüllungsablehnung steht der Geschäftsinhaber gegenüber seinem stillen Gesellschafter nicht schutzlos da.

Kommt es zur Erfüllungsablehnung, kann der Stille nach § 52 Abs. 1 S. 1 VerglO **Schadensersatz wegen Nichterfüllung** verlangen. Dieser Anspruch nimmt nach § 52 Abs. 1 S. 2 VerglO am Vergleichsverfahren teil und wird vom Vergleich betroffen. 1114

Auch bei fristloser Kündigung des Gesellschaftsverhältnisses kann der Stille einen Schadensersatzanspruch geltend machen. Dieser Anspruch ist gleichfalls Vergleichsforderung, obwohl er durch eine erst nach Eröffnung des Vergleichsverfahrens abgegebene Kündigungserklärung ausgelöst wird. Das folgt daraus, daß dieser Anspruch ebenso wie der Schadensersatzanspruch nach § 52 VerglO und der Schadensersatzanspruch wegen Erfüllungsablehnung des Konkursverwalters (§ 26 KO) auf dem Vermögensverfall des Schuldners beruht und die in § 52 Abs. 1 S. 2 VerglO und § 26 S. 2 KO getroffene Regelung nach ihrem Sinn und Zweck auch auf einen Schadensersatzanspruch wegen positiver Vertragsverletzung übertragbar ist, der durch eine Kündigungserklärung ausgelöst wird, die ihren Grund in der Insolvenz des Vertragspartners hat. 1115

Die Anerkennung eines solchen Schadensersatzanspruchs als Vergleichsforderung berechtigt aber nicht zu der Folgerung, daß der stille Gesellschafter dann auch wegen der sich aus seiner Einlage ergebenden Ansprüche Vergleichsgläubiger und die Eröffnung des Vergleichsverfahrens bei der stillen Gesellschaft Auflösungsgrund sein müsse, denn durch die Erfüllungsablehnung oder durch die auf der Verfahrenseröffnung beruhende fristlose Kündigung wird erst der Tatbestand geschaffen, der einen Schadensersatzanspruch wegen Nichterfüllung des Gesellschaftsvertrags auslöst. 1116

Wird durch die Eröffnung des Vergleichsverfahrens über das Vermögen des Geschäftsinhabers die stille Gesellschaft nicht aufgelöst, so nimmt der stille Gesellschafter, der kein Vergleichsgläubiger ist, an dem durch 1117

Abwicklung des Vergleichsverfahrens entstandenen Sanierungsgewinn teil[83].

1118 Im **Vergleichsverfahren über das Vermögen des stillen Gesellschafters** finden nach h.M. die §§ 36 und 50 VerglO Anwendung, d.h. daß der Geschäftsinhaber nicht Vergleichsgläubiger ist und daß der stille Gesellschafter mit Ermächtigung des Vergleichsgerichts die Erfüllung des Gesellschaftsvertrags ablehnen kann[84]. Da die Ermächtigung nur erteilt werden soll, wenn die Erfüllung des Vertrags das Zustandekommen des Vergleichs gefährden würde und die Ablehnung der Erfüllung dem Vertragsgegner keinen unverhältnismäßigen Schaden bringt (§ 50 Abs. 2 S. 5 VerglO), ist der Geschäftsinhaber vor einer egoistischen Erfüllungsverweigerung geschützt. Der Geschäftsinhaber ist nicht Vergleichsgläubiger des Stillen, denn das Einlageverhältnis fällt unter § 36 Abs. 1 VerglO. Das bloße Belassen der stillen Einlage im Vermögen des Geschäftsinhabers ist keine Leistung, auf die § 25 Abs. 1 VerglO zutreffen könnte[85].

V. Insolvenzordnung 1999

1. Ziele der Insolvenzordnung

1119 Die am 5. 10. 1994 verkündete Insolvenzordnung (InsO)[86] ersetzt ab dem 1. 1. 1999 das geltende Konkurs-, Vergleichs- und Gesamtvollstreckungsrecht für Verfahren, die nach dem 1. 1. 1999 beantragt werden. Hauptzweck des Insolvenzverfahrens bleibt die Verwirklichung der schuldnerischen Vermögenshaftung, indem das Vermögen verwertet und der Erlös verteilt wird (§ 1 S. 1 InsO). Zugleich soll die Sanierung des Unternehmens erleichtert werden.

1120 Die Insolvenzordnung führt statt des bisher getrennten Vergleichs- und Konkursverfahrens ein **einheitliches Insolvenzverfahren** ein. Folge ist unter anderem, daß das Anfechtungsrecht ab 1999 in allen Insolvenzverfahren Anwendung findet, und nicht nur wie bislang im Konkursverfahren.

1121 Weiter soll die Verfahrenseröffnung nicht schon mangels Masse unterbleiben. Dazu beitragen soll die frühzeitige Eröffnung des Insolvenzverfahrens durch den neuen Eröffnungsgrund der drohenden Überschuldung

---

83 FG Baden-Württemberg v. 2. 9. 1992 EFG 1993, 2228 (229).
84 BGH v. 24. 2. 1969 BGHZ 51, 350 (352 f.) = KTS 1969, 241; *Schlegelberger/Karsten Schmidt*, § 341 (§ 236 n.F.) Rn. 40; *Zutt*, in: GroßKomm., § 236 Rn. 21, 22; *Koenigs*, S. 327 f.
85 Vgl. *Karsten Schmidt*, KTS 1977, 74 ff.
86 BGBl. I 1994, 2866.

(§ 18 InsO). Als weiterer Anreiz für den Schuldner, möglichst zeitig einen Eröffnungsantrag zu stellen, ist das Institut der sogenannten Restschuldbefreiung für natürliche Personen (§§ 1 S. 2, 286 ff. InsO) eingeführt worden. Ein Schuldner, der trotz redlichen Bemühens wirtschaftlich gescheitert ist, erhält nach Durchführung des Insolvenzverfahrens und weiteren strengen Voraussetzungen die Chance, sich von seinen restlichen Schulden zu befreien. Da die stille Gesellschaft mit Eröffnung des Insolvenzverfahrens aufgelöst wird und der Stille eine etwaige Forderung als Insolvenzgläubiger geltend machen kann (§ 236 Abs. 1 HGB), dürfte diese Neuerung für ihn nicht in anderer Weise relevant werden als für gewöhnliche Gläubiger. Zudem wird das Anfechtungsrecht verschärft, damit die Vermögensverschiebungen im Vorfeld des Insolvenzverfahrens besser als bisher rückgängig gemacht werden können und dadurch die Masse vermehrt wird. Gegen die Massearmut derzeitiger Konkursverfahren werden weiter verschiedene Maßnahmen ergriffen, unter anderem die Einbeziehung der gesicherten Gläubiger in die Verwertung des Schuldnervermögens[87].

Der Autonomie der Gläubiger wird durch erhöhte Mitspracherechte, so im Gläubigerausschuß (§ 67 Abs. 2 InsO) und der Gläubigerversammlung (§§ 74 Abs. 1 S. 2 InsO) größeres Gewicht beigemessen. Die Konkursvorrechte des § 61 KO sind abgeschafft worden, um eine Erhöhung der Verteilungsgerechtigkeit zu erreichen. 1122

2. Regelungen bezüglich der stillen Gesellschaft
a) Änderungen des HGB

Die Insolvenzordnung und das Einführungsgesetz[88] zu ihr nehmen folgende für die stille Gesellschaft besonders bedeutsame **Änderungen am Gesetzestext** vor: 1123

§ 236 HGB lautet ab 1. 1. 1999:

„(1) Wird über das Vermögen des Inhabers des Handelsgeschäfts das Insolvenzverfahren eröffnet, so kann der stille Gesellschafter wegen der Einlage, soweit sie den Betrag des auf ihn fallenden Anteils am Verlust übersteigt, seine Forderung als Insolvenzgläubiger geltend machen.

(2) Ist die Einlage rückständig, so hat sie der stille Gesellschafter bis zu dem Betrage, welcher zur Deckung seines Anteils am Verlust erforderlich ist, zur Insolvenzmasse einzuzahlen."

---

87 Einen Überblick über die Schwerpunkte der Insolvenzrechtsreform geben *Obermüller/Hess*, Rn. 12 ff.; *Uhlenbruck*, Das neue Insolvenzrecht, S. 17 ff.
88 Art. 40 Nr. 16 EGInsO v. 5. 10. 1994 (BGBl. I 2911).

I. Teil: Die stille Gesellschaft im Zivil- und im Handelsrecht

1124 § 237 HGB wird aufgehoben; an seine Stelle tritt in der Insolvenzordnung:

„§ 136 Stille Gesellschaft

(1) Anfechtbar ist eine Rechtshandlung, durch die einem stillen Gesellschafter die Einlage ganz oder teilweise zurückgewährt oder sein Anteil am entstandenen Verlust ganz oder teilweise erlassen wird, wenn die zugrundeliegende Vereinbarung im letzten Jahr vor dem Antrag auf Eröffnung des Insolvenzverfahrens über das Vermögen des Inhabers des Handelsgeschäftes oder nach diesem Antrag getroffen ist. Dies gilt auch dann, wenn im Zusammenhang mit der Vereinbarung die stille Gesellschaft aufgelöst worden ist.

(2) Die Anfechtung ist ausgeschlossen, wenn ein Eröffnungsgrund erst nach der Vereinbarung eingetreten ist."

b) Auswirkungen der Gesetzesreform auf die Rechtslage der stillen Beteiligung in der Insolvenz

1125 Die **inhaltlichen Änderungen hinsichtlich der stillen Gesellschaft sind gering:**

1126 Die stille Gesellschaft wird auch in Zukunft durch die Eröffnung des Insolvenzverfahrens aufgelöst. Eine fortbestehende stille Gesellschaft wie beim derzeitigen Vergleichsverfahren wird es nicht geben. Der stille Gesellschafter ist also immer Insolvenzgläubiger. Dies ist Folge des vereinheitlichten Insolvenzverfahrens. Wie bisher gelten Ausnahmen, soweit seine Beteiligung haftungsrechtlich als Eigenkapital zu qualifizieren ist.

1127 Die Auseinandersetzung der stillen Gesellschaft ändert sich materiell nicht. Sie erfolgt nach § 84 Abs. 1 S. 1 InsO, der § 16 KO sinngemäß und ohne inhaltliche Änderungen übernimmt. Der stille Gesellschafter kann ein Absonderungsrecht nach § 84 Abs. 1 S. 2 InsO (§ 51 KO) genausowenig geltend machen wie zuvor[89].

1128 In Anlehnung an § 237 HGB regelt § 136 InsO die Anfechtbarkeit einer Rechtshandlung, durch die dem stillen Gesellschafter die Einlage ganz oder teilweise zurückgewährt oder sein Anteil am Verlust ganz oder teilweise erlassen wird. Voraussetzung der Anfechtbarkeit ist, daß die zugrundeliegende Vereinbarung im letzten Jahr vor der Eröffnung des Insolvenzverfahrens über das Vermögen des Inhabers des Handelsgeschäfts oder nach dem Antrag getroffen worden ist. **Der im HGB normierte echte Anfechtungstatbestand wird damit aus rechtssystematischen Gründen in das Insolvenzrecht zurückgeführt**[90]. An den objektiven An-

---

89 Vgl. BR-Drucks. 1/1992 S. 136.
90 Vgl. BR-Drucks. 1/1992 S. 161; *Schmidt-Räntsch*, S. 305; *Kübler/Prütting*, S. 350; *Obermüller/Hess*, Rn. 279 f.

fechtungsvoraussetzungen des § 237 HGB hält hingegen auch die Insolvenzordnung fest. Die für die Fristbestimmung entscheidende Eröffnung des Insolvenzverfahrens erfolgt durch einen begründeten Eröffnungsantrag der Gläubiger oder des Schuldners (vgl. im einzelnen §§ 11–34 InsO). In § 136 Abs. 2 InsO wird im Vergleich zu § 237 Abs. 2 HGB präzisiert, daß die Anfechtung ausgeschlossen ist, wenn erst nach der Vereinbarung ein Eröffnungsgrund (drohende Zahlungsunfähigkeit, Zahlungsunfähigkeit sowie bei juristischen Personen und Gesellschaften ohne persönliche Haftung einer natürlichen Person auch Überschuldung, §§ 16–19 InsO) eingetreten ist. Damit soll Absatz 2 für die Praxis besser handhabbar werden. Nach der Übernahme des Anfechtungstatbestandes in die Insolvenzordnung bedarf es einer dem § 237 Abs. 3 HGB entsprechenden Vorschrift nicht mehr. Da allgemein alle Anfechtungstatbestände miteinander konkurrieren, bleibt die Anfechtbarkeit der Rückgewähr einer Einlage oder des Erlasses eines Verlustanteils durch andere Anfechtungsgründe, zum Beispiel als unmittelbar nachteilige Rechtshandlung (§ 132 InsO) oder als unentgeltliche Leistung (§ 134 InsO), unberührt. Die Regelungen des § 237 HGB bleiben damit im wesentlichen inhaltlich unverändert.

Auch § 32a KO ist durch § 135 InsO umformuliert worden, ohne daß damit eine wesentliche Abweichung vom Regelungsgehalt des § 32a KO eingetreten ist. Der neue Anfechtungstatbestand nimmt anders als § 32a KO nicht ausdrücklich auf § 32a Abs. 1, 3 GmbHG Bezug, sondern spricht allgemein von der **„Forderung eines Gesellschafters auf Rückgewähr eines kapitalersetzenden Darlehens"**. Damit soll klargestellt werden, daß auch die Fälle der §§ 129a, 172a HGB (kapitalersetzende Darlehen bei einer OHG oder KG) und auch die von der Rechtsprechung anerkannten weiteren Fälle kapitalersetzender Darlehen erfaßt werden[91]. Die weiterhin in § 135 InsO enthaltene Formulierung „gleichgestellte Forderung" zielt auf § 32a Abs. 3 GmbHG ab, so daß auch Forderungen in den Anwendungsbereich von § 136 InsO einbezogen werden, die wirtschaftlich einer Darlehensgewährung entsprechen. Dies betrifft insbesondere auch kapitalersetzende stille Beteiligungen. Schließlich wird die Dreißigjahresfrist des § 41 Abs. 1 S. 3 KO durch eine Zehnjahresfrist ersetzt (§ 135 Nr. 1 InsO).

1129

VI. Zusammenfassung

Die rechtliche Regelung der stillen Gesellschaft bleibt von der Insolvenzrechtsreform im wesentlichen unberührt. Wird über das Vermögen des

1130

---

91 Vgl. BR-Drucks. 1/1992 S. 161.

Inhabers das Konkursverfahren eröffnet, so kann derzeit wie nach der InsO der stille Gesellschafter seine Einlage, soweit sie den Betrag des auf ihn entfallenden Anteils am Verlust übersteigt, als Konkursgläubiger geltend machen. Praxisrelevante Ausnahmen bestehen im Falle eigenkapitalersetzender stiller Beteiligungen. Sie liegen insbesondere bei Beteiligungen an Publikumsgesellschaften, unter den Voraussetzungen der §§ 30–32a GmbHG, §§ 129a, 170a HGB sowie dann vor, wenn zur Erreichung des Gesellschaftszwecks der Inhabergesellschaft die stille Einlage unerläßlich ist.

1131 Die Auseinandersetzung ist vom Konkursverwalter außerhalb des Konkursverfahrens nach den Vorschriften des § 235 HGB durchzuführen (§ 16 KO, § 84 InsO). Das für den Zeitpunkt der Konkurseröffnung ermittelte Auseinandersetzungsguthaben ist vom stillen Gesellschafter als Konkursforderung zur Konkurstabelle anzumelden. Ergibt die Auseinandersetzung ein passives Einlagekonto und hat der stille Gesellschafter seine vereinbarte Einlage voll geleistet, braucht der Passivsaldo nicht ausgeglichen zu werden. Ist die Einlage rückständig, hat sie der stille Gesellschafter bis zu dem Betrag, welcher zur Deckung seines Verlustanteils erforderlich ist, zur Konkursmasse einzuzahlen.

1132 Im Konkurs des stillen Gesellschafters, der ebenfalls zur Auflösung der Gesellschaft führt, fällt das Auseinandersetzungsguthaben in seine Konkursmasse und dient der Befriedigung seiner Gläubiger. Einen bei der Auseinandersetzung sich ergebenden Passivsaldo, zu dessen Abdeckung der stille Gesellschafter verpflichtet ist, kann der Inhaber als Konkursforderung anmelden.

1133 Zur Wahrung der berechtigten Interessen der Gläubigergemeinschaft schafft § 237 HGB neben den Konkursanfechtungstatbeständen der KO einen weiteren selbständigen Anfechtungstatbestand speziell für die stille Gesellschaft. Anfechtbar sind die ganze oder teilweise Rückgewähr der Einlage des stillen Gesellschafters aufgrund einer im letzten Jahr vor der Konkurseröffnung zwischen ihm und dem Inhaber getroffenen Vereinbarung und der ganze oder teilweise Erlaß seines Anteils an dem entstandenen Verlust.

Die Anfechtung ist ausgeschlossen, wenn der Konkurs in Umständen seinen Grund hat, die erst nach der Vereinbarung der Rückgewähr oder des Erlasses eingetreten sind.

1134 Die Durchführung des Anfechtungsverfahrens liegt beim Konkursverwalter und bestimmt sich nach den §§ 36 ff. KO (§§ 129 InsO). Der stille Gesellschafter muß das, was er aufgrund der anfechtbaren Rechtsgeschäfte und Rechtshandlungen erlangt hat, an die Konkursmasse zurückgewähren. Dafür leben seine Konkursforderungen wieder auf.

Wird über das Vermögen eines Gesellschafters der Vergleich eröffnet, so wird die stille Gesellschaft nicht aufgelöst, der Vergleich kann aber wichtiger Grund zur Kündigung i.S.d. § 723 BGB sein. Der stille Gesellschafter ist im Vergleich des Geschäftsinhabers ebensowenig Vergleichsgläubiger wie letzterer im Vergleich des Stillen. Der Vergleichsschuldner hat die Möglichkeit der Ablehnungsbefugnis nach § 50 VerglO und kann auf einen Anspruch auf Schadensersatz wegen Nichterfüllung gemäß § 52 VerglO verweisen; hierzu bedarf er der Ermächtigung des Vergleichsgerichts. Auch der Schadensersatzanspruch wegen fristloser Kündigung des Gesellschaftsverhältnisses nach § 723 BGB ist Vergleichsforderung gemäß § 52 Abs. 1 S. 2 VerglO. 1135

§ 18 Die stille Gesellschaft in der Umwandlung

Schrifttum: *Balser, Heinrich / Bokelmann, Gunther / Piorreck, Friedrich / Dostmann, Dieter / Kauffmann, Walter,* Umwandlung – Verschmelzung – Vermögensübertragung, Freiburg 1990; *Böttcher, Conrad / Zartmann, Hugo / Kandler, Götz,* Wechsel der Unternehmensform, 4. Aufl., 1982; *Brandmüller, Gerhard,* Die Betriebsaufspaltung nach Handels- und Steuerrrecht, 6. Aufl., Heidelberg 1994; *Crezelius, Georg,* Stille Beteiligungen und Unterbeteiligungen bei Umstrukturierungen, in: Jahrbuch der Fachanwälte für Steuerrecht, 1992/93, 229; *Dehmer, Hans,* Umwandlungsgesetz, Umwandlungssteuergesetz, 2. Aufl. 1996; *Felix, Günther,* Gesellschafterwechsel infolge der Umwandlung einer GmbH auf eine Personengesellschaft oder einen Gesellschafter als Einzelunternehmer, BB 1987, 1265; *Fritz, Michael,* Die Spaltung von Kapitalgesellschaften – Gesellschaftsrecht, Steuerrecht, Reformvorschläge –, Diss., Freiburg 1991; *Geck, Reinhard,* Die Spaltung von Unternehmen nach dem neuen Umwandlungsrecht, DStR 1995, 416; *Goutier, Klaus / Knopf, Rüdiger / Tulloch, Anthony,* Kommentar zum Umwandlungsrecht – Umwandlungsgesetz, Umwandlungssteuerrecht –, Heidelberg 1996; *Heidenhain, Martin,* Sonderrechtsnachfolge bei der Spaltung, ZIP 1995, 801; *ders.,* Spaltungsvertrag und Spaltungsplan, NJW 1995, 2873; *Heiss, Manuela,* Die Spaltung von Unternehmen im Deutschen Gesellschaftsrecht, Berlin 1995; *Hennrichs, Joachim,* Formwechsel und Gesamtrechtsnachfolge bei Umwandlungen, Berlin 1995; *ders.,* Zum Formwechsel und zur Spaltung nach dem neuen Umwandlungsgesetz, ZIP 1995, 794; *Jung, Peter,* Die stille Gesellschaft in der Spaltung, ZIP 1996, 1734; *Lehmann, Karl,* Umwandlungen handelsrechtlicher Unternehmungsformen, ZHR 50 (1901), S. 1; *Lutter, Marcus* (Hrsg.), Kölner Umwandlungsrechtstage: Verschmelzung, Spaltung, Formwechsel, 1995; *Mertens, Kai,* Umwandlung und Universalsukzession – Die Reform von Verschmelzung, Spaltung, Vermögensübertragung und Formwechsel, Heidelberg 1993; *ders.,* Zur Universalsukzession in einem neuen Umwandlungsrecht, AG 1994, 66; *ders.* (Hrsg.), Umwandlungsgesetz – Kommentar, Köln 1996; *Meyer, Dieter,* Erste Zweifelsfragen bei der Unternehmensspaltung, DB 1995, 861; Gesetz betreffend die Gesellschaften mit beschränkter Haftung, hrsg. von *Heinz Rowedder,* 2. Aufl., 1990; *Sagasser, Bernd / Bula, Thomas,* Umwandlungen – Verschmelzung, Spaltung, Formwechsel, Vermögensübertragung – Zivil-, Handelsbilanz- und Steuerrecht, München 1995; *Schulze zur Wiesche, Dieter,* Beendigung einer GmbH & Still, GmbHR 1984, 320; *Schwarz, Hansjürgen,* Umwandlung mittelständischer Unternehmen im Handels- und Steuerrecht, Bielefeld 1995; *Schwedhelm, Rolf,* Die Unternehmensumwandlung – Umwandlung, Einbringung, Verschmelzung, Spaltung, Köln 1993; *Semler, Johannes,* Vorfinanzierung zukünftigen Aktienkapitals durch stille Gesellschaften, in: Festschrift für W. Werner, 1984, 855; *Sudhoff, Heinrich / Sudhoff, Martin,* Die stille Beteiligung bei Umwandlung des „Hauptunternehmens" in eine GmbH oder GmbH & Co, GmbHR 1981, 235; *Teichmann, Arndt,* Die Spaltung von Rechtsträgern als Akt der Vermögensübertragung, ZGR 1993, 396; *Theil, Clemens,* Das rechtliche Schicksal der stillen Beteiligung und Unterbeteiligung bei der Umwandlung des Unternehmens, Frankfurt am Main 1982; *Widmann, Siegfried / Mayer, Robert,* Umwandlungsrecht I, Stand 1980; *Windbichler, Christine,* Schadensersatzansprüche des stillen Gesellschafters – Besprechung der Entscheidung BGH WM 1987, 1193, ZGR 1989, 434.

§ 18 Umwandlung

Das neue Umwandlungsgesetz (**UmwG 1995**) und das Umwandlungssteuergesetz (**UmwStG 1995**) sind gemeinsam mit Wirkung vom 1. 1. 1995 an die Stelle des bislang in acht Gesetzen (UmwG 1969, UmwStG 1977, AktG, KapErhG, GenG, VAG, SpTrUG und LAG) verstreuten alten Umwandlungsrechts getreten. Eine ausdrückliche Regelung zur stillen Gesellschaft in der Umwandlung ist auch in den neuen Gesetzen nicht enthalten. Die Neuregelung mit dem Ziel einer Ausweitung und Erleichterung von Umwandlungen hat jedoch die Stellung des stillen Gesellschafters insgesamt geschwächt[1].

1136

I. Die stille Gesellschaft und die Umwandlung des Geschäftsinhabers

Bei der Erörterung der möglichen Fallkonstellationen muß einerseits zwischen den wichtigsten Umwandlungsformen (Verschmelzung, Spaltung, Formwechsel) unterschieden und andererseits nach der Rolle des Geschäftsinhabers im Umwandlungsprozeß (übertragender Rechtsträger, übernehmender Rechtsträger) differenziert werden.

1137

1. Stille Gesellschaft und Verschmelzung des Geschäftsinhabers

a) Verschmelzung mit stiller Beteiligung am übertragenden Rechtsträger

Die Besonderheit dieser Umwandlungsform besteht darin, daß sowohl bei der errichtenden Verschmelzung als auch bei der Verschmelzung durch Aufnahme das Handelsgewerbe, an dem der Stille sich beteiligt hatte, mit der übernehmenden Gesellschaft im Wege der Universalsukzession vereinigt wird[2].

1138

Im Hinblick auf das Schicksal der stillen Beteiligung ist zwischen deren Übertragbarkeit überhaupt sowie der Zustimmungsbedürftigkeit im Außen- und Innenverhältnis zu unterscheiden.

(1) Die prinzipielle Übertragbarkeit der stillen Beteiligung

Die stille Beteiligung ist nach herrschender Ansicht auch ohne gesellschaftsvertragliche Regelung als Gesamtheit im Rahmen der Verschmelzung übertragbar. Dies folgt aus der in § 20 UmwG in Übereinstimmung mit dem alten Umwandlungsrecht angeordneten **Gesamtrechtsnachfolge** des übernehmenden Rechtsträgers[3].

1139

---

1 Vgl. *Jung*, ZIP 1996, 1734.
2 *Theil*, S. 140.
3 Vgl. zum neuen Recht *Dehmer*, § 20 UmwG Rn. 53 und *Bermel*, in: *Goutier/Knopf/Tulloch*, § 20 Rn. 16 sowie zum alten Recht die Vorauflage,

1140 Bedenken gegen einen Übergang auch der Gesellschafterstellung auf den Nachfolger könnten sich allenfalls aus dem Umstand ergeben, daß das Gesetz für den wichtigsten Fall der Gesamtrechtsnachfolge, den Tod des Geschäftsinhabers, gerade nicht den Übergang der Mitgliedschaft auf den oder die Nachfolger, sondern die Auflösung der Gesellschaft anordnet (§ 727 Abs. 1 BGB). Ohne anderslautende gesellschaftsvertragliche Vereinbarung wäre dementsprechend der Übergang der Gesellschafterstellung des Geschäftsinhabers bei Umwandlung nicht möglich, wenn man diese dem gesetzlich geregelten Fall des Todes des Geschäftsinhabers gleichstellen wollte. Für eine solche Gleichstellung spricht der Umstand, daß mit dem Untergang des übertragenden Rechtsträgers und der Ersetzung durch den übernehmenden / neuen Rechtsträger eine für die stille Gesellschaft als personenbezogenes Beteiligungsverhältnis ähnlich fundamentale Veränderung eintritt wie beim Tode des Geschäftsinhabers. Ein Unterschied zu dem in § 727 Abs. 1 BGB geregelten Sachverhalt ergibt sich jedoch insoweit, als bei der Verschmelzung der **alte Unternehmensträger** in dem neuen aufgeht und gewissermaßen „fortlebt". Es widerspräche schließlich dem Ziel des Umwandlungsrechts, die Umwandlung durch Universalsukzession zu erleichtern, würde man ausgerechnet Gesellschaftsverhältnisse von der Gesamtrechtsnachfolge ausnehmen. Daher ist eine Gleichstellung der Verschmelzung mit dem Fall des Todes des Geschäftsinhabers nicht gerechtfertigt.

(2) Informationspflichten des Geschäftsinhabers

1141 Der Stille ist von dem Verschmelzungsvorhaben in jedem Fall in analoger Anwendung von § 42 UmwG zu unterrichten. Außerdem ist das stille Beteiligungsverhältnis zur Information der Anteilsinhaber als Sonderrecht im Verschmelzungsbericht und Verschmelzungsvertrag zu erwähnen (§ 5 Abs. 1 Nr. 7 und § 8 UmwG).

(3) Zustimmungsbedürftigkeit

1142 Der Konflikt zwischen den Grundsätzen der Universalsukzession (automatische Fortsetzung des Beteiligungsverhältnisses mit dem neuen Geschäftsinhaber) und denjenigen des Rechts der stillen Gesellschaft (Zustimmungsbedürftigkeit bei Strukturänderungen im Handelsgewerbe) zeigt sich insbesondere bei der Frage der Notwendigkeit einer Zustimmung des Stillen zur Verschmelzung des Geschäftsinhabers. Hierbei ist

---

S. 206 f.; *Schlegelberger/Karsten Schmidt* § 339 (234 n.F.) Rn. 48; *Theil* S. 53 ff., 87 ff. und 140; *Koenigs*, S. 273 f.; *Sudhoff/Sudhoff*, GmbHR 1981, 235 ff.; *Felix*, BB 1987, 1265 (1268); *Semler*, FS Werner 1984, S. 862; *Schilling,* in: Hachenburg 7. Aufl., § 5 UmwG a. F. Rn. 4.

zwischen dem Außenverhältnis und dem Innenverhältnis zu unterscheiden[4].

Im Außenverhältnis, d.h. für die Rechtsverhältnisse zwischen dem übertragenden Träger des Handelsgewerbes bzw. dem Stillen und einem Dritten, ist die Übertragung der stillen Beteiligung im Rahmen einer Verschmelzung **auch ohne Zustimmung** des Stillen wirksam[5]. Dies gilt auch im Falle der Vereinbarung eines entsprechenden Zustimmungserfordernisses im Beteiligungsvertrag[6] und bei einer Benachteiligung des Stillen durch den Verschmelzungsvertrag. Die Gegenauffassung ist mit dem Gesichtspunkt der Rechtssicherheit im Verschmelzungsvorgang, der sich durchaus auch als Vorgang zu Lasten Dritter erweisen kann[7], nicht zu vereinbaren.

1143

Dies ergibt sich aus den für das Außenverhältnis als abschließend gedachten Regelungen der Verschmelzungsvoraussetzungen im UmwG, nach denen lediglich eine Zustimmung der Anteilsinhaber zum Verschmelzungsvertrag gemäß **§ 13 Abs. 1 S. 1 UmwG** verlangt wird. Der stille Gesellschafter, der lediglich als Sonderrechtsinhaber gemäß § 23 UmwG geschützt wird, gehört nicht zu den Anteilsinhabern i.S. dieser Vorschrift[8].

1144

Darüber hinaus würde es der **Zielsetzung** des neuen Umwandlungsrechts, die Umwandlung zu erleichtern, widersprechen, wenn man über den Wortlaut des UmwG hinaus ein Zustimmungserfordernis des Stillen mit Außenwirkung aus allgemeinen Grundsätzen des Zivilrechts herleiten wurde. Denn Kern **einer erleichterten Universalsukzession** ist deren grundsätzlich autarke Umsetzung durch das Unternehmen ohne Mitwirkungsbefugnisse Dritter[9].

1145

---

4 So auch *Schlegelberger/Karsten Schmidt,* § 339 (§ 234 n.F.) Rn. 48; *Böttcher/Zartmann/Faut,* S. 299 f.; *Jung,* ZIP 1996, 1736 f.; *Crezelius,* S. 231.
5 H.M., vgl. *Schlegelberger/Karsten Schmidt,* § 339 (§ 234 n.F.) Rn. 48; *Böttcher/Zartmann/Faut,* S. 299 f.; *Crezelius,* S. 231; a.A. *Koenigs,* S. 274 (schwebende Unwirksamkeit).
6 *Dehmer,* § 20 UmwG Rn. 53; *Felix,* BB 1987, 1265 (1267 f.); *Rowedder-Zimmermann,* Anh. nach § 77 Rn. 194; a.A. *Bermel,* in: *Goutier/Knopf/Tulloch,* § 20 Rn. 16, der allerdings nicht zwischen Außen- und Innenverhältnis unterscheidet und bei dem die Zustimmungsverweigerung nur zu einer Auflösung der stillen Gesellschaft, aber nicht zu einer Hinderung der Verschmelzung führt.
7 Vgl. dazu *Hennrichs,* S. 99 ff.
8 Vgl. dazu näher *Jung,* ZIP 1996, 1736.
9 Dies bringt auch die Begründung zum Referentenentwurf, BMJ v. 15. 4. 1992 – III A 1 – 3501/1, S. 6, zum Ausdruck; vgl. auch *Mertens,* AG 1994, 66 (69) und *Jung,* ZIP 1996, 1736.

1146 Für ein Zustimmungserfordernis mit einer die Verschmelzung gegebenenfalls hindernden Außenwirkung besteht schließlich angesichts des möglichen anderweitigen Schutzes des Stillen[10] **kein Bedürfnis.**

1147 **Im Innenverhältnis** muß der Geschäftsinhaber jedoch regelmäßig die Zustimmung des Stillen zur Verschmelzung einholen. Die **Zustimmungsbedürftigkeit** kann sich dabei bereits aus dem stillen Gesellschaftsvertrag ergeben[11]. Daneben besteht grundsätzlich eine Zustimmungsbedürftigkeit kraft Gesetzes[12]. Denn als ein die Organisation des Handelsgewerbes veränderndes und als außergewöhnliches Geschäft[13], das die Belange des Stillen entscheidend berührt, gehört die Verschmelzung zu den zustimmungsbedürftigen Grundlagengeschäften.

1148 Entbehrlich ist die interne Zustimmung durch den Stillen nur dann, wenn deren Verweigerung unter dem Gesichtspunkt der gesellschaftsrechtlichen **Treuepflicht,** die auch bei stillen Publikumsgesellschaften besteht, rechtsmißbräuchlich wäre[14]. In einem solchen Fall kann sich der Stille sogar schadensersatzpflichtig machen. Eine Treuwidrigkeit dürfte aber nur selten vorliegen. Abzuwägen sind das haftungsrechtliche, steuerliche und geschäftspolitische Interesse des Stillen an der Fortführung des Handelsgewerbes durch den bisherigen Geschäftsinhaber und das Interesse des Geschäftsinhabers an der Durchführung der geplanten Umstrukturierungsmaßnahme. Treuwidrig kann die Zustimmungsverweigerung insbesondere dann sein, wenn die dem Stillen entstehenden Nachteile durch eine Vertragsanpassung ausgeglichen werden können. Denkbar ist auch, daß der Stille rechnungsförmig weiterhin an dem in dem neuen Unternehmensträger in der Regel fortbestehenden Geschäftsfeld des bisherigen Geschäftsinhabers beteiligt wird. Derartige Angebote des Unternehmensträgers zur Vertragsanpassung können daher die interne Zustimmungsbedürftigkeit entfallen lassen[15].

(4) Die Rechtslage bei Zustimmung des Stillen

1149 Die Zustimmung des Stillen, die auch bereits vorab im Gesellschaftsvertrag erteilt werden kann, ist an keine besondere Form gebunden. Sie kann

---

10 Siehe dazu Rn. 1150 ff.
11 Vgl. zur Auslegung von derartigen Zustimmungsklauseln allgemein *Hennrichs,* S. 118 f.; *Mertens,* AG 1994, 66 (72).
12 *Schlegelberger/Karsten Schmidt,* § 230 Rn. 125.
13 Vgl. dazu BGH v. 25. 9. 1963, WM 1963, 1209 (1210); BGH v. 29. 6. 1987, WM 1987, 1193 (1194).
14 Vgl. dazu auch *Zutt,* § 230 Rn. 89 und *Schlegelberger/Karsten Schmidt,* § 335 (§ 230 n.F.) Rn. 125 und § 339 (§ 234 n.F.) Rn. 45.
15 Vgl. dazu insgesamt *Jung,* ZIP 1996, 1737.

daher auch konkludent wie z.B. durch Fortführung der Geschäftsbeziehung erteilt werden[16]. Die Zustimmung enthält zugleich das Einverständnis mit der durch den Gesellschafterwechsel erforderlichen **Änderung des Gesellschaftsvertrags**. Darüber hinaus steht es den Parteien frei, bereits vor Durchführung der Verschmelzung weitere Vertragsänderungen zur künftigen Absicherung des Stillen zu vereinbaren[17]. Daneben hat der Stille auch nach Eintragung der Verschmelzung einen Anspruch gegen den übernehmenden/neuen Rechtsträger[18] auf Vertragsanpassung nach § 23 UmwG (sogenannter **Verwässerungsschutz**), denn der Stille zählt zu den durch § 23 UmwG geschützten Inhabern von Sonderrechten[19]. Verweigert der Geschäftsinhaber eine angemessene Vertragsanpassung, steht dem Stillen das Recht zur außerordentlichen Kündigung des Gesellschaftsverhältnisses zu[20].

(5) Die Rechtslage bei fehlender Zustimmung des Stillen

Wird die Zustimmung des Stillen nicht eingeholt, stellt sich zunächst die Frage, ob die stille Gesellschaft wegen Unmöglichkeit der Erreichung des Gesellschaftszwecks gemäß **§ 726 BGB** aufzulösen ist[21]. Dies wird man aber nur dann annehmen können, wenn der Gesellschaftszweck auf das Betreiben eines genau umschriebenen Handelsgewerbes für gemeinsame Rechnung gerichtet war und das Handelsgewerbe des übernehmenden/neuen Rechtsträgers einen grundsätzlich anderen Charakter aufweist[22].

1150

Die Vertragsverletzung des Geschäftsinhabers bzw. die Nichtbeachtung des Mitwirkungsrechts des Stillen gibt diesem einen wichtigen Grund zur **außerordentlichen Kündigung** des stillen Gesellschaftsvertrags gegenüber dem übernehmenden Rechtsträger (§ 723 Abs. 1 S. 2 2. Hs. BGB). Der stille Gesellschafter muß sich dabei nicht auf eine ansonsten vorrangige Anpassung des Gesellschaftsvertrages gemäß § 23 UmwG verweisen lassen[23].

1151

---

16 Vgl. zu den verschiedenen Formen der Zustimmung eingehend *Sudhoff/Sudhoff*, GmbHR 1981, 235 f.
17 Vgl. auch *Jung*, ZIP 1996, 1738 und *Theil*, S. 140 f.
18 Für eine gesamtschuldnerische Haftung des übernehmenden und des übertragenden Rechtsträgers jedoch *Heiss*, S. 144.
19 So auch *Dehmer*, § 23 UmwG Rn. 5 u. 8; *Bermel*, in: *Goutier/Knopf/Tulloch*, § 23 Rn. 10 und *Jung*, ZIP 1996, 1738.
20 So auch *Schlegelberger/Karsten Schmidt*, § 339 (§ 234 n.F.) Rn. 48.
21 Gegen eine Auflösung *Böttcher/Zartmann/Faut*, S. 299 f.; grundsätzlich ablehnend auch *Theil*, S. 140 und *Koenigs*, S. 273 f.; für eine mögliche Auflösung im Falle einer Umwandlung nach § 56a UmwG a.F. *Crezelius*, S. 231 f.
22 So auch *Jung*, ZIP 1996, 1738.
23 So auch *Schlegelberger/Karsten Schmidt*, § 339 (§ 234 n.F.) Rn. 48; *Böttcher/Zartmann/Faut*, S. 299 f.; *Jung*, ZIP 1996, 1738 und *Crezelius*, S. 231 f.

1152 Darüber hinaus hat der Stille einen **Anspruch auf Ersatz sämtlicher** ihm durch die Verschmelzung entstehenden **Schäden**. Dieser Anspruch wegen positiver Verletzung des stillen Gesellschaftsvertrags richtet sich gegen den übertragenden Rechtsträger, der insoweit nach § 25 Abs. 2 UmwG als fortbestehend angesehen wird[24]. Auch wenn der Anspruch auf Naturalrestitution gerichtet ist[25] und der Stille daher so zu stellen ist, als sei die Verschmelzung nicht vorgenommen worden[26], ist damit keine Rückgängigmachung der Verschmelzung verbunden. Die Verschmelzung genießt vielmehr nach außen Bestandsschutz (vgl. auch § 20 Abs. 2 UmwG)[27].

b) Verschmelzung mit stiller Beteiligung am übernehmenden Rechtsträger

1153 Grundsätzlich gilt in diesen Fällen das unter Rn. 1142 ff. Ausgeführte entsprechend. Auch hier besteht eine Zustimmungsbedürftigkeit nur im Innenverhältnis, die gegebenenfalls unter dem Gesichtspunkt der gesellschaftsrechtlichen Treuepflicht einzuschränken ist. Da der Verwässerungsschutz des § 23 UmwG nur bei stillen Beteiligungen an dem übertragenden Rechtsträger eingreift, ist das **Zustimmungserfordernis** für den Schutz des Stillen von besonderer Bedeutung[28]. Auch für die Rechtsfolgen bei fehlender Zustimmung des Stillen gilt das bereits Gesagte (Rn. 1150 ff.). Andererseits steht dem übernehmenden Geschäftsinhaber bei einer Besserstellung des Stillen regelmäßig kein Anspruch auf Anpassung des stillen Gesellschaftsvertrages zu[29].

2. Stille Gesellschaft und Spaltung des Geschäftsinhabers

1154 Die in den §§ 123 ff. UmwG geregelte Spaltung vollzieht sich grundsätzlich nach den Verschmelzungsvorschriften (§ 125 UmwG). Allerdings hat der Gesetzgeber die für die Spaltung nach neuem Umwandlungsrecht charakteristische partielle Universalsukzession zum Teil den Regeln über die Singularsukzession unterstellt (§§ 126 Abs. 1 Nr. 9, 131 Abs. 1 Nr. 1 S. 2, 132 UmwG). Hieraus entstehen zahlreiche Rechtsprobleme[30].

---

24 Zu Einzelheiten vgl. *Jung*, ZIP 1996, 1738 f.
25 Vgl. dazu auch *Böttcher/Zartmann/Faut*, S. 299.
26 Vgl. BGH v. 29. 6. 1987, WM 1987, 1193 (1194).
27 Dazu näher *Sudhoff/Sudhoff*, GmbHR 1981, 238; *Böttcher/Zartmann/Faut*, S. 300 und *Jung*, ZIP 1996, 1738 f.
28 Dazu *Jung*, ZIP 1996, 1739.
29 Dazu näher *Jung*, ZIP 1996, 1739.
30 Vgl. dazu eingehend *Jung*, ZIP 1996, 1734 ff.

a) Stille Beteiligung am übertragenden Rechtsträger

(1) Die prinzipielle Übertragbarkeit der stillen Beteiligung in der Spaltung

Das stille Beteiligungsverhältnis ist im Rahmen der bei der Spaltung eintretenden partiellen Universalsukzession (§ 131 Abs. 1 Nr. 1 S. 1 UmwG) **als Ganzes übertragbar**[31]. Dem Übergang steht dabei der mißglückte Wortlaut des **§ 126 Abs. 1 Nr. 9 UmwG nicht entgegen**. Das Vertragsverhältnis der stillen Gesellschaft als einer Gesamtheit von Rechten und Pflichten sollte ebenfalls zu den Gegenständen im Sinne des § 126 Abs. 1 Nr. 9 UmwG gehören[32], obwohl dort offenbar bewußt[33] nur von „Gegenständen des Aktiv- und Passivvermögens" ganz im Sinne der zu § 90 BGB entwickelten Begriffsdefinition die Rede ist.

1155

Richtigerweise ist unter den Begriff der Gegenstände des Aktiv- und Passivvermögens alles das zu fassen, was nach dem Willen der Parteien aufzuteilen und grundsätzlich im Wege einer Universalsukzession übertragbar ist. Die Aktivierungs- bzw. Passivierungsfähigkeit der jeweiligen Gegenstände nach Rechnungslegungsgrundsätzen spielt dabei keine Rolle[34]. Gegenstände in diesem weiten Sinne sind daher u.a. neben den der stillen Gesellschaft ähnlichen (Teil-)Gewinnabführungsverträgen auch Gesellschaftsverhältnisse als solche[35].

1156

Ein Grund, die Gesellschaftsverhältnisse einschließlich der stillen Gesellschaft im Gegensatz zu den anderen Vertragsverhältnissen und im Gegensatz zur Verschmelzung nicht an der (partiellen) Universalsukzession teilhaben zu lassen, ist nicht ersichtlich[36]. Angesichts des gesetzgeberischen Ziels, die Spaltung durch Universalsukzession zu erleichtern, entspricht es nicht dem Willen des Gesetzgebers, ohne ausdrückliche Regelung gerade die wichtigen (gesellschaftsrechtlichen) Vertragsverhältnisse einschließlich des stillen Beteiligungsverhältnisses von der Rechtsnachfolge auszunehmen und die übertragende Rechtsträgerin auf die unvollständige wie umständliche Einzelübertragung der Vertragsrechte und -pflichten zu verweisen[37]. Ein Verbleib der stillen Gesellschaft wie ande-

1157

---

31 So auch *Jung*, ZIP 1996, 1734 f. und implizit *Heidenhain*, NJW 1995, 2273 (2277 f.).
32 So auch *Heidenhain*, NJW 1995, 2873 (2877 f.).
33 Vgl. dazu die Gesetzesbegründung, BT-Drucks. 12/6699, S. 118.
34 Vgl. dazu die Gesetzesbegründung, BT-Drucks. 12/6699, S. 118; *Dehmer*, § 126 UmwG Rn. 60; *Heidenhain*, NJW 1995, 2873 (2876).
35 *Dehmer*, § 126 UmwG Rn. 61 u. 94; *Hennrichs*, S. 125 ff.
36 Für einen Gleichlauf zwischen Verschmelzung und Spaltung beim Übergang von Mitgliedschaften in Personengesellschaften auch *Heidenhain*, ZIP 1995, 801 (803 f.); vgl. auch *Hennrichs*, S. 146 ff.
37 Vgl. auch *Hennrichs*, S. 125 ff.

rer Vertragsverhältnisse beim übertragenden Rechtsträger ist zudem nur bei dessen Fortbestand und damit allein in den Fällen der Abspaltung und Ausgliederung denkbar.

1158 Die Übertragbarkeit der gesamten stillen Beteiligung auf den übernehmenden Rechtsträger **scheitert auch nicht an** § 132 S. 1 Alt. 1 UmwG[38] in Verbindung mit §§ 717 S. 1 oder 719 Abs. 1 BGB, da diese Vorschriften nur die Übertragbarkeit der einzelnen mitgliedschaftlichen Rechte bzw. (des bei einer stillen Innengesellschaft nicht vorhandenen) dinglichen Anteils am Gesamthandsvermögen ausschließen[39].

(2) Information des Stillen und Zustimmungsbedürftigkeit

1159 Was die Information des Stillen von der Spaltung betrifft, kann auf die Ausführungen zur Verschmelzung (Rn. 1141) verwiesen werden.

1160 Fraglich ist jedoch, ob die stille Gesellschaft nach dem neuen Umwandlungsrecht wie andere Vertragsverhältnisse[40] im Wege der partiellen Universalsukzession automatisch auch ohne Zustimmung des Stillen übergeht. Eine Zustimmungsbedürftigkeit im Außenverhältnis könnte nämlich aus **§ 132 S. 1 Alt. 2 UmwG** in Verbindung mit den allgemeinen Vorschriften des Zivilrechts bzw. einer entsprechenden Vertragsklausel hergeleitet werden. Für die stille Beteiligung dürfte darin auch eine Bezugnahme auf die zu den §§ 717 und 719 BGB entwickelten außergesetzlichen Grundsätze der Anteilsübertragung, die eine Zustimmung des Stillen erforderlich machen[41], enthalten sein. Die für die Praxis durch die faktische Wiedereinführung der Singularsukzession äußerst mißliche Regelung des § 132 S. 1 UmwG ist angesichts ihrer Widersprüchlichkeit zum gesetzgeberischen Ziel der Erleichterung von Spaltungen und zur Regelung der Verschmelzung deshalb vielfältiger Kritik und einschränkenden Interpretationen ausgesetzt[42].

---

38 Zu dieser Vorschrift eingehender Rn. 1160 f.
39 Vgl. dazu MünchKomm/*Ulmer*, § 717 Rn. 2 f. und § 719 Rn. 15 ff. und *Jung*, ZIP 1996, 1735.
40 Für den Übergang von Vertragsverhältnissen nach neuem Umwandlungsrecht allgemein: *Dehmer*, § 126 UmwG Rn. 94 und § 132 Rn. 12; für eine Zustimmungsbedürftigkeit jedoch *Mertens*, AG 1994, 66 (72), der (auf der Basis der § 126 Abs. 2 und 131 Abs. 1 Nr. 1 des Referentenentwurfs) bei der Übertragung von Vertragsverhältnissen allgemein die Zustimmung der jeweiligen Vertragspartner für erforderlich hält.
41 Vgl. zur Zustimmungsbedürftigkeit der Anteilsübertragung allgemein MünchKomm/*Ulmer*, § 719 Rn. 21 ff.
42 Vgl. dazu eingehend *Jung*, ZIP 1996, 1736 f.; *Hennrichs*, ZIP 1995, 794 (797 f.); *Heidenhain*, ZIP 1995, 801 (804 f.); *Mertens*, S. 176; *Mertens*, AG 1994, 66 (72).

Klarheit über die Reichweite von § 132 S. 1 UmwG wird wohl nur der Gesetzgeber oder eine gegebenenfalls praeter legem entwickelte Rechtsprechung schaffen können[43]. Bis dahin wird eine Zustimmungsbedürftigkeit im Außenverhältnis zur Übertragung der stillen Beteiligung nicht auszuschließen sein. Der Stille kann aber auch hier in besonderen Fällen unter dem Gesichtspunkt der Treupflicht zur Zustimmung verpflichtet sein (Rn. 1148).

(3) Rechtslage nach durchgeführter Spaltung

Erteilt der Stille seine Zustimmung zur Spaltung, wird die stille Gesellschaft mit dem im Spaltungsplan bezeichneten übernehmenden Rechtsträger fortgesetzt (§ 131 Abs. 1 Nr. 1 S. 1 UmwG). Im übrigen gelten die Ausführungen zur Verschmelzung (Rn. 1149) entsprechend.

Verweigert der Stille seine Zustimmung oder wird er übergangen, so ist der Spaltungsvertrag zwar wirksam[44], das Beteiligungsverhältnis verbleibt jedoch gemäß § 131 Abs. 1 Nr. 1 S. 2 UmwG grundsätzlich beim übertragenden Rechtsträger[45]. Im Falle der Aufspaltung, die trotz der Zustimmungsverweigerung des Stillen durchführbar ist[46], ist die stille Gesellschaft mit dem übertragenden Rechtsträger allerdings wegen dessen Untergangs beendet. Die bereits entstandenen Gewinnbeteiligungsansprüche und der Anspruch auf das Auseinandersetzungsguthaben richten sich nunmehr lediglich gegen die übernehmenden Rechtsträger als Gesamtschuldner.

Bei einer **treuwidrigen Verweigerung der Zustimmung** haftet der Stille dem übertragenden bzw. den übernehmenden Rechtsträgern für den durch die ausgebliebene Übertragung bis zur nächsten ordentlichen Kündigungsmöglichkeit entstehenden Schaden.

b) Stille Beteiligung am übernehmenden Rechtsträger

Hinsichtlich der stillen Beteiligung am übernehmenden Rechtsträger in der Spaltung kann auf die Ausführungen unter Rn. 1153 verwiesen wer-

---

43 So auch *Goutier*, in: *Goutier/Knopf/Tulloch*, § 131 Rn. 11 f. und *Heidenhain*, NJW 1995, 2873 (2879).
44 Wer wie *Meyer*, DB 1995, 861 (865), eine schwebende Unwirksamkeit des Spaltungsvertrages annimmt, verkennt, daß § 132 UmwG keine Voraussetzung für die Wirksamkeit des Spaltungsvertrages aufstellt, sondern nur die Reichweite der partiellen Gesamtrechtsnachfolge begrenzt (vgl. § 131 Abs. 1 Nr. 1 S. 2 UmwG); wie hier *Heidenhain*, NJW 1995, 2873 (2879).
45 Vgl. dazu allgemein *Heidenhain*, NJW 1995, 2873 (2879).
46 A.A. *Geck*, DStR 1995, 416 (420).

den, da für den übernehmenden Rechtsträger keinerlei Unterschiede zwischen Verschmelzung und Spaltung bestehen.

3. Stille Beteiligung und Umwandlung eines einzelkaufmännischen Unternehmens in eine Handelsgesellschaft

1166 Die Umwandlung eines einzelkaufmännischen Unternehmens in eine Handelsgesellschaft kann nur noch gemäß §§ 152 ff. UmwG durch (teilweise) **Ausgliederung zur Aufnahme bzw. Neugründung** durchgeführt werden. Hierdurch kann der Einzelkaufmann sein Unternehmen oder einen Teil desselben im Wege der (partiellen) Gesamtrechtsnachfolge entweder auf eine bestehende Personenhandelsgesellschaft, Kapitalgesellschaft bzw. eingetragene Genossenschaft (Ausgliederung zur Aufnahme) oder eine neu zu gründende Kapitalgesellschaft (Ausgliederung zur Neugründung) übertragen. Dies erleichtert ihm insbesondere die Einbringung seines Unternehmens als Sacheinlage, die bislang nur durch Einzelübertragung erfolgen konnte[47]. Für diese Variante des Formwechsels gelten die Ausführungen zur stillen Beteiligung in der Spaltung (Rn. 1154 ff.) und insbesondere diejenigen zur Zustimmungsbedürftigkeit[48] entsprechend.

4. Stille Gesellschaft und Formwechsel des Geschäftsinhabers

1167 Der Formwechsel von Unternehmen ist in den §§ 190–304 UmwG weitgehend eigenständig, umfassend und grundsätzlich abschließend geregelt. Verweise auf das Verschmelzungsrecht finden sich nur vereinzelt. Im Gegensatz zur Verschmelzung und Spaltung handelt es sich bei einem Formwechsel um einen rein gesellschaftsinternen **Organisationsakt** des Trägers des Handelsgewerbes, bei dem keine Vermögensübertragung auf einen anderen Rechtsträger stattfindet und grundsätzlich[49] kein Gesellschafterwechsel erfolgt. Neben den im neuen Umwandlungsgesetz geregelten Formwechseln (Rn. 1171 bzw. Rn. 1172) bestehen aber auch noch zwei weitere Möglichkeiten eines Formwechsels (Rn. 1174 bzw. Rn. 1175).

a) Formwechsel im Anwendungsbereich des neuen UmwG

1168 Das neue Umwandlungsrecht ist bestrebt, einer Handelsgesellschaft grundsätzlich alle denkbaren **Formwechsel ohne Vermögensübertragung**

---

47 Vgl. die Gesetzesbegründung zu § 152 UmwG, BT-Drucks. 12/6699, S. 128.
48 Vgl. dazu auch *Dehmer,* § 152 UmwG Rn. 24.
49 Ausnahmen bestehen beim Formwechsel auf eine KGaA (§ 233 Abs. 3 S. 3 UmwG) und einen VVaG (§§ 291 ff. UmwG).

§ 18 Umwandlung

zu ermöglichen[50]. Die entscheidende Neuerung des Umwandlungsgesetzes besteht dabei darin, daß es die übertragende/errichtende Umwandlung des alten Rechts, also den Formwechsel einer Personengesellschaft in eine Kapitalgesellschaft und umgekehrt, nunmehr ohne Vermögensübertragung durch bloßen Formwechsel gestattet. Hieraus ergibt sich für das stille Beteiligungsverhältnis eine gegenüber der Vorauflage teilweise veränderte Rechtslage.

Zwar bedarf der durch Beschluß der Gesellschafter gem. § 193 Abs. 1 UmwG herbeizuführende Formwechsel nach § 233 Abs. 2 i.V.m. § 50 Abs. 2 und § 241 Abs. 2 i.V.m. § 50 Abs. 2 UmwG der Zustimmung von Gesellschaftern, die besondere Rechte in der Gesellschaft innehaben und diese aufgrund des Formwechsels zu verlieren drohen. Wie bereits oben (Rn. 1144) dargelegt, gehört der stille Gesellschafter jedoch nicht zu den Gesellschaftern im Sinne der genannten Vorschriften. Der Stille ist auch hier im Außenverhältnis allein durch die von § 204 UmwG für anwendbar erklärte Regelung des § 23 UmwG (Rn. 1149) und die Schadensersatzvorschrift des § 205 UmwG, der § 25 UmwG (Rn. 1152) entspricht geschützt. Darüber hinaus besteht auch hier grundsätzlich das **interne Zustimmungserfordernis**[51].

1169

Der Stille ist von dem geplanten Formwechsel gemäß § 233 Abs. 3 HGB und wohl auch in entsprechender Anwendung der für die Anteilsinhaber geltenden §§ 216, 230 Abs. 1, 238, 251 Abs. 1 UmwG **zu informieren.** Der Stille hat ferner aufgrund der genannten Vorschriften einen Anspruch auf Übersendung des Umwandlungsberichts, der in seinem Interesse auch dann erstellt werden muß, wenn er eigentlich gemäß § 192 Abs. 3 UmwG entbehrlich ist. Die stille Beteiligung ist außerdem zur Information der Gesellschafter im Umwandlungsbericht zu erwähnen. Die für den Stillen im Zuge des Formwechsels gemäß § 23 UmwG vorgesehenen Maßnahmen sind schließlich gemäß § 194 Abs. 1 Nr. 5 UmwG in den Umwandlungsbeschluß aufzunehmen.

1170

Der **Formwechsel unter Kapitalgesellschaften** (§§ 238 ff. UmwG) läßt die Identität des Unternehmensträgers und des Unternehmens unangetastet. Daher steht die Fortsetzung der stillen Gesellschaft nicht in Frage[52], auch

1171

---

50 Zu den erweiterten Möglichkeiten des Formwechsels vgl. die Übersicht bei *Sagasser/Bula*, S. 312.
51 Vgl. dazu und zur Trennung zwischen Innen- und Außenverhältnis beim Formwechsel *Schlegelberger/Karsten Schmidt*, § 335 (§ 230 n.F.) Rn. 125 und *Sudhoff/Sudhoff*, GmbHR 1981, 236.
52 *Heymann/Horn*, § 234 Rn. 28; *Schlegelberger/Karsten Schmidt*, § 339 (§ 234 n.F.) Rn. 51; *Theil*, S. 54.

wenn § 202 Abs. 1 Nr. 2 S. 1 UmwG nur den Fortbestand der Beteiligungen der Anteilsinhaber betrifft. Der Stille hat dabei einen Anspruch auf Vertragsanpassung gemäß § 23 UmwG. Ein Recht zur außerordentlichen Kündigung[53] ist nur anzunehmen, wenn ein im Gesellschaftsvertrag vorgesehenes Zustimmungserfordernis mißachtet wurde oder die Rechte und Interessen des Stillen durch den Formwechsel nicht unwesentlich beeinträchtigt werden[54]. Wann ein solcher Sachverhalt vorliegt, ist eine Frage des Einzelfalls[55]. In Betracht kommt schließlich auch die subsidiäre deliktsähnliche Haftung der handelnden Organe des formwechselnden Unternehmensträgers gemäß § 205 UmwG für sämtliche aus einem schuldhaft fehlerhaften Umwandlungsbericht bzw. Umwandlungsbeschluß dem Stillen entstehenden Nachteile[56]. Insoweit ist der Stille den nach dieser Vorschrift anspruchsberechtigten Gesellschaftsgläubigern gleichzustellen. Die schuldhafte Mißachtung des nur zwischen dem Unternehmensträger und dem Stillen bestehenden vertraglichen Zustimmungserfordernisses führt jedoch nicht zu einer Haftung der Organe des Unternehmensträgers aufgrund der nur für umwandlungsrechtliche Pflichtverstöße geschaffenen Norm. In den seltenen Fällen anderweitiger schädigender Pflichtverletzung bleibt die Haftung andererseits aber auch bei einer Zustimmung des Stillen zum Formwechsel unberührt[57].

1172   Beim **Formwechsel einer Personenhandelsgesellschaft in eine Kapitalgesellschaft und umgekehrt** (§§ 214 ff., 228 ff. UmwG) gilt nach dem neuen Umwandlungsrecht nunmehr hinsichtlich des stillen Beteiligungsverhältnisses die gleiche Regelung wie für den Formwechsel unter Kapitalgesellschaften. Bei Umwandlung einer Kapitalgesellschaft in eine GbR kann die stille Gesellschaft in Ermangelung eines Handelsgewerbes lediglich als eine solche des bürgerlichen Rechts[58] fortgeführt werden.

b) Im Umwandlungsgesetz nicht geregelte Formwechsel

1173   Das in § 1 Abs. 2 UmwG enthaltene Analogieverbot hat nicht zur Folge, daß die nach dem bisherigen Recht möglichen, im neuen Umwandlungs-

---

53 Vgl. dazu auch Rn. 1150 f.
54 So auch *Schlegelberger/Karsten Schmidt*, § 339 (§ 234 n.F.) Rn. 51.
55 *Schilling*, in: GroßKomm. § 335 Anm. 47; *Schlegelberger/Karsten Schmidt*, § 339 (§ 234 n.F.) Rn. 51; *Theil*, S. 54.
56 Zu Einzelheiten dieses Schadensersatztatbestandes vgl. *Laumann*, in: *Goutier/Knopf/Tulloch*, § 205 Rn. 4 ff.
57 *Laumann*, in: *Goutier/Knopf/Tulloch*, § 205 Rn. 14.
58 Vgl. dazu *Schücking*, in: Münchener Handbuch des Gesellschaftsrechts, Bd. 1, § 3 Rn. 48.

§ 18 Umwandlung

recht jedoch nicht geregelten Formwechsel nicht mehr möglich wären, sondern führt in Verbindung mit § 190 Abs. 2 UmwG lediglich dazu, daß die den Formwechsel erleichternden Vorschriften des neuen Umwandlungsrechts nicht zur Anwendung gelangen.

Auch der **Formwechsel unter Personenhandelsgesellschaften** wird vom neuen Umwandlungsrecht nicht erfaßt (§ 214 Abs. 1 UmwG) und unterfällt damit den zu § 105 ff. HGB entwickelten allgemeinen Regelungen eines Formwechsels von Rechts wegen[59]. Auch hier bleibt die Identität des alten Rechtsträgers in neuem Rechtskleid als Partner des stillen Gesellschaftsverhältnisses gewahrt. Lediglich die Haftungsstruktur der Gesellschaft und der Status der Gesellschafter kann durch den Formwechsel einer Veränderung unterworfen sein. Zur internen Zustimmungsbedürftigkeit des Formwechsels ist daher auf die Ausführungen zur negativen Veränderung der Haftungsstruktur und den Gesellschafterwechsel im Unternehmensträger zu verweisen (Rn. 1142 ff.). 1174

Scheidet der vorletzte Gesellschafter aus (**§ 138 HGB**) oder übernimmt einer der beiden Gesellschafter das Geschäft (**§ 142 HGB**), wandelt sich die **Personenhandelsgesellschaft in ein einzelkaufmännisches Unternehmen** um. In diesen Fällen geht nach allgemeinem Recht das Vermögen der Personenhandelsgesellschaft durch Anwachsung[60] bzw. Universalsukzession[61] auf den verbleibenden Einzelkaufmann über. Die stille Gesellschaft findet daher im Unterschied zu der soeben behandelten Variante wie bei der Universalsukzession des Umwandlungsrechts ihre automatische Fortsetzung mit dem verbleibenden Einzelkaufmann. Das mit dieser Form der Umwandlung zwingend verbundene Ausscheiden zumindest eines Gesellschafters erfordert im Innenverhältnis jedoch dann die Zustimmung des Stillen, wenn dies im stillen Gesellschaftsvertrag so vorgesehen ist oder der Stille wie etwa beim Ausscheiden eines persönlich haftenden Gesellschafters hierdurch einen nicht unerheblichen Nachteil erleidet. Die Mißachtung des Zustimmungserfordernisses im Innenverhältnis berechtigt den Stillen auch hier zur außerordentlichen Kündigung[62] und zum Schadensersatz[63]. Der Schadensersatzanspruch richtet sich gegen den Einzelkaufmann als Rechtsnachfolger. 1175

---

59 *Heymann/Horn*, § 161 Rn. 93, *Baumbach/Hopt*, Einl. zu § 105 Rn. 23.
60 *Baumbach/Hopt*, Einl. zu § 105 Rn. 24 und § 138 Rn. 11.
61 *Ulmer*, in: GroßKomm. § 142 Anm. 27; *Baumbach/Hopt*, § 142 Rn. 13.
62 *Theil*, S. 169 f.
63 Zu Einzelheiten siehe Rn. 1152.

II. Die Umwandlung des stillen Gesellschafters

1176 Ist ein Einzelkaufmann oder eine Gesellschaft mit einer stillen Einlage an einem Handelsunternehmen beteiligt, so stellt sich gleichfalls die Frage, welchen Einfluß eine Umgestaltung der Unternehmensform des stillen Gesellschafters auf den Bestand des Gesellschaftsverhältnisses hat.

Zu unterscheiden ist hierbei zwischen der Umwandlung mit Universalsukzession (Verschmelzung, Spaltung und Umwandlung des einzelkaufmännischen Unternehmens) und dem bloßen Formwechsel.

1. Umwandlung mit Universalsukzession

1177 In diesen Fällen ist die stille Beteiligung einem **automatischen Übergang** auf den Rechtsnachfolger unterworfen. Die zu den §§ 717 und 719 BGB entwickelten außergesetzlichen Grundsätze der Anteilsübertragung, wonach die stille Beteiligung als solche ohne Zustimmung des Geschäftsinhabers nicht übertragen werden kann[64], finden in den Fällen der Universalsukzession keine Anwendung[65]. Vielmehr ergibt sich die Rechtsnachfolge des übernehmenden Rechtsträgers in die Stellung als Stiller aus einer analogen Anwendung des § 234 Abs. 2 HGB[66].

1178 Im Hinblick auf das interne Erfordernis einer **Zustimmung des Geschäftsinhabers** zur Umwandlung darf nicht unberücksichtigt bleiben, daß das Interesse des Geschäftsinhabers hauptsächlich der stillen Einlage gilt. Diese bleibt ihm auch bei Änderung der Unternehmensform auf Seiten des stillen Gesellschafters erhalten[67]. Seine Belange werden daher nicht wesentlich beeinträchtigt. Deshalb wird man annehmen müssen, daß der stille Gesellschafter für den Regelfall auch im Innenverhältnis zum Geschäftsinhaber berechtigt ist, eine Veränderung der Unternehmensform ohne dessen Zustimmung vorzunehmen[68]. Darüber hinaus wird dem Geschäftsinhaber nur in besonders gelagerten Fällen einer Unzumutbarkeit der Fortsetzung des Gesellschaftsverhältnisses bis zum nächst möglichen ordentlichen Kündigungstermin ein außerordentliches Kündigungsrecht zustehen. Andererseits kann aber auch der Stille aus der von ihm vorge-

---

64 Vgl. dazu Rn. 320, 519 ff. und *Zutt,* in: GroßKomm., § 230 Rn. 97.
65 So auch *Felix,* BB 1987, 1265 (1267 f.); zum Übergang von Beteiligungen allgemein vgl. *Dehmer,* § 20 UmwG Rn. 49 ff. bzw. § 131 Rn. 35 sowie *Heidenhain,* ZIP 1995, 801 (804).
66 *Dehmer,* § 20 UmwG Rn. 53; *Schilling,* in: Hachenburg 7. Aufl., Anh. zu § 77, § 5 UmwG a. F. Rn. 4.
67 *Widmann/Mayer,* Rn. 170.
68 So auch *Bermel,* in: Goutier/Knopf/Tulloch, § 20 Rn. 16; im Ergebnis ebenso *Felix,* BB 1987, 1265 (1267).

nommenen Umwandlung seines Unternehmens keinen wichtigen Grund zur außerordentlichen Kündigung des Gesellschaftsverhältnisses herleiten.

2. Formwechsel des stillen Gesellschafters

Der bloße Formwechsel des stillen Gesellschafters bleibt in aller Regel **ohne Auswirkung** auf das stille Beteiligungsverhältnis, da die Rechtsform des Stillen für den Geschäftsinhaber grundsätzlich ohne Bedeutung ist. 1179

III. Die Umwandlung der stillen Beteiligung

Die stille Gesellschaft ist als reine Innengesellschaft ohne Registerpublizität als solche nicht der Verschmelzung, der Spaltung oder des Formwechsels fähig[69]. Bei den folgenden Fallgestaltungen handelt es sich daher nicht um solche einer Umwandlung im eigentlichen Sinne. 1180

1. Die Umwandlung der stillen Beteiligung in einen Gesellschaftsanteil an der Inhabergesellschaft

In den Gesellschaftsverträgen wird bisweilen vorgesehen, daß der stille Gesellschafter seine stille Beteiligung gegebenenfalls in einen Gesellschaftsanteil am Unternehmen des Geschäftsinhabers umwandeln kann. Hierbei handelt es sich nicht um die grundsätzlich im UmwG geregelte Umwandlung eines Rechtsträgers, sondern um die **Begründung eines Mitgliedschaftsverhältnisses** in der Unternehmensträgergesellschaft. 1181

a) Die Umwandlung der stillen Beteiligung in einen Personengesellschaftsanteil

Tritt der Stille als persönlich haftender Gesellschafter oder Kommanditist in das Handelsgeschäft des Inhabers ein, so wird die stille Gesellschaft aufgelöst[70]. Der Eintritt vollzieht sich nach den Grundsätzen, die für den **Eintritt** eines Gesellschafters **in das Handelsgewerbe** eines Einzelkaufmanns oder in eine Personengesellschaft gelten. Eine Auseinandersetzung gemäß § 235 HGB findet nicht statt. Die Vermögenseinlage des stillen Gesellschafters wird zu seinem Anteil am Betriebsvermögen der offenen Handelsgesellschaft oder Kommanditgesellschaft. Es wird lediglich eine 1182

---

69 Vgl. für die Verschmelzung auch *Bermel*, in: *Goutier/Knopf/Tulloch*, § 3 Rn. 9.
70 So auch *Balser/Bokelmann/Piorreck*, Rn. H 727; *Schlegelberger/Karsten Schmidt*, § 339 (§ 234 n.F.) Rn. 56.

interne Umbuchung seines Guthabens auf sein Kapitalkonto vorgenommen, d.h. das Einlagekonto, das bisher den Charakter eines Gläubigerkontos hatte, wird nunmehr als echtes Kapitalkonto weitergeführt (Sacheinlage). Erhält der Stille die Rechtsstellung eines persönlich haftenden Gesellschafters, so gilt § 130 HGB. In der Praxis wird die stille Beteiligung häufig in eine Kommanditeinlage umgewandelt. Dies liegt zum einen an der wirtschaftlichen Ähnlichkeit der Anlageform und zum anderen daran, daß die bis zur Eintragung bestehende unbeschränkte Kommanditistenhaftung durch Begründung einer vorübergehenden stillen Beteiligung des beitretenden Kommanditisten umgangen werden kann. Der stille Gesellschafter haftet in diesen Fällen wie ein neu eintretender Kommanditist (§ 173 HGB).

b) Die Umwandlung der stillen Beteiligung in einen Kapitalgesellschaftsanteil

1183 Hat der an einem **einzelkaufmännischen Unternehmen** beteiligte Stille das Recht, Gesellschafter einer Kapitalgesellschaft zu werden, so stellt die entsprechende Vertragsklausel einen auf Gründung einer Kapitalgesellschaft gerichteten Vorvertrag (Vorgründungsvertrag) dar[71], der der für die Errichtung der Kapitalgesellschaft vorgeschriebenen Form bedarf[72]. Von dieser Möglichkeit wird häufig Gebrauch gemacht, wenn beim Tode des Inhabers zunächst nur ein Erbe das Handelsgeschäft fortführen soll, wohingegen die anderen Erben die Rechtsstellung von stillen Gesellschaftern erhalten[73]. Machen diese später von ihrem Recht Gebrauch, so muß unter Auflösung der stillen Gesellschaft eine Kapitalgesellschaft errichtet werden, an der sie entsprechend ihrem Einlagekonto mit Aktien oder GmbH-Anteilen beteiligt werden. Meist wird ihnen zu diesem Zweck ihr Einlagekonto ausgezahlt, um zum Erwerb der Aktien oder GmbH-Anteile verwendet zu werden; es kann aber auch der Weg der Sacheinlage gewählt werden.

1184 Die Umwandlung **stiller Beteiligungen an Kapitalgesellschaften** in Aktien oder GmbH-Anteile[74] erfolgt in der Weise, daß die stille Gesellschaft aufgelöst wird und der ehemalige Stille in Höhe des zu vereinbarenden Wertes seiner stillen Beteiligung eine Einlage bei der Kapitalgesellschaft gegen Gewährung von Gesellschaftsrechten tätigt. Für die Gewährung der neuen Gesellschaftsrechte hat die Kapitalgesellschaft – soweit nicht zulässigerweise eigene Anteile ausgegeben werden können – die Bestim-

---

71 *Koenigs*, S. 277.
72 So auch *Balser/Bokelmann/Piorreck*, Rn. H 728; *Schlegelberger/Karsten Schmidt*, § 339 (§ 234 n.F.) Rn. 57; a.A. *Flume*, FS Geßler 1971, S. 19.
73 RG v. 22. 10. 1937, RGZ 156, 129.
74 Vgl. dazu auch *Schulze zur Wiesche*, GmbHR 1984, 320 ff.

mungen und Formvorschriften der Kapitalerhöhung zu beachten (§ 55 GmbHG, §§ 182 ff. AktG). Bei einer großen Anzahl stiller Gesellschafter ist denkbar und gegenüber der Kapitalerhöhung durch Einlagen auch praktikabler, eine bedingte Kapitalerhöhung zur Gewährung von Bezugs- oder Umtauschrechten an die stillen Gesellschafter analog zu den Modalitäten bei Wandelschuldverschreibungen zu beschließen. Unter Umständen kommt auch die Schaffung eines genehmigten Kapitals im Sinne der §§ 202 ff. AktG in Betracht, um dem Vorstand eine größere Flexibilität bei Umtauschtransaktionen zu ermöglichen. Eine Kapitalerhöhung aus Gesellschaftsmitteln scheidet dagegen auch im Falle des Bestehens atypischer stiller Gesellschaften in jedem Fall aus, da derartige Einlagen nicht zu den offenen Rücklagen der AG zählen.

2. Die Übernahme des Handelsgewerbes durch den Stillen

Das Übernahmerecht des § 142 HGB mit seiner Universalsukzession steht dem Stillen nicht zur Verfügung. Auch wenn dem Stillen dieses Recht im Gesellschaftsvertrag eingeräumt wurde, gewährt es ihm lediglich einen schuldrechtlichen Anspruch auf Einzelrechtsnachfolge[75]. 1185

3. Der Wechsel zwischen typischer und atypischer stiller Beteiligung

Die Umwandlung einer typischen in eine atypische stille Beteiligung und umgekehrt wird durch eine rein interne entsprechende Ausweitung bzw. Beschränkung der gesellschaftsvertraglichen Rechte des Stillen herbeigeführt[76]. 1186

IV. Die Umwandlung eines Gesellschaftsanteils in eine stille Beteiligung

Die Umwandlung eines Personengesellschaftsanteils in ein stilles Beteiligungsverhältnis wird durch Ausscheiden des Gesellschafters nach den allgemeinen Regeln und den Abschluß eines stillen Gesellschaftsvertrags mit dem gegebenenfalls infolge des Ausscheidens umgewandelten Träger des Handelsgewerbes vollzogen. Die Umwandlung kann sich auch im Rahmen der Erbfolge in Form einer stillschweigenden Fortführung des Beteiligungsverhältnisses des Erblassers durch die Erben als stille Gesellschafter vollziehen[77]. 1187

---

75 *Schlegelberger/Karsten Schmidt*, § 339 (§ 234 n.F.) Rn. 59.
76 Vgl. *Schwedhelm*, Rn. 1515.
77 Vgl. dazu RG v. 29. 10. 1942, RGZ 170, 98 (102 f. u. 112).

1188 Zur Umwandlung eines Kapitalgesellschaftsanteils in eine stille Gesellschaft bedarf es neben der Beendigung des Gesellschafterverhältnisses und dem Abschluß des stillen Gesellschaftsvertrages einer Kapitalherabsetzung nach den allgemeinen Vorschriften (§§ 222 ff. AktG und § 58 GmbHG).

V. Zusammenfassung

1189 Eine ausdrückliche Regelung zur stillen Gesellschaft in der Umwandlung ist zwar im Umwandlungsgesetz und Umwandlungssteuergesetz von 1995 nicht enthalten. Die Neuregelung des Umwandlungsrechts mit dem Ziel einer Ausweitung und Erleichterung von Umwandlungen hat jedoch die Stellung des stillen Gesellschafters insgesamt geschwächt. Bei der Erörterung der möglichen Fallkonstellationen muß einerseits zwischen den wichtigsten Umwandlungsformen (Verschmelzung, Spaltung, Formwechsel) unterschieden und andererseits nach der Rolle des Geschäftsinhabers im Umwandlungsprozeß (übertragender Rechtsträger, übernehmender Rechtsträger) differenziert werden.

Bei der Verschmelzung mit stiller Beteiligung am übertragenden Rechtsträger wird das Gesellschaftsverhältnis als Ganzes mit dem übernehmenden Rechtsträger als Gesamtrechtsnachfolger automatisch fortgesetzt (§ 20 UmwG). Nur im Innenverhältnis ist die Zustimmung des rechtzeitig von dem Verschmelzungsvorhaben zu informierenden Stillen einzuholen. Die gegebenenfalls auch konkludent zu erteilende Zustimmung des Stillen enthält zugleich sein Einverständnis mit der wegen des Gesellschafterwechsels erforderlichen Änderung des Gesellschaftsvertrags. Die bisherige Rechtsstellung des Stillen bleibt gegenüber dem neuen Geschäftsinhaber gewahrt (§ 23 UmwG). Wird die Zustimmung des Stillen nicht eingeholt, gibt diese Vertragsverletzung des alten Geschäftsinhabers dem Stillen einen wichtigen Grund zur außerordentlichen Kündigung des stillen Gesellschaftsvertrags gegenüber dem übernehmenden Rechtsträger (§ 723 Abs. 1 S. 2 2. Hs. BGB). Darüber hinaus hat der Stille gegen den übertragenden Rechtsträger aus positiver Vertragsverletzung einen Anspruch auf Ersatz sämtlicher ihm durch die Verschmelzung entstehenden Schäden. Die Verschmelzung kann er jedoch nicht mehr rückgängig machen.

Für die Verschmelzung mit stiller Beteiligung am übernehmenden Rechtsträger gilt grundsätzlich das Gleiche. Der auch hier nur im Innenverhältnis erforderlichen Zustimmung des Stillen kommt allerdings besondere Bedeutung zu, da der Verwässerungsschutz des § 23 UmwG nicht eingreift und der Stille daher seine Rechtsposition zumeist nur durch vertragliche Vereinbarungen erhalten kann.

§ 18 Umwandlung

Das stille Beteiligungsverhältnis ist auch im Rahmen der bei der Spaltung eintretenden partiellen Universalsukzession (§ 131 Abs. 1 Nr. 1 S. 1 UmwG) als Ganzes übertragbar. Die §§ 126 Abs. 1 Nr. 9 UmwG und 132 S. 1 Alt. 1 UmwG stehen dem nicht entgegen. Ob die Spaltung auch im Außenverhältnis nur mit Zustimmung des Stillen durchgeführt werden kann, wird zur Zeit noch vor dem Hintergrund des in § 132 S. 1 Alt. 2 UmwG enthaltenen Verweises auf die allgemeinen Vorschriften zur Übertragbarkeit von Gegenständen diskutiert. Im übrigen kann auf die Darstellung zur Verschmelzung verwiesen werden. Da sich die Umwandlung eines einzelkaufmännischen Unternehmens in eine Handelsgesellschaft gemäß §§ 152 ff. UmwG nur im Wege der (teilweisen) Ausgliederung zur Aufnahme bzw. Neugründung durchführen läßt, gelten für diese Form der Umwandlung die Ausführungen zur stillen Beteiligung in der Spaltung entsprechend.

Bei einem Formwechsel des Inhabers des Handelsgewerbes, der sich nunmehr nicht nur unter Kapitalgesellschaften, sondern auch zwischen Personengesellschaften und Kapitalgesellschaften ohne Vermögensübertragung als reiner Organisationsakt vollzieht, ist der Stille ist von dem geplanten Formwechsel gemäß § 233 Abs. 3 HGB bzw. analog §§ 216, 230 Abs. 1, 238, 251 Abs. 1 UmwG zu informieren. Der Stille genießt auch hier den Verwässerungsschutz nach § 204 UmwG i.V.m. § 23 UmwG und hat gegebenenfalls einen Schadensersatzanspruch gemäß § 205 UmwG. Hinsichtlich des internen Zustimmungserfordernisses ist auf das Verschmelzungsrecht zu verweisen. Besonderheiten gelten für die von der Regelung des UmwG nicht erfaßten Formwechsel unter Personenhandelsgesellschaften und die Formwechsel nach §§ 138 bzw. 142 HGB.

Bei einer Umwandlung des stillen Gesellschafters ist zwischen der Umwandlung mit Universalsukzession (Verschmelzung, Spaltung, Umwandlung des einzelkaufmännischen Unternehmens) und dem bloßen Formwechsel zu unterscheiden.

Die stille Gesellschaft ist als reine Innengesellschaft ohne Registerpublizität als solche nicht der Verschmelzung, der Spaltung oder des Formwechsels fähig. Bei der Umwandlung der stillen Beteiligung in einen Gesellschaftsanteil handelt es sich nicht um eine Umwandlung im eigentlichen Sinne, sondern um die Begründung eines Mitgliedschaftsverhältnisses in der Unternehmensträgergesellschaft. Die Umwandlung einer typischen in eine atypische stille Beteiligung und umgekehrt wird durch eine rein interne Ausweitung bzw. Beschränkung der gesellschaftsvertraglichen Rechte des Stillen herbeigeführt[78].

---

78 Vgl. *Schwedhelm*, Rn. 1515.

Die Umwandlung eines Personengesellschaftsanteils in ein stilles Beteiligungsverhältnis wird durch Ausscheiden des Gesellschafters nach den allgemeinen Regeln und den Abschluß eines stillen Gesellschaftsvertrags mit dem gegebenenfalls infolge des Ausscheidens umgewandelten Träger des Handelsgewerbes vollzogen. Die Umwandlung kann sich auch im Rahmen der Erbfolge in Form einer stillschweigenden Fortführung des Beteiligungsverhältnisses des Erblassers durch die Erben als stille Gesellschafter vollziehen. Zur Umwandlung eines Kapitalgesellschaftsanteils in eine stille Gesellschaft bedarf zusätzlich einer Kapitalherabsetzung nach den allgemeinen Vorschriften (§§ 222 ff. AktG und § 58 GmbHG).

II. Teil: Die Besteuerung der stillen Gesellschaft

§ 19 Die typische stille Gesellschaft

Schrifttum: *Bitz, Horst,* Begriff und steuerliche Folgen der Mitunternehmerschaft auf gesellschafts- und schuldrechtlicher Basis, DB 1984, 316; *Blümich, Walter / Falk, Ludwig,* Kommentar zum Einkommensteuergesetz, 15. Aufl., 1995 (Loseblatt, Stand: März 1996); *Böttcher, Conrad / Zartmann, Hugo / Kandler, Götz,* Wechsel der Unternehmensform – Umwandlung, Verschmelzung, Einbringung, 4. Aufl., 1982; *Dehmer, Hans,* Umwandlungsgesetz, Umwandlungsteuergesetz, 2. Aufl. 1996; *Döllerer, Georg,* Die atypische stille Gesellschaft – gelöste und ungelöste Probleme, DStR 1985, 295; *Glade, Anton / Steinfeld, Gustav,* Kommentar zum Umwandlungsteuergesetz 1977, 3. Aufl., 1980; *Harbich, Armin,* Die typische stille Gesellschaft in steuerlicher Sicht, StBp 1989, 35; Heidelberger Kommentar zum Handelsgesetzbuch, hrsg. von *Peter Glanegger u.a.,* 4. Aufl., 1996; *Herrmann, Carl / Heuer, Gerhard / Raupach, Arndt,* Kommentar zum Einkommensteuer- und Körperschaftsteuergesetz, 20. Aufl., (Loseblatt); *Hübschmann, Walter / Hepp, Ernst / Spitaler, Armin,* Kommentar zur Abgabenordnung, Finanzgerichtsordnung, 10. Aufl., 1995 (Loseblatt, Stand: Mai 1996); *Jestädt, Gottfried,* Partiarisches Darlehen oder stille Gesellschaft?, DStR 1993, 387; *Knobbe-Keuk, Brigitte,* Die Fremdfinanzierung inländischer Kapitalgesellschaften durch nichtanrechnungsberechtigte Anteilseigner, StuW 1982, 201; *Koltermann, Jörg,* Die stille Gesellschaft im Steuerrecht, SteuerStud 1988, 233; *Lademann, Fritz / Söffing, Günter / Brockhoff, Hedin,* Kommentar zum Einkommensteuergesetz (Loseblatt, Stand: Oktober 1995); *Lempenau, Gerhard,* Neuere Entwicklungen zur steuerlichen Behandlung der Mitunternehmerschaft aus der Sicht des Beraters, StbJb. 1982/83, 202; *Lienau, Alexander / Lotz, Thomas,* Die Abgrenzung zwischen stiller Gesellschaft und partiarischem Darlehen und die steuerlichen Konsequenzen, DStR 1991, 618; *Loos, Gerold,* Umwandlungsteuergesetz 1969, 1969; *Meßmer, Kurt,* Die Bilanzbündeltheorie – Eine meisterhafte Schöpfung der Rechtsprechung?, StbJb. 1972/73, 127; *ders.,* Die höchstrichterliche Rechtsprechung zu Familienpersonengesellschaften im Einkommensteuerrecht, StbJb 1979/80, 163; *Pauka, Dietmar,* Gewerbesteuer 1990, DB 1991, 1402; *Priese, Johannes,* Die Arbeitskraft als Gesellschaftereinlage DB 1953, 452; *Schmidt, Ludwig,* Gewerbesteuerliche Diskriminierung der typisch stillen Gesellschaft durch das HaushaltsbegleitG 1983, DB 1984, 424; *ders.,* Kommentar zum Einkommensteuergesetz, 15. Aufl., 1996; *Schulze zur Wiesche, Dieter,* Einkommensteuergesetz (Loseblatt, Stand: November 1991); *Schulze zur Wiesche, Dieter,* Die Einlage in eine atypisch stille Gesellschaft und die Einlage als Sonderbetriebsvermögen als Einbringungsvorgang i.S.d. § 24 UmwStG 77, DB 1986, 1744; *Tipke, Klaus / Kruse, Heinrich-Wilhelm,* Abgabenordnung, Finanzgerichtsordnung, 16. Aufl., 1995 (Loseblatt, Stand: Mai 1996); *Troost, Jürgen,* Die steuerliche Abgrenzung zwischen typischen und atypischen stillen Gesellschaften, 1997; *Widmann, Siegfried / Mayer, Robert,* Umwandlungsrecht Bd. 4, 3. Aufl., 1995 (Loseblatt, Stand: März 1996).

I. Typische und atypische stille Gesellschaft

1190 Kennzeichen der typischen stillen Gesellschaft ist es, daß sich die Beteiligung des stillen Gesellschafters auf den laufenden Jahresgewinn bzw. -verlust beschränkt[1]. Geht die Beteiligung des stillen Gesellschafters darüber hinaus und ist er z.B. auch am Geschäftsvermögen, an den Rücklagen oder am Geschäfts- oder Firmenwert schuldrechtlich beteiligt, so liegt eine atypische stille Gesellschaft vor.

1191 Die **typische stille Gesellschaft** ist entsprechend ihrem Charakter als Innengesellschaft **kein selbständiges Steuerrechtssubjekt.** Steuerrechtssubjekte sind der Inhaber des Handelsgeschäfts einerseits und der stille Gesellschafter andererseits. Jener wird mit dem Gewinn aus dem Handelsgeschäft zur Einkommensteuer oder Körperschaftsteuer herangezogen. Für den stillen Gesellschafter sind die auf ihn entfallenden Gewinnanteile Einkünfte aus Kapitalvermögen. Er steht dem Geschäftsinhaber als Forderungsberechtigter, als Gläubiger gegenüber. Seine steuerrechtliche Stellung entspricht im wesentlichen der eines Darlehensgebers, nur daß die aus der stillen Beteiligung fließenden anteiligen Gewinne im Gegensatz zu den Darlehenszinsen dem Steuerabzug vom Kapitalertrag unterliegen.

1192 Bei der **atypischen stillen Gesellschaft** hingegen ist der stille Gesellschafter wirtschaftlich wie ein am Geschäftsvermögen dinglich Mitberechtigter gestellt. Steuerrechtlich wird die atypische stille Gesellschaft als **Mitunternehmerschaft** angesehen und wie eine offene Handelsgesellschaft oder Kommanditgesellschaft behandelt. Es erfolgt eine einheitliche Gewinnfeststellung, was dazu führt, daß der auf den atypischen stillen Gesellschafter entfallende Gewinnanteil nicht mehr zu den steuerabzugspflichtigen Einkünften aus Kapitalvermögen, sondern zu den im Wege der Veranlagung zu erfassenden Einkünften aus Gewerbebetrieb gehört.

1193 Die **Abgrenzung** von typischer und atypischer stiller Gesellschaft richtet sich jedoch nicht nach einem starren Schema. Kriterien für die Annahme einer Mitunternehmerschaft sind im allgemeinen die (dingliche oder nur schuldrechtliche) Beteiligung an der Substanz des gemeinschaftlichen Unternehmens, die Übernahme eines Unternehmerrisikos und die Möglichkeit, Unternehmerinitiative zu entfalten. Aber auch dann, wenn das eine oder andere Kriterium nicht vorliegt, kann es sich um eine Mitunternehmerschaft handeln; und umgekehrt kann trotz des Vorliegens der eine Mitunternehmerschaft begründenden Elemente eine typische stille Gesellschaft gegeben sein. Letzten Endes maßgeblich ist das **wirtschaftliche**

---

[1] *Fleischer/Thierfeld*, S. 32.

Gesamtbild: weicht es von der in den §§ 230 ff. HGB vorgezeichneten gesetzlichen Struktur der stillen Gesellschaft ab, so liegt in der Regel keine typische stille Gesellschaft mehr vor[2].

Allerdings wird eine Gesellschaft nicht dadurch zu einer atypischen stillen Gesellschaft, daß der stille Gesellschafter bei Beendigung des Gesellschaftsverhältnisses zum Ausgleich früherer entgangener anteiliger Gewinne an den Rücklagen in irgendeiner Weise beteiligt wird. Hier handelt es sich vielmehr lediglich um eine nachträgliche Gewinnkorrektur, um dem stillen Gesellschafter die ihm in früheren Jahren entgangenen Gewinnanteile zuzuführen[3]. Andererseits hat der BFH in zwei Entscheidungen eine Mitunternehmerschaft angenommen, obwohl weder eine Beteiligung an den stillen Reserven noch am Geschäftswert vorgesehen war. Da es in beiden Fällen um bürgerlich-rechtlich Innengesellschaften ging, bei denen weder stille Reserven noch ein Geschäftswert entstehen konnten, hat der BFH diese Kriterien für unbeachtlich gehalten und allein das Risiko der zeitlich begrenzten Gesellschaft genügen lassen[4].

1194

Die Rechtsprechung versteht mithin den Begriff des Mitunternehmers als offenen **Typusbegriff**[5], der nicht definierbar ist, sondern lediglich beschreibt, so daß unter ihn auch nicht subsumiert, sondern ihm nur zugeordnet werden kann[6]. Maßgeblich ist immer „das Gesamtbild der wirtschaftlichen Bindungen der Beteiligten" untereinander[7].

II. Die steuerliche Anerkennung der typischen stillen Gesellschaft

Zur steuerrechtlichen Anerkennung der stillen Gesellschaft bedarf es grundsätzlich des Vorhandenseins derselben Merkmale, die für die handelsrechtliche Anerkennung gegeben sein müssen. Unter „Beteiligung an einem Handelsgewerbe als stiller Gesellschafter" im Sinne des § 43 Abs. 1 Nr. 3 EStG kann deshalb nur eine solche stille Beteiligung verstanden werden, die sämtliche Wesensmerkmale einer stillen Gesellschaft des

1195

---

2 *L. Schmidt,* § 15 EStG Rn. 340 f. m.w.N.
3 RFH v. 13. 7. 1933 (III A 259/33) RStBl. 1933, 895.
4 BFH v. 19. 2. 1981 (IV R 152/76) BStBl. II 1981, 602 = StRK EStG (bis 1974) § 15 Ziff. 2 R. 193; BFH v. 28. 10. 1981 (I R 25/79) BStBl. II 1982, 186 = StRK EStG (bis 1974) § 15 Ziff. 2 R 204 m. Anm. *Streck.*
5 BFH v. 21. 2. 1974 (IV B 28/73) BStBl. II 1974, 404; zustimmend *L. Schmidt,* § 15 EStG Rn. 261; *Stuhrmann,* in: *Blümich/Falk,* § 15 EStG Rn. 244; krit. *Lempenau,* StBJb. 1982/83, 202 ff. (211).
6 *Tipke/Kruse,* § 4 AO Tz. 136.
7 BFH v. 9. 10. 1969 (IV 294/69) BStBl. II 1970, 320 = DB 1970, 665; *Bitz,* DB 1984, 316 (317).

deutschen Rechts aufweist[8]. Insoweit kann auf die Ausführungen im ersten Teil verwiesen werden.

1. Der Gesellschaftsvertrag

1196 Das Steuerrecht verlangt für den Abschluß des Gesellschaftsvertrags ebensowenig wie das Handelsrecht eine Form, so daß er **auch mündlich** abgeschlossen werden kann (vgl. oben Rn. 436 ff.). Allerdings neigt die Rechtsprechung dazu, wegen der auf das Innenverhältnis beschränkten Beziehungen der Beteiligten die Ernsthaftigkeit mündlich abgeschlossener Gesellschaftsverträge – besonders solcher unter Familienangehörigen – in Zweifel zu ziehen und ihnen mit Mißtrauen zu begegnen. Es empfiehlt sich deshalb im Interesse der Schaffung klarer und eindeutiger Verhältnisse und im Interesse einer jederzeitigen Beweissicherung gegenüber den Finanzbehörden, den Gesellschaftsvertrag **schriftlich** niederzulegen. Wird er mündlich abgeschlossen, muß wenigstens aus den Aufzeichnungen in den Handelsbüchern der Vertragsabschluß deutlich erkennbar sein, z.B. zum Nachweis, von welchem Zeitpunkt ab die Gesellschaft mit steuerrechtlicher Wirkung besteht[9].

1197 Dabei ist zu beachten, daß das Steuerrecht **rückwirkend abgeschlossene Gesellschaftsverträge nicht anerkennt,** weil nicht zugelassen werden kann, daß durch Vereinbarung der Beteiligten nachträglich andere Grundlagen für die Besteuerung geschaffen werden[10]. Berufen sich die Gesellschafter auf frühere mündliche Abreden, so müssen sie nachweisen, daß diese Abreden tatsächlich getroffen und vollzogen worden sind[11]. Veräußert jemand sein Handelsgeschäft und beteiligt er sich im Anschluß daran an dem Handelsgewerbe weiterhin als stiller Gesellschafter, so kommt es auf den Zeitpunkt der Einigung der Vertragspartner über die Verschaffung

---

8 BFH v. 29. 10. 1969 (I R 80/67) BStBl. II 1970, 180.
9 RFH v. 24. 9. 1930 (VI A 1310/30) StuW 1930, Nr. 1255.
10 RFH v. 3. 2. 1932 (VI A 64/32) RStBl. 1932, 466; RFH v. 29. 6. 1938 (VI 396/38) RStBl. 1938, 930; BFH v. 6. 12. 1955 (I 193/55 U) BFHE 62, 43 = BStBl. III 1956, 17; das gilt auch für die Genehmigung eines schwebend unwirksamen Gesellschaftsvertrags, die zivilrechtlich zwar zurückwirkt, nicht jedoch steuerlich, BFH v. 5. 3. 1981 (IV R 150/76) BFHE 132, 563; BFH v. 9. 7. 1987 (VI R 95/85) FR 1987, 623 (624).
11 RFH v. 27. 7. 1938 (VI 391/38) RStBl. 1938, 980; RFH v. 3. 2. 1932 (VI A 64/32) RStBl. 1932, 466; RFH v. 20. 4. 1932 (VI A 181/32) RStBl. 1932, 1063; BFH v. 20. 2. 1959 (VI 147/58 U) BStBl. III 1959, 172; BFH v. 16. 2. 1960 (I 233/59 U) BStBl. III 1960, 157; BFH v. 25. 10. 1960 (I 116/60 U) BStBl. III 1961, 94; BFH v. 21. 12. 1972 (IV R 194/69) BStBl. II 1973, 389.

§ 19 Typische stille Gesellschaft

des Eigentums und der Übergabe des Handelsgeschäfts an. Auch hier ist eine rückwirkende Errichtung der stillen Gesellschaft nicht zulässig[12].

Im Steuerrecht besteht grundsätzlich eine **Vermutung** dahingehend, daß Vertragswortlaut, Vertragswille und tatsächliche Handhabung des Gesellschaftsvertrages übereinstimmen[13]. Insbesondere kann einem Vertrag nach geltendem Recht die steuerliche Anerkennung nicht versagt werden, weil für die Gründung der stillen Gesellschaft lediglich Steuerersparnisgründe[14] oder familienrechtliche Motive[15] maßgebend gewesen sind. Es kommt entscheidend auf die tatsächliche Handhabung des Gesellschaftsvertrages an, d.h. darauf, ob er verwirklicht bzw. tatsächlich durchgeführt worden ist oder nicht und ob der stille Gesellschafter tatsächlich als Gesellschafter anzusehen ist.

1198

Die früher vom BFH unter der Geltung des StAnpG verwandte Formel, wonach eine stille Gesellschaft nicht anzuerkennen ist, „wenn durch Vorschützen formeller Verträge auf einem rechtsgeschäftlichen Schleichwege etwas ganz anderes erreicht werden soll, als es nach dem Gesellschaftsvertrag erscheint"[16], ist hinsichtlich des nunmehr geltenden § 42 AO vom BFH in eine **konturenlose Leerformel** verwandelt worden: jetzt muß durch einen ungewöhnlichen Weg ein steuerrechtlicher Erfolg erreicht werden, der bei sinnvoller, Zweck und Ziel der Rechtsordnung berücksichtigender Auslegung vom Gesetz mißbilligt wird[17], damit ein Vertrag nicht anerkannt wird. Dabei setzt der BFH in neueren Entscheidungen „ungewöhnliche" mit „unangemessenen" Gestaltungen gleich[18].

1199

Das bedeutet in der Praxis, daß ein **Mißbrauch i.S.d. § 42 AO** dann vorliegt, wenn durch mündliche Vereinbarungen Wesensmerkmale der

1200

---

12 FG Schleswig-Holstein v. 29. 1. 1954 EFG 1954, 151 Nr. 173.
13 BFH v. 9. 9. 1954 (IV 574/53 U) BStBl. III 1954, 317 = StRK EStG § 10 Abs. 1 Nr. 3 R. 23; BFH v. 15. 5. 1953 (III 103/52 S) BStBl. III 1953, 208 = StRK StAnpG § 5 R. 6.
14 BFH v. 22. 8. 1951 (IV 246/50 S) BStBl. III 1951, 181 (183); BFH v. 14. 10. 1964 (II 175/61 U) BStBl. III 1964, 667 (669); BFH v. 15. 11. 1967 (IV R 139/67) BStBl. II 1968, 152 (155); BFH v. 1. 3. 1974 (VI R 31/71) BStBl. II 1974, 382.
15 RFH v. 20. 1. 1944 (III 38/43) RStBl. 1944, 435.
16 BFH v. 17. 10. 1951 (IV 83/50 U) BStBl. III 1951, 223 = StRK StAnpG § 5 R. 4.
17 BFH v. 30. 10. 1979 (II R 70/75) BStBl. II 1980, 28; BFH v. 25. 10. 1979 (VIII R 46/76) BStBl. II 1980, 247; BFH v. 29. 7. 1976 (VIII R 142/73) BStBl. II 1977, 263; BFH v. 27. 1. 1977 (IV R 46/76) BStBl. II 1977, 754; BFH v. 12. 7. 1988 (IX R 149/83) BStBl II 1988, 942; kritisch dazu *Meßmer*, StbJb. 79/80, 255.
18 BFH v. 6. 6. 1991 (V R 70/89) BStBl II 1991, 866; BFH v. 7. 11. 1991 (V R 116/86) BStBl II 1992, 269; BFH v. 3. 12. 1991 (IX R 142/90) BStBl II 1992, 397; gegen eine solche Gleichsetzung jedoch *Fischer*, in: *Hübschmann/Hepp/Spitaler*, § 42 AO Rz. 34; *Tipke/Kruse*, § 42 AO Tz. 16.

Gesellschaft ausgeschlossen werden – z.B. Ausschluß der Gewinnauszahlung oder Ausschluß der gesetzlichen Überwachungsrechte des Gesellschafters – und dadurch infolge der tatsächlichen Übung ein Gesellschaftsverhältnis nicht gegeben ist.

2. Das Handelsgewerbe des Inhabers

1201   Unter **Beteiligung an einem Handelsgewerbe als stiller Gesellschafter** i.S.d. § 43 Abs. 1 Nr. 3 EStG kann nur eine solche stille Beteiligung verstanden werden, die sämtliche Wesensmerkmale einer stillen Gesellschaft des deutschen Rechts aufweist[19]. Daran fehlt es, wenn jede einzelne Warensendung einzeln abgerechnet wird und auch die Möglichkeit besteht, das Rechtsverhältnis nach jeder Lieferung zu lösen. Gegen die Bedeutung der Einzelabrechnung kann nicht eingewandt werden, die Gewinne seien zwar entgegen § 232 HGB zum jeweiligen Bilanzstichtag nicht festgestellt, immerhin aber doch feststellbar gewesen. Denn gerade die Art der tatsächlichen Handhabung und nicht die alternativ bestehenden Möglichkeiten kennzeichnen ein Vertragsverhältnis.

1202   In Übereinstimmung mit dem Handelsrecht ist es auch im Steuerrecht **unerheblich,** ob die stille Beteiligung an einem im Handelsregister eingetragenen **vollkaufmännischen Handelsgewerbe** oder an dem Handelsgewerbe eines Minderkaufmanns stattfindet[20]. Es ist nicht erforderlich, daß das Unternehmen, an dem die stille Beteiligung besteht, im Handelsregister eingetragen ist. Auch die Beteiligung nur an einzelnen von mehreren Geschäftszweigen eines Handelsgewerbes (z.B. nur an einer einzigen von mehreren Zeitschriften eines Verlages) wird steuerlich als stille Beteiligung anerkannt[21].

1203   Mit Recht hat der BFH[22] auch in den Finanzgeschäften einer GmbH, die Inhaberin des Handelsgewerbes war, einen **selbständig abgrenzbaren Geschäftszweig** gesehen, an dem eine stille Beteiligung möglich ist. In diesen Fällen müssen die Beteiligten im Gesellschaftsvertrag die Geschäfte, an denen die stille Beteiligung stattfinden soll, von den anderen Geschäften eindeutig abgrenzen; auch eine eindeutige Trennung der Buchhaltung und eine klare Absprache über die Verteilung der Gemeinkosten sind erforderlich, um Meinungsverschiedenheiten über die Höhe und den Um-

---

19 BFH v. 29. 10. 1969 (I R 80/67) BStBl. II 1970, 180 = StRK EStG § 43, R. 24.
20 RFH v. 16. 3. 1938 (VI 154/38) RFHE 43, 272.
21 RFH v. 16. 3. 1938 (VI 167/38) RStBl. 1938, 508.
22 BFH (I R 11/72) v. 27. 2. 1975 BFHE 115, 518 = BStBl. II 1975, 611 = StRK GewStG § 8 Nr. 2–9 R. 121 m. Anm. *Paulick*.

fang des auf den stillen Gesellschafter entfallenden Gewinn- oder Verlustanteils von vornherein auszuschließen. Dagegen ist eine stille Beteiligung i.S. des § 230 HGB nur an einzelnen oder auch an mehreren Geschäften oder Geschäftswerten nicht möglich; insoweit fehlt es an der Beteiligung an einem Handelsgewerbe.

Gewisse Handelsgewerbe dürfen nur mit einer **öffentlich-rechtlichen Konzession** betrieben werden, die dem Geschäftsinhaber persönlich erteilt wird und nicht übertragbar ist (z.B. Apotheken). Typische stille Gesellschaften an Apotheken, die früher anerkannt wurden, sind nunmehr durch § 8 S. 2 ApothG in der Fassung vom 4. 8. 1980 verboten (vgl. oben Rn. 484 f.). 1204

An dem **Handelsgewerbe einer Kapitalgesellschaft** ist eine stille Beteiligung möglich – auch in der Form, daß ein Aktionär oder GmbH-Gesellschafter an der Gesellschaft neben seiner Kapitalbeteiligung auch noch still beteiligt ist[23]. 1205

Dies trifft auch für den **beherrschenden Gesellschafter** einer Kapitalgesellschaft zu[24], für den die Möglichkeit einer stillen Gesellschaft nicht ausgeschlossen ist[25]. Auch der einzige Gesellschafter einer Einmann-Gesellschaft kann sich an seiner eigenen Gesellschaft still beteiligen, da er in seiner Gesellschaftereigenschaft nicht Unternehmer ist. Dieser allein kommt als mit eigener Rechtsfähigkeit ausgestatteter juristischer Person Unternehmereigenschaft zu. Die stille Beteiligung an einer Kapitalgesellschaft ist sowohl in der Form der typischen wie der atypischen stillen Beteiligung möglich und zulässig (vgl. Rn. 1485 f., 1519).

Dagegen ist es **steuerrechtlich nicht möglich**, daß sich der **Inhaber eines Einzelunternehmens** oder die Gesellschafter einer offenen Handelsgesellschaft, Kommanditgesellschaft oder einer andern Gesellschaft, bei der die Gesellschafter als Unternehmer (**Mitunternehmer**) anzusehen sind, an ihrem eigenen Unternehmen oder an der Personengesellschaft still beteiligen[26]. Nach der früher vertretenen, inzwischen aber aufgegebenen[27] Bi- 1206

---

23 BFH v. 21. 6. 1983 (VIII R 237/80) BFHE 138, 458 = BStBl. II 1983, 563; BFH v. 6. 2. 1980 (I R 50/76) BFHE 130, 268 = BStBl. 1980, 477; BFH v. 9. 9. 1952 (I 55/52 U) BStBl. III 1952, 276 = StRK DMBilG § 30 R. 3; BFH v. 20. 8. 1954 (I 103/53 U) BStBl. III 1954, 336 = StRK EStG § 15 R. 22. Zur GmbH & Still siehe im einzelnen unten Rn. 1544 ff.
24 BFH v. 21. 6. 1983 (VIII R 237/80) BFHE 138, 458 (461) = BStBl. II 1983, 563.
25 Vgl. auch *Knobbe-Keuk*, StuW 1982, 201 (221).
26 RFH v. 20. 1. 1944 (III 38/43) RStBl. 1944, 435; vgl. dazu oben Rn. 210, 213.
27 BFH v. 25. 6. 1984 (GrS 4/82) BFHE 141, 405 (431) = BStBl. II 1984, 751 (764); vgl. auch *Meßmer*, StBJb. 1972/73, 127.

lanzbündeltheorie war die Bilanz der Personengesellschaft nur die Summe der an sich für jeden einzelnen Mitunternehmer gesondert aufzustellenden Bilanzen[28], da die Personengesellschaft kein selbständiges Steuerrechtssubjekt war. Heute geht der BFH entsprechend der zivilrechtlichen Einheit von einer partiellen Steuerrechtssubjektivität der Personengesellschaft aus und rechnet über § 15 I 1 Nr. 2 das von der Gesellschaft „erzielte Einkommen" anteilig unmittelbar den Mitunternehmern zu[29].

1207 Tritt der **stille Gesellschafter** einer offenen Handelsgesellschaft oder Kommanditgesellschaft in diese als **persönlich haftender Gesellschafter oder Kommanditist** ein, so ist ein Fortbestehen der stillen Gesellschaft in jedem Falle für das Einkommensteuerrecht und Vermögensteuerrecht nicht möglich; einkommens- und vermögensteuerrechtlich haben offene Handelsgesellschaft und Kommanditgesellschaft keine Steuerrechtssubjektivität. Das unter ihrer Firma betriebene Gewerbe ist nicht als ein von ihnen selbst betriebenes Unternehmen, sondern als Unternehmen ihrer Gesellschafter anzusehen. Der stille Gesellschafter ist also mit seinem Eintritt in die Gesellschaft Mitunternehmer des Gewerbebetriebs der offenen Handelsgesellschaft oder Kommanditgesellschaft geworden. Ausschüttungen auf das bisherige stille Beteiligungskonto sind Einkünfte aus Gewerbebetrieb, die als solche bei der einheitlichen Gewinnfeststellung zu berücksichtigen sind, nicht aber Einkünfte aus der Beteiligung an einem Handelsgewerbe als stiller Gesellschafter.

3. Die Vermögenseinlage des stillen Gesellschafters

1208 Die Vermögenseinlage muß gem. § 230 HGB so geleistet werden, daß sie in das Vermögen des Inhabers übergeht. Es entsteht **auch steuerrechtlich kein gesamthänderisch gebundenes Gesellschaftsvermögen**, auch nicht bei der atypischen stillen Gesellschaft. Es wird aber der atypische stille Gesellschafter so behandelt, als ob er an dem Geschäftsvermögen als Mitunternehmer dinglich mitberechtigt wäre, d.h. es wird das Vorhandensein eines Gesellschaftsvermögens fingiert.

1209 **Gegenstand der Vermögenseinlage** können außer Geld Sachen und Rechte sein, ferner alle Gegenstände, die in der Hand des Inhabers einen Vermögenswert darstellen, selbständig bewertbar und übertragbar sind[30].

---

28 RFH v. 14. 7. 1937 (VI A 422/37) RStBl. 1937, 937.
29 BFH v. 23. 5. 1979 (I R 56/77) BFHE 128, 505 (512) = BStBl. II 1979, 763; BFH v. 10. 7. 1980 (IV R 136/77) BFHE 131, 313 = BStBl. II 1981, 84; BFH v. 25. 6. 1984 (GrS 4/82) BFHE 141, 405 (431) = BStBl. II 1984, 751 (764).
30 *Fleischer/Thierfeld*, S. 18.

§ 19 Typische stille Gesellschaft

Auch die „**Zurverfügungstellung eines know-how**" an eine GmbH hat der BFH[31] zu Recht steuerlich als Vermögenseinlage im Sinne des § 230 HGB gesehen. Diese kann auch durch Überlassung des Gebrauchs oder der Benutzung bestimmter Sachen oder Rechte (know-how) ohne Eigentumsübertragung in der Weise erbracht werden, daß der Inhaber darüber zur Erreichung des gemeinsamen Zwecks verfügen kann.

1210

Auch **Dienstleistungen** können steuerlich Gegenstand der Vermögenseinlage sein[32]. Die eingebrachte Arbeitskraft ist wertmäßig in der Regel nicht zu erfassen und deshalb bilanzmäßig nicht ausdrückbar. Dienstleistungen werden jedoch nur dann als Vermögenseinlage anerkannt, wenn sie zum Zwecke der Erfüllung der gesellschaftlichen Einlageverpflichtung bewirkt und dem Inhaber dadurch Aufwendungen erspart werden[33]. Voraussetzung dafür, daß an Stelle einer Kapitalbeteiligung die Arbeitskraft als Einlage eingebracht wird, ist eine eindeutige Vereinbarung eines solchen Beteiligungsverhältnisses sowie dessen tatsächliche Durchführung[34]. Im übrigen muß die Einlage nur in Geld umrechenbar sein[35]. Wird die Arbeitsleistung aufgrund einer vom Gesellschaftsvertrag unabhängigen Dienstleistungsverpflichtung erbracht, so liegt keine stille Gesellschaft vor, weil es an der notwendigen Einlage fehlt. Die dem stillen Gesellschafter in diesem Falle zufließenden Gewinnanteile sind Arbeitsentgelt, das dem Lohnsteuerabzug unterliegt.

1211

Anders als ein Mitunternehmer, dessen Vergütung für die Arbeitsleistung gemäß § 15 Abs. 1 Nr. 2 EStG zu den Einkünften aus Gewerbebetrieb gehört, kann der **typische stille Gesellschafter Arbeitseinkünfte** haben. Den Einkünften aus Kapitalvermögen ist der Ertrag seiner Arbeitsleistung nur dann zuzurechnen, wenn die Zurverfügungstellung der Arbeitskraft eine Vermögenseinlage darstellt. Bei der Prüfung der Angemessenheit der Gewinnbeteiligung kann ein zu niedriges Arbeitsentgelt der Kinder nicht berücksichtigt werden, wenn klare Vereinbarungen darüber fehlen, daß auch die Arbeitskraft eine Vermögenseinlage sein soll[36].

1212

---

31 BFH v. 27. 2. 1975 (I R 11/72) BFHE 115, 518 = BStBl. II 1975, 611 = StRK GewStG § 8 Nr. 2–9 R. 121 m. Anm. *Paulick*.
32 RFH v. 17. 4. 1940 (VI 177/40) RStBl. 1940, 915; BFH v. 12. 1. 1953 (IV 365/52 U) BFHE 57, 148 ff. = Kartei EStG § 20 R. 6; BFH v. 5. 8. 65 (IV 138/65 U) BFHE 83, 163 = StRK GewStG § 8 Nr. 2–9 R. 71 m. Anm. *Paulick*.
33 *Priese*, DB 1953, 452.
34 BFH v. 3. 7. 1964 (VI 355/62 U) BStBl. III 1964, 511; BFH v. 14. 2. 1978 (VIII R 11/75) BStBl. II 1978, 247.
35 *Stuhlfelner/Glanegger*, in: HK-HGB, § 230 HGB Rn. 3.
36 BFH v. 14. 2. 1978 (VIII R 11/75) BStBl. II 1978, 427.

1213 Überläßt der Inhaber bei der Aufnahme eines typischen stillen Gesellschafters diesem **schenkungsweise einen Teil seines Kapitalkontos** zur Bewirkung seiner Vermögenseinlage, so ist die Umbuchung des überlassenen Betrags als Einlage des stillen Gesellschafters eine Entnahme des Inhabers[37]. Daß der Betrag vereinbarungsgemäß als Schuldbetrag dem Betrieb zur Verfügung gestellt bleibt, ändert nichts an der wirtschaftlichen Strukturverschiebung.

1214 Beteiligt sich jemand als atypischer stiller Gesellschafter an einem Einzelunternehmen, dann stellt dies gem. § 24 UmwStG einen umwandlungssteuerrechtlich relevanten Einbringungstatbestand dar[38]. Zwar fordert der Wortlaut des § 24 UmwStG die Einbringung in eine Personengesellschaft, doch wird man die Sacheinlage des atypisch stillen Gesellschafters, die in das Vermögen des Inhabers des Handelsgeschäfts zu leisten ist, der Sacheinlage eines Gesellschafters in eine Personenhandelsgesellschaft oder Gesellschaft des bürgerlichen Rechts gleichstellen müssen, da auch bei anderen Fragen der atypisch stillen Gesellschaft der Inhaber der Handelsgeschäfts an die Stelle der Gesellschaft tritt[39]. Hinsichtlich der vom atypisch Stillen eingebrachten Vermögenseinlage steht dem Inhaber des Handelsgeschäfts das Bilanzierungswahlrecht des § 24 UmwStG zu (vgl. dazu unten Rn. 1363). Diese Regelung ermöglicht in jedem Fall eine **erfolgsneutrale Einbringung** durch Fortführung der Buchwerte. Voraussetzung dafür ist nur, daß der Einbringende die Stellung eines Mitunternehmers erhält. Die Höhe seiner Beteiligung spielt keine Rolle mehr[40].

4. Die Gewinnbeteiligung

1215 Unabdingbare und unerläßliche Voraussetzung für die steuerrechtliche Anerkennung der stillen Gesellschaft ist die **Gewinnbeteiligung**[41]. Fehlt es an einer Gewinnbeteiligung, so liegt keine stille Gesellschaft vor. Die Beteiligung muß sich auf das Betriebsergebnis beziehen, d.h., es muß eine echte Gewinnabhängigkeit vorliegen. Daher reicht eine reine Umsatzbe-

---

37 BFH v. 9. 9. 1954 (IV 574/53) BFHE 59, 275 ff. = StRK EStG § 10 Abs. 1 Nr. 3 R. 23; *Widmann/Mayer*, UmwStG 1977, Rz. 7799.22.2.
38 *Dehmer*, § 24 UmwStG Rn. 21.
39 *Döllerer*, DStR 1985, 295 (302).
40 Vgl. dazu *Schulze zur Wiesche*, DB 1986, 1744 ff. Vor Einführung des UmwStG kam der Gründung einer atypisch stillen Gesellschaft nur dann keine besondere einkommensteuerrechtliche Wirkung zu, wenn der bisherige Unternehmer weiterhin entscheidend beteiligt blieb, d.h. über mindestens 50% des Kapitals verfügte.
41 *Fleischer/Thierfeld*, S. 21.

teiligung nicht aus[42]. Andererseits ist es nicht erforderlich, daß sich der Stille am ganzen Betrieb des Handelsgewerbes beteiligt; auch eine Teilbeteiligung ist möglich, sofern der Teil organisatorisch abgrenzbar ist, z.B. Filialen und Zweigniederlassungen o.ä.[43]. Demgegenüber ist die Beteiligung an einzelnen Geschäftsabschlüssen oder Geschäften nicht ausreichend; insofern handelt es sich lediglich um reine Gelegenheitsgesellschaften (BGB-Gesellschaft)[44].

Die Gewinnbeteiligung muß so vereinbart sein, daß sie der Vermögenseinlage und der Mitarbeit des stillen Gesellschafters **in angemessener Weise** Rechnung trägt[45]. Wird die Gewinnverteilung wirtschaftlich den Leistungen der Gesellschaft nicht gerecht, so sieht die Finanzverwaltung darin möglicherweise einen Mißbrauch von Gestaltungsmöglichkeiten des bürgerlichen Rechts (§ 42 AO) und korrigiert sie von Amts wegen (näher unten Rn. 1327 f.). 1216

Die steuerliche Berücksichtigung des stillen Gesellschaftsverhältnisses hängt davon ab, daß der Gewinnanteil des stillen Gesellschafters vereinbarungsgemäß **tatsächlich ausgezahlt** wird oder eine wirksame Vereinbarung über das Stehenlassen des Gewinnanteils als Darlehen getroffen wird[46].

III. Stille Beteiligung und partiarisches Darlehen

Die Unterscheidung zwischen typischer stiller Beteiligung und Darlehen spielt steuerrechtlich nicht die wichtige Rolle[47], wie das im Handelsrecht der Fall ist, da beide im Einkommensteuerrecht in der Regel gleichbehandelt werden. Gemäß § 43 Abs. 1 Nr. 3 EStG unterliegen auch die Zinsen aus partiarischem Darlehen der Kapitalertragsteuer. Eine unterschiedliche Behandlung erfahren stille Gesellschaft und partiarisches Darlehen allerdings bei der **Gewerbesteuer:** Nach § 8 GewStG werden Zinsen für partiarische Darlehen nur zu 50% hinzugerechnet, während die Gewinnanteile des stillen Gesellschafters voll hinzugerechnet werden[48]. 1217

---

42 Vgl. zur vom Geschäftsergebnis unabhängigen Vergütung schon RFH v. 26. 3. 1931 (I e A 106/30) RStBl. 1931, 357, wonach hier keine stille Gesellschaft gegeben ist.
43 BFH v. 27. 2. 1975 (I R 11/72) BStBl. II 1975, 611.
44 BFH v. 27. 5. 1982 (V R 110 u. 111/81) BStBl. II 1982, 678.
45 Vgl. *Fleischer/Thierfeld*, S. 21 ff. zu den möglichen Arten der Beteiligungen und der Angemessenheit im Einzelfall.
46 BFH v. 13. 6. 1989 (VIII R 47/85) BStBl. II 1989, 720 = FR 1989, 499.
47 Vgl. dazu *Jestädt*, DStR 1993, 387.
48 Vgl. *Fleischer/Thierfeld*, S. 124, 125; vgl. kritisch – m. Zahlenbeispiel – dazu *Schmidt*, DB 1984, 424: „Gewerbesteuerliche Diskriminierung der typisch stil-

1218 Maßgeblich für die Abgrenzung typische stille Gesellschaft/partiarisches Darlehen – bei beiden liegt gewinnabhängige Verzinsung vor – ist, inwieweit die schuldrechtlichen Beziehungen ein **gesellschaftsrechtliches Element** in sich tragen[49] und ob ein gemeinsamer Zweck gegeben ist oder nicht. Im ersten Fall ist eine stille Gesellschaft anzunehmen. Ein weiteres Kriterium zur Abgrenzung ist, welche Überwachungsrechte dem Geldgeber zustehen sollen. Je mehr Überwachungsrechte eingeräumt werden, desto eher liegt die Annahme einer stillen Gesellschaft nahe[50]. Letztlich sind zur Abgrenzung die Gesamtumstände des Einzelfalles unter besonderer Berücksichtigung der Gestaltung des Innenverhältnisses sowie der tatsächlichen Handhabung heranzuziehen[51].

IV. Die Ernsthaftigkeit des Gesellschaftsverhältnisses

1. Beschränkte Gesellschafterrechte

1219 Entscheidend für die steuerliche Anerkennung einer stillen Gesellschaft ist, ob von den Beteiligten ein ernsthaftes Gesellschaftsverhältnis **tatsächlich verwirklicht** wird. Das wurde mit Recht verneint, wenn die Stellung des stillen Gesellschafters rechtlich und wirtschaftlich so beschränkt ist, daß sich an der Verfügungsgewalt des Inhabers über sein Handelsgeschäft und über dessen Erträge kaum etwas geändert hat, vielmehr wirtschaftlich alles beim alten geblieben ist[52].

1220 Dabei ist auch und vor allem zu berücksichtigen, daß die Gesellschaftsrechte des stillen Gesellschafters schon von Gesetzes wegen stark beschnitten sind. Um so größere Bedeutung kommt seinen **Kontrollbefugnissen** als Ausfluß des die Gesellschafter verbindenden Gemeinschaftsverhältnisses zu (vgl. oben Rn. 554). Der steuerlichen Anerkennung steht es zwar nicht entgegen, wenn der stille Gesellschafter seine Überwachungsrechte nur durch einen bevollmächtigten Buchsachverständigen

---

len Gesellschaft durch das Haushaltsbegleitgesetz 1983"; *Pauka*, DB 1991, 1402 (1407); *Lienau/Lotz*, DStR 1991, 618 (622).
49 Vgl. auch BGH v. 10. 6. 1965 (III ZR 239/61) DB 1965, 1589; BGH v. 9. 2. 1967 (III ZR 226/64) BB 1967, 349; BFH v. 21. 6. 1983 (VIII R 237/80) BFHE 138, 458 (462) = BStBl. II 1983, 563.
50 Vgl. *Fleischer/Thierfeld*, S. 27.
51 Vgl. zur Abgrenzung BGH v. 9. 2. 1967 BB 1967, 349; BFH v. 7. 12. 1983 (I R 144/79) BFHE 140, 275 = BStBl. II 1984, 373; BFH v. 21. 6. 1983 (VIII R 237/80) BFHE 138, 458 = BStBl. II 1983, 563.
52 RFH v. 22. 10. 1931 (VI A 1949/29) StuW 1932, Nr. 15; RFH v. 6. 11. 1929 (VI A 756/29) RStBl. 1930, 194.

§ 19 Typische stille Gesellschaft

ausüben darf[53]. Dagegen kann beim Fehlen jeglicher Kontrollrechte von einer ernsthaft gewollten stillen Gesellschaft keine Rede sein[54]. Im übrigen versteht sich eine Beschränkung der Kontrollrechte um so weniger, je umfangreicher die wirtschaftliche Beteiligung des stillen Gesellschafters am Handelsgewerbe des Inhabers ist[55].

Gegen das Vorliegen einer ernsthaft gewollten stillen Gesellschaft spricht es auch, wenn sich der Inhaber das Recht vorbehalten hat, die Höhe der Gewinnbeteiligung des stillen Gesellschafters von Jahr zu Jahr einseitig festzusetzen oder das Ende der Gesellschaft jederzeit dadurch herbeizuführen, daß er das Handelsgewerbe aufgibt oder von sich aus das Gesellschaftsverhältnis einseitig aufhebt. Dasselbe gilt für eine Vereinbarung, die es der Entscheidung des Inhabers überläßt, ob und auf welche Art die Auseinandersetzung bei der Auflösung der Gesellschaft stattfinden soll[56]. 1221

Ein etwaiges **Entnahmerecht des stillen Gesellschafters** muß im Gesellschaftsvertrag vorgesehen sein; andernfalls ist er zur Entnahme nicht berechtigt. Wo ein Entnahmerecht vorgesehen ist, ist das zumindest ein Indiz für das Vorliegen einer ernsthaft gewollten Gesellschaft. 1222

Zur **Verfügung über den ihm zustehenden anteiligen Gewinn** muß der stille Gesellschafter grundsätzlich imstande sein. Wird vereinbart, daß die Ausschüttung des Gewinns erst bei Auflösung der Gesellschaft erfolgen soll, oder daß der stille Gesellschafter seine Gewinnanteile bei Auflösung der Gesellschaft als Darlehen im Geschäft des Inhabers zu belassen hat, so werden diese vielleicht auf Jahre hinaus seiner Verfügung entzogen. Hier bestehen erhebliche Zweifel an der Ernsthaftigkeit des Gesellschaftsverhältnisses, insbesondere dann, wenn der Inhaber selbst entnehmen kann, was er will[57]. 1223

Zweifel an der Ernsthaftigkeit des Gesellschaftsverhältnisses bestehen auch, wenn dem stillen Gesellschafter zwar formell ein Anspruch auf Auszahlung seines Gewinnanteils zusteht, er aber aufgrund der Machtverhältnisse in der Gesellschaft und aufgrund der tatsächlichen Handhabung die Vereinbarungen **in Wirklichkeit nicht durchsetzen** oder wenn er 1224

---

53 RFH v. 30. 9. 1936 (VI A 801/35) RStBl. 1936, 1099 betr. eine Kommanditbeteiligung.
54 RFH v. 6. 11. 1929 (VI A 756/29) RStBl. 1930, 194; RFH v. 8. 8. 1930 (VI A 1122/30) RStBl. 1930, 680.
55 RFH v. 31. 1. 1931 (VI A 1457/30) StuW 1931, Nr. 302.
56 RFH v. 31. 1. 1931 (VI A 1457/30) StuW 1931, Nr. 302.
57 RFH v. 20. 4. 1932 (VI A 181/32) RStBl. 1932, 106; RFH v. 28. 8. 1930 (VI A 1213/30) RStBl. 1931, 21; RFH v. 6. 10. 1926 (VI A 464/26) Kartei EStG 1925, § 29 Nr. 3 R. 4.

die Auszahlung seiner Gewinnanteile nur mit Zustimmung des Inhabers verlangen kann[58].

1225 Andererseits spricht der Umstand, daß der stille Gesellschafter Entnahmen gemacht hat, die seine Beteiligung am Gewinn übersteigen, dafür, daß die Beteiligten den Gesellschaftsvertrag tatsächlich vollzogen haben. Auch braucht die **Beschränkung des Entnahmerechts** nicht immer ein Indiz für ein Scheingeschäft zu sein. Es ist durchaus denkbar und wirtschaftlich vernünftig, wenn bei einem neugegründeten oder im Aufbau befindlichen Unternehmen vereinbart wird, der stille Gesellschafter solle zunächst nicht gleich zu Entnahmen berechtigt sein, oder er solle nicht gleich bei Beendigung der Gesellschaft die Auszahlung seiner gesamten Einlage und der ihm gutgeschriebenen Gewinnanteile verlangen können.

2. Unangemessene Gewinnverteilung

1226 Sind der stille Gesellschafter oder der Inhaber an dem Gewinn in einem Ausmaße beteiligt, das ihrer gesellschaftlichen Beitragsleistung offensichtlich nicht entspricht, dann hat das zur Folge, daß die Gewinnverteilungsabrede **steuerlich nicht anerkannt** wird (§ 42 AO). Das führt jedoch regelmäßig nicht zur Verwerfung des gesamten Gesellschaftsverhältnisses, es sei denn, daß beim Hinzutreten weiterer Umstände auf ein Scheingeschäft geschlossen werden kann, sondern nur zu einer **Korrektur der Gewinnverteilung** als solcher. Ist die Gewinnbeteiligung des stillen Gesellschafters unangemessen hoch, dann werden die Mehrbeträge beim Inhaber als Teil seines eigenen Gewinnes erfaßt und bei ihm zur Einkommensteuer herangezogen. Außerdem gelten die Mehrbeträge als Gewinnverwendung, d.h. als Schenkung des Inhabers an den stillen Gesellschafter oder, wenn dessen Gewinnbeteiligung unangemessen gering ist, als Schenkung des stillen Gesellschafters an den Inhaber[59]. Die Rechtsprechung[60] prüft die Frage der Anerkennung der Gewinnbeteiligung unter nahen Angehörigen nicht nur unter dem Gesichtspunkt des § 42 AO,

---

58 RFH v. 12. 2. 1930 (VI A 2068/29) StuW 1930 Nr. 365; RFH v. 25. 6. 1930 (VI A 593/30) Kartei EStG 1925 § 13 R. 284; RFH v. 8. 8. 1930 (VI A 1122/30) RStBl. 1930, 680.
59 BFH v. 22. 8. 1951 (IV 246/50 S) BStBl. III 1951, 181 = StRK StAnpG § 5 R. 3; BFH v. 31. 1. 1961 (I 259/60 U) BFHE 72, 428 = BStBl. III 1961, 158 = StRK EStG § 15 R. 234.
60 BFH v. 15. 11. 1967 (IV R 139/67) BFHE 90, 399 = BStBl. II 1968, 152 = StRK EStG § 15 Nr. 2 R. 20 m. Anm. *Ganßmüller* u. *Felix*; BFH v. 22. 1. 1970 (IV 85/65) BFHE 98, 401 = BStBl. II 1970, 413 = StRK StAnpG § 1 R. 428 mit Anm. *Blencke*.

sondern auch unter dem Aspekt der wirtschaftlichen Betrachtungsweise[61].

Ob im einzelnen Falle eine **unangemessene Gewinnbeteiligung** vorliegt, richtet sich nach der Bedeutung der gesellschaftlichen Beitragsleistung des Gesellschafters im Verhältnis zur Höhe des ihm zukommenden anteiligen Gewinns. Dabei ist zu berücksichtigen, ob und in welchem Umfange der stille Gesellschafter im Geschäft des Inhabers mitarbeitet und ob er auch am Verlust teilnimmt. Auf Seiten des Inhabers sind bei der Prüfung der Frage der Angemessenheit seiner Gewinnbeteiligung zu berücksichtigen, wie hoch seine Kapitaleinlage ist, seine Haftung, seine Geschäftsführung und seine sonstige Tätigkeit zur Förderung des gemeinschaftlichen Zweckes. Da er in der Regel durch seinen persönlichen Einsatz in entscheidendem Maße zum Erfolg des Unternehmens beiträgt, wird es in der Regel gerechtfertigt sein, daß der größere Teil des Gewinns auf ihn entfällt. 1227

V. Die Besteuerung der stillen Gesellschaft mit mangelhafter Vertragsgrundlage

Gemäß § 41 Abs. 2 AO sind **Scheingeschäfte** und andere Scheinhandlungen für die Besteuerung ohne Bedeutung. Wird durch ein Scheingeschäft ein anderes Rechtsgeschäft verdeckt, so ist das verdeckte Rechtsgeschäft für die Besteuerung maßgebend. Wird eine typische oder atypische stille Gesellschaft nur zum Schein errichtet, d.h. fehlt es den Beteiligten an dem Willen, ein ernsthaftes Gesellschaftsverhältnis zu begründen, so führt das dazu, daß der im Handelsgewerbe des Inhabers erwirtschaftete Gewinn diesem nach wie vor im vollen Umfange zugerechnet wird. 1228

Verstößt ein Gesellschaftsvertrag gegen ein **gesetzliches Gebot oder Verbot** oder gegen die guten Sitten, so wird – ungeachtet der privatrechtlichen Beurteilung (oben Rn. 554 ff.) – die Besteuerung dadurch nicht ausgeschlossen, sofern die Vertragspartner das Gesellschaftsverhältnis **tatsächlich vollziehen** (§ 40 AO). 1229

Ist ein Gesellschaftsvertrag wegen eines **Formmangels** oder wegen **mangelnder Geschäftsfähigkeit** nichtig, so ist das für die Besteuerung insoweit und so lange ohne Bedeutung, als die Beteiligten das wirtschaftliche Ergebnis des Gesellschaftsvertrags eintreten und bestehen lassen (§ 41 1230

---

61 Ausführlich *Clausen*, in: *Herrmann/Heuer/Raupach*, § 15 EStG Anm. 27m und seine Kritik an der Rechtsprechung; näher unten Rn. 1327 f.

Abs. 1 AO). Dasselbe gilt für einen anfechtbaren Gesellschaftsvertrag, soweit und solange nicht die Anfechtung mit Erfolg durchgeführt ist.

1231 Indes verlangt der BFH bei **Verträgen zwischen Familienangehörigen** oder einander sonst nahestehenden Personen die Einhaltung der bürgerlich-rechtlichen Formvorschriften, indem er die Einhaltung der Form als **Indiz für die Ernsthaftigkeit** dieser Verträge ansieht[62]. Der BFH setzt sich insoweit über § 41 Abs. 1 AO hinweg mit der Begründung, daß der Nachweis der Ernsthaftigkeit nur bei Einhaltung der Form als geführt angesehen werden könne[63]. Entscheidend für die Nichtanerkennung sei weniger der Formmangel als vielmehr der Mangel der Ernstlichkeit, für dessen Vorliegen der Mangel der Form als Indiz angesehen wird[64].

1232 Wird das bereits eingetretene **wirtschaftliche Ergebnis** des nichtigen Gesellschaftsvertrags **nachträglich beseitigt** oder das anfechtbare Gesellschaftsverhältnis mit Erfolg angefochten, dann sind Steuerfestsetzungen und Steuerfeststellungen, die aufgrund des nichtigen oder anfechtbaren Vertrags erfolgt sind, zurückzunehmen oder zu ändern und entrichtete Steuern zu erstatten.

1233 Nach den erwähnten Grundsätzen bestimmt sich auch die Besteuerung der fehlerhaften stillen Gesellschaft, für deren zivilrechtliche Anerkennung der tatsächliche Vollzug eines mangelhaften Gesellschaftsvertrags wesentliche Voraussetzung ist (oben Rn. 556). Das hat zur Folge, daß die fehlerhafte Gesellschaft steuerlich der rechtswirksam errichteten Gesellschaft **in jeder Hinsicht gleichgestellt** wird. Willkürliche Gewinnmanipulationen der Gesellschafter werden deshalb hier ebensowenig anerkannt wie bei einer ordnungsgemäß errichteten Gesellschaft.

---

62 BFH v. 10. 10. 1957 (IV 25/57 U) BFHE 65, 482 = BStBl. III 1957, 419 = StRK EStG § 15 R. 99; BFH v. 11. 2. 1958 (I 352/56 U) BFHE 66, 658 = BStBl. III 1958, 254 = StRK EStG § 15 R. 112; BFH v. 1. 2. 1963 (III 93/60 U) BFHE 76, 352 = BStBl. III 1963, 131 = StRK BewG § 74 R. 20; BFH v. 10. 10. 1963 (VI 12/62 U) BFHE 77, 662 = BStBl. III 1963, 563 = StRK EStG § 10 Abs. 1 Nr. 1 R. 50.

63 Gegen die Rechtsprechung des BFH wenden sich deshalb zu Recht *Tipke/Kruse*, § 41 AO Tz. 14, und *Clausen*, in: *Herrmann/Heuer/Raupach*, § 15 EStG Anm. 271 [2].

64 Vgl. BFH v. 4. 7. 1968 (BFH IV 136/63) BFHE 92, 474 = StRK StAnpG § 5 Abs. 3–5 R. 4 m. Anm. *Paulick* (Gewährung stiller Beteiligung mit Verlustbeteiligung an ein minderjähriges Kind ohne vormundschaftsgerichtliche Genehmigung).

VI. Zusammenfassung

Zufolge der das Steuerrecht beherrschenden wirtschaftlichen Betrachtungsweise wird die typische stille Gesellschaft i.S. des § 230 HGB streng von der atypischen stillen Gesellschaft unterschieden. Die Unterscheidung hat wegen der grundlegend anderen steuerlichen Behandlung des atypischen stillen Gesellschafters eine wesentlich größere Bedeutung als im Handelsrecht. Bei der typischen stillen Gesellschaft sind die dem stillen Gesellschafter zufließenden anteiligen Gewinne dem Steuerabzug aus Kapitalvermögen unterliegende Einkünfte; beim Inhaber mindern sie als Betriebsausgaben den einkommensteuerpflichtigen Gewinn aus Gewerbebetrieb. Dagegen wird der atypische stille Gesellschafter als Mitunternehmer angesehen und steuerlich den Gesellschaftern einer OHG oder KG völlig gleichgestellt, obwohl er an dem Geschäftsvermögen dinglich nicht mitberechtigt ist.

1234

Die Merkmale, die handelsrechtlich das Wesen der stillen Beteiligung bedingen, sind auch für ihre steuerliche Anerkennung erforderlich. Gesellschaftsverträge, denen die Beteiligten Wirkung für die zurückliegende Zeit beilegen, werden nicht anerkannt. Sie können immer nur für die Zukunft steuerliche Wirksamkeit haben. Entscheidendes Gewicht ist darauf zu legen, daß der Gesellschaftsvertrag nicht nur auf dem Papier steht, sondern daß seine Bestimmungen so, wie sie vereinbart sind, tatsächlich vollzogen werden.

Obwohl die typische stille Beteiligung im Steuerrecht im wesentlichen wie ein Darlehen behandelt wird, bedarf es auch hier der genauen Abgrenzung beider Rechtsinstitute. Die Unterscheidung ist wichtig für die beschränkte Steuerpflicht sowie für die Gewerbesteuer.

Die Besteuerung der fehlerhaften Gesellschaft bestimmt sich, solange die Gesellschafter das Gesellschaftsverhältnis tatsächlich aufrechterhalten, nach denselben Vorschriften wie die Besteuerung der rechtswirksam begründeten Gesellschaft.

§ 20 Die atypische stille Gesellschaft im Sinne des Steuerrechts (Mitunternehmerschaft)

Schrifttum: *Bitz, Horst,* Begriff und steuerliche Folgen der Mitunternehmerschaft auf gesellschaftsrechtlicher und schuldrechtlicher Basis, DB 1984, 316; *Blaurock, Uwe,* Die GmbH & Still im Steuerrecht, BB 1992, 1969; *Bormann, Michael,* Die Zurechnung „verdeckter Gewinnausschüttungen" im Rahmen einer GmbH & Still (Atypisch), DStZ 1983, 407; *Brönner, Herbert,* Die Besteuerung der Gesellschaften, 16. Aufl., 1988; *Costede, Jürgen,* Die stille Gesellschaft – Überlegungen aus handelsrechtlicher, steuerrechtlicher und betriebswirtschaftlicher Sicht, Steuerberater-Kongreß-Report 1987, 239; *Döllerer, Georg,* Die atypische stille Gesellschaft – gelöste und ungelöste Probleme, DStR 1985, 295; *ders.,* Die atypische stille Gesellschaft in der neuesten Rechtsprechung des Bundesfinanzhofes, StbJb 1987/88, 289; *Goller, Herbert,* Die Gewerbesteuerpflicht der atypischen stillen Gesellschaft, DStR 1982, 485; *Groh, Manfred,* Die Kriterien der Mitunternehmerschaft, BB 1982, 1229; Heidelberger Kommentar zum Handelsgesetzbuch, hrsg. von *Peter Glanegger u.a.,* 4. Aufl., 1996; *Herrmann, Carl / Heuer, Gerhard / Raupach, Arndt,* Kommentar zum Einkommensteuer- und Körperschaftsteuergesetz, 20. Aufl., (Loseblatt); *Horn, Wilhelm / Maertins, Jan,* Die steuerliche atypische stille Beteiligung an der GmbH, GmbHR 1994, 147; *Jakob, Wolfgang,* Die Mitunternehmerschaft in der Form der sogenannten atypisch stillen Gesellschaft, BB 1986, 1615; *Kleine, Klaus,* Typische oder atypische Gesellschaft zwischen herrschender und beherrschter Kapitalgesellschaft? JbFfSt 1994/1995, 148 (mit Diskussionsbeiträgen von *Helmut Becker, J. Borggräfe, Alfred Christiansen*); *Knobbe-Keuk, Brigitte,* Bilanz- und Unternehmenssteuerrecht, 9. Aufl., 1993; *dies.,* Gesellschaft und Mitunternehmerschaft, StuW 1986, 106; *Koltermann, Jörg,* Die stille Gesellschaft im Steuerrecht, SteuerStud 1988, 233; *Lindner, Ernst F.,* Abschied von der faktischen Mitunternehmerschaft?, DStR 1986, 65; *Littmann, Eberhard / Bitz, Horst / Hellwig, Peter,* Das Einkommensteuerrecht, 15. Aufl. (Loseblatt, Stand: Dezember 1994); *Ritzrow, Manfred,* Die Kriterien der Mitunternehmerschaft – Überblick über die Rechtsprechung des BFH –, StBp. 1993, 81, 105, 128, 150, 181; *Schmidt, Ludwig,* Kommentar zum Einkommensteuergesetz, 15. Aufl., 1996; *Schulze zur Wische, Dieter,* Gewinnermittlung und Gewinnfeststellung bei Personengesellschaften, 1985; *ders.,* Mitunternehmerschaft auf nichtgesellschaftsrechtlicher Grundlage, DB 1982, 919; *ders.,* Die stille Gesellschaft in der steuerlichen Rechtsprechung, BB 1982, 1974; *Schwedhelm, Rolf,* Die GmbH & Still als Mitunternehmerschaft, 1987; *Sudhoff, Heinrich,* Gesellschafter und kein Mitunternehmer?, FR 1968, 184; *Troost, Jürgen,* Die steuerliche Abgrenzung zwischen typischen und atypischen stillen Gesellschaften, 1997; *Woerner, Lothar,* Einschränkung des Mitunternehmerbegriffs durch den Bundesfinanzhof, BB 1986, 704; vgl. auch das in § 19 angeführte Schrifttum.

I. Die wirtschaftliche Betrachtungsweise

1235 Die steuerliche Behandlung der atypischen stillen Gesellschaft als Mitunternehmerschaft ist Folge der bereits oben (Rn. 1193) erwähnten wirtschaftlichen Betrachtungsweise[1]: es werden an gesetzlich nicht geregelte Sachverhalte dann die gleichen steuerrechtlichen Folgen wie an im Gesetz geregelte Fälle geknüpft, wenn erstere die gleichen wirtschaftlichen Besonderheiten wie letztere aufweisen.

Das führt im Fall der atypischen stillen Gesellschaft dazu, sie **steuerrechtlich den Regeln der OHG oder KG zu unterstellen**[2]; handels- und bürgerlichrechtliche Aspekte treten insoweit in den Hintergrund, was nicht zuletzt die Erfassung des Begriffes der Mitunternehmerschaft erschwert. 1236

II. Begriff und Wesen der Mitunternehmerschaft

Die Mitunternehmerschaft ist ein rein wirtschaftlicher, dem Privatrecht völlig fremder Begriff[3]. Lediglich im Steuerrecht findet er Erwähnung, so z.B. in § 15 Abs. 1 Nr. 2 EStG. Daher wird er als **selbständiger Begriff des Steuerrechts** verstanden[4]. Eine gesetzliche Definition der Mitunternehmerschaft ist aber auch im Steuerrecht nicht vorhanden. Vielmehr bestimmt sich ihr Inhalt nach dem Gesamtbild der Verhältnisse, wobei sich aufgrund einer wirtschaftlichen Betrachtungsweise das Vorliegen einer Mitunternehmerschaft ergeben muß[5]. 1237

Bei der Mitunternehmerschaft handelt es sich nach ganz überwiegender Auffassung um einen **„offenen Typusbegriff"**[6], unter den nicht subsumiert, sondern dem nur zugeordnet werden kann[7]. 1238

---

1 Vgl. dazu die Kritik von *Schwedhelm*, S. 17 ff.
2 Vgl. *Knobbe-Keuk*, StuW 1986, 106 ff(113); a.A. *Schwedhelm*, S. 117.
3 Vgl. *Goller*, DStR 1982, 485.
4 BFH v. 8. 2. 1979 (IV R 163/76) BFHE 127, 188 = BStBl. II 1979, 405 = BB 1979, 717; BFH v. 3. 5. 1979 (IV R 153/78) BFHE 127, 538 = BStBl. II 1979, 515; BFH v. 29. 4. 1981 (IV R 135/78) BStBl. II 1981, 779 = DB 1981, 1959; vgl. auch die Nachweise bei *Schulze zur Wiesche*, BB 1982, 1974 Fn. 3; *ders.*, Gewinnermittlung, S. 8; zum Verhältnis von Gesellschaftsverhältnis und Mitunternehmerschaft und der sogenannten verdeckten Mitunternehmerschaft s. auch BFH v. 22. 10. 1987 (IV R 17/84) FR 1988, 77 m. Anm. *Söffing*; BFH v. 25. 2. 1991 (GrS 7/89) BFHE 163, 1 = BStBl II 1991, 691; BFH v. 13. 7. 1993 (VIII R 50/92) = GmbHR 1994, 261; BFH v. 21. 9. 1995 (IV R 65/94) DB 1996, 309.
5 BFH v. 9. 10. 1969 (IV 294/69) BStBl. II 1970, 320 = DB 1970, 665; *Bitz*, DB 1984, 316 (317); *Schulze zur Wiesche*, DB 1982, 919 (920); BFH v. 11. 12. 1980 (IV R 91/76) BFHE 132, 278 = BStBl. II 1981, 310 = BB 1981, 537.
6 *Woerner*, BB 1986, 704; *L. Schmidt*, § 15 EStG Rn. 261 m.w.N.; *Bitz*, in: Littmann/Bitz/Hellwig, § 15 EStG Rn. 23 m.w.N.; *Knobbe-Keuk*, StuW 1986, 106 ff. (112); *Clausen*, in: Herrmann/Heuer/Raupach, § 15 EStG Anm. 27c [2]; BFH v. 25. 6. 1984 (GrS 4/82) BFHE 141,405 = BStBl. II 1984, 751 ff. (769) = StRK EStG § 15 Abs. 2 R. 5 = NJW 1985, 93 ff.

1. Allgemeines

1239 Ausgangspunkt der Begriffsbestimmung des Mitunternehmers ist zunächst der **Unternehmerbegriff**. Unternehmer eines Gewerbebetriebes ist, wer planmäßig eine auf Erwerb gerichtete Tätigkeit gewerblicher Art mit einem als selbständiger wirtschaftlicher Organismus im Geschäftsverkehr erscheinenden Betrieb ausübt, der auf seine Rechnung und Gefahr geht[8]. Entscheidend ist dabei, auf wessen Rechnung das Gewerbe betrieben wird[9] und wer die persönliche Verantwortung für das Unternehmen trägt. Dementsprechend ist Mitunternehmer eine Person, auf deren Mitrechnung, Mitverantwortung und Mitgefahr der Betrieb geführt wird. Dabei ist maßgeblich das Innenverhältnis; nach außen muß das nicht in Erscheinung treten[10].

1240 Mitunternehmerschaft setzt demnach voraus, daß mehrere ein Gewerbe betreiben und dadurch „auf Gedeih und Verderb" mit dem Unternehmen verbunden sind[11]. Dieses Verbundensein dokumentiert sich dadurch, daß jedem Teilhaber **Unternehmerinitiative** und **Unternehmerrisiko** zukommt. Daher gilt in der Rechtsprechung die Formel, daß Mitunternehmer ist, wer mit anderen Personen gemeinsam Mitunternehmerinitiative ausüben kann und einen Teil des Risikos trägt[12]. Mithin sind Mitunternehmerinitiative und Mitunternehmerrisiko die entscheidenden Kriterien[13].

---

7 *Tipke/Kruse*, § 4 AO Tz. 136; *Woerner*, BB 1986, 704; *Crezelius*, in: *Westermann u.a.*, Handbuch der Personengesellschaften, III, Rn. 25; *Knobbe-Keuk*, StuW 1986, 106 (112).
8 *Güroff*, in: HK-HGB, Einl. II vor § 1 HGB Rn. 36; *Knobbe-Keuk*, StuW 1986, 106 (113) m.w.N.
9 *Brönner*, S. 53.
10 *Döllerer*, DStR 1985, 295 (303); *Bormann*, DStZ 1983, 407 (408); *Glanegger*, in: HK-HGB, Einl. II vor § 105 HGB Rn. 75; *Goller*, DStR 1982, 485 (486).
11 *Crezelius*, in: *Westermann u.a.*, Handbuch der Personengesellschaften, Bd. 2 III, Rn. 44 m.w.N.
12 BFH v. 25. 6. 1984 (GrS 4/82) BFHE 141, 405= BStBl. II 1984, 751 ff., 769 = StRK EStG § 15 Abs. 2 R. 5 = NJW 1985, 93 ff.; BFH v. 24. 7. 1984 (VIII R 65/64) BStBl. II 1985, 85 ff. (87).
13 BFH v. 25. 6. 1984 (GrS 4/82) BStBl. II 1984, 751 ff. (769) = StRK EStG § 15 Abs. 2 R. 5; BFH v. 10. 11. 1977 (IV B 33-34/76) BStBl. II 1977, 15 = StRK FGO § 144 R. 25 m. Anm. *Martens*; BFH v. 15. 10. 1981 (IV R 52/79) BStBl. II 1982, 342 = StRK EStG (bis 1974) § 15 Nr. 2 R. 205; BFH v. 11. 9. 1986 (IV R 82/85), BStBl. II 1987, 7 (17); *Groh*, BB 1982, 1229; *Bitz*, in: Littmann/Bitz/Hellwig, § 15 EStG Rn. 23b m.w.N.; *Costede*, StKongRep 1987, 239 (241 ff.); *Troost*, S. 122 ff.

2. Unternehmerinitiative

Ausdruck der Mitunternehmerinitiative sind die Mitspracherechte wie z.B. Stimmrecht in der Gesellschafterversammlung und Zustimmungs- sowie Widerspruchsrechte bei wichtigen Handlungen der Geschäftsführung[14]. Mitunternehmerinitiative ist damit gleichbedeutend mit der Teilnahme des Teilhabers an den **unternehmerischen Entscheidungen**[15]. Nach Ansicht des Großen Senats des BFH soll Mitunternehmerinitiative jedenfalls dann bejaht werden, wenn nur die Möglichkeit besteht, Rechte auszuüben, die den Stimm-, Kontroll- und Widerspruchsrechten eines Kommanditisten gem. §§ 164, 166 HGB nahekommen oder die den bürgerlich-rechtlichen Kontrollrechten gem. § 716 BGB entsprechen[16]. In einer Entscheidung aus dem Jahr 1989 ließ der BFH bei Beteiligung an den stillen Reserven und am Geschäftswert schon die gesetzlichen Kontrollrechte des stillen Gesellschafters nach § 233 HGB zur Annahme der Mitunternehmerinitiative ausreichen[17]. Allerdings wird man die dem stillen Gesellschafter nach dem Regelstatut des HGB zustehenden Kontroll- und Informationsrechte schwerlich als unternehmerische Initiativrechte bezeichnen können; eine Einflußnahme auf die unternehmerischen Entscheidungen der Geschäftsführung und damit eine Steuerung des von ihm eingegangenen Wagnisses[18] ist einem solchen stillen Gesellschafter nicht möglich. In der Sache gibt der BFH in diesen Fällen das Erfordernis einer echten Mitunternehmerinitiative als Voraussetzung der Mitunternehmerschaft auf.

1241

---

14 *Lindner*, DStR 1986, 65 m.w.N.; *Glanegger*, in: HK-HGB, Einl. II vor § 105 HGB Rn. 11; *L. Schmidt*, § 15 EStG Rn. 263 m.w.N.; *Jakob*, BB 1986, 1615 (1618); zweifelnd *Groh*, BB 1982, 1229 (1232).
15 BFH v. 25. 6. 1984 (GrS 4/82) BFHE 141, 405 = BStBl. II 1984, 751 ff. (769) = StRK 1975 § 15 Abs. 2 R. 5 = NJW 1985, 93 ff.; BFH v. 23. 1. 1974 (I R 206/69) BStBl. II 1974, 389 (380) = StRK EStG (bis 1974) § 15 Nr. 2 R. 82 m. Anm. *Paulick/Felix*; BFH v. 28. 1. 1982 (IV R 197/79) BStBl. II 1982, 389; *Lindner*, DStR 1986, 63 (65).
16 BFH v. 25. 6. 1984 (GrS 4/82) BFHE 141,405 = BStBl. II 1984, 751 (769) = StRK 1975 § 15 Abs. 2 R. 5 = NJW 1985, 93 ff.; BFH v. 13. 7. 1993 (VIII R 50/92) = GmbHR 1994, 261 (263); *Lindner*, DStR 1986, 65; *Crezelius*, in: *Westermann u.a.*, Handbuch der Personengesellschaften, Bd. 2 III Rn. 36; *L. Schmidt*, § 15 EStG Rn. 263; a.A. *Knobbe-Keuk*, Bilanz- und Unternehmenssteuerrecht, § 9 II 3a, S. 381 ff.; *Glanegger*, in: HK-HGB, Einl. II vor § 105 HGB Rn. 13 m.w.N.
17 BFH v. 13. 6. 1989 (VIII R 47/85) = BStBl. 1989 II, 720 (722); zustimmend *Horn/Maertins*, GmbHR 1994, 147 (148); *L. Schmidt*, § 15 EStG Rn. 343.
18 So *Costede*, StbKRep 1987, 239 (242).

3. Unternehmerrisiko

1242 Ein weiteres unverzichtbares Element der Mitunternehmerschaft ist das Mitunternehmerrisiko, das im Gegensatz zur personenbezogenen Unternehmerinitiative ausschließlich **vermögensbezogen** ist[19]. Nach der gängigen Definition der Rechtsprechung ist Mitunternehmerrisiko die gesellschaftsrechtliche oder eine ihr wirtschaftlich gleichgestellte Teilnahme am Erfolg oder Mißerfolg des Unternehmens[20].

1243 Dokumentiert wird dieses Unternehmerrisiko bei der Mitunternehmerschaft durch eine schuldrechtliche Beteiligung am Gewinn und Verlust sowie in der Regel durch **Beteiligung an der Vermögenssubstanz** des Unternehmens[21]. Der stille Gesellschafter muß schuldrechtlich am Gewinn und Verlust, an dem Anlagevermögen und den stillen Reserven beteiligt sein, während dies für die Beteiligung am Geschäftswert des Unternehmens nicht zwingend ist. Ein bei der Veräußerung des Unternehmens erzielter Veräußerungsgewinn wie auch der Gewinn aus der Veräußerung nur einzelner Anlagegüter muß grundsätzlich auch dem Stillen zugute kommen.

1244 Die **Auseinandersetzung** bei Ausscheiden eines Mitunternehmers oder bei Auflösung der Gesellschaft erfolgt buchmäßig nach einem dem förmlichen Liquidationsverfahren angenäherten Verfahren aufgrund einer Abschichtungs- oder Vermögensbilanz, in welche die einzelnen Wirtschaftsgüter unter Aufdeckung der stillen Reserven und des Geschäftswertes einzusetzen sind.

a) Beteiligung am Gewinn und Verlust

1245 Wenngleich die Beteiligung an Gewinn und Verlust – isoliert betrachtet – für die Begründung einer Mitunternehmerschaft nicht ausreicht, ist sie gleichwohl ein wichtiges Indiz und vermittelt nach Ansicht des BFH – zumindest bei Personengesellschaften – in der Regel das Mitunternehmerrisiko[22]. Die schuldrechtliche Beteiligung am Anlagevermögen tritt

---

19 *Jakob*, BB 1986, 1615 (1618).
20 *Glanegger*, in: HK-HGB, Einl. II vor § 105 HGB Rn. 15; *Schulze zur Wiesche*, DB 1982, 919 (921); *L. Schmidt*, § 15 EStG Rn. 264 m.w.N.; BFH v. 25. 6. 1984 (GrS 4/82) BFHE 141, 405 ff. (441) = BStBl.II 1984, 751 ff. (769) m.w.N. = StRK EStG 1975 § 15 Abs. 2 R. 5 = NJW 1985, 93 ff.
21 *Glanegger*, in: HK-HGB, Einl. II vor § 105 HGB Rn. 15; *Schulze zur Wiesche*, DB 1982, 919 (921); *L. Schmidt*, § 15 EStG Rn. 264 m.w.N.
22 BFH v. 25. 6. 1984 (GrS 4/82) BFHE 141, 405 = BStBl. II 1984, 751 ff. (769) = StRK EStG 1975 § 15 Abs. 2 R. 5 = NJW 1985, 93 ff.; BFH v. 19. 2. 1981 (IV R 152/76) BStBl. II 1981, 602 (604) = StRK EStG (bis 1974) § 15 Nr. 2 R. 193; *Groh*, BB 1982, 1229 (1230).

§ 20 Atypische stille Gesellschaft

als weiteres Merkmal der Mitunternehmerschaft zu der Beteiligung an Gewinn und Verlust hinzu. Allein reicht jedoch auch sie nicht zur Begründung der Mitunternehmerschaft aus. Für den Einzelfall ist daher eine **Kumulation mehrerer der genannten Kriterien erforderlich,** um das Vorliegen einer Mitunternehmerschaft bejahen zu können.

Einzelfälle:

(1) Der BFH hat Mitunternehmerschaft für einen **Komplementär** bejaht, der keine Einlage leisten mußte, am Gewinn und Verlust nicht beteiligt war und im Innenverhältnis von der persönlichen Haftung freigestellt war[23]. Zwar ist der Komplementär typischerweise Mitunternehmer, aber gerade das wollten die Parteien vermeiden. Dem hielt der 8. Senat entgegen, daß sich der Eintritt der Haftung nicht ausschließen lasse und damit die Verlustbeteiligung weiterhin vorhanden sei. Hier hat der BFH also den Schwerpunkt auf die Verlustbeteiligung gelegt und das Fehlen der sonstigen Voraussetzungen für unbeachtlich gehalten; denn allein das Verlustrisiko aus einer möglichen Haftungsinanspruchnahme reiche im Einzelfall aus, ein Mitunternehmerrisiko zu bejahen. Im übrigen sei ein Komplementär immer vertretungsberechtigt, da die Vertretungsberechtigung nach gefestigter Rechtsprechung des BGH[24] unabdingbar sei, so daß hier auch Mitunternehmerinitiative vorliege.

1246

(2) Sofern eine **Beteiligung am laufenden Gewinn von vornherein ausgeschlossen** wird, liegt schon kein stilles Gesellschaftsverhältnis vor[25]. Unmaßgeblich für die Anerkennung einer Mitunternehmerschaft ist nach der Auffassung des BFH bei Vorliegen der übrigen Voraussetzungen aber die Frage, ob eine vereinbarte Gewinnauszahlung dann auch tatsächlich erfolgt[26].

1247

(3) Ausdrücklich offen gelassen hat der BFH allerdings, ob eine fehlende Beteiligung am laufenden Gewinn durch eine **Beteiligung am Geschäftswert** für den Fall der Beendigung ersetzt werden kann[27].

1248

---

23 BFH v. 11. 6. 1985 (VIII R 252/80) BFHE 144, 357 = StRK EStG 1975 § 15 Abs. 1 Nr. 2 Mituntern. R. 15 m. Anm. *Crezelius*; vgl. auch BFH v. 17. 1. 1980 (IV R 115/76) BStBl. II 1980, 336 (338) = StRK GewStG § 2 Abs. 2 Nr. 1 R. 16 m. Anm. *Schick*; BFH v. 3. 2. 1977 (IV R 122/73) BStBl. II 1977, 346 = StRK KStG 1934–1975 § 6 Abs. 1 S. 2 R. 223.
24 BGH v. 9. 12. 1968 BGHZ 51, 198.
25 *Blaurock*, BB 1992, 1969; *L. Schmidt*, § 15 EStG Rn. 346.
26 BFH v. 29. 4. 1991 (IV B 165/90) = BFH/NV 1992, 388 (390): sofern es sich nicht um eine Familiengesellschaft handele.
27 BFH v. 27. 5. 1993 (IV R 1/92) BFHE 171, 510 = BStBl II 1994, 700 (701).

1249 (4) Für die stille Gesellschaft hatte der BFH im Jahr 1954 entschieden, daß eine Mitunternehmerschaft nicht vorliege, wenn der Stille **nicht am Verlust teilnehme,** da es dann am Mitunternehmerrisiko fehle[28]. Von diesem Standpunkt hat sich der BFH in seiner neueren Rechtsprechung abgewandt. Nimmt nunmehr das Vorliegen einer Mitunternehmerschaft trotz fehlender Verlustbeteiligung und fehlender Beteiligung an den stillen Reserven zumindest dann an, wenn der stille Gesellschafter am Gewinn beteiligt wird und seine Unternehmerinitiative besonders stark ausgeprägt ist, so daß er wie ein Unternehmer auch auf die Geschäftsführung des Unternehmens Einfluß nehmen kann[29].

1250 (5) In einem anderen Fall hatte der BFH aufgrund der wirtschaftlichen Betrachtungsweise das Schwergewicht auf die **Gewinnbeteiligung** gelegt und Mitunternehmerschaft bejaht, der fehlenden Beteiligung an den stillen Reserven, die wirtschaftlich nicht ins Gewicht fielen, dagegen keine Bedeutung zugemessen[30].

b) Beteiligung an den stillen Reserven und am Geschäftswert

1251 Der Mitunternehmer ist grundsätzlich mit einer Einlage an den Geschäftswerten beteiligt. Wird die Gesellschaft aufgelöst oder scheidet der atypische stille Gesellschafter aus, so hat er Anspruch auf das Auseinandersetzungsguthaben entsprechend seiner Beteiligung. Dieser Anspruch umfaßt auch eine **Beteiligung am tatsächlichen Zuwachs des Gesellschaftsvermögens.** Die Ergebnisbeteiligung muß sich auf die beim Schlußergebnis festgestellten stillen Reserven sowie den realisierten Geschäftswert erstrecken[31]. Dabei muß die Bewertung des Geschäftswertes nach einer bei Unternehmensbewertungen üblichen Methode erfolgen; weder

---

28 BFH v. 9. 9. 1954 (IV 574/53 U) BFHE 59, 275 = BStBl. III 1954, 317; vgl. auch BFH v. 25. 6. 1981 (IV R 61/78) BFHE 134, 261 = BStBl. II 1982, 59 f. = BB 1982, 293.
29 BFH v. 5. 7. 1978 (I R 22/75) BFHE 125, 545 = BStBl. II 1978, 644; BFH v. 22. 1. 1981 (IV B 41/80) BFHE 132, 542 (547) = BStBl. II 1981, 424; BFH v. 28. 1. 1982 (IV R 197/79) BFHE 135, 297 (299) = BStBl. II 1982, 389; BFH v. 20. 11. 1990 (VIII R 10/87) BFHE 163, 336 = FR 1991, 270 (271); BFH v. 11. 12. 1990 (VIII R 122/86) = FR 1991, 236 (237); BFH v. 18. 2. 1993 (IV R 132/91) = BFH/NV 1993, 647 (649).
30 BFH v. 12. 1. 1954 (I 88/534) BFHE 58, 496 = StRK KStG § 23 R. 5.
31 BFH v. 8. 5. 1962 (I 20/624) BStBl. III 1962, 383 = StRK EStG (bis 1974) § 15 R. 338; BFH v. 19. 2. 1981 (IV R 152/76) BStBl. II 1981, 602 = StRK EStG (bis 1974) § 15 Nr. 2 R. 193; *Groh,* BB 1982, 1229 (1230 f.) m.w.N.; *Jakob,* BB 1986, 1615 (1620).

eine Globalabfindung noch eine Abfindung nach vermögensteuerlichen Werten sieht der BFH in diesem Sinne als ausreichend an[32].

Für den Fall der **Auflösung** der Gesellschaft hat der BFH erstmals 1981 entschieden, daß eine Beteiligung am Geschäftswert dann zwingend und nicht ausschließbar sei, wenn der stille Gesellschafter als Mitunternehmer gelten soll[33]. Scheidet ein stiller Gesellschafter hingegen **vorzeitig freiwillig** aus, hat der BFH in derselben Entscheidung die bisherige Rechtsprechung bestätigt, wonach ein Ausschluß der Beteiligung am Geschäftswert der Qualifikation als Mitunternehmer nicht entgegenstehen muß[34]. Diese Auffassung ist mittlerweile einhellig[35].

1252

Dennoch sind die Beteiligung an den stillen Reserven und am Geschäftswert nicht in jedem Fall zwingend und unabdingbar, sondern lediglich – wenn auch sehr wichtige – **Indizien für das Vorliegen einer Mitunternehmerschaft**[36]. Denn wegen der wirtschaftlichen Betrachtungsweise können durchaus auch andere Merkmale zur Begründung der Mitunternehmerschaft herangezogen werden[37].

1253

Einzelfälle:

(1) Eine Beteiligung nur an den im Warenlager enthaltenen stillen Reserven reicht zur Begründung der Mitunternehmerschaft nicht aus, da das Warenlager nicht zum **Anlagevermögen** gehört[38].

1254

(2) Trotz fehlender Beteiligung am Geschäftswert und an den stillen Reserven hat der BFH Mitunternehmerschaft angenommen, wenn die Gesellschaft **weder stille Reserven noch einen Geschäftswert aufzuweisen** hat[39]. In diesen Entscheidungen ging es um BGB-Gesellschaften, die

1255

---

32 BFH v. 27. 5. 1993 (IV R 1/92) BFHE 171, 510 = BStBl II 1994, 700 (701).
33 BFH v. 25. 6. 1981 (IV R 61/78) BFHE 134, 261 = BStBl. II 1982, 59.
34 Vgl. dazu auch *Jakob*, BB 1986, 1615 (1620); so auch schon BFH v. 16. 7. 1964 (IV 377/62 U) BFHE 80, 410 = StRK EStG (bis 1974) § 15 R. 511.
35 *Herrmann/Heuer/Raupach*, § 15 EStG Anm. 27c [2]; *Crezelius*, in: *Westermann u.a.*, Handbuch der Personengesellschaften, III, Rn. 35; *Sudhoff*, FR 1968, 184 ff.; *Bitz*, in: *Littmann/Bitz/Hellwig*, § 15 EStG Rn. 23b.
36 *Crezelius*, in: *Westermann u.a.*, Handbuch der Personengesellschaften, III, Rn. 40.1.
37 BFH v. 22. 11. 1955 (I 139/54 S) BStBl. III 1956, 4 = StRK GewStG § 2 Abs. 2 R. 7; *Crezelius*, in: *Westermann u.a.*, Handbuch der Personengesellschaften, III, Rn. 40.1.
38 RFH v. 17. 7. 1935 (VI A 483/35) RStBl. 1935, 1192.
39 BFH v. 19. 2. 1981 (IV R 152/76) BStBl. II 1981, 602 = StRK EStG (bis 1974) § 15 Nr. 2 R. 193; BFH v. 28. 10. 1981 (I R 25/79) BStBl. II 1982, 186 = StRK EStG (bis 1974) § 15 Nr. 2 R. 204 m. Anm. *Streck*; vgl. auch BFH v. 18. 2. 1993 (IV R 132/91) = BFH/NV 1993, 647 (649).

infolge ihres Gesellschaftszweckes (Auswertung von Lizenzen) keine stillen Reserven hatten und bei denen kein Geschäftswert entstanden war. In diesen Fällen der Innengesellschaften ohne Gesamthandsvermögen – Gesamthandsvermögen ist nicht begriffsnotwendig für die Innengesellschaft[40] – können Beteiligung an stillen Reserven und Geschäftswert keine ausschlaggebenden Kriterien sein.

1256 (3) Auch in folgendem Fall hat der BFH[41] Mitunternehmerschaft bejaht:

An einer OHG waren drei Brüder mit je DM 338 000,– beteiligt. Jeder von ihnen schenkte seinem als Nachfolger in Aussicht genommenen Kinde eine Unterbeteiligung von DM 67 000,– an seinem Gesellschaftsanteil. Jedes Kind sollte mit 20% am Gewinn und Verlust des Gesellschaftsanteils seines Vaters beteiligt sein. Die schenkungsweise überlassenen Beträge wurden von den Kapitalkonten der Väter abgezweigt. Die Kinder erhielten daneben für ihre Mitarbeit im Betrieb feste Bezüge (Gehälter) und Gewinnbeteiligungen (Tantiemen), die ebenso wie die aus den Unterbeteiligungen fließenden Gewinnanteile den bei der OHG geführten Konten der Kinder gutgebracht wurden.

Bei der Feststellung der einheitlichen Gewerbesteuermeßbeträge rechnete das FA die Gehälter, Tantiemen und Gewinnanteile, die den Kindern gutgebracht worden waren, dem Gewinn der OHG zu. Der BFH hat das gebilligt. Er stellte fest, daß der Mitunternehmer einer Personengesellschaft nicht immer auch an den stillen Reserven des Unternehmens beteiligt sein müsse. Die Beteiligung an den stillen Reserven sei zwar ein wesentlicher Anhalt für eine Mitunternehmerschaft; sie sei aber nicht das allein entscheidende Merkmal. Vielmehr seien alle Umstände in Betracht zu ziehen, wobei der leitende Gesichtspunkt sein müsse, ob der Beteiligte eine Unternehmerinitiative entwickeln kann und ein Unternehmerrisiko trägt.

1257 Unter Würdigung des Gesamtbildes der Verhältnisse betrachtete der BFH mit Recht die Kinder als **Mitunternehmer der OHG.** Ausschlaggebend dafür war, daß die Kinder aufgrund ihrer hohen Einlagen eine gewichtige Stellung im Unternehmen der OHG hatten. Sie waren im Ausland für Führungsaufgaben der OHG geschult worden und hatten verantwortliche Funktionen bei der OHG. Sie galten als die Nachfolger ihrer Väter im Betrieb und hatten als solche ein Mitspracherecht in der Firma. Ihre gleichmäßige und gleichzeitige Beteiligung an den Gesellschaftsanteilen ihrer Väter beruhte offenbar auf einer Verabredung zwischen den drei Altgesellschaftern, die auf diese Weise die nächste Generation in den Betrieb der OHG einbeziehen wollten. Daraus zog der BFH den Schluß, daß die Kinder schon jetzt als voraussichtliche Geschäftsnachfolger mit der Existenz der OHG auf Gedeih und Verderb verbunden seien und darum schon jetzt ein wesentliches Unternehmerrisiko zu tragen hätten,

---

40 MünchKomm/*Ulmer*, § 705 BGB Rn. 234.
41 BFH v. 17. 11. 1964 (VI 319/63 U) BStBl. III 1965, 260 = StRK EStG (bis 1974) § 15 R. 559.

zumal da ihre Gewinne und Verluste aus der „Unterbeteiligung" letztlich allein vom Betriebsergebnis der OHG abhingen, die den Kindern Konten eingerichtet hatte, auf denen sie die Gewinnanteile und sonstigen Vergütungen gutbrachte, wie es bei Gesellschaftern von Personengesellschaften üblich ist.

Daraus, daß der BFH in der Entscheidung vom 25. 6. 1981[42] die Beteiligung am Geschäftswert für zwingend erachtet hat, zieht *Jakob* den Schluß, daß der BFH damit von seiner bisherigen „typologischen Gesamtbildrechtsprechung" abginge[43]. Daß das aber nicht der Fall ist, zeigen nicht nur dieselbe Entscheidung, sondern auch die neuere Rechtsprechung des BFH[44].

1258

c) Verhältnis von Mitunternehmerrisiko zu Mitunternehmerinitiative

Grundsätzlich müssen für die Feststellung, daß Mitunternehmerschaft vorliegt, **beide Merkmale gegeben** sein. Ihre jeweilige Ausprägung kann aber – und hier kommt wieder die wirtschaftliche Betrachtungsweise zum Tragen – unterschiedlich stark sein. Unternehmerrisiko und Unternehmerinitiative werden flexibel gehandhabt, so daß z.B. eine bedeutsame Unternehmerinitiative ein geringes Unternehmerrisiko ebenso aufwiegen kann wie auch umgekehrt[45]. Maßgeblich bleibt letztlich immer der **wirtschaftliche Gesamteindruck.**

1259

Mitunternehmerschaft ist auch anzunehmen, wenn der stille Gesellschafter zwar nicht am Geschäftsvermögen schuldrechtlich beteiligt ist, aber im Betrieb des Inhabers eine Stellung einnimmt, **die sich von der eines nur mit Kapital beteiligten Dritten wesentlich unterscheidet.** Das ist der Fall, wenn er eine Stellung bekleidet, die schon äußerlich der eines Mitunternehmers nahekommt. Er wird aber nicht schon dadurch zum Mitunternehmer, daß ihm ein gewisser Einfluß auf das Handelsgeschäft des Inhabers eingeräumt wird. Geht jedoch sein Einfluß erheblich weiter, als er nach allgemeinem Geschäftsgebrauch einem stillen Gesellschafter eingeräumt zu werden pflegt, so ist Mitunternehmerschaft zu bejahen[46]. So

1260

---

42 BFH v. 25. 6. 1981 (IV R 61/78) BFHE 134, 261 = BStBl. II 1982, 59.
43 *Jakob*, BB 1986, 1615 (1620) m.w.N.
44 BFH v. 22. 1. 1985 (VIII R 303/81) BFHE 143, 247 (249).
45 BFH v. 28. 1. 1982 (IV R 197/79) BStBl. II 1982, 389 = StRK EStG (bis 1974) § 15 Nr. 2 R. 208 m. Anm. *Paulick*; BFH v. 20. 11. 1990 (VIII R 10/87) BFHE 163, 336 = FR 1991, 270; BFH vom 11. 12. 1990 (VIII R 122/86) BFHE 163, 346 = FR 1991, 236.
46 BFH v. 28. 1. 1982 (IV R 197/79) BFHE 135, 297 = BStBl. II 1982, 389; BFH v. 18. 2. 1993 (IV R 132/91) = BFH/NV 1993, 647 (649).

etwa, wenn ihm nicht unwesentliche Mitbestimmungsrechte (z.B. bei der Aufnahme neuer Gesellschafter) oder Geschäftsführungsbefugnisse eingeräumt worden sind, wenn er im Betrieb wesentlich und führend mitarbeitet oder wenn er nach dem Gesellschaftsvertrag zu der Bilanz seine Zustimmung zu geben hat[47].

Einzelfälle:

1261 (1) In einem Urteil von 1980[48] hat der BFH entschieden, daß eine Person **selbst ohne Kapitalbeteiligung** Mitunternehmer sein kann, wenn sie aufgrund eines formal als Dienstverhältnis bezeichneten Vertrages Mitunternehmerinitiative entfalten kann und das Mitunternehmerrisiko wegen der an die Gewinnentwicklung gekoppelten Bezüge gegeben ist. Hierbei spielte es keine Rolle, daß keine unmittelbar gewinnabhängigen Vergütungen gezahlt wurden und daß eine Außenhaftung nicht vorlag.

1262 (2) In einem anderen Fall hat der BFH Mitunternehmerschaft bejaht, weil der **Geschäftsführer** 52% der Stimmrechte ausüben konnte, eine praktisch unkündbare Position innehatte, gewinnabhängige Vergütungen erhielt, das gesamte Anlagevermögen von ihm an die Gesellschaft verpachtet worden ist und er der größte Gläubiger des Unternehmens war[49].

1263 (3) Auch ein **formell angestellter Geschäftsführer** wurde vom BFH als Mitunternehmer angesehen[50], dessen Vergütung zu mehr als 2/3 gewinnabhängig war, der der Gesellschaft ein Darlehen gewährte, das die Höhe des Eigenkapitals erreichte, und der der Gesellschaft ein Grundstück vermietet hatte, dessen Wert die Summe aus Eigenkapital und Darlehen überstieg.

1264 (4) Bei stiller Beteiligung an einer GmbH & Co KG hat der BFH in zwei Entscheidungen aus dem Jahr 1990 die Mitunternehmerschaft desjenigen bejaht, der, ohne an stillen Reserven beteiligt zu sein, auch nur **mittelbar Mitunternehmerinitiative** entfalten kann: nämlich als Gesellschafter der GmbH und gleichzeitig als Geschäftsführer der Komplementär-GmbH, der auch die Geschäfte der KG führt[51].

---

47 RFH v. 10. 9. 1930 (VI A 178/30) RStBl. 1931, 190; RFH v. 27. 2. 1935 (VI A 1364/33) StuW 1935, Nr. 271.
48 BFH v. 11. 12. 1980 (IV R 91/76) BStBl. II 1981, 310.
49 BFH v. 29. 1. 1976 (IV R 97/74) BStBl. II 1976, 332.
50 BFH v. 28. 1. 1982 (IV R 197/79) BStBl. II 1982, 389.
51 BFH v. 20. 11. 1990 (VIII R 10/87) BFHE 163, 336 = FR 91, 270; BFH v. 11. 12. 1990 (VIII R 122/86) BFHE 163, 346 = FR 1991, 236; vgl. zu dieser Problematik Rn. 1557.

(5) Mitunternehmerschaft liegt nach Auffassung des BFH dann nicht vor, wenn der still Beteiligte ohne lange Kündigungsfristen mit dem Buchwert seiner Beteiligung aus der Gesellschaft ausgeschlossen werden kann. Dadurch nämlich wird seine freie Unternehmerinitiative durch die **Abhängigkeit von der Kündigungsbefugnis der anderen Gesellschafter** derart beeinträchtigt, daß es sich lediglich um ein Schuldverhältnis handelt, nicht aber um Mitunternehmerschaft[52].

1265

d) Gruppen atypischer stiller Gesellschaften

Faßt man die von der Rechtsprechung für das Vorliegen einer Mitunternehmerschaft herausgearbeiteten Merkmale zusammen, so lassen sich folgende Gruppen von atypischen stillen Gesellschaften unterscheiden:

1266

(1) Gesellschaften, bei denen Mitunternehmerrisiko und Mitunternehmerinitiative im wesentlichen **gleich ausgeprägt** sind: Der Stille ist sowohl am Geschäftsvermögen als auch an der Geschäftsführung beteiligt.

(2) Gesellschaften, bei denen das **Mitunternehmerrisiko erheblich überwiegt:** Der Stille ist nicht nur am Gewinn (und Verlust), sondern auch am Anlagevermögen oder an einzelnen Gegenständen desselben schuldrechtlich beteiligt, ohne auf die Geschäftsführung Einfluß nehmen zu können. Dabei ist aber eine gleichzeitige Beteiligung jeweils am Anlagevermögen, an den Reserven und am Geschäftswert nicht zwingend, wenngleich das auch den Regelfall darstellt.

(3) Gesellschaften, bei denen der **Schwerpunkt auf der Mitunternehmerinitiative** liegt: Der Stille ist am Geschäftsvermögen sowie am Anlagevermögen und den stillen Reserven nicht oder nur unbedeutend beteiligt, hat aber einen erheblichen, weit über die Einflußmöglichkeiten eines typischen stillen Gesellschafters hinausgehenden Einfluß auf das Handelsgewerbe bzw. die Geschäftsführung.

Wann im Einzelfall eine Mitunternehmerschaft gegeben ist, richtet sich nach dem **wirtschaftlichen Gesamtbild** der Umstände. Feste Regeln existieren dafür nicht, da sowohl das Mitunternehmerrisiko (Vermögensbeteiligung i.w.S.) als auch die Mitunternehmerinitiative (Geschäftsführungsbefugnis bzw. Beteiligung des Stillen an der Geschäftsführung) nur, wenn auch sehr wichtige, Indizien für eine Mitunternehmerschaft sind. Dadurch bleibt der steuerlichen Würdigung der einzelnen Fallgestaltungen ein relativ weiter Beurteilungsspielraum. Hierin dokumentiert sich auch das Bestreben des Steuergesetzgebers, tatsächliche Wirtschaftsvorgänge mit den Steuergesetzen nicht von der rechtlichen Seite, sondern

1267

---
52 BFH v. 29. 4. 1981 (IV R 131/78) BStBl. II 1981, 663.

allein von der wirtschaftlichen her zu erfassen. Besondere Schwierigkeiten bereiten dabei nach wie vor die Fälle, in denen dem stillen Gesellschafter Einflußmöglichkeiten auf das Handelsgewerbe des Inhabers eingeräumt werden: Wie groß muß der Einfluß sein, um den Stillen als Mitunternehmer qualifizieren zu können? Diese Frage, die nur nach wirtschaftlichen Grundsätzen zutreffend beantwortet werden kann, erfordert deshalb im Einzelfall eine Untersuchung jener Eigenschaften, die dem Unternehmer in seinem Wesen eigen sind und die demzufolge auch die Eigenschaft des Mitunternehmers bestimmen.

III. Zusammenfassung

1268 Aufgrund der wirtschaftlichen Betrachtungsweise werden atypische stille Gesellschafter im Steuerrecht als Mitunternehmer behandelt und den Gesellschaftern einer OHG oder KG gleichgestellt. Indizien für die Annahme einer Mitunternehmerschaft sind im wesentlichen das Mitunternehmerrisiko (schuldrechtliche Beteiligung des Stillen am Geschäftsvermögen) und die Mitunternehmerinitiative (mitentscheidende Einflußmöglichkeiten auf das Schicksal bzw. den weiteren wirtschaftlichen Werdegang des Betriebes des Inhabers). Da beide Indizien unterschiedlich stark ausgeprägt sein und in variationsreichen Formen und Abstufungen in Erscheinung treten können, muß für die Annahme einer Mitunternehmerschaft stets das Gesamtbild aller Verhältnisse unter Berücksichtigung der wirtschaftlichen Betrachtungsweise entscheidend sein.

Einen wichtigen Anhaltspunkt für die zutreffende steuerrechtliche Beurteilung vermittelt die Feststellung, ob dem stillen Gesellschafter nur die rechtliche Stellung eines Gläubigers einer Kapitalforderung zukommt oder ob er nach dem Gesellschaftsvertrag oder nach der tatsächlichen Übung die für einen Unternehmer wesentlichen Eigenschaften (Verantwortung, Gefahrtragung, Beteiligung am Geschäftserfolg bzw. -mißerfolg und an den Wertschwankungen des Geschäftsvermögens) besitzt. Dabei ist seine Beteiligung an den laufenden Verlusten, seine persönliche Haftung den Geschäftsgläubigern gegenüber und ein gemeinschaftliches Auftreten nach außen für die Bejahung der Mitunternehmerschaft nicht wesensnotwendig, wenngleich auch daraus gewisse Schlüsse auf die Mitunternehmereigenschaft gezogen werden können.

Insgesamt kann die Frage, ob im Einzelfall eine Mitunternehmerschaft vorliegt, nicht generell beantwortet werden, sondern nur unter Berücksichtigung aller jeweils für den zu beurteilenden Fall relevanten Elemente.

§ 21 Die stille Familiengesellschaft

Schrifttum: *Authenrieth, Karlheinz*, Schenkung einer Darlehensforderung vom Vater an Kinder, Anmerkung zu BFH v. 10. 4. 1984, BB 1985, 168; *Blümich, Walter / Falk, Ludwig*, Kommentar zum Einkommensteuergesetz, 15. Aufl., (Loseblatt, Stand: Februar 1997); *Böttcher, Conrad*, RWP-Blattei 14 D Familien-Unternehmen III ff.; *Boveleth, Karl-Heinz*, Schenkweise begründete typische stille Gesellschaft zwischen Eltern und Kindern, NWB Fach 3, 7053; *Brandenberg, Hermann B.*, Bedeutung der Entscheidungen des Vormundschaftsgerichts für Finanzverwaltung und Finanzgerichte bei Familien Personengesellschaften, DB 1981, 860; *Broudré, Anna M.*, Darlehensverträge zwischen Angehörigen, DB 1993, 8; *Costede, Jürgen*, Die stille Gesellschaft – Überlegungen aus handelsrechtlicher, steuerrechtlicher und betriebswirtschaftlicher Sicht, StbKRep 1987, 239; *Crezelius, Georg*, Kurzkommentar zu § 4 EStG, EWiR 1989, 47; *Felix, Günther*, Beteiligungsformen nichttätiger Abkömmlinge an Familien-Personenunternehmen, DStZ 1988, 73; *Fichtelmann, Helmar*, Zur steuerlichen Anerkennung einer schenkweise begründeten stillen Gesellschaft mit minderjährigen Kindern gegenüber einer Personengesellschaft, DStZ 1989, 183; *Curtius-Hartung*, Die stille Gesellschaft – Überlegungen aus handelsrechtlicher, steuerrechtlicher und betriebswirtschaftlicher Sicht, StbKRep 1987, 223; *Flume, Werner*, Die Steuerrechtsprechung zur Gewinnverteilung in Familien Personengesellschaften und die Legitimität der Rechtsprechung, StbJb. 1976/77, 43; *Groh, Manfred*, Sind schenkweise begründete Innengesellschaften und Darlehen steuerlich unbeachtlich?, BB 1987, 1505; *Hartmann, Alfred / Böttcher, Conrad / Nissen, Karl-Heinz / Bordewin, Arno*, Kommentar zum Einkommensteuergesetz, (Loseblatt, 1970 ff.); *Jestädt, Gottfried*, Partiarisches Darlehen oder Stille Gesellschaft?, DStR 1993, 387; *Katterbe, Burkhard*, Neuere Rechtsprechung zu Darlehen zwischen Angehörigen – zugleich ein Beitrag zum Fremdvergleich, FR 1993, 113; *Klüsener, Bernd*, Vormundschaftliche Genehmigungen nach § 1822 BGB, Rpfleger 1993, 133; *Knobbe-Keuk, Brigitte*, Bilanz- und Unternehmenssteuerrecht, 9. Aufl. 1993; *dies.*, Aktuelle Rechts- und Steuerprobleme mittelständischer Unternehmen, WP Handbuch 1993/94, 165; *Märkle, Rudi*, Angehörige als Darlehensgeber, stille Gesellschafter, Kommanditisten, BB Beilage 2 zu Heft 4/1993; *Neufang, Bernd*, Die stille Gesellschaft mit Angehörigen, Inf. 1987, 563; *Rössler, Rudolf*, Steuerliche Unwirksamkeit von Personengesellschaftsverträgen mit minderjährigen Kindern der Gesellschafter aus formellen Gründen, Inf. 1976, 313; *Schmidt, Karsten*, Die Schenkung von Personengesellschaftsanteilen durch Einbuchung, BB 1990, 1992; *Schmidt, Ludwig*, Anmerkung zu BFH v. 13. 6. 1989, FR 1989, 499; *ders.*, Anmerkung zu BFH v. 21. 10. 1992, FR 1993, 226; *Söffing, Günter*, Die steuerrechtliche Anerkennung von Verträgen zwischen Angehörigen, NWB Fach 3, 8561; *Stüttgen, Hans-Gerd*, Die stille Beteiligung an der gewerblichen Familien-GmbH, 1988; *Tiedtke, Klaus*, Zur steuerlichen Anerkennung stiller Beteiligungen von Kindern, FR 1980, 421; *ders.*, Die schenkweise Zuwendung einer stillen Beteiligung an ein minderjähriges Kind, BB 1988, 946; *ders.*, Widersprüchliche Entscheidungen des Bundesfinanzhofs zur Absetzbarkeit von Darlehenszinsen, DB 1988, 69; *Tipke, Klaus / Kruse, Heinrich Wilhelm*, Abgabenordnung, Finanzgerichtsordnung, 12. Aufl., (Loseblatt, 1986 ff.); *Weber-Grellet, Heinrich*, Betriebsausgaben im Zusammenhang mit schenkweise begründeten Rechtspositionen zugunsten naher Angehöriger – Zur Bedeutung des § 12 Nr. 2 EStG, DStR 1993, 1010.

I. Der Begriff der Familiengesellschaft

1269 Eine stille Familiengesellschaft ist dann gegeben, wenn Familienmitglieder, insbesondere Ehegatten und Abkömmlinge, oder sonstige nahe Angehörige am Unternehmen des Geschäftsinhabers beteiligt sind (vgl. auch Rn. 271). Seit dem grundlegenden Urteil des BFH vom 22. 8. 1951[1] ist es ständige Rechtsprechung und allgemein anerkannt, daß für die Frage der Anerkennung einer Familiengesellschaft das **Motiv** für die Gesellschaftsgründung grundsätzlich **nicht entscheidend** ist. Auch wenn ausschließlich steuerliche Gründe zur Bildung der Familiengesellschaft den Anstoß gegeben haben, kann die steuerrechtliche Wirksamkeit der Gründung nicht in Zweifel gezogen werden. Es steht im Belieben jedes Steuerpflichtigen, seine Angelegenheiten so einzurichten, daß er möglichst wenig Steuern zu zahlen hat. Wenn hiernach das Motiv der Gesellschaftsgründung als Voraussetzung für die steuerliche Anerkennung zwar keine Rolle spielt, so ist es doch nicht völlig unbeachtlich. Es behält seine Bedeutung als Beweistatsache für die Ernstlichkeit der Gründung, für die Auslegung des Gesellschaftsvertrags und für die Angemessenheit der Gewinnbeteiligung.

Bei der Beurteilung der stillen Familiengesellschaft ist dabei zu unterscheiden zwischen der Anerkennung der Gesellschaft als solcher und der Angemessenheit der Gewinnverteilung[2].

II. Anerkennung der stillen Gesellschaft

1270 Ein stilles Gesellschaftsverhältnis zwischen Familienangehörigen wird steuerlich nur anerkannt, wenn die zugrundeliegenden Vereinbarungen **eindeutig** und in der gesetzlich vorgeschriebenen **Form** gefaßt und **ernsthaft gewollt** sind und **tatsächlich durchgeführt** werden. Zudem muß die konkrete Vertragsgestaltung einem **Fremdvergleich** standhalten: Die Bedingungen müssen dem entsprechen, was auch unter fremden Dritten bei entgeltlicher Beteiligung üblich gewesen wäre[3].

---

1 BFH v. 22. 8. 1951 (IV 246/50) BFHE 55, 449 = BStBl. III 1951, 181.
2 Gegen diese Unterscheidung *Knobbe-Keuk*, § 12 II, S. 513 ff.
3 BFH v. 9. 7. 1987 (IV R 95/85) BStBl. II 1988, 247; BFH v. 13. 6. 1989 (VIII R 47/85) FR 1989, 499; BFH v. 21. 9. 1989 (IV R 126/88) BFH/NV 1990, 692, 693; BFH v. 21. 10. 1992 (X R 99/88) FR 1993, 226; ebenso für die Anerkennung von Darlehensverträgen zwischen Angehörigen BMF v. 1. 12. 1992 (IV B 2 – S 2144 – 76/92) BB 1993, 279.

Die steuerliche Anerkennung einer **Unterbeteiligung** zwischen Familienangehörigen richtet sich nach denselben Anforderungen. Sie erfolgt, wenn der Unterbeteiligungsvertrag rechtswirksam zustandegekommen und tatsächlich durchgeführt ist und die Gewinnverteilung angemessen ist[4].

1271

Nach der Rechtsprechung des BFH gelten die erhöhten Anforderungen an Vereinbarungen in der Familie nicht für **nichteheliche Lebensgemeinschaften**[5]. Dieser Auffassung wird zu Recht entgegengehalten, daß sie Ehegatten und Abkömmlinge unangemessen benachteiligt. Grund für die vom BFH geforderte Angemessenheitsprüfung sind die aus engen persönlichen Beziehungen resultierenden spezifischen Mißbrauchsgefahren[6]. Diese Gefahren können in gleicher Weise aber ebenso bei Partnern einer nichtehelichen Lebensgemeinschaft oder bei Verlobten bestehen. Es ist daher erforderlich, auch bei Verträgen innerhalb solcher Beziehungen einen Fremdvergleich durchzuführen[7].

1272

Das Gesellschaftsverhältnis kann steuerlich **nicht rückwirkend** begründet werden (oben Rn. 1197). Rückwirkende Gesellschaftsverträge sind Verträge, die nach dem Willen der Vertragsschließenden schon für die Zeit vor dem tatsächlichen Vertragsabschluß Wirkungen haben sollen. Steuerlich kann ein solcher Vertrag stets nur in die Zukunft wirken[8].

1273

1. Die Klarheit der Vereinbarung

Das Merkmal der Klarheit der Vereinbarung erfordert, daß der Gesellschaftsvertrag so gefaßt ist, daß Zweifel bei der Auslegung des steuerlich relevanten Teils nicht auftreten. Der Vertrag muß **klare und eindeutige Verhältnisse** schaffen, da gerade bei Familiengesellschaften die Möglichkeit einer mißbräuchlichen Rechtsgestaltung i.S.v. § 42 AO oder eines Scheingeschäfts i.S.v. § 41 AO naheliegt[9]. Es müssen daher insbesondere der Umfang der Gesellschafterrechte, die Höhe der Einlage, die Gewinn-

1274

---

4 BFH v. 27. 1. 1994 (IV R 114/91) FR 1994, 508, 509; vgl. unten Rn. 1955 ff.
5 BFH v. 14. 4. 1988 (IV R 225/85) BStBl II 1988, 670.
6 Vgl. unten Rn. 1277.
7 *Crezelius*, EWiR 1989, 47 (48); *Knobbe-Keuk*, § 12 II a.E., S. 516.
8 RFH v. 3. 2. 1932 (VI A 64/32) RStBl. 1932, 466; RFH v. 29. 6. 1938 (VI 396/38) RStBl. 1938, 930; BFH v. 6. 12. 1955 (I 193/55 U) BFHE 62, 43 = BStBl. III 1956, 17; das gilt auch für die Genehmigung eines schwebend unwirksamen Gesellschaftsvertrags, die zivilrechtlich zwar zurückwirkt, nicht jedoch steuerlich, BFH v. 5. 3. 1981 (IV R 150/76) BFHE 132, 563; BFH v. 9. 7. 1987 (IV R 95/85) FR 1987, 623 (624).
9 BFH v. 17. 10. 1951 (IV 83/50 U) BStBl. III 1951, 223.

beteiligung und ein eventuelles Entnahmerecht (beim atypischen stillen Gesellschafter) genau umschrieben werden[10].

1275 Dagegen erfordert das Merkmal der Klarheit der Vereinbarung **nicht eine bestimmte Form** des Gesellschaftsvertrages, etwa Schriftform. Ist die zivilrechtliche Wirksamkeit des Gesellschaftsvertrages nicht von der Beachtung eines bestimmten Formerfordernisses abhängig, steht seiner steuerlichen Anerkennung grundsätzlich nichts im Wege, wenn er nur mündlich oder stillschweigend abgeschlossen worden ist[11].

2. Die Ernsthaftigkeit der Vereinbarungen

1276 Allgemeines Erfordernis der steuerlichen Berücksichtigung einer stillen Familiengesellschaft ist, daß die der Gesellschaft zugrunde liegenden Vereinbarungen ernsthaft gemeint sind und damit die **Gewähr ihrer tatsächlichen Durchführung** für die Zeitdauer ihrer Gültigkeit haben[12]. Die im wirtschaftlichen Leben geltende Vertragsfreiheit hat steuerlich ihre Grenze, wo die getroffenen Maßnahmen nicht ernstlich gemeint sind und den wahren wirtschaftlichen Absichten der Beteiligten nicht entsprechen, wo also durch Vorschützen formeller Verträge auf einem rechtsgeschäftlichen Schleichwege etwas ganz anderes erreicht werden soll, als es nach dem Vertrag erscheint[13].

1277 Dabei ist zu berücksichtigen, daß bei Gesellschaftsverträgen unter Familienangehörigen die **Gefahr des Mißbrauchs** größer ist als bei Gesellschaftsverträgen zwischen fremden Personen. Häufig wird mit der formalen Errichtung einer stillen Gesellschaft nur der Zweck verfolgt, die Progression des Einkommensteuertarifs beim Inhaber des Handelsgeschäfts zu mildern oder das Geschäftsvermögen im Wege der vorweggenommenen Erbfolge schon zu Lebzeiten der Eltern den Kindern zuzuwenden, ohne daß sich an den bestehenden Verhältnissen des Betriebs auch nur das geringste ändert. Das Kriterium des Mitbestimmungsrechts, das bei der offenen Handelsgesellschaft und Kommanditgesellschaft zur Unterscheidung von unechten Gesellschaftsverhältnissen herangezogen werden kann, ist bei der typischen stillen Gesellschaft von untergeordneter Bedeutung, weil dem typischen stillen Gesellschafter ein Mitbestimmungsrecht am Unternehmen kraft Gesetzes nicht zusteht. Die Merkmale, die auf eine unechte Beteiligung hinweisen, sind bei der stillen Gesell-

---

10 Vgl. BFH v. 17. 10. 1951 (IV 83/50 U) BStBl. III 1951, 223; BFH v. 8. 6. 1967 (IV 162/63) BFHE 89, 235 = BStBl. III 1967, 598.
11 BFH v. 7. 3. 1961 (I 289/60 U) BFHE 73, 228 = BStBl. III 1961, 351.
12 BFH v. 19. 9. 1974 (IV R 95/73) BFHE 113, 558 = BStBl. II 1975, 141.
13 BFH v. 17. 10. 1951 (IV 83/50) BFHE 55, 548.

schaft mehr in der Art der Gewinnbemessung zu suchen, vor allem, wenn dem stillen Gesellschafter eine weit höhere Gewinnbeteiligung eingeräumt wird, als sie seiner Kapitalbeteiligung entspricht, oder wenn der stille Gesellschafter vereinbarungsgemäß darauf verzichtet, sich Gewinn und Zinsen auszahlen zu lassen[14].

Ist ein Gesellschaftsvertrag nur zum Schein abgeschlossen, so hat der Inhaber den Gewinn voll zu versteuern. Ein **Scheingeschäft** liegt vor, wenn ein dem Wesen und der Bedeutung der stillen Gesellschaft entsprechendes Gesellschaftsverhältnis nicht gewollt ist oder wenn die Beteiligten vereinbart haben, daß die der Steuerbehörde bekanntgegebene stille Gesellschaft in Wirklichkeit nicht gelten soll.

1278

a) Zivilrechtliche Wirksamkeit

Der BFH wertet die zivilrechtliche Wirksamkeit als maßgebendes **Indiz für die Ernsthaftigkeit der Vereinbarungen**[15]. Zivilrechtlich unwirksame Gesellschaftsverträge könnten auch steuerlich keine Wirkung entfalten. § 41 Abs. 1 AO, wonach die Unwirksamkeit eines Rechtsgeschäfts insoweit und solange für die Besteuerung ohne Bedeutung ist, als die Beteiligten das wirtschaftliche Ergebnis des Rechtsgeschäfts eintreten lassen, sei in Fällen von Vereinbarungen unter nahen Familienangehörigen nicht anwendbar[16].

1279

Diese Rechtsprechung wird zu Recht **zunehmend abgelehnt**[17]. Zwar sind an den Nachweis der Ernsthaftigkeit bei Gesellschaftsverträgen von Familienangehörigen strenge Anforderungen zu stellen. Diese rechtfertigen aber nicht, die ausdrückliche gesetzliche Vorschrift des § 41 Abs. 1 AO außer Kraft zu setzen[18]. Ob die zivilrechtliche Wirksamkeit eines Vertrages überhaupt ein mögliches Indiz für die Ernsthaftigkeit ist, wird biswei-

1280

---

14 RFH v. 20. 4. 1932 (VI A 181/32) RStBl. 1932, 1063; RFH v. 31. 1. 1931 (VI A 1457/30) StuW 1931 Nr. 302; RFH v. 6. 5. 1931 (VI A 849/30) StuW 1931 Nr. 738.
15 BFH v. 4. 7. 1968 (IV 136/63) BFHE 92, 474 = BStBl. II 1968, 761; BFH v. 29. 1. 1976 (IV R 102/73) BFHE 118, 181 = BStBl. II 1976, 328; BFH v. 23. 6. 1976 (I R 178/74) BFHE 119, 421 = BStBl. II 1976, 678.
16 BFH v. 18. 10. 1989 (I R 203/84) BStBl. II 1990, 68, 69.
17 *Costede*, StbKRep 1987, 239 (251), der bei zivilrechtlicher Unwirksamkeit eine im Steuerprozeß widerlegbare Vermutung gegen die Ernsthaftigkeit der Vereinbarungen annimmt; *Knobbe-Keuk*, § 12 I 1, S. 507 f.; *Tipke/Kruse*, § 41 AO Tz. 14; *Rössler*, Inf. 1976, S. 313; *Tiedke*, FR 1980, 421; *Brandenberg*, DB 1981, 860 (861, 863); krit. auch *Stuhrmann*, in: *Blümich/Falk*, § 15 EStG Anm. 266.
18 *Knobbe-Keuk*, § 12 I 1, S. 507 f.

len bezweifelt[19]. Wenn aber der BFH die steuerliche Anerkennung gänzlich von der zivilrechtlichen Wirksamkeit des Gesellschaftsvertrages abhängig macht[20], muß er zunächst einen Erfahrungssatz des Inhalts nennen, daß ein zivilrechtlich unwirksamer Gesellschaftsvertrag auch nicht ernsthaft gewollt ist[21].

Folgt man dagegen der Ansicht der Rechtsprechung, müssen für die steuerliche Anerkennung einer stillen Familiengesellschaft folgende Voraussetzungen erfüllt sein:

(1) Beurkundung

1281 Räumt der Vater seinen Kindern **schenkweise** stille Beteiligungen oder Unterbeteiligungen ein, so können diese nur dann als ernstlich gewollt berücksichtigt werden, wenn die Schenkungen **notariell beurkundet** sind[22]. Ein etwaiger Formmangel wird auch durch Einbuchung der Beteiligung nicht geheilt, weil diese noch keine Bewirkung der versprochenen Leistung darstellt[23]. Der BGH[24] führt dazu wörtlich aus:

„Das Wesen der Innengesellschaft ohne Gesellschaftsvermögen besteht darin, daß nur ein Gesellschafter das Vermögen des betriebenen Geschäfts innehat und daß er dem anderen nach Maßgabe des Gesellschaftsvertrags lediglich schuldrechtlich verpflichtet ist. Geht seine Verpflichtung dahin, den anderen an seinem Vermögen zu beteiligen, so soll es nach dem Parteiwillen gerade nicht zu einer Vermögensübertragung kommen; die Zusage soll sich vielmehr in einer schuldrechtlichen Zusage erschöpfen und bedarf darum, wenn sie unentgeltlich erteilt wird, zu ihrer Wirksamkeit der notariellen Beurkundung. Der Formmangel kann nicht dadurch geheilt werden, daß der Geschäftsinhaber den vereinbarten Anteil buchmäßig, steuerlich oder sonstwie als Vermögen des anderen führt. Denn auch durch derartige Handhabung wird der andere nicht stärker als schuldrechtlich an dem Vermögen des Geschäftsinhabers beteiligt."

---

19 *Tiedke*, FR 1980, 421; *ders.*, BB 1988, 946.
20 BFH v. 1. 2. 1973 (IV R 49/68) BFHE 108, 197 = BStBl. II 1973, 307; BFH v. 18. 10. 1989 (I R 203/84) BStBl. II 1990, 68, 69.
21 *Brandenberg*, DB 1981, 860 (861 f.).
22 BFH v. 19. 9. 1974 (IV R 95/73) BFHE 113, 558 = BStBl. II 1975, 141; BFH v. 31. 5. 1989 (III R 91/87) BStBl. II 1990, 10 (11); *Neufang*, Inf. 1987, 563 (566); *Märkle*, BB Beilage zu Heft 4/1993, 6; a.A. *Groh*, BB 1987, 1505 (1506), der, wenn der Vater nicht Betriebsinhaber ist, Heilung gem. § 518 Abs. 2 BGB für möglich hält.
23 BGH v. 24. 9. 1952 BGHZ 7, 174 und v. 29. 10. 1952 BGHZ 7, 378; ebenso *Groh*, BB 1987, 1505 (1506); *Söffing*, NWB 1993, Fach 3, 8561 (8582); zustimmend für Beteiligungen, die sich in Forderungsrechten erschöpfen, jedoch ablehnend für atypische stille Beteiligungen *K. Schmidt*, BB 1990, 1992 (1995).
24 Zur Kritik an dieser Rechtsprechung siehe oben Rn. 257 ff.

Mit einer lediglich privatschriftlichen schenkweisen Einräumung einer stillen Beteiligung oder Unterbeteiligung wird dem Bedachten nach Auffassung der Rechtsprechung mithin noch **keine eigene Einkunftsquelle** übertragen. Demzufolge können dem Bedachten auch keine Gewinnanteile als eigene Einkünfte zugerechnet werden, weil es an einer definitiven, grundsätzlich unentziehbaren Teilhabe am Vermögen, das der Ausübung des Handelsgewerbes bzw. der Teilhabe an der Hauptgesellschaft dient, fehlt und allein eine solche Teilhabe das sachliche Substrat einer eigenen Einkunftsquelle sein kann. Anderes gilt bei einer Barschenkung, selbst bei der Auflage, das Geld gleich wieder als Einlage zur Verfügung zu stellen. Hier ist die Schenkung mit der Übergabe des Geldes vollzogen[25]. Diese Fälle werden von der oben genannten Rechtsprechung nicht erfaßt[26].

1282

Nach Fichtelmann[27] soll die Heilung einer lediglich privatschriftlichen Schenkung in der Weise möglich sein, daß die Eltern den für die Einlage erforderlichen Betrag direkt an die Gesellschaft überweisen. Diese Leistung stelle gegenüber der versprochenen Zuwendung einer stillen Beteiligung kein aliud dar; vielmehr liege lediglich eine unschädliche Änderung des Zahlungsweges vor. Auch wenn für diese Fallkonstellation die Bewirkung der versprochenen Leistung i.S. von § 518 Abs. 2 BGB abgelehnt werde, müsse zumindest von einer zulässigen Leistung an Erfüllungs Statt (§ 364 Abs. 2 BGB) ausgegangen werden.

1283

Gemäß § 1624 Abs. 1 BGB gilt nicht als Schenkung, was einem Kinde mit Rücksicht auf seine Verheiratung oder auf die Erlangung einer selbständigen Lebensstellung zur Begründung oder Erhaltung der Wirtschaft oder der Lebensstellung von dem Vater oder der Mutter zugewendet wird (Ausstattung). Demgemäß bedarf ein **Ausstattungsversprechen** keiner notariellen Beurkundung. Gegenstand einer Ausstattung oder eines Ausstattungsversprechens kann auch die Einräumung einer stillen Beteiligung oder einer Unterbeteiligung sein. Ausstattung oder Ausstattungsversprechen können aber nur vorliegen, wenn die Verheiratung oder die Erlangung einer selbständigen Lebensstellung in Aussicht steht, bzw. in greifbare Nähe gerückt ist, denn vorher können die Eltern nicht übersehen, was das Kind zur Begründung oder Erhaltung der Wirtschaft oder der Lebensstellung künftig einmal benötigen wird[28]. Daraus ergibt sich, daß die Zuwendung einer stillen Beteiligung oder einer Unterbeteiligung an ein noch nicht volljähriges Kind – von besonderen Ausnahmefällen abgesehen – keine Ausstattung i.S.d. § 1624 Abs. 1 BGB darstellt.

1284

---

25 *Söffing*, NWB 1993, Fach 3, 8561 (8581).
26 *Groh*, BB 1987, 1505 (1506).
27 *Fichtelmann*, DStR 1989, 183 (184).
28 KG v. 30. 10. 1962 FamRZ 1963, 449.

1285 Nach dem Schreiben des BdF v. 8. 12. 75[29] sind für die steuerliche Anerkennung von Verträgen über die Errichtung einer stillen Gesellschaft zwischen Eltern und Kindern aus dem Fehlen der notariellen Beurkundung keine für die Steuerpflichtigen nachteiligen Folgerungen zu ziehen, wenn der Schenkungsvertrag und der Vertrag über die Gründung der stillen Gesellschaft **vor dem 1. 1. 1976** abgeschlossen worden sind. Das gilt bei diesen Verträgen auch über den 31. 12. 1975 hinaus[30].

(2) Bestellung eines Ergänzungspflegers

1286 Die Gründung einer typischen stillen Gesellschaft zwischen Eltern und ihren minderjährigen Kindern bedarf der Mitwirkung eines Ergänzungspflegers. Die Eltern sind insoweit **von der Vertretung ihrer Kinder ausgeschlossen.** Der Abschluß eines Gesellschaftsvertrages zwischen einem Elternteil und seinen noch minderjährigen Kindern ist grundsätzlich kein Rechtsgeschäft, das den Kindern lediglich einen rechtlichen Vorteil bringt. Auch bei der Gründung einer typischen stillen Gesellschaft – selbst unter Ausschluß der Beteiligung der Kinder am Verlust – bleibt die Tatsache bestehen, daß die Kinder verpflichtet sind, die schenkweise überlassenen Beträge als Einlage so zu leisten, daß sie in das Vermögen des Inhabers des Handelsgewerbes übergehen. Damit sind die schenkweise überlassenen Beträge dem wirtschaftlichen Schicksal des Unternehmens wieder verbunden. Der Abschluß eines solchen Vertrags begründet für die Kinder die Verpflichtung zur Leistung einer Einlage in das Unternehmen des Elternteils, bringt ihnen also **nicht lediglich einen rechtlichen Vorteil.** Das gilt auch dann, wenn etwa der Vater ihnen die zur Leistung ihrer Einlagen erforderlichen Mittel selbst schenkt. Die Zuziehung eines für jedes der Kinder besonders zu bestellenden Ergänzungspflegers (§ 1909 BGB) ist deshalb geboten, da andernfalls der Vertrag infolge Verstoßes gegen das Verbot des § 181 BGB rechtsunwirksam wäre[31].

1287 **Entbehrlich** ist die Einschaltung eines Ergänzungspflegers bei schenkweiser Begründung einer stillen Beteiligung aber dann, wenn die Einlage des Kindes dadurch erbracht wird, daß der Geschäftsinhaber sie von seinem Kapitalkonto abbucht und das Kind nicht am Verlust beteiligt ist[32]. In

---

29 BStBl. I 1975, 1130.
30 BdF v. 24. 2. 1976 BB 1976, 347.
31 BFH v. 28. 11. 1973 (I R 101/72) BFHE 111, 85 = BStBl. II 1974, 289; BFH v. 9. 7. 1987 (IV R 95/85) FR 1987, 623 (624) 289; BFH v. 9. 7. 1987 (IV R 95/85) BStBl. II 1988, 247; *Groh*, BB 1987, 1505 (1507); a.A. *Tiedtke*, BB 1988, 946 (948) mit dem Argument, in der Sache liege eine Schenkung einer stillen Beteiligung als solcher vor, worin lediglich ein rechtlicher Vorteil zu sehen sei, § 181 finde daher keine Anwendung.
32 BFH v. 9. 7. 1987 (IV R 95/85) BStBl. II 1988, 247.

diesem Fall wird das Kind durch die Begründung der stillen Beteiligung zu keinerlei rechtlich nachteiligen Handlungen verpflichtet.

Für die einkommensteuerrechtliche Anerkennung einer Familienpersonengesellschaft mit minderjährigen Kindern ist es aber nicht erforderlich, daß für jedes als Gesellschafter beteiligte Kind während der ganzen Dauer der Minderjährigkeit ein Ergänzungspfleger bestellt ist[33].

(3) Vormundschaftsgerichtliche Genehmigung

Eine vormundschaftsgerichtliche Genehmigung des stillen Gesellschaftsvertrags mit einem Minderjährigen ist erforderlich, wenn der Minderjährige mit seiner Einlage **am Verlust teilnimmt**[34]. Die Genehmigung ist jedoch dann nicht erforderlich, wenn das minderjährige Kind – wie es üblicherweise unter Familienangehörigen geschieht – den Kapitalbetrag der stillen Beteiligung schenkungsweise erhält und eine Beteiligung des Kindes am Verlust ausgeschlossen ist[35].

Die Genehmigung muß **ausdrücklich erteilt** sein, eine stillschweigende Genehmigung reicht nicht aus. Sie wirkt, wenn sie unverzüglich beantragt und innerhalb angemessener Frist erteilt wird, auf den Zeitpunkt des Vertragsschlusses zurück. Ansonsten wird die Genehmigung erst ab dem Zeitpunkt ihrer Erteilung steuerlich berücksichtigt[36].

Folgt man der Rechtsprechung, können sich bei der Anerkennung stiller Familiengesellschaften dann erhebliche Probleme ergeben, wenn die Finanzverwaltung oder das Finanzgericht eine Mitwirkung des Vormundschaftsgerichts für erforderlich halten, das zuständige Vormundschaftsgericht aber die Notwendigkeit einer vormundschaftsgerichtlichen Genehmigung oder der Bestellung eines Ergänzungspflegers verneint[37]. In diesem Fall ist den Betroffenen die **Einlegung eines Rechtsmittels** gegen die Entscheidung des Vormundschaftsgerichts dringend anzuraten.

b) Vertragsschluß unter Bedingungen wie unter Dritten

Maßstab für die Ernsthaftigkeit ist, ob ein **Gesellschaftsvertrag gleichen Inhalts auch zwischen Fremden** geschlossen werden würde[38]. Die Ernst-

---

33 BFH v. 29. 1. 1976 (IV R 102/73) BFHE 118, 181 = BStBl. II 1976, 328.
34 Vgl. *Groh*, BB 1987, 1505 (1507); *Klüsener*, Rpfleger 1993, 133 (136).
35 BFH v. 28. 11. 1973 (I R 101/72) BFHE 111, 85 = BStBl. II 1974, 289.
36 BFH v. 4. 7. 1968 (IV 136/63) BFHE 92, 474 = BStBl. II 1968, 671; BFH v. 1. 2. 1973 (IV R 49/68) BFHE 108, 197 = BStBl. II 1973, 307.
37 Dazu *Brandenberg*, DB 1981, 860 ff.
38 BFH v. 31. 5. 1989 (III R 91/87) BStBl. II 1990, 11.

haftigkeit wird in Zweifel gezogen, wenn die Rechte der Familienangehörigen in ihrer Gesellschaftereigenschaft (Bucheinsicht, Mitwirkungsrechte, Verfügung über den Gewinnanteil, Kündigungsrecht) so beschränkt werden, daß praktisch der Ehemann oder Vater weiterhin als Herr des Unternehmens anzusehen ist.

1293 Die Beteiligungsbeziehungen zwischen nahen Angehörigen sind unter Anwendung der wirtschaftlichen Betrachtungsweise danach zu beurteilen, ob die Beziehungen bürgerlich-rechtlich so gestaltet sind, daß in ihnen das wirtschaftlich Gewollte einen hinreichenden Ausdruck findet. Bei dieser Prüfung sind an das Verhältnis zwischen rechtlicher Gestaltung und dem wirtschaftlichen Kern des Gewollten Maßstäbe anzulegen, wie sie bei vernünftiger Beurteilung der Dinge für entsprechende Rechtsgestaltungen gelten, an denen einander fremde Personen beteiligt sind. Der **Fremdvergleich** stellt damit sicher, daß die Vertragsbeziehungen tatsächlich im betrieblichen und nicht im privaten Bereich wurzeln[39]. Diese Grundsätze gelten nicht nur für gesellschaftsrechtliche Beziehungen zwischen Eltern und Kindern und zwischen Ehegatten, also zwischen Personen, die zueinander in einem Verhältnis gesetzlicher Unterhaltspflicht stehen, so daß gegenseitige Zuwendungen unter § 12 Nr. 2 EStG fallen, sondern auch für Beziehungen unter sonstigen nahen Familienangehörigen – wie insbesondere unter Geschwistern – vor allem dann, wenn die Gestaltung im Rahmen einer Erbregelung erfolgt, so daß die Zuwendungen einkommensteuerlich als außerbetriebliche Leistungen beim Zuwendenden sowie als außerbetriebliche Zugänge beim Empfänger gelten.

1294 Nach Auffassung des BFH findet § 12 Nr. 2 EStG auch Anwendung für die Zinsen aus einem Vertrag, in dem sich ein Steuerpflichtiger verpflichtet, seinen Kindern schenkweise Geld zuzuwenden, das sie dem Vater sogleich wieder als Darlehen zur Verfügung zu stellen haben[40]. Der Fremdvergleich erfordert, daß nur tatsächlich durchgeführte Rechtsgeschäfte der Besteuerung zugrundegelegt werden. Bei der **schenkweisen Begründung einer Darlehensforderung** erfolgt nach Ansicht des BFH der eigentliche Kapitaltransfer erst in der Zukunft, so daß zunächst lediglich ein Schenkungsversprechen angenommen werden könne[41]. Die für das „Darlehen" gezahlten Zinsen sind demnach ihrem wirtschaftlichen Gehalt nach als

---

39 BFH v. 12. 2. 1992 (X R 121/88) BStBl. II 1992 468–472.
40 BFH v. 10. 4. 1984 (VIII R 134/81) BStBl. II 1984, 705 = BFHE 141, 308; BFH v. 12. 2. 1992 (X R 121/88) BStBl. II 1992 468–472; kritisch *Autenrieth*, BB 1985, 168; *Groh*, BB 1987, 1505 (1507) m.w.N.; vgl. dazu auch BdF v. 1. 12. 1992 (IV B 2 – S. 2144 – 76/92) BStBl. I 1992, 729 = BB 1993, 279.
41 Ebenso *Broudré*, DB 1993, 8 (9); *Tiedtke*, BB 1988, 946 (947); kritisch zu dieser Argumentation wegen § 518 Abs. 2 BGB *Autenrieth*, BB 1985, 168.

§ 21 Stille Familiengesellschaft

Zuwendung i.S.d. § 12 Nr. 2 EStG, nicht als das Entgelt für die Nutzung überlassenen Kapitals, anzusehen.

Diese Grundsätze wendet der BFH in seiner neueren Rechtsprechung in begrenztem Umfang auch auf die **schenkweise Begründung stiller Beteiligungen** an. Zwar betont der BFH, daß eine Schenkung stiller Beteiligungen grundsätzlich auch steuerrechtlich anzuerkennen sei. Eine Gleichbehandlung mit der Schenkung von Darlehensforderungen sei aber dann gerechtfertigt, wenn die gesellschaftsvertraglichen Rechte und Pflichten der Beteiligten von derart geringer Bedeutung seien, daß in der Einräumung der stillen Beteiligung bei wirtschaftlicher Betrachtung lediglich die Zuwendung einer Forderung gesehen werden könne. Dies komme insbesondere bei der typischen stillen Beteiligung Minderjähriger ohne Verlustbeteiligung in Betracht[42]. 1295

Der BFH hat mit dieser Rechtsprechung die ohnehin schwierig zu treffende Abgrenzung zwischen partiarischen Darlehen und typischer stiller Gesellschaft noch erheblich erschwert. Aber auch in anderer Hinsicht ist die Sinnhaftigkeit dieser Rechtsprechungsauffassung zweifelhaft. Ausgangspunkt der Argumentation des BFH ist, daß wegen des erst in der Zukunft liegenden Kapitaltransfers noch keine vollzogene Schenkung vorliege. Es ist dann aber zu fragen, warum dies bei stillen Beteiligungen mit Verlustteilnahme anders zu beurteilen sein sollte, obwohl doch die Chance des Stillen, sein Geld tatsächlich irgendwann zu erhalten, bei Verlustbeteiligung noch ungewisser ist[43]. Schlüssiger ist m.E., für die steuerrechtliche Anerkennung schenkweise begründeter stiller Gesellschaften **allein auf deren zivilrechtlich wirksames Zustandekommen** abzustellen. Liegt die Vertragsgestaltung einer typischen stillen Gesellschaft tatsächlich vor, so manifestiert sich der Vollzug der Schenkung in der Einräumung der Rechtsposition, die die Ausübung der gesellschaftsvertraglichen Rechte und Pflichten ermöglicht. Die Gewinnanteile fließen dem Beschenkten damit im Rahmen des Gesellschaftsverhältnisses zu, so daß für die Anwendung des § 12 Nr. 2 EStG kein Raum bleibt[44]. 1296

---

[42] BFH v. 21. 10. 1992 (X R 99/88) FR 1993, 226 (227) = DB 1993, 614 unter Bezugnahme auf BFH v. 12. 2. 1992 (X R 121/88) BStBl. II 1992, 468 = BFHE 167, 119 = FR 1992, 402; ebenso BdF v. 1. 12. 1992 (IV B 2 – S2144 – 76/92) BStBl. I 1992, 729 = BB 1993, 279; *Märkle*, BB Beilage 2 zu Heft 4/1993, 8; im Ergebnis zustimmend *Weber-Grellet*, DStR 1993, 1010 (1013), der allerdings § 12 Nr. 2 EStG als nicht einschlägig ansieht; a.A. *Boveleth*, NWB Fach 3, 7053 (7054); *Broudré*, DB 1993, 8 (10); *Jestädt*, DStR 1993, 387 (390).

[43] *L. Schmidt*, Anm. zu BFH v. 21. 10. 1992, FR 1993, 228 (229); ebenso *Knobbe-Keuk*, WP Handbuch 1993/94, 165 (184).

[44] *Karsten Schmidt*, BB 1990, 1992 (1995) und *Tiedtke*, BB 1988, 946 (948) gelangen zur steuerlichen Anerkennung der schenkweise begründeten stillen Betei-

1297 Die Steuerpflichtigen können ihre privaten Beziehungen mit steuerlicher Wirkung so gestalten, daß diese wie Rechtsbeziehungen zwischen Fremden anzuerkennen sind. Es muß aber dafür Sorge getragen werden, daß sich auch bei strenger Prüfung die äußere Form der Gestaltung mit ihrem wirtschaftlichen Kern deckt. Voraussetzung ist, daß die in die äußere Form einer Gesellschaft gekleideten Rechtsbeziehungen auch wirtschaftlich die bisher zwischen den Beteiligten bestehenden nahen Familienbeziehungen auf eine **echte geschäftliche Grundlage** stellen. Dies ist nicht bereits dann zu verneinen, wenn die Gewinnbeteiligung der aufgenommenen Familienmitglieder unangemessen hoch ist. Dann wird im allgemeinen lediglich die Gewinnbeteiligung entsprechend korrigiert und auf eine Basis gebracht, wie sie auch zwischen einander fremden Personen anzuerkennen wäre. Wenn aber der die Kinder als atypische stille Gesellschafter aufnehmende Vater weiterhin wirtschaftlich Alleinunternehmer bleibt, so kann – übrigens auch bei angemessener Gewinnverteilung – die atypische stille Gesellschaft steuerlich nicht anerkannt werden.

1298 Andererseits ist zu beachten, daß gerade bei Familiengesellschaften eine **einheitliche Betriebsführung durch den Vater** den Verhältnissen innerhalb eines solchen Unternehmens durchaus entsprechen kann und für sich allein nicht berechtigt, die Ernsthaftigkeit der Gesellschaftsgründung in Zweifel zu ziehen. Wenn sich der bisherige Alleininhaber wegen seiner langjährigen Geschäftserfahrung gewisse Vorrechte ausbedingt, die schrittweise an die nachfolgende Generation übertragen werden sollen, so entspricht das der natürlichen Entwicklung. Eine dadurch bedingte Beschneidung der Rechte der Familienangehörigen darf der steuerlichen Anerkennung ihrer Gesellschaftereigenschaft nicht entgegenstehen. Umgekehrt können auch für die jüngere Generation gewisse Sonderrechte bestehen, wenn sich der Senior aus Altersgründen kaum noch um die Geschäftsführung kümmert und nur noch eine ausgleichende Rolle zwischen den einzelnen Interessengruppen spielt[45].

---

ligung mit der Argumentation, in der Sache liege bei der Schenkung der Mittel für die Einlage die Zuwendung der Beteiligung als solcher vor. *Groh*, BB 1987, 1505 (1506) rät zur Aufnahme einer entsprechenden Klarstellungsklausel im Vertrag. Nach Auffassung von *Jestädt*, DStR 1993, 387 (390) liegt im Fall einer Vertragsgestaltung, in der die Rechte des typischen stillen Gesellschafters ohne Verlustbeteiligung derart beschnitten sind, daß sich die Beteiligung letztlich nur noch in einem Forderungsrecht erschöpft, bereits ein partiarisches Darlehen vor, welches ohnehin nach o.g. Grundsätzen des BFH zu behandeln sei.

45 RFH v. 11. 8. 1937 (VI A 481/37) RFHE 42, 29 = RStBl. 1937, 1113 für die Gesellschafter einer OHG.

Bei der Frage der Ernsthaftigkeit der getroffenen Vereinbarungen ist deshalb auf deren **Gesamtbild** abzustellen[46]. Dabei kann durchaus eine einzelne Vereinbarung so beschaffen sein, daß sie unter Fremden nicht getroffen werden würde, sofern sie nur durch innerbetriebliche Zwecke und nicht allein durch steuerliche Überlegungen veranlaßt wird.

1299

Böttcher[47] führt verschiedene Gestaltungsmöglichkeiten zur Gewährung gewisser Sondervergünstigungen an den bisherigen Alleininhaber an, die steuerlich anzuerkennen sein sollen: Beschränkung der Entnahmerechte für die jüngere Teilhabergeneration, wohingegen dem Senior unter Umständen das Recht zu unbeschränkten Entnahmen zugestanden werden kann; Beschränkung des Rechts zur Bucheinsicht unter Wahrung der gesetzlichen Mindestvorschriften; Alleinvertretung durch den Senior und Kollektivvertretung durch die Familienangehörigen; Beschränkung der Verfügungsmöglichkeit über die Kapitalanteile in der Weise, daß diese bei der jüngeren Generation an die Genehmigung aller Gesellschafter oder des Seniors geknüpft wird. Böttcher bezeichnet diese Gestaltungen als üblich und steuerlich unbedenklich; sie ergeben sich zumeist aus dem Wesen der Familiengesellschaft und aus besonderen Verhältnissen in einem solchen Unternehmen. Erst bei einer Anhäufung von Vorrechten oder bei einer einseitig beherrschenden Stellung des Familienoberhauptes ist eine steuerliche Nichtanerkennung der Familiengesellschaft denkbar, wenn sich aus dem Gesamtbild des Falles eine solche Beurteilung rechtfertigen läßt.

1300

(1) Verfügung über Gewinnanteil

Zu den wesentlichen Rechten eines stillen Gesellschafters gehört gem. § 231 HGB sein Gewinnanspruch. Wird das Verfügungsrecht des stillen Gesellschafters über seinen Gewinnanteil derart eingeschränkt, daß das **Gewinnbezugsrecht praktisch ausgehöhlt** wird, wird die stille Gesellschaft steuerlich nicht anerkannt. Die Gewinnanteile des stillen Gesellschafters bilden dann beim Inhaber des Handelsgeschäfts keine Betriebsausgaben, sondern nichtabzugsfähige Zuwendungen i.S.v. § 12 Nr. 2 EStG.

1301

Der BFH hat so z.B. einen Vertrag über die Gründung einer stillen Gesellschaft zwischen einem Vater und seinen minderjährigen Kindern allein deshalb nicht anerkannt, weil die Kinder 10 Jahre lang nicht über ihren Gewinnanteil verfügen durften[48]. In einem anderen Fall wurde eine stille

1302

---

46 BFH v. 17. 11. 1964 (VI 319/63 U) BFHE 82, 35 = BStBl. III 1965, 260; BFH v. 31. 5. 1989 (III R 91/87) BStBl. II 1990, 10, 11.
47 Zum Steuerrecht der Familienunternehmen, RWP-Bl. 14 D III 2. Teil zu B II 2.
48 BFH v. 25. 9. 1969 (IV R 179/68) BFHE 97, 298 = BStBl. II 1970, 114.

Gesellschaft steuerlich nicht anerkannt, weil dem minderjährigen stillen Gesellschafter nur eine jederzeit widerrufliche Gewinnbeteiligung zustand und ihm das Recht entzogen war, die ihm gutgeschriebenen Gewinnanteile während des Bestehens der Gesellschaft ganz oder doch wenigstens teilweise zu entnehmen[49]. Auch dann liegt einkommensteuerrechtlich keine eigene Einkommensquelle der Kinder vor, wenn ihnen der Vater schenkweise typische stille Beteiligungen an seinem Handelsgewerbe einräumt, die Kinder aber zu Lebzeiten des Vaters das Gesellschaftsverhältnis nur mit Zustimmung eines vom Vater benannten Dritten kündigen und die Auszahlung der ihnen gutgeschriebenen Gewinnanteile nur mit Zustimmung dieses Dritten verlangen können[50].

1303 Es ist darauf zu achten, daß die getroffenen Vereinbarungen nicht zu dem Schluß zwingen, die Gewinnanteile, die der Steuerpflichtige als Betriebsausgaben absetzt, würden in Wirklichkeit den als „stille Gesellschafter" bezeichneten Familienangehörigen aus **rein privaten Überlegungen** zugewendet. Dieser Schluß kann vor allem gezogen werden, wenn die vereinbarte Gegenleistung außer Verhältnis zur erbrachten Leistung steht[51]. Außerdem liegt der Schluß auf private Beweggründe nahe, wenn auf der einen Seite die Kinder eine im Verhältnis zur (geschenkten) Kapitaleinlage **ungewöhnlich hohe Gewinnbeteiligung** haben, aber auf der anderen Seite **über diese Gelder nicht verfügen** dürfen[52]. Eine solche Beschränkung kann auch nicht damit begründet werden, daß das Vermögen der minderjährigen Kinder der elterlichen Verwaltung unterliege und die Eltern die Art der Vermögensanlage bestimmen könnten (§ 1626 Abs. 2 BGB), wenn der Vertrag auch noch in die Zeit der Volljährigkeit der Kinder hineinwirkt. Grundsätzlich ist nur eine vorübergehende Verfügungsbeschränkung steuerlich unbedenklich, weil auch ein fremder Gesellschafter in der Regel höchstens eine zeitweise und auch nur durch betriebliche Verhältnisse bedingte Verfügungsbeschränkung hinnehmen würde[53]. Keinesfalls würde sich ein fremder stiller Gesellschafter auf eine zehnjährige Bindungsdauer einlassen.

1304 Dagegen ist eine **gegenseitige Beschränkung des Entnahmerechts,** die sich alle Gesellschafter aus familienwirtschaftlichen oder betriebswirtschaftlichen Erwägungen auferlegen, für die steuerliche Anerkennung unschäd-

---

49 BFH v. 8. 8. 1974 (IV R 101/73) BFHE 113, 361 = BStBl. II 1975, 34.
50 BFH v. 20. 2. 1975 (IV R 62/74) BFHE 115, 232 = BStBl. II 1975, 569 = StRK EStG § 4 BetrAusg. R 128 m. Anm. *Paulick.*
51 BFH v. 21. 9. 1989 (IV R 126/88) BFH/NV 1990, 692, 693.
52 BFH v. 2. 2. 1960 (I 132/59 U) BFHE 70, 285 = BStBl. III 1960, 106; BFH v. 13. 12. 1963 (VI 339/61 U) BFHE 78, 402 = BStBl. III 1964, 156.
53 Vgl. *Märkle,* BB Beilage zu Heft 4/1993, 7.

lich. Es muß dabei berücksichtigt werden, daß bei einer späteren Auseinandersetzung die stehengelassenen Gewinne den Gesellschaftern doch zufallen und daß vor allem solche Beschränkungen sich aus den familiären Verhältnissen ergeben können. So kann es im Interesse des Familienunternehmens sein, daß neues Kapital nach und nach durch die Zurückhaltung von Gewinnen geschaffen wird oder daß leichtfertige Geldentnahmen der jüngeren Familiengesellschafter verhindert werden, die dem Unternehmen die notwendigen Reserven entziehen. Beschränkungen des Entnahmerechts lassen sich aus betriebswirtschaftlichen Erwägungen unter Berücksichtigung der besonderen Familienverhältnisse rechtfertigen; sie brauchen nicht immer ein Hinweis auf eine mißbräuchliche Gestaltung zu sein.

Der steuerlichen Anerkennung steht es nicht nur entgegen, wenn der stille Gesellschafter nicht über seinen Gewinnanteil verfügen darf oder in seinen Kontrollrechten beschränkt ist, sondern auch, wenn er über die Beteiligung selbst **nicht wie ein Eigentümer verfügen** darf, insbesondere nach Erreichen der Volljährigkeit. Ein stilles Gesellschaftsverhältnis ist steuerlich in der Regel nur anzuerkennen, wenn der Minderjährige ab dem Zeitpunkt seiner Volljährigkeit im wesentlichen die Rechte aus dem Anteil selbst geltend machen kann. Beschränkungen können aber auch darüber hinaus vereinbart werden, wenn sie überschaubar und zeitlich begrenzt sind. So hat der BFH eine Anteilsschenkung steuerlich anerkannt, weil die vereinbarten Verfügungsbeschränkungen im wesentlichen mit der Vollendung des 26. Lebensjahres beseitigt waren[54]. Der Anerkennung als Mitunternehmer steht es aber in der Regel entgegen, wenn der Gesellschafter bis zum 28. Lebensjahr seinen Anteil nicht selbst verwalten kann[55]. 1305

(2) Kein Ausschluß von Gesellschafterrechten

Ein Gesellschaftsverhältnis wird nicht anerkannt, wenn die dem stillen Gesellschafter gem. § 233 HGB zustehenden Überwachungsrechte **gänzlich ausgeschlossen** oder **wesentlich beschränkt** sind[56]. 1306

In einem vom RFH[57] entschiedenen Fall hatten zwei Brüder – beide Gesellschafter einer offenen Handelsgesellschaft – ihre Kinder als stille Gesellschafter in das Unternehmen aufgenommen. Die Kinder waren in der Ausübung ihrer Kontrollrechte beschränkt und hatten keine Befugnis zur Verfügung über ihre Gewinnan-

---

54 Vgl. BFH v. 6. 4. 1979 (I R 116/77) BFHE 128, 202 = BStBl. II 1979, 620.
55 BFH v. 25. 6. 1981 (IV R 135/78) BFHE 134, 12 = BStBl. II 1981, 779.
56 BFH v. 31. 5. 1993 (III R 91/87) BStBl. II 1990, 10 (11); vgl. auch *Söffing*, NWB 1993, Fach 3, 8561 (8589).
57 RFH v. 31. 1. 1931 (VI A 1457/30) StuW 1931, Nr. 302.

teile und Zinsen. Der Gesellschaftsvertrag enthielt darüber hinaus die Bestimmung, daß beim Tod eines stillen Gesellschafters während Lebzeiten seines Vaters dieser zu bestimmen habe, ob die Erben des Verstorbenen ausscheiden und ob die Anteile der Erben am Gewinn anders festgelegt werden sollen.

Der RFH erkannte die stille Gesellschaft nicht an. „Abgesehen von dem erheblichen Anwachsen der Anteilswerte der Kinder auf der gegebenen Vertragsgrundlage ist es durchaus ungewöhnlich und paßt nicht zu Recht und Übung einer wirklichen stillen Gesellschaft, daß und wie die angeblichen stillen Gesellschafter in der Möglichkeit der Verwertung ihrer Gesellschaftergewinne und der Zinserträge daraus beschränkt sind. Ein fremder Gesellschafter könnte sich eine solche Behandlung nicht gefallen lassen. Je mehr Rechte und Vermögenswerte den behaupteten stillen Gesellschaftern zugewiesen werden, um so weniger läßt es sich ferner bei Annahme einer wirklichen stillen Gesellschaft erklären, daß den angeblichen stillen Gesellschafter alle Kontrollrechte über die Geschäftsführung genommen sind ... Es ist dem Vertreter der Bf. durchaus zuzugeben ..., daß in Gesellschaftsverträgen auch Bestimmungen über eine Nachfolge getroffen werden können und zweckmäßig getroffen werden. Es muß aber dabei bleiben, daß es dem Sinn und Zweck einer wirklichen stillen Gesellschaft keineswegs entspricht, wenn ... für den Fall des Ausscheidens Beteiligter den offenen Gesellschaftern einseitig die freie Befugnis gegeben ist, nicht nur über die Frage der weiteren Beteiligung von Erben, sondern auch über die Art neuer Gewinnbeteiligung ihrerseits allein abändernde Bestimmungen zu treffen."

(3) Kündigungsrecht der Gesellschafter

1307 Problematisch bei der Gründung von stillen Familiengesellschaften ist auch die **Ausgestaltung des Kündigungsrechts.** Ist das Kündigungsrecht einseitig zu Lasten des stillen Gesellschafters aufgehoben worden, wird ein Gesellschaftsverhältnis steuerlich nicht anerkannt[58]. Ist eine Kündigung durch den stillen Gesellschafter möglich, bedarf er aber dazu der Zustimmung eines Dritten, erkennt der BFH ein stilles Gesellschaftsverhältnis ebenfalls nicht an[59].

1308 Die **schenkweise Beteiligung** von minderjährigen Kindern als stille Gesellschafter am Unternehmen des Vaters wird auch dann steuerlich nicht anerkannt, wenn sie **befristet** erfolgt[60]. Dem steht es gleich, wenn ein Vater seinen Kindern eine stille Beteiligung schenkt mit dem Vorbehalt, jederzeit die Rückübertragung der Kapitalanteile der Kinder verlangen zu können[61].

1309 Dagegen steht es der Anerkennung einer stillen Familiengesellschaft nicht entgegen, wenn der Vater sich das Recht vorbehalten hat, die stille

---

58 Vgl. BFH v. 3. 5. 1979 (IV R 153/78) BFHE 127, 538 = BStBl. II 1979, 515.
59 BFH v. 20. 2. 1975 (IV R 62/74) BFHE 115, 232 = BStBl. II 1975, 569.
60 BFH v. 29. 1. 1976 (IV R 73/73) BFHE 118, 189 = BStBl. II 1976, 324.
61 Vgl. BFH v. 18. 7. 1974 (IV B 34/74) BFHE 113, 226 = BStBl. II 1974, 740.

Gesellschaft zu **kündigen** und die Kinder mit dem Buchwert ihrer Einlage abzufinden[62].

Soweit die rechtliche Stellung der Kinder während des Bestehens der Gesellschaft in vollem Umfang dem Regelungsstatut des HGB entspricht, führen für die Auflösung **vereinbarte nachteilige Modalitäten der Auseinandersetzung**, z.B. fehlende Sicherung des Rückzahlungs-(Abfindungs-)anspruchs, nicht zur steuerlichen Unbeachtlichkeit der Gesellschaft[63].

1310

3. Tatsächliche Durchführung des Gesellschaftsverhältnisses

Der Gesellschaftsvertrag muß in dem Sinne verwirklicht sein, daß die tatsächliche Gestaltung mit ihrer formalen Gestaltung übereinstimmt. Beteiligt ein Vater seine Kinder an seinem Unternehmen als stille Gesellschafter, kann die Beteiligung steuerlich nur anerkannt werden, wenn die Vereinbarungen auch durchgeführt werden und wirtschaftlich zu einer Änderung der bisherigen Verhältnisse führen. Zur tatsächlichen Durchführung des Gesellschaftsvertrags gehört, daß der still Beteiligte die vertraglich übernommene **Vermögenseinlage leistet** und daß für ihn ein **Beteiligungskonto eingerichtet** wird, auf dem ihm die **Gewinnanteile gutgebracht** werden. Nicht genügend ist eine stillschweigende Vereinbarung, aus der keine vermögensrechtlichen Folgerungen gezogen werden oder die Art und Umfang der Beteiligung nicht erkennen läßt.

1311

Eine Bareinlage ist nicht erforderlich. Die Vermögenseinlage kann in der Weise erbracht werden, daß der Geschäftsinhaber einen Teil seines Kapitals den Familienangehörigen **schenkungsweise** überläßt. Dann ist die Umbuchung des überlassenen Betrags als Einlage des stillen Gesellschafters eine Privatentnahme des Betriebsinhabers[64]. Es liegt ein Schenkungsversprechen vor, das nach der Rechtsprechung der notariellen Beurkundung bedarf (§ 518 BGB; oben Rn. 257, 1281). Unter Umständen wird dadurch bei Überschreiten der Freibeträge Schenkungsteuer ausgelöst. Wird eine Beteiligung mit einer Gewinnbeteiligung ausgestattet, die insbesondere der Kapitaleinlage, der Arbeits- oder der sonstigen Leistung des stillen Gesellschafters nicht entspricht oder die einem fremden Dritten üblicherweise nicht eingeräumt würde, so gilt das Übermaß an Gewinnbeteiligung als selbständige Schenkung, die mit dem Kapitalwert anzusetzen ist (§ 7 Abs. 6 ErbStG).

1312

---

62 BFH v. 27. 9. 1973 (IV R 33/71) BFHE 110, 357 = BStBl. II 1974, 51; BFH v. 29. 1. 1976 (IV R 89/75) BFHE 118, 311 = BStBl. II 1973, 374.
63 BFH v. 31. 5. 1989 (III R 91/87) BStBl. II 1990, 10 (12).
64 BFH v. 9. 9. 1954 (IV 574/53 U) BFHE 59, 275 = BStBl. III 1954, 317; *Neufang*, Inf. 1987, 663.

1313 Als Beitrag kann der Familienangehörige – wie auch sonst – seine **Arbeitskraft** einbringen. Das setzt jedoch voraus, daß er tatsächlich im Betrieb mitarbeitet. Die Mitarbeit darf nicht nur geringfügig sein. Liegt eine Mitarbeit in beachtlichem Umfange nicht vor, so muß die Einlage in anderer Weise – also durch Vermögenszuführung – geleistet werden, weil sonst ein rechtswirksames Gesellschaftsverhältnis nicht anerkannt wird.

1314 Es muß die Einlage der Arbeitskraft stets zur **Erfüllung der gesellschaftlichen Beitragspflicht** bewirkt werden, nicht nur zur Erfüllung einer hiervon unabhängigen Verpflichtung aus einem besonderen Arbeitsvertrag[65]. Kein Einbringen der Arbeitskraft ist gegeben, wenn eine Verpflichtung zu nur gelegentlichen Dienstleistungen oder zu nur aushilfsweiser Tätigkeit im Notfalle besteht. Es wird deshalb von den Finanzbehörden besonders in den Fällen, in denen im Betrieb mittätige minderjährige Kinder ohne Vermögenseinlage als stille Gesellschafter aufgenommen worden sind, geprüft, ob deren Tätigkeit wirklich als geldwerte Leistung angesehen werden kann. Eine stille Gesellschaft liegt nicht vor, wenn die Bezüge der im elterlichen Geschäft als Angestellte tätigen Kinder einschließlich der Gewinnbeteiligung die Beträge nicht übersteigen, die der Geschäftsinhaber auch an fremde Angestellte für gleiche Leistungen gezahlt hätte[66].

1315 Nicht ganz einfach ist in der Praxis die **Abgrenzung der stillen Gesellschaft vom Arbeitsverhältnis,** wenn die Kinder im Betrieb des Vaters mitarbeiten und wenn ihnen neben einer festen Entlohnung eine Beteiligung am Gewinn (oder am Umsatz) eingeräumt ist. Diese Vergütungen sind steuerlich regelmäßig Arbeitslohn (§ 2 Abs. 1 LStDV); sie beeinflussen nicht die Arbeitnehmereigenschaft der Kinder oder sonstigen Familienangehörigen. Die Gewinnbeteiligung begründet für sich allein noch kein stilles Gesellschaftsverhältnis mit der Folge, daß die Erträge aus der Gewinnbeteiligung der Kapitalertragsteuer unterliegen würden.

1316 Eine **tatsächliche Auszahlung** der Gewinnanteile liegt auch dann vor, wenn im Zeitpunkt der Fälligkeit des Gewinnauszahlungsanspruchs ein zivilrechtlich wirksamer Darlehensvertrag abgeschlossen wird oder besteht, durch den der Gewinnauszahlungsanspruch in eine Darlehensforderung umgeschaffen wird[67]. Eine Gutschrift ist nur dann anzuerkennen,

---

[65] RFH v. 16. 3. 1938 (VI 154/38) RStBl. 1938, 556; BFH v. 12. 1. 1953 (IV 365/52 U) BFHE 57, 148 = BStBl. III 1953, 58; BFH v. 3. 7. 1964 (VI 355/62 U) BFHE 80, 103 = BStBl. III 1964, 511.
[66] FG Hamburg v. 14. 10. 54 (II 240-242/54) DStRdsch. 1955, 17.
[67] BFH v. 13. 6. 1989 (VIII R 47/85) BStBl. II 1989, 720 = FR 1989, 499; kritisch dazu Anm. *L. Schmidt*, FR 1989, 500; *Söffing*, NWB 1993, Fach 3, 8561 (8590).

wenn die Gewinnanteile auch eindeutig bis zur Auszahlung jederzeit abrufbar gutgeschrieben bleiben[68].

4. Folgen der Nichtanerkennung des Gesellschaftsverhältnisses

Wird ein stilles Gesellschaftsverhältnis steuerlich nicht anerkannt, sind die Gewinnanteile der stillen Gesellschafter steuerlich dem Geschäftsinhaber zuzurechnen. Sie bilden bei ihm **nicht abzugsfähige Ausgaben i.S.d. § 12 Nr. 2 EStG**. 1317

III. Angemessenheit der Gewinnbeteiligung

Die steuerliche Anerkennung der stillen Gesellschaft als solcher führt nicht gleichzeitig auch zu einer Anerkennung der vereinbarten Gewinnverteilung. Diese ist vielmehr **gesondert auf ihre Angemessenheit zu überprüfen**. Die Angemessenheitsprüfung der Gewinnverteilungsabrede beruht nach Ansicht des BFH auf der dem EStG zugrundeliegenden Unterscheidung zwischen Einkommenserzielung und Einkommensverwendung, die in den Vorschriften über die Zurechnung bestimmter Einkünfte, wie z.B. § 15 Abs. 1 Nr. 2 EStG, und dem grundsätzlichen Abzugsverbot für private Zuwendungen nach § 12 Nr. 2 EStG ihren Ausdruck gefunden hat[69]. 1318

1. Maßstäbe und Zeitpunkt der Angemessenheitsprüfung

Die Gewinnverteilung muß so geregelt sein, daß sie dem wirtschaftlichen Einsatz des stillen Gesellschafters an Kapital, Risiko und Arbeitskraft entspricht[70]. Dabei ist nach der Rechtsprechung auch hier grundsätzlich zu fragen, ob die vereinbarte Regelung **auch unter Fremden** getroffen worden wäre. Es ist jedoch zulässig, einem Familienmitglied unter sonst gleichen Umständen, eine höhere Gewinnbeteiligung als einem Fremden zu gewähren, da Familienmitglieder in der Regel stärker mit dem Unternehmen verbunden sind[71]. Häufig erfolgt die Einräumung einer stillen Beteiligung zur Vorbereitung eines späteren Unternehmensübergangs. 1319

---

68 BFH v. 18. 10. 1989 (I R 203/84) BStBl. II 1990, 68.
69 BFH v. 24. 7. 1986 (IV R 103/83) BFHE 147, 495 = BStBl. II 1987, 54 m.w.N.; dagegen *Knobbe-Keuk*, § 12 II, S. 513 ff.; *Weber-Grellet*, DStR 1993, 1010, 1012.
70 BFH v. 29. 5. 1972 (GrS 4/71) BFHE 106, 504 = BStBl. II 1973, 5.
71 BFH v. 25. 7. 1963 (IV 421/62 U) BFHE 78, 3 = BStBl. III 1964, 3.

1320 Bei der Angemessenheitsprüfung dürfen die einzelnen für die Höhe der Gewinnbeteiligung maßgebenden Faktoren nicht isoliert betrachtet werden. Vielmehr ist im Einzelfall zu prüfen, ob die **gesamten betrieblichen Umstände** die vereinbarte Gewinnbeteiligung im Gesamtergebnis rechtfertigen. Insbesondere darf die Angemessenheit der Gewinnverteilung nicht nach Maßgabe einzelner Veranlagungszeiträume isoliert geprüft werden. Besonders in Fällen, in denen die Gewinne des Unternehmens in den einzelnen Jahren stark schwanken, wird deutlich, daß es auf die Beurteilung eines längeren Zeitraums ankommt.

1321 Ist die Gewinnverteilungsabrede im Zeitpunkt ihrer Vereinbarung angemessen, so ist der vereinbarte Gewinnverteilungsschlüssel regelmäßig auch dann der Besteuerung zugrunde zu legen, wenn sich **später die Ertragslage günstiger oder ungünstiger** als erwartet gestaltet[72]. Bei der stillen Beteiligung mit Verlustbeteiligung ist eine Absicherung der Ansprüche des Stillen nicht erforderlich[73].

2. Die angemessene Gewinnverteilung im einzelnen

Für die angemessene Gewinnverteilung differenziert die Rechtsprechung zwischen geschenkter Einlage und Einlage aus eigenen Mitteln[74].

a) Die geschenkte Beteiligung

1322 Nach der Rechtsprechung des BFH finden auf stille Gesellschaften, und zwar auf typische und atypische, die vom Großen Senat[75] zur Angemessenheit der Gewinnverteilung bei Familienpersonengesellschaften entwickelten Rechtsgrundsätze Anwendung[76].

Nach dieser Rechtsprechung ist bei schenkweise erworbenen stillen Beteiligungen i.d.R. eine Gewinnverteilungsabrede angemessen, die im Zeitpunkt der Vereinbarung bei vernünftiger kaufmännischer Beurteilung **eine durchschnittliche Rendite von bis zu 15% des tatsächlichen Werts** der stillen Beteiligung erwarten läßt, wenn der stille Gesellschafter am Verlust beteiligt ist, und **von bis zu 12% des tatsächlichen Werts** der stillen Beteiligung, wenn der stille Gesellschafter nicht am Verlust betei-

---

[72] BFH v. 14. 2. 1973 (I R 131/70) BFHE 108, 527 = BStBl. II 1973, 395; BFH v. 29. 3. 1973 (IV R 56/70) BFHE 109, 328 = BStBl. II 1973, 650.
[73] BFH v. 31. 5. 1989 BStBl. II 1990, 10; *Märkle*, BB Beilage 2 zu Heft 4/1993, 7; *Söffing*, NWB 1993, Fach 3, 8561 (8590).
[74] Kritisch dazu *Curtius-Hartung*, StbKRep 1987, 223 (234).
[75] BFH v. 29. 5. 1972 (GrS 4/71) BFHE 106, 504 = BStBl. II 1973, 5.
[76] BFH v. 29. 3. 1973 (IV R 56/70) BFHE 109, 328 = BStBl. II 1973, 650.

ligt ist⁷⁷. Der tatsächliche Wert einer typischen stillen Beteiligung ist regelmäßig ihr Nominalwert, der tatsächliche Wert einer atypischen stillen Beteiligung der gemeine Wert des Anteils[78].

Das Finanzgericht Baden-Württemberg berechnet den jährlichen angemessenen Gewinn, indem es die durchschnittlich zulässige Rendite von 12% der Einlage zum durchschnittlichen Gewinn der Gesellschaft vor Vertragsschluß ins Verhältnis setzt. Der sich daraus ergebende **feste Gewinnanteilssatz** ist der jährliche angemessene Anteil am Jahresgewinn[79]. Nach einem anderen Urteil des gleichen Gerichts[80] kann bei einer stillen Beteiligung an einem **neu gegründeten Unternehmen** mangels einer Prognose über die Gewinnentwicklung eine Gewinnverteilungsabrede als angemessen angesehen werden, die die Gewinnanteile der stillen Gesellschafter nach dem **Verhältnis der Einlage zum Gesamtkapital** des Unternehmens bestimmt. Dieser Rechtsprechung ist im Ergebnis zuzustimmen. Sie steht aber im Widerspruch zur Rechtsprechung des BFH, der einen bestimmten vom-Hundert-Satz der Einlage und nicht des Unternehmensgewinns als angemessen ansieht. 1323

b) Die entgeltlich erworbene Beteiligung

Stammt die Kapitaleinlage des stillen Gesellschafters nicht aus einer Schenkung des Unternehmers und ist eine **Teilnahme am Verlust ausgeschlossen,** so ist in der Regel eine Gewinnverteilungsabrede angemessen, die im Zeitpunkt der Vereinbarung bei vernünftiger kaufmännischer Beurteilung eine **durchschnittliche Rendite von bis zu 25% der Einlage** erwarten läßt[81]. Im Entscheidungsfalle handelte es sich nicht um eine Schenkung, sondern die Gesellschafterstellung wurde zur Abgeltung eines Pflichtteilsanspruchs eingeräumt. Es ging also um die Umwandlung einer Gläubigerstellung in die Rechtsposition eines am Gewinn beteiligten stillen Gesellschafters. Fälle dieser Art sind wirtschaftlich vergleichbar solchen, bei denen dem Betrieb von außen her neues Kapital zugeführt 1324

---

77 BFH v. 29. 3. 1973 (IV R 56/70) BFHE 109, 328 = BStBl. II 1973, 650; BFH v. 29. 5. 1972 (GrS 4/71) BFHE 106, 504 = BStBl. II 1973, 5; FG Nürnberg v. 3. 7. 1985 (VI 10281) EFG 1986, 20; vgl. auch *Neufang,* Inf. 1987, 563 (564); mit Berechnungsbeispielen *Märkle,* BB Beilage 2 zu Heft 4/1993, 14.
78 *Schulze zur Wiesche,* in: Hartmann/Böttcher/Nissen/Bordewin, § 15 EStG Anm. 491.
79 FG Baden-Württemberg v. 24. 8. 1988 (XII K 257/85) EFG 1989, 338.
80 FG Baden-Württemberg v. 25. 2. 1982 (I 224/78) EFG 1982, 458.
81 BFH v. 14. 2. 1973 (I R 131/70) BFHE 108, 527 = BStBl. II 1973, 395; vgl. auch BFH v. 9. 7. 1969 (I R 78/67) BFHE 96, 351 = BStBl. II 1969, 649; vgl. auch *Neufang,* Inf. 1987, 563 (564).

wird. Dasselbe muß gelten, wenn der mit einem Gläubiger geschlossene Gesellschaftsvertrag den Zweck hat, zu verhindern, daß dem Betrieb Kapital entzogen wird, wobei es keinen Unterschied machen kann, ob der Gläubiger, dessen Guthaben in eine Gesellschaftereinlage umgewandelt wird, ein Geschäftsgläubiger oder ein Privatgläubiger des Unternehmers ist. Stammt die Kapitaleinlage des stillen Gesellschafters nicht aus einer Schenkung und ist er **am Verlust beteiligt,** sieht die neuere BFH-Rechtsprechung eine **Rendite von bis zu 35% der Einlage** als angemessen an[82], das Finanzgericht Köln sogar bis zu 40%[83].

1325 Ist die Kapitaleinlage nur teilweise erbracht, kann nur der ihr entsprechende Teil des vereinbarten Gewinnanteils als angemessen angesehen werden[84].

c) Die teilweise geschenkte Beteiligung

1326 Soweit die stille Beteiligung nur teilweise geschenkt ist und dem Unternehmen mit der Begründung des stillen Gesellschaftsverhältnisses teilweise neue Mittel zugeführt werden, muß die Höhe der angemessenen Rendite sowohl nach den für geschenkte als auch nach den für entgeltlich erworbene Beteiligungen gültigen Grundsätzen beurteilt werden, d.h. für die Höhe der angemessenen Rendite ist nach Maßgabe der Umstände des Einzelfalles ein **Mischsatz** aus dem Renditesatz für geschenkte Beteiligungen und aus dem Renditesatz für entgeltlich erworbene Beteiligungen zu bilden[85].

3. Folgen einer unangemessenen Gewinnbeteiligung

1327 Wenn nach den Gesamtumständen eine Familiengesellschaft steuerlich anzuerkennen ist, kann eine unangemessen hohe Gewinnverteilung allein nicht zur Ablehnung der Gesellschaft führen. Erweist sich die im Einzelfall vereinbarte Gewinnverteilung als unangemessen, so ist die Besteuerung so vorzunehmen, **als ob eine angemessene Gewinnverteilungsabrede getroffen** worden wäre[86].

1328 Steuerlich wird der unverhältnismäßig hohe Gewinnanteil nicht den Kindern zugerechnet, sondern nur ein für angemessen erachteter Gewinnan-

---

[82] BFH v. 16. 12. 1981 (I R 167/78) BFHE 135, 275 = BStBl. II 1982, 387.
[83] FG Köln v. 14. 1. 1981 (X–XIV – 533/77 F) EFG 1981, 278.
[84] FG München v. 10. 1. 1979 (VIII–IX – 19/77 Aus F) EFG 1979, 538.
[85] Vgl. *Märkle,* BB Beilage 2 zu Heft 4/1993, 13.
[86] *Märkle,* BB Beilage 2 zu Heft 4/1993, 13. *Neufang,* Inf. 1987, 8 (11) schlägt vor, in den Vertrag eine Anpassungsklausel des Inhalts aufnehmen, daß nur der Betrag zustehe, der auch von der Finanzverwaltung anerkannt wird.

teil. Der darüber hinausgehende Gewinn wird als Einkommen des Vaters angesehen und bei diesem der Einkommensteuer unterworfen[87]. Der den Kindern **tatsächlich zugeflossene Übergewinn wird als Entnahme des Vaters und Schenkung an die Kinder behandelt** (oben Rn. 1213). Damit wird dieser Betrag u.U. schenkungsteuerpflichtig[88], wobei der Freibetrag von zur Zeit 400 000 DM zu berücksichtigen ist. Der Übergewinn unterliegt bei den Kindern nicht der Einkommensteuer. In jedem Jahr liegt eine neue Schenkung in Höhe des tatsächlich zugeflossenen Übergewinns an die Kinder vor. Entsteht zunächst durch die Auswirkung des Freibetrags keine Schenkungsteuer, so kann die Zusammenrechnung der Zuwendungen der letzten zehn Jahre gemäß § 14 ErbStG die Steuerschuld auslösen. Zu der schenkungsteuerlichen Behandlung des Übermaßes an Gewinnbeteiligung vgl. § 7 Abs. 6 ErbStG.

4. Kritik

Bedenken gegen die hier wiedergegebene Rechtsprechung[89] ergeben sich daraus, daß nach der zwingenden Vorschrift des § 231 Abs. 2 HGB die Gewinnbeteiligung des stillen Gesellschafters nicht ausgeschlossen werden darf, weil sie zum Wesen der stillen Gesellschaft gehört. Erhält ein stiller Gesellschafter an Stelle einer variablen Gewinnquote nur eine feste Verzinsung seiner Einlage, wie der BFH es beim nicht mitarbeitenden stillen Gesellschafter will, so ist nach Handelsrecht eine stille Gesellschaft nicht gegeben[90]. Über diese zwingende handelsrechtliche Vorschrift setzt sich der BFH hinweg, wenn er dem stillen Gesellschafter nur eine feste Verzinsung seiner Einlage und keinen beweglichen Gewinnanteil zugesteht[91]. Eine stille Gesellschaft liegt nicht vor, wenn der stille Gesellschafter für die Hingabe des Kapitals eine vom Geschäftsergebnis unabhängige Vergütung erhält[92]. Deshalb kann die angemessene Leistung des Geschäftsinhabers an den stillen Gesellschafter **nicht an Hand einer als Obergrenze gedachten festen Verzinsung des Kapitals ermittelt** werden[93]; vielmehr muß ein Weg gefunden werden, der für die stille Gesell-

1329

---

87 BFH v. 21. 9. 1989 (IV R 126/88) BFH/NV 1990, 692, 693; *Söffing*, NWB 1993, Fach 3, 8561 (8589).
88 Vgl. *Neufang*, Inf. 1987, 563 (565).
89 Vgl. auch die Kritik bei *Flume*, StbJb. 1976/77, 43.
90 RG v. 6. 2. 1928 RGZ 122, 387 (390).
91 Ebenso *Böttcher/Zartmann/Faut*, S. 272 f.
92 RG v. 6. 12. 1928 RGZ 122, 387; BGH v. 22. 12. 1953 DB 1954, 172.
93 A.A. mit dem Argument, die Höchstsätze böten ausreichenden Festlegungsspielraum und dienten der Rechtssicherheit *Märkle*, BB Beilage 2 zu Heft 4/1993, 12.

schaft wesensnotwendige Gewinnabhängigkeit der Bezüge des stillen Gesellschafters berücksichtigt.

IV. Zusammenfassung

1330 Eine stille Gesellschaft unter Familienangehörigen wird steuerlich nur anerkannt, wenn die Beteiligung ernsthaft gewollt ist, wenn der Gesellschaftsvertrag in dem Sinne verwirklicht wird, daß die tatsächliche Gestaltung der Dinge mit ihrer formalen Gestaltung übereinstimmt und die aufgenommenen Familienangehörigen volle Gesellschaftsrechte genießen, wenn die übernommene Vermögenseinlage, die nicht in Geld zu bestehen braucht, geleistet worden ist, wenn die Gewinnbeteiligung in einem angemessenen Verhältnis zur Kapitalbeteiligung oder Arbeitsleistung des stillen Gesellschafters steht und eine Rückwirkung des Vertrags nicht vorgesehen ist. Das Motiv für die Gesellschaftsgründung ist für die Frage der steuerlichen Anerkennung einer Familiengesellschaft grundsätzlich nicht entscheidend. Wenn die erwähnten Voraussetzungen gegeben sind, steht es der Anerkennung der Gesellschaft nicht entgegen, daß für ihre Errichtung ausschließlich steuerliche Erwägungen bestimmend waren.

§ 22 Einkommensteuer

Schrifttum: *Biergans, Enno,* Zur personellen Zurechnung latenter Einkünfte, in: Festschrift für Ludwig Schmidt, 1993, S. 75; *Binger, Jürgen,* Einkommen- und Gewerbesteuer bei der atypisch stillen Gesellschaft, DB 1988, 414; *Blaurock, Uwe,* Die GmbH & Still im Steuerrecht, BB 1992, 1969; *Blümich, Walter / Ebling, Klaus* (Hrsg.), Kommentar zum Einkommensteuergesetz, 15. Aufl. 1995 (Loseblatt, Stand: Mai 1996); *Bordewin, Arno,* Sinngemäße Anwendung des § 15a EStG bei den Einkünften aus Kapitalvermögen, FR 1982, 268; *ders.,* Rückwirkender Wegfall eines Veräußerungsgewinns, FR 1994, 555; *Bordewin, Arno / Söffing, Günter / Uelner, Adalbert,* Verlustverrechnung bei negativem Kapitalkonto, Bedeutung des § 15a EStG, 1980; *Brandenberg, Hermann Bernwart / Crezelius, Georg,* Personengesellschaften im Spannungsfeld von Zivilrecht und Steuerrecht, Jahrbuch der Fachanwälte für Steuerrecht 1994/95, 251; *Costede, Jürgen,* Die stille Gesellschaft – Überlegungen aus handelsrechtlicher, steuerrechtlicher und betriebswirtschaftlicher Sicht, Steuerberater-Kongreß-Report 1987, 239; *Dehmer, Hans,* Kommentar zum Umwandlungsgesetz und zum Umwandlungsteuergesetz, 2. Aufl. 1996; *Döllerer, Georg,* Anmerkung zum Urteil des FG München vom 9. 11. 1980 (V [IX] 57/76 EZ), BB 1981, 1319; *ders.,* Die atypische stille Gesellschaft – gelöste und ungelöste Probleme, DStR 1985, 295; *ders.,* Die atypische stille Gesellschaft in der neuesten Rechtsprechung des Bundesfinanzhofes, StbJb. 1987/88, 289; *Dornfeld, Robert,* Zum Umfang der dem Kommanditisten einer vermögensverwaltenden KG zuzurechnenden Verluste, DB 1981, 546; *Ehlers, Ernst-August / Busse, Alexander,* Die steuerliche Vermögenszuordnung bei der atypisch stillen Gesellschaft, DB 1989, 448; *Fella, Günter,* Die stille Gesellschaft im Einkommensteuerrecht, StWa 1992, 101; *Goutier, Klaus / Knopf, Rüdiger / Tulloch, Anthony,* Kommentar zum Umwandlungsrecht, 1. Aufl. 1996; *Groh, Manfred,* Das negative Kapitalkonto des stillen Gesellschafters, in: Festschrift für Ludwig Schmidt, 1993, S. 439; *Hartmann, Alfred / Böttcher, Conrad / Nissen, Karl-Heinz / Bordewin, Arno,* Kommentar zum Einkommensteuergesetz, (Loseblatt, Stand: Oktober 1995); *Helmschrott, Hans,* Das Verfahren bei stillen Gesellschaften und Unterbeteiligungen, SteuerStud 1990, 129; *Herrmann, Carl / Heuer, Gerhard / Raupach, Arndt,* Kommentar zum Einkommensteuer- und Körperschaftsteuergesetz, 20. Aufl. 1992 (Loseblatt); *Hoffmann, Wolf-Dieter,* Anmerkung zum Urteil des BFH v. 19. 2. 1991 (VIII R 106/87), BB 1991, 1302; *Holzschuh, Robert,* Erwiderung zu Söffing, „Gewinn" bei der Veräußerung einer stillen Beteiligung, DStR 1984, 440; *Horn, Wilhelm / Maertins, Jan,* Die steuerliche atypische stille Beteiligung an der GmbH, GmbHR 1994, 147; *Kempermann, Michael,* Anmerkung zum Urteil des BFH v. 10. 8. 1994 (I R 133/93), FR 1995, 22; *Knobbe-Keuk, Brigitte,* Bilanz- und Unternehmenssteuerrecht, 9. Aufl. 1993; *dies.,* Die gesetzliche Regelung des negativen Kapitalkontos des Kommanditisten – eine Mißgeburt, NJW 1980, 2257; *dies.,* Der neue § 15a EStG – ein Beispiel für den Gesetzgebungsstil unserer Zeit, StuW 1981, 97; *Koch, Eckart,* Gewinnerhöhende Entnahmen nach § 15a Abs. 3 EStG, DStR 1984, 543; *Lademann, Fritz / Söffing, Günter / Brockhoff, Hedin,* Kommentar zum Einkommensteuergesetz, (Loseblatt, Stand: Oktober 1995); *Lempenau, Gerhard,* Verlustzurechnung und Verlustverrechnung beim Kommanditisten – handelsrechtlich und steuerrechtlich –, StuW 1981, 239; *Littmann, Eberhard / Bitz,*

II. Teil: Die Besteuerung der stillen Gesellschaft

Horst / Hellwig, Peter, Das Einkommensteuerrecht, 15. Aufl., 1994 (Loseblatt, Stand: Dezember 1994); *Meßmer, Kurt,* „Steuergerechtigkeit" durch Normenflut, offene und verdeckte Subventionen und Entlastung der Finanzgerichtsbarkeit, BB 1981, Beilage 1; *Paus, Bernhard,* Der Verlustanteil des typischen stillen Gesellschafters, FR 1979, 90; *ders.,* Zinsen im Zusammenhang mit Pflichtteilsverbindlichkeiten – Anmerkungen zu dem BFH-Urteil vom 14. 4. 1992 (VIII R 6/87), DStZ 1993, 551; *Ruban, Reinhild,* Die atypische stille Gesellschaft im Ertragsteuerrecht – Tendenzen in der neueren Rechtsprechung des Bundesfinanzhofs, DStZ 1995, 637; *Sabatschus, Erich,* Zur sinngemäßen Anwendung von § 15a EStG bei Vermietung und Verpachtung, DB 1982, 2652; *Schmidt, Ludwig,* Kommentar zum Einkommensteuergesetz, 15. Aufl., 1996; *ders.,* Anmerkung zum Urteil des BFH v. 14. 2. 1984 (VIII R 126/82), FR 1984, 398; *ders.,* Einkommensteuerrechtliche Wertung verzinslicher Pflichtteils-, Erbersatz- und Zugewinnausgleichsschulden, FR 1993, 683; *Schön, Wolfgang,* Anmerkung zum Urteil des BFH v. 2. 5. 1984 (VIII R 276/81), BB 1985, 313; *Schulze-Osterloh, Joachim,* Rechtsanwendung und Rechtsetzung für Verlustzuweisungsgesellschaften durch Verwaltungsvorschriften, in: Tipke (Hrsg.), Grenzen der Rechtsfortbildung durch Rechtsprechung und Verwaltungsvorschriften im Steuerrecht, 1982, S. 241–270; *Schulze zur Wiesche, Dieter,* Mehrergebnisse einer Außenprüfung und Gewinnanspruch eines stillen Gesellschafters, StBp. 1978, 73; *ders.,* Die Gewinnermittlung bei der atypischen GmbH & Still, GmbHR 1982, 114; *ders.,* Die atypische stille Gesellschaft, FR 1997, 405; *Schwedhelm, Rolf,* Die Unternehmensumwandlung, 1993; *Söffing, Günter,* „Gewinn" bei der Veräußerung einer stillen Beteiligung, DStR 1984, 268; *Sterner, Friedrich,* Kapitaleinkünfte durch Veräußerung einer stillen Beteiligung?, BB 1983, 2176; *ders.,* Steuerfragen beim Ausscheiden eines typischen stillen Gesellschafters, DB 1985, 2316; *Stüttgen, Hans-Gerd,* Die stille Beteiligung an der gewerblichen Familien-GmbH, 1988; *Stuhrmann,* Sinngemäße Anwendung des § 15a EStG bei den Einkünften aus Vermietung und Verpachtung und aus Kapitalvermögen, RWP, SG 5. 2, 1; *Tillmann, Bert* u.a., GmbH-Handbuch, Band III: Steuerrecht, 14. Aufl. 1995; *Tipke, Klaus / Kruse, Heinrich Wilhelm,* Kommentar zu Abgabenordnung und Finanzgerichtsordnung, 16. Aufl. 1996 (Loseblatt, Stand: August 1996); *Uelner, Adalbert,* Aktuelles zu steuerbegünstigten Kapitalanlagen aus der Sicht der Finanzverwaltung, StbJb. 1981/82, 107; *Uelner, Adalbert / Dankmeyer, Udo,* Die Verrechnung von Verlusten mit anderen positiven Einkünften nach dem Änderungsgesetz vom 20. August 1980 (sog. § 15a-Gesetz), DStZ 1981, 12; *Wassermeyer, Franz,* Die Übertragung von Wirtschaftsgütern unter Vermeidung der Aufdeckung stiller Reserven, BB 1994, 1; *Widmann, Siegfried / Mayer, Dieter,* Umwandlungsrecht, Band 4, (Loseblatt, Stand: März 1996).

1331 Abweichend von der sonstigen Darstellung der stillen Gesellschaft im steuerrechtlichen Teil wird bei der Einkommenbesteuerung zunächst die atypische stille Gesellschaft und erst danach die typische stille Gesellschaft behandelt, da durch die Verweisung in § 20 Abs. 1 Nr. 4 EStG auf § 15a EStG zusätzlich zu den sich aus dieser Norm ergebenden Schwierigkeiten noch weitere Probleme bestehen.

I. Die atypische stille Gesellschaft

1. Die gesetzliche Regelung

Gemäß § 15 Abs. 1 S. 1 Nr. 2 EStG gehören zu den Einkünften aus Gewerbebetrieb „die Gewinnanteile der Gesellschafter einer offenen Handelsgesellschaft, einer Kommanditgesellschaft oder einer anderen Gesellschaft, bei der die Gesellschafter als Unternehmer (Mitunternehmer) anzusehen sind, und die Vergütungen, die der Gesellschafter von der Gesellschaft für seine Tätigkeit im Dienste der Gesellschaft oder für die Hingabe von Darlehen oder für die Überlassung von Wirtschaftsgütern bezogen hat." 1332

Zur Frage, wann eine Mitunternehmerschaft vorliegt und wer Mitunternehmer ist, vgl. Rn. 1237 ff.

Die atypische stille Gesellschaft ist als solche nicht einkommen- oder körperschaftsteuerpflichtig. Sie besitzt ebensowenig wie die typische stille Gesellschaft eigene Rechtssubjektivität. **Steuerpflichtig sind die einzelnen Mitunternehmer** mit den Einkünften, die sie von der Gesellschaft beziehen. Es wird wie bei der OHG und KG der von der atypischen stillen Gesellschaft erwirtschaftete Gewinn einkommensteuerrechtlich nur einmal erfaßt, und zwar anteilig bei den Gesellschaftern. Der Gewinn wird bei ihnen im Jahr seiner Entstehung, d.h. in dem Jahr, für das die Bilanz aufgestellt wird, ohne Rücksicht auf seine Ausschüttung oder Entnahme besteuert. 1333

Voraussetzung für die Anwendbarkeit des § 15 Abs. 1 S. 1 Nr. 2 EStG ist allerdings, daß die Mitunternehmerschaft ein gewerbliches Unternehmen i.S.v. § 15 Abs. 1 S. 1 Nr. 1 i.V.m. Abs. 2 betreibt. Fraglich könnte die gewerbliche Prägung einer atypisch stillen Gesellschaft sein, die teils freiberuflich und teils gewerblich tätig ist. Bei Personengesellschaften gilt in einem solchen Fall unstreitig die sog. **Abfärbetheorie**[1], derzufolge die Tätigkeit einer solchen Gesellschaft in vollem Umfang als Gewerbebetrieb gilt (vgl. § 15 Abs. 3 Nr. 1 EStG: „auch"). Problematisch ist in diesem Zusammenhang, ob die atypische stille Gesellschaft eine „andere Personengesellschaft" i.S.v. § 15 Abs. 3 Nr. 1 EStG sein kann. Diese Frage wird vom BFH[2] nunmehr ausdrücklich bejaht, so daß die Abfärbetheorie auch bei der atypisch stillen Gesellschaft Anwendung findet[3]. Demnach 1334

---
1 *L. Schmidt*, EStG, § 15 Rn. 185.
2 BFH v. 10. 8. 1994 (I R 133/93) FR 1995, 20 = BB 1995, 27.
3 Zustimmend *Kempermann*, FR 1995, 22; dem BFH im Ergebnis folgend, jedoch mit anderer Begründung *Ruban*, DStZ 1995, 637 (640), die § 15 Abs. 3 Nr. 1 EStG auf atypische Gesellschaften sinngemäß in der Weise anwendet, daß an die Stelle der Tätigkeit der Gesellschaft die des Inhabers des Handelsgeschäfts tritt.

qualifiziert jede gewerbliche Tätigkeit der Mitunternehmerschaft Einkünfte aus anderen Einkunftsarten um. Der BFH stellt in seinem Urteil explizit fest, daß es auf den Umfang der gewerblichen im Verhältnis zu einer freiberuflichen Tätigkeit nicht ankommt.

1335 Die Ausdehnung der Abfärbetheorie auf die atypisch stille Gesellschaft könnte aber im Hinblick auf den Gleichheitssatz (Art. 3 Abs. 1 GG) insofern bedenklich sein, als die Rechtsprechung des BFH dem Einzelunternehmer bei sog. gemischter Tätigkeit die Möglichkeit einer gesonderten Beurteilung trennbarer Einkunftsarten eröffnet[4]. Die Gesetzeslage ist jedoch, wie der BFH zutreffend feststellt, eindeutig. Verfassungsrechtlichen Bedenken im Hinblick auf Art. 3 Abs. 1 GG ist zu entgegnen, daß die Steuerpflichtigen die Möglichkeit haben, für trennbare Unternehmenstätigkeiten jeweils gesonderte, auch personengleiche Personengesellschaften zu errichten.

1336 Die Abfärbetheorie kommt aber dann nicht zum Tragen, wenn der atypisch stille Gesellschafter sich ausschließlich an den nicht-gewerblichen Einkünften des Geschäftsinhabers beteiligt. In derartigen Fällen wird die „andere Personengesellschaft" i.S.v. § 15 Abs. 3 Nr. 1 nicht gewerblich nach Maßgabe des § 15 Abs. 1 Nr. 1 EStG tätig, so daß eine Umqualifizierung etwaiger freiberuflicher Einkünfte des Geschäftsinhabers ausgeschlossen ist.

1337 Der Umstand, daß die Bestimmung des § 15 Abs. 1 S. 1 Nr. 2 EStG auf Gesellschaften mit Gesamthandsvermögen zugeschnitten ist, die atypische stille Gesellschaft als Innengesellschaft aber kein Gesamthandsvermögen hat, führte zu Diskussionen über die **Gewinnermittlung und Bilanzierung** bei der atypischen stillen Gesellschaft. Ausgangspunkt ist ein Urteil des BFH vom 2. 5. 1984[5], in dem dieser die Auffassung, das Vermögen des Geschäftsinhabers sei bei der atypischen stillen Gesellschaft dessen Sonderbetriebsvermögen[6], abgelehnt hat. Zu dieser Frage[7] lassen sich inzwischen folgende Ansichten unterscheiden:

1338 Aus der zivilrechtlichen Lage, daß die Einlage des atypischen stillen Gesellschafters in das Vermögen des Geschäftsinhabers übergeht, es also kein Gesellschaftsvermögen und damit auch keine Handelsbilanz der Gesellschaft, sondern nur eine solche des Geschäftsinhabers gibt, folgert

---

4 BFH v. 9. 8. 1983 (VIII R 92/83) BFHE 139, 380 = BStBl. II 1984, 129 = FR 1984, 70 und BFH v. 11. 7. 1991 (IV R 102/90) BFHE 166, 36 = BStBl. II 1992, 413 = FR 1992, 202.
5 (VIII R 276/81) BFHE 141, 498 = BStBl. II.
6 *Schulze zur Wiesche*, GmbHR 1982, 114 (115).
7 Zum Meinungsstand vgl. Nachweise bei *Schmidt*, EStG, § 15 Rn. 347.

Döllerer[8], daß es auch kein Betriebsvermögen, keinen Betriebsvermögensvergleich und keine Steuerbilanz der atypischen stillen Gesellschaft gebe. Diese Ansicht würde in ihrer Konsequenz trotz der wirtschaftlichen Ähnlichkeit der atypischen stillen Gesellschaft mit der KG und der daraus resultierenden Einstufung als Mitunternehmerschaft in entscheidenden Punkten doch zu einer unterschiedlichen Behandlung führen[9].

Einer entgegengesetzten Auffassung zufolge soll die atypische stille Gesellschaft eine Steuerbilanz aufstellen müssen. Wenn das Betriebsvermögen eines Kaufmanns durch schuldrechtliche Vereinbarung mit dem atypischen Gesellschafter in jeder Hinsicht dem Betriebsvermögen einer KG gleichgestellt werden solle, müsse die atypische stille Gesellschaft auch wie die KG Steuerrechtssubjekt sein. Gemäß § 39 Abs. 2 Nr. 1 AO sei daher das Betriebsvermögen der atypischen stillen Gesellschaft als wirtschaftlicher Eigentümerin zuzuweisen[10]. Diese Ansicht verkennt, daß § 39 AO zwar Regeln über die Zurechnung von Wirtschaftsgütern an ein bestimmtes Rechtssubjekt enthält, aber keine neuen Rechtssubjekte schafft[11]. 1339

Nach Schulze zur Wiesche setzt sich das Betriebsvermögen der atypischen stillen Gesellschaft aus dem Betriebsvermögen des Einzelunternehmers und dem Betriebsvermögen des atypischen stillen Gesellschafters zusammen. Da die stille Gesellschaft aber kein Gesamthandsvermögen hat, seien beide Vermögensmassen Sonderbetriebsvermögen[12]. Da die atypische stille Gesellschaft mangels Betriebsvermögens auch keinen Gewinn erzielen kann, führt diese Ansicht zu dem sonderbaren Ergebnis, daß die Gewinnanteile des atypischen stillen Gesellschafters am Handelsgeschäft sich steuerrechtlich als Anteile am Gewinn aus dem Sonderbetriebsvermögen des Geschäftsinhabers darstellen. 1340

Am überzeugendsten ist die Ansicht von Knobbe-Keuk[13]: Unterstellt man die atypische stille Gesellschaft als Innengesellschaft der auf Außengesellschaften zugeschnittenen Vorschrift des § 15 Abs. 1 S. 1 Nr. 2 EStG, muß man auch **das Vermögen des Geschäftsinhabers steuerlich wie ein Gesellschaftsvermögen, die atypische stille Gesellschaft steuerlich wie** 1341

---

8 DStR 1985, 295 (296); ders., StbJb 1987/88, 289 (299).
9 Vgl. *Knobbe-Keuk*, § 9 II 4c dd, S. 405; *Schön*, BB 1985, 313 (314).
10 *Schön*, BB 1985, 313 (314); vgl. demgegenüber die Ausführungen von *Ehlers/Busse*, DB 1989, 448 (452), die eine analoge Anwendung des § 39 Abs. 2 Nr. 2 AO befürworten.
11 *Döllerer*, DStR 1985, 295 (297); ders., StbJb 1987/88, 289; vgl. auch *Knobbe-Keuk*, § 9 II 4c dd 4, S. 406 FN 223.
12 *Schulze zur Wiesche*, GmbHR 1982, 114 (115).
13 § 9 II 4c dd 4, S. 404 f.

eine **Außengesellschaft** ansehen. Die aus der Handelsbilanz des Geschäftsinhabers abgeleitete Steuerbilanz ist daher wie die Steuerbilanz einer Außengesellschaft zu sehen. Das Geschäftsvermögen des Geschäftsinhabers ist als Betriebsvermögen der atypischen stillen Gesellschaft auszuweisen, die Einlage des atypischen stillen Gesellschafters als Eigenkapital und nicht als Verbindlichkeit. Kommt es beim Ansatz bestimmter Bilanzposten auf persönliche Eigenschaften des Steuerpflichtigen an, sind anteilig die Verhältnisse von Geschäftsinhaber und atypischem stillen Gesellschafter entscheidend[14]. Da die atypische stille Gesellschaft nur wie eine Außengesellschaft behandelt wird, ihr aber keine auch nur beschränkte Rechtssubjektivität zukommt, trifft die Pflicht zur Erstellung der Steuerbilanz den Geschäftsinhaber, da er im Außenverhältnis für die Innengesellschaft handelt.

1342 Da das Geschäftsvermögen des Geschäftsinhabers steuerlich Betriebsvermögen der atypischen stillen Gesellschaft ist, kann der atypische stille Gesellschafter Sonderbetriebsvermögen haben, wenn er z.B. Wirtschaftsgüter dem Inhaber des Handelsgeschäfts zur Nutzung überläßt. Dieses Sonderbetriebsvermögen ist in einer Sonderbilanz des atypischen stillen Gesellschafters auszuweisen. In ihr schlagen sich Sondervergütungen, wie Geschäftsführergehalt, Miet- oder Darlehenszinsen etc. und Sonderbetriebsausgaben, wie Schuldzinsen im Zusammenhang mit der Finanzierung der Beteiligung, nieder[15]. Daneben muß der Erwerber einer stillen Beteiligung, wenn der Erwerbspreis über dem Buchwert der Einlage liegt, den Mehrbetrag in einer Ergänzungsbilanz festhalten und fortschreiben, damit er bei Weiterveräußerung der stillen Beteiligung oder Auflösung der stillen Gesellschaft den Veräußerungs- bzw. Auflösungsgewinn richtig ermitteln kann[16].

1343 Der Geschäftsinhaber kann dagegen kein Sonderbetriebsvermögen bilden, da er Wirtschaftsgüter seines Privatvermögens seinem Geschäftsvermögen nicht zur Nutzung überlassen kann.

1344 Überträgt der Inhaber des Handelsgeschäfts Wirtschaftsgüter seines Betriebsvermögens **unentgeltlich** auf den atypisch Stillen und stellt dieser dem Geschäftsinhaber die ihm übertragenen Wirtschaftsgüter wiederum zur Nutzung zur Verfügung, so fragt sich, ob eine zu einer Gewinnrealisierung führende Entnahme vorliegt. Obwohl diese Wirtschaftsgüter, wie soeben festgestellt, nicht Sonderbetriebsvermögen des Geschäftsinhabers waren (vgl. oben Rn. 1343 und BFH vom 2. 5. 1984, Fn. 5), sind wegen der

---

14 So auch *Schön*, BB 1985, 313 (314).
15 *Döllerer*, DStR 1985, 295 (298 f.).
16 *Döllerer*, DStR 1985, 295 (300).

strukturellen Vergleichbarkeit die für die unentgeltliche Übertragung von Sonderbetriebsvermögen zwischen Gesellschaftern einer OHG oder KG maßgeblichen Grundsätze anzuwenden[17].

Für den Fall, daß ein Gesellschafter einer Personengesellschaft ein Wirtschaftsgut seines Sonderbetriebsvermögens unentgeltlich auf einen Mitgesellschafter überträgt, bei dem das Wirtschaftsgut wiederum Sonderbetriebsvermögen wird, verzichtet der BFH[18] auf eine Gewinnrealisierung unter der Voraussetzung, daß der Buchwert des übertragenen Wirtschaftsguts vom Erwerber in dessen Sonderbilanz weitergeführt wird. Zwar ist die erfolgsneutrale Behandlung der unentgeltlichen Übertragung einzelner Wirtschaftsgüter nicht selbstverständlich (vgl. § 7 Abs. 2 EStDV)[19], zur Begründung seines Ergebnisses beruft sich der BFH aber zutreffend darauf, daß das Wirtschaftsgut auch nach dem Eigentumswechsel bei wirtschaftlicher Betrachtung als Beitrag zur Förderung desselben Gesellschaftszwecks zur Verfügung steht und dadurch **dem Betriebsvermögen verhaftet** bleibt[20]. Da das Wirtschaftsgut den betrieblichen Funktionszusammenhang nicht verläßt, ist die Besteuerung der stillen Reserven auch in der Zukunft sichergestellt[21]. Somit hat der Gedanke der Fortführung des Wirtschaftsgutes in demselben Betrieb Vorrang vor dem des Steuersubjektwechsels[22].

1345

Aus dem BFH-Urteil vom 2. 5. 1984[23] kann folglich nicht geschlossen werden, daß eine unentgeltliche Übertragung von Betriebsvermögen des Inhabers des Handelsgeschäfts auf den atypisch Stillen, der das übertragene Vermögen weiterhin betrieblich nutzt, zu einer Gewinnrealisierung führt.

1346

2. Das Einlagekonto des atypischen stillen Gesellschafters

Die Vermögenseinlage und die auf dem Einlagekonto gutgeschriebenen, aber nicht abgehobenen Gewinnanteile und sonstigen Vergütungen des stillen Gesellschafters dürfen in der Steuerbilanz im Gegensatz zur Han-

1347

---

17 *Schmidt*, EStG, § 15 Rn. 677.
18 BFH v. 28. 8. 1974 (I R 18/73) BFHE 114, 180 = BStBl. II 1975, 166; a.A. *Knobbe-Keuk*, § 11 III 2a, S. 458; ebenfalls a.A. *Biergans*, FS *L. Schmidt*, S. 75 ff. (90 f.), der von einem subjektbezogenen Betriebsbegriff ausgehend bei der Überführung von Wirtschaftsgütern zwischen dem Sonderbetriebsvermögen verschiedener Steuersubjekte eine Entnahme und anschließende Wiedereinlage bejaht.
19 Auf diesen Umstand weist *Knobbe-Keuk*, § 11 III 2a, S. 458 hin.
20 BFH v. 28. 8. 1974 a.a.O.; BFH v. 12. 10. 1977 (I R 248/74) BFHE 123, 478 = BStBl. II 1978, 191 = FR 1978, 73 = BB 1978, 136.
21 BFH v. 12. 10. 1977 a.a.O.
22 *Wassermeyer*, BB 1994, 1 (5).
23 Siehe Fn. 5.

delsbilanz nicht als Verbindlichkeiten ausgewiesen werden. Der Anteil des stillen Gesellschafters am Geschäftsvermögen ist ein Teil des gewerblichen Betriebsvermögens der Mitunternehmerschaft.

1348 Die **Bewertung** der atypischen stillen Beteiligung erfolgt nach denselben Grundsätzen, die für die handelsrechtlichen Personengesellschaften gelten. Steuerlich gilt für die Höhe des Ansatzes die Bindung an die einheitliche Gewinnfeststellung, die alljährlich durchgeführt wird. Das beruht darauf, daß der Anteil am Gewinn einer Mitunternehmerschaft den Beteiligten mit dem Schluß des Wirtschaftsjahres zufließt. Der Handelsbilanzposten für die stille Beteiligung muß deshalb mit dem Einlagekonto des atypischen stillen Gesellschafters in der für die Mitunternehmerschaft aufgestellten Steuerbilanz betragsmäßig übereinstimmen. Selbstverständlich muß ein als Gewinn ausgezahlter Betrag vom Bilanzwert der Beteiligung wie jede andere Entnahme des Gesellschafters abgesetzt werden. Diese Grundsätze gelten stets, wenn das Wirtschaftsjahr des atypischen stillen Gesellschafters mit dem Wirtschaftsjahr des Inhabers übereinstimmt. Weichen die Wirtschaftsjahre ab, so hat der stille Gesellschafter für den Fall, daß er am Bilanzstichtag seines eigenen Betriebs mit einem Verlust der Beteiligung rechnen muß, die Möglichkeit, einen Wertberichtigungsposten für einen etwaigen Minderwert seiner Beteiligung in die Bilanz einzusetzen.

1349 Dieser Wertberichtigungsposten muß am nächsten Bilanzstichtag je nach dem Ergebnis der einheitlichen Gewinnfeststellung für das betreffende Jahr aufgelöst oder gemindert werden. Maßgebend hierfür ist wiederum die Höhe des Einlagekontos in der letzten für die Mitunternehmerschaft aufgestellten Steuerbilanz[24].

1350 Neben der vorerwähnten Wertberichtigung darf nicht noch eine Abschreibung auf den niedrigeren Teilwert vorgenommen werden, weil durch die Berücksichtigung des Verlustes bereits der Wertminderung der Beteiligung Rechnung getragen worden ist.

3. Der Gewinnanteil des atypischen stillen Gesellschafters
a) Anteile am laufenden Gewinn und Sondervergütungen

1351 Zu den gewerblichen Einkünften des atypischen stillen Gesellschafters gehört gemäß § 15 Abs. 1 S. 1 Nr. 2 EStG neben seinem Gewinnanteil[25]

---
24 RFH v. 25. 4. 1933 (1163/32) RFHE 33, 234 = RStBl. 1933, 955; RFH v. 31. 8. 1937 (I A 216/37) RStBl. 1937, 1272.
25 Zur Behandlung steuerlicher Mehrgewinne, die den Handelsbilanzgewinn nicht berühren, wenn ein atypisch stiller Gesellschafter vertraglich ohne weitere

alles, was er als Vergütung für seine Tätigkeit im Dienste des Inhabers oder für die Hingabe von Darlehen oder für die Überlassung von Wirtschaftsgütern bezieht. Gehälter, Zinsen, Mieten, die der Inhaber an den atypischen stillen Gesellschafter zahlt, sind den steuerlichen Gewinn der Mitunternehmerschaft mindernde Betriebsausgaben, die der atypische stille Gesellschafter aber in seiner Sonderbilanz berücksichtigen muß.

b) Gewinne aus Veräußerung und Auflösung der Beteiligung

Zu den gewerblichen Einkünften des atypischen stillen Gesellschafters gehören weiterhin Gewinne, die er bei der **Veräußerung seines Anteils** erzielt (§ 16 Abs. 1 Nr. 2 EStG). Als Veräußerung gilt auch die **Aufgabe der Beteiligung**. Veräußerungsgewinn ist der Betrag, um den der Veräußerungspreis nach Abzug der Veräußerungskosten den Wert des Anteils übersteigt. Dieser ist für den Zeitpunkt der Veräußerung nach § 4 Abs. 1 oder § 5 EStG zu ermitteln (§ 16 Abs. 2 EStG)[26]. 1352

Wird eine atypische stille Beteiligung veräußert, so ist der buchmäßige Wert am Veräußerungstag nach den für die Bildung eines Kapitalkontos geltenden Regeln zu ermitteln. Der Einlagebetrag erhöht sich um die vertragsmäßigen Anteile an den laufenden Gewinnen und ermäßigt sich um die ausgezahlten (entnommenen) Beträge[27]. 1353

Der Veräußerungsgewinn ist insofern steuerlich begünstigt, als er nicht dem normalen Steuersatz unterliegt. Auf Antrag ist die darauf entfallende Einkommensteuer nach einem **ermäßigten Steuersatz** zu bemessen. Dieser beträgt die Hälfte des durchschnittlichen Steuersatzes, der sich ergeben würde, wenn die Einkommensteuertabelle auf den gesamten zu versteuernden Einkommensbetrag anzuwenden wäre (§ 34 Abs. 1 EStG). 1354

Nach den Beschlüssen des BFH vom 19.7.1993[28] ist die Frage, ob im **nachträglichen Ausfall der Kaufpreisforderung** ein rückwirkendes Ereignis i.S.v. § 175 Abs. 1 S. 1 Nr. 2 AO gesehen werden kann mit der Folge, daß die Besteuerung des Veräußerungsgewinns rückgängig zu machen ist, als geklärt anzusehen. Schon nach der bisherigen Rechtsprechung wurde ein rückwirkendes Ereignis, welches zur Änderung des Steuerbescheides un- 1355

Konkretisierung zu einem Prozentsatz am Gewinn und Verlust des Geschäftsinhabers beteiligt ist, vgl. Hess. FG v. 13. 11. 1994, EFG 96, 97.
26 Zum Zeitpunkt der Versteuerung des Veräußerungsgewinns, wenn ein atypisch stiller Gesellschafter, der an einer GmbH mit abweichendem Wirtschaftsjahr beteiligt ist, aus dieser ausscheidet vgl. GmbH-Report, GmbHR 11/88, Rn. 86.
27 BFH v. 29. 8. 1973 (I R 242/71) BFHE 110, 514 = BStBl. II 1974, 100.
28 BFH v. 19. 7. 1993 (GrS 1/92) BFHE 172, 80 = BStBl. II 1993, 894 = FR 1993, 848; BFH v. 19. 7. 1993 (GrS 2/92) BFHE 172, 66 = BStBl. II 1993, 897 = FR 1993, 845.

ter entsprechender Korrektur des Veräußerungsgewinns führte, dann angenommen, wenn der Vertrag aus Rechtsgründen ganz oder teilweise rückgängig gemacht wird (z.B. Anfechtung, Wandlung, Rücktritt). Der Große Senat hat nunmehr entschieden, daß die Besteuerung des Veräußerungsgewinns auch in dem Fall rückgängig zu machen ist, daß der Betriebsveräußerer mit seiner Kaufpreisforderung ausfällt, weil der Erwerber zahlungsunfähig wird. Dies ergäbe sich u.a. aus der Auslegung des Begriffs „Veräußerungspreis" in § 16 Abs. 2 S. 1, Abs. 3 S. 3 EStG, derzufolge unter diesem Ausdruck der tatsächlich erzielte Erlös zu verstehen sei. Diese Auslegung trägt, wie der Große Senat zutreffend feststellt, einerseits dem auch bei der Besteuerung des Gewinns aus der Veräußerung eines Gewerbebetriebs maßgeblichen Grundsatz der Besteuerung nach der wirtschaftlichen Leistungsfähigkeit Rechnung und vermeidet andererseits ein verfassungsrechtlich bedenkliches Übermaß der Besteuerung, das dann eintreten würde, wenn der Steuerpflichtige einen Veräußerungsgewinn zu versteuern hätte, der real nicht existent ist.

1356 Problematisch könnte die Konstellation sein, in der sich der Veräußerer am Unternehmen des Erwerbers als (typischer) stiller Gesellschafter beteiligt, als Vermögenseinlage seine Kaufpreisforderung einbringt und dann der Erwerber zahlungsunfähig wird. In diesem Falle dürfte das Vorliegen eines rückwirkenden Ereignisses i.S.v. § 175 Abs. 1 S. 1 Nr. 2 AO aber zu verneinen sein, da der Erwerber seine Verpflichtung aus dem Kaufvertrag dadurch erfüllt, daß er dem Veräußerer die Beteiligung als stiller Gesellschafter einräumt[29].

1357 Die Entscheidungen des Großen Senats sind zwar nur zur Veräußerung eines ganzen Betriebes ergangen, doch gelten die Grundsätze der neuen Rechtsprechung auch für die Veräußerung eines Anteils an einer Personengesellschaft (§ 16 Abs. 1 Nr. 2 EStG). Da die Veräußerung eines Mitunternehmeranteils der Veräußerung eines ganzen Betriebs insofern gleichsteht, als für beide Fälle die besonderen Steuervergünstigungen nach §§ 16, 34 EStG gelten, muß die nachträgliche Änderung des Veräußerungspreises bei beiden Rechtsvorgängen dieselbe steuerliche Rechtsfolge auslösen[30].

1358 Der Veräußerungsgewinn wird jedoch zur Einkommensteuer nur herangezogen, soweit er bei der Veräußerung des ganzen Gewerbebetriebs 30 000,- DM und bei der Veräußerung eines Teilbetriebs oder eines Anteils am Betriebsvermögen den entsprechenden Teil von 30 000,- DM übersteigt. Der **Freibetrag** ermäßigt sich um den Betrag, um den der

---
29 So *Bordewin*, FR 1994, 555 (560).
30 Vgl. *Bordewin*, FR 1994, 555 (557 f.).

Veräußerungsgewinn bei der Veräußerung des ganzen Gewerbebetriebs 100 000,- DM und bei der Veräußerung eines Teilbetriebs oder eines Anteils am Betriebsvermögen den entsprechenden Teil von 100 000,- DM übersteigt (§ 16 Abs. 4 EStG). An die Stelle der Beträge von 30 000,- DM tritt jeweils der Betrag von 120 000,- DM und an die Stelle der Beträge von 100 000,- DM jeweils der Betrag von 300 000,- DM, wenn der Steuerpflichtige nach Vollendung seines 55. Lebensjahres oder wegen dauernder Berufsunfähigkeit seine atypische stille Beteiligung veräußert oder aufgibt.

Bei der **Einbringung einer atypisch stillen Beteiligung in eine GmbH** stellt sich die Frage, wie ein dabei entstehender Einbringungsgewinn zu berechnen respektive zu versteuern ist. Nach überwiegender Ansicht[31] kann in derartigen Fällen eine Gewinnrealisierung durch die direkte oder analoge Anwendung von § 20 UmwStG vermieden werden. Dabei sind jedoch zwei Fallkonstellationen voneinander zu unterscheiden[32]: 1359

(1) Die atypisch stille Beteiligung an einem anderen Unternehmen wird gegen Gewährung von Gesellschaftsrechten in die übernehmende GmbH eingebracht, wodurch diese selbst anstelle des Einbringenden atypisch stille Gesellschafterin wird.

(2) Die atypisch stille Beteiligung an der aufnehmenden GmbH wird gegen Gewährung von Gesellschaftsrechten eingebracht und erlischt dadurch.

Auf beide Fälle ist **§ 20 UmwStG anzuwenden**[33]. Diese Vorschrift räumt der übernehmenden Kapitalgesellschaft ein Wahlrecht zum Ansatz des eingebrachten Betriebsvermögens mit dem Buchwert, dem Teilwert oder jedem Zwischenwert ein (§ 20 Abs. 2 S. 1 UmwStG). Sowohl der Veräußerungspreis als auch die Anschaffungskosten der Gesellschaftsanteile ergeben sich gem. § 20 Abs. 4 S. 1 UmwStG aus dem Wert, mit dem die Kapitalgesellschaft die Sacheinlage ansetzt. Ein etwaiger Veräußerungsgewinn berechnet sich aus der Differenz zwischen dem Wertansatz des eingebrachten Betriebsvermögens in der Steuerbilanz der Kapitalgesellschaft im Jahr der Einbringung einerseits und den bisherigen steuerlichen Buchwerten beim Einbringenden andererseits[34]. Da die übernehmende Kapitalgesellschaft gem. § 20 Abs. 2 S. 1 UmwStG die bisherigen Buchwerte fortführen kann, läßt sich auf diese Weise eine **Gewinnrealisierung** 1360

---
31 *Costede*, StbKRep 1987, 239 (257); *Dehmer*, § 20 UmwStG Rn. 123 ff.
32 *Dehmer*, § 20 UmwStG Rn. 124.
33 In der zweiten Konstellation befürwortet *Tillmann*, in: GmbH-Handbuch III, Rn. 962 eine analoge Anwendung des § 20 UmwStG.
34 *Goutier/Knopf/Tulloch*, UmwandlungsR, § 20 UmwStG Rn. 61.

vermeiden. Demnach kann ein Einbringungsgewinn nur dann entstehen, wenn die übertragenen Wirtschaftsgüter nicht zu ihren bisherigen Buchwerten, sondern zu neuen Zwischen- oder Teilwerten bilanziert werden[35].

1361 Aus § 20 Abs. 5 S. 1 UmwStG ergibt sich, daß auch auf einen bei der Sacheinlage entstehenden Gewinn der ermäßigte Steuersatz für außerordentliche Einkünfte (§ 34 EStG) anzuwenden ist, sofern es sich bei dem Einbringenden um eine natürliche Person handelt. In den Genuß der Freibeträge der §§ 16 Abs. 4 bzw. 17 Abs. 3 kommt der Einbringende allerdings nur, wenn die aufnehmende Kapitalgesellschaft das eingebrachte Betriebsvermögen zum Teilwert ansetzt (§ 20 Abs. 5 S. 2 UmwStG), was die Aufdeckung der stillen Reserven voraussetzt.

1362 Zu beachten ist, daß auf die Einbringung einer **typischen stillen Beteiligung § 20 UmwStG keine Anwendung** findet. Diese wird nach den allgemeinen Vorschriften über die Übertragung einzelner Wirtschaftsgüter behandelt[36].

1363 Auch die **Gründung** einer atypischen stillen Gesellschaft stellt einen **umwandlungssteuerrechtlich relevanten Einbringungstatbestand** dar. Einschlägig ist § 24 UmwStG, der – abgesehen von rechtsformbedingten Abweichungen – in Aufbau und Inhalt mit §§ 20, 22 UmwStG übereinstimmt. Hinsichtlich der vom atypisch Stillen eingebrachten Vermögenseinlage ist, soweit ersichtlich, unbestritten, daß dem Inhaber des Handelsgeschäfts das Bilanzierungswahlrecht des § 24 UmwStG zusteht. Ob auch der Geschäftsinhaber Einbringender i.S.v. § 24 UmwStG sein kann, halte ich im Hinblick darauf, daß keine Änderung der Rechtszuständigkeit eintritt, für zweifelhaft[37]. Die Voraussetzungen einer gesellschaftsrechtlichen Sacheinlage liegen nicht vor. Es fehlt sogar schon an einer Einlage in ein bilanzrechtlich vom Inhaber des Handelsgeschäfts verschiedenes Gebilde.

1364 Stehen bei der Veranlagung des atypischen stillen Gesellschafters außerordentlichen Einkünften aus der Veräußerung der Beteiligung Verluste aus anderen Einkunftsarten gegenüber, so sind die Verluste zunächst mit den ordentlichen positiven Einkünften **auszugleichen.** Nur insoweit das nicht möglich ist, findet ein Ausgleich mit den außerordentlichen Einkünften statt.

---

35 *Dehmer*, § 20 UmwStG Rn. 366.
36 *Dehmer*, § 20 Rn. 123; *Crezelius*, in: JbFStR 1994/95, 301; *Widmann/Mayer*, UmwandlungsR Bd. 4, Rn. 6822.
37 Bejahend allerdings die h.M., so z.B.: *L. Schmidt*, EStG, § 15 Rn. 350; *Dehmer*, § 24 UmwStG Rn. 106; *Schwedhelm*, Unternehmensumwandlung, Rn. 413; verneinend *Döllerer* DStR 1985, 295 (302).

Der Erwerber der Beteiligung hat, wie bereits oben (Rn. 1342) erwähnt, 1365
den über den Buchwert der Einlage hinaus gezahlten Mehrbetrag in einer
Ergänzungsbilanz festzuhalten und fortzuschreiben.

c) Behandlung von Auflösungsgewinnen beim Geschäftsinhaber

Besondere steuerliche Fragen ergeben sich im Zusammenhang mit dem 1366
Ausscheiden des atypischen stillen Gesellschafters. Er erhält, da er
schuldrechtlich am Betriebsvermögen beteiligt ist, in der Regel einen
Betrag ausgezahlt, der über den Buchwert seines Einlagekontos hinausgeht und das Entgelt für die in dem Unternehmen vorhandenen stillen
Reserven oder Geschäftswerte darstellt. Wenn der Mehrbetrag für die in
dem Unternehmen vorhandenen stillen Reserven gezahlt worden ist, sind
die Werte derjenigen Wirtschaftsgüter, bei denen stille Reserven offengelegt wurden, entsprechend zu erhöhen mit der Maßgabe, daß sich die
Absetzungen für Abnutzung künftig nach diesen höheren Werten bemessen. Übersteigt der Mehrbetrag die stillen Reserven, kann er für einen
anteiligen Firmenwert gezahlt sein. Der auf den Firmenwert entfallende
Abfindungsbetrag ist auf einem Konto „Geschäfts- oder Firmenwert" zu
aktivieren und gemäß § 7 Abs. 1 S. 3 EStG innerhalb von 15 Jahren abzuschreiben.

Eine Ausnahme von diesen Grundsätzen gilt für den Fall der **Abfindung** 1367
des lästigen Gesellschafters. Hier kann der an diesen ausbezahlte Mehrbetrag als Betriebsausgabe behandelt werden. Aber nicht jede Abfindung mit
einem über den Wert seines Anteils hinausreichenden Betrag kann und
darf als Abfindung eines lästigen Gesellschafters angesehen werden. Das
trifft nur zu, wenn im Einzelfalle nachweisbar aus betrieblichen Gründen,
um betriebliche Störungen durch den auszuschaltenden Gesellschafter
abzuwenden, an diesen mehr bezahlt wird, als dem wirklichen Wert
seines Anteils (nicht seinem Kapitalkonto) entspricht[38].

Läßt sich bei einer stillen Gesellschaft nicht feststellen, daß der stille 1368
Gesellschafter aufgrund besonderer Vereinbarung im Gesellschaftsvertrag
bei einer Auflösung der Gesellschaft durch Kündigung ein Auseinandersetzungsguthaben erhalten hätte, bei dessen Berechnung auch ein Geschäftswert zu berücksichtigen wäre, so kann allein aus der Tatsache, daß
der stille Gesellschafter eine über seine Einlage und über seinen Anteil an
den stillen Reserven der bilanzierten Wirtschaftsgüter hinausgehende Abfindung erhalten hat, jedenfalls dann nicht zwingend auf den Erwerb eines

---

38 Vgl. zum bisherigen ausführlich *Blümich/Stuhrmann*, § 16 EStG Rn. 85–96;
Erdweg, in: *Herrmann/Heuer/Raupach*, § 16 EStG Anm. 329–340.

Anteils an einem Geschäftswert geschlossen werden, wenn die Möglichkeit besteht, daß das stille Gesellschaftsverhältnis einvernehmlich vorzeitig aufgelöst wurde und die Abfindung insgesamt nicht höher ist als die Summe der Gewinnanteile, die der stille Gesellschafter bei Fortdauer des Gesellschaftsverhältnisses bis zum Zeitpunkt der erstmöglichen ordentlichen Kündigung mutmaßlich erhalten hätte. Denn in diesem Falle erlangt der Inhaber des Handelsgeschäfts durch die Abfindungszahlung jedenfalls den Vorteil des vorzeitigen Wegfalls einer befristeten Beteiligung des stillen Gesellschafters an künftigen Gewinnen. Der Abfindungsbetrag ist zu aktivieren, da der Inhaber des Handelsgewerbes mit dieser Abfindungszahlung einen betrieblichen Vorteil (Befreiung von einer befristeten Verpflichtung zur Abführung von Teilen des laufenden Gewinns an einem Dritten) erlangt hatte, der als abnutzbarer Vermögensgegenstand im handelsrechtlichen Sinne und als abnutzbares Wirtschaftsgut im einkommensteuerrechtlichen Sinne zu beurteilen und demgemäß mit den Anschaffungskosten zu aktivieren ist. Auf die Anschaffungskosten sind AfA nach Maßgabe der Nutzungsdauer vorzunehmen[39].

1369 Erhält der atypische stille Gesellschafter bei seinem Ausscheiden **nur sein buchmäßiges Kapitalkonto ausbezahlt,** so entsteht, wenn in dem Unternehmen Rücklagen oder ein Geschäfts- oder Firmenwert vorhanden sind, durch deren Anfall an den Geschäftsinhaber bei diesem kein einkommensteuerpflichtiger Gewinn[40]. Es kann aber in dem Verzicht des Gesellschafters auf die ihm an sich zustehenden anteiligen Werte eine Schenkung an den Geschäftsinhaber gesehen werden, die Schenkungsteuerpflicht auslöst.

4. Der Verlustanteil des atypischen stillen Gesellschafters

1370 Verluste des atypischen stillen Gesellschafters entstehen zunächst durch die Teilnahme an den **Verlusten aus den laufenden Geschäften** des Unternehmens. Diese Verluste sind nach § 15a EStG nur **beschränkt ausgleichsfähig.** Darüber hinaus können Verluste des atypischen stillen Gesellschafters auch dadurch entstehen, daß er bei Auflösung oder Veräußerung der Beteiligung einen Betrag erhält, der unter dem Buchwert der Einlage liegt. Ist dieser Differenzbetrag betrieblich veranlaßt, handelt es sich um einen **ausgleichsfähigen Veräußerungsverlust** i.S. von § 16 EStG[41]. Ist er nicht betrieblich veranlaßt, handelt es sich um einen ein-

---

39 BFH v. 10. 8. 1978 (IV R 54/74) BFHE 126, 185 = BStBl. II 1979, 74 mit Anm. *Paulick,* StRK-Anm. EStG § 6 Abs. 1 Nr. 2 R. 331.
40 RFH v. 28. 8. 1935 (VI A 337/34) RStBl. 1935, 1512.
41 *Hörger,* in: *Littmann/Bitz/Hellwig,* § 16 EStG Rn. 172.

kommensteuerlich unbeachtlichen Verlust in der privaten Vermögenssphäre⁴².

Bei Veräußerung einer atypischen stillen Beteiligung unter ihrem Buchwert muß der Erwerber für den Differenzbetrag eine negative Ergänzungsbilanz führen⁴³.

Wird der stille Gesellschafter bei Auflösung der atypischen stillen Gesellschaft unter dem Nominalbetrag seines Kapitalkontos abgefunden, ist hinsichtlich der Behandlung des Unterschiedsbetrages beim Geschäftsinhaber zu differenzieren. Die Rückzahlung eines hinter dem Kapitalkonto zurückbleibenden Betrags wird in der Regel ihren Grund darin haben, daß die Wirtschaftsgüter in den bisherigen Bilanzen zu hoch bewertet waren. Dann sind die Buchwerte entsprechend herabzusetzen⁴⁴. Liegt eine Überbewertung der Wirtschaftsgüter nicht vor, handelt es sich in Höhe des Unterschiedsbetrages um einen unentgeltlichen Erwerb des Geschäftsinhabers. Wurde dieser unentgeltliche Erwerb betrieblich veranlaßt, etwa weil der ausscheidende stille Gesellschafter, um Auseinandersetzungen über die Höhe der Abfindung zu vermeiden und eine schnellere Auszahlung zu erreichen, auf die Rückzahlung eines Teils seiner Einlage verzichtet, stellt der Unterschiedsbetrag beim Geschäftsinhaber laufenden Gewinn dar. Bei außerbetrieblichen Gründen, etwa wenn ein Verwandter aus familiären Gründen auf die volle Rückzahlung seiner Einlage verzichtet, liegt dagegen kein steuerbarer Gewinn vor, vielmehr erhöht der Unterschiedsbetrag das Eigenkapital des Geschäftsinhabers. In diesem Fall unterliegt der Unterschiedsbetrag jedoch der Schenkungsteuer⁴⁶.

1371

5. Die Einschränkung des Verlustabzugs durch § 15a EStG

Entsprechend der in seinem Abs. 5 Nr. 1 enthaltenen Regelung findet § 15a EStG auch auf den atypischen stillen Gesellschafter Anwendung⁴⁶. Bei der Auslegung dieser Norm sind zahlreiche Probleme zutage getreten, die auf der Grundfrage beruhen, ob bei dem Kapitalkonto des Kommanditisten und seinen Gewinnen und Verlusten auf die Gesellschaftsbilanz oder die Gesamtbilanz der Gesellschaft unter Einschluß der Ergebnisse der Sonderbilanz des Gesellschafters abzustellen ist. Nahezu einhellige

1372

---

42 RFH v. 17. 8. 1938 (VI 498/38) RStBl. 1938, 1068; RFH v. 17. 11. 1938 (IIIe 47/38) RStBl. 1939, 495.
43 Vgl. zur Ergänzungsbilanz *Knobbe-Keuk*, § 23 I 3b, S. 900.
44 RFH v. 17. 12. 1930 (VI A 1452/28) RStBl. 1931, 254.
45 Vgl. *Erdweg*, in: Herrmann/Heuer/Raupach, § 16 EStG Anm. 348 f.; *Blümich/Stuhrmann*, § 16 EStG Rn. 109 f.
46 Zur Kritik am Wortlaut dieses Absatzes vgl. *Meßmer*, BB 1981 Beilage 1, S. 1 (13 f.); *Knobbe-Keuk*, StuW 1981, 97 (102).

Meinung ist nur, daß unter dem „Anteil am Verlust der Kommanditgesellschaft" lediglich die Verlustanteile fallen, die sich aus der Steuerbilanz der Gesellschaft und einer Ergänzungsbilanz des Gesellschafters, die für den einzelnen Gesellschafter Wertkorrekturen enthält, ergeben[47].

1373 Über die Frage, ob und inwieweit in das „negative Kapitalkonto des Kommanditisten" i.S.d. § 15a Abs. 1 S. 1 EStG auch Sonderbetriebsvermögen einzubeziehen ist, wurde dagegen seit Einführung dieser Vorschrift gestritten[48]. Der BFH[49] hat in einem Grundsatzurteil die Streitfrage dahingehend entschieden, daß maßgeblich für das Kapitalkonto des Kommanditisten i.S.v. § 15a EStG nur die Steuerbilanz der Gesellschaft und ggf. eine Ergänzungsbilanz sein kann, nicht aber die sog. Gesamtbilanz der Mitunternehmerschaft. Mithin ist bei der Ermittlung des Wertes des Kapitalkontos das aktive und passive **Sonderbetriebsvermögen des Kommanditisten nicht zu berücksichtigen.**

1374 Der BFH hat sich in seinem Urteil zwar über den Willen des Gesetzgebers[50] hinweggesetzt, der Zweck der Vorschrift stützt aber die Ansicht des BFH. Nach dem Zweck des § 15a EStG sollen Verlustanteile des Kommanditisten nur insoweit steuerlich begünstigt werden, wie sie von ihm wirtschaftlich und auch tatsächlich getragen werden. Wenn aber positives Sonderbetriebsvermögen in das Verlustausgleichvolumen des § 15a EStG einbezogen wird, führt dies zu einer Aufhebung der vom Gesetzgeber beabsichtigten Kongruenz zwischen gesellschaftsrechtlicher Haftung und steuerrechtlichem Verlustausgleich; denn der Kommanditist haftet mit seinem positiven Sonderbetriebsvermögen für die Verbindlichkeiten der Gesellschaft nicht. Umgekehrt führt, wie der BFH zutreffend feststellt, die Berücksichtigung von negativen Sonderbetriebsvermögen dazu, daß eine tatsächlich vom Kommanditisten getragene wirtschaftliche Belastung entgegen der Zielsetzung des § 15a EStG unberücksichtigt bleibt. Die dem § 15a EStG zugrundeliegende Regelungsabsicht steht demnach der Einbeziehung des positiven und auch des negativen Sonderbetriebsvermögens eindeutig entgegen.

1375 Problematisch ist die Rechtsprechung des BFH aber insofern, als sie sich auf der einen Seite zum Nachteil für Kommanditisten von „normal" strukturierten Kommanditgesellschaften auswirken kann und auf der anderen Seite Kommanditisten von Verlustzuweisungsgesellschaften begün-

---

47 Nachweise bei *Schulze-Osterloh,* in: *Herrmann/Heuer/Raupach,* § 15a EStG Anm. 206.
48 Zum damaligen Streitstand vgl. *Blümich/Stuhrmann,* § 15a EStG Rn. 26.
49 BFH v. 14. 5. 1991 (VIII R 31/88) BStBl. II 1992, 167 = JZ 1992, 630.
50 Vgl. die amtliche Begründung (BT-Drucks. 8/3648, S. 16).

stigen dürfte. Dies ist ein Ergebnis, das der ursprünglichen Intention des Gesetzgebers widerspricht. De lege ferenda ist daher die Abschaffung des § 15a EStG zu fordern. Eine zweite Gründungswelle von Verlustzuweisungsgesellschaften wäre dadurch nicht zu befürchten, denn seit der Einführung des § 15a EStG hat sich die Rechtslage durch die Verwendung eines engeren Gewinnerzielungsbegriffs geändert. Nach der Rechtsprechung des BFH[51] ist zu vermuten, daß Verlustzuweisungsgesellschaften zunächst keine Gewinnerzielungsabsicht haben. Das Erstreben von Verlusten, durch die eine Minderung der Steuerbelastung der Gesellschafter erreicht werden soll, reicht gem. § 15 Abs. 2 S. 2 EStG nicht mehr zur Anerkennung als Gewerbebetrieb aus.

Für die Praxis ist zu beachten, daß die bisherige Verwaltungsauffassung, wonach auch das Sonderbetriebsvermögen des stillen Gesellschafters in die Ermittlung des Kapitalkontos i.S.d. § 15a EStG einzubeziehen war, überholt ist. Mit Schreiben vom 20. 2. 1992[52] hat der BMF hinsichtlich des negativen Sonderbetriebsvermögens die Grundsätze des BFH-Urteils für anwendbar erklärt. Hinsichtlich eines positiven Sonderbetriebsvermögens konnte die bisherige Verwaltungspraxis für eine Übergangszeit bis 1993 noch angewandt werden. 1376

Bezüglich des Kapitalkontos i.S. des § 15a Abs. 1 S. 1 EStG ist – entgegen einer zum Teil vertretenen Ansicht[53] – von der **tatsächlich geleisteten und nicht von der vereinbarten Einlage** auszugehen[54]. Dies ergibt sich aus Satz 2 der Vorschrift, wonach eine Erhöhung des Verlustausgleichsvolumens über den Betrag der geleisteten Einlage hinaus nur in den Fällen möglich ist, in denen der Gesellschafter einer unbestimmten Zahl von Personen haftet. 1377

Der atypische stille Gesellschafter kann also seinen Anteil am Verlust des Geschäftsinhabers nur insoweit mit anderen Einkünften ausgleichen oder nach § 10 d EStG abziehen, wie sein Kapitalkonto in der Steuerbilanz der stillen Gesellschaft nicht negativ wird bzw. ein bereits negatives Kapitalkonto sich nicht erhöht. Verluste aus dem Sonderbetriebsvermögen können voll ausgeglichen oder nach § 10d EStG abgezogen werden. Die nicht ausgleich- oder abziehbaren Verluste mindern gem. § 15a Abs. 2 EStG die künftigen Gewinnanteile des atypischen stillen Gesellschafters am Gewinn aus dem Handelsgeschäft. 1378

---

51 BFH v. 21. 8. 1990 (VIII R 25/86) BStBl. II 1991, 564.
52 (IV B 2 – S 2241a – 8/92) BStBl. I 1992, 123.
53 *Lempenau*, StuW 1981, 240.
54 *Schulze-Osterloh*, in: Herrmann/Heuer/Raupach, § 15a EStG Anm. 225 m.w.N.

1379 § 15a Abs. 3 S. 1 EStG liest sich für den atypischen stillen Gesellschafter folgendermaßen: „Soweit ein negatives Kapitalkonto des stillen Gesellschafters durch Entnahmen entsteht oder sich erhöht (Einlageminderung), ist dem stillen Gesellschafter der Betrag der Einlageminderung als Gewinn zuzurechnen. Dieser Betrag darf den Betrag der Anteile am Verlust der stillen Gesellschaft nicht übersteigen, der im Wirtschaftsjahr der Einlageminderung und in den zehn vorangegangenen Wirtschaftsjahren ausgleichs- oder abzugsfähig gewesen ist. Der zuzurechnende Betrag mindert die Gewinne, die dem stillen Gesellschafter im Wirtschaftsjahr der Zurechnung oder in späteren Wirtschaftsjahren aus seiner Beteiligung an der stillen Gesellschaft zuzurechnen sind."

1380 Nach der hier vertretenen Auffassung ist unter dem Kapitalkonto des stillen Gesellschafters **nur sein Kapitalkonto in der Steuerbilanz der Gesellschaft** zu verstehen. Dessen Einlage kann nur in wenigen Fällen durch Entnahmen gemindert werden. Zu denken ist an folgende Möglichkeiten: Die Vermögenseinlage wird herabgesetzt und der Herabsetzungsbetrag dem stillen Gesellschafter ausgezahlt; aufgrund des Gesellschaftsvertrages ist der stille Gesellschafter in bestimmten Grenzen zu Entnahmen aus seiner Vermögenseinlage berechtigt; der stille Gesellschafter läßt sich seinen Gewinnanteil auszahlen. Eine Einlageminderung liegt aber nicht bei der Auszahlung von Sondervergütungen oder der Rückzahlung von Gesellschafterdarlehen vor. Sie stellen bei der Gesellschaft Betriebsausgaben dar und mindern erst das Kapitalkonto des Gesellschafters in der Steuerbilanz der Mitunternehmerschaft[55].

1381 Nach § 15a Abs. 3 S. 1 EStG ist weiter erforderlich, daß durch die Entnahme ein negatives Kapitalkonto entsteht oder sich erhöht. Bei Auszahlung des Herabsetzungsbetrages ist dies nur möglich, wenn der von der vereinbarten Vermögenseinlage abweichende, z.B. durch Verluste geminderte tatsächliche Betrag des Kapitalkontos geringer als der Herabsetzungsbetrag ist. Das gleiche gilt bei einem vereinbarten Entnahmerecht des stillen Gesellschafters.

1382 Soweit durch die Entnahme das Kapitalkonto des stillen Gesellschafters negativ wird, ist der Betrag der Einlageminderung dem stillen Gesellschafter als Gewinn zuzurechnen. Der als Gewinn zuzurechnende Betrag darf aber nicht höher sein als der Betrag am Verlust der Gesellschaft, der im Wirtschaftsjahr der Einlageminderung und in den zehn vorangegangenen Wirtschaftsjahren ausgleichs- oder abzugsfähig gewesen ist. Dabei kommt es aber nur darauf an, daß die Verlustanteile ausgleichs- oder abzugsfähig waren, sie müssen nicht tatsächlich ausgeglichen oder abgezogen worden

---

[55] *Koch*, DStR 1984, 543 (545 f.).

sein[56]. Der dem stillen Gesellschafter zuzurechnende Betrag mindert gemäß Abs. 3 S. 4 die Gewinne, die ihm im Wirtschaftsjahr der Zurechnung oder in späteren Wirtschaftsjahren zuzurechnen sind. § 15a Abs. 3 S. 4 EStG wandelt somit ausgleichs- bzw. abzugsfähige Verluste in verrechenbare Verluste um.

§ 15a Abs. 4 EStG sieht eine jährliche, gesonderte Feststellung des verrechenbaren Verlustes vor. Die Einzelheiten ergeben sich aus dem Gesetzeswortlaut.   1383

6. Die einheitliche Gewinnfeststellung

Gemäß § 180 Abs. 1 Nr. 2 a AO werden die einkommen- und körperschaftsteuerpflichtigen Einkünfte aus Gewerbebetrieb gesondert festgestellt, wenn an den Einkünften wie bei der atypischen stillen Gesellschaft mehrere beteiligt sind. In dem **Feststellungsbescheid** ist auch eine Feststellung darüber zu treffen, wie sich der festgestellte Gewinn auf die Beteiligten verteilt.   1384

Die einheitliche Gewinnfeststellung obliegt dem **Betriebsfinanzamt** (§ 18 AO), das für die Frage, ob überhaupt eine atypische stille Gesellschaft vorliegt, über die Höhe des Gewinns und des auf den stillen Gesellschafter entfallenden Anteils zu entscheiden hat. Es handelt sich dabei um eine für die Durchführung der Einzelveranlagungen der Gesellschafter grundsätzlich unabdingbare Verfahrensvoraussetzung[57].   1385

Ist die Tatsache oder der Umfang der Beteiligung mehrerer an den Einkünften streitig, so muß den tatsächlich oder angeblich Beteiligten in jedem Falle Gelegenheit gegeben werden, ihre Auffassung der Steuerbehörde gegenüber zur Geltung zu bringen und diese erforderlichenfalls im Rechtsbehelfsverfahren durchzusetzen. Dies wäre nicht möglich, wenn der über das Beteiligungsverhältnis befindende Steuerbescheid nicht an alle als beteiligt in Betracht kommenden Personen gerichtet würde[58]. Wird daher nach Prüfung der Sach- und Rechtslage ein Beteiligungsverhältnis nicht anerkannt, so ist ein Feststellungsbescheid gemäß § 181 AO zu erlassen, in dem die Anteile der Personen, deren Beteiligung steuerlich nicht anerkannt wird, auf Null festzustellen ist.   1386

---

56 *Blümich/Stuhrmann*, § 15a EStG Rn. 71.
57 BFH v. 26. 6. 1958 (IV 39/58 U) BFHE 67, 237 = BStBl. III 1958, 364.
58 RFH v. 4. 6. 1930 (VI A 852/28) RFHE 27, 67 = RStBl. 1930, 676; RFH v. 9. 9. 1931 (VI A 833/31) RStBl. 1931, 965.

1387 Tritt bei einem Mitunternehmer im Laufe des Veranlagungszeitraumes ein Wechsel der persönlichen Steuerpflicht ein, ohne daß er aus der Gesellschaft ausscheidet, so hat das Betriebsfinanzamt den Gewinnanteil in einen in den Zeitraum der beschränkten und in einen in den Zeitraum der unbeschränkten Steuerpflicht fallenden Anteil aufzuteilen.

1388 Betriebsfinanzamt ist das Finanzamt, in dessen Bezirk sich die Geschäftsleitung des Handelsgewerbes des Inhabers befindet. Seine Entscheidung bindet die für die Besteuerung der einzelnen Gesellschafter zuständigen Wohnsitzfinanzämter, auch wenn der Bescheid noch nicht rechtskräftig ist (§ 182 Abs. 1 AO).

1389 In dem einheitlichen Gewinnfeststellungsbescheid werden nur Besteuerungsgrundlagen festgestellt. Diese bilden in der Regel einen unselbständigen Teil des Steuerbescheids. In den Fällen aber, in denen – wie hier – Feststellungsbescheide zu erlassen sind, besitzen sie Selbständigkeit; sie sind selbständig anfechtbar (§ 157 Abs. 2 AO). Was in dem Bescheid festgestellt wird, muß, wenn es angegriffen werden soll, durch Anfechtung des Feststellungsbescheids geltend gemacht werden. Wird das versäumt, so sind alle Einwendungen, die gegen diesen Bescheid hätten vorgebracht werden können, endgültig verwirkt. Wenn also ein Gesellschafter meint, daß er vom Betriebsfinanzamt zu Unrecht als atypischer Gesellschafter angesehen wurde oder daß sein Gewinn- oder Verlustanteil unrichtig festgestellt worden ist, muß er **den Feststellungsbescheid anfechten**. Eine Anfechtung lediglich des auf dem Feststellungsbescheid beruhenden Einkommen- oder Körperschaftsteuerbescheids genügt nicht.

1390 Die Einspruchsbefugnis bei der einheitlichen Feststellung richtet sich nach § 352 AO. Dabei ist zu beachten, daß das außergerichtliche Rechtsbehelfsverfahren durch das Grenzpendlergesetz v. 24. 6. 94 mit Wirkung zum 1. 1. 96 modifiziert worden ist. Bis Ende 1995 war dieses Verfahren zweigleisig (Einspruch oder Beschwerde). Seit dem Inkrafttreten der Neuregelung ist einheitlich nur noch der **Einspruch** gegeben. Die Neufassung des § 352 AO gibt die Differenzierung zwischen Einsprüchen gegen einheitliche Feststellungsbescheide über Einkünfte aus Gewerbebetrieb, über den Einheitswert eines gewerblichen Betriebs oder über wirtschaftliche Untereinheiten eines gewerblichen Betriebs einerseits und Einsprüche gegen andere einheitliche Feststellungsbescheide andererseits auf und schafft eine einheitliche Einspruchsbefugnis für Einsprüche gegen Bescheide über einheitliche Feststellungen von Besteuerungsgrundlagen aller Art. Nach wie vor sind aber nicht alle Feststellungsbeteiligten einspruchsbefugt, obwohl der Feststellungsbescheid sich gegen sie alle richtet und Rechtswirkungen ihnen gegenüber entfaltet.

Nach der Regelung des **§ 352 Abs. 1 Nr. 1 AO,** die aus § 352 Abs. 1 Nr. 3 AO a.F. hervorgegangen ist, können zur Vertretung berufene Geschäftsführer oder, wenn solche nicht vorhanden sind, der Einspruchsbevollmächtigte im Sinne des Abs. 2 Einspruch einlegen. 1391

Die bisher h.M. hat zu § 352 Abs. 1 Nr. 3 a.F. die Auffassung vertreten, daß die Einspruchsbefugnis nicht den Geschäftsführern, sondern der Gesellschaft zukommt[59]. Der Einspruch sei von der Gesellschaft in Prozeßstandschaft für die Gesellschafter zu erheben. Dabei handeln die vertretungsberechtigten Geschäftsführer immer im Namen der Gesellschaft und nicht im eigenen Namen. Die atypische stille Gesellschaft kann aber als reine Innengesellschaft nicht Beteiligte eines Rechtsbehelfsverfahrens sein, das die Gewerbesteuer, die Einheitsbewertung, oder die einheitliche Gewinnfeststellung betrifft. Die Fähigkeit, Beteiligter eines Finanzrechtsstreits zu sein, setzt eine zumindest begrenzte Steuerrechtsfähigkeit auf dem Gebiet der Steuer voraus, die Gegenstand des Verfahrens ist. Daran fehlt es aber bei der atypischen stillen Gesellschaft, soweit es sich um die Einkommensteuer ihrer Gesellschafter, den Einheitswert des Betriebsvermögens oder um die Gewerbesteuer handelt. Der BFH zieht daraus den Schluß, daß die in § 352 Abs. 1 Nr. 1 AO vorausgesetzte Beteiligtenfähigkeit der atypischen stillen Gesellschaft nicht zukommt[60]. Vielmehr sei diese Vorschrift auf atypische stille Gesellschaften in dem Sinne entsprechend anzuwenden, daß an die Stelle der Einspruchsbefugnis der Gesellschaft die des Inhabers des Handelsgeschäfts tritt[61]. Der atypische stille Gesellschafter seinerseits sei nur einspruchsbefugt, soweit die Höhe seines Gewinnanteils streitig ist oder soweit es sich um eine Frage handelt, die ihn persönlich angeht (§ 352 Abs. 1 Nr. 4 und 5 AO). 1392

Die den betroffenen Gesellschaftern in **§ 352 Abs. 1 Nr. 4 und 5 AO** eingeräumte Einspruchsbefugnis schränkt die allgemeine Befugnis der zur Vertretung berufenen Geschäftsführer, für die Gesellschaft einen Rechtsbehelf einlegen zu können, nicht ein[62]. 1393

§ 352 Abs. 1 Nr. 3 AO trägt der Rechtsprechung zu § 352 AO a.F.[63] Rechnung, wonach die Rechtsbehelfsbeschränkung des § 352 Abs. 1 Nr. 1 AO 1394

---

59 Zum Meinungsstand vgl. *Tipke/Kruse,* § 48 FGO Tz. 4.
60 BFH v. 12. 11. 1985 (VIII R 364/83) BFHE 145, 408 = BStBl. II 1986, 311 zu der Parallelvorschrift des § 48 FGO.
61 BFH v. 24. 11. 1988 (VIII B 90/87) BFHE 155, 32 = BStBl. II 1989, 145, *Horn/Maertins,* GmbHR 1994, 147 (150); a.A. *Tipke/Kruse,* § 48 FGO Tz. 5; *Helmschrott,* SteuerStud 1990, 129 (133).
62 BFH v. 19. 5. 1987 (VIII B 104 /85) BFHE 150, 514 = BStBl. II 1988, 5; BFH v. 26. 10. 1989 (IV R 23/89) BFHE 159, 15 = BStBl. II 1990, 333.
63 Vgl. BFH v. 1. 4. 1958 (I 171/57 U) BFHE 67, 35 = BStBl. III 1958, 285.

nicht für Gesellschafter gilt, die vor Bekanntgabe des Feststellungsbescheids oder während des Einspruchsverfahrens aus der Gesellschaft ausgeschieden sind. Sie können Einsprüche gegen Feststellungsbescheide, die die Zeit bis zu ihrem Ausscheiden betreffen, auch dann einlegen, wenn Fragen streitig sind, die die Gesellschaft als solche angehen. Dies erklärt sich aus dem Umstand, daß die ausgeschiedenen Gesellschafter durch die Geschäftsführer nicht mehr vertreten werden. Eine Einschränkung ergibt sich jedoch aus § 350 AO. In Angelegenheiten, die andere Gesellschafter persönlich angehen, dürfte es an einer Beschwer des ausgeschiedenen Gesellschafters fehlen.

1395 Zur Hinzuziehung zum Verfahren vgl. § 360 AO. Bei der Feststellung von Einheitswerten, an deren Gegenstand mehrere beteiligt sind, und bei der einheitlichen Gewinnfeststellung bei Mitunternehmern dürften regelmäßig die Voraussetzungen einer notwendigen Hinzuziehung vorliegen (§ 360 Abs. 3 AO). Die unterlassene notwendige Hinzuziehung stellt einen schweren Verfahrensmangel dar[64].

1396 Mehrere Rechtsbehelfe gleicher Art, die dieselben Einkünfte betreffen, sind zu verbinden. Die Entscheidung über den Rechtsbehelf richtet sich gegen alle Mitberechtigten.

1397 Ist die in einem Feststellungsbescheid enthaltene Feststellung durch Entscheidung über einen Rechtsbehelf oder durch Berichtigungsfeststellung geändert worden, so werden Bescheide, die auf dem bisherigen Feststellungsbescheid beruhen, **von Amts wegen durch neue Bescheide ersetzt**, die der Änderung Rechnung tragen. Das gilt auch, wenn ein zu ersetzender Bescheid bereits unanfechtbar geworden ist. Mit dem Erlaß des neuen Bescheids kann aber auch gewartet werden, bis die Entscheidung über einen Rechtsbehelf oder eine Berichtigungsfeststellung, die die bisherige Feststellung ändert, unanfechtbar geworden ist (§ 175 Nr. 1 AO).

1398 Der Feststellungsbescheid ergeht schriftlich (§ 157 AO). Der atypische stille Gesellschafter muß eine Erklärung zur gesonderten Feststellung abgeben (§ 181 Abs. 2 S. 2 Nr. 1 EStG).

1399 Ist ein typischer stiller Gesellschafter irrtümlich als Mitunternehmer behandelt worden, so muß er den einheitlichen Gewinnfeststellungsbescheid anfechten, auch wenn sich die Einkommensteuerschuld nicht ändert. § 357 AO ist entsprechend anzuwenden, da die Feststellung objektiv

---

64 Zu den Rechtsfolgen unterlassener Hinzuziehung vgl. *Tipke/Kruse*, § 360 AO Tz. 5.

falsch war und der stille Gesellschafter sonst für die Gewerbesteuer haftbar gemacht werden könnte[65].

Der einheitliche Feststellungsbescheid richtet sich gegen alle Personen, die an den Einkünften des Betriebs beteiligt sind. Die Gesellschafter haben dem Finanzamt einen gemeinsamen **Empfangsbevollmächtigten** zu benennen, der ermächtigt ist, für sie alle Verwaltungsakte und Mitteilungen in Empfang zu nehmen, die mit dem Feststellungsverfahren und dem anschließenden Verfahren über einen Einspruch zusammenhängen (§ 183 Abs. 1 S. 1 AO). Die rechtswirksame Bekanntgabe von Verwaltungsakten oder die Mitteilung an einen Empfangsbevollmächtigten wirkt für und gegen alle Feststellungsbeteiligten (§ 183 Abs. 1 S. 5 AO). Ist ein Empfangsbevollmächtigter nicht bestellt worden, gilt ein zur Vertretung der Gesellschaft oder der Feststellungsbeteiligten oder ein zur Verwaltung des Gegenstandes der Feststellung Berechtigter als Empfangsbevollmächtigter (§ 183 Abs. 1 S. 2 AO). Existiert weder ein Empfangsbevollmächtigter nach § 183 Abs. 1 S. 1 AO noch nach § 183 Abs. 1 S. 2 AO, so kann die Finanzbehörde die Beteiligten auffordern, innerhalb einer bestimmten angemessenen Frist einen Empfangsbevollmächtigten zu benennen (§ 183 Abs. 1 S. 3 AO). Die Aufforderung ist mit dem Vorschlag eines Beteiligten und mit dem Hinweis zu verbinden, daß die in § 183 Abs. 1 S. 1 AO genannten Verwaltungsakte und Mitteilungen mit Wirkung für und gegen alle Beteiligten dem vorgeschlagenen Beteiligten bekanntgegeben werden, soweit nicht ein anderer Empfangsbevollmächtigter benannt wird. (§ 183 Abs. 1 S. 4 AO)

1400

II. Die typische stille Gesellschaft

Die stille Gesellschaft als solche besitzt keine eigene Steuerrechtsfähigkeit. Der Besteuerung unterliegen der Inhaber des Handelsgeschäfts einerseits und der stille Gesellschafter andererseits.

1401

1. Der Inhaber des Handelsgeschäfts

Für den Inhaber des Handelsgeschäfts gelten je nach der Rechtsform, in der das Handelsgewerbe betrieben wird, die Vorschriften des EStG oder des KStG über die Ermittlung der Einkünfte aus Gewerbebetrieb.

1402

Die auf den stillen Gesellschafter entfallenden Gewinnanteile sind beim Inhaber Betriebsausgaben (§ 4 Abs. 4 EStG), durch die der einkommen- oder körperschaftsteuerpflichtige Gewinn gemindert wird. In der Bilanz

1403

---
65 RFH v. 21. 7. 1943 (VI 49/43) StuW 1943, Nr. 266.

des Inhabers erscheint die typische stille Beteiligung als echte Verbindlichkeit.

1404 Beispiel:

Bilanz zum 31. 12. 1996 (vor Gewinnverteilung)

Aktiva		Passiva	
Anlagen	50 000	Verbindlichkeiten	36 000
Umlaufvermögen	60 000	Rechnungsabgrenzung	2 000
		stille Beteiligung	20 000
		Kapital	27 000
		Gewinn	25 000
	110 000		110 000

Gewinn- und Verlustrechnung zum 31. 12. 1996
(vor Gewinnverteilung)

Aufwand		Ertrag	
Löhne und Gehälter	25 000	Umsatzerträge	88 000
Abschreibungen	9 000	außerordentlicher Ertrag	
sonstige Aufwendungen	34 000	(Anlagenverkauf)	5 000
Reingewinn	25 000		
	93 000		93 000

Zur Verteilung im Rahmen der stillen Gesellschaft steht lediglich ein Gewinn von 20 000 DM zur Verfügung, weil der stille Gesellschafter an dem außerordentlichen Ertrag aus Anlageverkauf von 5000 DM nicht beteiligt ist. Ist sein Gewinnanteil mit 20% vereinbart, so entfallen auf ihn 4000 DM. Dieser Gewinnanteil erhöht, wenn nichts anderes vereinbart ist, nicht seine Einlage. Er ist deshalb nicht dem Einlagekonto, sondern einem besonderen Konto „Gewinnanspruch des stillen Gesellschafters" gutzubringen (§ 232 Abs. 3 HGB).

Bilanz zum 31. 12. 1996 (nach Gewinnverteilung)

Aktiva		Passiva	
Anlagen	50 000	Verbindlichkeiten	36 000
Umlaufvermögen	60 000	stille Beteiligung	20 000
		Rechnungsabgrenzung	2 000
		Gewinnanspruch des	
		stillen Gesellschafters	4 000
		Kapital	27 000
		Gewinn	21 000
	110 000		110 000

§ 22 Einkommensteuer

Der Inhaber hat für das Jahr 1996 als Gewinn aus Gewerbebetrieb 21 000 DM zu versteuern. Dem stillen Gesellschafter fließen 4000 DM anteiliger Gewinn als Einkünfte aus Kapitalvermögen zu, die erst im Jahr 1997 der Besteuerung unterliegen. Von diesem Betrag hat der Inhaber 25% Kapitalertragsteuer (= 1000 DM) einzubehalten und an das Finanzamt abzuführen.

Ermittelt der Geschäftsinhaber seinen Gewinn durch Einnahme-Überschuß-Rechnung nach § 4 Abs. 3 EStG, so sind die Gewinnanteile des stillen Gesellschafters erst im Zeitpunkt ihrer Zahlung Betriebsausgabe. 1405

2. Die Einkunftsart beim stillen Gesellschafter

Für den stillen Gesellschafter sind die ihm zufließenden Gewinnanteile **Einkünfte aus Kapitalvermögen.** Zu dieser Einkunftsart gehören gemäß § 20 Abs. 1 Nr. 4 EStG die „Einnahmen aus der Beteiligung an einem Handelsgewerbe als stiller Gesellschafter und aus partiarischen Darlehen, es sei denn, daß der Gesellschafter oder Darlehensgeber als Mitunternehmer anzusehen ist", sowie „besondere Entgelte oder Vorteile, die neben den in den Absätzen 1 und 2 bezeichneten Einnahmen oder an deren Stelle gewährt werden" (§ 20 Abs. 2 Nr. 1 EStG). 1406

Gehört die stille Beteiligung **zu einem Betriebsvermögen,** sind gemäß § 20 Abs. 3 EStG die Einkünfte aus der stillen Gesellschaft den Einkünften aus Land- und Forstwirtschaft, aus Gewerbebetrieb oder aus selbständiger Arbeit zuzurechnen. Dabei kann auch die stille Beteiligung eines Kaufmanns an einem von ihm nicht betriebenen Gewerbezweig zu seinem Betriebsvermögen gehören: „Der Kaufmann ist bei seiner geschäftlichen Betätigung nicht auf die Geschäfte seines Handelszweigs beschränkt. Er kann sich vielmehr im Rahmen des Gewerbebetriebs auch einem anderen Geschäftszweig zuwenden und im Rahmen seines Gewinnstrebens sich auch anderweitig am gewerblichen Leben beteiligen, sei es in eigener kaufmännischer Betätigung, sei es durch Anlage von Geschäftsgeldern in Wertpapieren oder Beteiligungen"[66]. Die ebenfalls mögliche Zurechnung zu Einkünften aus Vermietung und Verpachtung dürfte keine praktische Bedeutung haben. 1407

Auch wenn die Gewinne aus der stillen Gesellschaft den genannten anderen Einkunftsarten zuzurechnen sind, erfolgt gemäß § 43 Abs. 4 EStG die Besteuerung durch **Steuerabzug vom Kapitalertrag.** Soweit sich durch die Zurechnung zu anderen Einkunftsarten Besonderheiten gegen- 1408

---
66 RFH v. 14. 9. 1938 (VI 565/38) RStBl. 1938, 1063.

3. Der Gewinnanteil des stillen Gesellschafters

1409 Einnahmen i.S.v. § 20 Abs. 1 Nr. 4 EStG sind alle Güter, die in Geld oder Geldeswert bestehen und dem stillen Gesellschafter im Rahmen des Gesellschaftsvertrages zufließen (vgl. § 8 Abs. 1 EStG), insbesondere sein Gewinnanteil. Der Gewinnanteil umfaßt **alle gewinnabhängigen Bezüge** des stillen Gesellschafters, die nach den Vorstellungen der Beteiligten den Charakter einer Gegenleistung für die vom stillen Gesellschafter während des Bestehens und in Erfüllung des Gesellschaftsverhältnisses erbrachten Leistungen haben. Auf den Zufluß der Bezüge beim stillen Gesellschafter und den Zeitpunkt ihrer Vereinbarung kommt es nicht an[67]. Zum Gewinnanteil des stillen Gesellschafters am Handelsgeschäft vgl. oben Rn. 1237 ff., zur Zurechnung der Gewinnanteile bei Übertragung der stillen Beteiligung vgl. unten Rn. 1427.

1410 Sind dem stillen Gesellschafter irrtümlich zu hohe Gewinnanteile berechnet worden, so hat der Inhaber bürgerlich-rechtlich einen Rückzahlungsanspruch (oben Rn. 887). Die zurückgezahlten Beträge sind beim stillen Gesellschafter Aufwendungen zur Erhaltung seiner Einnahmen, also Werbungskosten bei den Einkünften aus Kapitalvermögen (§ 9 EStG). Würde er sich weigern, die zuviel erhaltenen Beträge zurückzuzahlen, dann hätte der Inhaber einen wichtigen Grund zur fristlosen Kündigung des Gesellschaftsvertrags mit der Folge, daß die Gewinnbeteiligung des stillen Gesellschafters für die Zukunft wegfiele.

a) Mehrgewinne aufgrund Betriebsprüfung

1411 Wird bei einer Betriebsprüfung ein Mehrgewinn des Geschäftsinhabers in einem früheren Jahr festgestellt, so ist dieser im Wege der Berichtigungsveranlagung zu versteuern. Das Ergebnis der Betriebsprüfung muß sich aber nicht zwangsläufig auf den Gewinnanteil des stillen Gesellschafters auswirken. Ist nämlich im Gesellschaftsvertrag die **Handelsbilanz** zum alleinigen Gewinnverteilungsmaßstab bestimmt worden, bleibt der Gewinnanteil des stillen Gesellschafters unberührt, wenn sich aufgrund der Außenprüfung nur der Steuerbilanzgewinn, nicht aber der Handelsbilanzgewinn ändert. Hat der Geschäftsinhaber aber auch gegen handelsrechtliche Bilanzierungsgrundsätze verstoßen oder Einnahmeverkürzungen vor-

---

[67] BFH v. 17. 2. 1972 (IV R 40/68) BFHE 105, 391 = BStBl. II 1972, 586; BFH v. 1. 6. 78 (IV R 139/73) BFHE 125, 386 = BStBl. II 1978, 570.

genommen, führt die darauf beruhende Gewinnerhöhung zu einem erhöhten Gewinnanspruch des stillen Gesellschafters.

Ist die **Steuerbilanz** Gewinnverteilungsgrundlage, ist der stille Gesellschafter grundsätzlich an allen Gewinnerhöhungen zu beteiligen. Beruht die Gewinnerhöhung durch den Betriebsprüfer auf der Aktivierung abgeschriebener Wirtschaftsgüter, die nach steuerlichen Vorschriften nicht abgeschrieben werden durften, würde der stille Gesellschafter, dessen Gewinnanteil sich nach der Steuerbilanz errechnet, doppelt belastet werden, wenn er an dem durch die Betriebsprüfung festgestellten Mehrgewinn nicht beteiligt und der Gewinnermittlung künftig die neue, vom Prüfer aufgestellte Bilanz zugrunde gelegt würde. Das läge nicht in seinem Interesse. Es muß deshalb, sofern der stille Gesellschafter nicht an dem festgestellten Mehrgewinn beteiligt wird, für die künftige Gewinnberechnung im Verhältnis der Gesellschafter untereinander von der ursprünglichen Bilanz ausgegangen werden. 1412

Erhöht sich aufgrund einer Außenprüfung der Gewinnanspruch des stillen Gesellschafters, ist er in der Prüferbilanz insoweit als Verbindlichkeit zu bilanzieren[68]. 1413

b) Gewinne aus Auflösung der stillen Gesellschaft

Bei Auflösung der stillen Gesellschaft hat der Geschäftsinhaber dem stillen Gesellschafter dessen Guthaben gemäß § 235 Abs. 1 HGB in Geld zu ersetzen, sofern nicht eine abweichende Vereinbarung getroffen worden ist. Die Rückzahlung der Einlage ist **kein einkommensteuerlicher Vorgang**, weil insoweit lediglich eine einkommensteuerrechtlich unbeachtliche Vermögensumschichtung vorliegt. 1414

Übersteigt die Abfindung den Nennwert der Einlage, wurde noch in der 3. Auflage vertreten, daß der Mehrbetrag als nicht einkommensteuerpflichtig anzusehen sei, weil es sich um einen Vermögenszuwachs handele, nicht aber um Einkünfte aus Kapitalvermögen[69]. Dem ist aber entgegenzuhalten, daß "der stille Gesellschafter keinen Wertanteil am Gesellschaftsvermögen hat. Träger des Geschäftsvermögens ist allein der Inhaber des Handelsgeschäfts. Der stille Gesellschafter hat nur einen schuldrechtlichen Anspruch auf Auszahlung seines vereinbarten Gewinnanteils und – bei Beendigung der Gesellschaft – auf Rückzahlung des Auseinandersetzungsguthabens. Wertänderungen des Geschäftsvermögens haben 1415

---

[68] Vgl. zum ganzen *Fleischer/Thierfeld*, S. 87–89; *Schulze zur Wiesche*, StBp. 1978, 73–75.
[69] *Paulick*, 3. Auflage, S. 357.

keinen Einfluß auf den Wert seiner Vermögenseinlage. Die Beteiligung ist deshalb während des Bestehens der stillen Gesellschaft unverändert mit ihrem ursprünglichen Nominalwert auszuweisen, sofern sie nicht durch die Zuweisung von Verlustanteilen oder durch Entnahmen gemindert ist"[70].

1416 Bei der Zusammensetzung und der daraus folgenden Besteuerung des den Nennwert der stillen Beteiligung übersteigenden Abfindungsguthabens ist zu unterscheiden[71]:

- Stehengelassene Gewinnanteile früherer Jahre, die die Einlage erhöht haben, sind steuerfrei, da sie bereits im Zeitpunkt der Einlageerhöhung zu versteuern waren.

- Noch nicht zugeflossene und damit auch noch nicht besteuerte Gewinnanteile aus schon abgelaufenen Wirtschaftsjahren und der Gewinnanteil des stillen Gesellschafters aus dem letzten (Rumpf-)Wirtschaftsjahr sind nach § 20 Abs. 1 Nr. 4 EStG zu versteuern.

- Gewinnanteile aus der Auflösung stiller Reserven des Betriebsvermögens, die während des Bestehens der stillen Gesellschaft entstanden und auf betriebliche Vorgänge, wie z.B. erhöhte Abschreibungen, zurückzuführen sind, in der Auseinandersetzungsbilanz erhöhen den Gewinnanteil des letzten Wirtschaftsjahres, bilden aber keinen selbständigen Teil des Auseinandersetzungsguthabens.

- Geht der Betrag der Abfindungszahlung über den Nennwert der stillen Beteiligung und den Betrag der vorgenannten Posten hinaus, ist er insoweit als besonderes Entgelt für die Überlassung der Einlage zu qualifizieren und unterliegt der Besteuerung gemäß § 20 Abs. 2 Nr. 1 EStG.

1417 Der Besteuerung nach § 20 Abs. 2 Nr. 1 EStG unterliegt der Mehrbetrag auch dann, wenn bereits im Gesellschaftsvertrag eine Rückzahlung der Einlage mit einem bestimmten, über dem Nennwert liegenden Betrag vereinbart wurde[72], oder der Mehrbetrag auf einer Wertsicherungsklausel im Gesellschaftsvertrag beruht[73].

---

70 BFH v. 14. 2. 1984 (VIII R 126/82) BFHE 141, 124 (128) = BStBl. II 1984, 580; ständige Rspr. und h.M., vgl. die Nachweise a.a.O.
71 Vgl. *Fleischer/Thierfeld*, S. 89 f.; *Sterner*, DB 1985, 2316 (2317).
72 Hess. FG v. 9. 3. 1982 (VI 410/76) EFG 1982, 623; *Fleischer/Thierfeld*, S. 89 f.
73 BFH v. 4. 8. 1961 (VI 208/60 U) BFHE 73, 558 = BStBl. II 1961, 468; BFH v. 1. 6. 1978 (IV 139/73) BStBl. II 1978, 570: *Heuer*, in: Herrmann/Heuer/Raupach, § 20 EStG Anm. 173 m.w.N.; a.A. *Conradi*, in: Littmann/Bitz/Hellwig, § 20 EStG Rn. 200, der hierin eine Erhöhung des Gewinnanteils für das letzte Geschäftsjahr sieht.

Wird ein nach § 20 Abs. 2 Nr. 1 EStG steuerbarer Mehrbetrag bei vorzeitiger Auflösung der stillen Gesellschaft als **Entschädigung für entgehende künftige Gewinnanteile** gezahlt, ist eine Steuerermäßigung gemäß §§ 24 Nr. 1, 34 EStG möglich. Eine Entschädigung gemäß § 24 Nr. 1 lit. a EStG kann dabei auch dann vorliegen, wenn der stille Gesellschafter selbst an dem schadenstiftenden Ereignis mitwirkt und Vereinbarungen schließt, durch die ein Anspruch auf Entschädigung des zu erwartenden Einnahmeausfalls begründet wird. Der stille Gesellschafter muß aber bei der Aufgabe seiner Rechte unter erheblichem rechtlichen, wirtschaftlichen oder tatsächlichen Druck handeln. Er darf das schadenstiftende Ereignis nicht aus eigenem Antrieb herbeigeführt haben[74]. 1418

Dagegen erfordert eine Entschädigung gem. § 24 Nr. 1 lit. b EStG, daß die Tätigkeit bzw. Gewinnbeteiligung gerade mit Wollen oder Zustimmung des Betroffenen aufgegeben wird. Der BFH[75] hält eine solche Entschädigung und damit eine tarifbegünstigte Besteuerung bei einer auf Lebenszeit geschlossenen und unkündbaren stillen Gesellschaft für möglich. Er übersieht dabei, daß nach der Rechtsprechung des BGH in einer auf Lebenszeit eines Gesellschafters eingegangenen stillen Gesellschaft das ordentliche Kündigungsrecht gemäß §§ 234, 132 HGB nicht durch eine gesellschaftsvertragliche Regelung ausgeschlossen werden kann[76]. Eine **Entschädigung für die Aufgabe der Gewinnbeteiligung** kann dagegen dann angenommen werden, wenn eine auf bestimmte Zeit eingegangene stille Gesellschaft vorzeitig aufgelöst wird und der Mehrbetrag in etwa den Gewinnanteilen entspricht, die bis zum Zeitpunkt der Auflösung erwartet werden können[77]. Wird – wie im Fall des BFH[78] – eine auf Lebenszeit geschlossene, unkündbare stille Gesellschaft einvernehmlich vorzeitig aufgelöst, ist das Auseinandersetzungsguthaben nach Abzug des Nennbetrags der stillen Beteiligung und der oben genannten Gewinnanteile nur insoweit als außerordentliche Einkunft gemäß §§ 34, 24 Nr. 1 lit. b EStG zu werten, als es den voraussichtlichen Gewinnanteilen bis zum nächsten zulässigen Kündigungszeitpunkt entspricht. 1419

Gehört die stille Beteiligung zum Betriebsvermögen einer Kapitalgesellschaft, steht ein begünstigter Steuersatz entsprechend der Regelung des § 34 EStG nicht zur Verfügung. 1420

---

[74] BFH v. 14. 2. 1984 (VIII R 126/82) BFHE 141, 124 (129 f.) m.w.N. aus der Rspr.
[75] BFH v. 14. 2. 1984 (VIII R 126/82) BFHE 141, 124 (129 f.).
[76] *L. Schmidt*, FR 1984, 398 f.; BGH v. 20. 12. 1956 BGHZ 23, 10; BGH v. 11. 7. 1968 BGHZ 50, 316 (321).
[77] *Sterner*, DB 1985, 2316 (2317).
[78] BFH v. 14. 2. 1984 (VIII R 126/82) BFHE 141, 124.

1421 Erhält der stille Gesellschafter vertragsgemäß bei Auflösung der stillen Gesellschaft von ihm als Einlage übereignete Sachgüter zurück, ist fraglich, ob und wie eine **Wertsteigerung der Sachgüter** zu berücksichtigen ist. Heuer[79] will die Differenz zwischen dem Wertansatz des Sachgutes gemäß § 8 Abs. 2 EStG und dem Nennbetrag der Einlage als Einnahme aus Kapitalvermögen versteuern, da die Einlage in das Vermögen des Geschäftsinhabers übergeht (§ 230 Abs. 1 HGB) und der stille Gesellschafter nur einen Anspruch auf Rückzahlung in Geld habe (§ 235 Abs. 1 HGB). Indes ist aber anerkannt, daß die gesetzliche Regelung dispositiv ist und statt ihrer die Rückübereignung als Einlage übereigneter Wirtschaftsgüter vereinbart werden kann[80]. Es spricht deshalb mehr dafür, Wertänderungen der Sacheinlage in einem solchen Falle generell unberücksichtigt zu lassen.

c) Veräußerungsgewinne

1422 Veräußert der stille Gesellschafter seine im **Privatvermögen** gehaltene Beteiligung, ist der **Veräußerungsgewinn grundsätzlich steuerfrei,** da es sich um einen Gewinn aus der Verwertung, nicht dagegen aus der Nutzungsüberlassung des eingesetzten Kapitals handelt. Eine Besteuerung des über den Betrag der Einlage hinausgehenden Erlöses kann allenfalls insoweit in Betracht kommen, als darin Gewinnanteile aus schon abgelaufenen Wirtschaftsjahren enthalten sind, die dem Veräußerer noch nicht zugeflossen waren und damit noch nicht versteuert wurden[81]. Zugeflossen sind Gewinnanteile, wenn der stille Gesellschafter die wirtschaftliche Verfügungsmacht über sie erlangt, so z.B. wenn sie ihm gutgeschrieben werden und der Geschäftsinhaber auch zur Auszahlung in der Lage ist[82]. Sind Gewinnanteile aus bereits abgelaufenen Wirtschaftsjahren noch nicht zugeflossen, kann der am Gesellschaftsverhältnis nicht beteiligte Erwerber diese Gewinnanteile nur im Auftrag oder auf Rechnung des Geschäftsherrn zahlen. Ist dies nicht der Fall, so erfolgt die Zahlung des Kaufpreises nur auf den Wert der stillen Beteiligung. Eine solche Zahlung ist beim Veräußerer mangels eines entsprechenden Steuertatbestandes nicht steuerpflichtig, es sei denn, es liegt ein Spekulationsgeschäft vor[83].

---

79 *Heuer,* in: *Herrmann/Heuer/Raupach,* § 20 EStG Anm. 173.
80 Vgl. *Zutt,* in: GroßKomm., § 235 HGB Rn. 3.
81 BFH v. 11. 2. 1981 (I R 98/76) BFHE 133, 35 = BStBl. II 1981, 465 (Leitsatz); BFH v. 9. 3. 1982 (VIII R 160/81) BFHE 136, 72 = BStBl. II 1982, 540 der allerdings zu Unrecht auf vorgenanntes Urteil verweist; *Blümich/Stuhrmann,* § 20 EStG Rn. 231; *Fleischer/Thierfeld,* S. 89; *Heuer,* in: *Herrmann/Heuer/Raupach,* § 20 EStG Anm. 170.
82 *Birk,* in: *Herrmann/Heuer/Raupach,* § 11 EStG Anm. 33 f.; *Fleischer/Thierfeld,* S. 84 f.; vgl. Rn. 1449 ff.
83 *Sterner,* BB 1983, 2176 (2178).

Die Steuerfreiheit von Veräußerungsgewinnen entspricht langjähriger 1423
Rechtsprechung des RFH und BFH[84]. Gegen die sich hieraus ergebenden
Folgen der Steuerfreiheit von Veräußerungsgewinnen werden indessen
auch Bedenken erhoben[85]: Ist A am Unternehmen des B als typisch stiller
Gesellschafter mit einer Einlage von 10 000 DM beteiligt und veräußert
er diese Beteiligung an Z für 25 000 DM, so hat der Mehrerlös von 15 000
DM keine ertragsteuerlichen Auswirkungen. Erhält Z bei Beendigung der
stillen Gesellschaft von B 25 000 DM, so muß Z, obwohl er keinen Ertrag
hat, 15 000 DM als Einkünfte aus Kapitalvermögen versteuern, da die
Vermögenseinlage des Z nur 10 000 DM beträgt und die Veräußerung des
A an Z die Höhe der Vermögenseinlage nicht berührt hat. Erhält Z von B
15 000 DM, muß Z 5000 DM versteuern und kann den Differenzbetrag
von 10 000 DM auch nicht als Werbungskosten abziehen. Ist Z dagegen
eine GmbH, gelangt die stille Beteiligung also in ein Betriebsvermögen,
muß sie mit den Anschaffungskosten von 25 000 DM aktiviert werden.
Erhält die Z-GmbH bei Beendigung der stillen Gesellschaft von B 25 000
DM, also 15 000 DM mehr als den Betrag der stillen Einlage, braucht sie
den Mehrbetrag nicht zu versteuern, da dem Erlös von 25 000 DM der
gleiche Betrag als Anschaffungskosten gegenübersteht. Erhält die Z-
GmbH weniger als die Anschaffungskosten, entsteht bei ihr in Höhe des
Differenzbetrages ein Verlust.

Angesichts dieser in der Tat **sonderbaren Konsequenzen** wurde daher 1424
unter Berufung auf ein Urteil des RFH vom 14. 3. 1934[86] die Ansicht
vertreten, daß bei Auflösung der stillen Gesellschaft nur der Differenzbetrag zwischen dem Rückzahlungsbetrag und dem Erwerbspreis anzusetzen sei[87]. Der RFH hatte in dem genannten Urteil ausdrücklich die Einziehung von fälligen Hypotheken einer Verwertung der Kapitaleinlage
gleichgestellt und den Differenzbetrag zwischen dem niedrigen Kaufpreis und dem höheren Einlösungsbetrag nicht der Besteuerung unterworfen. Der vom RFH entschiedene Fall war aber insoweit anders gelagert, als
der Hypothekar vom Schuldner den Nennbetrag der Hypothek und keine
darüber hinausgehenden Entgelte erhielt. Der Kaufpreis der Hypothek lag
vielmehr unter ihrem Nennbetrag. Hätte in obigem Beispiel Z die Einlage
von 10 000 DM für 5000 DM von A erworben und B bei Auflösung der
stillen Gesellschaft 10 000 DM an Z ausgezahlt, wären die 5000 DM
Gewinn des Z ebenfalls steuerfrei, da es sich um keine besonderen Entgelte für die Kapitalüberlassung, sondern um das dem B überlassene Kapital

---

84 Vgl. *Sterner*, BB 1983, 2176 (2178).
85 *Söffing*, DStR 1984, 268.
86 RFH v. 14. 3. 1934 (VI A 1125/33) RStBl. 1934, 711.
87 *Holzschuh*, DStR 1984, 440.

selbst handelt. Für die Behandlung des über dem Nennbetrag der Einlage liegenden Kaufpreises gibt das Urteil dagegen nichts her.

1425 Angesichts dieser Situation ist demjenigen stillen Gesellschafter, der seine typische stille Beteiligung aufgeben will und weiß, daß er mehr als den Nominalbetrag seiner Einlage zurückerhält, zu empfehlen, nicht den Weg der Beendigung der stillen Gesellschaft, sondern den der Veräußerung seiner Beteiligung in ein fremdes Betriebsvermögen zu wählen[88]. Der Auflösungsgewinn ist dann auch beim Erwerber nur insoweit zu versteuern, als er den Veräußerungspreis übersteigt.

1426 Hält der stille Gesellschafter seine Beteiligung im **Betriebsvermögen**, muß er bei Auflösung wie bei Veräußerung der stillen Beteiligung den **über den Nominalwert der Einlage hinausgehenden Betrag versteuern.** Hält in obigem Beispiel A die stille Beteiligung in einem Betriebsvermögen und erhält er bei Auflösung der stillen Gesellschaft von B 25 000 DM oder veräußert er die Beteiligung für 25 000 DM an Z, so muß er den Nennbetrag von 10 000 DM übersteigenden Betrag von 15 000 DM z.B. nach § 15 Abs. 1 Nr. 1 EStG versteuern. Gelangt die stille Beteiligung bei Z in ein Betriebsvermögen, muß Z sie mit den Anschaffungskosten von 25 000 DM aktivieren. Erhält Z von B bei Auflösung der stillen Gesellschaft 25 000 DM, stehen diesem Betrag Anschaffungskosten in gleicher Höhe gegenüber. Ein steuerbarer Gewinn fällt somit nicht an. Hält Z die erworbene stille Beteiligung dagegen in seinem Privatvermögen und erhält er bei Beendigung der Gesellschaft von B 25 000 DM, so muß er den Nominalbetrag von 10 000 DM übersteigenden Betrag von 15 000 DM als besonderes Entgelt für die Kapitalüberlassung nach § 20 Abs. 2 Nr. 1 EStG versteuern[89]. In diesem Falle liegt nicht nur eine Verlagerung, sondern eine Verdoppelung der Besteuerung vor. Den aus dem Wechsel der Einkunftsermittlungsarten bei Veräußerung der stillen Beteiligung folgenden unbefriedigenden Ergebnissen abzuhelfen, ist der Gesetzgeber aufgerufen.

1427 Problematisch bei der Veräußerung von stillen Beteiligungen ist auch, **wem** die im Wirtschaftsjahr der Veräußerung bis zum Zeitpunkt der Veräußerung **angefallenen Gewinnanteile zuzurechnen** sind. Der älteren Judikatur zufolge wurden sie dem Erwerber zugerechnet[90]. Nach der neue-

---

[88] Vgl. *Söffing*, DStR 1984, 268.
[89] Vgl. Rn 1414 ff.
[90] BFH v. 11. 2. 1981 (I R 98/76) BFHE 133, 35 = BStBl. II 1981, 465; FG Baden-Württemberg v. 16. 2. 1967 (VI 36/66) EFG 1967, 339; *Heuer*, in: *Herrmann/Heuer/Raupach*, § 20 EStG Anm. 170; *Fleischer/Thierfeld*, S. 91.

ren BFH-Rechtsprechung[91] gebühren sie, soweit nicht eine abweichende Vereinbarung getroffen wurde, gemäß § 101 Nr. 2, 2. Halbsatz BGB bis zum Zeitpunkt der Veräußerung dem Veräußerer, danach dem Erwerber. Die genannte Bestimmung des bürgerlichen Rechts regelt die schuldrechtliche Ausgleichspflicht zwischen Veräußerer und Erwerber[92]. Danach ist der Veräußerer berechtigt, den auf seine Besitzzeit entfallenden, zeitanteiligen Gewinn vom Erwerber zu fordern, sobald dieser den gesamten Gewinnanteil erhalten hat. Die Bestimmung weist aber dem Veräußerer ein zeitanteiliges Gewinnbezugsrecht gegenüber dem Geschäftsinhaber nicht zu. Ihm gegenüber ist allein der Erwerber gewinnbezugsberechtigt[93]. Auch besteht im Zeitpunkt der Veräußerung noch kein eigenständiger Gewinnanspruch des Veräußerers gegen den Geschäftsinhaber, sondern lediglich eine Anwartschaft auf den Gewinnanteil, die mit der Veräußerung der stillen Beteiligung auf den Erwerber übergeht[94]. Allein der Erwerber erfüllt als Inhaber der Einkunftsquelle den Tatbestand der Einkunftserzielung.

Folgt man der Ansicht des BFH, stellt sich in dem Fall, daß die stille Beteiligung in ein Betriebsvermögen übergeht und mit der Zahlung des Kaufpreises auch der auf die Besitzzeit des Veräußerers entfallende Gewinnanspruch abgegolten sein soll, die Frage, wie dieser anteilige Kaufpreis beim Erwerber zu behandeln ist. In Betracht kommen die Aktivierung des anteiligen Entgelts für den Gewinnanspruch mit späterer Verrechnung des Gewinnanteils oder seine Behandlung als Anschaffungskosten[95]. 1428

4. Verlustanteil und Verlustausgleich

a) Verluste aus der stillen Beteiligung und sonstige Werbungskosten

Bei der Berücksichtigung von Verlusten ist zu unterscheiden, ob sie den stillen Gesellschafter aufgrund gesellschaftsvertraglicher Verpflichtungen treffen oder nicht. In letzterem Fall stellen sie sich als Vermögensverluste dar, die nicht im unmittelbaren Zusammenhang mit den Einkünften aus Kapitalvermögen stehen und daher einkommensteuerrechtlich unbeachtlich sind. 1429

---

91 BFH v. 9. 3. 1982 (VIII R 160/81) BFHE 136, 72 = BStBl. II 1982, 540; BFH v. 22. 5. 1984 (VIII R 316/83) BFHE 141, 255 = BStBl. II 1984, 746.
92 Vgl. statt vieler *Palandt/Heinrichs*, § 101 BGB Rn. 1.
93 *Sterner*, DB 1985, 2316 (2319).
94 Vgl. FG Baden-Württemberg v. 16. 2. 1967 (VI 36/66) EFG 1967, 339.
95 Vgl. hierzu die Ausführungen bei *Sterner*, DB 1985, 2316 (2321).

1430 Verluste, an denen der stille Gesellschafter nach dem Gesellschaftsvertrag beteiligt ist, wirken sich mangels anderer Vereinbarung dahin aus, daß seine Einlage entsprechend verringert wird. Da durch die Übernahme der Verlustbeteiligung die Höhe der Gewinnzuweisungen beeinflußt wird, ist die Verringerung der Einlage als eine Aufwendung anzusehen, die im unmittelbaren wirtschaftlichen Zusammenhang mit den erwarteten Einkünften aus Kapitalvermögen steht. Die im Falle der Verlustbeteiligung auf den stillen Gesellschafter entfallenden **Anteile am Jahresverlust** stellen für ihn **nach h.M. Werbungskosten** bei den Einkünften aus Kapitalvermögen dar[96]. Nach a.A. soll es sich hierbei um negative Einnahmen handeln[97]. Gegen letztere Ansicht spricht jedoch, daß der Begriff negative Einnahmen eine Verpflichtung zur Rückzahlung früher zugeflossener Einnahmen voraussetzt, die sich aus § 232 Abs. 2 S. 2 HGB nicht ergibt[98]. Als Zeitpunkt des Abzuges dürfte daher das Jahr der Abbuchung von der Einlage anzusehen sein. Auf welchen Ursachen diese Verluste im einzelnen beruhen, ist unerheblich. Betriebliche Verluste sind nicht nur die Verluste, die durch eine normale Geschäftsentwicklung bedingt sind, sondern auch Verluste, die auf außergewöhnlichen Umständen beruhen (Unterschlagung durch Angestellte); auch sie spielen sich innerhalb der betrieblichen Sphäre ab, auf die der stille Gesellschafter keinen Einfluß hat. Entscheidend ist, daß er nach dem Gesellschaftsvertrag sie mitzutragen verpflichtet ist.

Die Berücksichtigung von Verlusten stellt sich danach folgendermaßen dar:

1431 Ist der **stille Gesellschafter nicht am Verlust beteiligt,** entfallen auf ihn keine Verlustanteile aus den laufenden Geschäften. Verluste der Vermögenseinlage aufgrund Konkurses des Geschäftsinhabers, bei Auflösung und Veräußerung der Beteiligung sind als Wertminderungen in der Vermögenssphäre einkommensteuerrechtlich unbeachtlich.

1432 Der **am Verlust beteiligte stille Gesellschafter** kann die Verluste aus den laufenden Geschäften als Werbungskosten abziehen. Im Konkurs des Geschäftsinhabers kann der stille Gesellschafter in Höhe des auf ihn entfallenden Verlustanteils Werbungskosten bei den Einkünften aus Kapitalvermögen ansetzen. Ist seine Einlage durch den auf ihn fallenden Verlust-

---

[96] RFH v. 23. 5. 1933 (VI A 422/33) RFHE 33, 272 = RStBl. 1933, 1078; BFH v. 10. 11. 1987 (VIII R 53/84) BFHE 151, 434 = BStBl. II 1988, 186; *Sterner*, DB 1985, 2316 (2318) m.w.N.; *Heuer*, in: Herrmann/Heuer/Raupach, § 20 EStG Anm. 162 m.w.N.
[97] *Conradi*, in: Littmann/Bitz/Hellwig, § 20 EStG Rn. 204.
[98] *Schmidt/Heinicke*, § 20 EStG Rn. 143; *Blümich/Stuhrmann*, § 20 EStG Rn. 226.

anteil nicht völlig aufgezehrt, kann er die verbleibende Einlage als Konkursforderung geltend machen. Entfällt auf diese Konkursforderung eine Konkursquote, liegt eine steuerfreie Rückzahlung der Rest-Einlage vor. Die Verluste an der Rest-Einlage, die der stille Gesellschafter aufgrund der Konkursquote erleidet, sind dagegen nicht als Werbungskosten abziehbar, da ihre Übernahme nicht vertraglich vereinbart ist. Ist bei Auflösung der stillen Gesellschaft das Auseinandersetzungsguthaben niedriger als der Betrag des möglicherweise schon durch frühere Verlustzuweisungen geminderten Einlagekontos, liegt insoweit eine Teilnahme des stillen Gesellschafters am Verlust vor, die als Werbungskosten zu berücksichtigen ist. Veräußert dagegen der stille Gesellschafter seine Beteiligung unter dem Nennwert der Einlage, handelt es sich um eine Wertminderung, die nicht auf dem Gesellschaftsvertrag beruht. Sie ist einkommensteuerrechtlich unbeachtlich und kann nicht als Werbungskosten berücksichtigt werden[99].

Gehört die **Beteiligung zum Betriebsvermögen** des stillen Gesellschafters, wirken sich anteilige Verluste und Entwertungen der Einlage, denen durch Ansatz des niedrigeren Teilwertes Rechnung getragen werden kann (§ 6 Abs. 1 Nr. 2 EStG), bei der Gewinnermittlung im Wege des Betriebsvermögensvergleiches (§§ 4 Abs. 1, 5 EStG) in jedem Falle aus. Verluste aufgrund Konkurses des Geschäftsinhabers sowie bei Auflösung und Veräußerung der Beteiligung werden – unabhängig davon, ob der stille Gesellschafter am Verlust beteiligt ist oder nicht – über die Gewinn- und Verlustrechnung immer steuerlich berücksichtigt. 1433

Über die Verlustanteile hinaus kann der stille Gesellschafter, und zwar sowohl der am Verlust beteiligte als auch der nicht am Verlust beteiligte Gesellschafter, diejenigen **Ausgaben als Werbungskosten** geltend machen, die **durch die stille Beteiligung veranlaßt worden** sind. In Betracht kommen insbesondere Kosten für die Beratung, für Reisen zum Betrieb zwecks Wahrnehmung der Kontrollrechte bzw. entsprechende Kosten für einen beauftragten Prüfer sowie Schuldzinsen im Zusammenhang mit der Finanzierung der Beteiligung[100]. Nach der Rechtsprechung des BFH[101] sind Schuldzinsen und andere Kreditkosten dabei auch insoweit abzugsfähig, als sie die Gewinnanteile überschreiten, wenn sie nur durch die entgeltliche Überlassung von Kapital zur Nutzung veranlaßt worden sind. Eine solche Veranlassung von Schuldzinsen durch die Einkunftserzielung be- 1434

---
99 Vgl. zum ganzen *Sterner*, DB 1985, 2316 (2317 f.).
100 *Heuer*, in: Herrmann/Heuer/Raupach, § 20 EStG Anm. 163; *Fleischer/Thierfeld*, S. 93.
101 BFH v. 21. 7. 1981 (VIII R 154/76 – 128/76 – 200/78) BFHE 134, 113 (119, 121) = BStBl. II 1982, 36 (37, 40).

steht nicht, wenn die Aufwendungen vorwiegend zur Ausnutzung von Wertsteigerungen im Vermögen gemacht werden, deren Realisierung nicht steuerbar ist. Eine ausschließliche Realisierungsabsicht ist aber zu verneinen, wenn jedenfalls langfristig ein Überschuß zu erwarten ist.

1435 Umstritten ist allerdings, ob **Verzugszinsen,** die der Erbe eines typisch stillen Gesellschaftsanteils **an einen etwaigen Pflichtteilsberechtigten** zahlt, als Werbungskosten einkunftsmindernd berücksichtigt werden können. Zur Frage der einkommensteuerrechtlichen Beurteilung verzinslicher Zugewinnausgleichs-, Ersatz- und Pflichtteilsschulden sind mehrere Urteile des BFH ergangen. So wurde die Abzugsfähigkeit von Zinsen als Werbungskosten bzw. Betriebsausgaben u.a. bejaht bei einer Darlehensaufnahme zur Ablösung einer Pflichtteilsschuld[102] sowie bei der Umwandlung einer Pflichtteils- in eine verzinsliche Darlehensschuld (Vereinbarungsdarlehen)[103]. Mittlerweile hat sich jedoch die Rechtsprechung des BFH zu Zinsen im Zusammenhang mit Pflichtteilsverbindlichkeiten geändert. In seinem Urteil vom 14. 4. 1992 erkannte der VIII. Senat des BFH[104] für Recht, daß Verzugszinsen, die ein Erbe wegen der verspäteten Erfüllung einer Pflichtteilsverbindlichkeit zu entrichten hat, auch dann keine Werbungskosten bei den Einkünften aus Kapitalvermögen seien, wenn der Nachlaß im wesentlichen aus einem GmbH-Anteil besteht. Diese Rechtsprechung wurde kurze Zeit später in einem ähnlichen Fall vom selben Senat des BFH[105] bestätigt. Begründet wird die Abkehr von der bisherigen Judikatur zu Lasten des Steuerpflichtigen im wesentlichen damit, daß der Erbfall grundsätzlich dem privaten Bereich des Erben zuzuordnen sei. Deshalb würden die Erbfallschulden nicht der einkommensteuerrechtlich relevanten Erwerbssphäre, sondern dem Bereich der privaten Lebensführung angehören. Verzugszinsen seien nur dann als Werbungskosten anzuerkennen, wenn sie mit einer Einkunftsart in wirtschaftlichem Zusammenhang stehen. Ein derartiger Zusammenhang wird von der Rechtsprechung insbesondere dann bejaht, wenn die Zinsen für eine Schuld geleistet werden, die der Finanzierung von Anschaffungs- oder Herstellungskosten dient. Belastungen eines Nachlasses mit Pflichtteilsverbindlichkeiten führten aber nicht zu Anschaffungskosten des Erben für Wirtschaftsgüter des Nachlasses. Des weiteren wird angeführt, die

---

102 BFH v. 2. 4. 1987 (IV R 9/85) BFHE 149, 567 = BStBl. II 1987, 621.
103 BFH v. 28. 4. 1989 (III R 4/87) BFHE 156, 497 = BStBl. II 1989, 618; in die gleiche Richtung gehen die Entscheidungen des BFH v. 24. 1. 1989 (IX R 111/84) BFHE 156, 131 = BStBl. II 1989, 706 und des BFH v. 22. 1. 1991 (VIII R 310/84) BFH/NV 1991, 594.
104 BFH v. 14. 4. 1992 (VIII R 6/87) BFHE 169, 511 = BStBl. II 1993, 275.
105 BFH v. 2. 3. 1993 (VIII R 47/90) BFHE 170, 566 = BStBl. II 1994, 619.

bisherige Rechtsprechung lasse sich im Hinblick auf den Beschluß des Großen Senats vom 4. 7. 1990[106] nicht aufrechterhalten.

Selbst wenn man dem BFH darin zustimmt, daß eine Pflichtteilsschuld und ihre Erfüllung beim Erben nicht zu Anschaffungskosten führt[107], so folgt daraus doch nicht zwangsläufig, daß eine Pflichtteilsschuld und die evtl. dafür gezahlten Zinsen nicht im wirtschaftlichen Zusammenhang mit einer Einkunftsart stehen können[108]. Schließlich ist der Erbfall nicht die alleinige und primäre wirtschaftliche Ursache der Pflichtteilsschulden. Sie sind, soweit ein positiver Nachlaß vorhanden ist, durch diesen und damit anteilig durch die einzelnen der Einkünfteerzielung dienenden Vermögensgegenstände wirtschaftlich veranlaßt[109]. Darüber hinaus können aus der Aussage, der Erbfall sei ein privater Vorgang, keine Schlußfolgerungen für die einkommensteuerliche Behandlung späterer Aufwendungen gezogen werden, denn es kommt nicht auf den privaten oder betrieblichen Charakter des Erbfalls, sondern auf die private oder betriebliche Veranlassung der einzelnen Zahlung an[110]. Im übrigen hat L. Schmidt[111] zutreffend festgestellt, daß der Beschluß des Großen Senats[112] den BFH nicht dazu zwingt, seine bisherige Rechtsprechung aufzugeben. Es sprechen somit einige gewichtige Argumente gegen die neue Rechtsprechung des BFH. 1436

Übernimmt der stille Gesellschafter zur Rettung des Unternehmens des Inhabers eine **Bürgschaft,** so kann er, wenn er daraus in Anspruch genommen wird, die Haftsumme weder als Werbungskosten bei Einkünften aus Kapitalvermögen noch als außergewöhnliche Belastung i.S. des § 33 EStG geltend machen. Es fehlt im einen Falle an der erforderlichen unmittelbaren Beziehung zu den erwarteten Einkünften aus Kapitalvermögen und im anderen Falle an der in § 33 EStG vorausgesetzten Zwangsläufigkeit[113]. 1437

Ist die Vermögenseinlage durch Verluste gemindert, so sind die **später erzielten Gewinne** so lange zur Deckung der Verluste zu verwenden, bis die ursprüngliche Einlage wieder erreicht ist (oben Rn. 886). Obwohl der stille Gesellschafter diese Gewinne nicht ausgezahlt erhält, sind sie ihm 1438

---

106 GrS v. 4. 7. 1990 (2-3/88) BFHE 161, 290 = BStBl. II 1990, 817.
107 Ablehnend *Paus,* DStZ 1993, 551 (552).
108 So *L. Schmidt,* FR 1993, 683 (685).
109 LS, DStR 1993, 354, Anm. zu BFH v. 14. 4. 1992 (VIII R 6/87) BFHE 169, 511.
110 *Paus,* DStZ 1993, 551 (552).
111 *Schmidt,* FR 1993, 683 (684).
112 GrS v. 4. 7. 1990 (2-3/88) BFHE 161, 290 = BStBl. II 1990, 817.
113 FG Stuttgart v. 20. 11. 56 (IV 954/56) EFG 1957, 82.

zugeflossen und stellen für ihn steuerpflichtige Einkünfte aus Kapitalvermögen (oder aus Gewerbebetrieb) dar[114].

b) Zurechnung und Ausgleich von Verlustanteilen

1439   Verlustanteile, die die Höhe der Einlage übersteigen und zu einem **Minuskapital** führen, sind nicht als Werbungskosten zu berücksichtigen. Verlustanteile rechtfertigen den Abzug als Werbungskosten nur dann, wenn tatsächlich Vermögenswerte abfließen[115]. Da der stille Gesellschafter nicht zum Ausgleich der negativen Kapitaleinlage verpflichtet ist, fließen mit den Verlustanteilen, die zu einem Minuskapital führen oder es erhöhen, aber keine Vermögenswerte ab.

1440   Im Anschluß an einen Beschluß des BFH vom 5. Mai 1981[116] soll nach einer im Schrifttum vertretenen Meinung eine Verlustzuweisung an den stillen Gesellschafter auch insoweit möglich sein, als die geleistete Einlage hinter der vereinbarten Einlage zurückbleibt[117] oder der stille Gesellschafter aufgrund einer Bürgschaft für Verbindlichkeiten des Handelsgewerbes mit seinem Privatvermögen haftet[118]. Diese Ansicht ist abzulehnen. Hat der stille Gesellschafter die vereinbarte **Einlage nicht voll geleistet**, können über den geleisteten Teil hinaus keine Vermögenswerte abfließen und somit auch keine Werbungskosten vorliegen[119]. Das gleiche gilt für die Haftung des stillen Gesellschafters aufgrund einer Bürgschaft. Darüber hinaus ergibt sich hier ein Widerspruch in der Rechtsprechung. Wird der stille Gesellschafter aus der Bürgschaft in Anspruch genommen, so kann er die Haftsumme nicht als Werbungskosten geltend machen, weil es an der erforderlichen unmittelbaren Beziehung zu den erwarteten Einkünften aus Kapitalvermögen fehlt[120]. Verlustanteile sollen ihm dagegen über seine Einlage hinaus auch noch bis zur Höhe seiner Bürgenhaftung zugerechnet werden können[121]. Hier wird eine unmittelbare Beziehung zwischen der stillen Beteiligung und der Bürgschaft für den Geschäftsinhaber offensichtlich als gegeben unterstellt.

---

114 BFH v. 24. 1. 1990 (I R 55/85) BFHE 162, 19 = BStBl. II 1991, 147; *Fella*, StWa 1992, 101 (104).
115 Vgl. BFH v. 5. 5. 1981 (VIII B 26/80) BFHE 133, 285 = BStBl. II 1981, 574.
116 (VIII B 26/80) BFHE 133, 285 = BStBl. II 1981, 574.
117 *Bopp*, in: *Herrmann/Heuer/Raupach*, Anm. III. 4 zu § 20 Abs. 1 Nr. 4.
118 *Bordewin*, FR 1982, 268 (269, 272).
119 Gleicher Ansicht *Fleischer/Thierfeld*, S. 97.
120 FG Stuttgart v. 20. 11. 1956 (IV 954/56) EFG 1957, 82.
121 So BFH v. 5. 5. 1981 (VIII B 26/80) BFHE 133, 285 = BStBl. II 1981, 574 für den vergleichbaren Fall des Kommanditisten einer Immobilien-KG; *Bordewin*, FR 1982, 268 (269, 272).

Durch die Gesetzesänderung von 1980 hat sich infolge der in § 20 Abs. 1 Nr. 4 S. 2 EStG enthaltenen Anordnung einer **sinngemäßen Anwendung des § 15a EStG** eine zusätzliche Komplikation ergeben. Wegen der „sinngemäßen" Anwendung einer an das Kapitalkonto anknüpfenden Regelung auf die Überschußeinkünfte hat die Verweisung zu Recht **heftige Kritik** erfahren: „Die nackte Verweisung auf § 15a bei den Überschußeinkünften erweist sich als eine versteckte Verlagerung der Gesetzgebungsaufgabe der Exekutive. Der Gesetzgeber selbst hat in Wirklichkeit keine Regelung getroffen"[122]. Die Verweisung sei deshalb zu ignorieren. In der Literatur wird jedoch – mit dem Hinweis, daß eine „sinngemäße Anwendung" schwächer als eine „entsprechende Anwendung" ist – versucht, die Verweisung für die Rechtsanwendung „aufzubereiten". Dabei sind zahlreiche Streitigkeiten entstanden. Angefangen bei der Frage, ob die Verweisung eine Änderung in der Zurechnung von Verlustanteilen bewirkt, bis hin zur systemwidrigen Anerkennung von Sonderbetriebsvermögen im Bereich der Überschußeinkünfte.

1441

Meines Erachtens **geht die Verweisung in § 20 Abs. 1 Nr. 4 S. 2 EStG völlig ins Leere**[123]. Die Norm, auf die verwiesen wird, § 15a EStG, regelt nicht die Ermittlung oder Zuweisung von Einkünften, sondern lediglich den Ausgleich von nach den allgemeinen Vorschriften ermittelten und nach dem vereinbarten Verteilungsschlüssel zugerechneten Verlustanteilen. Betrifft aber § 15a EStG nicht die Verlustermittlung und Verlustzurechnung, sondern nur den Ausgleich des ermittelten und zugerechneten Verlustes, kann das bei der § 15a EStG für sinngemäß anwendbar erklärenden Norm nicht anders sein. Entgegen einer zum Teil vertretenen Ansicht[124] bewirkt die Anordnung sinngemäßer Anwendung des § 15a EStG keine Änderung der bisherigen Verlustzurechnung[125]. Wie bisher kann also die Kapitaleinlage des typischen stillen Gesellschafters durch Verlustzuweisungen nicht negativ werden. Soweit die geleistete Einlage aufgezehrt ist, sind Verluste mit steuerlicher Wirkung nur noch dem Geschäftsinhaber zuzurechnen.

1442

---

122 *Knobbe-Keuk*, § 11a IV 3b, S. 502 und StuW 1981, 97 (104 f.).
123 Ebenso *Groh*, FS L. Schmidt, S. 439 (447 f.).
124 *Scholtz*, in: *Hartmann/Böttcher/Nissen/Bordewin*, § 20 EStG Rn. 260; *Uelner/Dankmeyer*, DStZ 1981, 12 (22); *Uelner*, StbJb 1981/82, 107 (128); *Schmidt/Heinicke*, § 20 EStG Rn. 144; *Stuhrmann*, RWP, SG 5. 2, 3; *Bopp*, in: *Herrmann/Heuer/Raupach*, § 20 EStG Anm. III 1 auf grünen Blättern; BdF v. 14. 9. 1981, BStBl. I 1981, 620 Nr. 4.
125 *Bordewin*, FR 1982, 268 (269) und in: *Lademann/Söffing/Brockhoff*, § 20 EStG Rn. 192e; *Dornfeld*, DB 1981, 546; *Sabatschus*, DB 1982, 2652; *Schulze-Osterloh*, in: *Tipke*, Grenzen der Rechtsfortbildung durch Rechtsprechung und Verwaltungsvorschriften im Steuerrecht, S. 267; *Fleischer/Thierfeld*, S. 96 ff.; BdF v. 8. 5. 1981, BStBl. I 1981, 308.

1443　Ein „negatives Kapitalkonto" des typischen stillen Gesellschafters wäre allenfalls bei einer systemwidrigen Einbeziehung von „Sonderbetriebsvermögen" denkbar[126]. Beispiel: A ist mit einer durch Kredit finanzierten Einlage i.H.v. 50 000 DM am Handelsgeschäft des B als stiller Gesellschafter beteiligt. Die Einlage des A wird durch den ihm zuzurechnenden Verlustanteil auf 40 000 DM gemindert. Bezöge man in das „Kapitalkonto" des A den Kredit als „Sonderbetriebsvermögen" mit ein, entstünde durch die steuerlich wirksame Verlustzuweisung ein „negatives Kapitalkonto" des A. Da aber nach der hier vertretenen und mittlerweile vom BFH bestätigten Ansicht (vgl. oben Rn. 1372 ff.) bereits bei der direkten Anwendung des § 15a EStG Sonderbetriebsvermögen bei der Berechnung des Kapitalkontos nicht mitzuberücksichtigen ist, kann es dies bei der bloß sinngemäßen Anwendung erst recht nicht sein.

1444　Lediglich bei § 15a Abs. 3 EStG wäre eine sinngemäße Anwendung denkbar. Als „Entnahme" – die es im Bereich der Überschußeinkünfte nicht gibt – kommt hier nur eine Rückzahlung der Vermögenseinlage in Betracht[127]. Für unsere Überlegungen wird von folgendem Beispiel ausgegangen: A ist mit 100 000 DM als stiller Gesellschafter am Handelsgeschäft des B beteiligt. Seine Einlage ist durch Verluste auf 20 000 DM gemindert worden. A und B beschließen, die Einlage von 100 000 DM auf 50 000 DM zu vermindern. A erhält 50 000 DM zurück. Bei sinngemäßer Anwendung des § 15a Abs. 3 EStG lägen hier i.H.v. 30 000 DM steuerpflichtige Einnahmen des stillen Gesellschafters vor, weil die Rückzahlung insoweit zu einer negativen Kapitaleinlage führt[128].

1445　Sinn der § 15a Abs. 3 EStG ist es, die mißbräuchliche Schaffung von Verlustverrechnungsmöglichkeiten durch kurzfristige Einlagen, die nach dem Bilanzstichtag wieder abgezogen werden, zu verhindern[129]. Beim typischen stillen Gesellschafter sind Einlagen und Entnahmen im einkommensteuerrechtlichen Sinn nicht möglich. Sonstige Rechtsbeziehungen zwischen typischem stillen Gesellschafter und Geschäftsinhaber, wie etwa eine Darlehensgewährung, sind aber im Rahmen der §§ 20 Abs. 1 Nr. 4 S. 2, 15a EStG nicht zu berücksichtigen. **Eine Sachlage, wie sie § 15a Abs. 3 EStG zu verhindern sucht, kann bei der typischen stillen Gesellschaft also gar nicht auftreten.**

---

126 So *Bordewin*, FR 1982, 268 (270 ff.).
127 *Bopp*, in: *Herrmann/Heuer/Raupach*, § 20 EStG Anm. V 1 auf grünen Blättern; *Bordewin/Söffing/Uelner*, S. 115; *Blümich/Stuhrmann*, § 20 EStG Rn. 261.
128 Vgl. *Fleischer/Thierfeld*, S. 100.
129 *Blümich/Stuhrmann*, § 15a EStG Rn. 61.

Darüber hinaus wird die Wirkung des § 15a Abs. 3 EStG – die Umwandlung von ausgleichs- bzw. abzugsfähigen Verlusten in verrechenbare Verluste insoweit, wie durch die Entnahme das Kapitalkonto negativ wird – bei der typischen stillen Gesellschaft schon durch eine andere Norm erzielt. Wie bereits oben erwähnt, kommt als „Entnahme" bei der typischen stillen Gesellschaft nur die Rückzahlung der Vermögenseinlage in Betracht. Hierbei handelt es sich grundsätzlich um eine einkommensteuerlich unbeachtliche Vermögensumschichtung. Erhält der stille Gesellschafter mehr als den Nennbetrag der Einlage, liegt insoweit ein nach § 20 Abs. 2 Nr. 1 EStG steuerpflichtiger Gewinn vor. Genauso verhält es sich, wenn der stille Gesellschafter zwar den Nennbetrag der Einlage zurückerhält, die tatsächliche Vermögenseinlage aber durch Verluste gemindert ist. Erhält der stille Gesellschafter nur einen Teilbetrag seiner Einlage zurück und ist dieser Betrag höher als die durch Verluste geminderte tatsächliche Vermögenseinlage, entsteht handelsrechtlich ein negatives Einlagekonto. Steuerrechtlich stellt sich der über den tatsächlichen Betrag der Vermögenseinlage hinausgehende Rückzahlungsbetrag ebenfalls als besonderes Entgelt für die Überlassung der – durch Verluste geminderten – Vermögenseinlage dar, das nach § 20 Abs. 2 Nr. 1 EStG zu versteuern ist. Die Wirkung ist die gleiche wie bei der Anwendung des § 15a Abs. 3 EStG: In obigem Beispiel war die Einlage des A durch ausgleichs- bzw. abzugsfähige Verluste um 80 000 DM gemindert. Durch die Teilrückzahlung der Einlage entsteht ein nach § 20 Abs. 2 Nr. 1 EStG zu versteuernder Gewinn i.H.v. 30 000 DM, und handelsrechtlich eine negative Vermögenseinlage in gleicher Höhe. Erst wenn dieses Minuskapital durch künftige Gewinne bis auf Null aufgefüllt ist, entstehen wieder steuerrechtliche Gewinne für den stillen Gesellschafter. Bei der Anwendung des § 20 Abs. 2 Nr. 1 EStG, wie bei der sinngemäßen Anwendung des § 15a Abs. 3 EStG wird also im Ergebnis aus einem ausgleichs- bzw. abzugsfähigen Verlust ein verrechenbarer Verlust.

1446

Die Anordnung der sinngemäßen Anwendung einer Norm auf einen bestimmten Sachverhalt ist aber unsinnig, wenn eine andere Norm unmittelbar eingreift. Sie verwirrt dann nur den Rechtsanwender. So wollen Fleischer/Thierfeld[130] den Rückzahlungsbetrag, soweit er zu einem negativen Einlagekonto führt, sowohl nach §§ 15a Abs. 3 i.V.m. § 20 Abs. 1 Nr. 4 EStG als auch nach § 20 Abs. 2 Nr. 1 EStG der Besteuerung unterwerfen.

1447

Die Verweisung auf § 15a EStG findet somit bei verfassungsrechtlich unbedenklicher Auslegung **überhaupt keinen Anwendungsbereich.** Sie ist, wie schon von Knobbe-Keuk gefordert[131], zu ignorieren.

1448

---

130 S. 100.
131 StuW 1981, 97 (105).

5. Die Berücksichtigung der Gewinn- und Verlustanteile
a) Das Zufließen der Gewinnanteile

1449 Die auf den stillen Gesellschafter entfallenden anteiligen Gewinne sind für den Geschäftsinhaber Aufwand, der die Abrechnungsperiode belastet, in der er entstanden ist. Da die Auszahlung regelmäßig erst im folgenden Jahr erfolgt, muß der Gewinnanteil in der zum Ende des vorangegangenen Jahres aufgestellten Bilanz als Verbindlichkeit ausgewiesen werden.

Beispiel: Im Jahre 1996 hat X, der Inhaber eines Handelsgeschäfts, einen Gewinn von 60 000 DM erzielt, an dem der stille Gesellschafter mit 20% = 12 000 DM beteiligt ist. In der Bilanz zum 31. 12. 1996 ist eine Verbindlichkeit in Höhe von 12 000 DM als Gewinnanspruch des stillen Gesellschafters auszuweisen. Der von X im Jahre 1996 zu versteuernde Gewinn beträgt 48 000 DM.

1450 Die zeitliche Berücksichtigung der Gewinnanteile des typischen stillen Gesellschafters bestimmt sich nach § 11 EStG. Maßgebend ist der Zeitpunkt der Verfügungsmöglichkeit. Danach ist eine Einnahme zugeflossen, sobald darüber verfügt werden kann. Ein **Zufließen** ist gegeben, wenn der stille Gesellschafter über den Betrag wirtschaftlich verfügen kann. Das ist grundsätzlich erst dann der Fall, wenn ihm aufgrund der Bilanz sein Gewinnanteil gutgeschrieben worden ist. Nicht entscheidend ist, wann der Gesellschafter die ihm zustehenden Gewinnanteile abgehoben oder sonst vereinnahmt hat. Es genügt, daß ihm die Gewinnanteile zur freien Verfügung stehen[132]. Das ist immer der Fall, wenn die Gewinnanteile bar ausgezahlt werden, wenn ein Scheck übergeben wird oder wenn eine Bank- oder Postscheküberweisung erfolgt.

1451 Bei **bloßen Gutschriften** kann der Zeitpunkt des Zufließens im einzelnen Falle zweifelhaft sein. Es kommt darauf an, ob die Gutschrift die Möglichkeit gibt, über die gutgeschriebenen Beträge rechtlich und tatsächlich zu verfügen. Ist das der Fall, so sind sie zugeflossen. Ist der Geschäftsinhaber zur Auszahlung des Gewinnanteils nicht in der Lage, ist dem stillen Gesellschafter solange keine Einnahme zugeflossen, wie der Geschäftsinhaber zahlungsunfähig ist[133].

1452 Ist dagegen vereinbart worden, daß die **Beträge zunächst stehenbleiben** sollen, ist also die Verfügung über sie beschränkt, kommt es darauf an, ob diese Vereinbarung im Interesse des Inhabers oder im Interesse des stillen Gesellschafters lag. Haben die Beteiligten vor dem Zufließen ausdrücklich Stundung des Kapitalertrags vereinbart, weil der Inhaber vorüberge-

---
132 BFH v. 6. 9. 1963 (IV 153/62) HFR 1964, 42.
133 Vgl. FG Köln v. 28. 11. 1980 (VIII 5/79 E) EFG 1981, 505; *Scholtz*, in: Hartmann/Böttcher/Nissen/Bordewin, § 20 EStG Rn. 80.

hend zur Zahlung nicht in der Lage ist, so ist der Steuerabzug erst nach Ablauf der Stundungsfrist vorzunehmen (§ 44 Abs. 4 EStG). Sollen die Gewinnanteile die Einlage erhöhen oder für eine bestimmte Zeit im Unternehmen des Geschäftsinhabers als Darlehen verbleiben, erfolgt der Zufluß der Gewinnanteile mit der Gutschrift[134].

Ist im Gesellschaftsvertrag über den Zeitpunkt der Ausschüttung nichts vereinbart, dann gilt als **Zeitpunkt des Zufließens** der Tag nach der Aufstellung der Bilanz oder einer sonstigen Feststellung des Gewinnanteils. Für die Kapitalertragsteuer gilt der Gewinnanteil jedoch spätestens 6 Monate nach Ablauf des Wirtschaftsjahres, für das der Kapitalertrag ausgeschüttet oder gutgeschrieben werden soll, als zugeflossen (§ 44 Abs. 3 EStG). § 44 Abs. 3 EStG geht für den Bereich der Kapitalertragsteuer der allgemeinen Regelung des § 11 Abs. 1 S. 1 EStG vor[135]. 1453

Erhält der stille Gesellschafter nach den bestehenden Vereinbarungen **Vorausleistungen oder Abschlagszahlungen** auf seinen Gewinnanteil, so sind diese Zahlungen auch steuerrechtlich zu berücksichtigen. Bei Vorauszahlungen kann der Empfänger auch dann, wenn sie unter einer auflösenden Bedingung gezahlt werden, bereits tatsächlich darüber verfügen, so daß auf die Vorauszahlungen Kapitalertragsteuer zu erheben ist[136]. Erhält der stille Gesellschafter mehr, als ihm nach der endgültigen Gewinnfeststellung zusteht, und wird die Überzahlung in einem späteren Jahr verrechnet, so ist die vorläufige Zahlung im Jahr des Zufließens zu versteuern. Die hierauf einbehaltene Kapitalertragsteuer wird nicht erstattet. Der Ausgleich erfolgt dadurch, daß der stille Gesellschafter in späteren Jahren entsprechend weniger erhält; dann ist auch weniger Kapitalertragsteuer einzubehalten. Muß der stille Gesellschafter den überzahlten Betrag der Gewinnanteile zurückzahlen, so ist dieser Betrag im Jahr der Rückzahlung als negative Einnahme aus Kapitalvermögen zu berücksichtigen[137]. 1454

Hinsichtlich des Zeitpunkts des Zufließens von **aufgrund einer Betriebsprüfung ermittelten Mehrgewinnen** eines stillen Gesellschafters gilt folgendes: Der Mehrgewinn kann nicht als bereits durch die Betriebsprüfung festgestellt angesehen werden. Daß die Betriebsprüfung wegen ihrer den Gewinn betreffenden Feststellungen auch für die Gewinnanteile des stillen Gesellschafters von Bedeutung ist, bedeutet noch kein Zufließen der Beträge im Sinne einer Gutschrift. Auch kommt es nicht darauf an, ob 1455

---

134 *Stuhrmann*, in: *Blümich/Falk*, § 20 EStG Anm. 278.
135 *Blümich/Lindberg*, § 44 EStG Rn. 16.
136 BFH v. 29. 4. 1982 (IV R 95/79) BStBl. II 1982, 593.
137 *Heuer*, in: *Herrmann/Heuer/Raupach*, § 20 EStG Anm. 500 „Rückzahlung"; *Fleischer/Thierfeld*, S. 87.

und wann der stille Gesellschafter von den Ergebnissen der Schlußbesprechung und damit von seinem Mehrgewinn Kenntnis erhält. Denn selbst wenn er davon alsbald in Kenntnis gesetzt wird, würde eine solche Mitteilung ebensowenig wie die Tatsache, daß ein Geschäftsinhaber mit seinem stillen Gesellschafter vor der Bilanzaufstellung über die Höhe des Jahresgewinns und des sich daraus ergebenden Gewinnanteils gesprochen hat, dazu führen, daß der Gewinnanteil ihm „zugeflossen" ist. Ein Zufluß liegt auch in diesem Falle erst mit der Gutschrift vor[138].

1456 Auch im Falle des **Todes des stillen Gesellschafters** sind die Zeitpunkte des Todes und des Zufließens entscheidend dafür, ob es sich um Einkünfte des Verstorbenen oder des Erben handelt. Darauf, auf welchen Zeitraum der Gewinnanteil entfällt, kommt es nicht an[139].

1457 Wird eine typische stille Beteiligung rechtswirksam **auf einen Dritten übertragen,** bevor der Gewinnanspruch für einen bestimmten Zeitabschnitt entstanden ist, so sind die Einkünfte aus der Beteiligung, soweit sie diesen Zeitabschnitt betreffen, dem Rechtsnachfolger zuzurechnen[140]. Hat der stille Gesellschafter lediglich seinen Anspruch auf anteiligen Gewinn an einen anderen abgetreten, erfolgt der Zufluß des Gewinns beim stillen Gesellschafter. Der abgetretene Gewinnanspruch stellt für den Zessionar keine Einkünfte aus Kapitalvermögen dar; auch nicht, wenn eine förmliche Abtretung nicht vorliegt, diese vielmehr dadurch ersetzt wurde, daß der stille Gesellschafter dem Geschäftsinhaber gegenüber zugunsten des anderen auf seinen Gewinnanteil verzichtet hat[141].

1458 Gewinnanteile des **beherrschenden Gesellschafters einer Kapitalgesellschaft** gelten ausnahmsweise bereits im Zeitpunkt ihrer Fälligkeit als zugeflossen[142]. Der Gutschrift auf einem Verrechnungskonto bedarf es in derartigen Fällen nicht, denn beherrschende Gesellschafter haben es in der Hand, sich die Beträge von der Gesellschaft auszahlen oder in deren Betrieb stehenzulassen. Durch diese Zuflußfiktion sollen Manipulationen insofern vermieden werden, als daß der beherrschende Gesellschafter sonst den Gewinn bei der Kapitalgesellschaft kürzen könnte, ohne einen Zufluß auf der Gesellschafterebene zu verwirklichen[143]. Fällig ist der Anspruch auf Auszahlung des Gewinns mit seiner Feststellung, also mit

---

138 *Fleischer/Thierfeld*, S. 88.
139 *Fleischer/Tierfeld*, S. 91.
140 FG Baden-Württemberg v. 16. 2. 1967 (VI 36/66) EFG 1967, 339; *Fleischer/Thierfeld*, S. 91.
141 RFH v. 17. 6. 1931 (VI A 1208/31) RStBl. 1931, 633.
142 BFH v. 21. 10. 1981 (I R 230/78) BFHE 134, 315 = BStBl. II 1982, 139; BFH v. 14. 2. 1984 (VIII R 221/80) BFHE 140, 542 = BStBl. II 1984, 480.
143 *Blaurock*, BB 1992, 1969 (1972).

der Aufstellung der Bilanz durch den Geschäftsinhaber, jedoch u.U. schon vorher, wenn der Geschäftsinhaber den Gewinn und seine Verteilung bei ordnungsmäßigem Geschäftsgang hätte berechnen können[144].

Wird die stille Beteiligung in einem **Betriebsvermögen** gehalten, gelten hinsichtlich der zeitlichen Berücksichtigung der Gewinnanteile mit Ausnahme der Einkünfte aus Vermietung und Verpachtung die allgemeinen Bilanzierungsgrundsätze des Einkommensteuerrechts, d.h. diese Einkünfte werden im Jahr der Gewinnerzielung zur Einkommensteuer herangezogen. Sie sind als Forderungen in die Bilanz des stillen Gesellschafters für das Jahr, für das sie gewährt werden, einzustellen und erhöhen den Gewinn dieses Jahres. Auf den Tag der Auszahlung kommt es in diesem Falle nicht an. 1459

Zumindest für den Fall, daß der stille Gesellschafter beherrschenden Einfluß auf das Unternehmen des Geschäftsinhabers hat, wird dies auch von der Rechtsprechung so gesehen. Anknüpfend an die oben (Fn. 142) zitierte Judikatur und von der Prämisse ausgehend, daß es zur Aktivierung eines Anspruchs nicht seiner Fälligkeit bedarf, hat der BFH[145] nunmehr zu der Frage Stellung genommen, wann der Gewinnanspruch eines beherrschenden Gesellschafters realisiert wird, wenn die typisch stille Beteiligung im Betriebsvermögen gehalten wird. Nach Auffassung des VIII. Senats ist bei einer Gesellschaft bürgerlichen Rechts, die stille Gesellschafterin einer GmbH ist, der Gewinnanspruch bereits mit Ablauf des Jahres realisiert, in dem der Gewinn bei der GmbH erwirtschaftet wurde, wenn beide Gesellschaften von denselben Gesellschaftern beherrscht werden. Zwar stand im entschiedenen Fall im Zeitpunkt der Bilanzaufstellung bei der GbR die Höhe der Gewinnansprüche noch nicht fest, weil die Bilanzen der GmbH noch nicht erstellt waren. Dennoch sind nach Auffassung des BFH die Gewinnansprüche zu aktivieren, denn die Beteiligten seien so zu behandeln, als ob die Ungewißheit nicht bestanden hätte. Die **Bestimmbarkeit** der Höhe des Gewinnanspruchs stehe im Streitfall ausnahmsweise seiner Feststellung gleich. Das gelte hier deshalb, weil die zwei Gesellschafter der GbR, die zugleich Gesellschafter der GmbH waren und diese beherrschten (Gesichtspunkt der wirtschaftlichen Einheit), es in der Hand gehabt hätten, den Gewinn der GmbH vor Erstellung der Bilanz der GbR zu ermitteln. Im Hinblick darauf, daß eine rechtlich nicht vorhandene und am letztmöglichen Verbuchungstag dem Grunde und der Höhe nach unbekannte Forderung als steuerbilanziell gleichwohl vorhanden angesehen wird, werden Zweifel an der Rechtspre- 1460

---
144 *Koenigs,* S. 200; *Schlegelberger/Karsten Schmidt* § 232 Rn. 23.
145 BFH v. 19. 2. 1991 (VIII R 106/87) BFHE 164, 34 = BStBl. II 1991, 569 = FR 1991, 392.

chung des BFH geäußert[146]. Nach Ansicht von Knobbe-Keuk[147] entbehrt die vorgezogene steuerliche Erfassung eines künftigen Gewinnanspruchs einer gesetzlichen Grundlage.

1461 Auch dem **atypischen stillen Gesellschafter** fließt sein Gewinnanteil bereits in dem Jahr zu, in dem der Gewinn tatsächlich erzielt worden ist, also spätestens mit dem Ende des Geschäftsjahres, für das die Bilanz aufgestellt wird. Entscheidend ist hier im Gegensatz zur typischen stillen Gesellschaft, wann der Gewinn entstanden ist, nicht wann er ausgeschüttet oder gutgeschrieben wird.

b) Das Absetzen der Verlustanteile

1462 Verlustanteile des stillen Gesellschafters sind nach § 11 Abs. 2 EStG in dem Kalenderjahr abzusetzen, in dem sie zu tragen sind. Das setzt voraus, daß der Verlust in der Bilanz des Unternehmens festgestellt worden ist und daß er die Einlage gemindert hat. Maßgebend ist aber nicht der Zeitpunkt, für den die Bilanz aufgestellt wird, sondern der Zeitpunkt, an dem dies geschieht, denn erst dann tritt der Verlust auch wirtschaftlich tatsächlich ein[148].

1463 Gehört die stille Beteiligung zu einem Betriebsvermögen, muß unter Berücksichtigung der künftigen Entwicklung geprüft werden, ob die Einlageminderung durch die Verlustanteile eine Teilwertabschreibung rechtfertigt[149].

6. Die Kapitalertragsteuer

a) Der Steuerabzug vom Kapitalertrag

1464 Die Einkommensteuer auf die Einkünfte aus der stillen Beteiligung wird, wenn der Inhaber Wohnsitz, Geschäftsleitung oder Sitz im Inland hat, durch **Abzug vom Kapitalertrag** (Kapitalertragsteuer) erhoben (§ 43 Abs. 1 Nr. 3 EStG). Zu den steuerabzugspflichtigen Kapitalerträgen gehören auch besondere Entgelte oder Vorteile, die neben den eigentlichen Gewinnanteilen oder an ihrer Stelle gewährt werden (§ 43 Abs. 1 S. 2 EStG).

1465 Der RFH hat hierzu ausgeführt[150]: „Es ist dem Finanzgericht darin beizutreten, daß der Steuerabzug vom Kapitalertrag einen objektsteuerartigen

---

146 *Hoffmann*, BB 1991, 1302 f.
147 *Knobbe-Keuk*, § 5 VII 2a bb, S. 224.
148 *Döllerer*, BB 1981, 1317; a.A. *Paus*, FR 1979, 90 f.
149 *Fleischer/Thierfeld*, S. 102.
150 Urt. v. 11. 3. 1936 (VI A 96/36) RStBl. 1936, 802.

Charakter hat und daß es bei dieser Steuer nicht darauf ankommt, ob die Zuflüsse an den stillen Gesellschafter sich als wahre Zuteilung von bei der Gesellschaft schon verwirklichten Gewinnen, die der Schuldner gemacht hat, darstellen oder aus offenen oder stillen Reserven stammen, noch weniger darauf, ob die Gewinne bei dem Schuldner steuerpflichtig sind. Vielmehr ist der Steuerabzug von allen Vorteilen zu erheben, die dem stillen Gesellschafter aus seiner kapitalmäßigen Beteiligung an dem Handelsgewerbe eines anderen zufließen, auch wenn dieser keine entsprechenden Gewinne gemacht hat. Es ist bei der stillen Gesellschaft für die Anwendung der Kapitalertragsteuer auch gleichgültig, welche Rechtsform nach Handels- oder Steuerrecht der Schuldner hat, ob der Schuldner ein Einzelkaufmann, eine OHG oder eine AG ist. Nach der Ausschüttung durch verfügungsberechtigende Gutschrift sind die Ausschüttungen dem stillen Gesellschafter i.S. der Kapitalertragsteuer zugeflossen und kein Teil des Kapitals des Schuldners mehr. Etwaige später entstandene Ansprüche des Schuldners an den stillen Teilhaber oder hieraus entspringende Rückzahlungen können somit die einmal entstandene Kapitalertragsteuerpflicht nicht mehr berühren; ebensowenig kommt es darauf an, was der stille Gesellschafter entnimmt. Auch wenn daher die Gewinnanteile der stillen Gesellschafter einer OHG jeweils dem Geschäftsvermögen zugeschlagen werden, ist hierin eine Erhöhung der Einlage unter Verwendung des ausgeschütteten Gewinns zu erblicken, die die Fälligkeit der Kapitalertragsteuer nicht ausschließt."

Stets setzt die Vornahme des Steuerabzugs voraus, daß eine **echte Gewinnbeteiligung** vorliegt; Beteiligung am Umsatz genügt nicht[151]. 1466

Hat der stille Gesellschafter seine **Arbeitskraft als Vermögenseinlage** eingebracht, so gehören die Einkünfte aus der stillen Beteiligung ebenfalls zu den kapitalertragsteuerpflichtigen Einkünften aus Kapitalvermögen, nicht zu den lohnsteuerpflichtigen Einkünften aus nichtselbständiger Arbeit[152]. 1467

Der Steuerabzug ist auch vorzunehmen, wenn für die Ausschüttung ein **Gewinn nicht zur Verfügung** stand, der stille Gesellschafter aber aus den Rücklagen eine Ausschüttung erhält[153]. 1468

b) Das Steuerabzugsverfahren

Der Inhaber des Handelsgeschäfts hat die Kapitalertragsteuer für Rechnung des stillen Gesellschafters einzubehalten. Er hat den Steuerabzug in 1469

---
151 RFH v. 16. 8. 1934 (VI A 1024/33) RStBl. 1934, 1236.
152 BFH v. 12. 1. 1953 (IV 365/52 U) BFHE 57, 148 = BStBl. III 1953, 58.
153 RFH v. 11. 3. 1936 (VI A 96/36) RStBl. 1936, 802.

dem Zeitpunkt vorzunehmen, in dem der Kapitalertrag dem stillen Gesellschafter zufließt, und die einbehaltene Steuer jeweils bis zum 10. des folgenden Monats an das Finanzamt abzuführen (§ 44 Abs. 1 EStG).

1470 Die Kapitalertragsteuer beträgt 25% des Kapitalertrags, wenn der stille Gesellschafter die Steuer trägt, und 33 1/3% des tatsächlich ausgezahlten Betrags, wenn sie der Inhaber übernimmt (§ 43a Abs. 1 Nr. 1 EStG).

1471 Dem Steuerabzug unterliegen die **vollen Kapitalerträge** (§ 43a Abs. 2 EStG). Werbungskosten, Betriebsausgaben, Sonderausgaben und Steuern dürfen nicht abgezogen werden. Der Steuerabzug ist auf den nächsten vollen DM-Betrag abzurunden. Die Abrundung ist bei der Endsumme vorzunehmen, d.h. nach Zusammenrechnung aller Steuerbeträge, die ein Schuldner zum gleichen Zeitpunkt abzuführen hat (§ 44 Nr. 1 S. 5 EStG).

1472 Der Inhaber hat die einbehaltenen Steuerbeträge unter der Bezeichnung „Kapitalertragsteuer" abzuführen (§ 44 Abs. 1 EStG), und zwar auch dann, wenn der stille Gesellschafter die Einforderung seines Gewinnanteils unterläßt. Die Steuer ist an das Finanzamt abzuführen, das für die Besteuerung des Inhabers nach dem Einkommen zuständig ist. Gleichzeitig hat dieser dem Finanzamt eine Anmeldung einzureichen und mit der Versicherung zu versehen, daß die Angaben vollständig und richtig sind. Die Anmeldung ist von dem Inhaber oder einer Person, die zu seiner Vertretung berechtigt ist, zu unterschreiben (§ 45a Abs. 1 EStG).

1473 Dem stillen Gesellschafter hat der Inhaber eine **Bescheinigung** über die Höhe der Kapitalerträge, des Steuerbetrags, über den Zahlungstag und über die Zeit, für die die Kapitalerträge gezahlt worden sind, zu erteilen und hierin das Finanzamt, an das der Steuerbetrag abgeführt wurde, anzugeben (§ 45a Abs. 2 EStG). Diese Verpflichtung entfällt, wenn die Kapitalerträge für Rechnung des Inhabers durch eine Bank oder sonstige Kreditanstalt gezahlt werden und wenn über die Zahlung eine Bestätigung erteilt wird (§ 45a Abs. 3 EStG). Der stille Gesellschafter benötigt diese Bescheinigung für seine eigene Einkommensteuererklärung. Die einbehaltene Kapitalertragsteuer wirkt für ihn wie eine Einkommensteuervorauszahlung und wird auf seine Einkommensteuerschuld angerechnet.

1474 Der Steuerabzug ist auch vorzunehmen, wenn die Kapitalerträge beim stillen Gesellschafter zu den Einkünften aus Land- und Forstwirtschaft, aus Gewerbebetrieb, aus selbständiger Arbeit oder aus Vermietung und Verpachtung gehören (§ 43 Abs. 4 EStG).

1475 Die rechtzeitige und vollständige Abführung der Kapitalertragsteuer wird vom Finanzamt an Hand der Kapitalertragsteuerliste überwacht. Bei der

Veranlagung der Einkommensteuer, Körperschaftsteuer und Vermögensteuer und bei allen örtlichen Prüfungen, die bei dem Inhaber vorgenommen werden, ist auch zu prüfen, ob die Kapitalertragsteuer ordnungsgemäß einbehalten und abgeführt worden ist.

Steuerschuldner der Kapitalertragsteuer ist der stille Gesellschafter als Gläubiger des Kapitalertrags. Der Geschäftsinhaber haftet aber für die Einbehaltung und Entrichtung der Steuer. Der stille Gesellschafter wird nur in Anspruch genommen, wenn der Inhaber die Kapitalerträge nicht vorschriftsmäßig gekürzt hat oder wenn er weiß, daß der Inhaber die einbehaltene Steuer nicht vorschriftsmäßig abgeführt hat, und dies dem Finanzamt nicht unverzüglich mitteilt oder wenn das die Kapitalerträge auszahlende inländische Kreditinstitut die Kapitalerträge zu Unrecht ohne Abzug der Kapitalertragsteuer ausgezahlt hat (§ 44 Abs. 5 EStG). 1476

Ist die Kapitalertragsteuer nicht ordnungsgemäß berechnet oder abgeführt worden, so hat das Finanzamt von dem Inhaber oder von dem stillen Gesellschafter, soweit dieser nach den vorstehenden Ausführungen in Anspruch genommen werden kann, den fehlenden Betrag durch **Haftungsbescheid** einzufordern. Der Zustellung des Haftungsbescheids bedarf es nicht, wenn der Inhaber die einbehaltene Kapitalertragsteuer richtig angemeldet oder wenn er vor dem Finanzamt oder dem Prüfungsbeamten des Finanzamts seine Verpflichtung zur Zahlung der Steuer schriftlich anerkannt hat. 1477

Soll ein Unternehmer wegen Nichteinbehaltung der Kapitalertragsteuer in Anspruch genommen werden, so hat das Finanzamt in jedem Einzelfall zu prüfen, ob die Inanspruchnahme den Grundsätzen von Recht und Billigkeit entspricht[154]. Die Frage, ob das Finanzamt von seinem gesetzlichen Ermessen den richtigen Gebrauch gemacht hat und die Inanspruchnahme des Inhabers oder des Schuldners der Kapitalerträge Recht und Billigkeit entspricht, ist eine Rechtsfrage, die die Steuergerichte im Einzelfall von Amts wegen prüfen müssen. Dabei sind bei der Ermessensentscheidung alle Umstände des Einzelfalles zu erforschen und die Interessen des Steuerpflichtigen und des Steuerfiskus gegeneinander abzuwägen. 1478

Ist die Kapitalertragsteuer **zu Unrecht nicht einbehalten** worden, wird aber der stille Gesellschafter ohnehin zur Einkommensteuer veranlagt, so ist er im Regelfall wegen des unterbliebenen Steuerabzugs im Wege der Veranlagung in Anspruch zu nehmen[155]. 1479

---

154 BFH v. 19. 2. 1965 (VI 146/64) StRK EStG § 44 R. 12. m. Anm. *Paulick* = HFR 1965, 369 Nr. 300.
155 BFH v. 20. 2. 1959 (VI 314/56 U) BFHE 68, 531 = BStBl. III 1959, 202 = StRK EStG § 44 R. 7.

1480 Die Kapitalertragsteuer wird von dem Finanzamt, an das sie abgeführt worden ist, dem Schuldner auf Antrag erstattet, wenn sie einbehalten und abgeführt wurde, obwohl eine Verpflichtung hierzu nicht bestand (§ 44b EStG).

1481 Um eine einheitliche und vollständige Erfassung der Gewinnanteile der stillen Gesellschafter zu gewährleisten, haben die Betriebsstättenfinanzämter dem für die Besteuerung des stillen Gesellschafters zuständigen Wohnsitzfinanzamt jeweils eine Mitteilung über die Höhe und den Zeitpunkt des Zufließens der Gewinnanteile zu übersenden. Das gilt auch für die Fälle, in denen die stille Beteiligung in einem Betriebsvermögen ausgewiesen ist[156].

III. Zusammenfassung

1482 Der auf den typischen stillen Gesellschafter entfallende Gewinnanteil mindert beim Geschäftsinhaber als Betriebsausgabe dessen einkommen- oder körperschaftsteuerpflichtigen Gewinn. Für den stillen Gesellschafter sind die anteiligen Gewinne, sofern die Beteiligung nicht zu seinem Betriebsvermögen gehört, dem Steuerabzug vom Kapitalertrag unterliegende Einkünfte aus Kapitalvermögen. Der Steuerabzug ist auf seine Rechnung vom Inhaber vorzunehmen, sobald ihm die Einkünfte zugeflossen sind, d.h. sobald er über sie rechtlich und tatsächlich zu verfügen in der Lage ist.

Ist der stille Gesellschafter nach dem Gesellschaftsvertrag auch an den Verlusten beteiligt, so handelt es sich für ihn dabei um Werbungskosten i.S. des § 9 EStG, weil die Verluste unmittelbar im wirtschaftlichen Zusammenhang mit den Einkünften aus Kapitalvermögen stehen. Verluste werden dem stillen Gesellschafter aber nur insoweit zugewiesen, wie sein Einlagekonto nicht negativ wird. Die Verweisung auf § 15a EStG findet keinen Anwendungsbereich und ist daher gegenstandslos.

Grundlegend anders liegen die Dinge bei der steuerlich als Mitunternehmerschaft geltenden atypischen stillen Gesellschaft. Alles, was hier dem stillen Gesellschafter aus seiner Beteiligung zufließt (Gewinnanteile und sonstige Vergütungen), fällt unter die Einkünfte aus Gewerbebetrieb. Die Gewinnanteile dürfen den einheitlich und gesondert festzustellenden Gesamtgewinn nicht vermindern. Sie werden beim stillen Gesellschafter im Wege der Veranlagung erfaßt und unterliegen nicht dem Steuerabzug vom Kapitalertrag. Grundlage und unabdingbare Verfahrensvoraussetzung der Heranziehung des atypischen stillen Gesellschafters zur Einkommen-

---
156 Erl. des Fin.Min. NRW v. 2. 8. 56, EStKartei § 20 Nr. 1.

§ 22 Einkommensteuer

(Körperschaft-)Steuer ist die vom Betriebsfinanzamt durchzuführende einheitliche Gewinnfeststellung, an die die Wohnsitzfinanzämter gebunden sind. Im Rahmen der einheitlichen Gewinnfeststellung werden die Höhe des Gesamtgewinns und die auf die Beteiligten entfallenden Gewinnanteile festgestellt und wird die Frage entschieden, ob eine atypische stille Gesellschaft vorliegt.

§ 23 Körperschaftsteuer

Schrifttum: *Bareis, Peter*, Gesellschafter-Fremdfinanzierung bei Nichtanrechnungsberechtigten, RIW 1994, 141; *Bellstedt, Christoph*, Die verdeckte Gewinnausschüttung – neue Definition, neue Tendenzen, internationale Auswirkungen, FR 1990, 65; *Binger, Jürgen*, Einkommen und Gewerbesteuer bei der atypischen stillen Gesellschaft, DB 1988, 41; *Bitsch, Herbert*, Gewinnverteilung der GmbH & Stille Gesellschaft, GmbHR 1983, 56; *Blaurock Uwe*, Die GmbH & Still im Steuerrecht, BB 1992, 1969; *Blümich, Walter / Falk, Ludwig*, Kommentar zum Einkommensteuergesetz, 15. Aufl.; Loseblatt Stand März 1996; *Bordewin, Arno*, Aufgabe der Gepräge-Rechtsprechung – Auswirkungen auf die Betriebsaufspaltung, die atypische GmbH & Still und die „gemischt" tätige GmbH & Co. KG?, FR 1985, 98; *Bormann, Michael*, Die Zurechnung „verdeckter Gewinnausschüttungen" im Rahmen einer GmbH & Still (Atypisch), DStZ 1983, 407; *Brönner, Herbert*, Die Besteuerung der Gesellschaften, 16. Aufl., 1988; *Christoffel, Hans Günter / Dankmeyer, Udo*, Das Steuerbereinigungsgesetz 1986: Die gesetzliche Verankerung der sog. Geprägegrundsätze, DB 1986, 347; *Costede, Jürgen*, Die stille Gesellschaft – Überlegungen aus handelsrechtlicher, steuerrechtlicher und betriebswirtschaftlicher Sicht, StbKRep 1987, 239; *Döllerer, Georg*, Die atypische stille Gesellschaft – gelöste und ungelöste Probleme, DStR 1985, 295; *Eder, Karl / Heuser, Paul J. / Tillmann, Bert / Gaul, Dieter*, Handbuch der GmbH, Gesellschaftsrecht, Rechnungswesen, Steuerrecht, Arbeits- und Sozialversicherungsrecht, GmbH-Formulare, 14. Aufl. (Loseblatt, Stand: August 1995); *Streck, Michael*, Körperschaftsteuergesetz, 4. Aufl., 1995; *Fichtelmann, Helmar*, GmbH & Still im Steuerrecht, 4. Aufl., 1995; *Flockermann, Paul*, Die Fremdfinanzierung von Kapitalgesellschaften durch ihre nichtanrechnungsberechtigten Anteilseigner nach dem geplanten § 8a KStG, DStR 1982, 339; *Fritsch*, Atypische stille Beteiligung an einer Kapitalgesellschaft und verdeckte Gewinnausschüttung, DB 1962, 1955; *Frotscher, Gerrit*, Gesellschafter-Fremdfinanzierung durch nicht anrechnungsberechtigte Anteilseigner, IStR 1994, 201; *Goutier, Klaus / Spönlein, Rita*, Gestaltungsmöglichkeiten unter dem KStG 1977, GmbHR 1985, 264; *Graffe, Ingo*, Neue Definition verdeckter Gewinnausschüttungen? – Anmerkungen zum BFH-Urteil vom 22. 2. 1989, DStZ 1989, 531; *Groh, Manfred*, Der Beschluß des Großen Senats vom 25. 6. 1984 zur Besteuerung der GmbH und Co. KG – Schwerpunkte und Konsequenzen, WPg 1984, 655; *ders.*, Nach der Wiedereinführung der Geprägetheorie – Zum BFH-Urteil vom 11. 12. 1986 IV R 222/84, DB 1987, 1006; *Heinemann, Peter*, Die GmbH-Novelle in der Steuerberatung, Arbeitskreis für Steuerrecht, 1982; *Hennerkes, Brun-Hagen / Binz, Mark*, Die GmbH & Co., 7. Aufl., 1984; *Henninger, Fritz*, Stille Beteiligung an einer GmbH und verdeckte Gewinnausschüttungen, FR 1970, 465; *Herzig, Norbert*, Standortsicherungsgesetz: Gesetzliche Regelung der Gesellschafterfremdfinanzierung in § 8a KStG (Teil I), DB 1994, 110; *Herzig, Norbert / Kessler, Wolfgang*, Die begrenzte Steuerrechtsfähigkeit von Personenmehrheiten nach dem Beschluß des Großen Senats des BFH vom 25. 6. 1984, DB 1985, 2476 (2528); *dies.*, Tatbestandsmerkmale und Anwendungsbereich des Gepräge-Gesetzes, DStR 1986, 451; *Hey, Friedrich E. F.*, Gesellschafterfremdfinanzierung – Einige Gedanken zum neuen § 8a KStG, RIW 1993, 833; *Jurkat, Werner*, Der Beschluß des Großen Senats des BFH vom 25. 6. 1984, GmbHR 1985,

62 (86); *Knobbe-Keuk, Brigitte,* Die Fremdfinanzierung inländischer Kapitalgesellschaften durch nichtanrechnungsberechtigte Anteilseigner – Kritik des § 8a KStÄndGE 1982, StuW 1982, 201; *dies.,* Bilanz- und Unternehmenssteuerrecht, 9. Aufl., 1993; *Knobbe-Keuk, Brigitte,* Wieder einmal ein Entwurf zu § 8a KStG – Wiederauflage einer Regelung zur Gesellschafterfremdfinanzierung im Standortsicherungsgesetz, DB 1993, 60; *Korn, Klaus,* Die gewerblich geprägte Personengesellschaft, KÖSDI 1986, 6221; *ders.,* Kapitalgesellschafter-Fremdfinanzierungen – Reichweite und Beratungserwägungen, DStZ 1993, 737; *Kreischer, Manfred,* Die „GmbH & Still" im Steuerrecht, StW 1983, 184; *Menck, Thomas,* Unterkapitalisierung und DBA – Zu § 8a KStG und zum OECD-Musterabkommen, FR 1994, 69; *Müller-Gatermann, Gert,* Die internationalen steuerlichen Auswirkungen des Standortsicherungsgesetzes, FR 1993, 381; *Neubert, Hans-Peter / Weinläder, Horst,* GmbH und atypisch stille Gesellschaft in der Steuerpraxis, DB 1983, 630; *Niemann, Ursula,* Die stille Beteiligung des Gesellschafters einer Kapitalgesellschaft an der Unternehmung der Kapitalgesellschaft, BFuP 1962, 261; *Paulick, Heinz,* Gesellschaftsrechtliche und steuerrechtliche Probleme der Einmann-GmbH Stille Gesellschaft, in: Unternehmung und Steuer, Festschrift für P. Scherpf, 1983, S. 160; *ders.,* Die Einmann-GmbH Stille Gesellschaft (StG) im Steuerrecht, GmbHR 1982, 237; *ders.,* Die Einmann-GmbH & Co. KG als stille Gesellschaft, in: Festschrift für H. Demelius 1973, S. 399; *Rendels, Heinz J.,* Schwerpunkte des Standortsicherungsgesetzes: Änderung des KStG, sonstige Änderungen, Ausblick, DStR 1993, 1089; *Reusch, Peter,* Eigenkapital und Eigenkapitalersatz im Rahmen der stillen Gesellschaft, BB 1989, 2358; *Sarrazin, Viktor,* Atypische stille Beteiligung des Organträgers an seiner Organgesellschaft, FR 1989, 11; *Schmidt, Ludwig,* Kommentar zum Einkommensteuergesetz, 15. Aufl., 1996; *Schön, Wolfgang,* Anmerkung zum Urteil des BFH vom 2. 5. 1984 (VIII 276/81), BB 1985, 313; *Scholtz, Rolf-Detlev,* Die neue Definition der verdeckten Gewinnausschüttung im Körperschaftsteuerrecht – kein Beitrag zur Vereinfachung des Steuerrechts, FR 1990, 386; *Schulze zur Wiesche, Dieter,* Verdeckte Gewinnausschüttungen bei einer stillen Beteiligung an einer GmbH, FR 1976, 164 und FR 1977, 492; *ders.,* Einkommensteuerliche Behandlung der atypischen stillen Beteiligung an einer GmbH, DB 1976, 408; *ders.,* Die Gewinnermittlung bei der atypischen GmbH & Still, GmbHR 1982, 114; *ders.,* Die atypische GmbH & Still Bewertung des Sonderbetriebsvermögens, Gewinnermittlung, atypische stille Beteiligung an vermögensverwaltender GmbH, GmbHR 1985, 160; *ders.,* Die Personengesellschaft nach dem Beschluß des Großen Senats vom 25. 6. 1984, WPg 1985, 65; *ders.,* Zur neuen Definition der verdeckten Gewinnausschüttung, GmbHR 1990, 44; *Schwedhelm, Rolf,* Die GmbH & Still als Mitunternehmerschaft, 1987; *Siegel, Theodor,* Gesellschafter-Fremdfinanzierung – Entwürfe eines § 8a KStG und steuersystematische Lösung, StuW 1989, 340; *ders.,* § 8a KStG ist tot – Es lebe die Gesellschafterfremdfinanzierung, GmbHR 1990, 138; *Streck, Michael,* Körperschaftsteuergesetz, 4. Aufl., 1995; *ders.,* Verdeckte Gewinnausschüttungen und verdeckte Einlagen in der Steuerpraxis, GmbHR 1987, 104; *Sudhoff, Heinrich,* Die GmbH & Co. StG, DB 1969, 2069; *Tillmann, Josef,* Errichtung einer GmbH, einschließlich einer GmbH und Still, StbKRep 1978, 255; *Tillmann, Bert,* Eigenkapitalersetzende Gesellschafterdarlehen und verdecktes Stammkapital, GmbHR 1981, 17; *Timm, Wolfram,* Das neue GmbH-Recht in der Diskussion, GmbHR 1980, 286; *Uelner, Adalbert,* Folgerungen aus der Aufgabe der Gepräge-Rechtsprechung durch den Bundesfinanzhof, StbJb. 1985/86, 237; *Walter, Wolfgang,* § 8a KStG und die GmbH & Atypisch Still, DStZ 1994, 113; *Wassermeyer, Franz,*

20 Jahre BFH-Rechtsprechung zu Grundsatzfragen der verdeckten Gewinnausschüttung, FR 1989, 218; ders., Zur neuen Definition der verdeckten Gewinnausschüttung, GmbHR 1989, 298; ders., Verdeckte Gewinnausschüttungen und verdeckte Einlagen, DStR 1990, 158.

I. Die Kapitalgesellschaft als stiller Gesellschafter

1483 Ist eine Kapitalgesellschaft an einem anderen Unternehmen still beteiligt, so bilden die aus der Beteiligung fließenden Kapitalerträge bei der typischen stillen Gesellschaft oder die Gewinnanteile, die bei atypischer stiller Beteiligung im Rahmen der durchzuführenden einheitlichen Gewinnfeststellung auf sie entfallen, einen **Teil ihres körperschaftsteuerpflichtigen Gewinns**. Da dieser Gewinn nach den Vorschriften des EStG zu ermitteln ist (§ 8 Abs. 1 KStG), bestehen insoweit keine Besonderheiten gegenüber der Einkommensteuer.

1484 Zu beachten ist aber § 2 Nr. 2 KStG, wonach Körperschaften, Personenvereinigungen und Vermögensmassen, die **nicht unbeschränkt steuerpflichtig** sind, mit den inländischen Einkünften, von denen ein Steuerabzug vorzunehmen ist – dazu gehören die Einkünfte aus der typischen stillen Beteiligung – beschränkt körperschaftsteuerpflichtig sind. Diese Vorschrift schafft eine zusätzliche beschränkte Steuerpflicht für den Bund, die Länder, die Gemeinden und die sonstigen inländischen Körperschaften des öffentlichen Rechts und für alle Körperschaften, Personenvereinigungen und Vermögensmassen, die nach § 5 KStG persönlich von der Körperschaftsteuer befreit sind. Die Körperschaftsteuer ist durch den Steuerabzug abgegolten, wenn die Einkünfte nicht in einem inländischen gewerblichen oder land- oder forstwirtschaftlichen Betrieb angefallen sind (§ 50 Abs. 1 Nr. 2 KStG). Dabei unterliegen die Einnahmen in vollem Umfang dem Steuerabzug; eine Kürzung um Betriebsausgaben oder Werbungskosten ist nicht zugelassen (§ 50 a Abs. 4 S. 5 und 6 EStG; § 8 Abs. 7 KStG).

II. Die typische stille Beteiligung an einer Kapitalgesellschaft

1. Steuerpflichtiger Gewinn

1485 Der Gewinnanteil des typischen stillen Gesellschafters mindert als Betriebsausgabe den körperschaftsteuerpflichtigen Gewinn der Kapitalgesellschaft gemäß § 4 Abs. 4 EStG i.V.m. § 8 Abs. 1 KStG. Nur der nach Abzug des Gewinnanteils der Kapitalgesellschaft verbleibende Gewinn unterliegt der Körperschaftsteuer.

Der auf den stillen Gesellschafter entfallende Gewinnanteil gehört bei diesem, soweit es sich um eine natürliche Person handelt, zu den Einkünften aus Kapitalvermögen gemäß § 20 Abs. 1 Nr. 4 EStG, von denen die Kapitalgesellschaft als Geschäftsinhaber den Steuerabzug vom Kapitalertrag in Höhe von 25% vorzunehmen hat (§§ 44 Abs. 1, 43 Abs. 1 Nr. 3, 43 a Abs. 1 Nr. 1 EStG). Wird der stille Gesellschafter zur Einkommensteuer veranlagt, kann er sich die von der Kapitalgesellschaft einbehaltene Kapitalertragsteuer auf seine persönliche Einkommensteuerschuld anrechnen lassen.

1486

2. Stille Beteiligung eines Gesellschafters der Kapitalgesellschaft

Die **Gesellschafter bzw. Aktionäre einer Kapitalgesellschaft** können sich neben ihrer gesellschaftlichen Beteiligung am Grund- oder Stammkapital **auch still am Handelsgewerbe dieser Kapitalgesellschaft beteiligen.** Das stille Gesellschaftsverhältnis zwischen einer Kapitalgesellschaft und ihren Gesellschaftern bzw. Aktionären wird, soweit es zivilrechtlich wirksam begründet ist, grundsätzlich auch steuerlich anerkannt[1]. Das gilt selbst für die Konstruktion, daß sich der Alleingesellschafter einer Kapitalgesellschaft gleichzeitig still an dem Unternehmen seiner Kapitalgesellschaft beteiligt. Das Steuerrecht folgt insoweit der zivilrechtlichen Gestaltung, die davon ausgeht, daß die Kapitalgesellschaft als juristische Person mit ihren Gesellschaftern bzw. Aktionären wie ein fremder Dritter in Rechtsbeziehungen treten kann.

1487

a) Abgrenzung von Eigen- und Fremdkapital

Lange Zeit war ungeklärt, ob und unter welchen Voraussetzungen die Einlage des stillen Gesellschafters, der zugleich Gesellschafter der Kapitalgesellschaft ist, als **verdecktes Grund- oder Stammkapital** und die auf ihn entfallenden Gewinnanteile als **verdeckte Gewinnausschüttung** zu behandeln sein könnten[2]. Nach Ansicht des BFH sind bei der Beurteilung

1488

---

1 BFH v. 28. 10. 1964 (I 198/62) BStBl. III 1965, 119; BFH v. 18. 3. 1966 (IV 218/65) BStBl. III 1966, 197; BFH v. 9. 7. 1969 (I R 189/67) BStBl. II 1969, 690; BFH v. 9. 12. 1976 (IV R 471/72) BStBl. II 1977, 155; BFH v. 6. 2. 1980 (I R 50/76) BStBl. II 1980, 477; BFH v. 26. 4. 1989 (I R 96/85) = BFH/NV 1990, 63; BFH v. 15. 12. 1992 (VIII R 42/90) BFHE 170, 345 (349); vgl. auch *Post/Hoffmann*, S. 79; *Paulick*, GmbHR 1982, 237; *Blaurock*, BB 1992, 1969 f.
2 Vgl. *Streck*, § 8 KStG Anm. 42; *Tillmann*, StbKRep 1978, 255 (293); *Paulick*, GmbHR 1982, 237 (238); *Hennerkes/Binz*, S. 464; *Schulze zur Wiesche*, Die GmbH & Still, Rn. 212; *Post/Hoffmann*, S. 144.

dieser Frage die Grundsätze anzuwenden, die die Rechtsprechung für Gesellschafterdarlehen entwickelt hat[3].

1489 Schon seit langem vertritt der BFH die Auffassung, daß es einem Gesellschafter grundsätzlich freigestellt ist, auf welche Art und Weise er die Kapitalgesellschaft mit den erforderlichen Mitteln ausstattet[4]. Die Gesellschafter einer Kapitalgesellschaft sind danach grundsätzlich berechtigt, ihrer Körperschaft die erforderlichen Mittel statt in Form von Gesellschaftskapital auch in Form von Darlehen zuzuführen. Dabei ist der Gesellschafter an die von ihm getroffene Wahl, wie sie in der bürgerlich-rechtlichen Gestaltung zum Ausdruck kommt, gebunden.

1490 Nach früheren Entscheidungen des BFH war eine andere Beurteilung von Gesellschafterdarlehen nur dann geboten, wenn die Zuführung von Mitteln in Form von Einlagen „zwingend" gewesen wäre. Unter welchen Voraussetzungen dies der Fall ist, war hiernach jeweils für den Einzelfall und unter Berücksichtigung sämtlicher Umstände zu prüfen. Da dem Steuerpflichtigen grundsätzlich das **Recht zur freien Gestaltung seiner Rechtsverhältnisse** zusteht, trifft nicht etwa die Kapitalgesellschaft bzw. deren Gesellschafter die Beweislast, daß die von ihnen gewählte Form möglich ist, sondern es ist vielmehr Aufgabe der Finanzbehörden darzulegen, daß nach den Umständen des Falles eine andere als die von den Gesellschaftern gewählte Form zwingend war[5].

1491 In der Rechtsprechung ist ein Fall, in dem diese Ausnahmesituation tatsächlich zur steuerlichen Umqualifizierung von Fremd- in Eigenkapital geführt hätte, allerdings bislang noch nicht entschieden worden. Hingegen entwickelte der BFH verschiedene **Kriterien**, die nach seiner Auffassung jedenfalls **nicht geeignet sind, die Umqualifizierung von Gesellschafterdarlehen zu begründen:**

1492 Für die Beurteilung eines Darlehens als verdecktes Stammkapital kommt es nicht auf die konkrete Ausgestaltung des Darlehens an, insbesondere was die **Zinshöhe** angeht. Daß ein Gesellschafter seine Gesellschaft langfristig mit Hilfe eines zinslosen Darlehens finanziert, ist wirtschaftlich

---

[3] BFH v. 7. 11. 1950 (I 20/50) BStBl. III 1951, 12 ff.
[4] BFH v. 13. 1. 1959 (I 44/57 U) BStBl. III 1959, 197 (198); BFH v. 10. 12. 1975 (I R 135/74) BStBl. II 1976, 226; BFH v. 16. 7. 1986 (I R 78/79) = BFH/NV 1987, 326; bestätigt durch BFH v. 5. 2. 1992 (I R 127/90) BStBl. II 1992, 532 = BB 1992, 676 (679).
[5] BFH v. 20. 3. 1956 (I 178/55) BStBl. III 1956, 179; BFH v. 13. 1. 1959 (I 44/57) BStBl. III, 1959, 197; BFH v. 28. 10. 1964 (I 198/62) BStBl. III 1965, 119; *Tillmann*, GmbHR 1981, 17; *ders.*, in: GmbH-Handbuch III, Rn. 934; *Paulick*, GmbHR 1982, 237 (239).

nicht als außergewöhnlich anzusehen. Ebensowenig kommt es darauf an, ob das von den Gesellschaftern gewährte Darlehen zu gleich günstigen Bedingungen auf dem Kapitalmarkt zu beschaffen gewesen wäre[6].

Bei der Hingabe eines partiarischen Gesellschafterdarlehens, das dem Gesellschafter gewisse Mitwirkungsrechte vermittelt, kann nach Ansicht des BFH verdecktes Stammkapital selbst dann nicht angenommen werden, wenn ein **Mißverhältnis zwischen Eigenkapital und Fremdkapital** vorliegt. Dem vom BFH zu entscheidenden Fall lag ein Verhältnis von 1:6 zwischen Gesellschaftskapital und Gesellschafterdarlehen zugrunde[7].   1493

Haben die Gesellschafter auf die Stammeinlage nur 25% geleistet und sodann der GmbH die Mittel im Wege einer stillen Beteiligung zur Verfügung gestellt, führt dies ebenfalls nicht zur Annahme verdeckten Stammkapitals[8].   1494

In der Entscheidung vom 10. 12. 1975 hat der BFH selbst bei einer **überschuldeten GmbH** dem Verhältnis von Stammkapital und Darlehen keine Bedeutung beigemessen, und zwar weder unter dem Aspekt der wirtschaftlichen Notwendigkeit, Stammkapital zuführen zu müssen, noch unter dem Gesichtspunkt des Gestaltungsmißbrauchs[9]. Der Umstand, daß das hingegebene Darlehen möglicherweise nach §§ 32a, 32b GmbHG nicht zurückgefordert werden kann, rechtfertigt allein nicht die Umqualifizierung in verdecktes Stammkapital.   1495

Eine verdeckte Einlage ist auch dann nicht ohne weiteres anzunehmen, wenn die stille Beteiligung Gläubigern gegenüber **wie eine Eigenkapitalerhöhung wirkt,** etwa, wenn die Gesellschafter bezüglich ihrer stillen Beteiligung auf die Konkursrechte verzichten.   1496

Überläßt ein Gesellschafter der Kapitalgesellschaft unentgeltlich oder gegen ein unangemessen niedriges Entgelt Wirtschaftsgüter zum Gebrauch oder zur Nutzung, liegt keine verdeckte Einlage vor. Allein die Tatsache, daß die Kapitalgesellschaft Aufwendungen erspart, reicht dazu nicht aus[10].   1497

---

6 BFH v. 13. 1. 1959 (I 44/57) BStBl. III 1959, 197; übereinstimmend BFH v. 28. 10. 1964 (I 198/62) BStBl. III 1965, 119.
7 BFH v. 28. 10. 1964 (I 198/62) BStBl. III 1965, 119.
8 BFH v. 18. 3. 1966 (IV 218/65) BStBl. III 1966, 197.
9 BFH v. 10. 12. 1975 (I R 135/74) BStBl. II 1976, 226 = GmbHR 1976, 73; erneut bestätigt durch BFH v. 16. 7. 1986 (I R 78/79) = BFH/NV 1987, 326 (328).
10 BFH v. 22. 11. 1983 (VIII R 133/82) BB 1984, 513.

1498 Zahlungen an den Geschäftsführer einer GmbH, damit dieser auf künftige Tantiemeansprüche verzichtet, stellen keine verdeckten Einlagen dar[11].

1499 Wann ein Fall zwingender Einlagenzuführung vorliegen könnte, hat der BFH allein in einer Entscheidung vom 13. 1. 1959 anhand eines Beispiels angedeutet. Danach sei ein Darlehen in verdecktes Stammkapital umzuwandeln, wenn die Gesellschafter und Darlehensgeber durch Bürgschaften das mangelnde Eigenkapital zu ersetzen versuchen und damit mittelbar den Darlehen wirtschaftlich den obligatorischen Charakter nehmen[12].

1500 Insbesondere von der Finanzverwaltung wurde erwogen, ob eine Umdeutung von Gesellschafterdarlehen in verdecktes Stammkapital nicht unter dem Aspekt des **Gestaltungsmißbrauchs im Sinne von § 42 AO** erfolgen könne. Um einer nach Auffassung der Verwaltung unangemessenen Fremdfinanzierung durch nichtanrechnungsberechtigte Anteilseigner einen Riegel vorzuschieben, versuchte der BdF, im Erlaßweg eine Abgrenzung zwischen zulässiger Darlehensgewährung und mißbräuchlichen Gestaltungen vorzunehmen, indem er insbesondere darauf abstellte, ob ein „auffallendes Mißverhältnis" zwischen zugeführtem Fremdkapital und Aktivvermögen der Gesellschaft besteht[13].

1501 Mit den bis dahin ergangenen BFH-Entscheidungen war dieser Erlaß kaum in Einklang zu bringen[14]. Zweifel an der Rechtmäßigkeit des BdF-Schreibens äußerte der BFH erstmals in einem Beschluß vom 14. 8. 1991[15]. Endgültig scheiterte das BdF-Schreiben mit einem Urteil des BFH vom 5. 2. 1992[16]; in dieser Entscheidung nahm der BFH zur Problematik des verdeckten Stammkapitals wie folgt Stellung:

1502 Für die Abgrenzung von Eigen- und Fremdkapital kommt es wegen des Maßgeblichkeitsprinzips in § 5 Abs. 5 EStG allein darauf an, ob nach der zivilrechtlichen Gestaltung hinsichtlich des überlassenen Vermögenswertes eine **Rückgewährverbindlichkeit** besteht oder nicht. Liegt hiernach Fremdkapital vor, so ist in steuerlicher Hinsicht die Gleichbehandlung

---

11 BFH v. 22. 11. 1983 (VIII R 37/79) BB 1984, 514.
12 BFH v. 13. 1. 1959 (I 44/57) BStBl. III 1959, 197; BFH v. 2. 10. 1984 (VIII R 36/83) BStBl. II 1985, 320 = GmbHR 1985, 235.
13 Schreiben des BdF v. 16. 3. 1987 (VI B 7 – S 2742 – 3/87) BStBl. I 1987, 373 = GmbHR 1987, 176; zum Inhalt dieses Schreibens und zu dieser Problematik vgl. unten Rn. 1538 ff.
14 Vgl. oben die in Fußnote 9 genannten Rechtsprechungsnachweise.
15 (I B 240/90) BStBl. II 1991, 935 (937).
16 (I R 127/90) BStBl. II 1992, 532 = BB 1992, 676 mit Anm. *Hoffmann*; in der Folge dieses Urteils wurde das Schreiben des BdF v. 16. 3. 1987 aufgehoben; vgl. hierzu unten Rn. 1538 ff.

dieses Fremdkapitals mit Eigenkapital mangels gesetzlicher Grundlage selbst dann nicht möglich, wenn das Darlehen gemäß der Rechtsprechung des BGH zu den §§ 30, 31 GmbHG oder nach §§ 32a, 32b GmbHG als eigenkapitalersetzend zu qualifizieren ist. Der BFH schloß nicht grundsätzlich aus, daß mit Hilfe des § 42 AO eine steuerliche Umqualifizierung von Fremd- in Eigenkapital möglich ist. Er lehnte dies aber jedenfalls für den Fall eigenkapitalersetzender Gesellschafterdarlehen ab und beendete damit im wesentlichen auch die um diesen Aspekt entstandene Diskussion, die durch den im Rahmen der GmbH-Novelle von 1980 neu eingeführten § 32a GmbHG neu belebt worden war. Da einer Kapitalgesellschaft weder im Zivilrecht noch im Steuerrecht eine quotenmäßig bestimmte Eigenkapitalausstattung vorgeschrieben ist, kann nach Auffassung des BFH allein in der Ausnutzung dieser Finanzierungsfreiheit keine mißbräuchliche Gestaltung gesehen werden. Zudem sei die Fremdfinanzierung auch oftmals aus wirtschaftlich vernünftigen Gründen vorzuziehen.

Die oben erwähnte frühere Rechtsprechung, die bei der Frage, ob verdecktes Stammkapital vorliegt, darauf abstellte, ob die Zuführung von Einlagen „zwingend" war, ist mit dieser Entscheidung endgültig als überholt anzusehen. 1503

Im Rahmen des StandOG vom 13. 9. 1993 wurde mit dem neuen § 8a KStG eine gesetzliche Grundlage dafür geschaffen, daß in bestimmten Fällen hoher anteiliger Fremdfinanzierung einer Kapitalgesellschaft gezahlte Darlehenszinsen wie verdeckte Gewinnausschüttungen zu behandeln sind[17]. Über diese Vorschrift hinaus wird künftig die steuerliche Umqualifizierung von Fremd- in Eigenkapital nur noch im vom BFH eng gesteckten Rahmen des § 42 AO in Betracht kommen. 1504

Nicht entschieden hat der BFH die Frage, ob im eigentlichen Anwendungsbereich des § 32a GmbHG, also **nach Eröffnung des Konkurs- oder Vergleichsverfahrens** eine Umqualifizierung von Darlehen in verdecktes Stammkapital möglich ist. Ab diesem Zeitpunkt wird dem Gesellschafter als Folge dieser Vorschrift jeglicher Anspruch auf Rückzahlung genommen. Wirtschaftlich wird man das Darlehen ab diesem Zeitpunkt als Gesellschaftskapital ansehen können; eine zivilrechtliche Rückgewährverbindlichkeit besteht nicht mehr, so daß auch bei Beachtung des Maßgeblichkeitsprinzips eine steuerliche Umqualifizierung möglich erscheint. Allein beim Vorliegen der Voraussetzungen kapitalersetzender Darlehen ist steuerlich jedoch noch keine verdeckte Einlage anzunehmen[18]. 1505

---

17 Vgl. dazu näher unten Rn. 1540 ff.
18 So auch *Tillmann*, GmbHR 1981, 17; *Timm*, Das neue GmbH-Recht in der Diskussion, GmbHR 1980, 286; *Streck*, § 8 KStG Anm. 42; *Paulick*, GmbHR

b) Problem der verdeckten Gewinnausschüttung

1506 Auch wenn das zwischen einer Kapitalgesellschaft und ihren Gesellschaftern bestehende stille Gesellschaftsverhältnis steuerlich anzuerkennen ist, kann neben der Frage des verdeckten Grund- oder Stammkapitals auch das Problem der **verdeckten Gewinnausschüttung** auftreten. Zu beachten ist, daß die verdeckte Einlage nicht die Umkehrung einer verdeckten Gewinnausschüttung ist[19].

1507 Der Begriff der verdeckten Gewinnausschüttung ist gesetzlich nicht definiert, wird aber in § 8 Abs. 3 S. 2 KStG vorausgesetzt. Lange Zeit ging der BFH in seiner Rechtsprechung von einer für die Gesellschaft und den Anteilseigner einheitlichen Definition aus. Demnach liegt immer dann eine verdeckte Gewinnausschüttung vor, wenn eine Kapitalgesellschaft einem Gesellschafter oder einer ihm nahestehenden Person außerhalb der gesellschaftsrechtlichen Gewinnverteilung einen Vermögensvorteil zuwendet und diese Zuwendung ihre Ursache im Gesellschaftsverhältnis hat. Dabei erweist sich die Zuwendung als durch das Gesellschaftsverhältnis verursacht, wenn ein ordentlicher und gewissenhafter Geschäftsleiter den Vermögensvorteil einer Person, die nicht Gesellschafter ist, unter sonst gleichen Umständen nicht gewährt hätte[20]. Diese Definition wurde durch mehrere Entscheidungen aus dem Jahr 1989 dahingehend abgeändert, daß für die Annahme einer verdeckten Gewinnausschüttung auf Seiten der Kapitalgesellschaft der Zufluß eines Vermögensvorteils beim Anteilseigner nicht mehr erforderlich ist. Nach dieser neuen Rechtsprechung stellt eine verdeckte Gewinnausschüttung bei einer Kapitalgesellschaft eine **Vermögensminderung oder verhinderte Vermögensmehrung** dar, die durch das Gesellschaftsverhältnis veranlaßt ist, sich auf die Höhe des Einkommens auswirkt und in keinem Zusammenhang mit einer offenen Ausschüttung steht[21]. Eine Veranlassung durch das Gesell-

---

1982, 237 (239); *ders.*, FS *Scherpf* 1983, S. 160; *Heinemann, P.*, Die GmbH-Novelle in der Steuerberatung, Arbeitskreis für Steuerrecht, 1982, Rn. 124; *Post/Hoffmann*, S. 147; *Schulze zur Wiesche*, Die GmbH & Still, Rn. 212; vgl. auch *Streck*, GmbHR 1987, 104.

19 Vgl. BFH v. 22. 11. 1983 (VIII R 133/82) BB 1984, 513.

20 Vgl. BFH v. 3. 2. 1971 (I R 51/66) BStBl. II 1971, 408; BFH v. 27. 1. 1972 (I R 28/69) BStBl. II 1972, 320; BFH v. 10. 1. 1973 (I R 119/70) BStBl. II 1973, 322; BFH v. 19. 3. 1975 (I R 137/73) BStBl. II 1975, 722; BFH v. 30. 7. 1975 (I R 110/72) BStBl. II 1976, 74; BFH v. 24. 9. 1980 (I R 88/77) BStBl. II 1981, 108.

21 BFH v. 22. 2. 1989 (I R 44/85) BStBl II. 1989, 475; BFH v. 22. 2. 1989 (I R 9/85) BStBl. II 1989, 631; nachfolgend bestätigt u.a. in BFH v. 11. 10. 1989 (I R 12/87) BStBl. II 1990, 89; BFH v. 2. 2. 1994 (I R 78/92) BStBl. II 1994, 479; vgl. dazu *Graffe*, DStZ 1989, 531; *Wassermeyer*, FR 1989, 218; *ders.*, GmbHR 1989, 298; *ders.*, DStR 1990, 158; *Bellstedt*, FR 1990, 65; *Streck*, § 8 KStG Anm. 65 m.w.N.; *Scholtz*, FR 1990, 386; *Schulze zur Wiesche*, GmbHR 1990, 44.

schaftsverhältnis ist dann nicht anzunehmen, wenn die Kapitalgesellschaft bei Anwendung der Sorgfalt eines ordentlichen und gewissenhaften Geschäftsleiters (§ 93 Abs. 1 S. 1 AktG; § 43 Abs. 1 GmbHG) den Vermögensvorteil unter sonst gleichen Umständen auch einem Nichtgesellschafter zugewendet hätte.

Entscheidend ist somit, welche **Gegenleistung** die Kapitalgesellschaft einer **gesellschaftsfremden Person** als stillem Gesellschafter für die überlassenen Finanzierungsmittel gewährt hätte. Dabei ist auch die für die stille Gesellschaft notwendige Gewinnabhängigkeit der Vergütungen zu berücksichtigen[22]. 1508

Die von der Rechtsprechung zum Vergleich herangezogene hypothetische „Gegenleistung" muß so gestaltet sein, daß sie in den Rahmen der stillen Gesellschaft paßt, ohne deren Wesen zu ändern. Das gilt insbesondere hinsichtlich der Gewinnabhängigkeit, die nach § 231 Abs. 2 Hs. 2 HGB nicht ausgeschlossen werden kann. Eine stille Gesellschaft liegt nicht vor, wenn der stille Gesellschafter für die Hergabe des Kapitals eine vom Geschäftsergebnis unabhängige Vergütung erhalten soll. Aus diesem Grund kann die angemessene Leistung an den stillen Gesellschafter nicht anhand einer als Obergrenze gedachten festen Verzinsung des von diesem zur Verfügung gestellten Kapitals ermittelt werden, sondern es muß ein Modus gefunden werden, der die für die stille Gesellschaft wesensnotwendige Gewinnabhängigkeit der Bezüge des stillen Gesellschafters berücksichtigt. Innerhalb dieses Gewinnverteilungssystems ist die Ermittlung eines auch unter fremden Dritten denkbaren Gewinnverteilungsschlüssels von einer Vielzahl von Faktoren abhängig (Arbeitseinsatz, Kapitaleinsatz, Haftungsrisiko). Anhaltspunkte können dabei die von der Rechtsprechung zur Gewinnverteilung bei der GmbH & Co. KG aufgestellten Grundsätze ergeben, die auf das Verhältnis zwischen Kapitalgesellschaft und stiller Beteiligung anwendbar sind, soweit sich aus dem Wesen der stillen Gesellschaft nichts anderes ergibt[23]. 1509

---

22 Vgl. BFH v. 9. 7. 1969 (I R 188/67) BFHE 96, 397 = BStBl. II 1969, 690 ff. (692); BFH v. 22. 1. 1970 (IV R 178/68) BStBl. II 1970, 416 ff. (418). Hinsichtlich der Voraussetzungen für die Anerkennung eines Vorteilsausgleichs vgl. BFH v. 8. 6. 1977 (I R 95/75) BStBl. II 1977, 704; BFH v. 1. 8. 1984 (I R 99/80) BStBl. II 1985, 18.

23 Vgl. *Paulick*, GmbHR 1982, 237 (239); *Post/Hoffmann*, S. 149. Zur angemessenen Gewinnverteilung zwischen einer GmbH und stillen Gesellschaftern, die zugleich Gesellschafter der GmbH sind vgl. BFH v. 6. 2. 1980 (I R 50/76) BStBl. II 1980, 477 ff. = GmbHR 1980, 215; *Schulze zur Wiesche*, Die GmbH & Still, Rn. 214 ff.; *Bitsch*, Gewinnverteilung der GmbH & Stille Gesellschaft, GmbHR 1983, 56 ff.; dazu unter Rn. 1580 ff. Zur Bemessung des Gewinnanteils des auch als stiller Gesellschafter an einer GmbH beteiligten Gesellschafter-

1510 Das Problem der verdeckten Gewinnausschüttung taucht aber nicht nur in Fällen einer unangemessenen Gewinnverteilung zwischen Kapitalgesellschaft und stillem Gesellschafter auf, sondern kann sich auch bei **Nichtanerkennung des stillen Gesellschaftsverhältnisses** ergeben. Letzteres ist insbesondere dann der Fall, wenn aus den Vereinbarungen nicht eindeutig hervorgeht, daß neben dem Gesellschaftsverhältnis noch ein stilles Beteiligungsverhältnis begründet worden ist. Eine verdeckte Gewinnausschüttung kann nach Ansicht des BFH weiterhin dann anzunehmen sein, wenn sich eine Kapitalgesellschaft trotz zu ihrem Nachteil geänderter Verhältnisse und trotz rechtlich bestehender Möglichkeit nicht von dem stillen Beteiligungsverhältnis mit ihrem beherrschenden Gesellschafter löst[24].

1511 Daneben können sich verdeckte Gewinnausschüttungen auch durch eine Überbewertung von Sach- oder Nutzungseinlagen ergeben[25].

1512 Das um die verdeckte Gewinnausschüttung erhöhte Einkommen der Kapitalgesellschaft unterliegt gemäß § 23 Abs. 1 KStG der Tarifbelastung von nunmehr 45%. Beim **verwendbaren Eigenkapital** löst der Mehrgewinn vermindert um die tarifliche Körperschaftsteuer einen Zugang aus. In einem weiteren Schritt mindert die verdeckte Gewinnausschüttung das verwendbare Eigenkapital, wobei zur Herstellung der Ausschüttungsbelastung eine Erhöhung oder Minderung der Körperschaftsteuer zu erfolgen hat. Dabei tritt, soweit tarifbelastetes Eigenkapital als verwendet gilt, eine Körperschaftsteuerminderung in Höhe von 15/70 = 3/14 des Ausschüttungsbetrags ein.

1513 Nach § 28 Abs. 2 KStG erfolgt für „andere Ausschüttungen", dazu gehören insbesondere die verdeckten Gewinnausschüttungen, eine Verrechnung mit dem verwendbaren Eigenkapital, das sich zum Schluß des Wirtschaftsjahres ergibt, in dem die Ausschüttung erfolgt. Die verdeckte Gewinnausschüttung erhöht somit das Einkommen des Ausschüttungsjahres, die Verrechnung mit dem verwendbaren Eigenkapital erfolgt jedoch erst nach der Fortschreibung des verwendbaren Eigenkapitals nach Abschluß des Wirtschaftsjahres[26].

Geschäftsführers unter dem Blickpunkt der verdeckten Gewinnausschüttung vgl. BFH v. 2. 7. 1975 (I R 5/75) BFHE 116, 348.
24 BFH v. 5. 2. 1986 (I S 15/86) GmbHR 1987, 69; BFH v. 9. 4. 1975 (I R 166/73) BStBl. II 1975, 617; BFH v. 13. 10. 1983 (I R 4/81) BStBl. II 1984, 65.
25 Zu Einzelfällen der verdeckten Gewinnausschüttung vgl. *Post/Hoffmann*, S. 143 ff.; *Schulze zur Wiesche*, Die GmbH & Still, Rn. 211 ff.; Abschnitt 31 KStR 1985; zur Annahme verdeckter Gewinnausschüttungen bei Verstößen gegen gesellschaftsrechtliche Formvorschriften des GmbHG vgl. *Paulick*, GmbHR 1982, 237 (240).
26 Vgl. die Beispiele bei *Schulze zur Wiesche*, Die GmbH & Still, Rn. 209 f.

Bei dem stillen Gesellschafter wird die verdeckte Gewinnausschüttung grundsätzlich wie eine offene Gewinnausschüttung behandelt. Sie führt bei ihm, soweit er die Beteiligung im Privatvermögen hält, ebenfalls zu Einnahmen aus Kapitalvermögen. Die verdeckte Gewinnausschüttung ist um die Steuergutschrift von 3/7 der Ausschüttung zu erhöhen; diese ist jedoch auf die Einkommensteuer des Gesellschafters anzurechnen, § 20 Abs. 1 Nr. 1, Nr. 3, § 36 Abs. 2 Nr. 3 EStG. 1514

3. Vereinbarung der Maßgeblichkeit der Steuerbilanz

Wenn für die Berechnung des Gewinnanteils des stillen Gesellschafters einer Kapitalgesellschaft die **Maßgeblichkeit der Steuerbilanz** vereinbart ist, so bedarf es der Auslegung im Einzelfall, ob damit die Steuerbilanz der Kapitalgesellschaft vor oder nach Abzug der Körperschaftsteuer und bis 1996 der Vermögensteuer gemeint ist. Obwohl der körperschaftsteuerliche Gewinnbegriff die Körperschaftsteuer und Vermögensteuer bei Kapitalgesellschaften mit einbezieht, ist bei der Bemessungsgrundlage für die stille Gesellschaft nicht ohne weiteres von diesem auszugehen. Nach Ansicht des BFH[27] soll mit der Vereinbarung der Maßgeblichkeit der Steuerbilanz für die Berechnung des Gewinnanteils des stillen Gesellschafters lediglich der Vorrang der steuerrechtlichen Bewertungsvorschriften über die Bilanz bezweckt werden. Somit kann nur die Auslegung im Einzelfall ergeben, was die Parteien mit der Maßgeblichkeit der Steuerbilanz hinsichtlich der Berechnung des Gewinnanteils des stillen Gesellschafters gemeint haben. Dabei kommt der ständigen Übung der Vertragspartner eine entscheidende Bedeutung zu. 1515

Wer sich als stiller Gesellschafter an einem Unternehmen beteiligen will, wird dazu neigen, die Zahlung der Körperschaftsteuer und der Vermögensteuer bei Kapitalgesellschaften als eine private Angelegenheit zu betrachten, die keinen Einfluß auf die Höhe seines Gewinnanteils haben dürfe. Sein Interesse wird dahin gehen, daß die Maßgeblichkeit der Steuerbilanz für die Berechnung seines Gewinnanteils auch die Nichtabzugsfähigkeit der Körperschaftsteuer, der Umsatzsteuer auf den Eigenverbrauch und der Vermögensteuer nach § 10 Nr. 2 KStG einschließt. Im Gegensatz dazu könnte die Kapitalgesellschaft darauf hinweisen, daß ihre Gesellschafter ebenfalls nur einen Gewinn nach Abzug dieser Steuern beanspruchen können und daß daher eine Berechnung des Gewinnanteils des stillen Gesellschafters nach dem Steuerbilanzgewinn „vor Steuern" den stillen Gesellschafter besserstellen würde als die Gesellschafter der Kapitalgesellschaft. 1516

---

27 BFH v. 14. 8. 1974 (I R 35/74) BFHE 113, 298 = BStBl. II 1974, 774.

Dem lassen sich jedoch zwei Argumente entgegenhalten:

1517 Eine Gewinnbeteiligung des stillen Gesellschafters nach Abzug der Körperschaftsteuer würde dazu führen, daß der stille Gesellschafter indirekt die Körperschaftsteuerbelastung der Kapitalgesellschaft mitzutragen hätte. Dies erscheint jedoch nicht gerechtfertigt, da der Gewinnanteil des stillen Gesellschafters im Fall der typischen stillen Beteiligung den körperschaftsteuerpflichtigen Gewinn der Kapitalgesellschaft gerade mindern soll oder im Fall der atypischen stillen Beteiligung der Kapitalgesellschaft nicht zugerechnet wird. Außerdem wäre der Gewinnanspruch des stillen Gesellschafters bei einer Beteiligung nach Abzug der Körperschaftsteuer durch die Ausschüttungspolitik der Kapitalgesellschaft manipulierbar[28].

1518 Im Ergebnis ist somit davon auszugehen, daß bei Vereinbarung der Maßgeblichkeit der Steuerbilanz hinsichtlich der Berechnung des Gewinnanteils des stillen Gesellschafters **im Zweifel der Steuerbilanzgewinn vor Abzug der Körperschaftsteuer** zugrunde zu legen ist[29].

III. Die atypische stille Beteiligung an einer Kapitalgesellschaft

1519 Die Gesellschafter einer Kapitalgesellschaft können sich an dieser auch in atypischer Form still beteiligen. Nach Ansicht des BFH sollen in solchen Fällen für die Beurteilung der Frage, ob die atypische stille Beteiligung an dem Gewerbebetrieb der Kapitalgesellschaft verdecktes Stammkapital darstellt, ebenfalls die Grundsätze gelten, wie sie die Rechtsprechung für Gesellschafterdarlehen aufgestellt hat (oben Rn. 1488 ff.)[30]. Hierbei hat der BFH allerdings nicht beachtet, daß es sich bei der Einlage des atypisch stillen Gesellschafters zumindest steuerlich **nicht um Fremd- sondern um Eigenkapital** handelt[31]. Die Gewinnanteile des atypisch still Beteiligten stellen auf Seiten der Kapitalgesellschaft nicht Betriebsausgaben dar; für sie gilt vielmehr § 15 Abs. 1 Nr. 2 EStG. Für die bei Gesellschafterdarlehen diskutierte Frage der Umqualifizierung in verdecktes Nennkapital ist bei mitunternehmerischer Beteiligung somit von vornherein kein Raum. Mangels Vorliegen von Fremdkapital greift auch § 8a KStG bei atypisch stiller Beteiligung nicht ein[32].

---

28 Vgl. hierzu die Beispiele bei *Schulze zur Wiesche*, Die GmbH & Still, Rn. 81.
29 So auch *Costede*, StbKRep 1987, 239 (261).
30 Vgl. BFH v. 20. 8. 1954 (I 130/53) BFHE 59, 329 = BStBl. III 1954, 336.
31 *Walter*, DStZ 1994, 113; *Reusch*, BB 1989, 2358.
32 *Streck*, § 8a KStG Anm. 5 m.w.N.

Liegt eine atypische stille Beteiligung an einer Kapitalgesellschaft vor und wird diese auch steuerlich anerkannt, so besteht zwischen der Gesellschaft und dem stillen Gesellschafter eine **Mitunternehmerschaft** i.S.v. § 15 Abs. 1 Nr. 2 EStG (oben Rn. 1235 ff.). Daraus folgt, daß der von der atypischen stillen Gesellschaft erwirtschaftete Gewinn im Wege der einheitlichen und gesonderten Gewinnfeststellung gem. §§ 179 Abs. 2 S. 2, 180 Abs. 1 Nr. 2a AO zu ermitteln und auf die Beteiligten nach den oben in Rn. 1332 ff. dargelegten Grundsätzen zu verteilen ist. Der auf die Kapitalgesellschaft entfallende Gewinnanteil unterliegt bei ihr nach den Vorschriften des KStG der Körperschaftsteuer. Der auf den atypischen stillen Gesellschafter entfallende Gewinnanteil gehört bei diesem zu den Einkünften aus Gewerbebetrieb und wird je nach seiner Rechtsform zur Einkommen- oder zur Körperschaftsteuer herangezogen. 1520

Fraglich ist jedoch, ob diese Grundsätze auch dann gelten, wenn die atypische stille Beteiligung an einer vermögensverwaltenden Kapitalgesellschaft besteht.

Nach der früheren **Geprägetheorie** des BFH erzielte eine GmbH & Co. KG, bei der die Kapitalgesellschaft einzige persönlich haftende und geschäftsführende Gesellschafterin war, insgesamt gewerbliche Einkünfte, unabhängig davon, ob sie sich gewerblich oder vermögensverwaltend betätigte. Die Kapitalgesellschaft, die kraft Rechtsform stets Einkünfte aus Gewerbebetrieb erzielte (§ 8 Abs. 2 KStG, § 2 Abs. 2 GewStG a.F.), gab der Personengesellschaft ihr wirtschaftliches „Gepräge"[33]. Diese Gepräge-Rechtsprechung hatte der Große Senat des BFH mit Beschluß vom 25. 6. 1984 aufgegeben[34]. 1521

Durch Art. 7 des Steuerbereinigungsgesetzes 1986 vom 19. 12. 1985[35] sind jedoch die Grundsätze der früheren Gepräge-Rechtsprechung des BFH gesetzlich verankert worden. § 15 EStG hat einen neuen Absatz 3 erhalten. Danach gilt gemäß § 15 Abs. 3 Nr. 2 EStG eine mit Einkünfteerzielungsabsicht unternommene Tätigkeit einer gewerblich geprägten Personengesellschaft, unabhängig von der Tätigkeit der Gesellschaft, als Gewerbebetrieb. Typisches Beispiel und Leitbild der gesetzlichen Regelung ist dabei die GmbH & Co. KG, bei der die Kapitalgesellschaft einzige persönlich haftende und geschäftsführende Gesellschafterin der KG ist. 1522

Für die atypische stille Beteiligung an einer Kapitalgesellschaft ergaben sich im Zusammenhang mit dieser Entwicklung zwei Probleme: 1523

---

33 Vgl. BFH v. 17. 3. 1966 (IV 233-234/65) BStBl. III 1966, 171; BFH v. 18. 2. 1976 (I R 116/75) BStBl. II 1976, 480.
34 BFH v. 25. 6. 1984 (GrS 4/82) BStBl. II 1984, 751 = GmbHR 1984, 355.
35 BGBl. I 1985, 2436.

- Die Auswirkung des BFH-Beschlusses vom 25.6.1984 auf die GmbH & Still.
- Die Anwendbarkeit von § 15 Abs. 3 Nr. 2 EStG auf die GmbH & Still.

1524 In der Literatur ist im Anschluß an die Entscheidung des BFH vom 25. 6. 1984 teilweise die Ansicht vertreten worden, daß die Grundsätze des Beschlusses auch auf die atypische GmbH & Still anzuwenden seien[36]. Begründet wird diese Auffassung damit, daß die GmbH & Co. KG mit der mitunternehmerischen GmbH & Still grundsätzlich vergleichbar sei. Betreibt die Gesellschaft Vermögensverwaltung, wären danach für die GmbH & Still Überschußeinkünfte zu ermitteln und auf die GmbH und den atypischen stillen Gesellschafter zu verteilen. Der stille Gesellschafter würde Einkünfte aus Vermietung und Verpachtung gemäß § 21 EStG, die GmbH dagegen kraft Rechtsform gewerbliche Einkünfte erzielen. Nach Schulze zur Wiesche[37] können atypische stille Gesellschafter einer vermögensverwaltenden GmbH nur dann Einkünfte aus Gewerbebetrieb haben, wenn sie die Voraussetzungen einer Mitunternehmerschaft erfüllen. Erforderlich dafür sei jedoch, daß die Mitunternehmerschaft selbst einen Gewerbebetrieb hat. Daran fehle es aber, wenn Gegenstand des Gesellschaftszwecks lediglich Vermögensverwaltung ist. Der atypische stille Gesellschafter einer vermögensverwaltenden GmbH könne demnach keine Einkünfte aus Gewerbebetrieb haben, da die Gesellschaft als solche die Voraussetzungen einer Mitunternehmerschaft nicht erfüllt.

1525 Diese Betrachtung geht davon aus, daß sich der stille Gesellschafter nicht an der GmbH beteiligt, sondern mit der GmbH zu einer Mitunternehmerschaft zusammenschließt, die das Unternehmen betreibt. Die Ebene der stillen Gesellschaft bei der GmbH & Still würde somit der Ebene der Kommanditgesellschaft bei der GmbH & Co. KG gleichgesetzt. Damit verkennt diese Auffassung aber **wesentliche gesellschafts- und steuerrechtliche Unterschiede** zwischen diesen beiden Rechtsformen.

1526 Bei der GmbH & Co. KG treten sowohl die GmbH als auch die Kommanditgesellschaft nach außen in Erscheinung. Trägerin des Unternehmens wird dabei im Regelfall die Kommanditgesellschaft sein, die auch den Tatbestand der Einkünfteerzielung verwirklicht und neben der GmbH ein eigenständiges Rechtssubjekt darstellt. **Im Gegensatz dazu ist bei der GmbH & Still die Kapitalgesellschaft Trägerin des Unternehmens,** die allein nach außen hin in Erscheinung tritt. Entscheidend ist, daß die atypische stille Beteiligung an einer GmbH eine Mitunternehmerschaft

---

36 Vgl. *Schulze zur Wiesche,* WPg 1985, 65 (73); *ders.,* GmbHR 1985, 160 (164); *Herzig/Kessler,* DB 1985, 2528 (2530).
37 *Schulze zur Wiesche,* GmbHR 1985, 160 (164).

darstellt, die als Innengesellschaft kein gemeinsames Vermögen hat. Die Einlage des stillen Gesellschafters geht gemäß § 230 Abs. 1 HGB in das Vermögen des Inhabers des Handelsgeschäfts über, und zwar auch dann, wenn es sich um ein atypisches stilles Beteiligungsverhältnis handelt. Der Übergang der Einlage des stillen Gesellschafters in das Vermögen des Inhabers des Handelsgeschäfts ist ein begriffswesentliches und unabdingbares Merkmal der stillen Gesellschaft; daran ändert auch die atypische Erscheinungsform der stillen Gesellschaft nichts.

Der BFH vertritt die Auffassung, daß bei der atypischen stillen Gesellschaft das Betriebsvermögen des Handelsgewerbetreibenden den Charakter des Gesamthandsvermögens bei einer Personenhandelsgesellschaft hat[38]. Steuerrechtlich ist das im Rahmen der Mitunternehmerschaft eingesetzte Vermögen der Kapitalgesellschaft Betriebsvermögen der Kapitalgesellschaft und nicht etwa Sonderbetriebsvermögen, welches die Kapitalgesellschaft der stillen Gesellschaft überläßt[39]. Sonderbetriebsvermögen kann nur der atypische stille Gesellschafter haben, soweit er neben seiner Einlage dem Handelsgewerbetreibenden Wirtschaftsgüter für betriebliche Zwecke zur Nutzung überläßt.

1527

Für die atypische stille Beteiligung an einer GmbH ergibt sich daraus zum einen, daß das von der GmbH eingesetzte Vermögen Betriebsvermögen der GmbH ist, und zum anderen, daß es allein die GmbH ist, die als Inhaberin des Handelsgeschäfts den Tatbestand der Einkünfteerzielung verwirklicht.

1528

Da die GmbH nach § 8 Abs. 2 KStG kraft Rechtsform gewerbliche Einkünfte erzielt, kann dem atypisch still Beteiligten immer nur ein Anteil am gewerblichen Gewinn der GmbH zugerechnet werden. Daß dem stillen Gesellschafter bei der atypischen stillen Gesellschaft der Gewinnanteil unmittelbar zugerechnet wird, ist für die Qualifizierung der Einkünfte

1529

---

38 BFH v. 2. 5. 1984 (VIII R 276/81) BStBl. II 1984, 820 = FR 1984, 535; vgl. dazu die ablehnende Anm. von *Schön*, BB 1985, 313. *Schön* will der atypischen stillen Gesellschaft eine steuerrechtliche Bilanzierungsfähigkeit zusprechen. Dabei beruft er sich darauf, daß die atypische stille Gesellschaft gemäß § 39 Abs. 2 Nr. 1 AO wirtschaftlich Eigentümer des Betriebsvermögens sei. Gegen ihn mit zutreffender Argumentation *Döllerer*, DStR 1985, 295 (297 FN 7).
39 BFH v. 2. 5. 1984 (VIII R 276/81) BStBl. II 1984, 820 = FR 1984, 535; *Döllerer*, DStR 1985, 295; *Knobbe-Keuk*, § 9 II 4c, S. 406 f., 301; *Uelner*, StbJb. 1985/86, 237 (246 ff.); *Tillmann*, in: GmbH-Handbuch III, Rn. 946; a.A. *Schulze zur Wiesche*, GmbHR 1985, 160 (162); *ders.*, GmbHR 1982, 114; *ders.* S. 90; *Post/Hoffmann*, S. 120. Letztere gehen davon aus, daß es nur zur Entstehung von Sonderbetriebsvermögen der Gesellschafter kommen kann, das insgesamt das Betriebsvermögen der Mitunternehmerschaft bildet.

unerheblich. Wie Bordewin[40] zutreffend feststellt, führt die unmittelbare Zurechnung von Gewinnanteilen bei der atypischen stillen Gesellschaft noch nicht zu einer Umqualifizierung von Einkünften zu solchen aus einer anderen Einkunftsart. Einkünfte werden grundsätzlich durch den objektiven Tatbestand ihrer Erzielung qualifiziert und die GmbH erzielt kraft Rechtsform gewerbliche Einkünfte.

1530 Im Ergebnis ist somit festzuhalten, daß auch nach Aufgabe der Gepräge-Rechtsprechung durch den BFH der atypische stille Gesellschafter einer GmbH auch dann **gewerbliche Einkünfte** erzielt, wenn die GmbH tatsächlich nur Vermögensverwaltung betreibt[41].

1531 Hiervon ist auch im Zusammenhang mit der Frage auszugehen, ob § 15 Abs. 3 EStG überhaupt auf die atypische GmbH & Still anzuwenden ist.

1532 Nach § 15 Abs. 3 Nr. 2 EStG gilt als Gewerbebetrieb in vollem Umfang die mit Einkünfteerzielungsabsicht unternommene Tätigkeit einer Personengesellschaft, bei der ausschließlich eine oder mehrere Kapitalgesellschaften persönlich haftende Gesellschafter sind und nur diese oder Personen, die nicht Gesellschafter sind, zur Geschäftsführung befugt sind (gewerblich geprägte Personengesellschaft).

1533 Der Bestimmung liegt, wie bereits oben erwähnt, das Leitbild der GmbH & Co. KG zugrunde, bei der die GmbH die alleinige persönlich haftende und geschäftsführende Gesellschafterin ist. Der Begriff der Personengesellschaft umfaßt aber nicht nur die Kommanditgesellschaft, sondern jede nach außen wirkende Gesellschaft, also die OHG, Gesellschaft bürgerlichen Rechts, die Partenreederei und ausländische Personengesellschaften[42]. Die GmbH & Still, die zwar unter den Begriff der Personengesellschaft fällt, wird jedoch **von dieser Regelung nicht erfaßt,** weil sie als Innengesellschaft keine in § 15 Abs. 3 Nr. 2 EStG vorausgesetzte nach außen wirkende Tätigkeit unternehmen kann[43]. Der Inhaber des Handels-

---

40 *Bordewin,* FR 1985, 98; ihm zustimmend *Uelner,* StbJb. 1985/86, 237 (247).
41 Wie hier BMF v. 26. 11. 1987, BStBl. I 1987, 765 = FR 1988, 47; *Jurkat,* GmbHR 1985, 62 (69); *Bordewin,* FR 1985, 98; *Uelner,* StbJb. 1985/86, 237 (247); *ders.,* JbFStR 1985/86, 265 (312); *Döllerer,* JbFStR 1985/86, 265 (312); *Schwedhelm,* S. 98 ff.; *Blaurock,* BB 1992, 1969 (1973); a.A. *Knobbe-Keuk,* § 9 II 4c, S. 408 f.; *Schön,* BB 1985, 313 (314); *L. Schmidt,* § 15 EStG Rn. 358 m.w.N.; *Herzig/Kessler,* DB 1985, 2528 (2530); *dies.,* DStR 1986, 451 (452); *Groh,* WPg 1984, 655 (657); *ders.,* DB 1987, 1006 (1009); *Raupach,* JbFStR 1985/86, 265 (311 u. 313); *Walter,* DStZ 1994, 113; vgl. auch *Binger,* DB 1988, 414 (416).
42 Vgl. *L. Schmidt,* § 15 EStG Rn. 213; *Stuhrmann,* in: *Blümich/Falk,* § 15 EStG Rn. 203d.
43 Wie hier *Stuhrmann,* in: *Blümich/Falk,* § 15 EStG Rn. 203d; *Christoffel/Dankmeyer,* DB 1986, 347 (351); *Knobbe-Keuk,* § 9 II 4c, S. 409; *Groh,* DB 1987,

geschäfts, die GmbH, ist kein persönlich haftender Gesellschafter i.S.v. § 15 Abs. 3 Nr. 2 EStG, denn die stille Gesellschaft kann als Innengesellschaft keine Verbindlichkeiten begründen, für die der Inhaber des Handelsgeschäfts persönlich haften würde. Verbindlichkeiten, die durch den Betrieb des Handelsgeschäfts entstehen, sind vielmehr Verbindlichkeiten des Geschäftsinhabers selbst, die dieser als Schuldner erfüllen muß.

Nach dem oben unter Rn. 1524 ff. Ausgeführten ist jedoch auch dann, wenn die GmbH & Still nicht unter § 15 Abs. 3 Nr. 2 EStG fällt, davon auszugehen, daß der atypische stille Gesellschafter einer vermögensverwaltenden GmbH stets gewerbliche Einkünfte erzielt. 1534

IV. Ausländische Anteilseigner

Ist ein beschränkt Steuerpflichtiger Gesellschafter einer deutschen Kapitalgesellschaft, so mindert sich bei der Gesellschaft die Tarifbelastung von 45% die auf das zur Ausschüttung verwendete Einkommen entfallen ist, auf 30% für ausgeschüttete Gewinne. Das körperschaftsteuerliche Anrechnungsverfahren ist gemäß § 50 Abs. 5 S. 2 EStG auf beschränkt Steuerpflichtige nicht anzuwenden. Die an beschränkt Steuerpflichtige ausgeschütteten Gewinne bleiben folglich mit 30% = 3/7 des Ausschüttungsbetrages belastet, ohne daß es bei ihnen zu einer Anrechnung kommt. 1535

Seit dem Inkrafttreten des KStG 1977 versuchten nicht anrechnungsberechtigte Anteilseigner von Kapitalgesellschaften (ausländische Gesellschafter, steuerbefreite inländische Körperschaften) diese Körperschaftsteuerbelastung durch den **Übergang von der Eigenfinanzierung zur Fremdfinanzierung** zu vermeiden. Überläßt ein solcher Anteilseigner der Kapitalgesellschaft Fremdkapital, etwa in Form einer stillen Beteiligung, so bezieht er dafür eine gewinnabhängige Vergütung, die als Betriebsausgabe den körperschaftsteuerpflichtigen Gewinn der Kapitalgesellschaft mindert. 1536

Die sonst auf dem ausgeschütteten Gewinn lastende Körperschaftsteuer von 30% wird somit durch die Fremdfinanzierung vermieden. Die stille Gesellschaft wird daher vor allem dazu benutzt, Gewinn von Kapitalgesellschaften auf diese Weise der deutschen Körperschaftsteuer zu entziehen. In der Praxis existieren Kapitalgesellschaften mit nur einem Gesell- 1537

1006 (1009); *Blaurock*, BB 1992, 1969 (1973); a.A. *Korn*, KÖSDI 1986, 6222; *Binger*, DB 1988, 414 (416); vgl. zu der gesamten Problematik eingehend *Herzig/Kessler*, DStR 1986, 451 ff.

schafter, deren haftendes Kapital 100 000,- DM beträgt, im Gegensatz zur stillen Beteiligung des Einmann-Gesellschafters, die sich auf mehr als 10 Millionen DM beläuft[44].

1538 In den achtziger Jahren **scheiterten mehrere Versuche** zur Einführung einer gesetzlichen Regelung, mit der solchen unerwünschten Gestaltungen ein Riegel vorgeschoben werden sollte. Der BdF versuchte mit einem Erlaß vom 16. 3. 1987[45], selbst Abhilfe zu schaffen: In bestimmten Fällen überhöhter Fremdfinanzierung nahm er eine gemäß § 42 AO als mißbräuchlich zu wertende Gestaltung an und qualifizierte Gesellschafterfremdkapital in verdecktes Nennkapital um. Eine mißbräuchliche Gestaltung kam demnach vor allem in Betracht,

„wenn ein nichtanrechnungsberechtigter Anteilseigner oder eine ihm nahestehende Person der Kapitalgesellschaft

(1) in zeitlichem Zusammenhang mit einer zum Zwecke der Rückzahlung an die Anteilseigner vorgenommenen Kapitalherabsetzung Fremdkapital ohne hinreichenden wirtschaftlichen Grund zugeführt hat ... oder

(2) Fremdkapital zugeführt oder belassen hat, obwohl das Eigenkapital in einem auffallenden Mißverhältnis zu dem Aktivvermögen der Gesellschaft steht. Ein solches Mißverhältnis ist in der Regel anzunehmen, soweit das Eigenkapital wesentlich geringer ist, als es der in dem Wirtschaftszweig üblichen Eigenkapitalausstattung entspricht. Hiervon ist grundsätzlich auszugehen, soweit das Eigenkapital 10% des Aktivvermögens nicht überschreitet. Die 10%-Grenze gilt jedoch nicht in Wirtschaftszweigen, in denen eine niedrigere Eigenkapitalausstattung üblich ist (z.B. bei Banken und Versicherungen)".

1539 Der BFH hat diese Verwaltungsauffassung in einem Urteil aus dem Jahr 1992[46] verworfen, da für eine Umqualifikation von Fremd- in verdecktes Eigenkapital eine Rechtsgrundlage nicht vorhanden sei. Auch § 42 AO greife für die hier strittigen Konstellationen der Fremdfinanzierung durch nicht anrechnungsberechtigte Anteilseigner nicht ein, da diese lediglich von dem ihnen zustehenden Recht Gebrauch machten, die Gesellschaft nach ihren Wünschen mit den erforderlichen Mitteln auszustatten. Nach Auffassung des BFH kommt auch bereits deshalb in diesen Fällen keine

---

44 BMF-Finanznachrichten 50/79 v. 15. 10. 1979, S. 5; vgl. *Knobbe-Keuk*, § 17 III 4, S. 612 ff.; Zur Frage des verdeckten Stammkapitals bei solchen Beteiligungsverhältnissen siehe oben Rn. 1515 ff.; Schreiben des BdF v. 16. 3. 1987 (IV B 7 - S 2742 - 3/87) BStBl. I 1987, 373 = GmbHR 1987, 176.
45 BStBl. I 1987, 373.
46 BFH v. 5. 2. 1992 (I R 127/90) BStBl. II 1992, 532 = BB 1992, 676 = BFH/NV 1992, 629.

mißbräuchliche Gestaltung in Betracht, weil es vielfältige wirtschaftlich vernünftige Gründe dafür gibt, statt zusätzlicher Einlagen ein Darlehen zu gewähren.

Um dennoch übermäßiger Fremdfinanzierung durch ausländische Anteilseigner Einhalt zu gebieten, wurde in der Folge dieser Entscheidung eine erneute gesetzgeberische Initiative ergriffen, die schließlich zur Einführung des neuen § 8a KStG durch das StandOG vom 13. 9. 1993[47] führte. Unter den in § 8a Abs. 1 bis 4 KStG genannten Voraussetzungen werden die für Fremdkapital gezahlten Vergütungen, die die Kapitalgesellschaft von einem nicht anrechnungsberechtigten Anteilseigner erhalten hat, als **verdeckte Gewinnausschüttungen** behandelt, sofern der Anteilseigner wesentlich am Kapital beteiligt war. Dabei wird zwischen verschiedenen Formen der Vergütung differenziert: Bei gewinn- und umsatzabhängigen Vergütungen liegen verdeckte Gewinnausschüttungen vor, wenn das Fremdkapital die Hälfte des anteiligen Eigenkapitals des Anteilseigners übersteigt; bei nach Bruchteilen des Kapitals bemessenen Vergütungen liegen vorbehaltlich der Ausnahmen in Nr. 2 verdeckte Gewinnausschüttungen vor, wenn das Fremdkapital das dreifache des anteiligen Eigenkapitals übersteigt. Der neue § 8a KStG ist darauf beschränkt, die Vergütungen für die Zwecke der Körperschaftsteuer umzuqualifizieren und hat daher anders als der BdF-Erlaß aus dem Jahr 1987 keine Auswirkungen auf die Vermögen- und die Gewerbesteuer.

1540

Der Streit um diesen Problemkomplex ist durch die Einfügung des § 8a KStG aber nicht erloschen; vielmehr scheint er hierdurch erneut angefacht worden zu sein. Die neue Vorschrift ist Gegenstand vehementer Kritik. Wegen der zahlreichen in dieser Norm enthaltenen unbestimmten Rechtsbegriffe werden rechtsstaatliche Bedenken geltend gemacht[48]. Hauptvorwurf ist, daß der deutsche Gesetzgeber sich mittels des neuen § 8a KStG für Fremdkapitalzinsen ein Besteuerungsrecht anmaße, das ihm abkommensrechtlich nicht zustehe: Erreicht wird dies, indem die Fremdkapitalzinsen, für die ein ausländischer Anteilseigner im Inland keine Steuern zu zahlen hätte, nach der Umqualifizierung der Besteuerung bei der Kapitalgesellschaft unterworfen werden[49]. **Die Unverträglichkeit des neuen § 8a KStG mit DBA-Recht** erscheint schon wegen der

1541

---

47 BGBl. I 1993, 1569 = BStBl. I 1993, 749; vgl. dazu *Frotscher*, IStR 1994, 201; *Hey*, RIW 1993, 833; *Herzig*, DB 1994, 110; *Korn*, DStZ 1993, 737; *Rendels*, DStR 1993, 1089 (1090 f.); *Streck*, § 8a KStG Anm. 1 m.w.N.
48 *Bareis*, RIW 1994, 142.
49 *Knobbe-Keuk*, DB 1993, 60; *Frotscher*, IStR 1994, 201 (210); vgl. dazu auch *Siegel*, StuW 1989, 340 (346); *ders.*, GmbHR 1990, 138 (141); a.A.: *Menck*, FR 1994, 69; *Herzig*, DB 1994, 110 (114).

einseitigen Umqualifizierung von Zinsen in Dividenden evident. Zumindest hat diese Regelung im Hinblick auf die zusätzliche Zinsbesteuerung im Ausland zwangsläufig unerwünschte Doppelbesteuerungen zur Folge[50]. Nach Auffassung von Knobbe-Keuk ist § 8a KStG darüber hinaus aus weiteren Gründen zu beanstanden[51]: Zum einen wegen Verstoßes gegen die EWG-vertraglich garantierte Niederlassungsfreiheit und die Freiheit des Kapitalverkehrs; zum anderen sei die Vorschrift wegen Verstoßes gegen den Gleichbehandlungsgrundsatz gemäß Art. 3 GG verfassungswidrig, da er Kapitalgesellschaften mit ausländischen Anteilseignern gegenüber anderen benachteilige: Diese Gesellschaften müßten „Gewinne" versteuern, die sie gar nicht erzielt haben. Dem wird entgegengehalten, daß § 8a KStG nicht nur ausländische Anteilseigner, sondern auch in erheblichem Umfang inländische nicht anrechnungsberechtigte Anteilsinhaber betreffe, so daß insofern eine europarechtswidrige Diskriminierung ausscheide[52]. Zudem liege für die Ungleichbehandlung ein sachlicher Grund vor, denn nur den nichtanrechnungsberechtigten Anteilseignern stehen die hier kritisierten Steuergestaltungsmöglichkeiten zur Verfügung[53].

1542 Die Diskussion um die Gesellschafter-Fremdfinanzierung ist noch nicht beendet. Letztlich dürfte Frotscher darin zuzustimmen sein, daß der neue § 8a KStG in der Zukunft noch Anlaß zahllreicher Streitigkeiten und Prozesse sein wird; zumindest unter diesem Aspekt ist die Qualität dieser Vorschrift äußerst fragwürdig.

V. Zusammenfassung

1543 Bei der typischen stillen Gesellschaft mindert der Gewinnanteil des stillen Gesellschafters den körperschaftsteuerpflichtigen Gewinn der Kapitalgesellschaft.

Mit der steuerlichen Anerkennung stiller Beteiligungen der Gesellschafter einer Kapitalgesellschaft an dieser wird für das Körperschaft- und Vermögensteuerrecht die Möglichkeit, stille Beteiligungen als verdecktes Grund- oder Stammkapital anzusehen, erheblich eingeschränkt. Daran ändert auch § 32a GmbHG nichts. Allein das Vorliegen der Voraussetzungen kapitalersetzender Darlehen rechtfertigt steuerlich nicht die Annahme einer verdeckten Einlage. Es müssen regelmäßig die von den Finanzbehörden nachzuweisenden Voraussetzungen des § 42 AO vorliegen, da-

---

50 Vgl. dazu *Menck*, FR 1994, 69.
51 *Knobbe-Keuk*, DB 1993, 60.
52 *Herzig*, DB 1994, 110 (114); *Müller-Gatermann*, FR 1993, 381 (387).
53 *Frotscher*, IStR 1994, 201 (210).

mit die Annahme verdeckten Eigenkapitals gerechtfertigt sein soll. In der Praxis wird dieser Fall jedoch kaum vorkommen. Nach der Rechtsprechung des BFH rechtfertigt auch ein krasses Mißverhältnis zwischen Eigenkapital und Gesellschafterdarlehen nicht per se die Annahme eines Gestaltungsmißbrauchs.

Die atypische stille Beteiligung der Gesellschafter einer Kapitalgesellschaft an dieser ist grundsätzlich nicht eine Beteiligung an der Kapitalgesellschaft selbst, sondern eine Beteiligung am Handelsgewerbe der Gesellschaft. Die atypische stille Beteiligung zwischen der Kapitalgesellschaft und dem stillen Gesellschafter begründet eine Mitunternehmerschaft. Es findet eine einheitlich und gesonderte Gewinnfeststellung statt mit der Folge, daß der auf den atypischen stillen Gesellschafter entfallende anteilige Gewinn bei diesem als Einkünfte aus Gewerbebetrieb der Einkommensteuer oder – je nach der Rechtsform – der Körperschaftsteuer unterliegt. Der auf die Kapitalgesellschaft entfallende Gewinnanteil unterliegt bei dieser der Körperschaftsteuer. Die Aufgabe der Gepräge-Rechtsprechung durch den BFH hat auf die atypische stille Beteiligung an einer GmbH keine Auswirkungen gehabt. § 15 Abs. 3 Nr. 2 EStG findet auf die GmbH & Still keine Anwendung. Dennoch erzielt der atypische stille Gesellschafter einer vermögensverwaltenden GmbH stets gewerbliche Einkünfte.

Verdeckte Gewinnausschüttungen erhöhen das Einkommen der Kapitalgesellschaft im Jahr der Ausschüttung. Die Verrechnung mit dem verwendbaren Eigenkapital erfolgt nach § 28 Abs. 2 KStG erst nach Abschluß des Wirtschaftsjahres, in dem die Ausschüttung erfolgte.

Nach Einführung des § 8a KStG sind die Möglichkeiten, den körperschaftsteuerpflichtigen Gewinn von Kapitalgesellschaften mittels Gesellschafterfremdfinanzierung zu mindern, stark beschnitten, aber nicht aufgehoben worden. Bei der Vertragsgestaltung wird man sich künftig an den in § 8a KStG genannten Grenzen orientieren müssen[54].

---

54 Vgl. dazu *Korn*, DStZ 1993, 737; *Herzig*, DB 1994, 110 (119 f.).

§ 24 Die GmbH & Still

Schrifttum: Wie zu § 23 sowie außerdem: *Barten, Jürgen / Kaminski, Heinrich,* Die Einheitsbewertung des Betriebsvermögens bei der atypischen GmbH & Still, GmbHR 1983, 127; *Beranek, Axel,* Die Besteuerung der GmbH & Still, SteuerStud 1991, 132; *Biber, Renate,* Kapitalersetzende „typische" stille Beteiligung eines Gesellschafters an seiner unterkapitalisierten GmbH – Qualifizierung als Mitunternehmerschaft, DStR 1984, 424; *Bitsch, Herbert,* Gewinnverteilung der GmbH & Stille Gesellschaft, GmbHR 1983, 56; *Blaurock, Uwe,* Die GmbH & Still im Steuerrecht, BB 1992, 1969; *Böttcher, Conrad / Zartmann, Hugo / Faut, Eberhard,* Stille Gesellschaft und Unterbeteiligung, 3. Aufl., 1978; *Bormann, M.,* Die Steuern einer GmbH & Still (atypisch) und ihrer Beteiligten, Inf 1984, 25; *Carlé, Dieter,* GmbH & Still, KÖSDI 1987, 7035; *Costede, Jürgen,* Mitunternehmerschaft und Betriebsaufspaltung bei der GmbH & Still, StuW 1977, 208; *ders.,* Steuerrechtsfragen der GmbH & Still, StuW 1983, 308; *ders.,* Die stille Gesellschaft – Überlegungen aus handelsrechtlicher, steuerrechtlicher und betriebswirtschaftlicher Sicht, StbKRep 1987, 239; *Curtius-Hartung, Rudolf,* Die stille Gesellschaft – Überlegungen aus handelsrechtlicher, steuerrechtlicher und betriebswirtschaftölicher Sicht, StbKRep 1987, 223; *Ebenroth, Carsten Thomas / Auer, Thomas,* Die GmbH & Still mit Betriebsstätte in Italien, GmbHR 1990, 355; *Esch, Günter / Schulze zur Wiesche, Dieter,* Handbuch der Vermögensnachfolge, 4. Aufl., 1992; *Fasold, Rudolf,* Die stille Gesellschaft mit der „eigenen" GmbH – eine attraktive Unternehmensform, GmbHR 1970, 155; *Felix, Günther,* Die GmbH mit stiller Beteiligung als attraktive Unternehmensform, StbKRep 1971, 207; *ders.,* Ertragsteuerlicher Trend zur Überdehnung der atypisch stillen Gesellschaft bei Einschaltung einer GmbH, KÖSDI 1995, 10156; *Fichtelmann, Helmar,* GmbH & Still im Steuerrecht, 4. Aufl., 1995; *ders.,* GmbH-Beteiligung als Betriebsvermögen, Inf 1994, 705; *Fleischer, Erich / Thierfeld, Rainer,* Stille Gesellschaft im Steuerrecht, 6. Aufl., 1995; *Gassner, Bruno / Pöllath, Reinhard / Wassermeyer, Franz,* Ausgewählte ertragsteuerliche Aspekte bei atypischer stiller Beteiligung an einer GmbH einschließlich ihrer Folgen bei Auslandsbeziehungen, JbFStR 1985/86, 353; *Hachenburg,* Gesetz betreffend die Gesellschaften mit beschränkter Haftung, (GmbHG), hrsg. v. Peter Ulmer, 8. Aufl., 1992 ff.; *Heinz, Hans-Walter,* Die GmbH und die atypische stille Gesellschaft – Handels- und steuerrechtliche Fragen, Steuerrecht Gesellschaftsrecht Berufsrecht 1995 (Festschrift 15 Jahre Fachrichtung Steuern und Prüfungswesen der Berufsakademie Villingen-Schwenningen), S. 54; *Herrmann, Carl / Heuer, Gerhard / Raupach, Arndt,* Kommentar zum Einkommensteuer- und Körperschaftsteuergesetz, 20. Aufl., 1978 (Loseblatt); *Hölzel, Birgit,* Die GmbH & Still im Steuerrecht, 1981; *Horn, Wilhelm / Maertins, Jan,* Die steuerliche atypische stille Beteiligung an der GmbH, GmbHR 1994, 147; *dies.,* Mitunternehmerische Betätigung und Beteiligung bei der GmbH & atypisch Still, GmbHR 1995, 816; *Kleine, Klaus,* JbFStR 1994/95, 148; *Lienau, Alexander / Lotz, Thomas,* Die Abgrenzung zwischen stiller Gesellschaft und partiarischem Darlehen und die steuerlichen Konsequenzen, DStR 1991, 618; *Mincke, Wolfgang,* Kreditsicherung und kapitalersetzende Darlehen, ZGR 1987, 521; *Müller, Lothar,* Fragen der typischen und der atypischen stillen Beteiligung an Unternehmen einer Kapital- und Handelsgesellschaft, StbJb 1973/74, 203; *Orth, Manfred,* Neue Aspekte zum Schütt-aus-hol-zurück-Verfahren, GmbHR 1987, 195; *Reich-Rohrwig, Johannes,* Vor- und Nachteile der GmbH & Still im Vergleich zur GmbH & Co. KG, WBl, 1988, 14; *Robisch, Martin,* Optimale Schütt-aus-hol-zurück-Politik von Kapitalgesellschaften und Wandel der Tarifstruktur, DStR 1994, 334; *Ruban, Reinhild,* Die atypische stille Gesellschaft im Ertragsteuerrecht – Tendenzen in der neueren Rechtsprechung des Bundesfinanzhofs, DStZ 1995, 637; *Sarrazin, Viktor,* Atypische Beteiligung des Organträgers an seiner Organgesellschaft, FR 1989, 11; *Schmidt, Karsten,* Grundzüge der GmbH-Novelle, NJW 1980, 1769; *ders.,* Gesellschafterdarlehen als Insolvenzrechtsproblem, ZIP 1981, 689; *Scholz, Franz,* Kommentar zum GmbH-Gesetz, 8.Aufl., 1995; *Schulze zur Wiesche, Dieter,* Die GmbH & Still, 2. Aufl., 1994; *ders.,* Die besonderen Vorteile der GmbH & Still nach dem neuen GmbH-Gesetz, 1980; *ders.,* Die Einmann-GmbH & Still und Mitunternehmerschaft, GmbHR 1983, 202; *ders.,* Beendigung einer GmbH & Still, GmbHR 1984, 320; *ders.,* Die stille Beteiligung an einer GmbH, GmbHR 1979, 33 u. 62; *ders.,* Ist die typische GmbH & Still tot?, GmbHR 1991, 533; *ders.,* Die Behandlung der Geschäftsführergehälter bei der GmbH & Still, GmbHR 1980, 168; *ders.,* Betriebsaufspaltung und stille Beteiligung, DStR 1993, 1844; *Schoor, Hans Walter,* Die GmbH & Still im Steuerrecht, 2. Auf., 1995; *ders.,* Die GmbH & Still, Inf 1993, 276; *Schwedhelm, Rolf,* Die GmbH & Still als Mitunternehmerschaft, 1987; *ders.,* Ist der stille Gesellschafter als Geschäftsführer der GmbH & Still Mitunternehmer?, GmbHR 1994, 445; *Siegel, Theodor,* Probleme der Schütt-aus-hol-zurück-Politik, DB 1983, 1881; *Steinacker, Jörg,* Die GmbH & Still im Steuerrecht, Diss. Erlangen/Nürnberg 1992, 1993; *Straub, Andrea,* Besteuerung der Einmann GmbH & Still bei gleichzeitiger Beteiligung der GmbH an einer zweiten GmbH, DB 1990, 1302; *Stüttgen, Hans-Gerd,* Die stille Beteiligung an der gewerblichen Familien-GmbH, 1988; *Sudhoff, Heinrich / Sudhoff, Martin,* Stille Beteiligung an einer GmbH und die Umwandlung dieser Beteiligung, GmbHR 1984, 77; *Walter, Wolfgang,* § 8a KStG und die GmbH & Atypisch Still, DStZ 1994, 113; *Weber, Klaus,* Ende der typisch stillen Beteiligung bei beherrschendem Einfluß?, DB 1992, 546; *ders.,* Die Bedeutung der Geschäftsführer-Tätigkeit für die Annahme einer atypischen GmbH & Still, GmbHR 1994, 144; *Winkeljohann, Norbert / Halfar, Bernd,* Gewerbesteuerliche Vorzüge der GmbH & atypisch Still?, DB 1994, 2471; *Woltmann, Albrecht,* GmbH und stille Gesellschaft – eine Rechtsform mit Zukunft, GmbHR 1974, 156; *Zacharias, Erwin / Suttmeyer, Johannes / Rinnewitz, Jürgen,* Zur gewerbesteuerrechtlichen Organschaft unter Beteiligung einer GmbH & atypisch Still, DStR 1988, 128; *Zielke, Rainer,* Vorteile der Schütt-aus-Hol-zurück-Politik im Jahre 1994, BB 1994, 2177.

I. Begriff, Zulässigkeit, Motive für die Rechtsformwahl

Bei der GmbH & Still handelt es sich ähnlich wie bei der GmbH & Co. KG um eine **gesellschaftsrechtliche Mischform**, die Elemente der Personengesellschaft mit körperschaftlichen Strukturen kombiniert. Auf die Rechtsform der GmbH & Still sind grundsätzlich die Bestimmungen des GmbH-Gesetzes sowie die §§ 230 ff. HGB anzuwenden. 1544

Gegen die Zulässigkeit dieser Mischform bestehen weder in zivilrechtlicher noch in steuerrechtlicher Hinsicht Bedenken. Soweit eine stille Be- 1545 teiligung an einer GmbH handelsrechtlich wirksam entstanden ist, wird diese grundsätzlich auch steuerrechtlich anerkannt. Das trifft sowohl für die typische als auch die atypische stille Gesellschaft an einer GmbH zu.

1546 Von besonderer Bedeutung ist die Tatsache, daß sich die Gesellschafter der GmbH neben ihrer gesellschaftsrechtlichen Beteiligung am Stammkapital zugleich auch still am Handelsgewerbe der GmbH beteiligen können. Das gilt auch für den Alleingesellschafter der GmbH, der sich an dem Unternehmen seiner GmbH gleichzeitig still beteiligt. Man spricht insoweit von einer **Einmann-GmbH & Still**[1].

1547 Ist der Stille gleichzeitig Gesellschafter der GmbH, sind jedoch einige Besonderheiten zu beachten, damit die Beteiligung steuerrechtlich anerkannt wird. Die Anerkennung von Schuldverhältnissen zwischen einer GmbH und ihren Gesellschaftern setzt **eindeutige Vereinbarungen** sowie die **tatsächliche Durchführung** dieser Vereinbarungen voraus[2]. Unabhängig von der Höhe der Beteiligung bedarf es zur Begründung eines stillen Beteiligungsverhältnisses zwischen einer GmbH und dem Gesellschafter der GmbH somit einer Vereinbarung, die klar erkennen läßt, daß weitere Rechtsbeziehungen außerhalb des GmbH-Gesellschaftsverhältnisses begründet werden sollen. Es reicht nicht aus, daß der Gesellschafter zugunsten der GmbH bestimmte Leistungen erbringt, etwa über seine Stammeinlage hinaus Zahlungen an die GmbH leistet, bestimmte Geschäfte der GmbH führt oder eine Bürgschaft für einzelne Verbindlichkeiten der GmbH übernimmt. Diese Leistungen müssen vielmehr in Erfüllung eines vorher vereinbarten Vertrags über die Begründung einer atypischen oder typischen stillen Gesellschaft erbracht werden, der aus Gründen der Beweisführung gegenüber Finanzbehörden und -gerichten schriftlich abge-

---

1 BFH v. 20. 8. 1954 (I 130/53 U) BStBl. III 1954, 336; BFH v. 6. 2. 1980 (I R 50/76) BStBl. II 1980, 477 = BB 1980, 1087; BFH v. 21. 6. 1983 (VIII R 237/80) BStBl. II 1983, 563 = BB 1983, 1515 = DB 1983, 1743; wiederholend: BFH v. 25. 5. 1988 (I R 92/84) BFH/NV 1989, 258; BFH v. 15. 12. 1992 (VIII R 42/90) BStBl. II 1994, 702 = BFHE 170, 345 = FR 1993, 436; BFH v. 26. 4. 1989 (I R 96/85) BFH/NV 1990, 63; BFH v. 5. 12. 1990 (I R 106/88) BFH/NV 1991, 841; BFH v. 12. 12. 1990 (I R 85/88) BFH/NV 1992, 59; vgl. auch *Post/Hoffmann*, S. 79; *Schulze zur Wiesche*, Die GmbH & Still, Rn. 119; *ders.*, GmbHR 1983, 202; *Blaurock*, BB 1992, 1969; *Schoor*, Rn. 72; *Paulick*, GmbHR 1982, 237.

2 BFH v. 9. 12. 1976 (IV R 47/72) BStBl. II 1977, 155; BFH v. 25. 5. 1988 (I R 92/84) BFH/NV 1989, 258; BFH v. 26. 4. 1989 (I R 96/85) BFH/NV 1990, 63; BFH v. 12. 12. 1990 (I R 85/88) BFH/NV 1992, 59; *Schulze zur Wiesche*, Die GmbH & Still, Rn. 119; *Schoor*, Rn. 73; *Fleischer/Thierfeld*, S. 116.

schlossen werden sollte. Diese Leistungen müssen rechtlich eine Vermögenseinlage i.S. von § 230 HGB darstellen[3].

Besondere Bedeutung haben in diesem Zusammenhang auch die **Formvorschriften** des GmbH-Gesetzes. Ist der Gesellschaftsvertrag wegen Verletzung dieser Formvorschriften unwirksam, werden die aufgrund des nichtigen Vertrages ausgezahlten Gewinnanteile als verdeckte Gewinnausschüttungen behandelt (oben Rn. 1506 ff.). Zu beachten ist auch das **Selbstkontrahierungsverbot** des § 181 BGB i.v.m. § 35 Abs. 4 GmbHG. Der GmbH-Gesellschafter-Geschäftsführer muß deshalb im GmbH-Vertrag regelmäßig vom Verbot des § 181 BGB befreit werden[4]. 1548

Liegen zwischen dem beherrschenden Gesellschafter oder dem Einmann-Gesellschafter und der GmbH keine eindeutigen Vereinbarungen über die Begründung eines zusätzlichen stillen Beteiligungsverhältnisses vor, ist davon auszugehen, daß die Leistungen gegenüber der GmbH aufgrund des GmbH-Vertrages und nicht im Rahmen eines stillen Gesellschaftsverhältnisses erbracht werden[5]. 1549

Als Motive für die Rechtsformwahl der GmbH & Still sind zunächst die allgemeinen Beweggründe zu nennen, die auch sonst zur Begründung einer stillen Gesellschaft führen (oben Rn. 36 ff., 41 ff., 45 ff.)[6]. 1550

Inwieweit die stille Beteiligung eines ausländischen Gesellschafters an einer inländischen GmbH nach Einführung des § 8a KStG noch ertragsteuerlich günstig ist, siehe oben Rn. 1540.

Ein **ertragsteuerlicher Vorteil** ergibt sich in der Regel bei **Veräußerung der GmbH & Still.** Der erzielte Gewinn unterliegt beim GmbH-Gesellschafter, eine wesentliche Beteiligung vorausgesetzt, gemäß § 17 EStG der Einkommensteuer. Ein Teil des Veräußerungsgewinns entfällt aber auch auf die stille Beteiligung. Der hieraus resultierende Gewinn ist steuerfrei, 1551

---

3 *Schulze zur Wiesche*, Die GmbH & Still, Rn. 122; *Fichtelmann*, Rn. 179 sowie zur Schriftlichkeit *Fleischer/Thierfeld*, S. 47; *Costede*, StbKRep 1987, 239 (259).
4 Vgl. hierzu *Fichtelmann*, Rn. 64 ff.; *Blaurock*, BB 1992, 1969 (1970); sowie grundlegend *Heinemann*, Der Geltungsbereich des § 181 BGB für Rechtsbeziehungen zwischen der GmbH und ihrem Vertretungsorgan und seine Steuerrelevanz, GmbHR 1985, 176 (179).
5 Vgl. *Schulze zur Wiesche*, Die GmbH & Still, Rn. 122; BFH v. 25. 5. 1988 (I R 92/84) BFH/NV 1989, 258 (259).
6 Zur GmbH & atypisch Still als eine steuerlich vorteilhafte Auffanggesellschaft im Falle einer Betriebseinstellung vgl. *Ehlers*, DStZ 1987, 557 (563).

sofern die stille Beteiligung nicht im Betriebsvermögen gehalten wird oder selbst Betriebsvermögen darstellt[7].

1552 Vorteilhaft ist die GmbH & Still in Form einer atypischen Beteiligung ferner im Bereich der **Gewerbesteuer**. Nach Ansicht des BFH[8] kann der für Personengesellschaften geltende Freibetrag gemäß § 11 Abs. 1 GewStG auch von der GmbH und atypisch stille Gesellschaft beansprucht werden, so daß hier gegenüber der GmbH eine Gewerbesteuerersparnis erreicht werden kann[9].

1553 Bedeutung kommt der stillen Beteiligung an einer GmbH auch bei der Unternehmensfinanzierung zu. Zwar wurde durch das StandOG[10] vom 13. 9. 1993 der Steuersatz für thesaurierte Gewinne auf 45% und der für ausgeschüttete Gewinne auf 30% gesenkt; gleichwohl besteht aber immer noch eine erhebliche Belastungsdifferenz von 15 Prozentpunkten. Um in den Genuß des niedrigeren Steuertarifs zu kommen müßte die GmbH ihre Gewinne daher möglichst vollständig ausschütten. Dies wird sich aus betriebswirtschaftlichen Gründen jedoch kein Unternehmen auf Dauer erlauben können, da bestimmte Mittel für Investitionszwecke regelmäßig im Unternehmen gebunden sind. In der Literatur ist hier das sogenannte **Schütt-aus/Hol-zurück-Verfahren** entwickelt worden, das diese unterschiedlichen Interessen wirksam miteinander kombiniert: einerseits eine vollständige Gewinnausschüttung, um in den Genuß der Tarifbegünstigung zu gelangen, andererseits eine Rückführung der Mittel, um notwendige Investitionen vornehmen zu können[11]. Für die Rückführung der ausgeschütteten Gewinnanteile bieten sich verschiedene Gestaltungsmöglichkeiten an[12]. Hervorzuheben ist hier insbesondere die Form der stillen Beteiligung, die im Gegensatz zur Kapitalerhöhung keine Sat-

---

7 *Fleischer/Thierfeld*, S. 114; *Blaurock*, BB 1992, 1969 (1971); *Lienau/Lotz*, DStR 1991, 618 (621); *Fichtelmann*, Rn. 293; *Schoor*, Inf 1993, 276 (278).
8 BFH v. 10. 11. 1993 (I R 20/93) BStBl. II 1994, 327 = BFHE 173, 184 = FR 1994, 228 = BB 1994, 564; BFH v. 2. 8. 1995 (I R 127/93) BStBl. II 1995, 764 = BFHE 177, 332 = FR 1995, 789 = DB 1995, 1644.
9 Vgl. *Horn/Maertins*, GmbHR 1994, 147 (148); *ders.*, GmbHR 1995, 816 (817); *Ruban*, DStZ 1995, 637 (644); *Heinz*, S. 64; *Fichtelmann*, Rn. 321; ablehnend: *Zacharias/Suttmeyer/Rinnewitz*, DStR 1988, 128; *Winkeljohann/Halfar*, DB 1994, 2471; *Steinacker*, S. 115 m.w.N. Für detailliertere Ausführungen, auch in Bezug auf die Geltendmachung des Staffeltarifs nach § 11 Abs. 2 GewStG, vgl. unten Rn. 1622.
10 Gesetz vom 13. 9. 1993, BGBl. 1993 I, 1569–1593.
11 Vgl. grundlegend zum Schütt-aus/Hol-zurück-Verfahren *Siegel*, DB 1983, 1881 ff.; *Orth*, GmbHR 1987, 195 ff.; *Knobbe-Keuk*, § 17 V, S. 618 ff.; *Robisch*, DStR 1994, 334, und *Zielke*, BB 1994, 2177.
12 Vgl. zu den verschiedenen Gestaltungsalternativen *Goutier/Spönlein*, GmbHR 1985, 264 (268 ff.).

zungsänderung erforderlich werden läßt, keiner notariellen Beurkundung bedarf sowie keine Eintragung im Handelsregister voraussetzt[13]. Die Rückführung im Wege der Darlehensgewährung kann dagegen in Verlustsituationen zu einer Aushöhlung des Stammkapitals führen, da das Darlehen auf jeden Fall verzinst werden muß.

Anzumerken ist, daß das Schütt-aus/Hol-zurück-Verfahren keinen Gestaltungsmißbrauch i.S.d. § 42 AO darstellt. Im Rahmen der Gesetzgebung für das KStG 1977 ist von der Zulässigkeit und steuerlichen Anerkennung dieses Verfahrens ausgegangen worden[14]. Die Bedeutung dieses Verfahrens ist jedoch für inländische Anteileigner[15] durch die Einführung der neuen Körperschaftsteuertarife zurückgegangen ist, da die ausgeschütteten Gewinne wiederum beim Anteilseigner steuerpflichtig sind und das Verfahren deshalb nur noch dann interessant sein dürfte, wenn dessen Einkommensteuerspitzenbelastung deutlich unter dem Körperschaftsteuersatz von 45% für thesaurierte Gewinne liegt[16]. 1554

Ein weiterer Vorteil der stillen Beteiligung an einer GmbH mit überwiegendem Fremdkapitalcharakter ergibt sich aus den **Rechnungslegungsvorschriften** des HGB, die kleinen und zum Teil auch mittelgroßen Kapitalgesellschaften zahlreiche Erleichterungen hinsichtlich Erstellungs- als auch Publizitätspflichten einräumen. Eine GmbH, die unter die zuletzt genannten Kategorien fällt, kann so zum Beispiel den ausgewiesen handelsrechtlichen Bilanzgewinn durch stille Beteiligungen schmälern, um damit gegenüber Kunden und Lieferanten nicht durch ein zu gutes Jahresergebnis unter Preisdruck zu geraten, ohne daß dies im Jahresabschluß für den Außenstehenden ersichtlich wäre[17] (vgl. dazu auch Rn. 792). 1555

---

13 *Paulick*, GmbHR 1982, 238; *Kreischer*, StW 1983, 184; *Fichtelmann*, Rn. 7; *Schulze zur Wiesche*, Die GmbH & Still, Rn. 427; *ders.*, GmbHR 1979, 33; *Blaurock*, BB 1992, 1969 (1971); *Lienau/Lotz*, DStR 1991, 618 (621); zweifelnd hinsichtlich der Vorteilhaftigkeit der Wiedereinlage in Form einer stillen Beteiligung *Esch/Schulze zur Wiesche*, Hdb. d. Vermögensnachfolge, 1. Buch, Rn. 1102 f.
14 Vgl. Bericht des Finanzausschusses zum KSt-Reformgesetz, BT-Drucks. 7/5310, S. 9; Abschn. 77 Abs. 5 u. 6 KStR 1981; *Knobbe-Keuk*, § 17 V, S. 619.
15 Vgl. zur Situation bei ausländischen Anteilseignern *Knobbe-Keuk*, § 17 V, S. 618 ff.; *Zielke*, BB 1994, 2177 (2184).
16 Zu beachten ist, daß ggf. auf den beim Anteilseigner zur Einkommensteuer zu veranlagenden Gewinn Kirchensteuer anfällt; vgl. *Knobbe-Keuk*, § 17 V, S. 618; *Robisch*, DStR 1994, 334 (338); sowie grundlegend zur Berechnung des jeweiligen kritischen Steuersatzes, bei dem sich das Schütt-aus/Hol-zurück-Verfahren noch anbietet *Zielke*, BB 1994, 2177 ff.
17 So auch *Curtius-Hartung*, StbKRep 1987, 223 (230); dies ergibt sich für kleine Kapitalgesellschaften daraus, daß sie die in § 285 Nr. 2 HGB geforderten genaueren Daten zum Verbindlichkeitenspiegel im Anhang gemäß § 288 HGB

II. Ausgewählte Problembereiche bei der GmbH & Still

1556 Zunächst ist darauf hinzuweisen, daß Fragen im Zusammenhang mit verdecktem Stammkapital sowie der Qualifizierung verdeckter Gewinnausschüttungen oben (Rn. 1488 ff. bzw. Rn. 1506 ff.) erörtert wurden. Hinsichtlich der körperschaftsteuerlichen Behandlung der verdeckten Gewinnausschüttung ist auf Rn. 1540 ff. zu verweisen. Zu Problemen im Zusammenhang mit einer vermögensverwaltenden atypischen GmbH & Still siehe Rn. 1519; zu umsatzsteuerlichen Fragen der GmbH & Still siehe unten (Rn. 1764).

Im folgenden werden hier nur spezielle Mitunternehmerschaftsprobleme, Fragen der angemessenen Gewinnverteilung, die ertragsteuerliche Behandlung der Vergütung des stillen Gesellschafters, der als Geschäftsführer der GmbH tätig ist sowie Probleme im Zusammenhang mit dem Sonderbetriebsvermögen des stillen Gesellschafters erörtert.

1. Mitunternehmerschaftsprobleme bei Personenidentität zwischen GmbH-Gesellschafter, Geschäftsführer und stillem Gesellschafter

1557 Der Mitunternehmerbegriff wird in den Steuergesetzen an keiner Stelle definiert, in § 15 Abs. 1 Nr. 2 EStG aber vorausgesetzt. Hinsichtlich der Merkmale und Kriterien, die von der Rechtsprechung und Lehre entwickelt wurden, um den Begriff der Mitunternehmerschaft inhaltlich zu bestimmen, ist auf die Ausführungen oben (Rn. 1237) zu verweisen. Grundsätzlich ist davon auszugehen, daß diese dort genannten Kriterien und Merkmale auch für die Abgrenzung zwischen einer nur kapitalmäßigen und einer mitunternehmerischen stillen Beteiligung an einer GmbH gelten.

1558 Anerkannt ist somit, daß bei einer GmbH & Still, die entsprechend der in §§ 230 ff. HGB vorgesehenen typischen Form der stillen Gesellschaft strukturiert ist, keine Mitunternehmerschaft vorliegt[18].

1559 Daß eine Mitunternehmerschaft in den Fällen, in denen der stille Gesellschafter gleichzeitig Anteilseigner der GmbH ist, überhaupt denkbar ist, steht heute außer Frage. In der Vergangenheit wurde hier das Problem diskutiert, ob die atypische stille Beteiligung des GmbH-Gesellschafters

---

nicht angeben müssen. Mittelgroße Kapitalgesellschaften haben diese Informationen zwar in den Anhang aufzunehmen, müssen sie jedoch nach § 327 Nr. 2 HGB nicht veröffentlichen (vgl. dazu auch *Heymann*, HGB, § 285 Rn. 16).

18 *Schulze zur Wiesche*, Die GmbH & Still, Rn. 145 ff.; *Fichtelmann*, Rn. 159; *Schwedhelm*, S. 7; *Böttcher/Zartmann/Faut*, S. 181.

nicht steuerrechtlich als verdecktes Stammkapital der GmbH zu qualifizieren sei (siehe oben Rn. 1519).

Fraglich ist allerdings, anhand welcher Kriterien die Mitunternehmerschaft bei **Personenidentität** zwischen GmbH-Gesellschafter und stillem Gesellschafter festzustellen ist. Im Mittelpunkt der Diskussion steht hier das Problem, ob die GmbH-Mitgliedschaft des stillen Gesellschafters die stille Beteiligung automatisch zu einer Mitunternehmerschaft qualifiziert. Voraussetzung dafür wäre, daß man die Rechte, die dem Stillen als GmbH-Gesellschafter zustehen, auf das stille Beteiligungsverhältnis bezieht. Als GmbH-Gesellschafter erfüllt der Stille nämlich die wesentlichen von der Rechtsprechung entwickelten Mitunternehmerschaftskriterien. Er ist am Gewinn und Verlust sowie den stillen Reserven beteiligt, und außerdem übt er durch sein Stimmrecht in der Gesellschafterversammlung Einfluß auf die Unternehmensführung aus[19]. Ihm kommt also insoweit Unternehmerinitiative zu. 1560

In Literatur und Rechtsprechung ist jedoch umstritten, ob man die Befugnisse, welche die GmbH-Gesellschafterstellung dem Stillen verleiht, zum Anlaß nehmen darf, eine stille Beteiligung in eine mitunternehmerische umzuqualifizieren. 1561

Teilweise wird die Ansicht vertreten, daß zumindest bei der **stillen Beteiligung des Alleingesellschafters der GmbH** oder dann, wenn alle GmbH-Gesellschafter gleichzeitig als stille Gesellschafter beteiligt sind, stets Mitunternehmerschaft vorliege[20]. Dies soll selbst dann gelten, wenn die gesellschaftsrechtliche Stellung des stillen Gesellschafters den §§ 230 ff. HGB entspricht. Der stille Gesellschafter, so Knobbe-Keuk[21], verfüge über alle Eigenschaften eines Mitunternehmers bereits aufgrund seiner GmbH-Gesellschafterstellung. Er sei an den stillen Reserven, am Geschäftswert des Unternehmens beteiligt, er trage somit Unternehmerinitiative und übe Unternehmerrisiko aus. Sämtliche Eigenschaften, die eine Mitunternehmerschaft begründen, stehen dem Stillen bereits zu und können nicht erst durch die Annahme einer stillen Beteiligung vermittelt werden. 1562

Demgegenüber vertritt Costede[22] die Ansicht, die Mitgliedschaft des Stillen in der GmbH dürfe nicht in die Beurteilung der Frage einbezogen 1563

---
19 *Schwedhelm*, S. 14 ff.; *Knobbe-Keuk*, § 9 II 4c, S. 404.
20 *Knobbe-Keuk*, StuW 1982, 201 (221); *Sudhoff/Sudhoff*, GmbHR 1984, 78; vgl. auch *Paulick*, GmbHR 1982, 237 (240); *Kreischer*, StW 1983, 186.
21 *Knobbe-Keuk*, StuW 1982, 201 (221); so auch *Mincke*, Kreditsicherung und kapitalersetzende Darlehen – Zugleich ein Vorschlag zur dogmatischen Einordnung kapitalersetzender Darlehen, ZGR 1987, 521 (532).
22 *Costede*, StuW 1983, 308 (309); ders., StbKRep 1987, 239 (262).

werden, ob die stille Gesellschaft mitunternehmerischer Natur sei. Nach dieser Ansicht müssen sämtliche Befugnisse, die dem Stillen aufgrund seiner GmbH-Gesellschafterstellung zustehen, bei der Beurteilung der Frage, ob das stille Beteiligungsverhältnis als solches mitunternehmerischer Natur ist, außer Betracht bleiben.

1564 Der BFH[23] hat in seinem Urteil vom 21. 6. 1983, das zur Abgrenzung der stillen Gesellschaft gegenüber dem partiarischen Darlehen ergangen ist, zu diesem Problem Stellung genommen. Nach seiner Auffassung kann auch der beherrschende Gesellschafter einer Kapitalgesellschaft neben seiner gesellschaftlichen Beteiligung am Stammkapital eine stille Beteiligung haben. Die Beherrschung der Gesellschaft schließe auch nicht die Möglichkeit einer typischen stillen Gesellschaft aus. Dieser Umstand allein führe nicht in jedem Fall zu einer atypischen stillen Gesellschaft und somit zu einer Mitunternehmerschaft i.S. von § 15 Nr. 2 EStG mit der Folge von Einkünften aus Gewerbebetrieb. Die zivilrechtlichen Formen, in denen jemand mittelbar oder unmittelbar an einer Kapitalgesellschaft beteiligt ist, seien auch für das Steuerrecht bedeutsam. Sie dürften steuerrechtlich nicht vermischt werden.

1565 Der Ansicht Knobbe-Keuks liegt eine konsequente wirtschaftliche Interpretation des Mitunternehmerbegriffs zugrunde, welche die Einflußmöglichkeiten der Person in den Vordergrund stellt, auf gesellschaftsrechtliche Strukturen dagegen keine Rücksicht nimmt. Demgegenüber ist jedoch der Ansatz vorzuziehen, der bei der Beurteilung der Mitunternehmerschaft den **unterschiedlichen Rechtsverhältnissen** Rechnung trägt. Die Rechtsstellung, die sich aus dem GmbH-Gesellschaftsverhältnis ergibt, darf nicht mit der Stellung aus dem stillen Beteiligungsverhältnis vermischt werden. Das Steuerrecht muß, wie das der BFH zutreffend feststellt, insoweit den unterschiedlichen gesellschaftsrechtlichen Grundstrukturen Rechnung tragen[24].

1566 Aus der Gesellschafterstellung in der GmbH kann mithin nicht automatisch auf eine mitunternehmerische Beteiligung am Gewerbebetrieb der

---

23 BFH v. 21. 6. 1983 (VIII R 237/80) BStBl. II 1983, 563 = BB 1983, 1515 = GmbHR 1983, 289 = DB 1983, 1743; dem BFH zustimmend *Schulze zur Wiesche*, Die GmbH & Still, Rn. 161 und wohl auch *L. Schmidt*, EStG § 15 Rn. 355 m.w.N.
24 Wie hier BFH v. 21. 6. 1983 (VIII R 237/80) BStBl. II 1983, 563 = GmbHR 1983, 289 = BB 1983, 1515 = DB 1983, 1743; *Schulze zur Wiesche*, Die GmbH & Still, Rn. 161; *ders.*, GmbHR 1983, 202; *Costede*, StuW 1983, 308, (309); *ders.*, StbKRep 1987, 239 (262); *Steinacker*, S. 11; *Fichtelmann*, Rn. 264 ff.; *Schoor*, Inf 1993, 276 (279); *Blaurock*, BB 1992, 1969 (1975); grundlegend dazu *Schwedhelm*, S. 14 ff., der sich eingehend mit der unterschiedlichen Interpretation des Mitunternehmerbegriffs auseinandersetzt.

GmbH, d.h. auf eine atypische GmbH & Still geschlossen werden. Der Praxis läßt sich hier die Empfehlung geben, eindeutig und klar festzulegen, welche Befugnisse des Einmann-Gesellschafters Ausfluß des stillen Beteiligungsverhältnisses sind.

Weiterhin umstritten ist die Frage, welche Bedeutung die **Geschäftsführertätigkeit** des Stillen für die Mitunternehmerschaft hat. Ausgehend vom Grundsatz der Fremdorganschaft ist es möglich, daß sich der GmbH-Geschäftsführer am Unternehmen der GmbH still beteiligt bzw. der stille Gesellschafter einer GmbH die Stellung eines Geschäftsführers einnimmt. 1567

In der Literatur wurde früher überwiegend angenommen, daß in Fällen, in denen der stille Gesellschafter gleichzeitig die Geschäftsführertätigkeit der GmbH ausübt, eine Mitunternehmerschaft und somit eine atypische GmbH & Still vorliegt[25]. Gestützt wurde diese Ansicht auf die Rechtsprechung[26], die in der maßgeblichen Mitarbeit in leitender Stellung einer Personengesellschaft ein entscheidendes Indiz für eine Mitunternehmerschaft sah. Die dieser Auffassung zugrundeliegenden Entscheidungen des BFH bezogen sich jedoch im wesentlichen auf stille Beteiligungen an einer OHG oder GmbH & Co. KG[27]. 1568

Mit Urteil vom 15. 12. 1992[28] hat der BFH erstmals zu der Frage Stellung genommen, welche Bedeutung die Geschäftsführungstätigkeit des Stillen bei der Qualifizierung seiner Beteiligung an einer GmbH erlangt, wobei der BFH die in den Entscheidungen vom 20. 11. 1990 und 11. 12. 1990 zur GmbH & Co. KG und stille Beteiligung aufgestellten Grundsätze[29] auch auf die GmbH & Still übertragen hat. Demnach ist der beherrschende Gesellschafter und alleiniger Geschäftsführer einer GmbH, der sich an dieser mit einer erheblichen Vermögenseinlage still beteiligt, selbst dann als atypischer stiller Gesellschafter und Mitunternehmer anzusehen, wenn eine Beteiligung an den stillen Reserven und am Geschäftswert im Rahmen der stille Beteiligung ausgeschlossen wurde. Aufgrund seiner Geschäftsführerstellung in der von ihm beherrschten GmbH und seiner 1569

---
25 *Paulick*, GmbHR 1982, 237 (238); *Hölzel*, S. 36; *Fichtelmann*, 2. Aufl., S. 44. Letzterer vertritt seit der 3. Aufl. nunmehr die entgegengesetzte Ansicht.
26 Vgl. BFH v. 29. 1. 1976 (IV R 97/74) BStBl. II 1976, 332.
27 BFH v. 23. 1. 1974 (I R 206/69) BStBl. II 1974, 480; BFH v. 29. 1. 1976 (IV R 97/74) BStBl. II 1976, 332; BFH v. 5. 7. 1978 (I R 22/75) BStBl. II 1978, 644.
28 BFH v. 15. 12. 1992 (VIII R 42/90) BStBl. II 1994, 702 = BB 1993, 1194 = FR 1993, 436 = GmbHR 1993, 520 = BFHE 170, 345.
29 Vgl. BFH v. 20. 11. 1990 (VIII R 10/87) FR 1991, 270 = DB 1991, 1052 = BB 1991, 827 und BFH v. 11. 12. 1990 (VIII R 122/86) DStR 1991, 457 = FR 1991, 236 = BB 1991, 684.

stillen Beteiligung habe er „so viel Befugnisse und tatsächliche Möglichkeiten zur Entfaltung von Unternehmerinitiative in sich vereinigt hat, daß seine Stellung als die eines Mitunternehmers gewertet werden muß."

1570 Diese Entscheidung des BFH ist überwiegend auf **Kritik** gestoßen, da sie in unzulässigem Maße die Befugnisse aus den verschiedenen Rechtsverhältnissen miteinander vermische[30]. Daran, daß unternehmerische Initiative ein entscheidendes Mitunternehmerschaftskriterium darstellt, bestehen keine Zweifel. Der Geschäftsführer einer GmbH entfaltet auch Unternehmerinitiative. Er ist notwendiges Organ der juristischen Person, ihm obliegt die Vertretung der GmbH, er übt die Kontrolle und Leitung des gesamten Unternehmens aus. Fraglich ist allerdings, ob diese Geschäftsführertätigkeit, die der stille Gesellschafter für die GmbH ausübt, zum Anlaß genommen werden kann, die stille Gesellschaft als Mitunternehmerschaft zu qualifizieren.

1571 Nach Ansicht von Costede[31] kann die **Geschäftsführertätigkeit** des Stillen nur dann eine Mitunternehmerschaft begründen, wenn sie ihm **gerade im Hinblick auf die stille Beteiligung eingeräumt** worden ist. Im Regelfall sei aber davon auszugehen, daß bei einer GmbH & Still, bei welcher der Stille gleichzeitig GmbH-Geschäftsführer ist, die Geschäftsführertätigkeit für die GmbH ausgeführt wurde. Im Gegensatz zur GmbH & Co. KG, bei der die Geschäftsführung in der Komplementär-GmbH mittelbar der KG, d.h. der Mitunternehmerschaft dient, läßt sich dies für die Geschäftsführung des Stillen bei einer GmbH & Still nicht sagen. Es muß auch hier der Besonderheit, daß die stille Gesellschaft nach außen hin nicht in Erscheinung tritt, Rechnung getragen werden. Costede[32] bezieht deshalb die Geschäftsführertätigkeit nur dann in die steuerliche Beurteilung der stillen Gesellschaft ein, wenn die Stellung als Geschäftsführer nach dem übereinstimmenden Willen der Beteiligten dazu dienen soll, dem Stillen in seiner Eigenschaft als stiller Gesellschafter Einfluß auf die Geschicke des Unternehmens zu geben. Fehlt dagegen eine solche Zwecksetzung, dürfe die Geschäftsführerposition des Stillen die Bewertung der stillen Gesellschaft nicht beeinflussen.

---

30 Vgl. *Felix*, KÖSDI 1995, 10156; *Schwedhelm*, GmbHR 1994, 445; *Fichtelmann*, Rn. 265; dem BFH wohl zustimmend dagegen *Schulze zur Wiesche*, Die GmbH & Still, Rn. 161; zu den Konsequenzen des Urteils für die Praxis s. *Weber*, GmbHR 1994, 144 (147) sowie *Felix*, KÖSDI 1995, 10156 (10158).
31 *Costede*, StuW 1983, 308 (310); so auch *Schoor*, Inf 1993, 276 (279); *Weber*, DB 1992, 546 (549); *Blaurock*, BB 1992, 1969 (1976); *Lienau/Lotz*, DStR 1991, 618 (621).
32 *Costede*, StuW 1983, 308 (310); ebenso *Steinacker*, S. 12; *Blaurock*, BB 1992, 1969 (1976).

Da eine Geschäftsführertätigkeit im Außenverhältnis bei der GmbH & Still im Gegensatz zur GmbH & Co. KG nicht besteht, kann die Tätigkeit des Stillen als GmbH-Geschäftsführer nur dann als Indiz für eine Mitunternehmerschaft gewertet werden, wenn sie ihm gerade im Hinblick auf die stille Beteiligung eingeräumt worden ist, um ihm so in seiner Eigenschaft als stiller Gesellschafter Einfluß auf die Geschicke des Unternehmens zu geben. Liegt eine solche Konstellation allerdings nicht vor, so ist der Stille, der gleichzeitig Geschäftsführer der GmbH ist, nur dann als Mitunternehmer zu qualifizieren, wenn er, unabhängig von der Geschäftsführertätigkeit, über seine stille Beteiligung entscheidend die Geschicke des Unternehmens mitbestimmt; denn im Regelfall ist davon auszugehen, daß bei einer stillen Beteiligung an einer GmbH die Geschäftsführertätigkeit für die GmbH ausgeübt wird[33]. — 1572

2. Mitunternehmerschaftsprobleme bei eigenkapitalersetzender stiller Beteiligung

Sofern man entsprechend der hier vertretenen Ansicht bei Personenidentität zwischen GmbH-Gesellschafter-Geschäftsführer und stillem Gesellschafter das stille Beteiligungsverhältnis nicht zwingend als Mitunternehmerschaft bewertet, stellt sich die Frage, ob eine typische stille Beteiligung an einer GmbH, die gem. § 32a Abs. 1 u. 3 GmbHG als eigenkapitalersetzend zu qualifizieren ist, steuerrechtlich zur Annahme einer Mitunternehmerschaft führt. — 1573

Nach § 32a Abs. 1 GmbHG kann der GmbH-Gesellschafter seiner GmbH zwar ein Darlehen gewähren, er verliert jedoch seinen Rückzahlungsanspruch im gerichtlichen Vergleich bzw. Konkurs, wenn ein ordentlicher Kaufmann der Gesellschaft im Zeitpunkt der Darlehensgewährung statt eines Darlehens Eigenkapital zur Verfügung gestellt hätte. — 1574

Um den Gläubigerschutz auch in den Fällen zu gewährleisten, in denen die Kapitalzuführung in anderer Form als der Darlehenshingabe erfolgt, hat der Gesetzgeber in § 32a Abs. 3 GmbHG den Rechtsschutz auf Rechtshandlungen des GmbH-Gesellschafters ausgedehnt, die wirtschaftlich der Darlehensgewährung entsprechen. Was unter solchen entspre- — 1575

---

33 Vgl. *Fleischer/Thierfeld*, S. 123 f.; *Fichtelmann*, Rn. 266 f.; *Steinacker*, S. 14; *Schwedhelm*, S. 48; ders., GmbHR 1994, 445 (447); *Schoor*, Inf 1993, 276 (279); *Blaurock*, BB 1992, 1969 (1976); *Weber*, DB 1992, 546 (549); *L. Schmidt*, EStG § 15 Rn. 355. Nach *Fleischer/Thierfeld*, S. 123, und *Lienau/Lotz*, DStR 1991, 618 (621), spricht ferner eine mit Begründung der stillen Beteiligung gleichzeitige Aufnahme der Geschäftsführertätigkeit des zuvor Nicht-tätigen GmbH-Gesellschafters für eine Vermutung zugunsten der Mitunternehmerschaft.

chenden Rechtshandlungen zu verstehen ist, wird nicht ausdrücklich genannt, einhellige Ansicht ist jedoch, daß die Begründung einer stillen Beteiligung des GmbH-Gesellschafters an seiner GmbH dazugehört[34]. Voraussetzung für die Gleichstellung ist allerdings, daß der Stille im Zeitpunkt der Begründung der stillen Beteiligung Gesellschafter der GmbH war oder zu den gem. § 32a Abs. 3 GmbHG gleichzubehandelnden Personen gehört[35]. Die bloße Stellung als stiller Gesellschafter reicht für die Anwendbarkeit des § 32a Abs. 1 u. 3 GmbHG nicht aus.

1576 Liegen nun die Voraussetzungen des § 32a GmbHG vor, verliert der stille Gesellschafter seinen Anspruch auf Rückzahlung der Einlage im Konkurs- und Vergleichsverfahren.

1577 Biber[36] hat daraus den Schluß gezogen, daß die typische stille Gesellschaft, die gemäß § 32a GmbHG als kapitalersetzend qualifiziert wurde, eine Mitunternehmerschaft darstellt. Wird die stille Beteiligung als kapitalersetzend angesehen, unterliege der Stille nicht nur dem allgemeinen Gläubigerrisiko, sondern auch dem unternehmerischen Verlustrisiko. Das Unternehmerrisiko ergebe sich nicht aus der Rechtsstellung des GmbH-Gesellschafters, sondern aus der Qualifizierung der Einlage als kapitalersetzende stille Beteiligung.

1578 Der Ansicht von Biber kann jedoch nicht gefolgt werden. Dies läßt sich zum einen damit begründen, daß der Stille **vor Eröffnung eines Konkurs- oder Vergleichsverfahrens in keiner Weise ein Mitunternehmerrisiko** trägt, da er zu diesem Zeitpunkt, auch wenn die stille Einlage nachträglich als eigenkapitalersetzend zu werten ist, noch immer einen Anspruch auf Rückzahlung seiner Einlage hat. Aber auch im Falle der Eröffnung eines Konkurs- oder Vergleichsverfahrens wird der Stille nicht zum Mitunternehmer, sofern man der hier vertretenen Ansicht folgt, wonach sich die Mitunternehmermerkmale direkt aus der Rechtsstellung des stillen Gesellschafters heraus zu ergeben haben. Der Stille trägt zwar nach Kon-

---

34 Vgl. insbesondere die Entstehungsgeschichte des § 32a GmbHG. In § 32a Abs. 7 des RegE war die stille Beteiligung eines GmbH-Gesellschafters ausdrücklich genannt (BT-Drucks. 8/1347, S. 10, 40; Ausschußbericht v. 16. 4. 1980, BT-Drucks. 8/3908, S. 73 ff.); *Karsten Schmidt*, Gesellschafterdarlehen als Insolvenzrechtsproblem, ZIP 1981, 689 (693); *ders.*, Grundzüge der GmbH-Novelle, NJW 1980, 1769 (1772); *Scholz/K. Schmidt*, §§ 32a, 32b GmbHG Anm. 105; *Ulmer*, in: *Hachenburg*, GmbHG, 8. Aufl., (Stand: Oktober 1990), §§ 32a, 32b GmbHG Rn. 96.

35 *Ulmer*, in: *Hachenburg*, GmbHG, 8. Aufl., (Stand: Oktober 1990), §§ 32a, 32b GmbHG Rn. 97 m.w.N.

36 *Biber*, DStR 1984, 424 (427).

kurseintritt in der Tat ein Unternehmerrisiko in Form eines möglichen Verlustes seines Anspruchs auf Rückzahlung der eigenkapitalersetzenden stillen Beteiligung, da in diesem Falle die stille Einlage genauso wie das GmbH-Stammkapital der Konkursmasse unterfällt. Dieses Risiko ist jedoch nicht durch seine Eigenschaft als Stiller begründet. Anknüpfungspunkt der Umqualifizierung ist vielmehr der Umstand, daß er es in seiner Funktion als GmbH-Gesellschafter unterlassen hat, der GmbH statt der stillen Beteiligung Eigenkapital zuzuführen. Die GmbH-Mitgliedschaft des Stillen ermöglicht somit erst eine Anwendung des § 32a GmbH[37].

Festzuhalten ist daher, daß die eigenkapitalersetzende typische stille Beteiligung eines GmbH-Gesellschafters weder vor noch nach der Eröffnung eines Konkurs- oder Vergleichsverfahrens zu einer Mitunternehmerschaft i.S.v. § 15 Abs. 1 S. 1 Nr. 2 EStG des Stillen führen kann. Die stille Einlage ist nach Konkurseröffnung vielmehr als verdecktes Stammkapital der GmbH anzusehen[38]. 1579

3. Angemessenheit der Gewinnverteilung

Der angemessenen Gewinnverteilung zwischen der GmbH und dem stillen Gesellschafter kommt hinsichtlich der steuerrechtlichen Anerkennung entscheidende Bedeutung zu. Das gilt insbesondere für den Fall, daß der Stille gleichzeitig Gesellschafter der GmbH ist, weil es hier an dem sonst typischen Interessengegensatz der Beteiligten fehlt. 1580

Soweit keine angemessene Gewinnverteilung vorliegt, können die Gewinnanteile, die den stillen Gesellschaftern gewährt werden, **verdeckte Gewinnausschüttungen** sein. Das ist dann der Fall, wenn die GmbH dem stillen Gesellschafter einen Vermögensvorteil in Form eines unangemessen hohen Gewinnanteils zuwendet, den sie bei Anwendung der Sorgfalt eines ordentlichen und gewissenhaften Geschäftsleiters einem Nichtgesellschafter unter sonst gleichen Umständen nicht gewährt hätte[39]. 1581

---

37 Vgl. auch *Schwedhelm*, S. 35; *Stüttgen*, S. 284 f.; *Steinacker*, S. 16; *Ulmer*, in: Hachenburg, GmbHG, 8. Aufl., (Stand: Oktober 1990), §§ 32a, 32b GmbHG Rn. 97.
38 Ebenso *Paulick*, GmbHR 1982, 237 (239); *Tillmann*, GmbHR 1981, 17 (18); *Stüttgen*, S. 285; *Schwedhelm*, S. 35; *Fichtelmann*, Rn. 148; *Schulze zur Wiesche*, Die GmbH & Still, Rn. 212; hinsichtlich der Qualifizierung der stillen Einlage im Konkursfall als verdecktes Eigenkapital kritisch *Steinacker*, S. 17.
39 BFH v. 6. 2. 1980 (I R 50/76) BStBl. II 1980, 477 = GmbHR 1980, 215 = FR 1980, 357; BFH v. 25. 5. 1988 (I R 92/84) BFH/NV 1989, 258; BFH v. 5. 12. 1990 (I R 106/88) BFH/NV 1991, 841 (842); BFH v. 12. 12. 1990 (I R 85/88) BFH/NV 1992, 59. Hinsichtlich der körperschaftsteuerlichen Behandlung der vGA siehe hierzu auch Rn. 1506 ff. Vgl. zur neuen Definition der verdeckten Gewinnaus-

1582 Auch bei anderen Beteiligungen kommt es für die steuerrechtliche Anerkennung auf die Angemessenheit der Gewinnverteilung an. Fraglich ist allerdings, inwieweit die dazu von der Rechtsprechung entwickelten Grundsätze auf die Gewinnverteilung bei einer GmbH & Still übertragen werden können.

1583 Lag eine stille Beteiligung zwischen einer GmbH und ihrem **Alleingesellschafter** vor, war früher streitig, ob die Angemessenheitsmaßstäbe Anwendung finden, die für **Familiengesellschaften** entwickelt worden sind[40]. Diese Frage dürfte jedoch nach dem Grundsatzurteil des BFH v. 6. 2. 1980 als geklärt anzusehen sein.

1584 Nach Auffassung des BFH können die Grundsätze, die die Rechtsprechung zur Prüfung der Angemessenheit der Gewinnverteilung bei Familienpersonengesellschaften aufgestellt hat, auf die Prüfung der Angemessenheit der Gewinnverteilung zwischen einer GmbH und stillen Gesellschaftern, die zugleich Gesellschafter-Geschäftsführer der GmbH sind, **nicht angewendet** werden. Abgesehen von dem Fehlen einer Beteiligung des stillen Gesellschafters an einem gemeinschaftlichen Gesellschaftsvermögen (§ 230 Abs. 1 HGB), „steht die GmbH entsprechend ihrer gesellschaftsrechtlichen Ausgestaltung (§ 13 GmbHG) den stillen Gesellschaftern als von der stillen Gesellschaft unabhängige und selbständige fremde Rechtsperson gegenüber. Deshalb kann die Angemessenheit der Gewinn-(Verlust-)Verteilung in solchen Fällen bezüglich des Einkommens der Kapitalgesellschaft nicht wie bei Familien-Personengesellschaften unter dem Gesichtspunkt des § 12 EStG, sondern allein unter dem Gesichtspunkt einer möglichen verdeckten Gewinnausschüttung (§ 6 Abs. 1 S. 2 KStG a.F.) beurteilt werden"[41].

1585 Dem Urteil des BFH ist zuzustimmen. Zwar handelt es sich bei der GmbH & Still um eine Personengesellschaft, die Ausgangslage ist jedoch bei ihr eine andere als bei den Familienpersonengesellschaften. Bei der

---

schüttung: *Wassermeyer*, GmbHR 1989, 298 ff.; *ders.*, DStR 1990, 158 ff.; sowie *Schulze zur Wiesche*, GmbHR 1990, 44.

40 Bejahend: *Schulze zur Wiesche*, FR 1976, 164; *Fichtelmann*, 1977, S. 35; letzterer hat aber seine Ansicht inzwischen geändert und befürwortet die Anwendung der Grundsätze über die Angemessenheit der Gewinnverteilung bei Familiengesellschaften nur noch dem Inhalt nach sowie im Falle einer typischen stillen Beteiligung (s. dazu Rn. 194 u. 202). Gänzlich ablehnend: *Paulick*, GmbHR 1982, 237 (241); *Döllerer*, ZGR 1977, 495 (504) und ZGR 1981, 551 (560).

41 BFH v. 6. 2. 1980 (I R 50/76) BStBl. II 1980, 477 = GmbHR 1980, 215 = FR 1980, 357; wiederholend BFH v. 5. 12. 1990 (I R 106/88) BFH/NV 1991, 841.

Anerkennung der Familiengesellschaft geht es um die **Abgrenzung zur Privatsphäre (§ 12 EStG)**, bei der GmbH & Still dagegen um die **Abgrenzung zum Gesellschaftsverhältnis**. Dies gilt für die typische stille Beteiligung an einer GmbH in gleichem Maße wie für ein atypisches stilles Beteiligungsverhältnis[42].

Die für die GmbH & Co. KG entwickelten Grundsätze zur angemessenen Gewinnverteilung können dagegen auf die GmbH & Still angewendet werden, allerdings nur so weit, als sich nicht aus dem Wesen der stillen Gesellschaft etwas anderes ergibt[43]. Während bei der GmbH & Co. KG die Komplementär-GmbH sachenrechtlich nicht am Vermögen der KG beteiligt sein muß und regelmäßig nur das Haftungsrisiko trägt, ist bei der GmbH & Still die GmbH Inhaberin des gesamten Vermögens. Außerdem tritt bei der GmbH & Co. KG nach außen hin die Personengesellschaft in Erscheinung und wird aus den abgeschlossenen Geschäften berechtigt und verpflichtet. Bei der GmbH & Still dagegen tritt nur die GmbH als Inhaberin des Handelsgeschäfts im Geschäftsverkehr auf. Die stille Gesellschaft als solche wird aus den von der GmbH abgeschlossenen Geschäften nicht berechtigt und verpflichtet. **Diese Unterschiede zwischen der GmbH & Still und der GmbH & Co. KG müssen auch bei der Gewinnverteilung berücksichtigt werden.** Insbesondere sollte in Abweichung von der GmbH & Co. KG bei der GmbH & Still das Haftungsrisiko höher bemessen werden, weil der Stille nicht in gleicher Weise haftet wie der Kommanditist[44].

1586

---

42 Zustimmend auch *Costede*, StuW 1983, 308 (313); *ders.*, StbKRep 1987, 239 (260 f.); *Fleischer/Thierfeld*, S. 177; *Sudhoff/Sudhoff*, GmbHR 1984, 77 (78); *Blaurock*, BB 1992, 1969 (1976); *Steinacker*, S. 42 f.; *L. Schmidt*, EStG § 15 Rn. 356; *Schoor*, Rn. 113 sowie in der Vielzahl der Fälle *Horn/Maertins*, GmbHR 1994, 147 (152). *Schulze zur Wiesche*, Die GmbH & Still, Rn. 214 ff. und 285 ff., stimmt dem ebenso grundsätzlich zu. In bestimmten Fällen – so z.B. beim Gewinnverzicht eines atypischen Stillen, der zugleich Hauptgesellschafter der GmbH ist, zugunsten anderer atypischer stiller Gesellschafter – hält er jedoch bei einem atypischen stillen Beteiligungsverhältnis die Anwendung der Grundsätze zur Gewinnverteilung bei Familienpersonengesellschaften für möglich (vgl. Rn. 285 f.). *Fichtelmann*, Rn. 194, will demgegenüber diese Grundsätze dem Inhalt nach bei typischen stillen Beteiligungen anwenden. Im Falle einer atypischen stillen Gesellschaft stimmt er wiederum der hier vertretenen Auffassung zu (vgl. Rn. 202).
43 Vgl. FG Münster v. 23. 6. 1980 (VII 108/77 F) EFG 1980, 597 = GmbHR 1981, 248; vgl. auch BFH v. 6. 2. 1980 (I R 50/76) BStBl. II 1980, 477 = GmbHR 1980, 215 = FR 1980, 357; BFH v. 9. 7. 1969 (I R 188/67) BStBl. II 1969, 690; BFH v. 3. 2. 1977 (IV R 122/73) BStBl. II 1977, 346.
44 Ebenso *Fleischer/Thierfeld*, S. 117; *Fichtelmann*, Rn. 203; *Blaurock*, BB 1992, 1969 (1976).

1587 Für die angemessene Gewinnverteilung bei einer GmbH & Still, bei welcher der Stille gleichzeitig Gesellschafter der GmbH ist, dürfte nach der grundlegenden Entscheidung des BFH vom 6. 2. 1980 folgendes als gesichert gelten:

1588 Grundsätzlich hat die steuerrechtliche Beurteilung der Gewinnverteilung zunächst die Abhängigkeit der Gewinnanteile der stillen Gesellschafter von dem Unternehmensgewinn sowie die **freie Gestaltungsmöglichkeit der Gewinnverteilung** durch die Gesellschafter zu berücksichtigen[45].

1589 Dann stellt sich die Frage, ob die Gewinn- bzw. Verlust-Verteilung den **finanziellen und wirtschaftlichen Verhältnissen** der Gesellschafter zu der Gesellschaft sowie dem Beitrag des einzelnen Gesellschafters für die Erreichung des Gesellschaftszwecks **angemessen Rechnung trägt** oder ob bezüglich der Gewinn-Anteile der einzelnen Gesellschafter offenbare Mißverhältnisse bestehen[46].

Eine hohe Rendite des eingelegten Kapitals ist nicht von vornherein als unangemessene Gewinnverteilung anzusehen, sondern löst lediglich die Angemessenheitsprüfung aus. Diese muß dabei nach Maßgabe der zum Zeitpunkt der Eingehung der stillen Gesellschaft geltenden Verhältnissen vorgenommen werden[47].

1590 Bedeutsame **Bewertungskriterien** für die Prüfung der angemessenen Gewinnverteilung sind in erster Linie die von den Gesellschaftern erbrachten Kapitalleistungen, die eingegangenen Risiken, der Arbeitseinsatz der Gesellschafter und die Ertragsaussichten des betriebenen Unternehmens. Daneben können einige der für die Gewinnverteilung bei der GmbH & Co. KG aufgestellten Merkmale sowie die vorhandenen Geschäftsbeziehungen, die Dringlichkeit des Kapitalbedarfs und die wirtschaftliche Bedeutung der Finanzierung durch die Einlage zu berücksichtigen sein[48]. Um die Gefahr einer verdeckten Gewinnausschüttung auf jeden Fall abzuwenden, sind vorab Kapitalverzinsung und die Risiken der GmbH aus ihrer Haftung sowie ihrer Tätigkeit zu vergüten. Zur Abgeltung dieser Faktoren dürfte bei Neugründung einer GmbH & Still ein Betrag von 20–30% des Stammkapitals ausreichend sein. Beteiligt sich der Stille

---

45 Zustimmend *Schulze zur Wiesche*, Die GmbH & Still, Rn. 218; *Steinacker*, S. 43.
46 Ebenso *Steinacker*, S. 43; *Schulze zur Wiesche*, Die GmbH & Still, Rn. 218.
47 Vgl. *Bitsch*, GmbHR 1983, 56; *Schulze zur Wiesche*, Die GmbH & Still, Rn. 218; *Fleischer/Thierfeld*, S. 119; *Schoor*, Rn. 111; *Tillmann*, in: GmbH-Handbuch III, Rn. 953.
48 Ebenso *Schulze zur Wiesche*, Die GmbH & Still, Rn. 218; BFH v. 11. 7. 1984 (I R 233/81) (nicht veröffentlicht).

dagegen an einem bereits bestehenden Unternehmen der GmbH, dürften 10–20% des Gewinns als Vorabvergütung genügen[49].

Bei der Gewinnverteilung ist also zunächst der **Arbeitseinsatz** der GmbH zu vergüten. Dieser dürfte in der Regel durch das dem Geschäftsführer gezahlte Geschäftsführergehalt abgegolten sein. Soweit diese Vergütung angemessen ist, darf die Arbeitsleistung bei Verteilung des Restgewinns nicht noch einmal berücksichtigt werden[50]. 1591

Das eingezahlte Kapital ist zu den allgemeinen Konditionen am Kapitalmarkt vorweg zu verzinsen. Wird eine solche **Vorwegverzinsung** nicht vorgenommen, so muß die Verzinsung der Kapitalleistung bei Verteilung des Restgewinns mit berücksichtigt werden[51]. 1592

Soweit das **Kapitalverlustrisiko** und **Ertragsausfallrisiko** für die GmbH und den stillen Gesellschafter von unterschiedlicher Bedeutung sein sollte, kann dies ebenfalls vorweg berücksichtigt werden[52]. 1593

Die **Restgewinnverteilung** wird wesentlich von dem Verhältnis zwischen dem Wert der stillen Beteiligung und dem Unternehmenswert der GmbH bestimmt. Für eine angemessene Restgewinnverteilung ist es somit erforderlich, den Wert der Einlagen der stillen Gesellschafter und den Gesamtwert des Unternehmens der GmbH zu ermitteln. Das sich nach diesen Werten ergebende Verhältnis ist bei Beurteilung der Angemessenheit zu berücksichtigen[53]. Die Einlagen der stillen Gesellschafter sind dabei mit dem Nennwert, der Anteil der GmbH dagegen mit dem tatsächlichen Wert des Unternehmens anzusetzen. Der Unternehmenswert der GmbH ist entsprechend den Grundsätzen, welche die Rechtsprechung zur Ermittlung eines Geschäftswertes in Anwendung der sog. indirekten Methode aufgestellt hat, zu ermitteln[54]: 1594

---

49 *Felix*, StbKRep 1971, 207 (230); *Blaurock*, BB 1992, 1969 (1976), sowie *Streck*, § 8 KStG Anm. 150 (S. 246), der bei Neugründung eher einen Betrag von 30% des Stammkapitals als geeignet ansieht.
50 Vgl. BFH v. 26. 10. 1983 (I R 18/78) (nicht veröffentlicht); BFH v. 16. 7. 1986 (I R 78/79) BFH/NV 1987, 326 = GmbHR 1987, 449; BFH v. 12. 12. 1990 (I R 85/88) BFH/NV 1992, 59; ebenso: *Bitsch*, GmbHR 1983, 56; *Costede*, StuW 1983, 308 (315); *Schulze zur Wiesche*, Die GmbH & Still, 1. Aufl., S. 83 ff.; *Fleischer/Thierfeld*, S. 117.
51 *Bitsch*, GmbHR 1983, 56; *Tillmann*, in: GmbH-Handbuch III, Rn. 953; *Schulze zur Wiesche*, Die GmbH & Still, Rn. 219; *Schoor*, Rn. 115.
52 Vgl. auch *Schulze zur Wiesche*, Die GmbH & Still, Rn. 220; *Schoor*, Rn. 115.
53 *Schulze zur Wiesche*, Die GmbH & Still, Rn. 221; *Bitsch*, GmbHR 1983, 56; *Tillmann*, in: GmbH-Handbuch III, Rn. 953.
54 Vgl. BFH v. 11. 10. 1960 (I 229/59 U) BStBl. III 1960, 509; BFH v. 7. 10. 1970 (I R 1/68) BStBl. II 1971, 69; BFH v. 17. 1. 1973 (I R 46/71) BStBl. II 1973, 418; BFH

1595 Zu erwartende Jahreserträge × 10   = Ertragswert
                                                ./. Substanzwert
                                                    „innerer Wert"
                                                ./. 50% – Abschlag
                                                +   Substanzwert
                                                    Unternehmenswert

Beispiel[55]:
Der durchschnittlich zu erwartende Jahresertrag einer GmbH beträgt 100 000 DM, der Substanzwert (= Summe der Teilwerte) 200 000 DM. Die stille Beteiligung hat einen Nennwert von 150 000 DM.

Ertragswert (100 000 DM × 10 =)		.1 000 000 DM
Substanzwert	./.	200 000 DM
Innerer Wert		800 000 DM
Abschlag (50%)	./.	400 000 DM
		400 000 DM
Substanzwert	+	200 000 DM
Unternehmenswert der GmbH	(80%)	600 000 DM
Stille Beteiligung	(20%)	150 000 DM
	(100%)	750 000 DM

Soweit die Tätigkeitsvergütung für die GmbH durch das Geschäftsführergehalt angemessen berücksichtigt ist, wird der Restgewinn im Verhältnis von 80% (GmbH) zu 20% (stille Beteiligung) verteilt.

4. Geschäftsführergehalt

1596 Eine für die Praxis bedeutende Frage besteht darin, welcher **Einkunftsart** die Bezüge zuzuordnen sind, die der atypische stille Gesellschafter für seine Tätigkeit als Geschäftsführer der GmbH erhält.

In der Literatur ist dieses Problem umstritten; höchstrichterliche Entscheidungen liegen – soweit ersichtlich – noch nicht vor. Der BFH[56] hatte

---

v. 8. 12. 1976 (I R 215/73) BStBl. II 1977, 409; BFH v. 25. 1. 1979 (IV R 56/75) BStBl. II 1979, 302; BFH v. 27. 3. 1985 (I S 3/84) BFH/NV 1987, 263; BFH v. 5. 12. 1990 (I R 106/88) BFH/NV 1991, 841; sowie zur Ermittlung des Substanzwertes ausführlich BFH v. 12. 12. 1990 (I R 85/88) BFH/NV 1992, 59. Zustimmend: *Fleischer/Thierfeld*, S. 118; *Schoor*, Rn. 115, und *Schulze zur Wiesche*, Die GmbH & Still, Rn. 221, der dies jedoch wohl nur für die typische stille Beteiligung annimmt.

55 Vgl. *Fleischer/Thierfeld*, S. 118. Zu weiteren Rechenbeispielen siehe BFH v. 27. 3. 1985 (I S 3/84) BFH/NV 1987, 263; *Tillmann*, in: GmbH-Handbuch III, Rn. 953.

56 Vgl. BFH v. 2. 8. 1960 (I 221/59) BStBl. III 1960, 408; BFH v. 15. 11. 1967 (IV R 139/67) BStBl. II 1968, 152; BFH v. 21. 3. 1968 (IV R 166/67) BStBl. II 1968, 579; BFH v. 21. 4. 1971 (I R 76/70) BStBl. II 1971, 816; BFH v. 23. 2. 1972 (I R 159/68) BStBl. II 1972, 530.

sich aber mehrfach mit der Frage auseinanderzusetzen, wie zu entscheiden ist, wenn der Kommanditist einer GmbH & Co. KG gleichzeitig Geschäftsführer der Komplementär-GmbH ist und von dieser für seine Tätigkeit ein Gehalt bezieht. Der BFH sieht in der Geschäftsführertätigkeit des Kommanditisten eine **mittelbare Leistung an die Kommanditgesellschaft** und rechnet das Geschäftsführergehalt somit seinen Einkünften aus § 15 Abs. 1 Nr. 2 EStG zu. Dies soll auch für den Fall gelten, daß die Komplementär-GmbH neben der Geschäftsführertätigkeit eine eigene gewerbliche Tätigkeit ausübt[57].

Nach der Verwaltungspraxis und der überwiegenden Ansicht in der Literatur[58] sind diese Grundsätze auch auf die GmbH & Still zu beziehen. Das Gehalt, das ein atypischer stiller Gesellschafter für seine Tätigkeit als Geschäftsführer der GmbH bezieht, wäre demnach ebenfalls den **gewerblichen Einkünften** zuzurechnen. Der stille Gesellschafter, so die überwiegende Begründung, leiste mit seiner Geschäftsführertätigkeit genauso wie der Kommanditist bei einer GmbH & Co. KG einen Beitrag, welcher der Mitunternehmerschaft zugute komme.

1597

Daß eine GmbH & Still aufgrund ihrer gesellschaftsrechtlichen Struktur nicht in jedem Fall wie eine GmbH & Co. KG behandelt werden kann, ist bereits dargelegt worden. Auch eine verbreitete Auffassung in der Literatur geht davon aus, daß die Rechtsprechung des BFH zur GmbH & Co. KG nicht ohne weiteres auf die GmbH & Still zu übertragen sei[59]. Der BFH[60] selbst hat in seinem Grundsatzurteil zur angemessenen Gewinnverteilung bei einer GmbH & Still der Besonderheit dieser Rechtsform Rechnung getragen indem er ausführt, daß die für die GmbH & Co. KG entwickelten Angemessenheitsmaßstäbe nur bedingt auf die GmbH & Still anzuwenden seien.

1598

Bei der GmbH & Still tritt im Außenverhältnis ausschließlich die GmbH als Unternehmerin auf. Der stille Gesellschafter, der gleichzeitig die Ge-

1599

---

57 BFH v. 15. 10. 1975 (I R 16/73) BStBl. II 1976, 188.
58 *Tillmann*, in: GmbH-Handbuch, III, Rn. 947; *Kreischer*, StW 1983, 186; *Bormann*, Inf 1984, 25 (26); *Post/Hoffmann*, S. 141 ff.; *Paulick*, GmbHR 1982, 237 (240); *Felix*, StbKRep 1971, 207 (224); *Böttcher/Zartmann/Faut*, S. 184 ff.; *Hölzel*, S. 57; *Hennerkes/Binz*, S. 465; *Clausen*, in: Herrmann/Heuer/Raupach, § 15 EStG Anm. 35a (2); *Niemann*, BFuP 1962, 261 (270); *Neubert/Weinläder*, DB 1983, 630 (631); *Fichtelmann*, Rn. 273; *L. Schmidt*, EStG § 15 Rn. 357.
59 Vgl. *Costede*, StuW 1983, 308 ff.; *Sudhoff*, DB 1969, 2069 (2072); *Schulze zur Wiesche*, GmbHR 1979, 33 (64); *ders.*, GmbHR 1980, 168; *ders.*, Die GmbH & Still, Rn. 274 f.; vgl. auch *Döllerer*, DStR 1985, 295 ff.
60 BFH v. 6. 2. 1980 (I R 50/76) BStBl. II 1980, 477 = GmbHR 1980, 215 = FR 1980, 357.

schäftsführung der GmbH übernimmt, wird in erster Linie für die GmbH tätig. Die Tätigkeit des stillen Gesellschafters als Geschäftsführer der GmbH führt nicht automatisch zur Annahme eines Mitunternehmerschaftsverhältnisses (oben Rn. 1572).

1600 Schulze zur Wiesche[61] zieht daraus den Schluß, daß die Geschäftsführervergütung nicht den gewerblichen Einkünften, sondern vielmehr den Einkünften aus nichtselbständiger Tätigkeit gemäß § 19 EStG zuzurechnen ist. Dem kann in dieser Allgemeinheit jedoch nicht gefolgt werden.

1601 Zutreffend ist, daß die Tätigkeit des stillen Gesellschafters als Geschäftsführer der GmbH bei der Beurteilung der Frage, ob der Stille Mitunternehmer ist, außer Betracht zu bleiben hat. Ist der Stille aber aufgrund einer atypischen Ausgestaltung des stillen Beteilungsverhältnisses in Abweichung zu den §§ 230 ff. HGB steuerrechtlich als Mitunternehmer anzusehen, ist auch das Geschäftsführergehalt neben den anderen Vergütungen den gewerblichen Einkünften zuzurechnen. An dieser Beurteilung ändert auch die Tatsache nichts, daß die stille Gesellschaft als Innengesellschaft keine Geschäftsführung im rechtstechnischen Sinne kennt. Die Ansicht Schulze zur Wiesches trifft deshalb nur für den **typischen stillen Gesellschafter** zu. Übernimmt dieser die Geschäftsführung der GmbH, ist die für diese Tätigkeit gezahlte Vergütung den Einkünften aus nichtselbständiger Tätigkeit zuzurechnen. Beim **atypischen stillen Gesellschafter** dagegen ist davon auszugehen, daß die Tätigkeit als Geschäftsführer der GmbH mittelbar durch das stille Beteiligungsverhältnis veranlaßt ist und diesem somit auch zugute kommt. Insoweit ist die Rechtslage bei der GmbH & Still durchaus mit der bei der GmbH & Co. KG vergleichbar. Einer entsprechenden Anwendung der zur GmbH & Co. KG ergangenen Rechtsprechung des BFH auf die atypische GmbH & Still stehen daher keine Bedenken entgegen[62].

---

61 *Schulze zur Wiesche*, Die GmbH & Still, Rn. 275; *ders.*, GmbHR 1979, 33 (64); *ders.*, GmbHR 1980, 168; *ders.*, GmbHR 1982, 114; ihm folgend *Schwedhelm*, S. 104 ff. (114); *Esch/Schulze zur Wiesche*, Hdb. d. Vermögensnachfolge, 2. Buch, Rn. 987 und *Steinacker*, S. 50; vgl. auch die Ausführungen von *Gassner*, Ausgewählte ertragsteuerliche Aspekte bei atypischer stiller Beteiligung an einer GmbH einschließlich ihrer Folgen bei Auslandsbeziehungen, in: JbFStR 1985/86, 353 (365) sowie die ablehnende Anmerkung von *Wassermeyer*, S. 367.

62 Vgl. auch *Blaurock*, BB 1992, 1969 (1977); im Ergebnis zustimmend: *Fichtelmann*, Rn. 273; *Schoor*, Rn. 283; *L. Schmidt*, EStG § 15 Rn. 357. Kritisch und nach dem Verhältnis von Einlagewert und Stammkapital der GmbH differenzierend: *Costede*, StbKRep 1987, 239 (262 f.); *Straub*, DB 1990, 1302 (1303).

5. Behandlung der GmbH-Anteile als Sonderbetriebsvermögen

Zum Sonderbetriebsvermögen von Gesellschaftern einer Personengesellschaft zählen Wirtschaftsgüter, die nicht der Gesellschaft, sondern dem Gesellschafter gehören, aber dem Betrieb der Gesellschaft dienen (sog. Sonderbetriebsvermögen I). Wirtschaftsgüter, die nicht dem Betrieb der Gesellschaft, aber der Beteiligung des Gesellschafters zu dienen bestimmt sind bzw. durch die Beteiligung verursacht sind, gehören ebenfalls zum Sonderbetriebsvermögen (sog. Sonderbetriebsvermögen II)[63]. 1602

Bei der GmbH & Still geht die Einlage des stillen Gesellschafters in das Vermögen der GmbH über (§ 230 HGB). Auch bei der atypischen GmbH & Still besteht neben dem GmbH-Vermögen kein sachenrechtlich gesondertes Gesellschaftsvermögen. Der Inhaber des Handelsgeschäfts, also die GmbH, kann in dieser Eigenschaft kein Sonderbetriebsvermögen haben[64]. Das Betriebsvermögen der GmbH hat den Charakter des Gesamthandsvermögens bei einer Personenhandelsgesellschaft. Steuerrechtlich ist das im Rahmen der Mitunternehmerschaft eingesetzte Vermögen der Kapitalgesellschaft **Betriebsvermögen der Kapitalgesellschaft** und nicht etwa Sonderbetriebsvermögen, das die GmbH der stillen Gesellschaft überläßt[65]. 1603

Die Auffassung, daß es nur Sonderbetriebsvermögen der Gesellschafter gebe, das dann insgesamt das Betriebsvermögen der Mitunternehmerschaft bildet, ist im Hinblick auf § 230 HGB abzulehnen. Sonderbetriebsvermögen I kann nur der stille Gesellschafter haben, soweit er der GmbH neben seiner Einlage Wirtschaftsgüter zur Nutzung überläßt und diese Nutzungsüberlassung ihre Ursache im Gesellschaftsverhältnis hat[66]. 1604

Umstritten ist die Frage, ob die GmbH-Anteile des mitunternehmerischen stillen Gesellschafters zu dessen Sonderbetriebsvermögen II gehören. 1605

Von der Rechtsprechung ist diese Frage bislang nur für die GmbH & Co. KG in dem Sinne entschieden worden, daß die Anteile eines Kommandi- 1606

---

63 Vgl. grundlegend *Knobbe-Keuk*, § 11, S. 437 ff.
64 Vgl. BFH v. 2. 5. 1984 (VIII R 276/81) BStBl. II 1984, 820 = FR 1984, 535; so auch *Stüttgen*, S. 391; *Horn/Maertins*, GmbHR 1995, 816 (817); a.A. wohl *Bormann*, Inf 1984, 25 (26).
65 So auch *Fichtelmann*, Rn. 274; *Fleischer/Thierfeld*, S. 103; *Ruban*, DStZ 1995, 637 (642); *Schwedhelm*, GmbHR 1994, 445 (447); *Horn/Maertins*, GmbHR 1995, 816 (817).
66 Vgl. BFH v. 11. 12. 1990 (VIII R 122/86) BB 1991, 684 = BFHE 163, 346 = FR 1991, 236; zustimmend *Stüttgen*, S. 391; *Schoor*, Inf 1993, 276 (279).

tisten an der Komplementär-GmbH zu dessen Sonderbetriebsvermögen II gehören[67]. Zur Begründung führt der BFH aus, daß die GmbH für die Bildung dieser Gesellschaftsform notwendig sei und die GmbH dem Gesellschafter dazu diene, die Gesellschaftsrechte auszuüben.

1607 Diese Rechtsprechung kann nicht auf die GmbH & Still übertragen werden. Das ältere Schrifttum, das eine generelle Anwendbarkeit dieser Grundsätze auf die GmbH & Still befürwortet[68], berücksichtigt nicht die unterschiedlichen Gesellschaftsstrukturen. Vielmehr stellen die GmbH-Anteile des mitunternehmerischen stillen Gesellschafters bei der GmbH & Still **vom Grundsatz her Privatvermögen** des Stillen dar[69].

1608 Bei der GmbH & Co. KG wird das Unternehmen von der KG betrieben, die GmbH dient folglich in ihrer Funktion als Komplementär dem Betrieb der KG. Bei der GmbH & Still gehört das Unternehmen dagegen allein der GmbH. Es wird nur von ihr und nicht von der stillen Gesellschaft betrieben. Es ist jedoch sehr zweifelhaft, ob man daraus zwingend den Schluß ziehen muß, daß der GmbH-Anteil des stillen Gesellschafters unabhängig von der wirtschaftlichen Stellung des Stillen nur dem Unternehmen der GmbH dient[70]. Stellt der atypische stille Gesellschafter seiner GmbH neben der Einlage Wirtschaftsgüter oder Kapital zur Verfügung, kann dafür das GmbH-Gesellschaftsverhältnis genauso ursächlich sein wie das Verhältnis zur GmbH als atypischer stiller Gesellschafter. Bei der Frage, welche Beziehung ursächlich war, ist deshalb vor allem auf das **Verhältnis zwischen Eigenkapital der GmbH und der Einlage des Stillen** abzustellen. Nur dann, wenn das wirtschaftliche Schwergewicht bei der stillen Gesellschaft liegt, bestehen keine Bedenken, die Anteile des stillen Gesellschaf-

---

67 Vgl. BFH v. 14. 8. 1975 (IV R 30/71) BStBl. II 1976, 88; BFH v. 15. 10. 1975 (I R 16/73) BStBl. II 1976, 188; BFH v. 17. 12. 1984 (III R 91/81) BStBl. II 1985, 241; BFH v. 14. 4. 1988 (IV R 271/84) FR 1988, 420 (421); BFH v. 26. 2. 1992 (I R 85/91) BStBl. II 1992, 937 = BFHE 168, 52 = DB 1993, 135. A.A. *Costede*, GmbH-Geschäftsanteile als (Sonder-)Betriebsvermögen, GmbHR 1980, 241; *Czub*, Die steuerliche Behandlung der Anteile an der Komplementär-GmbH in der Hand von Kommanditisten bei der GmbH & Co. KG, StuW 1981, 333. In neueren Urteilen stellt der BFH dagegen vermehrt darauf ab, ob die GmbH außer ihrer Geschäftsführertätigkeit für die KG noch einen eigenen Betrieb von nicht ganz untergeordneter Bedeutung betreibt, vgl. BFH v. 7. 7. 1992 (VIII R 2/87) BStBl. II 1993, 328 = BB 1992, 1821 = FR 1992, 688.
68 Vgl. *Fasold*, GmbHR 1970, 155 (157); *Grieger*, Verdecktes Stammkapital bei der GmbH – Anm. zum Urteil des BFH v. 18. 3. 1966, BB 1966, 808 (809).
69 *Costede*, StuW 1983, 308 (310); ihm folgend *Schwedhelm*, S. 101 ff. (104); *Steinacker*, S. 36 f.; *Stüttgen*, S. 396; vgl. auch *Müller*, Fragen der typischen und der atypischen stillen Beteiligung am Unternehmen einer Kapital- und Handelsgesellschaft, StbJb. 1973/74, 203 (252).
70 So *Schwedhelm*, S. 104; *Costede*, StuW 1983, 308 (310); *Steinacker*, S. 36 f.

ters an der GmbH als sein Sonderbetriebsvermögen im Rahmen der atypischen stillen Gesellschaft anzusehen[71].

III. Zusammenfassung

Die Mischform der GmbH & Still wird in zivilrechtlicher wie in steuerrechtlicher Hinsicht anerkannt. Von besonderer Bedeutung ist dabei die Konstruktion, daß sich die Gesellschafter der GmbH gleichzeitig still am Handelsgewerbe ihrer GmbH beteiligen.

1609

Die Befugnisse, welche die GmbH-Gesellschafterstellung dem stillen Gesellschafter verleiht, kann nicht zum Anlaß genommen werden, eine stille Beteiligung in eine mitunternehmerische stille Beteiligung umzuqualifizieren. Die unterschiedlichen Gesellschafterverhältnisse sind auch für das Steuerrecht bedeutsam. Auch die Tätigkeit des Stillen als Geschäftsführer der GmbH begründet allein noch nicht eine Mitunternehmerschaft.

Wird die Einlage des Stillen, der zugleich GmbH-Gesellschafter ist, als kapitalersetzend qualifiziert, so stellt sie einen Beitrag in seiner Eigenschaft als GmbH-Gesellschafter dar. Der Schwerpunkt des Beteiligungsverhältnisses wird nach Konkurseröffnung in der GmbH-Beteiligung gesehen. Die stille Einlage verfällt zugunsten der Konkursmasse. Allein hieraus läßt sich aber ebenfalls nicht ableiten, es habe vor Konkurseröffnung eine Mitunternehmerschaft vorgelegen.

Bei der angemessenen Gewinnverteilung sind, um der Annahme verdeckter Gewinnausschüttungen vorzubeugen, die vom BFH aufgestellten Grundsätze zu beachten.

Das Gehalt, das der mitunternehmerische stille Gesellschafter für seine Tätigkeit als Geschäftsführer der GmbH erzielt, ist den gewerblichen Einkünften zuzurechnen.

---

[71] Wie hier *Döllerer*, DStR 1985, 295 (299); *Schulze zur Wiesche*, Die GmbH & Still, Rn. 255; *Gassner*, JbFStR 1985/86, 353 (368) ff. Diese Argumentation ablehnend *Walter*, DStZ 1994, 113 (115); kritisch, jedoch in der Mehrheit der in der Praxis vorkommenden im Ergebnis wie hier *Fichtelmann*, Rn. 278, nachdem die GmbH-Anteile grundsätzlich Sonderbetriebsvermögen des stillen Gesellschafters darstellen. *Ders.* schränkt in Inf 1994, 705 (707), seine Ansicht jedoch dahingehend ein, daß Sonderbetriebsvermögen nur im Falle der stillen Beteiligung des Mehrheitsgesellschafters der GmbH zwingend gegeben sei. Ebenso die GmbH-Anteile des Stillen als Sonderbetriebsvermögen II grundsätzlich ansehend *Schoor*, Rn. 180; *Horn/Maertins*, GmbHR 1995, 816 (818); *Kleine*, JbFStR 1994/95, 148 (159); *L. Schmidt*, EStG § 15 Rn. 357; *Esch/Schulze zur Wiesche*, Hdb. d. Vermögensnachfolge, 2. Buch, Rn. 986.

Die GmbH-Anteile des atypischen stillen Gesellschafters gehören, soweit das wirtschaftliche Schwergewicht bei der stillen Beteiligung liegt, zum Sonderbetriebsvermögen des Stillen.

§ 25 Gewerbesteuer

Schrifttum: *Beranek, Axel,* Die Besteuerung der GmbH & Still, SteuerStud 1991, 132; *Binger, Jürgen,* Einkommen- und Gewerbesteuer bei der atypisch stillen Gesellschaft, DB 1988, 414; *Böttcher, Conrad / Krahmer, Gottfried,* Die Behandlung der stillen Gesellschaft bei der Gewerbesteuer, DB 1965, 1535; *Bormann, Michael,* Die Steuern einer GmbH & Still (atypisch) und ihrer Beteiligten, INF 1984, 25; *Christoffel, Hans Günter,* Umfang des Betriebsvermögens bei einer atypisch stillen Beteiligung am Unternehmen einer Kapitalgesellschaft, (Erwiderung zu dem Beitrag von Hoffmann, DB 1984, 2379), DB 1985, 2429; *Döllerer, Georg,* Die atypische stille Gesellschaft – gelöste und ungelöste Probleme, DStR 1985, 295; *ders.,* Die atypische stille Gesellschaft in der neuesten Rechtsprechung des Bundesfinanzhofs, StbJb. 1987/88, 289; *Glanegger, Peter / Güroff, Georg,* Gewerbesteuergesetz, 3. Aufl., 1994; *Goller, Herbert,* Die Gewerbesteuerpflicht der atypischen stillen Gesellschaft, DStR 1982, 485; *Heinz, Hans-Walter,* Die GmbH und die atypische stille Gesellschaft in: Steuerrecht Gesellschaftsrecht Berufsrecht 1995 – Festschrift 15 Jahre Fachrichtung Steuern und Prüfungswesen der Berufsakademie Villingen-Schwenningen, 54; *Hölzel, Birgit,* Die GmbH & Still im Steuerrecht, 1981; *Hoffmann, Günther F.,* Substanzbesteuerung bei atypischer stiller Beteiligung am Unternehmen der Kapitalgesellschaft nach Ergänzung des § 97 Abs. 1 Nr. 5 BewG, DB 1984, 2379; *ders.,* Replik auf die Erwiderung von Christoffel in DB 1985, 2429, DB 1985, 2431; *Kormann, Berthold,* Das negative Kapitalkonto, BB 1974, 893; *Lenski, Edgar / Steinberg, Wilhelm / Stäuber, Hans-Wilkin,* Kommentar zum Gewerbesteuergesetz, 8. Aufl. (Loseblatt, Stand: November 1991); *Neubert, Hans-Peter / Weinläder, Horst,* GmbH und atypisch stille Gesellschaft in der Steuerpraxis, DB 1983, 630; *Neufang, B.,* Die sogenannten Innengesellschaften – ein Rechtsinstrument zur Optimierung der Unternehmensform, INF 1987, 16; *Oswald, Franz,* Stiller Gesellschafter und Gewerbesteuer, DStR 1966, 686; *Pauka, Dietmar,* Gewerbesteuer 1990, DB 1991, 1402; *Sarrazin, Viktor,* Atypische stille Beteiligung des Organträgers an seiner Organgesellschaft, FR 1989, 11; *Schmidt, Christian,* Gewerbesteuerliche Diskriminierung der typisch stillen Gesellschaft durch das Haushaltsbegleitgesetz 1983, DB 1984, 424; *Schmidt, Erich,* Gewinnanteile stiller Gesellschafter nach § 8 Ziff. 3 GewStG, StW 1966, 25; *Schmidt, Ludwig,* Kommentar zum Einkommensteuergesetz, 15. Aufl., 1996; *Speich, Günter,* Zweifelsfragen durch Neufassung des § 8 Ziff. 3 GewStG, FR 1965, 59; *Steinacker, Jörg,* Die GmbH & Still im Steuerrecht, Diss. Erlangen/Nürnberg 1992, 1993; *Stüttgen, Hans-Gerd,* Die stille Beteiligung an der gewerblichen Familien-GmbH, 1988; *Theisen, Manuel R.,* Partiarisches Darlehen als Finanzierungsalternative zur stillen Gesellschaft, GmbHR 1987, 64; *Unverricht, Willi,* Gewerbeertrag und Gewerbekapital der atypischen stillen Gesellschaft, DStR 1987, 413; *Winkeljohann, Norbert / Halfar, Bernd,* Gewerbesteuerliche Vorzüge der GmbH & atypisch Still, DB 1994, 2471; *Zacharias, Erwin / Suttmeyer, Johannes / Rinnewitz, Jürgen,* Zur gewerbesteuerrechtlichen Organschaft unter Beteiligung einer GmbH & atypisch Still, DStR 1988, 128.

I. Die typische stille Gesellschaft

1. Die Steuerpflicht

1610 Der Gewerbesteuer unterliegt jeder **stehende Gewerbebetrieb,** soweit er im Inland betrieben wird, wobei unter Gewerbebetrieb ein gewerbliches Unternehmen i.S. des Einkommensteuergesetzes zu verstehen ist. Die typische stille Gesellschaft als solche wird nicht zur Gewerbesteuer herangezogen, weil sie selbst kein Handelsgewerbe betreibt. Steuerschuldner ist der Inhaber des Handelsgeschäfts, nicht der stille Gesellschafter.

1611 Im Gewerbesteuerrecht ging die Rechtsprechung früher davon aus, daß der Begriff der stillen Gesellschaft weiter zu fassen sei als im Handelsrecht und im Einkommensteuerrecht. Deshalb wurden auch Dauerarbeitsverhältnisse mit Gewinnbeteiligung als gesellschaftsähnliche Verhältnisse der stillen Gesellschaft i.S.d. § 8 Nr. 3 GewStG gleichgestellt[1]. Diese Rechtsprechung wurde inzwischen mit Recht aufgegeben[2]. Dagegen hält die Judikatur bisher daran fest, daß es einer Beteiligung an einem Handelsgewerbe nicht bedarf. Es soll die **Beteiligung an einem Gewerbebetrieb schlechthin** genügen. Das wird wenig überzeugend damit begründet, daß in § 20 Abs. 1 Nr. 4 EStG ausdrücklich die Beteiligung an einem Handelsgewerbe als stiller Gesellschafter erwähnt werde, wohingegen in § 8 Nr. 3 GewStG nur von Gewinnanteilen des stillen Gesellschafters die Rede sei. Daraus und aus der Tatsache, daß das GewStG für alle Gewerbe gilt, wird gefolgert, daß der Begriff der stillen Gesellschaft und des stillen Gesellschafters im GewStG nicht die Beteiligung an einem Handelsgewerbe, sondern lediglich die Beteiligung an einem Gewerbe (z.B. an einem Handwerksbetrieb) voraussetzt[3].

1612 Befriedigend ist diese Rechtsauffassung einerseits deshalb nicht, weil zu dem handelsrechtlichen und einkommensteuerrechtlichen Begriff der stillen Gesellschaft noch ein besonderer Begriff der stillen Gesellschaft speziell für das Gebiet der Gewerbesteuer hinzukommt. Andererseits hat der BFH die noch vom Reichsfinanzhof[4] vorgenommene Ausdehnung der Anwendbarkeit des § 8 Nr. 3 GewStG auf bestimmte Darlehens- und Arbeitsverhältnisse gerade deshalb abgelehnt, weil im Steuerrecht ver-

---

1 BFH v. 22. 11. 1955 (I 139/54 S) BStBl. III 1956, 4; BFH v. 18. 11. 1958 (I 108/58 U) BStBl. III 1959, 49.
2 BFH v. 5. 6. 1964 (IV 213/60 S) BStBl. III 1965, 49; BFH v. 5. 6. 1964 (IV 108/63 U) BStBl. III 1965, 51 = StRK GewStG § 8 Nr. 2–9 R. 56 m. Anm. *Paulick.*
3 BFH v. 5. 6. 1964 (IV 213/60 S) BStBl. III 1965, 49 unter Anschluß an die gleichlautende RFH-Rechtsprechung; vgl. Abschn. 53 Abs. 1 GewStR.
4 Auch noch BFH v. 22. 11. 1955 (I 139/54 S) BFHE 62, 9 = BStBl. III 1956, 4.

wendete, zivilrechtlich feststehende Rechtsbegriffe für Besteuerungszwecke nicht mit einem vom privatrechtlichen Verständnis abweichenden Inhalt ausgelegt werden dürften. Auch das Gewerbesteuerrecht sei Teil eines einheitlichen Rechtssystems, in dem identische Begriffe auch den gleichen Inhalt haben müßten[5]. Von diesem zutreffenden Standpunkt aus ist die Anwendung des § 8 Nr. 3 GewStG auf Beteiligungen, die nicht stille Gesellschaften im Sinne von § 230 HGB sind, keineswegs konsequent. Zu rechtfertigen ist sie allenfalls mit dem Bestreben nach gleichmäßiger Besteuerung. Denn **es kann gewerbesteuerlich keinen Unterschied machen, ob eine Beteiligung am Betrieb eines Handelsgewerbes oder eines sonstigen Gewerbes besteht.** Eine solche Unterscheidung enthält das GewStG auch sonst nicht, es kennt allein die Begriffe des stehenden Gewerbes bzw. des Reisegewerbes. Von daher ist eine Gleichbehandlung aller Beteiligungen nach Art der stillen Gesellschaft, an welcher Form von Gewerbebetrieb auch immer, angezeigt[6].

2. Die Besteuerungsgrundlagen

Besteuerungsgrundlagen für die Gewerbesteuer sind der Gewerbeertrag und das Gewerbekapital (§ 6 GewStG). 1613

a) Der Gewerbeertrag

(1) Der Begriff des Gewerbeertrags

Gewerbeertrag ist der nach den Vorschriften des EStG oder des KStG zu ermittelnde Gewinn aus Gewerbebetrieb, der bei Ermittlung des Einkommens für den dem Erhebungszeitraum entsprechenden Veranlagungszeitraum zu berücksichtigen ist, vermehrt und vermindert um die in den §§ 8 und 9 GewStG bezeichneten Beträge (§ 7 GewStG). Das bedeutet nicht, daß der nach den Vorschriften des EStG oder KStG ermittelte Gewinn ohne weiteres für die Zwecke der Gewerbesteuer zu übernehmen ist. Der Gewerbeertrag wird grundsätzlich **selbständig ermittelt.** Eine rechtliche Bindung an die für die Einkommensbesteuerung getroffenen Feststellungen besteht nicht. Hat z.B. das Finanzamt im Verfahren zur einheitlichen Gewinnfeststellung für die Zwecke der Einkommensteuer das Vorliegen einer atypischen stillen Gesellschaft verneint, so ist diese Entscheidung für das Gewerbesteuerverfahren nicht verbindlich. Die Frage, ob eine 1614

---

5 BFH v. 5. 6. 1964 (IV 213/60 S) BStBl. III 1965, 49; BFH v. 11. 11. 1965 (IV 82/62 U) BStBl. III 1966, 95.
6 Unter dem auch von der BFH-Rechtsprechung hervorgehobenen Gesichtspunkt der Einheit der Rechtsordnung wäre eine redaktionelle Änderung des § 8 Nr. 3 GewStG wünschenswert.

atypische stille Gesellschaft vorliegt oder nicht, wird bei der Gewerbesteuerveranlagung unabhängig von der Entscheidung im einheitlichen Gewinnfeststellungsverfahren geprüft[7].

1615 Daraus ergibt sich: Der Steuerpflichtige kann bei der Gewerbesteuerveranlagung **Einwendungen gegen die Ermittlung des Gewinns aus Gewerbebetrieb** unabhängig vom Gang der Veranlagung bei der Einkommen- oder Körperschaftsteuer vorbringen. Er braucht jedoch den Gewerbesteuermeßbescheid nur anzufechten, wenn er eine Änderung des Gewinns aus Gewerbebetrieb für die Zwecke der Gewerbesteuer anstrebt, und zwar aus Gründen, die die Höhe des für die Einkommen- oder Körperschaftsteuer ermittelten Gewinns nicht beeinflussen. Erhebt er dagegen gegen den Einkommen- oder Körperschaftsteuerbescheid Einwendungen, die den einkommen- oder körperschaftsteuerlich maßgebenden Gewinn und den gewerbesteuerlich maßgebenden Gewinn gleichermaßen beeinflussen, so braucht der Gewerbesteuermeßbescheid nicht besonders angefochten zu werden, weil nach § 35b GewStG der Gewerbesteuermeßbescheid von Amts wegen durch einen neuen Bescheid ersetzt wird, wenn der Einkommensteuer- oder Körperschaftsteuerbescheid oder ein Feststellungsbescheid geändert wird und die Änderung die Höhe des Gewinns aus Gewerbebetrieb berührt. Die Änderung des Gewinns ist in dem neuen Gewerbesteuermeßbescheid insoweit zu berücksichtigen, als sie die Höhe des Gewerbeertrags beeinflußt. Das gilt auch für den Fall, daß der Gewerbesteuermeßbescheid, der von Amts wegen zu ersetzen ist, bereits unanfechtbar geworden ist. Soweit für die Festsetzung einer Steuer ein Feststellungsbescheid, ein Steuermeßbescheid oder ein anderer Verwaltungsakt bindend ist (Grundlagenbescheid), endet die Festsetzungsfrist nicht vor Ablauf eines Jahres nach Bekanntgabe des Grundlagenbescheids (§ 171 Abs. 10 AO).

(2) Hinzurechnungen zum Gewerbeertrag (§ 8 GewStG)

1616 Der Gewinn aus Gewerbebetrieb ist um die in § 8 GewStG festgelegten Beträge, soweit sie bei Ermittlung des Gewinns abgesetzt worden sind, zu erhöhen. Von besonderem Interesse im Zusammenhang mit der stillen Gesellschaft ist **§ 8 Nr. 3 GewStG**, wonach dem Gewinn aus Gewerbebetrieb hinzuzurechnen sind „die Gewinnanteile des stillen Gesellschafters, wenn sie beim Empfänger nicht zur Steuer nach dem Gewerbeertrag heranzuziehen sind".

1617 Leistet nach Beendigung eines stillen Gesellschaftsverhältnisses der Inhaber des Gewerbebetriebs an den früheren stillen Gesellschafter weiterhin

---
[7] BFH v. 22. 11. 1955 (I 139/54 S) BFHE 62, 9 = BStBl. III 1956, 4.

gewinnabhängige Bezüge, die noch Entgelt für die vom stillen Gesellschafter während des Bestehens des Gesellschaftsverhältnisses erbrachten Leistungen sind und beim Empfänger nicht der Gewerbesteuer unterliegen, so sind diese Leistungen bei der Ermittlung des Gewerbeertrags des Inhabers des Gewerbebetriebs nach § 8 Nr. 3 GewStG dem Gewinn hinzuzurechnen[8]. Der BFH ist der Auffassung, daß die **nach Beendigung eines stillen Gesellschaftsverhältnisses** an den ehemaligen stillen Gesellschafter vom Unternehmer zu erbringenden Leistungen jedenfalls dann unter den Begriff der Gewinnanteile des stillen Gesellschafters i.S.d. § 8 Nr. 3 GewStG fallen, wenn sie Entgelt für die vom stillen Gesellschafter während des Bestehens und in Erfüllung des Gesellschaftsverhältnisses erbrachten Leistungen darstellen, ihrer Höhe nach an den Gewinnen orientiert sind, die mutmaßlich erzielt worden wären, wenn die Gesellschaft fortbestanden hätte, und von diesen zukünftigen Gewinnen abhängen. Der BFH läßt jedoch die für den Streitfall unerhebliche Frage offen, ob von Gewinnanteilen des stillen Gesellschafters auch dann noch gesprochen werden könnte, wenn der stille Gesellschafter nach Beendigung des Gesellschaftsverhältnisses nur feste Bezüge erhält. Wird eine stille Gesellschaft vorzeitig beendet und erhält der stille Gesellschafter aus diesem Grunde eine gewinnabhängige Abfindung, mit der er wirtschaftlich in gewissem Umfange so gestellt werden soll, wie wenn die stille Gesellschaft fortbestünde, so ist kein zureichender Grund dafür erkennbar, eine solche gewinnabhängige Abfindung für zurechnungspflichtige Bezüge des stillen Gesellschafters gewerbesteuerlich beim Unternehmer anders zu behandeln, als diese zurechnungspflichtigen Bezüge – also die Leistungen an den stillen Gesellschafter – behandelt worden wären, wenn die Gesellschaft fortbestanden hätte.

Als Gewinnanteil des stillen Gesellschafters im Sinne des § 8 Nr. 3 GewStG sind auch solche Beträge anzusehen, die der Inhaber des Gewerbebetriebs für einen nach Beendigung des stillen Gesellschaftsverhältnisses zu leistenden **Geldwertausgleich** bei der Ermittlung seines Gewinns abgesetzt hat[9]. Der Begriff „Gewinnanteil" umfaßt alle gewinnabhängigen Bezüge des stillen Gesellschafters, die nach den Vorstellungen der Beteiligten den Charakter einer Gegenleistung für die vom stillen Gesellschafter in Erfüllung des Gesellschaftsverhältnisses erbrachten Leistungen haben. Auch die nach Beendigung eines Gesellschaftsverhältnisses an den ehemaligen stillen Gesellschafter zu erbringenden Leistungen können Gewinn sein. Das gilt insbesondere für die nach Auflösung der Gesellschaft im Rahmen der Abwicklung zu erbringenden Leistungen des Ge-

1618

---

8 BFH v. 17. 2. 1972 (IV R 40/68) BFHE 105, 391 = BStBl. II 1972, 586.
9 BFH v. 1. 6. 1978 (IV R 139/73) BFHE 125, 386 = FR 1979, 22.

schäftsinhabers. Wenn der Geschäftsinhaber als Abfindung mehr zahlt als den Nennbetrag der Einlage, so geschieht dies nicht, weil damit ein höherer Wert der Einlage abgegolten werden soll, sondern um dem stillen Teilhaber ein zusätzliches Entgelt für die Überlassung der Einlage zu gewähren. Auch der Ausgleich für einen Geldwertverlust ist ein solches zusätzliches Entgelt[10].

1619 Da § 8 Nr. 3 GewStG von Hinzurechnungen der Anteile eines stillen Gesellschafters spricht und die Rechtsprechung partiarische Rechtsverhältnisse nicht mehr unter den Anwendungsbereich dieser Norm faßt[11], kommt der **Abgrenzung zwischen stiller Gesellschaft und partiarischem Rechtsverhältnis** auch im Gewerbesteuerrecht herausragende Bedeutung zu. Dementsprechend sind viele finanzgerichtliche Entscheidungen zu dieser Abgrenzungsfrage im Rahmen von § 8 Nr. 3 GewStG ergangen. Da es sich bei der Differenzierung von stiller Gesellschaft und partiarischem Rechtsverhältnis dennoch um ein vorrangig zivilrechtliches Problem handelt, das auch die Finanzgerichtsbarkeit unter Anwendung des Privatrechts zu lösen hat, kann hier hinsichtlich der Abgrenzungsprinzipien zur Vermeidung von Wiederholungen auf die Ausführungen oben (Rn. 391 ff.) verwiesen werden, wo auch die steuerliche Rechtsprechung berücksichtigt ist.

1620 Ist streitig, ob ein **Arbeitsrechtsverhältnis oder eine stille Gesellschaft** vorliegen, so ist im Falle des Vorliegens einer stillen Gesellschaft für eine (anderweitige) Aufteilung der dem stillen Gesellschafter zugeflossenen Bezüge in Gehalt und Gewinnanteil kein Raum, wenn die Vertragschließenden eine solche Aufteilung bereits selbst nach ihnen zutreffend erscheinenden Gesichtspunkten vorgenommen haben und für eine Berichtigung unter steuerrechtlichen Gesichtspunkten kein Anlaß besteht[12].

1621 Ein **partiarisches Darlehen**, das nicht verzinslich ist, für das aber gewinnabhängige Vergütungen gezahlt werden, ist nach Auffassung des BFH dem Gewerbeertrag weder nach § 8 Nr. 3 GewStG noch aufgrund von § 8 Nr. 1 GewStG (Dauerschuldzinsen) hinzuzurechnen. Anderes soll nur gelten, wenn sich hinter der Vereinbarung der gewinnabhängigen Vergütung eine solche über einen festen Zins verbirgt. Für diesen Fall kommt § 8 Nr. 1 GewStG zum Zuge[13]. Hierin liegt eine Privilegierung des partiarischen

---
10 *Kormann*, BB 1974, 893 (894).
11 Oben Rn. 1611 f.
12 BFH v. 7. 2. 1968 (I 233/64) BFHE 91, 373 = BStBl. II 1968, 356; BFH v. 24. 11. 1970 (II 76/65) BStBl. II 1971, 309; BFH v. 20. 1. 1971 (I R 17/69) BStBl. II 1971, 308; BFH v. 28. 7. 1971 (I R 78/68) BStBl. II 1978, 815.
13 BFH v. 8. 3. 1984 (I R 31/80) BStBl. II 1984, 623.

Darlehens gegenüber der typischen stillen Beteiligung, die noch dadurch verstärkt wird, daß auch fest vereinbarte Zinsen gemäß § 8 Nr. 1 GewStG nur zur Hälfte hinzugerechnet werden[14].

(3) Steuermeßzahl und Steuermeßbetrag

Bei der Berechnung der Gewerbesteuer nach dem Gewerbeertrag wird von einem Steuermeßbetrag ausgegangen, der durch Anwendung der Steuermeßzahl auf den Gewerbeertrag ermittelt wird (§ 11 Abs. 1 GewStG). Der Gewerbeertrag ist bei natürlichen Personen und bei Personengesellschaften um einen Freibetrag von 48 000 DM zu kürzen. Ab dem Veranlagungszeitraum 1993 wurde für natürliche Personen und Personengesellschaften für die Steuermeßzahl wieder ein **Staffeltarif** eingeführt (§ 11 Abs. 2 Nr. 1 GewStG); für andere Gewerbebetriebe gilt nach wie vor ein **fester Hundertsatz** in Höhe von 5% (§ 11 Abs. 2 Nr. 2 GewStG). 1622

b) Das Gewerbekapital

(1) Der Begriff

Eine weitere Grundlage für die Gewerbesteuer bildet das Gewerbekapital. Als Gewerbekapital gilt der Einheitswert des gewerblichen Betriebs i.S.d. Bewertungsgesetzes, vermehrt um bestimmte Hinzurechnungen (§ 12 Abs. 2 GewStG) und vermindert um bestimmte Kürzungen (§ 12 Abs. 3 GewStG). 1623

Beim Gewerbekapital liegt eine **unmittelbare Bindung an den Einheitswert** des gewerblichen Betriebs vor. Der Gewerbesteuermeßbescheid wird von Amts wegen durch einen neuen Bescheid ersetzt, wenn der Einheitswertbescheid geändert wird. Andererseits kann der Gewerbesteuermeßbescheid nicht mit der Begründung angegriffen werden, daß der Einheitswert des gewerblichen Betriebs unzutreffend sei; dieser Einwand kann nur im Rechtsbehelfsverfahren gegen den Einheitswertbescheid selbst erhoben werden. 1624

Maßgebend ist der Einheitswert, der auf den letzten Feststellungszeitpunkt vor dem Ende des Erhebungszeitraums lautet (§ 12 Abs. 1 S. 2 GewStG). 1625

---

14 Siehe hierzu auch *Theisen*, GmbHR 1987, 64 (67); *Chr. Schmidt*, DB 1984, 424 ff. mit Zahlenbeispielen. Für die Erhebungszeiträume bis 1982 waren die Zinsen in voller Höhe hinzuzurechnen, für den Erhebungszeitraum 1983 waren es 60%; die hälftige Zurechnung gilt seit dem Erhebungszeitraum 1984; kritisch hierzu auch *Post/Hoffmann*, S. 95.

1626 Wegen der vorzunehmenden Zurechnungen und Kürzungen kann ein mit einem Minusbetrag festgestellter Einheitswert letztlich doch ein Gewerbekapital ergeben. Die Hinzurechnungen und Kürzungen sind auf den gleichen Stichtag vorzunehmen, auf den der Einheitswert festgestellt worden ist. Änderungen, die seit der letzten Einheitswertfeststellung eingetreten sind, bleiben für die Ermittlung des Gewerbekapitals so lange unberücksichtigt, bis ein neuer Einheitswert festgestellt worden ist.

(2) Hinzurechnungen zum Gewerbekapital

1627 Sie kommen nur in Betracht, soweit die hinzuzurechnenden Beträge bei der **Feststellung des Einheitswerts abgezogen** worden sind.

1628 Dem Einheitswert hinzuzurechnen sind insbesondere die Verbindlichkeiten, die den Schuldzinsen, den Renten und dauernden Lasten und den Gewinnanteilen i.S.d. § 8 Nr. 1 bis 3 GewStG entsprechen (§ 12 Abs. 2 Nr. 1 GewStG). Verbindlichkeiten, die den Schuldzinsen im Sinne des § 8 Nr. 1 GewStG entsprechen, werden nur hinzugerechnet, soweit der abgezogene Betrag 50 000 DM übersteigt.

1629 **§ 12 Abs. 2 Nr. 1 GewStG** ist für die stille Gesellschaft von Bedeutung. Da die typische stille Beteiligung beim Inhaber des Handelsgeschäfts eine Verbindlichkeit darstellt, die bei der Feststellung des Einheitswerts für das gewerbliche Betriebsvermögen abgezogen wird, muß sie für die Zwecke der Gewerbesteuer dem Gewerbekapital wieder zugerechnet werden. Die Hinzurechnung unterbleibt jedoch, wenn der stille Gesellschafter seinerseits den Wert der Beteiligung als Gewerbekapital zu versteuern hat, d.h. wenn die Beteiligung zu seinem Betriebsvermögen gehört. Hier gilt § 8 Nr. 3 GewStG sinngemäß.

1630 Sind bei der Ermittlung des maßgebenden Einheitswerts **nicht ausbezahlte Gewinnanteile** des stillen Gesellschafters als Verbindlichkeit abgesetzt worden, so ist zu prüfen, ob sie als Dauerschulden anzusehen und gegebenenfalls als solche wieder hinzuzurechnen sind. In der Regel wird davon ausgegangen, daß Schulden mit einer Laufzeit von mehr als einem Jahr Dauerschulden sind und daß Schulden mit einer Laufzeit bis zu drei Monaten als laufende Schulden angesehen werden, wohingegen bei der Entscheidung für Schulden mit einer Laufzeit von mehr als drei Monaten bis zu einem Jahr auf den Einzelfall abzustellen ist. Eine Zurechnung ist stets vorzunehmen, wenn die Gewinnanteile vereinbarungsgemäß zur Erhöhung der Einlage des stillen Gesellschafters verwendet worden sind. Es handelt sich dann nicht mehr um stehengelassene Gewinnanteile, sondern um einen Teil der Beteiligung selbst.

§ 25 Gewerbesteuer

Die Frage, ob stehengelassene Gewinnanteile stiller Gesellschafter Dauerschulden sein können, hat der RFH[15] für den Fall bejaht, daß durch das Stehenlassen von Gewinnanteilen über die Vermögenseinlage hinaus das Betriebskapital des Inhabers nicht nur vorübergehend verstärkt wird, weil dieser Umstand wirtschaftlich einer darlehensweisen Hingabe weiterer Mittel seitens des stillen Gesellschafters gleichzustellen ist. Schwankt die Höhe der Gewinnanteile durch Teilabhebungen und Gutschriften von neuen Gewinnanteilen, so ist bei der Dauerschuldzurechnung von dem bestehenden Mindestbetrag an Gewinnanteilen auszugehen[16]. 1631

Partiarische Darlehen, die zinslos, aber gegen gewinnabhängige Vergütungen gegeben werden, müssen dem Gewerbekapital[17] gegebenenfalls als Dauerschulden hinzugerechnet werden[18]. 1632

(3) Steuermeßzahl und Steuermeßbetrag

Bei der Berechnung der Gewerbesteuer nach dem Gewerbekapital ist von einem Steuermeßbetrag auszugehen, der durch Anwendung der Steuermeßzahl auf das Gewerbekapital ermittelt wird. Das Gewerbekapital ist auf volle 1000 DM nach unten abzurunden und um einen Freibetrag in Höhe von 120 000 DM, jedoch höchstens in Höhe des abgerundeten Gewerbekapitals, zu kürzen (§ 13 Abs. 1 GewStG). Die Steuermeßzahl beträgt 2 v.T. 1633

3. Die Festsetzung des einheitlichen Steuermeßbetrages

Durch Zusammenrechnung der Steuermeßbeträge, die sich nach dem Gewerbekapital und Gewerbeertrag ergeben, wird ein **einheitlicher Steuermeßbetrag** gebildet (§ 14 GewStG). Er wird für den Erhebungszeitraum nach dessen Ablauf festgesetzt. Erhebungszeitraum ist das Kalenderjahr. Besteht die Gewerbesteuerpflicht nicht während eines ganzen Kalenderjahres, so tritt an dessen Stelle der Zeitraum der Steuerpflicht (abgekürzter Erhebungszeitraum), § 14 Abs. 2 S. 3 GewStG[19]. In § 14a GewStG statuiert das Gesetz eine Erklärungspflicht des Steuerschuldners zur Fest- 1634

---
15 Vom 15. 11. 1939 (VI 516/39) Kartei GewStG 1936 § 12 Abs. 2 Nr. 1 R. 27.
16 *Lenski/Steinberg*, § 8 Nr. 1 GewStG Rn. 77.
17 Anders beim Gewerbeertrag, siehe oben Rn. 1621.
18 BFH v. 8. 3. 1984 (I R 31/80) BStBl. II 1984, 623.
19 Diese Fassung gilt seit Erhebungszeitraum 1986, eingeführt durch das Steuerbereinigungsgesetz 1986 vom 19. 12. 1985, BGBl. I 1985, 2436. Die früher in § 10 Abs. 2 S. 3, Abs. 3 und §§ 11 Abs. 6, 13 Abs. 4 GewStG geregelte Umrechnung auf ein Kalenderjahr mit Berücksichtigung der kürzeren Dauer der Steuerpflicht durch anteilmäßige Kürzung der Steuermeßbeträge vom Gewerbeertrag und Gewerbekapital ist gleichzeitig entfallen.

setzung des einheitlichen Steuermeßbetrages und gegebenenfalls auch zu dessen Zerlegung.

1635 Aufgrund des einheitlichen Steuermeßbetrages wird die Gewerbesteuer nach dem **Hebesatz** festgesetzt und erhoben, der von der hebeberechtigten Gemeinde festgesetzt ist. Der Hebesatz muß für alle in der Gemeinde vorhandenen Unternehmen gleich sein, § 16 Abs. 4 S. 1 GewStG.

4. Schuldner der Gewerbesteuer

1636 Schuldner der Gewerbesteuer ist der Unternehmer. Als Unternehmer gilt derjenige, für dessen Rechnung das Gewerbe betrieben wird, § 5 Abs. 1 S. 1, 2 GewStG. Der typische stille Gesellschafter ist nicht Steuerschuldner. Die auf die stille Beteiligung entfallende Gewerbesteuer hat der Inhaber zu tragen. Er kann sie im Innenverhältnis dem stillen Gesellschafter nur auferlegen, wenn eine entsprechende gesellschaftsvertragliche Abrede besteht.

II. Die atypische stille Gesellschaft

1. Die Steuerpflicht

a) Die subjektive Steuerpflicht

1637 Gemäß § 5 Abs. 1 S. 1 GewStG ist Steuerschuldner der Unternehmer. Für den Fall, daß die Tätigkeit einer Personengesellschaft Gewerbebetrieb ist, wird in § 5 Abs. 1 S. 3 GewStG die Gesellschaft als Steuerschuldner bestimmt[20].

1638 Aus dieser Norm wird in der Literatur teilweise gefolgert, daß die atypische stille Gesellschaft selbst Gewerbesteuerschuldnerin sei[21]. Eine Inanspruchnahme des atypischen stillen Gesellschafters wird von einem Teil dieser Autoren jedoch im Ergebnis verneint, weil auch der atypische stille

---

20 § 5 Abs. 1 S. 3 GewStG wurde durch das Steuerbereinigungsgesetz 1986 neu gefaßt. Die Änderung trug der BFH-Entscheidung v. 25. 6. 1984 (GrS 4/82) BStBl. II 1984, 751 zum Vorliegen eines Gewerbebetriebes bei Personengesellschaften Rechnung. Diese Rechtsprechung stand im Widerspruch zu § 2 Abs. 2 Nr. 1 GewStG a.F., der als Reaktion auf das Urteil aufgehoben wurde. Daher mußte auch die Bezugnahme in § 5 Abs. 1 S. 3 GewStG a.F. gestrichen werden. Eine sachliche Änderung für die hier zu behandelnde Frage der persönlichen Steuerpflicht ergibt sich dadurch nicht, da im Falle des Vorliegens eines Gewerbebetriebes weiterhin die Gesellschaft als Steuerschuldner bezeichnet ist.

21 *Neubert/Weinläder*, DB 1983, 630 (632); *Bormann*, Inf. 1984, 25 (28); *Lenski/Steinberg*, § 2 GewStG Rn. 99, S. 262/3., § 5 GewStG Rn. 4, S. 8.

Teilhaber für die Verbindlichkeiten der stillen Gesellschaft nicht hafte[22]. Nach anderer Ansicht soll auch dieser Umstand im Gewerbesteuerrecht keine Anwendung finden, da § 5 GewStG für die Frage der Steuerschuldnerschaft als Spezialvorschrift zu den zivilrechtlichen Schuld- und Haftungsnormen zu verstehen sei. Die bürgerlichrechtlichen Vorschriften könnten allein im Innenverhältnis der Mitunternehmerschaft Bedeutung haben[23].

Der BFH hat in einem Grundsatzurteil zur Gewerbesteuerpflicht der atypischen stillen Gesellschaft diese Meinung ausdrücklich abgelehnt[24] und ausgesprochen, daß Steuerschuldner der Gewerbesteuer auch bei der atypischen stillen Gesellschaft **allein der Geschäftsinhaber** als Unternehmer i.S.v. § 5 Abs. 1 S. 1 GewStG sei[25]. Er hat dabei entscheidend auf die Verknüpfung von subjektiver Steuerschuld und der Bestimmung des Vollstreckungsschuldners abgestellt und hervorgehoben, daß es bei einer Vollstreckung gegen die atypische stille Gesellschaft als solche mangels eines Gesellschaftsvermögens an einem Gegenstand der Zwangsvollstreckung fehle. Daher könne die atypische stille Gesellschaft nicht Adressat eines Gewerbesteuerbescheides sein[26]. Vielmehr sei subjektiv gewerbesteuerpflichtig nur der Inhaber des Gewerbebetriebes. Für dessen Steuerschulden hafte der atypische stille Gesellschafter auch als Mitunternehmer nicht.

1639

Der Auffassung des BFH ist zuzustimmen. Die atypische stille Gesellschaft kann schon deshalb nicht Steuerschuldnerin sein, weil sie **als Innengesellschaft keine Außenrechtsbeziehungen** haben kann. Anders als bei den Außengesellschaften kann weder die atypische stille Gesellschaft als solche noch können die Gesellschafter in ihrer gesellschaftsrechtlichen Verbundenheit Träger von Rechten und Pflichten sein. Dementsprechend kann es eine Pflicht der atypischen stillen Gesellschaft, Gewerbesteuer entrichten zu müssen, nicht geben. Ein an sie gerichteter Steuerbescheid bezeichnete ein nicht existentes Subjekt und wäre unwirksam oder sogar nichtig[27].

1640

Darüber hinaus führt der Umstand, daß eine Innengesellschaft im allgemeinen und die stille Gesellschaft im besonderen kein Gesamthandsver-

1641

---

22 *Hölzel*, S. 64.
23 *Lenski/Steinberg*, § 5 GewStG Rn. 4, S. 8.
24 BFH v. 12. 11. 1985 (VIII R 364/83) FR 1986, 244.
25 Vorher schon im gleichen Sinne *Goller*, DStR 1982, 485 ff.; *Döllerer*, DStR 1985, 295 (300).
26 BFH v. 12. 11. 1985 (VIII R 364/83) FR 1986, 244 (247 ff.); entscheidend auf das Gesellschaftsvermögen stellt auch *Döllerer* ab, DStR 1985, 295 (300).
27 Zutreffend *Goller*, DStR 1982, 485 (486).

mögen besitzt und demgemäß eine Zwangsvollstreckung ins Leere gehen muß, deutlich vor Augen, daß es eine Steuerschuldnerschaft der atypischen stillen Gesellschaft nicht geben kann. Folgt man der herrschenden Auffassung, daß die Innengesellschaft wegen ihrer mangelnden Fähigkeit, nach außen als Gesellschaft aufzutreten, kein Gesamthandsvermögen haben kann[28], so ist das fehlende Gesellschaftsvermögen der atypischen stillen Gesellschaft die zwangsläufige Folge des Umstandes, daß sie als Gesellschaft keine Außenrechtsbeziehungen haben und demgemäß in keiner Form Zuordnungssubjekt von Gesellschaftsvermögen sein kann. Daher ist der eigentliche Grund für die mangelnde Steuerschuldnerschaft der atypischen stillen Gesellschaft in dem fehlenden Außenverhältnis zu sehen. Weil die atypische stille Gesellschaft gegenüber Dritten keine Rechtsbeziehungen haben kann, kann sie **nicht Schuldnerin**, also auch nicht Steuerschuldnerin sein. Ist sie nicht Steuerschuldnerin, so stellt sich konsequenterweise die Frage nach der Vollstreckung gar nicht. Wenn dennoch die mangelnde Zwangsvollstreckungsmöglichkeit als Argument deutlich in den Vordergrund gerückt wird[29], so mag das seinen Grund darin haben, daß am Beispiel des Zwangsvollstreckungsversuches unmittelbar einsichtig wird, daß es eine Steuerschuldnerschaft der atypischen stillen Gesellschaft nicht geben kann[30]. Ein weiterer Grund dürfte darin liegen, daß der Gesetzgeber mit der Bestimmung der Gesellschaft als Schuldner die Möglichkeit schaffen wollte, unmittelbar in das Gesellschaftsvermögen zu vollstrecken[31].

1642 Gegen die hier vertretene Auffassung kann nicht vorgebracht werden, § 5 GewStG verdränge als Spezialnorm die zivilrechtlichen Haftungs- und Schuldnervorschriften und somit auch die diesbezügliche zivilrechtliche Beurteilung der atypischen stillen Gesellschaft[32]. Selbst als Spezialvorschrift könnte § 5 GewStG aus der atypischen stillen Gesellschaft, auch allein für steuerliche Zwecke, keine Außengesellschaft werden lassen. Gleiches gilt für die zuweilen geäußerte Auffassung, der Gesetzgeber wolle die **Mitunternehmerschaft** verpflichten[33]. Abgesehen davon, daß das Gesetz von Gesellschaft und nicht von Mitunternehmerschaft spricht, ist das Institut der Mitunternehmerschaft eine allein für steuerli-

---

28 Hierzu MünchKomm/*Ulmer*, § 705 BGB Rn. 234 f.
29 So bei BFH v. 12. 11. 1985 (VIII R 364/83) FR 1986, 244 (247 ff.); *Döllerer*, DStR 1985, 295 (300).
30 *Lenski/Steinberg*, § 2 GewStG Rn. 99, S. 262/3 kann seine gegenteilige Auffassung denn auch nur stützen, indem er der atypischen stillen Gesellschaft ein Gesellschaftsvermögen zuweist. Damit wird das Gesetz schlicht geleugnet.
31 So bei *Döllerer*, DStR 1985, 295 (300).
32 In diesem Sinne *Lenski/Steinberg*, § 5 GewStG Rn. 4, S. 8.
33 *Lenski/Steinberg*, § 5 GewStG Rn. 4, S. 8.

che Zwecke bei der Erfassung von Personenmehrheiten entwickelte gedankliche Rechtsfigur. Sie ist kein darüber hinaus personenrechtlich relevantes, im Rechtsverkehr auftretendes Subjekt, dem man Rechte einräumen oder Pflichten auferlegen könnte. Dem Gesetzgeber hätte allenfalls, wenn er auch den atypischen stillen Gesellschafter als Steuerschuldner hätte verpflichten wollen, die Möglichkeit offengestanden, die Mitunternehmer selbst gesamtschuldnerisch zu verpflichten. Hiergegen bestünden wegen § 43 AO keine Bedenken. Diesen Weg hat das Gesetz aber nicht eingeschlagen[34].

Indem ausdrücklich die Gesellschaft als Steuerschuldner bestimmt wird, ist die Schuldnerstellung der Gesellschafter aus § 5 GewStG ohne weiteres ausgeschlossen. Sie könnten allenfalls als **Haftungsschuldner** nach § 191 Abs. 1 AO in Anspruch genommen werden. Diese Vorschrift nimmt auf die gesetzliche Haftung, in dem hier interessierenden Zusammenhang also auf die zivilrechtlichen Haftungsvorschriften Bezug. Nach zivilrechtlichem Verständnis gibt es jedoch keine Schulden der atypischen stillen Gesellschaft[35], also insoweit auch keine Haftung. Für die allein in Betracht kommenden Verbindlichkeiten des Geschäftsinhabers haftet der stille Gesellschafter nach § 230 Abs. 2 HGB ohnehin nicht.

1643

Nach allem bleibt es dabei, daß Schuldner der Gewerbesteuer **allein der Geschäftsinhaber** ist. Im Innenverhältnis bleibt es den Gesellschaftern unbenommen, den stillen Gesellschafter an der Steuerlast zu beteiligen.

1644

b) Sachliche Steuerpflicht

Steuergegenstand im Gewerbesteuerrecht ist nach § 2 Abs. 1 S. 1 GewStG der im Inland betriebene Gewerbebetrieb. Früher bestimmte § 2 Abs. 2 Nr. 1 GewStG, die Tätigkeit der offenen Handelsgesellschaft, Kommanditgesellschaft und einer anderen Gesellschaft, bei der die Gesellschafter als Unternehmer (Mitunternehmer) des Gewerbebetriebs anzusehen sind, gelte stets und in vollem Umfang als Gewerbebetrieb. Mit dem Steuerbereinigungsgesetz 1986 wurde diese Bestimmung als Reaktion auf die Rechtsprechung zur Besteuerung der Personengesellschaften[36]

1645

---

34 Das GewStG 1968 war so verfahren, berücksichtigte aber die Haftungsbeschränkung der Gesellschafter, so daß im Ergebnis der atypische stille Gesellschafter keine Gewerbesteuer zu zahlen hatte; vgl. hierzu die Urteile des BFH v. 22. 6. 1983 (I R 55/80) BFHE 139, 291 und FG Nürnberg v. 25. 7. 1984 (V 58/52 Gw) EFG 1985, 135.
35 Insoweit unrichtig FG Nürnberg v. 25. 7. 1984 (V 58/52 Gw) EFG 1985, 135 (136).
36 BFH v. 25. 6. 1984 (GrS 4/82) BStBl II 1984, 751.

aufgehoben. Nunmehr ist entsprechend der neuen Judikatur bei jeder Personengesellschaft **im Einzelfall zu prüfen,** ob ihre Tätigkeit den Anforderungen an einen Gewerbebetrieb genügt. Die Rechtsform kann allenfalls eine Vermutung dafür oder dagegen begründen[37].

1646 **Unstreitig unterliegt die Beteiligung des atypischen stillen Gesellschafters der Gewerbesteuer.** Bei dem Gewerbeertrag ergibt sich das schon daraus, daß die Gewinnanteile und Vergütungen des atypischen stillen Gesellschafters schon bei der Ermittlung des Gewinns aus Gewerbebetrieb gemäß § 15 Abs. 1 Nr. 2 EStG erfaßt werden. Für die Bewertung des Gewerbekapitals ist § 97 Abs. 1 Nr. 5 BewG zu entnehmen, daß die Einlage des atypischen stillen Gesellschafters nicht als Betriebsschuld abzusetzen ist, und nach § 97 Abs. 1 Nr. 5 S. 2 BewG ist in die Einheitsbewertung auch das Sonderbetriebsvermögen des atypisch still Beteiligten einzubeziehen[38]. Im Unterschied zur Rechtslage bei der typischen stillen Beteiligung wird bei der atypischen stillen Teilhaberschaft das Bestehen des Gesellschaftsverhältnisses schon in den Ausgangsgrößen Gewinn aus Gewerbebetrieb und Einheitswert des gewerblichen Betriebs berücksichtigt.

1647 Uneinigkeit besteht allerdings in der Frage, ob hieraus folgt, daß die atypische stille Gesellschaft selbst Gegenstand der Gewerbebesteuerung ist. Da nur der Geschäftsinhaber ein gewerbliches Unternehmen betreibt, kommt eigentlich auch nur dieses als Objekt der Gewerbesteuer in Betracht[39].

1648 Der BFH vertritt allerdings in seiner neuesten Rechtsprechung hiervon abweichend die Auffassung, daß die Tätigkeit der atypischen stillen Gesellschaften einen **selbständigen Gegenstand der Gewerbesteuer** darstellt und zwar unabhängig davon, daß der atypisch still Beteiligte nur schuldrechtlich am Betrieb des Geschäftsinhabers beteiligt ist[40]. Als Konsequenz dieser Betrachtungsweise gewährt der BFH den atypischen stillen Gesellschaften als Personengesellschaften auch den Freibetrag und den Staffeltarif nach § 11 Abs. 1 und 2 GewStG[41]. Bestehen mehrere atypische

---

37 *L. Schmidt,* § 15 EStG Rn. 181.
38 Zur Bedeutung von § 97 Abs. 1 Nr. 5 S. 2 BewG bei der GmbH & Still siehe *Hoffmann,* DB 1984, 2379 und die Erwiderung von *Christoffel,* DB 1985, 2429 sowie die Replik von *Hoffmann,* DB 1985, 2431.
39 So auch *Döllerer,* DStR 1985, 295 (300); *Steinacker,* S. 111; *Zacharias/Suttmeyer/Rinnewitz,* DStR 1988, 128 (130).
40 BFH v. 25. 7. 1995 (VIII R 54/93) BStBl. II 1995, 794 = DStR 1995, 1506.
41 BFH v. 10. 11. 1993 (I R 20/93) BStBl. II 1994, 327; ebenso BdF v. 26. 11. 1987 BStBl. 1987 I, 765; *Fichtelmann,* S. 106; a.A.: *Winkeljohann/Halfar,* DB 1994, 2471 (2473); *Steinacker,* S. 116.

stille Beteiligungen an einem Gewerbebetrieb, so gewährt der BFH dennoch nur einmal den Freibetrag[42]. Wenn der Zweck der atypischen stillen Gesellschaften darauf gerichtet ist, die gesamten gewerblichen Betätigungen des Geschäftsinhabers gemeinsam mit diesem auszuüben, ist es nach Ansicht des BFH gerechtfertigt, den Gewerbebetrieb insgesamt als Einheit zu betrachten. Bestehen hingegen mehrere atypische stille Beteiligungen an jeweils gesondert geführten Geschäftsbereichen eines Gewerbebetriebe, so ist nach Auffassung des BFH vom Vorliegen einer entsprechenden Anzahl von Gewerbebetrieben auszugehen und die gewerbesteuerlichen Freibeträge sind jedem dieser Betriebe in voller Höhe zu gewähren[43]. Den sich hieraus ergebenden steuerlichen Vorteilen dieser Sichtweise des BFH stehen auf der anderen Seite erhebliche Nachteile bei der Verlustverrechnung innerhalb des Gewerbebetriebes gegenüber.

Dieser Standpunkt des BFH ist abzulehnen. Gegenstand der Gewerbesteuer ist gemäß § 2 Abs. 1 S. 1 und 2 GewStG ein gewerbliches Unternehmen, wobei sich das GewStG für die Definition dieses Begriffes auf das Einkommensteuerrecht, namentlich § 15 Abs. 2 S. 1 EStG, bezieht. Träger eines solchen Unternehmens kann weder eine atypische stille Gesellschaft selbst noch können es die Mitunternehmer einer solchen Innengesellschaft sein; allein der Geschäftsinhaber kann ein gewerbliches Unternehmen betreiben[44]. Besteuert wird der Ertrag sowie das Kapital dieses Betriebes (§§ 7, 12 GewStG). Zwar wird bei der Ermittlung dieser Größen die mitunternehmerische Beteiligung der atypischen stillen Gesellschafter berücksichtigt. Hieraus kann aber nicht der Schluß gezogen werden, der atypische stille Gesellschafter sei auch in gewerbesteuerrechtlicher Hinsicht als Mitinhaber des Unternehmens anzusehen. Seine Beteiligung am Geschäftsvermögen besteht allein im Innenverhältnis zum Geschäftsinhaber und ist lediglich schuldrechtlicher Natur. Es ist keine Rechtsgrundlage dafür ersichtlich, daß der atypische stille Gesellschafter entgegen der zivilrechtlichen Rechtslage für Zwecke der Gewerbesteuer als Mitinhaber des vom Geschäftsinhaber betriebenen Unternehmens angesehen werden könnte oder müßte. Dies würde dem Wesen der Gewerbesteuer als einer **Objektsteuer,** die die Ertragskraft des Objekts „Gewerbebetrieb" gerade unabhängig von den beteiligten Personen und ihrem Verhältnis zum Unternehmen erfassen will, widersprechen. Die Berücksichtigung der an die atypischen stillen Gesellschafter gezahlten Sondervergütungen sowie des Sonderbetriebsvermögens der Gesellschafter ist rechtstechnisch notwendig, um diese Größen objektiv der Gewerbesteuer zu

1649

---

42 BFH v. 8. 2. 1995 (I R 127/93) DB 1995, 1644 = HFR 1995, 561 = BB 1996, 146.
43 BFH v. 6. 12. 1995 (I R 109/94) DStR 1996, 463.
44 *Zacharias/Suttmeyer/Rinnewitz,* DStR 1988, 128 (131).

unterwerfen und damit gewerbesteuerrechtlich eine Gleichbehandlung mit anderen Mitunternehmerschaften zu erzielen. Als Gegenstand der Gewerbesteuer kommt aber allein das vom Geschäftsinhaber betriebene gewerbliche Unternehmen in Betracht.

1650 Hieraus folgt, daß einer atypischen stillen Gesellschaft, soweit es sich um eine GmbH & atypisch Still handelt, der **Freibetrag** nach §§ 11 Abs. 1 S. 3 Nr. 1 GewStG sowie der **Staffeltarif** nach § 11 Abs. 2 S. 1 GewStG **nicht gewährt werden kann,** weil in diesem Fall kein gewerbliches Unternehmen einer natürlichen Person oder Personengesellschaft, sondern dasjenige einer GmbH vorliegt[45].

c) Gewerbesteuerliche Organschaft

1651 Gemäß §§ 2 Abs. 2 S. 2 GewStG, 14 Nr. 1 und 2 KStG liegt eine gewerbesteuerliche Organschaft vor, wenn eine Kapitalgesellschaft finanziell, wirtschaftlich und organisatorisch in ein anderes gewerbliches Unternehmen eingegliedert ist. Da es sich bei der atypischen stillen Gesellschaft um eine Personengesellschaft handelt, kommt sie schon aus diesem Grund als Organgesellschaft einer gewerbesteuerlichen Organschaft nicht in Betracht. Der BFH sieht in dieser Frage als entscheidend an, daß die Wirkungen der gewerbesteuerlichen Organschaft durch die Mitunternehmerschaft in der atypischen stillen Gesellschaft verdrängt werden. Aus den Hinzurechnungs- und Kürzungsvorschriften (§§ 8 Nr. 8, 9 Nr. 2, 12 Abs. 3 Nr. 2 GewG) ergebe sich, daß die Erträge und das Kapital vorrangig bei der jeweiligen Mitunternehmerschaft zu erfassen sind[46].

1652 Ungeklärt ist nach wie vor, ob eine atypische stille Gesellschaft **Organträger** im Sinne der Gewerbesteuer sein kann. Verneint man entgegen der Auffassung des BFH die objektive Gewerbesteuerpflicht der atypischen stillen Gesellschaft und sieht allein den Geschäftsbetrieb des Inhabers als Besteuerungsgegenstand an, so muß man auch diese Frage verneinen, denn dann kann die atypische stille Gesellschaft nicht Trägerin eines Unternehmens im Sinne von § 2 Abs. 2 S. 2 GewStG sein[47]. Allerdings spricht dann nichts dagegen, eine GmbH auch dann als möglichen Organträger anzuerkennen, wenn an ihr atypische stille Beteiligungen beste-

---

45 So auch *Winkeljohann/Halfar,* DB 1994, 2471 (2474); *Zacharias/Suttmeyer/Rinnewitz,* DStR 1988, 128 (132); *Steinacker,* S. 116.
46 BFH v. 25. 7. 1995 (VIII R 54/93) HFR 1996, 23 = BB 195, 2501 = DB 1995, 2579; *Sarrazin,* FR 1989, 11 (12); a.A.: *Heinz,* S. 66.
47 *Zacharias/Suttmeyer/Rinnewitz,* DStR 1988, 128 (132); *Döllerer,* DStR 1988, 295 (301); a.A.: *Glanegger/Güroff,* GewStG § 2 Anm. 195.

hen⁴⁸. Eine Entscheidung des BFH zu dieser Frage liegt noch nicht vor. Da der BFH in seiner neuesten Rechtsprechung die atypische stille Gesellschaft als Einheit und die Mitunternehmer als Träger des Gewerbebetriebs versteht, müßte er auch eine atypische stille Gesellschaft als Organträger anerkennen.

2. Die Besteuerungsgrundlagen

a) Der Gewerbeertrag

Zum Begriff des Gewerbeertrags ist auf die Ausführungen oben (Rn. 1614) hinzuweisen. Die Zurechnungsvorschrift des § 8 Nr. 3 GewStG, die bei der typischen stillen Gesellschaft eine wichtige Rolle spielt, ist bei der atypischen stillen Gesellschaft ohne Bedeutung. Da der atypische stille Gesellschafter Mitunternehmer ist, sind seine **gesamten Bezüge**, die er – gleichgültig in welcher Form – vom Inhaber erhält, **einkommen- und gewerbesteuerrechtlich Gewinn**. 1653

Verfahrensrechtlich besteht wie bei der typischen stillen Gesellschaft keine Bindung an die einheitliche Gewinnfeststellung. Der der Gewerbesteuer unterliegende Gewinn wird selbständig ermittelt⁴⁹. Die Frage, ob eine atypische stille Gesellschaft vorliegt, wird im Verfahren der Festsetzung des einheitlichen Gewerbesteuermeßbetrags selbständig beurteilt. Die Entscheidung in einem vorausgegangenen Einkommensteuerverfahren ist auch bei einheitlicher und gesonderter Gewinnfeststellung nicht bindend. 1654

Gemäß § 8 Nr. 8 GewStG sind dem Gewinn aus Gewerbebetrieb hinzuzurechnen „die Anteile am Verlust einer in- oder ausländischen offenen Handelsgesellschaft, einer Kommanditgesellschaft oder einer anderen Gesellschaft, bei der die Gesellschafter als Unternehmer (Mitunternehmer) des Gewerbebetriebs anzusehen sind". Diese Vorschrift betrifft den atypischen stillen Gesellschafter, dessen Anteil zu einem **Betriebsvermögen** gehört. Die Verlustanteile der Mitunternehmer werden bereits bei der Mitunternehmerschaft gewerbesteuerlich erfaßt. Ihre nochmalige Erfassung im Unternehmen des atypischen stillen Gesellschafters würde zu einer doppelten Verlustberücksichtigung führen. 1655

---

48 Zu der Frage, wie in diesem Fall die für die finanzielle Eingliederung erforderliche Stimmrechtsmehrheit zu berechnen ist: *Zacharias/Suttmeyer/Rinnewitz*, DStR 1988, 128 (133f.).
49 BFH v. 10. 10. 1952 (I 99/52 U) BStBl. III 1953, 94; BFH v. 7. 5. 1954 (I 30/54 U) BStBl. III 1954, 252.

1656 Die Summe des Gewinns und der Hinzurechnungen ist gemäß § 9 Nr. 2 GewStG zu kürzen „um die Anteile am Gewinn einer in- oder ausländischen offenen Handelsgesellschaft, einer Kommanditgesellschaft oder einer anderen Gesellschaft, bei der die Gesellschafter als Unternehmer (Mitunternehmer) des Gewerbebetriebs anzusehen sind, wenn die Gewinnanteile bei Ermittlung des Gewinns (§ 7 GewStG) angesetzt worden sind". Diese Vorschrift verhindert die doppelte Heranziehung der Gewinnanteile zur Gewerbesteuer einerseits bei der Mitunternehmerschaft und zum anderen bei dem atypischen stillen Gesellschafter.

b) Das Gewerbekapital

1657 Als Gewerbekapital gilt der **Einheitswert** des gewerblichen Betriebs i.S. des Bewertungsgesetzes, der entsprechend dem Objektsteuercharakter der Gewerbesteuer den in § 12 Abs. 2 bis 4 GewStG vorgeschriebenen Änderungen unterliegt.

1658 Da die Vermögenseinlage des atypischen stillen Gesellschafters nicht eine Verbindlichkeit des Geschäftsinhabers, sondern **Eigenkapital** der Mitunternehmerschaft ist, scheidet die in § 12 Abs. 2 Nr. 1 GewStG vorgeschriebene Hinzurechnung von vornherein aus.

1659 Von Bedeutung ist dagegen die Vorschrift des § 12 Abs. 3 Nr. 2 GewStG, wonach die Summe des Einheitswerts des gewerblichen Betriebes und der Hinzurechnungen gekürzt wird um den Wert (Teilwert) einer zum Gewerbekapital gehörenden Beteiligung an einer in- oder ausländischen offenen Handelsgesellschaft, einer Kommanditgesellschaft oder einer anderen Gesellschaft, bei der die Gesellschafter als Unternehmer (Mitunternehmer) des Gewerbebetriebs anzusehen sind. Hierdurch soll vermieden werden, daß eine Beteiligung, die zum Betriebsvermögen des atypischen Gesellschafters gehört, durch die Gewerbesteuer **doppelt erfaßt wird,** da sie bereits bei der Besteuerung der Mitunternehmerschaft berücksichtigt wird.

3. Der Gewerbeverlust

1660 Gemäß § 10a GewStG wird der maßgebende **Gewerbeertrag** um die Fehlbeträge gekürzt, die sich bei der Ermittlung des maßgebenden Gewerbeertrags für die fünf vorangegangenen Erhebungszeiträume nach den Vorschriften der §§ 7 bis 10 GewStG ergeben haben, soweit die Fehlbeträge nicht bei der Ermittlung des Gewerbeertrags für die vier vorangegangenen Erhebungszeiträume berücksichtigt worden sind.

Im Falle des § 2 Abs. 5 GewStG (Übergang eines Gewerbebetriebs im ganzen auf einen anderen Unternehmer) kann der andere Unternehmer den maßgebenden Gewerbeertrag nicht um die Fehlbeträge kürzen, die sich bei der Ermittlung des maßgebenden Gewerbeertrags des übergegangenen Unternehmens ergeben haben (§ 10a S. 2 GewStG). 1661

Den einkommensteuerrechtlich zulässigen Verlustrücktrag (§ 10d EStG) kennt das Gewerbesteuerrecht nicht. 1662

Mit der Sonderfrage des Abzugs des Gewerbeverlustes nach Umwandlung der Beteiligung an einer Personengesellschaft in eine stille Beteiligung befaßte sich der BFH in seinem Urteil vom 24. 4. 1958[50]. Er führte dazu aus, das Recht auf Geltendmachung des Gewerbesteuerverlustes nach § 10a GewStG setze voraus, daß der Verlust von dem Gewerbetreibenden erlitten wurde, der den Abzug geltend macht (**Unternehmergleichheit**), und daß die als Gewerbeverlust absetzbaren Fehlbeträge bei demselben Unternehmen entstanden sind (**Unternehmensgleichheit**). Bei der Umwandlung der Beteiligung eines Personengesellschafters in eine stille Beteiligung werde zwar die Unternehmensgleichheit nicht berührt. Der Gesellschafter, dessen Beteiligung in eine typische stille Beteiligung umgewandelt wird, habe aber mit der Umwandlung seine Eigenschaft als Mitunternehmer verloren. Ein wesentliches Merkmal der Mitunternehmerschaft sei das Mittragen des Unternehmerrisikos. Diese Voraussetzungen seien aber bei einem typischen stillen Gesellschafter nicht gegeben. Es fehle deshalb für die Geltendmachung des Gewerbeverlustes insoweit die Voraussetzung der Unternehmergleichheit. Bei der Umwandlung in eine atypische stille Gesellschaft wäre sie nach dieser Auffassung wohl zu bejahen. 1663

Die Umwandlung der Beteiligung und die dadurch bedingte Änderung in der personellen Zusammensetzung der Mitunternehmer führen nach Auffassung des BFH[51] jedoch auch bei der typischen stillen Gesellschaft nicht ohne weiteres dazu, dem Geschäftsinhaber, der den Betrieb fortführt, jeden Abzug der Verluste aus der Zeit vor der Umwandlung der Beteiligung zu versagen. Es sei zu beachten, daß nach der eindeutigen Fassung des § 10a GewStG der Abzug des Gewerbeverlustes **an die Person des Unternehmers geknüpft** sei und daß insoweit der Objektsteuercharakter der Gewerbesteuer zurücktreten müsse. Bei einer Veränderung des Personenkreises der den Betrieb tragenden Unternehmer, die zu keinem Unternehmerwechsel geführt habe, dürfe der frühere Gewerbeverlust nur inso- 1664

---

50 BFH v. 24. 4. 1958 (IV 4/57) BB 1958, 552.
51 BFH v. 19. 12. 1957 (IV 666/55 U) BB 1958, 512.

weit berücksichtigt werden, als er die vor und nach der Veräußerung beteiligten Unternehmer tatsächlich belastet habe.

1665 Diese Urteile sind allerdings zu § 10a GewStG a.F. ergangen, der in S. 1 noch bestimmte, daß eine Kürzung bei Gewerbetreibenden, die den Gewinn nach § 5 des Einkommensteuergesetzes ermitteln, vorgenommen werden könne. Der durch das Steuerbereinigungsgesetz 1986 nunmehr[52] geänderte § 10a GewStG, enthält keine Bezugnahme auf den Gewerbetreibenden[53] in S. 1. Dem Wortlaut zufolge kommt es daher außer in den Fällen des § 10a S. 3 GewStG (Übergang des gesamten Gewerbebetriebes auf einen anderen Unternehmer) auf die Unternehmeridentität ab dem Erhebungszeitraum 1975 nicht mehr an[54]. Die Finanzverwaltung[55] steht dagegen auf dem Standpunkt, mit der Neufassung sei eine materielle Änderung nicht beabsichtigt gewesen und verfährt weiterhin im Sinne der alten Rechtsprechung.

1666 Der BFH hat in seiner neuesten Rechtsprechung nunmehr ausdrücklich bestätigt, daß auch unter Berücksichtigung der Neufassung des § 10a GewStG der Abzug eines Gewerbeverlusts von der Unternehmens – und der Unternehmeridentität abhängt[56]. Die atypische stille Gesellschaft sieht der BFH gewerbesteuerrechtlich als Einheit an und betrachtet die Mitunternehmer als Träger des Gewerbebetriebes, denen der Abzug eines in früheren Jahren entstandenen Verlusts nur dann gebühre, wenn sie selbst diesen Verlust auch erzielt haben. Dieser Auffassung entsprechend muß das Ausscheiden eines Mitunternehmers den anteiligen Verlust des Verlustvortrages nach sich ziehen[57].

1667 Gewerbeverluste **ausländischer Betriebsstätten** sind nicht abzugsfähig, da sich die gewerbesteuerliche Erfassung nur auf inländische Betriebe beschränkt[58].

---

52 Die neue Fassung gilt ab Erhebungszeitraum 1975.
53 Auf die Verwendung dieses Begriffes hat der BFH seine Rechtsprechung zur Unternehmeridentität gestützt, vgl. z.B. BFH v. 2. 3. 1983 (I R 85/79) BStBl. II 1983, 427.
54 So auch *Lenski/Steinberg*, § 10a GewStG Rn. 8; a.A. *Unverricht*, DStR 1987, 413 (415).
55 OFD München v. 1. 4. 1987 (6 1427 – 6/2 St 223) Inf. 1987, 286 f.
56 BFH v. 3. 5. 1993 (GrS 3/92) BFHE 171, 246 (255 f.) = BStBl. II 1993, 616.
57 So nunmehr ausdrücklich BFH v. 6. 12. 1995 (I R 109/94) DStR 1996, 463 (464).
58 *Lenski/Steinberg*, § 10a GewStG Rn. 22.

III. Zusammenfassung

Die typische stille Gesellschaft ist nicht Gegenstand der Gewerbesteuer. Anders ist dies nach Auffassung des BFH für die atypische stille Gesellschaft zu beurteilen: Die mitunternehmerische Betätigung atypischer stiller Gesellschaften stelle unabhängig vom fehlen dinglicher Berechtigung des Stillen am Geschäftsvermögen des Inhabers einen selbständigen Gegenstand der Gewerbesteuer dar. Dieser Standpunkt vernachlässigt den Objektsteuercharakter der Gewerbesteuer. Nach außen hin ist nur der Gewerbebetrieb des Geschäftsinhabers existent; allein dieser kommt als Besteuerungsgegenstand in Betracht. 1668

Bei der typischen stillen Gesellschaft sind für die Zwecke der Gewerbesteuer die Gewinnanteile des stillen Gesellschafters dem Gewinn des Inhabers aus Gewerbebetrieb hinzuzurechnen, soweit sie bei der Ermittlung des Gewinns abgesetzt worden sind. Die Hinzurechnung unterbleibt, wenn die stille Beteiligung zum Betriebsvermögen des stillen Gesellschafters gehört und die Beträge bei ihm zur Steuer nach dem Gewerbeertrag herangezogen werden (Vermeidung einer doppelten steuerlichen Belastung).

Zur Feststellung des Gewerbekapitals ist dem Einheitswert des gewerblichen Betriebs des Inhabers in jedem Falle die stille Beteiligung, die als echte Schuld den Einheitswert vermindert hat, wieder hinzuzurechnen.

Bei der atypischen Gesellschaft ist die Beteiligung des stillen Gesellschafters schon in den Ausgangsgrößen Gewinn aus Gewerbebetrieb und Einheitswert des Gewerbekapitals enthalten.

Im Ergebnis werden damit typische und atypische stille Gesellschaft gewerbesteuerlich im wesentlichen gleichgestellt, nur die Technik der Erfassung der Beteiligung beim Inhaber ist verschieden.

Schuldner der Gewerbesteuer ist sowohl bei der typischen als auch bei der atypischen stillen Gesellschaft allein der Inhaber des Gewerbebetriebs, nicht dagegen der stille Gesellschafter.

§ 26 Vermögensteuer und Einheitsbewertung

Schrifttum: *Barten, Jürgen / Kaminski, Heinrich*, Die Einheitsbewertung des Betriebsvermögens bei der atypischen GmbH & Still, GmbHR 1983, 127; *Christoffel, Hans Günter*, Umfang des Betriebsvermögens bei einer atypischen stillen Beteiligung am Unternehmen einer Kapitalgesellschaft (Erwiderung zu dem Beitrag von Hoffmann, DB 1984, 2379) DB 1985, 2429; *ders.*, Bedeutung der Vermögenseinlage eines typisch stillen Gesellschafters als sonstiges Vermögen, DB 1988, 255; *Döllerer, Georg*, Die atypische stille Gesellschaft – gelöste und ungelöste Probleme, DStR 1985, 295; *ders.*, Die atypische stille Gesellschaft in der neuesten Rechtsprechung des Bundesfinanzhofs, StbJb. 1987/88, 289; *Falterbaum, Hermann / Barthel, Klaus*, Bewertungsrecht, Vermögensteuer, 11. Aufl., 1995; *Felix, Günther*, Konsequenzen aus den Entscheidungen des Bundesverfassungsgerichts zur Vermögens- und Erbschaftsbesteuerung, BB 1995, 2241; *Flume, Werner*, Die Beschlüsse des Bundesverfassungsgerichts zu den Einheitswerten in Hinsicht auf die Vermögen- und Erbschaftsteuer, DB 1995, 1779; *Gast, Brigitte*, Zur Bewertung von Kapitalforderungen und Schulden, FR 1959, 227; *Gürsching, Lorenz / Stenger, Alfons*, Kommentar zum Bewertungsgesetz und Vermögensteuergesetz, 9. Aufl. 1992 (Loseblatt, Stand: Juni 1996); *Halaczinsky, Raymont*, Die einheitswertabhängigen Steuern nach den Entscheidungen des Bundesverfassungsgerichts, NWB Fach 10, 693; *Harbich, Armin*, Die typische stille Gesellschaft in steuerlicher Sicht, StBp 1989, 35; *Hoffmann, Günther F.*, Substanzbesteuerung bei atypischer stiller Beteiligung am Unternehmen der Kapitalgesellschaft nach Ergänzung des § 97 Abs. 1 Nr. 5 BewG, DB 1984, 2379; *ders.*, Replik zur Erwiderung von Christoffel, DB 1985, 2431; *Knobbe-Keuk, Brigitte*, Bilanz- und Unternehmenssteuerrecht, 9. Aufl., 1993; *Mayer, Christian*, Der Umfang der Nachbesserungspflicht des Gesetzgebers bei der Vermögens-, Erbschafts- und Schenkungsbesteuerung – Konsequenzen aus den Beschlüssen des BVerfG vom 22. 6. 1995; *Rössler, Rudolf / Troll, Max*, Bewertungsgesetz und Vermögensteuergesetz, 17. Aufl., 1995; *Scheuffele, Peter*, Die typische stille Gesellschaft im Handelsrecht und im steuerlichen Bewertungsrecht, BB 1979, 1026; *Schlagheck, Markus*, Vermögensteuerrechtliche Behandlung der Einlage des typischen stillen Gesellschafters, StW 1987, 219; *Schmidt, Eberhard*, Eine einmalige Gelegenheit nutzen, Folgerungen aus den BVerfG-Entscheidungen vom 22. 6. 1995 zur Vermögen- und Erbschaftsteuer, BB 1995, 1986; *Schmidt, Ludwig*, Kommentar zum Einkommensteuergesetz, 15. Aufl., 1996; *Schön, Wolfgang*, Anmerkung zu BFH v. 2. 5. 1984 (VIII R 276/81), BB 1985, 313; *Stüttgen, Hans-Gerd*, Die stille Beteiligung an der gewerblichen Familien-GmbH, 1988; *Tetens, Harens*, Die Ermittlung und Aufteilung des Einheitswerts bei der atypisch stillen Gesellschaft, DB 1988, 729; *Wittmann, Rudolf*, Die „Einheitswert"-Entscheidungen des Bundesverfassungsgerichts vom 22. 6. 1995, BB 1995, 1933.

1669 Das Bundesverfassungsgericht hat in seinem Beschluß vom 22. 6. 1995[1] entschieden, daß die Regelungen des Vermögensteuergesetzes hinsichtlich der Einheitswerte nicht verfassungsgemäß seien. Das bisherige Ver-

---
1 2 BvL 39/91, BStBl. II 1995, S. 665 ff.

mögensteuerrecht könne nur noch bis zum 31. 12. 1996 angewandt werden. Im Jahressteuergesetz 1997[2] ist das Vermögensteuergesetz weder abgeschafft noch neu geregelt worden. Damit gilt das Vermögensteuergesetz formal zwar weiter, die Vermögensteuer wird jedoch **vom 1. 1. 1997 an nicht mehr erhoben.**

Die nachfolgenden Ausführungen haben ihre Bedeutung aus zweierlei Gründen nicht verloren: Erstens gelten sie uneingeschränkt für die Altfälle, bei denen es um einen Veranlagungszeitraum vor dem 1. 1. 1997 geht. Zweitens behalten die Darlegungen zum Bewertungsrecht ihre Bedeutung für das Erbschafts- und Schenkungsteuerrecht. 1670

I. Die typische stille Gesellschaft

Die stille Gesellschaft als solche besitzt auf dem Gebiete der Vermögensteuer keine eigene Steuerrechtssubjektivität. Das Geschäftsvermögen ist rechtlich nicht Vermögen der stillen Gesellschaft, sondern Vermögen des Geschäftsinhabers. Nur er unterliegt mit seinem Gesamtvermögen, das das Geschäftsvermögen umfaßt, der Vermögensteuer, wie andererseits der stille Gesellschafter mit seinem eigenen Vermögen, zu dem seine stille Beteiligung gehört, zur Vermögensteuer herangezogen wird. 1671

1. Die Besteuerung des Inhabers

Zum Betriebsvermögen werden solche Wirtschaftsgüter gerechnet, die auch bei der steuerlichen Gewinnermittlung zum Betriebsvermögen gehören (§ 95 Abs. 1 BewG). Zum Betriebsvermögen gehört die Summe aller Wirtschaftsgüter, die einem Betrieb eines Gewerbes als Hauptzweck dienen und dem Betriebsinhaber gehören[3]. 1672

Gemäß § 98a BewG sind zur Ermittlung des Einheitswertes vom Rohvermögen u.a. diejenigen Schulden abzuziehen, die zum Betriebsvermögen gehören und mit der Gesamtheit oder mit einzelnen Teilen des gewerblichen Betriebs in wirtschaftlichem Zusammenhang stehen (§ 103 Abs. 1 BewG). Da sich die **typische stille Beteiligung für den Inhaber des Handelsgeschäftes als echte Verbindlichkeit darstellt,** wird sie wie andere Verbindlichkeiten vom Rohvermögen abgezogen. Abzugsfähig ist auch eine – wenn auch zahlenmäßig noch nicht bestimmte, aber doch bestimmbare – Gewinnanteilsschuld als vertragsmäßige Vergütung für eine 1673

---

[2] BGBl. I 1996, S 2049 ff.
[3] Vgl. *Rössler/Troll*, § 95 BewG, Rn. 1.

stille Beteiligung oder ein partiarisches Darlehen mit einem bestimmten Hundertsatz vom Gewinn[4].

1674 Die Verpflichtung des Unternehmers aufgrund einer typischen stillen Beteiligung an seinem Unternehmen ist bei der Einheitsbewertung des Betriebsvermögens des Unternehmens mit dem Steuerbilanzwert abzuziehen (§§ 109 Abs. 1, 103 Abs. 1 BewG)[5]. Die **Bewertung der Einlage** erfolgt gem. § 6 Abs. 1 Nr. 3 i.V.m. Nr. 2 EStG mit den Anschaffungskosten oder dem niedrigeren Teilwert. Angesetzt wird danach der Rückzahlungsbetrag, der in der Regel mit dem Nennwert übereinstimmt[6]. Im Fall einer besonders niedrigen Verzinsung und langer Restlaufzeit, hat die Bewertung mit einem niedrigeren Wert zu erfolgen[7]. Die Tatsache, daß die nachhaltig erzielbare Rendite der Einlage des stillen Gesellschafters unter Berücksichtigung von Sicherheit und Dauer der Anlage die am Kapitalmarkt allgemein übliche Rendite langfristiger Anlagen weit übersteigt, rechtfertigt bei der Bewertung der Schuld des Unternehmers nicht einen über dem Nennwert liegenden Ansatz. Auch wenn diese Rendite überproportional sein sollte, d.h. wenn sich die Einlage des stillen Gesellschafters höher „verzinsen" sollte als das Kapital des Inhabers, wäre ein Schuldabzug mit einem höheren Wert als dem Nennwert grundsätzlich nicht gerechtfertigt[8].

1675 Die Beteiligung eines typischen stillen Gesellschafters an einem gewerblichen Betrieb unter Gewährung einer ungewöhnlich hohen Verzinsung kann auch nicht die Einbeziehung einer selbständigen Größe „**Geschäftswert**", die etwa durch die Höhe der Verzinsung konkretisiert würde, in die Bewertung rechtfertigen[9]. Die Begründung einer stillen Gesellschaft bewirkt lediglich, daß der Ertrag eines Handelsgewerbes, in das die Einlage des stillen Teilhabers erbracht wird, zwischen dem Inhaber des Handelsgewerbes und dem stillen Gesellschafter aufgeteilt wird. Das gewerbliche Betriebsvermögen wird jedoch nicht im ganzen bewertet, sondern durch Summierung der Werte, die den einzelnen zur wirtschaftlichen Einheit gehörenden Wirtschaftsgütern zukommen. Der für die Bewertung des gewerblichen Betriebsvermögens geltende Grundsatz der Einzelbe-

---

4 BFH v. 11. 10. 1968 (III 264/64) BStBl. II 1969, 123 = StRK BewG § 67 R. 54 m. krit. Anm. von *Ganßmüller* und *Paulick*; *Fleischer/Thierfeld*, S. 145.
5 Bei nicht bilanzierenden Gewerbetreibenden erfolgt die Bewertung gem. Abschn. 48 Nr. 11a VStR 1995 nach dem Verfahren aus Abschn. 61 VStR.
6 *Fleischer/Thierfeld*, S. 154.
7 *Rössler/Troll*, § 109 BewG, Rn. 34.
8 Ebenso *Fleischer/Thierfeld*, S. 81.
9 BFH v. 17. 1. 1975 (III R 69/73) BStBl. II 1975, 324 (325) = StRK BewG § 56 R. 29.

§ 26 Vermögensteuer und Einheitsbewertung

wertung[10] schließt damit eine Erfassung des Geschäftswerts eines Unternehmens nach Schätzungsmethoden aus[11]. Deshalb kann der Geschäftswert eines gewerblichen Betriebs nicht mit der Begründung erfaßt werden, die Gewinnbeteiligung des typischen stillen Gesellschafters führe zu einer unangemessen hohen Verzinsung seiner Einlage. Denn in dieser Gewinnbeteiligung drückt sich lediglich die allgemeine Ertragskraft des Unternehmens aus, an dem der stille Gesellschafter beteiligt ist. Eine allgemein gute Ertragslage kann aber nicht dazu führen, daß ein Geschäftswert zu einem selbständig bewertungsfähigen immateriellen Wirtschaftsgut konkretisiert wird.

Begründet ein GmbH-Gesellschafter mit der von ihm beherrschten GmbH eine typische stille Gesellschaft, so ist zu erwägen, ob unter bestimmten Umständen **verdecktes Stammkapital** anzunehmen ist, eine abziehbare Schuld der GmbH also nicht besteht. Die frühere Rechtsprechung hat bei der bewertungsrechtlichen Beurteilung im Unterschied zum Ertragsteuerrecht einen engen Maßstab angelegt und verdecktes Stammkapital angenommen, wenn es als möglich anzusehen war, daß unter den gegebenen Verhältnissen Fremdkapital zu vergleichbaren Bedingungen nicht aufgenommen werden konnte[12]. Diesen Standpunkt hat der BFH mittlerweile ausdrücklich aufgegeben; er befürwortet nunmehr die Angleichung der bewertungsrechtlichen an die ertragsteuerliche Beurteilung[13]. Verdecktes Stammkapital wird somit nur noch in Ausnahmefällen angenommen werden können[14]. 1676

Außerbetriebliche Verpflichtungen des Inhabers des Handelsgewerbes oder der Teilhaber einer Mitunternehmerschaft, die zur Abgeltung von Pflichtteilsansprüchen und Schenkungen eingegangen worden sind, begründen keine Betriebsschuld, auch wenn sie durch Einräumung von stillen Beteiligungen erfüllt werden[15]. Werden Kinder zur Abgeltung von Pflichtteilsansprüchen am Betriebsvermögen still beteiligt, so kommt ein Schuldenabzug nach § 103 Abs. 1 BewG bei dem Inhaber ebenfalls nicht in Betracht[16]. 1677

---

10 BFH v. 12. 7. 1968 (III 181/64) BFHE 93, 323 = BStBl. II 1968, 794.
11 BFH v. 6. 8. 1971 (III R 9/71) BFHE 102, 573 = BStBl. II 1971, 677 (678).
12 BFH v. 15. 7. 1960 (III 114/57 U) BStBl. III 1960, 400 (401) = StRK BewG § 62 R. 33.
13 BFH v. 22. 2. 1974 (III R 52/69) BStBl. II 1972, 518; BFH v. 22. 2. 1974 (III R 5/73) BStBl. II 1974, 330; dem folgt Abschn. 30 S. 1 der VStR 1986.
14 Dazu oben Rn. 1488 ff.
15 RFH v. 29. 10. 1942 (III 132/42) RStBl. 1943, 11.
16 RFH v. 11. 10. 1934 (III A 189/34) RStBl. 1935, 475 (476); RFH v. 12. 5. 1942 (III 59/42) RStBl. 1942, 868 (869).

1678 Der Gesamtwert des gewerblichen Betriebs ist die Summe der Werte, die sich für die einzelnen Wirtschaftsgüter ergeben, vermindert um die Schulden und Rückstellungen des Betriebs. Für den Bestand und die Bewertung sind die Verhältnisse im Feststellungszeitpunkt maßgebend. Für Betriebe, die regelmäßig Abschlüsse auf den Schluß des Kalenderjahrs machen, ist dieser Abschluß zugrunde zu legen. Für Betriebe, die regelmäßig Abschlüsse auf einen anderen Tag machen, kann auf Antrag zugelassen werden, daß der Schluß des Wirtschaftsjahrs zugrunde gelegt wird, das dem Feststellungszeitpunkt vorangeht. Der auf den Abschlußzeitpunkt ermittelte Einheitswert gilt als Einheitswert vom Feststellungszeitpunkt (§ 106 IV BewG).

2. Die Besteuerung des stillen Gesellschafters

a) Die Vermögenseinlage

1679 Der stille Gesellschafter hat gegen den Inhaber einen Anspruch auf Auszahlung seines Gewinnanteils und nach Auflösung der Gesellschaft auf Rückzahlung der Einlage. Sofern nichts anderes vereinbart ist und die Einlage nicht infolge einer Verlustbeteiligung gemindert ist, erfolgt ihre Rückzahlung zum Nennwert. Wirtschaftlich betrachtet stellt sie eine **Kapitalforderung** dar, die statt einer festen Verzinsung oder neben einer solchen mit einer der Höhe nach schwankenden Gewinnbeteiligung ausgestattet ist. Demzufolge wird sie bewertungsrechtlich als Kapitalforderung behandelt[17].

1680 Der Anspruch des typischen stillen Gesellschafters auf seinen Gewinnanteil ist bei der Einheitsbewertung und bei der Vermögensteuer **nicht erst im Zeitpunkt der Bilanzaufstellung, sondern schon am Ende des Geschäftsjahrs des Unternehmens zu erfassen**[18]. Der Gewinnbeteiligungsanspruch des Stillen entsteht nicht erst mit der nach Abschluß des Geschäftsjahrs erfolgenden Berechnung auf Grund des Jahresergebnisses. Er entsteht dem Grunde nach bereits am Schluß des Geschäftsjahrs, für das der Gewinn des Handelsgewerbes zu ermitteln ist. Jedoch wird zu diesem Zeitpunkt in der Regel die genaue Höhe des Gewinnbeteiligungsanspruchs des stillen Gesellschafters noch nicht feststehen; sie wird erst durch die Aufstellung der Bilanz konkretisiert. Deshalb wird der Auszahlungsanspruch spätestens mit der Berechnung des Gewinns fällig. Der Fälligkeitszeitpunkt hat jedoch mit dem Zeitpunkt der Entstehung des

---

17 Ebenso *Christoffel*, DB 1988, 255 (255); *Rössler/Troll*, § 12 BewG, Rn. 40, § 109 BewG, Rn. 32 a.E.; Abschn. 61 Abs. 1 VStR.
18 BFH v. 11. 10. 1968 (III 246/64) StRK BewG § 67 R. 54 m. Anm. *Paulick* = HFR 1969, 103 Nr. 111.

Gewinnbeteiligungsanspruchs nichts zu tun. Der dem Stillen vertraglich zugesicherte Gewinnbeteiligungsanspruch ist vom stillen Gesellschafter als (geschätzte) Forderung bei der Vermögensteuer anzusetzen, auch wenn seine Höhe am Stichtag noch nicht endgültig feststeht[19].

b) Die Bewertung der Vermögenseinlage

Für die Bewertung von Kapitalforderungen, die zum Betriebsvermögen gehören, gilt § 109 Abs. 1 BewG. Danach sind sie mit dem Wert anzusetzen, der sich nach den Grundsätzen über die steuerliche Gewinnermittlung ergibt. Dies sind gem. § 6 Abs. 1 Nr. 2 i.V.m. Nr. 3 EStG die Anschaffungskosten, die sich in der Regel mit dem Nennbetrag der Forderung decken, gegebenenfalls der niedrigere Teilwert[20].   1681

Die stille Beteiligung ist nach § 12 Abs. 1 BewG mit dem **Nennwert** anzusetzen, wenn nicht besondere Umstände einen höheren oder geringeren Wert begründen[21]. Daraus ergibt sich, daß eine Forderung, die uneinbringlich ist, außer Ansatz bleibt (§ 12 Abs. 2 BewG). Eine über den Nennwert hinausgehende Bewertung kann geboten sein, wenn die Kapitalforderung auf längere Zeit einen besonders hohen Ertrag verspricht und Verluste aller Voraussicht nach nicht entstehen können. Das trifft insbesondere auf stille Beteiligungen mit hohen Gewinnaussichten oder mit Ausschluß der Teilnahme am Verlust zu, vorausgesetzt, daß gegen ihre Sicherheit keine Bedenken bestehen[22].   1682

Der Wert der stillen Beteiligung wird aber nicht nur durch die anteilsmäßige Höhe der Gewinnbeteiligung, sondern auch durch die Ertragsaussichten und durch sonstige Bedingungen beeinflußt, die für die Vermögenseinlage und für die Gewinnbeteiligung maßgebend sind (Teilnahme oder Nichtteilnahme am Verlust, Möglichkeit der Zurückziehung der Einlage usw.).   1683

Nach der Rechtsprechung des Reichsfinanzhofes stellt eine **hohe Gewinnbeteiligung,** die eine feste Verzinsung der Einlage von 4% jährlich garan-   1684

---

19 RFH v. 4. 2. 1932 (III A 790/30) RStBl. 1932, 332; dies entspricht der Behandlung beim Inhaber des Handelsgeschäfts, die oben unter Rn 1672 ff. dargestellt ist.
20 *Fleischer/Thierfeld,* S. 80; siehe zur Bewertung von Forderungen *Rössler/Troll,* § 109 BewG Rn. 32, 67 ff.
21 Hierzu BFH v. 21. 1. 1966 (III 116/61) BFHE 86, 273; Gast, FR 1959, 227 ff.; *Scheuffele,* BB 1979, 1026 ff.; *Fleischer/Thierfeld,* S. 134 ff.; *Rössler/Troll,* § 110 BewG Rn. 26.
22 RFH v. 14. 3. 1935 (III e A 90/33) RStBl. 1935, 906; RFH v. 26. 11. 1936 (III e A 67/36) RStBl. 1937, 6; RFH v. 13. 10. 1938 (III e 41/38) RStBl. 1939, 462.

tiert und zusätzlich 6% des Jahresgewinns gewährt, in Verbindung mit einem Ausschluß der Verlustteilnahme, einen Grund dar, die stille Einlage über die Höhe des Nennwertes hinaus zu bewerten. Wesentlich soll dabei auch und vor allem die künftige Entwicklung des Handelsgeschäfts und der Gewinnaussichten für die voraussichtliche Dauer der stillen Gesellschaft sein[23]. Auch die Rücklagen spielen eine Rolle. Wenn der stille Gesellschafter auch regelmäßig nicht an ihnen beteiligt ist, sind sie doch auf den Wert der Einlage nicht ohne Einfluß, da sie die Ertragsaussichten des Unternehmens zu beeinflussen vermögen und die stille Beteiligung ihren Wert in dem daraus zu erwartenden Gewinnanteil hat[24].

1685 Der BFH hat als zusätzliche Voraussetzung für eine höhere Bewertung gut rentierlicher stiller Einlagen mit Recht die **Vereinbarung einer längeren Laufzeit** gefordert[25]. Hohe Gewinnaussichten können eine Bewertung über den Nennwert nur dann rechtfertigen, wenn dem stillen Gesellschafter eine Rechtsposition eingeräumt worden ist, die die Gewähr dafür bietet, daß er sein festgelegtes Kapital auch für einige Zeit ungestört arbeiten lassen kann, um die Voraussetzungen für die Verwirklichung der Gewinnaussichten zu schaffen. Das ist nicht der Fall, wenn die Kapitaleinlage des stillen Gesellschafters jederzeit zurückgezahlt werden kann, wie dies nach der gesetzlichen Regelung in den §§ 234 Abs. 1 S. 1, 132 HGB unter Einhaltung der sechsmonatigen Kündigungsfrist zum Geschäftsjahresende möglich ist. Bei einer auf unbestimmte Zeit eingegangenen stillen Gesellschaft, deren Kündigung gegenüber §§ 234 Abs. 1 S. 1, 132 HGB nicht erschwert ist, kommt eine Bewertung über dem Nennwert daher regelmäßig auch bei hohen Gewinnanteilsvereinbarungen nicht in Betracht.

1686 Eine solche ist nach der Rspr. des BFH vielmehr nur dann in Erwägung zu ziehen, wenn die stille Gesellschaft nach den Verhältnissen des Veranlagungszeitpunktes für eine Dauer von mindestens vier Jahren besteht[26]. Die VStR gehen in Abschnitt 61 Abs. 1 von fünf Jahren aus. Bei der Beurteilung der Langfristigkeit wird man aber nicht allein und ausschließlich auf die formelle Kündigungsmöglichkeit abstellen dürfen. In Anlehnung an die Bewertung von Kapitalforderungen[27], müssen auch andere,

---

23 RFH v. 2. 12. 1930 (I e A 106/30) RStBl. 1931, 357.
24 RFH v. 26. 1. 1936 (III e A 67/36) RStBl. 1937, 6.
25 BFH v. 21. 1. 1966 (III 116/61) BFHE 86, 273 = StRK BewG § 14 Abs. 1–2 R. 30; BFH v. 7. 5. 1971 (III R 7/69) BFHE 102, 407 = BStBl. II 1971, 642 = StRK BewG § 14 Abs. 1–2 R. 47.
26 BFH v. 7. 5. 1971 (III R 76/69) BFHE 102, 407 = BStBl. II 1971, 642 = StRK BewG § 14 Abs. 1–2 R. 47.
27 Hierzu BFH v. 10. 2. 1982 (II R 3/80) BStBl. II 1982, 351.

§ 26 Vermögensteuer und Einheitsbewertung

am Bewertungsstichtag erkennbare Tatsachen berücksichtigt werden, die die Annahme der Langfristigkeit rechtfertigen. Solche Umstände können nahe Verwandtschaft, Ehegattenverhältnis, besondere betriebliche Verhältnisse, evtl. die Angebotslage hinsichtlich vergleichbarer Kapitalanlagen sein[28]. Im Einzelfall dürfte eine Höherbewertung auch dann möglich sein, wenn zwar formal eine jederzeitige Kündigungsmöglichkeit besteht, aber sich aus bestimmten objektiven Umständen ergibt, daß eine langfristige Anlage gewollt ist[29]. Ebenso ist statt der formellen Kündigungsfristen bei der Beurteilung der Langfristigkeit die Laufzeit zu berücksichtigen, die nach den Umständen am Stichtag zu erwarten ist[30].

Für die Beurteilung der Frage, ob eine die Höherbewertung rechtfertigende hohe Verzinsung vorliegt, kann auf die Praxis bei der Bewertung von Kapitalforderungen zurückgegriffen werden, wo die Grenze bei 9% angesetzt ist[31]. Es ist jedoch zu beachten, daß es keine starre, fortwährend gültige Grenze geben kann. Vielmehr ist jeweils zu fragen, welchen Ertrag vergleichbare Anlagen zum Bewertungszeitpunkt bringen, und es sind die Risiken zu berücksichtigen, die durch die Vergütung abgegolten werden sollen[32]. Daher muß sich die Beurteilung der besonders guten Rentabilität auch und vor allem am allgemeinen Zinsniveau orientieren. Bei starker Veränderung muß die Grenze des besonders hohen Ertrages, der eine Bewertung über dem Nennwert rechtfertigen soll, entsprechend angepaßt werden. Zur Zeit dürfte die Grenze mit 9% nicht zu hoch angesetzt sein.

1687

Es können andererseits Gründe vorliegen, die eine Bewertung der stillen Beteiligung **unter ihrem Nennwert** rechtfertigen[33]. Hier ist daran zu denken, daß der stille Gesellschafter vertraglich verpflichtet ist, die ihm zustehenden Gewinnanteile für längere Zeit im Geschäft des Inhabers zu belassen, daß er in der Verfügung über dieselben beschränkt[34] oder daß infolge der wirtschaftlichen Verhältnisse des Inhabers zweifelhaft ist, ob er seine Vermögenseinlage bei Auflösung der Gesellschaft zurückerhalten wird. Die Beurteilung hängt von den tatsächlichen Verhältnissen am Bewertungsstichtag ab. Es sind jedoch auch solche Umstände zu berück-

1688

---

28 Vgl. *Rössler/Troll*, § 12 BewG Rn. 40.
29 Ebenso *Rössler/Troll*, § 12 BewG Rn. 40.
30 *Rössler/Troll*, § 12 BewG Rn. 39.
31 Abschn. 18 Abs. 5 VStR 1995, jetzt auch ausdrücklich für stille Beteiligungen Abschn. 61 Abs. 1 VStR 1995.
32 So auch der BFH v. 10. 2. 1982 (II R 3/80) BStBl. II 1982, 351 für Kapitalforderungen.
33 Vgl. Abschn. 61 Abs. 1 VStR 1995.
34 RFH v. 14. 3. 1935 (III e A 90/33) RStBl. 1935, 906.

II. Teil: Die Besteuerung der stillen Gesellschaft

sichtigen, die am Stichtag dem Grunde nach schon vorlagen, aber erst nach dem Stichtag bekannt geworden sind[35]. Schwierigkeiten in der Beurteilung der Rechtslage sind dagegen kein besonderer Umstand, der einen Abschlag rechtfertigt[36].

1689 Die Tatsache, daß bei der Ausschüttung der Gewinnanteile an den stillen Gesellschafter Kapitalertragsteuer einzubehalten ist, ist ebenfalls kein besonderer Umstand, der eine Bewertung der Forderung unter dem Nennwert rechtfertigt[37].

1690 Eine Vermögenseinlage, deren **dingliche Sicherheit** zur Befriedigung des stillen Gesellschafters ausreicht, ist in der Regel voll anzusetzen, auch wenn der Inhaber bei Auflösung der Gesellschaft voraussichtlich Schwierigkeiten in der Beschaffung der erforderlichen Barmittel haben wird[38]. Eine Bewertung unter dem Nennwert wäre nur berechtigt, wenn der stille Gesellschafter trotz der dinglichen Sicherung mit Verlusten rechnen muß. Unsichere Forderungen sind mit ihrem wahrscheinlichen Wert anzusetzen, der nach den voraussehbaren Umständen mutmaßlich zu erhalten sein wird.

1691 Besteht die Einlage des stillen Gesellschafters u.a. in der **Erbringung von Diensten**, so muß für die Bewertung der stillen Einlage der Jahresertrag um den darin enthaltenen Wert der von dem stillen Gesellschafter in Erfüllung des Gesellschaftsvertrages erbrachten Dienste gekürzt werden[39]. Als angemessen ist das Gehalt anzusehen, das einem beherrschenden Gesellschafter-Geschäftsführer einer Kapitalgesellschaft gezahlt werden kann, ohne daß verdeckte Gewinnausschüttung angenommen wird.

1692 Zusammenfassend ist festzustellen, daß die Bewertung der Vermögenseinlage des stillen Gesellschafters mit dem Betrag zu erfolgen hat, den ein vorsichtig rechnender Kaufmann unter verständiger Berücksichtigung aller werterhöhenden und wertmindernden Umstände am Bewertungsstichtag für die Beteiligung zahlen würde[40].

---

35 RFH v. 10. 2. 1938 (III 215/37) RStBl. 1938, 537.
36 BFH v. 1. 9. 1961 (III 15/60 U) BStBl. III 1961, 493.
37 BFH v. 15. 12. 1967 (III R 49/67) BFHE 91, 427 = BStBl. II 1968, 340; FG Nürnberg v. 24. 11. 1964 (IV 83/64) EFG 1965, 262.
38 RFH v. 6. 2. 1933 (III A 420/32) RStBl. 1933, 217.
39 FG Köln v. 4. 11. 1982 (III [XIV] 479/77 V) EFG 1983, 479.
40 RFH v. 14. 3. 1935 (III e A 90/33) RStBl. 1935, 906.

c) Bewertungsmethode

Für den Fall, daß die Vermögenseinlage des stillen Teilhabers über dem Nennwert anzusetzen ist, stellt sich die Frage, nach welcher Methode der Wert der Einlage zu schätzen ist.

1693

Die Finanzverwaltung will den gemeinen Wert in Ansatz bringen, der nach einem aus dem sog. **Stuttgarter Verfahren**[41] abgeleiteten Modus berechnet werden soll[42]. Abweichend von der zwischenzeitlich ergangenen BFH-Rechtsprechung[43] soll dabei der eine Höherbewertung erst rechtfertigende „längere Zeitraum" des Kündigungsausschlusses fünf Jahre betragen[44].

1694

Der Ansatz der mit hoher Gewinnerwartung ausgestatteten und über einen längeren Zeitraum gebundenen stillen Einlage mit dem gemeinen Wert wie bei nicht notierten Anteilen **entspricht nicht der Rechtsprechung des BFH**, der sich der diesbezüglichen Judikatur des Reichsfinanzhofes ausdrücklich nicht angeschlossen hat, sondern statt dessen vielmehr eine Bewertung wie bei Kapitalforderungen befürwortet[45]. Darüber hinaus ist eine Bewertung über dem Nennbetrag bei einer stillen Einlage, die hohen Gewinn verspricht, nach der Rechtsprechung schon dann gerechtfertigt, wenn sie ab dem Veranlagungszeitpunkt noch mindestens vier Jahre währt[46]. Nach Fleischer/Thierfeld ist weiterhin problematisch, daß eine Unterscheidung zwischen Beteiligungen mit und ohne Verlustrisiko fehlt. Die starren Grenzzinssätze seien daher unpassend[47]. Die Rechtsgrundlage für die Verwaltungsauffassung ist daher zweifelhaft.

1695

Folgt man der Judikatur des BFH, wonach typische stille Einlagen bewertungsrechtlich wie Kapitalforderungen zu behandeln sind, so müßte auch das Bewertungsverfahren für Kapitalforderungen, wie es in Abschnitt 18 Abs. 5 VStR 1995 behandelt ist, übernommen werden[48].

1696

---

41 Näheres zum Stuttgarter Verfahren in Abschn. 4 bis 16 VStR 1995; auch *Post/Hoffmann*, S. 107 ff.; *Rössler/Troll* § 113 BewG Rn. 30 ff.
42 Abschn. 61 Abs. 1 S. 3 VStR 1995.
43 BFH v. 7. 5. 1971 (III R 7/69) BStBl. 1971, 642 (643), wo vier Jahre Dauer als ausreichend angesehen werden.
44 Abschn. 61 Abs. 1 S. 7 VStR 1995; auch insoweit nimmt die Verwaltungspraxis eine Angleichung an die Lage bei den nicht notierten Anteilen vor.
45 BFH v. 7. 5. 1971 (III R 7/79) BStBl. II 1971, 642 (643) unter I.2.
46 BFH v. 7. 5. 1971 (III R 7/69) BStBl. II 1971, 642 (643) unter I.3 und FG Hamburg v. 25. 2. 1980 (V 54/78) EFG 1980, 402 (403).
47 *Fleischer/Thierfeld*, S. 140.
48 Siehe aber auch *Post/Hoffmann*, S. 107 (108) die diese Parallelität offensichtlich nicht als zwingend erachten.

3. Ehegatte als stiller Gesellschafter am Betrieb des anderen Ehegatten

1697 Aus der steuerlichen Einheit der zusammen zu veranlagenden Ehegatten (§ 119 BewG a.F. i.V.m. § 14 Abs. 1 VStG)[49] hat die frühere Rechtsprechung gefolgt, daß die Beteiligung des anderen Ehegatten bei der Einheitsbewertung des Betriebsvermögens des Geschäftsinhabers nicht als Schuld abgezogen werden könne[50]. Es wurde so verfahren, als ob Forderung und Schuld sich in einer Person vereinigt hätten und deshalb erloschen seien. Die heutige Rechtsprechung läßt indessen auch den Abzug von Schulden unter Ehegatten zu[51]. Daher muß auch die stille Beteiligung des einen Ehegatten an dem Betrieb des anderen Ehegatten als Schuld bei der Bewertung des Betriebsvermögens abziehbar sein. Gleichzeitig ist bei dem still beteiligten Ehegatten dessen stille Einlage als Forderung nach den allgemeinen Grundsätzen zu bewerten.

II. Die atypische stille Gesellschaft

1. Das gewerbliche Betriebsvermögen

1698 Gemäß § 97 Abs. 1 Nr. 5 BewG i.V.m. § 15 III EStG bilden alle Wirtschaftsgüter, die offenen Handelsgesellschaften, Kommanditgesellschaften und ähnlichen Gesellschaften, bei denen die Gesellschafter als Unternehmer (Mitunternehmer) anzusehen sind, gehören, einen gewerblichen Betrieb.

1699 Zu den ähnlichen Gesellschaften, bei denen die Gesellschafter als Unternehmer anzusehen sind, zählt auch die atypische stille Gesellschaft[52]. Der Formulierung des Gesetzes könnte man entnehmen, der atypischen stillen Gesellschaft „gehöre" Vermögen, sie habe also ein mit einem Einheitswert zu ermittelndes Betriebsvermögen. Eine solche Annahme stünde jedoch mit den zivilrechtlichen Strukturen der stillen Gesellschaft nicht im Einklang. Die Rechtszuständigkeit für das Betriebsvermögen liegt – abgesehen von etwaigem Sonderbetriebsvermögen des atypisch Stillen – auch bei einer atypischen stillen Gesellschaft allein beim Inha-

---

49 Anders als bei der Einkommensteuer hält die Rechtsprechung die Zusammenveranlagung und die Zusammenrechnung bei der Vermögensteuer wegen der hier nicht gegebenen Progression nicht für verfassungswidrig, BFH v. 3. 4. 1964 (III 287/60 U) BStBl. III 1964, 414; BFH v. 24. 7. 1964 (III 129/62 U) BStBl. III 1964, 598.
50 RFH v. 20. 1. 1944 (III 38/43) RStBl. 1944, 435.
51 BFH v. 12. 11. 1971 (III R 87/68) BStBl. II 1972, 210 (211); siehe auch Abschn. 23 Abs. 3 VStR 1995.
52 *Rössler/Troll*, § 97 BewG Rn. 15; *L. Schmidt*, § 15 Rn. 187.

ber des Handelsbetriebs. Er ist auch derjenige, der den Gewerbebetrieb unterhält, an dem der stille Gesellschafter nur schuldrechtlich beteiligt ist. Daher kann es **kein Betriebsvermögen der atypischen stillen Gesellschaft** und auch keinen sich hierauf beziehenden Einheitswert geben[53]. Es gibt lediglich den Einheitswert des Gewerbebetriebs des Inhabers des Handelsgeschäfts.

Die mitunternehmerische Stellung des stillen Teilhabers, die ihm durch Vermögensbeteiligung oder Mitwirkungsrechte vermittelt wird, findet ihre Berücksichtigung darin, daß dem atypisch Stillen gehörende Wirtschaftsgüter, die dem Betrieb des Handelsgewerbes dienen, zum Betriebsvermögen des Handelsgeschäftsinhabers hinzugerechnet werden, § 97 Abs. 1 Nr. 5 S. 2 BewG. Die vom atypischen stillen Gesellschafter dem Betrieb des Handelsgeschäfts gewidmeten, aber nicht in das Vermögen des Handelsgeschäftsinhabers übereigneten Wirtschaftsgüter werden somit ebenfalls von den einheitswertabhängigen Steuern erfaßt, allerdings erfolgt diese Einbeziehung bei der Feststellung des Einheitswerts des Gewerbetriebes, den der Inhaber des Handelsgeschäfts betreibt[54] und bezüglich dessen er allein – und nicht die atypische stille Gesellschaft – subjektiv steuerpflichtig ist[55]. Ausdruck der mitunternehmerischen Stellung des atypischen stillen Gesellschafters ist es auch, daß weder seine Einlage noch der Gewinnanteil beim Geschäftsinhaber eine abzugsfähige Betriebsschuld darstellen[56]. Beides ist vielmehr als Eigenkapital des Betriebsinhabers zu behandeln.

1700

Beim Gewerbebetrieb einer atypischen stillen Gesellschaft als „andere Gesellschaft" i.S.d. § 97 Abs. 1 Nr. 5 BewG i.V.m. § 15 Abs. 3 Nr. 1 EStG ist das gesamte Gemeinschaftsvermögen dem Betriebsvermögen zuzurechnen[57]. Auch das Sonderbetriebsvermögen wird gem. § 97 Abs. 1 Nr. 5 S. 2 dem Betriebsvermögen zugerechnet, soweit es bei der steuerlichen Gewinnermittlung zum Betriebsvermögen gehört. Dabei sind die Wirtschaftsgüter, die im Vermögen von Körperschaften, Personenvereinigungen oder Vermögensmassen im Sinne von § 97 Abs. 1 Nr. 1–4 BewG stehen, nicht mehr ausgenommen. Bei der GmbH & Still wird also nunmehr auch das Sonderbetriebsvermögen der GmbH dem Einheitswert des

1701

---

53 BFH v. 12. 11. 1985 (VIII R 364/83) FR 1986, 244 (245); *Döllerer*, DStR 1985, 295 (300, 301); ders., StbJb. 1987/88, 289 ff.; *Gürsching/Stenger*, § 97 BewG Anm. 45.
54 BFH v. 12. 11. 1985 (VIII R 364/83) FR 1986, 244 (245); *Döllerer*, DStR 1985, 295 (301).
55 BFH v. 12. 11. 1985 (VIII R 364/83) FR 1986, 244; *Döllerer*, DStR 1985, 295.
56 Vgl. auch *Tetens*, DB 1988, 729 (730).
57 *Rössler/Troll*, § 97 BewG Rn. 5.

Gewerbebetriebes zugerechnet. Die Grundsätze für die atypische stille Gesellschaft gelten damit jetzt auch unterschiedslos für die GmbH & Still. Der Einheitswert des Betriebsvermögens wird dem Stillen anteilig zugerechnet[58].

2. Die Einheitswertfeststellung

1702 Aus dem eben Gesagten ergibt sich, daß es bei der Einheitswertfeststellung allein um den Einheitswert des Handelsbetriebs gehen kann, an dem der atypisch stille Gesellschafter beteiligt ist. Daher ist auch der Inhaber des Handelsgeschäfts verpflichtet, eine **Vermögenserklärung** für seinen Betrieb abzugeben, wobei er allerdings die gesellschaftsrechtliche Beteiligung des atypischen stillen Gesellschafters anzugeben und insbesondere zu erklären hat, wie sich das Vermögen, das zum Betrieb des Handelsgewerbes eingesetzt wird, auf die einzelnen Gesellschafter verteilt. Diese Erklärung bildet die Grundlage für die einheitliche und gesonderte Feststellung des Einheitswertes des Betriebsvermögens[59], bei der – wie oben angeführt – die Einlage und der Gewinnanteil des Stillen als Eigenkapital des Betriebs des Geschäftsinhabers und die vom Stillen dem Geschäftsinhaber zur Nutzung für den Betrieb überlassenen Wirtschaftsgüter dem Betriebsvermögen des Inhabers hinzugerechnet werden.

1703 Für die **Aufteilung des Einheitswertes** bei Personengesellschaften hat der BFH[60] in Abkehr von der früheren Rechtsprechung[61] entschieden, daß der für das Betriebsvermögen einer Personenhandelsgesellschaft festgestellte Einheitswert grundsätzlich nach dem Verhältnis zu verteilen ist, in dem die Beteiligten in all ihren vermögensmäßigen Beziehungen zueinander stehen. Dabei ist das Wertverhältnis der Mitgliedschaftsrechte der Beteiligten unter Berücksichtigung von Substanz- und Ertragswert des Unternehmens zu ermitteln. Diese Grundsätze dürften für die Aufteilung des Einheitswertes des Inhaberbetriebsvermögens auf die Beteiligten der atypischen stillen Gesellschaft sinngemäß gelten. Für eine hinreichend zutreffende Ermittlung des Beteiligungsverhältnisses am Substanzwert kann von den Kapitalkonten der Gesellschafter ausgegangen werden. Diese sind in der Weise zu korrigieren, daß zunächst das Mehrvermögen, das sich im Falle einer Aufdeckung der im beweglichen und unbeweglichen Anlage- und Umlaufvermögen vorhandenen stillen Reserven ergibt, in ungefährer Höhe, die regelmäßig dem Unterschiedsbetrag zwischen Handelsbilanz und steuerlichem Teilwert entspricht, den Kapitalkonten der

---

58 Vgl. *Tipke/Lang*, § 17 Rz. 28.
59 BFH v. 12. 11. 1985 (VIII R 364/83) FR 1986, 244 (247) m.w.N. aus der Rspr.
60 BFH v. 24. 6. 1981 (III R 49/78) BStBl. II 1982, 2.
61 Siehe dazu *Gürsching/Stenger*, § 97 BewG Anm. 62 ff.

einzelnen Gesellschafter nach dem Gewinnverteilungsschlüssel zugerechnet wird[62]. Soweit für die Zwecke der Aufteilung des Einheitswertes des Betriebsvermögens der Ansatz der Betriebsgrundstücke mit dem Verkehrswert begehrt wird, ist der Unterschiedsbetrag zwischen Handelsbilanz und Verkehrswert gleichfalls nach dem Gewinnverteilungsschlüssel den Gesellschaftern zuzurechnen. Bei fehlendem Nachweis des Verkehrswertes soll es unbedenklich sein, diesen mit dem Zweieinhalbfachen des Einheitswertes, mindestens aber mit dem in der Steuerbilanz ausgewiesenen Wert anzusetzen[63].

Neben der Berücksichtigung des Substanzwertes ist für die Ermittlung des Wertverhältnisses, in dem die Mitgliedschaftsrechte der Beteiligten in allen ihren vermögensmäßigen Beziehungen zueinander stehen, auch die vereinbarte **Beteiligung am Firmenwert** in Ansatz zu bringen. Für die Quantifizierung des Firmenwerts sollen die im Ertragsteuerrecht entwickelten Verfahren übernommen werden können[64]. 1704

Im Ergebnis sind für die Aufteilung des Einheitswertes also **mehrere Größen** relevant, nämlich der festgestellte Einheitswert, die Kapitalkonten der Gesellschafter, der auf Substanz- und Ertragswertgesichtspunkten beruhende Unternehmenswert sowie der vereinbarte Gewinnverteilungsschlüssel. Nach den von der Finanzverwaltung im Anschluß an die Rechtsprechungsänderung erlassenen Richtlinien[65], wird zur Ermittlung der den Gesellschaftern zuzurechnenden Einheitswerte der Unterschiedsbetrag zwischen der Summe der Kapitalkonten und dem Unternehmenswert nach Maßgabe des Gewinnverteilungsschlüssels aufgeteilt und den einzelnen Kapitalkonten der Gesellschafter hinzugerechnet. Daraus ergibt sich der Wertanteil jedes Gesellschafters am Unternehmen. Das Verhältnis dieser Wertanteile ist maßgeblich für die Bestimmung des Anteils am Einheitswert[66]. 1705

Ist das **Kapitalkonto des stillen Gesellschafters** auch nach der Hinzurechnung eines Unternehmenswertanteils noch **negativ,** so kann ihm ein sich rechnerisch ergebender negativer Anteil am Einheitswert dennoch nicht zugerechnet werden, weil sonst im Ergebnis der dem Geschäftsinhaber zuzurechnende Einheitswertanteil höher wäre, als der gesamte aufzutei- 1706

---

62 Vgl. auch *Rössler/Troll,* § 97 BewG Rn. 36 ff.
63 BFH v. 24. 6. 1981 (III R 49/78) BStBl. II 1982, 2 (4 f.).
64 BFH v. 24. 6. 1981 (III R 49/78) BStBl. II 1982, 2 (5).
65 Abschn. 31, 32, 33 VStR 1995.
66 Vgl. Abschn. 32 VStR 1995 und Abschn. 33 VStR 1995 für die KG; nach Abschn. 32 Abs. 3 VStR 1995 ist auch ein abweichender, von den Gesellschaftern übereinstimmend vorgeschlagener und wirtschaftlich vertretbarer Aufteilungsmaßstab von der Finanzverwaltung anzuerkennen.

lende Einheitswert des Betriebsvermögens. Der Betriebsinhaber hätte dann eine ihm rechtlich nicht zustehende Ausgleichsforderung gegen den stillen Gesellschafter mit negativem Kapitalkonto zu versteuern. Dies widerspräche dem Gebot der Besteuerung nach der Leistungsfähigkeit[67].

1707 Im Rahmen der Aufteilung des Einheitswertes wird das **Sonderbetriebsvermögen des atypisch Stillen** besonders erfaßt und ihm vorab vollständig zugerechnet und nicht auf beide Gesellschafter verteilt[68]. Dies gilt insbesondere auch für die Anteile des stillen Gesellschafters an der GmbH bei einer atypischen GmbH & Still, die bei dem Stillen Sonderbetriebsvermögen darstellen. Sie sind mit dem gemeinen Wert anzusetzen[69]. Grundlage für die Berechnung des gemeinen Wertes nach dem Stuttgarter Verfahren ist der Einheitswertanteil der GmbH. Bei der Einheitswertermittlung im Rahmen einer GmbH & atypisch Still ist also zunächst der Einheitswert der GmbH unter Berücksichtigung der mitunternehmerischen Beteiligung des Stillen zu ermitteln und auf die Gesellschafter unter Vorabzurechnung von etwaigem Sonderbetriebsvermögen aufzuteilen. Unter Berücksichtigung des so errechneten Einheitswertanteils der GmbH ist der gemeine Wert der GmbH-Anteile zu errechnen und bei dem Stillen in Ansatz zu bringen[70].

1708 Die im Einheitswertbescheid getroffenen Feststellungen werden den Vermögensteuerveranlagungen der Gesellschaft zugrundegelegt, auch wenn der Bescheid noch nicht unanfechtbar geworden ist, § 182 Abs. 1 AO.

1709 Die Frage, ob jemand Mitunternehmer ist, kann nur im **einheitlichen Feststellungsverfahren** entschieden werden. Die Entscheidung dieser Frage im Rahmen der Veranlagung des einzelnen Gesellschafters zur Vermögensteuer stünde nicht mit dem Gesetz in Einklang[71]. Wird die in einem Feststellungsbescheid enthaltene Feststellung durch Rechtsbehelfsentscheidung, durch Berichtigungsfeststellung oder durch Fortschreibung geändert, so werden Steuerbescheide, Steuermeßbescheide, Feststellungsbescheide, die auf dem bisherigen Feststellungsbescheid beruhen, von Amts wegen durch neue Bescheide ersetzt, die der Änderung Rechnung tragen. Das gilt auch, wenn ein zu ersetzender Bescheid bereits unanfechtbar geworden ist. Mit dem Erlaß der neuen Bescheide kann gewartet werden,

---

67 BFH v. 24. 6. 1981 (III R 49/78) BStBl. II 1982, 2 (5, 6).
68 Vgl. Abschn. 32 Abs. 2 VStR 1995 i.V.m. Abschn. 33 Abs. 1 VStR für die KG.
69 Zur Frage der Sonderbetriebsvermögenseigenschaft von GmbH-Anteilen des atypischen stillen Gesellschafters siehe oben Rn. 1602 ff.
70 Siehe zum Ganzen auch *Barten/Kaminski*, GmbHR 1983, 127 (129), die jedoch irrig von einem Einheitswert der stillen Gesellschaft als solcher ausgehen und auch den Unternehmenswert nicht berücksichtigen.
71 RFH v. 17. 7. 1935 (VI A 483/35) RStBl. 1935, 1192.

§ 26 Vermögensteuer und Einheitsbewertung

bis die Rechtsmittelentscheidung, Berichtigungsfeststellung oder Fortschreibung, die die bisherige Feststellung ändert, unanfechtbar geworden ist (§ 175 AO). Der Feststellungsbescheid richtet sich gegen alle Personen, die an dem Betrieb beteiligt sind. Das bedeutet, daß als Adressaten des Feststellungsbescheides die mehreren am Betriebsvermögen beteiligten Personen anzugeben sind[72]. Genügt für die einheitliche und gesonderte Feststellung des Einheitswertes die schuldrechtliche Beteiligung am Vermögen des Handelsgeschäftsinhabers, so muß sie auch für die Frage des Adressaten des Feststellungsbescheides die gleiche Bedeutung haben. Der Feststellungsbescheid ist daher an den Geschäftsinhaber und den atypisch stillen Gesellschafter, dem in dem Bescheid ein Anteil zugerechnet wird, zu richten. Dies entspricht der Auffassung, daß Einheitswertbescheide wegen der Aufteilung des Einheitswertes auf die Gesellschafter an diese und nicht an die Gesellschaft selbst zu adressieren sind[73]. Zudem kommt die atypische stille Gesellschaft als solche wegen ihrer fehlenden Rechtssubjektivität als Adressat eines Bescheides ohnehin nicht in Frage[74].

Gemäß § 183 Abs. 1 S. 1 AO sollen die am Gegenstand der Feststellung Beteiligten einen gemeinsamen **Empfangsbevollmächtigten** benennen. Für den Fall, daß die Beteiligten dieser Soll-Vorschrift nicht nachkommen, gilt gemäß § 183 Abs. 1 S. 2 AO ein zur Vertretung der Gesellschaft oder der Feststellungsbeteiligten oder ein zur Verwaltung des Gegenstandes der Feststellung Berechtigter als Empfangsbevollmächtigter. Diese Regelung beruht auf dem Gedanken, daß die in der Vorschrift benannten Personen das Vertrauen der Beteiligten auch insoweit genießen, als es um die Belange der einzelnen Gesellschafter geht[75]. Von diesem Gedanken her ließe sich auch die Fiktion des Geschäftsinhabers als Empfangsbevollmächtigten rechtfertigen. Gleichwohl ist dieser vom Wortlaut des § 183 Abs. 1 S. 2 AO nicht erfaßt. Denn der Geschäftsinhaber vertritt weder die atypische stille Gesellschaft noch die Gesellschafter der stillen Gesellschaft. Er ist auch kein zur Verwaltung des Gegenstandes der Feststellung Berechtigter i.S.d. Vorschrift[76]. Daher dürfte die Finanzverwaltung auf die Vorschrift des § 183 Abs. 3 AO angewiesen sein, nach der sie die Beteiligten auffordern kann, innerhalb angemessener Zeit einen Empfangsbevollmächtigten zu benennen. In dieser Aufforderung hat sie einen Beteiligten vorzuschlagen. In aller Regel dürfte es sich dabei um den Geschäftsinhaber handeln. Eine andere Entscheidung wäre nur unter besonderen Umständen ermessensfehlerfrei.

1710

---

72 *Tipke/Kruse*, § 179 AO Tz. 4.
73 *Tipke/Kruse*, § 179 AO Tz. 4.
74 BFH v. 12. 11. 1985 (VIII R 364/83) FR 1986, 244 (245).
75 *Tipke/Kruse*, § 183 AO Tz. 10.
76 Hierzu *Tipke/Kruse*, § 183 AO Tz. 10 i.V.m. § 34 Tz. 8–10.

1711 In einem etwaigen Finanzgerichtsverfahren kann die atypische stille Gesellschaft nicht als Prozeßpartei auftreten[77]. Der Klagebefugnis der Gesellschaft nach § 48 Abs. 1 Nr. 3 FGO entspricht die Klagebefugnis des Geschäftsinhabers[78]. Daneben hat der atypische stille Gesellschafter die Klagebefugnis des § 48 Abs. 1 Nr. 1 u. 2 FGO[79]. Soweit er nach diesen Vorschriften klagebefugt ist, ist er auch bei einer Klage des Geschäftsinhabers notwendig beizuladen.

3. Vermögensteuer

1712 Die atypische stille Gesellschaft ist ebensowenig wie die OHG oder KG selbständiges Steuerrechtssubjekt für die Vermögensteuer. Sie wird als solche nicht zur Vermögensteuer herangezogen. Vermögensteuerpflichtig sind einerseits der Inhaber des Handelsgewerbes und andererseits der stille Gesellschafter mit den ihnen im Feststellungsverfahren zugerechneten Anteilen am Einheitswert des Betriebsvermögens zuzüglich ihres weiteren Vermögens. Die ihnen zustehenden Anteile am Betriebsvermögen werden als gewerbliches Betriebsvermögen zur Vermögensteuer herangezogen. Von dem auf den Inhaber entfallenden Anteil am Betriebsvermögen darf ein Schuldposten im Hinblick auf die stille Beteiligung nicht abgezogen werden.

III. Zusammenfassung

1713 Die typische stille Gesellschaft als solche ist nicht vermögensteuerpflichtig. Zur Vermögensteuer werden der Inhaber des Gewerbebetriebs und der stille Gesellschafter je für ihre Person herangezogen. Bei der Feststellung des Einheitswerts des Betriebsvermögens des Inhabers sind die stille Beteiligung und der Gewinnanspruch des stillen Gesellschafters als echte Verbindlichkeiten abzuziehen; sie mindern den Einheitswert.

1714 Auch die atypische stille Gesellschaft ist nicht vermögensteuerpflichtig. Es wird für den Betrieb, an dem der atypische stille Gesellschafter beteiligt ist, ein Einheitswert ermittelt, bei dem die Einlage des Stillen und sein Gewinnanteil als Eigenkapital des Geschäftsinhabers und Sonderbetriebsvermögen des Stillen dem Betriebsvermögen des Geschäftsinhabers

---

77 BFH v. 12. 11. 1985 (VIII R 364/83) FR 1986, 244 (245).
78 Vgl. BFH v. 24. 11. 1988 (VIII B 90/87) BStBl II 1989, 145 = NJW 1990, 207 = DB 1989, 259.
79 *Knobbe-Keuk*, § 9 II 4b, S. 303 Fn. 174; a.A. *Schön*, BB 1985, 313 (314); BFH v. 24. 11. 1988 (VIII B 90/87) BStBl II 1989, 145 = NJW 1990, 207 = DB 1989, 259.

zugerechnet werden. Der so ermittelte Einheitswert wird auf die Gesellschafter aufgeteilt, wobei Sonderbetriebsvermögen dem Stillen vorab zugerechnet wird. Die Anteile werden bei den Gesellschaftern als gewerbliches Betriebsvermögen zusammen mit etwaigen weiteren Vermögenswerten zur Vermögensteuer herangezogen.

§ 27 Umsatzsteuer

Schrifttum: *Birkenfeld, Wolfram,* Beginn, Abwicklung und Ende des Unternehmens, UStR 1992, 29; *Blanke, Gernot,* Umsatzsteuerrechtliche Behandlung von Gesellschafterbeiträgen bei Personengesellschaften, Diss. jur. Göttingen, 1991; *Bormann, M.,* Die Steuern einer GmbH & Still (atypisch) und ihrer Beteiligten, INF 1992, 25; *Bunjes, Johann / Geist, Reinhold,* UStG, 4. Aufl., 1993; *Costede, Jürgen,* Die stille Gesellschaft – Überlegungen aus handelsrechtlicher, steuerrechtlicher und betriebswirtschaftlicher Sicht, Steuerberater-Kongreß-Report 1987, 239; *Dziadkowski, Dieter / Beranek, Axel,* Die umsatzsteuerliche Behandlung der stillen Gesellschaft, UR 1990, 265; *Geitz, Hans-Dieter,* Die Unternehmereigenschaft der Arbeitsgemeinschaft im Baugewerbe, UStR 1965, 111; *Griebel, Gerhard,* Zur Frage der Umsatzsteuerpflicht typischer und atypischer stiller Gesellschafter, UStR 1965, 241; *Hamacher, Rolfjosef,* Umsatzsteuerbefreiung für stille Gesellschafter, Die Bank 1987, 505; *Hartmann, Alfred / Metzenmacher, Wilhelm,* UStG, 6. Aufl., 1967, (Loseblatt, Stand: Januar 1987); *Horn, Peter,* Umsatzsteuerpflicht für die Bezüge stiller Gesellschafter? BB 1968, 747; *Horn, Wilhelm / Maertins, Jan,* Die steuerliche atypische stille Beteiligung an der GmbH, GmbHR 1994, 147; *Karnick, G.,* Umsatzsteuer der Mitglieder von Innengesellschaften, StW 1967, 11; *Knauerhase, Rudi-Hans,* Umsatzsteuerliche Fragen bei der Gründung, Umwandlung und Auflösung von Gesellschaftsverhältnissen, StW 1965, 43; *Offerhaus, Klaus,* Ist die atypische stille Gesellschaft Unternehmer im Sinne des Umsatzsteuergesetzes? BB 1964, 1414; *Plückebaum, Konrad / Malitzky, Heinz,* UStG, 10. Aufl., 1978, (Loseblatt, Stand: Juni 1996); *Rau, Günter,* Die Umsatzsteuer bei Unternehmensverbindungen, Verbänden und Kooperationen, Gleichzeitig ein Beitrag zum Unternehmensbegriff, UR 1987, 121; *Rau, Günter / Dürrwächter, Erich,* UStG, 7. Aufl., 1967/95, (Loseblatt, Stand: Juni 1996); *Reiß, Wolfram,* Die stille Gesellschaft im Umsatzsteuerrecht, BB 1986, 1407; *ders.,* Beteiligung als stiller Gesellschafter – die neue Befreiungsvorschrift des § 4 Buchst. j UStG, UR 1987, 153; *ders.,* Gesellschafter und Gesellschafterbeitrag im Umsatzsteuerrecht, UR 1988, 298; *Schlienkamp, August,* Umsatzsteuerbefreiung für die Beteiligung als stiller Gesellschafter (§ 4 Nr. 8 Buchst. j UStG), UR 1987, 71; *Schmidt, Arnold / Lippross Otto-Gerd,* Umsatzsteuer, 18. Aufl., 1994; *Schön, Wolfgang,* Personengesellschaften und Bruchteilsgemeinschaften im Umsatzsteuerrecht, in: *Worner* (Hrsg.), Umsatzsteuer in nationaler und europäischer Sicht, 1990, 81; *Seer, Roman,* Die umsatzsteuerliche Behandlung der Umwandlung von Einzelunternehmen, Personen- und Kapitalgesellschaften, DStR 1988, 367; *Sölch, Otto / Ringleb, Karl / List, Heinrich,* UStG, 3. Aufl., 1980, (Loseblatt, Stand: November 1994); *Stadie, Holger,* Probleme der Vorsteuer, in: *Woerner* (Hrsg.), Umsatzsteuer in nationaler und europäischer Sicht, 1990, 179; *Uhl, Hans,* Zur Frage der Umsatzsteuerpflicht typischer und atypischer stiller Gesellschafter, UStR 1964, 225; *Weiß, Eberhard,* Anmerkung zum Urteil des BFH v. 27. 5. 1982 (VR 110, 111/82), UStR 1982, 203.

I. Besteuerungsgegenstand und Unternehmerbegriff

Besteuerungsgegenstand sind die **steuerbaren Umsätze:** Lieferungen und sonstige Leistungen, die ein Unternehmer im Erhebungsgebiet gegen Entgelt im Rahmen seines Unternehmens ausführt, der Eigenverbrauch und die Einfuhr von Gegenständen in das Zollgebiet (§ 1 UStG).   1715

Steuerbar sind nur die Umsätze, die von einem Unternehmer ausgeführt werden. Unternehmer ist, wer eine gewerbliche oder berufliche Tätigkeit selbständig ausübt. Gewerblich oder beruflich ist jede nachhaltige Tätigkeit zur Erzielung von Einnahmen, auch wenn die Absicht, Gewinn zu erzielen, fehlt, oder eine Personenvereinigung nur gegenüber ihren Mitgliedern tätig wird (§ 2 Abs. 1 UStG).   1716

1. Stille Gesellschaft und Unternehmerbegriff

Die stille Gesellschaft beteiligt sich als solche nicht am Wirtschaftsverkehr. Da ihr nicht die rechtliche Stellung eines nach außen auftretenden Unternehmers zukommt, tätigt sie selbst keine steuerbaren Umsätze. Auf dem Gebiet der Umsatzsteuer besitzt die stille Gesellschaft **keine eigene Rechtsfähigkeit.** Allein der Inhaber des Handelsgeschäfts entfaltet eine selbständige nachhaltige Tätigkeit zur Erzielung von Einnahmen. Nur ihm kommt Unternehmereigenschaft zu; nur er ist Schuldner der Umsatzsteuer gemäß § 13 Abs. 2 UStG[1].   1717

Bei der **atypischen stillen Gesellschaft** können Zweifel darüber entstehen, ob sie umsatzsteuerrechtlich als Einzelunternehmen oder als Mitunternehmerschaft mit eigener umsatzsteuerlicher Rechtsfähigkeit anzusehen ist. Die Behandlung als Mitunternehmerschaft beruht auf den Gebieten der Einkommensteuer, der Vermögensteuer und der Gewerbesteuer auf gesetzlicher Regelung. Für das Umsatzsteuerrecht fehlt dagegen eine entsprechende Vorschrift, nach der die Mitunternehmerschaft wie eine Außengesellschaft zu behandeln ist.   1718

Für den Begriff des Mitunternehmers ist nach ständiger Rechtsprechung weniger das Auftreten nach außen als vielmehr die Gestaltung des Innen-   1719

---

1 BFH v. 18. 10. 1962 (V 264/59) HFR 1963, 356; BFH v. 11. 11. 1965 (V 146/63 S) BStBl. III 1966, 28; BFH v. 12. 2. 1970 (VR 50/66) BStBl. II 1970, 477; BFH v. 17. 8. 1972 (VR 63/68) BStBl. II 1972, 922; BFH v. 2. 8. 1979 (VR 111/77) BStBl. II 1980, 20; BFH v. 27. 5. 1982 (VR 110, 111/82) BStBl. II 1982, 678; ferner auch *Plückebaum/Malitzky*, §§ 1–3 UStG Rn. 25 ff.; *Bunjes/Geist*, § 2 UStG Anm. 10; *Stadie*, in: Rau/Dürrwächter; § 2 Abs. 1 u. 2 UStG Rn. 103; *Offerhaus*, BB 1964, 1414; *Schön*, in: *Woerner* (Hrsg.), Umsatzsteuer in nationaler und europäischer Sicht, 1990, S. 81 (86).

verhältnisses entscheidend (vgl. Rn. 1239). Wenn die Beteiligten im Gesellschaftsvertrag dem stillen Gesellschafter eine Stellung eingeräumt haben, die wirtschaftlich der eines Unternehmers entspricht, soll er auch steuerlich als solcher behandelt werden. Diese Betrachtungsweise kann für den Bereich der Umsatzsteuer nicht ohne weiteres übernommen werden – so unbefriedigend es im Interesse der Rechtseinheitlichkeit auch ist, für das Umsatzsteuerrecht von einem anderen Unternehmerbegriff auszugehen, als er für die anderen Steuerrechtsgebiete zugrunde gelegt wird. Das hat jedoch seinen Grund in den Besonderheiten des Umsatzsteuerrechts. Im Gegensatz zu allen anderen Steuergesetzen, die den Unternehmerbegriff nicht näher erläutern, enthält das Umsatzsteuergesetz in § 2 Abs. 1 eine Legaldefinition dieses Begriffes. Nur wer eine gewerbliche oder berufliche Tätigkeit selbständig ausübt, ist Unternehmer im umsatzsteuerrechtlichen Sinne. Das trifft nur auf den Inhaber des Handelsgeschäfts, nicht auf den atypischen stillen Gesellschafter oder auf die atypische stille Gesellschaft zu, mag der stille Gesellschafter auch im Innenverhältnis wirtschaftlich die Stellung eines Unternehmers haben. Zum anderen ist für das Umsatzsteuerrecht, das einzelne Verkehrsvorgänge besteuert, **allein das Auftreten nach außen entscheidend**[2]. Dabei kommt der Verkehrsauffassung maßgebliche Bedeutung zu. Nach außen tritt immer nur der Inhaber auf. Nur er tätigt Umsätze, nicht auch der atypische stille Gesellschafter oder die Gesellschaft, deren Vorhandensein in der Regel den Geschäftspartnern des Inhabers gar nicht bekannt ist und deren Name bei Bewirkung der Lieferungen und sonstigen Leistungen nicht hervortritt.

1720 Es braucht sich zwar bei dem Unternehmer im Sinne des Umsatzsteuerrechts nicht um eine rechtsfähige Person zu handeln. **Rechtsfähigkeit im privatrechtlichen Sinne und Umsatzsteuerfähigkeit decken sich nicht.** Dem Wesen der Umsatzsteuer als einer Steuer auf wirtschaftliche Verkehrsvorgänge entspricht es, daß jedes Gebilde, das selbständig im Wirtschaftsleben in Erscheinung tritt, gleichgültig in welcher Form das geschieht, Unternehmereigenschaft haben kann. Nicht nur natürliche und juristische Personen des privaten und öffentlichen Rechts können Unternehmer sein, sondern auch Zweckvermögen, Erbengemeinschaften, nichtrechtsfähige Vereine, lose Gelegenheitsgesellschaften und Personenzusammenschlüsse jeglicher Art, vorausgesetzt, daß sie nach außen – Dritten gegenüber – selbständig in Erscheinung treten. Das trifft auf die atypische stille Gesellschaft nicht zu. Sie tritt als solche Dritten gegenüber nicht auf, so daß ihr auch keine Unternehmereigenschaft zukommt.

---

2 Vgl. BFH v. 18. 10. 1962 (V 264/59) HFR 1963, 356; BFH v. 17. 8. 1972 (VR 63/68) BStBl. II 1972, 922; *Offerhaus*, BB 1964, 1414; *Hartmann/Metzenmacher*, § 2 UStG Anm. 42; *Stadie*, in: *Rau/Dürrwächter/Flick/Geist*, § 2 Abs. 1 u. 2 UStG Anm. 229; *Bunjes/Geist*, § 2 UStG Anm. 10; *Post/Hoffmann*, S. 168.

Rechtsbeziehungen bestehen nur zwischen dem Inhaber und den dritten Personen, nicht auch zwischen diesen und dem stillen Teilhaber oder der stillen Gesellschaft. Demzufolge ist der atypische stille Gesellschafter auch nicht neben dem Inhaber Schuldner der Umsatzsteuer.

In seinem Urteil vom 18. 10. 1962[3] hat der BFH bestätigt, daß die atypische stille Gesellschaft für das Gebiet der Umsatzsteuer **nicht als Steuerrechtssubjekt** behandelt werden kann. Eine Geschäftsveräußerung im ganzen liegt deshalb nicht vor, wenn der Geschäftsinhaber eine stille Gesellschaft gründet und auf diese Vermögen „überträgt"; nach außen hin bleibt er der Alleininhaber des Vermögens. Die Aufnahme eines stillen Gesellschafters in eine atypische stille Gesellschaft führt somit nicht zu einem umsatzsteuerbaren Vorgang. 1721

Besteht an einer Kapitalgesellschaft, die zu einem Unternehmer in einem **Organschaftsverhältnis** steht (§ 2 Abs. 2 Nr. 2 UStG), eine atypische stille Beteiligung, so wird das Organschaftsverhältnis davon nicht berührt. Die atypische stille Beteiligung, die als Mitunternehmerschaft anzusehen ist (Rn. 1192 ff., 1332, 1519 ff., 1699 ff.), führt nicht dazu, die Annahme einer Organschaft deshalb abzulehnen, weil das beherrschte Unternehmen als Mitunternehmerschaft – ähnlich einer GmbH & Co. – keine juristische Person mehr ist. Umsatzsteuerrechtlich tritt nach außen hin auch hier nur die Kapitalgesellschaft in Erscheinung. 1722

Die maßgebliche Beteiligung von stillen Gesellschaftern einer OHG an einer GmbH muß bei der Beurteilung einer finanziellen Eingliederung der GmbH in die OHG außer Betracht bleiben[4]. 1723

Die Rechtsprechung hat aus diesen sich aus dem umsatzsteuerrechtlichen Unternehmerbegriff ergebenden Überlegungen den Schluß gezogen, daß **Innengesellschaften** ohne eigenes Vermögen, ohne eigenen Betrieb, ohne eigene Rechtsfähigkeit und ohne eigene Firma mangels Auftretens nach außen **für das Gebiet der Umsatzsteuer unbeachtlich** sind[5]. Weder der typische noch der atypische stille Gesellschafter haftet für die Umsatzsteuer des Geschäftsinhabers[6]. 1724

---

3 BFH v. 18. 10. 1962 (V 264/59) HFR 1963, 356; ebenso FG München v. 6. 8. 1987 (VI 33/83 AO) EFG 1988, 401.
4 BFH v. 2. 8. 1979 (VR 111/77) BStBl. II 1980, 20.
5 Vgl. BFH v. 26. 5. 1955 (V 104/54 S) BStBl. III 1955, 234; vgl. auch *Hartmann/Metzenmacher*, § 2 UStG Anm. 42; *Post/Hoffmann*, S. 168; *Offerhaus*, BB 1964, 1414 ff.
6 Vgl. BFH v. 22. 5. 1969 (VR 28/66) BStBl. II 1969, 603 für die atypische stille Gesellschaft; FG des Saarlandes v. 21. 2. 1989 (2 V 12/89) EFG 1989, 388; *Dziadkowski/Beranek*, UR 1990, 265 (266).

1725 Im Ergebnis ist die im Ertragsteuerrecht wichtige Unterscheidung von typischen und atypischen stillen Gesellschaften umsatzsteuerlich ohne Belang[7].

2. Der stille Gesellschafter als Unternehmer

1726 Wenn die stille Gesellschaft als solche nicht Umsatzsteuersubjekt ist, so ist damit aber noch nichts darüber ausgesagt, wie die Umsatzsteuersubjekteigenschaft der einzelnen in der stillen Gesellschaft zusammengeschlossenen Personen zu beurteilen ist. Hier können zwischen den an einer stillen Gesellschaft Beteiligten, ebenso wie bei jeder anderen Personenvereinigung und deren Mitgliedern, steuerbare Umsätze stattfinden. So können die Gesellschafter miteinander **auf individualrechtlicher Grundlage** Verträge über Lieferungen und sonstige Leistungen abschließen, die keine Grundlage im Gesellschaftsverhältnis selbst haben und deren umsatzsteuerliche Auswirkungen sich nach den Vorschriften des UStG bestimmen, ohne daß sich aus der gesellschaftlichen Verbundenheit Besonderheiten ergeben[8].

1727 Es können zwischen dem Inhaber und dem stillen Gesellschafter aber auch **Leistungen auf gesellschaftsvertraglicher Grundlage** vorkommen. Es handelt sich dabei im wesentlichen um Leistungen, die mit der Errichtung und mit der Auflösung der stillen Gesellschaft im Zusammenhang stehen oder die Gewinnbeteiligung des stillen Gesellschafters betreffen[9].

1728 Fraglich ist, inwieweit der stille Gesellschafter im Rahmen solcher Leistungsbeziehungen umsatzsteuerlich als Unternehmer zu qualifizieren ist.

1729 Nach Auffassung von Fleischer/Thierfeld begründet der Stille mit der Überlassung der Einlage an den Geschäftsinhaber auch seine umsatzsteuerliche Unternehmereigenschaft, weil die Überlassung der Einlage nachhaltig erfolge; mit der Kapitalüberlassung erbringe der stille Gesellschafter eine Duldungsleistung ähnlich dem Eigentümer, der einmalig einen Nießbrauch an seinem Grundstück bestellt und damit nach der Rechtsprechung des BFH Unternehmer ist[10].

1730 Diese Auffassung ist abzulehnen. Die Leistung der Einlage durch den stillen Gesellschafter ist kein **steuerbarer Leistungsaustausch** im Sinne

---

7 Anders noch die Vorauflage S. 517 f.
8 Vgl. *Dziadkowski/Beranek,* UR 1990, 265 (266).
9 Dazu unten Rn. 1732 ff.
10 BFH v. 16. 12. 1971 (V R 41/68) BStBl. II 1972, 238.

des UStG (dazu ausführlich Rn. 1732 ff.). Reiß[11] ist darin zuzustimmen, daß Beitragsleistungen an die Gesellschaft die Unternehmereigenschaft des Stillen nur dann begründen können, wenn es sich um nachhaltige Dauerleistungen handelt, die gegen gewinnunabhängiges Entgelt erbracht werden.

Auch das Halten einer stillen Beteiligung kann nicht als unternehmerische Betätigung i.S.d. UStG qualifiziert werden[12]. Allein aufgrund seiner gesellschaftsrechtlichen Position ist der stille Gesellschafter nicht als Unternehmer i.S.d. § 2 Abs. 1 UStG[13] anzusehen. 1731

Etwas anderes gilt selbstverständlich dann, wenn der stille Gesellschafter unabhängig von seiner Gesellschafterstellung persönlich eine nachhaltige Tätigkeit zur Erzielung von Einnahmen ausübt und deshalb als Unternehmer zu qualifizieren ist[14].

II. Die Errichtung der stillen Gesellschaft

1. Leistung des stillen Gesellschafters

Die Errichtung der stillen Gesellschaft vollzieht sich grundsätzlich in der Weise, daß der stille Gesellschafter eine Einlage in das Vermögen des Inhabers leistet und dafür am Gewinn (und Verlust) beteiligt wird (vgl. Rn. 415 ff., 238 ff.). 1732

Da der stille Gesellschafter regelmäßig nicht Unternehmer ist, tätigt er keine steuerbaren Umsätze und fällt demnach nicht unter das UStG. Dasselbe gilt für den Fall, daß er Unternehmer ist, die stille Beteiligung aber nicht im Rahmen seines Unternehmens übernommen hat. Von Interesse sind hiernach nur die Fälle, in denen die **Beteiligung im Rahmen des Unternehmens des stillen Gesellschafters übernommen** wird. Die entscheidende Frage, die sich in diesem Zusammenhang stellt, besteht darin, ob in der Hingabe der Vermögenseinlage gegen Gewinnbeteiligung ein steuerbarer Leistungsaustausch zu sehen ist. 1733

---

11 UR 1988, 298 (303).
12 Anders allerdings beim Handel mit stillen Beteiligungen; so auch *Reiß*, UR 1988, 298 (303).
13 Vgl. BFH v. 17. 8. 1972 (VR 63/68) BStBl. II 1972, 922; *Griebel*, UStR 1965, 241; *Böttcher/Zartmann/Faut*, S. 204 ff.; *Horn*, BB 1968, 747; *Geitz*, UStR 1965, 114; *Post/Hoffmann*, S. 168; *Hartmann/Metzenmacher*, § 2 UStG Anm. 42; a.A. *Uhl*, UStR 1964, 225 (227).
14 Vgl. *Post/Hoffmann*, S. 169; *Schulze zur Wiesche*, Die GmbH & Still, S. 158; *Reiß*, BB 1986, 1407; *ders.*, UR 1988, 298 (303).

II. Teil: Die Besteuerung der stillen Gesellschaft

1734 Während bei Außengesellschaften nach einhelliger Ansicht ein Leistungsaustausch verneint wird, wenn die einem Gesellschafter nach dem Gesellschaftsvertrag obliegenden Leistungen durch Beteiligung am Gewinn abgegolten werden, bejahte die frühere Rechtsprechung bei Innengesellschaften in diesen Fällen einen Leistungsaustausch. Begründet wurde dies damit, daß die Leistungen der Gesellschafter nicht gegenüber der Innengesellschaft, sondern gegenüber den anderen Mitgliedern der Gesellschaft erbracht werden. Die an die einzelnen Gesellschafter verteilten Reinerlöse seien folglich die vereinnahmten Entgelte[15].

1735 Diesen Standpunkt hatte der BFH in seinem Urteil vom 17. 8. 1972[16] zwischenzeitlich zu Recht aufgegeben. Er wies dabei darauf hin, daß auch ein Nichtunternehmer Leistungsempfänger sein könne. Die Einlage des stillen Gesellschafters stelle einen nichtsteuerbaren Gesellschafterbeitrag zugunsten der Innengesellschaft dar, soweit die Zuwendung durch seine Beteiligung am Gewinn und Verlust der Gesellschaft abgegolten werde. Diese Auffassung, die in Teilen der Literatur auf Zustimmung gestoßen ist[17], hat der BFH dann jedoch durch das Urteil vom 27. 5. 1982[18] wieder aufgegeben; er ist damit zu seiner früheren Ansicht zurückgekehrt. Zur Rechtfertigung dieser neuen Rechtsprechung und der damit verbundenen unterschiedlichen Behandlung bei Innen- und Außengesellschaften führt der BFH zwei Gründe an: Zum einen hätten die gesellschaftlichen Beziehungen zwischen den Gesellschaftern nur im Innenverhältnis Bedeutung; der Anspruch eines Gesellschafters auf Beteiligung sei nur obligatorischer Natur. Zum anderen besitze die Innengesellschaft kein Gesamthandsvermögen, so daß eine Leistung an die Innengesellschaft nicht möglich sei.

1736 Zwar ist dem BFH insoweit zuzustimmen, als die stille Gesellschaft als Innengesellschaft ohne Gesamthandsvermögen nicht Empfänger der Leistung des Stillen sein kann. Der stille Gesellschafter hat nach § 230 HGB seine Einlage so zu leisten, daß sie in das Vermögen des Inhabers des Handelsgeschäfts übergeht. Als Leistungsempfänger kann somit nur der Unternehmer in Betracht kommen, an dessen Unternehmen sich der Stille beteiligt. Damit findet nicht ein Leistungsaustausch zwischen Gesellschafter und Innengesellschaft statt, sondern nur ein solcher unter den

---

15 Vgl. BFH v. 11. 11. 1965 (V 146/63 S) BStBl. III 1966, 28; BFH v. 12. 2. 1970 (VR 50/66) BStBl. II 1970, 477; vgl. hierzu *Husmann*, in: *Rau/Dürrwächter*, § 1 UStG Rn. 238.
16 BFH v. 17. 8. 1972 (VR 63/68) BStBl. II 1972, 922.
17 Vgl. *Post/Hoffmann*, S. 169.
18 BFH v. 27. 5. 1982 (VR 110, 111/82) BStBl. II 1982, 678 = BB 1982, 1966 = UStR 1982, 202 m. Anm. *Weiß*.

Gesellschaftern der Innengesellschaft[19]. Zweifelhaft ist indessen, ob aus der Annahme, daß die stille Gesellschaft als Innengesellschaft weder Leistender noch Leistungsempfänger sein kann, zwingend geschlossen werden kann, der für Personengemeinschaften geltende Grundsatz, nach dem die dem einzelnen Gesellschafter aufgrund des Gesellschaftsvertrages obliegenden Leistungen, soweit sie durch Gewinnbeteiligung abgegolten werden, einen nicht steuerbaren Gesellschafterbeitrag darstellen, finde hier keine Anwendung.

Der Entscheidung des BFH liegt eine **unrichtige Auffassung vom Wesen der stillen Gesellschaft** zugrunde. Bei der Beteiligung stiller Gesellschafter an einer stillen Gesellschaft und zwar auch an einer stillen Publikumsgesellschaft wird kein reines schuldrechtliches Austauschverhältnis, sondern vielmehr ein auf Leistungsvereinigung gerichtetes Gesellschaftsverhältnis begründet[20]. Diese Feststellung gilt zunächst uneingeschränkt für die atypische stille Beteiligung, und zwar auch in der Form der atypischen stillen Publikumsgesellschaft. Sofern die atypische stille Beteiligung zur Annahme einer steuerlichen Mitunternehmerschaft führt, ist für diese Voraussetzung, daß Mitunternehmerinitiative und Mitunternehmerrisiko auf Seiten des stillen Gesellschafters gegeben sind[21]. Beides entspricht nicht der Stellung eines schlichten Gläubigers, vielmehr steht die unternehmerische Beteiligung im Vordergrund. Aber auch in den Fällen, in denen eine steuerliche Mitunternehmerschaft nicht gegeben ist, jedoch eine (schuldrechtliche) Substanzbeteiligung des stillen Gesellschafters vereinbart wurde, liegt es ebenso. Hier nehmen die stillen Gesellschafter an den Wertänderungen des vom Geschäftsinhaber und den stillen Gesellschaftern gemeinsam finanzierten und dem Unternehmenszweck gewidmeten Vermögensteil. 1737

Zweifeln könnte man allenfalls bei der typischen stillen Beteiligung. Bei dieser sind gewisse Parallelen zwischen einem partiarischen Darlehensverhältnis und der Errichtung einer typischen stillen Gesellschaft nicht zu leugnen. Jedoch zielen auch die Parteien eines typischen stillen Gesellschaftsvertrages auf die Bildung einer Zweckgemeinschaft ab. Der Einlagegläubiger (stiller Gesellschafter) tritt dem Geschäftsinhaber auch hier nicht wie ein außenstehender Kreditgeber gegenüber, der ausschließlich 1738

---

19 BFH v. 27. 5. 1982 (VR 110, 111/82) BStBl. II 1982, 678 = BB 1982, 1966 = UStR 1982, 202; Husmann, in: *Rau/Dürrwächter*, § 1 UStG Anm. 238; vgl. auch *Plückebaum/Malitzky*, §§ 1–3 UStG Rn. 25/2; *Weiß*, UStR 1982, 203 (204) stimmt dem BFH im Ergebnis zu, lehnt allerdings die Begründung mit dem fehlenden Gesamthandsvermögen der Innengesellschaft ab.
20 So auch BGH v. 15. 3. 1984 BGHZ 90, 310 (314).
21 Siehe oben Rn. 1193 ff., 1235 ff.

seine eigenen wirtschaftlichen Interessen verfolgt. Er verbindet vielmehr seine Interessen mit denen des Geschäftsinhabers in dem er eine Einlage leistet und am gemeinsam erwirtschafteten Ergebnis partizipiert[22].

1739 In Anlehnung an das Urteil des BFH vom 27. 5. 1982 ergingen ein Schreiben des Bayerischen Staatsministeriums der Finanzen[23] sowie verschiedene OFD-Verfügungen[24], wonach die Geldhingabe durch den stillen Gesellschafter eine sonstige Leistung sein soll, für die er vom Leistungsempfänger, dem Inhaber des Handelsgewerbes, Gewinnanteile als Entgelt erhält. Danach wäre die Einlageleistung ein steuerbarer Umsatz im Sinne von § 1 Abs. 1 Nr. 1 UStG.

1740 Die Auffassung des Bayerischen Staatsministeriums der Finanzen sowie der Oberfinanzdirektionen Köln und Münster[25] führte zu einer unterschiedlichen umsatzsteuerrechtlichen Behandlung der Außengesellschaften einerseits und der Innengesellschaften andererseits. Hierfür fehlte es jedoch an einer inneren Rechtfertigung.

1741 Zutreffend ist zwar, daß die Einlage des stillen Gesellschafters nach § 230 HGB in das Vermögen des Inhabers des Handelsgewerbes übergeht. Als Empfänger der Einlage kommt demnach nur der andere Gesellschafter in Betracht. Auch bei der Außengesellschaft, die als eigenes Umsatzsteuersubjekt anerkannt ist, geht die Einlage des Gesellschafters jedoch in das Vermögen eines anderen über, allerdings in das Vermögen der Gesamthand. Diese kann also im umsatzsteuerrechtlichen Sinne Leistungsempfänger sein.

1742 Für die Frage, ob die Leistung einer Einlage gegen Einräumung einer Gewinnbeteiligung umsatzsteuerrechtlich zum Leistungsaustausch führt, bringt dieser Unterschied zwischen Außen- und Innengesellschaft indessen nichts. Ein Empfänger für die Einlage des stillen Gesellschafters ist in beiden Fällen vorhanden; daß bei der Innengesellschaft der andere Gesellschafter, bei der Außengesellschaft dagegen die Gesellschaft als Gesamthand Empfänger der Leistung ist, rechtfertigt keine umsatzsteuerrechtlich unterschiedliche Behandlung[26]. Entscheidend ist vielmehr, daß die Einlageleistung des stillen Gesellschafters seinen gesellschaftsvertraglich ver-

---

22 Zur Abgrenzung zwischen partiarischen Darlehen und stiller Gesellschaft, oben Rn. 378 ff.
23 Bayerisches Staatsministerium der Finanzen, Schreiben v. 12. 12. 1985 (36-S 7100-37/3-54058) DStR 1986, 160.
24 OFD Köln, Verfügung v. 12. 6. 1986 (S 7104-10-St 142) BB 1986, 1489; OFD Münster, Verfügung v. 27. 3. 1986 (S 7104-27-St 14-32) WPg 1986, 311.
25 Siehe die beiden vorgenannten Fußnoten.
26 So auch *Reiß*, BB 1986, 1407 (1411); *Hamacher*, Die Bank 1987, 505 (507).

einbarten Beitrag zur gemeinsamen Zweckerreichung gemäß § 705 BGB darstellt[27]. Der stille Gesellschafter leistet ebenso wie der Gesellschafter einer Außengesellschaft einen Gesellschafterbeitrag. Diese Tatsache fordert eine **umsatzsteuerrechtliche Gleichbehandlung der Beitragsleistung des stillen Gesellschafters mit der eines Außengesellschafters**. Die Nichtsteuerbarkeit von Gesellschafterbeiträgen beruht auf der zwischen den Beteiligten bestehenden Zweckgemeinschaft. Bei einem auf Leistungsvereinigung gerichteten Gesellschafterbeitrag fehlt es an dem für einen Leistungsaustausch typischen inneren Verknüpfungszusammenhang zwischen Leistung und Gegenleistung. Die stille Gesellschaft erfüllt sämtliche Eigenschaften einer solchen Zweckgemeinschaft. Wollte man auf dem Gebiet der Umsatzsteuer anders entscheiden, würde man den Unterschied zu den partiarischen Rechtsverhältnissen aufgeben.

Hieraus folgt, daß ein steuerbarer Leistungsaustausch überhaupt nicht vorliegt, und zwar unabhängig davon, ob der stille Gesellschafter seine Einlage in Geld oder in Sachwerten erbringt[28]. Umsatzsteuerrechtlich ist hier bereits keine Leistung des stillen Gesellschafters gegeben[29]. Die Frage nach einer möglicherweise eingreifenden Befreiungsvorschrift stellt sich somit nicht[30]. Ein steuerbarer Leistungsaustausch kommt nur dann in Betracht, wenn der Beitrag des stillen Gesellschafters in einer Sacheinlage oder einem sonstigen Vermögenswert als Einlage besteht und diese Einlage neben der Gewinn- und Verlustbeteiligung durch einen besonderen Ausgleichsanspruch in Geld abgegolten wird[31].

1743

Der Gesetzgeber sah sich in der Folge des BFH-Urteils vom 27. 5. 1982 veranlaßt, einen besonderen **Befreiungstatbestand** in das UStG aufzunehmen. Nach dem durch Gesetz vom 17. 12. 1986[32] angefügten **§ 4 Nr. 8j UStG** ist die Beteiligung als stiller Gesellschafter an dem Unternehmen oder an dem Gesellschaftsanteil eines anderen steuerbefreit. Damit ist die

1744

---

27 Vgl. *Reiß*, BB 1986, 1407 (1408), der ebenfalls als entscheidendes Kriterium auf die Beitragsleistung des stillen Gesellschafters zur Erreichung eines gemeinsamen Zweckes abstellt; so auch *Hamacher*, Die Bank 1987, 505 (506).
28 Ebenso: *Seer*, DStR 1988, 367 (368); *Blanke*, S. 149; hinsichtlich der Sacheinlage a.A. noch die Vorauflage sowie die h.M.: *Fleischer/Thierfeld*, S. 132; *Dziadkowski/Beranek*, UR 1990, 265 (268); *Reiß*, UR 1988, 298 (302); *Mößlang* in: *Sölch/Ringleb/List* § 1 UStG Rn. 125.
29 *Reiß*, BB 1986, 1407 (1410); *ders.*, UR 1988, 298 (299); vgl. auch *Hamacher*, Die Bank 1987, 505.
30 Nach Auffassung von *Rau*, UR 1987, 121 ist demgegenüber in der Einräumung der Gesellschafterposition durch den Geschäftsinhaber eine steuerbare, aber nach § 4 Nr. 8f UStG steuerbefreite Leistung zu erblicken.
31 *Reiß*, BB 1986, 1407 (1411).
32 BGBl. I, 2488; ebenfalls kritisch zu dieser Regelung *Reiß*, UR 1987, 153 ff.

Rechtsunsicherheit, die das Urteil des BFH v. 27. 5. 1982 und die im Anschluß daran ergangenen OFD-Verfügungen ausgelöst haben, beseitigt worden. Die neue Befreiungsvorschrift ist am 1. 1. 1987 in Kraft getreten.

1745 Die Befreiung erstreckt sich jedoch nur auf die Beiträge des Stillen, für die er eine allgemeine Gewinnbeteiligung erhält, **Sondervergütungen bleiben steuerbar**[33]. Die Vorschrift erfaßt Geld- und Sacheinlagen, so daß nun für Unternehmer, die eine Sacheinlage leisten, eine Berichtigung des Vorsteuerabzuges gem. § 15a UStG in Betracht kommt[34]. Eine Option für nach § 4 Nr. 8j UStG steuerfreie Umsätze wurde vom Gesetzgeber nicht vorgesehen[35].

1746 So sehr klare Regelungen gerade im Steuerrecht zu begrüßen sind, darf die Einfügung des neuen § 4 Nr. 8j UStG nicht darüber hinwegtäuschen, daß die dogmatischen Bedenken damit nicht ausgeräumt worden sind. Nach der hier vertretenen Auffassung wäre ein spezieller Befreiungstatbestand schon deshalb nicht erforderlich gewesen, weil die Einlageleistung des stillen Gesellschafters gegen Gewinnbeteiligung bereits keinen steuerbaren Umsatz darstellt[36]. Eine Klärung der Frage, ob die Einlage überhaupt steuerbar ist, ist durch die Vorschrift jedoch nicht eingetreten[37].

2. Leistung des Geschäftsinhabers

1747 Ging es bislang um die Frage, ob die Leistung des stillen Gesellschafters überhaupt einen umsatzsteuerbaren Vorgang darstellt, so ist im folgenden zu klären, ob nicht in der Einräumung der stillen Beteiligung eine Leistung des Geschäftsinhabers liegt, der seinerseits einen „Anteil" an den stillen Gesellschafter „abgibt".

Bei der Frage der Umsatzsteuerbarkeit der Einräumung von Gesellschaftsbeteiligungen ist zu unterscheiden zwischen der Gründung und der späteren Einräumung von Gesellschaftsrechten.

a) Gesellschaftsbeteiligung bei der Gründung

1748 Nach der bisher h.M. und der Verwaltungsauffassung bewirkt eine Gesellschaft bei der **Gründung** mit der Ausgabe der Gesellschaftsanteile an die Gesellschafter eine steuerbare, jedoch nach § 4 Nr. 8f UStG steuerfreie

---

33 *Costede*, StbKRep 1987, 239 (265).
34 Vgl. hierzu *Dziadkowski/Beranek*, UR 1990, 265 (268).
35 Zu den Gründen vgl. *Schlienkamp*, UR 1987, 71 (72); kritisch *Dziadkowski/Beranek*, UR 1990, 265 (268).
36 Zur selben Auffassung gelangen *Dziadkowski/Beranek*, UR 1990, 265 (268).
37 *Dziadkowski/Beranek*, UR 1990, 265 (265, 268).

Leistung³⁸. Diese Auffassung ist jedoch verfehlt. Bei der Gründung einer Gesellschaft erwerben die Gesellschafter durch den Gesellschaftsvertrag die Gesellschaftsbeteiligung originär. Entscheidend ist die Zweckvereinigung der Gesellschafter, der dann spiegelbildlich die jeweilige einzelne Gesellschaftsbeteiligung entspricht. Eine Leistung der erst entstehenden Gesellschaft liegt überhaupt nicht vor, noch viel weniger ein Leistungsaustausch³⁹. Damit ist in der mit der Gründung verbundenen Verschaffung von Gesellschaftsbeteiligungen kein umsatzsteuerbarer Vorgang zu sehen.

Diese für Außengesellschaften gebotene Beurteilung ist aber auch für Innengesellschaften maßgebend. Auch bei der Innengesellschaft liegt eine **Leistungsvereinigung** zu einem gemeinsamen Zweck vor. So wenig, wie die Leistung des stillen Gesellschafters an den Geschäftsinhaber eine steuerbare Leistung darstellt, so wenig ist auch die gewissermaßen das Gegenstück darstellende Einräumung der stillen Beteiligung durch den Geschäftsinhaber eine steuerbare Leistung. Vielmehr bringt der Geschäftsinhaber sein Unternehmen in die neu zusammen mit dem stillen Gesellschafter gegründete stille Gesellschaft ein, die nunmehr (allerdings als Innengesellschaft) von beiden Gesellschaftern auf gemeinsamer Basis getragen wird.

1749

b) Nachträgliche Einräumung von Gesellschaftsbeteiligungen

Etwas anderes könnte man allerdings dann annehmen, wenn in eine bereits bestehende Gesellschaft ein neuer Gesellschafter aufgenommen wird.

Nach früher in der Literatur herrschender Auffassung konnte eine stille Gesellschaft nur zweigliedrig sein. Eine Beteiligung an einer bereits bestehenden stillen Gesellschaft war danach nicht denkbar, sondern bei jeder Vereinbarung einer stillen Gesellschaft handelte es sich um eine Neugründung. Diese Auffassung ist inzwischen überwunden⁴⁰. Eine stille Gesellschaft kann mithin einerseits zweigliedrig sein; sie kann aber auch in der Weise bestehen, daß sich eine Personenmehrheit – etwa eine BGB-Gesellschaft – am Unternehmen eines anderen still beteiligt; und sie kann schließlich auch so ausgestaltet sein, daß sich mehrere stille Gesellschafter mit dem Geschäftsinhaber so zusammenschließen, daß sie eine einheitliche stille Gesellschaft bilden⁴¹. Nur diese letzte Variante ist hier

1750

---

38 *Sauerland/Schmidt/Lippross*, Umsatzsteuer, 18. Aufl. 1994, S. 67.
39 So zu Recht *Birkenfeld*, UStR 1992, S. 29 (31 f.).
40 Vgl. Rn. 227.
41 *Baumbach/Hopt*, § 230 Rn. 7.

von Bedeutung; in den beiden anderen Fällen liegt jeweils eine Neugründung vor, bei der es, wie oben dargelegt[42], an einem umsatzsteuerbaren Vorgang fehlt.

1751 Wenn bei einer **mehrgliedrigen stillen Gesellschaft** ein neuer stiller Gesellschafter hinzutritt, dann entsteht bei diesem eine neue gesellschaftliche Berechtigung aufgrund seiner neuen Mitgliedschaft. Er bringt ebenso wie bei einer Neugründung seine Leistung zum Zwecke der Leistungsvereinigung ein, und umgekehrt wird ihm von der mehrgliedrigen Innengesellschaft das Beteiligungsrecht originär als Ergebnis der Leistungsvereinigung gewährt. Ein „Umsatz" mit einem Gesellschaftsanteil, wie er in § 4 Nr. 8f UStG genannt ist, findet nicht statt. Damit liegt auch beim Eintritt eines stillen Gesellschafters in eine bestehende mehrgliedrige Gesellschaft kein umsatzsteuerbarer Vorgang vor.

1752 In seiner neueren Rechtsprechung hat der BFH für die GmbH & Still die Auffassung vertreten, die GmbH bewirke mit der Aufnahme der Kapitalgeber als atypische stille Gesellschafter und mit der Ausgabe der atypischen stillen Beteiligungen an diese steuerfreie Umsätze nach § 4 Nr. 8f UStG[43]. Diese Auffassung läßt sich nicht halten[44]. Auch bei der stillen Gesellschaft ergibt sich die Gesellschafterstellung des stillen Gesellschafters (sowohl bei der typischen als auch bei der atypischen stillen Gesellschaft) allein aus dem Gesellschaftsvertrag, der kein Austauschvertrag ist. Damit „räumt" der Geschäftsinhaber dem Stillen keine Gesellschaftsbeteiligung ein, sondern beide **schließen sich zu einer Gemeinschaft zusammen**[45]. Ein umsatzsteuerbarer Vorgang aus der Sicht des Geschäftsinhabers ist damit nicht gegeben. Der vom BFH vertretenen Ansicht fehlt daher die Grundlage.

1753 Dagegen läßt sich auch nicht einwenden, in § 4 Nr. 8f UStG sei gerade für diese Fälle eine Befreiungsvorschrift vorgesehen. Ob ein Umsatz steuerbar ist oder nicht, bestimmt sich allein nach den §§ 1–3 UStG. Eine schlichte Steuerbefreiung durch den Gesetzgeber an anderer Stelle macht einen nichtsteuerbaren nicht automatisch zu einem steuerbaren (nunmehr aber steuerbefreiten) Umsatz[46]. Auch dann, wenn man – wie hier – die Einräumung von Gesellschaftsbeteiligungen an Personengesellschaften, sei es an Innengesellschaften oder Außengesellschaften, als nicht umsatzsteuerba-

---

42 Vgl. Rn. 1732 ff.
43 BFH v. 14. 12. 1995 DStR 1996, 422; BFH v. 22. 11. 1994 BFH/NV 1995, 1024 (1025 f.); vgl. auch BFH v. 20. 1. 1988 BStBl. II, 557 (560).
44 Anders die Vorauflage S. 517, BFH v. 2. 8. 1979 (VR 111/77) BStBl. II 1980, 20.
45 So zu Recht *Blanke*, S. 147.
46 *Blanke*, S. 84 m.w.N.

ren Vorgang ansieht, bleibt für die Steuerbefreiungsvorschrift des § 4 Nr. 8f UStG durchaus noch ein Anwendungsbereich, nämlich für den Fall des Aktienhandels oder sonstigen Handels mit Beteiligungsrechten, mithin ein typisches Bankgeschäft, auf das die Vorschrift gerade ausgerichtet ist[47].

Der BFH hat in seiner Entscheidung vom 14. 12. 1995[48] auf die **stille Publikumsgesellschaft** abgestellt. Für die Publikumsgesellschaft können jedoch insoweit keine Besonderheiten gelten. Auch wenn in großer Zahl stille Gesellschafter geworben werden, so erlangen diese mit dem Beitritt doch originär die Stellung eines stillen Gesellschafters; der für einen Umsatz erforderliche Leistungsaustausch findet gerade nicht statt. Dabei ist es nach dem Vorstehenden ohne Bedeutung, ob es sich um ein Bündel von jeweils zweigliedrigen stillen Gesellschaften handelt, die der Geschäftsinhaber mit den stillen Gesellschaftern eingeht, oder ob eine einheitliche mehrgliedrige stille Gesellschaft vorliegt, in die die neu eingetretenen Gesellschafter aufgenommen werden.

1754

III. Verhältnis von § 4 Nr. 8 f UStG zu § 4 Nr. 8j UStG

In § 4 Nr. 8 UStG sind zwei Befreiungstatbestände enthalten, die auf die stille Gesellschaft bezogen werden können: lit. j, in dem die Beteiligung als stiller Gesellschafter ausdrücklich genannt ist, soweit lit. f, den der BFH ebenfalls auf die Aufnahme atypischer stiller Gesellschafter anwendet[49]. Bei beiden Vorschriften handelt es sich um solche, die entweder leerlaufen oder nicht auf stille Gesellschaften anwendbar sind:

1755

§ 4 Nr. 8j UStG war die gesetzgeberische Korrektur einer verfehlten Rechtsprechung des BFH[50]. Im Ergebnis gewährleistet diese Vorschrift zwar die Nichtbelastung mit Umsatzsteuer für die Beteiligung als stiller Gesellschafter. Die Steuerbefreiung läuft jedoch deshalb leer, weil schon von vornherein **gar kein steuerbarer Tatbestand** gegeben ist.

1756

Bei § 4 Nr. 8f UStG liegt es ähnlich: Diese Vorschrift betrifft „Umsätze" bzw. die Vermittlung von Umsätzen von Gesellschaftsanteilen. Gerade solche liegen aber bei einer Beteiligung als stiller Gesellschafter nicht vor und zwar auch dann nicht, wenn der Geschäftsinhaber bei einer stillen

1757

---

47 Vgl. die Systematisierung von *Hinz*, Grundlagen der Unternehmensbesteuerung, 2. Aufl. 1995, S. 176.
48 BFH v. 14. 12. 1995 DStR 1996, 422.
49 BFH v. 14. 12. 1995 DStR 1996, 422.
50 Vgl. Rn. 1744 ff.

Publikumsgesellschaft eine Vielzahl von stillen Beteiligungen mit stillen Gesellschaftern eingeht[51]. Hier „gewährt" nicht der Geschäftsinhaber die Gesellschaftsrechte, sondern diese **entstehen originär beim stillen Gesellschafter mit Abschluß des Gesellschaftsvertrages**[52].

1758 Wollte man – wie es die Rechtsprechung tut – sowohl lit. f als auch lit. j auf die stille Gesellschaft anwenden, so ergibt sich eine merkwürdige Konsequenz im Hinblick auf das Verhältnis dieser beiden Regelungen zueinander: lit. j würde die Einlage des stillen Gesellschafters betreffen und lit. f als das Gegenstück die Gewährung der Gesellschaftsbeteiligung durch den Geschäftsinhaber. Es würde sich also hinsichtlich der Umsatzbesteuerung gewissermaßen um die beiden verschiedenen Seiten derselben Medaille handeln. Wenn das so wäre, dann stünden sich aber zwei umsatzsteuerbare Leistungen gegenüber, von denen jeweils die eine die Gegenleistung für die andere ist, wobei diese dann auch die jeweilige Bemessungsgrundlage wäre. Das ist die typische Situation des tauschähnlichen Umsatzes (§ 3 Abs. 12 UStG). In der zivilrechtlichen Literatur ist bislang jedoch noch niemand auf die Idee gekommen, ein Gesellschaftsverhältnis als Tausch zu qualifizieren, und auch im Umsatzsteuerrecht besteht keine Grundlage für eine solche, die Natur der Personengesellschaft völlig verkennende Auffassung.

IV. Die Auflösung der stillen Gesellschaft

1759 Im Falle der Auflösung der stillen Gesellschaft erhält der stille Gesellschafter sein Auseinandersetzungsguthaben, wie es sich aus seinem Einlagekonto ergibt, in Geld zurückgezahlt (§ 235 Abs. 1 HGB). Dieser Vorgang ist ebensowenig steuerbar wie die Rückzahlung eines Darlehens.

1760 Wird der stille Gesellschafter in Sachwerten abgefunden, so liegt beim Inhaber eine steuerbare Lieferung vor, deren Entgelt in dem Verzicht auf den Barwert des Auseinandersetzungsanspruchs zu sehen ist[53].

1761 Bemessungsgrundlage für die Umsatzsteuer ist der gemeine Wert der überlassenen Wirtschaftsgüter und nicht der Bilanzwert (§ 10 Abs. 4 UStG). Im übrigen gelten die allgemeinen Vorschriften, die auch sonst für steuerbare Lieferungen anwendbar sind (§§ 4, 12 UStG).

---

51 Vgl. Rn. 1750 ff.
52 Hierzu *Stadie*, in: *Woerner* (Hrsg.), Umsatzsteuer in nationaler und europäischer Sicht, 1990, S. 179 mit zahlreichen Nachweisen aus der zivilrechtlichen und steuerrechtlichen Literatur.
53 Vgl. auch *Post/Hoffmann*, S. 171.

V. Veräußerungsvorgänge

Gründet der Inhaber mit dem an seinem Handelsgewerbe beteiligten stillen Gesellschafter eine Personenhandelsgesellschaft, so geschieht das regelmäßig in der Weise, daß er sein Unternehmen im ganzen und der stille Gesellschafter seine Beteiligung in die zu gründende Gesellschaft einbringen. Beim Inhaber wird in der Regel eine **Geschäftsveräußerung im ganzen gemäß § 10 Abs. 3 UStG** vorliegen; bei dem stillen Gesellschafter ergibt sich, wenn er selbst Unternehmer ist, **Steuerfreiheit aus § 4 Nr. 8c UStG**. Er hat aber die Möglichkeit, auf die Steuerfreiheit gemäß § 9 Abs. 1 UStG zu verzichten.

1762

Veräußert der stille Gesellschafter, der Unternehmer ist, seine Beteiligung, so entsteht keine Umsatzsteuerpflicht, da § 4 Nr. 8f UStG hier entsprechend angewendet werden kann[54]. Für den Erwerber ergibt sich die Umsatzsteuerpflicht, wenn er als Unternehmer im Rahmen seines Unternehmens die Gegenleistung in Sachwerten erbringt.

1763

VI. Umsatzsteuerliche Besonderheiten bei Abschreibungsgesellschaften in der Rechtsform der atypischen stillen Gesellschaft

Besondere Umsatzsteuerfragen ergeben sich bei Abschreibungsgesellschaften (Publikums- oder Massengesellschaften) in der Rechtsform der atypischen stillen Gesellschaft, die auf die Mitgliedschaft einer Vielzahl rein kapitalmäßig beteiligter atypischer stiller Gesellschafter angelegt sind und sich insoweit von herkömmlichen stillen Gesellschaften erheblich unterscheiden[55]. Die GmbH & Still entspricht hinsichtlich Struktur und Zielsetzung weitgehend denjenigen Gesellschaften, die in die Rechtsform der GmbH & Co. KG gekleidet sind. Umsatzsteuerrechtlich gelten für sie folgende Besonderheiten:

1764

Die nach außen nicht in Erscheinung tretende atypische stille Gesellschaft ist **als Innengesellschaft für das Umsatzsteuerrecht unbeachtlich**[56]. Sie kann selbst nicht unternehmerisch tätig werden. Dagegen werden die beteiligten Gesellschafter mit ihren gegen Entgelt ausgeführten Lieferungen und sonstigen Leistungen zum Unternehmer, und zwar ohne Rücksicht darauf, ob der Umsatzpartner ein gesellschaftsfremder Dritter, ein anderer Gesellschafter oder die stille Gesellschaft ist. Letzterer fehlt zwar

1765

---

54 Ebenso *Philipowski*, in: *Rau/Dürrwächter*, § 4 Nr. 8 UStG Rz. 195.
55 Vgl. BFH v. 18. 12. 1975 (VR 131/73) BStBl. II 1976, 265.
56 BFH v. 11. 11. 1965 (V 146/63 S) BStBl. III 1966, 28.

mangels Unternehmereigenschaft die Fähigkeit, Umsätze selbst auszuführen; sie kann aber Empfänger von Umsätzen sein. Deshalb sollte z.B. die geschäftsführende GmbH mit ihrer Geschäftsführertätigkeit, sofern diese durch eine echte Vergütung (ohne Rücksicht auf Gewinn oder Verlust) abgegolten wird, nach früherer Ansicht umsatzsteuerpflichtig sein. Gleichzeitig stand ihr nach Maßgabe des § 15 UStG der entsprechende Vorsteuerabzug zu.

1766 Diese Auffassung ist inzwischen aufgegeben worden. Im Urteil des BFH[57] v. 17. 7. 1980 heißt es: „Die Führung der Geschäfte einer Personengesellschaft sowie deren Vertretung durch eine Gesellschaft mit beschränkter Haftung, welche ihre einzige geschäftsführende persönlich haftende Gesellschafterin ist, ist unabhängig davon, ob eine gewinnabhängige oder gewinnunabhängige Geschäftsführungsvergütung oder nichts gezahlt wird, keine gegenüber einer anderen Person erbrachte Leistung i.S.d. § 1 Abs. 1 Nr. 1 UStG." Aus dem Urteil des BFH folgt, daß die **GmbH mit ihrer Geschäftsführertätigkeit kein Unternehmer** ist und die dieser Tätigkeit zuzuordnenden Vorsteuern nicht abziehen kann. Dasselbe gilt für den Fall, daß der Gesellschafter-Geschäftsführer eine natürliche Person ist, sofern die Tätigkeit nicht ohnehin schon als nichtselbständig zu beurteilen ist.

1767 Nach Auffassung des BFH bewirkt die GmbH mit der **Aufnahme der Kapitalgeber** als atypische stille Gesellschafter und mit der Ausgabe der atypischen stillen Beteiligungen an diese steuerfreie Umsätze nach § 4 Nr. 8f UStG[58]. Die mit diesen Umsätzen zusammenhängenden Vorsteuern (z.B. auf Prospekt-, Inserat- und sonstige Werbekosten, Vermittlungsprovisionen) unterliegen hiernach dem Abzugsverbot des § 15 Abs. 2 UStG. Nach der hier vertretenen Auffassung werden mit der Aufnahme der atypischen stillen Gesellschafter hingegen keine steuerbaren Umsätze bewirkt, da es insoweit schon an einem Leistungsaustausch fehlt[59]. Die im Zusammenhang mit der Aufnahme der stillen Gesellschafter anfallenden Aufwendungen sind als Vorsteuern nur dann abzugsfähig, wenn sie steuerbaren, nicht steuerbefreiten Umsätzen des Geschäftsinhabers zuzuordnen sind[60].

---

57 BFH v. 17. 7. 1980 (VR 5/72) BStBl. II 1980, 622 = UStR 1980, 202 m. Anm. *Weiß*.
58 BFH v. 14. 12. 1995 (V R 11/94) DStR 1996, 422; BFH v. 22. 11. 1994 (V B 73/94) BFH/NV 1995, 1024 (1025 f.); vgl. auch BFH v. 20. 1. 1988 (X R 48/81) BStBl. II, 557 (560); gleicher Auffassung insoweit die Vorauflage.
59 Vgl. Rn. 1752 ff.
60 *Fleischer/Thierfeld*, S. 133.

Wird die GmbH & Still ausschließlich zu dem Zweck gegründet, mit der durch die Gesamtheit der Gesellschafter aufgebrachten Kapitalsumme eine Beteiligung an einer anderen Personengesellschaft zu erwerben, so wird schon ihre Unternehmereigenschaft mit der Anlage der Gelder in Frage gestellt, weil das Halten einer derartigen Beteiligung bei ihr keine unternehmerische Tätigkeit darstellt. Bei Leistungen aufgrund eines Gesellschaftsverhältnisses, die durch Beteiligung am Gewinn und Verlust abgegolten werden, handelt es sich um echte unentgeltliche Gesellschaftsbeiträge, die auf Leistungsvereinigung, nicht auf Leistungsaustausch gerichtet sind. Die Abschreibungsgesellschaften vermitteln in ihren Prospekten und Gesellschaftsverträgen vielfach den Eindruck, daß sie selbst die geplanten Projekte verwirklichen und damit eine unternehmerische Tätigkeit ausüben. Z.B. wird als Gegenstand des Unternehmens die Vorbereitung und Durchführung von Explorationen von Erdöl, Gas und anderen Bodenschätzen oder Rohstoffen, der Erwerb und die Veräußerung von Bohr- und Schürfrechten usw. angegeben. Tatsächlich werden sie jedoch nicht selbst in diesem Sinne tätig, vielmehr beschränken sie sich auf die Beteiligung an entsprechenden Unternehmen; ihre Betätigung ist in einem solchen Fall schon keine unternehmerische i.S.d. Umsatzsteuerrechts.

1768

Auf die Vermittlung der Umsätze von Anteilen an atypischen stillen Gesellschaften kann § 4 Nr. 8f UStG entsprechend angewendet werden[61].

1769

VII. Zusammenfassung

Der typischen stillen Gesellschaft kommt ebensowenig wie der atypischen stillen Gesellschaft Unternehmereigenschaft i.S.d. Umsatzsteuerrechts zu. Unternehmer ist und bleibt nur der Inhaber, nicht der stille Gesellschafter, es sei denn, daß auch er für seine Person eine selbständige, nachhaltige Tätigkeit zur Erzielung von Einnahmen ausübt und deswegen Unternehmer ist. Soweit das nicht zutrifft, fällt er nicht unter das Umsatzsteuergesetz. Weder der typische noch der atypische stille Gesellschafter ist neben dem Inhaber Schuldner der Umsatzsteuer.

1770

Im Innenverhältnis können der Inhaber und der stille Gesellschafter in zweifacher Hinsicht in rechtliche Beziehungen zueinander treten, einmal auf individualrechtlicher und zum anderen auf gesellschaftsrechtlicher Grundlage. Für die Beziehungen auf individualrechtlicher Grundlage bestehen keine Besonderheiten gegenüber Lieferungen und sonstigen Lei-

1771

---

61 Vgl. *Philipowski*, in: *Rau/Dürrwächter*, § 4 Nr. 8 UStG, Rn. 195; FinMin Hessen v. 22. 5. 1991, S 7160 A – 27 – II A 42, DStR 1991, 1187.

stungen des Inhabers an dritte Personen. Dagegen stellt der dem stillen Gesellschafter zufließende anteilige Gewinn kein Entgelt für eine dem Inhaber gegenüber erbrachte Leistung dar. Die Gewinnbeteiligung ist unmittelbarer Ausfluß des Gesellschaftsverhältnisses.

1772 Die Finanzverwaltung ist demgegenüber jedoch in Anlehnung an die Rechtsprechung des BFH von einem steuerbaren Leistungsaustausch ausgegangen. Diese Praxis hat den Gesetzgeber veranlaßt, einen neuen Befreiungstatbestand in das UStG aufzunehmen. Nach § 4 Nr. 8j UStG ist nunmehr die Beteiligung als stiller Gesellschafter an dem Unternehmen oder an dem Gesellschaftsanteil eines anderen steuerfrei.

§ 28 Erbschaft-(Schenkung-)Steuer

Schrifttum: *Felix, Günther,* Einvernehmliche Veräußerung einer Gesellschaftsbeteiligung zum Buchwert und Schenkungsteuer DStZ 1983, 165; *ders.,* Konsequenzen aus den Entscheidungen des Bundesverfassungsgerichts zur Vermögens- und Erbschaftsbesteuerung, BB 1995, 2241; *Flume, Werner,* Die Beschlüsse des Bundesverfassungsgerichts zu den Einheitswerten in Hinsicht auf die Vermögen- und Erbschaftsteuer, DB 1995, 1779; *Hengeler, Peter,* Sogenannte Schenkungen stiller Beteiligungen (Erwiderung auf Herrmann, ZHR 147 (1983), 313), ZHR 147 (1983), 329; *Herrmann, Elke,* Sogenannte Schenkungen stiller Beteiligungen, ZHR 147 (1983), 313; *Hofmann, Ruth,* Erbschaft- und Schenkungsteuer, 4. Aufl., 1993; *Hueck, Alfred,* Die Übertragung von Geschäftsanteilen, ZHR 83 (1920), 1; *Kapp, Reinhard,* Kommentar zum Erbschaftsteuer- und Schenkungsteuergesetz, 10. Aufl., 1990 (Loseblatt, Stand: April 1990); *Leisner, Walter,* Steuer- und Eigentumswende – die Einheitswert-Beschlüsse des Bundesverfassungsgerichts, NJW 1995, 2591; *Meincke, Jens Peter,* Erbschaftsteuer- und Schenkungsteuergesetz Kommentar, 10. Aufl. 1994; *Michel, Th.,* Zur Schenkungsteuer für echte stille Beteiligungen, DVR 1971, 17; *Moench, Dietmar,* Erbschaft- und Schenkungsteuer Kommentar (Loseblatt, Stand: Juni 1995); *Petzold, Rolf,* Erbschaftsteuer- und Schenkungsteuergesetz, 2. Aufl., 1986; *Spiegelberger, Sebastian,* Entscheidungshilfen zur vorweggenommenen Erbfolge, Harzburger Steuerprotokoll 1994, S. 65; *Steiger, A. Wolfgang,* Die erbschaftsteuerliche Behandlung mehrfachen Vermögensanfalles, DVR 1984, 147, 162; *Sudhoff, Heinrich,* Das Familienunternehmen, 1980; *Troll, Max,* Erbschaftsteuer- und Schenkungsteuergesetz, 4. Aufl., 1991 (Loseblatt, Stand: Januar 1995); *Wittmann, Rudolf,* Die „Einheitswert"-Entscheidungen des Bundesverfassungsgerichts vom 22. 6. 1995, BB 1995, 1933; *Ziegler, Jens,* Reform der Erbschaftsteuer, BB 1996, 454.

I. Der Steuergegenstand

Der Erbschaftsteuer unterliegen der Erwerb von Todes wegen und die Schenkungen unter Lebenden. Beide Tatbestände bestimmen sich grundsätzlich nach den gleichen Vorschriften (§ 1 ErbStG). Unter den Begriff der Schenkung unter Lebenden fallen u.a. die Schenkungen i.S.d. bürgerlichen Rechts und alle anderen freigebigen Zuwendungen unter Lebenden, soweit der Bedachte durch sie auf Kosten des Zuwendenden bereichert wird (§ 7 Abs. 1 Nr. 1 und 2 ErbStG). Dieser Tatbestand ist erfüllt, wenn jemand als stiller Gesellschafter in der Weise beteiligt wird, daß der Inhaber des Handelsgeschäfts einen Teil seines Kapitalkontos unentgeltlich als Vermögenseinlage auf den stillen Gesellschafter überträgt[1].

1773

---

1 RFH v. 14. 3. 1935 (III e A 90/33) RStBl. 1935, 906; BFH v. 19. 9. 1974 (IV R 95/73) BFHE 113, 558.

1774 Bisher entsprach es einhelliger Meinung, daß durch eine bloße **Umbuchung** sowohl die Schenkung der Einlage an den Stillen als auch die Begründung einer stillen Gesellschaft gegeben war[2]. Von Herrmann[3] wurden hiergegen Bedenken erhoben. Herrmann ist der Ansicht, eine stille Gesellschaft könne auf diese Weise nicht begründet werden: Da der Schenkungsempfänger keinerlei Leistungen erbringe, fördere er nicht den gemeinsamen Zweck der Gesellschaft i.S.v. § 705 BGB[4], was zur Folge habe, daß eine stille Gesellschaft nicht angenommen werden könne. Der Vertrag begründe nur Ansprüche des vermeintlichen stillen Gesellschafters auf Zahlung von Gewinnanteilen und eines Betrages für den Fall der Vertragsbeendigung. Ausschließlich diese Ansprüche – und nicht etwa eine Gesellschafterposition – seien Schenkungsobjekt. Dem hat Hengeler[5] zu Recht entschieden widersprochen, denn es wäre ein unnötiges „Hin- und Herzahlen", wenn der Geschäftsinhaber dem Stillen zunächst Bargeld übereignen und dieser es anschließend als Einlage in die Gesellschaft einbringen würde[6]. Die einfache Umbuchung verkürzt diesen wirtschaftlich gewollten Vorgang nur. Aber auch rechtlich läßt sich die Einlageleistung des stillen Gesellschafters darstellen: Der Geschäftsinhaber verspricht dem Stillen schenkweise den Einlagebetrag; dieser rechnet die Forderung mit der aus dem geschlossenen Gesellschaftsvertrag entspringenden Einlageverpflichtung auf[7].

1775 Dabei ist zu beachten, daß nach der Rechtsprechung des BGH[8], der sich die Steuerrechtsprechung[9] angeschlossen hat, in der Abbuchung der stillen Einlage vom Kapitalkonto des Inhabers ein Schenkungsversprechen i.S.d. § 518 BGB zu sehen ist, das zu seiner Wirksamkeit der **notariellen Beurkundung** bedarf[10].

1776 Eine Schenkung ist auch gegeben, wenn der Inhaber, was handelsrechtlich zulässig ist[11], die Vermögenseinlage höher bewertet, als es ihrem Ver-

---

2 BGH v. 29. 10. 1952 BGHZ 7, 378; BFH v. 19. 9. 1974 (IV R 95/73) BFHE 113, 558; *Sudhoff*, S. 338 f.; *Staudinger/Reuss*, 12. Aufl., § 518 BGB Rn. 19; MünchKomm/*Kollhosser*, § 518 BGB Rn. 27; ausdrücklich bereits *A. Hueck*, ZHR 83 (1920), 1 (9); jetzt auch *Staudinger/Cremer*, 13. Aufl. § 518 Rn. 25.
3 *Herrmann*, ZHR 147 (1983), 313.
4 *Herrmann*, ZHR 147 (1983), 313 (321, 327).
5 *Hengeler*, ZHR 147 (1983), 329.
6 *Hengeler*, ZHR 147 (1983), 329 (332).
7 Ähnlich bereits *A. Hueck*, ZHR 83 (1920), 1 (11 f.).
8 BGH v. 29. 10. 1952 BGHZ 7, 378; vgl. dazu Rn. 257 ff.
9 Vgl. dazu BFH v. 19. 9. 1974 (IV R 95/73) BFHE 113, 558 (563) sowie. Rn. 1281 ff.
10 Gegen das Formerfordernis wendet sich *Staudinger/Cremer*, 13. Aufl., § 518 Rn. 25.
11 Vgl. oben Rn. 292 ff.

kehrswert entspricht, wie umgekehrt eine Schenkung des stillen Gesellschafters an den Inhaber anzunehmen ist, wenn seine Vermögenseinlage zu gering bewertet wird. Eine Schenkung kann auch darin gesehen werden, daß dem stillen Gesellschafter eine Gewinnbeteiligung zugesprochen wird, die nicht in einem angemessenen Verhältnis zu dem Wert der von ihm erbrachten Einlage steht (vgl. § 7 Abs. 6 ErbStG)[12]. In diesen und ähnlichen Fällen ist ein schenkungsteuerpflichtiger Vorgang gegeben, wenn in objektiver und subjektiver Hinsicht eine Bereicherung des Bedachten auf Kosten des Zuwendenden festzustellen ist[13].

Für die Frage, ob die Aufnahme eines neuen Teilhabers eine Schenkung darstellt, kommt es auf die Bewertung der etwa übernommenen Gegenleistung für das Unternehmen an. Dabei ist zu beachten, daß nur solche Gegenleistungen berücksichtigt werden dürfen, die in Geld veranschlagt werden können (§ 7 Abs. 3 ErbStG)[14]. 1777

Auch die Aufnahme eines lediglich seine Arbeitskraft einbringenden stillen Gesellschafters unter Beteiligung am Gewinn kann, wie bereits der Reichsfinanzhof feststellte, eine Schenkung sein[15]. 1778

Aus der Entscheidung des RFH, die in erster Linie eine atypische stille Beteiligung betrifft, aber auch für die typische stille Gesellschaft gilt, ergibt sich, daß eine freigebige Bereicherung des stillen Gesellschafters auf Kosten des Inhabers gegeben ist, wenn die Gewinnbeteiligung so hoch ist, daß sie durch den Wert der Gesellschafterpflichten keinen Ausgleich findet. Die Bereicherung besteht in dem Recht des stillen Gesellschafters auf den Teil der Gewinnbezüge, dem keine Gegenleistung gegenübersteht. Hinzukommen muß als weitere Voraussetzung für die Feststellung einer Schenkung in subjektiver Hinsicht, daß der Inhaber das Mißverhältnis zwischen Leistung und Gegenleistung erkannt und die freigebige Bereicherung des stillen Gesellschafters als Erfolg seines Handelns gewollt hat. Daß dem stillen Gesellschafter die Früchte seiner Arbeit teilweise selbst zufallen und daß er auch von der Arbeit des Inhabers Vorteile hat, spielt für die Beurteilung keine Rolle. Solche Verhältnisse sind immer gegeben, wenn sich mehrere zur Erreichung eines gemeinsamen Zieles zusammenschließen. Entscheidend ist einzig und allein, ob jeder Ver- 1779

---

12 Vgl. *Petzold*, § 7 ErbStG Rn. 224 m.w.N. dafür, ab wann eine Gewinnbeteiligung nicht mehr in einem angemessenen Verhältnis zu dem Wert der Einlage steht.
13 RFH v. 11. 1. 1929 (V e 749/28) Kartei ErbStG 1925 § 3 Abs. 1 Nr. 2 R. 21.
14 Vgl. dazu *Petzold*, § 7 ErbStG Rn. 147; *Kapp*, § 7 ErbStG Rn. 158.
15 RFH v. 7. 11. 1940 (III e 18/40) RStBl. 1941, 71; vgl. auch *Moench*, § 7 ErbStG Rn. 185; *Petzold*, § 7 ErbStG Rn. 201.

II. Teil: Die Besteuerung der stillen Gesellschaft

tragsteil zur Erreichung des gemeinschaftlichen Zwecks wertmäßig soviel beisteuert, als ihm Vorteile erwachsen, oder ob über den Zweck des Zusammenschlusses hinaus eine besondere vermögensrechtliche Bevorzugung eines Beteiligten auf Kosten des anderen gewollt und erreicht wird. Nur dann kann von einer Schenkung gesprochen werden.

1780 Bei Einräumung einer atypischen stillen Beteiligung durch Einbringung der Arbeitskraft wird also das Gewinnbezugsrecht in der Regel nicht geschenkt, da regelmäßig die Arbeitsleistung als angemessene Gegenleistung anzusehen ist[16].

1781 Häufig geschieht die Gründung einer stillen Gesellschaft, um eine Ermäßigung der beim Tod des Inhabers zu erwartenden Erbschaftsteuer zu erzielen, indem die Angehörigen schon vor seinem Tode an dessen Betriebsvermögen und bei der atypischen stillen Gesellschaft auch an den stillen Reserven beteiligt werden. Nach einem Beschluß des BVerfG[17] ist allerdings beim Zugriff auf das Erbe die verminderte finanzielle Leistungsfähigkeit eines Erben von Unternehmensvermögen im Vergleich zu Erben frei verfügbaren Vermögens zu berücksichtigen. Dem wird nunmehr durch die durch das Jahressteuergesetz 1997 eingeführte Freibetrags- und Bewertungsregelung in § 13a ErbStG Rechnung getragen. Bei Schenkung wird der Freibetrag jedoch nur gewährt, wenn die Voraussetzungen von § 13 Abs. 1 Nr. 2 ErbStG gegeben sind.

1782 Nach Ansicht des BFH[18] kann die steuerliche Anerkennung einer stillen Gesellschaft nicht lediglich mit der Begründung abgelehnt werden, daß außerbetriebliche z.B. steuerliche oder familienrechtliche Gesichtspunkte den Abschluß des Gesellschaftsvertrages veranlaßt haben. Falls die Gewinnverteilung jedoch nicht der Kapitaleinlage und der Tätigkeit des einzelnen Gesellschafters in angemessener Weise Rechnung trägt[19], so kann ein Mißbrauch der Gestaltungsmöglichkeiten i.S.v. § 42 AO vorliegen. Die Finanzbehörden sind dann berechtigt, die Gewinnverteilung abzulehnen und bei ihrer steuerlichen Berechnung davon auszugehen, daß **ein Teil der den stillen Gesellschaftern zufließenden Beträge eine Schenkung des Inhabers ist,** die einkommensteuerlich nicht berücksichtigt werden kann, weil sie sich als Einkommensverwendung darstellt[20]. Führt

---

16 FG München v. 21. 3. 1967 (II 53/66) EFG 1967, 523; vgl. auch *Petzold,* § 7 ErbStG Rn. 201.
17 BVerfG v. 27. 9. 1995 (2 BvR 552/91) BStBl. II 1995, 671, BB-Beilage 13 zu Heft 36/1995, ZIP 1995, 1352, NJW 1995, 2624.
18 BFH v. 22. 8. 1951 (IV 246/50) BStBl. III 1951, 181 = StRK StAnpG § 5 R. 3.
19 Vgl. oben Rn. 1269 ff.
20 Vgl. *Kapp,* § 7 ErbStG Rn. 188 ff.; *Troll,* § 7 ErbStG Rn. 66, § 12 ErbStG Rn. 140.

§ 28 Erbschaft-(Schenkung-)Steuer

jedoch die durch Schenkung begründete Beteiligung der Kinder nur dazu, die Erbfolge in das Betriebsvermögen des Vaters vorwegzunehmen, und bleibt im übrigen alles beim alten, dann ist eine stille Gesellschaft einkommensteuerlich nicht anzuerkennen, auch wenn Schenkungsteuer bezahlt worden ist.

Wird rückwirkend eine typische oder atypische stille Gesellschaft vereinbart, so bedeutet die einkommensteuerliche **Nichtanerkennung der Rückwirkung**[21] nicht unbedingt eine Schenkung, da in der Regel der Bereicherungswille fehlen wird[22]. Denn wegen der gesellschaftsvertraglich vereinbarten Rückwirkung handelt es sich bei den in der Zwischenzeit angefallenen Gewinnanteilen und eventuell gebildeten stillen Reserven (wichtig bei atypischer stiller Gesellschaft) nicht um eine freigebige Zuwendung, sondern nur um diejenigen Werte, die dem Stillen aufgrund des Gesellschaftsvertrages zustehen. Die in der Zwischenzeit angefallenen Gewinnanteile können deshalb nicht als selbständige Zuwendung der Schenkungsteuer unterzogen werden, wohl aber können sie als werterhöhender Umstand dem Wert der Einlage zugeschlagen werden[23].

1783

Falls einem Beschenkten vom Schenker Geld zugewendet wird, das er zur Einlage in das Unternehmen des Schenkers benutzt, so liegen zwei steuerpflichtige Vorgänge vor, wenn der erworbene Gesellschaftsanteil mehr wert ist als die geleistete Einlage[24]. Ob der Beschenkte mit der Einlage mehr erwirbt, als seine Einlage wert ist, richtet sich danach, ob der neue Gesellschafter im Falle der Auflösung der Gesellschaft an dem Liquidationsertrag anteilig beteiligt ist.

1784

Da der BFH in der Geldschenkung und der in der Beteiligung liegenden Schenkung zwei selbständige Steuertatbestände sieht, steht die Versteuerung der Geldschenkung einer späteren Versteuerung der durch die Einlage dieses Geldes erzielten Bereicherung nicht entgegen. Das gilt auch dann, wenn der Beschenkte nach dem Gesellschaftsvertrag im Fall der Kündigung oder des Todes nur seinen buchmäßigen Kapitalanteil erhalten soll und demnach über den durch die offenen und stillen Rücklagen bedingten Mehrwert nicht verfügen kann. Der BFH hat dazu ausgeführt, daß es für die Ermittlung der Bereicherung nicht darauf ankomme, was

1785

---
21 Vgl. Rn. 1197.
22 BFH v. 24. 7. 1963 (II 207/61) BStBl. III 1963, 442 (444) = StRK ErbStG § 14 R. 11.
23 So hinsichtlich der rückwirkenden Zuwendung eines Kommanditanteils BFH v. 24. 7. 1963 (II 207/61) BStBl. III 1963, 442 (444) = StRK ErbStG § 14 R. 11; BFH v. 22. 8. 1962 (II 283/58) BStBl. III 1962, 502 = StRK ErbStG § 3 R. 30.
24 BFH v. 29. 1. 1959 (III 71/58) DStZ 1959, 176 = StRK ErbStG § 3 R. 18.

der Gesellschafter im Fall des Ausscheidens, sondern darauf, was er im Falle der Auflösung erhalten würde. Andernfalls könnten die anteiligen stillen Rücklagen niemandem zugerechnet werden. Tritt später wirklich der Fall ein, daß der Beschenkte aufgrund der Vertragsbestimmungen von den anteiligen Reserven ausgeschlossen wird, kann die Veranlagung gemäß § 175 Nr. 2 AO berichtigt werden.

II. Die Entstehung der Steuerschuld und die Bewertung der stillen Beteiligung

1. Typische stille Gesellschaft

1786 Die **Steuerschuld** entsteht in dem Zeitpunkt der Ausführung der Zuwendung (§ 9 Abs. 1 Nr. 2 ErbStG). Steuerschuldner sind bei einer Schenkung der Erwerber und der Schenker (§ 20 Abs. 1 ErbStG). Die Bewertung richtet sich nach § 12 BewG[25]. Danach sind auch die anteilmäßige Höhe der Gewinnbeteiligung und die Ertragsaussichten zu berücksichtigen.

1787 Die Gewinnbeteiligung als solche wird selbständig bewertet, wenn sie für sich schenkungsweise auf einen anderen übertragen wird, die Beteiligung selbst aber beim Schenker verbleibt[26].

1788 Wird eine Beteiligung an einer Personengesellschaft mit einer Gewinnbeteiligung ausgestattet, die insbesondere der Kapitaleinlage, der Arbeit oder der sonstigen Leistung des Gesellschafters für die Gesellschaft nicht entspricht oder die einem fremden Dritten üblicherweise nicht eingeräumt würde, so gilt das **Übermaß an Gewinnbeteiligung als selbständige Schenkung,** die mit dem Kapitalwert anzusetzen ist (§ 7 Abs. 6 ErbStG)[27]. § 7 Abs. 6 ErbStG ist auf Erbfälle unanwendbar. Die Vorschrift gilt nur für Schenkungen unter Lebenden.

1789 Zur Frage des Wertes der Schenkung einer stillen Beteiligung, bei der sich der Schenker die Nutznießung bis zu seinem Tode vorbehalten hat, vgl. RFH-Urteil v. 13. 10. 1938[28].

---

25 Vgl. hierzu Rn 1682 ff.; *Meincke,* § 12 ErbStG Rn. 80; *Troll,* § 12 ErbStG Rn. 64.
26 RFH v. 2. 12. 30/23. 3. 1931 (I e A 106/30) RStBl. 1931, 357.
27 Ebenso *Meincke,* § 7 ErbStG Rn. 134; *Petzoldt,* § 7 ErbStG Rn. 224; a.A. dagegen *Kapp,* § 7 ErbStG Rn. 190.10; *Troll,* § 7 ErbStG Rn. 66, § 12 ErbStG Rn. 64.
28 RFH v. 13. 10. 1938 (III e A 41/38) RStBl. 1939, 462; vgl. auch BFH v. 4. 6. 1980 (II R 22/78) BStBl. II 1980, 608; *Petzold,* § 12 ErbStG Anm. 11 (Rn. 147 ff.).

2. Atypische stille Gesellschaft

Bei der atypischen stillen Gesellschaft bestimmt sich der Wert der Beteiligung nach denselben Grundsätzen wie der Wert des Anteils an einer OHG oder KG[29]. Da für den Bestand und für die Bewertung des Betriebsvermögens die Verhältnisse zur Zeit der Entstehung der Steuerschuld maßgebend sind, ist für den Zeitpunkt der Ausführung der Zuwendung eine Vermögensaufstellung zu errichten, um das Vermögen des Inhabers zu ermitteln. § 12 Abs. 5 ErbStG verweist für die Bewertung des Betriebsvermögens auf §§ 95, 109 Abs. 1 BewG. Der Anteil an dem Vermögen ergibt sich aus dem **Verhältnis des Einlagekontos des stillen Gesellschafters zum Kapitalkonto des Inhabers**[30]. Hier wird demnach nicht der Nominalbetrag des übertragenen Kapitalkontos zugrunde gelegt. Ist mit der atypischen stillen Beteiligung eine unverhältnismäßig hohe Gewinnbeteiligung verbunden, so stellt diese eine besondere Zuwendung neben der Schenkung der eigentlichen Beteiligung dar[31]. Sie muß deshalb gesondert bewertet werden, soweit sie ein angemessenes Gewinnbezugsrecht übersteigt. Diesen vom RFH vertretenen Standpunkt hatte der BFH[32] aufgegeben. Danach sollte eine überhöhte Gewinnbeteiligung nicht als selbständige Zuwendung sondern lediglich als werterhöhender Umstand angesehen werden. Durch die Einfügung des § 7 Abs. 6 ErbStG ist der Gesetzgeber jedoch zu der Ansicht des Reichsgerichts zurückgekehrt[33]. Die Anwendung der Vorschrift auf atypische stille Gesellschaften ist unbestritten.

1790

Als Schenkung gilt auch der auf einem Gesellschaftsvertrag beruhende Übergang des Anteils oder des Teils eines Anteils eines Gesellschafters bei dessen Ausscheiden auf die anderen Gesellschafter oder die Gesellschaft, soweit der Wert, der sich für seinen Anteil zur Zeit seines Ausscheidens nach § 12 ErbSt ergibt, den Abfindungsanspruch übersteigt (§ 7 Abs. 1 ErbStG)[34].

1791

---

29 *Troll*, § 12 ErbStG Rn. 64; zur Bewertung einer Unterbeteiligung an Kapitalanteilen *Esch/Schulze zur Wiesche*, Hdb. der Vermögensnachfolge, 2. Buch Rn. 669.
30 RFH v. 26. 7. 1934 (III e A 3/33) RStBl. 1934, 1203; *Esch/Schulze zur Wiesche*, Hdb. der Vermögensnachfolge, 2. Buch Rn. 669; *Spiegelberger*, S. 78.
31 RFH v. 19. 6. 1935 (III e A 23/35) RStBl. 1935, 115 betr. den Anteil an einer KG; ebenso *Fleischer/Thierfeld*, S. 149 f.
32 BFH v. 29. 11. 1961 (II 282/58) BStBl. III 1962, 323; BFH v. 25. 6. 1969 (II 131/63) BStBl. II 1969, 653; vgl. auch FG Hamburg v. 25. 2. 1980 (V 54/78) EFG 1980, 402.
33 Vgl. *Petzold*, § 7 ErbStG Anm. 24 Rn. 197.
34 Zur Auslegung des § 7 Abs. 7 ErbStG vgl. *Felix*, DStZ 1983, 165.

III. Steuerbefreiungen

1792 Für **Betriebsvermögen** besteht ein erbschaftsteuerlicher **Freibetrag** von 500 000 DM gem. § 13a Abs. 1 ErbStG. Die Vorschrift gilt für den Erbfall und die vorweggenommene Erbfolge. Erfaßt werden demnach neben Vollübertragungen im Zuge des Generationswechsels auch Schenkungen von Teilbetrieben[35]. Das darüber hinausgehende Betriebsvermögen wird mit einem Abschlag von 40% bewertet.

1793 Für die schenkungsweise Zuwendung stiller Beteiligungen an Familienangehörige sei auf die **Befreiungsvorschriften** der §§ 16 und 17 ErbStG hingewiesen. Soweit der Erwerb des Ehegatten des Erblassers (Schenkers) 600 000 DM nicht übersteigt, bleibt er steuerfrei.

1794 Für die ehelichen und nichtehelichen Kinder, für die an Kindes Statt angenommenen Personen und für sonstige Personen, denen die rechtliche Stellung ehelicher Kinder zukommt, und für Stiefkinder bleibt der Erwerb steuerfrei, soweit er 400 000 DM nicht übersteigt (§ 16 Abs. 1 Nr. 2 ErbStG i.V.m. § 15 Abs. 1 ErbStG).

1795 Für die übrigen Personen der Steuerklasse I wird ein Freibetrag von 100 000 DM gewährt. Übersteigt der Wert des Erwerbs diesen Betrag, so ist nur der übersteigende Teil steuerpflichtig, soweit sich nicht eine Befreiung aus § 13 ErbStG ergibt.

1796 Für Personen der Steuerklasse II (Eltern, Großeltern und weitere Voreltern, Stiefeltern, voll- und halbbürtige Geschwister, Schwiegerkinder, Schwiegereltern, Abkömmlinge ersten Grades von Geschwistern) bleibt ein Erwerb in Höhe von 20 000 DM (§ 16 Abs. 1 Nr. 4 ErbStG) und für alle anderen Personen ein Erwerb in Höhe von 10 000 DM steuerfrei (§ 16 Abs. 1 Nr. 5 ErbStG i.V.m. § 15 Abs. 1 ErbStG).

1797 Besondere Bedeutung kommt in diesem Zusammenhang § 27 ErbStG zu[36]. Fällt Personen der Steuerklasse I von Todes wegen Vermögen an, das in den letzten 10 Jahren vor dem Erwerb bereits von Personen dieser Steuerklasse erworben worden ist und für das eine Erbschaftsteuer zu erheben war, so ermäßigt sich der auf dieses Vermögen entfallende Steuerbetrag in der in § 27 Abs. 1 ErbStG vorgesehenen Höhe. Zur Ermittlung des Steuerbetrags, der auf das begünstigte Vermögen entfällt, ist die Steuer für den Gesamterwerb in dem Verhältnis aufzuteilen, in dem der Wert des begünstigten Vermögens zu dem Wert des steuerpflichtigen Gesamterwerbs ohne Abzug des dem Erwerber zustehenden Freibetrags steht.

---

35 Vgl. *Hofmann*, S. 77.
36 Vgl. *Steiger*, DVR 1984, 147 ff., 162 ff.

Wegen der **Steuersätze,** die sich einmal nach der Höhe der freigebigen Zuwendung und zum anderen nach der Verwandtschaftsnähe zum Schenker bestimmen, vgl. § 19 ErbStG. 1798

Mehrere innerhalb von **zehn Jahren** von derselben Person anfallende Vermögensvorteile werden in der Weise zusammengerechnet, daß dem letzten Erwerb die früheren Erwerbe nach ihrem früheren Wert zugerechnet werden. Von der Steuer für den Gesamtbetrag wird die Steuer abgezogen, welche für die früheren Erwerbe nach den persönlichen Verhältnissen des Erwerbes und auf Grundlage der geltenden Vorschriften zur Zeit des letzten Erwerbs zu erheben gewesen wäre. Die durch jeden weiteren Erwerb veranlaßte Steuer darf nicht mehr betragen als 50% dieses Erwerbs (§ 14 Abs. 2 ErbStG). 1799

§ 29 Sonstige Steuern

Schrifttum: *Brönner, Herbert / Kamprad, Balduin,* Kommentar zum Kapitalverkehrsteuergesetz, 4. Aufl., 1986; *Egly, Hans / Fischer, Peter / Sigloch, Heinrich / Schwakenberg, Friedrich-K.,* Grunderwerbsteuergesetz, 13. Aufl., 1992; *Felix, Günther,* Stille Gesellschaft in Recht und Steuer, Bericht der 2. Kölner Trainingstagung des Arbeitskreises für Steuerrecht GmbH, 1972; *Flume, Werner,* Die Beschlüsse des Bundesverfassungsgerichts zu den Einheitswerten in Hinsicht auf die Vermögen- und Erbschaftsteuer, DB 1995, 1779; *Hesselmann, Malte,* Stille Beteiligung an einer GmbH & Co., GmbHR 1957, 191; *Hofmann, Ruth,* Kommentar zum Grunderwerbsteuergesetz, 5. Aufl., 1986; *Hoffmann, Fritz,* Zur Abgrenzung der typischen und atypischen stillen Gesellschaft, GmbHR 1975, 257; *Kinnebrock, Franz / Meulenbergh, Claus,* Kapitalverkehrsteuergesetz, 5. Aufl., 1983; 1980; *Strodthoff, Bernhard,* Kapitalverkehrsteuergesetz (Loseblatt, Stand: März 1986); *Troll, Max,* Grundsteuergesetz, 6. Aufl., 1991.

I. Grunderwerbsteuer

1800 Der Grunderwerbsteuer unterliegen die in § 1 GrEStG aufgezählten Rechtsvorgänge, soweit sie sich auf inländische Grundstücke beziehen.

1801 Besteht die Vermögenseinlage des stillen Gesellschafters in der **Einbringung eines Grundstücks,** das in das Eigentum des Geschäftsinhabers übergeht, so ist das ein Vorgang, der unter das GrEStG fällt. Das gilt nicht, wenn das Grundstück dem Inhaber nur zum Gebrauch überlassen wird, weil sich an der bisherigen Rechtszuständigkeit nichts ändert.

1802 Wird dem stillen Gesellschafter das von ihm eingebrachte Grundstück, das in das Eigentum des Inhabers übergegangen ist, bei der Beendigung der Gesellschaft **zurückübereignet,** so ist dieser Vertrag ebenfalls grunderwerbsteuerpflichtig (vgl. auch § 16 Abs. 2 GrEStG). War jedoch die Rückübereignung schon beim Abschluß des Gesellschaftsvertrags vereinbart, so ist im Wege der Vertragsauslegung der wirkliche Wille der Beteiligten zu ermitteln, der möglicherweise nur auf eine Gebrauchsüberlassung gerichtet war (Rn. 261 ff.); so wenn z.B. der Inhaber nach dem Gesellschaftsvertrag über das Grundstück nicht verfügen durfte. In Ermangelung einer solchen Vereinbarung ist die im Gesellschaftsvertrag niedergelegte Verpflichtung des Inhabers zur Rückübereignung des Grundstücks an die Auflösung der stillen Gesellschaft geknüpft. Die Steuerschuld entsteht mit der Auflösung der Gesellschaft.

1803 Es ist nicht sachlich unbillig, die Grunderwerbsteuer für den Erwerb eines Grundstücks von dem Schwiegervater durch eine aus dem Schwiegervater und dem Schwiegersohn bestehende OHG insoweit zu erheben, als der Schwiegersohn an der OHG beteiligt ist (vgl. § 5 Abs. 2 GrEStG). Dies gilt auch dann, wenn der Schwiegersohn vor der Gründung der OHG als stiller Gesellschafter an dem Handelsgewerbe seines Schwiegervaters beteiligt war und das Grundstück während dieser Zeit von dem Schwiegervater für Rechnung der stillen Gesellschaft erworben worden war[1].

Gehören Grundstücke zum **Betriebsvermögen des Inhabers,** so wird durch die Begründung der stillen Gesellschaft ein der Grunderwerbsteuer unterliegender Tatbestand nicht ausgelöst, weil sich an der sachenrechtlichen Zuordnung der Grundstücke nichts ändert. Auch der atypische stille Gesellschafter, den das Steuerrecht als Mitunternehmer behandelt und damit den Gesellschaftern einer handelsrechtlichen Personengesellschaft gleichstellt, erlangt keine dingliche Mitberechtigung an den zum Betriebsvermögen des Inhabers gehörenden Grundstücken. § 5 Abs. 2 GrEStG ist nicht anwendbar[2]. 1804

In dem vom BFH am 30. 11. 1983 entschiedenen Fall[3] kaufte die Klägerin von ihrer Kommanditistin, die zu 98,814% an der Klägerin beteiligt war, ein Grundstück. Die Klägerin hatte noch eine atypische stille Gesellschafterin mit einer Gewinn- und Verlustbeteiligung von 15,7%. Der Streit ging nicht um die gemäß § 5 Abs. 2 GrEStG nicht zu erhebende Steuer hinsichtlich der 98,814%igen Beteiligung sondern um die 15,7%ige stille Beteiligung. Das zuständige Finanzamt war der Auffassung, daß diese bei der Beteiligungsquote gemäß § 5 Abs. 2 GrEStG zu berücksichtigen und damit der Grundstückskauf in dieser Höhe grunderwerbsteuerpflichtig sei. Dem ist der BFH mit Recht nicht gefolgt, weil auch die atypische stille Gesellschaft keine Gesamthandsgemeinschaft im Sinne des BGB sei und das Grunderwerbsteuerrecht in diesem Punkt dem bürgerlichen Recht folge. 1805

Umgekehrt ist das Einbringen eines Betriebes in eine stille Gesellschaft hinsichtlich der eingebrachten Grundstücke **auch dann grunderwerbsteuerpflichtig, wenn der einbringende stille Gesellschafter nach dem Einkommensteuerrecht als Mitunternehmer zu behandeln ist**[4], denn auch der atypische stille Gesellschafter erhält durch seine schuldrechtlichen An- 1806

---

1 BFH v. 7. 4. 1976 (II R 97/70) BFHE 119, 126; vgl. auch *Egly/Fischer/Sigloch/Schwakenberg,* § 5 GrEStG Rn. 5, 8; *Hofmann,* § 5 GrEStG Rn. 7.
2 BFH v. 30. 11. 1983 (II R 131/81) BFHE 139, 442; zustimmend *Hofmann,* § 5 GrEStG Rn. 7.
3 BFH v. 30. 11. 1983 (II R 131/81) BFHE 139, 442.
4 BFH v. 11. 12. 1974 (II R 170/73) BFHE 114, 552 = StRK GrESt.Ba.Wü. § 1 Abs. 1 Nr. 3 R. 1; BFH v. 30. 11. 83 (II R 130/81) BFHE 139, 440.

sprüche auf anteiligen Gewinn nicht die Verwertungsmacht i.S.v. § 1 Abs. 2 GrEStG[5]. Mag für das Ertragsteuerrecht eine Unterscheidung der stillen Gesellschaften danach angemessen sein, ob der stille Gesellschafter nach seinem Ausscheiden an den stillen Reserven des Handelsgeschäfts beteiligt ist oder nicht, so kann diese Unterscheidung für das Grunderwerbsteuerrecht nichts hergeben[6]. Durch eine atypische stille Beteiligung läßt sich nicht eine grunderwerbssteuerpflichtige Anteilsvereinigung i.S.v. § 1 Abs. 3 GrEStG vermeiden[7]. Das gilt sowohl bei mittelbarer als auch bei unmittelbarer oder teilweise mittelbarer Anteilsvereinigung.

1807 Wo ein grunderwerbsteuerpflichtiger Vorgang gegeben ist, wird die Steuer vom Wert der Gegenleistung berechnet (§ 8 Abs. 1 GrEStG). Bei Vereinbarung eines Übernahmepreises gilt dieser als Gegenleistung. Fehlt es an einer solchen Vereinbarung, so besteht die Gegenleistung in den gewährten Gesellschaftsrechten, deren Wert nach den Vorschriften des Bewertungsgesetzes zu ermitteln ist (Rn. 1682 ff.). Erhält der stille Gesellschafter bei der Auflösung der Gesellschaft an Stelle einer Geldabfindung ein Grundstück übereignet, so besteht die Gegenleistung in der Aufgabe der Beteiligung, deren Wert die Bemessungsgrundlage für die Grunderwerbsteuer bildet (§ 9 Abs. 1 Nr. 3 GrEStG).

1808 Die Steuer beträgt seit dem 1.1.1997 regelmäßig 3,5% (§ 11 Abs. 1 GrEStG). Steuerschuldner sind die an dem Erwerbsvorgang als Vertragsteile beteiligten Personen als **Gesamtschuldner** (§ 13 Nr. 1 GrEStG).

II. Grundsteuer

1809 Nach § 2 GrStG ist der Grundbesitz im Sinne des Bewertungsgesetzes steuerpflichtig. Für Grundbesitz der in § 3 GrStG aufgeführten Rechtsträger ist eine Steuerbefreiung vorgesehen. Dieselbe Rechtsfolge ergibt sich in den Fällen des § 4 GrStG.

1810 Nach § 4 Nr. 6 S. 1 GrStG ist derjenige Grundbesitz von der Grundsteuer befreit, der für Zwecke eines Krankenhauses benutzt wird. Dabei muß nach § 4 Nr. 6 S. 2 Alt. 1 GrStG der Grundbesitz ausschließlich derjenigen Person zuzurechnen sein, die ihn für den begünstigten Zweck benutzt[8]. In einem vom BFH[9] entschiedenen Sachverhalt war der Alleinei-

---

5 So auch *Fleischer/Thierfeld*, S. 150; *Hofmann*, § 1 GrEStG Rn. 34.
6 BFH v. 11. 12. 1974 (II R 170/73) BFHE 114, 552 (554 f.).
7 BFH v. 30. 3. 1988 (II R 76/87) BB 1988, 1111.
8 Vgl. dazu *Troll*, § 4 GrStG Rn. 18.
9 BFH v. 4. 2. 1987 (II R 216/84) BStBl. II 1987, 451 = BB 1987, 1378.

gentümer des betroffenen Grundstückes mit dritten Personen eine atypische stille Gesellschaft eingegangen, die – nach Auffassung des Finanzamtes und des Finanzgerichtes – die Grundstücke benutzte und damit das Krankenhaus betrieb. Demnach wäre eventuell eine Steuerbefreiung gem. § 4 Nr. 6 GrStG nicht in Betracht gekommen, weil Eigentümer des Grundstückes und Träger des Krankenhauses zwei verschiedene Zurechnungssubjekte darstellen könnten. Dem ist der BFH nicht gefolgt. Er hat festgestellt, daß auch eine atypische stille Gesellschaft lediglich schuldrechtliche Ansprüche zwischen den Gesellschaftern begründet und keinerlei Änderung hinsichtlich der dinglichen Nutzungsberechtigung herbeiführt. Die stille Gesellschaft als Innengesellschaft könne keine Trägerin eines Gesellschaftsvermögens sein. Daraus folge, daß nicht die atypische stille Gesellschaft Krankenhausträger und Grundstücksnutzer war, sondern **allein der Inhaber des Handelsgeschäftes** im Sinne des § 230 HGB, der im entschiedenen Fall mit dem Grundstückseigentümer identisch war. Im Ergebnis hat der BFH die Steuerbefreiung des § 4 Nr. 6 GrStG folglich eingreifen lassen.

Damit gelten im Grundsteuerrecht dieselben Grundsätze, die bereits im Rahmen der Behandlung der Grunderwerbsteuer (Rn. 1804 ff.) aufgezeigt wurden.

Flume[10] weist im Anschluß an die Urteile des BVerfG[11] zu den Einheitswerten bei Vermögens- und Erbschaftssteuer darauf hin, daß auch bei der Grundsteuer, obwohl diese nicht direkt betroffen ist, wegen bestehender nicht gerechtfertigter Unterschiede Neuregelungen erforderlich seien. Die Grundsteuer unterfällt der „Gesamtsteuerbelastung", der eine Belastungsobergrenze „in der Nähe der hälftigen Teilung" der Erträge des gesamten Vermögens gesetzt wurde. Für eine Steigerung bleibt damit jedenfalls wohl wenig Spielraum. 1811

III. Gesellschaftsteuer

Ab 1. 2. 1992 wurde die Gesellschaftssteuer durch das Finanzmarktförderungsgesetz vom 22. 2. 1990 **abgeschafft**[12]. Sie ist damit nur noch festzusetzen, soweit sie vor dem 1. 2. 1992 entstanden ist. 1812

Die stille Gesellschaft selbst war zwar keine Kapitalgesellschaft im Sinne des Gesellschaftsteuerrechts. Letztere waren abschließend in § 5 KVStG 1813

---

10 *Flume,* DB 1995, 1779.
11 BVerfG v. 22. 6. 1995 (2 BvR 552/91) NJW 1995, 2624 ff.
12 BGBl. I 1990, 266; vgl. *Tipke/Lang* § 8 Rn. 46.

aufgezählt[13]. Als Gesellschaftsrechte an Kapitalgesellschaften galten aber auch Forderungen, die eine Beteiligung am Gewinn oder am Liquidationserlös der Gesellschaft gewähren (§ 6 Abs. 1 Nr. 3 KVStG). Für die Gleichstellung einer Forderung war die Verknüpfung der Forderung mit dem Risiko der Gewinnerzielung oder der Liquidationserlöserzielung erforderlich[14]. Beteiligte sich also jemand in typischer oder atypischer Form als stiller Gesellschafter an einer Kapitalgesellschaft (GmbH, AG, KGaA), so unterlag dieser Vorgang der Gesellschaftsteuer[15].

IV. Börsenumsatzsteuer

1814 Durch das Finanzmarktförderungsgesetz ist am 1. 1. 1991 die Börsenumsatzsteuer **weggefallen**[16]. Sie ist nur noch insoweit festzusetzen, als sie vor dem 1. 1. 1991 entstanden ist.

1815 Der Börsenumsatzsteuer unterlag der Abschluß von Anschaffungsgeschäften über Wertpapiere, wenn die Geschäfte im Inland oder unter Beteiligung eines Inländers im Ausland abgeschlossen wurden (§ 17 Abs. 1 KVStG). Zwar fiel die stille Beteiligung selbst gem. § 19 Abs. 1 KVStG nicht unter den Begriff der Wertpapiere[17]. Brachte der stille Gesellschafter aber zur Erfüllung seiner Einlageverpflichtung Schuldverschreibungen oder Dividendenwerte (Aktien, Kuxe und andere Anteile an inländischen und ausländischen Kapitalgesellschaften, Zertifikate über Shares, Aktienanteile, Genußscheine einschließlich der Zwischenscheine über diese Werte oder Bezugsrechte auf Dividendenwerte) in eine Kapitalgesellschaft oder eine andere Personenvereinigung ein, so wurde dadurch die Börsenumsatzsteuerpflicht gemäß § 18 Abs. 2 Nr. 1 KVStG ausgelöst. Erhielt der stille Gesellschafter bei der Auflösung der Gesellschaft seine Vermögenseinlage in Wertpapieren der vorerwähnten Art zurück, dann war das ebenfalls ein Vorgang, der nach § 18 Abs. 2 Nr. 2 KVStG der Börsenumsatzsteuer unterlag. Unterlag ein Rechtsvorgang der Gesellschaftsteuer (oben Rn. 1812 f.) und der Börsenumsatzsteuer, so wurde die Börsenumsatzsteuer neben der Gesellschaftsteuer erhoben (§ 26 KVStG)[18].

---

13 FG Münster v. 8. 11. 1988 (X-VIII 4757/85 Kap) EFG 1989, 135.
14 Niedersächsisches Finanzgericht v. 17. 9. 1987 (III 547/83) EFG 1988, 200.
15 Zur alten Rechtslage vgl. im übrigen die Vorauflage.
16 BGBl. I 1990, 266; vgl. *Tipke/Lang*, § 8 Rn. 46.
17 Ebenso *Fleischer/Thierfeld*, 4. Aufl., S. 120.
18 Vgl. im übrigen die Vorauflage.

§ 30 Die stille Gesellschaft im internationalen Steuerrecht

Schrifttum: *Bachmayr, Karl Erich*, Die Besteuerung des stillen Gesellschafters im Verhältnis zur Schweiz, DB 1965, 1263; *Blümich, Walter*, EStG, KStG, GewStG (Loseblatt, Stand: März 1996); *Debatin, Helmut*, Die stille Gesellschaft im internationalen Steuerrecht, DStZ/A 1966, 369; *ders.*, Außensteuerreformgesetz, DStZ/A 1972, 265; *Felix, Günther*, Stille Gesellschaft in Recht und Steuer, Bericht der 2. Kölner Trainingstagung des Arbeitskreises für Steuerrecht GmbH, 1972; *Flick, Hans / Wassermeyer, Franz / Becker, Helmut*, Kommentar zum Außensteuergesetz (Loseblatt Stand Dezember 1995); *Fu, Reiner*, Die stille Gesellschaft im internationalen Steuerrecht aus deutscher Sicht, 1997; *Gürsching, Lorenz / Stenger, Alfons*, Kommentar zum Bewertungsgesetz und Vermögensteuergesetz (Loseblatt, Stand: Dezember 1995); *Hebig, Michael / Heuer, Frank*, Besteuerung einer grenzüberschreitenden stillen Beteiligung an einer österreichischen Kapitalgesellschaft, RIW 1985, 797; *Herrmann, Carl / Heuer, Gerhard / Raupach, Arndt*, Einkommen- und Körperschaftsteuergesetz (Loseblatt); *Hoffmann, Wolf-Dieter*, Zum Problem der stillen Beteiligung ausländischer Anteilseigner an inländischen Beteiligungsunternehmen, DB 1979, 1195; *Kapp, Reinhard / Ebeling, Jürgen*, Erbschaftsteuer- und Schenkungsteuergesetz (Loseblatt, Stand: September 1995); *Kapp, Reinhard / Ebeling, Jürgen*, Handbuch der Erbengemeinschaft (Loseblatt, Stand: September 1995); *Kirchhof, Paul / Söhn, Hartmut*, Einkommensteuergesetz (Loseblatt, Stand: Dezember 1995); *Kluge, Volker*, Das deutsche Internationale Steuerrecht, 3. Aufl. 1992; *Korn, Rudolf / Debatin, Helmut*, Doppelbesteuerung (Loseblatt, Stand: September 1995); *Krabbe, Helmut*, Steuerliche Behandlung ausländischer Verluste nach § 2a EStG, RIW 1983, 42; *Lademann, Fritz / Söffing, Günter*, Kommentar zum Einkommensteuergesetz (Loseblatt, Stand: Oktober 1995); *Locher, Kurt / Meier, Walter / Siebenthal, Rudolf von / Kolb, Andreas*, Doppelbesteuerungsabkommen Schweiz-Deutschland 1971 und 1978 (Loseblatt, Stand: Lfg. 15, 1995); *Mössner, Jörg Manfred*, Die Methoden zur Vermeidung der Doppelbesteuerung, in: Grundfragen des Internationalen Steuerrechts, hrsgg. v. Klaus Vogel, 1985; *Mohr, Heinrich*, Die vermögensteuerliche Behandlung des beschränkt steuerpflichtigen stillen Gesellschafters, DB 1972, 307; *Richter, Heinz*, Wesentliche wirtschaftliche Inlandsinteressen im Sinne des § 2 des Außensteuergesetzes, RIW 1976, 571; *Riegler, Bernhard / Salomon, Klaus*, Der Dividenden- und Zinsbegriff nach den Doppelbesteuerungsabkommen der Bundesrepublik Deutschland, DB 1991, 2205; *Riemenschneider, Sven*, Abkommensberechtigung von Personengesellschaften und abkommensrechtliche Behandlung der Einkünfte aus Beteiligungen inländischer Gesellschafter an ausländischen Personengesellschaften, 1995; *Rössler, Rudolf / Troll, Max*, Bewertungsgesetz und Vermögensteuergesetz, 17. Aufl. 1995; *Runge, Berndt / Ebling, Klaus / Baranowski, Karl-Heinz*, Die Anwendung des Außensteuergesetzes, 1974; *Schaumburg, Harald*, Internationales Steuerrecht, 1993; *Schmidt, Ludwig*, Einkommensteuergesetz, 15. Aufl. 1996; *Schmitz, R. C. Albert*, Kommentar zum internationalen Steuerrecht der Bundesrepublik Deutschland, 1957; *Vogel, Klaus*, Doppelbesteuerungsabkommen, 2. Aufl. 1990; *Wilke, Kay-Michael*, Lehrbuch des Internationalen Steuerrechts, 5. Aufl. 1994; *Woerner, Lothar*, Verdeckte Gewinnausschüttungen, verdeckte Einlagen und § 1 des Außensteuergesetzes, BB 1983, 845; *Wöhrle, Winfried / Schelle, Dieter / Gross, Ekkehard*, Außensteuergesetz (Loseblatt, Stand: März 1996).

I. Die beschränkte Steuerpflicht

1. Einkommensteuer

1816 Gemäß § 1 Abs. 4 EStG sind natürliche Personen, die im Inland weder einen Wohnsitz noch ihren gewöhnlichen Aufenthalt haben, mit ihren inländischen Einkünften i.S.d. § 49 EStG beschränkt einkommensteuerpflichtig.

1817 Unter den inländischen Einkünften, die der beschränkten Einkommensteuerpflicht unterliegen, nennt das Gesetz unter anderem Einkünfte aus Gewerbebetrieb i.S.d. §§ 15 bis 17 EStG, für den im Inland eine Betriebstätte unterhalten wird oder ein ständiger Vertreter bestellt ist (§ 49 Abs. 1 Nr. 2 Buchst. a EStG) sowie Einkünfte aus Kapitalvermögen i.S.d. § 20 Abs. 1 Nr. 1, 2, 4 und 6 EStG, wenn der Schuldner Wohnsitz, Geschäftsleitung oder Sitz im Inland hat (§ 49 Abs. 1 Nr. 5 Buchst. a EStG).

1818 Hiernach unterliegen die Einkünfte eines beschränkt Steuerpflichtigen aus der **Beteiligung** an einem inländischen Handelsgewerbe als typischer stiller Gesellschafter der beschränkten Einkommensteuerpflicht (§ 49 Abs. 1 Nr. 5 Buchst. a EStG i.V.m. § 20 Abs. 1 Nr. 4 EStG). Dasselbe gilt für den atypischen stillen Gesellschafter, dessen Einkünfte aus der stillen Beteiligung als Einkünfte aus Gewerbebetrieb angesehen werden (vgl. Rn. 1192 ff., 1332 ff.) und demzufolge unter § 49 Abs. 1 Nr. 2 Buchst. a EStG fallen.

1819 Hier zeigt sich auch die **Bedeutung des Unterschieds zwischen der typischen stillen Beteiligung und einem Darlehen.** Nur die Einkünfte aus der stillen Beteiligung unterliegen der beschränkten Einkommensteuerpflicht, nicht dagegen die Darlehenszinsen, es sei denn, daß das Darlehen durch inländischen Grundbesitz oder durch eingetragene Schiffe dinglich gesichert ist[1] (§ 49 Abs. 1 Nr. 5 Buchst. c Buchst. aa EStG) oder daß es sich um ein partiarisches Darlehen handelt, das im Hinblick auf die beschränkte Steuerpflicht der stillen Beteiligung gleichgestellt wird[2].

1820 Ob eine typische oder eine atypische stille Gesellschaft besteht, bestimmt sich nach der Wertung des deutschen Steuerrechts[3].

---

1 Vgl. *Lüdicke*, in: *Lademann/Söffing*, § 49 EStG Anm. 667; BFH v. 28. 3. 1984 BStBl. II 1984, 620 (621).

2 RFH v. 11. 7. 1928 RStBl. 1928, 329; RFH v. 25. 1. 1940 RStBl. 1940, 539 (540); *Clausen*, in: *Herrmann/Heuer/Raupach*, § 49 EStG Anm. 35; vgl. auch § 20 Abs. 1 Nr. 4 EStG.

3 *Clausen*, in: *Herrmann/Heuer/Raupach*, § 49 EStG Anm. 16.

a) Typische stille Gesellschaft

Die beschränkte Steuerpflicht setzt voraus, daß der Schuldner der Kapitalerträge (Geschäftsinhaber) Wohnsitz, Geschäftsleitung oder Sitz im Inland hat (§ 49 Abs. 1 Nr. 5 Buchst. a EStG). 1821

Ein Ausländer wird nicht schon dadurch zum stillen Gesellschafter, daß er einem inländischen Unternehmer vertraglich die Herstellung und den Absatz bestimmter Gegenstände überläßt und Hilfe bei der Herstellung der Gegenstände gewährt[4]. Dagegen kann eine stille Beteiligung vorliegen, wenn eine ausländische Gesellschaft einem deutschen Unternehmer einen Kredit zur Verfügung stellt und dafür am Gewinn und Verlust beteiligt wird[5]. 1822

b) Atypische stille Gesellschaft

Die Einkünfte aus einer atypischen stillen Beteiligung sind gem. § 49 Abs. 1 Nr. 2 Buchst. a i.V.m. § 15 Abs. 1 Nr. 2 EStG beschränkt einkommensteuerpflichtig. Es handelt sich um Einkünfte aus Gewerbebetrieb (vgl. Rn. 1192 ff., 1332 ff.). Im Rahmen der beschränkten Einkommensteuerpflicht dürfen bei einer atypischen stillen Gesellschaft Betriebsausgaben nur insoweit abgezogen werden, als sie mit inländischen Einkünften in wirtschaftlichem Zusammenhang stehen (§ 50 Abs. 1 S. 1 EStG). 1823

Während der typische stille Gesellschafter nur dann beschränkt steuerpflichtig ist, wenn das Unternehmen, an dem die stille Beteiligung besteht, Wohnsitz, Geschäftsleitung oder Sitz im Inland unterhält, ist der atypische stille Gesellschafter bereits dann beschränkt steuerpflichtig, wenn das Unternehmen, an dem die stille Gesellschaft besteht, eine **Betriebstätte im Inland** unterhält. Felix[6] nennt als typisches Beispiel den ausländischen Einmann-Gesellschafter einer ausländischen GmbH, der mit seiner GmbH eine atypische stille Beteiligung eingeht, sofern die GmbH in der Bundesrepublik Deutschland eine Betriebstätte unterhält. Es besteht beschränkte Steuerpflicht des atypischen stillen Gesellschafters, wohingegen der typische stille Gesellschafter in einem solchen Fall nicht beschränkt steuerpflichtig wäre. 1824

Steuerpflichtig ist auch der Veräußerungsgewinn, der bei der Veräußerung der atypischen stillen Beteiligung erzielt wird (§§ 49 Abs. 1 Nr. 2, 16 1825

---

4 RFH v. 9. 12. 1930 RStBl. 1931, 236.
5 RFH v. 11. 7. 1928 RStBl. 1928, 329; RFH v. 10. 3. 1937 StuW 1937 Nr. 253.
6 *Felix*, Stille Gesellschaft, Tz. 165.

Abs. 1 Nr. 2 EStG)⁷. Auf diesen Veräußerungsgewinn ist der ermäßigte Steuersatz des § 34 EStG anzuwenden (§ 50 Abs. 1 S. 4 EStG).

1826 Entfällt auf den beschränkt steuerpflichtigen atypischen stillen Gesellschafter ein Verlust aus der Beteiligung, so ist ein **Ausgleich dieses Verlustes** mit anderen positiven Einkünften zulässig. § 50 Abs. 2 EStG betrifft nur Einkünfte, die dem Steuerabzug unterliegen; er gilt nicht für Einkünfte aus Gewerbebetrieb. Die Vorschrift des § 10d EStG über den Verlustabzug ist gemäß § 50 Abs. 1 S. 3 EStG jedoch nur anzuwenden, wenn die Verluste in wirtschaftlichem Zusammenhang mit inländischen Einkünften stehen und sich aus Unterlagen ergeben, die im Inland aufbewahrt werden.

1827 Die Besteuerung erfolgt in der Regel im Wege der **Veranlagung**, nicht durch Steuerabzug vom Kapitalertrag. Die Einkommensteuer, die mindestens 25% des Einkommens betragen muß, bemißt sich nach § 32a Abs. 1 EStG, also nach der Grundtabelle (§ 50 Abs. 3 EStG). Das Finanzamt kann aber auch die Einkommensteuer im Wege des Steuerabzugs erheben, wenn dies zur Sicherung des Steueranspruchs zweckmäßig ist. Das Finanzamt bestimmt hierbei die Höhe des Steuerabzugs (§ 50a Abs. 7 EStG). Gemäß § 50 Abs. 7 EStG ist ein vollständiger oder teilweiser Erlaß der Einkommensteuer oder die Festsetzung eines Pauschbetrags möglich, wenn es aus volkswirtschaftlichen Gründen zweckmäßig ist oder eine gesonderte Berechnung der Einkünfte schwierig ist.

1828 Wird einem beschränkt Steuerpflichtigen für die vorzeitige Beendigung des Gesellschaftsverhältnisses eine Entschädigung gezahlt und wird gleichzeitig seine bisherige Kapitaleinlage in ein fest verzinsliches Darlehen umgewandelt, so unterliegt die Entschädigung gem. § 24 Nr. 1 Buchst. b EStG der Einkommensteuer, die Darlehenszinsen können dagegen nicht in diesem Zusammenhang zur Besteuerung herangezogen werden⁸. Der ermäßigte Steuersatz des § 34 EStG i.V.m. § 24 Nr. 1 EStG ist nicht anwendbar, da § 24 EStG in § 50 Abs. 1 S. 4 EStG nicht erwähnt wird.

1829 Der Gewinn aus der Veräußerung der typischen stillen Beteiligung ist nicht einkommensteuerpflichtig⁹.

---

7 *Herrmann/Heuer/Raupach*, § 24 EStG Anm. 6a; *L. Schmidt*, EStG § 16 Rn. 400.
8 Vgl. zu diesem Problem RFH v. 14. 10. 1931 RStBl. 1932, 12 (13); zur Abgrenzung zwischen § 20 Abs. 2 Nr. 1 EStG und § 24 Nr. 1 Buchst. b EStG vgl. BFH v. 14. 2. 1984 BFHE 141, 124 (127 ff.).
9 Vgl. *Herrmann/Heuer/Raupach*, § 24 EStG Anm. 6 a; *Fleischer/Thierfeld*, S. 165.

Bei der Besteuerung der beschränkt steuerpflichtigen Einkünfte aus Kapitalvermögen dürfen Betriebsausgaben oder Werbungskosten nur insoweit abgezogen werden, als sie mit den inländischen Einkünften in wirtschaftlichem Zusammenhang stehen (§ 50 Abs. 1 S. 1 EStG). 1830

Die Einkommensteuer des beschränkt steuerpflichtigen typischen stillen Gesellschafters wird durch Abzug vom Kapitalertrag (Kapitalertragsteuer) gem. § 43 Abs. 1 S. 1 Nr. 3 EStG erhoben, weil der Geschäftsinhaber als Schuldner der Gewinnanteile seinen Wohnsitz, seine Geschäftsleitung oder seinen Sitz im Inland hat (§ 43 Abs. 3 EStG). Zu den steuerabzugspflichtigen Kapitalerträgen gehören auch besondere Entgelte oder Vorteile i.S.d. § 20 Abs. 2 Nr. 1 EStG (§ 43 Abs. 1 S. 2 EStG). Durch den Steuerabzug gilt die Einkommensteuer für diese Einkünfte bei beschränkt Steuerpflichtigen als **abgegolten**, wenn die Einkünfte nicht Betriebseinnahmen eines inländischen Betriebs sind (§ 50 Abs. 5 EStG). Es findet insoweit also keine Veranlagung statt. Hat der stille Gesellschafter neben seinen Beteiligungseinkünften noch andere Einkünfte (z.B. aus Gewerbebetrieb oder aus Vermietung und Verpachtung) und werden diese Einkünfte im Wege der Veranlagung erfaßt, so bleiben dennoch die Einkünfte aus der stillen Beteiligung außer Betracht; sie erhöhen also nicht die Progression. 1831

Ist ein Ausländer als Treuhänder eines Inländers an einem inländischen Unternehmen still beteiligt, dann ist durch den Steuerabzug die Einkommensteuer nicht abgegolten. In der Regel wird es sich nämlich bei der treuhänderischen stillen Beteiligung um ein Scheingeschäft i.S.d. § 41 Abs. 2 AO handeln, durch das ein anderes Rechtsgeschäft – nämlich die stille Beteiligung des Inländers – verdeckt wird. Es ist dann das verdeckte Geschäft für die Besteuerung maßgebend. Oft wird auch ein Mißbrauch von Gestaltungsmöglichkeiten des Rechts vorliegen (§ 42 AO). Wo das nicht der Fall ist, greift § 39 Abs. 2 Nr. 1 AO ein, wonach Wirtschaftsgüter, die zu treuen Händen übereignet worden sind, dem Treugeber zugerechnet werden. § 50 Abs. 5 EStG findet insoweit folglich keine Anwendung[10]. 1832

Bei den aus der stillen Beteiligung fließenden Einkünften, die dem Steuerabzug unterliegen, ist für beschränkt Steuerpflichtige ein **Ausgleich mit Verlusten** aus anderen Einkunftsarten nicht zulässig (§ 50 Abs. 2 S. 1 EStG), wohl aber mit Einkünften aus der gleichen Einkunftsart[11], z.B. mit Hypothekenzinsen oder mit Darlehenszinsen, wenn das Darlehen im Inland dinglich gesichert ist. Ferner dürfen diese Einkünfte auch bei 1833

---

10 Vgl. auch *Schmitz*, S. 761.
11 Vgl. *Kumpf*, in: *Herrmann/Heuer/Raupach*, § 50 EStG Anm. 90 ff.

einem Verlustabzug nach § 10 d EStG nicht berücksichtigt werden (§ 50 Abs. 2 S. 2 EStG).

1834 Die Einkommensteuer kann ganz oder teilweise erlassen oder in einem Pauschbetrag festgesetzt werden, wenn es aus volkswirtschaftlichen Gründen zweckmäßig oder wenn eine gesonderte Berechnung der Einkünfte besonders schwierig ist (§ 50 Abs. 7 EStG).

2. Körperschaftsteuer

1835 Die für die Einkommensteuer gemachten Ausführungen gelten entsprechend für die beschränkte Körperschaftsteuerpflicht. Körperschaften, Personenvereinigungen und Vermögensmassen, die weder ihre Geschäftsleitung noch ihren Sitz im Inland haben, sind gemäß § 2 Nr. 1 KStG mit ihren inländischen Einkünften i.S.d. § 49 EStG beschränkt körperschaftsteuerpflichtig. Dies gilt auch für sonstige Körperschaften, Personenvereinigungen und Vermögensmassen, die nicht unbeschränkt steuerpflichtig sind, hinsichtlich der inländischen Einkünfte, von denen ein Steuerabzug zu erheben ist (§ 2 Nr. 2 KStG).

3. Vermögensteuer

1836 Das Vermögensteuergesetz ist zum 1. 1. 1997 weder abgeschafft noch an die Vorgaben der Entscheidung des BVerfG vom 22. 6. 1995[12] angepaßt worden. Damit besteht das Vermögensteuergesetz zwar formal weiter, die Vermögensteuer wird jedoch vom 1. 1. 1997 an nicht mehr erhoben. Für Altfälle sind die nachfolgenden Ausführungen aber von Bedeutung.

1837 Beschränkt vermögensteuerpflichtig sind natürliche Personen, die im Inland weder ihren Wohnsitz noch ihren gewöhnlichen Aufenthalt haben, und Körperschaften, Personenvereinigungen und Vermögensmassen, die im Inland weder ihre Geschäftsleitung noch ihren Sitz haben (§ 2 Abs. 1 VStG). Die beschränkte Steuerpflicht erstreckt sich nur auf das Inlandsvermögen i.S.d. § 121 BewG (§ 2 Abs. 2 VStG), jedoch mit Ausnahme des Vermögens, das auf die fünf neuen Länder und Ost-Berlin entfällt (§ 24 c Nr. 4 VStG). Zum Inlandsvermögen gehören unter anderem Forderungen aus der Beteiligung an einem Handelsgewerbe als stiller Gesellschafter, wenn der Schuldner Wohnsitz, gewöhnlichen Aufenthalt, Sitz oder Geschäftsleitung im Inland hat (§ 121 Nr. 8 BewG). Unter diese Vorschrift fällt nur die Beteiligung als typischer stiller Gesellschafter, denn der atypische stille Gesellschafter an einem inländischen Unterneh-

---

12 BVerfGE 93, 121.

men hat inländisches Betriebsvermögen, das nach § 121 Nr. 3 BewG zu erfassen ist[13].

Auch hier ist die Unterscheidung zwischen stiller Beteiligung und Darlehen von Bedeutung, weil grundsätzlich nur die stille Beteiligung der beschränkten Vermögensteuerpflicht unterliegt. Für das Darlehen gilt gemäß § 121 Nr. 7 BewG die beschränkte Vermögensteuerpflicht nur, wenn es durch inländischen Grundbesitz, durch inländische grundstücksgleiche Rechte oder durch Schiffe, die in ein inländisches Schiffsregister eingetragen sind, unmittelbar oder mittelbar gesichert ist. Ferner wird das partiarische Darlehen vermögensteuerrechtlich der stillen Beteiligung gemäß § 121 Nr. 8 BewG gleichgestellt, weil für den Geldgeber vom wirtschaftlichen Ergebnis her gesehen kein Unterschied zwischen diesen beiden Rechtsformen besteht[14]. 1838

Die Vermögensteuer wird von beschränkt Steuerpflichtigen nur erhoben, wenn das Inlandsvermögen mindestens 20 000 DM beträgt (§ 8 Abs. 2 VStG; Freigrenze). Dem beschränkt vermögensteuerpflichtigen stillen Gesellschafter stehen keine Freibeträge zu (Umkehrschluß aus § 6 Abs. 1 VStG). 1839

Zu den Forderungen aus der Beteiligung des typischen stillen Gesellschafters i.S.d. § 121 Nr. 8 BewG und damit zum Inlandsvermögen gehört grundsätzlich nicht der **Anspruch auf Auszahlung des Anteils am entstandenen Gewinn**, es sei denn, daß der stille Gesellschafter auch mit diesem Gewinn am Handelsgewerbe beteiligt ist[15]. Die Forderung des stillen Gesellschafters auf Auszahlung des ihm zustehenden Anteils an einem entstandenen Gewinn gehört folglich nur dann zum Inlandsvermögen, wenn zwischen dem Inhaber des Handelsgewerbes und dem stillen Teilhaber eine Vereinbarung getroffen wurde, die die Regelung des § 232 Abs. 3 HGB, wonach der nicht erhobene Gewinn die Einlage nicht vermehrt, ausschließt. Eine solche Vereinbarung kann auch stillschweigend zustande kommen. Ein Beweiszeichen dafür ist, wenn der stehengelassene Gewinn ebenfalls am Betriebserfolg des Handelsunternehmens beteiligt ist, das Gegenstand der stillen Gesellschaft ist. Bei stillschweigenden Vereinbarungen über den nicht erhobenen Gewinn des stillen Gesellschafters können die Grenzen zwischen einer Gläubigerforderung und einer Forderung mit Be- 1840

---

13 BFH v. 17. 10. 1975 BStBl. II 1976, 275; *Gürsching/Stenger,* § 121 BewG Anm. 56a; *Rössler/Troll,* § 121 BewG Anm. 43.
14 Vgl. auch RFH v. 25. 1. 1940 RStBl. 1940, 539 (540).
15 BFH v. 17. 10. 1975 BStBl. II 1976, 275 (276); BFH v. 3. 8. 1973 HFR 1973, 587; *Rössler/Troll,* § 121 BewG Anm. 44; *Gürsching/Stenger,* § 121 BewG Anm. 58; aus der älteren Literatur vgl. *Mohr,* DB 1972, 307 f.

teiligungscharakter fließend sein: Soweit der stehengelassene Gewinn in einer Höhe tatsächlich verzinst wird, die nach den Verhältnissen im Zeitpunkt der Zinsvereinbarung als marktgerecht anzusehen ist, handelt es sich bei der Forderung auf Auszahlung des Gewinns um ein Gläubigerrecht, das nicht zum Inlandsvermögen gehört. Nimmt dagegen der stehengelassene Gewinn am Betriebsergebnis des Handelsunternehmens teil, wenn auch in anderer Weise als die ursprüngliche Vermögenseinlage, so gehört die Forderung auf Auszahlung des Gewinns wegen ihres Beteiligungscharakters zum Inlandsvermögen[16]. Wird der stehengelassene Gewinn nicht verzinst und besteht auch keine Vereinbarung über dessen Beteiligung am Betriebsergebnis, so wird häufig in Höhe des nicht entnommenen Gewinns eine verdeckte Erhöhung der Vermögenseinlage des stillen Gesellschafters gegeben sein. Denn der stille Gesellschafter wird nach der Lebenserfahrung dem Unternehmen, an dessen Gewinn er beteiligt ist, nur dann ein unverzinsliches Darlehen geben, wenn dieses Unternehmen, z.B. wegen wirtschaftlicher Schwierigkeiten, einer Verstärkung seines Kapitals bedarf. Damit führt aber der nicht verzinste, stehengelassene Gewinn selbst dann zu einer Beteiligung des stillen Gesellschafters am Betriebsergebnis, wenn die Gewinnverteilungsabrede nicht geändert wird. Macht der stille Gesellschafter in diesem Falle eine von Erfahrungssätzen abweichende Gestaltung dahin geltend, daß der stehengelassene Gewinn doch eine reine Gläubigerforderung sei, so trifft ihn an der Aufklärung des Sachverhalts eine erhöhte Mitwirkungspflicht[17].

Zur Bewertung der typischen stillen Beteiligung vgl. Rn. 1682 ff.

1841 Beim atypischen stillen Gesellschafter bestimmt sich die beschränkte Steuerpflicht nach § 121 Nr. 3 i.V.m. § 95 Abs. 1 S. 1 BewG. Die Bewertung der zum inländischen Betriebsvermögen gehörenden atypischen stillen Beteiligung erfolgt nach den Vorschriften über das Betriebsvermögen (vgl. Rn. 1699 ff.). Zum Inlandsvermögen eines beschränkt steuerpflichtigen atypischen stillen Gesellschafters kann jedoch inländisches Betriebsvermögen nur dann gerechnet werden, wenn es im Einheitswertverfahren betreffend das im Inland betriebene Gewerbe festgestellt worden ist[18].

4. Erbschaftsteuer

1842 Die beschränkte Erbschaftsteuerpflicht gemäß § 2 Abs. 1 Nr. 3 S. 1 ErbStG tritt ein, wenn weder der Erblasser zur Zeit seines Todes bzw.

---

16 Vgl. auch BFH v. 3. 8. 1973 BStBl. II 1973, 797 (798).
17 So ausdrücklich BFH v. 17. 10. 1975 BStBl. II 1976, 275 (276).
18 RFH v. 11. 5. 1939 RStBl. 1939, 805.

der Schenker zur Zeit der Ausführung der Schenkung noch der Erwerber zur Zeit der Entstehung der Steuer (vgl. dazu § 9 ErbStG) Inländer i.S.d. § 2 Abs. 1 Nr. 1 S. 2 ErbStG ist. Die beschränkte Steuerpflicht begrenzt die Steuer auf den Teil des Vermögensanfalles, der in Inlandsvermögen i.S.d. § 121 BewG besteht. Zum Inlandsvermögen gehören gemäß § 121 Nr. 8 BewG auch Forderungen aus der Beteiligung an einem Handelsgewerbe als typischer stiller Gesellschafter, wenn der Schuldner Wohnsitz, Geschäftsleitung oder Sitz im Inland hat. Partiarische Darlehen sind der stillen Beteiligung gleichzustellen (§ 121 Nr. 8 BewG). Hiernach besteht hinsichtlich einer typischen stillen Beteiligung eine beschränkte Erbschaftsteuerpflicht; und zwar ist Erbschaftsteuer zu entrichten, wenn ein Ausländer einem anderen Ausländer eine in der Bundesrepublik bestehende typische stille Beteiligung vererbt[19]. Weiterhin kann auch die gem. § 121 Nr. 3 BewG zum inländischen Betriebsvermögen zählende atypische stille Beteiligung von der beschränkten Erbschaftsteuerpflicht erfaßt sein.

In den Fällen des § 2 Abs. 1 Nr. 3 ErbStG wird ein Freibetrag von 2000 DM gewährt (§ 16 Abs. 2 ErbStG). 1843

II. Maßnahmen zur Beseitigung der Doppelbesteuerung

Bei Sachverhalten mit Auslandsberührung bestehen regelmäßig Besteuerungsrechte verschiedener Staaten. Ursache hierfür ist die Anknüpfung der Besteuerungsrechte an die Ansässigkeit des Steuerpflichtigen oder an den Ursprung der erzielten Einkünfte. Diese Besteuerungsüberschneidungen hindern den freien internationalen Wettbewerb[20] und sollten deshalb vermieden werden. Als Mittel zur Vermeidung der Doppelbesteuerung dienen insbesondere aus deutscher Sicht unilaterale und bilaterale Maßnahmen. 1844

1. Unilaterale Maßnahmen

Als einseitige Maßnahme des deutschen Rechts dient im Rahmen der Einkommensteuer § 34c EStG dazu, eine Doppelbesteuerung zu beseitigen oder zu mildern[21]. Danach kann die deutsche Steuer bei ausländischen Einkünften, die in § 34d EStG abschließend aufgezählt sind[22], er- 1845

---

19 *Kapp/Ebeling*, Hdb. d. Erbengemeinschaft, II Rn. 79.
20 *Kluge*, S. 15.
21 *Birkholz*, in: *Lademann/Söffing*, § 34c EStG Anm. 2.
22 *L. Schmidt*, EStG § 34d Rn. 1.

mäßigt werden. Voraussetzung für die Ermäßigung der deutschen Steuer ist, daß die ausländische Steuer der deutschen Einkommensteuer entspricht[23].

Gemäß § 34c EStG kann die ausländische Steuer auf die deutsche Steuer angerechnet oder von ihr abgezogen werden. Möglich ist auch, daß die auf ausländische Einkünfte entfallende deutsche Einkommensteuer erlassen oder pauschaliert wird[24].

1846 In § 34c Abs. 1 EStG ist die Anrechnungsmethode geregelt. Danach ist die festgesetzte und gezahlte und keinem Ermäßigungsanspruch mehr unterliegende ausländische Steuer auf die deutsche Einkommensteuer anzurechnen, die auf die Einkünfte aus diesem Staat entfällt. Dieser Teil der deutschen Einkommensteuer wird in der Weise ermittelt, daß die deutsche Einkommensteuer, die sich bei der Veranlagung des zu versteuernden Einkommens (einschließlich der ausländischen Einkünfte) nach den §§ 32a, 32b, 34 und 34b EStG ergibt, im Verhältnis dieser ausländischen Einkünfte zur Summe der Einkünfte aufgeteilt wird (§ 34c Abs. 1 S. 2 EStG). Gemäß § 68a EStDV sind die Höchstbeträge der anrechenbaren ausländischen Steuern für jeden einzelnen ausländischen Staat gesondert zu berechnen (**per-country-limitation**). Hierbei kann sich die Pro-Staat-Begrenzung sowohl vorteilhaft als auch nachteilig auswirken[25]. Der Höchstbetrag ist bei Personengesellschaften für jeden Gesellschafter gesondert zu berechnen. Soweit die Gesellschafter nicht schon im Ausland getrennt nach ihrem Anteil besteuert wurden, ist die anrechenbare ausländische Steuer nach dem jeweiligen Gewinnverteilungsschlüssel aufzuteilen[26]. Gemäß § 34c Abs. 1 S. 3 EStG ist die ausländische Steuer nur auf die im Veranlagungszeitraum bezogenen Einkünfte anzurechnen. Wird die ausländische Steuer angerechnet, so hat der Steuerpflichtige jeweils die höhere Steuer zu zahlen.

1847 Der Bundesfinanzhof[27] ist der Ansicht, daß im Rahmen der Anrechnungsmethode auf das Steuerrecht des ausländischen Staates dann besonders einzugehen ist, wenn die ausländische Steuer sowohl auf Einkünfte aus diesem Staat als auch auf Einkünfte aus anderen Staaten entfällt. Anhand der Wertansätze des ausländischen Steuerbescheides sei der Betrag zu

---

23 Vgl. hierzu Anlage 8 zu R 212a EStR; gegebenenfalls entscheidet der BdF, ob eine ausländische Steuer auf das Einkommen erhoben wird (H 212a EStR).
24 Vgl. im einzelnen zu den Methoden des § 34c EStG im Rahmen der stillen Gesellschaft *Fu*, S. 75 ff.
25 Vgl. *Blümich/Krabbe*, § 34c EStG Rz. 41.
26 *Blümich/Krabbe*, § 34c EStG Rz. 37.
27 BFH v. 21. 5. 1986 BStBl. II 1986, 739 (741).

ermitteln, mit dem die ausländischen Einkünfte i.S.d. § 34d EStG im Ausland besteuert wurden. Dieser Betrag der ausländischen Steuer müsse zu dem Betrag in Beziehung gesetzt werden, der der Summe der Einkünfte vergleichbar sei und der ebenfalls dem ausländischen Steuerbescheid entnommen werden müsse. Schließlich werde dann die ausländische Steuer in dem Verhältnis aufgeteilt, in dem der ermittelte Betrag der ausländischen Einkünfte zu der Summe der Einkünfte (nach ausländischem Steuerrecht) stehe[28].

Im Bereich der Körperschaftsteuer sieht § 26 KStG die Anrechnung der ausländischen Steuer vor. Hierfür verweist § 26 Abs. 6 KStG auf § 34c EStG. Eine ausländische Steuer auf das Vermögen kann gemäß § 11 VStG angerechnet werden. § 12 VStG ermöglicht den Erlaß oder die Pauschalierung der deutschen Vermögensteuer. Diese Regelungen des Vermögensteuergesetzes spielen jedoch in der Praxis aufgrund der zahlreichen Doppelbesteuerungsabkommen keine große Rolle. Im Rahmen der Erbschaftsteuer wird die ausländische Steuer gemäß § 21 Abs. 1 ErbStG angerechnet.

1848

2. Bilaterale Maßnahmen (Doppelbesteuerungsabkommen)

Beteiligt sich ein unbeschränkt Steuerpflichtiger an einem ausländischen Handelsgewerbe als typischer oder atypischer stiller Gesellschafter oder ein beschränkt Steuerpflichtiger an einem inländischen Handelsgewerbe, so spielen für die Fragen der Besteuerung die mit ausländischen Staaten abgeschlossenen Doppelbesteuerungsabkommen[29] eine wichtige Rolle. In diesen Abkommen beschränken die beteiligten Staaten ihre Steuerhoheit in der Weise, daß jeder von ihnen auf einen Teil seines Besteuerungsrechts verzichtet. Die Abkommen sprechen die Staaten regelmäßig von zwei Seiten her an: zum einen als Ansässigkeitsstaat der abkommensberechtigten Person und zum anderen als Quellenstaat der erzielten Einkünfte. Das Besteuerungsrecht des Quellenstaates kann aufgrund der Abkommen uneingeschränkt aufrechterhalten bleiben. Es kann aber auch insofern beschränkt werden, als die Besteuerungsgrundlage eingeschränkt oder das Besteuerungsrecht der Höhe nach begrenzt wird. Schließlich kann das Besteuerungsrecht des Quellenstaates aufgehoben sein. Dem Ansässigkeitsstaat bleibt die Aufgabe, die Doppelbesteuerung zu vermei-

1849

---

28 Vgl. auch *Flick/Wassermeyer/Lüdicke*, in: *Flick/Wassermeyer/Becker*, § 34c EStG Anm. 28.
29 Zu Beginn eines jeden Kalenderjahres erscheint im BStBl. I eine Übersicht über den Stand der von der Bundesrepublik Deutschland vereinbarten Doppelbesteuerungsabkommen.

den, soweit das Besteuerungsrecht des Quellenstaates ganz oder teilweise aufrechterhalten wird[30]. Hierfür sind als Methoden zur Vermeidung der Doppelbesteuerung die **Anrechnung** der ausländischen Steuer[31] **oder die Freistellung** der ausländischen Einkünfte von der inländischen Steuer vorgesehen. Im Rahmen der Freistellungsmethode kann der Ansässigkeitsstaat die ausländischen Einkünfte gegebenenfalls mit Hilfe des Progressionsvorbehalts bei der Festsetzung der Steuer für die übrigen Einkünfte der abkommensberechtigten Person berücksichtigen[32]. Die Anrechnungsmethode zur Vermeidung der Doppelbesteuerung wird insbesondere von den anglo-amerikanischen Staaten angewandt[33], während bei den deutschen Verträgen in der Regel die Freistellungsmethode vorgezogen wird. Die Bundesrepublik orientiert sich zudem in ihrer Abkommenspraxis an dem Musterabkommen der OECD[34].

a) Typische stille Gesellschaft

1850 Ausgehend von dem Musterabkommen der OECD können für Einkünfte aus einer typischen stillen Beteiligung der Dividendenartikel oder der Zinsartikel einschlägig sein. „Dividenden" i.S.d. Art. 10 Abs. 3 OECD-Musterabkommens sind Einkünfte aus Rechten – ausgenommen Forderungen – mit Gewinnbeteiligung, die nach dem Recht des Staates, in dem die ausschüttende Gesellschaft ansässig ist, den Einkünften aus Aktien steuerlich gleichgestellt sind. „Zinsen" sind nach Art. 11 Abs. 3 S. 1 OECD-Musterabkommen Einkünfte aus Forderungen jeder Art, auch wenn sie mit einer Beteiligung am Gewinn des Schuldners ausgestattet sind. Daher sind die Einkünfte des typischen stillen Gesellschafters ohne ausdrückliche Regelung in den Abkommen wie Zinsen zu behandeln[35]. Die deutschen Abkommen beziehen jedoch regelmäßig die Einnahmen aus einer typischen stillen Beteiligung in den Dividendenbegriff ein, damit alle Einkünfte einheitlich behandelt werden, mit denen ein unternehmerähnliches Risiko eingegangen wird[36]. Hinsichtlich dieser Einkünfte bleibt der Quellenstaat besteuerungsberechtigt, sein Besteuerungsrecht ist aber, abhängig von der jeweiligen Regelung im Abkommen, der Höhe

---

30 Vgl. allgemein zur Wirkungsweise der Doppelbesteuerungsabkommen *Korn/ Debatin,* Systematik I Rn. 42 ff.
31 Vgl. zur Anrechnungsmethode die Ausführungen zu § 34c Abs. 1 EStG (Rn. 1845 ff.).
32 Vgl. zur Freistellungsmethode *Mössner,* S. 146 ff.
33 *Mössner,* S. 159.
34 *Korn/Debatin,* Systematik I Rn. 15.
35 *Schaumburg,* S. 692.
36 *Riegler/Salomon,* DB 1991, 2205.

§ 30 Internationales Steuerrecht

nach begrenzt. Der Ansässigkeitsstaat hat daher grundsätzlich die im Quellenstaat gezahlte Steuer auf seine Steuer anzurechnen[37].

Weil Abkommensrecht und nationales Recht eigenständige Regelungskreise bilden[38], ist zu beachten, daß die innerstaatliche Besteuerung von der abkommensrechtlichen Behandlung unberührt bleibt, soweit die Abkommen dem Staat das Besteuerungsrecht belassen. Der Quellenstaat besteuert daher zunächst die Erträge mit seiner vollen Steuer. Will die abkommensberechtigte Person in den Genuß des Abkommensschutzes kommen, so hat sie sich die zuviel gezahlte Steuer in einem besonderen Verfahren erstatten zu lassen[39]. 1851

Zum Beispiel bestimmt Art. VI des Abkommens mit Großbritannien, daß Dividenden, die von einer in einem der Gebiete ansässigen Gesellschaft an eine in dem anderen Gebiet ansässige Person gezahlt werden, auch in dem erstgenannten Gebiet besteuert werden können. Zu den Dividenden gehören auch die Einkünfte des typischen stillen Gesellschafters (Art. VI Abs. 4 DBA-Großbritannien). Ihre Besteuerung erfolgt durch beide Vertragsstaaten, also bei im Vereinigten Königreich ansässigen Personen durch das Vereinigte Königreich als dem Wohnsitzstaat und durch die Bundesrepublik Deutschland als dem Staat, in dem die die Dividende zahlende Gesellschaft ansässig ist (Art. VI Abs. 1 S. 1 DBA-Großbritannien). Jedoch ist das Besteuerungsrecht der Bundesrepublik insofern eingeschränkt, als der Steuersatz auf ausgezahlte oder gutgeschriebene Dividenden 15% nicht übersteigen darf (Art. VI Abs. 1 S. 2 DBA-Großbritannien). Da der Schuldner der Gewinnanteile nach deutschem Recht verpflichtet ist, 25% Kapitalertragsteuer einzubehalten und an das Finanzamt abzuführen, muß der den Satz von 15% übersteigende Betrag im Wege eines besonderen Erstattungsverfahrens an den im Vereinigten Königreich ansässigen Gläubiger erstattet werden, wobei der Gläubiger den Nachweis zu führen hat, daß er im Vereinigten Königreich steuerpflichtig ist. Die Durchführung der Erstattung ist in dem Merkblatt über Steuervergünstigungen für im Vereinigten Königreich ansässige Personen nach dem Doppelbesteuerungsabkommen zwischen der Bundesrepublik Deutschland und dem Vereinigten Königreich von Großbritannien und Nordirland geregelt[40].

---

37 Zu der Möglichkeit der Freistellung, wenn Schachteldividenden und typische stille Beteiligungen zusammentreffen, vgl. *Vogel*, Art. 10 Rn. 168; diesen Grundsätzen hat sich auch das DBA-*Schweiz* aus deutscher Sicht angepaßt; vgl. zur früheren Rechtslage nach dem DBA-*Schweiz* die Vorauflage, S. 549 ff.
38 Hierzu *Fu*, S. 149 f.; *Vogel*, Einl. Rn. 45.
39 Vgl. hierzu *Korn/Debatin*, Systematik IV Rn. 218 f.
40 Abgedruckt in BStBl. I 1955, 678 f.

b) Atypische stille Gesellschaft

1852 Ob die Einkünfte eines Teilhabers an einem ausländischen Unternehmen als Einkünfte eines Mitunternehmers anzusehen sind, ist danach zu beurteilen, welche Rechte die ausländischen Gesetze den Beteiligten jeweils einräumen.

Ist danach der stille Gesellschafter ein Mitunternehmer, so ist für seine Einkünfte im Recht der Doppelbesteuerungsabkommen von folgender Situation auszugehen:

1853 Wäre allein die deutsche Sicht maßgeblich, so erzielte der in Deutschland ansässige atypische stille Gesellschafter Unternehmensgewinne i.S.v. Art. 7 OECD-Musterabkommen[41], die nach dem Betriebstättenprinzip von der deutschen Besteuerung grundsätzlich freizustellen sind[42]. Abkommensrechtlich kann jedoch das Gebilde einer atypischen stillen Gesellschaft eine abkommensberechtigte Person sein, wenn der Sitzstaat des Geschäftsinhabers diese als Steuersubjekt anerkennt[43]. Aus diesem Grund sind für die Einkünfte des atypischen stillen Gesellschafters folgende **drei Fallgruppen** zu unterscheiden[44]:

1854 Erstens können die Einkünfte im Sitzstaat des Geschäftsinhabers ebenfalls nach dem Mitunternehmerkonzept besteuert und sowohl die Gewinnanteile als auch die Sondervergütungen als gewerbliche Gewinne angesehen werden. Zweitens könnte der ausländische Staat die Sondervergütungen im Gegensatz zu Deutschland als Leistungen an einen Dritten anerkennen. Drittens kann schließlich der Sitzstaat des Geschäftsinhabers das Gebilde als Steuersubjekt betrachten, so daß die Gewinne (ausgeschüttete und nicht ausgeschüttete) sowie die Sondervergütungen i.S.d. deutschen Rechts anders als in Deutschland zu behandeln sind.

1855 Qualifiziert der ausländische Staat wie die Bundesrepublik **alle Einkünfte des atypischen stillen Gesellschafters als gewerbliche Einkünfte,** so wird das Besteuerungsrecht gemäß Art. 7 OECD-Musterabkommen anhand des Betriebstättenprinzips zugeordnet. Demnach ist entscheidend, wo sich eine Betriebstätte der Beteiligten einer atypischen stillen Gesellschaft befindet. Eine Betriebstätte kann dabei nur durch die Tätigkeit des Geschäftsinhabers begründet werden, so daß die Bundesrepublik als Ansässigkeitsstaat des atypischen stillen Gesellschafters dessen Einkünfte

---

41 So z.B. *Vogel*, Art. 7 Rn. 40.
42 Im einzelnen hierzu *Fu*, S. 161 ff.
43 *Fu*, S. 156.
44 *Fu*, S. 162 ff.; so auch für die ähnliche Situation bei Personenhandelsgesellschaften vgl. *Riemenschneider*, S. 99 ff.

von der Besteuerung freizustellen hat. Ein Besteuerungsrecht Deutschlands verbleibt nur hinsichtlich der Gewinne, die einer in Deutschland belegenen Betriebstätte zugerechnet werden. Der Betriebstättengewinn wird durch Sondervergütungen grundsätzlich nicht vermindert, da für diese das Prinzip der Aufwands- und Ertragszuordnung gilt. Damit besitzt der Betriebstättenstaat weiterhin das Besteuerungsrecht für die Sondervergütungen, so daß es bei der Zuordnung des Besteuerungsrechtes nach Art. 7 OECD-Musterabkommen für alle Einkünfte aus der atypischen stillen Beteiligung bleibt[45].

Beispiel: Ein Deutscher ist an einem schwedischen Unternehmen in atypischer Form still beteiligt. Die Einkünfte des deutschen Teilhabers aus dieser Beteiligung können nur in Schweden besteuert werden. Das gleiche gilt für die Besteuerung der Einkünfte des schwedischen Unternehmers. Hat dieser jedoch auch in der Bundesrepublik eine Betriebstätte, aus der z.B. 30% des gesamten Geschäftsergebnisses des schwedischen Unternehmers stammen, so unterliegen 30% des Gewinnanteils des deutschen Teilhabers und ebenso 30% des anteiligen Gewinns des schwedischen Teilhabers der deutschen Besteuerung. Je 70% des anteiligen Gewinns des deutschen und des schwedischen Teilhabers werden in Schweden besteuert.

Anerkennt der ausländische Staat die **Sondervergütungen als Leistungen an einen Dritten,** so ist die Bundesrepublik abkommensrechtlich an diese Qualifikation gebunden, wenn hierfür Anhaltspunkte im Abkommen ersichtlich sind. Dann richtet sich die Behandlung der Einkünfte nach den jeweiligen Abkommensvorschriften. Dies ist der Fall, wenn ausdrücklich auf das Recht des Quellenstaates verwiesen wird, wie z.B. in Art. 6 Abs. 2 OECD-Musterabkommen für Einkünfte aus „unbeweglichem Vermögen". Weiterhin besteht eine solche Bindung, wenn gemäß Art. 23 A Abs. 2 OECD-Musterabkommen der Ansässigkeitsstaat für Zins- und Dividendeneinkünfte die Quellensteuer anzurechnen hat, damit die Besteuerungsrechte der Vertragsstaaten sinnvoll beschränkt werden. In den übrigen Fällen besteht eine solche Bindung nicht[46]. Für die Bundesrepublik stellen diese Leistungen dann also gewerbliche Einkünfte dar, so daß für sie abkommensrechtlich Art. 7 OECD-Musterabkommen einschlägig ist.

1856

Wird das der atypischen stillen Gesellschaft vergleichbare Gebilde im Sitzstaat des Geschäftsinhabers als **eigenständiges Steuersubjekt** anerkannt, so ist Deutschland an diese Sichtweise gebunden. Nicht ausgeschüttete Gewinne kann die Bundesrepublik daher nur dann besteuern, wenn sie selbst Quellenstaat der Einkünfte ist. Für ausgeschüttete Ge-

1857

---

45 Zu der ersten Fallgruppe im einzelnen *Fu,* S. 163 ff.
46 Zu der zweiten Fallgruppe im einzelnen *Fu,* S. 165 ff.; für die ähnliche Situation bei Personenhandelsgesellschaften vgl. *Riemenschneider,* S. 146 ff.

winne ist hingegen der Dividendenartikel (Art. 10 OECD-Musterabkommen) maßgeblich, so daß die ausländische Steuer grundsätzlich anzurechnen ist. Die tatsächliche Besteuerung der ausgeschütteten Gewinne in Deutschland als Ansässigkeitsstaat des atypischen stillen Gesellschafters hängt dagegen davon ab, ob diese Gewinne aufgrund des deutschen Rechts besteuert werden können. Für den Fall der Ausschüttung nach dem Jahr der Gewinnerzielung ist eine deutsche Besteuerung abzulehnen, da diese Gewinne als gewerbliche Gewinne im Jahr der Gewinnerzielung steuerpflichtig sind und nicht erst danach. Werden die Gewinne im Jahr der Gewinnerzielung ausgeschüttet, so kann Deutschland diese Gewinne hingegen unproblematisch besteuern[47].

c) Vermögensbesteuerung

1858 Nach den gleichen Prinzipien, die für die Einkommensbesteuerung gelten – Betriebstättenprinzip oder Wohnsitzprinzip –, bestimmt sich auch die Besteuerung der stillen Beteiligung auf dem Gebiet der Vermögensteuer[48].

Die typische stille Beteiligung wird danach von dem Staat zur Vermögensteuer herangezogen, in dem der stille Gesellschafter seinen Wohnsitz hat; die Besteuerung der atypischen stillen Beteiligung erfolgt in der Regel durch den Betriebstättenstaat (so z.B. die Abkommen mit Österreich und Schweden). Soweit die Abkommen keine Vorschriften über die Vermögensteuer enthalten, bestimmt sich die Besteuerung nach den nationalen Normen der Vertragsstaaten.

III. Das Außensteuergesetz

1859 Gemäß § 1 AStG werden Einkünfte berichtigt, wenn die Einkünfte eines Steuerpflichtigen aus Geschäftsbeziehungen mit einer ihm **nahestehenden Person** dadurch gemindert werden, daß im Rahmen solcher Geschäftsbeziehungen zum Ausland Bedingungen vereinbart werden, die unabhängige Dritte unter gleichen oder ähnlichen Bedingungen nicht vereinbart hätten. Nach Ansicht der Finanzverwaltung[49] sollen stille Beteiligungen wesentliche Beteiligungen i.S.v. § 1 Abs. 2 AStG darstellen.

---

47 Zu der dritten Fallgruppe im einzelnen *Fu*, S. 168 ff.; für die ähnliche Situation bei Personenhandelsgesellschaften vgl. *Riemenschneider*, S. 179 ff.
48 Vgl. *Korn/Debatin*, Systematik IV Rn. 312 f.
49 BdF v. 2. 12. 1994 BStBl. I 1995, Sondernummer 1, Tz. 1.0.1 i.V.m. den Grundsätzen für die Prüfung der Einkunftsabgrenzung bei international verbundenen Unternehmen (Verwaltungsgrundsätze), BdF v. 23. 2. 1983 BStBl. I 1983, 218, Tz. 1.3.2.2.

Demnach wären sie bei der Prüfung zu berücksichtigen, ob eine Person dem Steuerpflichtigen nahesteht. Mangels ausdrücklicher Definition der wesentlichen Beteiligung im AStG sollten jedoch im Einklang mit der Terminologie des übrigen Steuerrechts unter wesentlichen Beteiligungen nur kapitalgesellschaftsrechtliche Beteiligungen verstanden werden[50]. Damit werden stille Beteiligungen nicht von diesem Ausdruck erfaßt. Atypische stille Beteiligungen können aber je nach ihrer konkreten Ausgestaltung einen beherrschenden Einfluß vermitteln, so daß sie auf diese Weise ein Nahestehen der Person zu dem Steuerpflichtigen begründen können[51]. Weiterhin könnte eine stille Beteiligung als Geschäftsbeziehung i.S.v. § 1 Abs. 4 AStG Berücksichtigung finden. Gemäß § 1 Abs. 4 AStG muß die den Einkünften zugrundeliegende Beziehung bei mindestens einem der Beteiligten Teil einer Tätigkeit sein, auf die die §§ 13, 15, 18 oder 21 EStG anzuwenden sind oder wären, wenn die Tätigkeit im Inland vorgenommen würde. Die Geschäftsbeziehungen sind allerdings von gesellschaftsrechtlichen Beziehungen[52] und den in § 15 Abs. 1 S. 1 Nr. 2 EStG genannten Verhältnissen[53] zu trennen. Weil nun bei einer stillen Gesellschaft die Beziehungen der Beteiligten auf gesellschaftsvertraglicher Grundlage beruhen, kann sie daher keine Geschäftsbeziehung i.S.v. § 1 Abs. 4 AStG sein. Demnach kann die Vereinbarung einer unangemessenen Gewinnquote im Rahmen einer stillen Gesellschaft zwar eine verdeckte Gewinnausschüttung darstellen, nicht aber unter § 1 AStG fallen[54].

Die §§ 2 bis 5 AStG erweitern die steuerpflichtigen Einkünfte und Vermögenswerte von ehemals unbeschränkt Steuerpflichtigen, die **weiterhin wesentliche wirtschaftliche Interessen in Deutschland** haben[55]. Gemäß § 2 Abs. 1 S. 1 AStG ist die Person über die beschränkte Steuerpflicht hinaus beschränkt einkommensteuerpflichtig mit allen Einkünften, die bei unbeschränkter Steuerpflicht nicht ausländische i.S.d. § 34 c Abs. 1 EStG sind. Unstreitig gehören zu den inlandsbezogenen Einkünften die Einkünfte, die nur inländische i.S.d. § 49 EStG sind. Im Einklang mit den Ansichten der Finanzverwaltung[56] und des überwiegenden Teils der Lite- 1860

---

50 *Fu*, S. 127 f.; *Debatin*, DStZ/A 1972, 265 (268); *Wurm*, in: *Flick/Wassermeyer/Becker*, § 1 AStG Anm. 294 ff.
51 *Fu*, S. 128 f.
52 BdF v. 2. 12. 1994 BStBl. I 1995, Sondernummer 1, Tz. 1.4.2; *Wassermeyer*, in: *Flick/Wassermeyer/Becker*, § 1 AStG Anm. 392 i.V.m. Anm. 82.
53 *Blümich/Menck*, § 1 AStG Rz. 25.
54 Zur Normenkonkurrenz zwischen verdeckter Gewinnausschüttung und § 1 AStG vgl. *Woerner*, BB 1983, 845 ff.
55 *Krabbe*, in: *Lademann/Söffing*, § 2 AStG Anm. 3.
56 BdF v. 2. 12. 1994 BStBl. I 1995, Sondernummer 1, Tz. 2.50.1 und 2.50.2.

ratur⁵⁷ sind jedoch auch die Einkünfte erfaßt, die infolge verschiedener Anknüpfungsmerkmale sowohl inländische als auch ausländische Einkünfte sind⁵⁸. Daher genügt es zur Erfassung der Einkünfte im Rahmen der erweiterten beschränkten Steuerpflicht bei einem Wohnsitzwechsel in niedrig besteuernde Länder, wenn bei Einkünften aus einer typischen stillen Gesellschaft bereits der Geschäftsinhaber Wohnsitz, Geschäftsleitung oder Sitz in der Bundesrepublik hat. Fallen die Einkünfte unter § 2 Abs. 1 AStG, so wird gemäß § 2 Abs. 5 AStG zum einen die Anwendung des § 50 Abs. 5 EStG ausgeschlossen, wonach bei beschränkt Steuerpflichtigen die Einkommensteuer für Einkünfte, die dem Steuerabzug vom Kapitalertrag unterliegen, mit dem Steuerabzug als abgegolten gilt. Zum anderen wird ein Progressionsvorbehalt eingeführt.

1861 § 2 Abs. 3 AStG bestimmt, wann eine Person wesentliche wirtschaftliche Interessen im Inland hat. Weil die Stellung des atypischen stillen Gesellschafters der eines Kommanditisten vergleichbar ist, wird der atypische stille Gesellschafter im Rahmen von § 2 Abs. 3 Nr. 1 AStG nur von deren zweiter Alternative erfaßt⁵⁹. Die Beteiligung als atypischer stiller Gesellschafter begründet also nur dann wesentliche wirtschaftliche Interessen i.S.v. § 2 Abs. 3 Nr. 1 AStG, wenn auf ihn mehr als 25% der Einkünfte entfallen oder ihm eine wesentliche Beteiligung an einer inländischen Kapitalgesellschaft i.S.v. § 17 EStG gehört. Ist dies nicht der Fall, so sind im Hinblick auf § 2 Abs. 1 Nr. 2 AStG für den atypischen wie für den typischen stillen Gesellschafter die Voraussetzungen des § 2 Abs. 3 Nr. 2 und 3 AStG näher zu prüfen.

1862 Die §§ 7 bis 14 AStG rechnen niedrig besteuerte Einkünfte sogenannter **ausländischer Zwischengesellschaften** zum Einkommen unbeschränkt Steuerpflichtiger unter bestimmten Voraussetzungen hinzu. Die unbeschränkt steuerpflichtigen Personen müssen allein oder zusammen mit

---

57 So z. B. *Blümich/Menck*, § 2 AStG Rz. 28; *Krabbe*, in: Lademann/Söffing, § 2 AStG Anm. 25; *Schelle/Gross*, in: Wöhrle/Schelle/Gross, § 2 AStG S. 58/2 ff.
58 Lediglich *Flick/Wassermeyer*, in: Flick/Wassermeyer/Becker, § 2 AStG Anm. 22e, schließen die doppelt qualifizierten Einkünfte aus dem Anwendungsbereich des § 2 AStG aus. Damit übersehen sie aber, daß für § 2 AStG der Inlandsbezug der Einkünfte entscheidend ist, so daß es sachlich gerechtfertigt ist, als Einkünfte i.S.d. § 2 AStG über die nur inländischen Einkünfte hinaus auch die doppelt qualifizierten Einkünfte einzubeziehen; hierzu *Fu*, S. 134 ff.
59 Deshalb ist den Ansichten von *Flick/Wassermeyer*, in: Flick/Wassermeyer/Becker, § 2 AStG Anm. 91a; *Richter*, RIW 1976, 571 (572); *Schelle/Gross*, in: Wöhrle/Schelle/Gross, § 2 AStG S. 58/12, die den atypischen stillen Gesellschafter zur ersten Alternative des § 2 Abs. 3 Nr. 1 AStG rechnen, nicht zuzustimmen.

Personen i.S.d. § 2 AStG zu mehr als der Hälfte an der ausländischen Gesellschaft beteiligt sein. Die Beteiligung muß also an der ausländischen Gesellschaft bestehen, die selbst ein Körperschaftsteuersubjekt ist. Aus diesem Grund sind nur direkte gesellschaftsrechtliche Beteiligungen an der Gesellschaft zu berücksichtigen. Eine stille Beteiligung kommt hierfür daher nicht in Frage[60]. Denn auch soweit § 7 AStG den Beteiligungsbegriff ausdehnt, ist zu beachten, daß die direkte Einflußnahme durch die gesellschaftsrechtliche Beteiligung erhalten bleibt. Deshalb kann gegenenfalls nur im Rahmen von § 7 Abs. 4 AStG eine atypische stille Beteiligung berücksichtigt werden, wenn sie einen solchen Einfluß auf eine Person vermittelt, daß diese Person ihre Beteiligung an der ausländischen Gesellschaft nach dem Willen des atypischen stillen Gesellschafters ausübt[61]. Dagegen kann eine stille Gesellschaft dann zu bedenken sein, wenn es darum geht, die maßgeblichen Einkünfte der Zwischengesellschaft i.S.d. § 8 AStG zu ermitteln. Hierfür stellt das AStG nicht auf die sieben Einkunftsarten ab, sondern auf die Tätigkeiten, die den Einkünften zugrundeliegen[62]. Gewinnanteile aus einer Mitunternehmerschaft sind dabei so zu behandeln, als ob der Mitunternehmer anteilig deren Tätigkeit ausgeübt hat[63]. Für die Einordnung der Einkünfte der Gesellschaft aus einer atypischen stillen Beteiligung in den Katalog des § 8 AStG kommt es daher auf die Tätigkeit des Geschäftsinhabers an. Erzielt die Gesellschaft dagegen Einkünfte aus einer typischen stillen Beteiligung, so kann dies in der Regel keiner Tätigkeit des § 8 AStG zugeordnet werden. Damit gehören die Einkünfte der Gesellschaft aus einer typischen stillen Beteiligung grundsätzlich zu den hinzuzurechnenden Einkünften. Besteht an der ausländischen Gesellschaft selbst eine stille Beteiligung, so wird der Gewinn der Gesellschaft durch die Gewinnanteile verringert. Damit vermindern sich zugleich die möglichen hinzuzurechnenden Einkünfte.

IV. Negative ausländische Einkünfte

Falls ein in Deutschland unbeschränkt Steuerpflichtiger negative ausländische Einkünfte aus einer stillen Beteiligung erzielt, ist § 2a EStG zu beachten[64]. Danach wird die Verrechnung von ausländischen Verlusten erheblich eingeschränkt.

---

60 Noch zweifelnd für die atypische stille Gesellschaft die Vorauflage, S. 554 f.
61 Vgl. zum Beteiligungsbegriff des § 7 AStG auch *Fu*, S. 138 ff.
62 *Ebling*, in: *Runge/Ebling/Baranowski*, S. 33.
63 BFH v. 16. 5. 1990 BStBl. II 1990, 1049 (1051); BdF v. 2. 12. 1994 BStBl. I 1995, Sondernummer 1, Tz. 8.0.4.; *Blümich/Menck*, § 8 AStG Rz. 118.
64 Vgl. dazu *Krabbe*, RIW 1983, 42 ff.

1864 Die Einkünfte aus einer typischen stillen Beteiligung an einem ausländischen Handelsgewerbe werden grundsätzlich von § 2a Abs. 1 S. 1 Nr. 5 EStG erfaßt. Aufgrund der **umgekehrten isolierenden Betrachtungsweise**[65] fallen die Einkünfte jedoch dann nicht unter § 2 a Abs. 1 S. 1 Nr. 5 EStG, wenn sie einer aktiven ausländischen Betriebstätte zuzuordnen sind[66]. In diesem Fall können die Verluste mit inländischen Einkünften ausgeglichen werden. Probst[67] ist dagegen der Ansicht, daß die Einkünfte des typischen stillen Gesellschafters selbst dann unter § 2a Abs. 1 S. 1 Nr. 5 EStG fallen, wenn sie einer ausländischen Betriebstätte zuzuordnen sind. Für ihn sind nur die Tatbestände des § 2a EStG maßgeblich. Dagegen spricht aber, daß auch § 2a EStG an die Systematik des Einkommensteuergesetzes anknüpft[68], so daß die Einkünfte, falls eine Subsidiaritätsregel diese einer anderen Einkunftsart zuordnet, auch nach den Regeln dieser Einkunftsart ermittelt werden. § 2a EStG führt daher nicht so weit, daß er die Einkünfte umqualifiziert. Die Auffassung von Probst ist daher abzulehnen.

1865 Unter negativen Einkünften i.S.v. § 2a EStG sind sowohl die Verlustanteile als auch sonstige Werbungskosten zu verstehen, weil § 2a EStG an die Systematik des Einkommensteuergesetzes anknüpft[69].

1866 Für negative Einkünfte aus einer atypischen stillen Beteiligung an einem ausländischen Handelsgewerbe gilt § 2a Abs. 1 Nr. 2 EStG[70]. Hiervon werden ebenso negative Einkünfte aus einer typischen stillen Beteiligung erfaßt, die einer ausländischen Betriebstätte zuzuordnen ist. Diese Verluste können dann mit inländischen Gewinnen ausgeglichen werden, wenn der Gegenstand der Betriebstätte zu mindestens 90% aktiv ist.

V. Zusammenfassung

1867 Die Einkünfte aus der typischen und aus der atypischen stillen Beteiligung unterliegen als Einkünfte aus Kapitalvermögen bzw. als Einkünfte aus einem inländischen Gewerbebetrieb der beschränkten Einkommen-(Körperschaft-)Steuerpflicht. Soweit es sich um Einkünfte aus Kapitalvermögen handelt, ist mit der Vornahme des Steuerabzugs in Höhe von

---

65 Vgl. allgemein zur umgekehrten isolierenden Betrachtungsweise *Blümich/Krabbe*, § 2a EStG Rz. 29, 32.
66 Hierzu *Fu*, S. 68 ff.
67 *Probst*, in: *Flick/Wassermeyer/Becker*, § 2a EStG Anm. 86, 49.
68 *Mössner*, in: *Kirchhof/Söhn*, § 2a EStG Rn. B 3.
69 A.A. *Bopp*, in: *Herrmann/Heuer/Raupach*, § 2a EStG Anm. 40.
70 *Bopp*, in: *Herrmann/Heuer/Raupach*, § 2a EStG Anm. 40.

regelmäßig 25% die Einkommensteuer abgegolten. Soweit Einkünfte aus Gewerbebetrieb vorliegen, erfolgt die Besteuerung nicht durch Steuerabzug, sondern im Wege der Veranlagung.

Mit der typischen und mit der atypischen stillen Beteiligung ist der stille Gesellschafter in Deutschland an sich beschränkt vermögensteuerpflichtig. Allerdings wird aufgrund der Entscheidung des BVerfG vom 22. 6. 1995[71] seit dem 1. 1. 1997 die Vermögensteuer nicht mehr erhoben. Die typische stille Beteiligung rechnet zu dem Inlandsvermögen i.S.d. § 121 Abs. 2 Nr. 8 BewG, wobei der Anspruch auf den Gewinnanteil hiervon grundsätzlich nicht erfaßt wird. Die atypische stille Beteiligung gehört zum inländischen Betriebsvermögen i.S.d. § 121 Abs. 2 Nr. 3 BewG.

Als einseitige Maßnahme des deutschen Steuerrechts zur Vermeidung bzw. Milderung der Doppelbesteuerung bestimmt § 34 c EStG grundsätzlich die Anrechnung der ausländischen Steuer.

Für das zwischenstaatliche Steuerrecht sehen die mit zahlreichen ausländischen Staaten abgeschlossenen Doppelbesteuerungsabkommen eine Regelung regelmäßig in der Weise vor, daß die typische stille Beteiligung und die Einkünfte daraus in dem Staat besteuert werden, in dem der stille Gesellschafter seinen Wohnsitz hat. Werden – wie in Deutschland – die Gewinnanteile aus der typischen stillen Gesellschaft an der Quelle, d.h. im Wege des Steuerabzugs vom Kapitalertrag, besteuert, so schließt das die nochmalige Besteuerung im Wohnsitzstaat grundsätzlich nicht aus. Der Steuerpflichtige hat sich die zuviel gezahlte Steuer in einem besonderen Verfahren erstatten zu lassen. Hingegen kommt es für die Zuteilung des Besteuerungsrechtes hinsichtlich der atypischen stillen Beteiligung und der daraus fließenden Einkünfte darauf an, wie der Ansässigkeitsstaat des Geschäftsinhabers die Einkünfte aus der atypischen stillen Beteiligung qualifiziert. Dabei ist davon auszugehen, daß der Betriebstättenstaat das Besteuerungsrecht hat, wenn der ausländische Staat die Einkünfte aus einer atypischen stillen Gesellschaft genauso wie Deutschland qualifiziert.

Im Bereich des Außensteuergesetzes kann im Rahmen von § 1 AStG eine atypische stille Beteiligung u.U. ein Nahestehen der Person zu dem Steuerpflichtigen begründen. Eine Geschäftsbeziehung i.S.d. § 1 Abs. 4 AStG stellt die stille Gesellschaft jedoch nicht dar. Im Bereich der §§ 2 bis 6 AStG kann eine stille Beteiligung zu den wesentlichen wirtschaftlichen Interessen zählen, die in Deutschland bestehen. Zudem können Einkünfte aus einer stillen Gesellschaft zu den erweiterten Inlandseinkünften gehören. Innerhalb der Hinzurechnungsbesteuerung (§§ 7

---

[71] BVerfGE 93, 121.

bis 14 AStG) ist eine atypische stille Beteiligung zur Ermittlung der Beteiligung an der ausländischen Gesellschaft nur in Ausnahmefällen bei § 7 Abs. 4 AStG zu berücksichtigen. Erzielt die ausländische Gesellschaft hingegen selbst Einkünfte aus einer typischen stillen Beteiligung, so werden diese grundsätzlich zu den hinzuzurechnenden Einkünften zugeordnet.

Sind Personen in Deutschland unbeschränkt steuerpflichtig und erzielen sie negative ausländische Einkünfte, ist § 2a EStG zu beachten. Soweit eine typische stille Beteiligung nicht einer ausländischen Betriebstätte zuzuordnen ist, gilt § 2a Abs. 1 S. 1 Nr. 5 EStG. Anderenfalls ist wie für negative Einkünfte aus einer atypischen stillen Beteiligung § 2a Abs. 1 S. 1 Nr. 2 EStG einschlägig.

III. Teil: Die Unterbeteiligung

§ 31 Die Unterbeteiligung in zivilrechtlicher Sicht

Schrifttum: *Andreopoulos, Konstantin Johannes,* Die Unterbeteiligung an Handelsgesellschaftsanteilen im deutschen und griechischen Recht, Diss. Freiburg i. Br. 1970; *App, Michael,* Unternehmerische Kapitalanlage durch Unterbeteiligung, DStR 1994, 291; *Bender, Karl,* Nießbrauch und Unterbeteiligung an Personengesellschaften, DB 1979, 1445; *Bilsdorfer, Peter,* Gesellschafts- und steuerrechtliche Probleme bei Unterbeteiligung von Familienangehörigen, NJW 1980, 2785; *Blaurock, Uwe / Berninger, Axel,* Unterbeteiligung an einem GmbH-Anteil in zivilrechtlicher und steuerrechtlicher Sicht (Teil I), GmbHR 1990, 11; *Buchwald, Friedrich / Tiefenbacher, Eberhard,* Die zweckmäßige Gesellschaftsform nach Handels- und Steuerrecht, 4. Aufl., 1969; *Bülow, Hans J.,* Die Unterbeteiligung, Heidelb. Musterverträge Bd. 55, 1991; *Costede, Jürgen,* Unterbeteiligte als Mitunternehmer, ZGR 1976, 188; *Eden, Siegfried,* Treuhandschaft an Unternehmen und Unternehmensanteilen, 1981; *Esch, Günter,* Die Unterbeteiligung an Handelsgesellschaftsanteilen, NJW 1964, 902; *Fasold, Rudolf W.,* Unterbeteiligung im Bereiche der GmbH und der GmbH & Co., GmbHR 1973, 12; *Felix, Günther,* Unterbeteiligungen aus der Sicht der Steuerberatung, KÖSDI 1985, 5791 und KÖSDI 1987, 6918; *ders.,* Unterbeteiligung nichttätiger Abkömmlinge an Familiengesellschaften mbH, DStZ 1988, 102; *Fichtelmann, Helmar,* Gewinnauswirkungen bei Einräumung, Übertragung und Auflösung einer Unterbeteiligung, DB 1969, 629; *Fischer, Robert,* Fragen aus dem Recht der stillen Gesellschaft, JR 1962, 201; *Flore, Ingo,* Die Unterbeteiligung an einem GmbH-Anteil, BB 1994, 1191; *Friehe, Christian-Friedrich,* Die Unterbeteiligung bei Personengesellschaften, 1974; *Greifeld, Helmut Rudolf,* Die Unterbeteiligung an der offenen Handelsgesellschaft und der Kommanditgesellschaft, Diss. Leipzig 1938; *Groß,* Stille Gesellschaft und Unterbeteiligung, DB 1950, 424; *Herzfeld, Edgar,* Die Unterbeteiligung, AcP 137 (1933), 270; *Hesselmann, Malte,* Die Unterbeteiligung an GmbH-Anteilen, GmbHR 1964, 26; *Hüffer, Uwe,* Die Publikumspersonengesellschaft und das Problem des Anlegerschutzes, JuS 1979, 457; *Janberg, Hans,* Die Unterbeteiligung im Gesellschaftsrecht, DB 1953, 77; *ders.,* Die Unterbeteiligung im Steuerrecht, BlSt-SozArbR 1955, 276; *Klamroth, Sabine,* Zur Anerkennung von Verträgen zwischen Eltern und minderjährigen Kindern, BB 1975, 525; *Kletschka, Franz,* Die Unterbeteiligung an gewerblichen Unternehmen im Steuerrecht, Diss. Köln 1974; *Krah, Roloff,* Die Unterbeteiligung an einem Mitunternehmeranteil im Steuerrecht, NJW 1965, 897; *Limberg, Martin,* Steuerliche Behandlung der Unterbeteiligung bei Personengesellschaften, StW 1969, 170; *Märkle, Rudi,* Die Unterbeteiligung an Einkunftsquellen – I. Teil, DStZ 1985, 471; *Maulbetsch, Hans-Christoph,* Beirat und Treuhand in der Publikumspersonengesellschaft, 1984; *Meyer, Gerd,* Die Unterbeteiligung an Handelsgesellschaftsanteilen, Diss. Münster 1971; *Obermüller, Walter / Obermüller, Manfred,* Die Unterbeteiligung im Bankgeschäft, in: Festschrift für W. Werner 1984, 606; *Paulick, Heinz,* Die Unterbeteiligung in gesellschaftsrechtlicher und steuerrechtlicher Sicht, ZGR 1974, 253; *ders.,* Die Unterbeteiligung in Steuer und Recht, Treuhandschaft, Steuerberater-Kongreß-Report 1974, 129; *Pöllinger, Michael,* Die Unterbeteiligung, Diss. Erlangen 1932;

Roemer, Manfred, Unterbeteiligung an Gesellschaftsanteilen, INF 1993, 253; *Roth, Günter H.* / *Thöni, Wilfried,* Treuhand und Unterbeteiligung, in: Lutter, Marcus / Ulmer, Peter / Zöllner, Wolfgang (Hrsg.), Festschrift 100 Jahre GmbH-Gesetz, Köln 1992, S. 245; Gesetz betreffend die Gesellschaften mit beschränkter Haftung, hrsg. von *Heinz Rowedder,* 2. Aufl., 1990; *Schimke, Martin,* Die historische Entwicklung der Unterbeteiligungsgesellschaft in der Neuzeit, Diss. Berlin 1991; *Schmidt, Harald,* Die einkommensteuerliche Behandlung der Unterbeteiligung, StBp. 1970, 26; *Schmidt-Diemitz, Rolf,* Probleme der Unterbeteiligung an einem Personengesellschaftsanteil bei Umwandlung der Personengesellschaft in eine Kapitalgesellschaft, DB 1978, 2397; *Schneider, Herbert,* Unterbeteiligung im Gesellschaftsrecht, DB 1954, 739; ders., Über die Unterbeteiligung an Anteilen einer Personengesellschaft als stille Gesellschaft, in: Festschrift für P. Möhring 1965, 115; *Schulze-Osterloh, Joachim,* Der gemeinsame Zweck der Personengesellschaften, 1973; *Schulze zur Wiesche, Dieter,* Unterbeteiligung an einem GmbH-Anteil, GmbHR 1986, 236; ders., Die Unterbeteiligung als Mitunternehmerschaft, DB 1975, 2225; ders., Die Gewinnermittlung einer Unterbeteiligung an einer Personengesellschaft, DStZ 1987, 603; ders., Die Unterbeteiligung in der steuerlichen Rechtsprechung, NJW 1983, 362; *Theil, Clemens,* Das rechtliche Schicksal der stillen Beteiligung und der Unterbeteiligung bei Umwandlung des Unternehmens, 1982; *Thoma, Gerhard,* Die Unterbeteiligung und ihre steuerliche Beurteilung, StbJb. 1954/55, 214; *Thomsen, Joachim,* Die Unterbeteiligung an einem Personengesellschaftsanteil, 1978; *Tiedtke, Klaus,* Unentgeltliche Beteiligung eines Kindes als stiller Gesellschafter, DB 1977, 1064; *Tillmann, Bert,* in: GmbH-Handbuch III, 14. Aufl. Köln 1969/1995; *Ulbrich, Klemens,* Die Unterbeteiligungsgesellschaft an Personengesellschaften, 1982; *Wagner, Udo,* Die Unterbeteiligung an einem OHG-Anteil, 1975; *Weiss, Karl-Heinz,* Die Unterbeteiligung als Innengesellschaft mit Gesamthandsvermögen, Diss. Göttingen 1956; *Wendelstein, H.,* Die Unterbeteiligung als zweckmäßige Erbfolgeregelung, BB 1975, 735; *Westermann, Harm Peter,* Vertragsfreiheit und Typengesetzlichkeit im Recht der Personengesellschaften, 1970; *Winterstein, Manfred,* Die Unterbeteiligung an OHG- und KG-Anteilen als stille Gesellschaft, Diss. Hamburg 1969.

I. Wesen der Unterbeteiligung und wirtschaftliche Bedeutung

1868 Eine Unterbeteiligung liegt vor, wenn aufgrund eines Gesellschaftsvertrages zwischen dem Gesellschafter einer Kapital- oder Personengesellschaft (Hauptbeteiligter) und einem Dritten (Unterbeteiligter) der Dritte gegen Leistung einer Einlage obligatorisch zumindest am Gewinn des Gesellschaftsanteils des Hauptbeteiligten partizipiert. Die Unterbeteiligung ist Gesellschaft[1] und ebenso wie die stille Beteiligung eine Erscheinungsform der **Innengesellschaft.** Dementsprechend gehört es zum Wesen der Unterbeteiligungsgesellschaft, daß sie kein Gesamthandsvermögen besitzt[2]. Der Gesellschaftsanteil, auf den sich die Beteiligung bezieht, steht allein im Eigentum des Hauptbeteiligten. Gegenstand der Unterbeteiligung

---
1 *Blaurock,* S. 109 ff.
2 *Blaurock,* S. 93 ff. m.w.N.; *Ulbrich,* S. 51 ff.; a.A. H. P. Westermann, S. 202.

kann jede Art von Gesellschaftsanteil sein, auch eine stille Beteiligung und ebenso eine Unterbeteiligung[3]. Der gemeinsame Zweck der Unterbeteiligungsgesellschaft liegt im Halten und Nutzen eines Gesellschaftsanteils[4]. Die Vereinbarung einer Gewinnbeteiligung ist unabdingbare Voraussetzung einer Unterbeteiligung; die Teilnahme am Verlust ist zwar praktisch häufig, gehört aber nicht zu den konstitutiven Merkmalen[5].

Der wirtschaftliche Zweck dieser Rechtsfigur besteht darin, die Gewinn- und Verlustchancen aus der Gesellschafterstellung in der Hauptgesellschaft intern mit einem anderen zu teilen, der selbst an der Hauptgesellschaft in der Regel[6] nicht beteiligt ist. Die Unterbeteiligung versteht sich so als Form der **mittelbaren Unternehmensteilhabe**, die immer dort Bedeutung erhält, wo eine direkte Beteiligung an der Hauptgesellschaft nicht möglich oder nicht gewollt ist[7]. 1869

Einen wichtigen Anwendungsbereich findet die Unterbeteiligung bei der **Erbfolge** in Gesellschaftsanteile von Personengesellschaften. Die Unterbeteiligung begegnet hier einerseits als Instrument zur vorweggenommenen Erbfolgeregelung, wobei die späteren Erben eines Gesellschafters am Gesellschaftsanteil beteiligt werden können, ohne daß der Gesellschafter bereits den durch den Anteil vermittelten Einfluß auf die Gesellschaft verliert. Die Unterbeteiligung als vorweggenommene Erbfolge kann hier auch der Entstehung von hohen Erbschaftsteuern oder von unerwünschten Pflichtteilsforderungen vorbeugen oder diese doch wesentlich vermindern[8]. 1870

Andererseits kann die Unterbeteiligung auch zum Ausgleich erbrechtlicher Ansprüche weichender Erben bei der sog. qualifizierten Nachfolgeklausel dienen. Dies kann vom Erblasser testamentarisch angeordnet werden, es kann dem aber auch eine Einigung der Erben zugrunde liegen, etwa wenn der nachfolgende Erbe den erbrechtlichen Abfindungsbetrag ohne „Versilberung" des Anteils nicht sofort aufbringen kann. Darüber 1871

---

3 *Schlegelberger/Karsten Schmidt*, § 335 (§ 230 n.F.) Rn. 184; *Böttcher/Zartmann/Faut*, S. 49; *Ulbrich*, S. 7, 11.
4 *Blaurock*, S. 109; *Paulick*, ZGR 1974, 253 (268).
5 *Paulick*, ZGR 1974, 253 (266).
6 Eine Unterbeteiligungsgesellschaft mit einem anderen Gesellschafter der Hauptgesellschaft als Unterbeteiligtem ist allerdings möglich.
7 Zur geschichtlichen Entwicklung und der heutigen Bedeutung mittelbarer Teilhabe an Gesellschaftsverhältnissen siehe *Blaurock*, S. 25 ff., S. 49 ff.; zur wirtschaftlichen Bedeutung der Unterbeteiligung und zu Motiven für ihre Wahl siehe auch *H. Westermann*, Handbuch Rn. 951 ff.; *Thomsen*, S. 121 ff.; *Ulbrich*, S. 14 ff.
8 *Wendelstein*, BB 1970, 735; *Blaurock*, S. 65 f.

hinaus ist die Unterbeteiligung bei Familiengesellschaften anzutreffen, wenn ein Familienmitglied den Familienstamm in der Hauptgesellschaft repräsentiert und die Stammesmitglieder über Unterbeteiligungen an den Erträgnissen des Anteils partizipieren.

1872 Möglich ist auch, daß der Hauptgesellschafter für die **Finanzierung seiner Einlage** Kapital benötigt und dem Kapitalgeber als Gegenleistung eine Unterbeteiligung einräumt. Die Unterbeteiligung kann auch eingeräumt werden, um die aus einer Darlehensgewährung resultierenden Ansprüche zu sichern[9]. Ebenso hat die Unterbeteiligung in den Fällen Bedeutung, in denen die Beteiligung nach außen – etwa aus Wettbewerbsgründen – nicht in Erscheinung treten soll. Schließlich sind die Fälle zu erwähnen, in denen der Unterbeteiligte keine engen gesellschaftsvertraglichen Bindungen zu den Hauptgesellschaftern eingehen will, etwa um ein Wettbewerbsverbot zu vermeiden, oder in denen die Beteiligung nur vorübergehend gewollt ist und die Folgen des Ein- und Austritts aus der Hauptgesellschaft vermieden werden sollen.

1873 Die Unterbeteiligung wird zudem oft dann gewählt, wenn gesetzliche oder vertragliche **Unübertragbarkeit von Gesellschaftsanteilen** eine unmittelbare Beteiligung eines Dritten an der Gesellschaft selbst ausschließen oder wenn besondere Verhältnisse den Wechsel im Anteilsbesitz oder eine Aufstückelung der Beteiligung unangebracht erscheinen lassen.

1874 Allen diesen im Zivilrecht wurzelnden Motivationslagen steht oftmals der steuerrechtliche Beweggrund zur Seite, aus dem Anteil fließende Gewinne zu verlagern und so die Steuerlast zu mindern[10].

II. Abgrenzung zu anderen Rechtsinstituten

Ähnlich wie bei der stillen Gesellschaft kann es bei der Unterbeteiligung zu Abgrenzungsproblemen im Hinblick auf verwandte Rechtsfiguren kommen.

---

9 Dazu OLG Frankfurt v. 8. 8. 1985, GmbHR 1987, 57.
10 Zu weiteren wirtschaftlichen Gründen für die Wahl einer Unterbeteiligung näher *Blaurock*, 54 ff.; *H. Westermann*, Handbuch I, Rn. 951 ff.; *Thomsen*, 121 ff.; *Ulbrich*, 14 ff. In jüngerer Zeit wird von einer neuen Erscheinungsform berichtet: Ein Dritter unterbeteiligt sich an dem Anteil eines Gesellschafters und ermöglicht diesem eine Kapitalzufuhr für das Unternehmen. Der Dritte handelt dabei als Treuhänder für einen ungenannten Treugeber (mit der Folge, daß ihm selbst der Unterbeteiligungsanteil steuerlich zugerechnet wird, § 159 AO). Dieser Treugeber ist der Hauptgesellschafter selbst. Auf diese Weise wird Schwarzgeld „gewaschen" und dem Unternehmen wieder zugeführt.

Von der **stillen Gesellschaft** unterscheidet sich die Unterbeteiligungsgesellschaft durch den Gegenstand der Beteiligung. Bei der stillen Gesellschaft geht es um eine Beteiligung am Handelsunternehmen, die Unterbeteiligung bezieht sich dagegen auf einen Gesellschaftsanteil[11]. Eine „Unterbeteiligung" am Handelsgewerbe eines Einzelkaufmanns wird regelmäßig als stille Gesellschaft zu beurteilen sein, wenn die zwingenden Voraussetzungen dafür vorliegen.

1875

Im Unterschied zur **Treuhand,** bei der der Hauptgesellschafter die Beteiligung ausschließlich für fremde Rechnung hält, handelt es sich bei der Unterbeteiligung um das Halten des Anteils für eigene und für fremde Rechnung. Bei der Treuhand ist im Innenverhältnis der Parteien Auftrags- bzw. Dienstvertragsrecht anzuwenden, während bei der Unterbeteiligung Gesellschaftsrecht zur Geltung gelangt.

1876

Wendet ein Gesellschafter einem Dritten im Innenverhältnis seine gesamte Gesellschafterstellung und nicht nur einen Anteil am Gewinn zu, so wird es in ihrem Verhältnis zueinander regelmäßig an der für ein Gesellschaftsverhältnis typischen Verfolgung eines gemeinsamen Zwecks fehlen. Es liegt daher keine Unterbeteiligung, sondern Treuhand vor[12]. Ist der Dritte berechtigt, den gesamten Gewinn zu verlangen und verpflichtet, den gesamten Verlust der jeweiligen Abrechnungsperiode zu tragen, andererseits an der Substanz des Anteils intern wertmäßig nicht beteiligt, so handelt es sich auch dann um eine Unterbeteiligung, wenn der Hauptgesellschafter für die Verwaltung des Anteils eine Festvergütung erhält[13].

1877

In seiner neueren Rechtsprechung stellt der BGH ausdrücklich fest, daß Treuhand und Unterbeteiligung an Gesellschaftsanteilen nicht einander ausschließende, zur Anwendung entweder des Auftrags- oder des Gesellschaftsrechts führende Rechtsinstitute seien[14]. Hält der Hauptbeteiligte seinen Anteil nicht mehr ausschließlich im eigenen Interesse, so unterliegt er auch den mit dem Unterbeteiligten getroffenen schuldrechtlichen Bindungen. Damit trage das gesellschaftsrechtliche Verhältnis zwischen Haupt- und Unterbeteiligtem auch treuhänderische Züge[15]. Bei der Frage, welche gesetzlichen Bestimmungen im Einzelfall anwendbar sind,

1878

---

11 *Paulick,* ZGR 1974, 253 (259).
12 BGH v. 13. 6. 1994 NJW 1994, 2886; *Schlegelberger/Karsten Schmidt,* § 335 (§ 230 n.F.) Rn. 201; *Zutt,* in: GroßKomm. § 230 (335 a.F.) Rn. 109. vgl. auch OLG Hamm v. 27. 10. 1993 DB 1994, 1233.
13 *Paulick,* ZGR 1973, 253 (266); *Schlegelberger/Karsten Schmidt,* § 335 (§ 230 n.F.) Rn. 201.
14 So BGH v. 13. 6. 1994 NJW 1994, 2886; v. 10. 10. 1994 NJW-RR 1995, 165.
15 BGH v. 13. 6. 1994 NJW 1994, 2886 (2887); vgl. auch *Roth/Thöni,* FS 100 Jahre GmbH-Gesetz, 245 (259 ff.).

kommt es auf die inhaltliche Ausgestaltung des Vertrages zwischen Haupt- und Unterbeteiligten an. Die von den Parteien gewählte Bezeichnung als Treuhand- oder Unterbeteiligungsverhältnis ist nicht maßgeblich. Dabei stellt der BGH weiterhin darauf ab, ob der Hauptgesellschafter seinen Anteil in vollem Umfang für den Unterbeteiligten hält, oder ob er auch eigene Interessen in der Gesellschaft verfolgt. So gelangt der BGH i.E. wohl unverändert zu einer ausschließlichen Anwendung entweder des Gesellschafts- oder des Auftragsrechts[16].

1879 Problematisch wird die Abgrenzung in der Praxis bei den **Publikums-Treuhandgesellschaften,** bei denen ein Hauptgesellschafter zu vielen Beteiligten in Beziehung tritt. Nach einer im Schrifttum vertretenen Auffassung treffen hier Treuhandelemente und Unterbeteiligungsverhältnis zusammen. Das Verhältnis zwischen den mittelbar Beteiligten und dem Hauptgesellschafter beurteile sich daher sowohl nac h Grundsätzen der Treuhand als auch nach gesellschaftsrechtlichen Regelungen[17]. Demgegenüber steht die bisher herrschende Ansicht auf dem Standpunkt, daß Treuhand und Unterbeteiligung sich gegenseitig ausschließen[18]. Für den Normalfall der Publikums-Treuhandgesellschaft dürfte dem zuzustimmen sein, da der Hauptgesellschafter nur die Interessen der Vielzahl der mittelbar Beteiligten wahrnehmen soll, mit ihnen aber keinen gemeinsamen Zweck i.S.v. § 705 BGB verfolgt. Es handelt sich um eine reine Treuhand über einen Gesellschaftsanteil. Es besteht einerseits ein Gesellschaftsverhältnis zwischen den Untergesellschaftern, soweit sie in einer Gesellschaft zusammengefaßt sind, und andererseits ein sich in erster Linie nach Auftrags- oder Dienstvertragsrecht richtendes Treuhandverhältnis zwischen der Untergesellschaft und dem Treuhänder.

1880 Eine Veränderung der rechtlichen Qualität tritt ein, wenn der Treuhänder der Treugebergesellschaft selbst angehört. Hier liegt der Übergang zur Beteiligungsinnengesellschaft, also zur Unterbeteiligung. Die Bezeichnung des in der Obergesellschaft auftretenden Gesellschafters als Treuhänder ist dabei wohl in der Regel ein Kürzel für eine bestimmte von den Gesellschaftern beabsichtigte Vertretungsregelung für die Innengesellschaft. Eine solche Beteiligungsinnengesellschaft kann auch treuhänderische Elemente aufweisen[19].

---

16 Ebenso *Roth,* Anm. zu BGH v. 13. 6. 1994 (II ZR 259/92), LM H. 12/1994 § 662 BGB Nr. 45.
17 *Schlegelberger/Karsten Schmidt,* § 335 (§ 230 n.F.) Rn. 201, 196.
18 Vgl. *Böttcher/Zartmann/Faut,* S. 58 f.; offengelassen in BGH WM 1977, 525 (527).
19 *Friehe,* S. 15; *Meyer,* S. 56; *Winterstein,* S. 5; siehe auch *Schlegelberger/Karsten Schmidt,* § 335 (§ 230 n.F.) Rn. 201.

Zu den **partiarischen Rechtsgeschäften** grenzt sich die Unterbeteiligung durch den gemeinsamen Zweck ab. Die Unterscheidung erfolgt sinngemäß nach den Kriterien, die auch für die Abgrenzung von stiller Gesellschaft und partiarischem Rechtsverhältnis von Bedeutung sind. An dieser Stelle kann daher auf die Behandlung bei der stillen Gesellschaft verwiesen werden[20].

1881

III. Arten der Unterbeteiligung

Entsprechend den unterschiedlichen Zwecken, die mit einer Unterbeteiligungsgesellschaft verfolgt werden, unterscheidet man verschiedene Typen dieser Rechtsfigur. Üblich ist zunächst die Differenzierung in „typische" und „atypische" Unterbeteiligungsverhältnisse. Die Terminologie ist dabei irreführend, denn der in der Praxis weitaus häufiger vorkommende (und damit der „typenbildende") Fall ist die atypische Unterbeteiligung[21].

1882

Unter der **„typischen" Unterbeteiligung** versteht man den Fall, daß dem Unterbeteiligten lediglich eine bestimmte Quote des auf den Anteil entfallenden Gewinns überlassen wird. Veränderungen im Wert des Anteils betreffen den Unterbeteiligten nicht, bei Beendigung der Unterbeteiligungsgesellschaft erhält er einen etwa dem Hauptgesellschafter überlassenen Betrag in gleicher Höhe wieder zurück. Die Bezeichnung „typische Unterbeteiligungsgesellschaft" leitet sich her von der Parallele zur typischen stillen Gesellschaft, wie sie dem gesetzlichen Regelungsmodell der §§ 230 ff. HGB zugrunde liegt.

1883

Weicht die Unterbeteiligungsgesellschaft von der Typik der in §§ 230 ff. HGB geregelten Form einer Innengesellschaft ab, liegt eine **„atypische" Unterbeteiligungsgesellschaft** vor[22]. Das ist dann der Fall, wenn der Unterbeteiligte auch an den Wertveränderungen des Anteils teilnehmen und an den offenen und stillen Reserven der Gesellschaft entsprechend seiner Quote beteiligt sein soll. Meist geschieht dies in der Weise, daß der Unterbeteiligte im Innenverhältnis am Auseinandersetzungs- und Abfindungsguthaben in gleicher Weise beteiligt wird wie der Hauptgesellschafter. Hier erhält der Unterbeteiligte auch der Substanz nach eine wirtschaftliche Gesellschafterstellung[23]. Bei Unterbeteiligungen dieser Art,

1884

---

20 Oben Rn. 378 ff.
21 Vgl. zur Kritik an dieser Terminologie *Blaurock*, S. 115 f.
22 Vgl. *Blaurock/Berninger*, GmbHR 1990, 11 (12); ferner *Paulick*, ZGR 1974, 253 (258); *Böttcher/Zartmann/Faut*, S. 127 ff. (140).
23 *Tillmann*, in: GmbH-Handbuch III, Rn. 966; *Schulze zur Wiesche*, GmbHR 1986, 236 (237).

1885 Ähnlich wie bei der stillen Gesellschaft wird neben dem Fall der Vereinbarung einer Substanzbeteiligung auch diejenige Konstellation als „atypische" Unterbeteiligung gekennzeichnet, in der der Unterbeteiligte maßgebende Geschäftsführungsbefugnisse besitzt, kraft derer er Einfluß auf das Schicksal der Hauptbeteiligung ausüben kann[25].

die eine im Innenverhältnis vorgenommene Teilung des Gesellschaftsanteils darstellen, besteht eine Verwandtschaft mit der gesellschaftsrechtlichen Treuhand[24].

1886 Beide Fallgruppen sind vornehmlich in **steuerrechtlichem Zusammenhang** zu sehen, da sie durch das Vorhandensein von Substanzbeteiligung und Geschäftsführungsbefugnissen das Mitunternehmerrisiko bzw. die Mitunternehmerinitiative und damit die Mitunternehmerstellung vermitteln. Erst durch die Mitunternehmerstellung erlangt die Unterbeteiligung steuerrechtlich besondere Bedeutung[26].

1887 Insbesondere bei Publikumsgesellschaften, aber auch bei Familiengesellschaften, kommt es vor, daß an demselben Gesellschaftsanteil eine Mehrheit von Unterbeteiligungen besteht. Hier stellt sich die Frage, ob es sich um jeweils verschiedene zweigliedrige Beteiligungsverhältnisse handelt, oder ob auch ein Sondertypus der **mehrgliedrigen Unterbeteiligungsgesellschaft** vorliegen kann. Letztere Möglichkeit wird für die Unterbeteiligung – wie auch für die stille Gesellschaft – bezweifelt[27]. Richtigerweise ist die Möglichkeit der mehrgliedrigen Unterbeteiligungsgesellschaft indessen zu bejahen[28]. Es verhält sich grundsätzlich so wie bei der mehrgliedrigen stillen Gesellschaft. Das dort Ausgeführte gilt hier sinngemäß[29].

IV. Rechtsgrundlagen

1888 Die Unterbeteiligung ist gesetzlich nicht geregelt. Aus ihrem Charakter als Gesellschaft ergibt sich aber ohne weiteres die grundsätzliche Anwendbarkeit der §§ 705 ff. BGB, wobei die Vorschriften, die das Vorhan-

---

24 Zu dieser *Blaurock*, S. 123 ff., 133 f.
25 *Schlegelberger/Karsten Schmidt*, § 335 (§ 230 n.F.) Rn. 191; *Ulbrich*, S. 5 f.
26 Dazu unten Rn. 1930 ff.
27 Siehe nur *Herzfeld*, AcP 137 (1933), 270 (286); *Staudinger/Keßler*, Vor § 705 Rn. 115.
28 Ebenso *Schlegelberger/Karsten Schmidt*, § 335 (§ 230 n.F.) Rn. 194; *Paulick*, ZGR 1974, 253 (262); siehe auch *Blaurock*, S. 100 ff.
29 Siehe oben Rn. 225 ff.; zur Mehrheit von Hauptbeteiligten *Schlegelberger/Karsten Schmidt*, § 335 (§ 230 n.F.) Rn. 193; *Ulbrich*, S. 10 f.

densein von Gesamthandsvermögen voraussetzen, selbstverständlich ausgeschlossen bleiben, da die Unterbeteiligungsgesellschaft keine gesamthänderische Berechtigung an einem Gesellschaftsvermögen vermittelt.

Breiten Raum nimmt im Schrifttum die Diskussion darüber ein, ob auf die Unterbeteiligung die für die stille Gesellschaft geltenden Normen anzuwenden oder ob allein die Vorschriften über die BGB-Gesellschaft heranzuziehen sind. Zum Teil handelt es sich dabei um einen Streit um Worte. Selbstverständlich steht es den Parteien des Unterbeteiligungsvertrages frei, ihrer Vereinbarung die für die stille Gesellschaft vorgesehenen Regelungen zugrunde zu legen. Die Frage geht allein darum, welche dispositiven Vorschriften beim Fehlen konkreter vertraglicher Bestimmungen heranzuziehen sind und ob die zwingenden Gläubigerschutzvorschriften aus dem Recht der stillen Gesellschaft eingreifen. 1889

Die Auffassung, die Unterbeteiligung sei bereits eine stille Gesellschaft[30], ist kaum haltbar. § 230 HGB enthält zwar keine abschließende Definition der stillen Gesellschaft, sondern regelt nur den Fall, daß vom stillen Gesellschafter eine Einlage erbracht wird[31]. Hier bestimmt das Gesetz dann, daß diese in das Vermögen des Geschäftsinhabers übergehen müsse, schließt also die Bildung von Gesamthands- und Bruchteilsvermögen aus. Dagegen handelt es sich bei dem in § 230 HGB angeführten „Handelsgewerbe" um ein konstitutives Merkmal der stillen Gesellschaft. Die meisten Vorschriften der §§ 230 ff. HGB sind auf die Beteiligung an einem Gewerbebetrieb zugeschnitten, so beispielsweise diejenigen hinsichtlich des Kontrollrechts (§ 233 Abs. 1 HGB), der Kündigung (§ 234 Abs. 1 HGB) sowie der Auseinandersetzung (§ 235 HGB); auch die Gläubigerschutzvorschriften in §§ 236 Abs. 2, 237 HGB finden ihre Rechtfertigung allein im Geschäftskontakt des „Komplementärs" mit dem Publikum. Die bloße Gesellschafterstellung in einer Handelsgesellschaft reicht demgemäß für die Annahme eines Handelsgewerbes und damit einer stillen Gesellschaft nicht aus. 1890

Die Feststellung, daß die Unterbeteiligung keine stille Gesellschaft ist, schließt hingegen nicht aus, daß beim Fehlen einzelvertraglicher Bestimmungen Regelungen aus dem Recht der stillen Gesellschaft zur Ausfüllung herangezogen werden können. Immerhin besteht bei einem Teil der Unterbeteiligungs-Fallgruppen eine gewisse Verwandtschaft mit dem gesetzlichen Modell der stillen Gesellschaft, die eine entsprechende Anwendung einiger der für diese vorgesehenen Vorschriften nahelegt. 1891

---

30 So insbesondere *Winterstein*, S. 50; *Klauss/Mittelbach*, Rn. 482–486; siehe auch *Schlegelberger/Karsten Schmidt*, § 335 (§ 230 n.F.) Rn. 182, der die Unterbeteiligung als stille Gesellschaft an einem Gesellschaftsanteil bezeichnet.
31 So zu Recht *Fischer*, JR 1962, 200 (202); a.A. *Koenigs*, S. 122.

1892 In welchem Umfange dies geboten ist, ist bei der Behandlung der einzelnen in Betracht kommenden Fragenbereiche näher zu erläutern. Festzuhalten bleibt, daß gesetzliche Regelungen, die für die Unterbeteiligungsgesellschaft eine Rechtsgrundlage abgeben können, spärlich sind. Es ist daher eine möglichst eingehende vertragliche Regelung zu empfehlen.

V. Der Unterbeteiligungsvertrag

1. Rechtsnatur des Vertrages

1893 Voraussetzung für eine Unterbeteiligung ist ein Vertrag zwischen den Beteiligten. Ein solcher Vertrag ist ein zweiseitiger, sofern es sich um eine zweigliedrige Unterbeteiligung handelt; er ist ein mehrseitiger im Falle der mehrgliedrigen Unterbeteiligungsgesellschaft. Immer ist er Gesellschaftsvertrag. Sowohl Hauptbeteiligter als auch Unterbeteiligter kann jede juristische oder natürliche Person sowie jede Personenvereinigung sein, die als solche Träger von Rechten und Pflichten sein kann[32]. Eine Beteiligung des Unterbeteiligten an der Hauptgesellschaft ist nicht schädlich. Eine Unterbeteiligung am eigenen Anteil ist jedoch ebensowenig möglich wie zwei selbständige Beteiligungen an einem einzigen Anteil. Die Erweiterung einer schon bestehenden Unterbeteiligung an einem Gesellschaftsanteil versteht sich daher als Vertragsänderung, nicht als Begründung einer neuen Unterbeteiligung[33].

1894 Eine **Genehmigung des Unterbeteiligungsvertrages durch die Hauptgesellschaft** ist nicht erforderlich. Dies gilt selbst dann, wenn die Übertragung der Hauptbeteiligung genehmigungsbedürftig wäre, wie dies bei Anteilen an einer Personengesellschaft der Fall ist[34]. Auch wenn der Gesellschaftsvertrag der Hauptgesellschaft die Einräumung von Unterbeteiligungen verbietet, hat das keinen Einfluß auf die Wirksamkeit eines dennoch abgeschlossenen Unterbeteiligungsvertrages[35]. Der Hauptbeteiligte verstößt aber gegen die Pflichten aus dem Hauptgesellschaftsvertrag, was zu

---

32. *Paulick*, ZGR 1974, 253 (261).
33. *Schlegelberger/Karsten Schmidt*, § 335 (§ 230 n.F.) Rn. 206; a.A. MünchHdb. GesR I/*Riegger*, § 24 Rn. 19.
34. *Blaurock*, S. 153; *Baumbach/Hopt*, § 105 Rn. 38; BGH v. 11. 7. 1968 (II ZR 179/66) BGHZ 50, 316 (325); OLG Frankfurt a.M., v. 7. 9. 1991 DB 1992, 2489 = GmbHR 1992, 668.
35. LG Bremen v. 10. 5. 1990; NJW-RR 1992, 98; *Ulbrich*, S. 99; *Schlegelberger/Karsten Schmidt*, § 335 (§ 230 n.F.) Rn. 207; *Felix*, KÖSDI 1985, 5791 (5803 Nr. 70) weist zutreffend darauf hin, daß sich im Wege der Auslegung aus dem Verbot der Unterbeteiligung auch ein Abtretungsverbot von Gewinnansprüchen ergeben kann, das hinsichtlich dieser Ansprüche dingliche Wirkung hätte.

Schadensersatzpflichten oder gar zum Ausschluß aus der Hauptgesellschaft führen kann. Letzteres bewirkt gleichzeitig die Beendigung der Unterbeteiligung[36].

Wenn demnach grundsätzlich durch den Unterbeteiligungsvertrag keinerlei Rechtsbeziehungen zwischen Unterbeteiligtem und Hauptgesellschaft entstehen, so kann dies hinsichtlich einzelner Rechte dann anders sein, wenn die Unterbeteiligung den übrigen Hauptgesellschaftern bekannt und von diesen gebilligt worden ist[37]. 1895

2. Formbedürftigkeit

Eine **Form** ist für den Unterbeteiligungsvertrag grundsätzlich nicht erforderlich. Bei einer Unterbeteiligung an einem GmbH-Anteil greift die Vorschrift des § 15 Abs. 3, 4 GmbHG nicht ein[38]. Enthält der Vertrag jedoch die Verpflichtung des Hauptgesellschafters, den GmbH-Anteil später auf den Unterbeteiligten zu übertragen, so ist die ganze Vereinbarung formbedürftig[39]. 1896

Die **Schenkung** einer Unterbeteiligung bedarf der Form des § 518 Abs. 1 BGB. Nach Ansicht der Rechtsprechung[40] und eines großen Teils der Literatur[41] ist die bloße „Einbuchung" einer Unterbeteiligung noch kein den Formmangel heilender Schenkungsvollzug i.S.v. § 518 Abs. 2 BGB. Der Praxis ist daher anzuraten, die Schenkung einer Unterbeteiligung notariell beurkunden zu lassen, falls es sich nicht um eine Ausstattung i.S.v. § 1624 Abs. 1 BGB handelt[42], die nicht als Schenkung gilt und so von der Formvorschrift des § 518 Abs. 1 BGB ausgenommen ist. Zur Vermeidung von Konfliktfällen ist zu empfehlen, gegebenenfalls das Zuwendungsmotiv „ausstattungshalber" im Vertrag hervorzuheben. 1897

---

36 *Felix*, KÖSDI 1985, 5791 (5803 Nr.70); MünchHdb. GesR I/*Riegger*, § 24 Rn. 14; zur Beendigung siehe unten Rn. 1922 ff.
37 *Blaurock*, S. 387 ff.
38 LG Frankfurt v. 8. 8. 1985 GmbHR 1987, 57; *Blaurock/Berninger*, GmbHR 1990, 11 (13 f.); *Rowedder*, GmbHG, 2. Aufl. 1990, § 15 Rn. 32 m.w.N.
39 RG v. 11. 4. 1906 JW 1906, 401; BGH v. 5. 11. 1979 BGHZ 75, 352.
40 BGH v. 6. 3. 1967 WM 1967, 685.
41 Vgl. nur *Böttcher/Zartmann/Faut*, S. 106; *Schneider*, DB 1954, 739; *Bilsdorfer*, NJW 1980, 2785 (2787); *Hesselmann*, GmbHR 1964, 26 (27); a.A. z.B. *Herzfeld*, AcP 137 (1933, 270 (297); *Ulbrich*, S. 101 ff.; vermittelnd *Schlegelberger/Karsten Schmidt*, § 335 (§ 230 n.F.) Rn. 210, der dem BGH in seiner Ausgangsposition zustimmt, einen Schenkungsvollzug aber annimmt, wenn sich die Beteiligung zu einer mitgliedschaftlichen Position verselbständigt hat.
42 Dazu BGH v. 6. 3. 1967 WM 1967, 685.

1898 Für den Fall, daß ein **Geschäftsunfähiger** unterbeteiligt werden soll, hat der gesetzliche Vertreter den Vertrag abzuschließen (§§ 104 ff. BGB). Ein **beschränkt Geschäftsfähiger** bedarf der Zustimmung des gesetzlichen Vertreters, sofern ihm das Rechtsgeschäft nicht lediglich einen rechtlichen Vorteil bringt (§§ 107 ff. BGB). Da der Minderjährige im Regelfall zur Einlageleistung verpflichtet ist, muß der gesetzliche Vertreter regelmäßig zustimmen. Fraglich und streitig ist allerdings der Fall der schenkweisen Einräumung einer Unterbeteiligung, bei der die Verlustteilnahme ausgeschlossen wird. Im Schrifttum wird die Ansicht vertreten, eine Zustimmungspflicht entfalle, weil der Minderjährige bei der schenkweisen Einräumung keine Einlage zu leisten habe[43]. Der BFH[44] hat dagegen entschieden, auch die Einräumung einer Unterbeteiligung durch schenkweise Einbuchung sei nicht lediglich rechtlich vorteilhaft und bedürfe somit der Zustimmung des gesetzlichen Vertreters. Angesichts des Umstandes, daß die Mitgliedschaft in einer Personengesellschaft immer ein Bündel von Rechten und Pflichten ist, also nicht nur Rechte enthält, dürfte dem zuzustimmen sein. Es ist zwar richtig, daß sowohl Rechte als auch Pflichten in einer Innengesellschaft wie der Unterbeteiligungsgellschaft gerade für den Unterbeteiligten einen anderen Charakter haben als bei einem Mitglied einer Außengesellschaft und insbesondere die Pflichtengebundenheit durch den Verlustausschluß stark reduziert wird. Dennoch bleibt eine rechtliche Bindung des Unterbeteiligten aus dem Gesellschaftsvertrag erhalten. Diese Mitgliedschaftspflichten reichen aus, um ein nicht lediglich rechtlich vorteilhaftes Geschäft annehmen zu können[45].

1899 Ist der gesetzliche Vertreter gleichzeitig Inhaber des Gesellschaftsanteils, an dem der Minderjährige unterbeteiligt werden soll, so ist § 181 BGB zu beachten. Nach der hier vertretenen Ansicht, nach der jeder Abschluß eines Unterbeteiligungsvertrages genehmigungsbedürftig (§ 107 BGB) ist, bedarf es daher immer der Bestellung eines **Ergänzungspflegers** gem. § 1909 BGB[46]. Eine Dauerpflegschaft ist dagegen nicht erforderlich[47].

---

43 *Schlegelberger/Karsten Schmidt*, § 335 (§ 230 n.F.) Rn. 211 i.V.m. Rn. 91; s. auch *Stürner*, Der lediglich rechtliche Vorteil, AcP 173 (1973), 402 (436); *Klamroth*, BB 1975, 525 (526); *Tiedtke*, DB 1977, 1064 (1065).
44 BFH v. 28. 11. 1973 (I R 101/72) BFHE 111, 85 = BStBl. II 1974, 289; BFH v. 8. 10. 1981 (IV R 222/79) – nicht veröffentlicht.
45 Ebenso *Ulbrich*, S. 104 f.; *Bilsdorfer*, NJW 1980, 2785 (2787); siehe auch *Staudinger/Dilcher*, § 107 BGB Rn. 24.
46 Vgl. aus der neueren Rechtsprechung BFH v. 27. 1. 1994 (IV R 114/91) BFHE 174, 219 = BStBl. II 1994, 635 unter Bezugnahme auf BFH v. 19. 12. 1979 BB 1980, 762 für die stille Gesellschaft; näher *Blaurock*, S. 314 f. Vertritt man dagegen die Auffassung, bei Ausschluß der Verlustteilnahme handele es sich bei der Einräumung einer Unterbeteiligung um ein rechtlich lediglich vorteil-

Wie bei der stillen Gesellschaft[48] ist auch für die Unterbeteiligung fraglich, ob der gesetzliche Vertreter des Minderjährigen die **vormundschaftsgerichtliche Genehmigung** gem. §§ 1643 Abs. 1, 1822 Nr. 3 BGB einholen muß. Dies ist zu bejahen, wenn die Beteiligung am Verlust nicht ausgeschlossen ist[49]. Soll der Minderjährige auch am Verlust teilnehmen, so kann ohne die Genehmigung des Vormundschaftsgerichts der Unterbeteiligungsvertrag keine Wirksamkeit entfalten. Der Unterbeteiligte trägt hier nicht allein das Risiko der Insolvenz des Hauptgesellschafters, sondern ihn treffen hinsichtlich seiner Beteiligungsquote auch die Verluste der Hauptgesellschaft, ohne daß er auf deren Vermeidung Einfluß hätte. Bei einer solchen Beteiligung, die dem Minderjährigen zumindest partiell Unternehmerrisiko aufbürdet, ist eine Genehmigungsbedürftigkeit nach §§ 1643 Abs. 1, 1822 Nr. 3 BGB anzunehmen[50].

1900

Bei der Schenkung einer Unterbeteiligung mit Verlustteilnahme an einen Minderjährigen durch Einbuchung ist demnach zu beachten, daß eine notarielle Beurkundung gemäß § 518 Abs. 1 BGB sowie eine Genehmigung nach § 107 BGB in Verbindung mit einer vormundschaftsgerichtlichen Genehmigung nach den §§ 1643 Abs. 1, 1822 Nr. 3 BGB erfolgen muß[51]. Ist der gesetzliche Vertreter zugleich Hauptbeteiligter, bedarf es zusätzlich der Bestellung eines Ergänzungspflegers (§§ 181, 1795 Abs. 2, 1629 Abs. 2, 1909 BGB)[52]. Soll der beschenkte Minderjährige nicht am Verlust teilnehmen, entfällt lediglich das Erfordernis der vormundschaftsgerichtlichen Genehmigung.

1901

3. Mängel des Gesellschaftsvertrages

Enthält der Unterbeteiligungsvertrag Mängel, so stellt sich ebenso wie bei der stillen Gesellschaft die Frage nach der Anwendbarkeit der Grundsätze

1902

---

haftes Geschäft, so braucht für diesen Fall kein Ergänzungspfleger bestellt zu werden, vgl. z.B. *Tiedtke*, DB 1977, 1064 ff.
47 Dazu BGH v. 18. 9. 1975 BB 1975, 1452; BFH v. 29. 1. 1976 (IV R 102/73) BFHE 118, 181 (186 ff.); *Bilsdorfer*, NJW 1980, 2785 (2788).
48 Hierzu oben Rn. 1289 ff.
49 OLG Hamm v. 22. 1. 1974 BB 1974, 294; *Baumbach/Hopt*, § 105 Rn. 39; *Schlegelberger/Karsten Schmidt*, § 335 (§ 230 n.F.) Rn. 214; vgl. auch BFH v. 27. 1. 1994 (IV R 114/91) BFHE 174, 219 = BStBl. II 1994, 635.
50 H.M. (vgl. vorige Fußnote). A.A. noch *Schilling*, in: GroßKomm., 3. Aufl. § 161 Anm. 30; in der 4. Aufl. § 161 Rn. 44 folgt *Schilling* jedoch der hier vertretenen Auffassung.
51 Sie kann nicht im voraus erteilt werden, wenn die Vertragsbedingungen im Hinblick auf die steuerliche Anerkennung noch nicht genügend festgelegt sind, vgl. OLG Hamm v. 22. 1. 1974 DB 1974, 424 f.
52 BFH v. 27. 1. 1994 (IV R 114/91) BFHE 174, 219 = BStBl. II 1994, 635.

über die **fehlerhafte Gesellschaft.** Sie ist hier wie dort umstritten[53]. Richtigerweise verdient die Unterbeteiligung ebenso wie die stille Gesellschaft Bestandsschutz aufgrund des Instituts der fehlerhaften Gesellschaft[54]. Dies gilt zunächst für die Unterbeteiligung mit Substanzbeteiligung. Hier ist nach Einräumung der Unterbeteiligung eine Verfilzung der Vermögensteile eingetreten, bei der angesichts des schwankenden Werts des Hauptgesellschaftsanteils ein Auseinandersetzungsverfahren erforderlich ist. Aber auch bei einer Unterbeteiligung ohne Substanzbeteiligung führen allein die Regeln über die fehlerhafte Gesellschaft zu einem interessegerechten Ergebnis. Auch hier haben sich die Gesellschafter zu einer echten Risikogemeinschaft verbunden. Möglicherweise wurde der Hauptgesellschafter durch die Unterbeteiligung überhaupt erst in die Lage versetzt, den Gesellschaftsanteil zu erwerben oder zu erhalten. Ein Ausgleich allein nach Bereicherungsregeln reicht hier nicht aus[55].

VI. Beitrag und Einlage in der Unterbeteiligungsgesellschaft

1903 Zwischen dem in der Hauptgesellschaft auftretenden Gesellschafter und dem Unterbeteiligten besteht ein besonderes Gesellschaftsverhältnis. Der Unterbeteiligungsvertrag, durch den eine Beteiligung an dem Gesellschaftsanteil eingeräumt wird, soll nicht einen Leistungsaustausch bewirken, sondern eine Vereinigung von Leistungen, um einen bestimmten gemeinschaftlichen Zweck zu erreichen. Es ist deshalb der Frage nachzugehen, in welcher Weise die Gesellschafter zur Förderung des Gesellschaftszwecks, der in dem Halten und der gewinnbringenden Nutzung des Anteils liegt, Beiträge und Einlageleistungen erbringen[56]. Der Beitrag des Hauptbeteiligten liegt in der Verwaltung des Gesellschaftsanteils, die Beitragsleistung des Unterbeteiligten ist darin zu sehen, daß er den der Unterbeteiligung entsprechenden Anteilsteil im Vermögen des Hauptbeteiligten hält. Darüber hinaus können selbstverständlich weitere Beiträge

---

53 Siehe ausführlich oben Rn. 553 ff.; die dort in Rn. 558 ff. angeführten Meinungen gelten für die Unterbeteiligung als Innengesellschaft sinngemäß; speziell zur Unterbeteiligung z.B. *Ulbrich*, S. 108 ff.; *Andreopoulos*, S. 56; *Schlegelberger/Karsten Schmidt*, § 335 (§ 230 n.F.) Rn. 215; *Blaurock*, S. 160 ff.
54 Ebenso *Zutt*, in: GroßKomm. § 230 Rn. 111.
55 Zur hier vertretenen Auffassung ausführlich oben Rn. 564 ff.
56 Die Unterscheidung von Beitrag, Einlage und Einlageleistung mit den daraus folgenden Konsequenzen erfolgt hier im Anschluß an *Schlegelberger/Karsten Schmidt*, § 335 (§ 230 n.F.) Rn. 216 i.V.m. Rn. 136 sowie *Karsten Schmidt*, Gesellschaftsrecht, § 20 II. Für die stille Gesellschaft siehe auch oben Rn. 238 ff. An der von mir früher vertretenen anderen Auffassung (*Blaurock*, S. 110) wird nicht mehr festgehalten.

wie z.B. Geld-, Sach- und Dienstleistungen vereinbart sein, begriffsnotwendig ist das jedoch nicht[57].

Neben einer **Beitragsleistung** ist eine **Einlageleistung** als Voraussetzung für eine Unterbeteiligung nicht erforderlich. Notwendig ist lediglich die Begründung eines schuldrechtlichen bilanzfähigen Einlageverhältnisses zwischen Unterbeteiligtem und Hauptbeteiligtem, was auch ohne eine Einlageleistung des Unterbeteiligten geschehen kann. Ein Beispiel hierfür ist die Schenkung einer Unterbeteiligung durch Einbuchung[58]. Der Unterbeteiligte selbst erbringt hier keine Leistung, ein Einlageverhältnis zwischen Haupt- und Unterbeteiligtem aber wird durch die Umbuchung begründet. Ebenso verhält es sich, wenn einem Dritten eine Unterbeteiligung gegen Zahlung eines Entgelts eingeräumt wird. Gibt der Hauptgesellschafter eine Unterbeteiligung an einem ihm bis dahin allein zustehenden Gesellschaftsanteil ab, so fließt ihm eine hierfür erbrachte Leistung des Unterbeteiligten grundsätzlich frei von gesellschaftsrechtlichen Bindungen zu. Die Zahlung dieses Betrages ist keine Einlageleistung[59], sondern Gegenleistung[60] für die Einräumung der wirtschaftlichen Gesellschafterstellung. Anders verhält es sich dann, wenn der zu zahlende Betrag der Finanzierung des Hauptgesellschaftsanteils oder einer Kapitalerhöhung dienen soll. Nur in diesem Fall ist die Erbringung einer Einlageleistung vereinbart, weil nur dann der gemeinsame Zweck der Unterbeteiligungsgesellschaft gefördert werden soll und damit ein Beitrag i.S.d. § 705 BGB vorliegt. Die Einlage ist grundsätzlich in das Vermögen des Hauptbeteiligten zu leisten, der Einfachheit halber kann sie aber auch direkt in das Gesellschaftsvermögen der Hauptgesellschaft erbracht werden, wobei im Verhältnis der Hauptgesellschaft zum Hauptbeteiligten die Einlage als auf Rechnung des Hauptbeteiligten geleistet gilt.

1904

VII. Die Rechte und Pflichten der Vertragsparteien

Da das Gesetz die Unterbeteiligung als solche nicht regelt, ergeben sich Rechte und Pflichten der Gesellschafter in erster Linie aus dem Gesellschaftsvertrag, der hierüber detaillierte Bestimmungen enthalten sollte. In bezug auf einige wesentliche Regelungsbereiche lassen sich grundle-

1905

---

57 Schlegelberger/Karsten Schmidt, § 335 (§ 230 n.F.) Rn. 216.
58 Schlegelberger/Karsten Schmidt, § 335 (§ 230 n.F.) Rn. 216 f.
59 So aber z.B. Pöllinger, S. 39 f.; Esch, NJW 1964, 902 (903); Schneider, FS Möhring, 1965, S. 115 (118); vgl. auch MünchHdb. GesR I/Riegger, § 24 Rn. 39.
60 Ebenso H. P. Westermann, Handbuch I, Rn. 948, Herzfeld AcP 137 (1938, 270 (285); Friehe, S. 19; siehe auch Schlegelberger/Karsten Schmidt, § 335 (§ 230 n.F.) Rn. 217.

gende Strukturen schon aus der Eigenschaft der Unterbeteiligung als Innengesellschaft ableiten.

1906 So gibt es eine **Vertretung** der Unterbeteiligungsgesellschaft als solcher ebensowenig wie bei der stillen Gesellschaft. Der Hauptbeteiligte handelt im Außenverhältnis stets im eigenen Namen, wenn auch im Innenverhältnis auf gemeinsame Rechnung[61].

1907 Dagegen gibt es eine **Geschäftsführung** innerhalb der Unterbeteiligungsgesellschaft, die näherer vertraglicher Regelung zugänglich ist. Grundsätzlich steht das Recht und die Pflicht zur Geschäftsführung dem Hauptbeteiligten zu[62]. Abweichende Vereinbarungen sind indessen jederzeit möglich und jedenfalls in den Fällen der Unterbeteiligung zur Kapitalbeschaffung auch durchaus nicht selten. Es kann hier Gesamtgeschäftsführungsbefugnis vereinbart oder die Geschäftsführung in der Unterbeteiligungsgesellschaft für einzelne Bereiche oder insgesamt dem Unterbeteiligten übertragen werden. Aus der Besonderheit der Unterbeteiligungsgesellschaft, daß nur der Hauptbeteiligte in der Hauptgesellschaft auftreten kann, ergibt sich dann freilich ein Auseinanderfallen von Geschäftsführung und Vertretungsmacht. Das ist indessen nichts Ungewöhnliches.

1908 Diese Divergenz wirkt sich allerdings hinsichtlich der Möglichkeit aus, die **Geschäftsführungsbefugnis zu entziehen:** § 712 Abs. 1 BGB ist auf Gesellschaften zugeschnitten, bei denen die Gesellschaft von jedem Gesellschafter vertreten werden kann. Auf die Unterbeteiligungsgesellschaft paßt diese Regelung nicht; hier kann der Hauptgesellschafter ohne Mitwirkung der übrigen Hauptgesellschafter in seiner Position als indirekter Vertreter der Unterbeteiligungsgesellschaft nicht ausgewechselt werden. Dann kann ihm aber auch die Geschäftsführung gegen seinen Willen nur in dem Maße entzogen werden, wie sie von dem Unterbeteiligten, der die Unterbeteiligungsgesellschaft in der Hauptgesellschaft nicht selbst zu vertreten in der Lage ist und der von der Hauptgesellschaft unmittelbar keine Informationen erhält, selbst ausgeübt werden kann[63].

1909 Da der Hauptgesellschafter in der Hauptgesellschaft im eigenen Namen handelt und nicht ohne weiteres ersetzbar ist, lassen sich Geschäftsführungsmaßnahmen des Unterbeteiligten nur im Wege von **Stimmbin-**

---

61 *Paulick,* ZGR 1974, 253 (276); *Blaurock,* S. 119; s. auch BGH v. 24. 2. 1954 BGHZ 12, 308 (314).
62 H.M., vgl. *Staudinger/Keßler,* Rn. 111 vor § 705; *H. Westermann,* Handbuch I, Rn. 959 f.; *Zutt,* in: GroßKomm. § 230 Rn. 113 m.w.N.
63 Ebenso MünchHdb. GesR I/*Riegger,* § 24 Rn. 30; vgl. aber *Zutt,* in: GroßKomm, § 230 Rn. 113; *Schlegelberger/Karsten Schmidt* § 335 (230 n.F.) Rn. 225, die den Entzug generell für unzulässig erachten.

dungsvereinbarungen durchsetzen. Geschäftsführungsbefugnis des Unterbeteiligten und Stimmbindung des Hauptgesellschafters sind dabei die beiden Seiten derselben Medaille. Stimmbindungsverträge, deren Zulässigkeit im allgemeinen nicht unumstritten ist, werden bei der Unterbeteiligung für unbedenklich erachtet[64]. Gleichwohl ergeben sich auch hier Grenzen aus den §§ 138, 242 BGB[65].

Fraglich ist, inwieweit bei **Grundlagengeschäften** innerhalb der Hauptgesellschaft der Unterbeteiligte gegenüber dem Hauptgesellschafter ein Mitspracherecht geltend machen kann. Dies ist sicher anzunehmen, soweit sie zu einer Änderung des in dem Unterbeteiligungsvertrag Vereinbarten führen, etwa bei Veränderung der Gewinnverteilung oder bei Änderung vertraglich festgelegter Geschäftsführungsbereiche[66]. Für andere Grundlagengeschäfte, die sich mittelbar auf die Unterbeteiligungsgesellschaft auswirken, wie etwa Kündigung der Hauptgesellschaft, Änderung des Gesellschaftszwecks der Hauptgesellschaft etc., ist eine stillschweigend anzunehmende Mitgeschäftsführungsbefugnis des Unterbeteiligten wohl nicht gerechtfertigt[67]. Zum Schutz des Unterbeteiligten ist die dem Hauptgesellschafter diesem gegenüber obliegende Treuepflicht ausreichend. Zwar führt in beiden Fällen ein Fehlverhalten des Hauptgesellschafters gegenüber dem Unterbeteiligten lediglich zur Schadensersatzpflicht des Hauptbeteiligten. Der wesentliche Unterschied bei der hier vorgenommenen Differenzierung liegt in den Voraussetzungen für einen solchen Anspruch. Gibt man dem mittelbar Beteiligten bei jedem Grundlagengeschäft eine Mitgeschäftsführungsbefugnis, so muß sich der Hauptgesellschafter bei Widerspruch des Unterbeteiligten in der Abstimmung innerhalb der Hauptgesellschaft der Stimme enthalten. Er haftet bereits, wenn er dies nicht tut. Nach der hier vertretenen Ansicht haftet er dagegen erst dann, wenn er sich über berechtigte Interessen des Unterbeteiligten hinwegsetzt. Da der Hauptgesellschafter auch den übrigen Hauptgesellschaftern gegenüber in einer Pflichtenbindung steht, erscheint dies angemessener.

1910

Der Unterbeteiligte kann von dem Hauptgesellschafter die **Mitteilung der Bilanzen und sonstiger Unterlagen** der Hauptgesellschaft nur verlangen,

1911

---

64 *Schlegelberger/Karsten Schmidt*, § 335 (§ 230 n.F.) Rn. 219 m.w.N.
65 Näher *Blaurock*, S. 186 ff.
66 Weitergehend *Zutt*, in: GroßKomm. § 230 Rn. 114. Zur Zustimmungsbedürftigkeit bei Änderung der Gewinnverteilung durch Kapitalerhöhung des Hauptbeteiligten in der Hauptgesellschaft siehe BGH v. 22. 11. 1965 WM 1966, 188 (191).
67 A.A. *Wagner*, S. 60 ff., 82; vgl. auch *Schlegelberger/Karsten Schmidt*, § 335 (§ 230 n.F.) Rn. 225.

wenn diese dem Hauptgesellschafter die Bekanntgabe gestattet hat und der Unterbeteiligungsvertrag dem Unterbeteiligten ein Recht auf Bekanntgabe einräumt[68]. Eine entsprechende Genehmigung darf die Hauptgesellschaft allerdings nicht grundlos verweigern, und der Hauptgesellschafter muß sich um ihre Zustimmung bemühen[69].

1912 Die Informationspflichten des Hauptgesellschafters sind entgegen der herrschenden Meinung[70] nicht aus einer entsprechenden Anwendung des § 233 Abs. 1 HGB sondern aus § 716 BGB herzuleiten. Nach § 233 Abs. 1 HGB wäre der Unterbeteiligte lediglich berechtigt, von dem Hauptgesellschafter eine jährliche Bilanz über dessen Gesellschaftsanteil zu verlangen, aus der er auch die auf diesen Anteil entfallenden Erträgnisse und deren Zusammensetzung (Gewinnanteil, Kapitalzinsen, Geschäftsführergehalt usw.) sowie die Entwicklung des Kapitalkontos und seines Anteils ersehen kann. Nach Ansicht der herrschenden Meinung wird damit seinem berechtigten Interesse entsprochen, die Grundlagen für die Berechnung seiner Gewinn- oder Verlustanteile und seiner kapitalmäßigen Beteiligung zu erfahren. Es ist jedoch nicht einzusehen, warum die Rechte des Unterbeteiligten derart verkürzt werden sollen. Bei Anwendung von § 716 BGB hat er vielmehr gegen seinen Hauptgesellschafter ein jederzeitiges Informationsrecht. Das ist der Ausgleich dafür, daß ihm gegenüber der Hauptgesellschaft ein Rechnungslegungsanspruch nicht zusteht und er nicht Einsichtnahme in die Steuer- und Handelsbilanzen sowie die Gewinn- und Verlustrechnungen der Hauptgesellschaft verlangen kann. Diese Unterlagen gehören zu den inneren Angelegenheiten der Hauptgesellschaft, die diese vor dem Unterbeteiligten wie vor jedem anderen Dritten geheimzuhalten ein berechtigtes Interesse hat. Der Unterbeteiligte steht in der Regel zu der Hauptgesellschaft in keinen Rechtsbeziehungen; er schuldet ihr bei der nicht offengelegten Unterbeteiligung weder Verschwiegenheit noch Gesellschaftertreue, er ist auch vom Wettbewerb nicht ausgeschlossen. Aus dem Umstand, daß die Vermögens- und Liquiditätslage der Hauptgesellschaft auch für den Unterbeteiligten und seine

---

68 BGH v. 11. 7. 1968, BGHZ 50, 316 (323); vgl. zur Rechnungslegung eingehend *Thomsen*, S. 49 f.; *Felix*, KÖSDI 1987, 6918 (6919 Nr. 86–94); zu den Informationsrechten in der Unterbeteiligungsgesellschaft siehe *Schlegelberger/Karsten Schmidt*, § 338 (§ 233 n.F.) Rn. 20 ff.; *Ulbrich*, S. 123 ff.; *Böttcher/Zartmann/Faut*, S. 113 ff.; *Blaurock*, S. 182 ff.
69 BFH v. 21. 2. 1991 (IV R 35/89) BFHE 164, 238 = BStBl. II 95,449, mit Anm. *Söffing*, FR 1991, 526; *Karsten Schmidt*, § 63 IV 3.
70 Vgl. BGH v. 11. 7. 1968 BGHZ 50, 316 (323); BGH v. 10. 10. 1994 NJW-RR 1995, 165; BFH v. 27. 1. 1994 (IV R 114/91) BFHE 174, 219 = BStBl. II 1994, 635; *Schlegelberger/Karsten Schmidt*, § 338 (233 n.F.) Rn. 20 m.w.N.; weitergehend *Zutt*, in: GroßKomm. § 233 Rn. 18; auf §§ 713, 666 BGB abstellend MünchHdb. GesR I/*Riegger*, § 24 Rn. 34.

Entschließungen von großer Bedeutung ist, können wegen des widerstreitenden Gesellschaftsinteresses Informationsrechte über die inneren Verhältnisse der Hauptgesellschaft nicht hergeleitet werden. Der Unterbeteiligte hat daher nur dann ein Recht auf Einsicht in Bilanzen und ähnliche Unterlagen, wenn die Hauptgesellschaft dem Hauptgesellschafter die Bekanntgabe gestattet hat und der Unterbeteiligungsvertrag dahin auszulegen ist, dem Unterbeteiligten sei ein Recht auf Bekanntgabe eingeräumt. In der Regel wird das bei einer der Hauptgesellschaft gegenüber offengelegten und von dieser gebilligten Unterbeteiligung der Fall sein.

Ein **Wettbewerbsverbot** zwischen Haupt- und Unterbeteiligten kann dem Gesetz nicht entnommen werden. Es ist allerdings möglich, daß ein solches Verbot sich aus der Treuebindung ergibt[71]. Ob ein in der Hauptgesellschaft bestehendes Wettbewerbsverbot auch auf den Unterbeteiligten zu erstrecken ist, kann nicht einheitlich beantwortet werden. Entscheidend ist die Ausgestaltung des Unterbeteiligungsvertrages im Hinblick auf das Verhältnis zur Hauptgesellschaft, insbesondere auch die Regelung der Informationsrechte. Je größer der Einblick in die Interna der Hauptgesellschaft ist, je mehr sonstige Einflußmöglichkeiten in der Hauptgesellschaft bestehen, desto eher wird man ein Wettbewerbsverbot auch für den Unterbeteiligten annehmen können[72]. Bei rein kapitalistischer Beteiligung ist ein solches Verbot jedoch abzulehnen[73]. 1913

Die **Haftung** zwischen dem Unterbeteiligten und dem Hauptbeteiligten regelt sich nach den allgemeinen Grundsätzen[74]. Der Hauptgesellschafter haftet dem Unterbeteiligten für eigenes Fehlverhalten sowie für Schädigungen durch die Hauptgesellschaft. Für Schädigungshandlungen seiner Mitgesellschafter ist er nicht verantwortlich. Soweit die übrigen Voraussetzungen dafür vorliegen, kann der Unterbeteiligte aber im Rahmen einer Drittschadensliquidation[75], bei offengelegter Unterbeteiligung möglicherweise auch aufgrund eines Vertrages zugunsten Dritter[76] Ersatzansprüche haben. Haftungsmaßstab ist in jedem Fall § 708 BGB[77]. 1914

---

71 *Ulbrich*, S. 130; *Esch*, NJW 1964, 902 (905); *Greifeld*, S. 48; *Zutt*, in: Groß-Komm. § 230 Rn. 115.
72 Näher *Blaurock*, S. 201 ff.; vgl. auch OLG Frankfurt/M v. 7. 9. 1991 DB 1992, 2489 = GmbHR 1992, 668.
73 Ebenso *Schlegelberger/Karsten Schmidt*, § 335 (§ 230 n.F.) Rn. 230; MünchHdb. GesR I/*Riegger*, § 24 Rn. 36.
74 *Blaurock*, S. 208 ff.; *Herzfeld* AcP 137 (1933, 270 (312 ff.); *Thomsen*, S. 41.
75 Wenn der eigentlich beim Hauptbeteiligten zu erwartende Schaden den Unterbeteiligten trifft, dazu näher *Blaurock*, S. 219.
76 So *Schlegelberger/Karsten Schmidt*, § 335 (§ 230 n.F.) Rn. 232.
77 *Paulick*, ZGR 1974, 253 (277); *Janberg*, DB 1953, 77 (79).

III. Teil: Die Unterbeteiligung

1915 Die Unterbeteiligung ist grundsätzlich **nicht übertragbar.** Wie auch sonst im Personengesellschaftsrecht sind ohne weiteres allein die in § 717 S. 2 BGB genannten Ansprüche übertragungsfähig. Erst durch entsprechende Vereinbarung der Gesellschafter, die auch schon in einer Vertragsklausel des Gesellschaftsvertrages festgehalten sein kann, wird die Gesellschafterstellung fungibel. Veräußert der Hauptgesellschafter seinen Gesellschaftsanteil, so wird nicht ohne weiteres eine Unterbeteiligung mit dem Erwerber begründet. Der Erwerber muß durch eine Änderung des ursprünglichen Unterbeteiligungsvertrages in die Innengesellschaft einbezogen werden, oder es muß mit ihm ein neuer Gesellschaftsvertrag abgeschlossen werden. Ohne eine entsprechende Vereinbarung wird die Unterbeteiligung zwischen dem Unterbeteiligten und dem bisherigen Hauptgesellschafter bei Veräußerung des Gesellschaftsanteils infolge Zweckvereitelung aufgelöst, § 726 BGB[78]. Die Regelung des § 726 BGB ist jedoch dispositiv und kann im Unterbeteiligungsvertrag z.B. dadurch ersetzt werden, daß an die Stelle des bisherigen Rechtsverhältnisses eine offene Direktbeteiligung tritt[79].

1916 Die Gesellschafter sind hinsichtlich der **Verteilung von Gewinn und Verlust**[80], die sich aus dem Gesellschaftsanteil ergeben, frei. Dementsprechend finden sich in den Unterbeteiligungsverträgen regelmäßig auch eingehende Vereinbarungen über die Gewinn- und Verlustbeteiligung. Regelungsbedürftig ist insbesondere die Frage, ob sich die Gewinnbeteiligung auch auf offene Rücklagen der Hauptgesellschaft und auf nicht entnommene, stehengelassene Gewinne bezieht[81].

1917 Fehlt eine Regelung, so partizipiert der Unterbeteiligte nur an den ausgeschütteten Gewinnen und muß Entnahmebeschränkungen in der Hauptgesellschaft gegen sich gelten lassen[82]. An den **stillen Reserven** hat der Unterbeteiligte in der Regel dann Anteil, wenn sie aufgelöst werden, im Zweifel ohne Rücksicht darauf, ob sie vor der Eingehung oder während des Bestehens der Unterbeteiligung gebildet worden sind[83]. Auf die Bildung von Reserven während des Bestehens der Unterbeteiligung hat der

---

78 OLG Hamm v. 6. 12. 1993, NJW-RR 1994, 999; *Schlegelberger/Karsten Schmidt,* § 339 (§ 234 n.F.) Rn. 70; *Zutt,* in: GroßKomm. § 234 Rn. 41.
79 OLG Hamm v. 6. 12. 1993, NJW-RR 1994, 999.
80 Dazu näher *Ulbrich,* S. 131 ff.; *Schlegelberger/Karsten Schmidt,* § 336 (§ 231 n.F.) Rn. 25 und § 337 (§ 232 n.F.) Rn. 42 f.; *Thomsen,* S. 42 f.; *Böttcher/Zartmann/Faut,* S. 108 ff.; *Blaurock,* S. 116 ff.; *Paulick,* ZGR 1973, 253 (264 ff.).
81 Dazu *H. Westermann,* Handbuch I, Rn. 927, 962 ff.; *Thomsen,* S. 42 ff.
82 Ebenso *H. Westermann,* Handbuch I, Rn. 963; *Thomsen,* S. 46; *Meyer,* S. 116.
83 Str., wie hier: MünchHdb. GesR I/*Riegger,* § 24 Rn. 42; a.A. *Thomsen,* S. 44; *Winterstein,* S. 74.

Unterbeteiligte keinen Einfluß. Soweit sie mit dem Gesetz und den Grundsätzen ordnungsmäßiger Buchführung im Einklang stehen, muß der Unterbeteiligte die Bilanzentscheidungen der Hauptgesellschaft hinnehmen.

Falls nichts anderes bestimmt ist, bleibt eine dem Hauptbeteiligten gezahlte feste **Tätigkeitsvergütung** von der Beteiligung ausgenommen[84]. Das gleiche gilt bei Unterbeteiligung am Anteil des Komplementärs einer Kommanditgesellschaft hinsichtlich der **Vergütung für die Übernahme der persönlichen Haftung**. Mit dieser Haftung wird allein der Hauptgesellschafter belastet, die hierfür geleistete Vergütung steht allein ihm zu. Anders wäre es nur, wenn der Unterbeteiligte im Innenverhältnis ebenfalls persönlich zu haften hätte[85]. 1918

Die Teilnahme des Unterbeteiligten am Verlust, der auf den Gesellschaftsanteil entfällt, kann begrenzt oder auch ganz ausgeschlossen werden. Ein **Ausschluß der Verlustbeteiligung** berührt nicht den gemeinsamen Zweck, den der Unterbeteiligte unabhängig von einer Verlusttragungspflicht durchaus fördern kann und hat auf die Qualifizierung der Unterbeteiligung als Gesellschaft keinen Einfluß[86]. Auch ein Ausschluß des Unterbeteiligten vom laufenden Gewinn ist möglich, wenn ihm bei Unterbeteiligung mit Substanzbeteiligung im Innenverhältnis wenigstens Werterhöhungen des Anteils zugute kommen. Eine solche Regelung führt, wenn sie zwischen verwandten Personen vereinbart wird, freilich in der Regel dazu, daß die Unterbeteiligung steuerlich nicht anerkannt wird[87]. 1919

Regelungsbedürftig ist schließlich, ob die Gewinnverteilungsabrede sich auf die **Handels- oder Steuerbilanz** bezieht. Fehlt eine entsprechende Klausel, so ist davon auszugehen, daß die Handelsbilanz maßgeblich sein soll[88]. Führt die Hauptgesellschaft keine eigene Handelsbilanz, so dürfte die von ihr erstellte Steuerbilanz Grundlage der Gewinnermittlung und -verteilung sein, d.h. es ist im Zweifel dann keine gesonderte Handelsbilanz zu erstellen[89]. 1920

---

84 *Thomsen*, S. 47; *H. Westermann*, Handbuch I, Rn. 964.
85 Ebenso *H. Westermann*, Handbuch I, Rn. 964; MünchHdb. GesR I/*Riegger*, § 24 Rn. 43.
86 Anders zu Unrecht *Schulze-Osterloh*, S. 31, 37.
87 Dazu auch *Thomsen*, S. 47 und BFH v. 13. 12. 1963 (VI 339/61 U) BStBl. II 1964, 156.
88 *Thomsen*, S. 43; *Felix*, KÖSDI 1985, 5791 (5805 Nr. 82); *Böttcher/Zartmann/Faut*, S. 76 f.
89 Ebenso MünchHdb. GesR I/*Riegger*, § 24 Rn. 42.

1921 Eine **für die Dauer der Hauptgesellschaft** abgeschlossene Unterbeteiligung an einem Gesellschaftsanteil kann wie eine für unbestimmte Zeit vereinbarte Unterbeteiligung **gekündigt** werden, wenn die Dauer der Hauptgesellschaft weder zeitlich noch durch ihren Zweck begrenzt und deshalb ungewiß ist[90]. Zum Ausschluß des ordentlichen Kündigungsrechts ist es zwar nicht notwendig, daß die Dauer der Gesellschaft kalendermäßig feststeht. Es genügt, daß sie auf andere Weise festgelegt wird, wenn die Vertragsdauer damit nur im einzelnen Fall genügend bestimmbar ist; eine solche Festlegung kann sich unter Umständen auch nach der Art des Gesellschaftszwecks richten[91]. Daß die bloße Bestimmbarkeit ausreiche, ist aber in der Rechtsprechung nur in Fällen angenommen worden, in denen die Gesellschafter damit die Dauer einigermaßen übersehen und sich mit ihren wirtschaftlichen Dispositionen von vornherein in ähnlicher Weise darauf einstellen konnten, wie das der Fall gewesen wäre, wenn sie die Gesellschaftsdauer kalendermäßig festgelegt hätten. Dementsprechend ist es zwar möglich, das ordentliche Kündigungsrecht für eine Unterbeteiligung auf die Dauer des Bestands der Hauptgesellschaft auszuschließen, wenn deren Ende zeitlich festgelegt oder von der Erreichung eines bestimmten Gesellschaftszwecks abhängig ist[92]. Mit dem Zweck des § 723 Abs. 1 S. 1, Abs. 3 BGB wäre es dagegen nicht mehr vereinbar anzunehmen, eine auf die Dauer der Hauptgesellschaft abgeschlossene Unterbeteiligung sei im Wege der ordentlichen Kündigung nicht vorzeitig auflösbar, wenn die Dauer der Hauptgesellschaft nach den Bestimmungen ihres Gesellschaftsvertrages von vornherein in keiner Weise begrenzt, sondern von den Entschließungen ihrer Gesellschafter abhängig und damit ihrerseits aus der Sicht der Unterbeteiligungsgesellschaft zeitlich weder bestimmt noch bestimmbar ist. Das Ende der Unterbeteiligung wäre damit zwar rechtlich festgelegt, zeitlich aber so völlig ungewiß, daß von einer bestimmten Zeitdauer i.S.d. § 723 Abs. 1 S. 2 BGB nicht mehr gesprochen werden kann[93].

VIII. Beendigung der Unterbeteiligungsgesellschaft

1922 Neben dem Ablauf einer vereinbarten Zeit bzw. dem Eintritt einer auflösenden Bedingung wird die Unterbeteiligung durch Kündigung eines der Gesellschafter beendet. Es ist umstritten, welche Kündigungsfrist bei **ordentlicher Kündigung** einzuhalten ist. Die h.M. wendet § 234 Abs. 1

---
90 BGH v. 11. 7. 1968 BGHZ 50, 316 = DB 1968, 1529; BGH v. 13. 6. 1994 NJW 1994, 2886.
91 BGH v. 17. 6. 1953 BGHZ 10, 91 (98).
92 Vgl. BGH v. 13. 6. 1994 NJW 1994, 2886 (2888).
93 BGH v. 11. 7. 1968 BGHZ 50, 316 (321 f.); *Blaurock*, S. 165.

i.V.m. § 132 HGB analog an[94]. Richtiger ist es jedoch, beim Fehlen anderweitiger Regelungen im Unterbeteiligungsvertrag auf § 723 Abs. 1 BGB zurückzugreifen und damit die jederzeitige Kündigungsmöglichkeit zu gewähren, da die Lage bei der Unterbeteiligung eine andere ist als bei der stillen Gesellschaft[95]. Eine eindeutige Stellungnahme der Rechtsprechung liegt bislang nicht vor, der BGH hat die Frage ausdrücklich offengelassen[96]. Es empfiehlt sich daher dringend, im Unterbeteiligungsvertrag eine entsprechende ausdrückliche Vereinbarung zu treffen. Die **außerordentliche Kündigungsmöglichkeit** aus wichtigem Grunde ist wie auch sonst an keine Frist gebunden.

Die **Kündigung durch einen Gläubiger** des Unterbeteiligten erfolgt gemäß § 725 BGB[97]. Die demgegenüber von der Gegenansicht vertretene Auffassung, es seien die §§ 234, 135 HGB analog anzuwenden[98], verkennt die andersgeartete Interessenlage bei der Unterbeteiligung, bei der ein plötzlicher Kapitalentzug beim Hauptgesellschafter noch nicht unmittelbar zu einer Gefährdung der Hauptgesellschaft führt, die stets durch § 135 HGB genügend geschützt ist[99].

1923

Der **Tod eines Gesellschafters** der Unterbeteiligungsgesellschaft löst diese nicht ohne weiteres auf. Für den Tod des Unterbeteiligten ist das überwiegende Auffassung, man stützt sich zu Recht auf § 234 Abs. 2 HGB analog[100]. In entsprechender Anwendung dieser Norm ist deshalb auch beim Tode des Unterbeteiligten im Zweifel anzunehmen, daß die Unterbeteiligungsgesellschaft mit den Erben fortgeführt werden soll. Für den Tod des Hauptbeteiligten nimmt die überwiegende Meinung an, bei Fehlen einer Fortsetzungsklausel werde die Unterbeteiligungsgesellschaft aufgelöst[101]. Das wird man allerdings uneingeschränkt nur für den Fall

1924

---

94 *Ulbrich*, S. 147; *Böttcher/Zartmann/Faut*, S. 116 f.; *Wagner*, S. 120 f.; *Schlegelberger/Karsten Schmidt*, § 339 (§ 234 n.F.) Rn. 67; *Heymann/Horn*, § 234 Rn. 30.
95 Näher *Blaurock*, S. 163 f.; ebenso *Hesselmann*, GmbHR 1964, 26 (28); *Staudinger/Keßler*, Vor § 705 Rn. 114; differenzierend MünchHdb. GesR I/*Riegger*, § 24 Rn. 66.
96 BGH v. 11. 7. 1968, BGHZ 50 316 (321).
97 *Blaurock*, S. 172; *Meyer*, S. 144 ff.; *Pöllinger*, S. 63 f.; *Greifeld*, S. 67 f.
98 *Wagner*, S. 122 ff.; *Paulick*, ZGR 1974, 253 (279); *Friehe*, S. 72 f.; *Schlegelberger/Karsten Schmidt*, § 339 (§ 234 n.F.) Rn. 69.
99 Näher *Blaurock*, S. 172.
100 *Paulick*, ZGR 1974, 253 (280); *Schlegelberger/Karsten Schmidt*, § 339 (§ 234 n.F.) Rn. 74 m.w.N.; *Ulbrich*, S. 153 ff.; zweifelnd MünchHdb. GesR I/*Riegger*, § 24 Rn. 62.
101 *Herzfeld*, AcP 137 (1933), 270 (317); *Esch*, NJW 1964, 902 (906); *Ulbrich*, S. 151; *Paulick*, ZGR 1974, 253 (273); *Zutt*, in: GroßKomm. § 234 Rn. 40.

annehmen können, daß durch den Tod des Hauptgesellschafters auch die Auflösung der Hauptgesellschaft eintritt oder daß die Beteiligung an der Hauptgesellschaft nicht auf seine Erben übergeht. Bei denjenigen Unterbeteiligungen, die der Verschaffung einer Ersatzgesellschafterstellung wegen eingeräumt wurden, spricht mehr dafür, daß der Unterbeteiligte diese mittelbare Beteiligung auch nach dem Ableben des Hauptgesellschafters weiter innehaben soll, soweit er nicht ohnehin in die Gesellschafterstellung des Erblassers kraft Nachfolge von Todes wegen einrückt[102].

1925 Der **Konkurs eines Beteiligten**[103] schließlich löst – anders als der Vergleich – die Gesellschaft ebenso auf wie die Zweckerreichung bzw. Zweckvereitelung, § 728 bzw. § 726 BGB[104]. Dabei ist die Auflösung der Hauptgesellschaft noch keine Zweckvereitelung, die Unterbeteiligung besteht vielmehr am Anteil an der Liquidationsgesellschaft fort. Erst mit der Beendigung der Liquidationsgesellschaft findet auch die Unterbeteiligungsgesellschaft ihr Ende[105].

1926 Eine die Rechtsform des Hauptgesellschafters ändernde **Umwandlung** führt nicht ohne weiteres zur Auflösung der Unterbeteiligungsgesellschaft[106]. In Fällen, in denen die Umwandlung die Interessen des Unterbeteiligten nachteilig berührt, hat er ein außerordentliches Kündigungsrecht[107].

1927 Ist eine Unterbeteiligungsgesellschaft aus einem der genannten Gründe aufgelöst, so ist damit **noch keine Vollbeendigung** eingetreten[108], denn auch bei einer Innengesellschaft wird durch die Auflösung das gesell-

---

102 Im Ergebnis ebenso *Schlegelberger/Karsten Schmidt*, § 339 (§ 234 n.F.) Rn. 62; *Böttcher/Zartmann/Faut*, S. 118; *H. Westermann*, Handbuch I, Rn. 970.
103 Dazu *Blaurock*, S. 173; *Ulbrich*, S. 154.
104 Dazu *Schlegelberger/Karsten Schmidt*, § 339 (§ 234 n.F.) Rn. 64.
105 *Blaurock*, S. 166; *Ulbrich*, S. 158; *Schlegelberger/Karsten Schmidt*, § 339 (§ 234 n.F.) Rn. 64; MünchHdb. GesR I/*Riegger*, § 24 Rn. 71.
106 *Herzfeld*, AcP 133 (1937), 270 (320); *Meyer*, S. 153 f.; differenzierend *Schmidt/Diemitz*, DB 1978, 2397 ff.; zum Einfluß der Umwandlung der Hauptgesellschaft siehe ausführlich *Theil*, S. 59 ff., S. 105 ff.
107 Siehe hierzu *Blaurock*, S. 170; *Herzfeld*, AcP 137 (1933), 270 (320); *Meyer*, S. 153 f.; *Schmidt-Diemitz*, DB 1978, 2397 ff.; außerdem *Theil*, S. 62 ff., S. 100 ff.; *Schlegelberger/Karsten Schmidt*, § 339 (234 n.F.) Rn. 72, die bei übertragender Umwandlung eine Auflösung der Unterbeteiligungsgesellschaft annehmen, dem Unterbeteiligten aber ein Recht auf Neubegründung einräumen, dagegen MünchHdb. GesR I/*Riegger*, § 24 Rn. 73; *Zutt*, in: GroßKomm. § 234 Rn. 41.
108 A.A. die h.M., z.B. *Zutt*, in: GroßKomm. § 234 Rn. 40; *Pöllinger*, S. 70; *Greifeld*, S. 73; *Ulbrich*, S. 162; *Friehe*, S. 69; ferner BGH v. 22. 6. 1981 NJW 1982, 99 für die BGB-Gesellschaft als reine Innengesellschaft.

schaftliche Band nicht dergestalt zerschnitten, daß sich die bisherigen Gesellschafter nur noch als gewöhnliche Gläubiger und Schuldner gegenüberstünden. Die unmittelbaren Rechte und Pflichten sind zwar erloschen, solange aber nicht sämtliche Ansprüche, die in der Gesellschaft ihren Ursprung haben, befriedigt und alle Rechtsbeziehungen zwischen den Gesellschaftern abgewickelt sind, besteht auch eine Innengesellschaft als Abwicklungsgesellschaft weiter[109].

Die Auseinandersetzung des aufgelösten Unterbeteiligungsverhältnisses richtet sich zunächst nach den von den Parteien getroffenen Vereinbarungen. Liegen solche nicht vor, wendet die überwiegende Ansicht § 235 I HGB entsprechend an[110]. Dabei wird aber nach dem wirtschaftlichen Zweck der Unterbeteiligung zu differenzieren sein, ferner danach, ob die Unterbeteiligung zusammen mit der Hauptgesellschaft aufgelöst wird oder ob der Hauptgesellschafter in einer weiterbestehenden Hauptgesellschaft verbleibt[111]. 1928

IX. Die Einlage des Unterbeteiligten im Konkurs des Hauptgesellschafters

Die Unterbeteiligungsgesellschaft findet durch den Konkurs des Hauptgesellschafters ihr Ende[112]. Von zentraler Bedeutung für den Unterbeteiligten ist die Frage, ob er beim Konkurs des Hauptgesellschafters hinsichtlich seines Aktivsaldos ähnlich wie ein stiller Gesellschafter nur eine einfache Konkursforderung hat, oder ob ihm weitergehende Rechte zustehen. Die allgemeine Meinung geht dahin, § 236 HGB auch für den Konkurs des Hauptgesellschafters einer Unterbeteiligungsgesellschaft durchgreifen zu lassen, dem Unterbeteiligten also wie dem stillen Gesellschafter nur eine Konkursforderung zuzubilligen[113]. Zur Begründung beruft man sich auf den Charakter der Unterbeteiligungsgesellschaft als Innengesellschaft, die nur schuldrechtliche Forderungen unter den Gesellschaf- 1929

---

109 Ebenso *Schlegelberger/Karsten Schmidt*, § 339 (§ 234 n.F.) Rn. 60; im einzelnen zu den Folgen: *Blaurock*, S. 174 f.; *Schlegelberger/Karsten Schmidt*, § 340 (§ 235 n.F.) Rn. 64 ff.; siehe auch *Böttcher/Zartmann/Faut*, S. 121 ff.
110 OLG Hamm v. 6. 12. 1993, NJW-RR 1994, 999; *Zutt*, in: GroßKomm. § 235, Rn. 34; *Schlegelberger/Karsten Schmidt*, § 340 (235 n.F.) Rn. 65 ff. m.w.N.
111 Vgl. im einzelnen *Blaurock*, S. 174 ff.
112 Siehe oben Rn. 1925; zur Einzelzwangsvollstreckung siehe *Blaurock*, S. 280, 281.
113 *Paulick*, ZGR 1974, 253 (283); *Wagner*, S. 143; *Friehe*, S. 75; *Schlegelberger/Karsten Schmidt*, § 341 (§ 236 n.F.) Rn. 46; *Felix*, KÖSDI 1985, 5791 (5803 Nr. 69); *Hesselmann*, GmbHR 1964, 26 (28); *Zutt*, in: GroßKomm. § 237 Rn. 25.

tern hervorbringen könne, hinsichtlich derer eine Präferenz des Unterbeteiligten gegenüber den übrigen Gläubigern des Hauptgesellschafters nicht in Betracht komme. Diese Auffassung wäre nur richtig, wenn § 236 HGB Ausdruck eines für alle Innengesellschaften geltenden Prinzips wäre, wonach beim Konkurs eines Innengesellschafters, der nach außen hin allein Eigentümer des Gesellschaftsvermögens ist, der andere Innengesellschafter jedenfalls keine günstigere Stellung als die eines den übrigen Gläubigern gleichgestellten einfachen Konkursgläubigers haben soll. Ein solches Prinzip ist indessen nicht erkennbar[114]. Ist § 236 HGB nicht Ausdruck eines allgemeinen Prinzips, wäre die analoge Anwendung bei der Unterbeteiligungsgesellschaft nur gerechtfertigt, wenn die Sachverhalte gerade bei der stillen Gesellschaft und der Unterbeteiligungsgesellschaft einander so ähnlich wären, daß dem hinter der Vorschrift stehenden Gesetzeszweck auch bei der Unterbeteiligung Geltung verschafft werden müßte. Auch dies ist indessen nicht der Fall. Schon die Entstehungsgeschichte der Vorschrift zeigt, daß sie allein für stille Gesellschaften gedacht war. Vor allem aber ist auch in sachlicher Hinsicht die Lage bei der mehr statischen Unterbeteiligungsgesellschaft anders als bei der auf das Betreiben eines Handelsgewerbes ausgerichteten und damit dynamischeren stillen Gesellschaft[115]. Daher erscheint es richtiger, für die Unterbeteiligungsgesellschaft die Anwendbarkeit von § 236 HGB zu verneinen und es bei der Regelung des § 16 KO zu belassen, wonach die Auseinandersetzung **in vollem Umfange**[116] **außerhalb des Konkursverfahrens** zu erfolgen hat. Der Unterbeteiligte kann danach unbeeinträchtigt vom Konkursverfahren die auf ihn entfallende Quote des Abfindungs- und Liquidationsbetrages verlangen, der nach der Auseinandersetzung zwischen dem Konkursverwalter und den übrigen Hauptgesellschaftern dem Gemeinschuldner zufließt.

---

114 Auch die in diesem Zusammenhang oft angeführten Entscheidungen des RG v. 11. 10. 1905 JW 1905, 719 und des BGH v. 18. 12. 1954 BB 1955, 331 gehen nicht von einem solchen Prinzip aus; dazu *Blaurock*, S. 276 f.
115 Ausführlicher *Blaurock*, S. 277–279.
116 Das heißt insbesondere auch die Auszahlung des Aktivsaldos! Die gegenteilige Meinung, die diesen Auszahlungsanspruch unter § 51 KO faßt und § 236 HGB als Spezialnorm hierzu ansieht (z.B. *Schlegelberger/Karsten Schmidt*, § 341 (§ 236 n.F.) Rn. 46 i.V.m. Rn. 12; *Ulbrich*, S. 154 f.), ist unzutreffend. Vielmehr schränkt § 236 HGB den Anwendungsbereich von § 16 KO ein, der an sich den Auszahlungsanspruch erfaßt. Eben diese Einschränkung gilt bei der Unterbeteiligungsgesellschaft nicht; dazu ausführlicher *Blaurock*, S. 270 (275 f.).

§ 32 Die Unterbeteiligung im Steuerrecht

Schrifttum: *Biergans, Enno,* Sondervergütungen nach § 15 Abs. 1 Nr. 2 EStG bei mittelbaren Leistungsbeziehungen oder mittelbaren Beteiligungen, DStR 1988, 655; *Blümich, Walter / Falk, Ludwig,* Kommentar zum Einkommensteuergesetz, 15. Aufl., (Loseblatt, Stand: Februar 1997); *Bopp, Gerhard,* Die Unterbeteiligung an gewerblichen Unternehmen im Steuerrecht, 1956; *ders.* u.a., Steuerliches Vertrags- und Formularhandbuch, 3.Aufl., 1996; *Blaurock, Uwe / Berninger, Axel,* Unterbeteiligung an einem GmbH-Anteil in zivilrechtlicher und steuerrechtlicher Sicht (Teil II), GmbHR 1990, 91; *Böttcher, Conrad / Beinert, Jörg,* Die Aufnahme von Kindern in das Familienunternehmen, 1965; *Crezelius, Georg,* Steuerrecht II, 2. Aufl. 1994; *ders.,* Stille Beteiligungen und Unterbeteiligung bei Umstrukturierungen, in: JbFStR 1992/1993, 229; *Döllerer, Georg,* Anmerkung zum Urteil des FG München v. 5. 11. 1980 (V [IX] 57/76 E 2), BB 1981, 1317; *Dornbach, Eike-Götz,* Die Mitunternehmerschaft eines Gesellschafters aus gesellschaftsrechtlicher und steuerrechtlicher Sicht, Diss. Bonn 1975; *Düchting, Alfons,* Die Unterbeteiligung im Einkommen- und Gewerbesteuerrecht, BB 1963, 808; *Esch, Günther,* Zur steuerlichen Behandlung der Unterbeteiligung, BB 1968, 1280; *Felix, Günther,* Kölner Mustervorlagen Nr. 4, Vertragsmuster für typische Unterbeteiligung, 1977; *ders.,* Unterbeteiligungen aus der Sicht der Steuerberatung, KÖSDI 1985, 5791 und KÖSDI 1987, 6918; *Fella, Günter,* Die Unterbeteiligung bei Personengesellschaften im Einkommensteuerrecht, BB 1976, 784; *Fichtelmann, Helmar,* Die Einheitsbewertung des Betriebsvermögens bei Unterbeteiligungen, DStR 1968, 560; *ders.,* Gewinnauswirkungen bei Einräumung, Übertragung und Auflösung einer Unterbeteiligung, DB 1969, 629; *ders.,* Zur Anerkennung einer Unterbeteiligung mit unterhaltsberechtigten Familienangehörigen, FR 1975, 388; *Flore, Ingo,* Unterbeteiligung an einem GmbH-Anteil, BB 1994, 1191; *Friehe, Christian-Friedrich,* Die Unterbeteiligung bei Personengesellschaften, 1974; *Gorski, Hans Günter,* Von der Begünstigung der Unternehmer bei der Einkommensteuer, DStZ 1993, 613; *Groh, Manfred,* Sind schenkweise begründete Innengesellschaften und Darlehen steuerlich unbeachtlich?, BB 1987, 1505; *Grürmann, Harald,* Die Unterbeteiligung bei Personengesellschaften im Steuerrecht, BB 1978, 1204; *Helmschrott, Hans,* Das Verfahren bei stillen Gesellschaften und Unterbeteiligungen, SteuerStud 1990, 129; *Herrmann, Carl / Heuer, Gerhard / Raupach, Arndt,* Kommentar zum Einkommensteuer- und Körperschaftsteuergesetz, 20. Aufl., (Loseblatt); *Kapp, Reinhard,* Kommentar zum Erbschaftsteuer- und Schenkungsteuergesetz, 9. Aufl., 1984 (Loseblatt, Stand: November 1987); *Kletschka, Franz,* Die Unterbeteiligung an gewerblichen Unternehmen im Steuerrecht, Diss. Köln 1974; *Knobbe-Keuk, Brigitte,* Bilanz- und Unternehmenssteuerrecht, 9. Aufl., 1993; *Lange, Joachim,* Die Unterbeteiligung in der einheitlichen Gewinnfeststellung, BB 1969, 216; *Märkle, Rudi,* Die Unterbeteiligung an Einkunftsquellen, DStZ 1985, 471, 508, 533; *Neufang, Bernd,* Die sogenannten Innengesellschaften – ein Rechtsinstrument zur Optimierung der Unternehmensform, INF 1987, 8; *Obermüller, Walter / Obermüller, Manfred,* Die Unterbeteiligung im Bankgeschäft, in: Festschrift für W. Werner 1984, 606; *Paulick, Heinz,* Die Unterbeteiligung in gesellschaftsrechtlicher und steuerrechtlicher Sicht, ZGR 1974, 253; *Paus, Bernhard,* Der Verlustabzug bei der typisch stillen Gesellschaft, FR 1979, 90; *Runge, Berndt,* Die Übertragung eines Bruchteils eines Mitunternehmeranteils, BB 1970, 342; *Seer, Roman,* Die ertragssteuerliche Behandlung der doppelstöckigen Personengesellschaft unter besonderer Berücksichtigung des Steueränderungsgesetzes 1992, StuW 1992, 35; *Schmidt, Harald,* Die einkommensteuerliche Behandlung der Unterbeteiligung, StBp. 1970, 26; *Schmidt, Ludwig,* Kommentar zum Einkommensteuergesetz, 15. Aufl., 1996; *ders.,* Unmittelbare Leistung bei mittelbarer Beteiligung an einer Personenhandelsgesellschaft in der Form einer atypischen Unterbeteiligung, StuW 1988, 245; *Schneider, Herbert,* Über die Unterbeteiligung an Anteilen an einer Personengesellschaft als stille Gesellschaft, Festschrift für P. Möhring, 1965, 115; *Schulze zur Wiesche, Dieter,* Die Unterbeteiligung als Mitunternehmerschaft, DB 1974, 2225; *ders.,* Die Unterbeteiligung als Mitunternehmerschaft, DB 1987, 551; *ders.,* Die Unterbeteiligung in der steuerlichen Rechtsprechung, NJW 1983, 2362; *ders.,* Unterbeteiligung an einem GmbH-Anteil, GmbHR 1986, 236; *Schwichtenberg, Knut W.,* Wann ist das Unterbeteiligungsverhältnis eine Mitunternehmerschaft?, DB 1987, 1963; *Söffing, Günter,* Verluste bei typisch stiller Beteiligung, FR 1982, 445; *Sterner, Friedrich,* Nochmals: „Unterbeteiligung an Einkunftsquellen", DStZ 1986, 66; *Thomsen, Joachim,* Die Unterbeteiligung an einem Personengesellschaftsanteil, 1978; *Tillmann, Bert,* in: GmbH-Handbuch III, 14. Aufl. Köln 1969/1995; *Tipke, Klaus / Kruse, Wilhelm,* Abgabenordnung, Finanzgerichtsordnung, Band II, 16. Aufl. (Loseblatt, Stand: März 1996); *Troll, Max,* Erbschaftsteuer und Schenkungsteuergesetz, 3. Aufl., 1980 (Loseblatt, Stand: August 1987]; *Uelner, Adalbert / Dankmeyer, Udo,* Die Verrechnung von Verlusten mit anderen positiven Einkünften nach dem Änderungsgesetz vom 20. 8. 1980 (sog. § 15a Gesetz], DStZ 1981, 12; *Wagner, Udo,* Die Unterbeteiligung an einem OHG-Anteil, 1975; *Winterstein, Manfred,* Die Unterbeteiligung an OHG- und KG-Anteilen als stille Gesellschaft, 1969; *Zimmermann, Reimer / Reyher, Ulrich / Hottmann, Jürgen,* Die Personengesellschaft im Steuerrecht, 1995.

I. Einkommensteuer

1930 Für die steuerrechtliche Behandlung der Unterbeteiligung ist wie bei der stillen Gesellschaft die **Unterscheidung zwischen typischer und atypischer Unterbeteiligung** grundlegend. Der Sache nach geht es um die Abgrenzung von rein kapitalistisch ausgestalteten Unterbeteiligungsverhältnissen zu solchen, die dem mittelbar Beteiligten im Innenverhältnis ein Unternehmerrisiko aufbürden bzw. Unternehmerinitiative gewähren und ihn damit zum Mitunternehmer i.S.v. § 15 Abs. 1 S. 1 Nr. 2 EStG werden lassen. Die Behandlung beider Fallgestaltungen im Steuerrecht ist grundverschieden.

1. Die typische Unterbeteiligung

a) Die steuerliche Behandlung beim Unterbeteiligten

1931 Die typische Unterbeteiligung ist dadurch gekennzeichnet, daß nach Beendigung des Gesellschaftsverhältnisses der Unterbeteiligte regelmäßig keinen Anspruch auf die stillen Rücklagen und auf einen etwaigen Geschäftswert hat. Der Anspruch ist auf die Rückzahlung der geleisteten Einlage zuzüglich noch nicht abgehobener Gewinnanteile beschränkt. Die Unterbeteiligung erstreckt sich also nicht auf die Wertänderung des Hauptgesellschaftsanteils, die wiederum maßgeblich von der Wertänderung des Betriebsvermögens der Hauptgesellschaft und der Entwicklung des Geschäftswertes beeinflußt wird. Da der in dieser Form Unterbeteiligte auch nicht mittelbar am Geschäftsrisiko der Hauptgesellschafter partizipiert, ist seine **Beteiligung eine rein kapitalistische.** Hält er die Unterbeteiligung im Privatvermögen, so sind die ihm zufließenden Gewinnanteile Einkünfte aus Kapitalvermögen i.S.v. § 20 Abs. 1 Nr. 4 EStG[1], ohne Rücksicht darauf, welche Einkunftsart der Hauptbeteiligte verwirklicht. Ist die Unterbeteiligung Bestandteil eines Gewerbebetriebs des Unterbeteiligten, so sind wegen § 20 Abs. 3 EStG Einkünfte aus Gewerbebetrieb anzunehmen[2].

Aufwendungen in Zusammenhang mit dem Erwerb der Unterbeteiligung und andere Aufwendungen, die durch das Halten der Unterbeteiligung veranlaßt sind, stellen Werbungskosten bzw. Betriebsausgaben dar. Dabei ist es ohne Belang, wenn diese Kosten anfänglich die Gewinnanteile übersteigen, sofern sich aus den Umständen erkennen läßt, daß die Beteiligung nicht auf Dauer zu einem Mißverhältnis von Ertrag und Belastung führt[3]. Bis zur Höhe des Einlagekapitals zählen auch Verlustanteile zu den Werbungskosten/Betriebsausgaben, da die Übernahme des Verlustrisikos zur Erwerbung der Einnahmen i.S.v. § 9 Abs. 1 S. 1 EStG dient[4]. 1932

Für die **die Einlage übersteigenden Verluste** ist gemäß § 20 Abs. 1 Nr. 4 S. 2 EStG die Vorschrift des § 15a EStG sinngemäß anzuwenden. Die Verlustanteile, die zu einem negativen Kapitalkonto führten, könnten also nicht mit positiven anderen Einkünften verrechnet werden. Auch ein Verlustabzug nach § 10d EStG sei nicht möglich, soweit dadurch ein negatives Kapitalkonto entstehe oder sich erhöhe. Der Negativbetrag mindert aber spätere Gewinnanteile des Unterbeteiligten[5]. M.E. läuft die- 1933

---

1 H.M., vgl. z.B. *Knobbe-Keuk*, § 9 II 4d, S. 411; *Märkle*, DStZ 1985, 508 (509); aus der Rechtsprechung insbes. BFH v. 28. 11. 1990 (I R 111/88) BFHE 163, 69 = BStBl. II 1991, 313; a.A. *Schulze zur Wiesche*, NJW 1983, 2362, der sonstige Kapitaleinkünfte annimmt.
2 *Märkle*, DStZ 1985, 508 (509).
3 Vgl. BFH v. 23. 3. 1982 (VIII R 132/80) BStBl. II 1982, 463 (464); BFH v. 9. 8. 1983 (VIII R 276/82) BFHE 139, 257 = BStBl. II 1984, 29 (30).
4 Vgl. FG München v. 5. 11. 1980 (V (IX) 57/76 E 2) EFG 1981, 341 zum gleichgelagerten Fall bei der stillen Gesellschaft; *Märkle*, DStZ 1985, 508 (509).
5 Dazu *Märkle*, DStZ 1985, 508 (509); *L. Schmidt*, § 20 EStG Rn. 144 f. m.w.N. sowie das Schreiben des BMF v. 31. 8. 1981 (IV B 4 S – 2252 – 71/81) FR 1981, 508; *Uelner/Dankmeyer*, DStZ 1981, 12 (21 f.).

se Verweisung mangels eines Anwendungsbereiches leer, vgl. oben Rn. 1441 ff.

1934 **Verluste der Vermögenseinlage selbst** die den Unterbeteiligten nicht aufgrund gesellschaftsrechtlicher Verpflichtungen treffen (z.B. im Konkurs- oder Vergleichsverfahren des Hauptbeteiligten) sind keine Werbungskosten bzw. Betriebsausgaben.

1935 Soweit die Unterbeteiligung nicht in einem Betriebsvermögen gehalten wird, bei dem die Gewinnermittlung nach § 4 Abs. 1 S. 1 EStG erfolgt, gilt das **Zuflußprinzip.** Die Besteuerung erfolgt in dem Erhebungszeitraum, in dem der Unterbeteiligte den Gewinn tatsächlich erhalten hat[6]. Verlustanteile bis zur Höhe der Einlage sind in dem Jahr zu berücksichtigen, in dem der Verlust in der Hauptgesellschaft bilanziell festgestellt ist[7].

1936 Ist die Unterbeteiligung bei dem Unterbeteiligten Bestandteil eines Gewerbebetriebes, für den der Gewinn nach §§ 4 Abs. 1 S. 1, 5 EStG ermittelt wird, so ist der Gewinn- oder Verlustanteil unter Berücksichtigung der Wertaufhellungstheorie in dem Erhebungszeitraum als Forderung in die Bilanz des Unterbeteiligten umzustellen, in dem er bei der Hauptgesellschaft erwirtschaftet wird[8].

1937 Besteht am Anteil eines atypischen stillen Gesellschafters eine typische Unterbeteiligung, so hat der stille Gesellschafter demnach seinen Gewinnanteil bereits in dem Jahr zu versteuern, für das der Gesamtgewinn der atypischen stillen Gesellschaft festgestellt wird, wohingegen der Unterbeteiligte erst im darauffolgenden Jahr zur Besteuerung herangezogen wird.

1938 Die **Beendigung** der typischen Unterbeteiligung führt zur Rückzahlung der Einlage. Dieser Vorgang führt nicht zu steuerbaren Einkünften des Unterbeteiligten. Bekommt er mehr ausgezahlt als seine ursprüngliche Einlage, so führt das nach der BFH-Rechtsprechung[9] zu Einkünften aus

---

[6] BFH v. 10. 11. 1987 (VIII R 53/84) BFHE 151, 434 = BStBl. II 1988, 186 = GmbHR 1988, 81 (82).

[7] Vgl. BFH v. 10. 11. 1987 (VIII R 53/84) BFHE 151, 434 = BStBl. II 1988, 186; für die stille Gesellschaft ebenso FG Karlsruhe v. 2. 9. 1992 (12 K 353/88) EFG 1993, 228; FG München v. 5. 11. 1980 (V [IX] 57/76 E 2) EFG 1981, 341 m. Anm. *Döllerer*, BB 1981, 1317; *Märkle*, DStZ, 1981, 508 (510); a.A. *Paus*, FR 1979, 90 (91).

[8] *Märkle*, DStZ 1985, 508 (510); *Grürmann*, BB 1978, 1204.

[9] BFH v. 1. 6. 1978 (IV R 139/73) BFHE 125, 386 = BStBl. II 1978, 570; BFH v. 14. 2. 1984 (VIII R 126/82) BFHE 141, 124 = BStBl. II 1984, 580; ebenso *Sterner*, BB 1983, 2176; *Märkle*, DStZ 1985, 533 (534).

Kapitalvermögen auf Seiten des Unterbeteiligten. Beim Hauptbeteiligten liegen dann Werbungskosten/Betriebsausgaben vor. Ist die Einlage bei Rückzahlung vermindert, so führt das nicht zu einkommensteuerlich relevanten Verlusten, wenn nicht die Unterbeteiligung im Betriebsvermögen gehalten wird[10].

Mehrerlöse bei Veräußerung der Unterbeteiligung sind ebensowenig zu berücksichtigen wie Mindererlöse[11]. Der BFH hat allerdings eine Ausnahme für den Fall angenommen, daß im Mehrerlös Gewinnanteile für ein schon abgelaufenes Wirtschaftsjahr enthalten sind[12]. Mehr- oder Mindererlöse sind dagegen stets relevant, wenn die Unterbeteiligung Betriebsvermögen darstellt[13]. 1939

b) Die steuerliche Behandlung beim Hauptbeteiligten

Für den Hauptgesellschafter sind die **Gewinnanteile des typisch Unterbeteiligten Werbungskosten bzw. Betriebsausgaben.** Für den Fall, daß der Hauptgesellschafter Mitunternehmer in der Hauptgesellschaft ist, können die abgeführten Gewinnanteile bei der einheitlichen Gewinnfeststellung der Hauptgesellschaft im Ergänzungsbereich des Mitunternehmers berücksichtigt werden[14]. Sie können aber, wenn die Unterbeteiligung geheimgehalten werden soll, auch bei der Steuerveranlagung des Hauptgesellschafters als Werbungskosten bzw. Betriebsausgaben abgezogen werden[15]. Eine ausnahmslose Bindung an das Gewinnfeststellungsverfahren der Hauptgesellschaft ließe das legitime Geheimhaltungsinteresse des Hauptbeteiligten außer acht, ohne daß hierfür ein zwingender Grund 1940

---

10 Zur Behandlung von laufenden Verlusten vgl. auch *Sterner*, DStZ 1986, 66 ff., der mit gewichtigen Argumenten danach unterscheidet, ob Verlustbeteiligung besteht oder nicht.
11 Es sei denn, es handelt sich um Spekulationsgewinn, §§ 22 Nr. 2 i.V.m. 23 Abs. 1 Nr. 1 lit. b EStG. Ein Spekulationsgewinn ist auch dann nicht nach § 23 Abs. 1 Nr. 1 lit. a EStG zu versteuern, wenn das Gesamthandsvermögen der Personengesellschaft nur aus Grundstücken besteht, BFH v. 4. 10. 1990 (X R 148/88) BStBl. II 1992, 211; vgl. auch BMF-Schreiben v. 27. 2. 1992 (IV B 3 – S 2256 – 3/92) BStBl. I 1992, 125.
12 BFH v. 11. 2. 1981 (I R 98/76) BFHE 133, 35 = BStBl. II 1981, 465; dazu *Märkle*, DStZ 1985, 533 (534) sowie gegen ihn *Sterner*, DStZ 1986, 66 ff.; siehe auch oben Rn. 1422 ff.
13 Zur Veräußerung der Hauptbeteiligung bzw. Liquidation der Hauptgesellschaft siehe *Märkle*, DStZ 1985, 533 (534).
14 *Grürmann*, BB 1978, 1204.
15 BFH v. 29. 8. 1973 (I R 26/71) BFHE 110, 315 = BStBl. II 1974, 62 (63); *Blaurock*, S 343 ff.; *Felix*, KÖSDI 1985, 5791 (5797 Nr. 30); *Märkle*, DStZ 1985, 508 (510); *Tipke/Kruse*, § 179 AO Tz. 7; *Fella*, BB 1976, 784 (785); *Schulze zur Wiesche*, NJW 1983, 2362 (2364).

vorläge; denn die Berücksichtigung bei der Veranlagung des Hauptbeteiligten erfüllt für den Fiskus den gleichen Zweck.

1941 In jedem Fall trifft den Hauptbeteiligten die **Pflicht zum Kapitalertragsteuerabzug.** Dies gilt selbst dann, wenn die Einkünfte des Hauptbeteiligten schon dem Kapitalertragsteuerabzug unterliegen. Der Hauptgesellschafter muß von dem ausgeschütteten Betrag, den er dem typischen Unterbeteiligten überläßt, seinerseits noch einmal Kapitalertragsteuer abziehen[16]. Der Unterbeteiligte kann den einbehaltenen Betrag bei seiner Steuerveranlagung gem. § 36 Abs. 2 Nr. 2 EStG anrechnen, soweit er unbeschränkt steuerpflichtig ist[17].

2. Die atypische Unterbeteiligung

a) Die atypische Unterbeteiligung als Mitunternehmerschaft

1942 Die atypische Unterbeteiligung ist dadurch gekennzeichnet, daß der Unterbeteiligte nicht allein an den laufenden Erträgen der Hauptbeteiligung teilhat, sondern daß darüber hinaus eine Beteiligung an den Wertschwankungen des Hauptanteils bzw. ein Mitverwaltungsrecht bezüglich dieses Anteils vereinbart worden ist. Die Folge solcher Gestaltungen, die den Unterbeteiligten nicht mehr als reinen Kapitalgeber, sondern als obligatorischen Mitinhaber der Einkunftsquelle des Hauptbeteiligten ausweisen, ist eine **Parallelität der Einkunftsarten** bei den Beteiligten der Unterbeteiligungsgesellschaft, wobei die Qualifikation beim Hauptbeteiligten auf den Unterbeteiligten durchschlägt. Dies bedeutet z.B. für die Unterbeteiligung an einem GmbH-Anteil[18], daß bei einer Substanzbeteiligung oder bei Einräumung von Mitbestimmungsrechten im Innenverhältnis der Unterbeteiligte Einkünfte aus Kapitalvermögen hat. Allerdings handelt es sich dann nicht um Einkünfte nach § 20 Abs. 1 Nr. 4 EStG, sondern um solche nach § 20 Abs. 1 Nr. 1 EStG[19]. Einkünfte aus Gewerbebetrieb hat der atypische Unterbeteiligte demnach dann, wenn der Hauptbeteiligte Einkünfte aus Gewerbebetrieb hat, also einen Mitunternehmeranteil hält, und der Unterbeteiligte sich daran in der Weise atypisch beteiligt, daß er seinerseits als Mitunternehmer anzusehen ist.

---

16 *Thomsen*, S. 78; *Märkle*, DStZ 1985, 508 (511).
17 Für beschränkt steuerpflichtige Unterbeteiligte besteht diese Anrechnungsmöglichkeit nicht, da der Kapitalertragsteuerabzug hier wegen des § 50 Abs. 5 EStG endgültig ist; vgl. *Blaurock/Berninger*, GmbHR 1990, 87 (91).
18 Zur Unterbeteiligung an einem GmbH-Anteil siehe unten Rn. 1974 ff.; ferner *Tillmann*, in: GmbH-Handbuch III, Rn. 966 ff.; *Felix*, KÖSDI 1985, 5791 (5801); *Böttcher/Zartmann/Faut*, S. 252 ff.
19 Vgl. zu den nicht mitunternehmerischen atypischen Unterbeteiligungen *Märkle*, DStZ 1985, 471 (473 ff.), 508 (511 ff.), 533 (535 ff.).

Wann der Hauptbeteiligte einen Mitunternehmeranteil hält und die Unterbeteiligung mitunternehmerisch ausgestaltet ist, richtet sich nach den allgemeinen Kriterien für den Mitunternehmerbegriff[20]. Ein **Mitunternehmerrisiko** trägt der Unterbeteiligte in der Regel dann, wenn er an dem Substanzwert des Hauptgesellschaftsanteils und damit mittelbar an der Substanz des Vermögens der Hauptgesellschaft, wenn auch nur schuldrechtlich, beteiligt ist. Erforderlich ist damit grundsätzlich eine mittelbare Beteiligung des Unterbeteiligten am Geschäftswert und den stillen Reserven der Hauptgesellschaft entsprechend seines Anteils am Gesellschaftsanteil des Hauptbeteiligten[21]. 1943

Hinsichtlich der **Mitunternehmerinitiative** ist darauf zu achten, daß Mitverwaltungsrechte des Unterbeteiligten auch in der Hauptgesellschaft wirksam werden[22]. Es genügt nicht, daß der Einfluß des Unterbeteiligten sich auf die Innengesellschaft beschränkt, da das Halten des Mitunternehmeranteils allein noch keine gewerbliche Tätigkeit darstellt, dem Unterbeteiligten also keine gewerblichen Einkünfte vermitteln kann. Erst wenn der – mittelbare – Einfluß in die das Gewerbe betreibende Hauptgesellschaft hineinreicht, kann man von einer Mitunternehmerinitiative sprechen. Dies ist beispielsweise dann der Fall, wenn der Unterbeteiligte als leitender Angestellter der Hauptgesellschaft in dieser unmittelbar tätig wird[23], oder wenn ihm durch den Unterbeteiligungsvertrag ein Weisungsrecht gegenüber dem Hauptgesellschafter eingeräumt worden ist. 1944

Treffen Mitunternehmerrisiko und eine in die Sphäre der Hauptgesellschaft hineinreichende Mitunternehmerinitiative zusammen, so ist der Unterbeteiligte als Mitunternehmer der Hauptgesellschaft anzusehen[24], er bezieht dann gewerbliche Einkünfte i.S.d. § 15 Abs. 1 Nr. 2 S. 1 EStG. **Rechtsprechung**[25] **und herrschende Lehre**[26] **unterscheiden** dagegen in An- 1945

---

20 Dazu oben Rn. 1237 ff.
21 So BFH v. 6. 7. 1995 (IV R 79/94) BFHE 178, 180 = BStBl. II 1996, 269; BFH v. 27. 5. 1993 (IV R 1/92) BFHE 171, 510 = BStBl. II 1994, 700; vgl. bereits *Blaurock*, S. 301.
22 Dazu näher *Blaurock*, S. 302 ff.
23 BFH v. 23. 1. 1974 (I R 206/69) BFHE 112, 254 = BStBl. II 1974, 480; *Schulze zur Wiesche*, DB 1974, 2225.
24 Vgl. dazu BFH v. 22. 1. 1985 (VIII R 303/81) BFHE 143, 247 (250) = BStBl. II 1985, 363; BFH v. 23. 1. 1974 (I R 206/69) BFHE 112, 254 = BStBl. II 1974, 480; BFH v. 17. 1. 1964 (VI 319/63 U) BStBl. III 1965, 260; *Märkle*, DStZ 1985, 471 (475); *Felix*, KÖSDI 1985, 5791 (5793 Nr. 11); *Schulze zur Wiesche*, NJW 1983, 2362 (2363); krit. *Knobbe-Keuk*, § 9 II 4d, S. 411.
25 Vgl. nur BFH v. 29. 10. 1991 (VIII R 51/84) BFHE 166, 431 = BStBl. II 1992, 512 m.w.N.
26 *Knobbe-Keuk*, § 9 II 4d, S. 411; *Blümich/Stuhrmann*, § 15 EStG Rn. 233.

lehnung an die getrennten Gesellschaftsverhältnisse von Unterbeteiligungs- und Hauptgesellschaft **zwei Mitunternehmerschaften**. Für die Anerkennung gewerblicher Einkünfte soll es danach ausreichen, wenn der Unterbeteiligte als Mitunternehmer der Unterbeteiligungsgesellschaft anzusehen ist, soweit der Hauptbeteiligte seinerseits die Stellung eines Mitunternehmers der Hauptgesellschaft einnimmt. Sieht man mit dieser Auffassung als Leitbild für die Mitunternehmerschaft die typische Kommanditistenstellung an, so reicht für die Mitunternehmerstellung des Unterbeteiligten hinsichtlich der Unternehmerinitiative auch ein Kontrollrecht aus, das dem des Kommanditisten entspricht[27]. Auch hier ist darauf abzustellen, ob das Kontrollrecht – wenn auch mittelbar über den Hauptbeteiligten – hinsichtlich der Angelegenheiten der Hauptgesellschaft besteht.

1946 Durch das Steueränderungsgesetz 1992 wurde dem § 15 Abs. 1 Nr. 2 EStG ein Satz 2 hinzugefügt. Danach steht ein mittelbar über eine oder mehrere Personengesellschaften beteiligter Gesellschafter dem unmittelbaren Gesellschafter gleich; er ist als Mitunternehmer des Betriebes der Gesellschaft anzusehen, wenn er und die Personengesellschaften, die seine Beteiligung vermittelten, jeweils als Mitunternehmer der Betriebe der Personengesellschaften anzusehen sind, an denen sie unmittelbar beteiligt sind. Ein Teil der Literatur will diese Vorschrift auch auf die Unterbeteiligung anwenden[28]. Da der Hauptgesellschafter die Beteiligung bei der atypischen Unterbeteiligung auch für Rechnung des Unterbeteiligten halte, sei dieser als Gesellschafter der Innengesellschaft mittelbar über eine Personengesellschaft beteiligt und daher regelmäßig gemäß § 15 Abs. 1 Nr. 2 S. 2 EStG auch Mitunternehmer der Hauptgesellschaft[29]. Die Gegenauffassung lehnt die Anwendung des neuen Satz 2 auf die atypische Unterbeteiligung ab, da der Unterbeteiligte nicht über eine Personengesellschaft, sondern über einen Gesellschafter beteiligt sei[30]. Der BFH hat die Frage bisher offen lassen können[31]. § 15 Abs. 1 Nr. 2 S. 2 EStG setzt

---

27 BFH v. 27. 1. 1994 (IV R 114/91) BFHE 174, 219 = BStBl. II 1994, 635; BFH v. 24. 7. 1986 (IV R 103/83) BFHE 147, 495 = BStBl. II 1987, 54; siehe auch BFH v. 18. 3. 1982 (I R 127/78) BFHE 135, 464 = BStBl. II 1982, 546; BFH v. 3. 5. 1979 (IV R 153/58) BFHE 127, 538 (541) = BStBl. II 1979, 515; kritisch *Schulze zur Wische*, DB 1987, 551 ff.; ablehnend auch *Gorski*, DStZ 1993, 613 (619).
28 *Zimmermann/Reyher/Hottmann*, B. 1.1.6.4. (S. 79); *L. Schmidt*, EStG, § 15 Rn. 365, 622; *Blümich/Stuhrmann*, § 15 Rn. 376c; vgl. auch *Märkle*, StBJb 1991/92, 247 (281 f.).
29 So *Zimmermann/Reyher/Hottmann*, B. 1.1.6.4. (S. 79).
30 So *Knobbe-Keuk*, § 11 IV 5a, S. 469; *Seer*, StuW 1992, 35 (44); ablehnend auch Anm. HFR 1992, 451.
31 So ausdrücklich in BFH v. 2. 3. 1995 (IV R 135/92) BFHE 177, 198 (200) = BStBl. II 1995, 531.

voraus, daß der an der Hauptgesellschaft mittelbar Beteiligte als Mitunternehmer des Betriebs der die Beteiligung vermittelnden Personengesellschaft anzusehen ist. Dies ist bei der Unterbeteiligungsgesellschaft aber nicht der Fall, da sie als Innengesellschaft keinen Betrieb unterhält und damit auch keine Mitunternehmerschaft der Beteiligten begründen kann[32]. Die für die Zurechnung von gewerblichen Einkünften erforderliche Mitunternehmerstellung in der Hauptgesellschaft kann daher weiterhin nur durch eine in die Sphäre der Hauptgesellschaft hineinreichende Mitunternehmerinitiative des Unterbeteiligten vermittelt werden.

Die hier vertretene Ansicht[33] führt anders als die h.M. zu einer **Anerkennung der Mitunternehmereigenschaft des Unterbeteiligten nur in einem engeren Rahmen.** Im Hinblick darauf, daß es allein um die Frage geht, ob die Einkünfte des Unterbeteiligten solche aus Gewerbebetrieb sind, scheint dies aber durchaus gerechtfertigt. 1947

Auf **Einkünfte aus Vermietung und Verpachtung** überträgt der BFH die auf atypische Unterbeteiligungen an Personengesellschaften mit Einkünften aus Gewerbebetrieb angewandten Grundsätze nicht[34]. Eine Zurechnung von Einkünften aus Vermietung und Verpachtung auf der Grundlage eines auf das Innenverhältnis beschränkten mitunternehmerschaftlichen Verhältnisses kommt danach nicht in Betracht. Der Unterbeteiligte kann nur Einkünfte i.S.d. §§ 2 Abs. 1 S. 1 Nr. 6; 21 Abs. 1 Nr. 1 EStG erzielen, wenn er selbst Träger der Rechte und Pflichten aus dem Miet- oder Pachtverhältnis ist. Das ist regelmäßig nur dann der Fall, wenn er nach außen als Vermieter oder Verpächter auftritt[35]. 1948

b) Die einheitliche Gewinnfeststellung

Ist der Unterbeteiligte Mitunternehmer, so sind seine Gewinnanteile in dem Jahr zu versteuern, für das der Gewinn ermittelt wird, ohne Rücksicht darauf, ob der Unterbeteiligte bereits über seinen Gewinnanteil verfügen kann oder nicht. Das gleiche gilt für die Berücksichtigung von Verlusten. Über die Nominaleinlage hinausgehende Verluste unterliegen 1949

---

32 Zutreffend *Gorski,* DStZ 1993, 613 (619); *Biergans,* DStR 1988, 655 (658); vgl. auch die Kritik bei *L. Schmidt,* StuW 1988, 245 (249).
33 Näher dazu *Blaurock,* S. 302–306; ähnlich *Kletschka,* S. 87 f.; *Dornbach,* S. 106 f.; *Böttcher/Beinert,* S. 60; *Felix,* KÖSDI 1985, 5791 (5793 Nr. 9).
34 BFH v. 3. 12. 1991 (IX R 155/89) BFHE 166, 460 = BStBl. II 1992, 459 = DB 1992, 925.
35 BFH v. 3. 12. 1991 (IX R 155/89) BFHE 166, 460 = BStBl. II 1992, 459 = DB 1992, 925; krit. *Knobbe-Keuk,* § 9 II 4d, S. 412.

der Regelung des § 15a EStG[36]. Es gilt gleiches wie bei der atypischen stillen Gesellschaft[37].

1950 Nach dem Beschluß des Großen Senats des BFH v. 5. 11. 1973[38] ist die Frage, ob eine atypische Unterbeteiligung[39] am Anteil des Gesellschafters einer Personengesellschaft besteht und wie hoch der Anteil des Unterbeteiligten ist, in einem **besonderen Gewinnfeststellungsverfahren** für die Innengesellschaften zu entscheiden. Bei Einverständnis aller Beteiligten – Hauptgesellschaft und deren Gesellschafter sowie der Unterbeteiligten – kann aber auch die Unterbeteiligung im Rahmen des einheitlichen Gewinnfeststellungsverfahrens für die Hauptgesellschaft berücksichtigt werden. Diese Möglichkeit hat der Gesetzgeber in § 179 Abs. 2 S. 3 AO geschaffen[40]. Den Beteiligten steht damit **hinsichtlich des Feststellungsverfahrens ein Wahlrecht** zu[41]. Dabei ist grundsätzlich von zwei Feststellungsverfahren auszugehen und nur dann ein einheitliches durchzuführen, wenn alle Beteiligten damit einverstanden sind[42]. Ist nur einer der Gesellschafter der Unterbeteiligungsgesellschaft nicht mit der Einbeziehung in das Feststellungsverfahren der Hauptgesellschaft einverstanden, so sind zwei Verfahren durchzuführen[43]. Die Hauptgesellschaft wird ihr Einverständnis oder ihre Ablehnung nur einheitlich artikulieren können. Insoweit kommt es auf die gesellschaftsvertraglichen Bestimmungen über die gesellschaftsinterne Willensbildung an. Bei der regelmäßig vorzunehmenden besonderen Feststellung der Einkünfte der Beteiligten der Unterbeteiligungsgesellschaft wird der Gewinn- oder Verlustanteil des Haupt-

---

36 BFH v. 18. 8. 1992 (VIII R 32/91) DB 1993, 617 (618); *Märkle,* DStZ 1985, 508 (513).
37 Dazu oben Rn. 1372 ff.
38 (GrS 3/72) BFHE 112, 1 = BStBl. II 1974, 414.
39 Für die typische Unterbeteiligung kommt eine gesonderte Feststellung nach allgemeiner Ansicht nicht in Betracht; vgl. BFH v. 10. 11. 1987 (VIII R 53/84) BFHE 151, 434 = BStBl. II 1988, 186; BFH v. 9. 11. 1988 (I R 191/84) BFHE 155, 454 = BStBl. II 1989, 343; BFH v. 21. 2. 1991 (IV R 35/89) BFHE 164, 236 = BStBl. II 1995, 449; *Tipke/Kruse,* § 180 AO, Tz. 9.
40 Vgl. *Tipke/Kruse,* § 179 AO Tz. 7; *Märkle,* DStZ 1985, 508 (512).
41 *Tipke/Kruse,* § 179 AO Tz. 7; *Felix,* KÖSDI 1985, 5791 (5796 Nr. 28); *Märkle,* DStZ 1985, 508 (512); siehe auch BFH v. 24. 5. 1977 (IV R 47/76) BFHE 122, 400 = BStBl. II 1977, 737 (741).
42 BFH v. 2. 3. 1995 (IV R 135/92) BFHE 177, 198 = BStBl. II 1995, 531; *Tipke/Kruse,* § 179 AO Tz. 7; *Märkle,* DStZ 1985, 508 (512); *Felix,* KÖSDI 1985, 5791 (5796 Nr. 28); *Helmschrott,* SteuerStud 1990, 129 (135 f.).
43 A.A. anscheinend *Märkle,* DStZ 1985, 508 (512); *Felix,* KÖSDI 1985, 5791 (5796 Nr. 28); da es um Geheimhaltungsinteressen innerhalb der beiden Feststellungsbereiche geht, kann der Auffassung, die das Einverständnis nur eines der Beteiligten ausreichen läßt, nicht gefolgt werden, weil so das Geheimhaltungsinteresse nicht wirksam geschützt werden kann.

gesellschafters, wie er sich aus der einheitlichen Feststellung bei der Hauptgesellschaft ergibt, zugrunde gelegt. Daneben sind für den Unterbeteiligten vor allem Feststellungen über dessen Sondervergütungen zu treffen. Im Rahmen der gesonderten Feststellung für die Unterbeteiligungsgesellschaft wird auch die Verteilung eines etwa bestehenden Ver- oder Anrechnungsanspruchs von gezahlter Körperschaftsteuer sowie der einbehaltenen Kapitalertragsteuer auf die Gesellschafter der Unterbeteiligungsgesellschaft vorgenommen. Zuständig für die gesonderte Feststellung ist in der Regel das Sitz- oder Wohnsitzfinanzamt des Hauptbeteiligten als Geschäftsführer der Innengesellschaft[44]. Auch über etwaige Veräußerungsgewinne bzw. Veräußerungsverluste ist gegebenenfalls in dem besonderen Feststellungsverfahren für die Unterbeteiligungsgesellschaft zu entscheiden[45].

c) Einräumung, Auflösung und Veräußerung der Unterbeteiligung

Die **entgeltliche Einräumung** einer mitunternehmerischen Unterbeteiligung[46] stellt aus steuerrechtlicher Sicht die Veräußerung einer Quote des Gesellschaftsanteils des Hauptgesellschafters dar. Ein hierbei erzielter Gewinn unterliegt der Besteuerung nach § 16 Abs. 1 Nr. 2 EStG, wobei zusätzlich die Vergünstigungen des § 16 Abs. 4 EStG und § 34 Abs. 1 und Abs. 2 Nr. 1 EStG eingreifen. Ob dies auch dann gilt, wenn der Hauptbeteiligte den für die Einräumung der Unterbeteiligung hingegebenen Betrag zur Einlagefinanzierung in der Hauptgesellschaft verwendet, zivilrechtlich also eine Einlageleistung vorliegt[47], erscheint fraglich. Mit *Märkle*[48] wird man auch das Vorliegen eines Einbringungstatbestandes i.S.v. § 24 UmwStG erwägen können.

1951

Die **Beendigung** einer mitunternehmerischen Unterbeteiligung ist steuerlich für den Unterbeteiligten Anteilsveräußerung und für den Hauptgesellschafter entgeltlicher Anteilserwerb. Für den Unterbeteiligten führt dies gegebenenfalls zu einem nach § 16 Abs. 4 EStG und § 34 EStG begünstigten Veräußerungsgewinn. Für den Hauptbeteiligten ist der Vorgang erfolgsneutral, weil er den nunmehr erhöhten Anschaffungskosten für den zurückerworbenen Anteil den anteiligen Wert der Wirtschaftsgüter, die durch diesen Anteil repräsentiert werden, gegenüberstellen muß.

1952

---

44 *Märkle*, DStZ 1985, 508 (513); *Schulze zur Wiesche*, NJW 1983, 2362 (2364), der ein Berechnungsbeispiel gibt.
45 BFH v. 12. 6. 1975 (IV R 10/72) BFHE 116, 341 = BStBl. II 1975, 853 (854).
46 Im einzelnen dazu *Märkle*, DStZ 1985, 471 (479); siehe auch *Felix*, KÖSDI 1985, 5791 (5794); *Runge*, BB 1970, 342 ff.
47 Zur zivilrechtlichen Konstruktion siehe oben Rn. 1868 ff.
48 DStZ 1985, 471 (480); zustimmend *Neufang*, INF 1987, 8 (13).

Damit werden seine Buchwerte in der Ergänzungsbilanz bis zur Höhe der Anschaffungskosten aufgestockt[49].

1953 Die **Veräußerung** der mitunternehmerischen Unterbeteiligung hat für den Unterbeteiligten steuerlich die gleichen Folgen wie die Auflösung der Unterbeteiligungsgesellschaft. Insbesondere kommt § 16 Abs. 1 Nr. 2 EStG zur Anwendung. Der dort angesprochene Veräußerungsgewinn kann auch eine negative Größe, also ein Verlust sein. Die Feststellung eines Veräußerungsgewinns oder Veräußerungsverlustes erfordert nicht notwendig die Vorlage einer Bilanz auf den Veräußerungszeitpunkt. Wenn § 16 Abs. 2 EStG vorschreibt, daß der Wert des Betriebsvermögens oder des Anteils am Betriebsvermögen für den Zeitpunkt der Veräußerung nach § 4 Abs. 1 oder § 5 EStG zu ermitteln ist, so besagt dies in erster Linie, daß die Wertermittlung nach den materiell-rechtlichen Vorschriften über die Gewinnermittlung durch Betriebsvermögensvergleich durchzuführen ist. Wird der Mitunternehmeranteil veräußert, so kann sich zwar der Wert des Anteils am Betriebsvermögen im Zeitpunkt der Veräußerung aus einer Bilanz ergeben, z.B. wenn der Veräußerungszeitpunkt mit dem Bilanzstichtag der Personengesellschaft zusammenfällt. Liegt aber eine derartige Jahresabschlußbilanz nicht vor, so ist der Wert des Betriebsvermögens nach den Grundsätzen des § 4 Abs. 1 oder des § 5 EStG rechnerisch zu ermitteln oder gegebenenfalls zu schätzen, gleichgültig, ob ein Veräußerungsgewinn oder -verlust in Frage steht. Das gilt selbst dann, wenn man annehmen wollte, § 16 Abs. 2 EStG begründe unabhängig von den allgemeinen Bilanzierungsvorschriften eine besondere Bilanzierungspflicht für den Zeitpunkt der Veräußerung.

1954 Veräußert jemand eine gut rentierliche und nicht riskante mitunternehmerische Beteiligung mit Verlust, so trifft ihn nach einem Urteil des BFH[50] eine erhöhte Darlegungslast hinsichtlich der Motivation und der Umstände des Verkaufs.

3. Besonderheiten bei Unterbeteiligungen im Familienverband

1955 Für Unterbeteiligungsgesellschaften zwischen Familienangehörigen gelten die steuerlichen Anerkennungshürden, die auch bei der stillen Gesellschaft eingreifen[51]. Hier wie dort geht es darum, den Anwendungsbereich von § 12 Nr. 2 EStG zu konkretisieren und nichtabzugsfähige Unterhalts-

---

49 Zum Fall der geheimgehaltenen Unterbeteiligung siehe *Märkle,* DStZ 1985, 533 (535).
50 BFH v. 12. 6. 1975 (IV R 10/72) BFHE 116, 341 = BStBl. II 1975, 853 (855 f.).
51 Siehe dazu oben Rn. 1270 ff.; eingehend zur Rechtsprechung auch *Böttcher/ Zartmann/Faut,* S. 279 ff.

leistungen, die nur in das Gewand einer gesellschaftsvertraglichen Verpflichtung gekleidet werden, von echten, auch unter Familienangehörigen steuerlich anzuerkennenden Gesellschaftsverhältnissen zu scheiden.

Nach der Rechtsprechung ist erste Bedingung für die steuerrechtliche Anerkennung wie bei der stillen Gesellschaft die **zivilrechtlich wirksame Gestaltung der Vereinbarungen,** insbesondere also die Beachtung der Formvorschriften[52]. Darüber hinaus müssen die Regelungen des jeweiligen Vertrages einem sog. **Fremdvergleich** standhalten, was beispielsweise dazu führt, daß weitgehende Entnahmebeschränkungen und langjährige Kapitalbindung einer steuerlichen Anerkennung im Wege stehen können, da die Rechtsprechung meint, sie seien unter Fremden nicht üblich. Es erscheint indessen fraglich, ob der Fremdvergleich als eigenständiges Merkmal tragfähig ist, insbesondere im Hinblick auf die Ausgestaltung, die es durch die Rechtsprechung im Einzelfall erfahren hat[53]. Das entscheidende Differenzierungskriterium liegt eher in der Frage, ob dem Angehörigen nur zukünftige Erträge zugewandt werden, oder ob ihm eine **eigene Einkunftsquelle** verschafft wird. Werden dem Unterbeteiligten unentgeltlich lediglich künftige Gewinnansprüche abgetreten, verbleibt aber die Einkommensquelle Gesellschaftsanteil unverändert beim Zuwendenden, dann handelt es sich bei den Zahlungen an den Unterbeteiligten um bloße Einkommensverwendung, die den Zuwendenden steuerlich nicht entlastet. Die Anerkennung eines Unterbeteiligungsverhältnisses setzt deshalb stets eine echte (wenn auch nach außen nicht hervortretende) Beteiligung an der Quelle, aus der die betreffenden Einkünfte fließen, voraus[54].

1956

---

[52] Dazu *Thomsen,* S. 85 ff.; *Böttcher/Zartmann/Faut,* S. 255 ff., *Blaurock,* S. 313 ff.; *Märkle,* DStZ 1985, 471 (476 ff.); *Felix,* KÖSDI 1985, 5791 (5797 ff.) und KÖSDI 1987, 6918 (6926 ff.). Beruht die Unterbeteiligung eines Kindes auf einer Schenkung der Eltern, so wird die Vereinbarung wie bei der stillen Gesellschaft steuerlich nur anerkannt, wenn Schenkungsvertrag und Gesellschaftsvertrag gem. § 518 BGB notariell beurkundet werden. Die bloße Umbuchung vom Kapitalkonto der Eltern reicht als Vollzug der Schenkung nicht aus, vgl. BFH v. 19. 9. 1974 (IV R 95/73) BFHE 113, 558 = BStBl. II 1975, 141; BFH v. 8. 8. 1979 (I R 82/76) BFHE 128, 457 = BStBl. II 1979, 768. Die Finanzverwaltung wendet diese Grundsätze jedoch auf Verträge, die vor dem 1.1.1976 abgeschlossen worden sind, nicht an, BdF v. 8. 12. 1975 BStBl. I 1975, 1130; zur Schenkung einer Unterbeteiligung auch *Groh,* BB 1987, 1505 ff. Zur Kritik am Erfordernis der zivilrechtlichen Wirksamkeit s. oben Rn. 1280.
[53] Dazu *Märkle,* DStZ 1985, 471 (478) und krit. *Blaurock,* S. 318 f.
[54] BFH v. 26. 3. 1971 (VI R 131-135/68) BFHE 102, 66 = BStBl. II 1971, 478; *Felix,* KÖSDI 1985, 5791 (5798).

1957 Bei der Beantwortung dieser Frage kann dann der sog. Fremdvergleich Indizien liefern, weil man davon ausgehen kann, daß unter Fremden immer eine Einkunftsquelle verschafft werden soll.

1958 So kann z.B. eine Unterbeteiligung von Kindern nicht anerkannt werden, wenn diese das Gesellschaftsverhältnis zu Lebzeiten des Vaters nur mit Zustimmung eines vom Vater ernannten Dritten kündigen und die Auszahlung der ihnen gutgeschriebenen Gewinnanteile ebenfalls nur mit Zustimmung des Dritten verlangen können[55]. Von einer eigenen Einkunftsquelle kann hier wegen der einschneidenden Verfügungsbeschränkungen nicht die Rede sein.

1959 Auch die Vereinbarung einer jederzeit widerruflichen Gewinnbeteiligung ist der steuerlichen Anerkennung des Gesellschaftsverhältnisses hinderlich. Steht dem minderjährigen Berechtigten außerdem nicht einmal das Recht zu, die ihm gutgebrachten Gewinnanteile – abgesehen von eventuellen Steuerbeträgen – zu entnehmen, so ist dem Kind keine Einkunftsquelle übertragen worden.

1960 Räumt eine Mutter ihren Kindern an einem Kommanditanteil schenkweise je eine typische Unterbeteiligung ein, behält sie sich aber das Recht vor, jederzeit eine unentgeltliche Rückübertragung der Kapitalanteile ihrer Kinder zu verlangen, so kann nicht ernstlich zweifelhaft sein, daß den Kindern keine Einkunftsquelle übertragen worden ist und daß deshalb die Gewinngutschriften auf die Unterbeteiligungen bei der Mutter keine Sonderbetriebsausgaben, sondern nichtabzugsfähige Zuwendungen i.S.d. § 12 Nr. 2 EStG sind[56].

1961 Die schenkweise Einräumung der Unterbeteiligung steht nach der Rechtsprechung des BFH[57] und der Praxis der Finanzverwaltung[58] der steuerlichen Anerkennung jedenfalls dann nicht entgegen, wenn eine Beteiligung des Unterbeteiligten am Verlust vereinbart oder die Unterbeteiligung mitunternehmerisch ausgestaltet ist[59].

---

55 BFH v. 20. 2. 1975 (IV R 62/74) BFHE 115, 232 = BStBl. II 1975, 569.
56 BFH v. 18. 7. 1974 (IV B 34/74) BFHE 113, 226 = BStBl. II 1974, 740; BFH v. 8. 8. 1974 (IV R 101/73) BFHE 113, 361 = BStBl. II 1975, 34.
57 BFH v. 27. 1. 1994 (IV R 114/91) BFHE 174, 219 = BStBl. II 1994, 635; BFH v. 6. 7. 1995 (IV R 79/94) BFHE 178, 180 = BStBl. II 1996, 269; BFH v. 21. 2. 1991 (IV R 35/89) BFHE 164, 238 = BStBl. II 1995, 449.
58 BMF-Schreiben v. 16. 8. 1993 (IV B 2 – S 2144 – 53/93) BStBl. I 1992, 729 = FR 1993, 617.
59 Einer stillen Gesellschaft, bei der die Verlustbeteiligung ausgeschlossen war, hat der BFH allerdings die steuerliche Anerkennung versagt: BFH v. 21. 10. 1992 (X R 99/88) BFHE 170, 41 = BStBl. II 1993, 289. Dazu und zur Kritik an dieser Rechtsprechung vgl. oben, Rn. 1294 ff.

Weitere Gesichtspunkte, die gegen eine Anerkennung der Unterbeteiligung im steuerlichen Bereich sprechen können, sind z.B. eine von vornherein vereinbarte Befristung[60] oder etwa ein jederzeitiges Kündigungsrecht des Vaters in Verbindung mit einer Abfindung der gekündigten Kinder unter Buchwert. 1962

Eine **Rückfallklausel**, nach der die Unterbeteiligung ersatzlos an den Vater zurückfällt, wenn das Kind vor dem Vater stirbt und keine leiblichen ehelichen Abkömmliche hinterläßt, steht der steuerrechtlichen Anerkennung der Unterbeteiligung nicht entgegen[61]. Problematisch kann aber eine Regelung sein, nach der die Erben des Unterbeteiligten nicht in die Gesellschafterstellung nachrücken sollen und auch keine Abfindung erhalten[62]. Ferner hat der BFH auch eine Bestimmung als für die steuerliche Anerkennung hinderlich angesehen, nach der die Beteiligung bei Tod des Unterbeteiligten nur auf Abkömmlinge, Geschwister oder Elternteile übergehen soll, im übrigen aber die Erben weder nachfolgen noch Ausgleich erhalten sollen[63]. 1963

Zumindest das letztgenannte Urteil ist jedoch wenig überzeugend, wenn mit der vertraglichen Regelung allein beabsichtigt ist, die Unterbeteiligung im engeren Familienkreis zu halten, im übrigen aber an der Übertragung der Einkunftsquelle kein Zweifel besteht. Einer solchen (legitimen) „Familienpolitik" sollte das Steuerrecht nicht im Wege stehen. Deshalb sollten auch andere Vertragsklauseln, die dem gleichen Ziel dienen, nicht ohne weiteres zur Nichtanerkennung führen. Zu nennen wäre hier etwa eine Regelung, nach der eine vom Ehemann der Ehefrau (oder umgekehrt) geschenkte Unterbeteiligung für den Fall der Scheidung zurückgefordert werden kann[64]. Ebenfalls steuerunschädlich sollten Bestimmungen sein, nach der eine von den Eltern den Kindern geschenkte Unterbeteiligung mit der Auflage versehen wird, gegen eine Nachfolge des Ehepartners aufgrund Erbrechts Vorsorge zu treffen[65]. 1964

---

60 BFH v. 29. 1. 1976 (IV R 73/73) BFHE 118, 189 = BStBl. II 1976, 324 (für die KG); a.A. *Märkle*, DStZ 1985, 471 (478).
61 BFH v. 27. 1. 1994 (IV R 114/91) BFHE 174, 219 = BStBl. II 1994, 635, LS 2.
62 Hess. FG v. 1. 12. 1977 (VIII 93/74) EFG 1978, 427 (428).
63 BFH v. 3. 5. 1979 (IV R 153/78) BFHE 127, 538 = BStBl. II 1979, 515 (518); dazu *Felix*, KÖSDI 1987, 6918 (6927).
64 Im Ergebnis ebenso *Felix*, KÖSDI 1987, 6918 (6927), der auch zutreffend darauf hinweist, daß es sich letztlich um einen – personellen – wichtigen Kündigungsgrund handelt; a.A. *Märkle*, DStZ 1985, 471 (478).
65 Z.B. durch ein Vermächtnis zugunsten der Eltern. Ein unbedingtes Rückforderungsrecht erscheint dagegen problematisch, da es über das Ziel, die Beteiligung bei einer bestimmten Person zu belassen, hinausschießt; vgl. zum Ganzen *Märkle*, DStZ 1985, 471 (478); *Felix*, KÖSDI 1987, 6918 (6927).

III. Teil: Die Unterbeteiligung

1965 Bei der Frage der **Mitunternehmerschaft** innerhalb einer Unterbeteiligung zwischen Familienangehörigen erlangt die gesetzestypische Stellung des Kommanditisten eine besondere Bedeutung. Der Angehörige ist nur dann Mitunternehmer, wenn er im Innenverhältnis annähernd die Rechte eines Kommanditisten hat[66]. Eine Mitunternehmerschaft liegt regelmäßig nicht vor, wenn der Hauptbeteiligte das Recht hat, den Unterbeteiligten jederzeit zum Buchwert aus der Unterbeteiligungsgesellschaft hinauszukündigen und dem Unterbeteiligten dann nur den Buchwert seines Kapitalkontos bezahlen muß[67].

1966 Bei der Unterbeteiligung von Kindern, die im Betrieb der Eltern beschäftigt sind und als voraussichtliche Nachfolger der Hauptbeteiligten gehobene Positionen bekleiden, ist Vorsicht geboten. Obwohl keine Beteiligung am Vermögen und an den stillen Reserven vorlag, beurteilte der BFH die Unterbeteiligung nicht wie eine typische stille Gesellschaft, sondern wie eine Mitunternehmerschaft, so daß die Gehälter der Kinder keine Betriebsausgaben darstellten[68].

1967 Räumen alle miteinander verwandten Gesellschafter einer OHG je einem ihrer Kinder gleichzeitig und gleichmäßig einen Anteil an ihren Geschäftsanteilen ein, so kann dadurch eine Mitunternehmerschaft der Kinder zur OHG begründet werden, auch wenn nach dem Wortlaut des Vertrags die Kinder nur als „Unterbeteiligte" am Gesellschaftsanteil ihrer Väter bezeichnet werden. Ob eine Mitunternehmerschaft besteht, muß auch hier – wie immer – nach dem Gesamtbild der Verhältnisse beurteilt werden. Beweisanzeichen für eine Mitunternehmerschaft kann z.B. sein, daß alle Gesellschafter die Beteiligung billigen, die Kinder bereits einen Teil der Führungsaufgaben ihrer Väter übernehmen, voraussichtlich die Geschäftsnachfolger ihrer Väter sein werden, schon jetzt erhebliche Gewinntantiemen beziehen und Konten bei der Gesellschaft für sie geführt werden. Die Beteiligung an den stillen Reserven ist in der Regel ein wesentlicher Anhaltspunkt für eine Mitunternehmerschaft; sie ist aber nicht das allein entscheidende Merkmal. Vielmehr sind alle Umstände in Betracht zu ziehen, wobei als leitender Gesichtspunkt auch zu berücksichtigen ist, ob die Beteiligten eine Unternehmerinitiative entwickeln können und ein Unternehmerrisiko tragen.

---

66 BFH v. 3. 5. 1979 (IV R 153/78) BFHE 127, 538 = BStBl. II 1979, 515 (517); BFH v. 24. 7. 1986 (IV R 103/83) BFHE 147, 495 = BStBl. II 1987, 54 = GmbHR 1987, 207 (208).
67 So BFH v. 6. 7. 1995 (IV R 79/94) BFHE 178, 180 = BStBl. II 1996, 269.
68 BFH v. 17. 11. 1964 (VI 319/63) BFHE 82, 35 = BStBl. III 1965, 260; kritisch dazu *Düchting*, BB 1965, 783.

§ 32 Im Steuerrecht

Ist ein Steuerpflichtiger an der Kommanditbeteiligung seines Vaters unterbeteiligt und geht der Anteil des Vaters auf ihn als Alleinerben über, so sind Entnahmen, die der Erbe erst nach dem Tode des Vaters gemacht hat, trotz der anteiligen Aufteilung des Gewinns nur dem Erben zuzurechnen[69]. 1968

Kommt nach alledem eine Anerkennung der Mitunternehmerstellung und damit der atypischen Unterbeteiligung aufgrund der für eine atypische Unterbeteiligung ungewöhnlichen Beschränkungen nicht in Betracht, so ist grundsätzlich eine **Wertung als typische Unterbeteiligung möglich**. Dies setzt aber voraus, daß dem Gesellschafter wenigstens annäherungsweise die Rechte zustehen, die einem stillen Gesellschafter nach den §§ 230 ff. HGB zukommen[70]. Die typische Unterbeteiligung stellt nicht lediglich einen Auffangtatbestand dar, der ohne weiteres eingreift, wenn eine gewollte steuerliche Mitunternehmerschaft von den Finanzbehörden nicht anerkannt wird. 1969

Bei einer Familiengesellschaft in Form einer Unterbeteiligung gelten nach der Rechtsprechung für die Prüfung der **Angemessenheit des Gewinnanteils** des Unterbeteiligten die für die typische stille Gesellschaft entwickelten Rechtsgrundsätze entsprechend[71]. 1970

Handelt es sich um eine atypische Unterbeteiligung, so gilt dies mit der Maßgabe, daß als Wert der Unterbeteiligung der Gesamtwert der obligatorischen Rechte des Unterbeteiligten zugrunde zu legen ist, auch soweit sie sich auf den Anteil des Hauptgesellschafters an stillen Reserven und am Geschäftswert der Hauptgesellschaft beziehen[72]. Während die Finanzverwaltung früher höchstens eine Verzinsung von 20% der anteiligen Kommanditeinlagen zugestanden hatte, hat der Große Senat des BFH im Beschluß GrS 4/71 vom 29. 5. 1972[73] entschieden, daß in Fällen, in denen Kinder unter schenkweiser Übertragung von Anteilen aus dem Kapitalanteil des Vaters als Kommanditisten aufgenommen werden, mit steuerlicher Wirkung nur eine Gewinnverteilung vereinbart werden könne, die, falls die Kinder nicht mitarbeiten, auf längere Sicht zu einer angemessenen Verzinsung des tatsächlichen Werts des Gesellschaftsanteils führt. Aus dem Beschluß geht hervor, daß in der Regel eine durchschnittliche Rendite von 15% als angemessen angesehen werden kann[74]. Nimmt der 1971

---

69 BFH v. 11. 8. 1967 (VI 140/65) BFHE 89, 562 = BStBl. III 1967, 762.
70 BFH v. 6. 7. 1995 (IV R 79/94) BFHE 178, 180 = BStBl. II 1996, 269.
71 BFH v. 29. 3. 1973 (IV R 56/70) BFHE 109, 328 = BStBl. II 1973, 650; zur Kritik s. oben Rn. 1329.
72 BFH v. 26. 6. 1974 (I R 206/67) BFHE 113, 103 = BStBl. II 1974, 676.
73 BFHE 106, 504 = BStBl. II 1973, 5.
74 Ebenso BFH v. 19. 6. 1990 (VIII R 112/85) BFH/NV 1991, 365.

Unterbeteiligte nicht an einem etwaigen Verlust teil, werden nur 12% anerkannt. Ist die Beteiligung entgeltlich erworben, beträgt die angemessene Rendite bei Verlustausschluß 25%, bei Verlustbeteiligung 35%[75]. Bei teilweise entgeltlicher Unterbeteiligung soll ein Mischsatz gelten[76].

1972 Der Große Senat hat weiter ausgeführt, daß diese Grundsätze für atypische stille Gesellschaften in gleicher Weise gelten. Für Fälle der Kapitaleinlage des typischen stillen Gesellschafters hat der BFH im Jahre 1973 entschieden[77], daß in der Regel eine Gewinnverteilungsabrede angemessen sei, die im Zeitpunkt der Vereinbarung bei vernünftiger kaufmännischer Beurteilung eine durchschnittliche Rendite bis zu 15% des tatsächlichen Wertes der stillen Beteiligung erwarten läßt.

1973 Diese Grundsätze gelten auch für Familiengesellschaften, die in der Form von Unterbeteiligungen begründet werden, sei es als atypische oder als typische Unterbeteiligungen[78]. Auch bei einem Unterbeteiligungsverhältnis handelt es sich um rein schuldrechtliche Beziehungen der Vertragspartner. Da sich im Falle einer atypischen Unterbeteiligung die obligatorischen Rechte des Unterbeteiligten auch auf den Anteil des Hauptgesellschafters an den stillen Reserven der Hauptgesellschaft beziehen, ist bei der Prüfung der Angemessenheit der Gewinnbeteiligung von dem Gesamtwert dieser obligatorischen Rechte als dem Wert des Gesellschaftsanteils des Unterbeteiligten auszugehen.

4. Besonderheiten bei der Unterbeteiligung an einem GmbH-Anteil

1974 Während die atypische Unterbeteiligung an einem GmbH-Anteil allgemein anerkannt wird, werden im Hinblick auf die **steuerliche Beachtlichkeit der typischen Unterbeteiligung** an einem GmbH-Anteil Zweifel geäußert[79]. Da nach der Rechtsprechung des BFH[80] und der Auffassung der Finanzverwaltung[81] selbst der dinglich wirkenden Nießbrauch an einem

---

75 BFH v. 16. 12. 1981 (I R 167/78) BStBl. II 1982, 387; siehe auch FG Köln v. 14. 1. 1981 (X [XIV] 533/77 F) EFG 1981, 278: 40%.
76 *Felix*, KÖSDI 1985, 5791 (5798).
77 BFH v. 29. 3. 1973 (IV R 56/70) BFHE 109, 328 = BStBl. II 1973, 650.
78 Zuletzt BFH v. 19. 6. 1990 (VIII R 112/85) BFH/NV 1991, 365; vgl. außerdem BFH v. 24. 7. 1986 (IV R 103/83) GmbHR 1987, 207 (209).
79 *Böttcher/Zartmann/Faut*, S. 150 f.; *Tillmann*, in: GmbH-Handbuch III, Rn. 967; *Herrmann/Heuer/Raupach*, EStG/KStG, 19. Aufl. 1950/82, § 20 Rn. 28; *Streck/Schwedhelm*, in: Steuerliches Vertrags- und Formularbuch, 1992, A. 4.48 Rn. 12.
80 BFH v. 14. 12. 1976 (VIII R 146/73) BFHE 121, 53 = BStBl. II 1977, 115 ff.; BFH v. 12. 12. 1969 (VI R 301/67) BFHE 97, 546 = BStBl. II 1970, 212 ff.
81 BMF-Schreiben v. 23. 11. 1983, BStBl. I 1983, 508 (512), Rn. 57, (513), Rn. 58.

§ 32 Im Steuerrecht

Geschäftsanteil nicht zu einer Einkommensverlagerung führt, könne die bloße schuldrechtliche Ertragsbeteiligung des typisch Unterbeteiligten erst recht keine Einkunftsquelle begründen[82]. Nach dieser Auffassung sind die von dem GmbH-Gesellschafter an den Unterbeteiligten weitergeleiteten Erträge nicht bei dem Unterbeteiligten, sondern ausschließlich bei dem Gesellschafter der GmbH steuerlich zu erfassen. Sie ist jedoch abzulehnen. Die rechtlichen Unterschiede zwischen Nießbrauch und Unterbeteiligung sind zu erheblich, um den Schluß auf die steuerliche Nichtanerkennung der typischen Unterbeteiligung zuzulassen[83]. Bei der typischen Unterbeteiligung an einem GmbH-Anteil entsteht ebenso wie bei der steuerrechtlich allgemein anerkannten stillen Beteiligung an einem GmbH-Anteil[84] eine reine Innengesellschaft. Daß die Innengesellschaft bei der GmbH & Still zwischen der Gesellschaft als juristischer Person und dem stillen Gesellschafter, bei der Unterbeteiligung aber zwischen dem GmbH-Gesellschafter und dem Unterbeteiligten besteht, rechtfertigt keine abweichende steuerrechtliche Beurteilung. In beiden Fällen leistet der Beteiligte eine Einlage und erbringt damit die für die einkommensteuerrechtliche Zurechnung maßgebende wirtschaftliche Leistung. Es ist damit entgegen den im Schrifttum geäußerten Bedenken auch die typische Unterbeteiligung an einem GmbH-Anteil steuerrechtlich anzuerkennen[85].

Bei der einkommensteuerrechtlichen Behandlung der Unterbeteiligung an einem Anteil an einer Personenhandelsgesellschaft wurde lediglich zwischen der Ebene des Hauptbeteiligten und der des Unterbeteiligten unterschieden. Dies ist möglich, weil Personengesellschaften weder Einkommensteuer- noch Körperschaftsteuerschuldner sein können[86]. Demgegenüber ist die GmbH als juristische Person gem. §§ 1 Abs. 1 Nr. 1, 2 KStG körperschaftssteuerpflichtig. Es stellt sich damit die Frage nach den **steuerlichen Auswirkungen** einer Unterbeteiligung an einem GmbH-Anteil **auf der Ebene der GmbH**. Der Gewinnanteil eines stillen Gesellschafters mindert als Betriebsausgabe gem. § 4 Abs. 4 EStG i.V.m. § 8 Abs. 1 KStG den körperschaftsteuerpflichtigen Gewinn der Kapitalgesellschaft. Da aber der Unterbeteiligte nicht mit der GmbH in rechtlicher Beziehung steht, sondern lediglich mit dem GmbH-Gesellschafter, berührt der dem

1975

---

82 *Tillmann,* in: GmbH-Handbuch III, Rn. 967; *Herrmann/Heuer/Raupach,* EStG/KStG, 19. Aufl. 1950/82, § 20 Rn. 29; *Böttcher/Zartmann/Faut,* S. 151.
83 Vgl. im einzelnen *Blaurock/Berninger,* GmbHR 1990, 87 (88).
84 Dazu oben Rn. 1544 ff.
85 *Blaurock/Berninger,* GmbHR 1990, 87 (88 f.); ebenso *Fleischer/Thierfeld,* 163; *Felix,* DStZ 1988, 102 f.; *ders.,* KÖSDI 1985, 5791 (5801) sowie KÖSDI 1987, 6918 (6925); *Fasold,* GmbHR 1973, 12 (13).
86 *Tipke/Lang,* § 9 Rn. 21; *Crezelius,* Steuerrecht II, § 5 Rn 3.

Unterbeteiligten zugewandte Gewinnanteil den körperschaftsteuerpflichtigen Gewinn der GmbH nicht[87]. Weder die typische, noch die atypische Unterbeteiligung führen also zur Verminderung der Körperschaftssteuer bei der GmbH. Dieses Ziel kann nur durch die Begründung einer stillen Gesellschaft mit der GmbH selbst erreicht werden[88].

1976 Fraglich ist, wem die **Körperschaftsteuerschrift** i.S.d. § 20 Abs. 1 Nr. 3 EStG zusteht. Hier ist zu unterscheiden: Bei der typischen Unterbeteiligung an einem GmbH-Anteil wird nicht die Steuerquelle gesplittet, sondern lediglich eine nachgeordnete Einkunftsquelle zusätzlich begründet[89]. Da der Unterbeteiligte hier weder in formeller noch in materieller Hinsicht die Stellung eines Gesellschafters der GmbH erlangt, erzielt er keine Dividendeneinkünfte gem. § 20 Abs. 1 Nr. 1 EStG; die Steuergutschrift des § 20 Abs. 1 Nr. 3 EStG steht damit allein dem Anteilseigner zu[90].

1977 Auch bei der atypischen Unterbeteiligung erlangt der Unterbeteiligte der Gesellschaft gegenüber formell keine Gesellschafterstellung. Allerdings ist der atypisch Unterbeteiligte materiellrechtlich wie ein Quasi-GmbH-Gesellschafter anzusehen[91]. Ihm ist daher unter Berücksichtigung der wirtschaftlichen Betrachtungsweise des § 39 Abs. 2 Nr. 1 AO der GmbH-Anteil steuerlich anteilig entsprechend dem Beteiligungsverhältnis nach dem Unterbeteiligungsvertrag unmittelbar zuzurechnen. Die Einkunftsquelle des Anteileigners wird hier gesplittet[92]. Damit schlägt die Qualifikation der Einkommensart beim Anteilseigner auch auf den Unterbeteiligten durch, der so regelmäßig Einkünfte aus § 20 Abs. 1 Nr. 1 EStG erzielt. Aus diesem Grund ist bei der atypischen Unterbeteiligung die nach § 36 Abs. 2 Nr. 3 EStG anrechenbare oder nach §§ 36b bis 36e EStG, 52 KStG zu vergütende Körperschaftsteuer aufzuteilen und steht anteilig dem GmbH-Gesellschafter und dem Unterbeteiligten zu[93]. Ebenso ist die von der Gesellschaft einbehaltene Kapitalertragsteuer (§ 43 EStG) zwischen Anteilseigner und Unterbeteiligtem aufzuteilen und entsprechend auf deren Einkommensteuer anzurechnen[94].

---

87 *Hesselmann*, GmbHR 1964, 26 (29).
88 Vgl. *Tillmann*, in: GmbH-Handbuch III, Rn. 968; *Blaurock/Berninger*, GmbHR 1990, 87 (89, 92).
89 *Märkle*, DStZ 1985, 471 (473); *Felix*, DStZ 1988, 102 f.
90 *Schulze zur Wiesche*, GmbHR 1986, 236 (238); *Felix* KÖSDI 1985, 5791 (5801); *ders.* DStZ 1988, 102 f.
91 *Schulze zur Wiesche*, GmbHR 1986, 236 (238); *Märkle*, DStZ 1985, 508 (511); vgl. auch BFH v. 25. 6. 1984 (GrS 4/82) BFHE 141, 405 = BStBl. II 1984, 751.
92 *Märkle*, DStZ 1985, 508 (511); *Felix*, DStZ 1988, 102.
93 *Blaurock/Berninger*, GmbHR 1990, 87 (92).
94 *Schulze zur Wiesche*, GmbHR 1986, 236 (239).

§ 32 Im Steuerrecht

Die Frage, ob bei der atypischen Unterbeteiligung an einem GmbH-Anteil eine **einheitliche und gesonderte Feststellung der Einkünfte** gem. §§ 179 Abs. 2 S. 2, 3, 180 Abs. 1 Nr. 2a AO zu erfolgen hat, wird in der Literatur unterschiedlich beantwortet. Zum Teil wird eine gesonderte Feststellung der Einkünfte bereits deshalb abgelehnt, weil zwischen dem Unterbeteiligtem und dem Gesellschafter der GmbH keine Mitunternehmerschaft bestehe[95]. Da der GmbH-Gesellschafter selbst kein Mitunternehmer ist, kann die Unterbeteiligung an einem GmbH-Anteil in der Tat keine Mitunternehmerschaft begründen[96]. Doch ist dies auch nicht erforderlich: Nach § 180 Abs. 1 Nr. 2a AO, der auf alle Einkunftsarten Anwendung findet[97], ist Voraussetzung für die gesonderte Feststellung lediglich die Beteiligung mehrerer Personen an einer gemeinsamen Einkunftsquelle und der Umstand, daß die sich daraus ergebenden Einkünfte den Beteiligten steuerlich zuzurechnen sind[98]. Da der Unterbeteiligte trotz seiner Stellung als Quasi-Gesellschafter formellrechtlich seine Einkünfte über die Person des Anteilseigners bezieht, liegen auch die Voraussetzungen des § 179 Abs. 2 S. 3 AO vor. Schließlich spricht auch ein praktischer Gesichtspunkt für die Durchführung einer gesonderten Feststellung: Eine Anrechnung der dem Unterbeteiligten anteilig zustehenden Körperschaftsteuergutschrift gemäß §§ 20 Abs. 1 Nr. 3, 36 Abs. 2 Nr. 3 EStG auf seine Einkommensteuer erfolgt nach § 36 Abs. 2 Nr. 3b EStG nur, wenn die in den §§ 44 ff. EStG bezeichnete Bescheinigung vorgelegt wird. Um eine solche Bescheinigung zu erhalten, bietet sich das gesonderte Feststellungsverfahren an[99].

1978

Die **Einräumung** einer atypischen Unterbeteiligung an einem GmbH-Anteil erweist sich steuerrechtlich wie bei der Personengesellschaft als Veräußerung eines Teilanteils. Hält der Anteilseigner die GmbH-Beteiligung im Betriebsvermögen, so entsteht bei ihm ein durch die Veräußerung ein laufender betrieblicher Gewinn bzw. Verlust. Gehört der Anteil dagegen zum Privatvermögen des GmbH-Gesellschafters, so kann unter den Voraussetzungen des § 17 EStG ein Veräußerungsgewinn anfallen, der gemäß § 34 EStG einem ermäßigten Steuersatz unterliegt. Erfolgt die Einräumung der atypischen Unterbeteiligung innerhalb einer Frist von sechs Monaten nach Erwerb der Hauptbeteiligung, so kommt ein Spekulationsgewinn gem. § 23 Abs. 1 Nr. 1b EStG in Betracht[100].

1979

---

95 Vgl. *Tillmann*, in: GmbH-Handbuch III, Rn. 969.
96 *L. Schmidt*, EStG § 15 Rn. 367; *Blaurock*, 334; *Tillmann*, in: GmbH-Handbuch III, Rn. 969.
97 *Tipke/Kruse*, § 180 AO Tz. 9; *Klein/Orlopp*, § 180 Anm. 4.
98 Ebenso *Streck/Schwedhelm*, Abs. 4.48 Rn. 13.
99 Näher *Blaurock/Berninger*, GmbHR 1990, 87 (94) m.w.N.
100 Vgl. *Blaurock*, 349; *Neufang*, INF 1987, 8 (13).

1980 Auch bei **Beendigung** des Unterbeteiligungsverhältnisses ist zu unterscheiden: Gehört die Unterbeteiligung zum Betriebsvermögen des Unterbeteiligten, so hat dieser Einkünfte aus Gewerbebetrieb zu versteuern, wenn die gezahlte Abfindung den Nennbetrag der Einlage übersteigt[101]. Wird die Unterbeteiligung dagegen im Privatvermögen gehalten, so kann im Falle der atypischen Unterbeteiligung beim Unterbeteiligten ein Veräußerungsgewinn gemäß §§ 17, 34 EStG bzw. ein Spekulationsgewinn gemäß § 23 Abs. 1 Nr. 1b EStG anfallen. Handelt es sich dagegen um eine typische Unterbeteiligung, so ist der die Einlage übersteigende Betrag der Abfindung als sonstiger Vorteil aus dem Kapitalnutzungsverhältnis gemäß § 20 Abs. 2 Nr. 1 EStG zu versteuern[102].

1981 Die **Veräußerung** der im Privatvermögen gehaltenen Unterbeteiligung begründet grundsätzlich keine Ertragsteuerpflicht. Insbesondere ist § 20 Abs. 2 Nr. 1 EStG nicht einschlägig, da ein etwaiger Gewinn des bisherigen Unterbeteiligten nicht als Gegenleistung für die Überlassung der Einlage erbracht wird[103]. Allerdings kann ein Mehrerlös, der bei der Veräußerung einer typischen Unterbeteiligung erzielt wird, unter den Voraussetzungen der §§ 22 Nr. 2, 23 Abs. 1 Nr. 1b EStG als Spekulationsgewinn zu versteuern sein.

II. Gewerbesteuer

1982 Unterbeteiligungen werden gewerbesteuerlich grundsätzlich wie stille Gesellschaften behandelt. Ist der Unterbeteiligte Mitunternehmer, so gehören sämtliche Bezüge – auch Gehälter usw. – zum gewerblichen Gewinn. Von der Gesellschaft genutzte Wirtschaftsgüter des mitunternehmerischen Unterbeteiligten stellen notwendiges Betriebsvermögen dar. Die dem mitunternehmerisch Unterbeteiligten zufließenden Gewinnanteile mindern nicht den Gewerbeertrag der Hauptgesellschaft.

1983 Hinsichtlich der Hinzurechnungsvorschrift des § 8 Nr. 3 GewStG vertrat der BFH zunächst die Ansicht, sie sei auf die Unterbeteiligung nicht anwendbar[104]. Nachdem die Finanzverwaltung diese Rechtsprechung nicht anwandte[105], hat der BFH[106] in einem späteren Fall diese Auffassung

---

101 *Tillmann*, in: GmbH-Handbuch III, Rn. 976; *Böttcher/Zartmann/Faut*, 255.
102 Vgl. BFH v. 14. 2. 1984 (VIII R 126/82) BFHE 141, 124 = BStBl. II 1984, 580 zur stillen Gesellschaft. Das Urteil ist entsprechend auf die typische Unterbeteiligungsgesellschaft anzuwenden.
103 Vgl. *Märkle*, DStZ 1985, 533 (534).
104 BFH v. 20. 3. 1962 (I 39/61 U) BFHE 75, 189 = BStBl. III 1962, 337.
105 Koordinierter Erlaß des FinMin-NW v. 20. 1. 1966 (L 1422 24 – U B 4) StRK GewStG.

aufgegeben und § 8 Nr. 3 GewStG für anwendbar erklärt. Der Gewinnanteil des typisch Unterbeteiligten wird bei einer **offengelegten Unterbeteiligung** danach zunächst als Sonderbetriebsausgabe abgezogen, sodann aber gemäß § 8 Nr. 3 GewStG analog wieder hinzugerechnet. Sonstige Vergütungen, die der Unterbeteiligte von der Hauptgesellschaft bezieht, werden von der Hinzurechnung nicht betroffen.

Wird die **Unterbeteiligung geheimgehalten,** kann der auf sie entfallende Gewinn bei der Personengesellschaft nicht abgesetzt werden, so daß er im Gewerbeertrag enthalten ist und damit der Gewerbesteuer unterliegt. Der Gewinnanteil des Unterbeteiligten gehört aber auch bei diesem, sofern die Unterbeteiligung in einem Betriebsvermögen gehalten wird, zum Gewinn aus Gewerbebetrieb und unterliegt daher bei ihm ebenfalls der Gewerbesteuer. Der Gewinnanteil wird also zweimal – bei der Personengesellschaft und bei dem Unterbeteiligten – zur Gewerbesteuer herangezogen. Die Finanzverwaltung sieht keine Möglichkeit, dieser doppelten gewerbesteuerlichen Erfassung auszuweichen. Eine Heranziehung des Gewinnanteils aus der Unterbeteiligung zur Gewerbesteuer auch durch die Sitzgemeinde der Personengesellschaft kann nur durch Offenlegung der Unterbeteiligung vermieden werden[107].

1984

III. Schenkungsteuer

Ist der Unterbeteiligte nur am Gewinn und Verlust des Hauptgesellschafters beteiligt, nicht aber so gestellt, wie wenn er auch am Vermögen der Gesellschaft beteiligt wäre, kann bei der Schenkungsteuer nicht über § 39 Abs. 2 Nr. 2 AO, § 97 Abs. 1 Nr. 5 BewG eine entsprechende Vermögensquote (§ 3 BewG) zugerechnet werden. Die typische Unterbeteiligung ist vielmehr eine Kapitalforderung i.S.v. § 12 BewG, die mit dem Nennwert der Einlage anzusetzen ist, sofern nicht besondere Umstände einen höheren oder geringeren Wert begründen. Die Frage, welcher Wert der Einlage eines Unterbeteiligten beizumessen ist und ob – gemessen am Wert der Beteiligungen – die anteilige Kapitalnutzung des Unterbeteiligten der des Hauptbeteiligten entspricht, ist eine allein wirtschaftliche Frage, für die das BewG unerheblich ist. Vielmehr ist der Wert der Einlage zunächst zum Verkehrswert des Vermögensanteils des Hauptbeteiligten in Beziehung zu setzen. Dementsprechend kann ein werterhöhender Umstand insoweit gegeben sein, als infolge einer bei Ansatz der Verkehrswerte prozentual niederen Einlage diese größere Nutzungen erbringt, als der

1985

---
106 BFH v. 8. 10. 1970 (IV R 196/69) BFHE 100, 254 = BStBl. II 1971, 59; dazu *Böttcher/Zartmann/Faut,* S. 238 f.
107 FinMin-NW v. 15. 3. 1976 (G 1425-11-UB 4) BB 1976, 455.

Beteiligungsquote entspricht. Entsprechend dem logischen Grundsatz, daß der Teil nicht größer sein kann als das Ganze, müssen zwischen dem Wert der Hauptbeteiligung und der Unterbeteiligung Beziehungen derart bestehen, daß die Unterbeteiligung nicht mehr wert sein kann, als ihrem Verhältnis zum Wert der Hauptbeteiligung entspricht[108].

---

108 BFH v. 10. 3. 1970 (BFH II 83/62) BFHE 99, 133 = BStBl. II 1970, 562.

Anhang

Vertrag über die Errichtung einer typischen stillen Gesellschaft

zwischen

der Offenen Handelsgesellschaft unter der Firma X & Co. mit Sitz in ... (Ort, Straße), vertreten durch ihre persönlich haftenden Gesellschafter ... (Namen, Adressen)

– im folgenden auch: die Inhaberin –

und

Herrn A, wohnhaft in ... (Ort, Straße)

– im folgenden auch: der stille Gesellschafter –

§ 1 Begründung der Gesellschaft

(1) Die Offene Handelsgesellschaft unter der Firma „X & Co." ist Inhaberin des in ... (Ort, Straße) betriebenen Handelsgewerbes mit dem Gegenstand ... (Unternehmenszweck)[1].

(2) An diesem Handelsgewerbe beteiligt sich A als stiller Gesellschafter, ohne dadurch am Gesellschaftsvermögen beteiligt zu sein, nach näherer Maßgabe der nachfolgenden Bestimmungen[2].

§ 2 Dauer der Gesellschaft, Geschäftsjahr

(1) Die Gesellschaft wird auf unbestimmte Dauer abgeschlossen und beginnt am ...[3].

(2) Das Geschäftsjahr der stillen Gesellschaft entspricht dem der Inhaberin.

---

1 Vgl. Rn. 494 ff.; zur Beteiligung an einem Handelsgewerbe Rn. 187 ff.
2 Zur Klarstellung, daß es sich um ein typisches stilles Gesellschaftsverhältnis handelt, könnte man eine Vermögensbeteiligung des Gesellschafters auch ausdrücklich ausschließen; vgl. Rn. 491.
3 Vgl. Rn. 530. Möglich ist auch die Vereinbarung einer festen Dauer, eventuell mit der Möglichkeit der Fortsetzung, sei es automatisch bei fehlender Kündigung oder durch (formlose) Erklärung; vgl. Rn. 530.

§ 3 Einlage des stillen Gesellschafters[4]

(1) Der stille Gesellschafter erbringt eine Bareinlage von DM . . . Diese ist sofort fällig.

(2) Die Inhaberin ist zur sicherungsweisen Abtretung der Forderung gemäß Abs. 1 an Dritte im Rahmen und zur Förderung des Unternehmenszwecks der Inhaberin berechtigt.

§ 4 Geschäftsführung[5]

(1) Die Geschäftsführung steht allein der Inhaberin zu[6].

(2) Folgende Rechtsgeschäfte und Handlungen darf die Inhaberin jedoch nur mit Zustimmung des stillen Gesellschafters vornehmen[7]:

a) Änderungen des Gegenstandes des Unternehmens;

b) Formwechsel, Verschmelzung oder Spaltung des Unternehmens;

c) Erwerb von oder Beteiligung an anderen Unternehmen sowie deren Veräußerung;

d) Veräußerung oder Verpachtung des Unternehmens oder eines Teils des Unternehmens;

e) Aufnahme neuer Gesellschafter einschließlich der Beteiligung weiterer stiller Gesellschafter[8];

f) vollständige oder teilweise Einstellung des Gewerbebetriebes;

g) Errichtung von Zweigniederlassungen;

h) Abschluß, Änderung oder Aufhebung von Gewinn- und Verlustübernahmeverträgen.

(3) Beabsichtigt die Inhaberin die Vornahme einer der in Abs. 2 genannten Maßnahmen, so teilt sie dies dem stillen Gesellschafter mit und

---

4 Vgl. allgemein zu Beitrag und Einlage Rn. 238 ff., 512 ff.
5 Vgl. Rn. 508 ff.
6 Zur Geschäftsführung durch den Inhaber allgemein vgl. Rn. 587 ff. Zur Beteiligung des stillen Gesellschafters an der Geschäftsführung vgl. Rn. 673 ff., 679 f.
7 Zur Beschränkung der Geschäftsführungsbefugnis Rn. 620 ff. Der Zustimmungskatalog deckt nur die Fälle der Gefährdung des Gesellschaftszwecks ab. Je nach den Umständen kann dem stillen Gesellschafter auch ein Mitwirkungsrecht an über den gewöhnlichen Betrieb des Handelsgewerbes hinausgehenden Geschäftsführungsmaßnahmen eingeräumt werden: Grundstücksgeschäfte, Prokuristenbestellung, bestimmte Dauerschuldverhältnisse, sowie z.B. Bürgschaften, Schuldversprechen, Garantien, Spekulationsgeschäfte.
8 Bei Publikumsgesellschaften ist dagegen eine ausdrückliche Ermächtigung der Inhaberin zur Aufnahme stiller Gesellschafter empfehlenswert.

fordert ihn zur Erteilung seiner Zustimmung auf. Ist eine Stellungnahme des stillen Gesellschafters innerhalb von ... Wochen seit Absendung der Aufforderung nicht erfolgt, so gilt seine Zustimmung als erteilt; hierauf ist in der Aufforderung zur Abgabe einer Stellungnahme ausdrücklich hinzuweisen. Erklärt der Gesellschafter innerhalb dieser Frist, daß er die vorgenommene Maßnahme nicht billige, so muß er diese bei der Gewinnberechnung und bei der Auseinandersetzung nicht gegen sich gelten lassen. Etwaige weitergehende Rechte des stillen Gesellschafters bleiben unberührt[9].

§ 5 Informations- und Kontrollrechte, Geheimhaltungspflicht

(1) Dem stillen Gesellschafter stehen die gesetzlichen Informations- und Kontrollrechte des § 233 HGB zu[10], und zwar auch nach Beendigung der Gesellschaft in dem zur Überprüfung des Auseinandersetzungsguthabens erforderlichen Umfang.

(2) Diese Informations- und Kontrollrechte kann der stille Gesellschafter auch durch einen Rechtsanwalt, Steuerberater oder Wirtschaftsprüfer wahrnehmen lassen.

(3) Der stille Gesellschafter hat über alle ihm bekannt gewordenen Angelegenheiten der Gesellschaft Stillschweigen zu bewahren. Diese Verpflichtung gilt auch für die Dauer von ... Jahren nach Beendigung der stillen Gesellschaft, es sei denn, das Interesse der Inhaberin erfordert die Geheimhaltung nicht.

§ 6 Konten des stillen Gesellschafters

(1) Die Einlage des stillen Gesellschafters wird auf einem Einlagekonto verbucht[11].

(2) Verlustanteile werden auf einem Verlustkonto gebucht. Ist es belastet, werden alle Gewinnanteile dem Verlustkonto gutgeschrieben, bis dieses ausgeglichen ist[12].

---

9 Zur Haftung des Inhabers für schuldhafte Überschreitung der Geschäftsführungsbefugnis vgl. Rn. 623.
10 Vgl. allgemein Rn. 508 ff., 648 ff. Erweiterungen und Beschränkungen sind zulässig, z.B. um die Rechte des § 716 BGB; vgl. Rn 671 ff.
11 Zum Einlagekonto Rn. 313 ff. Zur Bewertung der Einlage vgl. Rn. 292 ff. Die Höhe der auf dem Einlagekonto verbuchten stillen Beteiligung kann von den Vertragsparteien abweichend bestimmt werden.
12 Vgl. Rn. 895.

(3) Alle sonstigen die stille Gesellschaft betreffenden Buchungen, insbesondere Gewinngutschriften und Auszahlungen, werden auf einem Privatkonto vorgenommen. Dieses ist im Soll und Haben mit . . . v.H. über dem jeweiligen Diskontsatz der Deutschen Bundesbank[13] zu verzinsen.

§ 7 Jahresabschluß[14]

(1) Die Inhaberin hat innerhalb von . . . Monaten[15] nach Ablauf eines jeden Geschäftsjahres den Jahresabschluß (Handelsbilanz, Gewinn- und Verlustrechnung) zu erstellen und diesen dem stillen Gesellschafter unverzüglich zuzusenden. Einwendungen gegen den Jahresabschluß hat der stille Gesellschafter innerhalb von . . . Wochen nach Zugang des Jahresabschlusses schriftlich geltend zu machen. Nach Ablauf dieser Frist gilt der Jahresabschluß als genehmigt[16].

(2) Der Jahresabschluß hat den einkommensteuerrechtlichen Gewinnermittlungsvorschriften zu entsprechen. Er ist auch im Interesse des stillen Gesellschafters aufzustellen.

§ 8 Gewinn- und Verlustbeteiligung

(1) Der stille Gesellschafter ist mit . . . v.H. am Gewinn und mit . . . v.H. am Verlust beteiligt[17]. Dieser Quote liegen die Kapitalverhältnisse bei Begründung der stillen Gesellschaft zugrunde; ändern sie sich, ist die

---

13 Es kann natürlich auch eine feste Verzinsung vereinbart werden.
14 Zum Verhältnis des Jahresabschlusses zur internen Rechnungslegung Rn. 695 ff., 836 ff.
15 § 243 Abs. 3 HGB fordert nur die Aufstellung des Jahresabschlusses „innerhalb der dem ordnungsgemäßen Geschäftsgang entsprechenden Zeit", vgl. Rn. 844. Einen Anhaltspunkt mag die Sechsmonatsfrist des § 264 Abs. 1 Satz 3 HGB für kleine Kapitalgesellschaften bieten.
16 Die Genehmigung des Jahresabschlusses räumt dem stillen Gesellschafter keine Beteiligung an der Feststellung des Jahresabschlusses der Inhaberin ein, sondern bewirkt nur seine Maßgeblichkeit für diese und die folgenden Rechnungsperioden. Die Interessen des stillen Gesellschafters an einer angemessenen Ausübung von Bilanzierungswahlrechten und -spielräumen wird durch Absatz 2 sicher gestellt. Diese Regelung umgeht die Schwierigkeiten einer gesonderten Jahresrechnung für den stillen Gesellschafter, vgl. Rn. 836 ff.
17 Zur gesellschaftsvertraglichen Regelung der Gewinn- und Verlustverteilung Rn. 832 ff. Denkbar ist insbesondere die höhenmäßige Begrenzung auf . . . v.H. der Einlage, bzw. der nach § 231 Abs. 2 HS 1 HGB zulässige Ausschluß einer Verlustbeteiligung. Auch kann vereinbart werden, daß Gewinnanteile nicht dem Privatkonto, sondern in bestimmter Höhe zunächst dem Einlagekonto des stillen Gesellschafters gutgeschrieben werden, so daß sich der Wert seiner Beteiligung erhöht.

Quote unter Berücksichtigung der neuen Kapitalverhältnissen entsprechend anzupassen.

(2) Der Ergebnisbeteiligung des stillen Gesellschafters ist der im steuerlichen Jahresabschluß ausgewiesene Ertrag vor Berücksichtigung des auf den stillen Gesellschafter entfallenden Gewinn- oder Verlustanteils nach Durchführung folgender Korrekturen zugrunde zu legen[18]:

a) Erhöhte Absetzung und Sonderabschreibungen werden nach Wahl der Inhaberin durch degressive oder lineare Absetzung ersetzt.

b) Steuerfreie Rücklagen werden bei ihrer Bildung dem Ergebnis zugerechnet, bei ihrer Auflösung abgesetzt.

c) Soweit Vergütungen an Mitunternehmer der Inhaberin gem. § 15 Abs. 1 Nr. 2 EStG in der Steuerbilanz nicht als Aufwand abgesetzt sind, sind diese abzusetzen.

d) Soweit Leistungen eines Mitunternehmers, die handelsrechtlich als Ertrag anzusehen sind (z.B. Zinszahlungen), in der Steuerbilanz nicht als Einnahmen ausgewiesen werden, sind diese hinzuzusetzen.

e) Außerordentliche Aufwendungen und Erträge, die auf Geschäftsvorfälle aus der Zeit vor Beginn der stillen Gesellschaft zurückgehen, sind hinzu- bzw. abzusetzen.

f) Gewinne und Verluste aus Abgängen von Gütern des Anlagevermögens, die bei Beginn der stillen Gesellschaft zum Betriebsvermögen der Inhaberin gehören, sind insoweit hinzu- bzw. abzusetzen, als sie auf Vorfälle aus der Zeit vor Beginn der stillen Gesellschaft zurückgehen.

(3) Wird der Jahresabschluß der Inhaberin (z.B. aufgrund einer steuerlichen Außenprüfung) bestandskräftig geändert, so sind die geänderten Ansätze auch bei der Ergebnisbeteiligung des stillen Gesellschafters zu be-

---

18 Die Ergebnisverteilung ist auf der Grundlage der Handels- oder der Steuerbilanz vorzunehmen. Da erstere aber nach § 253 Abs. 4, 5 HGB für Nicht-Kapitalgesellschaften Unterbewertungen erlaubt und ihre Zugrundelegung dem stillen Gesellschafter nicht den Schutz einer steuerlichen Außenprüfung bietet, wird hier die Steuerbilanz zugrundegelegt. Fehlt eine solche Regelung oder sehen §§ 7, 8 dies vor, so ist die Handelsbilanz maßgeblich. Dann sollte der Gesellschaftsvertrag aber den stillen Gesellschafter dadurch schützen, daß er auf die Bewertungsvorschriften für Kapitalgesellschaften in §§ 279–283 HGB verweist, welche Unterbewertungen ausschließen. Außerdem sollte zu Beginn der stillen Gesellschaft eine Schätzung des Unternehmenswertes vorgenommen werden, die dann den späteren Bewertungen zugrundegelegt wird. Die aufgeführten Korrekturen werden wegen § 4 Abs. 3 Satz 3 ergänzt durch die Geschäftsführungsmaßnahmen, die der stille Gesellschafter bei Verweigerung seiner Zustimmung nicht gegen sich gelten lassen muß.

rücksichtigen; Ausgleichszahlungen sind innerhalb von vier Wochen nach bestandskräftiger Änderung des Jahresabschlusses vorzunehmen.

§ 9 Entnahmen

(1) Der stille Gesellschafter ist berechtigt, Entnahmen zu Lasten des Guthabens auf seinem Privatkonto zu tätigen. Die Inhaberin ist berechtigt, das Guthaben des stillen Gesellschafters auf seinem Privatkonto jederzeit ganz oder teilweise auszuzahlen[19].

(2) Als Abschlagszahlung kann der stille Gesellschafter im laufenden Geschäftsjahr jeweils zum Quartalsende Entnahmen in Höhe von 25% des zuletzt festgestellten Gewinnanteils vornehmen[20]. Im Gründungsjahr berechnet sich die Höhe der Abschlagszahlung nach dem zu schätzenden Gewinnanteil. Restzahlungen auf den Gewinnanteil bzw. die Rückzahlung überhöhter Abschlagszahlungen müssen innerhalb von vier Wochen nach Feststellung der Bilanz erfolgen.

(3) Die Inhaberin kann die Auszahlung des Gewinnanteils bzw. der Abschlagszahlungen ganz oder zum Teil ablehnen, soweit die Liquiditätslage dies erforderlich macht[21] oder sich im Laufe des Geschäftsjahres ergibt, daß der dem Privatkonto gutzuschreibende Gewinnanteil geringer sein wird als die Summe der gem. Abs. 2 möglichen Abschlagszahlungen.

§ 10 Abtretung und Belastung von Anteilen[22]

(1) Veräußerung, Abtretung und Verpfändung des stillen Gesellschaftsanteils sowie Vereinbarung einer Unterbeteiligung, Nießbrauchbestellung und Einräumung von Treuhandverhältnissen sind nur mit vorheriger schriftlicher Zustimmung der Inhaberin zulässig. Die Versagung der Zustimmung ist nur aus wichtigem Grund möglich.

(2) Dies gilt auch für die Abtretung und Verpfändung von Gewinnansprüchen und Guthaben auf dem Privatkonto.

---

19 Dies zur Vermeidung der Verzinsungspflicht nach § 6 Abs. 3 Satz 2.
20 Vgl. Rn. 888.
21 Durch das Entnahmerecht des stillen Gesellschafters können erhebliche Liquiditätsbelastungen für die Inhaberin eintreten. Alternativ zur hier vorgeschlagenen Generalklausel können etwa Kündigungsfristen für Entnahmen ab einer bestimmten Höhe vereinbart oder die Gewinnanteile in entnahmefähige (z.B. in Höhe der Steuerpflicht des stillen Gesellschafters) und nicht entnahmefähige eingeteilt werden.
22 Vgl. Rn. 519 ff. Ganz zustimmungsfrei könnte man aber die Übertragung des Anteils auf Abkömmlinge stellen.

§ 11 Tod des stillen Gesellschafters[23]

Beim Tod des stillen Gesellschafters treten seine Erben oder Vermächtnisnehmer hinsichtlich der stillen Beteiligung in seine Rechtsstellung ein. Mehrere Erben oder Vermächtnisnehmer haben sich gegenüber der Inhaberin durch einen gemeinsamen Bevollmächtigten vertreten zu lassen. Auf Verlangen der Inhaberin hat ihr der Bevollmächtigte seine Vertretungsbefugnis durch notariell beglaubigte Vollmacht nachzuweisen. Mit Ausnahme des Gewinnbezugsrechtes ruhen die Rechte der Erben aus diesem Vertrag bis zum Nachweis der Bevollmächtigung.

§ 12 Umwandlung der Geschäftsinhaberin[24]

Das stille Gesellschaftsverhältnis endet nicht durch Umwandlung der Geschäftsinhaberin. Durch Anpassung des vorliegenden Vertrages ist jedoch sicherzustellen, daß dem stillen Gesellschafter in dem übernehmenden/neuen Rechtsträger vergleichbare Rechte wie vor der Durchführung der Umwandlung zustehen.

§ 13 Kündigung[25]

(1) Die stille Gesellschaft kann von jedem der beiden Gesellschafter mit einer Frist von ... Monaten zum Ablauf eines Geschäftsjahres gekündigt werden, erstmals jedoch zum ...

(2) Das Recht zur Kündigung aus wichtigem Grund bleibt unberührt; als solcher gilt neben den in § 234 HGB i.V.m. § 723 BGB genannten Gründen insbesondere auch:

a) die Auflösung der Inhaberin;

b) die Eröffnung des Vergleichsverfahrens über das Vermögen der Inhaberin[26];

c) die Eröffnung des Konkurs- oder Vergleichsverfahrens über das Vermögen des stillen Gesellschafters;

---

23 Vgl. Rn. 527, 948 ff. Die Frage des Todes des Inhabers (Rn. 541 ff., 941 ff.) stellt sich hier nicht; vgl. aber zur Auflösung der Inhaber-Handelsgesellschaft Rn. 957 ff. Bei der Beteiligung am Handelsgewerbe einer natürlichen Person kann die Fortsetzung der stillen Gesellschaft mit den Erben des Inhabers vereinbart werden. Zur erbrechtlichen Regelung Rn. 941 ff.
24 Vgl. Rn. 1137 ff.
25 Vgl. Rn. 918 ff.
26 Während die Einleitung des Konkursverfahrens über das Vermögen des Geschäftsinhabers automatisch zur Auflösung der stillen Gesellschaft führt, ist dies beim Vergleichsverfahren nicht der Fall, § 236 HGB.

d) die Zwangsvollstreckung in Gesellschaftsrechte des stillen Gesellschafters, wenn die Vollstreckungsmaßnahmen nicht innerhalb von . . . wieder aufgehoben werden;

e) die Ertragslosigkeit der Gesellschaft während einer Dauer von . . . Geschäftsjahren;

f) die Vornahme eines nach § 4 Abs. 2 zustimmungsbedürftigen Geschäftes ohne die erforderliche Zustimmung

(3) Die Kündigung ist durch eingeschriebenen Brief mit Rückschein oder gegen schriftliche Empfangsbestätigung gegenüber dem anderen Vertragspartner auszusprechen. Für die Fristwahrung ist der Zugang der Kündigung maßgeblich.

§ 14 Auseinandersetzung[27]

(1) Bei Beendigung der stillen Gesellschaft ist der stille Gesellschafter abzufinden[28].

(2) Soweit die Beendigung der stillen Gesellschaft nicht mit dem Ende des Geschäftsjahres zusammenfällt, ist zur Ermittlung des Auseinandersetzungsanspruchs auf der Grundlage der in §§ 7, 8 genannten Grundsätze eine Auseinandersetzungsbilanz auf den Tag der Beendigung aufzustellen[29]. Die Kosten hierfür werden von der Inhaberin und dem stillen Gesellschafter hälftig getragen. Stille Reserven sind nicht zu berücksichtigen. Am Ergebnis schwebender Geschäfte, die nicht bilanzierungspflichtig sind, nimmt der stille Gesellschafter nicht teil[30].

(3) § 8 Abs. 3 Satz 1 gilt entsprechend.

(4) Das Auseinandersetzungsguthabens ist in . . . gleichen Vierteljahresraten auszuzahlen, von denen die erste . . . Monate nach dem Tag der Beendigung der stillen Gesellschaft fällig wird. Die Auszahlung des Auseinandersetzungsguthabens ist angemessen zu strecken, wenn die Zahlung nach Satz 1 der Inhaberin im Hinblick auf ihre Liquiditätslage unzumutbar ist[31].

---

27 Vgl. Rn. 514 ff., 978 ff.
28 Nach hier vertretener Auffassung ist zwischen Auflösung und Beendigung der stillen Gesellschaft zu unterscheiden, vgl. Rn. 901 ff.
29 Vgl. Rn. 984, 988 ff. Alternativ kann auf den Kontenstand zum letzten vorhergehenden Bilanzstichtag – bereinigt um zwischenzeitliche Entnahmen und Einlagen – abgestellt werden, wobei dann der stille Gesellschafter am Ergebnis des laufenden Geschäftsjahres zeitanteilig zu beteiligen ist. Damit lassen sich die Kosten der Aufstellung einer Auseinandersetzungsbilanz einsparen.
30 Anders die allerdings streitträchtige gesetzliche Regelung in § 235 Abs. 2 HGB.
31 Diese Regelung enthält eine einseitige Begünstigung der Inhaberin und ist daher

(5) Der noch ausstehende Teil des Auseinandersetzungsguthabens ist mit ... v.H. über dem jeweils gültigen Diskontsatz der Deutschen Bundesbank zu verzinsen. Die aufgelaufenen Zinsen sind mit der letzten Rate fällig.

§ 15 Wettbewerbsverbot

(1) Die Inhaberin ist nicht berechtigt, während des Bestehens der stillen Gesellschaft ohne Einwilligung des stillen Gesellschafters in ... (räumliche Begrenzung) ein Handelsgewerbe, dessen Gegenstand mit dem dieser Gesellschaft identisch ist, zu errichten oder sich an einem solchen in irgendeiner Form zu beteiligen, es sei denn, dies geschieht für Rechnung der stillen Gesellschaft[32].

(2) Für jeden Fall der Zuwiderhandlung hat sie an den stillen Gesellschafter eine Vertragsstrafe von DM ... zu zahlen. Die Ansprüche des stillen Gesellschafters auf Unterlassung und Schadensersatz bleiben unberührt.

§ 16 Schriftform, salvatorische Klausel

(1) Änderungen und Ergänzungen dieses Vertrages können nur schriftlich wirksam vorgenommen werden. Mündliche Nebenabreden bestehen nicht.

(2) Durch die Ungültigkeit einzelner Bestimmungen des Gesellschaftsvertrages wird die Gültigkeit des Vertrages im übrigen nicht berührt[33]. In einem solchen Fall oder zur Ausfüllung einer ergänzungsbedürftigen Lücke sind die Gesellschafter verpflichtet, durch Beschluß eine angemessene Regelung zu vereinbaren, die dem am nächsten kommt, was jene gewollt haben oder nach dem Sinn und Zweck des Vertrages gewollt haben würden, sofern sie die Ungültigkeit der Bestimmung oder die Lücke bedacht hätten.

---

nur dann empfehlenswert, wenn im Einzelfall das Bedürfnis besteht, ihren Liquiditätsinteressen besonders Rechnung zu tragen.

32 Vgl. Rn. 635 ff. Größere Bedeutung als bei der typischen stillen Gesellschaft erlangt ein solches Wettbewerbsverbot bei der Form der atypischen stillen Gesellschaft, bei welcher der Stille in Wirklichkeit beherrschenden Einfluß ausübt, während der Geschäftsinhaber im Innenverhältnis weitgehend weisungsgebunden ist.

33 Nach § 139 BGB ist im Zweifel davon auszugehen, daß der Gesellschaftsvertrag ohne den nichtigen Teil nicht abgeschlossen worden wäre. Daher empfiehlt es sich, eine Bestimmung wie die in § 16 Abs. 2 genannte in den Vertrag aufzunehmen.

§ 17 Gerichtsstand

Gerichtsstand für sämtliche Streitigkeiten aus diesem Vertrag ist . . ., soweit dies zulässig vereinbart werden kann[34].

§ 18 Vertragsausfertigung, Vertragskosten

(1) Jede der vertragschließenden Parteien erhält eine Ausfertigung des Vertrages.

(2) Die Kosten des Vertragsabschlusses trägt die Inhaberin. Rechtsberatungskosten trägt jede Vertragspartei selbst.

Ort, Datum: ...., ...
Geschäftsinhaberin: ....
stiller Gesellschafter: ....

---

[34] Alternativ könnte der Vertrag etwa folgende Schiedsklausel vorsehen: „Für alle Streitigkeiten aus diesem Vertrag wird laut besonderer Urkunde die ausschließliche Zuständigkeit eines Schiedsgerichts vereinbart."; vgl. Rn. 534 ff. Die Schiedsvereinbarung muß in einer gesonderten Urkunde niedergelegt sein; andernfalls ist der Vertrag nach § 1027 Abs. 1 ZPO unwirksam.

Vertrag über die Errichtung einer atypischen stillen Gesellschaft

zwischen

der Kommanditgesellschaft unter der Firma Y & Co. mit Sitz in . . . (Ort, Straße), vertreten durch ihre persönlich haftenden Gesellschafter . . . (Namen, Adressen)

– im folgenden auch: die Inhaberin –

und

Herrn B, wohnhaft in . . . (Ort, Straße)

– im folgenden auch: der stille Gesellschafter –

§ 1 Begründung der Gesellschaft

(1) Die Kommanditgesellschaft unter der Firma „Y & Co." ist Inhaberin des in . . . (Ort, Straße) betriebenen Handelsgewerbes mit dem Gegenstand . . . (Unternehmenszweck).

(2) An diesem Handelsgewerbe beteiligt sich A als atypischer stiller Gesellschafter nach näherer Maßgabe der nachfolgenden Bestimmungen.

(3) Der stille Gesellschafter ist am Ergebnis, Vermögen und an den stillen Reserven der Gesellschaft beteiligt. Das Vermögen der Gesellschaft wird unbeschadet der Tatsache, daß kein Gesamthandsvermögen besteht, im Innenverhältnis wie gemeinschaftliches Vermögen behandelt. Die Beteiligung des stillen Gesellschafters erstreckt sich insbesondere auch auf die offenen und stillen Reserven der Gesellschaft.

§§ 2–3 Dauer der Gesellschaft, Geschäftsjahr; Einlage des stillen Gesellschafters

wie typische stille Gesellschaft

§ 4 Geschäftsführung[1]

(1) Die Geschäftsführung steht allein der Inhaberin zu.

---

1 Um von Mitunternehmerinitiative sprechen zu können, muß dem still Beteiligten so maßgeblichen Einfluß auf das Unternehmen des Inhabers, insbesondere seine Geschäftsführung, eingeräumt werden, daß er im Wirtschaftsleben als Unternehmer erscheint. Hierfür reicht im Regelfall die Einräumung der Rechte

(2) Die Inhaberin darf jedoch folgende Rechtsgeschäfte und Handlungen nur mit Zustimmung des stillen Gesellschafters vornehmen:

a) Änderungen des Gegenstandes des Unternehmens;

b) Formwechsel, Verschmelzung oder Spaltung des Unternehmens;

c) Erwerb von oder Beteiligung an anderen Unternehmen sowie deren Veräußerung;

d) Veräußerung oder Verpachtung des Unternehmens oder eines Teils des Unternehmens;

e) Aufnahme neuer Gesellschafter einschließlich der Beteiligung weiterer stiller Gesellschafter[2];

f) vollständige oder teilweise Einstellung des Gewerbebetriebes;

g) Errichtung von Zweigniederlassungen;

h) Abschluß, Änderung oder Aufhebung von Gewinn- und Verlustübernahmeverträgen;

i) Abschluß von Rechtsgeschäften, durch die die Gesellschaft im Einzelfall oder jährlich mit mehr als DM ... belastet wird;

j) Investitionen über einen Betrag von mehr als DM ...;

k) Erwerb, Veräußerung und Belastung von Grundstücken und grundstücksgleichen Rechten;

l) Rechtsgeschäfte zwischen der Inhaberin und Gesellschaftern der Inhaberin sowie deren Angehörigen, die über den Betrag von DM ... bzw. bei Dauerschuldverhältnissen von DM ... p.a. hinausgehen.

(3) Beabsichtigt die Inhaberin die Vornahme einer der in Abs. 2 genannten Maßnahmen, so teilt sie dies dem stillen Gesellschafter mit und fordert ihn zur Erteilung seiner Zustimmung auf. Ist eine Stellungnahme des stillen Gesellschafters innerhalb von ... Wochen seit Absendung der Aufforderung nicht erfolgt, so gilt seine Zustimmung als erteilt; hierauf ist in der Aufforderung zur Abgabe einer Stellungnahme ausdrücklich hinzuweisen. Erklärt der Gesellschafter innerhalb dieser Frist, daß er die vorgenommene Maßnahme nicht billige, so muß er diese bei der Gewinnberechnung und bei der Auseinandersetzung nicht gegen sich gelten lassen. Etwaige weitergehende Rechte des stillen Gesellschafters bleiben unberührt.

---

des Kommanditisten in §§ 164, 166 HGB oder der bürgerlich-rechtlichen Kontrollrechte nach § 716 BGB, vgl. Rn. 1241. Ihm kann jedoch auch Geschäftsführungsbefugnis eingeräumt werden.

2 Bei Publikumsgesellschaften ist dagegen eine ausdrückliche Ermächtigung der Inhaberin zur Aufnahme stiller Gesellschafter empfehlenswert.

§ 5 Informations- und Kontrollrechte, Geheimhaltungspflicht

(1) Neben den gesetzlichen Informations- und Kontrollrechten gemäß § 233 HGB stehen dem stillen Gesellschafter auch die Rechte aus §§ 716 BGB, 118 HGB zu. Sie beziehen sich auf alle Bücher und Unterlagen, die der Ermittlung der Besteuerungsgrundlage dienen, also insbesondere auch die Steuerbilanz und die Betriebsprüfungsberichte. Dies gilt auch nach Beendigung der Gesellschaft in dem zur Überprüfung des Auseinandersetzungsguthabens erforderlichen Umfang.

(2) Diese Informations- und Kontrollrechte kann der stille Gesellschafter durch einen Rechtsanwalt, Steuerberater oder Wirtschaftsprüfer wahrnehmen lassen.

(3) Der stille Gesellschafter hat über alle ihm bekanntgewordenen Angelegenheiten der stillen Gesellschaft Stillschweigen zu bewahren. Diese Verpflichtung gilt auch für die Dauer von ... Jahren nach Beendigung der stillen Gesellschaft, es sei denn, das Interesse der Inhaberin erfordert die Geheimhaltung nicht.

§§ 6, 7 Konten des stillen Gesellschafters; Jahresabschluß

wie typische stille Gesellschaft

§ 8 Gewinn- und Verlustbeteiligung

(1) Der stille Gesellschafter ist mit ... v.H. am Gewinn und mit ... v.H. am Verlust beteiligt[3]. Dieser Quote liegen die Kapitalverhältnisse bei Begründung der stillen Gesellschaft zugrunde; ändern sie sich, ist die Quote unter Berücksichtigung der neuen Kapitalverhältnissen entsprechend anzupassen.

(2) Der Ergebnisbeteiligung des stillen Gesellschafters ist der im steuerlichen Jahresabschluß ausgewiesene Ertrag vor Berücksichtigung des auf den stillen Gesellschafter entfallenden Gewinn- und Verlustanteils nach Durchführung folgender Korrekturen zugrunde zu legen[4]:

---

3 Allerdings darf die Verlustbeteiligung des stillen Gesellschafters nicht ausgeschlossen werden, da es sonst am Mitunternehmerrisiko fehlt. Fehlt eine besondere Regelung zur Gewinn- und Verlustbeteiligung, so erfolgt diese wegen der Mitunternehmerschaft des still Beteiligten so, als sei dieser Kommanditist des Geschäftsinhabers.

4 Da der atypisch stille Gesellschafter an den stillen Reserven beteiligt ist, findet eine Korrektur um erhöhte Absetzungen, Sonderabschreibungen und steuerfreie Rücklagen nicht statt. Gleiches gilt wegen der schuldrechtlichen Vermögensbeteiligung für Geschäftsvorfälle aus der Zeit vor Beginn der stillen Gesellschaft. Zu berücksichtigen sind dagegen Tätigkeits- und sonstige Vergütungen.

a) Soweit Vergütungen an Mitunternehmer der Inhaberin gemäß § 15 Abs. 1 Nr. 2 EStG in der Steuerbilanz nicht als Aufwand abgesetzt sind, sind diese abzusetzen;

b) Soweit Leistungen eines Mitunternehmers, die handelsrechtlich als Ertrag anzusehen sind (z.B. Zinszahlungen) in der Steuerbilanz nicht als Einnahmen ausgewiesen werden, sind diese hinzuzusetzen.

(3) Wird der Jahresabschluß der Inhaberin (z.B. aufgrund einer steuerlichen Außenprüfung) bestandskräftig geändert, so sind die geänderten Ansätze auch bei der Ergebnisbeteiligung des stillen Gesellschafters zu berücksichtigen; Ausgleichszahlungen sind innerhalb von vier Wochen nach bestandskräftiger Änderung des Jahresabschlusses vorzunehmen.

§§ 9–13 Entnahmen; Abtretung und Belastung von Anteilen; Tod des stillen Gesellschafters; Umwandlung der Inhaberin; Kündigung

wie typische stille Gesellschaft

§ 14 Auseinandersetzung

(1) Bei Beendigung der stillen Gesellschaft ist der stille Gesellschafter abzufinden.

(2) Das Auseinandersetzungsguthaben errechnet sich aus:

a) dem Saldo des Einlage-, Verlust- und Privatkontos;

b) dem seiner Beteiligungsquote entsprechenden Anteil des stillen Gesellschafters an den stillen Reserven einschließlich des Geschäftswertes der Inhaberin.

(3) Soweit die Beendigung der stillen Gesellschaft nicht mit dem Ende des Geschäftsjahres zusammenfällt, ist zur Ermittlung der Kontenstände auf den Tag der Beendigung der stillen Gesellschaft auf der Grundlage der §§ 7, 8 eine Auseinandersetzungsbilanz aufzustellen[5]. Die Kosten hierfür trägt der stille Gesellschafter. Am Ergebnis schwebender Geschäfte, die nicht bilanzierungspflichtig sind, nimmt der stille Gesellschafter nicht teil.

(4) Zur Ermittlung des Anteils des stillen Gesellschafters an den stillen Reserven ist auf den Tag der Beendigung der stillen Gesellschaft eine

---

5 Diese Regelung kann ersetzt werden durch die Zugrundelegung des letzten Jahresabschlusses und eine zeitanteilige Ergebnisbeteiligung für das laufende Geschäftsjahr.

Auseinandersetzungsbilanz aufzustellen. Zur Ermittlung der stillen Reserven sind[6]

a) Grundstücke und Gebäude durch den nach dem Bundesbaugesetz bestellten Gutachterausschuß schätzen zu lassen;

b) sonstige Wirtschaftsgüter (mit Ausnahme von Beteiligungsrechten) nach den steuerlichen Bewertungsvorschriften anzusetzen;

c) steuerfreie Rücklagen, die während der Dauer der stillen Gesellschaft gebildet wurden, aufzulösen;

d) Beteiligungen entsprechend den Buchstaben a–c zu behandeln, bzw., soweit es sich um zum amtlichen Handel zugelassene oder in den geregelten Freiverkehr einbezogene Wertpapiere handelt, die entsprechenden Kurse anzusetzen.

(5) Der Geschäftswert ist durch einen von beiden Vertragsparteien zu benennenden Wirtschaftsprüfer zu ermitteln[7].

(6) Endet die stille Gesellschaft mit Liquidation der Inhaberin, so ist für die Ermittlung der stillen Reserven und des Geschäftswertes der Liquidationserlös maßgebend.

(7) § 8 Abs. 3 Satz 1 gilt entsprechend.

(8) Das Auseindandersetzungsguthaben ist – außer im Falle der Liquidation der Inhaberin – in . . . gleichen Vierteljahresraten auszuzahlen, von denen die erste drei Monate nach dem Tag der Auflösung der stillen Gesellschaft fällig wird. Die Auszahlung des Auseinandersetzungsguthabens ist angemessen zu strecken, wenn die Zahlung nach Satz 1 der Inhaberin im Hinblick auf ihre Liquiditätslage unzumutbar ist. Wird die stille Gesellschaft durch Liquidation der Inhaberin beendet, so ist der

---

6 Bei weniger umfangreichem Betriebsvermögen der Inhaberin kann auch ein weniger aufwendiges Bewertungsverfahren durchgeführt werden, etwa nach dem Verkehrswert der stillen Reserven. Kommt eine Einigung hierüber nicht zustande, so kann die Bewertung durch einen Schiedsgutachter durchgeführt werden.

7 Die Ermittlung des Firmenwertes ist in der Regel schwierig. Es kann daher zweckmäßig sein, die Beteiligung des stillen Gesellschafters am Geschäftswert auszuschließen. Zumindest bei Liquidation des gesamten Unternehmens muß freilich der stille Gesellschafter auch am Geschäftswert beteiligt werden, um die Anerkennung der stillen Gesellschaft als Mitunternehmerschaft zu erreichen, vgl. Rn. 1245 ff. Bei der atypischen stillen Gesellschaft ist allerdings zwar nicht bei Beendigung allein der stillen Gesellschaft, wohl aber bei Auflösung des gesamten Unternehmens eine Beteiligung des still Beteiligten am selbstgeschaffenen Firmenwert erforderlich, vgl. Rn. 1243 ff. Diese geschieht dann über den Liquidationserlös.

Auseinandersetzungsanspruch innerhalb von . . . Monaten nach seiner Feststellung fällig.

(9) Der noch ausstehende Teil des Auseinandersetzungsguthabens ist mit . . . v.H. über dem jeweils gültigen Diskontsatz der Deutschen Bundesbank zu verzinsen. Die aufgelaufenen Zinsen werden ebenfalls verzinst. Sie sind mit der letzten Rate fällig.

§§ 15–18 Wettbewerbsverbot; Schriftform, salvatorische Klausel; Gerichtsstand; Vertragsausfertigung, Vertragskosten

wie typische stille Gesellschaft

Ort, Datum: ...., ...
Geschäftsinhaberin: ....
stiller Gesellschafter: ....

Stichwortregister

Die Zahlen verweisen auf die Randnummern.

Abfärbetheorie
– Einkommensteuer 1334
Abschichtungsbilanz 981
Abschreibungsgesellschaft 1764 ff.
– siehe auch Publikumsgesellschaft
Abtretung 519 ff.
– des Gewinnanspruchs 523
Abwicklungsgesellschaft 206 ff., 901
accomodatio 83
Aktiengesellschaft 475 ff.
– Gesellschaftsvertrag mit – 475 ff.
– Hauptgesellschafterin 200
– Rentengesellschaft 345
– stille Gesellschafterin 216
– Teilgewinnabführungsvertrag 341
anglo-amerikanischer Rechtskreis
– Stille Gesellschaft – 150
Anhang 826
Anlagevermögen 722 ff.
Anschaffungskosten 751 ff.
Arbeitnehmer 60 ff., 398 ff.
– atypische stille Gesellschaft 65 ff.
– Gewinnbeteiligung 63 f., 399 f.
– Mitunternehmerschaft 65 ff.
– typische stille Gesellschaft 69 ff.
– Verlustbeteiligung 401
– Vermögensbeteiligungsgesetz 71 ff.
Arbeitsvertrag 398 ff.
– Abgrenzung zur Familiengesellschaft 1315
– Gewinnbeteiligung 63

association commerciale en participation 119 ff.
associazione in partecipazione 101 ff.
Atypische stille Gesellschaft 25 ff., 165 f., 177 ff., 1190 ff., 1235 ff.
– Abgrenzung zur typischen stillen Gesellschaft 176 ff., 1190 ff.
– Abschreibungsgesellschaft, Umsatzsteuer 1764 ff.
– Anteilsveräußerung 1352 ff.
– Arbeitnehmer 65 ff.
– Auseinandersetzungsguthaben 997 ff.
– Ausschluß der Verlustbeteiligung 361
– Beteiligung des Stillen am laufenden Gewinn 1351
– Betriebsvermögen 1337 ff., 1698 ff.
– Einheitswert 1698 ff.
– Einkommensteuer 1332 ff.
– Einlagekonto 1347 ff.
– Erscheinungsformen 177 ff.
– fehlerhafte Gesellschaft 557 ff.
– Finanzgerichtsverfahren 1711
– Geschäftsführungsbefugnisse des stillen Gesellschafters 184
– Gesellschaftsvertrag mit OHG, KG 464 f.
– gewerbliche Einkünfte 1334 ff.
– Gewinnberechnung 865
– Gewinnermittlung 1337 ff.
– Gleichbehandlungsgrundsatz 641
– GmbH als Geschäftsinhaberin 473

725

- Körperschaftsteuer 1519 ff.
- Kündigung 921
- lästiger stiller Gesellschafter 1367
- Rechtsberatungsunternehmen 486 f.
- Sonderbetriebsvermögen 1337 ff.
- steuerrechtlicher Begriff 185
- Verlustanteil 1370 ff.
- Vermögensbeteiligung des stillen Gesellschafters 165 f., 309
- Vermögensteuer 1698 ff.
- vormundschaftsgerichtliche Genehmigung 455 ff.
- Wettbewerbsbeschränkungen 647
- Wettbewerbsverbot des Geschäftsinhabers 639
- siehe auch Mitunternehmerschaft

Atypische Unterbeteiligung
- Beendigung, Besteuerung 1952
- Besteuerung der Einräumung 1951
- Einkünfte aus Vermietung und Verpachtung 1948
- Gewinnfeststellungsverfahren 1950
- Gewinnversteuerung 1949
- Mitunternehmerschaft 1942 ff.
- Veräußerung, Besteuerung 1953 f.

Atypischer stiller Gesellschafter
- Einlagenkonto 1347 ff.
- Gewinnanteil 1351 ff.
- Verlustanteil 1370 ff.

Auflösung 514 ff., 899 ff.
- Abwicklungsgesellschaft 901
- Auflösungsgründe 906 ff.
- Aufrechterhaltung trotz Auflösungsgrund 905
- Auseinandersetzungsanspruch 514 ff.
- Fortsetzungsklauseln 907
- mehrgliedrige stille Gesellschaft 904
- Nachlaßteilung 951
- schwebende Geschäfte 514 ff.
- steuerliche Folgen 1414 ff.
- Tod des Geschäftsinhabers 174
- Umsatzsteuer 1759 ff.
- Wirkungen 899 ff.
- Zeitpunkt 901 f.

Auflösungsgründe 906 ff.
- außerordentliche Kündigung 928 ff.
- Bedingungseintritt 911
- Eheschließung 968
- Gläubigerkündigung 938 ff.
- Inhaber – Handelsgesellschaften 957
- Konfusion 967
- Konkurs eines Gesellschafters 961 ff.
- Kündigung 918 ff.
- Rückgewähr der Einlage 971
- sonstige 965 ff.
- Tod des Geschäftsinhabers 941 ff.
- Tod des stillen Gesellschafters 948 ff.
- Unmöglichwerden des Gesellschaftszwecks 913 ff.
- Vereinbarung der Gesellschafter 908
- Vergleichsverfahren 964, 1111 ff.
- Wegfall des Handelsgewerbes 969
- Zeitablauf 909 f.
- Zweckerreichung 912
- siehe auch Auseinandersetzung

Auseinandersetzung 978 ff., 1006 ff.
- Abschichtungsbilanz 981
- Abschreibungen 993
- Anspruchsverrechnung 979

- außergesellschaftliche Beziehungen 979
- Auszahlungsanspruch 1006 ff.
- atypische stille Beteiligung 997 ff.
- Begriff 980
- Dienstleistungen 1000 ff.
- Einlageguthaben 979
- Einlagekonto 990
- Erfolgsermittlungsbilanz 981
- gerichtliche Durchsetzung 1011 ff.
- Geschäftswert 994
- Klage 987
- Konkurs 1065 ff.
- Kontrollrechte des stillen Gesellschafters 1015 ff.
- negatives Einlagekonto 1018 ff.
- schwebende Geschäfte 987, 1025 ff.
- Sonderfälle 999 ff.
- steuerliche Folgen 1366
- stille Rücklagen 992
- Unterschiede bei typischer und atypischer stiller Gesellschaft 981
- Vertragsfreiheit 982
- Wesen 978 ff.
- Zeitpunkt 984 ff.
- Zweck 979
- siehe auch Auflösung

Auseinandersetzungsguthaben 514, 986 ff.
- Bedeutung für Mitunternehmerschaft 1251 ff.
- Beteiligungskonto 988
- Dienstleistungen 1000 ff.
- Differenzen über – 1012
- Ermittlung 986
- Gebrauchsüberlassung 1003
- Gesellschaftsvertrag 514 ff.
- Höhe 988 ff.
- Höhe im Konkurs 1068 f.
- Konkurs 1072 ff.
- Korrekturen 991 ff., 1194
- Rente 1010
- Sacheinlagen 1003 ff.
- schuldrechtlicher Anspruch 999
- typische stille Beteiligungen 989 ff.
- Verzinsung 1007

Ausländische Anteilseigner
- beschränkte Steuerpflicht 1816 ff.
- Körperschaftsteuer 1835
- Vermögensteuer 1836 ff.

Außensteuergesetz 1859 ff.
- Ausstattungsversprechen 1284

Auszahlungsanspruch 1006 ff., 1034
- Fälligkeit 1008 ff.

Auszahlungssperre 809 ff.

Beitrag
- Abgrenzung zu Einlage und Beteiligung 238 f.

Beitragsleistung
- Abgrenzung zur Einlagegutschrift 290 f.
- Aktivierungsfähigkeit 799 ff.
- anfängliche Unmöglichkeit 280
- Arbeitskraft als –, steuerliche Bedeutung 1313 f.
- Bewertung 805 f.
- bilanzierungsfähige Einlagen 244 ff.
- Dienstleistungen 268 ff., 801 f.
- Einbringung eines Gegenstandes dem Werte nach 266 f.
- Einbringung quoad sortem 266 f.
- Einlageverpflichtungen, ausstehende 804
- Forderung gegen den Geschäftsinhaber 248
- Formen 243 ff.

- Gebrauchsüberlassung 261 ff.
- Geldeinlage 247 ff.
- Geld- oder Warenkredit 273
- gesetzeswidrige 280
- immaterielle Beiträge 275
- materielle Vermögensgegenstände, Bilanzierung 803
- nachträgliche Unmöglichkeit 281 ff.
- nicht bilanzierungsfähige Beiträge 261 ff.
- Nutzungen, Bilanzierung 800 ff.
- Nutzungsrechte, Bilanzierung 800 ff.
- Sacheinlage 252 ff.
- Sachmängelgewährleistung 287 f.
- schenkweise Einbuchung 255
- sittenwidrige 280
- Störungen 280 ff.
- Treuhandverhältnis 289
- Unmöglichkeit 280 ff.
- Unterlassungen 274
- Verzug 284 ff.
- Zeitpunkt 276 ff.

Beitragspflicht 238 ff., 642
- Geschäftsinhaber 586
- pVV 284 ff.
- stiller Gesellschafter 586
- Umfang 240 ff.

Belgien
- Stille Gesellschaft 119 ff.

Berichtigungsveranlagung 1411 f.

Beschränkte Steuerpflicht 1816 ff.
- atypische stille Gesellschaft 1823 ff.
- Außensteuergesetz 1859 ff.
- Einkommensteuer 1816 ff.
- Erbschaftsteuer 1842 f.
- Körperschaftsteuer 1835
- negative ausländische Einkünfte 1863 ff.
- Treuhandverhältnisse 1832

- typische stille Gesellschaft 1821 ff.
- Vermögensteuer 1836 ff.

Beteiligungsverhältnis 305 ff.

Betreute 450
- Minderjährige 445 ff.

Betriebsaufspaltung
- Kontrollrechte des stillen Gesellschafters 666

Betriebsausgaben
- Einkommensteuer, typische Unterbeteiligung 1932 ff.
- Gewinnanteile 1482, 1485
- lästiger Gesellschafter 1367

Betriebsfinanzamt
- Zuständigkeit 1385 ff.

Betriebsvermögen 1337 ff.
- Einheitswert 1672 ff.
- typische stille Beteiligung 1420
- Übertragung von Wirtschaftsgütern 1344 ff.

Bewertung 744 ff.
- Abschreibungen 751
- Abschreibungen auf Wirtschaftgüter des abnutzbaren Anlagevermögens 760 f.
- Abschreibungen, außerplanmäßige 761
- Anschaffungs- oder Herstellungskosten 751 ff.
- Anschaffungskosten 752 ff.
- Bewertungsvorschriften, allgemeine 745 ff.
- Bilanzierung 1681
- Einzelbewertungsgrundsatz 746
- Fertigungsgemeinkosten 757
- Festbewertung 746
- Fifo- bzw. Lifo-Methode 764
- going-concern-Prinzip 745
- Grundsätze 720
- Gruppen- oder Sammelbewertung 746
- Herstellungskosten 756 ff.

- Maßgeblichkeitsgrundsatz 744
- Materialgemeinkosten 757
- Niederstwertprinzip 765
- Rentenverpflichtungen 770
- Rückstellungen 771
- Saldierungsverbot 746
- Schätzungsverfahren 747 f.
- Stichtagsprinzip 745
- stille Reserven von Personenunternehmen 766
- umgekehrter Maßgeblichkeitsgrundsatz 767 f.
- Umlaufvermögen 762 ff.
- Umsatzsteuer 754
- Unterbewertung 766
- Verbindlichkeiten 769 f.
- Vermögenseinlage 512
- Vermögensteuer 1681 ff., 1694 ff., siehe auch dort
- Vertriebskosten 759
- Verwaltungskosten, allgemeine 758
- Vorratsvermögen 764
- Vorsichtsprinzip 749

Bilanz
- Abschichtungsbilanz 981
- Aktivseite 722 ff.
- Anlagevermögen 722 ff.
- Aufstellung 776
- Aufwandsrückstellungen 739 f.
- Bilanzierung der Beteiligung 821 ff.
- Eigenkapital 730 ff., 782 ff.
- Eigenkapitalausweis 731 ff.
- Erfolgsermittlungsbilanz 981
- Feststellung 776
- Fremdkapital 783
- Geschäftswert 723
- Gliederung 721 ff.
- passive Rechnungsabgrenzungsposten 743
- Passivierungspflicht für Rückstellungen 738

- Passivseite 730 ff.
- Rechnungsabgrenzungsposten 725 ff.
- Rücklagen 733 ff.
- Rückstellungen 736 ff.
- umgekehrte Maßgeblichkeit 735
- Umlaufvermögen 724
- Unterzeichnung 776
- Verbindlichkeiten 742
- Zweck 708 f.

Bilanzierung 774 ff.
- Abgrenzung zur internen Rechnungslegung 772
- Bedeutung 695
- Bilanzidentität 714
- Bilanzklarheit 710
- Bilanzkontinuität 714 f.
- Bilanzvollständigkeit 713
- Bilanzwahrheit 712 f.
- Gewinnanteile 877
- Grundlagen 698 ff.
- Grundsätze 709 ff.
- Imparitätsprinzip 718 ff.
- Kapitalforderungen 1681
- Niederstwertprinzip 720
- Realisationsprinzip 718 f.
- steuerrechtliche Buchführungspflicht 773
- stille Gesellschaft 772 ff.
- Vorsichtsprinzip 716 ff.

Börsenumsatzsteuer 1814 f.

Buchführung 695 ff., 774 ff.
- Aufbewahrung von Belegen 705 ff.
- Datenträger 700 ff.
- doppelte 700
- Einlagekonto 775 f.
- formelle Mindestanforderungen 699 ff.
- gesetzliche Grundlagen 698
- Grundbuch 701
- Grundsätze ordnungsmäßiger Bilanzierung 708 ff.

- Grundsätze ordnungsmäßiger Buchführung 698
- Handelsbücher 699 ff.
- Kassenbuch 700
- Kontokorrent 700 f., 703
- Mindestanforderungen 551
- Ordnungsmäßigkeit 698 ff.
- Tagebuch 700 f.
- Wareneingangsbuch 704

Buchwertklauseln
- Wirksamkeit 515

Bürgschaft
- des stillen Gesellschafters 1437

collegantia 84
commenda 83

Damnum 729
Darlehen
- Abgrenzung zur Gewinnbeteiligung 325
- Abgrenzung zur Stillen Gesellschaft 528
- Freiheit bei der Wahl der Unternehmensfinanzierung 1489 ff.

Darlehen, partiarisches 172
- Abgrenzung zur Stillen Gesellschaft 172, 382 ff., 1217 f., 1296
- Gewerbekapital 1632
- Gewerbesteuer 1619 ff.
- Konkurs des Darlehensnehmers 388
- Kündigung 384
- Rückzahlung 384
- Steuerrecht 390
- Übertragbarkeit der Forderung 386
- Widerruf 387

Dienstleistungen
- als Beitrag 1000 ff., 1211
- Vermögenseinlage 268

Dienstvertrag, partiarischer 63 f., 398 ff.
- Abgrenzung zur Stillen Gesellschaft 398
- Familiengesellschaft 1315
- Gewinnbeteiligung 399 f.
- Kontrollrechte 405 ff.

Disagio 729
Doppelbesteuerung 1844 ff.
Doppelbesteuerungsabkommen
- atypische stille Gesellschaft 1852 ff.
- Außensteuergesetz 1859 ff.
- Großbritannien 1851
- per-country-limitation 1846
- typische stille Gesellschaft 1850 ff.
- Vermögensteuer 1858

Eigenkapital 730 ff., 782 ff.
- Abgrenzung zu Fremdkapital 1488 ff.
- Ersatz aufgrund Vereinbarung 1052 ff.
- stille Beteiligung 796 f.
- siehe auch Bilanz, kapitalersetzende stille Beteiligung

Einbringung quoad sortem 266 f.
Einbringung quoad usum 261 ff.
Einheitsbewertung 1672 ff.
- siehe auch Einheitswert 1672

Einheitswert 1672 ff.
- atypische stille Gesellschaft 1698 ff.
- Aufteilung 1703 ff.
- Betriebsvermögen 1672 ff.
- Bewertungsmethode der Vermögenseinlage 1681 ff., 1694 ff.
- Feststellung 1702 ff.
- Geschäftsinhaber 1672 ff.
- Gewerbesteuer 1624 ff.
- Stuttgarter Verfahren 1694 ff.

- verdecktes Stammkapital 1676
- Vermögenseinlage 1679 ff.

Einkommensteuer
- Abfärbetheorie 1334 ff.
- atypische stille Gesellschaft 1332 ff.
- Ausscheiden eines atypischen stillen Gesellschafters 1366 ff.
- beschränkte Steuerpflicht 1816 ff.
- gewerbliche Einkünfte 1334 ff.
- typische stille Gesellschaft 1401 ff.
- Unterbeteiligter, atypischer 1942 ff.
- Unterbeteiligter, typischer 1931 ff.
- Unterbeteiligung 1930 ff.
- siehe auch Einkünfte aus ... 1931

Einkünfte aus Gewerbebetrieb 1192, 1207, 1351 ff.
- atypischer stiller Gesellschafter 1334 ff.
- typische stille Beteiligung 1407
- Unterbeteiligter, atypischer 1945 ff.
- Unterbeteiligung 1930 ff.
- Verlustanteile 1370 ff.
- siehe auch Veräußerunsgsgewinn 1352

Einkünfte aus Kapitalvermögen 1192, 1406
- Auflösungsgewinn 1414 ff.
- Unterbeteiligter, typischer 1938
- Werbungskosten 1410, 1430, 1434 ff.
- Wertsteigerung der Sacheinlage 1421

Einkünfte aus Land- und Forstwirtschaft
- bei typischer stiller Beteiligung 1407

Einkünfte aus nichtselbständiger Arbeit 1212

Einkünfte aus selbständiger Arbeit
- bei typischer stiller Beteiligung 1407

Einkünfte aus Vermietung und Verpachtung
- Unterbeteiligung 1948

Einlagekonto 313 ff., 885 ff.
- Auffüllung durch Gewinne 886
- Auseinandersetzung 990, 1018 ff.
- Buchwertabfindung 514 f.
- Einkommensteuer des atypischen stillen Gesellschafters 1347 ff.
- einkommensteuerliche Behandlung 1380
- Einlagegutschrift 290 f.
- Einlageverpflichtung 804
- Gewinnanteile 885
- negatives 313, 811, 1018 ff., 1372 ff.
- negatives, atypischer stiller Gesellschafter 1373 ff.
- negatives, steuerliche Behandlung 1439 ff.
- negatives, typischer stiller Gesellschafter 1443
- steuerliche Bewertung 1348 ff.
- siehe auch Stille Beteiligung 1347

Einmann-GmbH & Still
- Form des Gesellschaftsvertrags 1548
- Geschäftsführergehalt 1596 ff.
- Gewinnverteilung, angemessene 1583 ff.
- GmbH & Still 1546 ff.
- kapitalersetzende stille Beteiligung 1573 ff.
- Mitunternehmerschaft 1557 ff.

731

Stichwortregister

- steuerrechtliche Anerkennung 1547 ff.
- Vermögensteuer 1676

Einmann-Kapitalgesellschaft 212
- handelsrechtliche Anerkennung 43 f.
- steuerrechtliche Anerkennung 45
- Stille Gesellschaft 1205

England
- Stille Gesellschaft 150

Entnahme
- bilanzielle Behandlung 817

Entnahmerecht
- steuerliche Bedeutung 1222 f.

Erbengemeinschaft
- Geschäftsinhaberin 192
- Nachlaßteilung 951
- Sicherung bei Ausschluß von der Übernahme des Handelsgeschäfts 55
- stille Gesellschafterin 219
- Umwandlung in OHG 945

Erbfolge bei Tod des Inhabers
- gesellschaftsvertragliche Regelung 548 ff.
- Unterbeteiligung 1870 f.

Erbfolge
- Abfindung der Miterben durch stille Beteiligung 226
- Beteiligung an der Unternehmenssubstanz 56
- Ehegatte als Alleinerbe 545
- gesellschaftsvertragliche Regelung 548 ff.
- Pflichtteilsanspruch 545
- Pflichtteilsergänzungsanspruch 549 f.
- Tod des Geschäftsinhabers 174, 541 ff.
- Unterbeteiligung 1870 f.
- Vermächtnis 543
- vorweggenommene – 57

Erbschaftsteuer 1773 ff.
- atypische stille Gesellschaft 1790 f.
- beschränkte Steuerpflicht 1842 f.
- Bewertung der stillen Beteiligung 1786 ff.
- Freibeträge 58
- Schenkung 58, 1774 ff.
- Steuerbefreiung 1792 ff.
- Steuergegenstand 1773 ff.
- Steuerklassen 1795 f.
- typische stille Gesellschaft 1786 ff.
- überhöhte Gewinnbeteiligung 334
- Unterbeteiligung 1870 f., 1985
- Vorliegen einer Schenkung 1774 ff.

Erfolgsermittlungsbilanz 981
Ergänzungspfleger 1286 ff.
EWIV 204
- als Hauptgesellschafterin 204
- als stille Gesellschafterin 221

Familiengesellschaft 54 ff.
- Abgrenzung zum Arbeitsverhältnis 1315
- Ausstattungsversprechen 1284
- Entnahmerecht 1303 f.
- Erbschaftsteuer 1781 f.
- Ergänzungspfleger 1286 ff.
- Ernsthaftigkeit 1276 ff.
- Form 1231
- Fremdvergleich 1292 ff.
- Gesellschaftsvertrag 1274 ff.
- Gewinnverteilung, angemessene 1321 ff.
- Gewinnbeteiligung, überhöhte 1303
- Kontrollrechte 1306
- Kündigungsrecht 1307 ff.
- Minderjährige 1286 ff.

- Motive zur Gründung 1269
- Nichtanerkennung und Folgen 1317, 1327 ff.
- Nichteheliche Lebensgemeinschaft 1272
- Schenkung 1281 ff.
- Schenkung, befristete 1308
- Schenkungsteuer 1312
- steuerliche Anerkennung 1270 ff., 1280 ff.
- tatsächliche Durchführung 1311 ff.
- Verfügung über Gewinnanteil 1301 ff.
- Vermögenseinlage 1311 ff.
- Vermögensteuer 1697
- vormundschaftliche Genehmigung 1289 ff.
- zivilrechtliche Wirksamkeit 1279 ff.

Familienverband
- Befristung einer Unterbeteiligung 1962
- Buchwertabfindung bei Unterbeteiligung 1962, 1965
- Mitunternehmerschaft bei Unterbeteiligung 1965 ff.
- Rückfallklausel bei Unterbeteiligung 1963
- steuerliche Anerkennung einer Unterbeteiligung 1956 ff.
- Unterbeteiligung 1871
- Unterbeteiligung von Kinder 1955 ff.

Fehlerhafte Gesellschaft 553 ff.
- Anwendbare Regelungen 579 ff.
- Lehre 553 ff., 571 ff.
- steuerliche Bedeutung 1229 ff., 1279

Fertigungsgemeinkosten 757
Festbewertung 746, 764
Feststellungsbescheid 1389 ff.
- Vermögensteuer 1709

Fifo-Methode 764
Firma 496 ff.
Firmenwert 869
- Beteiligung des stillen Gesellschafters 869

Formbedürftigkeit
- Gesellschaftsvertrag 436 ff., 1230
- steuerliche Bedeutung 1275

Frankreich
- Stille Gesellschaft 9 ff.

Fremdkapital 783
- Abgrenzung zu Eigenkapital 1488 ff.
- stille Beteiligung 792 ff.

Garantieversprechen 160
Gebrauchsüberlassung 261 ff.
- Gefahr des zufälligen Untergangs 1003

Gegenstand des Unternehmens 504 f.
Geldeinlage 247 ff.
Gelegenheitsgesellschaft 191
Genossenschaft
- als Hauptgesellschafterin 202 f.
- als stille Gesellschafterin 217

Genußrechte 397
Geprägetheorie 1521 ff.
- gewerbliche Einkünfte 1529 f.
- GmbH & Co. KG 1521 ff.
- GmbH & Still 1524 ff.

Gesamtrechtsnachfolge 1139 ff., 1155 ff., 1177 f.

Geschäftsführung 587 ff., 630 ff.
- allgemeine Aufgaben 587 ff.
- Aufnahme eines Stillen, Gründe 41 ff.
- Ausschluß des Geschäftsinhabers 621
- außergewöhnliche Maßnahmen 607 ff.

- Beschränkung 620 ff.
- Einstellung des Geschäftsbetriebes 598 ff.
- Entzug 591
- Gesellschaft in Liquidation 206 ff.
- Gesellschaftsvertrag 584
- Grenzen 592 ff.
- Haftung 622 ff.
- Handeln im Außenverhältnis 627 ff., 373 f., 676 ff.
- Handelsgewerbe 194 ff.
- Kaufmannseigenschaft 187 ff.
- Körperschaften des öffentl. Rechts 205
- Mehrgewinne nach Betriebsprüfung 1411 f.
- Minderkaufmann 187, 190
- Privatentnahmen 614 ff.
- Prozeßpartei 507
- Rechtsstellung 584 ff.
- Scheinkaufleute 198
- steuerlicher Behandlung des -Gehalts 1596 ff.
- stille Gesellschaft 209
- stiller Gesellschafter 589, 673 ff.
- Tod 174
- Treuepflicht 584
- Veräußerung des Geschäftsbetriebes 601 ff.
- Vergütung 614 ff.
- Vermögensteuer 1672 ff.
- Vertretung 627 ff.
- Verwendung der Vermögenseinlage 612 f.
- Zustimmung des stillen Gesellschafters 620

Geschäftsinhaber
- Ausschluß der Handlungsbefugnis 676
- Beitragspflicht 586
- Berichtigungsveranlagung 1411 f.
- Besteuerung bei Einnahme-Überschuß-Rechnung 1405
- Beteiligung mehrerer Stiller 225 ff.
- BGB-Gesellschaft 190
- Einheitswert 1672 ff.
- Einkommensteuer bei typischer stiller Gesellschaft 1402 ff.
- Erbengemeinschaft 192
- Erbfolgeregelung 541 ff.
- EWIV 204
- Firma 496 ff.
- Gelegenheitsgesellschafter 191
- Körperschaften des öffentlichen Rechts als - 205
- Vermögensteuer 1672 ff.
- Wechsel des -, Zustimmungserfordernis 529
- Wettbewerbsbeschränkungen 635 ff.

Geschäftsvermögen 171

Geschäftswert
- Bilanz 723
- Firmenwert 869, 994 ff.

Gesellschaft bürgerlichen Rechts 368 f.
- Hauptgesellschafterin 190
- mehrere stille Gesellschafter 228 ff.
- stille Gesellschafterin 219
- Unterbeteiligung 215

Gesellschafterwechsel
- Gesellschaft als stille Gesellschafterin 693
- Inhabergesellschaft 604 ff.
- Übertragung der Beteiligung 519 ff.

Gesellschaftsform
- Typenfreiheit 16

Gesellschaftsteuer 1812 f.

Gesellschaftsvermögen
- Beteiligung des atypischen Stillen 165 f.

- Pfändung des Anteils 166
- Stille Gesellschaft 154, 162

Gesellschaftsvertrag 416 ff.
- AG, stille Beteiligung an 340 ff.
- AG als Geschäftsinhaberin 475 ff.
- AG als stille Gesellschafterin 478
- AGBG 442
- Auseinandersetzung 982, 995, 1009
- bedingter 433
- Beitragspflicht 240 ff.
- Betreuter 450
- Einigungsmangel, versteckter 427
- Einmann-GmbH & Still 1548
- Form 436 ff., 1230
- Form, steuerliche Bedeutung 1275
- Formmangel 441
- Gestaltungsfreiheit 15 ff.
- Gewinnbeteiligung 322, 832
- GmbH als Geschäftsinhaberin 471 ff.
- GmbH als stille Gesellschafterin 474 ff.
- GmbH, stille Beteiligung an 353 ff., 471 ff.
- Grundlage der stillen Gesellschaft 170
- Handelsgeschäft 421
- Insichgeschäft 451
- Kapitalgesellschaft, stille Beteiligung an 471 ff.
- kartellrechtliche Schranken 478 ff.
- KG als Geschäftsinhaberin 462 ff.
- Kontrollrechte des stillen Gesellschafters bei Auflösung 1017
- Kündigung aus wichtigem Grund 932 ff.
- Kündigungsfristen 926
- Mängel 553 ff.
- mehrere Personen 443 f.
- Minderjährige 445 ff.
- Nichtigkeit 554 ff.
- OHG als Geschäftsinhaberin 462 ff.
- OHG/KG als stille Gesellschafterin 469 ff.
- Rechtsnatur 422 ff.
- Rückwirkung 434, 1197, 1232, 1273, 1783
- Schriftform 1196 ff.
- schwebende Geschäfte 1025
- steuerliche Anerkennung 1196 ff.
- Tod des Geschäftsinhabers 941 ff.
- Tod des stillen Gesellschafters 954 f.
- Umwandlung 1149
- Unterbeteiligung 1893 ff.
- Vertragspartner 443 ff.
- Vertragsschluß 426 ff.
- Vertragsschluß durch Vertreter 428 ff.
- vormundschaftsgerichtliche Genehmigung 452 ff.
- Vorvertrag 432
- Willensmängel 435
- Wirksamkeit 432 ff.
- Zustimmungserfordernis der Hauptversammlung 346 ff.

Gesellschaftsvertrag – Inhalt 491 ff., 891 f.
- Abschreibungen 551
- Auseinandersetzungsguthaben 514 ff.
- Beitragsleistung 512 f.
- Buchführung des Inhabers 551
- Dauer 530
- Erbfolge 541 ff.
- Firma 496 ff.

Stichwortregister

- Gegenstand des Unternehmens 504 f.
- Geheimhaltung 531 f.
- Geschäfts-, Firmenwert 551
- Gestaltungsfreiheit 491
- Gewinn- und Verlustbeteiligung 512 f.
- Glücksspiel 505
- Informationsrechte 508 ff.
- Konkurs 1052 ff.
- Kontrollrechte 508 ff.
- Mindestinhalt 491 ff.
- Mitwirkungsrechte 508
- offener Teilhaber 551
- rechtliche Qualifikation 493
- Schiedsvertrag 534 ff.
- schwebende Geschäfte 514 ff.
- Sicherheiten zugunsten des stillen Gesellschafters 533
- Sitz des Unternehmens 506 f.
- Übertragung der Beteiligung 519 ff.
- Vergleichsverfahren 1111 ff.
- Verlustbeteiligung 360 f.
- Vertragsstrafen 551
- Vorkaufsrecht des Stillen 551
- Wettbewerbsabreden 551

Gesellschaftszweck 10 ff.

Gestaltungsfreiheit
- Gesellschaftsform 15 ff.
- Grenzen 17 ff., 24
- Gründe 15
- inhaltliche 16
- Stille Gesellschaft 27 ff.

Gewerbeertrag
- atypische stille Gesellschaft 1653 ff.
- Begriff 1614 ff.
- Ermittlung 1614 f., 1654
- Hinzurechnungen 1616 ff., 1655 f.
- Steuermeßbetrag 1622
- Steuermeßzahl 1622

Gewerbekapital 1623 ff.
- atypische stille Gesellschaft 1657 ff.
- Begriff 1623 ff.
- Dauerschulden 1630 ff.
- Einheitswert 1624 f., 1657
- Gewinnanteile 1630 f.
- Hinzurechnungen 1627 ff.
- Steuermeßbetrag 1633
- Steuermeßzahl 1633

Gewerbesteuer 1610 ff.
- atypische stille Gesellschaft 1637 ff.
- Besteuerungsgrundlagen 1613 ff., 1653 ff.
- einheitlicher Steuermeßbetrag 1634 f.
- Freibetrag 1648 ff.
- Gewerbeertrag 1653 ff.
- Gewerbekapital 1623 ff.
- Gewerbeverlust 1660 ff.
- GmbH & Still 1552
- Haftung des atypischen Gesellschafters 1643
- Hebesatz 1635
- Mitunternehmerschaft 1642
- Organschaft 1651 ff.
- partiarische Rechtsverhältnisse 1619
- partiarisches Darlehen 1217
- sachliche Steuerpflicht bei atypischer stiller Gesellschaft 1645 ff.
- Schuldner 1636
- Steuermeßbetrag 1622
- Steuermeßzahl 1622
- subjektive Steuerpflicht 1637 ff.
- typische stille Gesellschaft 1610 ff.
- Unterbeteiligung 1982 ff.

Gewerbeverlust 1660 ff.
- bei Umwandlung 1663 ff.

Gewinn- und Verlustrechnung 818, 825

Gewinn
- Begriff 323
- Berechnungsgrundlage 846 ff.
- Handelsbilanzgewinn 847 ff.
- Steuerbilanzgewinn 850

Gewinnanspruch
- bilanzielle Behandlung 808
- Feststellung des – als deklaratorisches Schuldanerkenntnis 841
- Form der Feststellung des – 843

Gewinnanteile 831 ff., 1409 ff.
- Abtretung 523
- Anspruch gegen eine OHG 879
- atypischer stiller Gesellschafter 1351 ff.
- Auszahlung 876 ff., 1316
- Berechnung 836 ff.
- Berechnungsgrundlage 838
- Besteuerung bei Auflösung 1414 ff.
- Betriebsausgaben 1485
- Bilanzierung beim stillen Gesellschafter 1460 f.
- Bilanzierung 877
- Darlehenskonto 890
- einkommensteuerliche Behandlung 1416 ff.
- Einlagekonto 885 ff.
- Entschädigung für entgangene – 1418 ff.
- Entstehung des Anspruchs 876
- Erfüllungsort der Auszahlung 881
- Erlöschen des Anspruchs auf Auszahlung 880
- Ermittlung 857 ff.
- Fälligkeit 878
- freie Vereinbarung 832
- Gesellschaftsvertrag 512 f.
- Körperschaftsteuer 1485
- Maßgeblichkeit der Steuerbilanz 1515 ff.
- Mehrgewinne nach Betriebsprüfung 1411 f.
- steuerliche Bedeutung 1223 ff., 1301 ff.
- stiller Gesellschafter 1409 ff.
- Übertragbarkeit 882
- Verjährung des Auszahlungsanspruchs 884
- Verzinsung 883
- Zufluß 1422 ff., 1449 ff., 1680
- Zurechnung 1427 f.
- Zurückzahlung 887

Gewinnausschüttung, verdeckte 1506 ff., 1540 ff.
- angemessene Gewinnverteilung 1581 ff.
- ausländische Anteilseigner 1540
- Begriff 1507
- fehlerhafte Gesellschaft 1548
- Kapitalgesellschaft 1540 ff.
- Nichtanerkennung des stillen Gesellschaftsverhältnisses 1510
- Überbewertung der Einlage 1511
- Voraussetzungen 1506 ff.

Gewinnberechnung 846 ff.
- atypische stille Gesellschaft 865
- Durchführung 857 ff.
- Frist 844
- Jahresergebnis des Inhabers als Grundlage 873 ff.
- Korrekturen 857
- prozessuale Geltendmachung 845
- Rücklagen des Inhabers 861
- stillschweigende Feststellung des Gewinns 842
- typische stille Gesellschaft 866 ff.
- Unterschiede bei atypischer und typischer stiller Gesellschaft 864 ff.

Gewinnbeteiligung 322 ff., 331 ff., 642, 830 ff.
- Abgrenzung der stillen Gesellschaft zum Darlehen 325
- Abgrenzung zur Umsatzbeteiligung 326
- angemessene 831
- Arbeitnehmer 63 f., 399 f.
- Arten 329 ff.
- Ausschluß beim Geschäftsinhaber 336
- Ausschluß 317
- Begriff 323 ff.
- Belassen der Gewinnanteile im Handelsgewerbe 333
- Berechnungsgrundlage 838
- einheitliche Gewinnfeststellung 1384 ff.
- einseitige Festlegung durch Geschäftsinhaber 1221
- Entnahmen aus der Vermögenseinlage 332
- Entschädigung für Aufgabe 1418 ff.
- Gesellschaftsvertrag 832
- gesetzliche Regelung 830 ff.
- Handelsbilanzgewinn 847
- Kapitaldividende 331
- Liquidationsgewinn, Beteiligung 328
- Mitunternehmerschaft 1243, 1245 ff.
- Mindestinhalt des Gesellschaftsvertrages 492
- Partiarische Rechtsverhältnisse 378 f.
- Schenkung des Inhabers 334
- schwebende Geschäfte 517 f.
- überhöhte 334
- Umfang 858 ff., 1215
- Umwandlung in stille Beteiligung 835
- unangemessene 833

- Vergleichsverfahren 1117
- Vertragspraxis 838 f.
- Verzinsung der Einlage 331
- Vorzugsdividende 831

Gewinnfeststellung, einheitliche 1384 ff.
- Adressaten 1400
- Einspruch 1389 ff.
- Unterbeteiligung 1949 ff.

Gewinnverteilung, angemessene 1321 ff.
- Bedeutung für steuerliche Anerkennung 1216
- Einmann-GmbH & Still 1583 ff.
- entgeltlich erworbene Beteiligung 1324 ff.
- Familiengesellschaft 1318 ff., 1970 ff.
- Folgen einer unangemessenen Verteilung 1226 f., 1327 f.
- Fremdvergleich 1319 ff.
- geschenkte Beteiligung 1322 ff.
- GmbH & Still 1580 ff.
- maßgeblicher Zeitpunkt 1321
- teilweise entgeltlich erworbene Beteiligung 1326
- Unterbeteiligung im Steuerrecht 1970 ff.

Gleichbehandlung 641

GmbH & Co. KG
- Auszahlung des Gewinnanteils 890
- Geprägetheorie 1521 ff.
- Umsatzsteuer 1764 ff.

GmbH & Still 353 ff., 1544 ff.
- angemessene Gewinnverteilung 1580 ff.
- Begriff 1544 ff.
- Einmann-GmbH & Still 1546
- Geprägetheorie 1524
- Geschäftsführergehalt 1596 ff.
- Geschäftsführung des stillen Gesellschafters 1567 ff.

- Gewerbesteuer 1552
- GmbH-Anteile 1602 ff.
- kapitalersetzende stille Beteiligung 1573 ff.
- Körperschaftsteuer 1554
- Rechnungslegung 1555
- Schütt-aus/Hol-zurück-Verfahren 46 ff., 1553 ff.
- steuerliche Nichtanerkennung und Folgen 1549
- Umsatzsteuer 1764 ff.
- Unternehmenswert, Ermittlung 1594 f.
- Veräußerung 1551
- verdeckte Gewinnausschüttung 1540 ff.
- Vermögensteuer 1676
- Vorsteuerabzug 1765 ff.
- Zulässigkeit 1545

GmbH 471 ff.
- Auszahlung des Gewinnanteils 890
- Gesellschaftsvertrag mit – 471 ff.
- Hauptgesellschafterin 200
- stille Gesellschafterin 216

GmbH-Anteil
- einheitliche Gewinnfeststellung bei Unterbeteiligung an – 1978
- Unterbeteiligung 1942, 1974 ff.

going-concern-Prinzip 745

Griechenland
- Stille Gesellschaft 147 ff.

Grundbuch 701
Grunderwerbsteuer 1800 ff.
Grundsteuer 1809 ff.

Haftung
- für Geschäftsführungsmaßnahmen 622 ff.
- gemilderter Haftungsmaßstab 623

Handelsbilanz
- Gewinnberechnung 847 ff.

- interne Rechnungslegung 772
- Konkurs 1044 f.
- Korrekturen an der – als Gewinnberechungsgrundlage 849
- Unterbeteiligung 1920

Handelsbücher
- Aufbewahrungsfrist 705
- Führung 699 ff.

Handelsgesellschaft
- Abwicklung 207
- Auflösung 957
- Geschäftsinhaberin 199 ff.
- Stille Gesellschaft 218

Handelsgewerbe
- Änderung 594 ff.
- Beteiligung 210 ff.
- Beteiligung an einem Teil des – 214, 1202 f., 1336
- Einstellung 598 ff.
- Ergebnis, als Gewinnbeteiligungsgrundlage 325
- Erhaltung der Grundlage 592 ff.
- Fortführung 597
- Fortführung durch Erben oder Miterben 226
- Gegenstand des Unternehmens 504
- Geschäftsinhaber 194 ff.
- Gesellschaftsvertrag 597
- Gewinnanteile als Vermögenseinlage oder Darlehen 333
- mehrere Stille Gesellschaften 237
- Veräußerung 598 ff., 601 ff.

Hauptgesellschafter
- Aktiengesellschaft 200
- Einkommensteuer, typische Unterbeteiligung 1940 f.
- Kapitalertragsteuer 1941

Herstellungskosten 756 ff.

Imparitätsprinzip
- Bilanzierung 718 ff.

739

Informationsrechte 508 ff.
- Abtretung 520 ff.

Innengesellschaft 161 ff.
- Auseinandersetzung 165
- Ehegatten 167
- Gesellschaftsvermögen 162
- Gewerbesteuer 1640 f.
- Haftung 162
- Pfändung des Auseinandersetzungsanspruchs 166
- Rechtsfähigkeit 163
- Umsatzsteuer 1734 ff.

Insolvenz
- siehe Konkurs 1041

Insolvenzordnung 1041, 1119 ff.
- Auswirkungen der Änderungen 1125 ff.
- Regelungen bzgl. der Stillen Gesellschaft 1123 f.
- Ziele 1119 ff.

Internationales Steuerrecht 1816 ff.

Interne Rechnungslegung 772

Italien
- Stille Gesellschaft 101 ff.

Jahresabschluß 323, 695 ff., 708 ff.
- Abgrenzung zur internen Rechnungslegung 697
- Funktion 695
- siehe auch Bilanz 695

Kapitalerhöhung
- Ersetzung durch Gründung Stiller Gesellschaft 44

Kapitalersetzende stille Beteiligung 311, 1046 ff., 1077
- AG als Inhaberin 1063
- Arten 1047 f., 1052 ff.
- Bilanzierung 1049
- gewillkürte 1052 ff.
- GmbH als Inhaberin 1057 ff.
- GmbH & Co. KG als Inhaberin 1062
- Inhaberinsolvenz 1052
- Kapitalersatz kraft Gesetzes 1056 ff.
- KWG 312
- Nachrangabrede 1052 ff.
- steuerliche Bedeutung 1502, 1505, 1573 ff.
- stille Publikumsgesellschaften 1064
- Umfang der Nachrangabrede 1053
- Wirkung einer Nachrangabrede 1054 f.

Kapitalertragsteuer 1404, 1408, 1464 ff., 1486
- Abführung 1469 ff.
- Abschlagszahlungen 1454
- Anrechnungsverfahren 1473
- beschränkte Einkommensteuerpflicht 1816 ff.
- beschränkte Steuerpflicht 1831 f.
- Folgen einer Nicht-Abführung 1475 ff.
- Haftung 1476 f.
- Steuerschuldner 1476
- Unterbeteiligung 1941
- Vorauszahlungen 1454
- Zufluß 1453

Kapitalgesellschaft
- Abgrenzung zur Stillen Gesellschaft 168 ff.
- atypische stille Beteiligung 1519 ff.
- Firma 500
- Geprägetheorie 1524 ff.
- Geschäftsinhaberin 200
- Gesellschaftsvertrag 471 ff.
- Mitunternehmerschaft 1520 ff.
- stille Beteiligung 1205, 1487 ff.

- stille Gesellschafterin 216
- verdeckte Gewinnausschüttung 1540 ff.
- vermögensverwaltende 1524 ff.

Kartellrecht 478 ff.
Kassenbuch 700
Kaufmannseigenschaft 187 ff.
Kinder
- siehe Familiengesellschaft, Minderjährige

Koalitions-Franchising 364
Kommanditgesellschaft 462 ff.
- Beteiligung des Kommanditisten am Vermögen 375
- Beteiligung Minderjähriger 461
- Firma 500
- Gesellschaftsvertrag bei stiller Beteiligung 462 ff.
- Haftung des Kommanditisten 371 f.
- negatives Kapitalkonto 1373 ff.
- stille Beteiligung 1206 f.
- Ursprung 85
- Verlustbeteiligung 376
- Vertretung 373 f.

Kommanditgesellschaft auf Aktien
- Hauptgesellschafterin 200
- stille Gesellschafterin 216

Kommissionsgeschäft
- Abgrenzung zur Stillen Gesellschaft 411 f.

Konkurs 1041 ff.
- Absonderungsrecht 1066 f.
- Anmeldung des Auseinandersetzungsguthabens 1070
- Auseinandersetzung 1065 ff.
- Auseinandersetzungsguthaben 1072 ff.
- Aussonderungsrecht 1073
- Beitragspflicht 1078 f.
- Darlehensnehmer 388
- Einlage als Konkursforderung 1043

- Eröffnung 1043
- Feststellungsklage 1071
- Geschäftsinhaber 388, 1042 ff.
- Gesellschafter 961 ff.
- Gesellschaftsvertrag 1052 ff., 1078 f.
- kapitalersetzende stille Beteiligung 1052 ff.
- Konkurseröffnung als Auflösungsgrund 1043
- Konkursgrund 1044 f.
- Konkursverwalter 1065
- negatives Einlagekonto 1074 ff.
- schwebende Geschäfte 1068
- stiller Gesellschafter 1080 f.
- Unterbeteiligung 1925, 1929
- Verlustbeteiligung 1079

Konkursanfechtung 1082 ff.
- Absichtsanfechtung 1085
- anfechtbare Handlung des Inhabers 1097 ff.
- Arten 1083 ff.
- besondere 1083 f.
- Geltendmachung 1108 ff.
- Gläubigerbenachteiligung 1083
- Grundgedanke 1082 f.
- Krisenanfechtung 1084
- Schenkungsanfechtung 1086

Konkursanfechtung, besondere 1087 ff.
- Anschlußkonkurs 1096
- Ausschluß 1106 f.
- Durchführung 1108 ff.
- Erlaß der Verlustbeteiligung 1094 f., 1104 f.
- Grundgedanke 1087
- Rückgewähr der Einlage 1087 ff., 1094 f., 1100 ff.
- Voraussetzungen 1091 ff.

Kontokorrent 700 f., 703
Kontrollrechte 508 ff., 648 ff.
- Abtretung 520
- Abtretungsempfänger 648

- ausgeschlossener Erben 55
- außerordentliches Kontrollrecht 656 ff., 665
- Bilanzeinsicht 648, 652 ff., 668
- Darlehen, partiarisches 395 ff.
- Dienstvertrag, partiarischer 405 ff.
- Einschränkung 672, 1306
- Erweiterung 671
- Familiengesellschaften, Einschränkung 1306
- Gesellschaftsvertrag 508 ff.
- mehrere stille Gesellschafter 232
- partiarische Rechtsverhältnisse 381
- Sachverständige 654
- steuerliche Bedeutung 1220, 1306
- stille Publikumsgesellschaft 649
- Unterbeteiligung 1911 f.
- Unternehmensbeteiligungen 660 ff.
- vertragliche Vereinbarungen 670 ff.

Körperschaft des öffentlichen Rechts
- als Hauptgesellschafterin 205
- als stille Gesellschafterin 223 f.

Körperschaftsteuer 1483 ff.
- Anrechnung 1535
- atypischer stiller Gesellschafter 1519 ff.
- ausländische Anteilseigner 1535 ff., 1835
- beschränkte Steuerpflicht 1484 f.
- Gewinnanteile 1485
- GmbH & Still 1554
- GmbH-Anteil, Unterbeteiligung 1975 ff.
- Körperschaftsteuerpflicht 224

- Reform 1977 50 ff.
- Schütt-aus/Hol-zurück-Verfahren 46
- Steuerpflicht bei Körperschaften des öffentl. Rechts 224
- typische stille Gesellschaft 47 ff.
- verdeckte Gewinnausschüttung 1506 ff.

Kündigung
- Auflösungsklage 930 f.
- außerordentliche 928 ff.
- außerordentliche Kündigung bei Änderungen beim stillen Gesellschafter 693
- Fristen 918 ff.
- Gläubiger des Stillen 938 ff.
- ordentliche 919 ff.
- Rechtsmißbrauch 924 f.
- Übernahme des Handelsgeschäftes 937
- Unterbeteiligung 1921
- Unzeit, Kündigung zur 935
- Vergleichsverfahren 1113 ff.
- Wesen 920
- wichtiger Grund 918 ff., 930 ff.

Kündigungsrecht
- kein Ausschluß 921
- steuerliche Bedeutung 1307 ff.

Liechtenstein
- Stille Gesellschaft 107

Liquidation 978 ff.

Liquidationsgesellschaft 206 ff.

Luxemburg
- Stille Gesellschaft 131 ff.

Maßgeblichkeitsgrundsatz 744
- umgekehrter 735, 767

Metageschäft 364

Minderjährige 445 ff., 1230
- Ergänzungspfleger 1286 ff.

Stichwortregister

- Familiengesellschaft, stille 1286 ff.
- Schiedsvertrag 538
- Stille Gesellschaft 546
- Unterbeteiligung 1898 ff.
- vormundschaftsgerichtliche Genehmigung 1289 ff.
- siehe auch Familiengesellschaft, stille

Minderkaufmann 197, 1202
- Hauptgesellschafter 187, 190
- Schiedsvertrag 537
- stiller Gesellschafter 222

Mitarbeiterbeteiligung 60 ff.
- Besteuerung 64
- Beweggründe 60 f.
- Formen der – 63 ff.
- Gewinnbeteiligung 63 f.
- Mitunternehmerschaft 65 ff.
- partiarischer Dienstvertrag 398 ff.
- typische stille Gesellschaft 69 ff.
- Vermögensbeteiligungsgesetz 71 ff.

Mitgliedschaft
- Anhang 826
- Bewertung 824
- bilanzielle Behandlung 820 ff.
- Gewinn- und Verlustrechnung 825

Mitunternehmerschaft 1190 ff., 1235 ff.
- Abgrenzung der typischen zur atypischen stillen Gesellschaft 1190 ff.
- Arbeitnehmer 65 ff.
- Begriff 1237 ff., 1239 ff.
- Beteiligung an stillen Reserven 1244, 1251 ff.
- Einheitsbewertung 1698 ff.
- Einmann-GmbH & Still 1557 ff.
- Einzelfälle 1246 ff., 1254 ff., 1261 ff.

- Feststellungsbescheid 1709
- Geschäftsführung des stillen Gesellschafters 1567 ff.
- Gewerbesteuer 1642
- Gewinnbeteiligung 1243, 1245 ff.
- Kapitalgesellschaft als Geschäftsinhaberin 1520 ff.
- Kontrollrechte 1241
- Mitunternehmerinitiative 1944
- Stille Gesellschaft 25
- Typenbildung 1266 ff.
- Typusbegriff 1194, 1238
- Unterbeteiligter, atypischer 1942 ff.
- Unterbeteiligung 1942 ff.
- Unternehmerinitiative 1241
- Unternehmerrisiko 1242
- Verlustbeteiligung 1245 ff.
- Voraussetzungen 1240 ff.
- Wesen 1237 ff.
- wirtschaftliches Gesamtbild 1193, 1259 ff.

Mitwirkungsrechte 508 ff.

Nachrangabrede 1052 ff.
Nachrangigkeit
- stille Beteiligung 783 ff.

Nachschußpflicht
- stiller Gesellschafter 513

Nichteheliche Lebensgemeinschaft 1272

Nichtigkeit des Gesellschaftsvertrages
- wegen unangemessener Gewinnbeteiligung 336

Nichtigkeit des Gesellschaftsvertrags
- wegen Formmangels 441

Niederlande
- Stille Gesellschaft 138 ff.

Niederstwertprinzip 720, 762 ff.

Nutzungsrechte
– Bilanzierungsfähigkeit 800 ff.

Offene Handelsgesellschaft 462 ff.
– Firma 500
– Gesellschaftsvertrag bei stiller Beteiligung 462 ff., 879
– Gewinnanteile des stillen Gesellschafters 879
– Kündigung 918 ff.
– stille Beteiligung 1206 f.
– Ursprung 86
– Zweck 13
Offener Teilhaber 551
Ordnungsmäßigkeit der Buchführung
– Führung der Handelsbücher 699
Österreich
– Stille Gesellschaft 108 ff.

Pachtvertrag, partiarischer
– Abgrenzung zur Stillen Gesellschaft 408 ff.
Parteifähigkeit 163
Partiarische Rechtsverhältnisse 378 ff., 1217 f.
– Begriff 378 f.
– Darlehen 382 ff.
– Dienstvertrag 398 ff.
– Genußrechte 397
– Gewinnbeteiligung 378 f.
– Miet-, Pacht-, Verlagsverträge 408
– Unterbeteiligung, Abgrenzung 1881
– siehe auch unter dem jeweiligen Vertragsverhältnis 378
Partnerschaftsgesellschaft
– als Geschäftsinhaberin 193 f.
– als stille Gesellschafterin 216

Partnerschaftsverhältnis
– siehe auch Mitarbeiterbeteiligung 26
Personengemeinschaft 307
Personengesellschaft
– Bildung freier stiller Reserven 766
– Gesellschaftsvertrag bei stiller Beteiligung 462 ff.
– Hauptgesellschafterin 199
– Stille Gesellschaft 156, 168 ff.
– stille Gesellschafterin 216
Pfändung 166
Privatentnahme 614 ff.
Privatkonto 816
Publikumsgesellschaft 80, 178 f., 443 f., 649, 887
– Abfindung 921
– Abschreibungsgesellschaft 1764
– Auflösung 931, 976
– Fortsetzungsklauseln 907
– gesplittete Einlage 931
– kapitalersetzende stille Beteiligung 1064
– Kündigung 920
– Kündigungsrecht 925
– Treuepflicht 1148
– Umsatzsteuer 1737, 1754 ff.
– Unterbeteiligung 1879
– Zustimmung zum Gesellschaftsvertrag 346 ff.

Realisationsprinzip 718 f.
Rechnungsabgrenzungsposten 725 ff.
Rechnungslegung
– Abgrenzung der internen – zur externen 697
– siehe auch Gewinn
Rechtsberatungsunternehmen 486 f.
Rechtsfähigkeit 163

Stichwortregister

Rechtsverhältnisse, partiarische
– siehe Partiarische Rechtsverhältnisse 378
Rentengesellschaft 345
Risikoübernahme
– vertragliche 160
Rückgewähr der Einlage
– Konkursanfechtung 1087 ff., 1094 f., 1100 ff.
Rücklagen 733
– steuerfreie Rücklagen 734
Rückstellungen 736 ff., 771
Rückwirkung
– Gesellschaftsvertrag 434, 1197, 1232, 1273, 1783

Sacheinlage 252 ff., 1003 ff.
– Umwandlung in Geldeinlage 249
Sachmängelgewährleistung 287 f.
Schätzungsverfahren 747 f.
Scheingeschäft
– steuerliche Bedeutung 1228
Scheingesellschaft 1278
Scheinkaufleute 198
Schenkung der stillen Beteiligung 1295 ff.
– an Angehörige 58 ff.
– Befristung 1308
– Einbuchung 255 ff.
– Familiengesellschaften 1281 ff.
– Fremdvergleich 1294 ff.
– Inhaberschenkung 334
– steuerliche Anerkennung 1213
– Unterbeteiligung 1897
Schenkungsteuer
– siehe Erbschaftsteuer 1774
Schiedsrichter 539
Schiedsvertrag 534 ff.
Schütt-aus/Hol-zurück-Verfahren 46 ff., 1553 f.
Schwebende Geschäfte 517 f.
– Abwicklung 1025 ff.

– Auskunftsanspruch des stillen Gesellschafters 1032 f.
– Begriff 1026
– Beteiligung des stillen Gesellschafters 1029 ff.
– Konkurs 1068
Schweden
– Stille Gesellschaft 143 ff.
Schweiz
– Stille Gesellschaft 115 ff.
sendeve 83
Sitz des Unternehmens 506 f.
societas quoad sortem 266 f.
societas quoad usum 261 ff.
société en participation 89 ff.
Sonderbetriebsvermögen
– atypische stille Gesellschaft 1337 ff.
– GmbH-Anteile 1602 ff.
Stammkapital, verdecktes 1488 ff.
– Darlehen 1489 ff.
– Einheitswert 1676
– GmbH & Still 1488 ff.
– Mißverhältnis Eigenkapital/Fremdkapital 1493
– Vermögensteuer 1676
Steuerbilanz
– atypische stille Gesellschaft 1337 ff.
– Grundlage für Gewinnberechnung 1411 ff., 1515 ff.
– Kapitalkonto 1373 ff.
– Korrektur nach Betriebsprüfung 1411 f.
– Steuerbilanzgewinn 850
Steuerbilanzgewinn 323, 850 ff.
Stille Beteiligung 777 ff.
– Begriff 779
– Betriebsvermögen 1407
– Bewertung 795, 797, 1673 ff., 1679 ff.
– Bilanzposition 780
– Eigenkapitalcharakter 796 f.

745

- Eigenkapitalcharakter, Anforderungen 783 ff.
- Eigenkapitalersatz aufgrund Vereinbarung 1052 ff.
- Einlage und stille Beteiligung 778
- Einlagekonto 780
- Einlagekonto, steuerliche Behandlung 1347
- Fremdkapitalcharakter 792 ff.
- Genußrechte, Bilanzierung 777
- Gleichstellung mit Kommanditisten 786
- Längerfristigkeit 787 ff.
- Laufzeit 822
- Nachrangigkeit 783 ff.
- Passivierung der stillen Beteiligung 779 ff.
- Problemstellung bzgl. Bilanzierung 778
- Unterscheidung Eigen- und Fremdkapitalcharakter 781
- Verlustbeteiligung 783 f.
- siehe auch Beitragsleistung, Kapitalersetzende stille Beteiligung

Stille Gesellschaft 152 ff.
- Abgrenzung der typischen – zur atypischen – 1190 ff.
- Abgrenzung zu Arbeitsverhältnissen 1315
- Abgrenzung zu Handelsgesellschaften, 168 ff.
- Abgrenzung zu Kapitalgesellschaften 168 ff.
- Abgrenzung zu partiarischen Rechtsverhältnissen 380 ff.
- Abgrenzung zu Personenhandelsgesellschaften 370 ff.
- Abgrenzung zum Darlehen 528, 1296
- Abgrenzung zum Koalitions-Franchising 364
- Abgrenzung zum Kommissionsgeschäft 411 f.
- Abgrenzung zum Metageschäft 364, 1201
- Abgrenzung zum Miet-, Pacht-, Verlagsvertrag 408 ff.
- Abgrenzung zum partiarischen Darlehen 382, 1217 ff., 1619 ff., 1819
- Abgrenzung zum partiarischen Dienstvertrag 398 ff., 404 ff.
- Abgrenzung zur Kommanditgesellschaft 370 f., 377
- Abgrenzung zur OHG, KG 370 ff., 377
- AG als Geschäftsinhaberin 340 ff.
- Anerkennung im internationalen Steuerrecht 1820, 1852 ff.
- Apotheken 484 f.
- atypische Ausgestaltung 25 ff.
- ausländische Rechtsordnungen 89 ff.
- Begriff 152 ff., 157 ff.
- Begriff im Sinne des GewStG 1611 f.
- Beitragspflicht 238
- Belgien 119 ff.
- Beteiligung mehrerer stiller Gesellschafter 225 ff.
- BGB-Gesellschaft als Hauptgesellschafterin 190
- Buchführungspflicht 772 ff.
- Dauer 530
- Einlageleistung 238 ff.
- Einmann-Gesellschaft 210 ff.
- Erbengemeinschaft als Hauptgesellschafterin 192
- Ernsthaftigkeit 1219 ff.
- Errichtung 415 ff.
- Erscheinungsformen 175 ff.
- Familiengesellschaft 54 ff.
- fehlerhafte Gesellschaft 553 ff.

Stichwortregister

- Frankreich 89 ff.
- Geheimhaltung 531 f.
- Gelegenheitsgesellschaft als Hauptgesellschafterin 191
- Geschäftsinhaberin 209
- Gesellschaft bürgerlichen Rechts 364 f.
- Gesellschaft in Liquidation als Geschäftsinhaberin 206 ff.
- Gesellschaftszweck 157 ff.
- Gestaltungsfreiheit 25 ff.
- Gewerbe- und berufsrechtliche Schranken 483 ff.
- Gewerbesteuer 1610 ff.
- Gewinn und Verlust 836
- GmbH als Geschäftsinhaberin 353 ff.
- Griechenland 147 ff.
- Handelsgesellschaft als Hauptgesellschafterin 199 ff.
- historische Entwicklung 82 ff.
- Innengesellschaft 155
- interne Rechnungslegung 837
- Italien 101 ff.
- kartellrechtliche Schranken 478 ff.
- Körperschaft des öffentlichen Rechts als Hauptgesellschafterin 205
- Liechtenstein 107
- Luxemburg 131 ff.
- mehrgliedrige 227 ff.
- Motive 35
- nichtrechtsfähiges Gebilde 219
- Niederlande 138 ff.
- Österreich 108 ff.
- Parteifähigkeit 163, 507
- Personengesellschaft 156
- Rechtsberatungsunternehmen 486 f.
- Rechtsbeziehungen zwischen mehreren Stillen 225
- Rechtsfähigkeit 163
- Scheingesellschaft 578
- Schütt-aus/Hol-zurück-Verfahren 46 ff.
- Schweden 143 ff.
- Schweiz 115 ff.
- Steuerberatungs- und Wirtschaftsprüfungsgesellschaften 488
- steuerliche Anerkennung 1195 ff., 1201 ff., 1215 ff., 1219 ff.
- Steuerrechtssubjektivität, fehlende 1191, 1333, 1339, 1401, 1610, 1637 ff., 1671, 1717 ff.
- stille Gesellschafterin 220
- Teilgewinnabführungsvertrag 340 ff.
- Treuhand 413
- Übertragung der stillen Beteiligung 320, 519 ff., 528
- Unternehmensform 35
- Verlust 836
- Vermögensbeteiligung des Stillen 180 ff.
- Verstoß gegen § 1 GWB 478 ff.
- Verstoß gegen §§ 23 ff. GWB 482
- Voraussetzungen 152
- wechselseitige 235
- Wirkung 154
- Zweigliedrigkeitsgrundsatz 225
- siehe auch GmbH & Still, Publikumsgesellschaft, Stille Gesellschaft im ausländischen Recht, Stiller Gesellschafter

Stille Gesellschaft im ausländischen Recht
- anglo-amerikanischer Rechtskreis 150
- Belgien 119 ff.
- Frankreich 89 ff.
- Griechenland 147 ff.
- Italien 101 ff.
- Liechtenstein 107

– Luxemburg 131 ff.
– Niederlande 138 ff.
– Österreich 108 ff.
– Schweden 143 ff.
– Schweiz 115 ff.

Stille Reserven
– Abfindung 1251 ff.
– Beteiligung des stillen Gesellschafters 868
– Mitunternehmerschaft 1244
– Unterbeteiligung 1917

Stille vennootschap 138 ff.

Stiller Gesellschafter
– Aktiengesellschaft 216
– Anrechnung Körperschaftsteuer 1535
– Arbeitsvergütung 398 ff.
– Beitragspflicht 586, 642 ff.
– beschränkt steuerpflichtig 1535 ff.
– Bilanzierungspflicht 819
– Ehegatte 1697
– Einkommensteuer 1406 ff.
– EWIV 221
– Fähigkeit 216 ff.
– Genossenschaft, eingetragene 217
– Geschäftsführung 589, 673 ff.
– Geschäftsunfähigkeit 435
– Gesellschaft als –, Wechsel der Gesellschafter 693
– Gesellschafter der Inhabergesellschaft 1205 ff., 1214, 1487, 1546 ff.
– Gesellschafterstellung 169 ff.
– Gewinnanteile 830 ff.
– Gewinnbeteiligung 399 f., 404
– GmbH-Anteile 1602 ff.
– Haftung 310 ff., 688
– Haftung für Geschäftsführungsmaßnahmen 679 f.
– Haftung im Außenverhältnis 681 ff.

– Haftungsverhältnisse 681 ff.
– Handelsgesellschaft 218
– Handlungsvollmacht 677
– juristische Person 216
– Kapitalgesellschaft 216
– Kaufmann 222
– Kaufmannseigenschaft 222
– Kommanditgesellschaft auf Aktien 216
– Konkurs 1080 f.
– Körperschaft des öffentlichen Rechts 223 f.
– lästiger Gesellschafter 1367
– mehrere stille Gesellschafter 227 ff.
– Mitwirkungsrechte 508 ff.
– Nachschußpflicht 513
– natürliche Person 216
– nichtrechtsfähige Gebilde 219
– Partnerschaftsgesellschaft 216
– Prokura 677
– Sicherheiten für Abfindungsanspruch 533
– Stiftung, rechtsfähige 216
– Tod 174
– Treuepflicht 584, 643 ff.
– Umwandlung 1176 ff.
– Unterbeteiligung an Gesellschafterstellung 236
– Unternehmer i.S.d. UStG 1728 ff.
– Verein, eingetragener 216
– Vermögensteuer 1680 ff.
– Wettbewerbsbeschränkungen 646 ff.

Stuttgarter Verfahren 1694 ff.

Tagebuch
– Buchführung 700 f.

Teilgewinnabführungsvertrag 818
– Aktiengesellschaft 341
– Begrenzung des Gewinns auf Bilanzgewinn 351 f.

- Vereinbarung eines Mindestgewinns 351 f.
- Zeitpunkt der Zustimmung der Hauptversammlung 349 f.

Tod des Inhabers 541 ff.
- Auflösung als Folge 174, 527
- erbrechtliche Regelung 541 ff.

Treuepflicht 630 ff., 643 ff.
- Geschäftsinhaber 584
- stiller Gesellschafter 584, 643 ff.
- Wettbewerbsbeschränkungen 635 ff.

Treuhand
- Stille Gesellschaft 413

Treuhandverhältnis
- Abgrenzung zur Unterbeteiligung 1876 ff.
- Kündigung 289

Typenfreiheit 16
- freie Typenwahl 16
- inhaltliche Gestaltungsfreiheit 16
- Typenzwang 17 ff.

Typische stille Gesellschaft 176
- Arbeitnehmer und Unternehmer 69 f.
- Wettbewerbsbeschränkungen 646

Überschuldung des Inhabers
- Bedeutung stiller Beteiligung 1045
- Konkursgründe 1044
- Überschuldungsstatus 1045

Übertragung
- Auseinandersetzungsguthaben, künftiges 522 f.
- Gewinn, anteiliger 522 f.
- Informationsrechte, Überwachungsrechte 520
- siehe auch Gesellschafterwechsel 693

Übertragung der stillen Beteiligung 320, 519 ff., 528
- Tod eines Beteiligten 527
- Zustimmungserfordernis 524 ff.

Überwachungsrechte
- mehrere stille Gesellschafter 232 ff.

Umlaufvermögen 823
- Bilanz 724
- Bewertung 762 ff.
- Niederstwertprinzip 762

Umsatzbeteiligung
- Abgrenzung zur Gewinnbeteiligung 326

Umsatzsteuer 1715 ff.
- Abschreibungsgesellschaften 1764 ff.
- atypische stille Gesellschaft 1718 ff.
- Auflösung der stillen Gesellschaft 1759 ff.
- Befreiungstatbestand 1744 ff., 1755 ff.
- Besteuerungsgegenstand 1715 f.
- Errichtung der Gesellschaft 1732 ff., 1748 f.
- GmbH & Still 1764 ff.
- Haftung 1724
- Innengesellschaft 1734 ff.
- Leistungen aufgrund Gesellschaftsvertrags 1727 ff.
- Leistungen aufgrund individuellen Vertrags 1726
- Leistungsaustausch 1730, 1733 ff.
- mehrgliedrige stille Gesellschaft 1750 ff.
- Sacheinlage 1745
- stille Beteiligung als Leistung des Geschäftsinhabers 1747 ff.
- Umsatzsteuerfähigkeit 1718 ff.
- Unternehmereigenschaft stiller Gesellschafter 1728 ff.

Umwandlung
- Änderung des Gesellschaftsvertrags 1149
- Ausgliederung 1166
- außerordentliche Kündigung 1151
- bedingte Kapitalerhöhung 18
- einzelkaufmännisches Unternehmen 1166
- Erbengemeinschaft 945
- Formwechsel des Geschäftsinhabers 1167 ff.
- Formwechsel des Stillen 1179
- Formwechsel unter Kapitalgesellschaften 1171
- Formwechsel unter Personengesellschaften 1174
- Formwechsel zwischen Personengesellschaften und Kapitalgesellschaften 1172
- Gesamtrechtsnachfolge 1139 ff., 1155 ff., 1177 f.
- Gesellschaftsanteil in stille Beteiligung 1187 f.
- Gesellschaftszweck 1150
- Informationspflicht 1141, 1159, 1170
- Kapitalerhöhung 52
- KStG-Reform 1977 16
- Personengesellschaft in einzelkaufmännisches Unternehmen 1175
- Schadensersatz 1152, 1164
- Spaltung des Geschäftsinhabers 1154 ff.
- Spaltung des Stillen 1176 ff.
- stille Beteiligung 1180 ff.
- stille Beteiligung in Kapitalgesellschaftsanteil 1183 f.
- stille Beteiligung in Personengesellschaftsanteil 1182
- Stiller Gesellschafter 1176 ff.
- Treuepflicht 1148
- Umwandlungssteuergesetz 53
- Verschmelzung des Stillen 1176 ff.
- Verschmelzung mit stiller Beteiligung am übernehmenden Rechtsträger 1153
- Verschmelzung mit stiller Beteiligung am übertragenden Rechtsträger 1138 ff.
- Verwässerungsschutz 1149
- Wechsel zwischen typischer und atypischer stiller Beteiligung 1186
- Zustimmung des Geschäftsinhabers 1178
- Zustimmung des Stillen 1142 ff., 1160 ff., 1169

Universalsukzession
- siehe Gesamtrechtsnachfolge

Unterbeteiligung im Steuerrecht 1942 ff.
- atypische Unterbeteiligung 1942 ff.
- Beendigung 1938, 1952
- Einkommensteuer 1930 ff.
- Einkünfte aus Kapitalvermögen 1938
- Einräumung 1951
- Erbschaftsteuer 1985
- Familienverband 1955 ff.
- Gewerbesteuer 1982 ff.
- Gewinnfeststellung, einheitliche 1949 ff.
- Gewinnverteilung, angemessene 1970 ff.
- GmbH-Anteil, Beendigung 1980
- GmbH-Anteil, Besonderheiten 1974 ff.
- GmbH-Anteil, Einräumung 1979
- GmbH-Anteil, Veräußerung 1981
- Mitunternehmerschaft 1942 ff.
- Schenkungsteuer 1985

- typische Unterbeteiligung 1931 ff.
- Veräußerung 1939, 1953 f.
- Veräußerungsgewinn 1953
- Veräußerungsverlust 1954
- Werbungskosten und Betriebsausgaben 1932 ff.

Unterbeteiligung 1868 ff.
- Abgrenzung zur Beteiligung am Handelsgewerbe 337
- Anwendbarkeit der §§ 230 ff. HGB 1890 ff.
- Arten 1882 ff.
- atypische 1884 f.
- Auflösung 1922 ff.
- Auseinandersetzung 1928
- Bedeutung 1869 ff.
- Beendigung 1927
- Beitrag 1903
- beschränkt Geschäftsfähiger 1898 ff.
- Besteuerung 1930 ff.
- BGB-Gesellschaft 215
- Bilanzeinsicht 1911
- Einlage 1904
- Familienangehörige 1271
- Familiengesellschaft 1871
- fehlerhafte Gesellschaft 1902
- Formbedürftigkeit des Gesellschaftsvertrags 1896 ff.
- Genehmigung 1898 ff.
- Genehmigungsbedürftigkeit 1894 f.
- Geschäftsführung 1907 f.
- Geschäftsunfähiger 1898 ff.
- Gesellschaftsvertrag 1893 ff.
- Gewinn- und Verlustbeteiligung 1916
- Gewinnverteilungsabrede 1920
- Gewinnverteilung, angemessene 1970 ff.
- GmbH-Anteil, Besonderheiten 1974 ff.
- Grundlagengeschäfte 1910
- Haftung 1914
- Informationsrechte 1911 f.
- Konkurs 1925, 1929
- Kündigung 923, 1921, 1922
- Mängel des Gesellschaftsvertrages 1902
- mehrgliedrige 1887
- Pflichten 1905 ff.
- Publikums-Treuhandgesellschaften, Abgrenzung 1879
- Rechte 1905 ff.
- Rechtsgrundlagen 1888 ff.
- Schenkung 1897
- Schenkung an Minderjährige 1898 ff.
- Stille Gesellschaft, Abgrenzung 1875
- stille Reserven 1917
- stiller Gesellschafter 236
- Stimmbindungsvereinbarung 1909 f.
- Tod eines Gesellschafters 1924, 1924
- Treuhandverhältnis, Abgrenzung 1876 ff.
- typische 1883
- Übertragbarkeit 1915
- Umwandlung des Hauptgesellschafters 1926
- Verlustbeteiligung 1919
- Vertretung 1906
- Wesen 1868
- Wettbewerbsverbot 1913
- zivilrechtlich 1868 ff.
- Zweck 1869 ff.

Unternehmensform
- Bedeutung 1 ff.
- Gestaltungsfreiheit, inhaltliche 16
- Gestaltungsmöglichkeit, atypische 18 f.
- Sonderformen 2 ff.

- steuerliche Schranken 1 ff.
- Stille Gesellschaft 35 ff.
- Typen, gesetzliche 6 ff.
- Typenbeschränkung 17 ff.
- Typenwahl, freie 15 ff.
- Typenzwang 17 ff.
- Wahl 1 ff.
- Wahlfreiheit 2 ff.
- Wechsel 26
- Zwecke 10 ff.

Unternehmenswert
- GmbH & Still 1594 f.

Unternehmer
- Mitunternehmerschaft 1239

Unternehmerrisiko
- Unterbeteiligter, atypischer 1943

USA
- Stille Gesellschaft 150

Veräußerungsgewinn 1352 ff.
- Beteiligung im Privatvermögen 1422 ff.
- Freibetrag 1358
- GmbH & Still 1551
- Kaufpreisänderung 1357
- Kaufpreisausfall 1355 ff.
- stille Beteiligung 1359 ff.

Verbindlichkeiten
- Bilanz 742

Verein
- mehrere stille Gesellschafter 229

Vergleichsverfahren 964, 1111 ff.
- beim stillen Gesellschafter 1118
- Stellung des stillen Gesellschafters 1112

Verlagsvertrag, partiarischer
- Abgrenzung zur Stillen Gesellschaft 408 ff.

Verlustbeteiligung 356 ff., 891 ff.
- Arbeitnehmer 401

- atypischer stiller Gesellschafter 1370 ff.
- Ausgleich 1439 ff.
- Ausschluß 356 ff.
- Ausschluß beim Inhaber 361
- Ausschluß durch Mindestgewinngarantie 327
- Befreiung 318
- Begrenzung durch § 15a EStG 41
- bilanzielle Behandlung 809 ff.
- Einlagekonto 894 f.
- Einschränkung des Verlustabzuges 1372 ff.
- Erlaß 1103 ff.
- Gesellschaftsvertrag 360 f.
- gesetzliche Regelung 891 f.
- Gewinnverwendung 895
- Konkurs 1079
- Maßstäbe 360
- Mindestgewinn 356
- Mitunternehmerschaft 1245 ff.
- stiller Gesellschafter 1429 ff.
- typische stille Beteiligung im Betriebsvermögen 1433
- Umfang 894
- uneingeschränkte 897
- Unterbeteiligung 1919
- vertragliche Regelung 893 ff.
- Zurechnung und Ausgleich 1439 ff.

Verlustvortragskonto 809

Vermögensbeteiligung
- stiller Gesellschafter 305 ff.
- wirtschaftliche 165 f.

Vermögensbeteiligungsgesetz
- stille Beteiligung 71 ff.

Vermögenseinlage
- Bewertung 292 ff.
- Bewertung nach objektiven Maßstäben 301
- Einheitsbewertung 1681 ff.
- Familiengesellschaft 1311 ff.

Stichwortregister

- Gegenstand 1209 ff.
- Gläubigerzugriff 245
- Grunderwerbsteuer 1801 f.
- Konkurs des stillen Gesellschafters 1080 f.
- Leistung 238 ff.
- Mindestinhalt des Gesellschaftsvertrages 492
- Pfändung 938
- Rückgewähr 315 f.
- Schenkung 58 ff.
- steuerrechtliche Behandlung 1208 ff.
- Streit über die Bewertung 302 ff.
- Über-, Unterbewertung 295 ff.
- umsatzsteuerlicher Leistungsaustausch 1730, 1733 ff.
- Verbot der Übertragung 386
- Verlustbeteiligung 896
- Vermögensteuer 1680 ff.
- Verwendung 612 f.
- Wertvereinbarung, freie 294
- siehe auch Einlagekonto, Stille Beteiligung

Vermögensteuer 1669 ff.
- atypische stille Gesellschaft 1698 ff.
- ausländische Anteilseigner 1836 ff.
- Bewertung der Vermögenseinlage 1681 ff.
- Bewertungsmethode 1694 ff.
- Bundesverfassungsgericht, Beschluß zur 1669 f.
- Ehegattenveranlagung 1697
- Einheitswert 1672 ff.
- Feststellungsbescheid 1709
- Feststellungszeitpunkt 1680
- Gesamtwert des gewerblichen Betriebs 1678
- Geschäftsinhaber 1672 ff.
- negatives Einlagenkonto 1706

- Stuttgarter Verfahren 1694 ff.
- typische stille Gesellschaft 1671 ff.
- Zinsdifferenzmethode 1696

Vertragspartner 443 ff.
Vertragsstrafen 551
Vorkaufsrecht 551
Vorratsvermögen
- Bilanzierung 764

Vorsichtsprinzip 716 ff., 749
Vorsteuerabzug 1765 ff.

Warenkredit 273
wedderlegginge 84
Werbungskosten 1410
- Abzug bei beschränkter Steuerpflicht 1830
- Einkommensteuer, typische Unterbeteiligung 1932 ff.
- Verlustbeteiligung 1430, 1434

Wertberichtigung
- Beteiligung des stillen Gesellschafters 869 f.

Wettbewerbsbeschränkungen 551, 646 f.
- Geschäftsinhaber 635 ff.
- stiller Gesellschafter 646

Wettbewerbsverbot
- des Geschäftsinhabers 639

Zahlungsunfähigkeit
- Konkursgrund des Inhabers 1044

Zinsdifferenzmethode 1696
Zufluß/Abfluß-Prinzip 1449 ff.
- atypisch stiller Gesellschafter 1461
- beherrschender Gesellschafter 1458
- Gewinnanteile 1449 ff.
- Gutschriften 1451 ff.

- Mehrgewinn nach Betriebsprüfung 1455
- Tod des stillen Gesellschafters 1456
- Übertragung der stillen Beteiligung 1457
- Unterbeteiligung, typische 1935
- Vorausleistungen 1454

Handbuch der Personengesellschaften

Gesellschaftsrecht – Betriebswirtschaft; Unternehmensrechnung – Steuerrecht – Arbeitsrecht – Sozialversicherungsrecht. Teil 1 (Gesellschaftsrecht) von Prof. Dr. *Harm Peter Westermann* und RA Dr. *Dietgard Klingberg*; Teil 2 (Betriebswirtschaft) von Prof. Dr. *Jochen Sigloch*; Teil 3 (Steuerrecht) von Prof. Dr. *Georg Crezelius*; Teil 4 (Arbeitsrecht) von Prof. Dr. *Wolfgang Grunsky*; Teil 5 (Sozialversicherungsrecht) von Dr. *Jürgen Brand*. Loseblattausgabe, 4. Auflage, rd. 1600 Seiten, in 1 Ordner 168,– DM. Ergänzungslieferungen erscheinen etwa ein- bis zweimal jährlich. ISBN 3 504 33152 6

Das Handbuch der Personengesellschaften bietet Geschäftsführern, Gesellschaftern von OHG, KG und BGB-Gesellschaften und ihren Beratern eine umfassende, erschöpfende und kompetente Darstellung aller für die Personengesellschaften wichtigen gesellschaftsrechtlichen, betriebswirtschaftlichen, steuerrechtlichen und arbeits-/sozialversicherungsrechtlichen Fragen. Der Wechsel von den Gründerautoren zur 2. Autorengeneration offenbart sich in Neubearbeitungen wesentlicher Abschnitte in allen Teilen des Handbuchs.

Verlag Dr. Otto Schmidt · Köln

GmbH-Handbuch

Herausgegeben von der Centrale für GmbH Dr. Otto Schmidt. Teil 1 (Gesellschaftsrecht) und Teil 5 (Verträge und Formulare) von RA Dr. *Karl Eder* † und RA Dr. *Harald Kallmeyer*; Teil 2 (Rechnungswesen) von WP/StB Dipl.-Volksw. Dr. *Paul J. Heuser*; Teil 3 (Steuerrecht) von RA Prof. Dr. *Bert Tillmann*, Fachanwalt für Steuerrecht; Teil 4 (Arbeits- und Sozialversicherungsrecht) von Prof. Dr. *Dieter Gaul* †, RA Dr. *Wilhelm Moll*, LL.M und Präs. LSG Dr. *Jürgen Brand*. Loseblattausgabe, 14. Auflage, z. Zt. rd. 5.300 Seiten DIN A 5, in 4 Ordnern 248,– DM. Ergänzungslieferungen erscheinen etwa drei- bis viermal jährlich.
ISBN 3 504 32149 0

4 Bände voller GmbH-Know-how!

Das gesamte Recht der GmbH in 5 Teilen:

▶ Gesellschaftsrecht

▶ Rechnungswesen

▶ Steuerrecht

▶ Arbeits- und Sozialversicherungsrecht

▶ Verträge und Formulare

Die Praxis-Information: Alle praxisrelevanten Informationen zum Thema GmbH finden Sie im GmbH-Handbuch, dem Standardwerk für die tägliche Rechts-, Bilanzierungs- und Steuerpraxis der GmbH.

Lückenlose und detaillierte Information: Über 5.000 Seiten in vier Bänden gewährleisten umfassende und ergiebige Informationen zu allen denkbaren GmbH-Themen: Von der Gründung einer GmbH über Gestaltung, Führung, Organisation des Rechnungswesen, steuerrechtliche Folgen, arbeits- und sozialversicherungsrechtliche Sonderregelungen bis hin zu Umwandlung und Beendigung der Gesellschaft.

Aktualität: Drei bis vier Ergänzungslieferungen im Jahr sorgen für stete Aktualität.

Verlag Dr. Otto Schmidt · Köln

Handbuch der GmbH & Co.

Gesellschaftsrecht · Steuerrecht

Von Prof. Dr. *Bert Tillmann*, RA/FA für Steuerrecht; unter Mitarbeit von Dipl.-Finanzwirt *Karl-Heinz Günther*, Dipl.-Kfm. RA Dr. *Jörg Rodewald* und RA/FA für Steuerrecht Dr. *Andreas Schmidt*. 18. neubearbeitete und erweiterte Auflage 1997, 841 Seiten, Lexikonformat, gbd. 188,- DM. ISBN 3 504 32517 8

Die GmbH & Co. wird immer attraktiver

Die Gründe hierfür liegen auf der Hand: Das neue Umwandlungsrecht hat den Weg für eine Umwandlung einer Kapitalgesellschaft in eine Personengesellschaft freigemacht. Und mehr: Personengesellschaften schneiden in vielen Fällen steuerlich günstiger ab. Das bisher als Umwandlungsbremse geltende Steuerrecht schafft somit die Voraussetzung, eine Gesellschaftsform zu wählen, die sich in Mark und Pfennig auszahlt.

Auf die Mischung kommt es an

Gerade die strukturellen Elemente aus der Verbindung von Kapitalgesellschaft und Personengesellschaft sind unentbehrliche Gestaltungsmittel. Die GmbH & Co. schließt somit eine Lücke im Kreis der Unternehmensformen. Aus diesen Gründen ist es wieder an der Zeit, einen aktuellen Rechts- und Steuer-Begleiter in Sachen GmbH & Co. zu haben: den Hesselmann/Tillmann.

Das Original seit über 40 Jahren

Dieses Handbuch ist seit Jahren der Maßstab für Gesellschafts- und Steuerrechtsfragen rund um die GmbH & Co. Die ausufernde Rechtsprechung und Gesetzgebung der letzten Jahre wurde strukturiert und in eine praxistaugliche Form gegossen. Sie erhalten somit ein zugleich neues und bewährtes Original.

Verlag Dr. Otto Schmidt · Köln

Blaurock, Handbuch der Stillen Gesellschaft

- Hinweise und Anregungen: _____
  _____
  _____
  _____
  _____

- Auf S. _____ § _____ Rz. _____ Zeile _____ von oben/unten muß es statt
  _____
  _____
  _____

richtig heißen: _____
  _____

Blaurock, Handbuch der Stillen Gesellschaft

- Hinweise und Anregungen: _____
  _____
  _____
  _____
  _____

- Auf S. _____ § _____ Rz. _____ Zeile _____ von oben/unten muß es statt
  _____
  _____
  _____

richtig heißen: _____
  _____

Absender:

_____

_____

_____

_____

Antwortkarte

Verlag Dr. Otto Schmidt KG
– Lektorat –
Unter den Ulmen 96-98

50968 Köln

Absender:

_____

_____

_____

_____

Antwortkarte

Verlag Dr. Otto Schmidt KG
– Lektorat –
Unter den Ulmen 96-98

50968 Köln